Bert Becker

Michael Jebsen

Reeder und Politiker

1835–1899

Eine Biographie

Ludwig

Inhalt

Einleitung 9

Prolog:
Ein politischer Unternehmer der Industriellen Revolution ... 19

Das Fundament:
Die Schifferfamilie Jebsen in Apenrade 23

Von Gottorfer zu dänischer Herrschaft (23) – Von der Schiffer- zur Schiffbauerstadt (36) – Von der Krise zur Erhebung (43) – Von der Revolution zum Bürgerkrieg (52)

Der Seemann:
Zwischen Apenrade, Amerika und Asien (1835–1873) 63

Vom Schüler zum Segelmacherlehrling (63) – Vom Schiffsjungen zum Schiffsführer (68) – Schiffahrt in Peru und Chile (74) – Küstenfahrten und Krieg in Mexiko (81) – In der asiatisch-pazifischen Küstenschiffahrt (89) – Im preußischen Apenrade (99) – Seereisen nach Südamerika und Südostasien (108) – Handelsschiffahrt im Deutsch-Französischen Krieg(112) – Vom Segelschiff- zum Dampferkapitän (120)

Der Flottenmanager:
Für Krupp in den Niederlanden (1874–1882) 125

Alfred Krupp und die Erze von Bilbao (125) – TiefseehafenVlissingen (131) – Transitopolis Rotterdam (139) – Der Konflikt mit Krupps Prokura (153) – Langer Abschied (158)

Der Reeder:
Schiffahrt an Europas und Ostasiens Küsten (1878–1899) 165

Kein Dampf in Apenrade (165) – Die Partenreederei M. Jebsen (173) – Das Netzwerk Jebsen, Diederichsen und Howaldt (191) – Dampfer von Blohm & Voss (207) – Schiffbau in Kiel und Hamburg (213) – Europäische Küstenschiffahrt und große Kabotage (231) – Deutsche Segel- und Dampfschiffe in China (245) – Kapitäne (256) – Steuerleute (274) – Maschinisten (279) – Chinesische Seeleute (286) – Hongkong als Mittelpunkt der ostasiatischen Schiffahrt (294) – Schiffsmakler in Ostasien (304) – Chinesische und europäische Kaufleute als Befrachter (313) – Kulifahrten nach Sumatra (323) – Reishandel und fingierter Opiumschmuggel (327) – Wechselnde Konjunkturen und Frachtraten (352) – Bilanz: Ein Reeder und seine Netzwerke (364)

Der Parlamentarier:
Für die Handels- und Kriegsmarine (1890–1898) 371

Kandidat wider Willen (371) – Nationalliberale im Wahlkreis Apenrade-Flensburg (375) – Im Reichstagswahlkampf 1890 (380) – Abgeordneter des Deutschen Reichstags (389) – Die Heeresnovelle von 1890 (397) – Südamerika und die deutsche Flotte (400) – In der Marinepolitik (409) – Nationalliberale Aufbrüche (415) – Die Wiederwahl von 1893 (421) – Zollkrieg und Handelsvertrag mit Rußland (430) – Sozialdemokratie und Seeleute (440) – Seeunfälle (451) – Gegen Staatsaufsicht: Germanischer Lloyd (458) – Von der Kreuzer- zur Schlachtflotte (473) – Deutsche Konsulate in Ostasien (485) – Reichspostdampfersubvention (493) – Postdampfer nach Kiautschou (506) – Kandidat ohne Aussicht (525) – Die Wahlniederlage von 1898 (539) – Bilanz: Ein Parlamentarier und sein politisches Wirken (552)

Der Nordschleswiger:
Politik und Wirtschaft in der Grenzregion (1882–1899)............ 557

»Mottenburg« Apenrade (557) – Die Familie Jebsen (568) – Kreis und Stadt Apenrade (605) – Erster Senator (614) – Apenrader Hafen (619) – Das Ende der Segelschiffahrt in Apenrade (627) – Apenrader Aktienbrauerei (640) – Der Abzug der Garnison (647) – Kommunalpolitische Konflikte (654) – Apenrader Schützengilde (666) – Der Deutsche Verein für das nördliche Schleswig (671) – »Vater des Knivsberges« (678) – Das Bismarckdenkmal (693) – Landtagskandidat und Abgeordneter für Flensburg (702) –

Die Ausweisungsdebatte im Preußischen Landtag (717) – Flensburger Kunstgewerbemuseum (725) – Kleinbahnen in Nordschleswig (729) – Tod und Ehrungen (737) – Bilanz: Ein deutscher Apenrader und Nordschleswiger (750)

EPILOG: EIN AGENT VON GLOBALITÄT 755

DIE VORFAHREN UND NACHKOMMEN VON MICHAEL JEBSEN 759

ANHANG

Abkürzungen 757

Anmerkungen 762

Quellen- und Literaturverzeichnis 807

Bildnachweise 823

Personenverzeichnis 825

Firmen- und Organisationenverzeichnis 842

Schiffsverzeichnis 845

Ortsverzeichnis 847

Einleitung

Am 10. Januar 2005 wurde in der dänischen Hafenstadt Aabenraa, die an der Ostküste des südlichen Jütlands liegt, der »Michael Jebsens Plads« aus der Taufe gehoben. Das in der Lokalpresse vielbeachtete Ereignis bedeutete eine sichtbare Anerkennung der Verdienste einer der großen Unternehmerpersönlichkeiten der Stadt in der zweiten Hälfte des 19. Jahrhunderts. Zu jener Zeit trug die Stadt den Namen Apenrade und gehörte zur preußischen Provinz Schleswig-Holstein. Bereits 1899 hatte der damalige Stadtrat den gerade verstorbenen Reeder und Politiker Michael Jebsen geehrt, und zwar mit der Umbenennung der bis dahin »Schiffbrücke« heißenden Straße – eine längs des Hafens verlaufende wichtige Durchgangsstraße – in »Michael-Jebsen-Straße«. Diese Umbenennung wurde allerdings im Jahre 1920 rückgängig gemacht, als Nordschleswig einschließlich der Stadt Apenrade an das Königreich Dänemark fiel und mehrere städtische Straßen einen neuen Namen erhielten.[1]

Fünfundachtzig Jahre später wurde mit der Neuschöpfung des Platznamens erneut auf eine Persönlichkeit aufmerksam gemacht, welche nicht nur für die Stadt Apenrade, sondern auch für Schleswig-Holstein und das damalige Deutsche Kaiserreich eine beachtenswerte Bedeutung besaß. Von 1890 bis 1898 war der Reeder Michael Jebsen ein nationalliberaler Abgeordneter des Deutschen Reichstages und 1899 des Preußischen Landtages.

Die ehemalige Michael-Jebsen-Straße, seit 1920 Skibbroen (Schiffbrücke). Links im Bild das Gebäude der Rhederi M. Jebsen A/S mit der Adresse Michael Jebsens Plads 1-3.

Seine politische Rolle paarte sich mit seinem geschäftlichen Wirken, das bis heute in vierter Generation fortlebt, nämlich in Form weltweiter Tätigkeit der im asiatisch-pazifischen Raum angesiedelten Handelshäuser Jebsen & Co. und Jebsen & Jessen. Beide Unternehmen sind kaum vorstellbar ohne die von Michael Jebsen im Jahre 1878 geschaffene Reederei in Apenrade. In ihren grenz- und kulturüberschreitenden Geschäftsaktivitäten manifestiert sich eindrucksvoll die wichtige Rolle, die der Reedereigründer gespielt hat. So lag es auf der Hand, daß die Liegenschaften der Rhederi M. Jebsen in Aabenraa die Anraineradressen des neuen Platzes bilden sollten.

Der symbolische Akt von 2005 setzte Michael Jebsen erkennbar in eine Reihe mit zwei anderen bedeutenden Apenrader Unternehmern, denen man bereits früher Straßen gewidmet hatte. Allerdings waren beide Dänen gewesen.[2] Deshalb machte der lokalhistorisch bewanderte Apenrader Ex-Bürgermeister Jørgen Witte in seiner Rede bei der Platzeinweihungsfeier deutlich, um wen es ging: Michael Jebsen sei neben Hans Peter Hanssen – Redakteur der pro-dänischen Apenrader Zeitung *Hejmdal* und bis 1918 dänischgesinnter Landtags- und Reichstagsabgeordneter in Berlin – »eine der ganz großen Persönlichkeiten in der Apenrader Geschichte«. Er rief dazu auf, die »Heimdeutschen« – eine

Die Michael-Jebsen-Straße in Apenrade um 1900: An der Ecke zur Schiffbrückstraße (Skibbrogade) befinden sich heute die Bürogebäude der Rhederi M. Jebsen A/S und der Jebsen & Co. A/S

bis heute übliche Bezeichnung für die deutschen Nordschleswiger im heutigen Sønderjylland – als Teil der lokalen Geschichte zu betrachten: Besonders diejenige Zeit, die Apenrade mit Deutschland gemeinsam gehabt habe, gebe der Stadt etwas Besonderes.[3] Mit diesem Appell setzte der Kommunalpolitiker einen neuen und wichtigen Akzent in der Bewertung des gerade geehrten Einwohners.

Um den Blick auf den Unternehmer Michael Jebsen (1835–1899) zu erweitern und zu schärfen, ist diese Biographie geschrieben worden. Gleichzeitig will sie einen Beitrag zur historischen Unternehmerforschung leisten und den Apenrader Reeder beispielhaft als zentrale Figur wirtschaftlicher Entwicklung vorstellen. Über den ökonomischen Aspekt hinaus sollen die politischen, sozialen, familiären und kulturellen Lebensbedingungen von Jebsen untersucht werden, die einen hohen Erklärungswert für sein wirtschaftliches Handeln besitzen. Mit diesem Anliegen wird es möglich, in neue und geschichtswissenschaftlich wenig beackerte Felder der Vergangenheit einzudringen, besonders in die Maritimgeschichte von Europa und Ostasien, aber auch in die Politikgeschichte des Kaiserreichs anhand der Schilderung des konkreten Wirkens eines Landtags- und Reichstagsabgeordneten in Berlin und in seinem Wahlkreis. Weil Jebsen im Parlament vorwiegend als Schiffahrtsexperte auftrat, kam er in den 1890er Jahren in unmittelbare Berührung mit dem neuen globalen Engagement Deutschlands, welches im Aufbau einer großen Kriegsflotte und bei der Erwerbung eines Marinestützpunkts in China seinen vorläufigen Höhepunkt fand. Inwieweit seine politische Arbeit dabei eine Rolle spielte, ist ein spannender Aspekt dieser Biographie. Als wirtschaftlich handelnder Reeder entwickelte Jebsen ein spezifisches Bündel von Strategien der Geschäfts- und Mitarbeiterführung, aus deren detaillierter Untersuchung sich Muster herausschälen lassen, die exemplarisch für die Betriebsweise der damaligen Frachtdampfschiffahrt in Europa und Ostasien stehen. Aus ihnen können Erkenntnisgewinne für die Bedeutung der Küstenschiffahrt und großen Kabotage als wichtige Komponenten der Transportrevolution im 19. Jahrhundert gezogen werden – und zwar in bewußter Ergänzung der von Historikern viel mehr beachteten und erforschten Eisenbahn. Schiffahrt und Politik in Schleswig-Holstein und in Ostasien in der zweiten Hälfte des 19. Jahrhunderts bilden deshalb die Angelpunkte dieser Biographie.

Ein wichtiges Anliegen dieser Studie war es, anhand des Lebensweges von Michael Jebsen zu zeigen, wie die Deutschen sich nach der Gründung des Deutschen Reichs (1871) fortwährend damit auseinandersetzten, welche Art von Nationalstaat ihr neues Land sein sollte – so beim Aufbau reichseinheitlicher Strukturen für Handel und Schiffahrt, im Dauerkonflikt zwischen den wirtschaftlichen Interessen der Industrie- und der Agrarlobby oder in der Frage nach der Behandlung anderssprachiger Bevölkerungsgruppen wie der Dänischgesinnten in Nordschleswig. Jebsen wurde zum Mitgestalter in dem recht unbeständigen Prozeß des inneren Aufbaus der deutschen Nation, als er in die Reichspolitik eintrat (1890) und mit Streitfragen wie der militärischen Aufrüstung zu Lande und auf See, wie dem richtigen Weg zum Handels- und Industriestaat oder wie das Ausmaß des staatlichen Einflusses auf die privatwirtschaftliche Handelsschiffahrt konfrontiert wurde. Gleichzeitig übernahm er eine führende Rolle in der politischen Auseinandersetzung mit den dänischgesinnten Nordschleswigern. Deren zunehmender Betonung sprachlich-kultureller Eigenheit bis hin zu Forderungen nach territorialen Veränderungen zuungunsten Deutschlands widersprach er vehement und setzte ihnen eine besondere Förderung deutschgesinnter Initiativen und Organisationen entgegen. Kurz gesagt: Die Lebensgeschichte von Michael Jebsen reflek-

Michael Jebsen, um 1898

tiert in Ausschnitten den mühsamen Weg der inneren Reichseinigung, welcher nach Herstellung der äußeren Einheit beschritten wurde.

Obwohl Biographien als literarische Gattung ständig beliebter beim lesenden Publikum zu werden scheinen – was ein Blick in die entsprechenden Regale von Buchhandlungen lehrt –, so sind Lebensbeschreibungen von Schiffsreedern doch eher eine Ausnahme. Eine Suche in den Onlinekatalogen großer Bibliotheken weltweit ergab die meisten Funde in Großbritannien, das als traditionell seefahrtorientiertes Land naturgemäß viele Reeder hervorbrachte. Deren Unternehmertum wird in mindestens zwanzig herausragenden Biographien, Familiengeschichten und Festschriften ihrer Firmen gewürdigt. Schaut man auf Deutschland, so konzentrieren sich Reederbiographien, die modernen geschichtswissenschaftlichen Standards entsprechen, auf Albert Ballin, den charismatischen und einflußreichen Generaldirektor der Hamburg-Amerika Linie (Hapag). Seine freundschaftliche Verbindung mit Kaiser Wilhelm II. und die schiere Größe seines Unternehmens als eine der wichtigsten Reedereien der Welt gaben berechtigterweise Anlaß, sein Wirken als bedeutender und politisch einflußreicher Unternehmer im Deutschen Kaiserreich in mehreren biographischen Darstellungen – sogar mehrfach aufgelegt – zu untersuchen.[4] Dagegen fand sein Bremer Pendant Heinrich Wiegand, Generaldirektor des Norddeutschen Lloyd und damit Leiter der zeitweise größten Reederei der Welt, nur Interesse im Rahmen von Festschriften, Gesamtdarstellungen der Firma oder Sammelwerken über Reederei und Schiffahrt.[5] Anderen Schiffseignern und Flottenmanagern erging es ähnlich, so daß es sich erübrigt, auf den eklatanten Mangel an anspruchsvollen Reederbiographien hinzuweisen.[6] Die Hauptursache für deren verschwindend geringe Zahl liegt oft in allgemeinen Problemen von Unternehmens- und Unternehmergeschichten begründet: eine häufig mangelhafte Quellengrundlage, weil Geschäftskorrespondenzen ein Opfer bewußter oder zufälliger Vernichtung wurden, aber auch Zugangsbeschränkungen für firmenexterne Forscher oder einfach die schwierige technische Handhabung des oft ungeordneten und nicht katalogisierten Materials.

Angesichts dieser Umstände bilden die umfangreichen und seit 2007 systematisch archivierten Überlieferungen der verschiedenen Zweige des Jebsen-Konzerns und der Partnerfamilien Jebsen und Jessen eine glückliche Ausnahme. Die in den Jebsen and Jessen Historical Archives (JJHA) in Apenrade/Aabenraa verwahrte Geschäfts- und Privatkorrespondenz nebst anderen Materialien aus Firmen- und Familienbesitz machte es möglich, die Biographie von Michael Jebsen auf reicher Quellengrundlage zu schreiben. Von der Gründung der Partenreederei (1878) bis zu seinem Tod (1899) sind die geschäftlichen und privaten Schreiben des Schiffseigners und Politikers in Form von Briefkopierbüchern und teilweise auch im Original erhalten. Die handgeschriebenen Schriftstücke wurden in zeitintensiver Transkriptionsarbeit erschlossen und damit für einen schnellen und systematischen Zugriff auf die Inhalte zugänglich gemacht. Insgesamt sind 53 Briefkopierbücher von meistenteils je fünfhundert, teils eintausend Seiten zu diesem Zweck gelesen und größtenteils vollständig transkribiert worden. Auf der Grundlage dieses immensen Quellenfundus erschlossen sich die geschäftlichen und politischen Aktivitäten und Verbindungen von Jebsen in ihrer ganzen Bandbreite.

War Jebsen von 1878 bis zum Beginn der achtziger Jahre der ausschließliche Autor der Geschäftskorrespondenz, so tritt ab 1883 sein Buchhalter und späterer Prokurist Franz Engelbrecht als Verfasser routinemäßiger und formaler

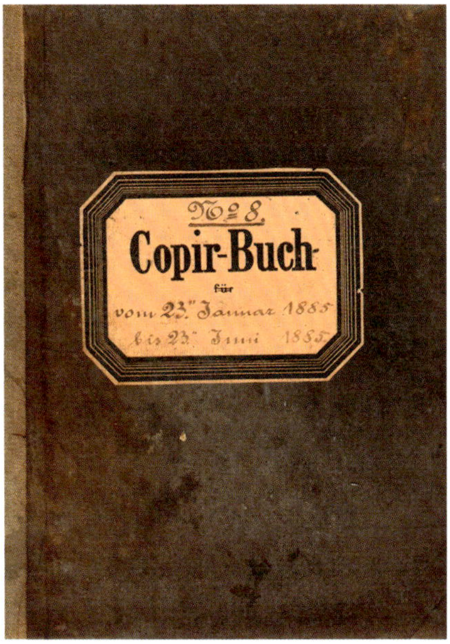

Buchdeckel eines Briefkopierbuchs von 1885 aus den Jebsen and Jessen Historical Archives

Franz Engelbrecht (1865–1936), Buchhalter, Prokurist und Mitreeder der Partenreederei M. Jebsen

Schreiben auf. Bis auf das Jahr 1886, als er aus nicht mehr bekannten Gründen durch einen Buchhalter namens Fürstenau ersetzt wurde, übernahm Engelbrecht in steigendem Maße die Routinearbeit des Korrespondentreeders, vor allem nach Jebsens Wahl in den Reichstag (1890). Weil Engelbrecht ihm die Post aus Apenrade nach Berlin schickte, führte Jebsen bei längeren Abwesenheiten eigene Geschäfts- und Privatkopierbücher, die er später nach Hause zurückbrachte. In eiligen Fällen wurde seit Mitte der neunziger Jahre auch das Telefon von beiden benutzt. Wie sich aus Engelbrechts Schreiben ergibt, teilte der Buchhalter auch die politischen Überzeugungen seines Chefs und engagierte sich bei Wahlkämpfen der Nationalliberalen Partei und Veranstaltungen des Deutschen Vereins für das nördliche Schleswig sowie den Spendensammelaktionen für das Bismarckdenkmal. Jebsens private Kopierbücher enthalten vor allem für die Wahlkämpfe von 1890, 1893 und 1898 wertvolle Korrespondenzen, weil sich daraus nicht nur seine politischen Einstellungen und Verhaltensweisen, sondern auch die interne Koordination und der organisatorische Ablauf solcher Veranstaltungen im wilhelminischen Kaiserreich erschließen lassen, wie es in dieser Form bisher selten möglich war.

Um das Blickfeld über den persönlichen Tellerrand der biographisch behandelten Einzelperson hinaus zu erweitern, die konkreten Lebensbedingungen zu erforschen und den Perspektiven von Zeitgenossen Raum zu geben, wurden ergänzend Verwaltungsakten und Zeitungsbestände aus Staats-, Stadt- und Privatarchiven in China, Dänemark, Deutschland, Großbritannien, Hongkong und den Niederlanden hinzugezogen. Ergänzend dazu traten die unveröffentlichten Redeprotokolle der Budgetkommission sowie die veröffentlichten Protokolle des Deutschen Reichstags und des Preußischen Hauses der Abgeordneten (Landtag). Für die Erschließung der umfangreichen Sekundärmaterialien zu allen Aspekten von Jebsens Leben stellten die Buch- und Zeitschriftenbestände der Staatsbibliothek Preußischer Kulturbesitz in Berlin und der Hauptbibliothek der Universität von Hongkong die wichtigste Fundgrube dar.

Ohne längere methodische Überlegungen über das Schreiben einer Reederbiographie anstellen zu wollen, sei erneut darauf verwiesen, daß dieses Werk einen Beitrag zur geschichtswissenschaftlichen Erforschung von Unternehmern liefern will. Eingedenk der Tatsache, daß keine allgemein akzeptierte Theorie des Unternehmers existiert und in der Wissenschaft auch wenig Konsens über deren Notwendigkeit besteht, versteht sich die Studie in erster Linie als kulturwissenschaftlich orientierte strukturelle Biographie. Darunter wird die konsequente Kontextualisierung der individuellen Lebensgeschichte verstanden, also die Einbettung der Person in den Rahmen ihres kulturellen Umfeldes – ob politisch, wirtschaftlich oder sozial-gesellschaftlich.[7] Auf diese Weise läßt sich besser erklären, warum bestimmte Entscheidungen im Geschäft oder in der Politik von Jebsen fielen und welche Auswirkungen solche Beschlüsse wiederum auf sein Unternehmen oder für politische Prozesse hatten. Es geht deshalb in besonderer Weise um die Frage, inwieweit Michael Jebsen als Unternehmer zur globalen wirtschaftlichen Entwicklung beitrug und als Politiker die Geschichte des Kaiserreiches beeinflußte. Darauf Antwort zu geben, war ein wichtiges Anliegen dieser Biographie, die über die Schilderung des individuellen Lebensweges von Jebsen hinausgeht und sich auch als ein Beitrag zur deutschen und ostasiatischen Politik-, Wirtschafts- und Unternehmensgeschichte im globalen Kontext versteht.

Unternehmerbiographien sollen in erster Linie interessante Persönlichkeiten illustrieren und weniger die Erfolgsfaktoren ihrer Unternehmen analysieren. Um dennoch der inzwischen sehr anerkannten und praktizierten Theoriebildung in der modernen Unternehmensgeschichtsschreibung Genüge zu tun, soll in dieser Studie die Bedeutung von unternehmerischen Netzwerken hervorgehoben und am Beispiel des Dreiecksnetzwerks zwischen Apenrade, Hamburg und Kiel dargestellt werden. Und schließlich werden neuere Erkenntnisse der transnational-globalen Geschichtsschreibung herangezogen: Der Reeder Jebsen kann als ein Agent von Globalität bezeichnet werden, der zur wachsenden Vernetzung der Welt im Zuge des markanten Globalisierungsschubs im 19. Jahrhundert beitrug.

Daß die im Januar 2005 in Aabenraa/Apenrade versammelten Stadt-, Firmen- und Familienvertreter sich der globalen Bedeutung von Michael Jebsen bewußt waren, geht klar aus ihren Reden und Interviews für Regionalzeitungen hervor. »Wir in Apenrade sind stolz darauf, daß wir einen so hervorragenden Konzern wie die Jebsen A/S [Aktiengesellschaft] nun schon viele Jahre in der Stadt haben«, sagte Bürgermeister Poul Thomsen. Jebsen sei für die Fördestadt »das Fenster in die große Welt«[8]. Damit wies der Kommunalpolitiker zu Recht auf die wirtschaftliche Bedeutung des Unternehmensgründers für die Stadt Apenrade hin. Es ist aber an der Zeit, über den lokalen Kontext hinauszugehen und Jebsen nicht nur als deutschen Schiffsreeder mit weltweiten Verbindungen darzustellen, sondern ebenso als einen aktiv handelnden politischen Unternehmer der Industriellen Revolution im spezifischen Kontext seiner Zeit. Jebsen wird auf diese Weise als charakteristischer Repräsentant seiner Epoche begriffen, als Symbolfigur vieler übergreifender Tendenzen und Entwicklungen des 19. Jahrhunderts. Erst in dieser Gesamtheit wird sein Leben und Wirken verständlich.

Prolog: Ein politischer Unternehmer der Industriellen Revolution

»Ich entstamme einer alten Apenrader Schiffsreeder Familie, die zu den deutsch patriotischsten des Orts gehört. Mein Vater gehörte zu den 1850 Flüchtlingen, der ein Jahr von der Heimat verbannt, von den Dänen zwar akzeptiert, aber nach ihrer Rückkehr möglichst schikaniert wurden. Als junger Mensch widmete ich mich der Seefahrt, war u. a. 6 Jahre in Südamerika, retournierte 1861 nach Europa, fuhr von da an als Kapitän auf Hamburger & eigenen Schiffen, bis ich Ende 1873 von der Firma Krupp in Essen als Direktor ihrer Dampfer, sowie ihr Spediteur & Schiffsmakler in Holland angestellt wurde, welche sehr schöne Stellung ich 1882 aufgab, um in der alten Heimat mir eine Existenz zu gründen und in der Hoffnung, hier von Nutzen sein zu können. Meine Reederei habe ich inzwischen auf 10 Dampfer gebracht, bin zweimal als Beigeordneter gewählt und glaube mir die Achtung und das Vertrauen meiner Mitbürger erworben zu haben.«[1]

In diesen wenigen Sätzen – geschrieben als Kurzlebenslauf für seine Kandidatur zum Reichstagsabgeordneten Anfang 1890 – brachte Michael Jebsen zum Ausdruck, was ihn als Gründer und Leiter eines Unternehmens im 19. Jahrhundert prägte und motivierte. Seine Grundhaltung und Vorstellungswelt war stark beeinflußt von der Seefahrtstradition seiner Heimatstadt Apenrade, vom deutsch-dänischen Nationalitätenkonflikt in

Nordschleswig und von seinem eigenen Berufsweg, der ihn vom Seemann zum Flottenmanager und schließlich zum selbständigen Schiffsreeder geführt hatte. Berufliches Talent, kaufmännische Qualifikation, starkes Selbständigkeitsstreben, ein Arbeitsbegriff, der Leistung und Erfolg in den Vordergrund stellte, und ein waches, am Allgemeinwohl orientiertes politisches Interesse waren Charakteristika der Industriepioniere jener Zeit. Michael Jebsen erscheint als typischer Entrepreneur der Industriellen Revolution, als Gründervater eines Unternehmens, das in Gestalt einer Dampfschiffsreederei die wirtschaftliche Struktur einer Region veränderte und zu deren Modernisierung mit ihren zwiespältigen Konsequenzen entscheidend beitrug. Über den lokalen-regionalen Rahmen weit hinaus griff diese Firma auf globale Märkte zu, die sich im asiatisch-pazifischen Raum befanden und in denen sich die Transportrevolution des 19. Jahrhunderts mit vielfältigen Formen ökonomischer Penetration und kolonialen Ambitionen verband. Wenn bei Michael Jebsen auch nationale Gefühle und Interessen eine Rolle spielten, so wurden sie doch konsequent dem obersten Ziel des individuellen kurzfristigen Profits untergeordnet.

Wie die meisten Unternehmen der Industriellen Revolution beschränkte sich Jebsens Dampfschiffsreederei auf eine Branche und wurde von ihm als Kapitalisten und Unternehmer, der beide Funktionen in einer Person vereinigte, allein geleitet. Die Kapitalbeschaffung geschah in der altertümlichen Form der Partenreederei, eine Vorläuferin der modernen Aktiengesellschaft, bei der die Besitzer von Parten eines bestimmten Schiffes gleichzeitig Mitreeder waren und einer von ihnen, der Korrespondentreeder, das Geschäft selbständig führte. Trotz dieser formalen Einschränkung, nur ein Primus inter Pares zu sein, resultierte daraus ein Management-Stil, der stark auf ihn zugeschnitten und von ihm individuell geprägt war. Als Gründer und Leiter in einer Person betrachtete Jebsen seine Firma als ureigenstes Werk, das jederzeit und direkt seiner Verfügungsgewalt unterworfen, eng mit seiner Person und Familie verknüpft war und auf diese Weise seine Identität als Unternehmer entscheidend prägte. Die Firma erschien als eigenes »Reich« und nicht nur als formale Organisation, in der ein direkter und ständiger Kontakt zum Personal, also zu den Kapitänen, Steuerleuten und Maschinisten gehalten wurde. Trotz der monatelangen, ja jahrelangen Abwesenheiten der Schiffe und ihrer Besatzungen war Jebsen, der seine Reederei von Apenrade aus führte, durch Briefwechsel ständig präsent. In seinen Schreiben an die Kapitäne und einzelne Offiziere erläuterte er Beweggründe seines unternehmerischen Handelns, gab konkrete Instruktionen und übte harte Kritik an vermutetem oder tatsächlichem Fehlverhalten. Obwohl seine Schiffsführer einen großen Freiraum besaßen, Entscheidungen vor Ort allein zu treffen, überwachte Jebsen ihre Arbeit genau. 1883 schrieb er einem Kapitän: »Sie wissen, daß ich ein strenger Vorgesetzter bin und von meinen Untergebenen viel fordere.«[2] Der traditionelle Herr-im-Haus-Standpunkt war hier unverkennbar. Seine Hauptaufgabe in diesem Haus war das Management der Dampferflotte, also die Sicherstellung der Finanzierung von Neubauten, An- und Verkauf von Schiffen, deren Versicherung und Reparaturen, die Beschaffung von profitablen Charterpartien, die finanzielle Gesamtkontrolle und Ausschüttung von Dividenden sowie die Pflege eines Netzwerks von Mitreedern und Geschäftsfreunden, Maklern, Agenten und Befrachtern und allen möglichen Personen und Organisationen des Schiffahrtsgewerbes. Arbeit und Leistung standen im Mittelpunkt bei ihm, und so sollte es bis zum Ende seines Lebens bleiben. Seine Devise lautete: »Business before pleasure«.[3]

Über die ökonomische Funktion des Unternehmers in der Firma und im Wirtschaftsprozeß hinaus gingen politische Ämter. Wie Jebsen in seiner knappen Lebensschilderung sagte, war er Kommunalpolitiker in seiner Heimatstadt – ein typisches Nebenamt für viele Unternehmer im 19. Jahrhundert. Gerade in den beiden Dezennien vor dem Ersten Weltkrieg herrschte unter ihnen eine Stimmung, die von Fortschrittsglauben, Optimismus und zunehmender Identifizierung mit dem Deutschen Kaiserreich geprägt war. Der politische Unternehmer der wilhelminischen Ära erscheint als eine Zeitgestalt, die zwar nicht einheitlich dachte und handelte, doch dem Staat sich verbunden fühlte und ihm mit Rat und Tat zur Seite stehen wollte, zwar nicht nur aus Altruismus, doch auch nicht bloß aus eigenen Zweckmäßigkeitserwägungen getrieben. Aus diesem Antrieb speiste sich der Weg in politische Funktionen, sowohl auf lokaler, regionaler als auch nationaler Ebene. Jebsen hatte sein Kommunalmandat zwar bis zum Lebensende inne, doch führte es ihn weiter hinaus in den Reichstag und schließlich in den Preußischen Landtag, wo er als Abgeordneter der Nationalliberalen Partei fast zehn Jahre tätig werden sollte. Zur politischen Arbeit, freilich auf regionaler Ebene, zählten in seinem besonderen Fall auch die Ehrenämter im Deutschen Verein für das nördliche Schleswig und in der Knivsberggesellschaft, die sich dem Bau eines Bismarckdenkmals auf einer Anhöhe nördlich von Apenrade verschrieb. Für diese nationalpolitische Komponente in Jebsens Leben sind die Ursprünge in seinen Erfahrungen der Jugendzeit zu finden – wie der Lebensabriß deutlich macht.

Von seiner politischen Gesamtprägung her war er ein linker Nationalliberaler, also freihändlerisch und anti-agrarisch orientiert, in den Dimensionen des gewerblichen Mittelstandes, vor allem der Reederei und dessen Interessen denkend, mit einem durchaus starken sozialen Gewissen, wenn es um das Wohl der Arbeiterschaft, besonders der Seeleute, ging, aber unmißverständlich gegen die Sozialdemokratie als politische Kraft. In seinem Patriotismus blieb er gemäßigt und betrachtete den zunehmenden dänischen Nationalismus als politische Konkurrenz im Streben nach kultureller Vorherrschaft in seiner nordschleswigschen Heimat. Gleichzeitig stellte er dänischgesinnte Kapitäne in seiner Reederei an und engagierte sich im Aufsichtsrat der Apenrader Aktienbrauerei, einem erfolgreichen deutsch-dänischen Gemeinschaftsprojekt. War Michael Jebsen auch entschieden deutsch, so blieb er doch in erster Linie ein Apenrader und Nordschleswiger. Diese Identität war zeitlebens am stärksten ausgeprägt in all seinem Wirken als leistungsorientierter und politischer Unternehmer des 19. Jahrhunderts.

Das Fundament:
Die Schifferfamilie Jebsen in Apenrade

Von Gottorfer zu dänischer Herrschaft

Die Stammheimat der Familie Jebsen, das Dorf Loitkirkeby, etwa sechs Kilometer Luftlinie nördlich von Apenrade, war und ist der Hauptort der Halbinsel Loitland. Diese Region liegt heutzutage im südöstlichen Teil von Dänemark als Teil der Provinz Südjütland (Sønderjylland), doch bildete Jahrhunderte lang den nordöstlichen Teil des Herzogtums Schleswig. Die geographischen Charakteristika dieser Landschaft beschrieb um 1900 ein Schuldirektor aus Altona, als die beiden traditionellen Herzogtümer Schleswig und Holstein längst zur preußischen Provinz Schleswig-Holstein geworden waren. Hatte sich auch die Landschaft seit Jahrhunderten kaum verändert, so war doch ein gewaltiger Bismarckturm neu hinzugekommen, dessen Bau in den Vorjahren von dem Reeder und Politiker Michael Jebsen maßgeblich vorangetrieben worden war:

> »Nördlich vom Apenrader Busen erstreckt sich das fruchtbare Hügelland der Halbinsel Loit. Hier schlängeln sich die engen Fahrwege zwischen hohen, lebenden Hecken dahin. Die See blitzt hin und wieder auf. Großartig ist die Aussicht vom Bismarckturm auf dem Knivsberg. Westwärts dehnt sich die braune Heide, südwärts die Gegend von Apenrade; im Osten blinkt die

Gjenner Bucht von Hainen umkränzt. Vor ihrem Eingang liegt die kleine Insel Barsö (= nackte, waldlose Insel); jenseits des Beltes erhebt sich die fünische Küste. Weiter vorwärts geht es bergauf und bergab, überall zwischen Hecken hin, in denen Hasel und Spindelbaum mit blühenden Büschen untermischt sind. Wälder wechseln mit Äckern und Wiesen, Dörfer liegen dazwischen unter üppigen Obstbäumen fast versteckt. Flußartig windet sich die Haderslebener Förde durch das hügelige Land. Einzelne Buchten erscheinen wie tief gelegene stille Waldseen. Den eigentlichen Schmuck verleihen der Gegend die zahlreichen Baumgruppen überall da, wo sie vor Westwinden geschützt stehen. Die Buche ist fast die Alleinherrscherin, ihre Stämme sind hoch und schlank.«[1]

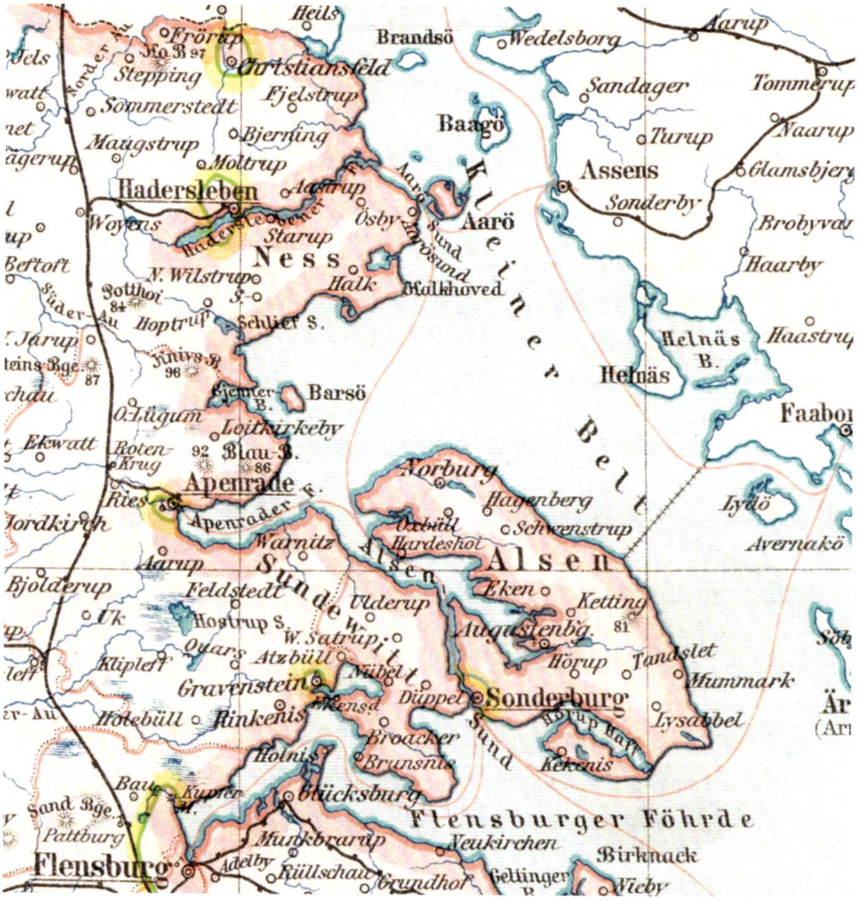

Karte von Apenrade und Umgebung, 1905

In Loitkirkeby, dem Mittelpunkt dieser reizvollen Landschaft, lebte vor etwa 350 Jahren ein älterer Schustergeselle namens Mads Jepsen. Am 10. November 1652 ging er zu einer Verlobung in die Kirche des benachbarten Dorfs Osterlügum und trat dort als formaler Zeuge des feierlichen Akts auf, was der Pfarrer im Kirchenbuch korrekt vermerkte. Auf diese Weise entstand der erste Nachweis über die Wurzeln der Familie Jebsen. Die Schreibweise mit »p« weist auf den Umstand hin, daß strenge orthographische Regeln damals nicht existierten und die Pastoren oft nach Gehör die Namen der Gläubigen in die Kirchenbücher eintrugen. Durch diesen Eintrag kann es als sicher gelten, daß mehrere Generationen der Familie Jebsen seit der Mitte des 17. Jahrhunderts auf der Halbinsel Loitland gelebt haben.[2]

Aber erst mit dem Umzug von Mads Jepsens Urenkel Jacob Jebsen (I) nach Apenrade – damals ein Seefahrerstädtchen mit rund 2000 Einwohnern in dem kleinen, aber politisch und kulturell bedeutenden Herzogtum Schleswig-Holstein-Gottorf – begann im frühen 18. Jahrhundert ein neues Kapitel in der Familiengeschichte. Warum Jacob nicht Schuster so wie seine Vorväter wurde, hing wohl mit seinem seefahrenden Verwandten Hans Jebsen zusammen. Dieser war für die dänische Westindische Fernhandels-

Schiffer Jacob Jebsen (I) (1688–1737), Ururgroßvater von Michael Jebsen

Schiffer Hans Jebsen (–1768), mutmaßlicher Onkel von Jacob Jebsen (I)

kompanie (*Westindiske Compagnie*) tätig und pendelte regelmäßig zwischen der Hauptstadt Kopenhagen und den karibischen Jungferninseln östlich von Puerto Rico hin und her. Die dänischen Besitzungen in der Gruppe der Jungferninseln (engl.: Virgin Islands) – die Inseln St. Croix, St. Thomas und St. John mit einer Gesamtfläche von 359 Quadratkilometern – besaßen eine erhebliche wirtschaftliche Bedeutung für Dänemark. Hans' Vorbild wird den jungen Jacob inspiriert haben, nach Apenrade zu gehen und dort als Seemann anzumustern.[3]

Clara Jebsen geb. Rolfsen (1702–85), Ururgroßmutter von Michael Jebsen

Als Jacob mit 31 Jahren am 15. Mai 1719 im Rathaus von Apenrade feierlich den Bürgereid leistete und anschließend den Bürgerbrief überreicht bekam, war er bereits ein angesehener Schiffer, die damals übliche Bezeichnung eines Schiffsführers oder Kapitäns. Er war nicht nur der erste Apenrader, sondern auch der erste Schiffer in der Familie Jebsen und damit Stammvater einer langen Tradition von Seefahrern. In seiner neuen Heimatstadt erwarb er nahe am Hafen in der Schiffbrückstraße ein einstöckiges Gebäude mit der Nummer 17 und ließ es von Grund auf umbauen. Das Haus erhielt einen Giebel über dem Treppenaufgang zum Hochparterre und einen Seitenflügel nach Westen hin. Der 1732 bezogene Neubau sollte zum Stammsitz von fünf Generationen der Familie Jebsen werden. Außer als Wohnung diente er bis 1973 zwei weiteren Generationen als Kontor der Reederei; heute beherbergt er das Museum der Familie und Firma Jebsen. Verheiratet war Jacob mit Clara Rolfsen, die aus einer der ältesten und sehr angesehenen örtlichen Familien stammte, ein Zeichen für seine geachtete Stellung in einer Stadt, die zu jener Zeit eine der wichtigsten Hafenplätze in den Herzogtümern Schleswig und Holstein war.[4] Ihre besondere natürliche Lage hob der anfangs zitierte Altonaer Schuldirektor hervor: »Wie ein Lustgarten ist die Landschaft, welche die Apenrader Förde umkränzt. An ihrem westlichen Endpunkt von einem Kranz waldgeschmückter Hügel umsäumt, liegt die Stadt Apenrade. [D]er

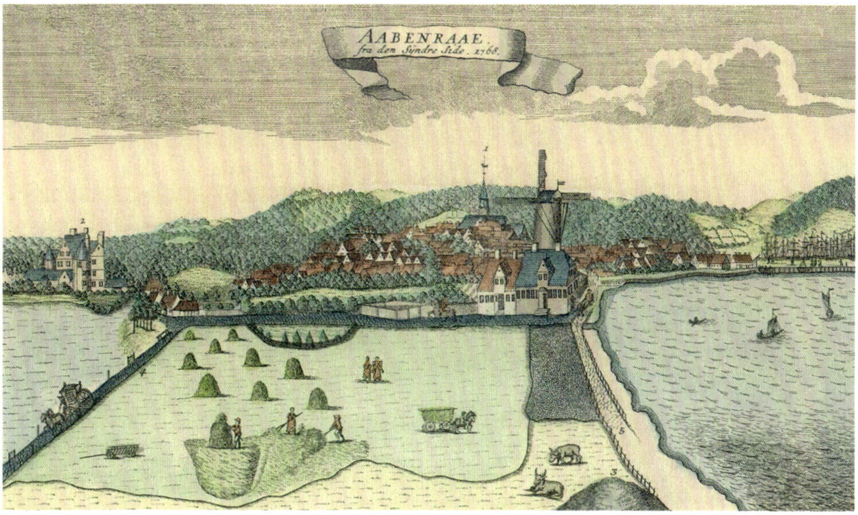

Älteste Ansicht der Stadt Apenrade aus dem Jahre 1768

Ort, der 1335 zur Stadt erhoben wurde, ist durch seine Lage an der schönen Ostseebucht außerordentlich begünstigt.«[5]

Während Jacob Jebsen (I) seine Fahrten auf Apenrader Schiffen machte, kam es in seiner neuen Heimat zu dramatischen politischen Umwälzungen. Seit 1544 hatten das Amt und die Stadt Apenrade zum Anteil der Gottorfer Herzöge im Herzogtum Schleswig gehört. Von ihrem Hauptschloß Gottorf nahe der Stadt Schleswig aus waren die Herzöge sehr um die wirtschaftliche und kulturelle Entwicklung ihres Landesteils bemüht. Während für Handel und Gewerbe der gottorfischen Gebiete die aufstrebende Republik der Niederlande der wichtigste Absatzmarkt war, strahlte die Residenz Gottorf als kultureller Mittelpunkt auf ganz Nordeuropa aus. Weil man gleichzeitig auf eine aktive Außenpolitik setzte, um eine größere Rolle im nordeuropäischen Mächtekonzert zu spielen, kam es in der zweiten Hälfte des 17. Jahrhunderts zum latenten und schließlich verhängnisvollen offenen Konflikt mit dem benachbarten Dänemark. Als dessen Truppen im Verlauf des Großen Nordischen Krieges (1700–1721) in die Herzogtümer Schleswig und Holstein einmarschierten, besetzten sie auf Befehl des dänischen Königs Friedrichs IV. 1713 auch die Gottorfer Gebiete. Bei Kriegsende konnte aber nur der gottorfische Besitz im Herzogtum Schleswig – darunter auch Apenrade – für die dänische Krone gesichert werden. Der Herrscherwechsel hatte unmittelbare Konsequenzen

Territorialpolitische Gliederung von Schleswig-Holstein in der zweiten Hälfte des 17. Jahrhunderts

für die ehemals gottorfischen Städte wie Apenrade, das wie andere schleswigsche Kommunen seine alte Stadtordnung verlor. Stattdessen führte die Kopenhagener Regierung eine zentralistischere Ordnung ein, die der Bürgerschaft weniger Einfluß auf die Besetzung des Deputiertenkollegiums und der Ratmänner (Senatoren) einräumte; seit 1781 wurde auch der

Bürgermeister nicht mehr gewählt, sondern von der Regierung ernannt.[6] Hatte im politischen Bereich der Machtwechsel eher nachteilige Folgen, so brachte er große Vorteile für Handel und Schiffahrt: Ihnen eröffnete sich ein neuer und weiter Markt, der neben Dänemark auch Norwegen, Island, Grönland, die Färöer, Kolonien in Westindien, an der westafrikanischen und ostindischen Küste umfaßte. Zwar behielten Schleswig und später auch Holstein eine politische Sonderstellung im Königreich Dänemark, doch fand bis zum Ende des 18. Jahrhunderts eine völlige wirtschaftliche Integration in den dänischen Gesamtstaat statt.[7]

Auch für Apenrade läutete die Besitzergreifung durch Dänemark den wirtschaftlichen Aufschwung ein. Eine besondere Bedeutung als Handelsplatz hatte das Städtchen nie gehabt: Umschlossen von hohen Hügeln lag es verkehrsmäßig ungünstig, hinzu kam die Konkurrenz durch das südlich gelegene Flensburg, das bereits um 1600 die größte Handelsflotte in den Herzogtümern besaß. Für einige Orte im Binnenland, wie das über vierzig Kilometer westlich liegende Tondern, eine bedeutende Landstadt, hatte es aber eine wichtige Funktion als Transithafen. Um dem Apenrader Gewerbe dringend benötigte Einnahmen zu verschaffen, hatte der gottorfische Herzog Friedrich III., einer der eifrigsten Förderer von Wirtschaft, Handel und Seefahrt des Kleinstaats, im Jahre 1620 verfügt, daß Tondern als Gegenleistung für sein freies Ein- und Ausschiffungsrecht in Apenrade den dortigen Schiffern die Frachtfahrten zu überlassen hatte. Mit dieser landesherrlichen Weisung begann eine Spezialisierung der Apenrader Seefahrt auf Transporte für fremde und eigene Rechnung, wobei die Güter von und zu anderen Häfen gebracht und auch Trampfahrten zwischen fremden Häfen gemacht wurden. Auf diese Weise wurden die Apenrader Kapitäne zu Fuhrunternehmern, die für ihre ausgedehnten Fahrten viele und sehr große Schiffe brauchten. Begünstigt durch den vorher erwähnten Friedensschluß von 1721, den allgemeinen Konjunkturaufschwung in Europa und die stark verbesserten Wettbewerbsbedingungen für Schiffe unter dänischer Flagge wuchs die Handelsflotte Dänemarks in nur fünfzig Jahren um mehr als das Doppelte. Dazu zählte auch die Apenrader Seglerflotte, die um die Mitte des 18. Jahrhunderts bereits eine der eindrucksvollsten Handelsflotten in Schleswig und Holstein war. Zwischen 1713 und 1748, den ersten Jahrzehnten unter dänischer Herrschaft, stieg die Zahl der Schiffe von 45 auf 115 an – bei einer Vervierfachung der Schiffstonnage. Obwohl die Zahlenangaben schwanken und unvollständig sind, wird aus den Statistiken ersichtlich, daß Apenrade um 1745 über die größte Einzelflotte in den Herzogtümern verfügte, dicht gefolgt von denjenigen in Flensburg, Altona und Sonderburg, doch weit vor jenen in Eckernförde und Glückstadt. Die Großsegler aus Apenrade waren vor allem im Ost- und Nordseehandel tätig, doch fuhren sie ebenso auf dem Nordatlantik bis nach Island und zu den noch weiter entfernten dänischen Kolonien in der Karibik. Befrachtet wurden die meisten Schiffe durch Hamburger, Lübecker und Flensburger Kaufleute, die auf die große Erfahrung der Apenrader Schiffer im Frachtverkehr vertrauten.[8]

Das blühende Seefahrtgewerbe machte aus Apenrade eine so ausgeprägte Schifferstadt, daß das Zulieferergewerbe lange keine Bedeutung erlangte. Eine 1750 von dem zugewanderten Schiffbaumeister Jacob Paulsen gegründete Werft blieb über siebzig Jahre lang konkurrenzlos, weil viele der Apenrader Segler woanders gebaut wurden.[9] Auch das erste Schiff von Jacob Jebsens Sohn Michael (I) war nicht in Apenrade, sondern im holsteinischen Neustadt gebaut worden. Die Galiothe *Constantia*, ein Dreimastsegler von 55 dänischen Commerzlasten (ca. 107,25 NRT), konnte 1747 in Dienst gestellt werden. Finanziert wurde das Schiff durch die damals übliche Partenreederei, in diesem Falle durch zwanzig Mitreeder, lauter angesehene Apenrader Bürger, unter denen der erst 21jährige Michael offenbar der Korrespondentreeder war.[10] Eine solche Funktion läßt sich seit der Zeit des alten Roms nachweisen, als in den seerechtlichen Vorschriften des römischen Rechts mit dem *exercitor navis* – technischer Leiter, Kapitän und Kaufmann in einer Person – eine Urform existierte. Mit der *colonna* entstand im 11. Jahrhundert in Unteritalien eine Gewinn- und Verlustgemeinschaft von Personen, die sich mit Kapital an Schiffen für jeweils eine Reise beteiligten. Allmählich abgelöst wurde diese früheste Form der Partenreederei von der *commenda* (im Sinne von »anvertrauen im Interesse des Gebers«), ein auf Leihe beruhendes Gemeinschaftsverhältnis, das sich schließlich zu einer nutzbringenden Kapitalanlage entwickelte, bei der die Mitreeder keine eigenen kaufmännischen oder nautischen Kenntnisse zu haben brauchten. Für die Wahrnehmung ihrer Interessen beriefen sie oft einen *patronus*, der als Geschäftsleiter neben dem rein technischen Schiffsführer (*nauclerus*) die Seereisen mitmachte und für Ausrüstung, Abschluß von Frachtverträgen und Annahme und Ablieferung der Ladung zu sorgen hatte. Gegen Ende des 14. Jahrhunderts wurde die Stellung des *patronus* und damit des späteren Korrespondentreeders erstmals kodifiziert, und zwar im Seerecht der katalanischen Stadt Barcelona (*consolato del mar*) mit dem *senjor de la mar*, allerdings mit erheblich erweiterten Befugnissen bei Geschäften und Rechtshandlungen der *commenda*.[11]

Auch in Nordeuropa waren Vorformen der Partenreederei ähnlich denen der *colonna* und *commenda* seit alters her üblich und können in Großbritannien bis auf das 12. Jahrhundert zurückverfolgt werden. Die seerechtlichen Bestimmungen der nördlichen Handelsstädte fanden im frühen 15. Jahrhundert im sogenannten Seerecht von Wisby zwar erstmals allgemeine Geltung, doch blieben Sonderbestimmungen einzelner Länder und Städte weiterhin in Kraft. Wegen dieser Lückenhaftigkeit und Zersplitterung fand das oben erwähnte römische Recht sehr früh und rasch Eingang in das nordische Seerecht: Mit der Entwicklung zur Großschiffahrt in den Hansestädten der Nord- und Ostsee kam es auch dort zur Funktionstrennung zwischen Kaufmann und Kapitän, also zur ersten Stufe in der Entwicklung des Korrespondentreeders. Wo große Einzelunternehmer mit genügend Kapital fehlten, entstanden genossenschaftlich betriebene Reedereigesellschaften. An der Bestellung oder dem Kauf von Schiffen beteiligten sich in der Regel Kaufleute, die ihre Waren transportieren wollten, Schiffbauer, die sich damit Aufträge sicherten, Handwerker, die für die Schiffe ihre Arbeit oder Ausrüstungsgegenstände lieferten, sowie Kapitäne, die dadurch die Chance auf die Führung eines Schiffes bekamen und mit dem Partenbesitz ihren Partnern eine besondere Garantie für eine sachgemäße und verläßliche Arbeitsweise boten. Hinzu kamen Personen, die eine Kapitalanlage suchten und nur am Gewinn, aber nicht an geschäftlichen und beruflichen Vorteilen interessiert waren. Um die Finanzierung zu sichern, wurde der Baupreis des Schiffes in mehrere Parten aufgeteilt, meistens in zwei, vier, acht oder sechzehn Teile. Auch Folgekosten – Reparatur und Ausrüstung – und Gewinne wurden in demselben Verhältnis geteilt; die Geschäftsführung übernahm einer der Teilhaber oder ein Außenstehender, der Korrespondentreeder. Weil Michael Jebsen (I) diese Funktion für mehrere Schiffe ausübte, wie die Akten zeigen, scheint er ein wohlhabender Mann gewesen zu sein, der nebenher noch als Kaufmann tätig war, eine damals durchaus übliche Kombination.[12]

Über die Reisen von Jacob Jebsens Schiff oder Schiffen lassen sich in den Apenrader Magistratsprotokollen nur Hinweise finden, daß er Salz von England fuhr. Dagegen sind die Segelrouten von *Concordia*, ein wei-

Hafen und Stadt Apenrade im frühen 19. Jahrhundert

teres Schiff von Michael Jebsen (I), weitaus besser belegt: Oft ging es mit Agrarprodukten, Wolle und Leinen aus Schleswig-Holstein nach Kopenhagen, welche von dort zu den dänischen Karibikinseln weitertransportiert wurden, und auch nach England mit ähnlicher Fracht; auf dem Rückweg hatte man Salz und verschiedene Tabaksorten an Bord. Sein Schiff führte Michael Jebsen (I) genau dreißig Jahre lang und gab es dann an seinen Sohn Jacob Christian ab, der älteste von fünf Kindern aus seiner Ehe mit Metta Regenburg, die aus einer alten und geachteten Apenrader Schifferfamilie stammte. Obwohl er 1779 noch Deputierter Bürger wurde und sich besonders um die Verbesserung des Hafens seiner Heimatstadt kümmerte, wovon an anderer Stelle berichtet wird,[13] scheint auch Michael Jebsen von der schweren Wirtschaftskrise Apenrades in diesen Jahren erfaßt worden zu sein. Einige Aktenbelege deuten darauf hin, daß er als Mitreeder Schiffsverluste zu verkraften hatte und sogar Obligationen ausstellen mußte.[14]

Tatsächlich war die Spitzenposition der Apenrader Seglerflotte bis 1767 an Altona verlorengegangen. Sowohl dieser Hafen als auch Flensburg und Sonderburg hatten von der Konjunktur der dänischen Schiffahrt besonders profitiert, als die ständigen kriegerischen Verwicklungen der großen europäischen Seefahrtsnationen – englisch-französischer Kolonialkrieg (1755–1763) und Siebenjähriger Krieg (1756–1763) – neutrale Flaggen wie den Danebrog begünstigten. Flensburg gelang es, zum bedeutendsten Seehafen zwischen Kopenhagen und Lübeck mit einer Handelsflotte von Hunderten von Schiffen aufzusteigen.[15] Die Apenrader Flotte war dagegen geschrumpft, obwohl man noch den dritten Platz behauptete – ein Trend, der sich bis ins 19. Jahrhundert fortsetzen sollte und den Abstand zu Altona und Flensburg immer größer werden ließ. Die Hauptgründe für diesen Abstieg lagen in der rigiden schwedischen Ausfuhrpolitik, die seit der Mitte des 18. Jahrhunderts ausländische Schiffe vom Exportgeschäft ausschloß, aber auch in der geänderten Haltung der britischen Regierung,

Bark *Thetis*, in Eckernförde gebaut, auf der Kapitän Jacob Christian Jebsen im frühen 19. Jahrhundert unter Apenrader Flagge fuhr

die von fremden Schiffern eine gründlichere Navigationsausbildung verlangte und zudem die Holzeinfuhr ins Land beschränkte. Da viele Apenrader Segler in der Schweden- und Englandfahrt beschäftigt waren, trafen sie diese Änderungen besonders hart. Gegenüber der Statthalterschaft im Schloß Gottorf, die Residenz des dänischen Königs in Schleswig und Holstein, klagten die Apenrader Deputierten im August 1771 über die Misere ihrer Stadt:

»(...) Dem Verluste dieser beyden Handelungszweige ist es hauptsächlich zuzuschreiben, daß der Wohlstand dieser Stadt, der von dem Glücke der Seefahrt gäntzlich abhängt, so sehr abgenommen hat. Wir zälen jetzo kaum halb so viele Schiffe, wie vor 20 Jahren. Die vorhandenen können nicht einmahl in Fahrt gebracht werden, und die so noch fahren, bringen uns Schaden statt des gehofften Vortheils. Es verstreicht selten ein Jahr, da nicht eines oder mehrere verlohren werden, und an Erbauung neuer Schiffe darf bey den angezeigten Umbständen nicht gedacht werden. Wir müßen demnach fürchten, in wenigen Jahren, unsere vorher so ansehnlich gewesene Seefahrt gäntzlich aufhören, und mit demselben sogar den bisherigen Schatten des Wohlstandes der Stadt untergehen zu sehen. (...)«[16]

Auch Jacob Christian Jebsen und seine Familie scheinen von der Krise nicht verschont geblieben zu sein. So lag die Fregatte seines Schwiegervaters Marcus Bröcker, ein sehr rühriger und wohlhabender Müller und Kaufmann, der viele Apenrader Schiffe befrachtete, 1788/89 beschäftigungslos im Hafen; Dividenden für die Mitreeder, zu denen Jacob Christian zählte, konnten nicht ausbezahlt werden. *Constantia*, die er wohl die meiste Zeit alleine führte, ging 1799 durch Strandung verloren. Sein jüngerer Bruder Michael Jebsen (II) war mehr vom Glück begünstigt und offenbar auch ein tüchtigerer Schiffer und Kaufmann: So führte er hintereinander drei Schiffe als Alleinreeder und kaufte schließlich die Kruusmühle im Amt Tondern, der Grundstock des von ihm 1837 gestifteten Fideikommiß, das bis heute im Besitz der Familie Jebsen ist.[17] Dagegen war Jacob Christian wirtschaftlich erfolgloser und hinterließ bei seinem

Kapitän Jacob Christian Jebsen (II) (1756–1813), Großvater von Michael Jebsen

Botilla Christina Jebsen geb. Bröcker (1760–1831), Großmutter von Michael Jebsen

Tode (1813) seiner Frau Botilla Christina und den sechs Kindern nur das alte schlichte Stadthaus ohne irgendein nennenswertes Vermögen. Besonders die drei Töchter lebten jahrelang in bitterer Armut, bis eine Heirat und Bezüge aus dem Fideikommiß ihres Onkels sie aus dieser Situation erlösten.[18]

Nicht nur persönliches Mißgeschick, sondern die schwerste Krise, die die Apenrader Schiffahrt seit langem erlebt hatte, trug dazu bei, daß die letzten Lebensjahre von Jacob Christian von Sorgen überschattet waren. Mit dem Kriegseintritt Dänemarks auf der Seite des napoleonischen Frankreichs (1807) war die dänische Flagge schlagartig zur Beute britischer Kriegsschiffe geworden. Besonders mittelgroße und große Handelsschiffe, die sich auf See oder in ausländischen Häfen befanden, wurden beschlagnahmt und ihre Besatzungen gefangen gesetzt. Insgesamt brachte die britische Marine rund 1400 dänisch-norwegische Schiffe auf und sandte etwa siebentausend Seeleute in die Kriegsgefangenschaft. »Auch unsere engere Heimat, deren Schiffe unter dem Danebrog gefahren hatten, wurde von diesem Unglück schwer betroffen«, schrieb ein nordschleswigscher Geschichtsforscher: So seien die stolzen Segler aus Flensburg, Sonderburg, Apenrade, Kiel, Altona und Glückstadt mit Kopenhagener Schiffen Opfer des Krieges geworden.[19] Wegen der Kapergefahr waren auch die in ihren Heimathäfen verbliebenen großen Fahrzeuge nicht mehr einsetzbar, wurden ausgemustert oder verkauft, was die großen Apenrader Segler besonders hart traf. Bis 1815 halbierte sich die Flotte der Stadt um nahezu die Hälfte, und im Vergleich zu den anderen Flotten in Schleswig-Holstein sank Apenrade auf den sechsten Platz und bildete nur noch das Schlußlicht unter den wichtigen Ostseehäfen der Herzogtümer. So war es nicht verwunderlich, daß Jacob Christian Jebsens zweiter Sohn,[20] Michael Jebsen (III), nur ein kleines Fahrzeug führte, als er 1809 Schiffer wurde. Er war vorwiegend im nahen Küstenverkehr tätig, was das Hauptbetätigungsfeld für die verbliebenen Apenrader Segler bildete, seit ab 1811 die Kontinentalsperre, ein von Napoleon verhängtes totales Handelsembargo über die britischen Inseln, ihre volle Wirksamkeit erreichte.[21] Doch sollte die größte Krise der Seeschiffahrt seiner Heimat nicht von langer Dauer sein.

Von der Schiffer- zur Schiffbauerstadt

Napoleons Ende 1814/15 leitete für Europa und das krisengeplagte Schiffahrtsgewerbe in Schleswig-Holstein eine neue Epoche ein. Zwar folgte in Dänemark und den Herzogtümern eine langandauernde Wirtschaftsdepression – eine Folge der Abtretung Norwegens und der Überschwemmung der Märkte mit englischen Waren bei gleichzeitiger Einfuhrbeschränkung nach Großbritannien –, doch vollzog sich der Neubeginn mit großen regionalen und sektoralen Unterschieden. Besonders die Schiffahrt erlitt kaum Einbußen. Die Apenrader Flotte verzeichnete in den kommenden Jahrzehnten ein märchenhaftes Wachstum, das natürlich auch den großen Nachholbedarf nach den schweren Verlusten in der napoleonischen Zeit widerspiegelte. Und die Schiffe kamen bald nicht nur von außerhalb: 1824 ließ Kapitän Jörgen Bruhn einen verunglückten amerikanischen Klipper aufkaufen, nach Apenrade schaffen und auf der Werft von Jacob Paulsen nachbauen. Mit *Caravane* (92 CL) initiierte er eine überaus erfolgreiche lokale Schiffbautradition von schnellen Großseglern, die in rascher Folge auf seiner 1848 gegründeten Werft entstanden. Weil andere Schiffbauer nachzogen, kamen bald so viele in- und ausländische Aufträge, daß die Apenrader Werften mit dem Bauen kaum nachkamen.

Schiffbaumeister Skifter Andersen (1834–1911)

Schiffbaumeister Niels Jacobsen (1828–1901)

Bark *Kastor*, eine der großen Apenrader Segelschiffe, 1837 geführt von Kapitän Hans Offersen

1822 hatte der Norweger Torkil Andersen eine Werft in Apenrade eröffnet, die bis 1870 fast sechzig größere Schiffe baute, in ihrer Glanzzeit vier Schiffe gleichzeitig auf Stapel legte und rund hundert Mann Personal beschäftigte. Ihm war 1841 der Schiffbauer Matz Michelsen gefolgt, dessen Neffe Niels Jacobsen die Werft bis zum Ende der Segelschiffbauzeit (1880) betrieb. Die letzte größere Gründung ging auf die Initiative von Gustav Raben zurück, der wie Jacobsen früher Segelschiffkapitän gewesen war und große seemännische Erfahrungen mitbrachte. Weil die blühende Werftindustrie nebst ihrer Zulieferer mehr und mehr Menschen beschäftigte, waren 1855 fast zwanzig Prozent der Apenrader Einwohner direkt oder indirekt vom Schiffbau abhängig; von der Seefahrt lebten nur noch 7,5 Prozent. Dieser Wandel machte aus der Schifferstadt Apenrade eine Schiffbauerstadt – ein typisches Phänomen der Industriellen Revolution des 19. Jahrhunderts, in deren Verlauf ganz neue Gewerbelandschaften innerhalb kurzer Zeit entstanden und die Menschen dramatische Veränderungen ihrer Umwelt erlebten.[22]

Im selben Jahr, als Andersen seine Werft in Apenrade eröffnete, wurde auch Michael Jebsen (III) wieder in den Akten des Magistrats erwähnt, und zwar als alleiniger Reeder und Eigentümer der von ihm geführten Brigg *Der Schwan* (60,5 CL). Mit diesem Schiff segelte er von Hamburg nach Pernau, eine Hafenstadt nördlich von Riga im russischen Estland, und von dort nach Oporto, der zweitgrößten Stadt Portugals und berühmt für ihren Handel mit Portwein. Reisen quer über den Atlantik führten ihn nach Pernambuco an der Ostküste Brasiliens, ein damals von Apenrader Schiffen oft angelaufener Hafen mit lebhaftem Holz- und Marmorhandel. Von 1828 bis 1836 führte er die Brigg *Cäcilia et Sophia* (80 CL), die wiederholt von Hamburg in die Karibik und nach Brasilien ging, blieb auch danach alleiniger Reeder des Schiffes und war außerdem Mitreeder in der Brigg *Johanna* seines Schwagers. Zwar stammte keines dieser Schiffe aus Apenrader Produktion, doch zählten sie zur stolzen Flotte des Städtchens, das zu dieser Zeit (1835) mit insgesamt 55 Schiffen (3559,5 CL) bereits seinen Vorkriegsstand überrundet hatte, vor allem durch Aufträge von Hamburger Kaufleuten und Maklern. Für die schnellen Großsegler gab es vielversprechende neue Märkte in der Mittel- und Südamerikafahrt, seitdem die spanischen und portugiesischen Kolonien sich nach und nach von der Kolonialherrschaft und der wirtschaftlich engen Anbindung an die Mutterländer befreit und in unabhängige Staaten verwandelt hatten. Über die starke Präsenz der Apenrader Schiffe in den dortigen Häfen berichtete 1830 der dänische Konsul D. Reventlow in Rio de Janeiro. Er habe während seiner Reise oft Gelegenheit gehabt, sich davon zu überzeugen, »wie vorzüglich die nun in Apenrade angewandte Schiffskonstruktion im Vergleich zu der anderer Nationen ist und besonders in Bezug auf Segeleigenschaften nichts zu wünschen übrig läßt«.[23]

Solche Erfolge der Apenrader Segler ermutigten Michael Jebsen (III), die auf der Werft von Jürgen Paulsen gebaute Brigg *Odin* (97 CL) mehrere Jahre als Alleinreeder zu führen. Als er 1843 die Seefahrt aufgab, doch Reeder blieb und noch mit Weinen handelte, die sein Schiff von der Iberischen Halbinsel mitbrachte, war Apenrade auf dem besten Weg, zum führenden Seefahrtzentrum in Schleswig-Holstein – was den durchschnittlichen Schiffsraum betraf – zu werden. Zwar verfügte die Flotte über längst nicht so viele Schiffe wie Blankenese, Altona, Flensburg oder Rendsburg, doch waren die meisten Apenrader Segler größer als ihre Konkurrenten: Mit einer Durchschnittsgröße von fünfzig Kommerzlasten überragte die Apen-

Brigg *Odin*, am Ende der 1830er Jahre geführt von Kapitän Michael Jebsen (III)

rader Flotte im Jahr 1847 bei weitem die anderen Flotten. Nur Flensburg kam mit 45 Kommerzlasten nahe heran, dagegen lagen die Spitzenreiter Blankenese und Altona mit durchschnittlich 13 bzw. 15 Kommerzlasten weit abgeschlagen hinten. Zum Apenrader Lokalmatador in dieser Blütezeit avancierte der früher erwähnte Reeder und Werftbesitzer Jörgen Bruhn, der 1855 Allein- und Mitreeder in zwölf Schiffen (1933 Kommerzlasten) und damit der bedeutendste Schiffseigner des dänischen Gesamtstaates war. Auf seine Initiative ging auch die kurzlebige, 1845 gegründete »Apenrader Dampfschiffahrts-Aktiengesellschaft« zurück, deren einziger Raddampfer regelmäßig zwischen Apenrade und Kiel pendelte, bis der Krieg von 1848 diese frühe Phase der Dampfschiffahrt beendete.[24]

Warum die Apenrader Werften über lange Jahre so große Schiffe bauten, hatte nicht nur mit dem wirtschaftlichen Erfolg der Großsegler bei den Fernfahrten zu tun, sondern auch mit dem risikofreudigeren Geschäftsklima. So waren Schiffseigner wie Michael Jebsen (III), die ihre Fahrzeuge selbst führten und wegen der geringen Bedeutung des Apenrader Eigenhandels ihre Aufträge überwiegend auswärts suchen mußten, mit dem internationalen Schiffsfrachtenmarkt sehr gut vertraut und

Kapitän Peter Ehlers (1773–1833)

daher auch schneller bereit, eigenes Geld in immer größere Neubauten oder Ankäufe zu investieren und als Allein- oder Korrespondentreeder tätig zu werden. Diese Flexibilität ermöglichte über einen längeren Zeitraum hohe Investitionen und erklärt, warum diejenigen Flotten Schleswig-Holsteins, deren Schiffe von den Eignern selbst geführt wurden, am Aufschwung der Schiffahrt stärker teilhatten als jene, bei denen ortsansässige Kaufleute die Eigentümer waren. Da diese kapitalkräftigen Kaufleute in Apenrade fehlten und die meisten Schiffe im Eigentum von Schiffern und ihren Familien und Bekannten waren, bildeten die örtlichen Allein- und Mitreeder im Verbund mit den Werftbesitzern die treibenden Kräfte, die den Mut zu spekulativen Investitionen in den Schiffbau aufbrachten. Ein solches Investitionsklima, das sich in ähnlicher Form auch in Blankenese, Sonderburg und anderen Ostseehäfen finden ließ, ermöglichte die neue Blütezeit der Apenrader Segelschiffahrt um die Mitte des 19. Jahrhunderts. Die örtliche Werftindustrie erreichte 1856 mit zehn Schiffsneubauten (8780 Kommerzlasten) einen vorher und nachher nie wieder erreichten Rekord.[25]

Wenn man bedenkt, daß von 165 Apenrader Segelschiffen, die zwischen 1822 und 1834 den Hafen von Hamburg anliefen, fast die Hälfte von dort direkt nach Mittel- und Südamerika ging, befrachtet und ausgerüstet durch Hamburger Handelshäuser,[26] dann wundert es nicht, daß Michael Jebsen (III) bei seinen vielen Aufenthalten dort seine Frau kennenlernte. 1827 heiratete er Marie Mathilde Ehlers, die Tochter des angesehenen Marineinspektors und Wasserschouts (Wasserschulze) der Hansestadt, Peter Ehlers. Das junge Paar wohnte zunächst in Hamburg, wo auch die beiden ältesten Söhne Jacob (IV) und Peter geboren wurden, doch als 1831 nach dem Tod von Jebsens Mutter das alte Stammhaus in der Apenrader Schiffbrückstraße 17 frei wurde, zog man dorthin um. Hier kamen in rascher Folge Marie, die Zwillinge Thilde und Michael (IV), Heinrich und

Marie Mathilde Jebsen geb. Ehlers (1808–60), Mutter von Michael Jebsen, im Alter von 18 Jahren

Kapitän Michael Jebsen (III) (1790–1863), Vater von Michael Jebsen, im Alter von 36 Jahren

schließlich Emma Dorothea zur Welt. Bei seiner Geburt am 27. September 1835 gehörte Michael Jebsen (IV) zur fünften Generation von Jebsens, die in der Stadt beheimatet waren. Er war der vierte Träger eines Vornamens, den schon sein Vater, sein Großonkel väterlicherseits und sein Urgroßvater getragen hatten. Zurückzuführen ist diese Namensgebung auf einen damals sehr verbreiteten Usus in ländlichen Gegenden, wo Familien oft seit Generationen in denselben Dörfern und Kleinstädten wohnten und ein starker Sinn für Tradition bestand. So erhielt der erstgeborene Junge den Namen des Großvaters väterlicherseits, der zweitgeborene den des Großvaters mütterlicherseits und der drittgeborene den des Vaters.[27]

Michael Jebsen (III) scheint ein sehr tüchtiger Kapitän und geachteter Mann in Apenrade gewesen zu sein, der allerdings als scharfer Kritiker mit wenig liebenswürdigem Wesen galt – was ihn nach dem Urteil seiner Enkelin Emma als zuverlässig und guten Menschenkenner auswies. Wie sein Großvater väterlicherseits wurde auch er zum Deputierten Bürger seiner Stadt gewählt und übte dieses Amt von 1842 bis 1850 aus, also in einer Zeit großer politischer Unruhe in Schleswig-Holstein. Verbunden mit diesem Ehrenamt war der Posten eines Hafeninspektors von Apenrade, was mehr Verantwortung auferlegte, seit die rege Schiffbautätigkeit auch den Hafenumschlag belebt hatte. So wurden zahlreiche Materialien für die

Apenrader Schiffbauindustrie eingeführt – schwedisches und finnisches Holz, Lübecker Eisenwaren und Segeltuch –, auch Hamburger Kolonial- und Industriewaren, während sich in der Ausfuhr meistens Lebensmittel nach Kopenhagen befanden. Der seichte und den ankernden Schiffen kaum ausreichenden Schutz bietende Hafen bildete aber lange Zeit einen erheblichen Wettbewerbsnachteil, so daß sich der Hafenumschlag des Städtchens ungünstig entwickelte. Außer im Hafen war Michael Jebsen (III) noch für die Hamburger Reederei Hastedt & Co. tätig, und zwar als deren Vertrauensmann bei den Apenrader Werften, wo er unter anderem mit der Taxierung von Schiffsschäden beauftragt war. Als er 1863 starb, war das stürmische Wachstum der Handelsflotte seiner Heimatstadt aber bereits beendet, und ein stetiger Schrumpfungsprozeß hatte eingesetzt – ein untrügliches Zeichen für den langsamen, aber stetigen Niedergang der Segelschiffahrt in Apenrade.[28]

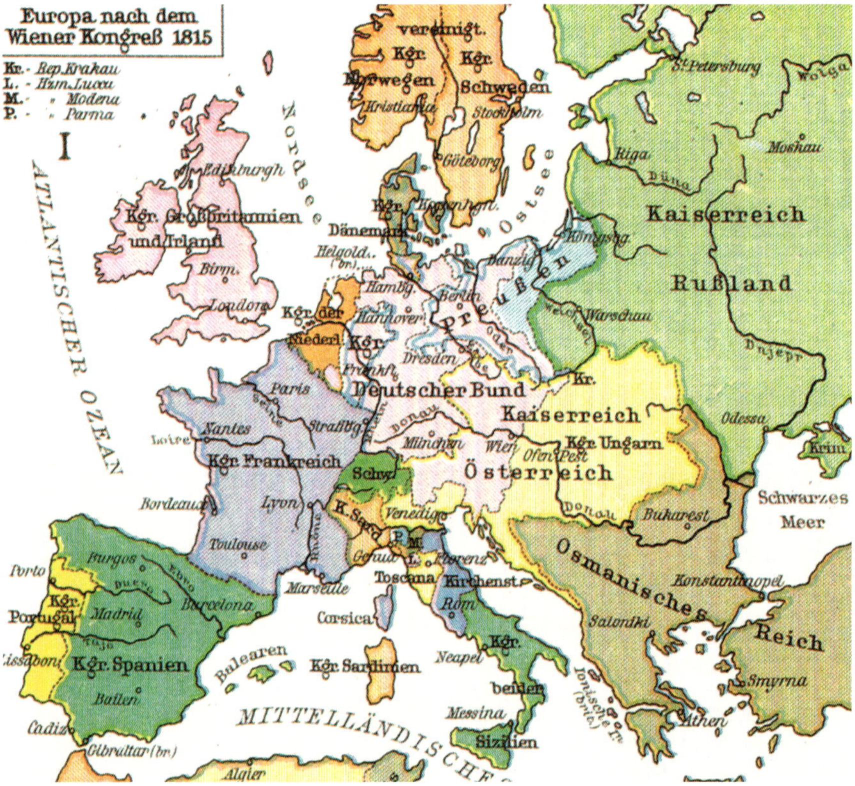

Karte von Europa nach dem Wiener Kongreß, 1815–66

Von der Krise zur Erhebung

Wirtschaftlicher Wandel ging einher mit politischen Umbrüchen: Die ökonomische Modernisierung großer Teile Europas mit steigender Marktintegration, besserer Kommunikation und aufbrechenden sozialen Gefügen ließ die traditionellen Auffassungen über Herrschaft und Partizipation im Staat nicht unberührt. Als Argument von großer Stoßkraft erwies sich die Idee von der »Nation« als eines einheitlichen Verbandes von Menschen, der durch bestimmte Merkmale wie gemeinsame Geschichte, Sprache und Kultur gekennzeichnet war. Wie in Frankreich, wo die Französische Revolution und die napoleonischen Kriege eine nach innen wie außen starke und geschlossene Nation geformt hatten, war auch in anderen Teilen Europas im 19. Jahrhundert das Bestreben vorhanden, eine solche Form von Nationsbildung zu fördern. Um die eigene Nation zu schaffen, war es nötig, ihre Mitglieder und ihre territorialen Grenzen festzustellen, ein Nationalgefühl durch Politik, Medien und Erziehung zu erzeugen oder zu fördern und mittels Organisationen und politischer Parteien die Öffentlichkeit zu mobilisieren. Die nationale Entwicklung konnte von Regierungen oder von politisch aktiven Kreisen in Form einer Nationalbewegung inspiriert oder auch von beiden gesteuert werden – es hing vom Einzelfall ab. Problematisch wurde es bei multiethnischen Reichen, wo sich mehrere Nationalbewegungen in die Quere kamen. Im Falle Dänemarks waren die Herzogtümer Schleswig und Holstein das Konfliktfeld, wo sich dänische und deutsche Ideen von einer geschlossenen Nation gegenüberstanden und schließlich ein dreijähriger Bürgerkrieg um den Status quo oder die Abtrennung geführt werden sollte.[29] Von dieser Auseinandersetzung wurde auch Michael Jebsen (III) und seine Familie unmittelbar betroffen.

Ursächlich hatten die Spannungen als Verfassungsdiskussion begonnen, eine im frühen 19. Jahrhundert durchaus zeitgemäße Entwicklung, als sich die Ideen der Französischen Revolution von 1789 in Teilen Europas durchzusetzen begannen. Eine wachsende Gruppe von schleswig-holsteinischen Liberalen, angeführt von dem Kieler Geschichtsprofessor Friedrich Christoph Dahlmann, drängte auf eine zeitgemäße gemeinsame Verfassung für die Herzogtümer und deren Anschluß an den deutschen Staatsverband. Eine solche Konstitution war für Holstein, das Mitglied des Deutschen Bundes war, vom dänischen König versprochen, aber nie

Friedrich Christoph Dahlmann (1785–1860)

ernsthaft in Angriff genommen worden. Entscheidender Wendepunkt war das »Epochenjahr« 1830 mit seinen politischen Revolutionen: Unter dem Eindruck zahlreicher Erhebungen in Europa forderte der Bundestag in Frankfurt am Main – die Vertretung der Mitgliedsstaaten des Deutschen Bundes – die dänische Regierung nachdrücklich auf, Holstein die versprochene Verfassung zu geben, um damit einer Revolution zuvorzukommen. Tatsächlich gab König Friedrich VI. dem Druck der liberalen Bewegung nach und bewilligte eine halbherzige Reform, die den monarchischen Absolutismus in seinem Staat zwar nicht beseitigte, aber mehr Bürgern eine begrenzte politische Partizipation ermöglichte.[30]

Als ersten Schritt erlaubte der dänische König im Frühjahr 1831 die Einberufung von beratenden Ständeversammlungen in allen vier Teilen der Monarchie – den dänischen Inseln, Jütland, Schleswig und Holstein – und schuf damit eine Vorform von Parlamenten. 1834 trat die Provinzialständeverfassung in Kraft, mit der das königliche Verfassungsversprechen eingelöst wurde. Allerdings stand das aktive Wahlrecht für diese Gremien nur etwa zwei Prozent der Bevölkerung zu, was bedeutete, daß beispielsweise in Apenrade lediglich 69 Männer mit gewissem Vermögen, also vorwiegend Kaufleute, Reeder und Schiffer, Handwerker, Beamte und Intellektuelle überhaupt wahlberechtigt waren. Zu ihnen zählte auch Michael Jebsen (III), der sich an der liberalen Bewegung in seiner Heimatstadt aktiv beteiligte und bald als einer der führenden lokalen Liberalen galt. Am 2. September 1834 fand in Apenrade die erste Ständewahl statt, wobei der liberale Kaufmann Marcus Hoyer Lüders die meisten Stimmen (25) erhielt. Allerdings lehnte er die Wahl ab, so daß der mit 20 Stimmen Zweitplazierte, der als politisch gemäßigt geltende Unternehmer und Ratsherr Friedrich Andresen, zum ersten Apenrader Ständedeputierten gewählt war. 14 Stimmen waren auf den pro-dänischen Kandidaten Jensen aus Flensburg entfallen, Michael Jebsen (III) bekam 11 Stimmen. Mit Andresen hatte

Friedrich IV. (1768–1839), König von Dänemark

sich ein Kandidat durchgesetzt, der ein Verbleiben Schleswig-Holsteins im dänischen Reich befürwortete und sich entsprechend auf der ersten Gesamtständeversammlung für das Herzogtum Schleswig äußerte. Das im April 1836 in der Stadt Schleswig einberufene Gremium beschäftigte sich vor allem mit der Behandlung der vielen Petitionen, die von Wählern eingesandt wurden. In Apenrade waren es die führenden Liberalen – der Kaufmann Boy Boysen Jessen, Michael Jebsen (III) und der Anwalt Reuter –, die Unterschriftensammlungen zur Unterstützung ihrer Reformforderungen initiierten und nach Schleswig schickten. Auf diese Weise nahmen sie starken Einfluß auf die Ständeversammlung, die in jedem zweiten Jahr zusammentrat und deren politische Debatten in zunehmendem Maße vom deutsch-dänischen Gegensatz geprägt wurden.[31]

Der nationalpolitische Konflikt verlief im Norden des Herzogtums Schleswig von Anfang an nicht in klaren und einfachen Grenzen. Dort hatten die Städte über die Jahrhunderte eine stetige Zuwanderung von Menschen aus dem Süden, also aus deutschsprachigen Territorien erfahren; dagegen war das platte Land vorwiegend dänischsprachig geblieben. Die Umgangssprache vieler Nordschleswiger hieß Südjütisch (dänisch *sønderjysk*), vereinfachend auch Plattdänisch genannt, eine dänische dialektale Sprachform mit starkem niederdeutschen Einfluß und gewissen nordischen Eigenheiten, die sich vom Hochdänischen unterscheidet. In der Bevölkerung hieß sie manchmal auch scherzhaft »Kartoffeldänisch«. Nach der Erinnerung des alten Apenraders August Krieger, ein am Ende des 19. Jahrhunderts geborener Sohn von Rektor Nicolaisen, sei das in der Stadt gesprochene Plattdänisch besonders originell mit deutschen und französischen Worten durchsetzt gewesen. Typische Ausdrücke waren »intes« (nicht), »schu« (sieben), »hameses Pung« (sein Geldbeutel), »hineses Hat« (ihr Hut) und »Kalgaard« oder »Krudgaard« (Gärten). Viele Bürger hätten im Gespräch abwechselnd Plattdänisch und Deutsch benutzt, berichtete

Krieger über die Apenrader Umgangssprache. Allerdings blieb Deutsch die Schriftsprache der städtischen Deutschen, und zwar durchgängig im Verwaltungs- und Gerichtswesen, in Schulen und Kirchen sowie in Büchern und Zeitschriften. Wie auch in anderen nordschleswigschen Städten sprach man *Sønderjysk* oft im täglichen Umgang, doch benutzte Deutsch durchweg als Kultur-, Kirchen- und Hochsprache.[32]

Die gemeinsame identitätsstiftende Umgangssprache und traditionelle Verhaltensnormen trugen wohl dazu bei, daß man in Apenrade bei Familienbindungen am liebsten unter sich blieb: So zeigte die Volkszählung von 1845, daß die meisten Apenrader Einwohner aus ihrer Stadt oder aus Nordschleswig stammten, während Einheiratungen und Zuwanderungen aus anderen Gegenden eher die Ausnahme blieb. Das galt für alle drei sozialen Schichten, wenn es auch markante Unterschiede bei den Herkunftsregionen der Ortsfremden gab. So zählte man in der lokalen Unterschicht – einfache Seeleute, Tagelöhner, Dienstboten, Näherinnen – zwar die geringste Zahl Zugezogener (17,5 Prozent), doch stammten die meisten von ihnen (69,1 Prozent) aus dem Königreich, also dem Kernland des dänischen Gesamtstaates, und aus Norwegen. Diese Gruppe von »kleinen Leuten« beiderlei Geschlechts kam meistens aus dem benachbarten dänischen Jütland und fand vor allem Beschäftigung auf dem flachen Lande in Nordschleswig. In der Apenrader Mittelschicht – Handwerker und andere selbständige Gewerbetreibende – kamen etwas weniger (14 Prozent) von auswärts, und zwar fast die Hälfte (48,2 Prozent) aus Nordschleswig, ein starkes Drittel (39,4 Prozent) aus dem übrigen Schleswig-Holstein und der größere Rest aus dem Deutschen Bund. Immerhin stammten fast 13 Prozent aus Dänemark, unter ihnen bekannte Apenrader Schiffbauer wie Jörgen Bruhn, Matz Michelsen und Niels Jacobsen, die später zur Kerngruppe des lokalen Dänentums wurden. Ein anderes Bild bot die Oberschicht – Reeder, Kaufleute, Schiffer, Rentiers, Beamte, Intellektuelle – mit einem Viertelanteil (24 Prozent) an Zuwanderern: Von dieser relativ großen Gruppe stammte über die Hälfte (56,2 Prozent) aus dem übrigen Schleswig-Holstein, ein Drittel (32,8 Prozent) aus Nordschleswig und nur wenige aus Dänemark und dem Deutschen Bund. Wie der Historiker Gottlieb Japsen schrieb, gab es in der ersten Hälfte des 19. Jahrhunderts in den bekannten Apenrader Familien relativ viele Einheiratungen aus dem Königreich, während eine solche Verbindung mit Hamburg, dem für Apenrade wichtigsten Wirtschaftszentrum, nur in einem Fall nachweisbar ist, nämlich bei der Ehe von Michael Jebsen (III). Bei seinem Fazit, daß eheliche Verbindungen zwischen Apenrader und deutschen Familien äußerst selten waren, ließ Japsen zwar die am häufigsten geschlossenen Ehen mit anderen deutschen Schleswig-Holsteinern unberücksichtigt, doch wird aus seinen Angaben erkennbar, wie einmalig Michael Jebsens Ehe mit einer Hamburgerin in Apenrade war.[33]

Die eheliche Verbindung von Michael Jebsen (III) mit Marie Mathilde Ehlers sorgte dafür, daß die Familie Jebsen zu Hause ausschließlich Deutsch sprach. »Durch die hamburgische Mutter war die Umgangssprache im Hause deutsch, im Gegensatz zu den meisten Familien, die – trotz deutscher Gesinnung – unter sich kartoffeldänisch sprachen«, schrieb die Enkelin Emma. Und ihr Bruder Jacob (V) hielt fest: »Kein dänisches geschriebenes oder gedrucktes Wort ist in unserer Familie erhalten. Dabei ist anzunehmen, daß in der Familie, wie allgemein hier oben, plattdänisch gesprochen wurde. Schrieben die Kinder aber an ihre Eltern oder machte man in der Familienbibel Eintragungen, so benutzte man das Deutsche.« Diese besonderen persönlichen Umstände bildeten einen zusätzlichen Grund, warum Michael Jebsen (III) und seine Familie im bald ausbrechenden Nationalitätenkonflikt eine starke deutsche Gesinnung zeigten. Aber auch andere Apenrader Schiffer- und Reederfamilien waren durch die intensiven Geschäftsbeziehungen zu Hamburger Kaufleuten und Maklern, die ihre schnellen Segelschiffe befrachteten und auf weite Fernreisen schickten, eng an die Elbstadt gebunden. Diese intensiven Kontakte hatten dazu geführt, daß der tonangebende Personenkreis in Apenrade weitaus stärker nach Deutschland hin orientiert war als nach Dänemark.[34]

Das Gegenbeispiel lieferte das benachbarte Flensburg als der zweitwichtigsten Handelsstadt des dänischen Gesamtstaates mit engen Beziehungen nach Kopenhagen. In Flensburg empfand man Hamburg als scharfen Konkurrenten. Die konträre ökonomische Orientierung von Flensburg und Apenrade trug im Nationalitätenkonflikt entscheidend dazu bei, daß Flensburg und besonders seine Reeder und Kaufleute einen ererbten königstreuen Gesamtstaatspatriotismus mit starker Bindung an Schleswig zeigten, während Apenrade zu einem Zentrum des schleswig-holsteinischen Liberalismus wurde. Die lokale liberaldemokratische Bewegung bestand vor allem aus Apenrader Reedern und Kaufleuten, zu denen auch Michael Jebsen (III) zählte. Dieser einflußreiche Kreis wurde angeführt vom Bierbrauer und Redakteur Hans Kopperholdt, der das

Carl Friedrich Heiberg (1796–1872)

Allgemeine Wochenblatt in Apenrade herausgab und den lokalen Bürgerverein als liberale Vereinigung konstituierte. Seine Verbindung mit wichtigen Vertretern des schleswigschen Liberalismus, darunter dem Herausgeber der Zeitschrift *Schleswig-Holsteinische Blätter*, dem Schleswiger Advokaten Carl Friedrich Heiberg, zog Apenrade mitten in die politisch-nationalen Debatten der 1840er Jahre hinein.[35]

Mit der Entstehung einer nationaldänischen Bewegung unter den dänischsprachigen Nordschleswigern am Ende der 1830er Jahre brach die »nationale Frage« im Herzogtum Schleswig auf. Mit *Dannevirke* ent-

Dannevirke.

Forsendes, ifølge Kongelig allernaadigst Tilladelse, med Brevposten i begge Hertugdømmene, i Kongeriget med Pakkeposten, og bestilles paa alle offentlige Postcontoirer i hele Riget.

Prisen er 15 ß. Cour. eller 3 Rbmk. Sølv in loco, igjennem Postcontorerne i Hertugdømmene 20 ß. eller 4 Rbmk. Sølv, og i Kongeriget igjennem disse, 1 Rbd. Sølv for hvert Fjerdingaar.

Et Ugeblad for Hertugdömmet Slesvig.

Dannevirke, die erste Wochenschrift in dänischer Sprache im Herzogtum Schleswig, 1838

Frederik Fischer (1809–71)

Gedenkstein für Frederik Fischer in Apenrade, 2011

stand 1838 die erste Wochenschrift in dänischer Sprache, und im Folgejahr gründete der Uhrmacher Frederik Fischer in Apenrade das *Apenrader Wochenblatt,* das er bald in *Apenrader Ugeblad* umbenannte und in dänischer Sprache herausgab.[36] Die nächste Wahl zur Ständeversammlung Anfang 1841 war bereits vom Nationalitätenkonflikt geprägt: In Apenrade wurde der Anwalt Jacob Guido Theodor Gülich, ein gebürtiger Flensburger, fast einstimmig zum Ständevertreter gewählt, während sein dänischgesinnter Rivale, der Schiffsreeder Jörgen Bruhn, nur eine Stimme erhielt.[37] Nach Absprache mit Gülich sandten 39 Apenrader Reeder und Schiffer am 26. Oktober 1842 eine Petition an die Ständeversammlung und forderten, von allen Schiffen der Herzogtümer die Brandmarke »Dansk Ejendom« (Dänisches Eigentum) zu entfernen. So lange dies nicht der Fall sei, müßten sie sich als abhängig von Dänemark betrachten, betonten die Unterzeichner, darunter an zweiter Stelle Michael Jebsen (III), und verlangten, statt dessen die Worte »Schleswigholsteinisches Eigentum« zu verwenden und eine schleswig-holsteinische Landesflagge einzuführen. Gülich brachte den Vorschlag im November 1842 in der Ständeversammlung zur Abstimmung. Als er mit 28 gegen 6 Stimmen angenommen wurde, hielt der

Peter Hiort Lorenzen (1791–1845)

Jacob Guido Theodor Gülich (1801–77)

radikalliberale und dänischgesinnte Vertreter Peter Hiort Lorenzen eine Rede in dänischer Sprache, um die grundsätzliche Gleichberechtigung der beiden Sprachen zu unterstreichen und König Christian VIII. zum Bekenntnis zur dänischen Bewegung in Schleswig zu zwingen. Damit war der Bruch innerhalb der Ständeversammlung vollzogen.[38]

Apenrade wurde in den Folgejahren zu einem der Treffpunkte der schleswig-holsteinischen Bewegung. Als Reaktion auf das erste Skamlingsbankefest der dänischgesinnten Nordschleswiger im Mai 1843 beschloß der Apenrader Bürgerverein, eine Volksversammlung im Juli 1843 abzuhalten. Im Festkomitee saßen fünf lokale Reeder, unter ihnen Michael Jebsen (III), vier Kaufleute sowie der Schiffsbaumeister Jürgen Paulsen. Allerdings war es nicht Gülichs deutsch-nationale Gesinnung, die das Treffen prägte, sondern der gemäßigte nordschleswigsche Schleswig-Holsteinismus mit der Forderung nach einer liberalen und autonomen Verfassung für Schleswig-Holstein bei weiterbestehender staatsrechtlicher Verbindung mit einem ebenfalls liberalisierten Dänemark. Daß ein gemäßigter Schleswig-Holsteinismus in Apenrade vorherrschte, zeigte

Christian VIII. (1786–1848), König von Dänemark

Die rote und die dreifarbige schleswig-holsteinische Flagge (rechts)

sich auch beim Besuch von Gülich in der Stadt im August 1845. Mehrere tonangebende Persönlichkeiten, unter ihnen Michael Jebsen (III), flaggten ihre Häuser mit der roten schleswig-holsteinischen Flagge, aber nicht mit der dreifarbigen schleswig-holsteinischen Flagge, die als Symbol des deutsch-nationalen Flügels der Bewegung galt.[39]

Ein Jahr später erfolgte aber der endgültige Bruch mit Dänemark. Der »Offene Brief« König Christians vom 8. Juli 1846 mit seiner Ankündigung, daß die gleiche Erbfolge im Königreich und in den Herzogtümern geschützt werden solle, also auch in Schleswig und Holstein zu gelten habe, führte zu einem Proteststurm und zur Selbstauflösung der beiden Ständeversammlungen. Mit Verboten, Zensur und dem Einsatz von Polizei und Militär versuchte die dänische Regierung die Erregung zu dämpfen. Bei der nächsten Ständewahl in Apenrade im Januar 1847 siegte erneut Gülich, ein Zeichen für die wachsende deutsch-nationale Stimmung in der Stadt. Unter seinem Einfluß und durch die Führung von Kopperholdt und der Brüder Karberg verwandelte sich der bisher gemäßigte Apenrader Bürgerverein in einen Mittelpunkt des revolutionären Flügels des deutsch-nationalen Schleswig-Holsteinismus. Im September 1848 und vermutlich bereits im März dieses Jahres zählten zum Vereinsvorstand Dr. Wilhelm Schow, Bruder des Apenrader Bürgermeisters, sowie Rektor Nissen, Michael Jebsen (III), Kaufmann Lüders und Anwalt Nissen – mit Ausnahme von Lüders alle gebürtige Apenrader. So war es nicht verwunderlich, daß bei Ausbruch der schleswig-holsteinischen Erhebung im März 1848 – nach Meinung von Japsen – Apenrade »wie eine deutsche Festung im dänischen Nordschleswig« dazustehen schien.[40]

Von der Revolution zum Bürgerkrieg

Der Aufstand der deutschgesinnten Schleswig-Holsteiner gegen Dänemark stand in direktem Zusammenhang mit europäischen und gesamtdeutschen Vorgängen im Frühjahr 1848. Die Revolutionen von 1848/49 und das Entstehen der deutschen Nationalstaatsbewegung wirkten auf die Ereignisse in Schleswig-Holstein unmittelbar ein. Für die deutschgesinnten Schleswig-Holsteiner war die »Erhebung« eine Verteidigung ihrer angestammten Rechte gegenüber dem dänischen König, für die Anhänger des dänischen Gesamtstaates und die dänischgesinnten Nordschleswiger war es ein Aufruhr gegen den König. Nachdem sich am 18. März 1848

Die Provisorische Regierung von Schleswig-Holstein im Jahre 1848

Friedrich VII. (1808–63), König von Dänemark

in Rendsburg Ständevertreter beider Herzogtümer auf eine Reihe grundlegender Forderungen gegenüber dem neuen König Friedrich VII. geeinigt hatten, eine Antwort aber nicht erfolgt war, wurde am 24. März in Kiel eine provisorische Regierung gebildet. Deren Anspruch, vorläufig als Vertreterin des Königs zu handeln, führte zu ihrer allgemeinen Anerkennung bei fast allen Staatsbeamten und Städten. Zwar fanden die Vorgänge in Kiel ein generell zustimmendes Echo auch in Apenrade, Hadersleben und Tondern, doch demonstrierten in Apenrade dänischgesinnte Kleinbürger, Arbeiter und Seeleute gegen die Anerkennung der provisorischen Regierung durch die Stadtoberen. Daraufhin bildete sich in der Stadt eine deutsche Bürgerwehr, für die der Magistrat zweihundert Gewehre in Hamburg einkaufen ließ. Um diese Zeit hatte die provisorische Regierung ihre Anerkennung bei der preußischen Regierung in Berlin und bei der Nationalversammlung in Frankfurt am Main erreicht. Preußische und Bundestruppen wurden unter Befehl des Generals Friedrich von Wrangel in Marsch gesetzt, um die Truppen der Provisorischen Regierung in Schleswig-Holstein zu unterstützen.[41]

Für Apenrade war der 30. März 1848 ein dramatischer Tag. Nach dem Einlaufen des dänischen Kriegsschiffes *St. Thomas* wurde Bürgermeister Schow an Bord beordert und noch am selben Abend ins benachbarte Sonderburg gebracht, um sich dort für seine Anerkennung der provisorischen Regierung zu verantworten. Ein Zeitgenosse berichtete, der Bürgermeister sei anschließend nach Kopenhagen abgeführt worden und habe »dort eine aller Beschreibung spottende pöbelhafte Behandlung gefunden«.[42] Die dänische Besetzung von Apenrade ermutigte Teile der dänischgesinnten lokalen Unterschicht, hauptsächlich Schiffszimmerleute, zu Protesten gegen die deutschgesinnten Bürger der Stadt. Hilfesuchend wandte sich eine städtische Deputation an die Provisorische Regierung, die schließlich den Juristen Dr. Henrici als Polizeimeister nach Apenrade

Bürgermeister G. H. L. Schow (1810–89)

entsandte. Als er die Stadt erreichte, rückten gleichzeitig mit ihm fünftausend hannoversche Soldaten ein: Wrangel war es gelungen, die Dänen am 23. April bei Schleswig zu schlagen. Am 28. April marschierten seine Truppen in Apenrade ein und zogen weiter nach Jütland, doch mußte Wrangel auf internationalen Druck hin schon Ende Mai 1848 Jütland wieder räumen. Durch die Intervention Rußlands kam es im August 1848 zum Waffenstillstand von Malmö zwischen Preußen, das im Namen des Deutschen Bundes handelte, und Dänemark. Wie enttäuscht die deutschgesinnten Nordschleswiger darüber waren, zeigte sich daran, daß rund hundert Apenrader Bürger öffentlich gegen das Abkommen protestierten.[43]

Die Kündigung des Waffenstillstandes durch Dänemark im Februar 1849 löste schließlich die zweite Phase des Krieges aus. Die Feindseligkeiten begannen am 5. April, als ein Teil der dänischen Kriegsflotte in den Hafen von Eckernförde einlief, wo die Schiffe unter das vernichtende Feuer der Strandbatterien schleswig-holsteinischer Verbände gerieten. Der Verlust von zwei ihrer besten Kriegsschiffe bedeutete eine herbe Niederlage für die Dänen.[44] Ebenfalls ereignisreich verlief der Tag in Apenrade, wie ihn der vierzehnjährige Michael Jebsen (IV) erlebte. Als das 9. schleswig-holsteinische Dragonerbataillon vom Westen kommend in Apenrade einrückte und die dänischen Seesoldaten auf die inzwischen eingelaufenen Kanonenboote zurücktrieb, stand er am Hafen in der Nähe seines Elternhauses in der Schiffbrückstraße. Wie er aus der Rückschau nach über 45 Jahren berichtete, erinnere er sich gut daran, daß ein Dragonerleutnant von Rohr von einer dänischen Kanonenkugel in der Schloßstraße schwer am Bein verwundet wurde und einige Tage später starb. Er beobachtete auch, daß drei schleswig-holsteinische Soldaten auf die Schiffbrücke liefen und zum Fahnenmast gelangten, auf dem der Danebrog wehte. »Ich weiß mich noch deutlich zu erinnern, daß die Soldaten mit ihren Hirschfän-

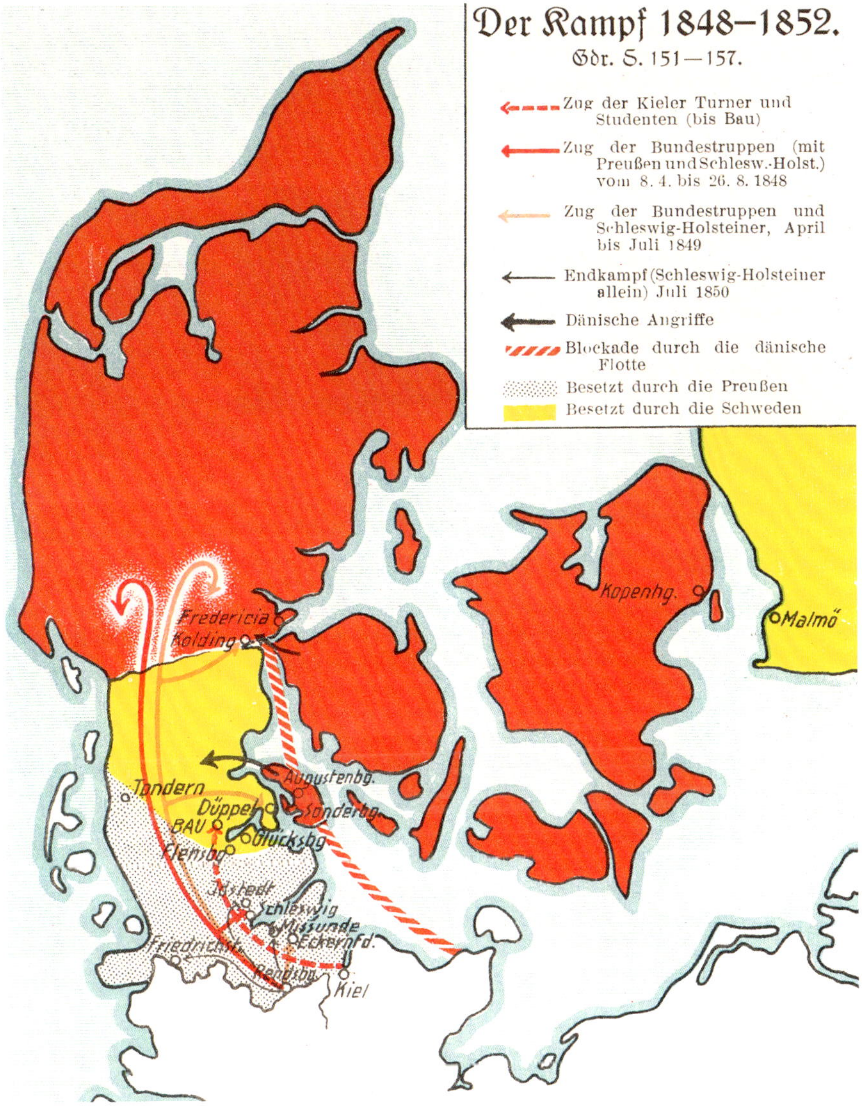

Feldzüge und militärische Besetzungen im Krieg 1848–1852

gern die Flaggleine durchhieben und die Flagge hinter sich herschleppten, die Brücke hineinliefen gegen die dänischen Kanonenboote, die Mützen schwenkend, worauf diese, als die Soldaten bei dem freien Platz angelangt waren und uns Knaben zuriefen, uns vor den dänischen Schüssen in Acht zu nehmen, ein kräftiges Kartäschenfeuer auf die Stadt eröffneten,

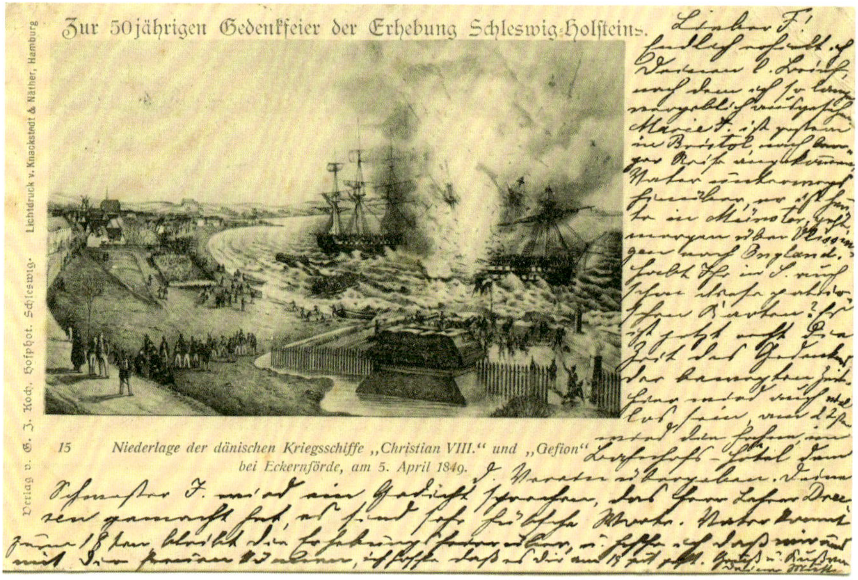

Vernichtung eines Teils der dänischen Kriegsflotte im Hafen von Eckernförde am 5. April 1849. Zeitgenössische Postkarte zum 50jährigen Jubiläum, die am 12. März 1898 von Michael Jebsen an seinen Sohn Friedrich geschickt wurde

jedoch nicht viel Schaden anrichteten.«[45] Seine Tochter Emma berichtete später, daß Michael Jebsen (IV) und seine Geschwister gelegentlich aus dem Dachfenster zusahen, wie vor dem Südertor deutsche und dänische Truppen gegeneinander gekämpft hätten: »(N)atürlich fanden sie die unruhigen Zeiten sehr interessant.«[46]

Nach dem Berliner Waffenstillstand vom 10. Juli 1849, der nach Drohungen Rußlands und durch Vermittlung Großbritanniens zustande kam, wurde das Herzogtum Schleswig von schwedisch-norwegischen und preußischen Truppen besetzt. Die Wiederaufnahme der Feindseligkeiten durch die schleswig-holsteinische Armee gegen überlegene dänische Streitkräfte führte am 25. Juli 1850 in der Schlacht bei Idstedt, nördlich von Schleswig, zur entscheidenden Niederlage der Schleswig-Holsteiner. Als Michael Jebsen (III) erfuhr, daß er mit anderen deutschgesinnten Apenrader Bürgern nach Kopenhagen zur Internierung gebracht werden sollte, also ein ähnliches Schicksal wie Bürgermeister Schow erleiden sollte, verließ er ohne alle Vorbereitungen sein Haus durch die Hintertür und ging zu Fuß nach Tondern. Von dort aus gelang ihm die Flucht nach Hamburg, wo er sich mit anderen politischen Flüchtlingen aus Nord-

Szene aus der Schlacht von Idstedt am 25. Juli 1850

Michael Jebsen als Konfirmand, Ostern 1850

schleswig traf, darunter sein jüngerer Bruder Jacob (III).[47] In seinem Exil konnte Michael Jebsen (III) erfahren, daß Apenrade noch im Juli 1850 durch dänische Truppen eingenommen worden war. Nachdem sich Preußen und Österreich auf Wunsch des dänischen Königs auf ein gemeinsames Vorgehen im Namen des Deutschen Bundes verständigt hatten, erfolgte Anfang 1851 schließlich die Besetzung von Schleswig-Holstein durch österreichisch-preußische Einheiten.[48]

Wenig später ereignete sich eine Episode in Apenrade, welche die gespannte politische Stimmung in der Stadt widerspiegelte. Am 9. Mai

1851 sang der fünfzehnjährige Michael Jebsen (IV), der gerade eine Segelmacherlehre absolvierte, auf einem gemeinsamen Spaziergang mit drei Begleitern – einem anderen Segelmacherlehrling und einem Segelmachergesellen sowie dem Sohn des lokalen Zollkontrolleurs – ein damals populäres politisches Lied. Der Text lautete:

»Noch ist Deutschland nicht verloren,
Und Italien erwacht,
Schleswig-Holstein, neugeboren
Wird zu Ruhm und Ehr' gebracht.
Und ein Frühling ist im Lande,
Wie die Welt noch keinen sah,
Und es springen alle Bande,
Und die Freiheit, sie ist da!«

Jebsens »Freiheitsgesang«, wie er das Lied später nannte, lehnte sich an das »Lied der polnischen Legionen in Italien« an, das seit 1798 in allen drei polnischen Teilungsgebieten gesungen wurde und besondere Popularität in den Freiheitskämpfen der Polen im 19. Jahrhundert erlangte.[49] Auch in Deutschland hatte man den polnischen Novemberaufstand von 1830 gegen das zaristische Rußland mit großer Sympathie und einer wahren »Polenbegeisterung« verfolgt. Mit dem Absingen des Liedes hoben Jebsen und seine Begleiter den Kampf der Schleswig-Holsteiner gegen Dänemark auf die gleiche Stufe wie den Kampf der Polen gegen Rußland. Verschärfend hinzu kam, daß der andere Lehrling die vierte Liedzeile veränderte und statt des Originals die Worte »wird zur Republik gemacht« sang. Eine solche Provokation konnte der neue und sehr dänischgesinnte Amtmann des Amts

Amtmann Eugenius Heltzen (1818–98)

Apenrade, Eugenius Heltzen,[50] der dem Quartett auf der Straße begegnete, nicht zulassen: Die vier Jugendlichen wurden verhaftet und von einem Beamten verhört. Dem offiziellen Protokoll zufolge gestand Jebsen zwar ein, das Lied gesungen zu haben, doch blieb er fest bei seiner Behauptung, weder die veränderte vierte Zeile noch das andere populäre politische Lied »Schleswig-Holstein meerumschlungen«, welches den Wunsch nach einem geeinten, unabhängigen und deutschen Schleswig-Holstein Ausdruck gab, angestimmt zu haben. Seinen Beteuerungen schenkte der untersuchende Beamte aber wenig Glauben. Während er den Segelmachergesellen Jacob Neumann straflos entließ und dem Zollkontrolleurssohn Georg Ulrich nur eine Ermahnung mitgab, erhielten die beiden Lehrlinge handfeste Strafen: Andreas Schmidt wurde zu anderthalb Tagen Arrest und Jebsen zu Rutenhieben verurteilt, welche unter Aufsicht des Gefängniswärters verabreicht werden sollten. Allerdings gelang es ihm, dem Strafvollzug zu entgehen: Seine Tochter Emma berichtete später, der alte Polizeidiener habe dem jungen Jebsen einen Hieb versetzt und ihm gesagt, er solle ordentlich schreien und dann machen, daß er hinauskomme.[51]

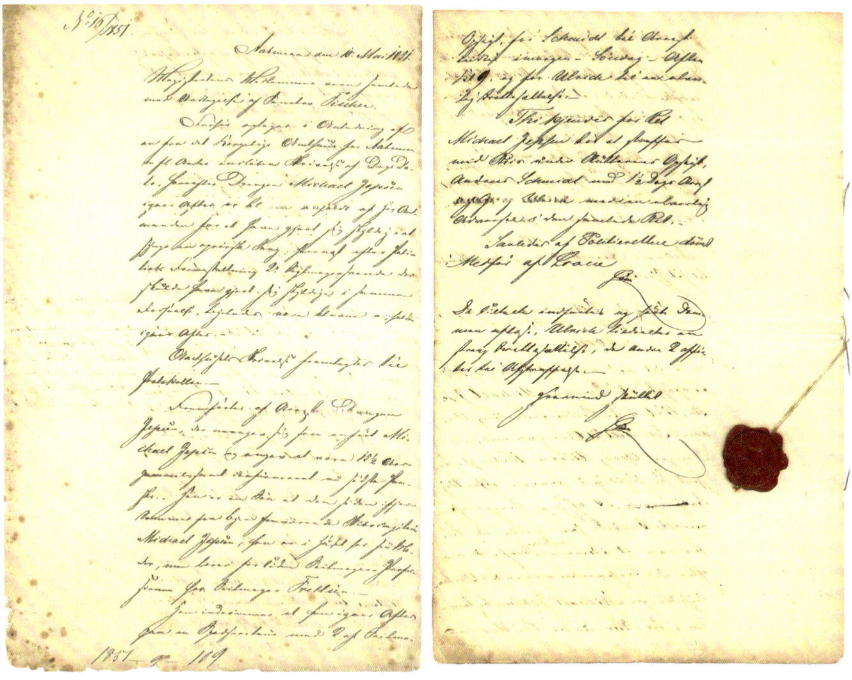

Verhörprotokoll mit Urteil vom 10. Mai 1851

Michael Jebsen (III) im Jahre 1855

Die schmachvolle Behandlung konnte Jebsen niemals verwinden. Mehr als dreißig Jahre später bezeichnete er sich als einen der »alten 48er«, die »als Schleswig-Holsteiner gegen unser dänisches Königshaus, unsere Beamten, die dänische Armee nur Hass und Unabhängigkeitsgefühl zur Schau trugen und darin großgezogen wurden«.[52] In einer Charakteristik, die nach seinem Tode erschien, hielt der dänische Freigemeindepastor Thade Petersen fest, Jebsen sei ein ausgesprochener Schleswig-Holsteiner gewesen – und das »schon als Junge«. Und er fuhr fort: »Als er im Alter von 15–16 Jahren bei heftigen Zusammenstößen mit den dänischen Behörden gedemütigt wurde, wurde dadurch nur sein Trotz herausgefordert, und seiner tief eingewurzelten Überzeugung wurde damit ein tiefempfundener Haß (gegen alles Dänische) hinzugefügt.«[53] Seine Tochter Emma bestätigte diese Einschätzung und sprach davon, daß ihr Vater durch diese ungerechte Behandlung zu einem »deutschen Vorkämpfer« herangezogen worden sei. Er habe später gesagt, daß er sich in dieser Stunde gelobt habe, niemals ein Schiff unter dem Danebrog zu führen, was auch nicht geschehen sei.[54] Und in der Abhandlung *Nordschleswigs Erbe* heißt es, das sehr harte Urteil habe den Jungen »auch zu einem bewußten Deutschen« geformt.[55]

Michael Jebsen (III) durfte nach einjähriger Verbannung im Sommer 1851 wieder nach Apenrade zurückkehren. Er sei von den Dänen zwar akzeptiert, aber nach seiner Rückkehr möglichst schikaniert worden, hielt sein Sohn Michael später fest.[56] Sein Enkel Jacob (V) schrieb von starken Drangsalierungen durch die Dänen gegen »alle ausgesprochenen Deutschen«. So sei der Großvater beispielsweise aus der Liste der Wahlberechtigten gestrichen worden.[57] Als »Jahre der Prüfung« für Nordschleswig sind die dreizehn Jahre bis zum siegreichen Krieg Preußens gegen Dänemark (1864) bezeichnet worden.[58] Nach dem Ende des Dreijahreskrieges hatte der Londoner Vertrag vom 8. Mai 1852 zwischen sieben europäischen Mächten die schleswig-holsteinische Frage geregelt und das Land wieder der Autorität des dänischen Königs unterstellt. Trotz des von König Friedrich VII. gegebenen Versprechens, dänische und deutsche Nationalität im Herzogtum als gleichberechtigt zu behandeln, kam es zu einer sprachlichen Zwangspolitik. In Nordschleswig und in den gemischtsprachigen Gebieten von Mittelschleswig wurde Dänisch alleinige Unterrichtssprache. Dennoch scheinen besonders die im täglichen Verkehr oft Südjütisch (*sønderjysk*) sprechenden Menschen in den nordschleswigschen Städten die deutsche Sprache stets verteidigt zu haben, auch bei Inkaufnahme wirtschaftlicher Schädigungen und Verfolgungen.[59] Der starke deutsche Geist in seiner Familie, schrieb Jacob Jebsen (V) später, habe eine besondere Stütze in seiner Großmutter Marie Mathilde gefunden, die eine sehr kluge und energische Frau gewesen sei.[60] So war es vor allem auf die geborene Hamburgerin zurückzuführen, daß in diesen »hoffnungsarmen Jahren« (Kardel) die Familie Jebsen zu Hause nur Deutsch sprach und die starken Familienbeziehungen nach Hamburg auch den Geist des Hauses beeinflußten.[61]

Der Seemann: Zwischen Apenrade, Amerika und Asien (1835–1873)

Vom Schüler zum Segelmacherlehrling

Die frühe Jugendzeit von Michael Jebsen zwischen 1835 und 1850 fiel in die letzte große Blüte der Seefahrt in den deutschen Küstenregionen. Als er dort aufwuchs, war Apenrade eine typische Schiffer- und Schiffbauerstadt an der Ostsee. Die starke Stellung der lokalen Schiffsproduktion dokumentierte sich darin, daß die Apenrader Werften führend im Bau großer hölzerner Segelschiffe waren, die mit durchschnittlich fünfzig CL Größe weit vor ihren Konkurrenten in Schleswig-Holstein lagen. Die Werften von Torkil Andersen und Jürgen Paulsen hatten im Jahr 1840 je drei Schiffe auf Stapel und beschäftigten je siebzig bis neunzig Arbeiter. Zwar war die Zahl der Werftarbeiter stark schwankend, doch scheinen bei guter Auftragslage rund zwei- bis dreihundert Männer Beschäftigung gefunden zu haben. Von 1836 bis 1846 lag die durchschnittliche Jahresproduktion der Apenrader Schiffbaubetriebe bei fünf Schiffen von insgesamt 342 CL. Durch ihre insgesamt gut beschäftigten Werften und den Bau großer und schneller Segler stieg die Stadt zu einem international anerkannten Schiffbauzentrum auf, das auch Hamburger und andere deutsche und ausländische Reedereien mit Schiffen belieferte.[1]

Werft von Gustav Raben in Apenrade, um 1860

Seegehende Schiffe wurden um die Mitte des 19. Jahrhunderts an der ganzen deutschen Nord- und Ostseeküste gebaut. Von Memel bis Papenburg gab es in jeder wichtigeren Hafenstadt eines deutschen Staates mindestens eine oder sogar mehrere Werften. An der Ostsee wurden 25 und an der Nordsee zwanzig Orte mit mehreren Schiffbaufirmen gezählt. In Schleswig-Holstein befanden sich vor 1866, dem Jahr der offiziellen Abtretung von Dänemark, in vierzig Ortschaften insgesamt 185 Werften, die in der Regel dreißig bis fünfzig Personen beschäftigten und vier bis sechs Schiffe im Jahr produzierten. Eichen- und Fichtenholz, das im Hinterland reichlich vorhanden war oder aus Polen, Rußland und Skandinavien importiert wurde, diente als Baumaterial. Eiserne Materialien kamen aus Großbritannien, weil die heimische Eisenindustrie solche Lieferungen nicht leisten konnte. Materialien für Segeltuch und Tauwerk wurden größtenteils aus Rußland eingeführt und dann am Orte weiterverarbeitet. Pech, Teer und Harz importierte man aus Schweden und Finnland. In den Schiffszimmereien wurden alle Materialien durch Menschenkraft und einfache Kräne und Transportwagen bewegt. Für die Verarbeitung benutzte man Zimmerer- und Tischlerwerkzeuge. Schiffsrisse und Berechnungen gab es nicht, weil der Bau eines Schiffes nach Angaben des Bestellers und nach vorhandenen Vorbildern bereits fertiger Schiffe erfolgte. Weder hatten die Schiffbauer noch die Handwerker eine formale Schulung erhalten, da vieles durch Tradition weitergegeben und sonst im Ausland – in Holland, Frankreich oder Großbritannien – erlernt wurde.[2] An die rege Schiffbautätigkeit in Apenrade erinnerte Hans Schlaikier, der erst auf Seglern und später für die Partenreederei M. Jebsen als Dampferkapitän fuhr, in seiner *Apenrader Schiffahrts-Chronik*: »Wie munter klang damals das lauttönende Gehämmer an den Schiffsrümpfen, überall reges Leben, die ganze Gegend duftete nach Teer, Pech und frischem Holze.«[3] Und Jebsens Tochter Emma beschrieb die Jugend ihres Vaters als vom Hafen- und Werftbetrieb geprägt: »Für die Jungens war der Stapellauf ein besonderer ›Schau‹. Es kam nämlich oft vor, daß ein neugebautes Schiff nicht abrollen wollte, dann mußten die Jungens in enger Kette von Luv nach Lee laufen, mit tüchtigem Stampfen. Schließlich setzte sich dann der Neubau in Bewegung und glitt – unter brausendem Hurrah der Jungens! – in sein Element. Wie oft ist Michael Jebsen dabei gewesen!«[4]

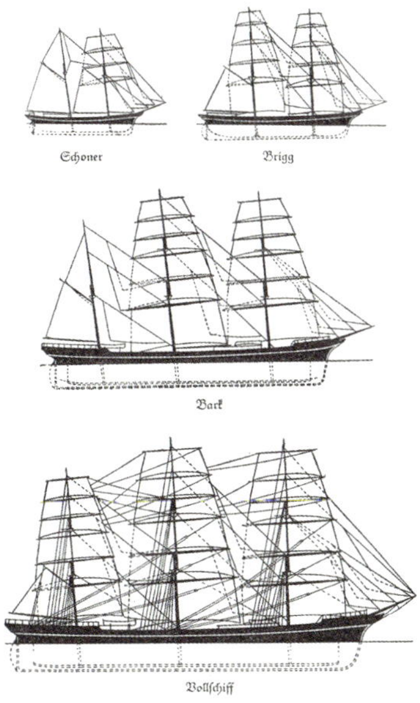

Verschiedene Typen von Segelschiffen

Titelblatt der von Kapitän Hans Schlaikier verfaßten *Apenrader Schiffahrtschronik*, 1929

Die familiäre Tradition, in der Seefahrt Beschäftigung zu finden, setzte sich in der Familie von Michael Jebsen (III) bruchlos fort. Seine Söhne Jacob (IV), Peter, Michael (IV) und Heinrich wurden Seeleute, die Töchter Marie und Emma Dorothea heirateten Seeleute. Nur Thilde, die Zwillingsschwester von Michael, blieb unverheiratet. Michael Jebsen (IV) äußerte später einmal, daß in seiner Kinderzeit die Frage nach der Berufswahl für einen Apenrader Jungen überflüssig gewesen sei. Seine Tochter Emma wies auf die vielen alten Kapitäne hin, die ihren Lebensabend in Apenrade verbracht und den Jungen von ihren Seeabenteuern erzählt hätten: »(W)as Wunder, daß ziemlich jeder gesunde Junge Seemann wurde.« Und Hans Schlaikier erinnerte an Apenrade um die Mitte des 19. Jahrhunderts:

> »In meinen Kinderjahren konnte man kaum eine Wohnung finden, in der sich nicht irgendein Gegenstand befand, der mit der Schiffahrt in Verbindung stand, oder daher rührte. Irgend ein Schiffsbild in Öl gemalt, ein aufgetakeltes Schiff, ja selbst solches in kleinem Format in einer liegenden Flasche, oder ein aufgetakeltes Schiff, als wenn es über dem Kiel der Länge nach halbiert sei, mit schön geschnitzten Segeln aus Holz. Jagdtrophäen, ausgestopfte Fische und Vögel, das Schwert oder die Säge des resp. Fisches, Waffen und Schmucksachen von überseeischen Völkern, oder was der Seemann sonst noch aus der weiten Welt mit in die Heimat gebracht hatte. (...) Die damaligen Seeleute, von denen in Apenrade zu jener Zeit immer ein ganz Teil vorhanden waren, prägten sich mehr denn heute in der Kleidung, ihrem Gebaren und in dem ganzen Wesen, ihrer Zunft entsprechend, aus.«[5]

Solche Eindrücke empfing auch Michael Jebsen (IV) in seiner frühen Jugend. Der blonde und blauäugige Junge scheint als Kind lange klein und schmächtig gewesen zu sein, doch war er vom Wesen her energisch und forsch. Von 1843 bis 1851 besuchte er die Mittelschule in Apenrade;[6] zu Ostern 1850 war er konfirmiert worden. Nach Beendigung der Schule trat er mit fünfzehn Jahren als Lehrling in die Segelmacherwerkstatt von Jürgen Chr. Frellsen in der Fischerstraße ein. Eine solche Ausbildung war damals für angehende Seeleute üblich. Segelmacher so wie Schmiede, Takler, Tischler, Maler und Böttcher zählten zu den Zulieferindustrien einer Werft. Ihre Werkstätten lagen aber nicht auf der Werft, sondern meistens in der Nähe des Hafens, von wo aus sie ihre Erzeugnisse je nach Auftrag an die Werften lieferten. Frellsen und sein Konkurrent Jörgen Cornett

Michael Jebsen als Konfirmand, 1850. Ölporträt

in der Schiffbrückstraße gehörten damals zu den wichtigsten Segelmachern in Apenrade.[7] Während seiner Lehrzeit bei Frellsen wurde Jebsen am 4. April 1851 ein See-Interimspatent vom General-Kriegskommissariat des Herzogtums Schleswig ausgestellt. Damit erhielt er die Berechtigung, bis zum Alter von 22 Jahren zur See zu fahren, und war somit von der Militärpflicht befreit.[8] Schlaikier berichtete, daß viele junge Männer in Apenrade sich vom Militärdienst gedrückt hätten und sogar die Stadtverwaltung nur ungern Aufforderungen aus Kopenhagen nachgekommen sei, dienstfähige Leute ins Königreich zu senden.[9] Zweifellos äußerte sich darin auch die Abneigung vieler Schleswig-Holsteiner, für den dänischen König Militärdienst zu leisten, besonders vor dem Hintergrund des heftigen deutsch-dänischen Nationalitätenkonflikts in den 1840er Jahren.

Schon im Folgemonat kam Jebsen in direkte Berührung mit der aufgewühlten Stimmung jener Jahre, als er zusammen mit zwei Segelmachern vom dänischgesinnten Amtmann von Apenrade wegen Absingens patriotischer schleswig-holsteinischer Lieder verhaftet und verurteilt wurde. Wie früher berichtet, hatte die demütigende Strafe zur Folge, daß er sich schwor, nie ein Schiff unter dänischer Flagge zu führen. Seine Entscheidung, im Spätsommer 1851 eine erste Anstellung als Schiffsjunge in Hamburg zu suchen, hatte aber keine politischen Gründe, sondern war ausschließlich pragmatisch motiviert. Wie er viele Jahre später mitteilte, seien die Hamburger Reeder damals schon »die besten in ganz Deutschland gewesen, da strömten die Leute von allen anderen Provinzen nach Hamburg, um dort auf den Schiffen Stellung zu bekommen; aus meiner heimatlichen Provinz, aus Ost- und Westpreußen, aus Pommern, von überall her trafen die Leute ein, weil die Hamburger Reederei immer ihre Leute am besten behandelte und am besten besoldete«.[10]

Vom Schiffsjungen zum Schiffsführer

Um 1850 war Hamburg auf dem Weg zur modernen Industrie- und Handelsmetropole und besaß neben Bremen den bedeutendsten deutschen Hafen. Seit dem Ende der napoleonischen Kriege hatte sich die Stadt zunehmend nach Großbritannien orientiert und war zum Einfallstor für den britischen Warenverkehr mit Zentraleuropa geworden. In umgekehrter Richtung profitierten Schiffahrt und Handel in Hamburg von den weitreichenden Netzwerken des britischen Welthandels. Zwischen Hamburg und London sowie anderen englischen Städten gab es zahlreiche geschäftliche, persönliche und familiäre Verbindungen, die es Hamburger Kaufleuten und Reedern erlaubten, an den ausgedehnten überseeischen Interessen Großbritanniens zu partizipieren. Besonders in Süd- und Mittelamerika hatten sich seit den 1820er Jahren neue Geschäftsfelder erschlossen, nachdem es den dortigen Kolonien Spaniens und Portugals mit britischer Unterstützung gelungen war, in die Unabhängigkeit entlassen zu werden. Die politische Emanzipation Lateinamerikas ermöglichte europäischen Wirtschaftsinteressen den ungehinderten Zugang zu Rohstoffen und Edelmetallen in dieser Region und umgekehrt den Absatz von Fertigwaren auf neuen Verbrauchermärkten, also wirtschaftliche Beziehungen, wie sie zwischen Kolonialmächten und ihren Kolonien typisch waren. Der frühere spanische und portugiesische Monopolhandel ging zu Ende und wurde durch den britischen Freihandel ersetzt, an dem Hamburg einen wichtigen Anteil nahm. Wie hoffnungsfroh die Stimmung damals war, kam in den Worten des Präses der Hamburger Commerz-Deputation M. J. Haller zum Ausdruck, der 1822 davon sprach, daß Hamburg nun »Kolonien erhalten« habe.[11] Es folgten eine wahre Flut von Handelsverträgen mit lateinamerikanischen Staaten und die Bestellung von Konsuln, so daß um 1850 ein ausgedehntes Netz von gemeinsamen Konsulaten der Hansestädte Hamburg, Bremen und Lübeck vorhanden war. Um 1845 gab es in Mittel- und Südamerika bereits 180 deutsche Firmen, von denen 135 von hanseatischen Kaufleuten gegründet worden oder Niederlassungen Hamburger und Bremer Firmen waren. Die starke Verflechtung Lateinamerikas mit Hamburg äußerte sich auch im Export- und Importgeschäft der Hansestadt, welches für Jahrzehnte vom Handel mit dieser Region dominiert wurde.[12]

Hafen von Hamburg im späten 19. Jahrhundert. Öl auf Leinwand

Die Erschließung neuer Märkte in Übersee begünstigte in Hamburg den weiteren Ausbau der Handelsflotte. Waren 1848 noch 257 Schiffe in der Stadt registriert, so gab es 1859 bereits 483 Schiffe, die auch an Größe stetig zugenommen hatten. Die meisten Hamburger Segler waren in Lübeck, Apenrade, Kiel und anderen Ostseehäfen sowie an der Weser gebaut worden und gehörten Reedern, die lediglich ein oder zwei Schiffe in Fahrt hatten. Diese Reeder schickten sie entweder mit Waren auf Spekulation hinaus und beauftragten einen Supercargo mit dem Verkauf und dem Zusammenkauf von Rückladungen, oder sie benutzten die Schiffe, um den Verkehr mit ihren überseeischen Niederlassungen aufrechtzuerhalten. Zu den größten Segelschiffsreedereien zählten zwischen 1840 und 1870 die Firmen Rob. M. Sloman, Joh. César Godeffroy & Sohn, Joh. Marbs, A. J. Hertz, A. J. Schön und F. Laeisz. An zweiter Stelle folgten Reedereien wie die Firma Lorenzen & Dreyer, die von 1850 bis 1856 fünf Schiffe besaß und bis 1871 Schiffahrt betrieb. Eines ihrer Fahrzeuge war das Vollschiff *Georg Heinrich,* auf dem der fast sechzehnjährige Jebsen als Schiffsjunge angemustert wurde. Die mit 101 CL mittelgroße Brigg war auf der Werft von Torkil Andersen in Apenrade gebaut und mit drei

Masten getakelt worden – wie die meisten Vollschiffe und Barken im damaligen Überseeverkehr. Der Kapitän von *Georg Heinrich* war H. Paul Closter, der aus Dyrhave bei Apenrade stammte.[13]

Am 10. August 1851 stach *Georg Heinrich* in Apenrade in See und fuhr über Cadiz (Spanien) nach Südamerika, wo sie die brasilianischen Häfen Rio de Janeiro und Santos sowie Montevideo (Uruguay) anlief, bevor sie über Rio de Janeiro nach Hamburg zurücksegelte.[14] Über die Haupt- und Hafenstadt Rio de Janeiro gingen um die Mitte des 19. Jahrhunderts mehr als die Hälfte der direkten Importe des Kaiserreichs Brasiliens ein, meistens britische Baumwollwaren, schwedische Eisenwaren und spanische Weine und Branntweine. Exportiert wurden vor allem Kaffee, der fast die Hälfte der brasilianischen Ausfuhren ausmachte, sowie Baumwolle, Zukker, Tabak, Hörner und Häute.[15] Mit solchen oder ähnlichen Waren wird auch *Georg Heinrich* beladen gewesen sein. Als Vollschiff, das neben den Rahsegeln auch Gaffelsegel führte, konnte der Segler leichter kreuzen und dadurch schneller fahren. Die Geschwindigkeit der extrem schnellen und schönen Klipper, wie sie um 1850 zum Beispiel im schottischen Aberdeen gebaut wurden, erreichten solche Vollschiffe aber nicht. Als Jebsen später erwähnte, daß er in den fünfziger Jahren amerikanische und englische Klipperschiffe gesehen habe, zeigte er sich von deren Segeleigenschaften beeindruckt: »(D)a konnte kein Kriegsschiff überhaupt mitkommen, wenn die Fersengeld gaben«.[16] Allerdings waren Klipper sehr schwer zu segeln, nahmen bei bewegter See viel Wasser auf und hatten nur kleine Laderäume. Damit waren sie für deutsche Reedereien wenig geeignet, da es bei den von ihnen beförderten Waren oder Passagieren, wie beispielsweise Auswanderer nach Amerika, weniger auf hohe Geschwindigkeit als auf einen guten Nettoraumgehalt ankam.[17]

Zwar fuhren Segelschiffe auf längeren Überseereisen um die Mitte des 19. Jahrhunderts selten mit mehr als fünfzehn Mann Besatzung, doch legt die Größe von *Georg Heinrich* nahe, daß zwanzig bis dreißig Mann an Bord waren. Eine solche Mannschaftsstärke war damals auf vielen größeren Hamburger und Bremer Schiffen sowie einzelnen Stettiner und Apenrader und anderen Segelschiffen aus Schleswig-Holstein, Hannover und Oldenburg durchaus üblich. In der Rangfolge an Bord ganz unten standen die Schiffsjungen, denen die schmutzigsten und unbeliebtesten Arbeiten zugeteilt wurden. Oft als Prügelknaben behandelt waren sie die Knechte aller und nicht selten auch Prellbock für schlechte Launen. Derbe

Hänseleien, Püffe und Ohrfeigen galten als gerechtfertigt und notwendig, um einen Seemann aus dem Bürschchen zu machen.[18] Über seine eigene Zeit als Schiffsjunge hielt Jebsen fast vierzig Jahre später fest:

> »Es ist ein schwerer Beruf (...). Die Illusionen, welche man sich als Knabe vom Seemannsstande macht, gehen nie in Erfüllung, ich kann davon aus Erfahrung mitsprechen. Das erste Jahr ist (...) quasi eine Leidenszeit, die manchem braven Jungen, der aus einem guten Elternhause herausgekommen ist, das Herz gebrochen hat. Es gehört ein eiserner Wille sowie außerordentliche Liebe zum Beruf dazu, um darin auszuharren. Ist man erst über das erste Jahr hinweg, dann geht es schon besser.«[19]

Während einer Reichstagsdebatte ließ Jebsen wissen, er habe selten Prügel bekommen, doch »wenn ich solche bekommen habe, so sind sie mir von meinen Kameraden zu Teil geworden«: Der Kapitän und die Offiziere seien weniger die Tyrannen des Schiffes als die Matrosen.[20] Seiner Familie berichtete er, die schlimmste Gefahr für die Jungen sei der rohe und gemeine Ton im Mannschaftslogis gewesen.[21] Damit bestätigte er die Erfahrungen vieler damaliger Schiffsjungen, von denen einige diese Schikanen nicht aushielten und ihrem Leben durch einen Sprung über die Reling ein Ende setzten. Nicht wenige kehrten nach diesen Erfahrungen der Seefahrt den Rücken. Wer dennoch durchhielt und Leistung erbrachte, konnte nach zwei Jahren zum Jungmann aufsteigen, wenn eine entsprechende Stelle an Bord frei war. Manchem gelang es, bereits nach einem Jahr als Jungmann angeheuert zu werden.[22] Jebsen gehörte zu ihnen, wie aus seinem späteren Zeugnis hervorgeht. Nach einer zweiten Reise mit *Georg Heinrich*, die von Hamburg über das

Deutsche Schiffsjungen in Hongkong, um 1900

englische Newcastle nach Rio de Janeiro und New Orleans (USA) führte, auf dem Rückweg das italienische Genua berührte und in London endete, verließ er am 25. April 1853 das Schiff. Das Zeugnis von Kapitän Closter bescheinigte ihm, er habe »Dienst als Jungmann verrichtet und sich stets zu meiner außerordentlichen Zufriedenheit aufgeführt«.[23] So war es Jebsen gelungen, nach einer Fahrenszeit von nur etwa eindreiviertel Jahren zum Jungmann aufzusteigen.

Dem praktischen Teil der Ausbildung zum Schiffer folgte üblicherweise der theoretische Unterricht in Navigation. Zu diesem Zweck kehrte Jebsen im Frühling 1853 nach Apenrade zurück. Im dänischen Gesamtstaat gab es nur in Kopenhagen eine Navigationsschule, die 1853 aber lediglich zwölf Schüler zählte.[24] Wie anderswo an den dänischen und deutschen Küsten lag auch in Apenrade die Navigationsausbildung seit alters her in den Händen erfahrener Seeleute, die ihre Dienste als Privatlehrer anboten. 1794 hatte der Apenrader Magistrat mitgeteilt, daß »theils gewesene und noch fahrende Schiffer und Steuerleute den Winter über junge Leute, die mit den nöthigen Schulwissenschaften, hauptsächlich im Rechnen und Schreiben, bereits versehen sind und ein oder mehrere Jahre zur See gefahren, in der sogenannten Steuermannskunst unterweisen, daß hierzu in vorigen Zeiten holländische Lehrbücher zum Leitfaden sind gebraucht worden, man aber in neueren Zeiten angefangen hat sich eines in Copenhagen ausgekommenen Lehrbuchs (...) in dieser Absicht zu bedienen. Die jungen Seefahrenden absolvieren gewöhnlich in zwei Wintern ihren Cursum (...)«.[25] Zu den Lehrinhalten zählten Geometrie, Trigonometrie, Besteck nach Koppelkurs, Zeitrechnung der Mondphasen durch die »Goldene Zahl« und die »Epakten«, Berechnung von Hoch- und Niedrigwasser und der Meridianbreiten nach den verschiedenen Himmelskörpern, Breitenbestimmungen nach Sonnenhöhen außerhalb des Meridians, Zeitbestimmungen, Berechnung von Chronometerstand, Chronometergang und Chronometerlängen sowie der Höhe eines Gestirns zu einer bestimmten Zeit und zum Zeitpunkt seines Passierens des Meridians, Längenberechnungen nach Monddistanzen, Kompaßmißweisung nach Peilungen, Amplitude und Azimut, Segelung im größten Kreise und vieles andere mehr. Die Theorie der Navigation zu lernen, war zur Mitte des 19. Jahrhunderts eine Selbstverständlichkeit für alle jungen Männer, die Steuerleute und möglichst auch Schiffsführer werden wollten.[26]

Jebsen absolvierte seine Navigationsausbildung bei dem erfahrenen Privatlehrer Kapitän Boysen in Loitkirkeby bei Apenrade, der offenbar bereits Hunderte von jungen Seeleuten unterrichtet hatte.[27] Solche Zahlen sprechen dafür, daß Boysen zu den besser qualifizierten älteren Kapitänen gehörte, die etwas von der Theorie der Navigation verstanden. Da die Fähigkeiten der Lehrer von keiner offiziellen Stelle überprüft wurden, sich aber herumsprach, wenn sie einen guten Ruf hatten, florierten solche Privatschulen in vielen größeren und kleineren Orten an der Küste. Schon aus Kostengründen, um Reise- und Aufenthaltsgeld zu sparen, versuchten die meisten Seeleute einen Lehrer in der allernächsten Umgebung ihres Heimatortes zu finden. Unter Anleitung des Lehrers und mit Hilfe von Lehrbüchern fand die Prüfungsvorbereitung statt.[28] Jebsen scheint lediglich für zwei Monate bei Boysen Unterricht genommen zu haben, denn bereits am 9. Juli 1853 bestand er in Flensburg das Steuermannsexamen vor dem Königlichen Navigationsexaminator Middelboe und zwei Beisitzern. Das Prädikat lautete »bequem«, was bedeutete, daß Jebsen als tauglich für den Steuermannsberuf erachtet wurde.[29]

Welcher Beschäftigung Jebsen in den nächsten Monaten nachging, ist unbekannt. Seine Spur findet sich wieder am 9. März 1854, als er als dritter Steuermann auf der Apenrader Bark *Otto* anheuerte. Das große Segelschiff von 164 CL unter der Führung von Kapitän Groennebeck aus Dyrhave stach in Hamburg in See und fuhr nach Rio de Janeiro und wieder zurück; danach folgte noch einmal dieselbe Tour. Nach dieser Fahrzeit als Steuermann bereitete Jebsen sich bei dem Nautiker und Privatlehrer Niebuhr in Hamburg auf das Schifferexamen vor. Niebuhr führte ihn in die Theorie der Nautik, unter anderem in die Observationswissenschaft ein, also in die modernen Methoden der Astro-Navigation und deren theoretische Grundlagen.

Der Sextant von Michael Jebsen

1855 bestand Jebsen die Schifferprüfung auf großer Fahrt in Hamburg.[30] Mit seiner Ausbildung erwarb er sich weitaus höhere nautische Kenntnisse als sie viele seiner Berufskollegen in jener Zeit besaßen. In allen deutschen Seestaaten gab es damals zahlreiche ungeprüfte Schiffsführer, die sich auf Überseefahrten der seit Jahrhunderten gebräuchlichen Koppelnavigation bedienten, also ihre Position mittels Kursen und zurückgelegten Entfernungen ermittelten. In Küstennähe fuhren sie in Landsicht oder benutzten Peilungen und Lotungen. Einige orientierten sich auch nach den Sternen, wenn sie in vertrauten Fahrtgebieten die Stellung bestimmter Sterne in Relation zu ihrem Fahrtkurs kannten. Noch in den 1870er Jahren wurden rund zwei Drittel aller deutschen Handelsschiffe nach den alten Navigationsmethoden geführt.[31] Das Erwerben gründlicher wissenschaftlicher Kenntnisse in der Astro-Navigation, wie es Jebsen tat, und der Gebrauch von entsprechenden Instrumenten waren also zu seiner Zeit eine Ausnahmeerscheinung unter Schiffern.

Schiffahrt in Peru und Chile

Die dritte Reise von *Otto* ging von Hamburg ins chilenische Valparaíso, wo Jebsen am 4. Januar 1856 aus Krankheitsgründen abmusterte. Das Zeugnis des Kapitäns lautete, er habe sich in jeder Hinsicht als tüchtiger Seemann bewiesen und sich aufs beste benommen. Von da ab verliert sich Jebsens Spur erneut, doch scheint der Zwanzigjährige bald genesen zu sein und im damaligen Freistaat Peru das nationale Steuermannsexamen absolviert zu haben. Von der Regierung in Lima erhielt er das Patent als zweiter Hochseesteuermann (*secundo piloto d'altura*), das ihn zur Führung von Schiffen unter peruanischer Flagge ermächtigte. Ende 1856 wurde er als Kapitän auf der peruanischen Bark *Joven Emilio* des Reeders Nicolas Prumeda engagiert.[32] Da Peru kaum natürliche Häfen besitzt, war Prumedas Reederei entweder in der großen Hafenstadt Callao bei Lima oder im weiter nördlich gelegenen Payta ansässig, welche beide an den besten Buchten des Landes liegen. Von dort aus betrieb Jebsen Küstenschiffahrt entlang der ausgedehnten Küste Perus und seiner Nachbarstaaten. Wie die meisten Segler der peruanischen Handelsmarine wird auch *Joven Emilio* ein altes und ausgedientes amerikanisches oder europäisches Schiff gewesen sein, das sich nur für Küstenfahrten in sturmfreien Wettern eignete. Weil

Karte der Küste von Peru, 1890

Michael Jebsen, um 1860

an der ganzen Küste die Brandung sehr stark ist, war damals das Anlanden von Gütern mit großen Schwierigkeiten und Gefahren verbunden. Man benutzte Flöße aus leichtem Holz oder Rohrbündeln, auf die oft aufgeblasene Häute als Schutz der zu landenden Waren gelegt wurden. Da die Industrie Perus unbedeutend war, bestand der Küstenhandel fast nur aus Getreide, Lebensmitteln und kleingewerblichen Erzeugnissen.[33]

Als Kapitän war Jebsen »Schiffer nächst Gott« *(Master next God)* an Bord und übte zweifellos wie andere Schiffsführer strenge Autorität, Härte und soziale Distanz gegenüber der Besatzung aus. Andererseits durfte bei ihm nicht das Bewußtsein für seine Verantwortung und seine Pflichten fehlen. Von seinen charakterlichen Eigenschaften hing es ab, wie sich das Verhältnis zur Schiffsmannschaft gestaltete. Mit der einheimischen Besatzung, wahrscheinlich Kreolen, mußte er sich auf Spanisch verständigen, also in einer Sprache, die er in Südamerika in kurzer Zeit gelernt haben wird. Zu seinen wichtigsten seemännischen Aufgaben gehörte die meteorologische Navigation, also Wetterbeobachtungen, um das Schiff unter Ausnutzung günstiger Winde auf schnellstem Wege zum Ziel zu bringen. In einer Reichstagsrede, bei der es um die Überprüfung der Chronometer und der nautischen Instrumente durch die Seewarte in Hamburg ging, dachte Jebsen an seine Zeit als Kapitän zurück: »(D)a mußte ich selber meine Kompasse und Instrumente prüfen.«[34] Um Manövrierfehler zu vermeiden, hatte er die Segeleigenschaften seines Schiffes richtig einzuschätzen und bei Gefahren rasch und entschlossen zu handeln. Über den reinen Schiffsbetrieb hinaus wurden von ihm Kenntnisse in der Waren- und Ladungskunde erwartet, um Frachtgüter ordnungsgemäß und platzsparend im Schiff zu stauen. Außerdem vertrat er die Interessen von Schiff und Ladung gegenüber Lotsen, Stauern, Maklern und Hafenbehörden, wenn das Schiff in einen Hafen einlief. Seine nautischen und kaufmännischen Aufgaben scheint Jebsen gut gemeistert zu haben.

Hafen und Stadt Valparaíso in Chile, um 1880

Als er nach zwei Jahren, am 12. Dezember 1858, die Führung von *Joven Emilio* abgab, erhielt er von Prumeda ein vorzügliches Zeugnis seiner Leistungen als Kapitän.[35]

Mit seiner anschließenden Übersiedlung nach Valparaíso begann für Jebsen ein wichtiger Lebensabschnitt. Viele Jahre später berichtete er, in Chile längere Zeit gewohnt zu haben und zu wissen, »wie die deutschen Interessen in Chile vertreten sind« und »wie viele brave deutsche Landsleute in Chile wohnen«.[36] Die Stadt Valparaíso war 1865 der wichtigste Hafen- und Handelsplatz an der gesamten Westküste Südamerikas mit insgesamt 142.629 Einwohnern und der höchsten Bevölkerungsdichte im damaligen Freistaat Chile.[37] Außer den mehrheitlich kreolischen Einwohnern lebten über fünftausend Ausländer in der Stadt, darunter mehrere deutsche Kaufleute. 1822 war das erste deutsche Handelshaus gegründet worden, dem bis 1858 weitere Im- und Exportfirmen folgten. Eine Studie aus dem späten 19. Jahrhundert über die Deutschen in Chile lobte »die durchschnittlich weit überlegene kaufmännische Bildung und commercielle Erfahrung« der dort ansässigen Kaufleute und wies darauf hin, daß sie sich »durch vielseitigere Kenntnisse, hauptsächlich die mehrerer Sprachen, sowie durch promptere Geschäftsführung vor den Kaufleuten anderer Nationen auszeichnen und dadurch ein unbestreitbares moralisches Übergewicht erlangt haben«.[38] Außer den Kaufleuten gab es im Süden

Chiles eine große Anzahl deutscher Einwanderer, hauptsächlich Bauern und Handwerker, die in den 1850er Jahren ins Land gekommen waren.[39]

Die Schiffahrt Chiles wurde von der britischen Pacific Steam Navigation Company (P.S.N.) dominiert, die seit 1840 an der Westküste zwischen Valparaíso und Panama eine Dampferflotte betrieb. Die Reederei erhielt britische und teilweise auch lateinamerikanische Subventionen für die Postbeförderung und besaß ein Monopol in diesem Bereich. Allerdings verlor die P.S.N. in Chile auf Initiative der Freihandelslobbyisten bereits in den 1850er Jahren ihre Privilegien. Aus diesem Grunde konnten sich in Chile und anderswo an der Westküste lokale Reedereien behaupten, die in der neuen Ära des Freihandelsliberalismus seit dem Ende der 1840er Jahre durch die Aufhebung protektionistischer Gesetze und den steigenden Handel mit Kalifornien während des Goldrausches einen großen Aufschwung erfuhren. 1849 gab die Regierung in Santiago die Küstenschiffahrt in Chile für alle Flaggen frei und schaffte die Privilegien für die nationale Handelsmarine ab. Der freie Wettbewerb stimulierte ein enormes Wachstum der chilenischen Handelsflotte, die 1845 über lediglich 94 Fahrzeuge von 15.529 Tonnen verfügt hatte. Bis 1859 stieg die Zahl der Schiffe auf 268 mit einer Gesamttonnage von 58.877 Tonnen, und 1860 waren es 266 Schiffe mit 60.434 Tonnen. Auf die Initiative chilenischer Reeder ging es zurück, daß Chile das erste Land an der Westküste Südamerikas wurde, dessen nationale Handelsmarine in den 1850er Jahren Dampfschiffe einführte. Zu den Reedereien, die Dampfer in unregelmäßiger Fahrt zwischen den Häfen in der Nähe von Valparaíso einsetzten, gehörte die Firma Cousiño & Sons des Chilenen Luis Cousiño. Einer ihrer Dampfer war *Antonio Varas* von 780 Tonnen, der in der Küstenschiffahrt zwischen den nordchilenischen Häfen fuhr. Auf diesem Schiff fand der 23jährige Jebsen seine nächste Anstellung, und zwar als erster Offizier unter der Führung des deutschstämmigen Kapitäns N. Christian Möller. Als Jebsen am 1. Februar 1859 dort seinen Dienst antrat, eröffneten sich für ihn unmittelbare Einblicke in die neue Dampftechnik, welche die Schiffahrt im 19. Jahrhundert geradezu revolutionieren sollte.[40]

Erste erfolgreiche Versuche mit dem Dampfantrieb für Schiffe waren zu Beginn des Jahrhunderts in Großbritannien und den USA gemacht worden. 1820 wurde der erste eiserne Dampfer in Tipton (Staffordshire) gebaut, und 1838 überquerte das Dampfschiff *Great Western* erstmals den Atlantik. Die Errichtung von Kohlenstationen um 1850, die als eine Art

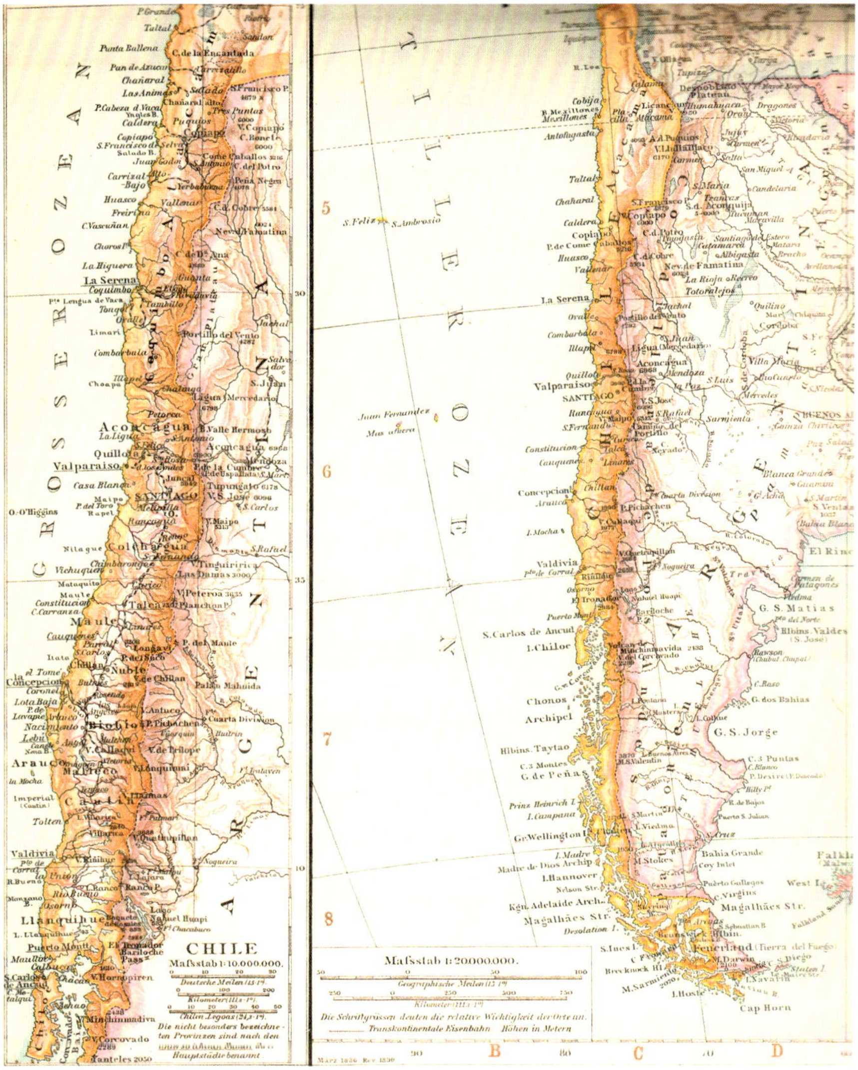

Karte der Küste von Chile, 1890

Tankstellen das platzraubende Mitführen des Brennstoffes stark reduzierten, sowie die bis 1860 vollzogene allgemeine Einführung der kohlensparenden Verbundmaschine (*compound engine*) waren wichtige Etappen in der Durchsetzung der Dampftechnik. In der internationalen Schiffahrt vollzog sich der allmähliche Übergang von der Segel- zur Dampfschifffahrt in regional sehr unterschiedlichen Ausprägungen. Klarer Vorreiter war Großbritannien, wo die Dampfertonnage zwischen 1850 und 1869 um vierhundert Prozent zunahm. Dampfschiffe dominierten den nordatlantischen Frachtverkehr, in dem für Segelschiffe nur die großräumigen und billigen Massengüter übrigblieben.[41] Andere Regionen wie die Staaten an der südamerikanischen Westküste überließen der P.S.N. und lokalen Konkurrenten den regelmäßigen Verkehr mit Stückgütern und Passagieren, doch setzten weiterhin auf Segelschiffe, wenn es um den Transport von Massengütern ging.[42] Die damaligen Dampfer waren überwiegend kleine Fahrzeuge, die hauptsächlich der Beförderung von Passagieren und Post dienten. Im Gegensatz zum Segler war der Dampfer aber unabhängig von äußerer Energie und eignete sich deshalb besonders für Küstenfahrten, auf windstillen Binnenseen, flußaufwärts und auf Kanälen. Erstmals war auch die Aufstellung eines Fahrplans möglich, so daß die netzwerkartigen Wassertransportverbindungen verläßlich und kalkulierbar wurden.[43]

Nach eineinhalb Jahren, Ende Juli 1860, musterte Jebsen von *Antonio Varas* ab. Als Grund gab er an, sein Geburtsland – Schleswig-Holstein – besuchen zu wollen. Das Zeugnis von Kapitän Möller bescheinigte ihm, »sowohl mich vollkommen zufrieden gestellt, als auch die Besitzer des Schiffes, Messrs. Cousiño & Sons in Valparaíso, mit denen persönlich bekannt zu sein er die Ehre hatte, und die gern seine vielen guten Eigenschaften anerkennen und sich freuen würden, ihn wieder in ihre Dienste zu nehmen, wenn er zu irgend einer Zeit nach Chile zurückkehren würde«.[44] Allerdings verzögerte sich Jebsens Abreise nach Europa, weil er noch für fünf Monate die Führung eines Segelschiffes der Reederei Nicolás Tiedje in Valparaíso übernahm, offenbar ein Freundschaftsdienst für den aus Schleswig-Holstein stammenden Landsmann. Als er am 1. Januar 1861 das Schiff verließ, bestätigte ihm Tiedje, sich in jeder Beziehung als umsichtig tätig und mit seinem Fach vollkommen vertrauter Seemann bewährt zu haben.[45]

Mit seiner anschließenden Abreise nach Europa ging für Jebsen ein wichtiger Lebensabschnitt zu Ende. Über zwanzig Jahre später gedachte er in einem Brief an Kapitän Möller, der Pate seines Sohnes Jacob (V) und ein Freund der Familie geworden war, der gemeinsamen Zeit auf *Antonio Varas*: »I many times think back with pleasure on our sailing in that old ship and never forget the years I spent on your coast.«[46] Einen früheren Freund in Chile erinnerte er Ende 1886 an »die alte Gegend, wo ich in früheren Jahren so manche frohe Stunde verlebt habe«.[47] In solchen Worten drückte sich Jebsens emotionale Verbundenheit mit dem Land aus, in dem er seine frühen Berufsjahre verbracht und viele Freunde gewonnen hatte. Während seines fast siebenjährigen Aufenthalts in Südamerika hatte er seine ersten praktischen Erfahrungen als Schiffsoffizier in der Küstenschiffahrt gemacht und die Bedienung und Führung von Segelschiffen und auch eines Dampfschiffes kennengelernt. Er war vertraut mit den nautischen Eigenheiten der südamerikanischen Westküste und der Mentalität der von ihr stammenden kreolischen Besatzungen sowie mit dem täglichen Gebrauch der spanischen Umgangssprache. Mit solchen besonderen Kenntnissen versehen konnte er darauf hoffen, auch anderswo eine gute Anstellung als Schiffskapitän zu finden und seine Erfahrungen gewinnbringend einzusetzen.

Küstenfahrten und Krieg in Mexiko

Unter der heimatlichen Apenrader Flagge als Schiffer zu fahren, kam für den 25jährigen Jebsen nicht in Frage. Das zehn Jahre zurückliegende demütigende Erlebnis, als er vom dänischgesinnten Amtmann seiner Heimatstadt wegen des Absingens eines Liedes verhaftet und verurteilt worden war, hatte sich offenbar tief eingeprägt. Sein damaliges Gelöbnis, nie ein Schiff unter dem Danebrog zu führen, war so bindend für ihn, daß er nach Rückkehr nach Apenrade im Frühjahr 1861 darauf verzichtete, dort einen Antrag auf Aufnahme in den Bürgerverband zu stellen. Die persönlichen und geschäftlichen Verbindungen mit Hamburg legten es nahe, in dieser Freien Stadt, die auch gleichzeitig deutscher Bundesstaat war, Bürger zu werden und damit das Recht zu bekommen, ein Schiff unter Hamburger Flagge zu führen. In dem Stadtstaat war erst im Vorjahr eine neue »Verfassung des Freistaates Hamburg« in Kraft getreten, die aus der Revolution von 1848/49 hervorgegangen war, aber erst nach jahrelangen Debatten verschiedet werden konnte. Gegenüber den früheren politischen Verhältnissen war die Verfassung von 1860 ein großer Fortschritt, doch änderte sie wenig am Modus für den Erwerb des Bürgerrechts, das Selbständigen und Grundeigentümern sowie jenen vorbehalten blieb, die bei einer Zahlung von 25 Mark courant – einer für damalige Verhältnisse hohen Summe – dazu finanziell in der Lage waren. Zweifellos gehörte Jebsen zu der letztgenannten Gruppe. Wie damals üblich, wird über sei-

Die Seeschatulle von Michael Jebsen

nen Antrag von der Bürgerschaft abgestimmt worden sein. Nach positivem Votum werden ihm von Vertretern des Senats die Bürgerpflichten vorgelesen worden sein, wonach er am 24. Mai 1861 den vorschriftsmäßigen ordentlichen Bürgereid ablegte. Damit war er formal in den Bürgerverband aufgenommen und hatte das Recht zur Führung eines Hamburger Schiffes erworben.[48]

Sein erstes Kommando erhielt Jebsen auf dem schnittigen Hamburger Dreimastvollschiff *Mazatlan* des Hamburger Kleinreeders J. J. Lomer.[49] Der 1855 auf der Apenrader Werft von Jürgen Paulsen erbaute Segler war regelmäßig in der Frachtfahrt nach Mazatlan an der Westküste Mexikos beschäftigt. 1856 waren insgesamt siebzig Schiffe in Mazatlan eingelaufen, womit der Hafen an vierter Stelle in der Liste mexikanischer Handelsplätze – nach Vera Cruz, Tampico und Acapúlco – rangierte. In allen diesen

Vollschiff *Mazatlan*, 1861 bis 1863 geführt von Michael Jebsen. Zeitgenössisches Gemälde

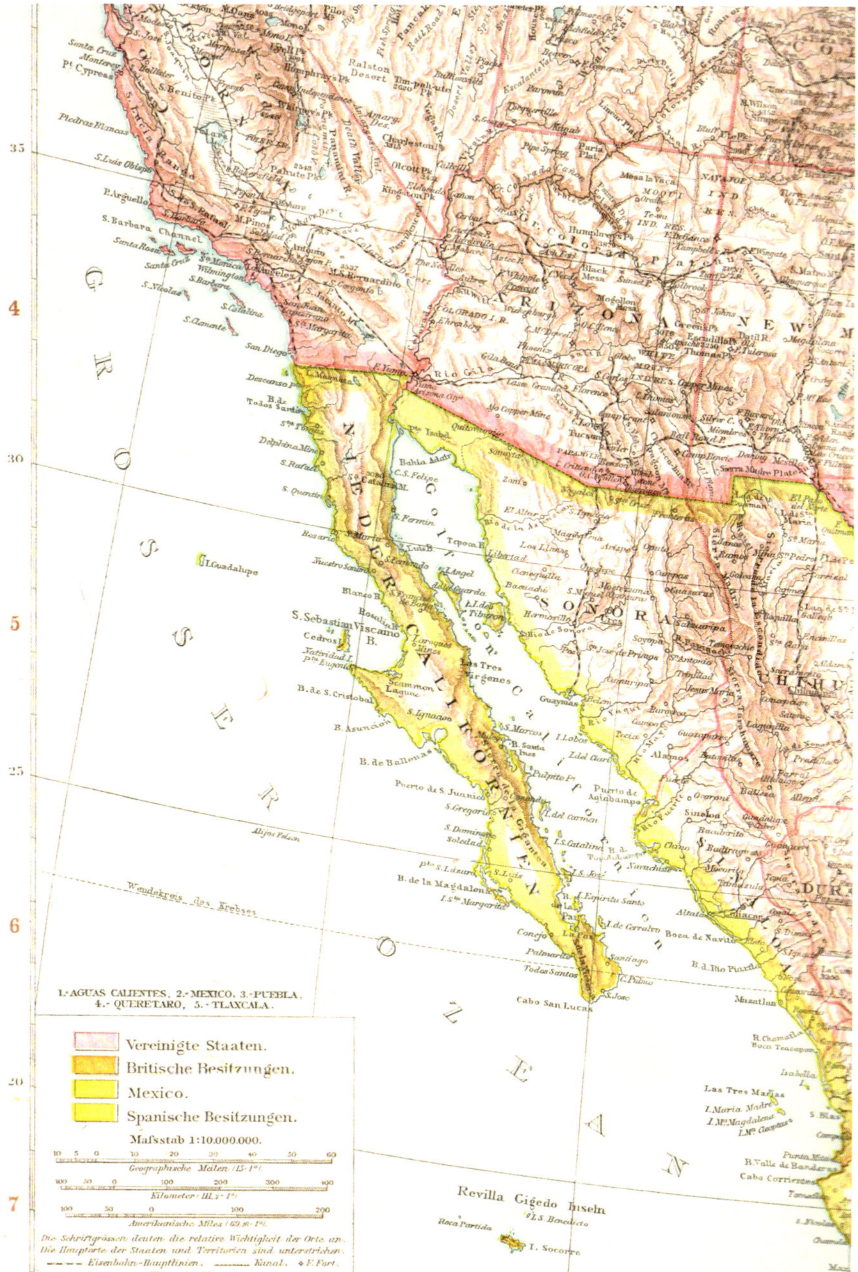

Karte der Küste von Westmexiko, 1890

Hafenorten lagen fast der ganze Großhandel und ein großer Teil des Kleinhandels in den Händen deutscher Firmen.[50] Die in Mexiko ansässigen deutschen und besonders hanseatischen Kaufleute bestätigten sich vor allem im europäisch-mexikanischen Handelsgeschäft. 1856 teilte ein Bremer Diplomat mit, der Großhandel Mexikos befinde sich zwar zu zwei Dritteln in den Händen der in der Republik etablierten Deutschen, »aber nicht deutsche, sondern englische und französische Waren nehmen bei der Einfuhr den ersten Platz ein«.[51] Der Rückgang des deutschen Handels mit Mexiko nach 1840 ging vor allem auf sinkende Leinenexporte zurück, denen zunehmend von englischen Baumwollwaren Konkurrenz gemacht wurde. 1858 bestanden zwei Drittel der Exporte Großbritanniens nach Mexiko aus Baumwollwaren. In umgekehrter Richtung exportierte das rohstoffreiche Land fast ausschließlich Silber.[52] Wegen der starken Verflechtung der Hamburger Wirtschaft mit Großbritannien beteiligten sich auch Reedereien in Hamburg am Frachtgeschäft zwischen Europa und Mexiko.

Weil sich das Logbuch von *Mazatlan* erhalten hat, können die beiden Reisen von Jebsen auf dem Schiff genau nachvollzogen werden.[53] Die Eintragungen beginnen am 30. Januar 1861 mit dem Abgang des Schiffes vom englischen Liverpool. Die Stadt war zu jener Zeit der wichtigste Baumwollmarkt der Welt mit einer Einfuhr von jährlich zwei Millionen Ballen Rohbaumwolle, die in den Textilzentren Mittelenglands zu Stoffen verarbeitet und über Liverpool auf die Weltmärkte exportiert wurden. Jährlich liefen rund elf- bis zwölftausend Schiffe in den Hafen ein und machten Liverpool zum wichtigsten britischen Handelsplatz nach London.[54] So wird auch *Mazatlan* britische Baumwollwaren an Bord gehabt haben, als sie von Liverpool absegelte. Von Anfang an herrschte unbeständiges Wetter auf der Reise; schwere Stürme begleiteten die Umrundung von Kap Horn. Am 10. Oktober – nach einer Reise von 99 Tagen – kam die Insel Juan Fernandez bei Valparaíso in Sicht. Zwei Wochen später notierte Jebsen: »Böige Luft mit Seegang (...); es war ein Glück, daß der *Mazatlan* ein so guter Segler war, sonst hätten wir eine lange Reise bekommen.« Am 1. November sichteten sie bei anhaltend unbeständigem Wetter die mexikanische Küste, und am 14. November 1861 lag das Schiff vor Mazatlan – nach 137 Reisetagen. Jebsen notierte: »(W)ir (...) hißten die Signalflagge (...) und sahen unsere Reise als vollendet an.«[55] Unbekannte Gründe verhinderten jedoch die Löschung der Ladung. Es war wohl ein

Hafen und Stadt Mazatlan in Mexiko, um 1920

Abgesandter einer Firma in Mazatlan, der am 16. November an Bord kam und dem Kapitän die Order gab, bis zum 20. November wieder in See zu gehen. Erst nach zwei Wochen kam die endgültige Anweisung, zu dem weiter nördlich gelegenen Guaymas am Golf von Kalifornien zu segeln. Nach elf Tagen kamen sie dort an, erhielten aber erst nach vier Tagen die Erlaubnis zum Ankerwerfen im Hafen. Jebsen lobte zwar den nach seiner Meinung sehr guten Hafen von Guaymas, doch mußte *Mazatlan* wegen der geringen Wassertiefe meist auf Grund liegen, was wegen der Weichheit des Bodens aber ungefährlich war. Nach dem Löschen der Ladung nahm das Schiff Ballast ein und segelte am 6. Januar zurück nach Mazatlan. Dort lag eine Ladung Brasil, eine Art Schnupftabak, als Rückfracht bereit. Am 30. Januar 1862 stach *Mazatlan* mit dem Bestimmungsziel Falmouth im englischen Cornwall erneut in See.[56]

Auch die Rückreise war von schweren Stürmen und hoher See begleitet. Nach 111 Tagen Fahrt, am 20. Mai 1862, sichteten sie »Bishop Lighthouse«, den westlichsten Leuchtturm auf den Cornwall vorgelagerten Scilly-Inseln. In Falmouth erhielt Jebsen Order, nach Hamburg zu segeln, wo *Mazatlan* nach dreieinhalb Tagen ankam und die Tabakladung löschen konnte. Im Dock mit neuer Kupferung versehen, segelte das Schiff unter Führung des Steuermanns mit Ladung und Ballast Ende Juni 1862 nach Liverpool. In dieser Zeit reiste Jebsen nach Apenrade und besuchte seine

Familie. Schon am 18. Juli fuhr er wieder nach Liverpool, wo die Beladung von *Mazatlan* fast beendet war. Mit dem erneuten Bestimmungsziel Mazatlan ging das Schiff am 29. Juli 1862 wieder in See. Die Eintragungen im Logbuch weisen nicht nur auf die Wetterkapriolen, sondern auch auf zahlreiche Begegnungen und gegenseitiges Signalisieren mit anderen Schiffen hin. Nach 64 Tagen passierten sie Kap Horn bei leichtem Wind mit schwachen Schneeböen. Am 17. November 1862 – nach 107 Reisetagen – lag das Schiff wieder vor Mazatlan, mußte jedoch vier Tage vor dem Hafen liegen, bevor die Ladung gelöscht werden konnte.[57]

Mit großer Überraschung wird Jebsen den Befehl des Gouverneurs des mexikanischen Staates Sinaloa, Placido de la Vega, erhalten haben, am 12. Dezember nach Altata, einem Ort rund zweihundert Seemeilen nördlich von Mazatlan, zu segeln, um von dort fünfhundert mexikanische Soldaten abzuholen und nach Mazatlan zu bringen.[58] Das Land befand sich zu dieser Zeit inmitten eines Krieges gegen französische Expeditionstruppen, die Ende 1861 und Anfang 1862 in Mexiko gelandet waren. Kaiser Napoleon III. versuchte mit dem Feldzug das französische Weltreich auszudehnen und nutzte für den Einmarsch einen Zeitpunkt, als die USA durch den 1861 ausgebrochenen Sezessionskrieg der Südstaaten militärisch kaum handlungsfähig waren. Als Vorwand für die Intervention diente ein zweijähriges Moratorium für die Zahlung der Staatsschulden Mexikos, das der liberale Präsident Benito Juárez verfügt hatte, um das Land nach dem Bürgerkrieg von 1858 bis 1860 wirtschaftlich und finanziell wieder aufzubauen. Frankreich, Großbritannien und Spanien waren besonders hart durch das Moratorium betroffen und hatten beschlossen, ihre Schulden gemeinsam durch militärische Intervention einzutreiben, doch nur Paris entsandte letztendlich Truppen nach Mexiko. Mit ihnen verbündeten sich Einheiten der mexikanischen Konservativen – den innenpolitischen Gegnern von Präsident Juárez – und marschierten gemeinsam auf Mexiko-Stadt. Ihre Niederlage im Mai 1862 bei Puebla südöstlich der Hauptstadt bedeutete einen empfindlichen Rückschlag für die Verbündeten, doch war der Krieg damit nicht beendet. Juárez verlegte ständig seinen Regierungssitz und mobilisierte in allen Teilen Mexikos seine Anhänger, sowohl Milizionäre als auch reguläre Einheiten der republikanischen Armee, und rief zum Widerstand auf.[59] Schnelle Truppenverlegungen längs der ausgedehnten Küsten – wie der von Jebsen verlangte Transport – gehörten zu den essentiellen militärischen Operationen eines kämpfenden Präsidenten, dessen Flotte zu jener Zeit lediglich über rund fünfzehn Schiffe mit vierzig Kanonen verfügte.[60]

Jebsens Protest gegen die Willkürmaßnahme und sein Hinweis auf die neutrale Hamburger Flagge von *Mazatlan* halfen nichts. Als die Beschlagnahmung seines Schiffes drohte, gab er nach und brachte die republikanischen Truppen von Altata nach Mazatlan, wo er am ersten Weihnachtsfeiertag 1862 mit ihnen landete. Damit schien die Gefahr, in den Krieg verwickelt zu werden, vorerst vorbei zu sein. Vier Tage später ging *Mazatlan* in Ballast nach La Paz, einem Hafen an der Südspitze des mexikanischen Staates Unterkalifornien, und lud dort zweihundert Tonnen Silbererz ein, die für das weit südlich gelegene Punta Arēnas, den Haupthafen des mittelamerikanischen Staates Costa Rica, bestimmt waren. Auf dem Weg dorthin legte Jebsen einen Zwischenstopp vor Mazatlan ein, um einen Passagier an Bord zu nehmen. Als er an Land ging, wurde er erneut zum Gouverneur von Sinaloa befohlen. Die Episode schilderte Jebsen fast dreißig Jahre später in einer Reichstagsdebatte, um auf die Notwendigkeit einer deutschen Flottenpräsenz in Südamerika aufmerksam zu machen:

»Im Jahre 1862 (...) lag ich mit meinem Schiffe an der Westküste von Mexiko in Mazatlan. In demselben Hafen lag ein englisches Schiff und ein amerikanisches. An einem schönen Morgen wurde ich vor den Gouverneur Placido de la Vega zitiert. Ich ging zu ihm und wurde mit der nötigen spanischen Grandezza empfangen. Der Herr Gouverneur erklärte mir: mein lieber Kapitän, morgen früh erhalten Sie 1000 Mann mexikanischer Truppen, die Sie für uns nach Acapúlco bringen sollen, und bitte, sträuben Sie sich nicht! Ich stellte dem Herrn vor, daß ich Gefahr liefe, von den französischen Kriegsschiffen aufgefangen zu werden, und daß ich mich einer solchen Vergewaltigung gegenüber wehren müßte. Ich protestierte durch das preußische Generalkonsulat – wir hatten derzeit noch kein Deutsches Reich –; aber er sagte mir ganz deutlich: protestieren Sie, so viel Sie wollen! Wo sind ihre Kriegsschiffe und Ihre Kanonen?«[61]

Erneut mußte Jebsen nachgeben und auf seinem Schiff achthundert Soldaten und sechzig Offiziere der republikanischen Armee einquartieren, mit denen er am 25. Januar 1863 in See stach. Nach drei Tagen auf etwa der Hälfte des Weges war der Wasservorrat aufgebraucht und *Mazatlan* gezwungen, in der Nähe von Manzanillo zu ankern und elf Fässer Trinkwasser aufzufüllen. Außer *Mazatlan* lagen dort zwei amerikanische Handelsschiffe, die mit mexikanischen Truppen befrachtet waren, und ein preußischer Schoner, der rund zweihundert Soldaten an Bord hatte. Die republikanische Armee von Präsident Juárez machte sich die Abwesenheit von Marinestreitkräften der USA und Preußens in mexikanischen Gewässern zunutze, um ihre Truppentransporte auf Handelsschiffen dieser Länder durchzuführen. Die vier Schiffe segelten gemeinsam weiter und wurden am 2. Februar 1863 angewiesen, in einer Bucht neunzig Seemeilen nördlich von Acapúlco zu ankern, wo die Truppen von Bord gingen. In dem Hafenort erfuhr Jebsen, daß vor acht Tagen vier französische Kriegsschiffe dort gewesen und schließlich nach Mazatlan abgesegelt seien. Auf dieser Reise waren sie wahrscheinlich an den vier requirierten Handelsschiffen mit den mexikanischen Truppen vorbeigesegelt, doch zu weit auf offener See gewesen, um diese zu sichten und anzugreifen oder zu beschlagnahmen. Am 4. Februar 1863 konnte *Mazatlan* endlich mit seiner Silbererzfracht nach Punta Arēnas weitersegeln. Im Logbuch vermerkte Jebsen, er sei »nicht wenig froh, mit heiler Haut davon gekommen zu sein«.[62]

Angesichts dieser aufregenden Episode war es nicht verwunderlich, daß Jebsen von »einer langweiligen Reise von 20 Tagen« sprach, die *Mazatlan* nach Punta Arēnas machte. Nach Löschung der Ladung ging es bereits nach vier Tagen weiter zu dem Küstenort Culebra an der nördlichen Westküste von Costa Rica. Als *Mazatlan* dort seinen besten Anker und zwanzig Faden Kette verlor, notierte der erboste Jebsen im Logbuch, er sei »noch niemals in einem schlechteren Hafen gewesen«. Mit einer Ladung von Zederholzblöcken segelte das Schiff zurück nach Punta Arēnas, um dort alle Wasserfässer aufzufüllen, und stach am 24. April 1863 mit dem Bestimmungsziel Falmouth in See. Zwar gab es im südlichen Pazifik starke Stürme, doch waren im Atlantik das Wetter gut und der Wind günstig, so daß sie nach 103 Reisetagen am 6. August 1863 in dem englischen Hafen einlaufen konnten. Dort erhielt Jebsen die Order, nach Bremerhaven weiterzusegeln, wo *Mazatlan* am 11. August ankam und seine Ladung löschen konnte. Anschließend übergab er das Kommando an den Steuermann, da es – wie er im Logbuch festhielt – »meine Absicht war, den Winter über zu Hause zu bleiben«.[63] Nach über zwei Jahren als Kapitän von *Mazatlan* und den anstrengenden Reisen nach Mexiko, die ihn beinahe in die dortigen kriegerischen Verwicklungen der Jahre 1861 bis 1863 einbezogen hatten, wollte er sich im heimischen Apenrade erholen.

In der asiatisch-pazifischen Küstenschiffahrt

Ein lockendes Angebot der Hamburger Firma Hastedt & Co. veranlaßte den 28jährigen Jebsen, seine Pläne zu ändern und bereits im November 1863 auf eine neue Seereise zu gehen. Die Kaufmannsreederei Hastedt & Co. gehörte zu jenen Unternehmen, deren Inhaber früher als Kaufleute in Südamerika tätig gewesen und in die Heimat zurückgekehrt waren, um hier Schwesterfirmen mit einer kleinen Flotte eigener Schiffe zu gründen. Bereits sein Vater, Michael Jebsen (III), war für die Firma tätig gewesen, und zwar als Apenrader Vertrauensmann bei der Einschätzung von Schiffsschäden. Die Firma bestand von 1852 bis 1869 und besaß in diesem Zeitraum bis zu drei Schiffe mit insgesamt 519 CL.[64] Einer ihrer Segelschiffe war die Bark *Notos*, für die Jebsen am 7. November 1863 als Kapitän engagiert wurde. Die Reise sollte ins australische Adelaide und anschließend nach Ostasien führen. Weil das Schiff mit einer Teeladung von Hongkong nach London bestimmt war, fuhr Jebsen schon am Folgetag in die britische Hauptstadt. Nach dem Löschen ging *Notos* ins Trokkendock und erhielt eine neue Kupferung. Um Fracht zu laden, brachte Jebsen das Schiff in die Londoner Docks, wo viele Schiffe warteten, die nach Adelaide bestimmt waren. Daran zeigte sich bildlich der lebhafte Handel Großbritanniens mit seinen fünf australischen Kolonien, die an den Küsten des Kontinents lagen und von denen Süd-Australien mit der Hauptstadt Adelaide zu den wirtschaftlich wichtigsten zählte.[65]

So ging das Laden von *Notos* nur langsam voran. Zwar geht aus Jebsens Logbuch nicht hervor, welche Fracht eingenommen wurde, doch läßt die Eintragung, daß er erst am 20. Januar 1864 seine Ladung »komplettierte«, darauf schließen, daß es sich um verschiedene Stückgüter handelte. Drei Tage später konnte das Schiff ausklarieren und in See stechen. Die Fahrt nach Südwesten durch den Atlantik verlief ohne besondere Störungen, doch verschlechterte sich das Wetter bei der Umrundung von Kap Horn. Am 7. April 1864 notierte Jebsen im Logbuch: »Zunehmende Brise, dabei sehr veränderlich und hatten wir während der letzten 4 Tage sehr heftige

Port Adelaide. Zeitgenössische Postkarte

Hagelböen, so daß wir nur doppelt gereffte Marssegel führen konnten, dabei eine See so hoch, wie ich sie beinahe niemals höher gesehen habe.«[66] Eine anschließende Schönwetterphase ermöglichte schnelles Fahren, so daß am 22. April – nach einer Reise von 88 Tagen – das Leuchtschiff von Adelaide erreicht war. Nach einer Wartezeit von drei Tagen, offenbar wegen der Überfüllung des Hafens, wurde *Notos* von einem Dampfer den Fluß hinaufbugsiert und erreichte schließlich seinen Ankerplatz am Ufer von Port Adelaide im Norden des Stadtzentrums.

Adelaide mit seinen zwanzigtausend Einwohnern war zu dieser Zeit ein rasch wachsender Wirtschaftsknotenpunkt mit lebhaftem Seehandel.[67] Wie überfüllt der Hafen war, zeigte sich daran, daß *Notos* erst am 30. Mai seine Ladung löschen konnte. Zweifellos war die große Konkurrenz von Schiffen dafür verantwortlich, daß Jebsen keine neue Fracht fand, um die Weiterreise profitabel zu machen, und 208 Tonnen Ballast einnehmen mußte. Ein weiterer Rückschlag war die Desertion von acht Besatzungsmitgliedern, die sich wohl in Australien ein neues Glück erhofften. Immerhin gelang es, fünf neue Seeleute anzuheuern und am 4. Juni Port Adelaide zu verlassen. Nach vier Tagen vor Anker beim Leuchtschiff und letzten Vorbereitungen konnte am 8. Juni 1864 die Weiterreise nach Ostasien angetreten werden. Nach Passieren der britischen Weihnachtsinsel (Christmas Island) steuerte *Notos* auf die Sundastraße, die Meerenge zwischen den Inseln Java und Sumatra, zu und ging am 6. Juli morgens bei Anjer vor Anker. Die Stadt mit einem kleinen Fort und Hafen lag im Nordwesten der Insel Java an der Sundastraße und verfügte über eine Poststation. Von dort telegrafierte Jebsen nach Batavia, der Hauptstadt

Der Singapur-Fluß in der britischen Kronkolonie Singapur, um 1900

der Kolonie Niederländisch-Indien, mit der Frage nach möglichen Frachten. Als die Antwort negativ ausfiel, lichtete *Notos* den Anker und segelte an der Küste von Sumatra entlang durch die Bankastraße zur britischen Kolonie Singapur, wo das Schiff am 10. Juli 1864 eintraf.[68]

Singapur war zu jener Zeit die unbestrittene Handelsmetropole von Südostasien. Seit der Gründung der Kolonie als Freihafen durch den englischen Beamten und Gelehrten Stamford Raffles (1819) waren zahlreiche britische Kaufleute aus London, Bombay, Kalkutta und Kanton nach Singapur gekommen und hatten von dort aus Handelsnetzwerke mit anderen britischen oder einheimischen und ausländischen Firmen in Burma, Siam (Thailand), Malaysia und Niederländisch-Indien entwickelt. Als Konkurrenten traten bald chinesische Kaufleute auf, die von den zahlreichen Einwanderern aus den südchinesischen Provinzen Kwangtung und Fukien abstammten und rasch eine dominante Stellung in der Wirtschaft Singapurs einnahmen. 1866 gehörten zwei Drittel der in Singapur registrierten Schiffe einheimischen chinesischen Kaufleuten; im Folgejahr stieg der Anteil der Chinesen an der Bevölkerung der Kolonie ebenfalls auf zwei Drittel. Die chinesischen Kaufleute in Singapur verfügten über ausgedehnte und intensiv genutzte netzwerkartige Verbindungen mit chinesischen und anderen Geschäftspartnern in den wichtigen Hafenstädten Südostasiens, also einer Region, die auf Chinesisch als Südlicher Ozean (*Nanyang*) bezeichnet wird. Von Singapur aus beherrschten sie ab etwa 1860 den interregionalen Handel (*small-scale trade*) im *Nanyang* und monopolisierten das Geschäft mit Opium und chinesischen Konsumgütern einschließlich des wichtigen Grundnahrungsmittels Reis. Dagegen kontrollierten britische und andere europäische Firmen in Singapur den überregionalen Handel (*large-scale trade*) mit Indien und Europa und hatten Anteil am stark wachsenden diversifizierten Handel in Südostasien.[69] Die Bedeutung der Kolonie Singapur wurde 1868 von der Zeitschrift *Hansa* auf den Punkt gebracht: »Sie (...) verdankt es hauptsächlich ihrer außerordentlich günstigen Lage, mitten zwischen Ost- und West-Asien, daß sie zum Anlaufhafen fast aller vorbeipassierenden Schiffe, zum Stapelplatz der verschiedensten Handelsartikel und folglich einer der größten Frachtenmärkte des Ostens geworden ist.«[70]

Es gelang Jebsen, in Singapur innerhalb weniger Tage eine Vereinbarung über eine Reisfracht von Bangkok nach Hongkong zu treffen, sicherlich mit einer chinesischen Firma, deren Hauptquartier in Bangkok lag. Schon am 15. Juli 1864 verließ *Notos* die Kolonie und segelte den Golf von Siam hinauf, begleitet von sehr unbeständigem Wind und harten Böen. Nach einer Woche kam das Schiff vor der Mündung des Menam-Flusses an und warf Anker. Mit dem Befrachter kam Jebsen überein, eine volle Reisladung für Hongkong zu laden. Nachdem der Ballast über Bord geworfen war, begann das Laden der Reissäcke, was über zwei Wochen Zeit in Anspruch nahm. Am 15. August ging Jebsen nach Bangkok, um dort zu klarieren, also die notwendigen Zollformalitäten vor dem Auslaufen seines Schiffes zu erledigen.[71] Auf diese Weise kam er in die Hauptstadt von Siam, deren Bevölkerung in jener Zeit – wie Singapur – zu zwei Dritteln aus Chinesen bestand. Chinesische Kaufleute in Bangkok kontrollierten seit etwa 1860 den Großhandel mit Reis in die wichtigen Abnehmerländer China und Japan, wo die Nachfrage stetig angestiegen war. Auf diese Weise nahmen chinesische Firmen eine wichtige Mittlerstellung zwischen den Produzenten in Siam, eines der wichtigsten Reisanbauländer in Südostasien, und den Konsumenten in China, Japan und den Philippinen ein, entweder über Zweigfirmen in Hongkong oder mittels direkter Verschiffungen.[72]

Für die Verfrachtung von Reis und anderen Gütern benutzten chinesische Kaufleute vor allem Schiffe unter ausländischen Flaggen. Die Dominanz der fremden Schiffahrt in China war eine direkte Folge der imperialistischen Durchdringung des Landes durch ausländische Mächte seit dem ersten Opiumkrieg (1840–1842). Im Vertrag von Nanking (1842) und dem Ergänzungsvertrag von 1843 zwischen Großbritannien und China war unter anderem die Öffnung der fünf Städte Kanton, Shanghai, Amoy, Foochow und Ningpo für Niederlassung und Handel britischer

Der Bangkok-Fluß, 1928

Staatsangehöriger festgelegt worden. Die Schiffahrt fand keine besondere Erwähnung im Vertragswerk, und britischen Firmen stand somit prinzipiell kein Recht zu, in chinesischen Gewässern Schiffahrt zu betreiben. Es war vor allem auf die Gleichgültigkeit der chinesischen Verhandlungsführer gegenüber diesem Thema und auf den schlichten Mangel an geeigneten chinesischen Fahrzeugen zurückzuführen, daß die Regierung in Peking zu keiner Zeit gegen die britische und andere ausländische Schiffahrt in China vorging. Erst infolge des zweiten Opiumkrieges (1858–1860) und der Verträge von Tientsin (1858) zwischen China und den drei Westmächten Großbritannien, Frankreich und den USA kam es zu einem britisch-chinesischen Zusatzvertrag von 1859, der britischen Fahrzeugen ausdrücklich die Schiffahrt in chinesischen Gewässern und auf der wichtigsten Transportader Zentralchinas, dem Yangzi-Fluß, zugestand. Über die Meistbegünstigungsklausel, die seit 1843 in allen Verträgen vorkam, erhielten auch andere ausländische Mächte bei ihren Verhandlungen mit Peking automatisch die jeweils weitestgehenden Privilegien zugestanden. Allerdings blieb die ausländische Schiffahrt auf die bisherigen fünf und die elf neu geöffneten Vertragshäfen (*treaty ports*) beschränkt, also auf die für Ausländer geöffneten Hafenplätze in China; nur Fahrzeuge unter chinesischer Flagge durften jeden Hafen in China anlaufen. Trotz dieser

Einschränkung behaupteten britische und andere fremde Schiffe ihre dominante Stellung im Küstenverkehr Chinas und seiner Nachbarregionen.[73]

Die nachfolgende Tabelle zeigt die Gesamtzahl und Tonnage der in die Vertragshäfen in China ein- und auslaufenden Schiffe der wichtigsten Flaggen im Jahre 1864. Es handelt sich dabei um Schiffe, die sowohl im überregionalen als auch im regionalen Handelsverkehr – also in der großen Kabotage und in der Küstenschiffahrt – fuhren. Unter dem Begriff Deutschland, das vor 1871 nicht als Einheitsstaat bestand, sind die Bundesstaaten Hamburg (1409 Schiffe, 380.000 NRT), Bremen (292 Schiffe, 83.000 NRT), Preußen (187 Schiffe, 46.000 NRT) und andere deutsche Küstenländer subsumiert. Die klare Dominanz der britischen und amerikanischen Flagge ist unumstritten, doch behaupteten deutsche Schiffe den dritten Platz. Bei den chinesischen Fahrzeugen handelte es sich um Schiffe, die in China gebaut waren, Chinesen gehörten und von den Zollbehörden in Shanghai und Ningpo registriert waren; darunter befanden sich sicherlich fast ausschließlich große hochseetüchtige Dschunken, die traditionell das Hauptbeförderungsmittel für den Wassertransport in China waren.

Tab. 1: Schiffahrt in China nach den wichtigsten Flaggen (1864)

Großbritannien		USA		Deutschland		China		Japan		Andere		Gesamt	
Anzahl	NRT	Anz.	NRT	Anz.	NRT	Anz.	NRT	Anz.	NRT	Anz.	NRT	Anz.	NRT
7915	2862	5006	2609	2201	581	1021	65	2	1	1821	517	17966	6635

Quelle: Otte 1930, S.128, 134.

In ihren Berichten aus China wiesen deutsche zeitgenössische Beobachter wiederholt darauf hin, welchen bedeutenden Anteil Schiffe aus Deutschland in der ostasiatischen Küstenschiffahrt, vor allem in chinesischen Gewässern seit den 1850er Jahren besaßen. Unter den Flaggen von Hamburg, Bremen, Preußen, Mecklenburg, Oldenburg und Hannover pendelten zahlreiche Segelschiffe zwischen den Vertragshäfen hin und her oder betätigten sich im interregionalen Küstenverkehr Ost- und Südostasiens einschließlich Indiens. Schätzungen sprachen davon, daß die chinesische Küstenschiffahrt sich um 1860 zu drei Vierteln in deutscher Hand befunden habe; fast alle deutschen Schiffe seien von chinesischen Kaufleuten in Monatscharter, und zwar meistens für ein ganzes Jahr beschäftigt gewesen. Als wichtigster Grund für diese Dominanz deutscher Schiffe wurde das bessere Verhalten der Deutschen gegenüber den Chinesen angesehen.[74] Ein deutscher Seemann gab in der *Hansa* an, daß Chinesen deutsche Schiffe den englischen und amerikanischen vorzögen, weil sie von Deutschen besser behandelt würden als von Engländern und Amerikanern. Weil ein Chinese, der ein Schiff chartere, gewöhnlich selbst mitfahre, bezahle er lieber etwas mehr, um sich eine gute Behandlung zu sichern. Das humanere Wesen der deutschen Seeleute gab offenbar den Ausschlag, daß um 1865 rund sechshundert deutsche Schiffe regelmäßig in chinesischen Gewässern fuhren.[75] Solche positiven Berichte trafen in den wichtigsten deutschen Hafenplätzen naturgemäß auf reges Interesse. Schon die preußische Ostasienexpedition von 1860–62, an der sich mehrere deutsche Zollvereinsstaaten beteiligt hatten, war von großen Hoffnungen auf neue Absatzmärkte für deutsche Produkte begleitet worden. Der am 2. September 1861 mit China geschlossene Vertrag enthielt ähnliche Privilegien für Handel und Schiffahrt wie sie zuvor von Großbritannien und anderen europäischen Mächten ausgehandelt worden waren.[76] Zweifellos bildete dieser Vertrag einen weiteren Impuls, daß mehr und mehr deutsche Schiffe nach Ostasien strömten, um an der 1860 beginnenden langsamen Erschließung des großen chinesischen Marktes teilzuhaben.

Notos lichtete am 16. August 1864 vor Bangkok seinen Anker und ging mit dem Bestimmungsziel Hongkong in See. Wie belebt die Schiffsroute zwischen Siam und China war, zeigte sich daran, daß das Schiff in ständiger Begleitung einer anderen Bark und eines Dreimastschoners segelte und von zahlreichen Schiffen, darunter einer Hamburger Bark, passiert wurde, mit denen man Signale austauschte. Über das Wetter notierte Jebsen in seinem Logbuch, daß die Luft während der letzten drei bis vier Tage sehr überzogen gewesen sei, und »es blitzte überall, und da es gerade in der Taifunzeit war, fürchteten wir einen zu bekommen«. Am 4. September abends erreichte *Notos* die westlich von Hongkong befindliche Lamma-Bucht und ankerte am Folgetag im Hafen der britischen Kronkolonie. Wie glücklich sie den Wetterunbilden entkommen waren, stellte sich zwei Tage später heraus, als fünfzig bis sechzig Meilen südlich von Hongkong ein starker Taifun wütete. Die beiden Schiffe, die mit *Notos* von Bangkok aus gesegelt waren, gingen total verloren, und mehrere andere erlitten Havarien.[77] Wirbelstürme gehörten damals zu den größten Risiken für Segelschiffe in Asien, hinzu kamen häufige Überfälle durch chinesische Pira-

Karte von Singapur und der nördlichen Inseln von Niederländisch-Indien mit den Meeresstraßen, um 1900

ten, die von ihren Schlupfwinkeln auf den zahlreichen Inseln und in den Buchten an der Küste operierten.[78] Eine weitere Gefährdung ging durch inkorrekte Seekarten aus: So lief *Notos* im April 1865 drei Meilen vor der sudöstlich von Singapur gelegenen Bintang-Insel auf einen Felsen und blieb dort fest sitzen. Das Felsenriff war weder in Jebsens Seekarte eingezeichnet noch in einem englischen Standardwerk über die Besegelung dieser Gegend erwähnt. Das in der Nähe liegende Wrack eines französischen Dampfers machte deutlich, daß *Notos* nicht das erste Schiff war, das an dieser Stelle mit dem nicht verzeichneten Felsen kollidierte. Immerhin gelang es Jebsen und seiner Besatzung bei einsetzender Flut, den fast unbeschädigten Segler wieder flottzumachen und die Reise nach Hongkong fortzusetzen.[79]

Am 5. September 1864 hatte Jebsen erstmals den Boden von Hongkong betreten. Die gleichnamige Insel war im früher erwähnten Vertrag von Nanking (1842) von China an Großbritannien abgetreten worden. Eine weitere unbefristete Gebietsabtretung erfolgte 1860 mit der Halbinsel Kowloon auf der gegenüberliegenden Festlandseite. Die britische Kronkolonie war zu jener Zeit bereits der Haupthafen für das südchinesische Hinterland und hatte die benachbarte wichtige Handelsstadt Kanton hinter sich gelassen. Zwei Faktoren kamen dabei zusammen: Zum einen bildete Hongkong den Endpunkt zahlreicher Schiffahrtslinien aus Europa, die über Indien und Singapur verliefen, zum anderen war der Hafen das Drehkreuz der Küstenschiffahrt zwischen Nord- und Südchina und zwischen Südchina und Südostasien. Als Sitz großer britischer Firmen nahm die Kolonie eine prominente Stellung im anglo-chinesischen Handel ein und diente zugleich als Transithafen (Entrepôt) für den Handel zwischen China und Südostasien, Amerika und Japan. Ähnlich wie in Singapur verfügten auch die britischen Kaufleute in Hongkong über ausgedehnte Netzwerkverbindungen mit London als globaler Handelsdrehscheibe, mit den indischen Handelszentren Bombay und Kalkutta, mit Singapur und Südostasien sowie mit den Vertragshäfen in China. Auch in Hongkong hatten britische, amerikanische und europäische Häuser seit 1840 verstärkt Konkurrenz durch chinesische Kaufleute bekommen, die aus Kanton und anderen Städten Chinas in die Kolonie eingewandert waren. 1861 bestand die rund 120.000 Einwohner zählende Bevölkerung von Hongkong zu 97 Prozent aus Chinesen. Die Kolonie bildete den unbestrittenen Mittelpunkt der ausländischen und chinesischen Handels- und Finanznetzwerke in Asien.[80]

Nach der Löschung der Reisladung in Hongkong gelang es Jebsen zunächst nicht, eine neue Fracht abzuschließen. In seinem Logbuch notierte er, daß die Frachten sehr flau gewesen seien, ein Hinweis auf das Überangebot an Schiffstonnage in Hongkong, welches üblicherweise zum Sinken der Frachtraten führte. Schließlich erhielt er doch einen neuen Auftrag, der ihn anwies, nach Singapur zu gehen und sowohl dort als auch in Penang (Malaysia) oder in Rangun (Britisch-Indien) eine Fracht für Hongkong zu laden. Am 5. Oktober 1864 stach *Notos* in See und machte bei einer meistens frischen Brise so gute Fahrt, daß Jebsen kurz vor Singapur fast alle Schiffe wiedersah, die fünf oder sogar vierzehn Tage vor *Notos* aus Hongkong abgesegelt waren: »Wir waren circa 20 Schiffe dicht nebeneinander«, hielt er im Logbuch fest. Nach zwei Tagen Wartezeit in der Bucht von Singapur erhielt Jebsen die Order, nach Rangun zu segeln. Die Hauptstadt Birmas – seit 1852 unter britischer Verwaltung – war die drittgrößte Handelsstadt Indiens und ein wichtiger Exportplatz für Reis.[81] Zwar hatten die für Jebsen zuständigen Agenten keinen Reis zum Verschiffen, doch erlaubten sie ihm, von einer anderen Firma eine Reisladung nach Bombay anzunehmen. Kurz vor dem Absegeln trafen sie die Apenrader Bark

Therese, die auch in diesen Gewässern Küstenschiffahrt betrieb. Die Reise nach Bombay verlief weitgehend störungsfrei, doch war die Rückfahrt nach Rangun von längeren Windflauten begleitet. Dort dauerte es einen ganzen Monat, bis die Reisfracht an Bord war, weil der Hafen mit ladenden Schiffen überfüllt war. Am 14. März 1865 verließ *Notos* Rangun mit dem Etappenziel Singapur, wo man am 8. April ankam und Wasser und Proviant auffüllte. Kurz nach der Abfahrt von Singapur passierte die früher geschilderte Kollision mit dem nicht bekannten Felsenriff. Schließlich erreichte das Schiff am 16. Mai den Hafen von Hongkong, löschte seine Ladung und ging mit einer Reisfracht nach Kanton und dann zur Kupferung ins Dock nach Whampoa, einer Insel im Perlflußdelta östlich von Kanton.[82] Mit der Ankunft in Hongkong war die Beschäftigung von *Notos* in der asiatischen Küstenschiffahrt nach zehn Monaten zu Ende. Jebsen hatte mit seinen Frachtfahrten gutes Geld verdient, auch gegen die Konkurrenz der zahlreichen chinesischen Dschunken. Später schrieb er: »Wie ich mit dem *Notos* zum ersten Mal in meinem Leben in China war, habe ich gegen die alten chinesischen Traders [Händler] nie zurückgestanden.«[83]

Hongkong war in jener Zeit nicht nur ein zentraler Umschlagplatz für Güterfrachten, sondern auch für die Kuli-Migration. Damit gemeint war die Mobilität von Angehörigen der mittellosen ländlichen und städtischen Unterschichten in China, die meistens nach Ablauf ihrer Verträge wieder in die Heimat zurückkehrten. Wichtige Anreize zur Massenmigration waren die Goldfunde in Kalifornien (1848) und der Bau der transkontinentalen Eisenbahnen sowie wichtiger Strecken im Westen der USA von den sechziger bis zu den achtziger Jahren. Als Jebsen im Sommer 1865 in Hongkong eine Ladung für San Francisco annahm und am 3. August von der Kolonie absegelte, befanden sich an Bord von *Notos* auch vierzig Chinesen, also chinesische Arbeiter, die freiwillig nach Kalifornien ausreisten. Während der 1860er Jahre verließen fast Hunderttausend Kulis die Südprovinzen Chinas über Hongkong und wurden nach Amerika und Südostasien verschifft. 1860 kostete die Passage von Hongkong nach San Francisco durchschnittlich fünfzig Dollar, eine hohe Summe, die viele Kulis nach ihrer Ankunft in Amerika jahrelang abarbeiten mußten.[84] In Jebsens Logbuch finden sich keine besonderen Eintragungen über seine chinesischen Passagiere. Am 24. September 1865 fuhr *Notos* in die Bucht von San Francisco ein und konnte nach acht Tagen die Fracht löschen. Anschließend fand Jebsen eine Erzfracht mit dem Bestimmungsort Swansea in Wales, wohin er am 19. Oktober absegelte. Am ersten Weihnachtstag passierte *Notos* die stürmische See um Kap Horn und ankerte am 23. Februar 1866 vor Swansea. Nach Löschung der Ladung ging das Schiff zur Reparatur ins Dock.[85] Mit der Übergabe des Kommandos an einen neu angekommenen Kapitän endete nach etwas über zwei Jahren das Engagement Jebsens auf der Hamburger Bark. Während dieser Zeit hatte er die wichtigsten Handelsplätze Ostasiens einschließlich Indiens kennengelernt und viele Erfahrungen in der asiatischen Küstenschiffahrt gesammelt.

Im preußischen Apenrade

Als Jebsen Mitte März 1866 wieder nach Apenrade kam, hatten sich die politischen Verhältnisse in Schleswig-Holstein völlig verändert. Nach dem Deutsch-Dänischen Krieg (1864), der mit dem Sieg der alliierten Mächte Preußen und Österreich endete, waren die Herzogtümer von Dänemark abgetrennt worden und schwebten staatsrechtlich frei in der Luft. Der preußisch-österreichische Vertrag von Gastein vom 14. August 1865 hatte die Verwaltung geteilt, so daß Schleswig von einem preußischen und Holstein von einem österreichischen Statthalter verwaltet wurde. Diese Regelung wurde in den Herzogtümern allgemein abgelehnt, weil es die historisch gewachsene Einheit des Landes zu gefährden schien. Um so mehr Auftrieb erhielt die augustenburgische Bewegung, eine populäre Massenbewegung zur Unterstützung des liberalen Erbprinzen Friedrich VIII. von Augustenburg, der bereits 1859 seine Ansprüche auf Schleswig und Holstein angemeldet hatte und an die Spitze eines selbständigen Großherzogtums Schleswig-Holstein treten wollte.[86] Auch in Apenrade bekannten sich die deutschgesinnten Einwohner mehrheitlich zum Erbprinzen. Anläßlich seines Geburtstages am 6. Juli 1865 versammelten sich Mitglieder des lokalen Turnvereins und des Bürgervereins zum gemeinsamen Fest in einem Hotel und sangen bei offenen Fenstern das Schleswig-Holstein-Lied, allerdings mit einer leichten Veränderung des siebenstrophigen Textes. So schmetterten sie am Schluß der ersten Strophe nicht »Schleswig-Holstein, stammverwandt, wanke nicht, mein Vaterland«, sondern »Schleswig-Holstein, stammverwandt, jagt die Preußen aus das (sic!) Land«.[87] Daß Jebsen mit der augustenburgischen Bewegung sympathisierte und sehr kritisch Preußen gegenüber eingestellt war, erschließt

Friedrich VIII. von Schleswig-Holstein-Sonderburg-Augustenburg (1829-80)

Titelblatt des *Schleswig-Holstein-Liedes*: Es wurde zuerst gesungen von der Schleswiger Liedertafel auf dem Sängerfest in Schleswig, 1844

sich aus späteren schriftlichen Äußerungen.[88] Auch die Familientradition spielte eine Rolle: Sein 1863 verstorbener Vater Michael Jebsen (III) hatte in den dreißiger und vierziger Jahren zu den führenden deutschgesinnten Apenrader Liberalen gehört, und in der Mutter repräsentierte sich der liberale Geist der Handelsmetropole und Hafenstadt Hamburg.

Im Gegensatz zum Erbprinzen von Augustenburg verfolgte der preußische Ministerpräsident Otto von Bismarck ein anderes Ziel, was er freilich nicht öffentlich preisgab, und zwar die Einverleibung der Herzogtümer in Preußen. Eine solche Idee hatte nur im Norden Schleswigs breitere Unterstützung, vor allem bei den *Flensburger Norddeutschen Nachrichten*, die zum Sprachrohr der deutschnational-gesinnten Bevölkerung sowie einiger pro-preußischer adliger Gutsbesitzer wurden. Einer Inkorporation Schleswig-Holsteins durch Preußen stand aber Österreich im Wege, das mit dem Erbprinzen sympathisierte, auch, um die preußische Position zu schwächen. Die Rivalität beider Mächte machte deutlich, daß es um weit mehr ging als um Schleswig-Holstein, nämlich um die Frage der politischen Vorherrschaft in Deutschland. In taktisch geschickter Weise benutzte Bismarck die schleswig-holsteinische Frage, um sein Ziel durchzusetzen. Als die Wiener Regierung am 1. Juni 1866 die Entscheidung über die Zukunft der Herzogtümer vor das Forum des Bundestages – das Parlament des Deutschen Bundes in Frankfurt am Main – brachte und sogar die holsteinischen Stände zur Beratung darüber zusammenrief, erklärte die Berliner Regierung diesen Akt als Bruch des Gasteiner Vertrages und erhob gleichzeitig Mitanspruch auf Holstein. Preußische Truppen besetzten das Herzogtum am 10. Juni, während die österreichischen Verbände kampflos abzogen. Mit der Schlacht beim böhmischen Königgrätz am 3. Juli 1866 wurde der Krieg zwischen den beiden Mächten zugunsten Preußens entschieden. Damit war auch die Frage nach der Vorherrschaft in Deutschland geklärt: Noch im selben Jahr kam auf Initiative Preußens der Norddeutsche Bund zustande, ein föderatives Gebilde aus dreiundzwanzig Mitgliedern und ein Vorläufer des späteren Bundesstaates, des Deutschen Kaiserreichs.[89]

Am 24. Januar 1867 wurde die Errichtung der neuen preußischen Provinz Schleswig-Holstein in Kiel und anderen Städten gefeiert. Die Liberalen und auch die breite Bevölkerung in der Provinz blieben aber weiterhin augustenburgisch gesinnt. In Apenrade wehten mittags 36 preußische und 34 schleswig-holsteinische Flaggen an den Häusern, keine imponierende Gesamtzahl, wenn man berücksichtigt, daß allen Beamten Flaggenpflicht auferlegt worden war. Allerdings wurde die Abneigung gegen Preußen unter den deutschgesinnten Einwohnern Apenrades durch den anhaltenden deutsch-dänischen Gegensatz in Nordschleswig überlagert. Bei den Wahlen zum konstituierenden Reichstag des Norddeutschen Bundes am 12. Februar 1867 siegte bundesweit die rechte Mitte, also Konservative und Nationalliberale, jedoch nicht in Schleswig-Holstein. In sieben Wahlkreisen erhielten linksliberale Kandidaten der augustenburgischen Landespartei die Mehrheit der Stimmen, in den beiden nordschleswigschen Wahlkreisen Hadersleben-Sonderburg und Apenrade-Flensburg siegten die dänischen Kandidaten, und nur in Lauenburg konnte sich ein Nationalliberaler durchsetzen. In Apenrade entfielen 516 Stimmen auf den dänischgesinnten Mühlenbesitzer Hans Andersen Krüger und 469 Stimmen auf den deutschgesinnten Haderslebener Landrat Otto Detleff Harald Kier. Die Wahl zeigte eine deutliche Grenzlinie zwischen den Gebieten mit deutscher und dänischer Bevölkerungsmehrheit: Im Westen verlief die Grenzlinie südlich von Flensburg und der engsten Umgebung der Stadt, im Osten nördlich von Tondern.[90] Für die deutschgesinnten Einwohner von

Karte der preußischen Provinz Schleswig-Holstein, um 1910

Nordschleswig stellte der Sieg der beiden dänischen Kandidaten, die zur Reichstagseröffnung nach Berlin fahren konnten, eine bittere Niederlage für die deutschen Interessen dar. Um so mehr waren die Deutschgesinnten in Apenrade bemüht, bei der Wahl des ersten ordentlichen Reichstages des Norddeutschen Bundes ihr Ergebnis zu verbessern. Vor dem Wahllokal im Hotel *Stadt Hamburg* wurden am 31. August 1867 Michael Jebsen und der Anwalt Schwennesen postiert; die dänische Seite schickte drei Agitatoren, um die Wähler noch in letzter Minute für sich zu überzeugen. Mit seinem Auftreten vor dem Wahllokal bezog der fast 32jährige Jebsen eine klare politische Stellung für die deutsche Sache in Nordschleswig. Damit trat er in die Fußstapfen seines vier Jahre früher verstorbenen Vaters. Der Wettstreit zwischen dem dänischgesinnten Landwirt Nicolay Ahlmann und dem Kieler Regierungsrat Werner Kraus fiel mit 523 gegen 478 Stimmen für die deutschen Wähler aber ähnlich enttäuschend aus wie ein halbes Jahr früher. Ein geplanter Fackelzug und die Musik wurden abgesagt, während die dänischen Wähler im Hotel Danmark einen Punsch tranken. Allerdings war die Freude geteilt, denn Ahlmann gelang es nicht, den Wahlkreis zu erobern, der durch deutsche Stimmengewinne in Flensburg an die augustenburgische Landespartei fiel. Nur im Wahlkreis Hadersleben-Sonderburg behauptete sich der dänische Kandidat Krüger, der für lange Jahre die dänische Sache in Berlin vertreten sollte.[91]

Weitere politische Aktivitäten von Jebsen sind aus dieser Zeit nicht überliefert. Nach seiner Rückkehr in die Heimat beschäftigte er sich im Frühling 1866 mit dem Kauf, der Reparatur und dem Wiederverkauf alter Segelschiffe, offenbar eine lukrative Tätigkeit in einer Zeit, die als die letzte Glanzperiode der Apenrader Segelschiffahrt bezeichnet worden ist.[92] Die Stadt war damals noch das unbestrittene Seefahrtzentrum in Nordschleswig, das mit einem Schiffsbestand von über 5436 CL weit vor den Konkurrenten Flensburg, Sonderburg und Hadersleben rangierte und auch die meisten Schiffe mit einer Größe von über 100 CL registrierte. Auf welcher Apenrader Werft Jebsen die von ihm angekauften Schiffe reparieren ließ, ist nicht überliefert. Von den lokalen Schiffbaubetrieben stellten die Werften von Reimers im Jahre 1864 und Bruhn vier Jahre später die Arbeit wegen Auftragsmangels ein. Die übrigen Werften bauten ungefähr ein Segelschiff pro Jahr mit insgesamt dreihundert Beschäftigten und zahlreichen städtischen Handwerkern als Zulieferern. Bedenkt man, daß fünfundzwanzig Jahre früher noch drei bis vier Schiffe pro Jahr in den

Die alte Sankt Nicolaikirche in Apenrade

Apenrader Werften auf Stapel lagen und jeder Betrieb siebzig bis einhundert Mann beschäftigte, so wird das langsame Ende der Segelschiffszeit auch in diesem lokalen Kontext deutlich.[93]

Zu jener Zeit war Jebsen auf der Suche nach einer passenden Lebenspartnerin und fand sie in der alteingesessenen Apenrader Familie Offersen. Durch die Ehe seines ältesten Bruders Jacob (IV) mit Mette Johanne Offersen kannte er die Offersens gut. Der Tod von Jacob, der 1866 als Kapitän seines Schiffs *Cephyrus* bei einem Aufenthalt auf Java in Niederländisch-Indien plötzlich an der Cholera starb, brachte Jebsen in engeren Kontakt mit der Bruderfamilie. Bei dieser Gelegenheit wird er die 22jährige Clara Anna, Johannes jüngere Schwester, näher kennengelernt und Gefallen an ihr gefunden haben. Clara erzählte später, daß sie den jungen Jebsen zum ersten Mal bewußt gesehen habe, als er zur See gegangen sei. Er habe schon die kurze blaue Schiffsjungenjacke getragen und sei mit großen energischen Schritten durch Apenrade gelaufen. Nachdem ihre Schwester 1860 Jacob Jebsen geheiratet hatte, sah sie Michael Jebsen öfter, und im Herbst 1863, als er für einige Monate in Apenrade war, scheint ihr Interesse erwacht zu sein. Zu ihrer Tochter Emma sagte sie einmal: »(I)ch mochte euren Vater schon sehr gern mit 19 Jahren. Aber er ging dann wieder zur See und blieb jahrelang fort«.[94] Obwohl Jebsen ein energischer Charakter war, fehlte ihm der Mut, sich seiner Herzensdame zu erklären. Als seine Schwägerin Johanne eine Vermittlung ablehnte, machte er Clara seinen Antrag schließlich in einem Brief. Die Antwort fiel positiv und freudig aus, so daß im Juli 1867 die Verlobung gefeiert werden konnte. Und am 9. Oktober fand die Hochzeit in der alten Nicolaikirche in Apenrade statt. Durch die Heirat mit Clara Offersen fand Jebsen Anschluß an eine Familie, die unter ihren

Botilla Offersen geb. Andresen (1808–85), Schwiegermutter von Michael Jebsen, gemalt in Kanton von einem chinesischen Künstler

Hans Offersen (1802–83), Schwiegervater von Michael Jebsen, gemalt in Kanton von einem chinesischen Künstler

Ahnen viele Handwerker, Kaufleute und Seefahrer zählte und nicht nur in Apenrade, sondern seit einigen Generationen auch in der norwegischen Hafenstadt Bergen beheimatet war. Claras Großmutter mütterlicherseits, die denselben Vornamen wie ihre Enkelin trug, hatte 1802 Friedrich Andresen geheiratet, einen angesehenen Reeder und Fabrikanten, der 1814 Deputierter Bürger, 1830 Ratsherr und 1834 der erste Ständedeputierte Apenrades in der schleswigschen Ständeversammlung geworden war. Ihre jüngste Tochter Botilla heiratete den Seemann Hans Offersen, der viele Schiffe von Friedrich Andresen geführt hatte und das Unternehmen nach dessen Tod (1842) eine Zeitlang weiterführte. Aus dieser Ehe gingen seit 1841 sechs Kinder hervor, darunter als dritter Sprößling Clara Anna, die am 18. März 1844 das Licht der Welt erblickte.[95]

In den politisch unruhigen Jahren des deutsch-dänischen Nationalitätenkonflikts bekannte sich die Familie Offersen eindeutig zur deutschen Seite. Als nach 1852 die sprachliche Zwangspolitik begann und Dänisch in Nordschleswig alleinige Unterrichtssprache wurde, bekam

Clara Jebsen geb. Offersen (1844–1913), Ehefrau von Michael Jebsen

Clara zunächst Privatunterricht auf Deutsch. Schließlich mußte sie mit ihrer Schwester Johanne aber eine dänischsprachige Mittelschule besuchen. Zu Hause wurde vor allem Südjütisch (*sønderjysk*) gesprochen, doch weil ihre Mutter Botilla oft Deutsch mit den Kindern sprach, blieb ihnen auch diese Sprache geläufig. Claras Tochter Emma stellte fest, daß das gute Deutsch, das ihre Mutter und Tante Johanne gesprochen hätten, angesichts der Dominanz des Dänischen »sehr bemerkenswert« gewesen sei. Nach einem einjährigen Aufenthalt bei Verwandten in Bergen genoß Clara in Apenrade ein Leben als Haustochter mit Hausbällen und anderen Festen. Zu den Glanzzeiten ihrer Jugend zählte sie den Deutsch-Dänischen Krieg (1864), bei dem die nationalen Spannungen in Apenrade deutlich spürbar waren. Die jungen Mädchen hätten »hinter verschlossener Tür« gesessen und preußische und österreichische Fahnen genäht, erzählte ihre Tochter Emma. Im Februar 1864 erlebte die Familie Offersen den Abmarsch der dänischen Truppen aus Apenrade, die sich auf Flankenstellungen bei Düppel und Fredericia zurückzogen. Die alliierten Truppen besetzten das schleswigsche Festland bis auf Düppel. Der Einzug preußischer Einheiten in Apenrade gestaltete sich zum Freudenfest für die deutschgesinnten Einwohner. Emma notierte aus Erzählungen ihrer Mutter: »Geklapper vieler Hufeisen auf der Straße – die Preußen kommen! Großvater und unsere Mutter stürzen zur Haustür, eine Schwadron Husaren sprengt die Straße herauf, Mutter bezeichnete diesen Augenblick als einen der schönsten ihres Lebens. Sie und ihr Vater fielen sich um den Hals: Gott sei Dank, sie sind da! Dann aber lief sie schleunigst auf den Hausboden, wo die Fahnen griffbereit lagen, und im nächsten Augenblick flatterten schwarz-weiß und schwarz-gelb lustig im Frühlingswind.«[96]

Auch das Haus Offersen erlebte in den nächsten Wochen die Einquartierung zahlreicher Soldaten der Verbündeten. Apenrade wurde zeitweise zum Hauptquartier des Prinzen Friedrich Karl von Preußen, eines Enkels des früheren Königs Friedrich Wilhelms III., der den Oberbefehl über die preußischen Truppen im Krieg gegen Dänemark hatte. In dieser Zeit gab es rauschende Feste in der Stadt. Ihre Mutter Clara habe besonders gern vom Ball erzählt, den die Offiziere im Rathaus gegeben hätten, schrieb Emma, und den sie mit dem Adjutanten des Prinzen Friedrich Karl eröffnet habe. Solche Ehren werden den deutschen Patriotismus der Familie Offersen weiter gestärkt haben. Zum Hauptkampfplatz des Krieges wurden die Düppeler Schanzen, die erst nach langem Artilleriebeschuß durch die Alliierten am 18. April 1864 gestürmt werden konnten. Den Kanonendonner von Düppel habe man damals in Apenrade gehört, schrieb Emma, und der Jubel sei groß gewesen, als ganz Schleswig-Holstein von dänischen Truppen frei gewesen sei. Ob die Familie Offersen danach die preußische Sache unterstützte oder mit der augustenburgischen Bewegung sympathisierte, ist nicht feststellbar. Emma berichtete, daß ihre

Ehemaliges Kontorhaus der Reederei M. Jebsen und Stammhaus der Familie Jebsen (links) in der Skibbrogade in Aabenraa, 2007

Mutter die später eintretende Ernüchterung, weil sich die Gründung des eigenen Großherzogtums zerschlagen habe, nie erwähnt habe.[97]

Nach der Hochzeit zog das junge Paar in das Familienstammhaus der Jebsens in der Schiffbrückstraße 17. Nachdem man sich mit der Witwe Mette Johanne Jebsen über den Ankauf des Gebäudes verständigt hatte, erfolgte die Aufstockung des Vorderhauses um eine Etage, damit mehr Wohnraum zur Verfügung stand. Jebsen blieb noch etwa ein Jahr in Apenrade und fuhr dann nach London, um das inzwischen von Asien zurückgekehrte Segelschiff *Cephyrus* seines verstorbenen Bruders Jacob (IV) in Augenschein zu nehmen.

Seereisen nach Südamerika und Südostasien

Die Bark *Cephyrus* war 1860 auf der Werft von Niels Jacobsen in Apenrade erbaut worden und mit 150 CL ein großes Schiff. Jebsen beschloß, es zu kaufen, und übernahm sowohl die Parten seiner Schwägerin Johanne als auch die der Hamburger Kaufmannsreederei Hastedt & Co, was ihn zum Alleinbesitzer machte. Anfang Dezember 1868 kam Clara nach London, um ihren Ehemann auf seiner ersten Reise auf *Cephyrus* zu begleiten. Später habe sie oft den ersten Abend an Bord geschildert, schrieb ihre Tochter Emma: »(B)öiges Regenwetter, ihr Mann hatte noch an Land zu tun, so saß sie etwas trübsinnig allein in der Kajüte und hatte zu allem Überfluß noch Rattenbesuch«.[98] Daß Clara die Reise mitmachte, erklärte ihr Sohn Jacob (V) später als Gewohnheit vieler damaliger Apenrader Kapitänsfrauen, die ihre Ehemänner solange auf See begleitet hätten, bis die heranwachsenden Kinder ein festes Domizil nötig machten. So waren auch Jacob Jebsen (IV) und Michael Jebsens Schwager Jes Nicolai Jessen mit ihren Frauen an Bord auf lange Fahrten gegangen. In nordeuropäischen Seefahrerregionen galt eine solche Begleitung durch die Ehefrau als durchaus üblich, wenn der Kapitän gleichzeitig der Eigner des Schiffs war. Doch auch in dieser Sonderrolle blieb die Frau ausschließlich Passagier und leistete nur »weibliche« Arbeiten wie Waschen und Backen. Von den Strapazen einer Reise auf einem Segelschiff gab Jacob (V) in seinen Lebenserinnerungen eine anschauliche Schilderung, die sicherlich auf den Erzählungen seiner Mutter beruhte: »Lange Reisen, vielfach über 100 Tage ohne Anlaufen eines Hafens, ohne weiblichen Umgang, ohne

Zerstreuung, nur angewiesen auf wenige Männer mit geringen Interessen, sehr einförmige Kost, oft auf langen Reisen faules Brot und verdorbenes Trinkwasser, Mangel jeden ›modernen Komforts‹ und dabei eine nicht geringe Gefahr waren ihr Los. Nur ein gesunder Körper und ein elastischer Geist konnten das ertragen. Krank durfte man an Bord nicht werden.«[99]

Am 8. Dezember 1868 segelte *Cephyrus* die Themse herunter und erreichte nach fünf Tagen den Ärmelkanal. Dort erwartete das Schiff ein schwerer Sturm, der sich bald zum Orkan steigerte, so daß »wir uns kaum bewegen konnten«, wie Jebsen im Logbuch festhielt. Mehrere Wasserfässer machten sich los, die Großwant nahm Schaden, und ein Seemann brach sich den Arm. Ihre Mutter habe »gleich die Seefahrt von der schlimmsten Seite kennen lernen« sollen, schrieb Emma. Erst am 8. Januar 1869 lag der Ärmelkanal hinter ihnen, und der Sturm flaute langsam ab. Die Umrundung von Kap Horn verlief glatt und ohne heftige Winde. Das günstige Wetter hielt an und ermöglichte eine schnelle Fahrt, die am 8. April – nach 115 Tagen Reisezeit – vor der südperuanischen Hafenstadt Arica endete. Zu jener Zeit war Arica der wichtigste Handelsplatz Perus, obwohl die Stadt mehrfach durch Erdbeben zerstört worden war. Das letzte schwere Beben hatte 1868 stattgefunden, also wenige Monate vor Jebsens Ankunft. Außerdem hatte die rund dreißigtausend Einwohner zählende Stadt ein heißes ungesundes Klima, was Gelbfieberepidemien förderte, die besonders in tropischen und subtropischen Weltgegenden auftraten. Es »wütete das gelbe Fieber hier sehr stark und war Mangel an Arbeitskräften«, notierte Jebsen im Logbuch. Da die Stadt Anlegehafen für Liniendampfer war, so auch des Postdampfers der Pacific Steam Navigation Company, die wegen ihres festen Fahrplans bei der Abfertigung bevorzugt wurden, konnte die für Arica bestimmte Teilfracht nur sehr langsam gelöscht werden. Jede Woche gingen »2 bis 3 Tage der Steamer wegen verloren«, hob Jebsen hervor.[100]

Erst am 5. Mai 1869 konnte die Fahrt nach Nordwesten entlang der peruanischen Küste fortgesetzt werden. In Callao, einem anderen wichtigen Handelsplatz Perus, wurde die restliche Ladung von *Cephyrus* gelöscht und Ballast eingeladen, um zur Bucht von Chancay, knapp dreißig Seemeilen nördlich von Callao, zu segeln und dort neue Fracht zu laden. Obwohl der rund zweitausend Einwohner zählende Küstenort über einen viel frequentierten Hafen verfügte, bot die kleine Bucht – wie Jebsen feststellte – »nur schlechten Schutz gegen die hohe Dünung von S[üd]westen und war es tagelang so schlimmer Seegang, daß man befürchten mußte, die See würde beim Schiff brechen, obgleich wir doch in 7 Faden Tiefe lagen«. Die Fracht bestand aus einer Ladung von knapp 450 Tonnen Zukker, die für San Francisco bestimmt war, doch konnte sie wegen des hohen Seegangs nur unter größten Schwierigkeiten an Bord gebracht werden. »Eine Zeitlang mußten wir auch auf Zucker von der Hacienda warten, da die Maultiere den Transport nicht aushalten konnten«, schrieb Jebsen ins Logbuch. Am 9. Juli wurde der letzte Zucker an Bord genommen und die Fahrt nach Norden zur Westküste der USA angetreten.[101]

Weil Clara bei Ankunft in Südamerika bereits hochschwanger war, hatte Jebsen in Callao die Vorsichtsmaßnahme getroffen, eine Pflegerin für seine Frau und eine tragende Ziege für die Babymilch an Bord zu nehmen. Solche Dienstmädchen an Bord waren in der damaligen Segelschiffahrt durchaus üblich, obwohl über ihre näheren Umstände fast nichts bekannt ist.[102] Jebsen hoffte zwar, rechtzeitig San Francisco zu erreichen, doch erwies sich sein Wunsch aufgrund der langen Verzögerung in Chancay als illusorisch. Er hielt später im Logbuch fest, was nach etwa vier Wochen auf See im August 1869 eintrat: »Sehr unbeständige Brise, nachts gewöhnlich mehr östlich, tagsüber nördlicher. Sehr unruhige See, das Schiff tummelte sich sehr. Am 11. bei heftigem Winde wurde uns eine Tochter geboren.« Weil die Pflegerin sich als unfähig erwies, hatte Jebsen mit Hilfe eines Hebammenbuchs und mit eigener Hand die Geburtshilfe übernommen und sich der ungewohnten Lage gewachsen gezeigt. Auch die Ziege war eine Enttäuschung, da sie dauernd seekrank war, stark abmagerte und nach dem Werfen des Zickleins keinerlei Milch gab. So war man froh, als *Cephyrus* am 21. August 1869 nach einer Reisezeit von 41 Tagen in der Bucht von San Francisco Anker warf. Die junge Mutter und ihr Kind, das später auf den Namen von Jebsens Mutter Marie Mathilde getauft wurde, kamen in ein Krankenhaus zur ärztlichen Behandlung und Pflege. In der Folgezeit auf die risikoreiche Entbindung angesprochen, antwortete Clara oft: »Ja, aber mein Mann war ja doch dabei!«[103]

Welche Gründe Jebsen bewogen, *Cephyrus* in San Francisco zum Verkauf anzubieten, ist nicht überliefert. Es war wohl vor allem die Rücksichtnahme auf Mutter und Kind, denen eine weitere lange und anstrengende Seereise nicht zugemutet werden sollte. Tatsächlich war es damals üblich, daß nach der Geburt von Kindern die Kapitänsfrauen an Land blieben. Das Schiff verkaufte er für 18.500 US-Dollar an einen italienischen Kapitän. Die kleine Familie blieb noch bis zum 18. September 1869 zur Erholung in der kalifornischen Hafenstadt und reiste dann per Dampfer auf dem Sacramento River fünfundsiebzig Kilometer flußaufwärts nach Sacramento, der damals wichtigsten Handelsstadt Kaliforniens mit Eisenbahnanschluß zur Ostküste der USA. Mit der *Great Pacific*, die am Abend des 19. September von Sacramento abfuhr, ging es über Omaha (Nebraska) nach Chicago, wo auf die *Great Western* umgestiegen wurde. Mit den Linien *New York Central* und *Hudson River* gelangte man schließlich am 26. September nach New York. Von dort ging es auf dem Dampfer *Cimbria* über den Atlantik nach Hamburg, wo Jebsen und seine Familie am 11. Oktober eintrafen. Am Folgetag konnten sie in Apenrade das Wiedersehen mit den Verwandten feiern und die kleine Tochter präsentieren. Die Freude an ihrem ersten Kind währte allerdings nicht lange: »Am 21. Januar starb leider indessen unsere kleine Tochter nach kurzer Krankheit«, notierte Jebsen in seinem Logbuch. Marie Mathilde erlag im Alter von fünf Monaten einer akuten Gehirnentzündung, eine plötzlich auftretende und für Kinder sehr gefährliche Krankheit, die mit Fieber und Lähmungen auftritt und damals oft tödlich endete.[104]

Nach dieser persönlichen Tragödie faßte das Ehepaar Jebsen den Entschluß, die Heimat für eine Zeitlang zu verlassen und Ablenkung auf einer neuen Seereise zu finden. Am 8. Februar 1870 fuhr Jebsen nach Hamburg und kaufte dort die rund 550 Tonnen große Hamburger Bark *Galathea*. Es gelang ihm, für das Schiff eine Frachtladung großer Dampfkessel nach Nikolajewsk am Amurfluß zu finden, Hauptort des russischen ostsibirischen Küstendistrikts am nördlichen Ochotskischen Meer. *Galathea* stach am 12. April 1870 in See, gesteuert von Claras Bruder Christoph Offersen, der als Erster Steuermann engagiert worden war.[105] Als bei Clara erste Zeichen einer möglichen Schwangerschaft auftraten, änderte der besorgte Ehemann den Kurs seines Schiffes und lief am 31. Mai 1870 die brasilianische Hafenstadt Pernambuco an der Ostküste des Landes an. Dort ging er an Land und konsultierte einen Arzt, der sich bereit erklärte, Clara am nächsten Tag zu untersuchen. Das Ergebnis war positiv, so daß der Arzt der Schwangeren Medizin und Erfrischungen verabreichte. Am 3. Juni ging *Galathea* wieder in See und steuerte auf das Kap der Guten Hoffnung an der Südspitze Afrikas zu, das am 12. Juli umrundet wurde. Bei anhaltend gutem Wetter ging es quer über den Indischen Ozean in Richtung Niederländisch-Indien. Am 31. Juli fuhr *Galathea* in die Sundastraße zwischen Java und Sumatra ein, und am 1. August lag das Schiff vor Anjer, dem kleinen befestigten Hafenplatz im Nordwesten Javas.[106] Dort erfuhr Jebsen – wie er später in einer Reichstagsdebatte über den Schutz der Handelsschiffahrt im Kriegsfall mitteilte – vom Ausbruch des Deutsch-Französischen Krieges, der am 19. Juli 1870 mit der Kriegserklärung Frankreichs an Preußen begonnen hatte. Wörtlich sagte er: »Ich bin zwei Monate auf See gewesen, als der Krieg mit Frankreich ausbrach; ich kam auf der Reise nach dem Amur durch die Sundastraße, da erzählte man mir, es sei Krieg. Nun denken Sie sich, da soll man dem Feinde in die Hände fallen. Dagegen gibt es heute noch keinen Schutz.«[107] So war Jebsen sich über die große Gefahr im klaren, die einem Handelsschiff unter Hamburger Flagge drohte.

Handelsschiffahrt im Deutsch-Französischen Krieg

Bereits am 16. Juli 1870 waren weltweit die norddeutschen Bundeskonsulate auf die drohende Kriegsgefahr aufmerksam gemacht und Warnungen an die Handelsschiffahrt ausgegeben worden. Zwei Tage später erließ der Bundesrat – die als oberste Regierungsinstitution des Norddeutschen Bundes gebildete Vertretung der verbündeten Regierungen unter dem Vorsitz von Bundeskanzler von Bismarck – eine Verordnung, die die Unverletzlichkeit des auf See schwimmenden Privateigentums ohne Vorbehalt oder Reziprozität verkündete. Angesichts der unbedeutenden preußischen und anderen norddeutschen Marinen fiel es in Berlin nicht schwer zu proklamieren, daß feindliche Handelsschiffe durch Kriegsschiffe des Norddeutschen Bundes nicht weggenommen werden sollten. Die damit verbundene Absicht, Frankreich zu einer ähnlichen Erklärung zu veranlassen, ließ sich aber nicht verwirklichen. Angesichts der Stärke der französischen Marine und ihrer Präsenz auf den Weltmeeren verweigerte die Pariser Regierung die Reziprozität und hielt einseitig am traditionellen Recht der Kaperei von feindlichen privaten Schiffen, Mannschaften und Ladungen im Kriegsfall fest. Diese Drohung hatte zur Folge, daß in fast allen Gewässern deutsche Handelsschiffe in die eigenen oder neutralen Häfen flüchteten und dort untätig vor Anker lagen. Die mehr als viertausend Schiffe zählende deutsche Handelsschiffahrt kam im zweiten Halbjahr von 1870 größtenteils zum Erliegen und erlitt erheblichen

Nikolajewsk am Amur in Sibirien. Zeitgenössische Postkarte

wirtschaftlichen Schaden.[108] Das Reederorgan *Hansa* wies einige Monate später darauf hin, daß kein Beruf so direkt vom Krieg betroffen worden sei als derjenige der Schiffsreeder: »Der Feind hat dem Handwerker nicht befohlen seine Werkstatt zu schließen, oder dem Fabrikanten sein Etablissement in den Ruhestand zu setzen, oder dem Landmann seinen Acker brach liegen zu lassen. Er hat aber dem Reeder gesagt: laß dein Schiff im Hafen liegen, oder ich nehme es dir weg.«[109]

Angesichts dieser potentiellen Bedrohung durch französische Kriegsschiffe wird Jebsen der Entschluß nicht leichtgefallen sein, seine Reise quer durch ostasiatische Gewässer fortzusetzen. Allerdings kamen andere Gefahren auf *Galathea* zu. Weil das Schiffsbarometer Mitte August 1870 mehrere Tage lang einen niedrigen Luftdruck anzeigte, befürchtete Jebsen, in einen Taifun zu geraten. Zwar war diese Sorge unbegründet, doch machten dem Segelschiff die anhaltend schwachen Winde zu schaffen, die ein rasches Fortkommen verhinderten. »Die Steamers lief[en] uns bei flauer Brise vorbei«, hielt Jebsen fest. In der Formosastraße, der Meeresstraße zwischen der Insel Formosa und den chinesischen Provinzen Fukien und Kwangtung, herrschte zeitweise Windstille, eine günstige Gelegenheit für die zahlreichen chinesischen Piraten an der dortigen Küste, die damals mit ihren wendigen Dschunken den Seefahrern auflauerten. »[Wir] sahen sehr viele Junks, feuerten nach einer verdächtigen«, trug Jebsen ins Logbuch ein. Nach der Durchquerung des chinesischen Ostmeeres und der Koreastraße, der Meeresstraße zwischen der koreanischen Halbinsel und den japanischen Inseln Kyushu und Honshu, fuhr *Galathea* am 24. August bei sehr schönem Wetter in das Japanische Meer ein. »Flaue Brise, klare Luft, viele Walfische so wie auch kleinere Fische in der Nähe«, hielt Jebsen fest.

Am 1. September 1870 kam die Küste der ostsibirischen Küstenprovinz in Sicht. Mit Kurs Richtung Norden fuhr *Galathea* in die Tatarische Meeresenge ein, also die Meeresstraße zwischen dem russischen Festland im Westen und der langgestreckten Insel Sachalin im Osten. Das Leuchtfeuer in der De Castriesbai, rund fünfzig Seemeilen vor Nikolajewsk, signalisierte den ersten Anlegeplatz an der unwirtlichen Küste, wo bereits eine Hamburger Bark vor Anker lag. Jebsen ging am 11. September an Land und beschrieb die kleine tatarische Ansiedlung De Castriesbai »als ein so trauriges Nest wie mir je eines vorgekommen ist«. Seine Absicht, von dort aus nach Nikolajewsk zu telegrafieren und die Ankunft von *Galathea* anzukündigen, zerschlug sich, »weil der Telegraph entzwei« war »und niemand wußte, wann er wieder in Ordnung sein würde«. Die Fahrt ging weiter in den Amurgolf, wo Gegenwind herrschte und ein Fortkommen unmöglich war. So war man froh, als am 14. September ein russisches Dampfkanonenboot auftauchte und *Galathea* im Schlepptau vor die Barre an der Mündung des Amur brachte. Nur das rechte Amurufer hatte damals tiefes Fahrwasser, das aber in den beinahe acht Wintermonaten oft eingefroren war. Nachdem das Kanonenboot für *Galathea* eine Fahrrinne freigemacht hatte, zog es die vollbeladene Bark über die Sandbank, eine Operation, die sich als sehr schwierig und gefährlich erwies. »[Wir] kamen mit genauer Not über die Barre, indem wir verschiedene Male stießen«, hielt Jebsen fest. Als das Kanonenboot fünfundzwanzig Meilen vor Nikolajewsk seinen Schleppdienst aufgab, wartete man wegen der anhaltenden Windflaute auf einen anderen Dampfer, der jedoch bis zum nächsten Morgen nicht eintraf. Jebsen fuhr daraufhin mit dem Beiboot nach Nikolajewsk, wo es ihm gelang, das Kanonenboot zur Rückkehr zu bewegen. Inzwischen hatte aber der Wind aufgefrischt, so daß *Galathea* Segel setzen und bis Nikolajewsk fahren konnte, wo sie am 17. September 1870 vor Anker ging. Da die Stadt zu jener Zeit über keinen Hafen verfügte, mußten alle Schiffe mitten im Amurstrom ankern – kein angenehmer Liegeplatz im sibirischen Herbst. »Das Wetter wurde jetzt auch schon sehr winterlich, es fror und schneite schon«, trug Jebsen im Logbuch ein.[110]

Nikolajewsk war damals der wichtigste Ort im russischen ostsibirischen Küstendistrikt und hatte einen lebhaften Handels- und Schiffsverkehr. In der militärisch stark befestigten Stadt mit rund 1500 garnisonierten Soldaten lebten etwa zweitausend Einwohner, darunter viele Deutsche. Clara beschrieb den Haupthafen Ostsibiriens später als öden und elenden Platz und machte trübe Schilderungen ihres Aufenthalts dort. Angesichts des winterlichen Wetters befürchtete man, dort mit dem Schiff einzufrieren und überwintern zu müssen. Um so mehr war Jebsen bemüht, das Löschen der Ladung abzuschließen, was bis zum 1. Oktober auch gelang. Das Einladen des Ballasts ging langsamer vonstatten, doch konnte man am 7. Oktober den Anker von *Galathea* lichten und »dem schönen Nikolajewsk adieu sagen und das Revier hinuntersegeln«, schrieb Jebsen. Weil Gegenwind im Amurgolf herrschte, erreichte das Schiff erst nach drei Tagen wieder die De Castriesbai. Von dort aus wollte Jebsen nach Süden segeln, Japan südlich umrunden und weiter nach San Francisco fahren. Als er in der De Castriesbai an Land ging, erfuhr er aber, daß zwei französische Kanonenboote in japanischen Gewässern kreuzten. Angesichts der Gefahr, von den feindlichen Kriegsschiffen gekapert zu werden, änderte er seinen Plan und entschloß sich, am südlichen Ende der Insel Sachalin durch die Lapérousestraße nach Osten zu segeln, um durch die Kette der nordjapanischen Kurileninseln hindurch in den Nordpazifik zu gelangen. Von dort aus wollte er aber nicht zum stark frequentierten San Francisco fahren, sondern einen Hafen im nördlich gelegenen, dünn besiedelten US-amerikanischen Bundesstaat Oregon oder auf der Insel Vancouver in British-Nordamerika anlaufen, um Schutz zu finden.[111]

Schon am Abend des 10. Oktober 1870 segelte man weiter nach Süden durch die Tatarische Meeresenge, wo sich die Meeresströmung nahe der Insel Sachalin als so stark erwies, daß das Schiff »beinahe an Land getrieben« wäre, wie Jebsen notierte. Am 14. Oktober befand sich *Galathea* vor der Lapérousestraße, fuhr bei stürmischer Witterung durch diese Meeresstraße zwischen Sachalin und der japanischen Nordinsel Hokkaido und gelangte in das südliche Ochotskische Meer. Vor dem Eingang des Pazifischen Ozeans lag aber wie ein löchriger Riegel die langgestreckte Kette der Kurileninseln – unwirtliche Vulkaneilande, von denen nur die drei zu Japan gehörigen südlichen Inseln bewohnt waren. Jebsen entschied sich, durch die recht breite Boussolestraße zwischen den beiden russischen Kurileninseln Urup und Shimoshiri hindurch zu segeln, was sich als schwieriges Unterfangen erwies. Er schrieb: »[Wir] mußten aber die ganze Nacht kreuzen, um hindurch zu kommen. Am 19. starker Sturm, unter dichtgerefften Segeln aus SO [Südost], der aber nach Süd und später nach SW [Südwest] und W[est] sich drehte und dabei sehr hart wehte mit furchtbar hoher See. Das Schiff schlingerte fürchterlich.« Im Pazifik herrschte besseres Wetter und günstige Winde, so daß die Strecke nach British Columbia in knapp drei Wochen zurückgelegt werden konnte. Am 9. November 1870 fuhr *Galathea* in die Fuca-Straße zwischen der kanadischen Insel Vancouver und dem US-Territorium Washington ein. Das Schiff hatte dort starken Gegenwind mit Regen, mußte die ganze Nacht gegen den Wind kreuzen und jede Stunde wenden. Als am nächsten Tag der Wind sich zum schweren Sturm steigerte, gelang es nur mit großer Mühe, die Südspitze der Insel Vancouver zu umrunden und schließlich einen kleinen Hafen anzulaufen. Nach zwei Tagen kam ein Lotse an Bord, und mit seiner Hilfe steuerte *Galathea* durch den Pugetsund, eine tiefe und vielfach verzweigte Bucht mit zahlreichen Inseln, nach Port Townsend.[112]

Port Townsend war zu jener Zeit eine kleine Hafenstadt am Pugetsund etwa siebzig Kilometer in der Luftlinie nördlich von Seattle im US-Territorium Washington. Als man im Jahre 1858 in einem nahegelegenen Fluß Gold entdeckt hatte, waren Tausende von Goldsuchern in das Städtchen geströmt und hatten es zum bekanntesten Platz nördlich von San Francisco gemacht. Im Folgejahr wurde die erste Sägemühle in Port Townsend errichtet, die das Holz aus der waldreichen Umgebung für den Bau von Häusern für die Neuankömmlinge und deren Versorgung verarbeitete. Nach dem Ende des Goldrausches und vor allem während des amerikanischen Bürgerkrieges (1861–65) ging der Handel mit San Francisco stark zurück, und die Bevölkerungszahl nahm erheblich ab. Zusätzlicher Schaden für die lokale Wirtschaft entstand in den Wintern 1861/62 und 1866 durch katastrophale Überschwemmungen. 1870 lebten 593 Einwohner in Port Townsend. Jebsen schilderte die Stadt als kleinen Ort mit fünf- bis sechshundert Einwohnern und Sitz eines *Custom House* [Zollhauses]: »[Es] müssen alle Schiffe, die Amerikaner nur jedes Jahr einmal, die fremden aber jedes Mal ein- und ausklarieren. Die Bay ist sehr geräumig und gegen alle Winde geschützt. Der Südostwind kann jedoch, da er in den Wintermonaten sehr stark weht, ziemlich viel See aufbringen, so daß die kleinen Fahrzeuge nicht am Wharf [Kai] liegen können. Jedoch ist der Ankergrund gut, und wir sind während der langen Zeit, die wir dort lagen, nie getrieben. (...) Merkwürdig ist es, wie milde das Klima in diesen Regionen ist.«[113]

Bei der Ankunft von *Galathea* in Port Townsend zu Mitte November 1870 erfuhr Jebsen, daß »der Krieg in Europa noch wütete«. Nach der Kapitulation der französischen Hauptarmee bei Sedan und der Gefangennahme von Kaiser Napoleon III. hatte die deutsche Heeresleitung am 19. September 1870 mit der Belagerung von Paris und im November 1870 mit Operationen gegen französische Entsatzheere begonnen. Angesichts dieser unentschiedenen Kriegslage beschloß Jebsen, vorläufig keine neue Frachtladung zu suchen und in Port Townsend zu bleiben. Um der Familie in Apenrade die sichere Ankunft von ihm und seiner Frau in den USA zu telegrafieren, fuhr er am Tag nach der Ankunft mit einem Dampfer in drei Stunden nach Victoria, der Hauptstadt der Insel Vancouver. Victoria beschrieb er als freundlichen Ort und »besten Platz nördlich von Portland«, dem Haupthandelsplatz von Oregon. Es folgten drei oder vier weitere Besuche in Victoria, zweifellos, um sich über die Lage in Europa und den lokalen Frachtenmarkt auf dem laufenden zu halten. Mitte Dezember 1870 erhielt er ein gutes Angebot und schloß in Victoria eine Holzfracht nach Südamerika ab. Während seiner Abwesenheit von *Galathea* desertierten jedoch fünf Seeleute mit der Gig, sicherlich, um vor der Abreise des Schiffs ihr Glück in Amerika zu suchen.[114] Über einen der Deserteure namens Cüppers, der Kapitän des deutschen Kriegsschiffs *Prinz Heinrich* werden sollte, berichtete Jebsen später: »Der junge Mann exzellierte in keiner Weise, kniff später in Port Townsend aus, was ich ihm indessen nicht so sehr zur Last lege, da er von den anderen Leuten verführt wurde, wobei ein Apothekersohn aus Düsseldorf, ein großer Schlingel, die Hauptrolle spielte.«[115]

Trotz dieser Hiobsbotschaft konnte Jebsen sich auf die Geburt seines nächsten Kindes freuen. Seit ihrer Ankunft in dem Städtchen war Clara bei der deutschstämmigen Familie Eisenbeiß geblieben. Charles Eisenbeiß hatte um 1859 eine Keksfabrik und eine Brauerei gegründet, welche die ersten steinernen Gebäude im Ort waren, und einen fast vierhundert Meter langen Hafendamm gegen Überschwemmungen aufschütten lassen. Er war als erster für die Neuerschließung, die Einteilung und das Anbieten von lokalen Grundstücksflächen zuständig und wurde 1878 Bürgermeister von Port Townsend. Bei der Geburt im Hause Eisenbeiß stand Clara eine amerikanische Amme zur Verfügung, die gewährleistete, daß am 27. Dezember 1870 alles reibungslos verlief. Zur Begrüßung des Jungen, der später den Namen Jacob Friedrich Christian erhielt, feuerte die Besatzung von *Galathea* mit den kleinen Schiffskanonen einen Salut. Sein erster Vorname entsprach der langen Tradition der Familie Jebsen und wurde zum vierten Mal vergeben, so daß der Neugeborene in die Nachfolge seines Onkels Jacob Jebsen (IV) eintrat. Sein zweiter Vorname kam aus der Familie Offersen, und zwar von seinem Onkel Friedrich. Der älteste Bruder von Jacobs Mutter Clara war tragischerweise nur wenige Wochen zuvor, nämlich am 4. September 1870, an den Folgen einer Schulterverletzung gestorben, die er in der Schlacht bei Gravelotte, eine der frühen Kämpfe im Deutsch-Französischen Krieg, erlitten hatte.[116]

Kurze Zeit später segelte *Galathea* zur Udsalady-Mühle am Westufer des Pugetsundes im Territorium Washington, um ihre Holzladung einzunehmen. Die Mühle galt nach Jebsens Auskunft als »von allen Sägemühlen am schlechtesten zu erreichen«, weil ihre Ansegelung um Whidbey Island herum sich als sehr umständlich erwies. Aber es kam noch schlimmer, wie Jebsens Beschreibung der kleinen Holzfälleransiedlung an der Mühle zeigt: »Ein größeres Banditennest gibt es nirgends. Da der Sheriff auf Whidbey Island 8 Meilen entfernt wohnt, so kann jeder nach eigenem Gutdünken handeln. Niemand kümmert sich darum, Matrosen laufen weg und sie wieder zu bekommen, ist nicht an zu denken.« Tatsächlich widerfuhr Jebsen dort genau dieses Schicksal, als drei weitere Seeleute von *Galathea* desertierten, und zwar unter dramatischen Umständen. Nach der Schilderung von Emma, welche sicherlich auf Erzählungen ihres Vaters beruhte, seien die Deserteure in einem Ruderboot vom Schiff geflohen. Der Kapitän mit den beiden Steuerleuten sei ihnen gefolgt und habe sie fast geschnappt. Dabei hätten zwei Leute die Ruder hochgehoben, offenbar zur Abwehr, woraufhin Jebsen dreimal befohlen habe: »Ruder niederlegen!« Als keine Reaktion erfolgte, habe er mit dem Revolver auf einen der Matrosen geschossen, der sofort zusammengebrochen sei. Daraufhin habe ein anderer Matrose Jebsen auf den Kopf geschlagen, so daß er bewußtlos wurde, aber keine gefährliche Verletzung erlitt. Die zwei Seeleute hätten dann Reißaus genommen. Weil die beiden sich noch im Ruderboot befanden, nahmen sie sicherlich den Verletzten mit, über dessen Schicksal nichts mehr bekannt ist. Die Frage, ob er ihn getötet habe, habe Michael Jebsen sehr gequält, schrieb Emma: »Erfahren hat er es nie.«[117]

Mit der erneuten Desertion von *Galathea* war die ursprünglich zwölfköpfige Besatzung auf vier zusammengeschmolzen. Als die Einnahme der Ladung beendet war, befanden sich außer Kapitän Jebsen nur noch die beiden Steuerleute, der Zimmermann und der Kajütjunge an Bord, so daß das Schiff am Bugsiertau eines Schleppdampfers nach Port Townsend zurückgebracht werden mußte. Dort warteten sie auf das Ende des Deutsch-Französischen Krieges, welches mit dem Fall von Paris am 28. Januar 1871 in greifbare Nähe rückte. Die Nachricht von der Kapitulation der französischen Hauptstadt und vom anschließenden Waffenstillstand erhielt Jebsen bei seinem Besuch von Victoria am 31. Januar. Sofort musterte er eine neue Schiffsmannschaft an und ließ *Galathea* segelklar zur Abreise nach Südamerika machen. Fast drei Monate hatten er und seine Frau in Port Townsend auf die Weiterreise warten müssen, doch hatte der Aufenthalt auch eine gefahrlose Geburt und längere Ruhepause für die junge Mutter ermöglicht.[118]

Am 11. Februar 1871 lichtete *Galathea* die Anker und segelte mit dem Bestimmungsziel Callao in Peru ab. Das Wetter zeigte sich unbeständig mit wechselndem Wind und viel Regen bei hoher See. Jacob (V) schrieb später über jene Reise, seine erste Wiege sei eine Hängematte gewesen und sein erster Kinderwagen ein Sektkorb mit Rädern von den kleinen Schiffsgeschützen: Bei gutem Wetter sei er in diesem eleganten Gefährt auf Deck gefahren worden. Die Wetterkapriolen im Südpazifik, die seinen Vater fast »zum Verzweifeln« brachten, waren wohl der Grund, das Reiseziel zu ändern und statt nach Callao weiter nach Valparaíso zu fahren. Da Jebsen die Holzladung auf eigene Rechnung gekauft hatte, konnte er frei über ihren Verkauf disponieren. Am 5. Mai 1871, also nach 82 Reisetagen, ging *Galathea* in der Bucht von Valparaíso vor Anker. Jebsen gelang es, die Ladung zu »einem annehmbaren Preise« zu verkaufen, doch erwies sich das Löschen des langen Holzes durch die Großluke als »beschwerlich«. Der sechswöchige Aufenthalt in der chilenischen Hafenstadt gab ihm genug Gelegenheit, viele deutsche Freunde wiederzusehen, was auch seine Frau genoß. Der fast fünf Monate alte Jacob wurde in der Deutsch-

Evangelischen Kirchengemeinde von Pastor Oscar Fiedler getauft; Kapitän N. Christian Möller, den Jebsen aus der gemeinsamen Zeit an Bord von *Antonio Varas* kannte, fungierte als Taufpate.

Weil die Kupferhaut von *Galathea* durch die Reise sehr gelitten hatte und fachmännischer Reparatur bedurfte, suchte Jebsen eine Frachtladung nach Europa. Schließlich erhielt er ein gutes Angebot, und zwar für eine Salpeterladung von Pisagua nach Hamburg. Für die fast neunhundert Seemeilen lange Route von Valparaíso ins südperuanische Pisagua konnte er Stückgüter in Fracht nehmen, so daß sich der große Umweg lohnte. Am 23. Juni 1871 stach das Schiff in See, kam zunächst gut voran, geriet jedoch später in eine Windflaute und kam erst am 3. Juli in Pisagua an. Die Stadt besaß damals den größten Salpeterhafen Südperus und exportierte große Mengen von Natronsalpeter nach Deutschland. Nachdem 545 Tonnen Salpeter eingenommen waren, ging *Galathea* tief beladen am 4. August wieder in See. Die Umrundung von Kap Horn geschah bei so schwerem Sturm, daß zeitweilig die Gefahr einer Strandung des Schiffs auf den Felsen bestand. Clara erhielt die Order, sich und das Kind für einen Rettungsversuch in den Booten vorzubereiten, woraufhin der kleine Jacob in ein warmes Wollkleid gesteckt wurde. Schließlich gelang es, mit dem letzten noch intakten Marssegel vom Land abzukommen: Von dieser gefährlichen Situation am Kap Horn erzählte Clara später oft in ihrem Leben. Am 6. September war die Umrundung geschafft, und bei recht schönem Wetter ging es weiter in Richtung Hamburg, wo *Galathea* am 10. November 1871 – nach 94 Tagen Reisezeit – Anker warf. Nach dem Löschen der Ladung verkaufte Jebsen die Bark in Hamburg an eine Reederei aus dem schwedischen Gothenburg. Anschließend fuhr er mit Clara und Jacob nach Apenrade, um für eineinhalb Jahre zu Hause zu bleiben.[119] Die Gefahren des Deutsch-Französischen Krieges waren endgültig vorüber. Die Familie Jebsen kam zurück in ihre Heimat Schleswig-Holstein, die als preußische Provinz im Januar 1871 Teil des Deutschen Reiches geworden war.

Vom Segelschiff- zum Dampferkapitän

Seine Erfahrungen als Schiffsoffizier auf dem chilenischen Dampfer *Antonio Varas* waren zweifellos ausschlaggebend dafür, daß Jebsen im

Deutsches Reich.

No. 1201.

Zeugniss
über die Befähigung
zum
Schiffer auf grosser Fahrt.

Dem Seemann Michael Jebsen,

geboren zu Apenrade, den 27ten Septbr. 1835,
wohnhaft in Hamburg,
wird hierdurch bezeugt, dass derselbe auf Grund des §. 19 der Vorschriften über den Nachweis der Befähigung als Seeschiffer und Seesteuermann auf Deutschen Kauffahrteischiffen vom 25sten September 1869 (Bundes-Gesetzblatt Seite 660) die Befugniss besitzt, Deutsche Kauffahrteischiffe jeder Grösse in allen Meeren zu führen.

Hamburg, den 28ten März 1873.

Die Deputation für Handel und Schifffahrt.
Abtheilung für Schifffahrt.

Das nach der Reichsgründung neu ausgestellte Kapitänszertifikat (Schiffer auf großer Fahrt) von Michael Jebsen, 28. März 1873

Frühjahr 1873 eine Kapitänsstelle bei der Deutschen Dampfschiffahrts-Gesellschaft Kosmos in Hamburg bekam. Das Unternehmen war erst im November 1872 von einem lokalen Konsortium gegründet worden, um eine regelmäßige Dampferlinie nach der Westküste von Südamerika zu eröffnen; bisher gingen nur Schiffe der Liverpooler Reederei Pacific Steam Navigation von Europa in diese Region. *Luxor*, ein kleinerer Dampfer von 1.292 BRT und mit einer 585 PS starken Verbundmaschine, war im März 1873 im englischen Hartlepool vom Stapel gelaufen und am 17. April 1873 von der DDG als siebter Dampfer neu in Dienst gestellt worden. Weil die Entwicklung des Antriebs durch die Kolbendampfmaschine bis dahin nur langsame Fortschritte gemacht hatte, verfügte *Luxor* noch über eine Takelage für die Anbringung von Segeln. So wie seine Schwesterschiffe war auch dieser Dampfer in erster Linie ein Frachter, auf dem rund dreißig Kajütpassagiere mitgenommen werden konnten. Dieser Schiffstyp, der bis in die 1880er Jahre in der Hochseeschiffahrt dominierte, benötigte paßgerechte Ladungen, damit sie durch die Luke in den Laderaum gelangen konnten. So füllte man flüssige Ladung in Fässer und Getreide in Säcke, und Stückgüter wie Maschinenteile wurden in Kisten verpackt. Der monatliche Dienst von *Luxor* ging von Hamburg über Le Havre, Madeira, Montevideo und Buenos Aires, dann durch die Magellan-Straße nach Valparaíso und weiter zu den peruanischen Häfen Arica, Islay und Callao.[120]

Am 13. Mai 1873 verließ *Luxor* den Hamburger Hafen und erreichte in sechzig Stunden das französische Le Havre. Nach Einnahme von Ladung und zusätzlichen 287 Tonnen Kohle ging es weiter zur portugiesischen Azoreninsel Madeira. Dort wurde der Kohlenvorrat noch einmal um achtzig Tonnen aufgefrischt, um für die rund drei Wochen lange Reise quer über den Atlantik zur Ostküste von Südamerika gerüstet zu sein. Das uruguayische Montevideo wurde am 18. Juni, also in dreißig Tagen von Le Havre, erreicht. Nach kurzem Aufenthalt ging es von dort weiter nach Süden bis zur Magellanstraße, der südchilenischen Meeresstraße zwischen Atlantik und Pazifik, welche in 48 Stunden durchquert wurde. Den Kapitänen seiner Reederei berichtete Jebsen später stolz, daß er *Luxor* ohne Lotsen durch die Magellanstraße gebracht habe. Auf dem Weg nach Norden entlang der chilenischen Küste konnten sogar die Segel gesetzt werden, so daß die kleine Hafenstadt Coronel rund zehn Seemeilen südlich von Conception bereits am 4. Juli angelaufen wurde. Jebsen traf dort viele alte Bekannte aus seiner früheren Tätigkeit in der Küstenschiffahrt Chiles wieder. Im Hinterland von Coronel gab es sehr ergiebige Kohlengruben, was die Stadt zu einem wichtigen Ausfuhrhafen und zur Kohlenstation für Dampfschiffe machte. Nach der Einnahme von 235 Tonnen Kohlen ging es weiter nach Valparaíso, wo man am 6. Juli ankerte. Auch hier rühmte Jebsen sich später, den Dampfer ohne Lotsen bis an den Hafenkai von Valparaíso gebracht zu haben.[121] Zwei Tage später fuhr man weiter zu den nördlichen Anlaufplätzen, wo die Ladung gelöscht wurde. Auf dem Rückweg lud *Luxor* in zwei Häfen insgesamt sechshundert Tonnen Salpeter und in Valparaíso noch weitere Fracht, die für das südchilenische Punta Arenas an der Magellanstraße bestimmt war. Am 4. August 1873 war man wieder an der Kohlenstation in Coronel, wo der Brennstoff für die Rückreise ergänzt wurde. Allerdings erwiesen sich die Fahreigenschaften des Dampfers als wenig zuverlässig: Im Atlantik auf dem Weg nach Montevideo und zurück nach Europa erreichte *Luxor* nie seine Höchstgeschwindigkeit von zehn Meilen pro Stunde, und bei starkem Wind und hoher See kam er sogar nur auf 3,5 Meilen. Jebsen schrieb ins Logbuch: »Wie wir ziemlich Kohlen verbrannt hatten und das Schiff so viel leichter wurde, lief es auch ein wenig besser, doch mehr wie 7 bis 7 ¼ unter *steam* allein machten wir nicht. So lange nur wenig See im Wasser war, ging es noch einigermaßen, bei hoher See war es aber schier zum Verzweifeln.«[122] Jebsen erlebte hier die frühen Unvollkommenheiten der Verbundmaschine, deren wirkliche Funktionstüchtigkeit in den 1870er Jahren noch nicht erreicht war. Zu dieser Zeit gehörten zahlreiche technische Störungen und Pannen zum regulären Betriebsablauf auf Dampfern – ein entscheidender Grund für die jahrzehntelang erfolgreiche Konkurrenz von Segelschiffen in der zweiten Hälfte des 19. Jahrhunderts.[123]

Im Oktober 1873 lief der Dampfer wieder in Hamburg ein, womit für Jebsen sein Dienst bei der DDG Kosmos zu Ende war. Obwohl er bis zu seinem Lebensende den südamerikanischen Kontinent nicht mehr wiedersehen sollte, blieb seine emotionale Verbundenheit mit der Region und besonders mit Chile bestehen. Davon legen seine gelegentlichen Treffen mit Bekannten aus jenen Jahren Zeugnis ab. Ende 1886 schrieb er einem in Chile lebenden Freund, daß sein Reedereigeschäft, die Trennung von der Familie und auch sein Alter von fünfzig Jahren ihn von einem Besuch des Landes abhalten würden. So müsse er sich damit begnügen, gelegentlich in Hamburg mit den alten Freunden »ein Stündchen über unser liebes Chile zu plaudern«.[124] Und Anfang 1889 schrieb er Kapitän Möller: »In Hamburg where I am very often I frequently meet some of our old Valparaíso folks (...). It is not very likely that I shall come to that part of the world anymore.«[125] Solche persönlichen Beziehungen zu Chile beeinflußten in den 1890er Jahren auch sein Wirken als Reichstagsabgeordneter, als er zu einem Verfechter deutscher Handelsinteressen in Südamerika und deren Schutz durch die Marine wurde.[126] Zunächst aber endete für Jebsen mit dem Abschied von *Luxor* nach über zweiundzwanzig Jahren seine aktive Tätigkeit als Seemann. In dieser Zeit hatte er nautische und ökonomische Kenntnisse an Bord von Segel- und von Dampfschiffen erworben, die für seine weitere Karriere ausschlaggebend wurden. Darüber hinaus war er mit überseeischen Regionen vertraut gemacht worden, die sich dem maritimen Welthandel geöffnet hatten und in das Netzwerk globaler Schiffsverbindungen einbezogen worden waren. Er hatte den sukzessiven und durchaus nicht stringent verlaufenden Übergang der Seefahrt vom Segel- zum Dampfschiff erlebt und wichtige praktische Erfahrungen mit der neuen Antriebstechnologie gewonnen. Diese kombinierten technisch-kaufmännischen Erfahrungen ermöglichten dem fast Vierzigjährigen den Schritt vom Seemanns- zum Reederberuf.

Der Flottenmanager: Für Krupp in den Niederlanden (1874–1882)

Alfred Krupp und die Erze von Bilbao

Theoretiker der globalen Industrialisierung definieren die Zeit zwischen 1750 und 1850 als Periode des Übergangs von der traditionellen Gesellschaft mit ihren feudalen Produktionsweisen zur modernen Gesellschaft des industriellen Kapitalismus. Die sogenannte Industrielle Revolution ging von Großbritannien aus, wo eine besondere Kombination von Voraussetzungen zusammenkam, die eine qualitativ und quantitativ höhere Wirtschaftsleistung ermöglichte. Seit dem 18. Jahrhundert die »Werkstatt der Welt« wurde Großbritannien im 19. Jahrhundert auch ein wichtiger Drehpunkt im Handel mit Rohstoffen und Halbfertigprodukten, die für die Industrialisierung in Kontinentaleuropa von entscheidender Bedeutung waren. Hinzu kam ein Vorsprung bei technischen Erfindungen, der allerdings von anderen Ländern wie den USA schnell eingeholt wurde. Die Industrielle Revolution in Deutschland begann erst nach 1850 und verwob sich in den nächsten Jahrzehnten mit einer pan-europäischen Industrialisierung, die von Regierungen unterstützt durch intensiven Austausch von Gütern, Technik und Wissenschaft geprägt war. Um 1870 traten Deutschland und andere Volkswirtschaften in ernsthafte Konkurrenz zur britischen Industrie und begannen, ihr Märkte streitig zu machen. Die in-

Alfred Krupp (1812–87), Stahlindustrieller und »Kanonenkönig«

dustrielle Dynamik, ausgelöst durch einen großen Vorsprung in neuen Technologien, verlagerte sich zunehmend von Großbritannien nach Deutschland und in die USA. In den 1880er Jahren begann eine »Zweite Industrielle Revolution«, die durch den Wechsel der Leittechnologien – wie den Übergang vom Eisen zum Stahl – in den meisten Industrieregionen gekennzeichnet war.[1]

Ein entscheidender Leitsektor der deutschen Industrialisierung war die Eisen- und Stahlindustrie. Ihr Aufschwung resultierte aus dem Bedarf an Schienen für den Eisenbahnbau, die im zweiten Viertel des 19. Jahrhunderts aus Großbritannien bezogen worden waren. Das dafür benötigte Roheisen konnte bald in den deutschen Steinkohlerevieren auf Koksbasis erzeugt werden. Nach 1850 übernahmen Puddel- und Walzwerke an der Ruhr, an der Saar und in Oberschlesien zunehmend die Produktion von Eisenwaren. Auch die Erzeugung von Stahl, der wegen seiner größeren Festigkeit für hochwertige Werkzeuge, Walzen, Eisenbahnwagenfedern, Gußstahlachsen, Schiffsschraubenwellen und nicht zuletzt Kanonen verwendet wird, erfuhr nach den 1830er Jahren eine deutliche Beschleunigung. Einer der Pioniere der deutschen Stahlindustrie war Alfred Krupp in Essen an der Ruhr, dessen Gußstahlfabrik 1857 bereits 1000 Arbeiter beschäftigte und eine breite Produktpalette an Eisen- und Stahlwerkzeugen, Eisenbahn- und Schiffsutensilien sowie Gußstahlkanonen anbot.[2] Krupp, ein geradezu prototypischer Unternehmer der frühen Industrialisierung, der ständig neue Projekte ersann und auf die rasche Expansion seiner Firma setzte, wurde zu jener Zeit auf eine technische Innovation in Großbritannien aufmerksam. Mit dem von Henry Bessemer entwickelten und 1855/56 patentierten Verfahren war es möglich, hoch-

Arbeitszimmer von Alfred Krupp, 1883

wertigen Stahl in der Güte des Kruppschen Tiegelstahls sehr viel schneller und preisgünstiger herzustellen. Bessemers Innovation wurde zwar später als »die größte Erfindung des Eisenhüttenwesens seit 100 Jahren« (Berdrow) gepriesen, doch war das Gelingen von bestimmten Eigenschaften des verwendeten Eisens abhängig, die man erst langsam kennenlernte. Als geradezu revolutionär erschien die große Beschleunigung bei der Stahlerzeugung, welche eine Massenproduktion möglich machte und das bis dahin übliche mühsame und langwierige Puddelverfahren völlig in den Schatten stellte. Von der Erfindung Bessemers erfuhr Krupp durch seinen Londoner Agenten Alfred Longsdon, dessen Bruder Frederick Longsdon ein Vertrauter und Teilhaber Bessemers war.

Um möglichen Konkurrenten zuvorzukommen, sicherte Krupp sich das alleinige Nutzungsrecht in Preußen und begann 1862 mit der Produktion von Bessemerstahl. Das dafür benötigte phosphorarme Rohei-

Villa Hügel, Krupps Residenz in Essen, um 1875

sen kam aus großen Grubenfeldern im Lahngebiet, die Krupp angekauft hatte, doch verschlang die Stahlerzeugung Rohstoffmengen, die über die üblichen Quellen bald nicht mehr beschafft werden konnten. Es sei ein Wettrennen um die wenigen Fundstätten reiner Erze entstanden, die es auf deutschem Boden gegeben habe, schrieb der Krupp-Biograph Wilhelm Berdrow.[3] Schließlich war Krupp gezwungen, Roheisen aus England und Schweden zu beziehen. Eine Möglichkeit, die teuren Auslandseinkäufe einzusparen und unabhängiger in der Rohstoffversorgung zu werden, deutete sich im September 1871 an, als Alfred Longsdon von der Entdekkung sehr phosphorarmer Eisenerze bei Bilbao und Santander (Spanien) berichtete und ihre Untersuchung und eventuelle Erwerbung vorschlug. Nachdem eine gründliche Erforschung die Reinheit des Eisenerzes bestätigt hatte, gründete Krupp 1872 mit der spanischen Ybarra & Co. und zwei großen britischen Eisenwerken die Orconera Iron Ore Co. zur Ausbeutung der spanischen Gruben. Seine Firma verpflichtete sich vertraglich, jährlich 75.000 Tonnen Erz aus den Gruben bei Bilbao zu beziehen.[4] Mit dieser erheblichen Kapitalbeteiligung, dem gleichzeitigen Ankauf von zwei neuen Eisenhütten und dem Einstieg in die Massenproduktion von Stahl, der vor allem für die Herstellung von Eisenbahnschienen verwendet wurde, entwickelte Krupps Fabrik sich zu einem vertikal gegliederten Unternehmen, das alle Produktionsstufen umfaßte. Diese gewaltige Expansion, die nur mit Krediten in Millionenhöhe finanziert werden konnte,

Blick vom Essener Rathausturm nach Westen auf die Kruppschen Fabrikanlagen, um 1890

führte aber zu einer fast tödlichen Existenzkrise, als im Mai 1873 mit dem Wiener Börsenkrach die Zweite Weltwirtschaftskrise ausbrach. Der Historiker Lothar Gall bezeichnete 1873 als Schicksalsjahr des Kruppschen Unternehmens, in welchem es der Prokura nur mit Mühe gelang, den Bankrott der Firma abzuwenden.[5]

Unter dem Menetekel der immer schwieriger werdenden Finanzsituation begann die Kruppsche Unternehmensführung 1873 mit dem Aufbau einer eigenen Dampferflotte für die Verschiffung der Erze aus Nordspanien. Damit wurde die Firma auch bei der Transportlogistik seiner wichtigsten Rohstoffzufuhren weitgehend unabhängig. Die ersten vier Erztransportdampfer mit einer Tragfähigkeit von je 1700 Tonnen entstanden in rascher Folge: *Essen* wurde im Januar 1874 von der Norddeutschen Schiffbau AG in Gaarden bei Kiel vom Stapel gelassen. *Friedrich Krupp* und *Orconera* liefen im Februar und im April auf der Werft von M. Pearse & Cie. im englischen Stockton-on-Tees vom Stapel. Ebenfalls im April 1874 war *Sayn* fertig, der wieder in Gaarden erbaut worden war. Um Erze, Schienen und andere schwere Ladungen transportieren zu können, wurden die Dampfer mit besonders starken Böden ausgestattet. Ihre relativ geringe Tragfähigkeit war dadurch bedingt, daß der am Nervión-Fluß liegende Hafen von Luchana bei Bilbao zu flach war, um Schiffe mit größerem Tiefgang aufzunehmen.[6] Für das Management seiner Flotte suchte Krupp einen tüchtigen, zuverlässigen und erfahrenen Berufsschif-

Erzdampfer *Sayn*

Michael Jebsen, um 1870

fer mit soliden Kenntnissen der englischen und spanischen Sprache. Das Essener Unternehmen wandte sich an die Hamburg-Amerika Linie, deren Oberinspektor Heinrich Ehlers seinen Neffen Michael Jebsen (IV) für den Posten warm empfahl. Das Stellenangebot von Krupp scheint Jebsen gefallen zu haben, denn es ermöglichte ihm den Schritt vom Schiffskapitän zum Flottenmanager bei gleichzeitiger beruflicher und finanzieller Sicherheit und ohne eigenes Kapital einbringen zu müssen. Seine neue Aufgabe kann als eine Vorstufe zum selbständigen Schiffsreeder bezeichnet werden, welche es ihm erlaubte, vielfältige Kenntnisse in der Logistik einer Dampferflotte und im Schiffsmakler- und Spediti onsgeschäft zu gewinnen. Sein Vertrag mit Krupp, der ihn zum Angestellten eines expandierenden Großunternehmens machte, scheint rasch zustande gekommen zu sein. Wie Jebsen später mitteilte, sei er »Ende 1873 von der Firma F. Krupp in Essen als Dirigent ihrer Dampfer sowie ihr Spediteur und Schiffsmakler engagiert« worden und nach Holland übergesiedelt.[7] Der Umzug in die neue Wirkungsstätte zögerte sich aber einige Monate heraus, da die Erztransportdampfer noch nicht zur Verfügung standen. Als Standort für die neue Geschäftsstelle des Unternehmens war die südniederländische Hafenstadt Vlissingen in der Provinz Zeeland vorgesehen.[8]

Tiefseehafen Vlissingen

Vlissingen war 1874 eine kleinere Stadt von knapp zehntausend Einwohnern, die über den einzigen Seehafen in den Niederlanden mit einer direkten Verbindung zum Meer verfügte. Der Hafen mit einer Tiefe von 6,7 Metern bei Niedrigwasser und zehn Metern bei Hochwasser bot bereits zu dieser Zeit Ankermöglichkeit für die tiefstgehenden Schiffe.[9] Wegen ihrer günstigen Lage an der Mündung der Westerschelde besaß die Stadt das Potential, einen Teil der Schiffahrt von Antwerpen auf sich zu lenken. Antwerpen liegt weiter stromaufwärts an der östlichen Schelde und war damals bereits der wichtigste belgische Seehafen. Der einzigartige Wettbewerbsvorteil von Vlissingen hatte dazu geführt, daß große Summen in den Ausbau der Hafenanlagen investiert worden waren, die König Wilhelm III. im September 1873 feierlich eingeweiht hatte. Solche Investitionen waren Teil eines umfassenden Modernisierungsprogramms der Haager Regierung, um die Niederlande in den pan-europäischen Industrialisierungsprozeß einzuschalten. »Der Orgelton des Wirtschaftslebens wird anders: An Stelle von niedergeschlagener Resignation tritt heitere Zukunftserwartung«, schrieb der Historiker I. J. Brugmans über die ökonomische Erneuerungsphase, mit der die Industrielle Revolution vergleichsweise spät in seinem Land begann.[10] Die neuen und großzügig angelegten Hafenanlagen von Vlissingen stellten sogar die Häfen von Rotterdam und Amsterdam in den Schatten, weil sie selbst für die größten Schiffe erreichbar waren. Zwar war 1872 bei Rotterdam der Neue Wasserweg (*Nieuwe*

Karte von den Niederlanden und Belgien, 1890

Feierliche Einweihung der neuen Hafenanlagen von Vlissingen durch den niederländischen König Wilhelm III., September 1873

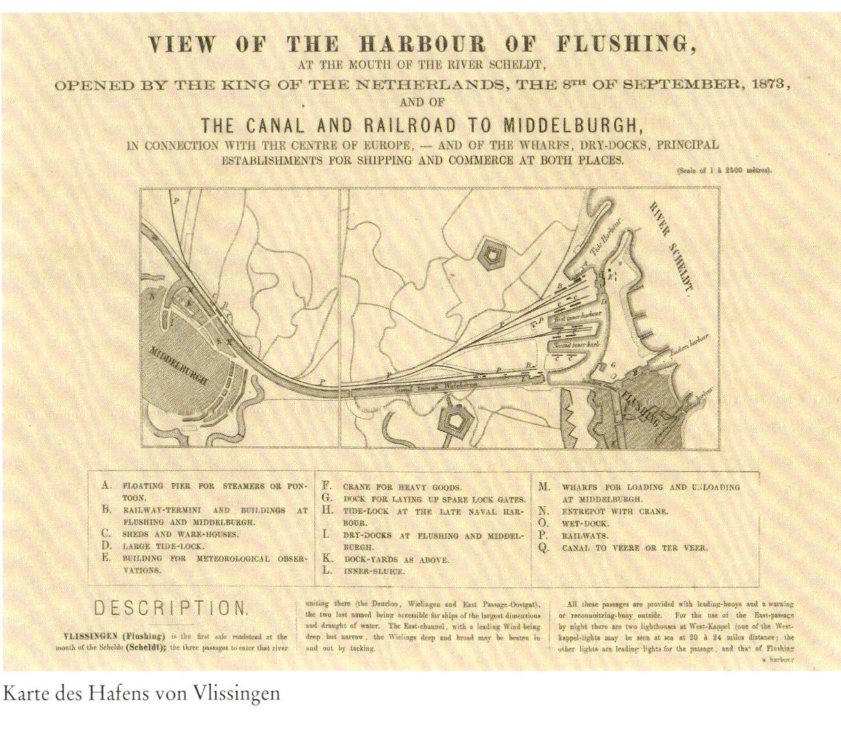

Karte des Hafens von Vlissingen

Waterweg) eröffnet worden, doch hatten Sandbänke die Befahrbarkeit des Kanals stark eingeschränkt, für deren Beseitigung vorläufig keine Mittel zur Verfügung standen. Weitere infrastrukturelle Vorteile von Vlissingen waren die im November 1872 eröffnete Eisenbahnlinie, die den Hafen in regelmäßige Zugverbindung mit dem größten Teil Kontinentaleuropas brachte, und der im selben Jahr fertiggestellte Binnenschiffahrtskanal durch Walcheren – die südwestlichste Halbinsel der Niederlande –, der Vlissingen mit den wichtigen Handelszentren Rotterdam und Dordrecht verband. Wegen dieser klaren Vorteile lag es für Krupp auf der Hand, seinem Flottenmanager Jebsen den Hafen von Vlissingen als geeigneten Standort zu empfehlen.[11]

Im Herbst 1874 reiste Jebsen zunächst ohne seine Familie nach Vlissingen, um sich dort einzurichten. Die Übersiedlung von Clara und Jacob sowie den beiden in Apenrade geborenen Töchtern Bothilde (* 1872) und Clara (* 1874) erfolgte im Sommer 1875. An diese Reise knüpfte Jacob seine ersten klaren Erinnerungen und berichtete, daß sein Vater sie auf der Reede von Vlissingen in einem Lotsenboot abgeholt habe. Demnach hatte die Reise in die Niederlande auf einem großen Schiff stattgefunden, das vor dem Hafen vor Anker ging. Bereits im April war in der Vlissinger Lokalpresse die Meldung erschienen, daß Herr Krupp aus Essen »das sogenannte Haus mit den Bildern« auf dem Dock gemietet habe und beabsichtige, dort ein Büro einzurichten.[12] Das Kontor und die Privatwohnung befanden sich im Bilderhaus (*Beeldenhuis*) am Dockkai (*Dokkade*), einer Straße an der Nordseite des Dockhafens.[13] Das schöne alte Patrizierhaus war eines der größten Wohngebäude in Vlissingen mit reichem figürlichem Schmuck, doch wurde sein guter Ruf durch die immer wieder erzählte Sage beeinträchtigt, daß der frühere Erbauer und Besitzer sich dort erhängt habe und sein Geist im Haus umhergehe – eine Geschichte, die »das Wohlbefinden vor allem von Frau Clara ziemlich störte«, wie ihre

Das Bilderhaus in Vlissingen, um 1850

C. L. Marshall, Schiffsmakler in Antwerpen

Die Ehefrau von C. L. Marshall

Tochter Emma berichtete. Außer den Bediensteten, die man aus Apenrade mitgebracht hatte, gab es im Haus noch einen früheren Matrosen von Jebsen, der vor allem für Botendienste bei der Abfertigung der Kruppschen Dampfer zuständig war. Dieser Philipp Paulsen wurde ein großer Freund des kleinen Jacob und nahm ihn öfters auf die Erztransportdampfer mit. Weil er auch sehr schöne Seegeschichten erzählen konnte, unter anderem von einem malaysischen Piraten, war Jacob später überzeugt, daß Paulsen sein ohnehin durch die Familientradition vorhandenes großes Interesse an der Seefahrt noch gestärkt habe. Ansonsten scheint das Leben in ruhigen Bahnen verlaufen zu sein. Unter Jebsens Geschäftspartnern in Vlissingen war es nur die Familie des Engländers C. L. Marshall, mit der man freundschaftliche Kontakte pflegte; der einzige Sohn Benny wurde Jacobs Spielkamerad. Marshall war früher Seemann gewesen und vertrat seit 1871 das britische Schiffsmaklergeschäft John P. Best & Co. in Vlissingen. Jebsen bezeichnete ihn als »respectable clever businessman« und blieb auch später mit Marshall, der sich an mehreren Dampfern seiner Partenreederei beteiligte, in regelmäßigem freundschaftlichen Besuchs- und Briefkontakt.[14]

Mit der Eröffnung der Kruppschen Geschäftsstelle in Vlissingen und der regelmäßigen An- und Abfahrt der Erztransportdampfer belebte sich der Hafenumschlag zunehmend. Waren 1874 nur 165 Schiffe mit Ladung, davon die meisten mit Kohlen aus England befrachtet, einklariert und 130 mit Ballast ausklariert worden, so stieg 1875 die Zahl der Einklarierungen auf 301 und der Ausklarierungen auf 296 an. Mit großer Befriedigung nahm die Gemeindeverwaltung diese Entwicklung zur Kenntnis, die sie in erster Linie dem Kontor der Firma Krupp zuschrieb. Wie es in ihrem Bericht über die Wirtschaftslage der Stadt im Jahre 1875 hieß, habe die wichtige Einfuhr von Eisen nicht wenig zur allgemeinen Belebung beigetragen, vor allem durch die Ausweitung der ausländischen und einheimischen Schiffahrt und durch die Schaffung von Arbeitsmöglichkeiten beim Löschen und Laden der Schiffe. Allerdings verschwieg der Rapport nicht, daß die Firma Krupp sich über die Verbindung des Hafens mit der Eisenbahnlinie und die hohen Tarife der Bahn beschwert hatte. Man habe nur teilweise Abhilfe schaffen können und empfehle die Einführung eines veränderten Tarifs für den internationalen Verkehr der Eisenbahn, hieß es in dem Verwaltungsbericht.[15] Tatsächlich bildeten die hohen Frachtpreise der niederländischen Eisenbahn für Jebsens Geschäfte einen erheblichen Kostenfaktor, der sich letztendlich negativ auf Vlissingens Funktion als Drehscheibe der Im- und Exporte des Kruppschen Unternehmens auswirkte.

Die vier von Jebsen gemanagten Dampfer brachten das Eisenerz von Bilbao nach Vlissingen, wo es auf die Bahn umgeladen und nach Duisburg zur Johanneshütte, einer 1872 von Krupp gekauften Eisenhütte, gefahren wurde. 1875 trafen die ersten zwölftausend Tonnen Eisenerz in Vlissingen ein, von denen rund neuntausend Tonnen weiter per Bahn ins Ruhrgebiet gingen.[16] In umgekehrter Richtung war Jebsens Büro für die europa- und weltweiten Verschiffungen von Stahlerzeugnissen des Essener Unternehmens verantwortlich und setzte dafür je nach Bedarf und Kapazitäten sowohl die Kruppschen Erztransportdampfer als auch gecharterte Schiffe anderer Reedereien ein. Bei den Exporten handelte es sich um Lieferungen von Eisenbahnmaterial aller Art wie Schienen, Radreifen, Kurbelwellen, Radachsen, von Schiffsbedarf wie Kessel- und Schiffsbleche, Schiffsschraubenwellen und vieles mehr sowie von Kriegsmaterial wie Feld-, Festungs-, Gebirgs-, Belagerungs- und Schiffsartillerien. Damit habe Alfred Krupp

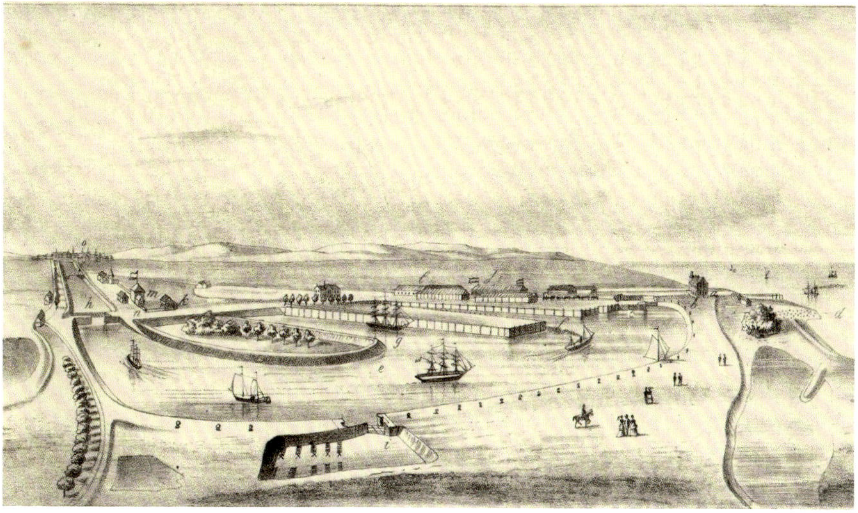

Schleusenanlagen von Vlissingen, um 1875

»die sämtlichen Armeen und Marinen der Welt – zum Glück mit Ausnahme der französischen und englischen – versehen«, hob ein ehrender Nachruf auf den Stahlindustriellen in bewußter Übertreibung hervor.[17]

1875 wurden 8340 Tonnen Stahleisenbahnschienen über Vlissingen nach Rußland exportiert, 700 Tonnen nach Preußen und 391 Tonnen nach Kuba.[18] Im selben Jahr erfolgte auch die Verschiffung einer großen Anzahl von Kruppschen Kanonen in die türkische Hauptstadt Konstantinopel. Das Ottomanische Reich unternahm zu dieser Zeit den Umbau seines veralteten Staats- und Wirtschaftssystems und versuchte mit Hilfe britischen und französischen Kapitals ein Modernisierungsprogramm durchzusetzen, um seinen allmählichen Zerfall aufzuhalten. Zwischen 1874 und 1886 kaufte die Türkei 1389 Kanonen und anderes Kriegsmaterial bei Krupp, wenn auch 1876 die Zahlungen wegen Staatsbankrotts vorübergehend eingestellt werden mußten.[19] Weil keiner der firmeneigenen Dampfer dafür zur Verfügung stand, beauftragte Jebsen den deutschen Schiffsmakler und Reeder Adolf Deppe im nahegelegenen belgischen Antwerpen mit der Verfrachtung.[20] An Major Theobald Trautmann vom preußischen Kriegsministerium, der ihn wegen einer Sonderbeförderung von fünfzig Gewehren nach Konstantinopel kontaktiert hatte, schrieb er im September 1875:

»Da ich es nicht habe möglich machen können, eines der eigenen Schiffe nach Konstantinopel zu schicken, die Ablieferung besagter Gewehre en passant an die Dardanellen mit Schwierigkeiten verknüpft ist, habe ich einen anderen Weg eingeschlagen, um dieses bewerkstelligen zu können. Ich habe nämlich einen bedeutenden Kanonentransport dem Herrn Adolf Deppe zur Verschiffung überwiesen. Da dieses ein sehr einträgliches Geschäft ist, habe ich zur Bedingung gestellt, daß die Gewehre mit demselben Dampfer und zwar frachtfrei nach Konstantinopel befördert werden. Der Dampfer wird Ende des Monats resp. Anfang Oktober von Antwerpen abgehen und wird es daher nötig, daß die Gewehre in den nächsten Tagen an die Adresse des Herrn Adolf Deppe mit den nötigen Anweisungen zur Weiterbeförderung und Ablieferung versehen abgeschickt werden.«[21]

Mit dem steigenden Volumen der Erzeinfuhren und der Ausfuhr von Stahlfabrikaten schlugen die hohen Transportkosten auf der niederländischen Eisenbahn für Jebsens Büro immer mehr zu Buche. Bei einem persönlichen Besuch von Alfred Krupp in Vlissingen, an den sich Jacob später noch erinnerte, könnte diese wichtige Frage besprochen worden sein. Als alternativer Standort bot sich die Großstadt Rotterdam an, rund fünfundsiebzig Kilometer in der Luftlinie von Vlissingen entfernt, die wegen ihrer geographischen Nähe zur deutschen Grenze schneller und preiswerter per Bahn vom Ruhrgebiet aus erreichbar war als Vlissingen. Hinzu kam, daß der Hafen von Rotterdam wegen seiner Lage an der Mündung des kleinen Flusses Rotte in die Neue Maas an das europäische Binnenschiffahrtsnetz angeschlossen ist: Der Wasserweg von Ruhrort bis Rotterdam beträgt 215 Kilometer. Im Gegensatz zu Vlissingen, das nur über die Eisenbahn mit Kontinentaleuropa verbunden war, verfügte Rotterdam also über einen zweiten und kostengünstigen Massentransportweg. Das frühere Argument zu Ungunsten von Rotterdam, nämlich die für die schwerbeladenen Kruppschen Erztransportdampfer zu flache Fahrrinne im Neuen Wasserweg fiel nicht länger ins Gewicht, weil die Schiffe wegen des zu seichten Hafens von Luchana bei Bilbao sowieso nicht bis zu ihrer vollen Kapazität beladen werden konnten; die Vertiefung des Nervión-Flusses konnte erst in den neunziger Jahren abgeschlossen werden. Damit entfiel auch der wichtigste Wettbewerbsvorteil von Vlissingen, nämlich den einzigen Seehafen der Niederlande für Schiffe mit sehr großem Tiefgang zu haben.[22] Diese drei Gründe zusammen werden

den Ausschlag für die Entscheidung von Krupp und Jebsen gegeben haben, den Standort Vlissingen zugunsten von Rotterdam aufzugeben. Nach der Schließung des Kontors Ende Februar 1877 blieb in Vlissingen für einige Zeit eine Agentur bestehen, um weiterhin Eisenbahnschienen und andere Eisen- und Stahlwaren aus Essen von dort verschiffen zu können.[23] Für die Stadt bedeutete der Rückzug von Krupp einen schweren Schlag. Hatte die deutsche Zeitschrift *Hansa* Anfang 1876 festgestellt, daß der Hafen »noch nicht blüht« und einen »Mangel an Kaufleuten, welche die allgemeine jetzige Geschäftslage bis jetzt zurückhalte, sich dort zu etablieren« dafür verantwortlich gemacht, konstatierte sie zwanzig Jahre später, daß jeder Optimismus verflogen sei: Der mit großem Kostenaufwand ausgeführte Hafen sei »vollkommen verödet«. Zur Begründung verwies sie auf die Konkurrenz des Antwerpener Hafens, der nach Vertiefung des Fahrwassers der Schelde auch von sehr tiefgehenden Schiffen angelaufen werden könne. Mehr Glück habe die niederländische Regierung in Rotterdam gehabt, meinte das Blatt.[24] Daß Vlissingen neben der mächtigen Konkurrenz von Antwerpen und Rotterdam nicht bestehen konnte, war Jebsen schon früh klar. 1879 empfahl er seinem dortigen Geschäftsfreund Marshall auf eine entsprechende Anfrage der Stadtverwaltung hin, den »Idioten in Vlissingen« *(Flushing idiots)* klarzumachen, daß die Firma Krupp keinen Grund habe, ihr Verschiffungsgeschäft jemals wieder zurück in diesen Hafen zu verlegen: Der Wasserweg nach Rotterdam verbessere sich täglich, so daß die Kruppschen Dampfer kein Problem hätten, die Stadt zu jeder Tageszeit zu erreichen.[25]

Transitopolis Rotterdam

Seit der Mitte des 19. Jahrhunderts entfaltete das rheinisch westfälische Industriegebiet als wichtigste ökonomische Schlagader Preußens eine kaum zu überschätzende Wirkung auf die benachbarte niederländische Wirtschaft. Symbolisch für die steigende Bedeutung der Niederlande als Transitland und Tor zur Welt für die westdeutsche Wirtschaft war der Aufstieg Rotterdams zum führenden europäischen Überseehafen. Der traditionelle Stapelhandel der Stadt wich seit den 1870er Jahren dem Transithandel, wobei Großbritannien als wichtigster Handelspartner zunehmend durch das Deutsche Reich ersetzt wurde. Wegen dieses Funktionswandels, der bis zum Ersten Weltkrieg anhielt, bezeichnete der Historiker Paul van de Laar die Stadt Rotterdam treffend als »Transitopolis«.[26] Mit dieser Entwicklung einher gingen Planungen für den Ausbau des Hafens, welche seit 1870 von der Stadtverwaltung mit einem eigenen Investitionsprogramm vorangetrieben wurden. Die Rotterdamer Handelskammer, die bislang das traditionelle Netzwerk der Stapelmarktinteressenten gefördert hatte, änderte ihre Haltung zugunsten eines neuen Netzwerks innovativer Geschäftsleute. So wie die meisten Häfen in Nordwesteuropa im Zuge der Industrialisierung ihre Hafenanlagen modernisierten, Bahnlinien und Dockanlagen bauten und sich damit den neuen Anforderungen anpaßten, konzentrierte auch Rotterdam sich seit den 1870er Jahren auf solche wichtigen infrastrukturellen Investitionen. Es ging darum, im Wettbewerb mit anderen Häfen – wie Antwerpen oder Amsterdam – konkurrenzfähig zu bleiben und die bestehende Marktführerschaft weiter auszubauen.[27]

KAMER
VAN KOOPHANDEL
EN FABRIEKEN
ROTTERDAM
1803–1928

GEDENKBOEK
SAMENGESTELD DOOR HET
SECRETARIAAT DER KAMER

ROTTERDAM MCMXXVIII
UITGEGEVEN VOOR DE KAMER DOOR
W. L. & J. BRUSSE'S UITGEVERSMAATSCHAPPIJ

Titelblatt der Festschrift der Rotterdamer Industrie- und Handelskammer von 1928

In der Festschrift zum 125jährigen Bestehen der Rotterdamer Handelskammer wird das Jahr 1877 als Scheidelinie bezeichnet. In diesem Jahr wurde die Eisenbahnlinie quer durch die Stadt, die Nord- und Südholland miteinander verbindet, fertiggestellt und damit ein wichtiges Infrastrukturprojekt beendet. Um den Neuen Wasserweg endlich für große Schiffe befahrbar zu machen und damit das Wachstum des Hafens stärker zu fördern, beschloß die Kammer die Einrichtung einer Sonderkommission, die mehr politischen Druck auf Stadtverwaltung und Haager Regierung ausüben sollte. Beide Neuerungen signalisierten nach Meinung der Kammer den Beginn einer bis 1914 dauernden Phase in der Stadtentwicklung, die vom Aufstieg Rotterdams zum Welthafen geprägt sei. Entscheidend für diesen Fortschritt war der wirtschaftliche Aufschwung im weiteren Hinterland der Stadt, nämlich im rheinisch-westfälischen Industriegebiet,

Koningshaven (Königshafen) in Rotterdam, um 1920

dessen Importe von Rohstoffen und Exporte von Fertigwaren zum größten Teil über den Transithafen Rotterdam abgewickelt wurden. In einer Eingabe der Kammer an den niederländischen Innenminister vom April 1877, in welcher der schlechte Zustand des Neuen Wasserwegs beklagt und finanzielle Unterstützung der Regierung gefordert wurde, verwies man besonders auf »das Erz von Bilbao für die bekannte Fabrik von Krupp in Essen«, das ein Jahresvolumen von etwa sechzigtausend Tonnen habe. Um so auffälliger ist es, daß der Jahresbericht der Kammer für das Jahr 1877 die Erzdurchfuhren mit keinem Wort erwähnte. Der Grund für das Verschweigen ist darin zu suchen, daß die neue Rolle von Rotterdam als Transithafen für Deutschland in der selbstbewußten lokalen Kaufmannschaft noch nicht voll akzeptiert war. Transithandel war eben nicht Eigenhandel, auf den Rotterdamer Handelskreise seit Jahrhunderten mit Stolz blickten. Eine solche Einstellung änderte sich nach 1877 rasch und machte einer realistischeren Haltung Platz: 1882 tauchten Erze erstmals in der Handelsstatistik Rotterdams auf.[28]

Am 1. März 1877 eröffnete Jebsen sein neues Kontor in Rotterdam und lenkte die Kruppschen Erztransportschiffe nach dorthin um.[29] Das als Firma eingetragene Unternehmen trug den Namen »M. Jebsen, Comptoir

Wijnhaven (Weinhafen) in Rotterdam, um 1910

für Krupp'sche Spedition und Rhederei« und befand sich in einem Gebäude im Weinhafen (*Wijnhaven*) 28.[30] Seinen Namen hatte dieser Hafen, der einer der ältesten von Rotterdam ist, wahrscheinlich von seiner Funktion als Umschlagplatz für Weinfässer, die seit dem 17. Jahrhundert aus dem Rheinland und Frankreich dort per Schiff angelandet wurden. An der Wasserseite standen bis zur Zerstörung im Zweiten Weltkrieg zahlreiche vornehme Herrenhäuser. Das Gebiet um den Weinhafen gehörte im 19. Jahrhundert zu den besten Adressen in Rotterdam und zählte zahlreiche Familien der städtischen Oberschicht zu seinen Bewohnern.[31] Mit seinem Kontor an dieser Stelle signalisierte Jebsen also auch die Bedeutung seines Kontors als Vertreter der Firma Krupp. Führte er das Geschäft anfangs noch alleine, so stand ihm seit Januar 1878 Conrad Steinbömer, ein jüngerer Kaufmann aus der ostfriesischen Stadt Norden zur Seite, der im Folgejahr zum gleichberechtigten Partner von Jebsen ernannt werden sollte. Steinbömer arbeitete sich schnell in das Frachten- und Schiffsmaklergeschäft ein. Hinzu kamen ein deutscher Kassierer und einige junge Holländer als Hilfskräfte.[32]

Rotterdam war 1877 eine Großstadt von über 136.000 Einwohnern und ragte unter den niederländischen Hafen wie ein Riese hervor: 1876 wurden dort 3.364 Schiffe mit einer Größe von fast vier Millionen Ku-

Rotterdam (Massstab 1 : 28.600; Sonden in Metern auf die tiefste Ebbe reducirt; **2·2** *m* Hochwasser).

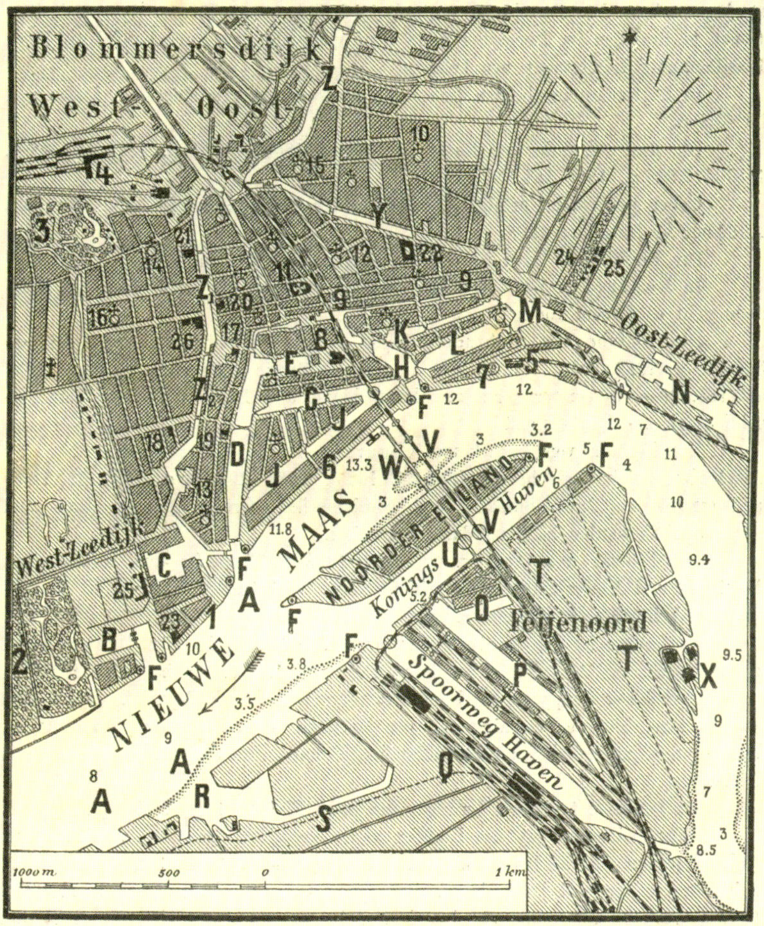

A Ankerbojen, B Westerhaven, C Zalmhaven, D Leuvehaven, E Blaakhaven, F Leuchtfeuer, G Wijnhaven, H Oude Haven (alter Hafen), J Scheepmakershaven, K Nieuwe-Haven, L Haringvliet, M Boerengat, N Buizengat, O Entrepôthaven, P Binnenhaven, Q Waarenbahnhof der Staatsbahn, R Rijnhaven, S Eisenbahn (project.), T Canäle und Brücken (project), U Koninginnenbrug, V Eisenbahnbrücke, W Willemsbrug, X Werfte der Nederlandsche Stoomboot-Maatschappij, Y Goudschevert-Can., Z De Rotte, Z_1 Cool Vest, Z_2 Schiedamsche Vest — 1 Willemskade, 2 Park, 3 Diergaarde (Thiergarten), 4 Centraleisenbahnstation, 5 Station der rheinischen Eisenbahn, 6 Boompjesquai, 7 Oosterkade (Quai), 8 Börse, 9 Hoogstraat, 10 deutsche Kirche, 11 Groote K., 12 Prinsen K., 13 Schutsche K., 14 Wester K., 15 S. Anthonius K., 16 Het Heilige Hart K., 17 Museum Boymans, 18 Museum v. Onderw. en kunst, 19 Nederl. Bank, 20 Academie v. beeld. Kunsten, 21 Schouwburg (Theater), 22 Weeshuis, 23 Yachtclub, 24 Nieuwe Plantage, 25 Gasfabrik, 26 Groot Zickenhuis (Siechenhaus).

Karte des Hafens von Rotterdam, 1891/92: Der Weinhafen trägt den Buchstaben G.

bikmetern einklariert. Damit lag der Hafen weit vor seinem nächsten Konkurrenten Amsterdam, wo man nur etwa ein Drittel der Rotterdamer Zahlen erreichte, aber auch vor dem wichtigen belgischen Ausfuhrhafen Antwerpen.[33] Mit ihrem deutschen Hinterland war die Stadt sowohl über die Ausflüsse des Rheins als auch auf der Schiene verbunden. Nach Umlenkung der Kruppschen Erzzufuhren von Vlissingen nach Rotterdam stieg das stromaufwärts verschiffte jährliche Erzvolumen von ursprünglich 62.000 Tonnen (1876) auf 231.000 Tonnen (1877) und schließlich auf 397.000 Tonnen (1880) an. Waren 1874 rund 30 Prozent des Erzes per Bahn transportiert worden, so waren es 1880 etwa 36 Prozent – eine Folge der 1879 eingeführten niedrigeren deutschen Eisenbahntarife.[34] Weil mehrere deutsche und niederländische Bahngesellschaften auf der Strecke zwischen Rotterdam und dem Ruhrgebiet miteinander konkurrierten, konnten nach Jebsens Auskunft bei großen Transporten immer Preisermäßigungen ausgehandelt werden. Der günstige Bahntarif und die flußferne Lage der großen Eisen- und Stahlwerke führten dazu, daß der Kostenunterschied zwischen Bahn- und Wassertransporten nur verschwindend gering war.[35] Fast zwanzig Jahre später erinnerte Jebsen sich in einer Reichstagsrede an die Vorzüge von Transitopolis: Er habe selbst lange in Rotterdam gewohnt und wisse, »wie der Verkehr nach dem Rhein von Rotterdam viel leichter ist und viel billiger hergestellt wird als über Antwerpen«.[36]

Wegen des steigenden Transportbedarfs wurde 1877 als fünftes Schiff der kleine Dampfer *Hochfeld* in Dienst gestellt, der speziell für den seichten Hafen Luchana bei Bilbao konzipiert war. Seine Ladungskapazität betrug nur 1050 bis 1100 Tonnen bei einem Tiefgang von dreizehn bis vierzehn Fuß, weswegen er in Spanien meistens voll beladen werden konnte. Mit dem Schiffsrumpf aus besonders hartem Kruppstahl und der hinten liegenden sehr starken Dampfmaschine hatte das Schiff jedoch einen relativ hohen Kohlenverbrauch und mußte reichlich Bunkerkohlen mitführen, was einen weiteren Verlust an Ladungsraum bedeutete und nur durch seine recht hohe Geschwindigkeit und einen niedrigen Tiefgang kompensiert werden konnte.[37] Für die Besatzung von *Hochfeld* und der anderen Kruppschen Erztransportdampfer galt der Dienst allgemein als »langweiliger, schmutziger und einseitiger« als auf anderen Frachtdampfern, wie Jebsen berichtete.[38] Die Gagen der Kapitäne, die bis zu 360 Mark monatlich erhielten, waren ein wenig höher als sonst, um den Nachteil auszugleichen, daß die Schiffsführer weder Gratifikationen bei guter Ablieferung der Ladung erhielten, wie das in der Frachtfahrt in der Ostsee und im Schwarzen Meer damals üblich war, noch bei Zeitchartern für besonders schnelle Transporte von den Befrachtern extra belohnt wurden. An Beköstigungsgeldern für die Besatzung, welche jedem Kapitän zur Verfügung gestellt wurden, zahlte Jebsen aber mehr als andere deutsche Reedereien. Die Kapitäne kämen »nicht mit weniger aus«, teilte er zur Begründung der höheren Ausgaben mit, weil »die Dampfer beständig zwischen Rotterdam und Bilbao fahren, welches beide teure Plätze sind«.[39]

In der Regel fuhren die Kruppschen Erztransportdampfer mit 22 Mann Besatzung: Kapitän, zwei Steuerleute, drei Maschinisten, sechs Heizer, sieben Matrosen sowie Steward, Koch und Zimmermann. In der Ostsee- und Bilbaofahrt entfiel wegen der kürzeren Reisen der dritte Maschinistenposten. Obwohl die Gagen fast alle etwas höher lagen als die in Hamburg damals üblichen, verschafften sich einige Mannschaftsmitglieder regelmäßige Zusatzeinnahmen durch das Schmuggeln von Tabak nach Spanien. Der in Rotterdam reichlich und billig erhältliche Tabak stammte aus Sumatra im Kolonialstaat Niederländisch-Indien, wo das tropische Produkt auf kapitalintensiven Plantagen in großen Mengen angebaut und in die Niederlande verschifft wurde. Da das Löschen der Erzladungen auch nachts stattfand, wenn die Ladearbeiter zwischen dem Ufer und den Schiffen ständig hin- und herfuhren und die Hafenpolizei im Rotterdamer Hafen üblicherweise keine Kontrollen durchführte, war es ziemlich einfach, größere Mengen an Tabak an Bord zu bringen.[40] Im Februar 1879 erfuhr Jebsen, daß die Kruppschen Dampfer und besonders *Hochfeld* in Bilbao des Tabakschmuggelns verdächtigt wurden. Umgehend ließ er Kapitän W. Hochreuter, der mit *Hochfeld* im nordspanischen Los Pasages vor Anker lag, wissen, daß es ihm »nach hier eingezogenen Erkundigungen« scheine, »als wenn das Schmuggeln an Bord Ihres Dampfers sehr an der Tagesordnung« sei. Zwar hegte er keinen Verdacht gegen Hochreuter, doch wies er ihn als Verantwortlichen an, kein Wort über die Sache verlauten zu lassen und sofort nach Abfahrt von Los Pasages zusammen mit dem Ersten Maschinisten, den Jebsen für ehrlich hielt, die Quartiere der anderen Besatzungsmitglieder zu durchsuchen und jedes Stück Tabak, das über die erlaubte gesetzliche Menge hinaus gefunden wurde, zu vernichten.[41]

Wie verbreitet das Tabakschmuggeln an Bord von Frachtdampfern damals war, machten Jebsens wiederholte mündliche Anweisungen und schriftlichen Zirkulare an die Kapitäne deutlich, in denen er dringend empfahl, »die größtmögliche Wachsamkeit gegen das an Bord bringen von Tabak [zu] beobachten, sowie auch nach Abgang von hier und kurz vor Einfahrt in Bilbao eine genaue Untersuchung vornehmen zu lassen und allen sich vorfindenden Tabak zu vernichten«. Auf diese Weise konnten »nicht unbedeutende Quantitäten Tabak während der Reise gefunden und über Bord geworfen oder verbrannt werden«, teilte Jebsen der Firma Krupp im Dezember 1880 mit. War es deshalb bis zu diesem Zeitpunkt gelungen, unbehelligt und straffrei zu bleiben, während andere nach Bilbao fahrende Dampfer hohe Bußgelder an den spanischen Zoll entrichten mußten, wendete sich das Blatt, als Ende 1880 in Bilbao auf *Friedrich Krupp* geschmuggelter Tabak entdeckt wurde. Der Vorfall sei nur darauf zurückzuführen, daß auf dem Schiff die Revision nicht streng genug gehandhabt worden sei, meinte Jebsen und kündigte an, den Kapitän und die Offiziere deshalb zur Rede zu stellen: »Eine sorgfältige Durchsuchung während der Reise und Anwendung von harten Gefängnisstrafen bei den Betroffenen sind die einzigen Mittel, diesem Übel zu begegnen.«[42] Seine Empfehlung an die Kruppsche Prokura, in solchen Fällen hart durchzugreifen, stieß in Essen auf mehr Bereitschaft, als Jebsen wohl geahnt hatte. Nachdem die spanischen Zollbehörden *Friedrich Krupp* ein hohes Bußgeld wegen Tabakschmuggelns auferlegt hatten, wurde der Schiffsführer C. Arnold von der Firma Krupp entlassen und ein Prozeß gegen die Strafe angestrengt. Obwohl vor allem Arnolds Aussagen vor dem spanischen Gericht dazu beitrugen, daß das Urteil zugunsten des Schiffs ausfiel und das bereits gezahlte Bußgeld an die Essener Firma zurückerstattet wurde, erhielt der Kapitän keine Stelle mehr bei Krupp. Er finde, daß Krupp sich sehr schäbig gegenüber Arnold verhalten habe, schrieb Jebsen einige Jahre später, der den unglückseligen Kapitän zwischenzeitlich in seinem Kontor mit der Beaufsichtigung der Dampferflotte beschäftigt hatte.[43] Gegenüber Arnold sprach er vom »Unrecht, welches Ihnen zugefügt worden ist«.[44] Es war deutlich geworden, daß das Essener Unternehmen einen Präzedenzfall statuiert hatte, um die Kapitäne seiner Dampfer zu ständigen und scharfen Kontrollen anzuhalten, damit das Tabakschmuggeln unterbunden und die Erzzufuhr von Spanien ohne Störung durchgeführt werden konnte.

Die nordspanischen Erzausfuhren nahmen stark zu, nachdem eine zwölf Kilometer lange Eisenbahn von den Gruben zum Nervión-Fluß bei

Ein Erzdampfer an der Ladebrücke, um 1900

Luchana angelegt und volle Kapazität erreicht worden war. Die Bergwerke produzierten 1877 insgesamt 964.000 Tonnen Eisenerz, von denen der größte Anteil nach Großbritannien, Deutschland und Frankreich geliefert wurde. In Deutschland war die Firma Krupp der einzige Abnehmer der spanischen Erze und setzte für die Verschiffung ihre eigenen fünf Dampfer ein. Als 1879 die Gesamtproduktion auf 1.117.800 Tonnen zunahm und auch die Stahlherstellung in der Johanneshütte sprunghaft anstieg, kam die Dampferflotte mit den Transporten kaum nach. Ende Mai 1879 erfuhr Jebsen in Essen, daß die Hütte nur noch für sechzehn Tage Vorrat hatte und dringend Erz benötigte. Umgehend wies er Theodor Seebold, den Vertreter der Firma in Bilbao, darauf hin, daß es »daher unbedingt nötig« sei, »daß wenigstens zwei bis drei der Dampfer womöglich noch vor der höchsten Flut auslaufen, wenn auch evt. nur bei 13 Fuß Tiefgang mit 8 bis 900 Tons. Hoffentlich folgen dann *Friedr[ich] Krupp* und *Essen* einige Tage später mit größeren Ladungen«.[45] Um die Transportkapazität vor der Winterpause zu erhöhen, wenn Eisgang die Schiffahrt zu unterbrechen drohte, fuhren die Dampfer im Herbst 1879 jeden Monat zweimal zwischen Bilbao und Rotterdam.[46] Solche Vorsicht erschien nötig angesichts der steigenden Produktivität der spanischen Gruben und der anhaltenden Nachfrage der Johanneshütte. 1880 betrug die Erzausfuhr 2.345.600 Tonnen, von denen der Löwenanteil von fast 1,7 Millionen Tonnen nach Großbritannien und rund 400.000 Tonnen nach Deutschland gingen – unter anderen Abnehmern auch an Krupp, der 1881 etwa 100.000 Tonnen bezog.[47] Reichte die Transportkapazität der fünf firmeneigenen Dampfer nicht aus, charterte Jebsen auch Schiffe anderer Reedereien, um die Lieferungen zügig durchführen zu können. Einem Reeder, der ihm flachgehende Flußdampfer für den Erztransport angeboten hatte, schrieb er Ende 1878, daß er »zu den laufenden Frachten« gerne dazu bereit sei, »wenn Sie mich zeitig genug diesbezüglich unterrichten«. Gleichzeitig machte er klar, daß nur eine Reisecharter (*trip charter* oder *voyage charter*), also ein Vertrag zur Güterbeförderung für eine bestimmte Reise, möglich war. Eine Zeitcharter (*time charter*), mit der das Schiff für einen spezifischen Zeitraum – in der Regel mindestens einen Monat – dem Charterer überlassen wurde, kam für ihn aus Kostengründen nicht in Frage. »Von einer Befrachtung auf Timecharter werde ich aber absehen müssen, darauf können nur Leute reflektieren, die eine genügende Partie Güter zurück nach hier zur Verfügung haben«, teilte Jebsen aus Rotterdam mit.[48] Wie schwierig es manchmal war, genug Schiffsraum für Lieferungen aufzutreiben, machte er im Herbst 1879 gegenüber Richard Cohnheim, Mitglied der Kruppschen Prokura mit kaufmännischer und Finanzexpertise, deutlich, als er über geplante Transporte zu den brasilianischen Häfen Penedo und Camocim sowie nach Finnland berichtete:

> »Da es schwer fallen oder kaum möglich sein wird, hier und in Antwerpen die nötige Anzahl Schiffe zusammen zu bringen, werde ich mich gerne mit den Herren zur Erlangung der für Penedo fehlenden Tonnage s[einer] Z[eit] in Verbindung setzen. (...) Vorerst werde ich suchen, alles was sich hier und in den benachbarten Häfen an Tonnage auftreiben läßt, anzunehmen, und freut es mich mit den beiden befrachteten Schonern den Anfang gemacht zu haben. Der Schienen-Transport nach Finnland macht mir weniger Sorgen. Dafür wird sich schon s. Z. [seiner Zeit] Gelegenheit zu annehmbarer Fracht finden. Schwieriger wird sich der Camocim-Transport ausführen lassen.«[49]

Wenn der Flottenmanager Jebsen zusätzliche oder ganze Ladungen für die firmeneigenen Dampfer suchte, um Leerräume in den Schiffen profitabel zu füllen, wurde er mit den ständigen Schwankungen des internationalen Frachtenmarktes konfrontiert. Für solche Frachtaufträge war die globale Konjunkturlage in den 1870er Jahren durchweg ungünstig. Seit Beginn der Zweiten Weltwirtschaftskrise (1873) waren die internationalen Fracht-

Blick in die Kanonenwerkstätte der Kruppschen Fabrik in Essen, um 1910

raten stetig gesunken, wozu auch die anhaltende Überproduktion von Dampfschiffen und damit das Überangebot an freier Tonnage erheblich beigetragen hatte.[50] Im Frühling 1879 schrieb Jebsen, daß es »in der Frachtenbranche kläglich« aussehe: »So miserabel ist es noch nie gewesen.«[51] Allerdings setzte in jenem Jahr bereits eine Wirtschaftserholung ein, die sich auf die Frachtraten positiv auswirkte. Deshalb konnte er im Oktober 1879 konstatieren, daß »die Retourfrachten von Riga augenblicklich recht gut« seien: Er werde »einem der Kruppschen Dampfer die 500 Tons Schienen mitgeben, welcher, damit die Schienen noch vor Ende dieses Monats in Riga geliefert werden können, widrigenfalls die Firma [Krupp] eine hohe Konventionalstrafe zu zahlen haben würde, bereits übermorgen in Ladung gelegt wird«.[52] Der starke Eisenbahnbau in den USA, ein hoher Bedarf Rußlands an Schienen und Kriegsmaterial und der globale konjunkturelle Aufschwung nach 1880 verbesserten die Lage weiter. Die immensen Aufträge für die Firma Krupp führten dazu, daß in Essen das Bessemerwerk und das Schienenwalzwerk für einige Jahre bis zur Kapazitätsgrenze ausgelastet waren: Von 1880 bis 1883 wurden 173.000 Tonnen Stahl jährlich erzeugt – ein bis dahin nicht erreichtes Volumen. Als Anerkennung für seine Lieferungen an das sich rasch modernisierende Zarenreich erhielt Firmenchef Alfred Krupp 1880 einen Orden vom russischen Kaiser verliehen.[53] Die gewaltigen Mengen an Kruppschen Exportgütern stellten enorme Anforderungen an die Logistik von Jebsens Firma in Rotterdam, wo es zunehmend schwerer fiel, ausreichenden Schiffsraum für die Transporte aufzutreiben. Im Februar 1880 fuhr Steinbömer deswegen zu Verhandlungen zur Zentrale des Norddeutschen Lloyd in Bremen, der damals größten deutschen Reederei mit einem ausgedehnten Liniennetz für Passagier- und Frachtfahrt in Europa und nach Amerika. Dennoch mußte er nach Essen melden, daß die Reederei überhaupt keine Schienen mehr annehme, weil sie ihnen »unverhältnismäßig viel Arbeit u[nd] Aufenthalt« machten. »Alle übrigen Reeder haben vorzugsweise Bedenken gegen die große Länge der Schienen; jedenfalls will zunächst niemand etwas fest annehmen.«[54] Angesichts solcher Engpässe bei der Verschiffung war es nicht verwunderlich, daß Jebsen nach der Gründung seiner eigenen Reederei (1878) auch seine eigenen Dampfer für Krupps Transporte einsetzte. Im Herbst 1881 hatte *Signal* »in der Bilbaofahrt« eine Zeitcharter, fuhr also Erze von Spanien nach Rotterdam, um den steigenden Bedarf der Johanneshütte abzudecken.[55]

Außer für die Erzimporte war Jebsen weiterhin für die Verschiffung großer Mengen von Kruppschen Stahlerzeugnissen zuständig. Um welche Produkte es sich vorwiegend handelte, macht der Blick in die Verkaufsbilanzen deutlich. Im Bilanzjahr 1877/78 lag der Anteil von Kriegsmaterial am Gesamtumsatz des Essener Unternehmens bei 57 Prozent, was nicht nur der vorläufige Höhepunkt einer kontinuierlichen Entwicklung war, sondern auch mit dem zu dieser Zeit tobenden Russisch-Türkischen Krieg zu tun hatte. Krupps Kriegsmaterial war bereits im Vorjahr, als die politischen Spannungen zunahmen, zu mehr als neunzig Prozent exportiert worden, und zwar fast ausschließlich an die beiden Kontrahenten. Allerdings gingen bereits im nächsten Bilanzjahr 1878/79 die Verkäufe von Kriegsmaterial drastisch zurück und machten Platz für Aufträge aus dem zivilen Bereich.[56] Dennoch kann die Phase von 1874 bis 1886 hinsichtlich der Zahl der exportierten Kanonen als die bis dahin erfolgreichste für die Firma Krupp bezeichnet werden. Die weit bekannte Qualität seiner Waffen führte dazu, daß 36 fremde Staaten in Essen Kriegsmaterial bestellten, vor allem die Hauptprotagonisten der Balkankrise, aber auch das Kaiserreich China, das mit 850 Kanonenimporten an dritter Stelle hinter Rußland und der Türkei lag. Der Historiker Zdenek Jindra wies darauf hin, daß »in dieser Zeit Krupp wie niemals wieder in seiner Geschichte den Weltmarkt der Rüstung beherrschte«. So war die Titulierung von Alfred Krupp als »Kanonenkönig«, welche seit etwa 1863 in der Presse auftauchte, in dieser Phase mehr als berechtigt.[57] Auch Jebsen sprach in einem seiner Briefe aus Rotterdam vom »Kanonen König Krupp«.[58]

Bei Verschiffungen der Rüstungs- und zivilen Erzeugnisse aus Essen so wie auch beim Transport der Erze aus Bilbao war Jebsen durch den Einsatz der firmeneigenen Dampfer von den Konjunkturen des Frachtenmarktes unabhängig. Die Reederei-Kontolisten der Kruppschen Erztransportdampfer zeigen für das Bilanzjahr 1879/80 regelmäßige Schienenfrachten nach spanischen Mittelmeerhäfen und ins russische Kronstadt bei St. Petersburg sowie gemischte Frachten von und nach Riga, damals die Hauptstadt des russischen Gouvernements Livland, und vom englischen Newcastle oder belgischen Antwerpen nach Bordeaux.[59] Der Dampfer *Essen* brachte wiederholt von der Pekinger Regierung bestellte Fabrikate nach China, wo die Hamburger Firma Siemssen & Co., eine der bedeutendsten deutschen Handelshäuser in Ostasien, die Schiffsgeschäfte besorgte.[60] Welche Kosten dabei entstehen konnten, die zweifellos auf den Verkaufspreis aufgeschlagen wurden, erläuterte Jebsen Ende 1880 Carl Menshausen, Direktoriumsmitglied und einer der engsten Vertrauten des Firmenchefs:

> »[Deshalb] kann ich Ihnen nur dann eine annähernde Aufgabe der gewünschten Frachten machen, wenn ich weiß, wohin die beregten Gegenstände geliefert werden müssen. Es sind nämlich bei dergleichen Verschiffungen viele Umstände in Betracht zu ziehen. So stehen die Ein- und Ausladekosten, die bei solchen Verladungen immer zu Lasten des Verladers fallen, bei Lieferungen nach benachbarten Ländern in einem ganz anderen Verhältnis zur Fracht, als bei überseeischen Expeditionen. Ebenfalls ist es von großer Bedeutung, ob am Bestimmungshafen die nötigen Vorrichtungen bestehen, um Objekte von solchem Gewichte aus dem Schiffe zu heben, auch ob direkte Dampfer-Linien dahin existieren, da eine Überladung von einem Schiffe in ein anderes kaum auszuführen sein würde. In den Tarifen der festen Linien sind Frachtsätze für dergleichen Güter nicht vorgesehen, und muß in solchen Fällen immer ein besonderes Abkommen getroffen werden.«[61]

Um konkretere Auskunft über die Kosten der Lieferung eines 15-Zentimeter-Panzerstandes mit Mittelstück von 380 Tonnen Gewicht nach China zu geben, war Jebsen am 19. Dezember 1880 in Essen. Wie Menshausen festhielt, habe Kapitän Jebsen ihm gesagt, »eine Fracht für so große und schwere Stücke nach China ließe sich nicht im voraus bestimmen«. Schließlich veranschlagte der Flottenmanager für das Einladen in Antwerpen, Hamburg oder Rotterdam, für die Fracht von dort nach Shanghai und für das Ausladen die Gesamtsumme von 1800 bis 2000 britischen Pfund, »um nicht zu kurz zu kommen«. Die daraus entstehenden Frachtkosten lagen also in Höhe von etwa fünf Pfund pro Tonne, wie Menshausen überrascht feststellte. »Scheint mir sehr hoch«, notierte er abschließend.[62] Trotz solcher Zusatzkosten blieb das Kaiserreich China der größte und treueste Stammkunde der Firma Krupp in Ostasien und in ganz Übersee. Nachdem 1870 die erste ständige Geschäftsvertretung von Krupp in Hongkong und in Shanghai eröffnet worden war, kaufte Peking von 1871 bis 1899 insgesamt 2.015 Kanonen und anderes Kriegsmaterial in Essen.[63]

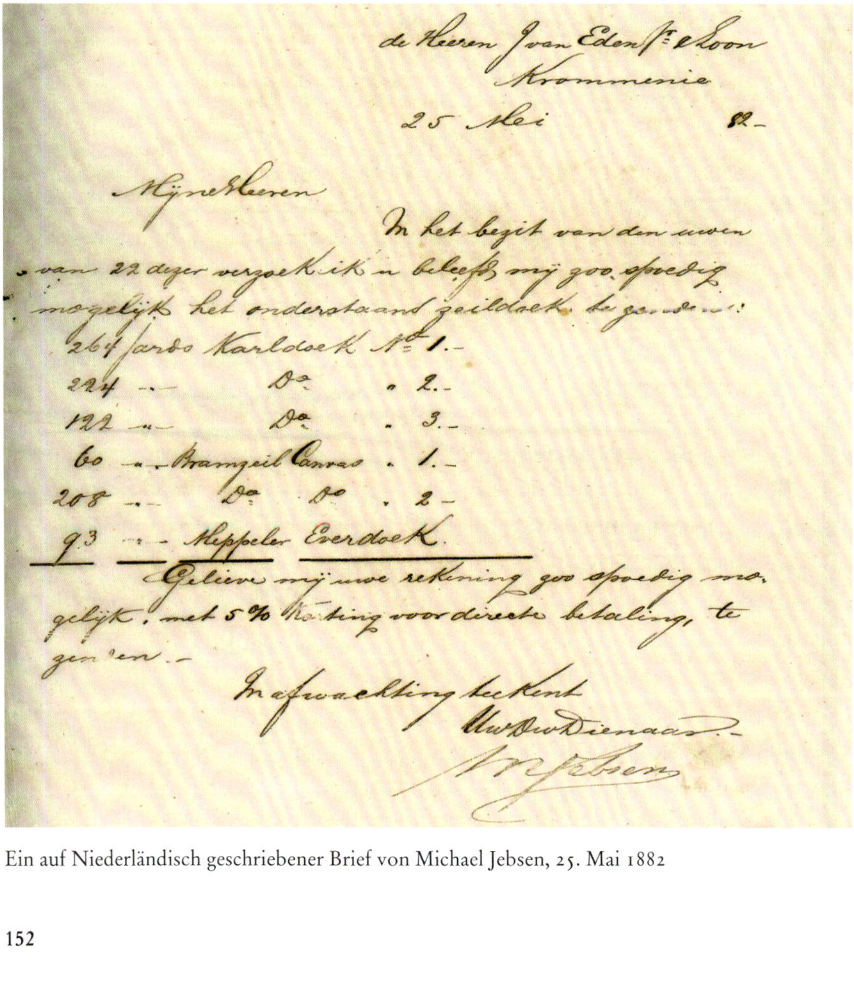
de Heeren J van Eden Fz & Zoon
Krommenie
25 Mei 82.

Mijne Heeren

In het bezit van den uwen van 22 dezer verzoek ik u beleefd mij zoo spoedig mogelijk het onderstaand zeildoek te zenden:

264 Jards Karldoek N° 1.
224 " D° " 2.
122 " D° " 3.
60 " Bramzeil Canvas " 1.
208 " D° D° " 2.
93 " Meppeler Everdoek.

Gelieve mij uwe rekening zoo spoedig mogelijk, met 5 % Korting voor directe betaling, te zenden.

In afwachting teekent
UwDwDienaar
M Jebsen

Ein auf Niederländisch geschriebener Brief von Michael Jebsen, 25. Mai 1882

Der Konflikt mit Krupps Prokura

Durch seine eigenen Beobachtungen und Einschätzungen des internationalen Frachtenmarkts, das Managen der firmeneigenen und gecharterten Schiffe und seine persönlichen Kontakte in einem Informationsnetzwerk von Geschäftspartnern in Rotterdam und anderen Hafenplätzen erwarb Jebsen sich umfassende Kenntnisse in der Reederei von Frachtschiffen. Seine hohe Fachkompetenz fand Anerkennung bei der Firma Krupp, die ihm ab 1. Januar 1878 ein höheres Jahresgehalt von zehntausend Mark und eine außerordentliche Gratifikation von 25.000 Mark bewilligte.[64] Obwohl Jebsen später ausdrücklich auf die von ihm »aufrecht gehaltene Selbständigkeit« in seinem Kontor hinwies,[65] scheint ihm dennoch das Weisungsrecht seiner Vorgesetzten in Essen ein Dorn im Auge gewesen zu sein. Man müsse es »zu vielen Leuten recht machen«, schrieb er später in einem anderen Zusammenhang, »und wie schwer solches ist, habe ich schon bei Krupp erfahren«.[66] Seine Selbständigkeit, wie er sie als Kapitän auf Segel- und Dampfschiffen erlebt hatte, war ihm zum Ideal geworden. Dieses Motiv war zweifellos ausschlaggebend, um einen Schritt vorwärts in Richtung beruflicher Selbständigkeit zu machen, allerdings nicht ohne sich abzusichern und die gut entlohnte Stelle bei Krupp vorläufig zu behalten. Angesichts der bis 1879 anhaltenden Weltwirtschaftsdepression und den damit einhergehenden niedrigen Frachtraten war eine solche Vorsicht auf jeden Fall geboten. Mit dem Kauf des kleinen Frachtdampfers *Signal*, der wegen der Krise in Flensburg günstig zum Kauf stand, unternahm Jebsen im November 1878 den ersten Schritt in die ersehnte Selbständigkeit.[67]

Die wichtige Frage, ob sein neuer Beruf als selbständiger Korrespondentreeder sich mit seinem Posten als angestellter Flottenmanager von Krupp vereinbaren ließ, scheint Jebsen anfangs wenig beschäftigt zu haben. Dagegen war es bereits in Essen auf Bedenken gestoßen, als er im November 1878 für mehrere Tage Rotterdam verließ und in Apenrade *Signal* in Fahrt setzte. Wohl auf Anraten des ihm freundschaftlich verbundenen Alfred Longsdon, Vertreter von Krupp in London und seit 1873 Mitglied der Prokura, der sich an *Signal* durch Partenkäufe finanziell beteiligte, übertrug Jebsen seinem Schwager Jes Nicolai Jessen mit Wirkung vom 1. Januar 1879 pro forma die Korrespondenzreederei des Schiffes.[68] Dennoch scheint die Beschäftigung mit seinem eigenen Dampfer, für den er faktisch von Rotterdam aus als Reeder auftrat, die Besorgnisse in Es-

Jes Nicolai Jessen (1826-90), Schwager von Michael Jebsen

sen verstärkt zu haben. Ende März 1879 teilte Cohnheim den Beschluß der Firma mit, daß Steinbömer als gleichberechtigter Partner in die Kruppsche Reederei aufzunehmen sei. Als der überraschte Flottenmanager von Rotterdamer Freunden erfuhr, daß die Entscheidung bereits vor längerer Zeit getroffen worden sei, zeigte er sich sehr betroffen. Eine solche Handlungsweise bringe ihn in eine unangenehme Situation gegenüber den Leuten hier und noch mehr gegenüber seinen Untergebenen, weil sie denken müßten, daß er das Vertrauen der Firma verloren habe, schrieb er nach Essen. In diesem Falle bat er um Entlassung aus den Diensten von Krupp. Eine englische Übersetzung dieses Briefes schickte er mit einem Begleitschreiben an Longsdon. Darin gestand er zwar seinen Fehler ein, im November des Vorjahres von Rotterdam fort gewesen zu sein, doch wies er auf seine jahrelange unermüdliche Tätigkeit für Krupp hin. Mit der Ankündigung, in Zukunft als selbständiger Reeder mit seiner Familie in der Heimat leben zu wollen, verband sich vorsichtige Kritik an dem Essener Unternehmen: Man könne sich auf die Menschen in seinem Heimatland mehr verlassen als auf diejenigen im großen Vaterland.[69]

Jebsens Reaktion stieß in Essen auf Überraschung. Cohnheim schickte sofort einen Privatbrief, in dem er versicherte, daß diese Entscheidung während Jebsens Erkrankung getroffen und deshalb ihm nicht mitgeteilt worden sei.[70] Als dieser dennoch auf einer Revision des Beschlusses bestand, kam es Anfang April 1879 in Essen zu einem Gespräch zwischen Jebsen und drei Mitgliedern der Prokura, in dessen Verlauf Jebsen klarstellte, daß er sich mit Steinbömers gleichberechtigter Stellung im Kontor nicht einverstanden erklären könne und am 1. Oktober die Firma verlassen wolle. Cohnheim versprach daraufhin, Vorschläge für eine mögliche Lösung der Frage zu erarbeiten.[71] Als wochenlang keine Nachricht kam, sandte Jebsen Anfang Juni 1879 eine Bestätigung seiner Kündigung an Krupp.[72] Im Folgemonat kam es zu einem erneuten Gespräch mit der

Prokura in Essen. »Die Leute waren sehr freundlich, und Mr. Longsdon versuchte mich zu überreden meine Stelle beizubehalten, welches ihm jedoch kaum gelingen dürfte, da ich keinen Modus Vivendi herausfinden kann«, stellte Jebsen anschließend fest.[73] Trotz solcher Worte wurde in den nächsten Wochen der persönliche Einfluß seines Freundes Longsdon, der sich auch an der Partenzeichnung des neuen Dampfers *Vorwärts* beteiligt hatte, ausschlaggebend für sein Verhalten. Anfang August 1879 sandte Jebsen über Longsdon ein Schreiben an die Firma Krupp mit der Mitteilung, daß er bei einer möglichen Verständigung über seine Weiterarbeit höchstens einer Vertragslaufzeit von fünf Jahren zustimmen werde. Als Longsdon ihm daraufhin von einer solchen Bedingung abriet und eine sechsmonatige Kündigungsfrist empfahl, sah Jebsen seine Verhandlungsposition geschwächt. Den Freund um weiteren Rat bittend, ließ er wissen, daß er nur wegen ihm – Longsdon – bereit sei, im Dienst von Krupp zu bleiben und sonst die Sache auf sich beruhen hätte lassen.[74] Zwei Tage später erhielt er einen Brief von Krupp mit dem Vorschlag, seinen Dienstaustritt bis zum 31. Dezember 1879 zu verschieben, um bis dahin zu einer definitiven Regelung der Angelegenheit zu kommen. Zwar stimmte Jebsen umgehend zu, doch machte er in Briefen an Longsdon und andere Freunde deutlich, daß er am liebsten so schnell wie möglich Rotterdam verlassen und in seine Heimat zurückkehren wolle.

Als größtes Hindernis für eine einvernehmliche Lösung, die beide Seiten zufriedengestellt hätte, erwies sich das *Generalregulativ* der Firma Krupp von 1872. Es stammte aus der Feder des Assessors Sophus Goose, der in jenem Jahr als Leiter der allgemeinen Verwaltung der Prokura beigetreten war. Im wesentlichen ging es aber auf den Firmenchef Alfred Krupp zurück, dessen ursprünglicher Entwurf bereits festlegte, daß jede »auf Gelderwerb gerichtete oder für die Öffentlichkeit bestimmte« Nebentätigkeit zu unterbleiben habe.[75] Bei seinen Verhandlungen mit der Prokura war Jebsen wiederholt auf diesen Paragraphen hingewiesen worden. Er glaube, daß die Firma sich nicht mit seiner conditio sine qua non einverstanden erklären könne, nämlich gleichzeitig seine eigenen Dampfer zu bereedern, weil es mit dem Generalregulativ im Widerspruch stehe, schrieb er Ende August 1879.[76] Als Goose im Herbst länger erkrankte, blieb die Frage weiterhin in der Schwebe. Inzwischen hatte Jebsen auf seinem Dampfer *Signal* eine Pulverfracht von Krupp transportieren lassen und damit dem eigenen Schiff einen Verdienst verschafft. Zwar hatte offenbar ein dringender Transportbedarf vorgelegen, doch war diese Verquickung von Dienst- und Privatgeschäften von Cohnheim kritisiert worden. Als Deppe Anfang Oktober 1879 eine Schienenfracht nach Riga für *Signal* anbot, machte Jebsen deutlich, daß er eine solche Fracht nicht annehmen könne, »um nicht Herrn Cohnheim Veranlassung zu geben zu glauben, daß, wie z. B. bei der Pulverexpedition, ich die Sendungen der Firma Krupp für Privatzwecke ausbeute«.[77] Angesichts dieser Situation war eine Lösung dringend notwendig. Cohnheims erneute Bitte, bei den anstehenden Verhandlungen seine unabdingbare Kondition fallen zu lassen, lehnte Jebsen ab. Gleichfalls wies er dessen Kritik an der Befrachtung von *Signal* zurück:

> »Es leuchtet mir wohl ein, daß vom juridischen oder prinzipiellen Standpunkt betrachtet, eine solche Konzession als mit dem betreffenden Paragraphen des Generalregulativs kollidierend nicht gemacht werden kann. Es sind aber doch wohl analoge Fälle vorgekommen, wo eine gewisse Latitude beobachtet worden ist. Was nun Ihre andere Bemerkung anbetrifft, so kann ich Ihnen die Versicherung geben, daß eine solche Befugnis mich niemals veranlassen würde, das Interesse der Firma zu vernachlässigen oder dem meinigen unterzuordnen.«[78]

Ende Oktober 1879 kam es in Essen zu neuen Verhandlungen. Als Ausweg für die verfahrene Angelegenheit schlug die Unternehmensführung vor, daß Jebsen eine andere Person pro forma zum Korrespondentreeder seiner Dampfer ernennen und dieser dann mit Rat und Tat zur Seite stehen solle.[79] Wohl auf starken Druck von Longsdon hin war Jebsen schließlich zu diesem Kompromiß bereit, was ihm nicht schwergefallen sein dürfte, da Jessen bereits seit Anfang des Jahres formal diese Funktion für *Signal* ausübte. Eine versprochene Gehaltserhöhung wird die Entscheidung weiter erleichtert haben. Außerdem erkannte Jebsen seinen bisherigen Angestellten Steinbömer als gleichberechtigten Partner im Kontor an und erhielt dafür im Gegenzug die Zusage, daß die Firma M. Jebsen in Rotterdam unter ihrem alten Namen und mit der bisherigen Funktion weiterbestehen könne.[80] Als Cohnheim am 25. November 1879 persönlich nach Rotterdam kam, wurde schnell Einigkeit erzielt. Jebsen willigte ein, vom 1. Januar 1880 an noch ein Jahr in Krupps Diensten zu bleiben und erst danach vom gegenseitigen sechsmonatlichen Kündigungsrecht Gebrauch

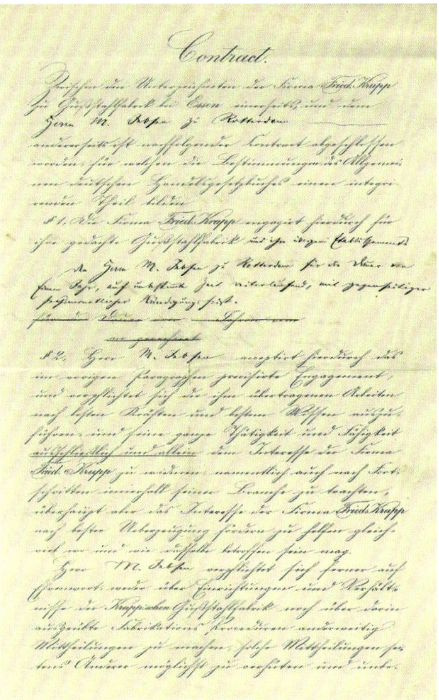
Contract.

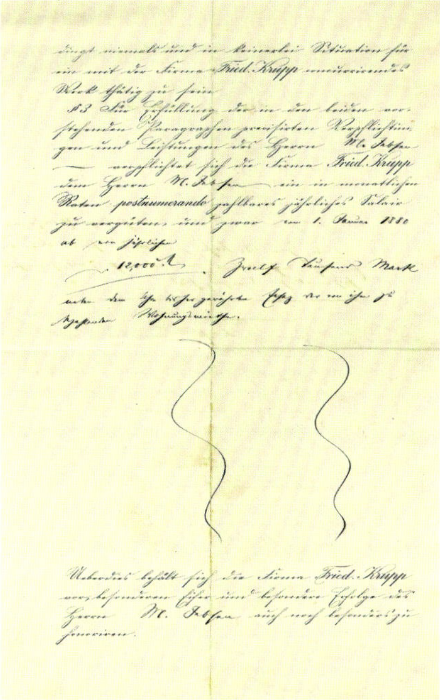

Der mit Änderungen und Ergänzungen versehene Arbeitsvertrag von Michael Jebsen mit der Firma Krupp, 23.12.1879

zu machen; das neue Jahresgehalt wurde auf zwölftausend Mark fixiert. Seinem Schwager teilte er anschließend die Aufgabenverteilung zwischen ihnen beiden mit: Danach sollte Jessen die Buchführung und Kasse für die beiden Dampfer und er – Jebsen – das Befrachtungsgeschäft übernehmen. »In den Augen der Firma Krupp giltst du dann als Manager, da ich solches offiziell nicht sein kann nach den Statuten des Generalregulativs, man jedoch gegen die offiziöse Innehabung nichts einwenden wird.« Cohnheim und Longsdon sei »viel daran gelegen«, daß »ich im Dienste der Firma bleiben sollte«.[81]

Mit dieser Übereinkunft stand fest, daß Jebsen noch eine Zeit lang in Rotterdam bleiben mußte. Sein Zugeständnis an Krupp wäre ohne den Einfluß seines Freundes Longsdon, der sich auch an der Zeichnung für einen dritten Dampfer – *Triumph* – im Sommer 1880 beteiligte, wohl nicht erfolgt. Auch bei diesem Schiff sollte die Reederei aufgeteilt werden: Sein Schwager werde, »solange ich noch bei Krupp bin, als Korrespondentreeder fungieren, die Befrachtungen etc. besorge ich jedoch wie bei den beiden anderen«, teilte er mit.[82] Dennoch blieb Unzufriedenheit bei ihm zurück, vor allem nach einem Abstecher nach Apenrade, wo die Liste für das neue Schiff aufgelegt worden war. Ein dort geführtes Gespräch mit den Kapitänen Jürgen Bruhn und Jacob Paulsen hatte ihn überzeugt, daß ein etwas maschinenstärkerer Dampfer »an der Küste von China viel Geld verdienen würde« und er Kapital und Besatzung für ein solches Schiff organisieren könnte. Seine Zuversicht gründete sich zweifellos auf die langersehnte Konjunkturbelebung, die 1879 eingesetzt und auch die Frachtraten nach oben getrieben hatte. In der internationalen Schiffahrt gehörten die Routen nach und von Fernost zu den größten Gewinnern eines kurzzeitigen Aufschwungs, der allerdings 1880 bereits abzuschwächen begann.[83] Um so mehr war Jebsen über seine Situation verbittert, wie er seinem Schwager schrieb: »Wäre ich s. Z. [seiner Zeit] am 1sten Januar von Krupp fortgegangen und nach dorten übergesiedelt, dann hätte ich wohl eine Reederei zu Stande bringen sollen und hätte mich vielleicht besser dabei gestanden als jetzt, wo ich mich doch nicht ganz der Sache widmen kann und hier mit meinem Kruppschen Verdienst bei weitem nicht auskomme.«[84]

Langer Abschied

Solche Worte deuteten auf Jebsens wachsende Frustration mit seinem beruflichen und privaten Leben in Rotterdam hin. In der Transitopolis war in den 1870er Jahren eine neue innovative Unternehmerschicht im Transport- und Verfrachtungsgeschäft entstanden, deren Vertreter etwas spöttisch als »Phantasiejungen« bezeichnet wurden. Ihre tatkräftigen und besonders materialistisch orientierten Geschäftspraktiken, mit denen sie die alte Kaufmannselite verdrängten, trugen Rotterdam den Ruf einer *shock city* ein, »wo man nur blieb, wenn es nicht anders ging«.[85] Durch seine einseitige Wirtschaftsstruktur bildete Rotterdam das ebenbürtige Pendant zum englischen Manchester – mit dem einzigen Unterschied, daß seine Bevölkerung nicht von Baumwolle, sondern vom Transitverkehr lebte. Das wachsende ökonomische Potential Rotterdams trug seit etwa 1870 maßgeblich zur Entwicklung der Niederlande zu einer führenden europäischen Wirtschaftsmacht bei. 1880 lag das Land beim Pro-Kopf-Einkommen an vierter Stelle in Europa hinter Großbritannien,

Das Maasufer *De Boompjes* in Rotterdam. Zeitgenössische Postkarte

Belgien und der Schweiz und damit noch vor Dänemark, Deutschland und Frankreich. Die hohe Prosperität der Niederlande, die sich auf Eigen- und Transithandel, weniger auf Industrie stützte, kam in den Groß- und Mittelstädten der Provinzen Holland, Zeeland und Utrecht besonders gut zum Ausdruck. Trotz allgemein fallender Preise für Grundnahrungsmittel seit den 1880er Jahren waren Brot, Kartoffeln und Fleisch dort besonders teuer. Für Ausländer erschwerend hinzu kam der anhaltend hohe Kurs des holländischen Guldens, der bei Gehältern in fremden Währungen das Leben in den Niederlanden weiter verteuerte.[86]

Hohe Repräsentationskosten als Vertreter von Krupp und explodierende Ausgaben für seine schnell größer werdende Familie bildeten die Hauptursachen für Jebsens zunehmende Verbitterung über sein Leben in Rotterdam. Die Wohnung nahm man erst am Koolsingel und später am Willemsplein direkt an der Maas, so daß der lebhafte Schiffsverkehr auf dem Fluß beobachtet werden konnte. In dieser Umgebung kamen in rascher Folge die Kinder Johanne (* 1879), Heinrich (* 1880) und Friedrich (* 1881) zur Welt, wodurch die Familie auf sieben Mitglieder anstieg; in späteren Jahren nannte er sie deshalb scherzhaft »die drei Holländer«.[87] Kurz vor der Geburt des fünften Sprößlings konstatierte Jebsen im Mai 1881: »Die Ehre, Kruppscher Beamter zu sein, entschädigt nicht für alles. Hätte ich mir nicht in früheren Jahren, als ich für mich selber arbeitete, etwas erübrigt, dann müßte jetzt der Brotkorb höher gehängt werden, da ich bei der großen Familie in diesem teuren Rotterdamer Pflaster schon längst mit meinem Salär zu kurz schieße.«[88] Ganz anders empfand seine

Frau Clara die Jahre in Rotterdam, die sie später als die besten ihres Lebens bezeichnete. Die sehr angesehene Stellung ihres Mannes, sein gutes Gehalt und die Großstadt mit ihren vielen Anregungen gefielen ihr anfangs sehr. Doch brachten die teuren repräsentativen Pflichten und die große Kinderzahl bald so schwere finanzielle Belastungen, daß auch Clara vom Leben in Rotterdam immer mehr enttäuscht wurde.[89] Ihre Tochter Emma teilte später mit, der erste Grund für den Weggang des Vaters aus den Niederlanden sei gewesen, daß seine Kinder durch den dauernden Aufenthalt in Rotterdam nicht zu Holländern werden sollten. Um das zu verhindern, wurde der fast zehnjährige Sohn Jacob, der bis dahin Privatunterricht bei einer Gouvernante, Claras Jugendfreundin Minna Kossow, bekommen hatte, Ende 1880 nach Apenrade geschickt, um dort die Mittelschule zu besuchen.[90] Doch gaben weitaus schwerwiegendere Gründe letztendlich den Ausschlag, in die alte Heimat zurückzukehren.

Zu den finanziellen Sorgen hinzu kam Frustration bei Jebsen über die ständig weniger werdende Arbeit im Rotterdamer Kontor – eine Folge einschneidender organisatorischer Änderungen im Essener Unternehmen. Als Folge der Existenzkrise der 1870er Jahre war eine Reorganisation der Prokura eingeleitet und damit eine neue Generation leitender Angestellter in die Firma gekommen, die sich zur effektiven und im jeweiligen Bereich weitgehend selbständigen Führung des Betriebes berufen sah. Ein unaufhaltsamer Geist der Erneuerung sei durch die Betriebe gegangen, schrieb der Krupp-Biograph Berdrow, und der scharfe Wind unerbittlichen Wettbewerbs, der Jagd nach Arbeit um jeden Preis habe durch die Fabrik geweht.[91] Der innere Strukturwandel machte vor der Organisation des Exportgeschäfts nicht Halt. Im Oktober 1881 beklagte Jebsen sich darüber bei Longsdon:

> »As all the transactions with Antwerpen, Amsterdam, Hamburg and Bremen, which were also entrusted to me when alone, are now managed direct from Essen. There is hardly work here for one manager in this Office so that half of our time is spent in idleness, to which I have never been accustomed. Thus I find that one can very well be spared here without in any way injuring the interests of the firm.«[92]

Seinem Schwager Jessen schrieb er mit Blick auf die gerade laufende Umstrukturierung der preußischen Bezirksregierung in Schleswig, die nach neuen und zentralistischen Gesichtspunkten reorganisiert wurde,[93] »lieber jetzt gleich« zu gehen als »daß es mir so gehen würde wie jetzt vielen der alten Beamten, die sozusagen gegangen werden«.[94] Ein triftiger und zwingender Grund, Krupp endgültig Lebewohl zu sagen, entstand aber erst durch den chronisch schlechten Gesundheitszustand von Jessen. Anfang August 1881 ließ Jebsen wissen, daß sein Schwager lange krank gewesen und trotz Besserung »sehr mitgenommen« sei: »Lange werde ich wohl nicht hier in Holland bleiben können, denn wenn er nicht mehr im Stande sein wird, sich um die Rechnung sowie meiner und der Familie finanziellen Sachen zu kümmern, muß ich wohl meine Stelle aufgeben und nach der Heimat gehen.«[95] Als im Herbst 1881 durch die Umstrukturierung in Essen immer weniger im Rotterdamer Kontor zu tun war, fiel die endgültige Entscheidung. Ende Oktober 1881 teilte Jebsen dem Essener Unternehmen mit, daß »ich durch beständiges Kranksein meines Schwagers, der bisher meine, sowie die Privatinteressen mehrerer Familienmitglieder

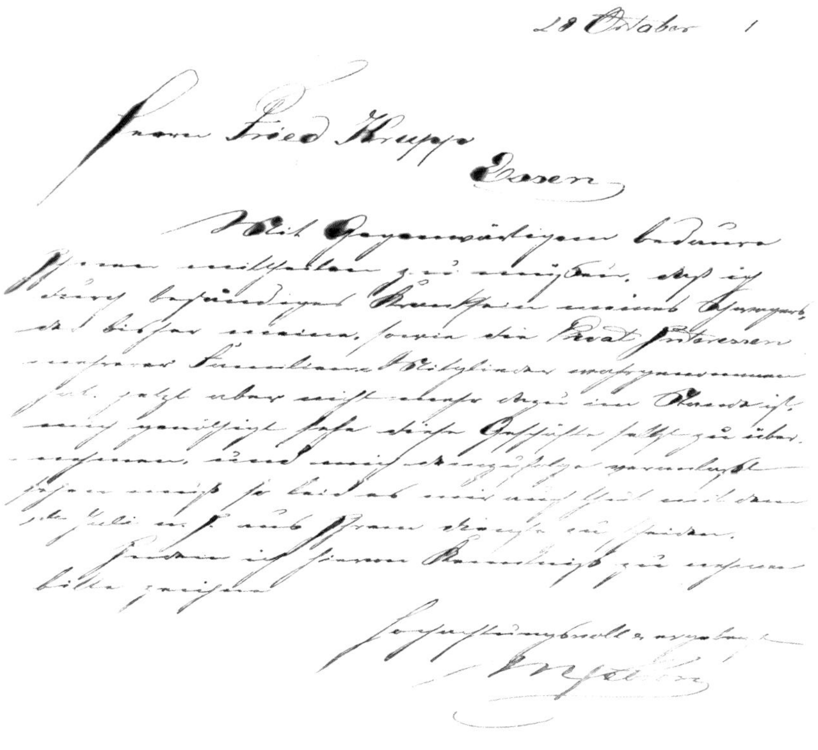

Das Kündigungsschreiben von Michael Jebsen an die Firma Friedrich Krupp, 28. Oktober 1881

wahrgenommen hat, jetzt aber nicht mehr dazu im Stande ist, mich genötigt sehe, diese Geschäfte selbst zu übernehmen, und mich demzufolge veranlaßt sehen muß, so leid es mir auch tut, mit dem 1sten Juli n[ächsten] J[ahres] aus Ihrem Dienste zu scheiden«.[96] Diesmal wurde die Kündigung ohne Umstände akzeptiert, weil beide Seiten ein Interesse an der Beendigung des Dienstverhältnisses hatten. Als die Unternehmensleitung in ihrer Antwort auf seine Kündigung zwar sehr bedauerte, daß er zum 1. Juli fortgehen wolle, »sich aber solches bestens bemerkt« habe – wie Jebsen bitter feststellte – kam er Mitte November 1881 zu dem Ergebnis: »Mit der Firma in Essen bin ich fertig.«[97] Trotzdem war er bemüht, nach außen das gute Verhältnis zu betonen. Der Abschied von Krupp geschah *»in the most amicable way on the best terms«*, also in freundschaftlichster Weise, wie er später schrieb.[98]

Am 1. Juli 1882 teilte Krupp in einem Zirkular mit, daß Jebsens Kontor in Rotterdam ab sofort unter der Firma »Comptoir für Krupp'sche Spedition und Rhederei« fortgeführt werde. Conrad Steinbömer wurde zum kaufmännischen Leiter und Kapitän W. Roesingh zum Aufseher über die Dampferflotte ernannt.[99] Mit der Einstellung von Roesingh machte das Essener Unternehmen deutlich, daß es der ersten Empfehlung von Jebsen, der sich gegenüber Longsdon für Kapitän Arnold eingesetzt hatte, nicht folgen wollte – eine Entscheidung, die zweifellos auf die Tabakschmuggelaffäre zurückging. Der nachfolgenden Empfehlung von Jebsen, der bei Cohnheim ausdrücklich für Roesingh eintrat, kam die Firma aber nach.[100] Die neue Doppelspitze im Rotterdamer Kontor machte schlaglichtartig deutlich, daß Jebsen zuvor beide Funktionen in seiner Person vereinigt hatte und ein ähnlich qualifizierter Nachfolger nicht gefunden werden konnte. Steinbömer blieb ausschließlich für das Frachten- und Schiffsmaklergeschäft zuständig. Wie sehr er seinen Chef und Partner schätzte, mit dem er »vorzüglich zusammen harmoniere«, hatte Steinbömer Ende 1881 in einem Brief an Cohnheim deutlich gemacht: Jebsen sei »in seinem Fache jedenfalls eine Autorität ersten Ranges«.[101] Über Jahre hinweg blieb er mit Jebsen freundschaftlich verbunden, was sich in einem regen Schriftwechsel ausdrückte. Auch mit deutschen Geschäftsfreunden in Rotterdam und Antwerpen, von denen sich einige an seinen Dampfern finanziell beteiligten, sowie mit Alfred Longsdon und Krupps Erstem Buchhalter Carl Hagemann, die beide Parten von seinen Neubauten gekauft hatten, blieb Jebsen in lebenslangem Kontakt. In der Firma einer seiner Freun-

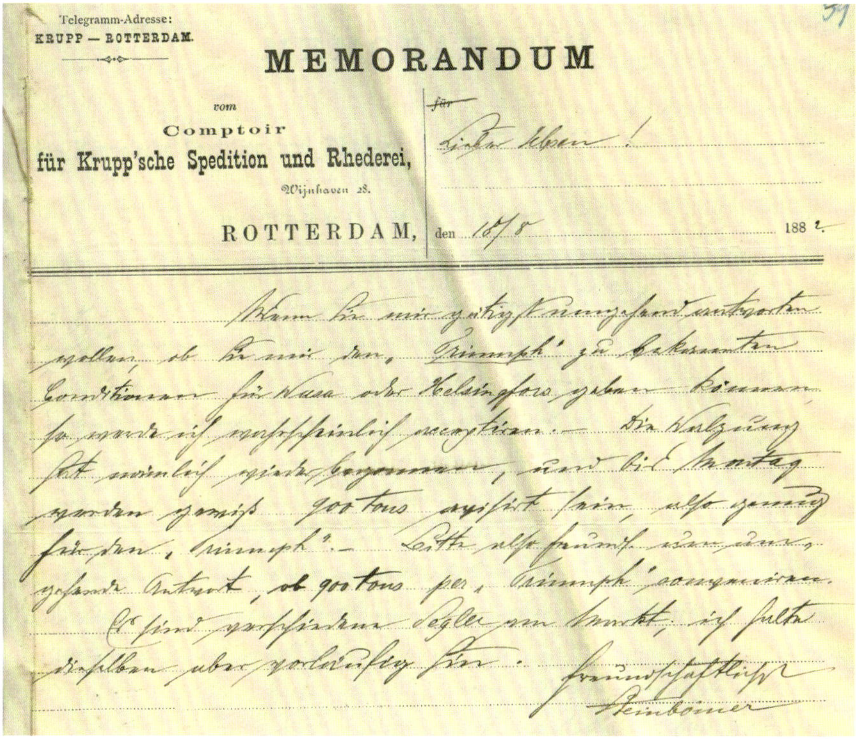
Telegramm-Adresse:
KRUPP — ROTTERDAM.

MEMORANDUM

vom
Comptoir
für Krupp'sche Spedition und Rhederei,
Wijnhaven 28.
ROTTERDAM, den 18/8 1882

Steinbömer

Ein Brief von Conrad Steinbömer an Michael Jebsen, 18. August 1882

de, dem Spediteur und Schiffsmakler Adolf Deppe in Antwerpen, konnte sein Sohn Jacob Anfang der 1890er Jahre eine zweijährige kaufmännische Lehre absolvieren und sich dadurch wichtige fachliche Kenntnisse vor seiner Abreise nach Hongkong aneignen.[102] Seine Tochter Emma, die um 1920 nach Rotterdam fuhr, erfuhr dort von einem Deutschen, daß Michael Jebsen auch heute noch einen sehr guten Namen dort habe.[103] Wenn darin auch viel Bewunderung der Tochter für den Vater mitschwingt, so scheint Jebsen bei seinen deutschen Freunden in Rotterdam doch in hohem menschlichen und fachlichen Ansehen gestanden zu haben. Einige von ihnen erwarben auch in den folgenden Jahren Schiffsparten in mehreren seiner Dampfer und blieben mit ihm in regelmäßigem geschäftlichen und freundschaftlichen Kontakt.

Mit seinem Abschied aus Krupps Diensten – formal am 1. Juli 1882, aber faktisch erst am 28. Juli 1882 – endete für Jebsen die fast achtjährige Tätigkeit als Flottenmanager in den Niederlanden.[104] Trotz der Weisungsbefugnis des Essener Unternehmens hatte er sehr selbständig als angestellter Flottenmanager arbeiten können und sich sowohl bei der technisch-organisatorischen Logistik einer Dampferflotte als auch im Schiffsmaklergeschäft und bei der Spedition von Frachten zahlreiche wertvolle Kenntnisse angeeignet. Er war vertraut geworden mit den wichtigsten Netzwerken globaler Schiffsverbindungen, die in Rotterdam ein bedeutendes internationales Zentrum besaßen. Diese kombinierten Erfahrungen hatten es ihm 1878 ermöglicht, mit dem Erwerb seines ersten Dampfers den Schritt vom angestellten zum selbständigen Reeder zu machen. Nur formale Gründe der Firma Krupp verhinderten es, daß er die volle Funktion eines Korrespondentreeders seiner Schiffe übernehmen konnte. Mehr als dreieinhalb Jahre übte er eine Art dualer Funktion aus, die ihm half, finanziell durch Krupp abgesichert zu bleiben, Kapital in seine Partenreederei zu investieren und durch den gewinnbringenden Einsatz seiner Dampfer für Krupps intensiven Transportbedarf das geschäftliche Risiko des jungen eigenen Unternehmens zu vermindern.

Als der fast 46jährige im Spätsommer 1882 wieder in seiner Heimatstadt Apenrade eintraf, machte er endgültig den Schritt vom angestellten Flottenmanager bei Krupp zum selbständigen Korrespondentreeder einer Flotte von Dampfschiffen. Trotz des Weggangs aus den Niederlanden blieb die enge Kooperation zwischen Jebsen und seiner früheren Firma noch einige Jahre bestehen: In der ersten Hälfte der achtziger Jahre fuhren sowohl *Signal* als auch *Clara* in Charter für das Rotterdamer Kontor und verschifften Eisenerz aus Bilbao sowie Stahlerzeugnisse des Essener Unternehmens. Den entscheidenden Ausschlag dafür gab Jebsens freundschaftliche Beziehung mit seinem früheren Mitarbeiter und Partner Steinbömer. Dieser hatte durch regelmäßige Charterungen einen Anteil am Geschäftserfolg der Apenrader Fotte. Umgekehrt konnte er bei auftretenden Engpässen der Kruppschen Flotte auf sie zurückgreifen. Hinzu kamen die Schiffsmaklerfirmen von C. L. Marshall in Antwerpen und Ruys & Co. in Rotterdam, die in den beiden Häfen die Maklergeschäfte für die Dampfer von Jebsen besorgten. Die für alle Seiten nützliche und profitable Netzwerkverbindung zwischen Apenrade und Antwerpen oder Rotterdam endete erst, als die Fahrzeuge der Reederei Jebsen sukzessive die europäische Küstenschiffahrt verließen und seit 1885 die ganze Flotte dauerhaft in ostasiatischen Gewässern fuhr.

Der Reeder: Schiffahrt an Europas und Ostasiens Küsten (1878–1899)

Kein Dampf in Apenrade

In der zweiten Hälfte des 19. Jahrhunderts intensivierte sich zwar die Konkurrenz zwischen Segel- und Dampfschiffen, doch setzte sich der Dampfantrieb im globalen Maßstab erst in einer langen Erprobungs- und Verbesserungsphase durch. Solange die relativ störungsfreie Nutzung von Dampfmaschinen nicht garantiert werden konnte, behauptete der Segelantrieb seinen dominanten Platz in der weltweiten Schiffahrt.[1] Wenn auch einige zeitgenössische Beobachter das Verschwinden der Segler voraussagten, so sprachen die Zahlen zunächst noch eine andere Sprache: Weltweit gab es 1880 rund 48.600 Segelschiffe mit einer Gesamttonnage von fast 14 Millionen, dagegen nur 6400 Dampfschiffe mit einer Gesamttonnage von 6,8 Millionen. Die größte Handelsmarine der Welt besaß Großbritannien mit 38 Prozent aller Segler und 59 Prozent aller Dampfer und damit insgesamt 40 Prozent aller Schiffe und 47 Prozent der weltweiten Tonnage.[2] 1870 wies die britische Seglerflotte rund 4,6 Millionen Tonnen auf, die Dampferflotte dagegen nur etwa 1,1 Millionen Tonnen. Zwar war zehn Jahre später die Dampfertonnage auf rund 2,3 Millionen Tonnen gestiegen und die Seglertonnage auf knapp 3,9 Millionen Tonnen zurückgegangen, doch verfügte Großbritanniens Handelsmarine noch immer über weitaus mehr Segler als Dampfer.[3]

Noch deutlicher fiel die Bilanz zugunsten der Segelschiffe auf, wenn man auf das Deutsche Reich blickte, das nach Großbritannien und Norwegen die drittgrößte Handelsflotte der Welt hatte. Gab es dort 1870 etwas über 900.000 Seglertonnage und knapp 82.000 Tonnen Dampfertonnage, so stieg bis 1880 die deutsche Segelschiffsflotte auf rund 966.000 Tonnen und die Dampfschiffsflotte auf etwa 216.000 Tonnen an.[4] Die regionalen Unterschiede zwischen Nord- und Ostsee lassen erkennen, daß nur die großen Häfen der Hansestädte an der Einführung der Dampftechnik in die Schiffahrt beteiligt waren: 31 Prozent aller deutschen Dampfer waren 1876 in Hamburg registriert, 17 Prozent in Bremen und 7 Prozent in Lübeck. Zwar hatte Preußen einen Anteil von insgesamt 41 Prozent an der deutschen Dampfschiffahrt, doch dominierten in allen preußischen Häfen weiterhin klar die Segelschiffe.[5] Angesichts dieser anhaltenden Dominanz der Segelschiffahrt, auch in Großbritannien, rieten zeitgenössische Beobachter zur Gelassenheit: »So hat es also noch gute Wege mit der Übermacht der Dampfer (...), und die eigentliche und einzige Schule guter Seemannschaft wird noch sobald nicht eingehen«, schrieb die Reederzeitschrift *Hansa* im Oktober 1878.[6]

Allerdings war der langsame Trend hin zur Dampftechnik unverkennbar: Zwischen 1871 und 1876 vermehrte sich die deutsche Handelsmarine der Zahl nach um 5 Prozent und dem Tonnengehalt nach um über 10 Prozent, doch ging die Vergrößerung fast ausschließlich auf das Konto der wachsenden Dampferflotte.[7] Auch in den Jahren von 1877 bis 1879 nahm im globalen Maßstab der Bestand an Dampfern von mindestens 100 Tonnen um 7,8 Prozent zu, während derjenige von Seglern von mindestens 50 Tonnen um 5,6 Prozent abnahm.[8] Angesichts dieser Entwicklung kam die *Hansa* bei ihrem Rückblick auf das Jahr 1878 zu einer nüchternen Bilanz, als sie von einer »nichts weniger als gemütlichen Übergangsperiode« sprach, »da ein neues Bewegungselement, der Dampf, der alten Segelschiffahrt das Leben sauer macht (...)«. So sei es kein Wunder, stellte die Zeitschrift fest, »daß auch der Reedereierwerb in verflossenem Jahr noch tiefer gesunken ist, und die Zeit heranrückt, wo die Frage schwierig zu beantworten ist, ob man noch eine Kapitalanlage in Schiffen als eine *solide* empfehlen darf«.[9]

Die von Zeitgenossen als ungemütliche Übergangszeit empfundenen siebziger Jahre leiteten auf mittlere und längere Sicht den endgültigen Durchbruch der Dampf- gegenüber der Segeltechnik ein. Anstelle eines Konkurrenzkampfes der beiden Antriebssysteme gab es aber in jenem Jahrzehnt ein Nebeneinander.[10] Den entscheidenden Durchbruch für die globale Dampfschiffahrt hatte der 1869 eröffnete Suezkanal gegeben. Waren bis dahin auf der Route von Europa nach Fernost um das Kap der Guten Hoffnung herum fast ausschließlich große und schnelle Segelschiffe gefahren, so ermöglichte der – nur für Dampfschiffe geeignete – Suezkanal eine wesentliche Verkürzung der Fahrzeit. Mit der Einrichtung von Kohlenstationen in Gibraltar, Malta und Port Said, die den Brennstoff zu moderaten Preisen verkauften, war es Dampfern möglich, mehr Fracht zu transportieren und auf der Fahrtstrecke sogar gewinnbringende Zwischenladungen aufzunehmen oder zu löschen. Die reguläre Fahrzeit von Europa nach China und zurück verkürzte sich für Dampfschiffe auf 64 Tage, wohingegen Segelschiffe im besten Falle 90 Tage um Afrika herum benötigten. So war es gerade dieser prestigeträchtige und mit hohen Frachtraten operierende Handel mit Fernost, der das Ende der Segelschiffsära einläutete. Schon in den ersten Jahren nach Eröffnung des Kanals gründeten sich viele neue Dampfergesellschaften, oder bestehende Segelschiffsreedereien stellten auf Dampfbetrieb um. Die enormen Profite der Jahre 1870 und 1871 führten in Großbritannien zu einem Boom im Dampferbau, der durch die großen Vorräte an einheimischer Kohle noch angeregt wurde. Die Kohle lieferte nicht nur billigen Brennstoff, sondern war auch eine begehrte Fracht, die zu den verschiedenen Kohlestationen verschifft wurde.[11] Der Suezkanal gab der Dampfschiffahrt einen so großen Impuls, daß Großbritannien auf Jahre hinaus an der unangefochtenen Weltspitze der Handelsflotten stand.[12]

Die deutsche Dampfschiffahrt konzentrierte sich in den 1870er Jahren in den Nordseehäfen von Hamburg und Bremen, die durch den transatlantischen Handel groß geworden waren. Dort waren es vor allem die 1847 gegründete Hamburg-Amerikanische Packetfahrt-Aktiengesellschaft (Hapag), die 1855 erstmals zwei Dampfer in den Betrieb einstellte, und der 1857 geschaffene Norddeutsche Lloyd (NDL), der von Bremen aus den Frachtverkehr mit vier Dampfschiffen aufnahm.[13] Nach Eröffnung des Suezkanals, der deutschen Reichsgründung und infolge der interna-

Dampfer im Hafen von Port Said, um 1900

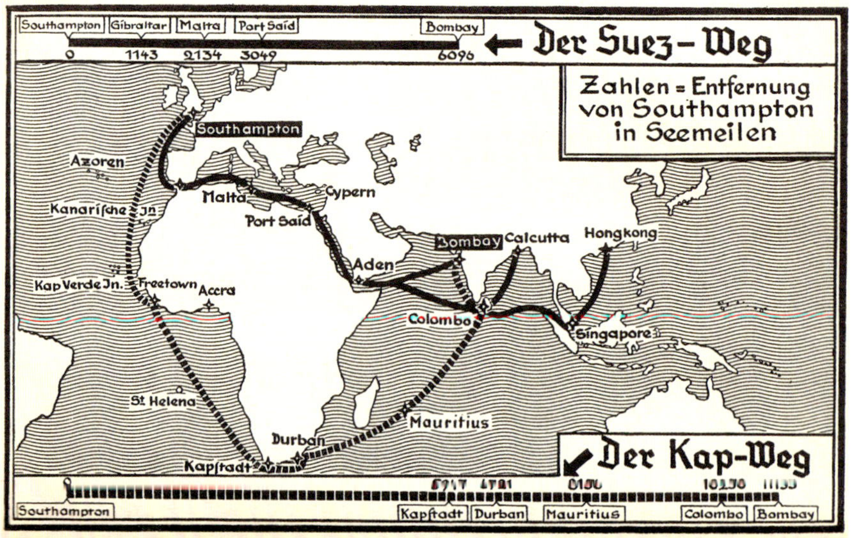

Karte mit vergleichender Darstellung des Kap- und des Suez-Weges nach Asien, 1938

tionalen Konjunktur entstanden an Nord- und Ostsee in rascher Folge neue Dampferunternehmen, 1870 der Baltische Lloyd in Stettin, 1871 die Hamburg-Südamerikanische Dampfschiffahrts-Gesellschaft und 1872 die DDG Kosmos und die Adler-Linie in Hamburg.[14] An der Ostseeküste kann Flensburg als modellhaft für den langsamen Übergang zum Dampf gelten. Die mittelalterliche »Handelsmetropole für Skandinavien«[15] hatte zwar im Laufe der Zeit an Bedeutung eingebüßt, war aber zur Mitte des 19. Jahrhunderts noch ein bedeutender Hafenumschlagplatz in der dänischen Monarchie. Im Gegensatz zu Apenrade dominierten hier einige große Handelshäuser mit eigenen Seglerflotten den Im- und Exporthandel. Allerdings gingen frühere Fahrtgebiete für Flensburger Segler durch die scharfe britische oder Hamburger Konkurrenz verloren. Während der Ersten Weltwirtschaftskrise von 1857 bis 1859 erlitten die Flensburger Gesamthandelshäuser schwere Verluste und gingen teilweise Bankrott, so daß die traditionelle Überseewirtschaft fast zum Stillstand kam. Die 1866 erfolgende Angliederung Schleswig-Holsteins an Preußen schnitt die Stadt von ihren alten Handelsverbindungen mit Dänemark ab und setzte sie der übermächtigen Konkurrenz von Hamburg und Bremen aus.

Angesichts dieser Situation war es ein mutiger Schritt, daß lokale Geschäftsleute, die noch über genug Vermögen verfügten, 1869 eine Schifffahrts-Aktiengesellschaft ins Leben riefen, die gegenüber der bisher an der Ostseeküste üblichen Partenreederei eine echte Neuerung darstellte. Die »Flensburger Dampfschiffahrt-Gesellschaft von 1869« (die »69er«) brach auch mit der bisherigen lokalen Tradition der engen Verbindung von Handel und Schiffahrt und stellte statt dessen Schiffe als Dienstleistende für gewerbliche Kunden zur Verfügung. Mit sechs Dampfern aus englischer Produktion wurde Küstenschiffahrt in der Ost- und Nordsee betrieben.[16] Bereits 1866 folgte die Flensburg-Ekensunder Dampfschiffahrtskompanie, 1872 entstand die Flensburger Schiffbau-Gesellschaft, auf der 1876 das erste Dampfschiff vom Stapel lief, und 1874 kaufte der Kaufmann H. P. Jost einen in England gebauten Dampfer und begann mit der Dampfschiffahrt. In jenem Jahr verzeichnete man in Flensburg bereits eine um hundert Tonnen höhere Dampfer- als Seglertonnage.[17]

Ganz anders war die Situation im benachbarten Apenrade – eines der Bollwerke der Segelschiffahrt in Schleswig-Holstein. Mit 10.314 Tonnen registrierter Seglertonnage und keinem einzigen Dampfer unterschied sich die Stadt 1874 deutlich von ihrem südlichen Konkurrenten Flensburg.[18]

Flensburg aus der Vogelschau, um 1920

Die großen und schnellen Apenrader Vollschiffe fuhren Frachten von Europa nach Ostasien und betätigten sich dort in der Küstenschiffahrt; im Hafen von Hongkong lagen zeitweise gleichzeitig ein ganzes Dutzend Schiffe aus Apenrade. Seit etwa 1860 segelten mehrere Apenrader Schoner auf einer profitablen Linienfahrt mit festem Fracht- und Personenverkehr zwischen dem Kap der Guten Hoffnung, Mauritius und Madagaskar.[19] Auch während der Depression in den 1870er Jahren erwirtschafteten Segelschiffe wegen ihrer kostenlosen Antriebstechnik und ihrer großen Kapazität zur Beförderung von Kohlen und anderen Massengütern noch gute Gewinne. Der als »spectacular revival«[20] bezeichnete Wiederaufstieg der Segelschiffahrt nach 1874 ging auch an Apenrade nicht vorbei. Bis 1879 stieg die lokale Segeltonnage kontinuierlich an, so daß weder die Apenrader Flotte mit ihren berühmten Vollschiffen noch die lokalen Werften größere Krisenzeichen aufwiesen. Nur bei den kleinen hölzernen Seglern machte sich die Dampferkonkurrenz bereits bemerkbar und führte am Ende der 1870er Jahre zu permanenten Verlusten in dieser Branche. Ein sukzessiver Rückgang der Segelschiffahrt und Werftindustrie in Apenrade, den Ernst Hieke konstatierte, ist aber bis 1878 nicht belegbar.[21]

Gesamtansicht des Hafens von Apenrade mit dem Südhafen (links), um 1910

Wie in vielen anderen kleineren Hafenstädten der deutschen Ostseeküste, in England und anderen nordeuropäischen Ländern diente auch in Apenrade die Partenreederei als wichtigste Finanzierungsform für neue Schiffe. An der Ostsee beteiligten sich an der Partenreederei eng miteinander verbundene Netzwerke von Kaufleuten, Schiffbaumeistern, Handwerkern, Kapitänen und anderen an der Schiffahrt interessierten Berufsgruppen, die an Bau und Ausrüstung der Schiffe beteiligt waren und in Segelschiffen ihr Geld anlegten. Die Schiffe befänden sich »vorwiegend in den Händen einer großen Zahl von Teilreedern, die ihren Erwerb durch die Schiffahrt selbst, durch den Schiffbau, durch die Ausrüstung der Schiffe usw. finden«, hieß es 1884 in einem Bericht der offiziösen *Norddeutschen Allgemeinen Zeitung*: »Ganze Berufsklassen leben von der Schiffahrt und sind ausschließlich auf den Erwerb durch dieselbe in direkter oder indirekter Weise angewiesen.«[22] In Apenrade war der ehemalige Segelschiffskapitän Gustav Raben der größte Reeder der Stadt, der 1872 Eigner oder Mitreeder von siebzehn Schiffen war und außerdem eine eigene Schiffswerft besaß. An zweiter Stelle kamen die Söhne von Jörgen Bruhn, der ehemalige Lokalmatador der Apenrader Reederei, die an sechs Schiffen beteiligt waren und ebenfalls eine Werft betrieben. Weitere örtliche Reeder waren der Kaufmann und Kommerzienrat Jürgen Lorentzen, der Mitreeder von drei Schiffen war, und der frühere Kapitän Hans Matthiesen, der Parten an vier Schiffen

Apenrader Bark *Rebecca,* um 1880

besaß. Sowohl im Ruhestand lebende als auch aktive Kapitäne bildeten die Hauptinvestoren in die lokale Segelschiffahrt.[23]

Für das komplexe Investorennetzwerk in einer solchen »Seefahrerregion«, die auch die benachbarte Halbinsel Loitland und das übrige Apenrader Umland umfaßte, bildete die Segelschiffahrt die bewährte Grundlage ihrer Existenz, an der man in guten wie in schlechten Zeiten festgehalten hatte.[24] Auch in den 1870er Jahren sah man sich angesichts des profitablen Betriebs der schnellen Apenrader Segler immer noch in einer günstigen Lage. Zu den ökonomischen Erwägungen trat die starke persönliche Identifikation dieser Berufsgruppen mit ihrer Gewerbetradition, die man pflegen und erhalten wollte. Als Reeder, Mitreeder oder Schiffbaumeister war man selbständiger Unternehmer und »sein eigener Herr«, was die Motivation und das Engagement für das Investieren in Schiffsparten noch verstärkte. Da die meisten Mitreeder an mehreren Segelschiffen beteiligt waren, hätte die Anschaffung eines Dampfschiffes die übrigen Kapitalinvestitionen in Gefahr gebracht. Aus diesem Grund war es für die meisten Investoren einfach widersinnig, Geld in ein Unternehmen zu investieren, das den Segelschiffen, in denen sie als Korrespondent- oder Mitreeder interessiert waren, direkte Konkurrenz machte. Hinzu kam, daß bei Investitionen in Dampfer viel Geld in Unternehmen investiert worden wäre, die weder durch den Bau noch durch Reparaturen zum Wohle der lokalen Holzschiffbauindustrie beitrugen. Und schließlich trat bei den aktiven Kapitänen noch ein wichtiges emotionales Element hinzu, nämlich den Wechsel auf Dampfschiffe als »entwürdigenden Umtausch« zu empfinden. Schlaikier beschrieb diese Haltung: »Mit einer gewissen Geringschätzung betrachtete der Seemann eines Segelschiffes den von Kohlenstaub und Rauch beschmutzten ›Koljer‹ oder ›Smokever‹, wie jener gern tituliert wurde.«[25]

Wegen dieser persönlich motivierten und noch über das rein wirtschaftliche Interesse hinausgehenden Haltung war das lokale Investorennetzwerk nicht bereit, die Umstellung von der Segel- zur Dampfschiffahrt wie in Flensburg zu vollziehen oder gar selbständig den Dampfschiffbau oder die Dampfschiffsreederei in Apenrade aufzunehmen. Man blieb – wie der Historiker Ole Mørkegaard hervorhob – in einem Teufelskreis der Ablehnung gegenüber der Dampftechnik gefangen: Die Segelschiffbauer und Zulieferer lehnten aus verständlichen prinzipiellen Erwägungen ab, und die Segelschiffkapitäne verhielten sich generell skeptisch. So wird verständlich, daß die anscheinend modernisierungsfeindliche Verweigerungshaltung in Apenrade tatsächlich »nicht einfach als Ausdruck eines vernunftwidrigen Konservativismus gewertet werden« kann,[26] sondern eher als eine komplexe Mischung durchaus nachvollziehbarer kurzfristiger ökonomischer und emotionaler Faktoren. Auf mittlere und lange Sicht hatte diese Haltung aber für die Apenrader Schiffahrtsindustrie verhängnisvolle Konsequenzen.

Die Partenreederei M. Jebsen

Die kurze wirtschaftliche Erholung endete bereits 1873 mit der Zweiten Weltwirtschaftskrise und der anschließenden Depression. Ausgelöst wurde die neue Krise durch Überinvestitionen und Überkapazitäten auf den Märkten, was zu Überproduktion geführt hatte. 1874 begannen die Frachtraten auf den Weltmeeren zu sinken.[27] Dieser bis 1879 anhaltende Trend war auch dem zunehmenden Angebot an Dampfschiffen zuzuschreiben, die mit den Segelschiffen in Konkurrenz um Frachten traten. Infolge der verschärften Konkurrenz nahm seit 1876 weltweit sowohl die Schiffszahl als auch die Tonnage ab: Innerhalb eines Jahres fiel die Seglerzahl um fast elf Prozent und die Seglertonnage um beinahe fünf Prozent, die Dampferzahl um mehr als fünf Prozent und die Dampfertonnage um über drei Prozent. Als verschärfender Faktor hinzu kam der Russisch-Türkische Krieg (1877/78), der zur Sperrung des Schwarzen Meeres und der Donau für die Schiffahrt führte, die Frachtraten enorm herabdrückte und viele Dampfer in andere Regionen trieb. Im Mittelmeer und in der Ostsee entstand dadurch enormer Konkurrenzdruck, der viele ältere Segelschiffe endgültig aus dem Markt warf.[28] Der Frachtenmarkt sei kein glücklicher gewesen, konstatierte die *Hansa* für das Jahr 1877, »und die meisten Dampferlinien werden in ihren Abschlüssen keinen Gewinn zu verzeichnen haben«. Wegen der gesunkenen Eisenpreise, eine Folge der globalen Depression der siebziger Jahre, hatten auch in Deutschland viele Werften – oft auf eigene Rechnung – neue Dampfer gebaut. Auf diese Weise sollten die Belegschaften beschäftigt werden, um beim Ende der Krise rasch wieder den vollen Betrieb herstellen zu können. Die Anzahl der neugebauten Schiffe sei so groß, daß die Nachfrage bei weitem überboten werde, berichtete die *Hansa* im März 1878. Angesichts des Überangebots an Schiffsraum prognostizierte die Zeitschrift »ungünstige Aussichten für die Reederei«.[29]

Es mag überraschen, daß angesichts der düsteren Perspektiven Jebsen den ersehnten Sprung in die Selbständigkeit wagte. Doch bot sich gerade in dieser Konjunkturlage für potentielle Käufer von Schiffen die günstige Gelegenheit zu einem Schnäppchen. Als Flottenmanager der Firma Krupp in Rotterdam war Jebsen über das große Angebot an preiswerten neuen Schiffen zweifellos gut unterrichtet. So gab die allgemeine Wirtschaftssituation wohl den letzten Ausschlag, um den Schritt zu gehen. Es traf sich, daß die Flensburger Schiffbau-Gesellschaft einen kleinen Eisendampfer anbot: *Signal* – auf 514 BRT und 397 NRT vermessen und 315 PS stark – war der siebzehnte Neubau und zugleich das zweitkleinste Dampfschiff, das die Werft je produziert hatte.[30] Da der Stapellauf bereits ein halbes Jahr vorher stattgefunden hatte, wird das Schiff auf eigene Rechnung gebaut worden sein, doch hatte es in der Depression keinen Käufer gefunden und lag voll ausgerüstet still. Jebsen verhandelte nur wenige Tage mit der Flensburger Werft, bis Anfang November 1878 das Geschäft perfekt war. Weil offenbar bereits Finanzierungszusagen vorlagen, konnte er seinem Freund, dem Krupp-Vertreter Alfred Longsdon in London, mitteilen, daß sie den Dampfer billig für 190.000 Mark erhalten hätten. Die Werft war

Dampfer *Signal* (I)

sogar so großzügig, ein Rücknahmeangebot zu machen, wenn das Schiff nicht gefallen sollte. Doch sollte sich solche Vorsicht als unnötig erweisen: Eine Woche später schrieb Jebsen nach der Probefahrt, daß das kleine Schiff allen Beteiligten sehr gefallen habe. Den Schiffsnamen wollte er so lassen, weil es ein kosmopolitischer Name sei, der von allen verschiedenen Nationen leicht ausgesprochen werden könne.[31]

Bei der Wahl der Reedereiflagge orientierte Jebsen sich an der traditionellen Flagge der Apenrader Segelschiffe, die 1859 in Hongkong von der Kapitänsfrau Jakobine Ingermann erfunden worden sein soll. Damit ihr Ehemann seinen gemieteten Sampan, ein breites Ruder- oder Segelboot, im Hafengewimmel wiederfinden konnte, hatte sie aus feinstem weißen Segeltuch drei Fische herausgeschnitten, diese ein wenig gefärbt und auf ein rotes Flaggentuch genäht. Als Vorbild diente das Stadtwappen von Apenrade mit seinen drei nach links schwimmenden Makrelen. Die kleine Flagge, die bei den chinesischen Sampanleuten auf Pidginenglisch »Three piecee fish« hieß, wurde bald von den Apenrader Kapitänen als heimatliches Erkennungszeichen an ihren Segelschiffen angebracht, die in der ostasiatischen Küstenschiffahrt fuhren. Wer auf die Idee kam, die mittlere Makrele umzudrehen und nach rechts schwimmen zu lassen, ist nicht mehr bekannt. Nach einer alten Erzählung soll der mittlere Fisch symbolisch für diejenigen Seeleute stehen, die von ihren Reisen nicht mehr nach Apenrade zurückkamen. Jebsen wählte für seine Reedereiflagge einen blauen Grund und orientierte sich damit stärker am gleichfarbigen Stadtwappen,

Die Hafenflagge von Apenrade aus der Zeit vor 1864

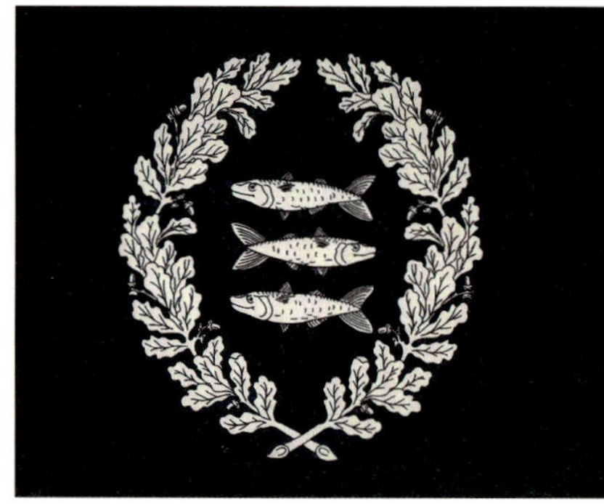

Die Flagge der Reederei M. Jebsen

das drei silberne, nach links schwimmende Makrelen zeigt. Offenbar als Referenz an das traditionelle Apenrader Schiffserkennungszeichen ließ er die mittlere Makrele nach rechts und die beiden anderen nach links schwimmen und umgab die Fische mit einem Kranz von Lorbeeren.[32] Er nannte seine Schöpfung später eine »sehr einfache Flagge«, die sich mit wenigen Worten beschreiben lasse: »Auf blauem Grunde befinden sich im Lorbeerkranz drei Makrelen (Apenr[ader] Stadtwappen), sonst entbehrt dieselbe jeglichen Schmuckes.«[33] Unverkennbar war die Reedereiflagge ein bildliches Symbol der starken emotionalen Verbundenheit von Jebsen mit seiner Heimatstadt.

Mit der Zahlung der ersten Rate für den Dampfer *Signal* am 23. November 1878 nahm die »Partenreederei M. Jebsen« in Apenrade ihre Tätigkeit auf. Um das Geschäftsgebaren von Jebsen verstehen zu können, sollen nachfolgend die Entstehung und die Rechtsgrundsätze der Partenreederei sowie die Rolle des Korrespondentreeders näher beleuchtet werden. Die Partenreederei bildete nach juristischer Auffassung ein Rechtsinstitut, das nur im Seerecht existierte und als Organisationsform des Kleinkapitals verstanden wurde. Weil der Kaufpreis und Betrieb eines hochseetüchtigen Schiffs in der Regel die Leistungsfähigkeit eines Individuums überschritt, hatten sich schon im Römischen Reich Einzelpersonen zu einer Gewinn- und Verlustgemeinschaft zusammengetan; davon ist früher gehandelt worden.[34] In regional sehr unterschiedlichen Ausprägungen entstanden im Laufe der Jahrhunderte in Europa das Institut der Reederei und der Beruf des Korrespondentreeders. In Preußen ersetzte man 1727 die älteren und zersplitterten Seegesetze durch das Königlich Preußische Seerecht. Darin wurde der Reederei ein »Schiffsdirektor« nicht zwingend vorgeschrieben, also die Anstellung eines Korrespondentreeders freigestellt. Das Allgemeine Landrecht für die Preußischen Staaten von 1794 – mit Gültigkeit für alle Provinzen (Staaten) der territorial stark zersplitterten Monarchie – schuf erstmals eine grundlegende Regelung der seerechtlichen Verhältnisse. Darin wurde der Schiffsdirektor als ein von den Mitreedern bestellter Verwalter bezeichnet, der alle Rechte und Pflichten eines Handlungsfaktors oder Disponenten haben sollte. In der Freien Stadt Hamburg, wo man in der ersten Hälfte des 19. Jahrhunderts das lokale Seerecht schrittweise schriftlich fixierte, bezeichnete man den Korrespondentreeder, wenn er aus der Gruppe der Mitreeder kam, als dirigierenden oder korrespondierenden Reeder; ansonsten hieß er Buchhalter, Direktor oder Faktor. Im Deutschen Bund, der von 1815 bis 1866 existierenden Konföderation von einundvierzig deutschen Staaten, entwarf eine Kommission bis 1860 ein deutsches Handelsgesetzbuch (HGB) mit einem einheitlichen Seerecht. Nach der Schaffung des Norddeutschen Bundes (1867) wurde das HGB ein Bundesgesetz und mit der Gründung des Deutschen Reichs (1871) ein Reichsgesetz; die 1897 verabschiedete Novelle des HGB änderte das Seerecht nur in wenigen Punkten. Während die Ernennung eines Korrespondentreeders in den wichtigsten seefahrenden Staaten Europas – Großbritannien (*shipshusband* oder *managing owner*), Frankreich (*armateur gérant*) und den Niederlanden (*boekhouder*) – lediglich fakultativ war, blieb sie im Deutschen Reich wie auch in Dänemark, Norwegen, Schweden, Finnland und Rußland obligatorisch.[35]

Nach § 489 HGB bestand eine Reederei, wenn mehrere Personen »ein ihnen gemeinschaftlich zustehendes Schiff zum Erwerbe durch die Seefahrt für gemeinschaftliche Rechnung« verwendeten. Ein Reeder war nach Vorschrift des § 484 HGB der Eigentümer eines ihm zum Erwerbe durch die Seefahrt dienenden Schiffes. Ohne in formaljuristische Spitzfindigkeiten abgleiten zu wollen, kann festgehalten werden, daß die Partenreederei nach Auffassung führender Juristen »eine Erwerbsgesellschaft zur gesamten Hand mit sachenrechtlicher Grundlage« war. Ihre Eigenschaft als Erwerbs- oder Kapitalgesellschaft ergab sich aus dem Miteigentumsanteil der Mitreeder am Schiff, welcher bei der Partenreederei die wichtigste Rolle spielte. Das Gesamthandsprinzip zeigte sich beispielsweise bei der gesetzlichen Beschränkung des Einzelwillens, also des Willens der einzelnen Mitreeder durch Mehrheitsbeschlüsse, die den Ge-

Ehemaliges Kontorhaus der Reederei M. Jebsen und Stammhaus der Familie Jebsen in der Skibbrogade in Aabenraa, 2007

samtwillen repräsentierten; dabei trat der Wille der Minderheit erkennbar hinter den Gesamtwillen zurück. Die sachenrechtliche Grundlage bildete das Miteigentum am Schiff. Im Gegensatz zur Aktiengesellschaft (AG) hatte die Partenreederei keine korporative Verfassung, keinen Vorstand – die Einsetzung eines Korrespondentreeders war freigestellt – und keinen Aufsichtsrat. Während die Aktionäre nur in Höhe der Summe haften, auf die ihre Aktien lauten, hafteten die Mitreeder im Verhältnis ihrer Parten für die ganze Summe, also über den ursprünglichen Kaufpreis hinaus, den sie für ihre Parten aufgebracht hatten. Anders als die AG, die immer Kaufmann und juristische Person ist, führte die Partenreederei als solche keine Firma, hatte aber oft aus praktischen Gründen einen firmenähnlichen Sammelnamen – beispielsweise »Partenreederei M. Jebsen« –, und war nie materiell, sondern höchstens formell parteifähig und damit einer offenen Handelsgesellschaft ähnlich. Folgerichtig hatten immer die einzelnen Mitreeder im Verhältnis ihrer Anteile für die Reederei und deren Vermögen materiell einzustehen, nicht die Reederei als Ganzes.[36]

Schiffsparten entstanden durch die Zerlegung des Schiffskaufspreises in mehrere ideelle Teile: Jeder Mitreeder erwarb also einen ideellen Eigentumsanteil an dem erworbenen Schiff und damit im weiteren Sinne am Reedereivermögen. In wieviel Parten die Summe gestückelt wurde,

Ein Innenraum des ehemaligen Kontorhauses der Reederei M. Jebsen, 2007

war gesetzlich nicht bestimmt und konnte von den Eigentümern beliebig festgesetzt werden. Während in England 64 Anteile üblich waren, wurde in Frankreich das Schiff nach altem Brauch in 24 Parten geteilt. Weil die Partenreederei in vielen kleineren Seestädten der Nord- und Ostsee lange Zeit eine beliebte Kapitalanlage war, nahm man dort oft sehr kleine Parten.[37] Für die Finanzierung seines ersten Schiffs entschied Jebsen sich für die Stückelung der Kaufsumme in fünfzig Parten, sicher eingedenk der Schwierigkeit, in Apenrade überhaupt Interessenten für Anteile an einem Dampfschiff zu finden. Obwohl es in seiner Heimatstadt traditionsgemäß potentielle Investoren in großer Zahl gab, allerdings ausschließlich für Segelschiffe, fand sich aufgrund des früher beschriebenen Teufelskreises der Ablehnung kein bedeutender örtlicher Anleger bereit, in *Signal* zu investieren. Und damit nicht genug: Wegen des Überangebots an neuen Dampfern, der weltweiten Depression und den weiter sinkenden Frachtraten brauchte Jebsen viel Optimismus und vor allem das Vertrauen und die Unterstützung seiner persönlichen Freunde, um genügend Investoren für die Finanzierung seines ersten Schiffs zu finden. Von den insgesamt fünfzig Parten zu je viertausend Mark übernahmen Jebsen und sein Schwager Jessen je sechs, also zusammen zwölf Anteile. Den Hauptanteil kauften Jebsens Freunde Alfred Longsdon in London (dreizehn Parten) und Jacob

H. P. Diederichsen in Hamburg (zehn Parten). Der Rendsburger Schifffahrtsinspektor J. G. Lund, ein Freund von Jebsen, übernahm weitere fünf Parten, und Jebsens Geschäftsfreunde Ruys in Rotterdam und Marshall in Vlissingen erwarben vier bzw. drei Anteile. Die restlichen drei Parten kaufte Kapitän Evers aus Kiel, der *Signal* für ein Jahr führte. Weil nach den gesetzlichen Bestimmungen nur deutsche Reichsangehörige als Reeder in das Schiffszertifikat eingetragen werden konnten, fungierten Jebsen und Evers als Strohmänner für Longsdon, Ruys und Marshall. Die drei Käufer übertrugen also ihre Anteile und erhielten anschließend von Jebsen die indossierten Partenbriefe zugesandt. Dasselbe Verfahren wurde auch bei künftigen Schiffspartenverkäufen an Ausländer angewendet, so daß die formalen Aufstellungen nicht immer die tatsächlichen Besitzverhältnisse wiedergaben.[38] Während *Signal* in fünfzig ideelle Parten zerlegt wurde, nahm Jebsen bei den meisten der folgenden Schiffskäufe eine Zerstükkelung der Kaufsumme in hundert Parten vor, was auch das steigende Interesse kapitalschwächerer Investoren reflektierte. Allerdings ergaben sich daraus Konsequenzen für wichtige Reedereibeschlüsse, die zu den besonderen Eigenarten der Partenreederei gehörten.

Nach § 491 HGB waren in einer Partenreederei die Beschlüsse der absoluten Mehrheit der Mitreeder maßgebend. Dabei richtete sich der Wert der Stimme nach der Höhe des Partenanteils, was bedeutete, daß jeder Mitreeder so viele Stimmen wie Parten hatte. Für die Beschlußfassung in einer Reedereiversammlung war also nicht die Mehrheit der anwesenden Mitreeder, sondern die Entscheidung derjenigen ausschlaggebend, die über die Mehrheit der Parten verfügten. Folgerichtig konnten die Mehrheitsreeder ohne Rücksicht auf die anderen Mitreeder wichtige Beschlüsse über die Reederei fassen. Allerdings gebot die Erfahrung, diese große Machtbefugnis in der Praxis nur im äußersten Fall anzuwenden, weil die Minderheitsreeder das Abandonrecht besaßen und bei einer schikanösen Geschäftsführung ihre Parten unentgeltlich zurückgeben konnten. Im § 496 HGB waren die Fälle vorgeschrieben, in denen der Korrespondentreeder die Beschlüsse seiner Mitreeder brauchte, und zwar bei neuen, nicht früher beschlossenen Reisen, außergewöhnlichen Reparaturen des Schiffes und bei Anstellung und Entlassung des Kapitäns.[39] Ein prägnantes Beispiel für die schwierige Entscheidungsfindung in einer Partenreederei war die von Jebsen so bezeichnete »*Doris* Affäre«. Der 1882 bei Howaldt vom Stapel gelaufene Eisendampfer *Doris* (1025 BRT, 808 NRT) galt bereits nach drei

Dampfer *Doris*

Betriebsjahren als schwarzes Schaf (»*black sheep*«). Mehrere Reparaturen der Dampfkessel in Ostasien und relativ hohe Extrakosten hatten dazu geführt, daß das Schiff während der bis 1886 dauernden Frachtenflaute kaum noch seine Betriebskosten deckte.[40] Als Kapitän Zerrahn im Juni 1886 wieder nur der Abschluß einer schlechten Zeitcharter – diesmal von mageren 2600 Dollar pro Monat – gelang,[41] die kaum Dividenden für die Reederei zu erbringen versprach, kündigte Jebsen wenige Wochen später an, den Dampfer am Jahresende nach Hause zurückzuholen, »um gründlich darin aufzuräumen und ihn gut in Stand setzen zu lassen«. Am liebsten wolle er ihn verkaufen, ließ er einen Mitreeder wissen, doch mußte er mit Blick auf die schlechten Verkaufspreise für Dampfschiffe zugeben, daß »daran jetzt gar nicht zu denken« sei.[42] Auch der Kapitän solle bei der Gelegenheit ersetzt werden, ließ er wissen.[43] Sein Ärger über Zerrahn und dessen Maschinisten wuchs weiter an, als das Schiff auf der Rückreise nach Europa einen Kolbenbruch erlitt und dadurch ein Dampfkessel vollig kaputtging. Seine Mitreeder stellte Jebsen deshalb vor die Alternative, entweder ganz neue Kessel anzuschaffen, da eine grundlegende Reparatur der alten Kessel fast genauso viel kosten werde, oder eine moderne Dreifachexpansionsmaschine (*triple compound*) einzubauen. Sein Vorschlag, der eine außergewöhnliche Reparatur vorsah, stieß aber auf Widerstand bei mehreren Apenrader Mitreedern, die eine ordentliche Reedereiversammlung verlangten, um darüber zu entscheiden.[44]

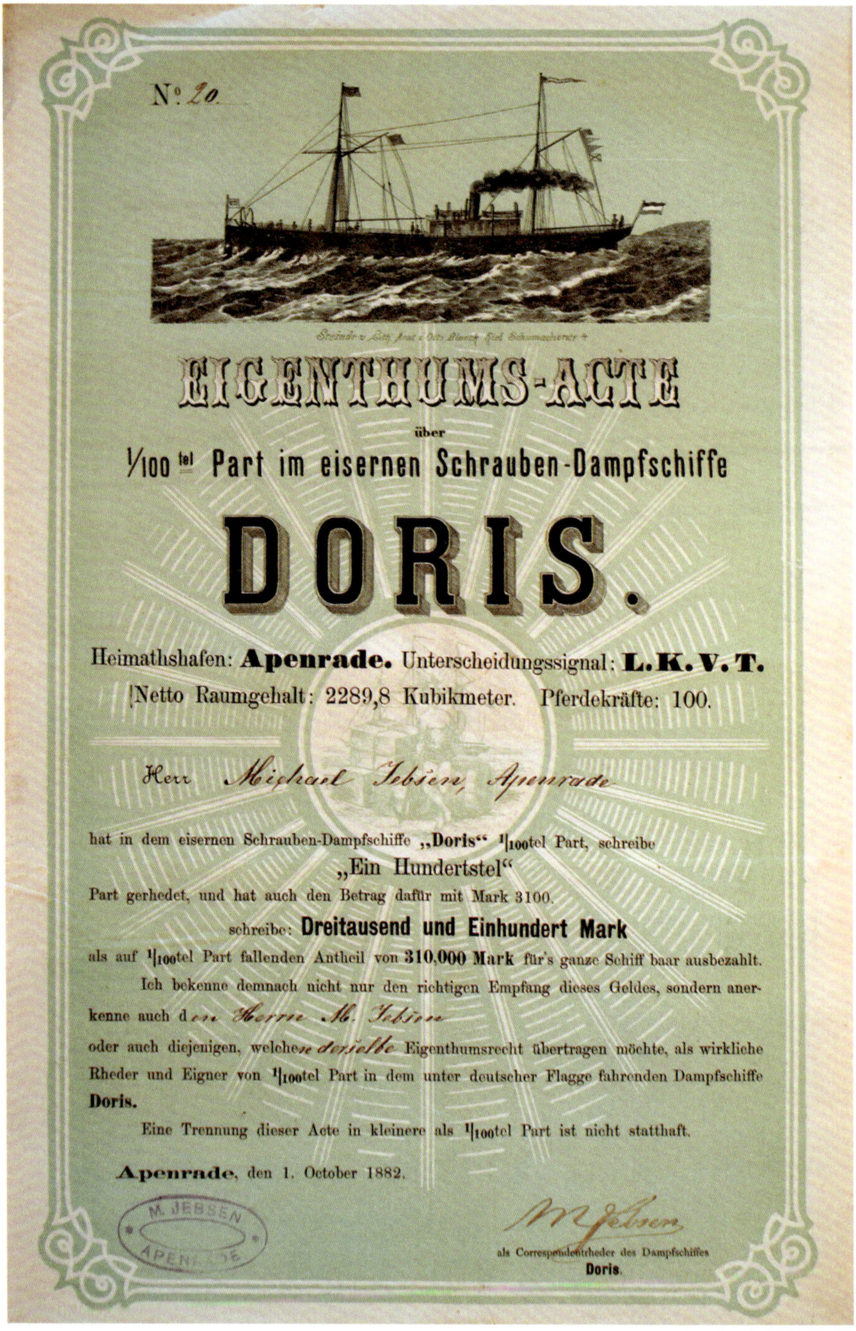

N° 20.

EIGENTHUMS-ACTE

über

1/100 tel Part im eisernen Schrauben-Dampfschiffe

DORIS.

Heimathshafen: Apenrade. Unterscheidungssignal: L. K. V. T.

Netto Raumgehalt: 2289,8 Kubikmeter. Pferdekräfte: 100.

Herr Michael Jebsen, Apenrade

hat in dem eisernen Schrauben-Dampfschiffe „Doris" 1/100tel Part, schreibe

„Ein Hundertstel"

Part gerhedet, und hat auch den Betrag dafür mit Mark 3100.

schreibe: Dreitausend und Einhundert Mark

als auf 1/100tel Part fallenden Antheil von 310,000 Mark für's ganze Schiff baar ausbezahlt.

Ich bekenne demnach nicht nur den richtigen Empfang dieses Geldes, sondern anerkenne auch den Herrn M. Jebsen oder auch diejenigen, welchen derselbe Eigenthumsrecht übertragen möchte, als wirkliche Rheder und Eigner von 1/100tel Part in dem unter deutscher Flagge fahrenden Dampfschiffe Doris.

Eine Trennung dieser Acte in kleinere als 1/100tel Part ist nicht statthaft.

Apenrade, den 1. October 1882.

M. JEBSEN APENRADE

M. Jebsen

als Correspondentrheder des Dampfschiffes Doris.

Anteilschein (Parte) vom Dampfer *Doris*, 1. Oktober 1882

Der ursprüngliche Kaufpreis des Dampfers in Höhe von 310.000 Mark war in ideelle hundert Parten zerlegt worden, von denen Jebsen ein Viertel übernommen hatte – sicherlich auch namens einiger ausländischer Käufer. Hinzu kamen zwei Sonderburger Freunde (je sechs Parten), Carl und Jacob Diederichsen in Hamburg sowie Howaldt/Schweffel in Kiel (je fünf Parten), Gustav Diederichsen in Hamburg (vier Parten) und Carl Hagemann in Essen (zwei Parten). Die Restparten verteilten sich auf zwanzig Apenrader sowie auswärtige Einzelkäufer – insgesamt nicht weniger als 53 Mitreeder, die im Schiffsregister aufgeführt waren.[45] Weil die lokalen Investoren zusammengenommen ein relativ erhebliches Stimmengewicht besaßen und solches außerdem bei einer Beschlußfassung in einer örtlichen Reedereiversammlung durch persönliche Präsenz in die Waagschale werfen konnten, stand für Jebsen fest, daß sein Vorhaben, *Doris* umfassend reparieren zu lassen, nicht einfach durchsetzbar sein würde. Es war erkennbar, daß die kleineren Partenbesitzer von einer solch großen Investition eine zu hohe Belastung befürchteten, da jeder Mitreeder im Verhältnis seiner Schiffsparten zu den Ausgaben der Reederei beizutragen hatte. Um eine Entscheidung in seinem Sinne herbeizuführen, beschloß Jebsen, gemeinsam mit denjenigen Mitreedern vorzugehen, die auf seiner Seite standen. Er ließ sich von seinen Hauptmitreedern Diederichsen in Hamburg und zwei Apenrader Mitreedern schriftlich ermächtigen, ihre Parten gemeinsam in der Reedereiversammlung zu vertreten und dort in ihrem Namen abzustimmen.[46] Auf diese Weise hatte er am 18. April 1887 eine Mehrheit von 56 Parten, also die absolute Mehrheit der Parten von *Doris* hinter sich. Als sich während der stürmisch verlaufenden Versammlung herausstellte, daß die Minderheitsreeder aus Kostengründen keine umfassende Modernisierung des Schiffs wollten, setzte Jebsen einen Verkaufsbeschluß durch.[47] Laut § 501 HGB konnte eine solche Entscheidung ohne Zustimmung aller Mitreeder nur erfolgen, wenn das Schiff unbefrachtet in einem deutschen Hafen lag, was bei *Doris* der Fall war. »Neue Kessel zu der alten Maschine wäre doch nur halber Kram geworden, denn wenn viele sich sträubten, zum Triple System der Kosten halber über zu gehen, so ist es doch vorauszusehen, daß um die Konkurrenz auszuhalten, sie sich doch schließlich dazu bequemen müßten«, teilte er anschließend mit.[48] Mit dem beschlossenen Verkauf von *Doris* war auch die Reederei für dieses Schiff beendet. Wie zweifellos von Jebsen vorausgesehen, hatte der Dampfer in seinem schlechten Zustand nur einen relativ geringen Verkaufswert: Tatsächlich erzielte er in einer öffentlichen Auktion in Hamburg nur ein Höchstgebot von rund 100.000 Mark, etwa ein Drittel der ursprünglichen Kaufsumme.[49] Der niedrige Preis gab Jebsen und seinen Hauptmitreedern die Chance, das Schiff selbst günstig zurückzukaufen und anschließend auf der Werft von Blohm & Voss in Hamburg mit einer modernen Maschine auszustatten.[50] »Wenn diese triple compound Maschine & Kessel eingesetzt werden, gibt es kein besseres Schiff für die China-Küstenfahrt«, schrieb Jebsen.[51] Die »*Doris* Affäre« hatte beispielhaft die Schwierigkeiten eines Korrespondentreeders deutlich gemacht, notwendig erkannte außergewöhnliche Schiffsreparaturen vornehmen zu lassen, wenn ein Großteil der Minderheitsreeder sich dagegen sperrte. Mit dem Verkauf und kostengünstigen Neuerwerb des Schiffes ergab sich die Gelegenheit, die Zahl der Mitreeder von Anfang an so klein zu halten, daß zukünftige grundlegende Reedereibeschlüsse leichter durchgesetzt werden konnten.

Charakteristisch für die Partenreederei war das Fehlen von Rückstellungen in Form von Reservefonds, um größere Reparaturen bestreiten zu können oder um Kapital für ein neues Schiff nach Abnutzung des alten anzusammeln. Damit unterschied sich diese Reederei von den Schiffsaktiengesellschaften, die verpflichtet waren, Reservefonds zu bilden und jährliche Abschreibungen vorzunehmen. Da es bei der Partenreederei diesen gesetzlichen Zwang nicht gab, wurde der gesamte Verdienst vollständig verteilt, also in Form der Dividenden halbjährlich an die Mitreeder ausgeschüttet. Kam es zu Reparaturen, dienten die Einnahmen, die die Investoren in der Regel aus Parten von verschiedenen Schiffen bezogen, als eine Art Versicherung, um zu den erforderlichen Ausgaben beitragen zu können. Dennoch gab es immer wieder unangenehme Überraschungen, wenn ahnungslose Mitreeder vom Korrespondentreeder zu Nachschüssen herangezogen wurden, um erhebliche Reparaturkosten zu decken.[52] Um solche Probleme zu vermeiden, die bei den Parteninhabern zu Irritationen und äußerstenfalls zum Rückzug aus der Reederei führen konnten, verfügte Jebsen in seinem Geschäft über einen Reservefonds. Er habe es »immer und zwar mit Einverständnis meiner Mitreeder so gehalten, in den ersten Jahren von den Überschüssen kleine Summen herzulegen, um damit die bei den Klassifikationen stets sich ergebenden Reparaturen bestreiten zu können, ohne auf die Mitreeder zurückzufallen. Dieser Fonds müßte soweit eigentlich Reparatur- und nicht Reservefonds heißen«, berichtete er.[53] Allerdings nahm er keine Abschreibungen vor, so daß bei Anschaffung eines Schiffes stets eine neue Investorengruppe gesucht werden mußte.

Michael Jebsen, um 1875

Die Rolle des Korrespondentreeders ist mit wenigen Worten umrissen. Er sollte innerhalb des Reedereibetriebs eine einheitlich und stetige Verwaltung der Geschäfte gewährleisten und nach außen als ständiger Vertreter der Reederei auftreten und entsprechend handeln. Im allgemeinen war jede Reederei daran interessiert, einen Eigentümer von Schiffsparten und damit Beteiligten am Schiff für eine solche Leitungsfunktion zu ernennen, weil damit ein Eigeninteresse bei dieser Person bestand, die Geschäfte möglichst gut zu führen. Im Innenverhältnis war es seine Aufgabe, die Rechnungsverhältnisse der Mitreeder untereinander zu überwachen, Gewinn und Verlust zu verteilen und Reedereibeschlüsse in wichtigen, vom Gesetz bestimmten Fällen herbeizuführen. Außerdem hatte er über seine Tätigkeit Buch zu führen, eine besondere Kasse für die Reederei zu verwalten und auf Verlangen der Mitreeder jederzeit Auskunft zu erteilen und Rechenschaft abzulegen. Wenn er von den anderen Parteninhabern entsprechend bevollmächtigt wurde, konnte er eine Kaskoversicherung für das Schiff abschließen, obwohl es damals üblich war, daß jeder Mitreeder als Selbstversicherer auftrat. Im Außenverhältnis sorgte er für die Anstellung und Entlassung des Kapitäns, wies ihm seine Aufgaben als Schiffsführer zu und überwachte deren Ausführung. Er hatte sich um Ausrüstung und Fracht des Schiffes zu kümmern und war verpflichtet, die ihm anvertrauten Fahrzeuge und Güter ausreichend zu versichern. Durch Gesetz war er ermächtigt, alle Gelder zu empfangen, die für den Reedereibetrieb notwendig waren, also Fracht- und Passagegeld sowie Schlepp-, Berge- und Hilfelohn. Mit seinen Gesamtvollmachten stand der Korrespondentreeder ungefähr in der Mitte zwischen einem Prokuristen und einem Handlungsbevollmächtigten; allerdings erweiterte sich sein Spielraum im täglichen Geschäftsleben – ein Phänomen, dem auch die deutsche Rechtsprechung mit entsprechenden Urteilen folgte.[54] Die wichtigsten Aufgaben innerhalb seiner Reederei skizzierte Jebsen mit folgenden Worten:

»Meine Reederei ist eine Parten-Reederei und jedes Schiff in 100 Parten zerlegt. Die Beteiligung eines jeden Mitreeders wird in dem von der Regierung ausgestellten *Schiffs-Zertifikat* vermerkt und ist damit das Eigentumsverhältnis festgestellt. Einen Auszug aus dem betreffenden Schiffs-Zertifikat erhält jeder Mitreeder von mir ausgefertigt. Ich als Korrespondent-Reeder leite das ganze Geschäft, engagiere Führer, Maschinisten und Mannschaft, schließe die Befrachtungen ab, führe die Bücher und Korrespondenz, sorge dafür, daß das Schiff zur Genüge versichert ist, und darf eine Herabsetzung der Versicherungssumme nur geschehen, wenn sämtliche Mitreeder ihre Zustimmung dazu geben. Halbjährlich verteile ich Dividenden, d. h. wenn etwas zu verteilen ist, und lege am Schluß jedes Geschäftsjahres Rechnung ab, wovon jeder Mitreeder eine Kopie erhält. Im übrigen liegen die Schiffsbücher jedem Mitreeder zur Einsicht offen, dabei gibt es indessen kein Geschäft, das mehr auf Vertrauen beruht als gerade dieses und schmeichle ich mir, bisher das Vertrauen meiner Mitreeder zu genießen, wovon einige, u. a. die Freunde Hagemann und Uhlenhaut, bereits 14 Jahre in meiner Reederei beteiligt sind.«[55]

Für seine Tätigkeit erhielt der Korrespondentreeder üblicherweise eine Vergütung, entweder ein festes Gehalt oder eine Provision. Jebsen erläuterte 1883 seine Form der Vergütung, die er – wie im Warenhandel üblich – in Prozenten vom Umsatz berechnete:

»[So] berechne ich mir für die Korrespondenz 1 % der Bruttofracht, retourniere der Reederei alle Retourkommission, halte meinen Comptoristen [Buchhalter] selbst, berechne aber den resp[ektiven] Schiffen je ihren Anteil an den Comptoir [Kontor] Utensilien wie Papier, Bücher, Drucksachen etc. Es ist eigentlich für die Dampfer in der kleinen Fahrt, welche einem jede 8 bis 10 Tage auf die Bude rücken, keine genügende Remuneration [Entschädigung], da ich aber zwei an der Küste von China habe und einen dritten hinausschicke, die dann nicht viel Arbeit verursachen, so muß das Eine sich mit dem Anderen ausgleichen.«[56]

Daß diese Praxis fortbestand, zeigte sich auch knapp sieben Jahre später, als Jebsen mitteilte, daß er für seine Geschäftsführung eine Vergütung von einem Prozent der Bruttofrachten erhielt, womit er sein Büro und Personal finanzierte.[57] Sein Haupteinkommen bestand demnach aus den Dividenden, die er von seinen Parten in den Schiffen der Reederei bezog.

Die nachfolgende Abrechnungstabelle für die Monate Dezember 1881 bis November 1882, die sich handschriftlich in einem der Briefkopierbücher befindet, gibt Aufschluß über die Umsätze der Reederei in jenem Rechnungsjahr. Die Ausgaben umfassen vor allem Kosten von Havarien und Reparaturen der Schiffe sowie Versicherungsprämien (Assekuranz), Gagen, Kostgelder und andere Ausgaben für Kapitäne und Mannschaften sowie die halbjährlichen Dividenden an die einzelnen Reeder der Dampfer.

Tab. 2: Ausgaben der Reederei M. Jebsen von Dezember 1881 bis November 1882

[Zeitraum]	[Ausgaben]	[Mark]	[Pf.]
1881 Dezember	An Havariekosten Riga nach Strandung auf Svafferort M	74.715	62
1882 April bis Dezember	An Hafenkosten, Kommissionen, Bootsgelder etc. etc. M	19.492	78
1882 April bis Dezember	An Kohlenverbrauch außerhalb Monatsfracht, 762 Tons M	8.346	92
1882 April bis Dezember	An Maschinenutensilien, kleine Reparaturen etc. etc. M	6.299	76
1882 April bis Dezember	An Gagen Kapitän & Besatzung v. 6. April bis 1. Dezember 1882 M	7.793	84
1882 April bis Dezember	An Kostgelder selbe Zeit M	4.744	00
1882 April bis Dezember	An Assekuranz pr. Mt. Dezember M	1.083	53
1882 April bis Dezember	An Feuerassekuranz während Reparaturzeit Riga M	547	00
1882 April bis Dezember	An Kassa-Assekuranz v. 6. April bis 1. Dezember 1882, 7 %, M 200.000 nebst Stempel etc. etc. M	9.325	00

1882 April bis Dezember	An nachträgliche Kollisionsrechnung Groningen M	777	54
1882 April bis Dezember	An Kaplaken & Korrespondenz, 2 ½% Provision von Frachtgelder, M 85.559,83 M	2.138	99
1882 April bis Dezember	An Wechselcourtage, Porto, Telegramms, Drucksachen & kleine Kosten M	532	05
1882 April bis Dezember	An Verteilung 10% Dividende von M 200.000 M	20.000	00
1882 April bis Dezember	An Saldo Übertrag M	2.516	68
	M	158.313	71

Quelle: JJHA A01–01-321, Bl. 80.

Die Einnahmen stammten aus Frachttransporten und anderen Posten. Je nach Geschäftssitz der Befrachter oder Makler wurden die Charters bei den hier gezeigten Fällen in französischen Francs (fr.), britischen Pfund (£), niederländischen Gulden (Fl.) oder schwedischen Kronen (Kr.) entgolten. Dem Korrespondentreeder oder seinem Buchhalter oblag es, die Fremdwährungsbeträge in deutsche Reichsmark (M) umzurechnen und mit der Addition der anderen Mark- und Pfennigbeträge die Gesamteinnahmen der Reederei zu berechnen.

Tab. 3: Einnahmen der Reederei M. Jebsen von Dezember 1881 bis November 1882

[Zeitraum]	[Einnahmen]	[Mark]	[Pf.]
1881 Dezember	Pr. Saldo lt. letzter Abrechnung	3.650	14
1882 April	Pr. Vergütung Assekuradeure der Havariekosten Riga, abzüglich Courtage	68.483	74
1882 April	Pr. Fracht von Riga nach Nantes 1 Ladung Flachs à 45 fr. per Last fr. 12834,58	10.524	35
Mai	Pr. Fracht von Bilbao nach Rotterdam 2 Ladungen Eisenerz à £ 667.5.6 1 ½ Tag Liegegelder à £ 20.40 £ 30,-- £ 697,5,6	14.213	42

Juni	Pr. Fracht von Newcastle nach Drontheim 1 Ladung Kohlen £ 177,16,7	3.627	72
Juni	Pr. Fracht von Archangel nach Rotterdam 1 Ladung Getreide Fl. 8199,92	13.861	11
Juli	Pr. Fracht von Middelsbro nach Rotterdam 2 Ladungen Roheisen £ 327.10	6.681	00
August	Pr. 3 Monat Zeitbefrachtung à [...] à £ 400,00 = £ 1200,0,0	24.504	00
September	Pr. Fracht von Newcastle nach Stockholm 1 Ladung Kohlen £ 174,00 = Kr. 3163,32 à 11 ¼	3.558	73
November	Pr. Fracht von Newcastle nach Flensburg 1 Ladung Hafer £ 421,1,2	8.589	50
November	Zinsen vom Reservefond M 15.500 à 4 %	620	00
	M	158.313	71

Quelle: JJHA A01–01-321, Bl. 81.

Ende 1882 konnte Jebsen mitteilen, daß seine Reederei in diesem Jahr 25 Prozent Dividende ausgezahlt und 12.000 Mark abgeschrieben hatte, obwohl noch ein Debitposten in Höhe von rund 7000 Mark vom vorigen Jahr übernommen worden war. Damit war ein glänzendes Ergebnis erzielt, zu dem der in Ostasien laufende *Vorwärts* erheblich, aber der reparaturanfällige Dampfer *Doris* nur wenig und das sehr kleine Schiff *Alwine* am wenigsten beigetragen hatten.[58]

Von Jebsens Tätigkeit im Außenverhältnis seiner Reederei wird in den nachfolgenden Unterkapiteln gehandelt werden. Über die generelle Geschäftsführung als Korrespondentreeder läßt sich nach Sichtung zahlreicher seiner Briefe festhalten, daß er ständig bemüht war, nicht nur seiner gesetzlich vorgeschriebenen Sorgfaltspflicht zu genügen, sondern weit darüber hinausging, wenn er auf höchste Effizienz und beste Betriebsergebnisse seiner Reederei den größten Wert legte; davon wird noch zu sprechen sein. Ein bedeutender Faktor, um diese Zielstellung zu erreichen, war die ständige Modernisierung seiner Dampferflotte, um sie auf dem neuesten technischen Stand zu halten. Damit ließen sich nicht nur Betriebskosten in Form von Kohlen und anderen Verbrauchsgegenständen sparen, sondern auch höhere Fahrtleistungen erzielen und kosteneffizientere Frachtgeschäfte erzielen. Besonders im hart umkämpften Schifffahrtsmarkt war Modernisierung oder Ersatz veralteten Schiffsmaterials notwendig. Der britische Schiffahrtsexperte Edward F. Stevens wies auf schlagende Beispiele hin, bei denen Reedereien ihre alten Schiffe behalten und niemals ersetzt hätten, bis die Geschäfte völlig zum Erliegen gekommen und ihre Schiffe wertlos geworden seien.[59] Wenn auch Jebsen beim täglichen Management der Flotte solche Investitionen als notwendig erkannte, so galt diese Erkenntnis noch lange nicht für seine Mitreeder, wie die »*Doris* Affäre« beispielhaft gezeigt hatte. Gerade bei Verkäufen von älteren Schiffen erwies sich die genossenschaftliche Gesellschaftsform der Partenreederei als besonders schwerfällig. Jebsen machte die Erfahrung, daß es fast unmöglich war, die Mitreeder zu einem Verkauf ihrer Parten zu bewegen, solange sie halbjährlich eine gute Dividende einzogen. Erst wenn bei niedrigen Frachtraten die Dividenden schlechter ausfielen, waren Parteninhaber zu solchen Entscheidungen bereit.[60] Doch damit nicht genug: Selbst wenn positive Entscheidungen zugunsten eines Verkaufs endlich zustande kamen, hinderten bürokratische Formalitäten die rasche Abwicklung solcher Geschäfte. Jebsens Sohn Jacob beklagte später, die »ganze Prozedur der Eintragung und Löschung einzelner Schiffsparten ist eine ungemein umständliche und zeitraubende, und es könnte tatsächlich der Fall eintreten, daß ein Schiffsverkauf nicht zustande kommt, weil es nicht möglich wird, rechtzeitig die nötigen Formalitäten in Ordnung zu bringen«.[61]

Der schwerfällige Geschäftsgang der Partenreederei bildete für den Korrespondentreeder zweifellos ein unlösbares Dauerproblem. Andererseits blieb diese Form der Geldanlage lange Zeit attraktiv, weil sie auch Leuten mit geringem Vermögen die Chance bot, eigenverantwortlich in ein Unternehmen zu investieren. Bei sorgfältigem Betrieb und ausreichenden Reservefonds war das Risiko großer Nachschüsse bei Verlusten recht gering, so daß die Gewinnerwartung bei gut geführten Partenreedereien zu Recht hoch bleiben konnte.[62] Ein vorbildlich arbeitender Korrespondentreeder wie Jebsen, dem seine Mitreeder über viele Jahre hinweg großes Vertrauen in seine Tätigkeit entgegenbrachten, wurde damit gewissermaßen ein Opfer seines eigenen Erfolgs, wenn er mit dem Gedanken spielte, seine Reederei in eine viel einfacher und flexibler arbeitende Aktiengesellschaft umzuwandeln. Zwar wurden auch die geringeren steuerlichen Belastungen zugunsten der Partenreederei angeführt, doch hätte man bei schlechter Geschäftsführung und niedrigen Dividenden vor einem solchen Schritt sicherlich nicht zurückgeschreckt. Jebsen zog deshalb schon 1884 ein Resümee seiner Überlegungen:

> »Ich verkenne keineswegs die Vorteile einer Aktiengesellschaft. Da aber die Eventualität einer Änderung meiner Reederei in einer solchen mit meinen Mitreedern nicht vereinbart worden ist, so würde es jetzt allerlei Schwierigkeiten verursachen, wenn ich heute eine solche Umwandlung vornehmen würde. Man scheut die Schikanen, denen man durch die Aktiengesellschaft ausgesetzt ist, allein die Hinzuziehung zu den hiesigen enormen Kommunallasten würde die Dividenden um 8 bis 10% schmälern. Demzufolge sträuben sich die meisten meiner Mitreeder gegen solche Umwandlung und werde ich es demzufolge bei dem alten Geschäftsgange bewenden lassen.«[63]

Zu Jebsens Lebzeiten blieb die Partenreederei unverändert bestehen. Sein Sohn Jacob berichtete, daß zwar mehrfach eine Umwandlung beabsichtigt war, doch stets am Widerstand einiger Hauptmitreeder scheiterte, die vor einem teureren Betrieb und der steuerlichen Mehrbelastung warnten. Mit der Einrichtung von Linienfahrten in Ostasien wurde es aber zunehmend schwieriger, für jedes Schiff ausreichende Dividenden auszuschütten, weil besonders die Liniendampfer zeitweise nur geringe Gewinne erwirtschafteten. Hinzu kamen Verrechnungsprobleme beim notwendigen Ankauf von Leichterfahrzeugen oder Lagerplätzen für transportierte Waren. Angesichts dieser Schwierigkeiten gelang endlich im Jahre 1911 die Umwandlung in eine Aktiengesellschaft unter der Firma »Reederei M. Jebsen A.G.« – »zum Glück für die weitere Zukunft«, wie Jacob Jebsen festhielt.[64]

Das Netzwerk Jebsen, Diederichsen und Howaldt

Als *Signal* nach einem knappen Betriebsjahr ein gutes Ergebnis geliefert hatte, faßte Jebsen den Entschluß, einen zweiten Dampfer für seine Reederei anzuschaffen. Allerdings blieb er für den Kauf des neuen Eisendampfers *Vorwärts* weiterhin auf auswärtige Investoren angewiesen. Obwohl sein Schwager Jessen zwanzig Parten kaufte und einige Apenrader Freunde einzelne Anteile erwarben, lehnten die wichtigen lokalen Kapitalgeber aus den früher beschriebenen Gründen erneut jede Beteiligung ab. »Es ist doch förmlich lächerlich«, schrieb Jebsen im Juni 1879 an Jessen,»daß, wo in früheren Jahren es gar nicht schwer fiel, die Reederei für 5 bis 6 Segelschiffe per Jahr zusammenzubringen, jetzt mit Mühe 1/5 der Parten für einen Dampfer abzusetzen sind. Die Leute haben wirklich nicht mehr gelernt, sondern sogar das teilweise vergessen, was sie wußten.« Seinen Schwager bat er, in Apenrade Parten nur denjenigen Personen anzubieten, die schon mitunterzeichnet hatten und noch mehr Anteile kaufen wollten. Weil er zu diesem Zeitpunkt bereits über feste Zeichnungszusagen von seinen Geschäftsfreunden in Hamburg, Kiel, Essen, Antwerpen und Vlissingen sowie von Kapitän Evers und dem neuen Schiffsführer Kapitän Will verfügte, war die Beteiligung an neunzig der insgesamt hundert Parten gewährleistet, womit die Finanzierung des Neubaus auf sicheren Füßen stand.[65]

War schon 1878 beim Ankauf des Dampfers *Signal* das Netzwerk auswärtiger Geschäftsfreunde von Jebsen als Kapitalgeber für Schiffsparten aufgetreten, so blieb diese unterschiedlich große, aber relativ homogen zusammengesetzte Investorengruppe auch bei allen zukünftigen Neubauten ein unentbehrlicher und stabiler Faktor. Für die Finanzierung der ersten beiden Dampferneubauten, des 1879 gelieferten *Vorwärts* (780 BRT, 611 NRT) und des 1881 fertiggestellten *Triumph* (869 BRT, 675 NRT), schälte sich innerhalb des investierenden Großnetzwerkes bereits eine Kerngruppe von kapitalkräftigen und durch Verwandtschaft eng verbundenen Hauptinvestoren heraus, die für mehr als ein Vierteljahrhundert das Bauprogramm entscheidend bestimmten. Bis zum Tode von Michael Jebsen (1899) waren die Brüder Carl und Gustav Diederichsen in Hamburg die Hauptkapitalgeber und die Gebrüder Georg, Bernhard (bis 1889) und Hermann Howaldt in Kiel die Hauptproduzenten von Jebsens Dampferflotte. Noch beim letzten Neubau der Partenreederei im Jahre 1906 – dem von Howaldt erbauten Dampfer *Mathilde* (II) (1372 BRT, 831 NRT) – trat Gustav Diederichsen als wichtigster Mitreeder auf.[66] Man kann mit Recht von einem gut funktionierenden Dreiecksnetzwerk zwischen Apenrade, Hamburg und Kiel sprechen, von dem über Jahre hinweg alle drei Seiten profitierten und das in hohem Maße zum Geschäftserfolg der Partenreederei beitrug.

Jacob H. P. Diederichsen (»Amigo«) (1821–92)

Der Initiator und die entscheidende Schlüsselfigur des Dreiecksnetzwerks war Jacob H. P. Diederichsen. Er stammte aus einer namhaften Kieler Kaufmannsfamilie: Sein Bruder Heinrich Diederichsen (sen.) hatte 1837 in Kiel – damals noch ein Landstädtchen im dänischen Gesamtstaat und Transitplatz für den steigenden Warenumschlag zwischen Hamburg und Kopenhagen – eine Reederei und Spedition eröffnet, die sich auf den Verkauf von Koks und Steinkohle spezialisierte. Durch die Heirat seiner Schwester Emma mit August Ferdinand Howaldt, Mitinhaber der 1838 gegründeten Kieler Maschinenfabrik Schweffel & Howaldt, kam Jacob in familiäre Verbindung mit einem aufstrebenden Unternehmen, das sich in dieser frühen Industrialisierungsphase von Schleswig-Holstein mit der Produktion von Dampfmaschinen und -kesseln sowie einer großen Palette land- und hauswirtschaftlicher Geräte befaßte. Im Laufe seiner Tätigkeit in der Firma als frühester Lehrling, als Arbeiter und später Werkmeister erwarb er sich umfassende Kenntnisse in der neuen Dampftechnik und wurde schließlich zur »rechten Hand« von Howaldt. Zwischenzeitlich war Jacob als Maschinist auf einem zwischen Kiel und der Hauptstadt Kopenhagen verkehrenden Dampfschiff beschäftigt, wo er den praktischen Betrieb eines Schiffsmaschinenraums kennenlernte und dadurch eine Anstellung als Maschinenmeister und Inspektor bei der 1847 gegründeten Hapag, die spätere Hamburg-Amerika Linie, fand. In Hamburg befreundete er sich mit seinem Kollegen Heinrich Ehlers, Oberinspektor bei der Hapag und Onkel von Michael Jebsen.[67] Auf diese Weise kam der Kontakt zwischen Diederichsen und Jebsen zustande, die bald auch freundschaftlich miteinander verkehrten und in ihren umfangreichen Korrespondenzen sich gegenseitig mit »Amigo«, dem spanischen Wort für Freund, anredeten – zweifellos eine Reminiszenz an Jebsens Zeit in Südamerika, aber vor allem Ausdruck tiefen Vertrauens und hoher Wertschätzung zwischen beiden

Carl Diederichsen (1843–1900)

Gustav Diederichsen (1852–1924)

Männern. In seinen Briefen verwendete Jebsen stets die Anredeformel »Lieber Amigo«, »Werter Amigo« und »Werter Amigo mio« [Mein werter Amigo].[68] Jacob Diederichsen war bis zu seinem Lebensende für Jebsen der wichtigste Experte für alle Fragen der Dampftechnik und sein technischer Berater bei allen Schiffsneubauten, Schiffskäufen und Reparaturen.

Über seinen Amigo kam Jebsen in Kontakt mit dessen Neffen Carl, Gustav und Heinrich Diederichsen (jun.), den Söhnen von Jacobs Bruder Heinrich Diederichsen (sen.). Carl war früh in das Geschäft seines Vetters zweiten Grades Theodor Wille eingetreten, der 1844 in der brasilianischen Hafenstadt Santos eine Kaffee-Exportfirma gegründet hatte und seit 1847 die Interessen seines Hauses von Kiel, Glückstadt und schließlich Hamburg aus betreute. Rasch wurde Carl zum engsten Mitarbeiter von Theodor, erhielt 1863 Prokura und trat 1875 als Gesellschafter in das unter unveränderter Firma fortgeführte Geschäft ein. Nach dem Tode seines Vetters (1892) führte Carl das Unternehmen zusammen mit seinem jüngeren Bruder Gustav fort. Dieser war seit 1872 für Theodor Wille tätig, zuerst als leitender Mitarbeiter der Partnerfirma Wille, Schmilinsky & Co. in Rio de Janeiro und seit 1887/88 neben seinem Bruder in Hamburg. Das Haus Wille in Santos und Rio de Janeiro gehörte bereits 1895 zu den führenden Kaffee-Exporteuren Brasiliens und erreichte bis zum Ersten

Weltkrieg eine Marktführerschaft in diesem Geschäftsfeld. Aufgrund der hohen Profite aus dem Kaffeehandel verwundert es nicht, daß Carl seit 1879 regelmäßig Parten in Schiffen der Reederei Jebsen erwarb und sein Bruder Gustav und Heinrich in späteren Jahren nachfolgten. Heinrich Diederichsen (jun.), der das Kieler Geschäft seines Vaters übernommen hatte, baute die engen Geschäftsbeziehungen mit Jebsen noch weiter aus und gründete 1898 mit dessen Sohn Jacob Jebsen die Partnerschaftsfirma Diederichsen, Jebsen & Co. mit Sitz in Kiel und Tsingtau.[69]

Die Briefe von Jebsen an die Mitglieder der Familie Diederichsen zeigen einen äußerst regen Geschäftskontakt zwischen Apenrade und Hamburg in den letzten beiden Jahrzehnten des 19. Jahrhunderts. Dabei ging es um alle Fragen der Reederei, von den Kapitalbeteiligungen bis hin zu Informationen über Schiffe und Frachten. Während Jebsen mit Jacob und Carl ein sehr herzliches Verhältnis pflegte, war die Beziehung zu Gustav, den er manchmal »Don Gustavo« nannte,[70] nicht so freundschaftlich eng. Seit Mitte der neunziger Jahre trat die Verbindung mit Heinrich (jun.) hinzu, die aber stets geschäftsmäßig und relativ kühl blieb, wofür charakterliche Eigenarten und der Altersunterschied von dreißig Jahren verantwortlich waren. Zwar endete mit Jacob Diederichsens Tod dessen traditionelle Mittlerfunktion, doch waren die geschäftlichen und privaten Kontakte zwischen Jebsen und den Gebrüdern Diederichsen zu diesem Zeitpunkt bereits so eng, daß keine Änderung im Verhältnis eintrat. Jebsens Tochter Emma hob später hervor, daß die Bekanntschaft mit der Familie Diederichsen »ja von unendlichem Wert für uns geworden« sei.[71] Zweifellos bildete die Freundschaft zwischen den beiden Amigos für gut fünfzehn Jahre den ruhenden Pol bei Kapitalinvestitionen und Modernisierungen der Flotte der Reederei. Als Jacob Diederichsen im Jahre 1892 starb, würdigte die Zeitschrift *Hansa* ihn als eine »in Hamburger Seemannskreisen allgemein geachtete und beliebte Persönlichkeit«.[72]

Über seinen Amigo kam Jebsen auch in Kontakt mit dessen Neffen Georg, Bernhard und Hermann Howaldt, den Söhnen von Jacobs Schwester Emma. Von ihnen war Georg der passionierte Schiffbauer und typische innovationsfreudige Unternehmer der Industriellen Revolution. Nach einer Lehrzeit im väterlichen Unternehmen Schweffel & Howaldt arbeitete er in einer englischen Schiffswerft und Maschinenfabrik, studierte anschließend in Zürich und Hamburg und fuhr als Maschinenassistent auf Dampfern der Hapag. 1865 eröffnete er seine eigene Werft in Kiel, die aber nicht

Georg Howaldt (1841–1909)

florierte, so daß er zwei Jahre später als Direktor in die neugegründete Norddeutsche Schiffbau AG eintrat, welche 1879 in Konkurs ging. Nicht allein die »Gründerkrise«, also die Wirtschaftsdepression der siebziger Jahre, sondern auch das kaufmännische Versagen von Georg spielten dabei eine große Rolle. Bereits 1876 hatte er in Kiel einen neuen Betrieb, und zwar die Schiffswerft Georg Howaldt eröffnet, die eine breite Palette von Schiffstypen anbot. Deren Dampfmaschinen kamen von der Firma Schweffel & Howaldt, in die seine Brüder Bernhard und Hermann nach dem Rückzug des Vaters (1876) als Betriebsleiter eingetreten waren. Ein wichtiger Kunde der Werft war der Kieler Schiffsmakler und Reeder August Sartori, der in den 1860er Jahren in der ostasiatischen Küstenschiffahrt mit Seglern tätig gewesen war und seit 1877 viele Frachtdampfer bei Howaldt bauen ließ, um damit Tramp- und Linienfahrt in der Ostsee zu betreiben. Angesichts dieser vielversprechenden Anfänge und der noch anhaltenden Flaute der siebziger Jahre lag es für Jacob Diederichsen auf der Hand, seine drei Neffen dabei zu unterstützen, für ihre beiden Unternehmen weitere lukrative Aufträge zu erhalten. Wie schwierig die Lage war, machte die Kieler Handelskammer deutlich, als sie die Jahre 1878 und 1879 als »beide höchst ungünstig« für die Reederei bezeichnete: Niedrige Frachtraten, aufgelegte Dampfer und ganz allgemein »Geschäftslosigkeit und Geschäftsunlust« hätten das Bild geprägt.[73]

Eine Gelegenheit zur aktiven Hilfe ergab sich für Jacob Diederichsen, als beim ersten Schiff seines Freundes Jebsen, dem in Flensburg vorwiegend aus englischem Eisen gebauten Dampfer *Signal*, zahlreiche Nieten defekt wurden und auch die Eisenplatten bald Materialschäden aufwiesen. Vor diesem Hintergrund wird Jacob seinem Amigo die Werft von Howaldt empfohlen haben, als Jebsen über die Anschaffung eines zweiten Schiffes nachdachte. Mit der damit sicheren Kapitalbeteiligung

Die Schiffswerft Georg Howaldt in Dietrichsdorf, 1876/77

von Jacob und erstmals der von Carl Diederichsen fiel die Entscheidung nicht schwer. Allerdings hegte Jebsen von Anfang an starke Zweifel an den handwerklich-technischen Qualitätsstandards der Kieler Werft: Howaldts Leute hätten »sich leider bei den Sartorischen Blechkästen, die im Handumdrehen zusammengeleimt werden, das Pfuschen zu sehr angewöhnt«, schrieb er an Jacob Diederichsen. Mit Blick auf den Dampfer *Vorwärts,* den er am 7. Juni 1879 bei Howaldt kontrahiert hatte, äußerte er, daß es ihn sehr freuen werde, »wenn Howaldt in diesem Fall etwas Extraordinäres liefert, da solches ihm ebenso sehr zur Empfehlung wie uns zum Nutzen dienen würde«.[74] Einen Monat später lobte er das werdende Schiff, dessen Material – »alles deutsches Eisen« – »entschieden viel besser als beim *Signal*« sei, sowie die von Schweffel & Howaldt fabrizierten Maschinen und Kessel, die »auch solide und gut hergestellt« würden.[75] Allerdings hielt er die Tischler- und Schlosserarbeiten für schlechter als bei der Flensburger Schiffbau-Gesellschaft, was er gegenüber Georg Howaldt auch mehrfach beanstandet hatte. Kapitän Evers, der in seinem Auftrag den Bau in Kiel überwachte, wurde deshalb angewiesen, soviel wie nötig zu rügen, Howaldt bei seiner Eitelkeit zu fassen und ihn zu bitten, »sich so viel wie möglich nach den Flensburgern zu richten, dann geht er nicht fehl«. Die Flensburger Werft verdanke den »schön und nett« gemachten und »in die Augen fallenden Arbeiten« allein »ihr Gedeihen und fehlt es ihr deswegen nicht an Aufträgen«, meinte er. Um so schärfer kritisierte er ihr Kieler Pendant: »Halsstarrig und von sich selbst eingenommen ist aber immer der größte Fehler der Herren H. [Howaldt] gewesen und tut dies ihnen großen Schaden«.[76] Es war einerseits offensichtlich, daß die Vorstellungen von Jebsen und den Gebrüdern Howaldt über qualitative und gestalterische Fragen beim Schiffbau sich nicht deckten, und andererseits klar, daß der Reeder eine andere Werft deutlich bevorzugte, die er aber wegen seiner persönlichen Bindung an Jacob Diederichsen und dessen wichtiger Kapitalbeteiligung nicht mit einem Auftrag versehen durfte. Tatsächlich wurde nach dem Ankauf von *Signal* kein Schiff zu Lebzeiten von Michael Jebsen mehr in Flensburg gebaut oder erworben. Erst 1924 ließ die Reederei den Dampfer *Käthe* (II) (1551 BRT, 906 NRT) bei der Flensburger Schiffbau-Gesellschaft bauen, der sechs Jahre lang betrieben wurde. Alle anderen Neubauten kamen fast ausnahmslos von den Kieler Howaldtswerken, die damit ihren Rang als unbestrittene Hauswerft der Reederei Jebsen behaupteten.[77]

Von einer Spritztour nach Kiel zurückgekehrt, wo er *Vorwärts* besichtigt hatte, zeigte Jebsen sich erfreut: Georg Howaldt habe »sich dabei Mühe gegeben, uns zufrieden zu stellen«, berichtete er Mitte Oktober 1879 seinem Schwager nach Apenrade, der für ihn als Korrespondentreeder fungierte, solange er in Rotterdam für Krupp arbeitete. Wenn Howaldts Leute etwas besser eingearbeitet wären, »würde man schwerlich ein besseres kleines Schiff irgendwo gebaut erhalten können«.[78] Dieses Lob betraf eine Werft, die zwar weiterhin unter der Konjunkturflaute der siebziger Jahre litt, doch in Kiel und Umgebung mehrere Stammkunden hatte, die sich vor allem für Fördedampfer interessierten, um das damals aufstrebende Fährgastgeschäft bedienen zu können. Der Dampfer *Vorwärts* war das siebenundzwanzigste Wasserfahrzeug und der zehnte Frachtdampfer aus der 1865 begonnenen Produktion von Howaldt.[79] Nach einigen Monaten in Fahrt zog Jebsen die Bilanz, daß *Vorwärts* zwar ein praktischer Dampfer sei, aber »wie alle von Georg Howaldt gebauten Schiffe nicht allzu solide gebaut« sei: »Die überaus großen Lücken schwächen das Schiff nicht wenig, so daß Eisen- und Erzladungen möglichst vermieden werden müssen.«[80] Mit dem Anziehen der Konjunktur im Herbst 1879, was sich in der Schiffbauindustrie im Folgejahr bemerkbar machte, wendete sich

Dampfer *Vorwärts* (I)

die Geschäftslage bei Howaldt geradezu schlagartig ins Positive. Auch Jebsen zögerte nicht lange, einen dritten Dampfer in Kiel in Auftrag zu geben. Diesmal hatte sich die Stimmung in Apenrade erkennbar gedreht, weil trotz der besseren Konjunktur die Frachtraten für Segelschiffe einen Tiefstand erreichten, während Dampfer wesentlich besser abschnitten. So war es nicht verwunderlich, daß Werften und Reedereien, die auf Dampfschiffe setzten, einen Boom erlebten.[81]

»Mit dem Parten-Zeichnen für Nr. 3 geht es flott von statten« berichtete Jebsen im Juli 1880: Sein Schwager und er hätten zusammen siebzig von hundert Parten untergebracht, so daß für Hamburger und Kieler Freunde nicht viel übrig bleibe.[82] Tatsächlich waren allein in Apenrade und Sonderburg 32 Parten – ohne die Anteile von Jebsen (23) und Jessen (drei) – verkauft worden, hinzu kamen vier Kollegen bei der Firma Krupp (zusammen dreizehn Parten). Für Jacob (zwei) und Carl (drei) sowie den heute nicht mehr näher bekannten Julius Diederichsen, Maschineninspektor in Groß Flottbek bei Altona (ein Part), blieben daher nur wenige Parten übrig, da auch Georg Howaldt und Johann Schweffel drei Anteile übernommen hatten.[83] Angesichts der hohen Profiterwartungen für Frachtdampfer wirkte die Nachricht über eine weitere zeitliche Verzögerung bei der Fertigstellung des Neubaus *Triumph* aber wie ein Schock. Hatte Howaldt zuerst auf einen Brandschaden in seiner Werft hingewiesen und damit einen zweimonatigen Rückstand erklärt – ein Brand hatte die Schiffbauwerkstatt vernichtet, die allerdings in sieben

Die Howaldt-Werft, um 1880

Wochen doppelt so groß neu entstand –,[84] so stellte sich Mitte August 1880 heraus, daß er zwischenzeitlich aus England einen Auftrag für zwei neue Dampfer angenommen und mit deren Bau bereits begonnen hatte. Obwohl Jebsen ihm früher von diesem Geschäft abgeraten hatte, »da er sich damit zu viel auf den Hals laden würde«, und starke Zweifel hegte, ob die Kieler Werft bei dem hohen Niveau des englischen Schiffbaus überhaupt dagegen konkurrieren konnte, war Howaldt ohne Rücksprache mit ihm vorgegangen.[85] Als feststand, daß *Triumph* deshalb noch einen Monat später – im Mai 1881 – als zunächst vereinbart fertig sein würde, reagierte Jebsen mit Empörung und einem klaren Entschluß. Howaldt ließ er wissen, daß er sich von jetzt an »von jeder Verhandlung den beregten Neubau betreffend zurückziehe und meinem Schwager Jessen die ganze Angelegenheit übertrage, mit dem Sie dann die weiteren Vereinbarungen treffen können«.[86] Gegenüber Jessen äußerte er, daß Howaldt »sich wie immer hinter Onkel Diederichsen« verstecke, »da er weiß, daß ich dem Rücksichten schuldig bin«.[87]

Schaut man auf die beeindruckende Liste der Schiffe, die 1880/81 von der Kieler Werft produziert wurden, dann wird die hervorragende Auftragslage deutlich: 32 Fahrzeuge lieferte Howaldt in diesen beiden Jahren aus, darunter vier Schlepper und Leichter für die Hamburger Reederei F. Baunach, fünf Frachtdampfer für die Kieler Reederei Sartori & Berger und zehn Zollkutter und Barkassen für die preußische Bezirksregierung in Schleswig.[88] Nach Meinung von Jebsen befand sich der Schiffbauer deshalb

August Sartori (1837–1903)

»in den Klauen« von Sartori,[89] bei dem er »schon tüchtig in der Kreide« sitze – »wenn man den kursierenden Gerüchten Glauben schenken will«: Der »Schlauberger« Sartori werde wohl wie immer, so auch in diesem Falle, auf seinen eigenen Vorteil bedacht sein, meinte Jebsen.[90] Das negative Urteil über Sartori, der in der Kieler Stadtgeschichtsschreibung als einer der bedeutendsten Persönlichkeiten der lokalen Wirtschaft, als ein Mann von ausgreifender Phantasie und nachdrücklicher Tatkraft beschrieben wird, war zweifellos auch durch seinen Amigo geprägt. Jacob Diederichsen habe seinen Neffen »oft vor dem Halsabschneider gewarnt« und wolle mit Sartori nichts zu schaffen haben, berichtete Jebsen.[91] Bei der Bewertung dieser abfälligen Äußerung ist das innerstädtische Konkurrenzverhältnis zwischen Jacobs Bruder, dem Reeder und Großkaufmann Heinrich Diederichsen (sen.), und der Reederei Sartori & Berger in Betracht zu ziehen: August Sartori, dem erstaunliche Arbeitskraft, Scharfblick für kommerzielle Dinge und die Kunst des selbständigen Disponierens nachgesagt wurden,[92] war 1880 nicht nur Kieler Handelskammerpräsident geworden, sondern hatte im selben Jahr auch für seine Firma eine prestigeträchtige und vom Reichspostamt subventionierte Postdampferlinie zwischen Kiel und dem dänischen Hafen Korsør in Betrieb genommen. Angesichts dieser beeindruckenden Leistungen spielte bei Heinrich Diederichsen (sen.), der in der Literatur als »Sartoris Mitbewerber und vielfach Gegenspieler«[93] bezeichnet wird, zweifellos Konkurrenzneid eine Rolle, wovon sein Bruder Jacob nicht unbeeinflußt blieb. Wegen der vielen Aufträge von Sartori werde Jacob »darob H[owaldt] nicht gewogen sein«, meinte Jebsen, der sich befriedigt zeigte, seinem Amigo »betreffs seines Windbeutels Neffen gehörig reinen Wein eingeschenkt« zu haben: »Schade, daß der gute Mann sich nur von ihm zu viel vorschnacken läßt.«[94] Erkennbar war, daß Jacob Diederichsen sich in einer prekären Lage zwischen den Interessen seines Bruders Heinrich und denen seines Neffen Howaldt befand, woran nach Jebsens Meinung der gewiefte Geschäftsmann Sartori die Hauptschuld trug.

Um jede weitere Verzögerung bei der Fertigstellung von *Triumph* zu verhindern, hielt sich Jacob Diederichsen seit Februar 1881 mehrfach in Kiel auf und beaufsichtigte den Baufortschritt. Inzwischen war Jebsens Zorn über den Werftbesitzer weiter gewachsen, nachdem auf seine Empfehlung hin der belgische Dampfer *Comte d'Hainaut* seines Antwerpener Geschäftsfreunds Adolf Deppe auf der Howaldt-Werft grundlegend überholt und anschließend eine Vielzahl von Mängeln entdeckt worden war. Deppe sei »sehr ungehalten über die Pfuscherei«, teilte Jebsen seinem Amigo mit. Er sei nicht gegen Howaldt eingenommen, beteuerte er, »da ich mich schon erstmals als seinen Freund bezeichnet habe und gewiß sein Bestes will«. Aber er stellte klar:

> »Bei allen Fähigkeiten, die Howaldt besitzt, fehlt ihm jedes administrative Talent, er rechnet bei allen seinen Unternehmungen nur mit einem Faktor, nämlich dem allergünstigsten, und die vielen Pudels, die er schon gemacht hat, scheinen ihn nicht gebessert zu haben. Es gibt leider niemand, der ihm die Stange hält. Seine ganze Umgebung läßt sich von ihm dominieren, und wenn mal jemand opponiert, räsoniert er sich nur wieder durch, wie er dieses zu Ihnen und mir gegenüber mit mehr oder weniger Erfolg getan hat. Dabei ist noch das Schlimmste, daß er die einzigen Kunden, die ihm außer Sartori geblieben sind, nach und nach verliert. Denn seine Arbeiten sind keineswegs so, daß sie ihm zur Empfehlung gereichen. Übermäßige Material-Ersparnis ist von jeher seine Hauptaufgabe gewesen, und da er bei der großen Ausbreitung seines Werkes nicht alles übersehen kann, dabei keinem Andern erlaubt, auch nur die kleinste Arbeit selbständig auszuführen, sind die Arbeiten in vielen Fällen äußerst mangelhaft. (...) Sehen Sie ihm bei dem Bau des *Triumph* auf die Finger, damit wir ein gutes Schiff und keine Pfuscherei à la *Comte d'Hainaut* erhalten. Wie mir mitgeteilt worden ist, hat er an der einen Kajüte geflickt. Sie werden jedoch am besten zu beurteilen wissen, ob das schaden kann oder nicht, und mit der Gießerei scheint es überhaupt in Kiel zu hapern. Wir wollen bald einen vierten Dampfer in Bau geben: Ob H[owaldt] aber den bekommt, ist die große Frage. Schwager Jessen und die anderen Mitreeder sind sehr dagegen. Es wird alles von der Ablieferung des *Triumph* abhängen.«[95]

Dampfer *Triumph* (I)

Als Jebsen kurz danach zwei profitable Frachttransporte vom nordrussischen Hafen Archangel abschließen konnte, allerdings unter der Bedingung, daß die beiden Schiffe spätestens am 20. Juni 1881 dort sein mußten, entstand zusätzlicher Zeitdruck. Um so gereizter reagierte der Reeder, als er von Kapitän Will, der inzwischen die Bauaufsicht in Kiel übernommen hatte, erfuhr, daß *Triumph* wohl erst Anfang Juni 1881 fertig werde.[96] Als er hörte, daß Howaldt zu dieser Zeit acht Dampfer gleichzeitig baute, stand sein Urteil fest: »Auf den guten Mann ist aber ganz und gar kein Verlaß.« Er drängte Jacob, seinen Neffen gehörig anzuspornen, damit nicht die beiden Archangel-Fahrten verlorengingen, »welches uns *unberechenbaren Verlust verursachen könnte*«.[97] Gegenüber seinem Schwager nahm er kein Blatt vor den Mund: »Mit dem großen Windbeutel und unzuverlässigen Menschen auf Gottes Erdboden ist doch auch gar nicht zu rechnen und wird es sicherlich für ihn ein Ende mit Schrecken nehmen.«[98] Weil inzwischen auch Jacob den Schiffsbauer mehrfach kritisiert hatte, brauchte Jebsen keinen Widerspruch zu fürchten, als er ankündigte: »Ich werde so leicht nicht wieder bei ihm auf den Leim gehen, denn gehörig geleimt oder an der Nase herumgeführt hat er uns bei dem Bau des Dampfers jedenfalls.« Jedesmal, wenn er daran denke, laufe ihm die Galle über.[99] Doch verflog aller Ärger, als das Schiff Anfang Juni 1881 endlich fertig wurde und sich als sehr gutes Fahrzeug erwies. Wegen der verzögerten Ablieferung hatte Howaldt dem Dampfer noch einige Extras im Wert von fünf- bis sechstausend Mark beigegeben.[100] Seinem Freund Longsdon schrieb Jebsen: »The *Triumph* has turned out a very fine steamer, equal if not superior to *Vorwärts* and *Signal*, and under ordinary circumstances she ought to do well.«[101] Der Frachtdampfer *Triumph* (869 BRT, 675 NRT) war das achtunddreißigste Fahrzeug, das die Howaldt-Werft seit ihrer ersten Gründung produziert hatte. Weil die durchschnittliche Bauzeit des Kieler Betriebes in dieser Zeit bei nur vier Monaten und zwei Tagen lag,[102] ist Jebsens Ärger über die lange Verzögerung verständlich.

Obwohl eine kleinere, vom Ersten Steuermann verschuldete Havarie auf der Jungfernfahrt von *Triumph* die gute Laune kurzzeitig trübte,[103] hatte der Werftbesitzer sich mit dem Neubau ein gutes Zeugnis ausgestellt. Kapitän Will sei »mit dem Schiffe gut zufrieden außer der gewöhnlichen Howaldtschen Kludderie wie z. B. leckende Ballasttanks etc.«, doch seien Maschine und Kessel gut, und der Kohlenverbrauch sei wie beim *Vorwärts*, hielt Jebsen fest.[104] Seine gemischten Gefühle über die Arbeit der Kieler Werft hinderten ihn nicht daran, einem weiteren Schiffskauf bei Howaldt zuzustimmen, nachdem die Finanzierung gesichert war. Es handelte sich um einen in der Herstellung befindlichen kleinen Dampfer, der als Spekulationsbau von der Werft auf eigene Rechnung produziert wurde. Den Kaufbeschluß hatte nicht er, sondern ein kleiner Kreis seiner Hamburger und Kieler Geschäftsfreunde getroffen, die – wie er später notierte – »bei einem Glase Bier wieder ein Schiff« bestellt und ihn zur Korrespondenz herangezogen hätten.[105] Der Vorgang demonstrierte den wiedererwachten Optimismus nach der langen globalen Wirtschaftskrise der siebziger Jahre. Tatsächlich führte die konjunkturelle Belebung zu einem Boom in der Werftindustrie, so daß im Jahre 1882 allein in Großbritannien fast eine Million Bruttoregistertonnen an Schiffsraum entstanden.[106] In der Produktionsliste der Howaldt-Werft war der 1881 an Jebsen gelieferte Dampfer einer von achtundzwanzig Schiffen, die in jenem Jahr erbaut wurden – ein Zeichen für die enorme Produktionskapazität nach dem Ende der Flaute. *Alwine* (511 BRT, 400 NRT) war aber das kleinste Fahrzeug der Reederei Jebsen, was sich später als hinderlich bei Vercharterungen in der asiatischen Küstenschiffahrt erweisen sollte.[107]

Der Wirtschaftsaufschwung gab Jebsens Geschäftsfreunden Mut zu weiteren Investitionen: Bereits im Herbst 1881 wurde ein genaues Schwesterschiff von *Vorwärts* bei Howaldt bestellt. Jebsen bekannte zwar, er

Dampfer *Alwine*

sei keineswegs von Howaldt erbaut, und »(e)s wäre ja wohl angenehmer gewesen, auf anderen Werften bauen zu lassen«, doch mußte er zugeben, daß nur bei Bestellung in Kiel seine Hamburger und Kieler Freunde sofort Parten kaufen würden. Somit war die Hälfte der Kaufsumme bereits gedeckt, so daß er »nur für 50 zu sorgen habe, die ohne große Schwierigkeiten« an Rotterdamer, Essener und Apenrader Freunde abgesetzt werden konnten.[108] Weil auch die Familie Howaldt sich mit fünf Parten beteiligen konnte, hatte die voll ausgelastete Werft den Auftrag wohl überhaupt angenommen. Dasselbe galt für den wenige Wochen später kontrahierten sechsten Neubau, an dem Georg Howaldt und Johann Schweffel zusammen fünf Anteile erhielten. »Es existiert heute eine solche Bauwut, daß nirgends Bestellung auf Neubauten angenommen werden können«, schrieb Jebsen im November 1881: »Howaldt arbeitet jetzt mit 1200 Mann und ist für 1882 vollständig besetzt.«[109] Ein deutliches Zeichen für den anhaltenden Optimismus war die Tatsache, daß alle Parten fur die beiden neuen Schiffe überzeichnet waren.[110] Als im Sommer und Herbst 1882 nacheinander *Clara* (866 BRT, 675 NRT) – benannt nach der Ehefrau von Jebsen – und der etwas größere Dampfer *Doris* (1025 BRT, 808 NRT) – benannt nach der Frau von Gustav Diederichsen – von der Werft geliefert wurden, vermerkte Jebsen, daß das Schiffbaugeschäft augenblicklich sehr flott gehe: Georg Howaldt »schüttelt die Dampfer aus dem Ärmel und hat wieder verschiedene Aufträge erhalten.«[111] Tatsächlich baute die

Kieler Werft 1882 fünfzehn und im Folgejahr sechsundzwanzig neue Fahrzeuge, fast ausschließlich Frachtdampfer für Kunden in Schleswig-Holstein und an der übrigen deutschen Nord- und Ostseeküste.[112] Jebsen notierte: »Nächstens liefert er wohl schon Dampfer per Hundert.«[113]

Allerdings trug Howaldt durch seinen hohen Ausstoß an Schiffen auch zur weltweiten industriellen Überproduktion und damit zu einer neuen Wirtschaftsdepression bei, die sich bereits im Herbst 1882 bemerkbar machte. Weil aber 1883 das deutsche Nettoinlandsprodukt noch einmal sehr stark anwuchs, konnte der hundertste Stapellauf in diesem Jahr großartig begangen werden. Das Jubiläumsfahrzeug war ein Frachtdampfer für die Firma Sartori & Berger, das siebzehnte von Howaldt für die Reederei gebaute Schiff, was sicherlich eine Hommage an diesen Stammkunden war. Inzwischen nahm die Werft eine Fläche von 6.600 qm ein, beschäftigte rund 1200 Arbeiter und hatte ein solides Renommee in Kieler Wirtschaftskreisen, in denen der rührige Sartori für weitere Aufträge sorgte.[114]

Doch konnten solche Erfolge Jebsen nicht in seiner negativen Beurteilung von Howaldts Arbeiten beeinflussen. Anfang 1883 beklagte er die »Massenproduktion« und geringe Aufsicht auf der Werft und führte Kapitän Timm als Zeugen an: Dieser hatte sich über die fortwährenden Reparaturen und hohen Rechnungen des Dampfers *Doris* beklagt, der fünfzig Prozent mehr Kohlen und Öl als seine wenig kleineren Schwesterschiffe *Triumph* und *Clara* verbrauchte, dafür aber kaum so gut lief. »Je näher man die Howaldtsche Arbeit bei Lichte besieht, desto weniger verträgt sie es«, konstatierte der Reeder.[115] *Doris* sei von allen Schiffen am schlechtesten ausgefallen, resümierte er, nicht ohne sämtlichen in Kiel gebauten Dampfern seiner Reederei ein schlechtes Zeugnis auszustellen: »Auch ist von Howaldts Nürnberger Kram [damals geläufiger Ausdruck für billigen Eisenkram] jeden Augenblick etwas kaputt, so daß wir gar nicht aus den Reparaturrechnungen herauskommen.«[116] Es war aber nicht Jebsens negative Meinung über Howaldts Fahrzeuge, als vielmehr die komplette Auslastung der Kieler Werft im Jahre 1882, die den Ausschlag für die Entscheidung gab, den siebten Neubau in Hamburg zu kontrahieren; eine Bestellung anderswo kam wegen der dort fehlenden Kapitalgeber nicht in Betracht. So war erst durch die vollen Auftragsbücher der Howaldt-Werft die von Jebsen sicherlich ersehnte Chance gekommen, endlich woanders bauen zu lassen. Mit der Bestellung des Dampfers *Marie*, dem zu Jebsens Lebzeiten noch drei weitere folgten, gelang es der Hamburger Firma Blohm & Voss, einen bescheidenen Anteil am Bauprogramm der Reederei Jebsen zu erhalten.

Dampfer von Blohm & Voss

Die Hamburger Werft und Maschinenfabrik, 1877 von den profilierten Ingenieuren Hermann Blohm und Ernst Voss gegründet, hatte schwierige Anfänge zu überstehen. Nicht nur die anhaltende Wirtschaftsdepression der siebziger Jahre, sondern auch das traditionelle Geschäftsgebaren der Hamburger Reeder, die ihre Schiffe aus Großbritannien bezogen, sorgten dafür, daß bis 1880 kaum nennenswerte Bestellungen eingingen. Erst mit dem Beginn des bald lukrativ werdenden Reparaturgeschäfts und einem Auftrag des Reeders Carl Laeisz für eine eiserne Bark, doch vor allem im Zuge der Konjunkturbelebung der frühen achtziger Jahre begann der Aufstieg des Unternehmens. Der Durchbruch kam mit einem 1611 BRT großen Fracht- und Passagierdampfer für die Woermann-Linie, der im April 1882 vom Stapel lief und nicht nur genau auf die Bedürfnisse der Reederei in der Afrika-Fahrt zugeschnitten, sondern auch mit großer Sorgfalt und Umsicht für technische Details hergestellt worden war.[117] Die

Die erste Maschinenbauwerkstatt und Kesselschmiede von Blohm & Voss, um 1880

Hermann Blohm (1848–1930)

Ernst Voss (1842–1920)

qualitätsvolle Arbeit wird nicht ohne Eindruck auf Jebsen geblieben sein, dem die geringere Produktionsauslastung von Blohm & Voss in diesen Boomjahren zugute kam. Für den Dampfer *Marie* (885 BRT, 704 NRT), ein gleichgroßes Schiff wie *Triumph* und *Clara*, aber rund 30.000 Mark teurer, fanden sich siebenunddreißig Investoren in Apenrade und Sonderburg und vierzehn in Hamburg und Altona, nicht eingerechnet die drei Hauptkapitalgeber Carl, Gustav und Jacob Diederichsen, die zusammen elf Anteile übernahmen und damit in ihrem üblichen Rahmen blieben.[118] Weil Jebsens Amigo sich auch um die Zeichnung von Parten in der Hamburger Geschäftswelt bemühte,[119] geschah der Werftwechsel im Konsens mit den Diederichsens. Wie von Jebsen erwartet, bewies *Marie* sich von Anfang an als guter Zuwachs und »bei weitem das schönste Schiff unserer Flotte«.[120] An dem Dampfer sei bedeutend mehr Sorgfalt verwendet als an den Kieler Schiffen: »Dabei ist sie freilich teurer, wird aber dann auch weniger an Unterhalt kosten«[121] – eine Einschätzung, die sich in knapp neun Jahren Fahrtzeit als zutreffend herausstellte. Nachdem das Schiff

Dampfer *Marie* (I)

im April 1883 abgeliefert worden, nach Ostasien gegangen war und dort eine profitable sechsmonatige Zeitcharter für Fahrten von Saigon nach den Philippinen erhalten hatte, also wohl Reis transportierte, lobte Jebsen die »brillant(e)« Fahrleistung von 9,5 Meilen bei ruhigem Wetter und elf Meilen in Ballast: »Es ist doch etwas anderes als Georg Howaldts Massenfabrikation.«[122] Das Schiff steche »von dem Howaldtschen Machwerk sehr vorteilhaft« ab und gefalle »außerordentlich draußen«, berichtete er, womit er sich auf Äußerungen von Schiffahrtsinteressenten bezog, besonders die für die Reederei wichtigen Befrachter in Hongkong und China.[123] Solche positiven Kommentare wogen um so schwerer, weil *Marie* speziell für die Chinafahrt gebaut worden war und sich besonders für leichte Güter und die Kulifahrt eignete.[124]

Als Jebsen Ende 1883 diese Worte schrieb, waren mit dem Erlahmen der Konjunktur bereits schwere Zeiten für den Schiffsbau angebrochen. Die weltweite Depression traf Deutschland genauso hart wie Großbritannien, Belgien, Frankreich und die USA, was sich im Sinken der industriellen Produktionsziffern und der globalen Frachtraten ausdrückte. Das hohe Wachstum, auch in der Schiffsindustrie, hatte zu weltweiter Überproduktion und damit Preisdeflation geführt.[125] Bei Blohm & Voss war *Marie* eines von elf Fahrzeugen gewesen, die von der Werft 1883 ausgeliefert worden waren; Howaldt produzierte im selben Zeitraum mehr als doppelt

Dampfer *Amigo*

so viele Schiffe. Offensichtlich hatten die gute Leistung von *Marie* und der allgemeine Preisverfall im Schiffbau dem Investorennetzwerk von Jebsen den Mut gegeben, im Herbst 1883 das bisher größte Schiff zu bestellen, und zwar den Dampfer *Amigo* (1186 BRT, 821 NRT), der bei einem Preis von 430.000 Mark auch das bis dahin teuerste Schiff der Reederei Jebsen war. Die Namensgebung bedeutete eine Ehrung für Jacob Diederichsen, die Schlüsselfigur in der glänzend laufenden Geschäftspartnerschaft zwischen der Familie Diederichsen und Jebsen, und fand breite Zustimmung bei den Hamburger und Apenrader Mitreedern.[126] An dem bei Blohm & Voss kontrahierten *Amigo* beteiligten sich Carl mit neun Parten, Jebsen mit acht, Jacob und Gustav mit je vier; der Rest ging an Investoren in Hamburg, Kiel, Essen und Apenrade.[127] Allerdings überkamen Jebsen am Jahresende starke Bedenken, ob der große und teure Neubau sich in der bevorstehenden Tiefkonjunktur bezahlt machen werde. Seinem Rotterdamer Freund Willem Ruys schrieb er: »I have a steamer building at Blohm & Voss Hamburg but I wish I had nothing to do with her, as she is a rather expensive boat, and now with these poor freights and 10 % insurance premiums it is impossible to make her pay.«[128] Daß seine Befürchtung nicht grundlos war, macht der Vergleich der Gesamtdividenden zwischen *Amigo* und dem kleineren und zwei Jahre älteren Dampfer *Clara* deutlich: Tatsächlich erwirtschaftete das größere Schiff in etwa demselben Zeitraum von rund zehn Jahren über 45.000 Mark weniger Gewinn für die Reederei und fuhr von 1905 bis 1911, bevor es nach Japan verkauft wurde, überhaupt keine Dividende ein.[129]

In der globalen Schiffsindustrie machte sich in den achtziger Jahren die Konjunkturflaute durch sinkende Produktionszahlen deutlich bemerkbar. Hatte man in Großbritannien im März 1883 noch fast eine Million Tonnen Schiffsraum fabriziert, so waren es im September 1886 nur noch 350.000 Tonnen.[130] Auch in Hamburg und Kiel gingen die Aufträge zurück, so daß Jebsen Anfang 1885 von den »sieben mageren Affen aus Pharaos Träumen« sprach, die sich »vor allem mit Bezug auf Schiffbau und Schiffahrt« zu wiederholen schienen.[131] So war es nicht verwunderlich, daß bei der Reederei Jebsen eine dreijährige Baupause eintrat. Erst um die Jahreswende 1886/87, als das gehemmte Wachstum von einem steilen Aufschwung abgelöst wurde, konnte Jebsen melden, daß seine Hamburger Freunde und er mit der Idee umgingen, ein ähnliches Schiff wie *Marie* bauen zu lassen – einen Stahldampfer mit geringem Tiefgang, der speziell für die Fahrt zum nordchinesischen Vertragshafen Tientsin, dem wichtigsten Umschlagplatz für den Handel mit der chinesischen Hauptstadt Peking, geeignet sein sollte. Der Zugang zum Vorhafen von Tientsin, nämlich das Örtchen Taku am Unterlauf des Paiho-Flusses, war seit alters her durch eine Sandbank – die sogenannte Taku-Barre – behindert und im Sommer oft für große Schiffe zu seicht, so daß nur flachgehende Fahrzeuge dort anlaufen konnten. Dafür kamen – außer traditionellen Dschunken und kleinen Segel- und Dampfschiffen mit geringer Ladekapazität – in erster Linie Stahlschiffe in Betracht, die bei gleicher Widerstandsfähigkeit wesentlich leichter als Eisenschiffe waren, aber die gleichen Frachtvolumina aufnehmen konnten. Um den neuen Dampfer noch effizienter und somit profitabler zu machen, entschloß man sich zum Einbau einer Dreifachexpansionsmaschine (*triple compound*), der zu dieser Zeit modernsten Dampfantriebstechnik. »Für dergleichen Dampfer ist an der Küste von China noch immer Geld zu verdienen«, teilte Jebsen über die Situation im Chartermarkt mit: »Unsere *Marie* ist z.B. noch für weitere 9 Monate recht lohnend untergebracht, mit triple compound würde sie noch 10% mehr bedingen.«[132] Für den Neubau hatte man erneut Blohm & Voss auserkoren: Die Werft hatte 1886 erstmals eine solche leistungsfähige Maschine produziert und damit einen Fracht- und Passagierdampfer für die Woermann-Linie ausgestattet.[133]

Dampfer *Else* (I)

Anfang 1887 wurde der Vertrag mit Blohm & Voss geschlossen – »und erhalten wir Wert für unser Geld«, prophezeite Jebsen. Den Kaufpreis von 276.000 Mark bezeichnete er als »gewiß sehr billig (...), überhaupt angesichts der ausgezeichneten Arbeit, welche die Firma Blohm & Voss liefert«.[134] Carl Diederichsen übernahm ein Viertel aller Parten, Gustav elf und Jacob vier, so daß die Hamburger Diederichsens zusammen mit Jebsen (vierzehn Parten) als Hauptinvestoren auftraten. Weil Carl am stärksten an dem Neubau beteiligt war, wurde das Schiff nach seiner jüngsten Tochter Else benannt; Jebsens Neffe Max sollte die Führung übernehmen.[135] Ende 1887 wurde die stählerne *Else* (974 BRT, 747 NRT) ausgeliefert, die eine Zwischengröße im Vergleich zu ihren Pendants *Marie* und *Amigo* aus der Hamburger Werkstatt hatte.[136] Allerdings kam es wegen des dritten Neubaus, der nicht in Kiel vom Stapel lief, zu einem ernsten Familienzwist zwischen Jacob Diederichsen und seiner Schwester Emma, der Witwe des 1883 verstorbenen Firmengründers Howaldt. Von Zeitgenossen wurde Emma als die am meisten geachtete Frau in Kiel bezeichnet, die wegen ihrer fürsorglichen Art gegenüber den Werftarbeitern schließlich den Ehrennamen »Mudder Howaldt« erhielt.[137] Jebsen griff diese Benennung auf, als er im Mai 1888 berichtete, daß von seiten der Familie in Kiel – »Mutter Howaldt in erster Linie« – sein Amigo »einen gehörigen Sermon« gehalten bekommen habe, »daß er mit uns die *Else* bei Blohm & Voss bauen läßt und seine lieben Neffen nicht berücksichtigt«.[138]

Doch es sollte noch schlimmer kommen, als wenige Monate später ein Streit zwischen den Brüdern Howaldt ausbrach, der vor allem geschäftliche Gründe hatte: Als Resultat trat im Folgejahr Bernhard aus der Firma aus, woraufhin Werft und Maschinenfabrik zu einer Aktiengesellschaft unter dem Namen »Howaldtswerke« fusionierten, welche von Georg und Hermann als Vorstandsmitglieder weitergeführt wurde. Die Hamburger Diederichsens beteiligten sich an dem neuen Unternehmen durch Aktienkäufe; Carl Diederichsen erhielt deshalb einen Sitz im dreiköpfigen Aufsichtsrat.[139]

Die Werft von Blohm & Voss bekam 1887 auch den Auftrag, das bisherige schwarze Schaf der Reederei, den von Howaldt 1882 gelieferten Dampfer *Doris* mit einer modernen Dreifachexpansionsmaschine auszurüsten. Die schon früher berichtete »*Doris* Affäre« hatte die Schwierigkeit einer Partenreederei deutlich gemacht, aufwendige Modernisierungsarbeiten an Schiffen durchführen zu lassen. Warum der Dampfer in Hamburg und nicht in Kiel umgerüstet wurde, lag sicherlich an den größeren Erfahrungen von Blohm & Voss mit dieser neuen Technik.[140] Auch die schlechten Erfahrungen mit dem Howaldt-Schiff, das sich bereits nach drei Betriebsjahren einen miserablen Ruf erworben hatte, werden Jebsen bewogen haben, den Auftrag an die Hamburger Werft zu vergeben.

Schiffbau in Kiel und Hamburg

Die globale Depression der achtziger Jahre spiegelte sich in den Produktionsziffern der Howaldt-Werft wider: Hatte man 1887 nur neun Dampfschiffe von insgesamt 718 BRT Größe gebaut, so lag die Zahl zwei Jahre später bei sechzehn Dampfern mit der beeindruckenden Gesamtgröße von fast achttausend Tonnen. Tatsächlich war 1889 ein Boomjahr der Weltwirtschaft mit eindeutigen Signalen auf weitere Erholung und Expansion.[141] So hatte man in Kiel allen Grund, optimistisch zu sein: Es war gelungen, weit über die Stadt hinaus einen festen Kundenstamm an den deutschen Küsten zu gewinnen und eine variable Palette an Fahrzeugen anzubieten. Um diese kostspielige Typenvielfalt im profitablen Rahmen zu halten, war man auf Standardisierung angewiesen – ein von Jebsen oft kritisiertes Verfahren, das Aufträge großer und bekannter Reedereien, also der »ersten Adressen« wie Hapag oder Norddeutscher Lloyd, verhinderte

Dampfer *Apenrade* (I)

und die Howaldt-Werft zum typischen Zulieferer für den Mittelbau der deutschen Reederei machte.[142] Auch Jebsen zählte zu dieser Kundengruppe von Howaldt, wenn auch widerwillig, wie er in seiner Korrespondenz oft wissen ließ, doch gaben bei seinem Bauprogramm die Familienbande zwischen den Familien Diederichsen und Howaldt den Ausschlag. Angesichts der Hochkonjunktur ließ er sich Anfang 1889 von den Hamburger Freunden überreden, einen neuen Dampfer in Kiel zu bestellen, womit seine Flotte auf zehn Schiffe anwuchs: »Dieses dürfte auch genügen«, stellte er fest: »Arbeit genug verursacht mir eine solche Reederei, ist auch eine schöne Einnahmequelle.«[143] Von den alten Schiffen war der Erstling *Signal* 1887 nach Japan verkauft und im Folgejahr durch einen sehr großen gebrauchten Dampfer aus der Hamburger Südamerikafahrt, umbenannt in *Apenrade* (2238 BRT, 1475 NRT), ersetzt worden. Der geplante Neubau, der seinen eigenen Namen tragen sollte, war als eine Art Schwesterschiff des in Hamburg gebauten Dampfers *Else* konzipiert, mit dem Jebsen sehr zufrieden war: »Die Arbeit wird aber gewiß nicht so schön wie bei der *Else*, wenn Howaldt sich auch gegen früher bedeutend gebessert hat.«[144]

Angesichts der zahlreichen Fahrzeuge, die Howaldt im Boomjahr 1889 produzierte, war es kein Wunder, daß der Bau von *Michael Jebsen* nur schleppend vorankam. Schon im April klagte Jebsen, daß Georg Howaldt gewiß von bestem Willen beseelt sei, aber dessen Verheißungen bekanntlich nicht Evangelien seien. Wenig später kritisierte er, daß die Werft immer mehr Arbeiten annehme, doch die Zahl seiner Arbeiter abnehme, da anderswo bessere Löhne gezahlt würden.[145] Tatsächlich mußte Howaldt in diesem Jahr über 1500 Werftarbeiter neu einstellen, um seine Produktion halten zu können. Die allgemein hohe Fluktuation unter diesen Beschäftigten ging auf den schweren Arbeitsalltag auf Werften mit seinen großen Gesundheits- und Unfallrisiken zurück. Im Arbeitnehmermarkt standen Howaldt als örtliche Konkurrenten die Norddeutsche Werft (später Germania) mit etwa der gleichen Arbeiterzahl und die Kaiserliche Werft mit ihren rund dreitausend Mitarbeitern gegenüber. So kam es zum ständigen Wechsel der Belegschaft bei Howaldt und zu daraus resultierenden Verzögerungen in der Schiffsproduktion.[146] Howaldt sei »der unverbesserliche Sanguiniker, der stets mit den günstigsten Faktoren rechnet«, meinte Jebsen: »Besser liefert er die Arbeit als früher, mit der von Blohm & Voss ist sie aber keineswegs zu vergleichen.«[147] Um so freudiger reagierte er, als er Anfang Juni 1889 den Baufortschritt besah und feststellte, daß *Michael Jebsen* »ein nettes Schiff« sei: »Howaldt gibt sich alle erdenkliche Mühe, etwas Gutes zu liefern.« Auch nach der Probefahrt blieb er bei seinem positiven Urteil. Das Schiff mache den Erbauern alle Ehre, schrieb er: »Howaldts haben sich wirklich sehr gebessert, stehen jetzt Blohm & Voss nicht nach.« Der Vergleich fiel nicht schwer, da *Michael Jebsen* (995 BRT, 710 NRT) ein etwa gleich großer und teurer Stahldampfer wie *Else* war.[148] Offenbar hatte Georg Howaldt dem Schiff besondere Sorgfalt gewidmet, um gegen Blohm & Voss nicht zurückzufallen. Wenig später investierten die fusionierten Howaldtswerke große Mittel in neue Maschinen für den Schiffbau, die Kesselschmiede und die Maschinenfabrik mit dem Ziel, die Produktionskosten weiter zu senken und im Konkurrenzkampf bestehen zu können.[149]

Allerdings wich die Anfangseuphorie bald der Ernüchterung: Bei der Reise nach Ostasien erwies die Maschine von *Michael Jebsen* sich als wenig leistungsfähig. »Die Howaldtschen Pferdekräfte sind wahrscheinlich etwas ponyartig berechnet, auf irgendeine Weise muß er schneiden«, kritisierte Jebsen die Kosteneinsparung der Kieler Werft.[150] Bei Ankunft in Hongkong stand fest, daß der Neubau wesentlich langsamer als die beiden von Blohm & Voss gebauten Dampfer *Else* und *Marie* gefahren war. »Es ist jammerschade, daß es mit dem Laufen nicht besser geht, da es sonst ein schönes Schiff ist«, äußerte Jebsen.[151] Diese Enttäuschung kam gepaart mit der Einsicht, daß er mit den Dampfern von Blohm & Voss bei normalen Instandsetzungsarbeiten insgesamt »bedeutend besser gefahren« sei: »Wie

Dampfer *Michael Jebsen* (I)

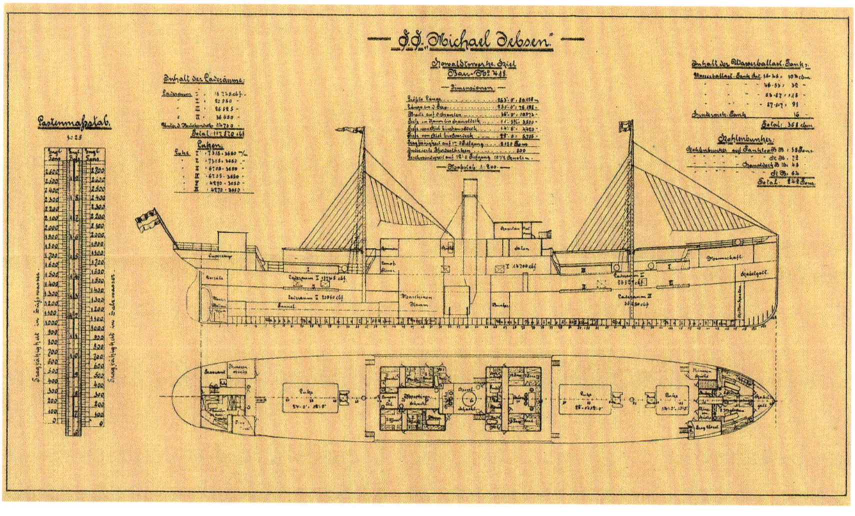

Schiffsriß der Howaldtswerke für den Dampfer *Michael Jebsen*, 1889

meine Kapitäne behaupten, genügt es schon, daß ein Schiff bei Howaldt gebaut ist, um die Surveyors [Schiffsbesichtiger] zu schärferer Kontrolle zu veranlassen«, hielt er Ende 1889 fest.[152] Solche Beobachtungen gaben genügend Motivation, um den nächsten Neubau wieder bei Blohm & Voss zu bestellen, und zwar erneut ein Schwesterschiff der bewährten

Kapitän Peter Moos (1852–1934)

Else, allerdings 40.000 Mark teurer, welches den Namen *Mathilde* tragen sollte. »Der Begehr nach Parten ist ein sehr großer«, meldete Jebsen im Mai 1890. In Apenrade konnten neunundzwanzig Parten verkauft werden; er selbst und die drei Hamburger Diederichsens übernahmen dreißig Anteile, so daß die Finanzierung gesichert war.[153] Genau ein Jahr später wurde der Dampfer geliefert und ging nach kurzer Zeit Richtung Ostasien ab. Nach einigen Monaten im Betrieb äußerte Kapitän Peter Moos sich sehr zufrieden über *Mathilde*, was Jebsen mit Freude aufnahm: »Ich war von vornherein der Ansicht, daß es ein vorzügliches Schiff ist, wie denn die Herren Blohm & Voss uns immer nur gute Schiffe geliefert haben.«[154] Sein Urteil scheint gängige Meinung gewesen zu sein, denn innerhalb weniger Jahre war es der Hamburger Werft gelungen, die ersten Adressen der hansestädtischen Schiffseigner als Kunden zu gewinnen: So bestellten seit 1888 die in der Amerikafahrt beschäftigte Reederei Hamburg-Süd und die Hapag sowie die Deutsche Ostafrika-Linie und die Woermann-Linie, die beide in der Afrikafahrt tätig waren, mehrere große Fracht- und Passagierdampfer für ihre überseeischen Dienste. Zwar produzierten Blohm & Voss jährlich deutlich weniger Einheiten als die Howaldtswerke, doch dafür größere und qualitätsmäßig aufwendigere Schiffe; entsprechend länger waren auch die Lieferfristen, die sich auf rund ein Jahr beliefen.[155]

Als Ende 1890 feststand, daß die Kieler Werft voll ausgelastet war,[156] doch die gute Konjunktur anhielt, war für Jebsen die Chance gegeben, in Hamburg ein Schwesterschiff der im Bau befindlichen *Mathilde* zu bestellen. Er habe dem Drängen seiner Freunde nachgegeben und ein genau solches Schiff bei den Herren Blohm & Voss wieder bestellt, schrieb er im Mai 1891.[157] Damit war für *Else* bereits der zweite stählerne Nachfolger gefunden worden, der nach dem Verkauf des unprofitablen Gebrauchtdampfers *Apenrade* (1890) dessen Namen erhielt. Als Hauptreeder trat das

Dampfer *Mathilde* (I)

bewährte vierköpfige Investorennetzwerk mit dreißig Parten auf, während siebzehn Anteile in Apenrade verkauft und fünf Parten von Kapitän Jacob Hohlmann übernommen wurden, der als Schiffsführer ausersehen war. *Apenrade* (II) (973 BRT; 696 NRT) wurde Anfang 1892 als das sechsundachtzigste bei Blohm & Voss gebaute Fahrzeug an Jebsen ausgeliefert und hatte ebenso wie *Mathilde* eine moderne Dreifachexpansionsmaschine erhalten. In den Folgejahren erwies er sich für die Mitreeder als profitable Investition, bis er 1906 bei einem Taifun in Hongkong strandete und total verlorenging.[158] Mit den Bestellungen von *Mathilde* und *Apenrade* trug Jebsen zum hervorragenden Geschäftsergebnis der deutschen Werften im Jahre 1890 bei, deren enormer Aufschwung sich seit dem Vorjahr fortgesetzt hatte. Weil Blohm & Voss keine Aktiengesellschaft, sondern das Alleineigentum der beiden Inhaber war, veröffentlichte man zwar keine Betriebsergebnisse, doch war die gute Auftragslage der Werft allgemein bekannt. Auch in Großbritannien profitierte der Schiffbau von der Hochkonjunktur: Dort produzierte man 1890 bereits zu 99 Prozent stählerne Schiffe, die mit der Dreifachexpansionsmaschine ausgerüstet wurden.[159]

Schon im Vorjahr war die Flotte von Jebsen durch Ankäufe von zwei gebrauchten Fahrzeugen weiter angewachsen: Von dem Hamburger Kaffeehandelshaus Theodor Wille wurde der elf Jahre alte und große Eisendampfer *Holstein* (1539 BRT, 1102 NRT) aus Howaldtscher Produktion übernommen, der sich besonders für die regelmäßigen Reisverschiffungen

Dampfer *Rio*

von Saigon nach Hongkong eignete. Als Inhaber des Kaffeegeschäftes und damit Schiffsverkäufer beteiligten Gustav und Carl Diederichsen sich entsprechend stark am Erwerb des Dampfers für die Reederei Jebsen, aber auch die drei Brüder Howaldt investierten beträchtlich in das Schiff, das sich als profitable Anlage erweisen sollte.[160] Der andere Neuzugang war der schon über zwanzig Jahre alte und sehr große Eisendampfer *Rio* (1736 BRT, 1280 NRT), den man trotz der früheren schlechten Erfahrungen mit dem ersten Gebrauchtdampfer *Apenrade* zum Schnäppchenpreis von 150.000 Mark wiederum von der Reederei Hamburg Süd erwarb;[161] der ehemalige Auswandererdampfer sollte für die stetig zunehmenden Kulifahrten in Südostasien eingesetzt werden. Trotz der Vergrößerung der Flotte auf insgesamt dreizehn Schiffe ging das Jahr 1891 nicht ohne Verlust zu Ende: Am Silvestertag strandete der erste von Blohm & Voss gebaute Dampfer an der nordöstlichen Küste von China vor Chefoo und ging total verloren. »Leider hat Kreidner es verstanden, eines der besten Schiffe unserer Reederei, die *Marie*, aus der Welt zu bringen«, ließ Jebsen über das Fehlverhalten des Kapitäns wissen: »Die Hamburger Mitreeder und ich verlieren dabei reichlich M[ark] 100.000.«[162]

Auch die Howaldtswerke profitierten von der Hochkonjunktur der frühen neunziger Jahre, die wegen der zahlreichen Neubestellungen erst 1892/93 in eine erneute Flaute für die Schiffbauindustrie übergehen sollte. Mit mehr als zwanzig ausgelieferten größeren und kleineren Dampfern

Heinrich Diederichsen (jun.) (1865–1942)

Dorothea (Thea) Diederichsen geb. Lehmann (1867–1941), Ehefrau von Heinrich Diederichsen (jun.)

sowie beträchtlichen Umbauarbeiten war die Kieler Werft gut ausgelastet. Als Neukunde war Heinrich Diederichsen (jun.) hinzugekommen, seit 1885 Juniorchef in der Kohlenhandelsfirma und Reederei seines Vaters, ab 1888 ihr Alleininhaber. Er hatte bei Howaldt 1888/89 zwei neue Frachtdampfer gekauft – nach Angabe des Firmenhistorikers Ostersehlte »nur zwei von vielen Beispielen, wo sich die Wege der beiden prominenten Kieler Unternehmerfamilien, Diederichsen und Howaldt, kreuzten«.[163] Der angeblich »erfolgreichste Unternehmer in Kiel während der Zeit des Zweiten Deutschen Kaiserreichs« (Sievers) avancierte zum Stammkunden der Howaldtswerke und erwarb bis zur Jahrhundertwende drei weitere Frachtdampfer, drei Kohlenprahme und sechs Passagierschiffe.[164] Im Herbst 1898 gründete er mit Jacob Jebsen und Heinrich Jessen, die beiden Partner in der Firma Jebsen & Co. in Hongkong, die neue Partnerschaftsfirma Diederichsen, Jebsen & Co. (Kiel und Tsingtau) und beteiligte sich auf diese Weise am infrastrukturellen Aufbau der deutschen Chinakolonie Kiautschou und an der ökonomischen Erschließung von deren Hinterland. Durch Heinrich Diederichsen bekam das bewährte Dreiecksnetzwerk zwischen Apenrade, Hamburg und Kiel neue Impulse: Nicht nur entstand eine neue Querverbindung zwischen Kiel und Tsingtau, sondern auch zwischen Tsingtau und Hongkong, die in Form der Dreierpartnerschaft bis 1908 Bestand haben sollte.

Dampfer *Jacob Diederichsen*

Als mit Jacob Diederichsen die frühere Schlüsselfigur des Dreiecksnetzwerks starb, benannte man das nächste, erst nach dreijähriger Pause wieder bei Howaldt gebaute Schiff nach ihm – zweifellos eine Hommage an Jebsens wichtigsten Geschäftsfreund. Der Stahldampfer *Jacob Diederichsen* (988 BRT, 712 NRT), etwa so groß wie *Else*, *Mathilde* und *Apenrade*, war zum größten Teil von Carl und Gustav Diederichsen sowie der Witwe von Jacob (zusammen dreißig Parten) finanziert worden; die restlichen Anteile kamen vor allem von Jebsen (acht), Heinrich Diederichsen jun. und Bernhard Howaldt (je zwei) sowie von Einzelanlegern in Apenrade (sechzehn Parten).[165] Wenn Jebsen auch zugab, daß die Qualität der Schiffe von Howaldt sich im Laufe der achtziger Jahre sehr verbessert hatte, so milderte diese Beobachtung nicht seinen Ärger über die generell hohe Reparaturanfälligkeit der älteren Kieler Dampfer. Sowohl bei *Vorwärts* als auch bei *Triumph* und *Alwine*, die 1889 zwischen acht bis zehn Jahre alt waren, kämen »allerhand Gebrechen zu Tage«, konstatierte er. Bei *Michael Jebsen* stellten sich sogar schon nach knapp drei Betriebsjahren »dieselben kleinen Gebrechen« ein, »die bei den von Howaldt gebauten Schiffen häufiger vorkommen«. So stand sein Urteil fest: »Es läßt sich dieses aber nicht ändern, kann einem jedoch das Bauen bei der Werft verleiden.«[166]

Dampfer *Marie Jebsen*

Als er diese Worte zu Anfang 1892 schrieb, sahen die Howaldtswerke sich bereits mit der großen Abschwungsphase in der globalen Schiffbauindustrie konfrontiert. Zwar reichte der Auftragsbestand in Kiel noch für ein gutes Jahr aus, doch fiel die Zahl der Ablieferungen von fünfundzwanzig Schiffen (1892) auf nur zwölf (1893), also um mehr als die Hälfte. Weil man Neubau- und Reparaturaufträge zum Selbstkostenpreis ablehnte und britischen und deutschen Konkurrenten überließ, gingen mehrere Kunden verloren. In Folge dessen sank die Beschäftigtenzahl weiter ab, so daß offenbar nur Absprachen mit einem festen Kreis von Reedereien und Banken die Lage der Werft stabilisieren konnten.[167] Als eine solche konzertierte Aktion kann die Bestellung des bisher größten und teuersten Schiffes der Reederei Jebsen, des Stahldampfers *Marie Jebsen* (2247 BRT, 1779 NRT), zu einem Preis von einer halben Million Mark im März 1894 bewertet werden.[168] Mit dem Großschiff kam man auch den höheren zu transportierenden Frachtvolumina in der ostasiatischen Küstenschiffahrt entgegen und stellte sich der starken Konkurrenz großer britischer Schiffe in diesem Markt. Als Hauptreeder traten Carl und Gustav Diederichsen mit je zweiunddreißig Parten auf – ein deutliches Zeichen familiärer Unterstützung aus Hamburg für die notleidende Werft in Kiel, an der die beiden Brüder finanziell beteiligt waren und für die Carl als Mitglied des Aufsichtsrats besondere Verantwortung trug.[169]

Nachdem *Marie Jebsen* sich einige Wochen in Ostasien bewährt hatte, beschlossen Jebsen und seine Hamburger Geschäftsfreunde »infolge des vorzüglichen Resultats, (...) sowohl was Tragfähigkeit, Solidität, Fahrt

Dampfer *Germania*

und Kohlenverbrauch anbelangt«, einen weiteren Dampfer in Kiel zu ordern. Das im Oktober 1894 kontrahierte und mit seinem Vorgänger fast identische Schiff war sogar 20.000 Mark billiger, sicherlich ein von Howaldt gewährter Preisnachlaß, um den lukrativen Auftrag zu erhalten. Auch bei *Germania* (2256 BRT, 1713 NRT) wurden die Hauptanteile von den Hamburger Brüdern Diederichsen (je sechsundzwanzig Parten) übernommen, während Jebsen vierzehn Parten kaufte.[170] Die positiven Erfahrungen, die man mit *Marie Jebsen* gemacht hatte, bewogen Jebsen zu einem weitaus freundlicheren Urteil über die Arbeit der Kieler Werft: »Die Howaldtschen Schiffe mögen ihre kleinen Mängel haben, und diese manchmal mehr als andere«, schrieb er im Folgemonat. »Im großen und ganzen sind es aber praktische Schiffe, die viele gute Seiten haben und gut zusammengesetzt sind.«[171]

Mit dem Verkauf des zweitältesten Fahrzeuges der Reederei, des fast sechzehn Jahre alten *Vorwärts*, verließ jenes Schiff die Flotte, mit dem im Juni 1881 die Schiffahrt in Ostasien begonnen worden war. Nachdem ein japanischer Käufer für rund 140.000 Mark den Dampfer im März 1895 erworben hatte, resümierte Jebsen, daß »unser alter *Vorwärts*« zwar viel Geld verdient habe, aber nicht mehr zeitgemäß gewesen und reparaturbedürftig geworden sei.[172] Um rasch Ersatz zu schaffen, auf welchen sein Sohn Jacob in Hongkong drängte, hatte er zuerst einen fertigen Dampfer in Großbritannien kaufen wollen, doch war diese Idee am Widerstand seiner Hamburger Freunde gescheitert. Von einem solchen Kauf habe »Howaldt nichts, der von Diederichsens unterstützt wird«, berichtete

Dampfer *Vorwärts* (II)

er Jacob.[173] Im Folgemonat kam die Bestellung in Kiel für den »Ersatz *Vorwärts*« zustande, und zwar nach Jebsens Angabe für »ein Schiff, das 50% größer wird als der *Vorwärts*, dabei sehr flachgehend hergestellt wird, um die neu zu eröffnenden Flußhäfen in China befahren zu können und ein sehr praktisches Schiff zu werden verspricht«.[174] Mit dem Neubau reagierte die Reederei auf eine der Folgen des Chinesisch-Japanischen Krieges von 1894/95, nämlich der erzwungenen Öffnung von den vier an Flüssen gelegenen chinesischen Städten Chungking, Soochow, Hangchow und Shashih als Häfen für den ausländischen Handel.[175] Der stählerne Neubau *Vorwärts* (1027 BRT, 643 NRT) wurde Ende 1895 von den Howaldtswerken ausgeliefert. Er war einer von bloß sechs Fahrzeugen, die in jenem Jahr die Werfthallen verließen – ein deutliches Zeichen für die schwere Absatzkrise des Unternehmens.[176] Doch wendete sich das Blatt schnell zum Besseren, als im Frühjahr 1895 ein furioser Aufschwung der globalen Wirtschaft einsetzte, welcher in der Schiffbauindustrie allerdings erst mit einjähriger Verspätung ankam. Um so mehr stieg die Nachfrage nach schnell erhältlichen Gebrauchtschiffen: Im November 1895 berichtete Jebsen, daß er fast täglich mit Anfragen aus Hamburg und besonders aus England bestürmt werde, und zwar »betreffs eines etwaigen Verkaufs der draußen fahrenden Dampfer (…), worauf ich jedoch nicht weiter eingehe«. Wie sehr der Mut zum Ausbau der internationalen Schiffsflotten zurückgekehrt war, zeigte sich am Beispiel des Kaffeehandelshauses Theodor Wille im brasilianischen Santos, der Ursprungsfirma des gleichnamigen Hamburger Unternehmens im Besitz der beiden Diederichsens.

Dampfer *Else* (II)

Nach Absprache mit Carl Diederichsen bestellte das Haus in Santos für die Küstenschiffahrt in Brasilien einen Frachtdampfer bei den Howaldtswerken, doch kündigte es kurz vor dem Stapellauf den Vertrag aus nicht näher bekannten Gründen. Aus Solidarität mit seinen Geschäftsfreunden erklärte Jebsen sich schließlich bereit, die Korrespondenz für das Schiff zu übernehmen, an dem Carl (vierundzwanzig Parten), Gustav (vierzehn) und er selbst (zwölf) sich als Hauptreeder beteiligten. »Ich bin jetzt wieder ohne es recht zu wollen zu einem Schiff gekommen«, teilte er seinem Sohn im November 1895 mit.[177] Weil der acht Jahre alte Dampfer *Else (I)* am Jahresende zum hohen Preis von 240.000 Mark nach Japan verkauft werden konnte, erhielt die Neuerwerbung sicherlich auf Wunsch des Hauptkapitalgebers denselben Namen. Im Vergleich zu seinem Vorgänger war der neue Stahldampfer *Else* (II) (1419 BRT, 902 NRT) ein wesentlich größeres Schiff und entsprach damit den gestiegenen Anforderungen im ostasiatischen Küstenfrachtgeschäft.[178]

Warum in den Jahren 1895/96 in Kiel noch Auftragsmangel herrschte, obwohl allgemein die Nachfrage nach Schiffen anstieg, erklärte die Howaldtsche Werftleitung mit einer Art Teufelskreis: Während man für den Bau sehr großer Schiffe keine Maschinen und Werkzeuge besaß, wurden kleinere und mittlere Schiffe weder neu bestellt, da die Frachtraten in Europa und Ostasien weiterhin niedrig waren, noch repariert, weil die meisten Reeder sie in Erwartung der steigenden Konjunktur einfach weiterlaufen ließen.[179] In dieser angespannten Lage kam es zum Konflikt zwischen den Familien Howaldt und Diederichsen über die richtigen

Wege, aus der Krise herauszukommen. Daß der Zwist sich im März 1896 hochschaukelte, machte Jebsen mit der brieflichen Bemerkung deutlich: »Jetzt scheinen wir vorläufig mit Howaldts auseinander zu sein.« Er berichtete, daß Heinrich Diederichsen »mit Howaldts nicht mehr auf dem Grüßfuß« stehe und Carl Diederichsen aus dem Verwaltungsrat der Howaldtswerke austreten wolle, da er mit Georg Howaldt »in verschiedenen Sachen differiere«. Ihm sei es recht, kommentierte Jebsen, »da wir vorläufig Schiffe genug haben und das Bauen bei Howaldts mir Ärgernis genug bereitet hat«.[180]

Wenig später war die Krise aber überwunden, als am 31. März 1896 eine außerordentliche Generalversammlung der Howaldtswerke die Erhöhung des Grundkapitals um eine Million Mark beschloß. Mit den zusätzlichen Mitteln schuf man Anlagen zum Bau größerer Schiffe, errichtete einen langen Kai und erweiterte die Kesselschmiede und Gießerei. Damit hatten sich Georg und Hermann Howaldt als Befürworter eines zukunftsweisenden Ausbaus der Werft durchgesetzt.[181] Wie richtig dieser Schritt war, zeigte sich, als in der zweiten Jahreshälfte 1896 die globale Konjunktur deutlich anzog und immer mehr neue Schiffe in Auftrag gegeben wurden. Auch Jebsen und seine Hamburger Geschäftspartner einigten sich auf den Bau eines neuen Frachtdampfers. Daß die Howaldt-Werft den Auftrag bekommen sollte, stand von vornherein fest. Noch im Vorjahr hatte Jebsen gegenüber Ernst Voss bekannt, er würde gerne »wieder bei Ihnen bauen lassen, allein Sie wissen ja, wie die Verhältnisse in Kiel bei den Howaldtswerken liegen, an denen meine Freunde, die Herren D[iederichsen] pekuniär beteiligt sind und denen durch unsere Reederei Arbeit zugeführt werden muß«.[182] Um so überraschter war er, als auf seine Anfrage hin die Kieler Werft Ende Oktober 1896 nicht nur mit einer sehr hohen Preiskalkulation reagierte, sondern auch noch mehrere Bedingungen für einen Schiffsneubau stellte. Wegen der guten Auftragslage sei »es den Howaldtswerken nicht sehr darum zu tun, ein Schiff für uns zu bauen«, schrieb er Carl Diederichsen: Die Firma sei »jetzt hoch zu Roß«.[183] Daß in dem Verhalten der Howaldts noch die Verstimmung vom Frühjahr mitschwang, war unübersehbar, doch blieben Jebsen und seine Hauptmitreeder hart. Nach Rücksprache mit ihnen teilte er den Howaldtswerken mit, »vorläufig von dem Bauen eines solchen Dampfers absehen zu wollen.«[184] Allerdings kam es nicht zum Bruch mit der Hauswerft, die erst zwei Jahre zuvor die Knivsberggesellschaft – eine von Jeb-

Dampfer *Knivsberg*

sen geförderte Initiative zur Errichtung eines Bismarckdenkmals auf dem nördlich von Apenrade gelegenen Knivsberg – finanziell unterstützt und den Flaggenmast für die dort aufgehängte Reichsfahne geliefert hatte. Mit dem stählernen Fracht- und Passagierdampfer *Knivsberg* (1033 BRT, 646 NRT), dessen Name eine Referenz an das Denkmalprojekt war, lief 1897 das zwölfte von Howaldt für die Reederei Jebsen neugebaute Schiff vom Stapel; in der Zählung der Werft war es das 325. Fahrzeug in ihrer zweiunddreißigjährigen Geschichte.[185] Von seiner Größe her war der Dampfer ein genaues Schwesterschiff des Ersatzbaus *Vorwärts (II)*, der zwei Jahre zuvor die Kieler Werft verlassen hatte, doch erwies er sich schon nach wenigen Monaten seinem Vorgänger als weit überlegen. Selbst bei größerer Ladung hatte er denselben Tiefgang wie *Vorwärts (II)* und verbrauchte auch weniger Kohlen, wie Jebsen erfreut registrierte. *Knivsberg* sei »das einzige der für meine Reederei bei Howaldts gebauten Schiffe, worüber keine Klagen mir zu Ohren gekommen sind«, ließ er im Juli 1898 wissen.[186]

Um so stärker wog der Ärger über die anderen Produkte aus Kiel. Zwar hatten auch die drei älteren Schiffe *Marie Jebsen*, *Germania* und *Vorwärts (II)* einen hohen Brennstoffkonsum, doch war der nur zwei Jahre alte Dampfer *Else (II)* wegen seines sehr hohen Kohlenverbrauchs, der geringen Fahrgeschwindigkeit und häufiger Reparaturen eindeutig das neue schwarze Schaf der Reederei. Nachdem im Sommer 1897 allein 1800 Nieten erneuert werden mußten, machte Jebsen gegenüber dem Hersteller seinem Unmut Luft. Es stehe fest, daß bei *Else* Reparaturen sowohl an der Maschine wie am Schiff vorgekommen seien, »wie solche in dem Maße bei

Kapitän Johann Conrad Matthiesen (1852–)

einem gut und solide erbauten Schiff nicht vorkommen dürften«. Wie er den Howaldtswerken vorhielt, habe seine Reederei außer direkten Kosten auch große indirekte Schäden gehabt: Wegen des übermäßig hohen Kohlenverbrauchs bei gleichzeitig geringer Geschwindigkeit sei das Schiff »bei den Befrachtern so in Mißkredit gekommen (…), daß keine Charter wieder erneuert resp[ektive] verlängert wurde«.[187] Solche Feststellungen waren wohl bewußt übertrieben, um die Werft zu Schadenersatzleistungen zu bewegen, doch unverkennbar zeigte sich bei Jebsen große Frustration über die Störanfälligkeit der Kieler Schiffe. Als Kapitän Johann Conrad Matthiesen im Frühsommer 1898 den vier Jahre alten Dampfer *Marie Jebsen* übernahm, beklagte der Reeder, daß es ohne Maschinenreparaturen auch bei diesem Schiff in keinem Hafen abzugehen scheine: Schließlich müsse »all das zu leicht von Howaldt gelieferte Material an Stangen, Ventilen etc. bald durch Neues ersetzt sein« und dadurch »die bisher sich stetig wiederholenden Reparaturen und Anschaffungen aufhören oder doch weniger werden«.[188] Für die Postdampferlinie von Shanghai über Kiautschou und Chefoo nach Tientsin, welche die Reederei seit April 1898 mit Subventionen des Reichspostamts betrieb, hatte man den Dampfer *Apenrade* (II) genommen, dem einige Monate später *Mathilde* folgte.[189] Beide waren Schiffe von Blohm & Voss, die wohl gerade wegen ihrer hohen Zuverlässigkeit in dem neuen und prestigeträchtigen Liniendienst eingesetzt wurden.

Aufgrund seiner jahrelangen Unzufriedenheit mit der Howaldt-Werft kam es bei Jebsen zu einem inneren Bruch. Die wiederholte Enttäuschung über die Kieler Schiffe, denen die qualitativ höherwertigeren Dampfer aus Hamburg gegenüberstanden, formte sich über die Jahre hinweg zu der Überzeugung aus, daß von den Howaldtswerken keine Besserung zu erwarten war. Als sein Sohn Jacob ihn Anfang 1898 aufforderte, ein neues Schiff bauen zu lassen, um dem steigenden Transportbedarf in Ostasien gerecht zu werden, hielt Jebsen solche Vorschläge für »jetzt ziemlich

Dampfer *Apenrade* (II)

zwecklos, da ich mich nicht dazu bequemen kann, mit Howaldts wieder anzubinden« und Carl Diederichsen »noch immer an ihnen hängt«[190] – ein Hinweis auf die fortbestehende enge Bindung zwischen den Familien Diederichsen und Howaldt. Weil hinzukam, daß die Howaldtswerke wie alle anderen Werften mit Aufträgen überhäuft waren, rechnete Jebsen mit keinem günstigen Kaufpreis, auch mit Blick auf den Wirtschaftsboom der zweiten Hälfte der neunziger Jahre, der die Schiffbaupreise steil nach oben trieb. Allerdings lag darin nicht der eigentliche Grund für seine Ablehnung: Fast zwanzig Jahre lang – seit der Ablieferung von *Vorwärts* im Jahre 1879 – war er wegen der Familienbande seiner Hamburger Freunde Diederichsen und deren Aktienkapitalbeteiligungen bei den Howaldtswerken verpflichtet gewesen, dem Kieler Unternehmen die meisten Neubauaufträge seiner Reederei zu erteilen. Nur in Zeiten von hoher Auslastung der Howaldt-Werft hatte er die von ihm weitaus mehr geschätzte Firma Blohm & Voss mit Neubauten betrauen können und Fahrzeuge erhalten, die sich in der Praxis sehr gut bewährten. Als er im Herbst 1898 erfuhr, daß Blohm & Voss »so außerordentlich beschäftigt« seien – tatsächlich baute die Werft in dieser Zeit mehrere Großschiffe für die ersten Adressen der deutschen Reederei und sogar ein zwölftausend Tonnen großes Linienschiff für die Marine,[191] wünschte er Ernst Voss, der auch Parten in Schiffen seiner Reederei besaß und ein Spender für das Bismarckdenkmal war, »daß solches noch lange Jahre anhalten möchte, damit Sie und Herr Blohm die Früchte Ihrer außerordentlichen Tätigkeit und Energie ernten werden«.[192]

Solche herzlichen Worte finden sich in keiner Korrespondenz von Jebsen mit den Brüdern Howaldt. Statt dessen bestimmten Klagen und Beschwerden das Verhältnis, wie bereits mehrfach berichtet wurde. Die ständigen Reparaturen und schlechten Betriebsergebnisse von *Doris*, dem ersten schwarzen Schaf der Reederei, hatten Jebsen am Ende 1882 sogar veranlaßt, einen von der Firma Krupp gewünschten Erzdampfer nicht bei Howaldt zu bestellen, sondern eine andere Werft damit zu betrauen. In diesem Falle war er keinem Zwang seiner Hauptkapitalgeber ausgesetzt und somit frei in seiner Entscheidung.[193] Wie belastet die Beziehung zu dem Kieler Unternehmen war, zeigte sich auch, als sein zweiter Sohn Heinrich im April 1897 eine Lehrstelle im Maschinenbau suchte und der Vater sich nicht an die Howaldtswerke, sondern an seinen Mitreeder Otto Libbertz in Dresden mit der Bitte wandte, Heinrich bei sich in die Lehre zu nehmen. »Bei Howaldts könnte ich ihn vielleicht auch anbringen, allein Kiel ist ein liederliches Nest, zudem mag ich auch von Hermann keine Gefälligkeiten erbitten, da ich so oft mit ihm geschäftlich Auseinandersetzungen habe«, schrieb er zur Begründung.[194] Als die Zustimmung vorlag, konnte Heinrich im Mai 1897 seine Lehre in Dresden antreten, wo er ein Jahr blieb und anschließend auf einer höheren Schule in Hamburg ein letztes Schuljahr – die Obersekunda, also den 11. Jahrgang – absolvierte und nebenbei in der Firma Theodor Wille tätig war, offenbar, um kaufmännische Kenntnisse zu erwerben;[195] danach trat er im Mai 1899 eine Arbeitsstelle in der Maschinenfabrik der Howaldtswerke an.[196] Dieses Mal hatte der Vater nicht interveniert, obwohl er seine Meinung über die Kieler Werft wenig geändert haben dürfte. Da er weiterhin von seinen Hamburger Kapitalgebern abhängig blieb, konnte kein dauerhafter Wechsel zu einem anderen Schiffsbaubetrieb vollzogen werden. Deutlich wurde diese Verpflichtung letztmalig im Mai 1899, als Jebsen auf eine Anfrage der Howaldtswerke antwortete. Er sei nicht gewillt, »einen Neubau zu entrieren«, teilte Jebsen der Firma im Mai 1899 mit, »es sei denn, daß mein Postvertrag Shanghai Kiautschou auf Jahre hinaus verlängert werden wird, in welchem Fall ich Ihnen näher treten werde.«[197] Zu der Zeit liefen die Sondierungen beim Reichspostamt über die Verlängerung des subventionierten Postdampferdienstes an der nordchinesischen Küste. Trotz der jahrelangen negativen Erfahrungen mit Howaldt war Jebsen also gezwungen, weiter in Kiel bauen zu lassen: Es blieb ihm keine Wahl, als weiterhin einen Kompromiß zu schließen zwischen seiner Bindung an die Diederichsens und seinen Interessen als Reeder. Weil er einige Monate später verstarb, endete mit dem Schreiben vom Mai 1899 seine Korrespondenz mit der ungeliebten Werft. Auch Jacob Jebsen setzte die Zusammenarbeit mit den Howaldtswerken nach dem Tod seines Vaters im Rahmen des bewährten Investorennetzwerkes fort und ließ bis 1930 fast alle Schiffe der Reederei auf der Kieler Werft bauen.[198]

Europäische Küstenschiffahrt und große Kabotage

Die wichtige Rolle des Küstenfrachtschiffes für die globale Industrialisierung im 19. Jahrhundert wurde in der historischen Forschung lange vernachlässigt. Unter der Transport- oder Verkehrsrevolution versteht man bis heute in der Regel die Funktion von Eisenbahnen als Führungssektor der Industrialisierung in Europa, Nordamerika und anderen Teilen der Welt.[199] Dagegen beschränkt sich das Interesse bei der Schiffahrt auf überseeische und transkontinentale Meeresrouten, auf denen Großreedereien schnelle und luxuriöse Passagierdampfer fahren ließen. Erst mit dem zunehmenden Interesse von Historikern an maritimer Geschichte, die als essentieller Bestandteil der Welt- oder Globalgeschichte verstanden wird, rückte die Bedeutung von Küstenfrachtschiffen für die Wirtschaft Europas stärker ins Blickfeld. Der Unternehmenshistoriker John Armstrong stellte die These auf, daß über viele Jahre hinweg der maritime Küstenverkehr umfangreicher und wichtiger gewesen war als der Überseeverkehr und daher eine entscheidende Rolle für Industrialisierungs- und Urbanisierungsprozesse vom späten 18. bis zur Mitte des 20. Jahrhunderts spielte.[200]

Unter Küstenschiffahrt, Küstenfrachtfahrt oder Kabotage wird in den meisten Ländern seit dem 19. Jahrhundert grundsätzlich die Beförderung von Gütern von einem zu einem anderen inländischen Seehafen verstanden. Danach bedeutet Küstenschiffahrt dasselbe wie Binnenhandel, so auch in Großbritannien, wo *coastal shipping* synonym mit *cabotage* oder *internal trade* ist. Der Begriff *short-sea shipping* bezieht sich dagegen auf den britischen Seehandel in kontinentalen Gewässern, also Fahrten zum europäischen Kontinent, ins Mittelmeer und in die Ostsee. In Frankreich unterscheidet man zwischen *petit cabotage*, dem Handel entlang derselben Küste wie der Mittelmeer- oder der Atlantik- bzw. Kanalküste, und *grand cabotage*, den Frachtfahrten zwischen jenen Meeren. In einigen

Ländern wie in Großbritannien oder in Dänemark benutzt man auch den Begriff *home trade*, der sowohl den Binnenhandel als auch Fahrten nach benachbarten ausländischen Küsten einschließt. Die meisten europäischen Länder, so auch Deutschland, verstehen aber unter Küstenschiffahrt oder Kabotage ausschließlich denjenigen Seehandel, der an der eigenen Küste stattfindet.[201] Maßgebend für die deutsche Küstenschiffahrt im späten 19. Jahrhundert war die Verfassung des Deutschen Reichs von 1871. Danach galt der allgemeine Grundsatz, daß die Kauffahrteischiffe aller Bundesstaaten – also Schiffe aus Preußen, Hamburg, Bremen, Lübeck, Oldenburg und den beiden mecklenburgischen Staaten – in den Seehäfen und auf allen natürlichen und künstlichen Wasserstraßen der einzelnen Bundesstaaten gleichmäßig zugelassen und behandelt wurden.[202] Stand demnach allen deutschen Schiffen die Frachtfahrt an der deutschen Küste völlig frei, so gab es für ausländische Schiffe einschränkende Regelungen in den preußischen Provinzen Ostpreußen, Westpreußen, Pommern und Schleswig-Holstein. Umgekehrt waren deutsche Frachtschiffe im Ausland oft gesetzlichen Einschränkungen ausgesetzt: Einige Staaten wie Rußland, die USA oder Portugal erlaubten Kabotage nur den eigenen Schiffen, andere Staaten wie Brasilien, China, Japan oder Belgien gaben die Küstenfrachtfahrt prinzipiell frei, während die meisten Länder durch Gesetze oder bilaterale Verträge nur den Schiffen jener Staaten, die Reziprozität gewährten, die Schiffahrt an der eigenen Küste gestatteten. Um eine einheitliche gesetzliche Regelung für die gesamte deutsche Küste und gegenüber dem Ausland zu erreichen, petitionierte der Deutsche Nautische Verein, die wichtigste Lobbyorganisation des Reedereigewerbes, 1875 beim Reichskanzleramt. Als weitere Handels- und Schiffahrtskreise sich dem Vorhaben anschlossen, entwarf die Reichsleitung bis Ende 1880 ein Gesetz, das die Frachtfahrt an den deutschen Küsten prinzipiell deutschen Schiffen vorbehielt und ausländischen Schiffen dieses Recht nur durch Staatsvertrag oder Kaiserliche Verordnung zugestand; das Gesetz trat am 1. Januar 1882 in Kraft. Wie statistische Erhebungen deutlich machten, handelte es sich aber um ein Randproblem, da in dem kurzen Zeitraum zwischen 1876 und 1879 der Anteil fremder Schiffe an der deutschen Küstenfrachtfahrt von 10,1 auf 4,5 Prozent und der Raumgehalt von 14,1 auf 9,3 Prozent zurückgegangen waren. Immerhin kam es gegenüber dem Ausland zu eindeutigen Bestimmungen: Eine Kaiserliche Verordnung vom 29. Dezember 1881 legte fest, Schiffen aus Großbritan-

Karte von Europa, 1890

nien, Belgien, Dänemark, Schweden-Norwegen, Italien und Brasilien die Frachtfahrt entlang den deutschen Küsten zu erlauben, weil mit diesen Ländern Reziprozität oder entsprechende bilaterale Verträge bestanden. Ausgeschlossen von der Regelung blieben Rußland, Frankreich und die Niederlande einschließlich ihrer Kolonien.[203] Demnach waren zwischen Deutschland und diesen Ländern nur direkte Verschiffungen möglich, die nach der früher angeführten Begriffsdefinition nicht als Küstenschiffahrt angesehen wurden, sondern als *short-sea shipping* oder *grand cabotage*. Der Einfachheit halber sollen diese Art von Frachtfahrten im folgenden als große Kabotage bezeichnet werden.

Trotz dieser Einschränkungen florierten Handel und Schiffahrt in Europa im 19. Jahrhundert, als die Industrialisierung zu einer steigenden Nachfrage nach Transportleistung führte – freilich mit harter Konkurrenz zwischen den Reedereien. Um schwere und billige Massengüter einschließlich Lebensmittel in die explosionsartig wachsenden urbanen Zentren zu bringen, wurden Küstenschiffe besonders in Ländern mit langen Meeresküsten eingesetzt, also in Nordwest- und Südeuropa, in den skandinavischen Staaten und entlang der Nordsee- und südlichen Ostseeküste bis hinauf nach Nordrußland. Als während der 1880er Jahre in den stärker industrialisierten Staaten Europas – Großbritannien, Belgien,

Hafeneinfahrt von Dünkirchen, Seestadt an der französischen Kanalküste, bei Flut, um 1890

Deutschland und die Niederlande – die Zahl der Segelschiffe kontinuierlich zurückging und bis 1890 hinter die Zahl der Dampfschiffe zurückfiel,[204] vollzog sich in den maritimen Regionen dieser Länder eine wahre Transportrevolution. In Umfang und Bedeutung war sie zweifellos mit der durch den Eisenbahnbau ausgelösten binnenländischen Verkehrsrevolution vergleichbar, die ebenfalls in erster Linie in den stärker industrialisierten Regionen Europas stattfand. Statt auf Seglern wurden schwere und sperrige Massengüter in steigendem Maße auf Küsten- und Flußdampfern befördert, die generell schnellere und vor allem zuverlässigere und wetterunabhängigere Reisen nach einem festen Fahrplan ermöglichten. Anders als bei der Eisenbahn, deren Streckennetz weitgehend noch im Aufbau war, dienten Frachtdampfer als flexible und direkte Zulieferer von Massengütern aus den agrarischen Regionen Europas und stellten damit einen Teil der Versorgung der wachsenden Bevölkerung Europas mit billigen Lebensmitteln sicher. Auf diese Weise entstand ein dicht gewebtes Netzwerk von Reedern, Schiffsmaklern und Befrachtern, die Waren auf Dampf- und lange noch auf Segelschiffen von einem Ende des Subkonti-

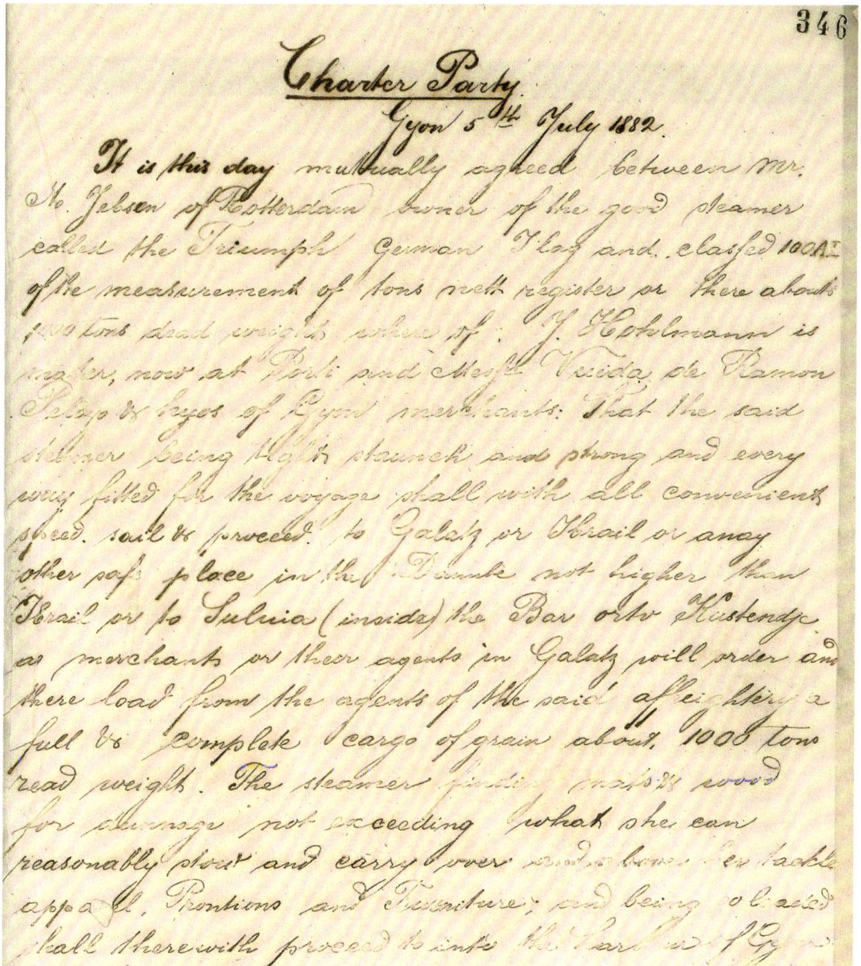
346

Charter Party

Gijon 5th July 1882.

It is this day mutually agreed between Mr. H. Jebsen of Rotterdam owner of the good steamer called the Triumph German Flag and classed 100A1 of the measurement of tons nett register or there abouts tons dead weight whereof J. Kohlmann is master, now at Port and Messrs Veuda de Ramon Pelayo & hijos of Gijon merchants: That the said steamer being tight staunch and strong and every way fitted for the voyage shall with all convenient speed sail & proceed to Galatz or Ibrail or any other safe place in the Danube not higher than Ibrail or to Sulina (inside) the Bar or to Kustendje as merchants or their agents in Galatz will order and there load from the agents of the said affreighters a full & complete cargo of grain about 1000 tons dead weight. The steamer finding mats & wood for dunnage not exceeding what she can reasonably stow and carry over and above her tackle apparel, provisions and furniture; and being so loaded shall therewith proceed to ...

Charterpartie für den Dampfer *Triumph*, ausgestellt in der nordspanischen Hafenstadt Gijón am 5. Juli 1882

nents zum anderen transportieren ließen und damit der europäischen und globalen Wirtschaftsentwicklung weitere Impulse gaben.[205]

War in Segelschiffszeiten der Kapitän nach Ablieferung einer Ladung in einem Hafen oft selbst auf die Suche nach neuer Fracht gegangen, vor

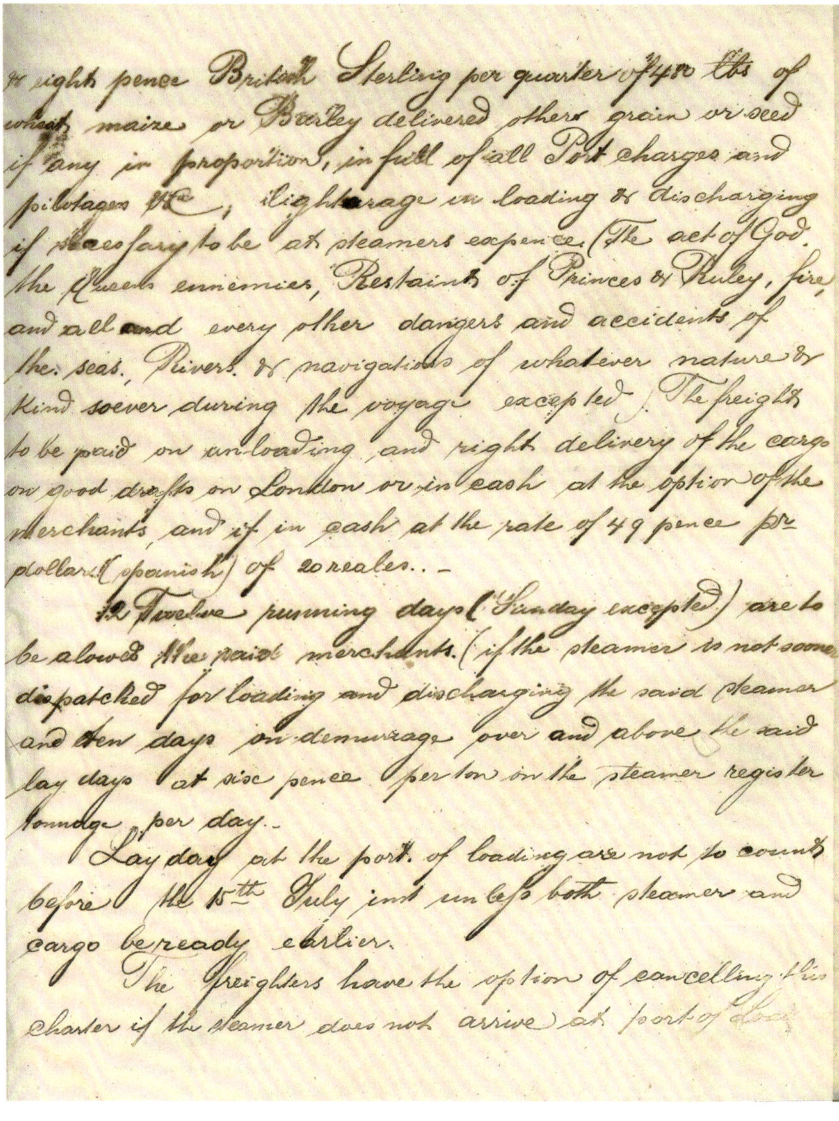
or eight pence British Sterling per quarter of 480 lbs of
wheat, maize or Barley delivered other grain or seed
if any in proportion, in full of all Port charges and
pilotages &c; lighterage in loading & discharging
if necessary to be at steamers expence (The act of God,
the Queens enemies, Restaints of Princes & Rulers, fire
and all and every other dangers and accidents of
the seas, Rivers & navigations of whatever nature &
kind soever during the voyage excepted). The freight
to be paid on unloading and right delivery of the cargo
on good drafts on London or in cash at the option of the
Merchants, and if in cash at the rate of 49 pence per
dollar (spanish) of 20 reales.–
Twelve running days (Sunday excepted) are to
be allowed the said merchants (if the steamer is not sooner
dispatched) for loading and discharging the said steamer
and ten days on demurrage over and above the said
lay days at six pence per ton on the steamer register
tonnage per day.–
Lay days at the port of loading are not to count
before the 15th July inst unless both steamer and
cargo be ready earlier.
The freighters have the option of cancelling this
charter if the steamer does not arrive at port of load

allem, wenn er Eigner und Reeder des Schiffes war, so änderte sich diese traditionelle Praxis mit dem Aufkommen der Dampfschiffahrt. Zwar waren schon im 17. Jahrhundert in Europa erste professionelle Vermittler zwischen Schiffseignern und Befrachtern aufgetreten, doch entstanden erst in den 1860er Jahren mit dem sukzessiven Übergang zur Dampftechnik moderne Schiffsmaklerfirmen.[206] Dem Kapitän oder dem Reeder sicherte

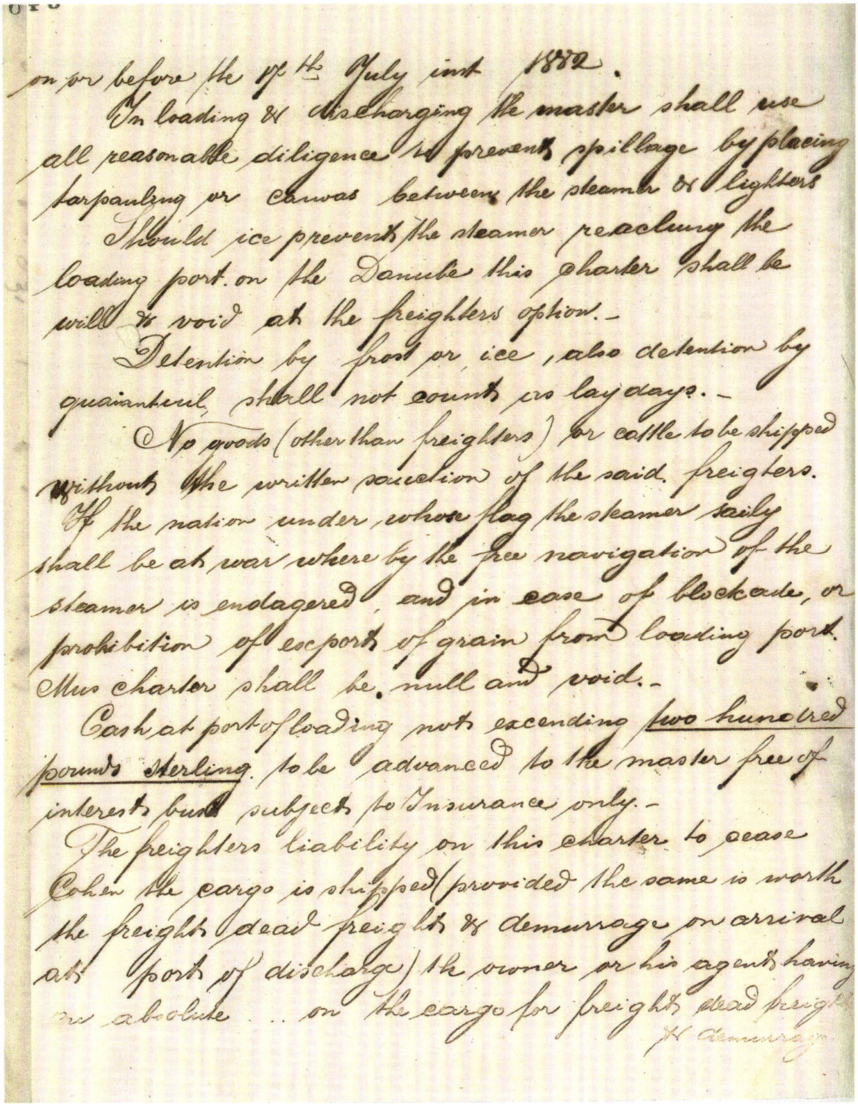

on or before the 15th July inst 1882.
In loading & discharging the master shall use
all reasonable diligence to prevent spillage by placing
tarpauling or canvas between the steamer & lighters
Should ice prevent the steamer reaching the
loading port on the Danube this charter shall be
null & void at the freighters option.-
Detention by frost or ice, also detention by
quarantine, shall not count as lay days.-
No goods (other than freighters) or cattle to be shipped
without the written sanction of the said freighters.
If the nation under whose flag the steamer sails
shall be at war whereby the free navigation of the
steamer is endagered, and in case of blockade, or
prohibition of export of grain from loading port.
this charter shall be null and void.-
Cash at port of loading not excending two hundred
pounds sterling to be advanced to the master free of
interest but subject to Insurance only.-
The freighters liability on this charter to cease
when the cargo is shipped (provided the same is worth
the freight, dead freight & demurrage on arrival
at port of discharge) the owner or his agents having
an absolute ... on the cargo for freight, dead freight
& demurrage

der Schiffsmakler passende Ladung zu, wobei besondere Wünsche, die Art des Schiffes und bevorzugte Routen zu beachten waren. Dem Kaufmann stellte er sein Expertenwissen für die Auswahl zweckmäßigen Schiffsraums zur Verfügung und übernahm es, dessen Wünsche in die Verhandlungen mit dem Kapitän oder dem Reeder über die Einzelheiten der Charterung einzubringen. Wenn die beiderseitigen Wünsche miteinander in Einklang

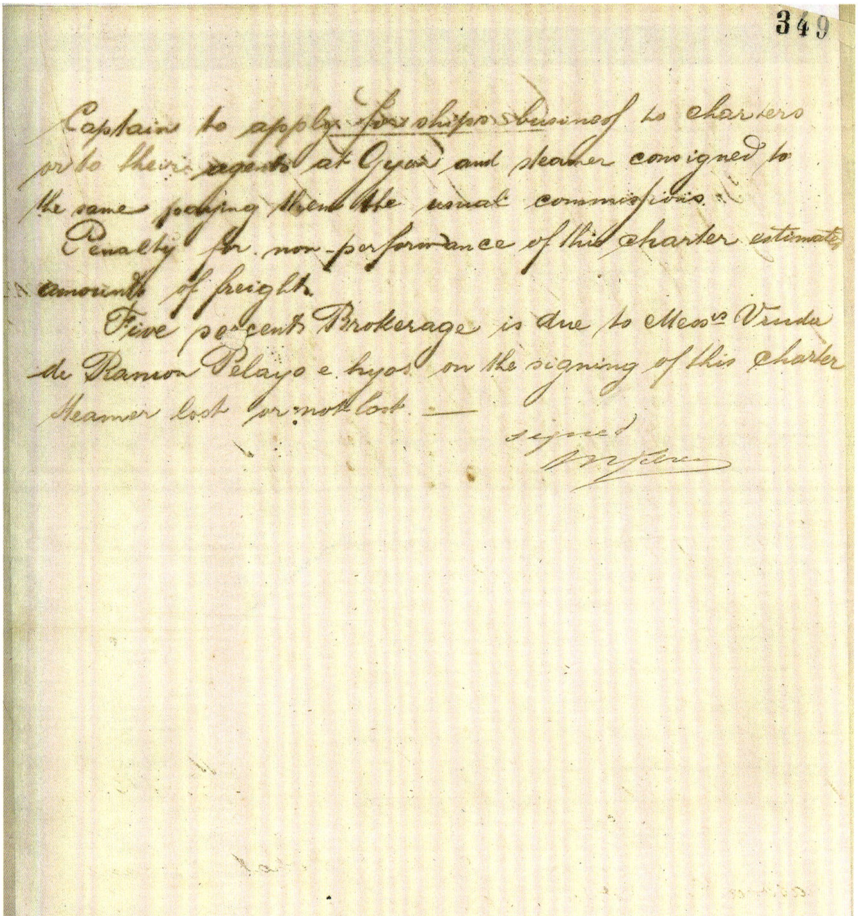
349

Captain to apply for ships business to charterers or to their agents at Gijon and steamer consigned to the same paying them the usual commissions.

Penalty for non-performance of this charter estimated amount of freight.

Five per cent Brokerage is due to Messrs Viuda de Ramon Pelayo e hijos on the signing of this charter steamer lost or not lost. —

signed

gebracht waren, konnte der Frachtkontrakt (*charter party*) abgeschlossen werden. Für seine Vermittlerdienste erhielt der Schiffsmakler eine Maklergebühr (*brokerage*) als Kommission. Der Hamburger Schiffsmaklerlobbyist Caulier-Eimbcke hob hervor, ein guter Schiffsmakler müsse durch Menschenkenntnis und Taktgefühl sich das Zutrauen und die Freundschaft der Reedereien und der Befrachter erhalten: Nicht Eigennutz solle er kennen, sondern nur das Interesse seines Auftraggebers im Auge haben.

Wie schwierig eine solche Vermittlertätigkeit in der Praxis ist, bei der sich der Schiffsmakler naturgemäß in einem ständigen Spagat zwischen beiden Parteien befindet, kann aus seinen Worten herausgelesen werden. Oft als überflüssige und lästige Mittler gescholten, waren viele Reedereien daran interessiert, einen Schiffsmakler zu umgehen und einen Abschluß direkt mit dem Befrachter zu machen, um damit Kommission zu sparen. Auch Vertrauen in einen Makler spielte eine wichtige Rolle und ging oft über einen kurzfristigen wirtschaftlichen Nutzen. Als Jebsen 1881 von einem Londoner Schiffsmakler für *Vorwärts* eine Zeitcharter über zwölf Monate bei einer guten Frachtrate angeboten bekam, schlug er die Offerte aus, »allein da mir die Firma nicht bekannt ist und mit den Timecharters in England gelegentlich Schwindel getrieben wird«.[207]

Für Frachtaufträge in der Atlantikschiffahrt bediente sich Jebsen vor allem seines ehemaligen Rotterdamer Krupp-Kontors und nutzte für die Abwicklung der Schiffsgeschäfte die Dienste der Maklerfirmen Ruys in Rotterdam und Marshall in Antwerpen, deren Inhaber er noch persönlich aus seiner Zeit als Flottenmanager kannte. Das freundschaftliche Verhältnis schloß aber die strikte Wahrung seines Geschäftsinteresses nicht aus – wie Jebsen im März 1883 gegenüber seinem Nachfolger Conrad Steinbömer verdeutlichte. Als *Signal* in Rotterdam statt der vereinbarten sechshundert Tonnen Krupp-Schienen nur fünfhundert Tonnen vorfand, dagegen *Clara* hundert Tonnen mehr erhalten sollte, verlangte Jebsen für den ersten Dampfer eine Entschädigung. Weil dieser »sein eigenes Konto« habe und dessen Mitreeder nicht unter dem geringeren Verdienst leiden sollten, bestand er darauf, »das mit Ihnen s. Z. [seiner Zeit] vereinbarte Schienenquantum für die beiden Dampfer rechtzeitig zu erhalten oder auf eine angemessene Entschädigung an[zu]tragen.«[208] Während im Ostseeraum die Firmen Heinrich Schuldt in Flensburg, Gustav Metzler in Stettin, G. Reinhold in Danzig und Helmsing & Grimm in Riga seine wichtigsten Makler waren, bestand die älteste Verbindung zur Hamburger Schiffs- und Versicherungsmaklerfirma G. & J. E. Pinckernelle, mit der Jebsen schon in den siebziger Jahren über seine dortigen Geschäftspartner Diederichsen in Kontakt gekommen war. Die in seinen Briefen oft »Pincus« genannte Firma wurde in erster Linie bei Versicherungen von Frachten eingesetzt.[209] Viele Befrachtungen nahm Jebsen auch selber vor und schaltete die Makler nur ein, wenn er lukrative Frachtangebote suchte oder von ihnen erhielt. Auf diese Weise konnte Kommission gespart und

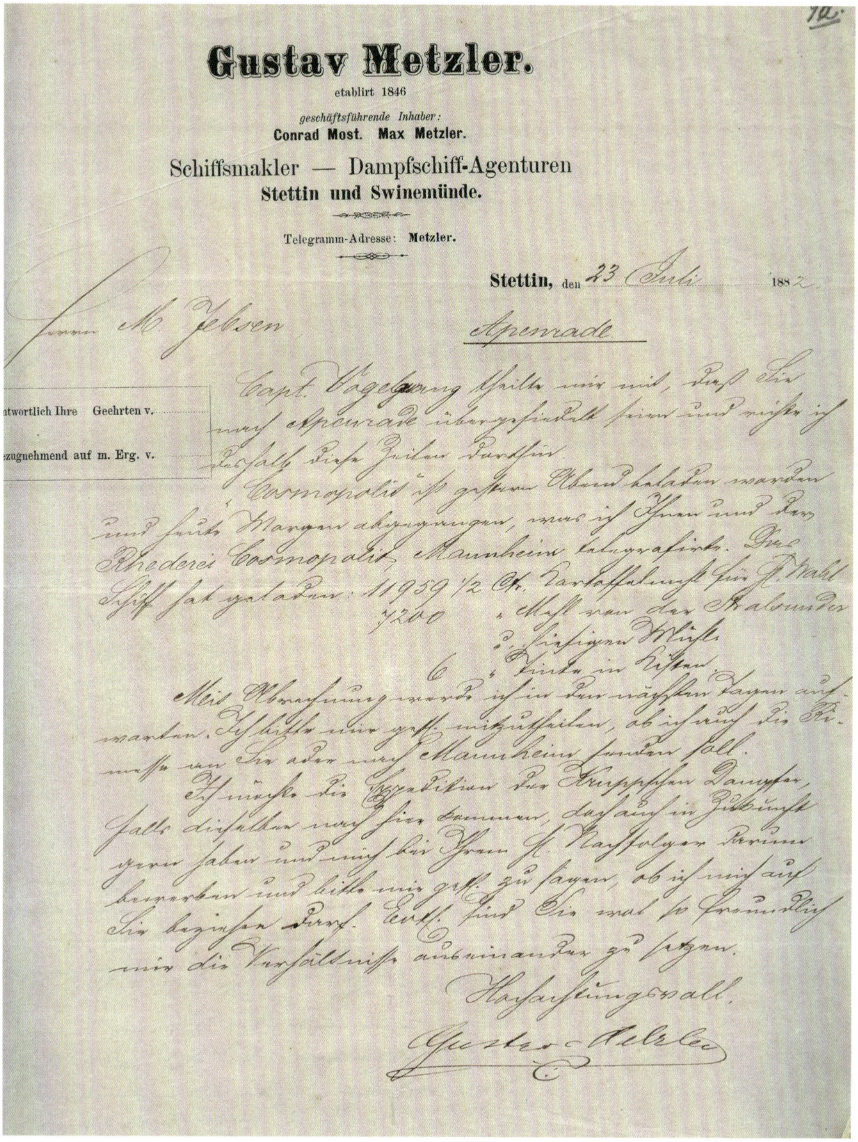

Gustav Metzler.
etablirt 1846
geschäftsführende Inhaber:
Conrad Most. Max Metzler.
Schiffsmakler — Dampfschiff-Agenturen
Stettin und Swinemünde.
Telegramm-Adresse: Metzler.

Stettin, den 23 Juli 1882

Herrn M. Jebsen
Apenrade

…twortlich Ihre Geehrten v.
…zugnehmend auf m. Erg. v.

Ein Brief von Gustav Metzler in Stettin/Swinemünde an Michael Jebsen, 23. Juli 1882

damit der Profit der Reederei erhöht werden. Bei den kürzeren geographischen Distanzen in Europa war ein solches kombiniertes Vorgehen mittels Briefen und Telegrammen möglich. Im April 1884 korrespondierte Jebsen mit der Firma Pinckernelle, die *Clara* für einen Transport nach

Wladiwostok verchartern wollte. Da der Dampfer in dieser Zeit anderswo unterwegs war, bot der Reeder statt dessen *Doris* an:

> »Ich erhielt Ihr geehrtes Vorgestriges, habe mich aber inzwischen veranlaßt gesehen, den Dampfer *Clara* ab Wyborg [Wiborg: Hafenstadt am Finnischen Meerbusen] nach Bordeaux abzuschließen, somit kann derselben für die Wladiwostok-Reise nicht mehr in Betracht kommen, da die Abladung im Mai bewerkstelligt werden muß, zu welcher Zeit der Dampfer nicht in Kronstadt [Hafenstadt und Marinefestung bei St. Petersburg] retour sein kann. Indessen bleibt mir noch zu dem Zweck die *Doris*, diese ist aber zu Anfang des Jahres für eine Juni-Juli-Reise Archangel [Hauptseehafen Rußlands am Eismeer] London befrachtet und habe ich die Befrachter schriftlich ersucht, diese Fracht annullieren zu wollen. In den ersten Tagen nächster Woche hoffe ich Antwort darauf zu erhalten, welche, da die Frachten inzwischen 3 pence per Quarter gefallen sind, voraussichtlich bejahend lauten wird, und werde Ihnen das Resultat sofort mitteilen sowie gegebenenfalls den Dampfer bis Ende des Monats für die beregte Fracht an Hand geben.«[210]

Als Jebsen wenig später erfuhr, daß der angesehene Kaufmann Hans Smith im russischen Kronstadt durch Vermittlung der Firma Pinckernelle seine Dampfer *Clara*, *Doris* und *Amigo* für eine Fracht nach Wladiwostok gechartert hatte, bedauerte er in seiner Antwort, »daß Sie sich nicht zu dem Zweck direkt an mich gewandt haben, da dadurch für mich bedeutend an Kommission erspart worden wäre«.[211] Als besonders teuer galt in dieser Hinsicht der Hafen des französischen Rouen, wo die Schiffsmakler ein Konsortium bildeten und die Gebühren dadurch hoch hielten. Weil die Kapitäne seiner Reederei kein Französisch sprachen und damit die Klarierungen der Dampfer, also den Geschäftsverkehr mit der Hafenbehörde, Gebührenzahlungen und die Regelung aller für die Ein- und Ausfahrt nötigen sonstigen Fragen, nicht selbst übernehmen konnten, war Jebsen gezwungen, auf die vom Befrachter eingeschalteten französischen Makler zurückzugreifen.[212] Der Befrachter war der in Rouen ansässige englische Kaufmann J. D. Wake, dem Jebsen sein Mißfallen über die sehr hohen Löschgebühren kundtat, die von den Schiffsmaklern bisher erhoben worden waren. Deutlich gab er Wake zu verstehen, daß er ihn an andere Reedereien weiterempfehlen werde, wenn Wake zukünftig ohne Makler auskomme: »It would indeed give me great pleasure in such a case to

Hafen der nordfranzösischen Stadt Rouen in der Normandie, um 1900

recommend you to other steam shipowners of my acquaintance, and only regret that my captains are not sufficiently acquainted with French, so as to do away with the brokers at your port altogether.«[213] Wenn möglich, versuchte Jebsen stets direkt mit dem Befrachter einen Frachtkontrakt abzuschließen und dadurch die Maklergebühr zu sparen. Oft kam aber nur durch die Vermittlung der Schiffsmakler ein Vertragsverhältnis zustande.

Bei den Frachtkontrakten gab es zwei verschiedene Typen, den Trip- oder Reise-Frachtkontrakt (*Trip Charter*) und den Zeit-Frachtkontrakt (*Time Charter*). Bei *Trip Charter* wurde das Schiff nur für eine einzige Reise zu einer auf die Tragfähigkeit (*deadweight tonnage inclusive bunkers)* berechneten Frachtrate gechartert. Für die Reederei Jebsen war dieser Kontrakttyp weniger gewinnbringend als der andere, wie Jebsen in seinen Briefen wiederholt wissen ließ, so daß er seine Kapitäne anwies, nach profitablen *Time Charters* Ausschau zu halten anstatt nach *Trip Charters*, die oft nur die Betriebskosten des Schiffes deckten. Weil Kohlen, Löschen und Laden, Hafen- und Lotsengelder und andere Kosten zu Lasten der Reederei gingen, werde bei Trip Charters »nicht das Salz verdient«, notierte er 1891.[214] Bei *Time Charter* wurden die Frachtkontrakte für eine festgesetzte Zeit, beispielsweise für drei oder sechs Monate, ein

Jahr oder länger, abgeschlossen. Der Befrachter (Charterer) verpflichtete sich, eine festgesetzte Frachtrate zu zahlen und erhielt das Schiff in einem bestimmten Hafen zu einer vereinbarten Zeit geliefert. Anschließend konnte der Befrachter das Schiff wie sein Eigentum übernehmen, obgleich die Besatzung naturgemäß weiterhin der Reederei unterstand. Der Kohlen- und Ölbestand war von beiden Parteien – Kapitän und Befrachter – zu überprüfen und die an Bord befindlichen Bestände zu notieren, damit der Kohlen- und Ölverbrauch während der Reisen auf die Rechnung des Befrachters gehen konnte. Am Ende der Charterdauer wurden die Restbestände wiederum festgestellt und deren Wert dem Befrachter zurückbezahlt.[215]

Von Ende 1878 bis Anfang 1885 betrieb die Reederei Jebsen in den Gewässern zwischen Nordrußland und Südspanien sowohl Küstenschifffahrt als auch große Kabotage. In den Meeren zwischen Ostsibirien und Südostasien war sie seit 1881 ebenfalls und nach dem Sommer 1885 ausschließlich tätig. Es handelte sich in allen Fällen um Trampfahrten (*tramp trade*), also um unregelmäßige »wilde« Schiffahrt je nach Angebot und Frachtvertrag, doch gab es am Ende der neunziger Jahre auch zwei Linienfahrten in Ostasien. Die ersten Jahre der Reederei, als die meisten Dampfer noch in Europa fuhren, wiesen ein relativ einheitliches Muster an Frachttransporten auf, für die Beispiele angeführt werden sollen. In den Sommermonaten fanden zahlreiche Fahrten in der Nord- und Ostsee statt: Beispielsweise transportierte *Signal* auf der Jungfernfahrt im Dezember 1878 eine Getreidefracht von 673 Tonnen von Flensburg nach Stettin, lud dort eine ähnliche Frachtmenge für den schottischen Hafen Leith bei Edinburgh sowie sechzig Tonnen Bunkerkohle für den Eigenkonsum und kehrte mit einer Kohlenladung von Schottland nach Flensburg zurück.[216] Im Herbst gab es öfters gewinnbringende Getreidefrachten von den russisch-baltischen Häfen Reval und Riga nach Westeuropa. Besonders die Kaiserliche Stadt Riga, wie sie sich offiziell nannte, war neben der russischen Hauptstadt St. Petersburg die wichtigste Seehandelsstadt des Zarenreiches. Durch die ausgedehnte Binnenschiffahrt auf den Flüssen Düna und Wolga, die mit verschiedenen Kanälen im Landesinnern verbunden waren, kamen die Produkte des gesamten mittleren Rußlands in die Hafenstadt. Wie ein deutscher Kapitän 1878 berichtete, entstand in Riga während des Sommers eine so rege Handelsbewegung, »daß sie selbst einen schon mit den Verhältnissen Bekannten dennoch immer wie-

Hafen von Riga, Hauptstadt des russischen Gouvernements Livland, um 1890

der mit Staunen und Bewunderung zu erfüllen vermag«.[217] Jebsen betraute regelmäßig die dort ansässige Schiffsmaklerfirma Helmsing & Grimm mit der Vermittlung von Frachten. So erhielt *Signal* im Herbst 1883 eine Charterpartie für eine Ladung Säsand, Flachs und Hafer von Riga nach dem belgischen Gent.[218] In welchem Maße seine Frachtdampferflotte die europäischen Gewässer durchquerte, wird aus einem Schreiben des Reeders an einen seiner Schiffsführer deutlich. Kapitän Will stand kurz davor, mit *Clara* im November 1882 im niederländischen Schiedam einzulaufen, wohin er Massengüter aus Riga über Kopenhagen transportiert hatte. Jebsen informierte ihn über die Bewegungen der anderen Schiffe:

»Ich erhielt Ihre gefälligen Zeilen aus Riga und Kopenhagen und hoffe, daß Sie inzwischen glücklich in Schiedam [Handels- und Hafenstadt westlich von Rotterdam] angelangt sind, von wo die *Clara* wieder nach Riga, d. h. Bolderaa [Hafenort bei Riga] oder Libau [bedeutende Hafenstadt in Russisch-Kurland] gehen wird, um die letzte Reise für die Herren Helmsing & Grimm zu machen. (…) *Doris* & *Triumph* passierten heute Kopenhagen, ersterer nach Rouen und letzterer nach Dünkirchen bestimmt, darauf geht die *Doris* zwei Reisen nach Spanien und retour; wohin *Triumph* geht, ist bis jetzt ungewiß. – *Signal* liegt beladen in Newcastle [on Tyne: wichtige englische Industrie- und Hafenstadt mit großem Kohlenexport] nach Flensburg bestimmt, hat zu der Rundreise nach Schweden lange Zeit gebraucht (…) – Wir haben jetzt hier strenges Winterwetter, Schnee und 8 Grad Frost. Wenn es so eine Woche anhält, hat die Fahrt in der Ostsee bald ein Ende.«[219]

Zwar war die Reederei Jebsen nur wenige Jahre in der europäischen Schifffahrt tätig, doch leisteten ihre kleineren Küstenfrachtdampfer in dieser Zeit einen Beitrag zur Transportrevolution des 19. Jahrhunderts. Durch Verschiffungen von Massen- und Stückgütern vielerlei Art trugen sie zur engen ökonomischen Verflechtung und zur raschen Industrialisierung und Urbanisierung europäischer Regionen bei. In der Korrespondenz von Jebsen aus jenen Jahren spiegelt sich das enge Zusammenspiel eines Netzwerks von Schiffahrtsinteressenten in den maritimen Regionen Europas eindrucksvoll wider. Mit der sukzessiven Verlagerung der Flotte nach Ostasien seit 1881 schliefen viele Kontakte aber ein. 1895 konstatierte der Reeder, daß er »teilweise die Geschäftsverbindung mit den europäischen Häusern verloren« habe, weil »meine sämtlichen Dampfer bereits längere Zeit an der Küste von China fahren«. Nur die von ihm ebenfalls angeführten »befreundeten Firmen in Holland, England und Belgien« blieben als Ansprechpartner erhalten, weil ihre Inhaber oder leitenden Angestellten als Mitreeder in seinem Unternehmen engagiert waren.[220]

Deutsche Segel- und Dampfschiffe in China

Es ist unter Historikern unbestritten, daß von allen westlichen Wirtschaftsaktivitäten in China zwischen 1860 und 1895 der Schiffahrt die größte historische Bedeutung zukam. In der älteren Imperialismusforschung galt der Dampfer als Symbol verkehrstechnischer Modernität, als eines der *tools of empire* oder als Speerspitze der Penetration in der Erschließung des chinesischen Marktes.[221] Daß eine solche These einseitig und verkürzt ist, soll später dargelegt werden. Seit der Öffnung der Vertragshäfen entlang der Chinaküste in den 1840er Jahren waren die dort ansässigen westlichen, aber auch chinesischen Firmen und Kaufleute auf verläßliche Verkehrsverbindungen zur Außenwelt angewiesen, die fast ausschließlich von Schiffen aufrechterhalten wurden.[222] Hatten in den 1860er Jahren amerikanische und deutsche Gesellschaften eine starke Stellung in der chinesischen Küstenschiffahrt und auf dem Yangzi inne, so verschob sich das Schwergewicht bis Mitte der siebziger Jahre auf britische Flaggen, die als erste Reedereien verstärkt zum Dampfantrieb übergingen. Als entscheidender Wendepunkt gilt die Eröffnung des Suezkanals (1869), einer nur für Dampfschiffe geeigneten Route, die zum allmählichen Niedergang des Segelschiffes als wichtigstem globalen Transportmittel beitrug. Ein weiterer Faktor war die Erfindung der energiesparenden Verbundmaschine (*compound engine*) und ihre massenhafte Einführung in die Dampfschiffahrt, wodurch der Kohlenverbrauch auf Dampfern um fast die Hälfte gesenkt werden konnte. Dieser Kostenvorteil erlaubte es Dampfschiffen, auf fast allen Hauptschiffahrtsrouten mit Segelschiffen in Konkurrenz zu treten. Der Bau von Dampfschiffen nahm erheblich zu, und viele neue Reedereien, vor allem in Großbritannien, entstanden als direkte Folge der Eröffnung des Suezkanals.[223]

Mit der 1872 erfolgten Gründung der China Navigation Company des schottischen Unternehmers John Swire entstand die bald wichtigste Schiffahrtslinie in China und der Kern des später multinationalen Handelshauses Butterfield & Swire und des bis heute in Asien agierenden Swire-Konzerns.[224] Im Jahr darauf trat als chinesischer Rivale die China Merchants Steam Navigation Company auf den Plan, die einer Initiative des einflußreichen Politikers Li Hung-Chang – der »Bismarck des Ostens«[225] – entsprang und von chinesischen Kaufleuten in den Vertragshäfen überwiegend finanziert und mit privatem Management unter staatlicher Aufsicht geleitet wurde.[226] Allerdings blieb Dampfschiffahrt unter chinesischer Flagge bis zur Mitte der neunziger Jahre eine Seltenheit, weil sowohl Regierung als auch Öffentlichkeit den Wert einer modernen Handelsmarine nicht erkannten; dafür fehlte auch eine nennenswerte jüngere Schiffahrtstradition in der stark binnenländisch orientierten Gesellschaft Chinas.[227] Dagegen schuf Swire bereits 1874 die Coast Boats Ownery, um sich stärker in der Küstenschiffahrt zu engagieren; die Gesellschaft wurde 1883 mit der China Navigation Co. verschmolzen. 1881 gründeten Jardine, Matheson & Co., das durch Opiumschmuggel bekannt und groß gewordene britische Handelshaus, die Indo-China Steam Navigation Company, die rasch zu einer der wichtigsten Schiffahrtslinien an der Chinaküste aufstieg.[228] Von diesen drei Gesellschaften boten nur die beiden großen britischen Reedereien kombinierte Binnen- und Hochseefrachtleistungen an, was ihnen einen klaren Vorteil brachte. Außerdem waren sie dem Zugriff chinesischer Behörden entzogen, die sich wiederholt in die Geschäfte der chinesischen Firma einmischten. Weil viele chinesische Kaufleute aus diesen beiden Gründen lieber ihre Waren britischen und anderen westlichen Reedereien anvertrauten, um vor allem Stapelgüter von einem Hafen zum anderen zu transportieren, besaßen die ausländischen Firmen einen klaren Wettbewerbsvorteil.[229] Für mehrere Jahrzehnte nahmen aber die Großen Drei – die britische China Navigation und die Indo-China Steam Navigation sowie die chinesische China Merchants – in der modernen Küsten- und Flußschiffahrt in China sowie der großen Kabotage in Ostasien eine fast dominante Stellung ein. Erst nach 1900 traten japanische Schiffseigner als starke Wettbewerber auf. Die vor allem an der Chinaküste und auf dem Yangzi operierenden Dampfer der drei Großreedereien machten sich von Anfang an heftige Konkurrenz. Um Fahrtgebiete voneinander abzugrenzen, sich nicht gegenseitig bei den Frachtraten zu unterbieten und Konflikte zu vermeiden, schlossen sie in den 1870er Jahren öfters *pooling agreements*: So wurde beispielsweise die Yangzi-Fahrt oder die Verbindung zum Vertragshafen Ningpo proportional aufgeteilt, wobei die China Navigation 45 Prozent und die China Merchants 55 Prozent erhielten. 1882 kam es zu erneuten Vereinbarungen der drei Großreedereien über die Aufteilung des Handels auf dem Yangzi und auf der wichtigen Shanghai-Tientsin-Route. Zwar unterlag der Schiffsfrachtenmarkt durch das Einströmen von ausländischen Linien- und Trampdampfern anderer Gesellschaften immer starkem Konkurrenzdruck, doch war der Gesamtmarkt der Region ausdehnungsfähig und groß genug, um nicht nur den Fahrzeugen der Hauptreedereien, sondern auch zahlreichen Trampschiffen unter verschiedenen Flaggen – vor allem aus Großbritannien, Deutschland und Norwegen – ausreichende Beschäftigung zu geben. Weil Tramps keine Linienfahrt betrieben, sondern flexibel auf Frachtangebote reagierten, waren aber gegenseitige Absprachen über Frachtraten fast unmöglich und langerfristige Vereinbarungen wenig erfolgversprechend.[230] Eine zusätzliche Konkurrenz bildete die traditionelle chinesische Dschunkenschiffahrt mit Fahrzeugtypen unterschiedlichster Bauart und Verwendung. Dschunken konnten sich noch lange in bestimmten Fahrtgebieten gegenüber Dampfern behaupten und nahmen bis ins frühe 20. Jahrhundert eine wichtige Komplementärfunktion in den chinesischen Gewässern ein. Insgesamt gesehen war die Vielfalt an Wasserfahrzeugen so groß, daß ein zeitgenössischer Beobachter 1881 zu dem

Transport von Tee durch chinesische Dschunken, um 1910

Schluß kam, »es gäbe mehr Schiffe in China als in allen übrigen Ländern der Welt zusammengenommen«.[231]

In einem Brief von Jebsen an seinen Schwager Jessen vom Sommer 1880 findet sich die erste schriftlich festgehaltene Überlegung, einen Dampfer für die Küstenschiffahrt in China bauen zu lassen. Während die Zeichnung von Parten für den dritten Dampfer *Triumph* lief, besprach sich Jebsen mit den Apenrader Schiffsbaumeistern Jürgen Bruhn und Jürgen Paulsen. Seine Idee, einen ähnlichen Dampfer wie *Triumph*, der eine Dampfmaschine von 320 PS bekommen sollte, mit eventuell zehn PS mehr auszurüsten, um »an der Küste von China viel Geld verdienen« zu können, fand die volle Zustimmung seiner Gesprächspartner. Zwar war das ein ermutigendes Signal, doch blieb Jebsen vorsichtig. Er glaube, schrieb er seinem Schwager aus Rotterdam, »daß man für solche Fahrt dort in Apenrade, wenn man z. B. einen Kapitän wie [C.] H. Davidsen oder den kleinen [Friedrich] Boysen dafür gewinnen könnte, die Reederei wohl zusammen bringen würde«. Der Grund für sein Gedankenspiel, einen angesehenen lokalen Kapitän als Schiffsführer für einen neuen Dampfer einzustellen, war der erneute schleppende Absatz von Parten für *Triumph* in Apenrade.

Obwohl *Signal* und *Vorwärts* gute Dividenden verdient hatten, gelang es beim *Triumph,* nur neunzehn von hundert Parten in Apenrade zu verkaufen. »Schade, daß sich in Apenrade nicht mehr Interesse für Dampfschiffsreederei findet«, meinte Jebsen. »Wenn die Leute nur dafür halb so viel Geld übrig hätten wie z. B. für die Segelschiffahrt, dann ließe sich noch etwas anfangen.«[232] Das mangelnde Interesse in Apenrade, von Segel- auf Dampfschiffe für die Chinafahrt und asiatische Küstenschiffahrt umzustellen, war symptomatisch für große Teile der deutschen Reederei. Nach einer Denkschrift der Reichsleitung, welche im Sommer 1881 in der maritimen Zeitschrift *Hansa* ausführlich vorgestellt und kommentiert wurde, war der deutsche Anteil am Außen- und Küstenhandel Chinas von 1866 bis 1879 vom zweiten auf den dritten Platz – hinter Großbritannien und China – zurückgegangen. Besonders in der Direktfahrt von Europa nach China und retour hatten britische, amerikanische und französische Dampfer zunehmend die deutschen Segler verdrängt.[233] Die Dampfschiffsverbindung zwischen Deutschland und China wurde fast ausschließlich von den acht Dampfern der Deutschen Dampfschiffs-Rhederei zu Hamburg (Kingsin-Linie) aufrechterhalten, die einen typischen Frachtdienst betrieb und gelegentlich einige Passagiere mitnahm.[234] Alle zwanzig Tage fuhr ein Kingsin-Dampfer von Hamburg ab. Weil die Schiffe auf dem Rückweg meistens Trampfahrt machten und auf der Suche nach Fracht von Hafen zu Hafen bummelten, konnte kein regelmäßiger Fahrplan aufrechterhalten werden. Diese Betriebspraxis hatte zur Folge, daß der deutsch-chinesische Warenaustausch mehr und mehr über andere Linien abgewickelt wurde. Vor allem wiesen Beobachter vor Ort mahnend darauf hin, daß eine regelmäßige Verbindung zwischen Deutschland und China die Voraussetzung für eine starke Position der deutschen Flagge in der chinesischen Küstenschiffahrt war. Um sich dort zu behaupten, war aber der rasche Umstieg von der Segel- auf die Dampftechnik notwendig. 1875 machte der deutsche Konsul in Kanton deutlich: »Soll die deutsche Schiffahrt in China sich behaupten und Fortschritte machen, soll sie in der Küstenfahrt der chinesischen Gewässer Bedeutung behalten, so müssen unsere Reeder sich dem Bau von eisernen Schraubendampfern von möglichst geringem Kohlenverbrauch und einer der örtlichen Verwendung angemessenen Bauart zuwenden.«[235]

Die Zahlen schienen für sich zu sprechen: Zwischen 1866 und 1870 war der Anteil deutscher Schiffe am chinesischen Küstenhandel und deren Größe um rund vierzig Prozent gefallen. Tabelle 4 zeigt den Anteil der wichtigsten Nationen im chinesischen Schiffahrtsverkehr von 1866 bis 1900.

Tab. 4: Schiffahrt der wichtigsten Nationen in China 1866–1900 (ein- und auslaufende Schiffe und Tonnengehalt)

	1866		1870		1880		1890		1900	
	Schiffe	NRT	Schiffe	NRT	Schiffe	NRT	Schiffe	NRT	Schiffe	NRT
Gesamt	15.612	6.878	14.136	6.908	22.970	15.874	31.133	24.876	69.230	40.807
Großbritannien	8.276	3.922	6.577	3.126	12.397	9.606	16.897	1.6088	22.818	23.052
China	516	34	469	30	5.335	4.699	7.657	6.111	26.420	7.544
Chinesische Dschunken					1.789	129	2.946	224	7.709	320
Deutschland	2.248	620	1.304	371	1.501	632	2.140	1.344	3.527	4.032
USA	3.602	1.958	4.547	3.005	1.070	287	155	83	1.311	474
Japan	4	2			201	168	629	505	4.917	3.871

Anmerkung: Der Terminus »China« bezieht sich auf Schiffe ausländischer Bauart von chinesischen Besitzern und unter chinesischer Flagge fahrend; der Terminus »chinesische Dschunken« umfaßt Schiffe chinesischer Bauart von chinesischen Besitzern, die vom Kaiserlich-Chinesischen Seezollamt (Imperial Maritime Customs) registriert wurden.
Quelle: Otte (1930), S. 128.

Dampfschiffe unter deutscher Flagge kamen fast nur aus Hamburg und seit 1877 auch aus Flensburg, während andere preußische Hafenstädte und Bremen weiterhin auf Segelschiffe setzten. Allerdings sollte sich das Bild bald ändern: Im Jahre 1881, als Jebsens Dampfer *Vorwärts* zum ersten Mal in Hongkong einlief, war der Anteil ausländischer Dampfer in China merklich gestiegen. Mehrere deutsche Reedereien – beispielsweise Sartori & Berger in Kiel, Massmann in Heiligenhafen und Struve in Blankenese – betrieben kleinere Dampferflotten in Ostasien, die von chinesischen oder westlichen Kaufleuten in Trip- oder Zeitcharter genommen wurden und Fahrtrouten zwischen Hongkong und Häfen in Nordchina und in Südostasien bedienten.[236] Im Schiffsverkehr von Hongkong (1881) hatten deutsche Schiffe einen Anteil von knapp elf Prozent, womit sie zwar weit hinter der britischen Flagge (72 Prozent) lagen, doch immerhin den zweiten Platz vor der chinesischen, amerikanischen und französischen Flagge besetzten. Besonders auffällig war die zunehmende Zahl von Dampfschiffen: Im Vergleich mit 1880, als 115 deutsche Dampfer von 90.675 Tonnen Gewicht registriert wurden, waren es im Folgejahr bereits 178 Dampfer von 135.449 Tonnen. Unter ihnen befanden sich zahlreiche kleine Tramps, die regelmäßig auf der Strecke zwischen Hongkong und anderen Häfen in China und im Königreich Annam – seit 1884 ein Teil von Französisch-Indochina – mit seiner bedeutenden Reisexportindustrie fuhren.[237]

Die wachsende Bedeutung von Ostasien für die deutsche Schiffahrt kam in der Reederzeitschrift *Hansa* zum Ausdruck; auch Jebsen gehörte zu ihren regelmäßigen Lesern. Von den frühen achtziger bis zur Mitte der neunziger Jahre veröffentlichte das Blatt informative und kommentierende Berichte über Schiffahrt und Handel an der chinesischen Küste. Diese Artikel reflektierten das wachsende Interesse deutscher Reedereien für die ostasiatischen Märkte und trieben es gleichzeitig weiter an, weil die *Hansa* als Organ der führenden Organisationen und Verbände der Seewirtschaft eine große Verbreitung in Schiffahrtskreisen besaß.[238] Besondere Beachtung in der *Hansa* erfuhr Hongkong und seine Bedeutung als Zentralpunkt der regionalen Küstenschiffahrt und großen Kabotage. Wegen ihrer wichtigen Rolle wurde die Kolonie am Anfang der 1880er Jahre auch zum Fixpunkt für Deutschlands Handels- und Schiffahrtsinteressen in Ostasien. Die zunehmende Zahl deutscher Trampdampfer, die in der britischen Kolonie anlegten, gab der *Hansa* genug Anlaß zu hoffen, daß »(b)ei der anerkannten Beliebtheit der deutschen Flagge bei den chinesischen Befrachtern (...) die deutschen Rhedereien dem gegebenen Beispiel immer mehr folgen und durch Heraussendung kleinerer Dampfer der deutschen Flagge einen immer größeren Anteil an der Kabotage an der chinesischen Küste zu erwerben suchen«.[239]

Der entscheidende Auslöser für das Engagement der Reederei Jebsen in der asiatischen Küstenfahrt war eine im Januar 1881 überraschend kommende Anfrage der Hamburger Makler- und Versicherungsfirma Pinckernelle.[240] Chinesische Kaufleute in Hongkong waren auf der Suche nach einem Dampfer für eine Zeitcharter. Vermittelt hatte das Angebot die deutsche Maklerfirma Wieler & Co. in Hongkong, eine seit Mitte der siebziger Jahre dort tätige Schiffsagentur, bei der seit 1879 ein Hermann Friedrich Pinckernelle als Assistent tätig war;[241] über ihn wird die Anfrage an die Firma seiner Familie weitergeleitet worden sein. Obwohl die Offerte sehr profitabel zu sein schien und *Vorwärts* auch ein passendes Schiff dafür war, gab es einen Haken, denn die chinesischen Befrachter be-

Die Insel Hongkong mit der Stadt Victoria, um 1880

standen auf der Anbringung von sechs Seitenpforten im Schiffsrumpf, um schneller beladen und löschen zu können. Jebsen zeigte sich ablehnend, da er befürchtete, daß ein solches Einschneiden von Löchern *Vorwärts* »nicht unbedeutend schwächen« werde: In einem solchen Falle könne die französische Schiffsklassifikationsgesellschaft Bureau Veritas, bei der das Schiff versichert war, Einwendungen erheben und Verstärkungen des Schiffskörpers verlangen, was mit hohen Kosten verbunden sei. Aus diesen Gründen müsse er »partout auf die proponierte Fracht verzichten«, ließ er Pinckernelle wissen.[242] Die Fracht sei sonst nicht schlecht gewesen und hätte wohl ein gutes Resultat abgeworfen, schrieb er seinem Schwager.[243] Doch ließ Pinckernelle nicht locker: Nach telegraphischer Rücksprache mit den Befrachtern unterbreitete er schon zwei Tage später ein Angebot in Höhe von dreitausend mexikanischen Dollar monatlich für eine Zeitcharter von *Vorwärts*, bestand allerdings auf den Seitenpforten. Jebsen setzte sein auf acht Tage befristetes Angebot von 3250 Dollar dagegen und gestand zu, daß Seitenpforten bei Ankunft des Dampfers in China unter der doppelten Bedingung angebracht werden könnten, daß die Befrachter eine monatliche Zulage von 250 Dollar dafür bezahlten und *Vorwärts* bei den *Surveyors oder Local Underwriters* [Schiffsbesichtigern] trotzdem noch als »first class risk« eingestuft werde. Die englischen Schiffsbesichtiger in Hongkong waren für die Klassifizierung und damit die Höhe der Versicherungsprämien für die von dort gecharterten Fahrzeuge zuständig. Jebsen zeigte sich überzeugt, daß die Befrachter »das Unnötige der *sideports* bei einem kleinen Schiffe wie *Vorwärts* einsehen werden«, wenn der Dampfer erst draußen sei.[244]

Ausschlaggebend für die kompromißbereite Haltung des Reeders waren die ungünstigen Aussichten in europäischen Gewässern für das Jahr 1881. Trotz der Konjunkturbelebung verschlechterte sich der Schiffsfrachtenmarkt bereits wieder Ende 1880. Im November ließ Jebsen seinen Schwager Jessen wissen, daß die Frachten in der Ostsee »hundsgemein schlecht« seien und er nicht wisse, was er mit *Signal* anfangen solle.[245] Die schlechte Getreideernte in den russischen Ostseeprovinzen ließ noch mehr Pessimismus über das Frachtgeschäft aufkommen.[246] Die Frachtraten für Touren nach und von Archangel am Eismeer und für Fahrten zwischen Bilbao und Rotterdam, also Verschiffungen spanischen Erzes für die Firma Krupp, sanken bereits Anfang 1881, so daß die Aussichten für den Sommer noch trüber wurden.[247] Im Februar 1881 mußte Jebsen zugeben, daß in der Ostsee »in diesem Jahre doch bitter wenig« aushänge und auch Archangel nichts biete.[248] Immerhin gelang es, *Triumph* noch für zwei Sommerreisen in den russischen Hafen mit seinem regen Export von Brettern und Futtermitteln zu befrachten, allerdings nur zu einer kleinen Frachtrate.[249] Den trüben Aussichten in Europa gegenüber stand das profitable Angebot aus China. Jebsen ließ seinen Schwager Jessen wissen, daß er annehmen wolle, wenn die Charter über zwölf Monate liefe, »da solche jedenfalls ein gutes Resultat liefern muß«. Er rechnete aus, daß in diesem Falle *Vorwärts* rund dreihundert britische Pfund mehr verdienen würde als früher *Signal* in guten Zeiten.[250] Mit Sorge betrachtete er allerdings, daß aufgrund des schlechten Frachtenmarktes in Europa mehr und mehr Dampfer nach China fuhren, um sich dort in der Küstenfahrt zu betatigen. »I fear employment will be scarce and freights accordingly low«, schrieb er einem Antwerpener Geschäftspartner.[251] Sein Pessimismus wurde verstärkt durch Bedenken seines Schwagers und anderer Mitreeder, die von der Fracht nicht erbaut waren, und auch Kapitän Evers zeigte kein Interesse daran, mit *Vorwärts* nach China zu fahren. In diese Situation platzte Pinckernelles Nachricht, daß die chinesischen Befrachter das Schiff bereits im Mai 1881 für eine Fahrt von Hongkong nach Shanghai erwarteten, was nach Jebsens Meinung unmöglich zu erfüllen sei. Somit halte er es für das beste, nicht mehr darauf zu reflektieren, teilte er Pinckernelle mit.[252] Auf ein dringendes Telegramm der Hamburger Firma hin war er allerdings bereit, eine weitere Frist von sechs Tagen für Verhandlungen mit den chinesischen Befrachtern zu gewähren. Wie sehr der Schuh drückte, zeigte sich, als er auf Bitten der Makler noch eine weitere Frist von zwei Tagen gewährte. Als er Anfang Februar 1881 gerade die Hoffnung aufgab, kam ein neues und sogar besseres Angebot von Pinckernelle, welches Jebsen schließlich akzeptierte. Mit *Vorwärts* in zwölfmonatiger Zeitcharter zu 3500 Dollar monatlich konnte der Reeder mehr als zufrieden sein, doch entbrannte neuer Streit über die Höhe der Maklerkommission. Die Hamburger Firma erwartete insgesamt sechs Prozent Courtage von ihm, nämlich 2,5 Prozent für sich selbst, 2,5 Prozent für die deutsche Firma Wieler & Co. in Hongkong, die das Geschäft vermittelt hatte, sowie ein Prozent für den *China broker*, also den chinesischen Makler, der den Kontakt zu den Befrachtern hergestellt hatte. Obwohl er die Charterpartie am 9. Februar 1881 unterschrieb, zeigte Jebsen sich empört und bedauerte gegenüber Pinckernelle »leider auf diese Fracht hereingefallen« zu sein. Von der Option auf Verlängerung der Zeitcharter wollte er nichts mehr wissen, da zwölf Monate Beschäftigung unter dieser Charter genügten; auch von Pinckernelle vermittelte Ausfrachten von Hamburg nach China lehnte er ab.[253] Jessen gegenüber bezeichnete er die Maklerfirma als »große Schurken«. Als der Ärger nach kurzer Zeit verrauchte, blieb die wohl treffendere Erkenntnis, daß die Fracht »brillant« sei.[254]

Sofort begann die Suche nach einem geeigneten Schiffsführer. Nicht nur mußte der Kapitän weitab vom Sitz der Reederei sehr selbständig agieren, um das Schiff technisch und organisatorisch in Fahrt zu halten und lohnende Frachtaufträge zu akquirieren, sondern er hatte sich auch flexibel an örtliche Mentalitäten und andere Gegebenheiten anzupassen. Wie Jebsen seinem Schwager nach Beginn der Verhandlungen mit Pinckernelle schrieb, ging es darum, einen Kapitän zu suchen, »der mit Chinesen umzugehen versteht«.[255] Dafür kam Kapitän Will, der *Vorwärts* seit dem Vorjahr kommandierte, nicht in Frage, wie Jebsen klarlegte. Als Kapitän Evers von *Signal* sich weigerte, nach China zu gehen, wurde ihm am 15. Februar 1881 unumwunden deutlich gemacht, daß er sich in diesem Falle eine andere Tätigkeit suchen sollte. Angesichts dieser Drohung gab Evers nach – eine Entscheidung, die Jebsen freudig begrüßte und mit der Hoffnung verband, »daß es sowohl Ihnen wie der Reederei zum Vorteil gereichen wird«. Die Dockung und Kesselbekleidung des Dampfers sowie andere Vorbereitungsarbeiten wollte Jebsen aus Kostengründen in Rotterdam durchführen lassen, »da ich das jedenfalls billiger hergestellt bekomme als in Antwerpen, woselbst der Dampfer für China laden muß«. Ersatzteile wie eine Kurbel und Schraubenwelle sollten bei einer Düsseldorfer Maschinenbaufirma bestellt werden. Wegen der langen Reisen in tropischer Hitze war ein Wassertank auf dem Deck vorgesehen, außerdem zwei zusätzliche Seitenfenster in der Kajüte sowie Ventilatoren in den Räumen und in den Kammern der Steuerleute und Maschinisten. Überhaupt müsse der Dampfer hier so ausgerüstet werden, schrieb er Evers, »daß draußen nicht viel nötig sein wird«.[256]

Mit einer sechzehnköpfigen Besatzung einschließlich des Schiffsführers verließ *Vorwärts* am 10. April 1881 den belgischen Hafen Antwerpen, durchfuhr den Suezkanal und kam nach Zwischenaufenthalten in Galle (Ceylon) und Singapur, wo man jeweils Kohlen bunkerte, nach einer Reise von sieben Wochen am 17. Juni 1881 in Hongkong an. In den nächsten Monaten fuhr der Dampfer in Zeitcharter vor allem mit Reisladungen von Bangkok und Saigon nach Kanton und Hongkong, doch gab es auch gelegentliche Touren auf dem Yangzi bis hinauf in die Handelsstadt Hankow.[257] Mit diesen Fahrten begann die Geschichte der Reederei Jebsen in der ostasiatischen Küstenschiffahrt und großen Kabotage. Infolge der globalen Wirtschaftsdepression in der ersten Hälfte der achtziger Jahre und der anhaltenden niedrigen Frachtraten in Europa verließen auch zahlreiche andere europäische Frachtdampfer sukzessive die heimischen

Dampfer *Vorwärts* (I) im Hafen von Hongkong

Gewässer und suchten nach profitableren Märkten im Fernen Osten. Bis zum Sommer 1885 war die gesamte Flotte von Jebsen in Hongkong versammelt.

Kapitäne

Der Schiffahrtshistoriker Ralph Davis brachte das Verhältnis des Reeders zu seinem Kapitän treffend auf den Punkt: »The greatest problem of management, indeed, can be put in a nutshell; to find a paragon to be master, and then devise means to assist him if he really were perfect, rescue him if he turned out a fool, and restrain him if he turned out a scoundrel.«[258] Man kann ergänzen, daß sich diese jeweiligen Verhaltensweisen multiplizierten, je mehr Schiffsführer eine Reederei beschäftigte, so daß klare Regularien erforderlich waren. Um das Verhältnis zwischen Korrespondentreedern und Kapitänen zu regeln, waren im Deutschen Reich solche bindenden Rechtsnormen im Handelsgesetzbuch festgelegt. Danach war der Reeder befugt, den Schiffer anzustellen und zu entlassen, die Art der Vergütung und weitere materielle Vorteile mit ihm zu vereinbaren, ihm bestimmte Befugnisse in Bezug auf die Mannschaft, das Schiff und die Fracht zu übertragen und ihn in allen technischen und wirtschaftlichen Fragen der Schiffsführung anzuweisen.[259] Schaut man durch die umfangreiche Korrespondenz zwischen Jebsen und seinen in Europa und Ostasien fahrenden Kapitänen, dann wird die Praxis erkennbar, wie der Reeder von seinem Heimatort Apenrade aus eine Dampferflotte lenkte, die fast die ganze Zeit seines aktiven Berufslebens über Hunderte oder Tausende von Kilometern entfernt operierte.

Bei der Auswahl und Behandlung der Schiffsführer spielte die richtige Menschenkenntnis des Reeders eine große Rolle, weil die Kapitäne bei längeren Abwesenheiten vom Heimathafen sowohl für die Navigation des Schiffes als auch für die Ökonomie an Bord allein verantwortlich waren. Die große Unabhängigkeit des Kapitäns machte ein belastbares Vertrauensverhältnis zwischen Reeder und Kapitän zur unabdingbaren Notwendigkeit, besonders wenn das Schiff nicht regelmäßig zurückkehrte, sondern für Monate oder Jahre weit entfernt beschäftigt war. Sobald das Schiff die heimatlichen Gefilde verließ, war der Kapitän »Schiffer nächst Gott« (*master next god* oder *le seul maître après Dieu*) mit fast omni-

Kapitän Jürgen Ahrenkiel (1862–1924) (links) und Kapitän A. Hansen (rechts)

Kapitän C. H. Christensen

potenter Macht, der von beinahe niemandem mehr kontrolliert werden konnte. Sehr großes Vertrauen in eine Einzelperson wie den Kapitän, der im Grunde nur ein Angestellter war, konnte durch persönliche Bekanntschaft gestärkt werden. So ist es nicht verwunderlich, daß die meisten von Jebsens Schiffsführern aus Apenrade, Loitland, Flensburg oder benachbarten Gegenden in Schleswig-Holstein kamen. Weil sich darunter auch zwei dänischgesinnte Nordschleswiger befanden, wird erkennbar, daß für Jebsen die fachliche Qualifikation vor nationaler Gesinnung ging. Es handelte sich um die Kapitäne Friedrich Boysen und C. H. Christensen, die beide in Ostasien fuhren. Allerdings legte der Reeder besonderen Wert auf den deutschen Charakter seines Unternehmens. So machte er Boysen schriftlich darauf aufmerksam, »daß auf dem deutschen Dampfer *Vorwärts* das Kommando-Journal in deutscher Sprache geführt werden muß, auch ersuche ich Sie, sich an Bord des Dampfers jeder Demonstration wie z.B. des Aufhissens dänischer Flaggen etc. zu enthalten«.[260] Christensen kritisierte er wegen zahlreicher Fehler im Deutschen: »(W)ie Sie selbst wissen, ist Ihr Schreiben grammatikalisch sehr mangelhaft. Als Däne wird Ihnen solches schwer, jedoch ist Übung und guter Wille nötig.«[261]

Viele von Jebsens Schiffsführern beteiligten sich durch Partenkäufe an seiner Reederei und wurden damit zu Mitreedern.[262] Manche waren vorher woanders Segelschiffs- oder Dampfschiffskapitäne gewesen, doch die meisten begannen ihren Dienst als Steuermann an Bord eines Dampfers der Reederei Jebsen und wurden später zum Kapitän ernannt, wenn eine Stelle frei war.[263] Wie er seine Auswahl von Schiffsführern handhabte, erklärte der Reeder Anfang 1883:

> »Leider habe ich aber bis jetzt mit den beiden Kapitänen, die ich aus Segelschiffen heraus auf Steamer gesetzt habe, ohne daß diese durch längeres Fahren auf Dampfern die dazu nötigen Kenntnisse gesammelt haben, keinen Erfolg gehabt, und von seiten einiger Mitreeder manche unliebsamen Bemerkungen hören müssen. Ich habe mich daher jetzt, um mir den Rücken gegenüber meinen Mitreedern frei zu halten, dazu entschlossen, nur solche Kapitäne auf meinen Dampfern anzustellen, die wenigstens 1 ½ bis zwei Jahre auf Dampfern gefahren haben (…).«[264]

Erfahrungen mit dem Führen eines Dampfschiffes gehörten also zur notwendigen Qualifikation eines Kapitäns der Reederei Jebsen. Im Falle einer Havarie wurden Kapitäne von Handelsschiffen üblicherweise an erster Stelle für den Verlust oder die Beschädigung des Schiffes und der Ladung oder andere finanzielle Folgen verantwortlich gemacht. In seiner Reederei zog Jebsen die Kapitäne nur für solche Schäden zur Rechenschaft, die »aus reiner Nachlässigkeit« entstanden.[265] So blieben Unfälle ohne Folgen für den Schiffsführer, wenn nur ein Versehen vorlag, wie am Beispiel des vom Pech verfolgten Kapitäns Friedrich Will deutlich wird. Unter seiner Führung rammte der Dampfer *Signal* im November 1880 die Kaimauer im belgischen Gent und wurde dabei so stark beschädigt, daß er provisorisch instand gesetzt und dann nach Vlissingen zur Reparatur gebracht werden mußte. Weil Will, »der sich immer selbst vorbei läuft und mehr tun will als er kann«, wie Jebsen meinte, bereits zum vierten Mal im Jahre 1880 mit dem Schiff havariert war, wollte der Reeder ihn in diesem Fall nicht ganz von Schuld freisprechen.[266] Allerdings blieb auch dieser Unfall ohne Folgen für den Kapitän, der im Juni 1881 sogar das Kommando des brandneuen Dampfers *Triumph* erhielt. Wills Pechsträhne riß aber nicht ab: Nachdem das Schiff sich auf den Weg zum nordrussischen Hafen Archangel gemacht hatte, strandete es nach kurzer Fahrt im Großen Belt zwischen den dänischen Inseln Fünen und Seeland. Verantwortlich war diesmal der Erste Steuermann Hasenwinkel, dem Will zuvor das Kommando übergeben und der den Dampfer bei klarem Wetter mit einer Geschwindigkeit von zehn Seemeilen auf ein Riff nahe der kleinen Insel Romsø gefahren hatte. Weil der Schiffsboden dabei drei Fuß aufgebohrt wurde, mußten die Ballasttanks leer gemacht und hundert Tonnen Kohlen über Bord geworfen werden. Nach 36 Stunden schleppte ein Hamburger Dampfer den Havaristen nach Kiel zurück, wo er bei Howaldt dockte und dort eine neue Schiffsschraube sowie zehn neue Bodenplatten erhielt. Weil auch bei diesem Unfall keine reine Nachlässigkeit, sondern ein Versehen vorlag, zog der Reeder keine Konsequenzen. Dennoch: »Will ist natürlich sehr herunter, Hasenwinkel nicht minder«, berichtete Jebsen.[267] Danach ging aber alles glatt: *Triumph* benötige nur neun Tage von Kiel nach Archangel und achtzehn Tage zurück nach Le Havre, was Jebsen mit Erleichterung aufnahm. Allerdings erwies sich der Dampfer bald als »der wahre Pechvogel«, der ihm viel Ärger mache, wie Jebsen im November 1881 wissen ließ. *Triumph* lag zu diesem Zeitpunkt bereits neun Tage auf der Reede von Burntisland, einem wichtigen schottischen Ausfuhrhafen für Steinkohle, und bekam keinen Platz in den mit anderen Schiffen vollbesetzten Ladedocks. Sein Schwager Jessen werde »gewiß behaupten, daß der Name des Steamers an allem Pech die Schuld trägt«, doch wollte Jebsen den Kapitän nicht von der Kritik ausnehmen: »Bei dem *Signal* war Will jedoch nicht glücklicher, machte beständig Havarien, und jetzt, wo [Kapitän] Schuldt den kleinen Dampfer fährt, geht alles glatt ab.«[268]

Weitaus härter reagierte Jebsen Anfang 1891, als *Triumph* unter der Führung von Kapitän Jürgen Bruhn in der südchinesischen Hainan-Straße – die Meeresenge zwischen der Insel Hainan und der Halbinsel Luichow – auf Grund lief, dabei schwer beschädigt wurde und nach Hongkong zurückgeschleppt werden mußte. Angesichts von Reparaturkosten, die auf rund 33.000 Dollar veranschlagt wurden,[269] nannte der erzürnte Reeder den Unfall »die größte Havarie, welche einem Dampfer meiner Reederei jemals passiert ist«, und gab Bruhn die Hauptschuld mit einer deutlichen Verwarnung:

> »Wie bei den meisten solchen Fällen wird das Malheur auf Unvorsichtigkeit Ihrerseits zurückzuführen sein, denn daß solches der Fall gewesen ist, beweist ja die Größe des Schadens, der, wenn nicht mit voller Kraft darauf losgefahren,

> nicht so bedeutend sein könnte. Jahre lang haben die anderen Dampfer meiner Reederei diese Fahrt innegehabt, und kaum sind Sie darin hineingetreten, muß Ihnen solches Malheur passieren. Wenn ich dem Rate meiner Mitreeder gefolgt hätte, müßte ich Sie Ihres Postens als Kapitän entheben, allein diesmal will ich es noch mit einer Rüge, die ich Ihnen allerdings hiermit erteile, bewenden lassen und hoffe, daß Sie in Zukunft sich einer größeren Vorsicht befleißigen werden. Eine Wiederholung eines solchen Falles würde unbedingt Ihre Entlassung zur Folge haben.«[270]

Zwar fand zu Jebsens Lebzeiten keine Entlassung eines Kapitäns wegen nautischer Fehler statt, doch kam es immerhin zu einer Strafdegradierung. Nachdem *Doris* unter der Führung von Kapitän Lorenzen, des vorher ältesten Steuermanns der Reederei, am 6. Mai 1897 auf der japanischen Insel Tsushima in der Meeresstraße zwischen Japan und Korea gestrandet war, teilte Jebsen mit, daß sowohl Lorenzen als auch der Erste Steuermann Georg Schlaikier und der Maschinist nicht wieder von seiner Reederei angestellt würden.[271] Dem unglücklichen Kapitän ließ er empfehlen, sich einer Untersuchung des Hamburger Seeamts – eine Art Seegericht – zu stellen, um zu beweisen, daß er das Leuchtfeuer auf der Insel nicht übersehen habe: »Hat er die Überzeugung sich nicht versehen zu haben, dann muß es ja für ihn von größtem Interesse sein, sich der Untersuchung des Seeamts zu unterziehen.«[272] Als das Seeamt zum Urteil gelangte, daß »bei besser angewandter Vorsicht« die Strandung nicht passiert wäre, doch ansonsten Kapitän und Steuermann von Schuld freisprach, sah Jebsen sich in seiner Auffassung bestätigt, daß »Unvorsichtigkeit gepaart mit Mangel an gesundem Menschenverstand den Verlust des Dampfers herbeigeführt haben«. Für ihn stand fest, daß an eine Wiederanstellung von Lorenzen nicht zu denken sei, doch zeigte er sich milder bei Schlaikier, dem er allerdings bescheinigte, »nicht viel Umlauf im Kopfe« zu haben. Erst auf die Intervention seines Sohns Jacob hin, der dem Kapitän ein insgesamt gutes Zeugnis ausstellte, war er bereit, Lorenzen wieder nach Ostasien zu senden. »Wenn du meinst, ihn als Steuermann gebrauchen zu können, habe ich nichts dagegen, als Kapitän darfst du ihn nicht anstellen«, schrieb Jebsen nach Hongkong.[273] Tatsächlich gelang es Lorenzen erst 1902, also drei Jahre nach Jebsens Tod, das Kommando eines Dampfers – *Holstein* – der Reederei Jebsen zu bekommen. Schlaikier war glücklicher und konnte schon 1900 in die Fußstapfen seines älteren Bruders Hans treten, als er die Führung von *Holstein* erhielt.[274]

Kapitän Georg Schlaikier (1868–1930)

Die Entlassung eines Schiffsführers durch Jebsen fand zweimal statt, und zwar aus ökonomisch-kaufmännischen Gründen: 1883 wurde Kapitän T. Bergemann wegen wiederholter wirtschaftlicher Schädigung der Reederei seines Postens enthoben, und 1887 verlor Kapitän J. Samuelsen sein Kommando, nachdem ein chinesischer Befrachter sich massiv über ihn beschwert und mit einem Boykott des Dampfers gedroht hatte; davon wird an anderer Stelle gehandelt.[275] Bergemann, der 1883 *Signal* führte, hatte im Mai einen niederländischen Hafen wegen Kohlenmangels anlaufen müssen und damit die Reisezeit des Dampfers zum wirtschaftlichen Schaden der Reederei verlängert. Jebsen hielt ihm deshalb mangelnde Umsicht vor und warnte, daß eine Wiederholung des Vorfalls »Ihre Entlassung zur Folge haben« werde.[276] Als sich wenige Monate später herausstellte, daß Bergemann den Dampfer so verwahrloste, daß ständig teure Maschinen-

Dampfer *Holstein*

und Schiffsreparaturen notwendig waren, reagierte der Reeder erzürnt. Er erwarte, »daß Sie sich hinfort Ihres Schiffes mehr annehmen und im guten Einverständnis mit Ihren Offizieren und Maschinisten Ihr Möglichstes dazu beitragen, um endlich mal etwas für die Reederei zu verdienen«. Weil Bergemann seiner Ansicht nach bei Liegetagen im Hafen zu wenig Zeit an Bord verbrachte, stellte Jebsen klar: »Bei einem solchen kleinen Dampfer muß der Kapitän überall au fait [in Kenntnis] sein, seine Anwesenheit an Bord ist im Hafen gerade so notwendig wie auf See.« Obwohl er ihn mit der Bemerkung »(b)eim großen Herrn spielen, kommt nichts heraus« einen deutlichen Verweis erteilt hatte,[277] mußte er fünf Tage später feststellen, daß der Schiffsführer in Flensburg Zubehörteile für das Ankerspill von *Signal* angeschafft hatte, obwohl er solche Utensilien bereits vorher über die Reederei bei einer englischen Firma hatte bestellen lassen. Über den teuren Doppelkauf war Jebsen empört:

> »Wenn Sie auf diese Weise fortfahren zu disponieren, dann werde ich noch schließlich, so leid es mir auch Ihretwegen tun würde, Sie im Kommando des *Signal* durch einen anderen Kapitän ablösen müssen. Ihnen fehlt entschieden die nötige ruhige sachliche Überlegung, was [ich] Ihnen ja auch bereits verschiedentlich vorgehalten habe und hat dieses der Reederei des Dampfers schon viel Geld gekostet.«[278]

Das Maß war wenig später voll. Als *Signal* Mitte Oktober 1883 im Hafen von Stettin beim Ladungslöschen sich stark neigte, ließ Bergemann den vorderen Wassertank zur Stabilisierung füllen, wobei ein Rohr brach, Wasser in den vorderen Laderaum eindrang und die dortige Roggenladung beschädigte. Der fassungslose Jebsen ließ den Kapitän wissen, er könne sich nur wundern, »daß Sie Wasser hineingelassen [haben] ohne sich vorher vergewissert zu haben, ob die Tanks dicht sind. Nachgerade müßten Sie doch an Bord des *Signals* Bescheid wissen, wenn Ihnen das Interesse der Reederei am Herzen läge.«[279] Durch Vermittlung seines Stettiner Schiffsmaklers Gustav Metzler erreichte Jebsen schließlich einen Kompromiß mit dem Befrachter, so daß dessen Schadenersatzforderung auf 1400 Mark beschränkt werden konnte.[280] Mit der »Stettiner Katastrophe«, wie er es nannte, war seine Geduld mit Bergemann aber am Ende. Der Kapitän wurde aufgefordert, die Schiffsführung an einen von Jebsen gesandten Ersatzmann zu übergeben. Obwohl Bergemann wenig später die Entscheidung beanstandete, ließ Jebsen sich auf keine Diskussion ein und wünschte dem stellensuchenden Kapitän »bald wieder ein Schiff zur Führung zu bekommen, mit dem Sie dann mehr Glück haben mögen, als mit dem *Signal*«.[281]

Die fristlose Entlassung Bergemanns sorgte für Aufregung bei den anderen Kapitänen seiner Reederei, nachdem Jebsen über den Vorgang per Rundschreiben mit deutlichen Ermahnungen informiert hatte. Auf eine Nachfrage hin stellte der Reeder klar, daß es seine Pflicht sei, »energisch aufzutreten, um solchen Wiederholungen, die für unsere Reederei eine Blamage sind, vorzubeugen«.[282] Mit diesem Präzedenzfall stand jedem Kapitän die Gefahr deutlich vor Augen, seine Stellung zu verlieren, wenn er längere Zeit sein Schiff unwirtschaftlich führte und sogar Schäden verursachte, die die Dividenden für die Parteninhaber erheblich schmälerten. Weil Jebsen als Korrespondentreeder gegenüber seinen Mitreedern die Verantwortung für den möglichst effizienten Betrieb der Dampfer trug, setzte er alles daran, die Kapitäne entsprechend zu instruieren. So bildete die möglichst sparsame Führung des Schiffes ein Dauerthema in seinen Briefen an die Kapitäne: »Ordnung und Sparsamkeit sind Eigenschaften, die nie zuviel geübt werden können, und halte ich es für meine Pflicht, als Korrespondentreeder die Kapitäne meiner Reederei darauf aufmerksam zu machen, mag es Ihnen angenehm sein oder nicht. Knickerig und sparsam sind aber zwei sehr verschiedene Eigenschaften, die wohl von einander getrennt gehalten werden können.«[283] Worum es ihm ging, war »gut angewandte Sparsamkeit«[284], also nicht Sparen zum Selbstzweck und ohne Überlegung, sondern eine abgewogene und flexible Wirtschaftsführung an Bord. Besonders, wenn Frachtraten niedrig waren, sandte Jebsen seine Sparsamkeitsappelle hinaus. Ein typisches Beispiel sind seine Bemerkungen gegenüber Kapitän Carl August Hundewadt, der 1893 *Jacob Diederichsen* führte:

> »(M)it Ihrem Schiffe geht es aber ganz miserabel, da es bis dato M[ark] 15.000 im Debet steht und bei der jetzigen Monatsfracht die außerordentlich hohen Betriebskosten kaum gedeckt werden. Ein ähnlich schlechtes Resultat ist noch nur zum Teil von der *Apenrade* erreicht worden. Überhaupt geht es in diesem Jahre ganz gotterbärmlich mit unserer Reederei an dortiger Küste. Große Reparaturen wechseln mit Havarien, zum Teil mit oder ohne Schuld der betreffenden Kapitäne ab. Dabei ist von irgendeiner größeren Sparsamkeit

seitens der Kapitäne oder Maschinisten, die bei den schlechten Zeiten wohl angebracht sein dürfte, nichts zu bemerken.«[285]

Bei Erhalt der Abrechnungen der einzelnen Dampfer seiner Reederei konnte Jebsen erkennen, wie rentabel die Schiffe geführt worden waren. Vor dem Hintergrund der zunehmenden Präsenz anderer Frachtdampferreedereien in der asiatischen Schiffahrt erschien ihm ständige Kontrolle notwendig, um das Geschäft profitabel zu halten. Wenn die Ausgaben hoch waren, erhielt der Kapitän eine Ermahnung, so beispielsweise Ende 1895 Kapitän Magnus Ipland, der die Führung von *Clara* im Vorjahr von seinem Bruder Hieronymus Ipland übernommen hatte. Jebsen bezeichnete den Gewinn aus der letzten Zeitcharter als »klägliches Resultat«: Überhaupt habe »dieser Dampfer trotz der hohen Frachtrate unter Ihrer sowie Ihres Bruders Führung für die Reederei keine Seide gesponnen.« Angesichts der stark sinkenden Frachtraten wurde der Schiffsführer aufgefordert, »mit der größten Sparsamkeit zu Werke« zu gehen, »um einigermaßen günstige Resultate zu erzielen«. Jebsen machte klar, daß er von seinen Kapitänen erwartete, »daß dieselben das Interesse der Reederei

Dampfer *Jacob Diederichsen* im Trockendock, um 1900

Kapitän Carl August Hundewadt (–1896)

Kapitän Magnus Ipland (1852–1922)

ebenso zu wahren wissen wie das eigene, nur dann kann der großen Konkurrenz mit Erfolg begegnet werden.«[286]

Während der Wirtschaftsdepression der neunziger Jahre wurde Jebsen noch kritischer gegenüber seinen Kapitänen. Eine ganze Serie von Briefen appellierte an das Pflichtgefühl der Schiffsführer und rief zu mehr Sparsamkeit an Bord auf. Kapitän Hohlmann, der 1893/94 mit *Apenrade* höhere Betriebskosten als im Vorjahr gehabt hatte, schrieb er: »Das alte Sprichwort ›Mit Vielem hält ein Haus und mit Wenigem kommt man aus‹ kommt nirgends besser zur Geltung als an Bord eines Schiffes.«[287] Auch seinen Sohn Jacob, der 1895 mit der Gründung der Firma Jebsen & Co. die Alleinagentur der Dampfer in Hongkong übernahm, warnte er ständig vor dem Fehlverhalten der Kapitäne und riet zur Vorsicht und strengeren Kontrolle. Wie seine Briefe zeigen, fühlte er sich in zunehmendem Maße hilflos, gegen die seiner Meinung nach häufig vorkommende Verschwendung von Geldern und Schiffsmaterialien oder das falsche Disponieren bei Befrachtungen wirksam vorzugehen. Um so mehr ermahnte er seinen Sohn zur schärferen Kontrolle:

> »Es muß übrigens bald unseren Herren Kapitänen plausibel gemacht werden, daß sie nicht allein für sich, sondern auch für die Reederei sorgen müssen. Die alten Herren sind schwer zu kurieren, jedoch die jungen Leute (...) müssen daran erinnert werden. In den guten Zeiten läuft manches mitunter durch, in den flauen Perioden wie heute, und da vorerst noch schlechtere bevorstehen, muß die größtmögliche Sparsamkeit beobachtet werden. Wir managen mit unseren Dampfern im großen und ganzen viel zu teuer.«[288]

Wenn ein Schiff verchartert war, fungierte der Kapitän als wichtigster Repräsentant der Reederei gegenüber dem Befrachter und übernahm eine zweifache Verantwortung. Zum einen hatte er in jeder Hinsicht die Bestimmungen des Frachtkontrakts oder Befrachtungsbriefs (*charter party*) einzuhalten, mußte also die in ihm festgelegten Häfen anlaufen, den Instruktionen der Agenten des Befrachters folgen und sich gegebenenfalls um das Löschen und Laden der Fracht kümmern. Zum anderen sollte er die Interessen der Reederei wahren und darauf achten, daß die Festlegungen im Befrachtungsbrief nicht vom Befrachter gebrochen wurden. Allerdings galt üblicherweise, daß die Anweisungen des Befrachters diejenigen des Reeders ersetzten, wenn das Schiff in Fahrt war.[289] Um so wichtiger war ein befriedigendes Verhältnis zwischen Kapitän und Befrachter, damit der Geschäftskontakt bewahrt blieb und ein Schiff seinen guten Ruf in Kreisen der Charterer behielt; davon wird noch zu handeln sein. In der ostasiatischen Küstenschiffahrt begleitete manchmal der Befrachter oder sein Komprador, ein englischsprechender Kaufmann, der eine wichtige Mittlerfunktion zwischen den chinesischen Befrachtern und ausländischen Reedereien einnahm, den Transport der Ladung. In diesen Fällen war der Kapitän eines Teils seiner Verantwortung enthoben, wie ein Beispiel zeigt: Als *Vorwärts* gechartert wurde, um mehrere Reisen nach Manila zu machen, bestand Jebsen darauf, daß immer ein chinesischer Komprador an Bord war, weil »dort selbst für jedes Paket, welches mehr oder weniger gelöscht wird, eine Strafe von $100 zu zahlen ist«. War der Befrachter oder Komprador an Bord, mußte er die Strafe zahlen und nicht der Kapitän für die Reederei.[290]

Nach den Rechtsvorschriften erstreckten sich die Befugnisse der Kapitäne auf die Anheuerung und Entlassung der Mannschaft, den Abschluß von Heuerverträgen und die Proviantierung des Schiffes. Der Korrespondentreeder griff nur ein, wenn durch das Verhalten der Kapitäne höhere

Kosten für die Reederei entstanden – beispielsweise bei einem verspäteten Wechsel von einer teureren europäischen zu einer billigeren chinesischen Mannschaft in Ostasien – oder der vom Kapitän gekaufte Proviant so schlecht war, daß Klagen laut wurden. Aus dem folgenden Schreiben an Kapitän Hans Schlaikier geht hervor, daß solche Fälle in der Reederei Jebsen aber die Ausnahme waren:

> »Wie mir Ihr erster Maschinist schreibt, soll die Verpflegung an Bord des *Michael Jebsen*, seitdem Sie dafür zu sorgen haben, ganz erbärmlich sein, so daß allgemein darüber geklagt wird. Es berührt mich dieses als Reeder sehr unangenehm, da bisher bei der großen Anzahl von Kapitänen, die für meine Reederei fahren, ein solcher Fall nie oder nur ganz vereinzelt vorgekommen ist, meine Schiffe vielmehr in der Beziehung einen guten Ruf haben, der jetzt durch Ihre Schuld beeinträchtigt wird. Wenn ich auch annehmen will, daß der Maschinist übertreibt, so ist doch aus seiner Beschreibung herauszulesen, daß mit Bezug auf den Proviant es bei Ihnen nicht so bestellt ist wie es sein sollte und wie ich es an Bord meiner Schiffe gehandhabt wünsche, auch mit Bezug auf das von mir gezahlte Kostgeld zu verlangen berechtigt bin. Ich ersuche Sie daher, in der Beziehung Wandel zu schaffen.«[291]

Wie ernst er die Klage nahm, machte Jebsen deutlich, als er Schlaikier sogar mit Entlassung drohte, wenn die geschilderten Verhältnisse sich als wahr herausstellen sollten. Zwar kam es nicht dazu, doch machte das Beispiel deutlich, daß der Reeder über seine übliche Instruktionsgewalt hinaus in die Befugnisse der Kapitäne eingriff, wenn er das für nötig hielt, und sogar vor rechtlichen Schritten gegen seine Schiffsführer nicht zurückschreckte. Laut § 493 IV HGB war er befugt, dem Schiffer Anweisungen zu erteilen, an welche dieser sich halten mußte.[292] Allerdings erstreckte sich dieses Recht nicht auf die nautischen Befugnisse der Kapitäne, denen Jebsen auch niemals in ihre Kommandogewalt über Schiff und Mannschaft hereinredete, sondern nur auf die Betriebsführung des Schiffes und die Geschäftsführung beim Abschluß von Frachtverträgen. Weil aber zunehmend Makler die Frachtabschlüsse besorgten, richtete der Schwerpunkt von Jebsens Instruktionen sich auf das effiziente Management des Schiffes und der auf ihm transportierten Güter. Als *Signal* im Herbst 1883 eine Charterpartie für eine Ladung Säsand, Flachs und Hafer von Riga nach dem belgischen Gent erhielt, wies Jebsen Kapitän T. Bergemann an, die ganze Räumte des

Dampfers für die Ladung zu nutzen und dafür sämtliche Kohlen in die Seitenbunker zu trimmen. Blieben noch Kohlen übrig, sollten diese vorläufig auf das Deck gelegt werden. »Den Querbunker müssen Sie nämlich *partout für Ladung verwenden«*, mahnte er mit Verweis auf die geringe Frachtrate, die sehr flexible und ökonomische Arbeitsweisen erforderte, um der Reederei Profit zu bringen.[293]

Welche Vorstellungen der Reeder von einem gut wirtschaftenden Schiffsführer hatte, machte er gegenüber Kapitän H. C. W. Timm deutlich, der 1882/83 auf *Doris* gefahren war, aber eine wenig glückliche Hand bewiesen hatte. Sein Nachfolger, Kapitän W. Zerrahn, entsprach dagegen den Vorstellungen von Jebsen weitaus mehr:

> »Herr Zerrahn hat die *Doris* sehr zu meiner Zufriedenheit geführt. Von all den Klagen, die man während Ihrer Führung z. B. wegen schlechter Verpflegung etc. gewohnt war, verlautete jetzt nichts. Desertierung und öfteres Wechseln der Mannschaft, wodurch der Reederei früher bedeutende Kosten entstanden, sind während Zerrahns Führung nicht vorgekommen. Verbrauch wie Kohlen und anderen Materialien ist bedeutend reduziert worden, überhaupt ist die ganze Unterhaltung des Schiffes sowohl auf See wie im Hafen eine bedeutend billigere geworden wie zu Ihrer Zeit. Wenn auch die Reisen nicht eben schnell gewesen sind, so versteht Kapitän Zerrahn sein Schiff im Hafen schnell expediert zu bekommen.«[294]

Einem seiner Kapitäne, der auf dem Weg nach China war, machte Jebsen klar: »Es ist nicht genügend, daß ein Kapitän sein Schiff gut über See bringt, sondern im Hafen gut Aufpassen und Disponieren ist ebenso nötig, wird aber leider nicht immer beobachtet. An der Küste von China, wo Sie sich größtenteils selbst überlassen sind, ist solches ganz besonders nötig.«[295] So gehörte es zur Pflicht von Kapitänen, nicht nur das Schiff effizient und sparsam zu führen, sondern auch für die Reederei profitable Frachtgeschäfte in den Anlaufhäfen abzuwickeln, wenn kein Makler dafür eingeschaltet war. Jebsen reagierte mit heftiger Kritik, wenn er unwirtschaftliches Verhalten vermutete, wie im folgenden Fall bei Kapitän G. G. Kreidner von *Amigo*:

> »Die Herren Behn, Meyer [& Co.] schrieben mir, daß Sie zuerst eine Offerte von 12 cts. [cents] per Sack Reis nach Soerabaja [Java, Niederländisch-Indien]

ausschlugen, wie gut hätte diese sich nicht mit der Fracht Soerabaja Hongkong kombinieren lassen. Meiner Ansicht nach haben Sie sehr wenig Dispositions-Talent an den Tag gelegt u. doch kann solches bei dem *Amigo* wohl nötig tun. Bei den tripcharters ist gutes Disponieren doppelt nötig, nur dann kann überhaupt etwas übrigbleiben. (...) Sie als junger Kapitän müßten sich es um so mehr angelegen sein lassen, darin zu exzellieren, wenn Sie überhaupt denken, bei meiner Reederei Ihr ferneres Fortkommen zu haben. Als Kapitän sind Sie mir gegenüber die allein verantwortliche Persönlichkeit.«[296]

Michael Jebsen, um 1885

Die langjährigen Arbeitsbeziehungen zu den Kapitänen hinderten Jebsen nicht daran, in seinen Briefen grobe Nachlässigkeit oder anderes Fehlverhalten scharf zu tadeln. Viele seiner Schreiben enthielten massive Klagen und waren manchmal in einem fast beleidigenden Ton verfaßt. Ein Beispiel unter vielen anderen waren seine Briefe an Kapitän Jochen Schuldt Mitte der achtziger Jahre, der mit *Triumph* in Ostasien die höchsten Betriebskosten von allen Schiffen der Flotte hatte. Obwohl Jebsen ihn wiederholt und dringend um mehr Sparsamkeit gebeten hatte, blieben die Ermahnungen vergebens, weil – wie Jebsen meinte – »nach wie vor Sie mehr daran denken sich am Lande zu amüsieren und den Großen zu spielen als an Bord Ihre Geschäfte wahrzunehmen«.[297] Als der Kapitän sich einige Monate später gegen neue Vorwürfe des Reeders zur Wehr setzte, fiel die Reaktion von Jebsen um so schärfer aus:

»Wie ich wohl erwarten konnte, verfallen Sie wieder in den alten Fehler sich selbst als quasi infallibel [unfehlbar] hinzustellen. Es mag ja sehr gut sein einen gewissen Grad von self esteem [Selbstachtung] zu besitzen, man soll denselben aber nicht durch angeborene Eitelkeit bis zur Infallibilität [Un-

> fehlbarkeit] steigern. Sie haben ja bereits früher erfahren, z. B. bei Ablegung des Schiffer-Examen, wie Ihnen solche Überschätzung Schaden gebracht hat, u. wenn Sie sich besser zusammen genommen resp. besser die Interessen des Schiffes vertreten hätten, das Resultat ein besseres sein würde, dann verfallen Sie in denselben Fehler. (...) Wenn Sie nur mir den Beweis liefern wollen, daß Sie in jeder Hinsicht das Interesse des Schiffes fördern, dann werde ich Ihnen gewiß nicht zu nahe treten. (...) Glauben Sie mir, daß ich während meiner Anwesenheit an der Küste von China so oft Gelegenheit gefunden habe, die Erfahrung zu machen, daß die Herren Kapitäne, welche möglichst wenig das an Land Leben kultiviert haben, immer am besten vorwärts gekommen sind, während viele, die das Gegenteil beobachtet haben, schließlich auf den Hund gekommen sind, und wenn der Fall eingetreten ist, größtenteils von ihren sogenannten Freunden am Lande im Stiche gelassen worden sind. Ich will gerne zugeben, daß ich in meinen Briefen an Sie manchmal strenge Seiten aufgezogen habe, dieses aber keinesfalls, um Sie zu kränken, sondern nur, weil ich mit Ihnen nicht zufrieden war und es dann für meine Pflicht hielt Ihnen solches ohne Umschweife vorzuhalten. Hoffentlich werde ich dazu nicht mehr Gelegenheit haben, und wenn der *Triumph* unter Ihrer Leitung, wie dieses jetzt den Anstrich gewinnt, sich rehabilitiert und am Schlusse dieses Geschäftsjahres eine gute Dividende abwirft, dann bin ich gewiß der Erste, der Ihnen dafür meine Zufriedenheit bezeugen wird. Denn daß es mir ebenso lieb ist wie Ihnen, daß das frühere gute Verhältnis wieder hergestellt wird, davon dürfen Sie sich versichert halten.«[298]

Zu den weiteren Pflichten der Kapitäne gehörte es, den Korrespondentreeder unaufgefordert fortlaufend über den Zustand des Schiffs, wichtige Ereignisse auf der Reise und abgeschlossene Frachtverträge zu informieren.[299] Wie Jebsen 1890 klarstellte, hatte der Kapitän »stets den Korrespondentreeder von allen wichtigen Vorkommnissen in Kenntnis zu setzen«.[300] Auf diese Weise entstand ein umfangreicher gegenseitiger Schriftwechsel zwischen den Schiffsführern und dem Reeder, in dem sich die jeweiligen Gegebenheiten in der europäischen und asiatischen Schiffahrt als auch die divergierenden Handlungsstrategien des Reeders gegenüber Kapitänen und Offizieren sowie Agenten und Befrachtern widerspiegelte.

Um seine Schiffsführer zu hohen Leistungen anzuspornen, legte Jebsen Wert darauf, daß die Kapitäne außer der festen Heuer oder Gage weitere Einkünfte hatten. Damit folgte er einer üblichen Praxis in der

Handelsschiffahrt, wonach Kapitäne im Auftrag der Reeder Frachtverträge abschlossen und daran finanziell partizipierten. Die Höhe des Verdienstes eines Kapitäns richtete sich demnach nicht nur nach der Zahl der Reisen, wenn sein Schiff auf der Basis von Trip-Frachtkontrakten (*trip charters*) fuhr, sondern auch nach seiner Fähigkeit, durch kaufmännisches Geschick die Frachtkonjunktionen richtig auszunutzen und profitable Befrachtungen für sein Schiff zu erzielen.[301] Neben der festen Gage, die in der europäischen Fahrt bei 120 Mark pro Monat lag, erhielten die Kapitäne seiner Reederei die sogenannten Kaplaken, einen prozentualen Anteil an den Erlösen aus dem Frachtgeschäft – je nach Dienstalter zwischen einem halben und zwei Prozent –, dazu Kapitänsgelder, also Kostgelder zur Verpflegung der Besatzung, Repräsentationsgelder in Höhe von fünfzig Mark pro Monat, Landgangsgelder als Entschädigung für Kosten, die beim Abschluß von Frachtgeschäften an Land anfielen, sowie Lotsengelder zur Bezahlung von Hafenlotsen. Angesichts dieser Einkünfte stand für Jebsen fest: »Von sämtlichen schleswigschen Reedereien, sogar Kiel mit einbegriffen, sind meine Kapitäne am besten gestellt.«[302] Zu diesen Posten hinzu kamen die sogenannten Gratifikationen, also pekuniäre Vergütungen, die Befrachter den Kapitänen bei besonders sorgfältiger Behandlung der Ladung zahlten. Obwohl laut § 573 HGB diese Prämien der Reederei zustanden, überließ sie Jebsen in Europa zur Hälfte[303] und in Ostasien ganz den Kapitänen, doch erwartete er im Gegenzug, daß beispielsweise Rabatte auf Lieferungen oder Reparaturen an die Reederei abgeführt wurden.[304] Weil die Höhe der Gratifikationen deshalb nicht von ihm kontrolliert wurde, entstand für die Kapitäne ein willkommener Freiraum, um über die Höhe dieser Prämien gegenüber den Befrachtern zu verhandeln. Auf diese Weise kam es zu Fällen, in denen ein Charterer, der dringend ein Schiff benötigte, dem Kapitän eine Gratifikation zugestand, um die Charterpartie überhaupt abschließen zu können, doch als Kompensation die Frachtrate entsprechend kürzte. Als Jebsen 1893 erfuhr, daß auch einzelne Schiffsführer seiner Reederei solche Schädigungen von Reedereiinteressen betrieben, zeigte er sich über »das Haschen und Drängen nach Gratifikationen seitens der Kapitäne« empört. Die Beeinträchtigung der Befrachtungsrate hielt er für »eine Praxis, die nicht genügend gerügt werden kann und die ich bisher in meiner Reederei für unmöglich gehalten habe«.[305] Nach seinen Informationen bestand bei den chinesischen Befrachtern in Shanghai sogar eine stillschweigende Übereinkunft, dem

Kapitän von der monatlichen Frachtrate 100 Dollar als Gratifikation zukommen zu lassen und dementsprechend dem Schiff weniger zu zahlen.[306] Wie er von dem früheren deutschen Konsul in Hongkong, Georg Coates, erfahren hatte, gab es Kapitäne, die ihr Verhalten damit begründeten, von der Reederei zu wenig Geld zu bekommen, um sich und ihre Familie ohne diesen Nebenverdienst ernähren zu können – nach Jebsens Meinung »eine Prozedur, die nicht scharf genug verurteilt werden kann«. Für ihn stand »*außer aller Frage*«, wie er bekräftigte, daß »in dieser Gratifikationsangelegenheit Ausschreitungen geschehen sind und noch geschehen«. Zwar wollte er nicht alle Kapitäne seiner Reederei solcher Übergriffe pauschal verdächtigen,[307] doch sah er sich zu strengen Kontrollen der Gelder veranlaßt – besonders mit dem Einsatz seiner Dampfer in der asiatischen Schiffahrt, als die Kapitäne nicht mehr Wochen oder Monate, sondern mehrere Jahre von zu Hause wegblieben. Seinem Neffen Max, der *Else* in Ostasien führte, machte er im April 1889 Verhaltensvorschriften für den Umgang mit solchen Mitteln:

> »Inzwischen habe ich Deine Abrechnung per Februar durchgesehen und finde darin, daß Du auch schon anfängst, die Reederei mit Deinen kleinen Landausgaben zu belasten. Wenn Du sozusagen keine Spesen an Land außer Wagen & Sampan [flaches, breites Ruder- oder Segelboot], die die Reederei Dir stellen, hast, dann mußt Du Letztere wohl damit heimsuchen. Über die Kosten, welche Du im wirklichen Dienste der Reederei an Land hast, die bei einem in Timecharter beschäftigten Dampfer nur gering sein können, helfen Dir Deine M[ark] 50 Repräsentationsgelder hinweg. Willst Du Dich außerdem Dich [sic!] an Land vergnügen resp. Bummeln, dann trage die Kosten gefälligst selber. Deine Nebeneinnahmen als Gratifikationen etc. können solches zur Genüge decken, dann bleiben Dir noch Gage & Kaplaken; für einen jungen Mann wie Du immer[hin] ein netter Überschuß. Denke nur nicht, daß hier über alles leicht hinweggegangen wird, es wird alles genau kontrolliert.«[308]

Der Umgang mit Kapitänsgeldern und Gratifikationen bildete ein Dauerthema in der Korrespondenz von Jebsen mit seinen Schiffsführern. Bereits in der Zeit, als die meisten seiner Dampfer noch in Europa fuhren, hatte er Klagen über eine zu geringe Entlohnung regelmäßig zurückgewiesen. Weil er in europäischen Häfen nicht die volle Gratifikation der Befrachter den Kapitänen zuteil werden ließ, sondern die Hälfte für die

Kapitän Michael (Max) Jebsen (1862–), Neffe von Michael Jebsen

Reederei einbehielt, beschwerte sich Kapitän Will 1883 über diese von den Flensburger Reedereien abweichende Praxis. Doch biß er bei Jebsen auf Granit: Der Reeder ließ wissen, daß »keine Veranlassung dazu vorliegt«, besonders, wenn er einen Vergleich mit den Kapitänen der anderen deutschen Reedereien an Nord- und Ostsee und sogar der Großreedereien mit überseeischen Linien anstellte. Im Gegenteil: Von seinen Mitreedern, die auch an Flensburger Schiffen beteiligt waren und deshalb über die Unterschiede der Betriebskosten informiert waren, hätten »schon verschiedene die Bemerkung fallen gelassen, daß unsere Kapitäne zu viel verdienen«, teilte er Will mit.[309]

Jebsens kritische Einstellung gegenüber den Kapitänen war zweifellos von seinen eigenen jahrelangen Erfahrungen als Schiffsführer beeinflußt, aber auch von Informationen und Eindrücken, die er aus den Briefen der Kapitäne erhalten hatte. Zwar ist es unmöglich, ein sicheres Urteil über die Stichhaltigkeit der Vorwürfe abzugeben, doch wird ein Stück Wahrheit in seiner permanenten Kritik gelegen haben. Die Schiffsführer, die monate- oder jahrelang auf sich allein gestellt in der asiatischen Küstenschiffahrt beschäftigt waren, hatten große Entscheidungsmöglichkeiten und Freiheiten, so daß unrichtiges Verhalten leichter und öfter auftrat als in der europäischen Fahrt, wo der Reeder stärker kontrollierend eingreifen konnte. So kam Jebsen nach fast zwanzigjähriger Beobachtung zu dem Schluß: »Die Herren werden alle laxe, wenn sie längere Zeit draußen gewesen sind, sowohl Kapitäne wie Maschinisten & Steuerleute.«[310]

Steuerleute

Außer dem Kapitän zählten Steuerleute zu den Offizieren eines Dampfschiffs. Der Erste Offizier hatte vor allem eine Anordnungs- und Überwachungsfunktion an Bord und galt oft als Antreiber der Besatzung, außerdem vertrat er den Kapitän als Nautiker. Dagegen war der Zweite Offizier, der rangniedrigste Steuermann, nur wenig mit nautischen Fragen befaßt und durfte eigenmächtig keine Kursänderung anordnen. Er erledigte vor allem die unbeliebten und gefährlichen Aufgaben wie Ladungsarbeiten, bei denen er selbst mit anfassen mußte, und das Abwiegen der Verpflegungsrationen und Zuteilung an den Koch, woher sein Beiname »Specksnieder« (Speckschneider) kam.[311] Obwohl die Steuerleute in der Rangfolge an Bord direkt nach dem Kapitän kamen, ihn im Falle der Abwesenheit vertraten und bei einer Vakanz auch zum Kapitän befördert werden konnten, lagen ihre Gagen weit unter denen der Maschinisten. Wieviel Gage und Heuer die Besatzungsmitglieder des Dampfers *Signal* bekamen, der in der europäischen Küstenschiffahrt fuhr, wird aus der nachfolgenden Tabelle deutlich.

Tab. 5. Anzahl und Monatsgagen der Besatzungsmitglieder des Dampfers Signal (April 1884)

Besatzungsmitglieder	Anzahl	Pro-Kopf-Monatsgagen in Mark
Kapitän	1	120
Erster Steuermann	1	100
Zweiter Steuermann	1	75
Erster Maschinist	1	250
Zweiter Maschinist	1	150
Maschinistenassistent	1	75
Matrosen	4	48
Heizer	3	48
Koch	1	75
Steward	1	25
Zimmermann	1	60

Quelle: JJHA A01–01-213: Gagen pro April 1884 für den Dampfer *Signal*.

Die relativ niedrigen Gagen der Steuerleute im Vergleich zu den Maschinisten waren vor allem ein Resultat der zahlreichen Bewerber auf diese

Posten an Bord von Dampfschiffen, als die Segelschiffahrt in den 1880er Jahren langsam zu Ende ging. Zeitgenössische Beobachter beklagten die »verhältnismäßig viel zu kleinen Heuern der 1. Steuerleute« und forderten eine erhebliche Aufbesserung, »damit diesen Leuten wenigstens eine den Zeitverhältnissen angemessene, auskömmliche Einnahme geboten, und diese einigermaßen in Einklang gebracht werde mit den Leistungen, die man auf See von diesen Offizieren zu fordern berechtigt ist«.[312] Jebsen konstatierte 1883: »Tüchtige Steuerleute finden wir wohl leichter als zuverlässige Maschinisten.« Dennoch war er bereit, dem Ersten Steuermann von *Clara* die Monatsgage auf 120 Mark zu erhöhen. Sollte dieses nicht genug sein, ließ er Kapitän Evers wissen, »dann muß der gute Mann aber suchen, wo er mehr bekommt, welches ihm jedoch wohl nicht leicht werden wird zu finden«. Seiner Ansicht nach sollten tüchtige Offiziere und Maschinisten zwar gute Salärs erhalten – »wie denn auch diese Herren an Bord unserer Dampfer bessere Gagen bezogen haben als auf den Dampfern gleicher Kategorie« –, doch bevorzugte er das Gratifikationsprinzip gegenüber der Gagenerhöhung. Als Grund gab er an: »Wenn aber auf dem einen Dampfer der Reederei die Gagen erhöht werden, dann beanspruchen gleich die Herren von den anderen Dampfern der Reederei dieselbe Gage oder sind unzufrieden.«[313] Mit individuellen Gratifikationen, die für gute Leistungen bezahlt wurden, konnte also ein genereller Gehaltsschub nach oben vermieden werden.

Der Arbeitsmarkt für Steuerleute besserte sich erheblich bis zum Ende der achtziger Jahre. Im Frühjahr 1890 teilte Jebsen mit, daß mehrere seiner Dampfer ohne Zweiten Steuermann führen.[314] Für den Mangel an Steuerleuten war vor allem der Rückgang der Segelschiffahrt in den klassischen Seefahrerregionen wie an den Küsten von Schleswig-Holstein verantwortlich, wo sich viele Seeleute eine andere Beschäftigung gesucht hatten. »Junge Leute, die als 2te Steuerleute fahren wollen, werden auch rar, da von hier aus in den letzten Jahren wenige zur See gehen«, berichtete Jebsen über die Situation in Apenrade.[315] An der chinesischen Küste herrschte zur Mitte der neunziger Jahre ein so großer Mangel an Steuerleuten, daß gute Bewerber sogar höhere Gagen aushandeln konnten. Zu dieser Zeit galten in Hongkong Monatsgagen von über 144 Mark für Erste Steuerleute als ortsüblich. Als ein Steuermann namens Jessen, der auf eigene Kosten nach Hongkong gereist und damit an irgendwelche Absprachen nicht gebunden war, sich bei Kapitän Hohlmann bewarb, jedoch eine Monatsgage von

120 Mark ablehnte und das ortsübliche Gehalt forderte, wurde ihm die höhere Gage seines Vorgängers von *Michael Jebsen* zugesagt. Wie Jebsens Buchhalter Engelbrecht an seinen Chef nach Berlin meldete, sei Hohlmann gezwungen gewesen, »die große Gage zu gewähren, da bekanntlich an der Küste an guten Steuerleuten empfindlicher Mangel« sei.[316] Jebsen empfahl deshalb im März 1896 einem anderen Bewerber, »nach der Küste von China zu gehen und dort zu versuchen, eine Steuermannsstelle zu finden, wo eine große Anzahl deutscher Schiffe fahren und oft Vakanzen vorliegen«.[317] Daß arbeitssuchende Steuerleute in der asiatischen Küstenschiffahrt bessere Chancen hatten, einen neuen Posten zu finden, zeigt eine Anfrage von Jebsen an die berufliche Standesvertretung der Hamburger Steuerleute im Juni 1894. Für den fertiggestellten Dampfer *Marie Jebsen*, der Anfang August nach China entsandt werden sollte, suchte der Reeder nach Matrosen, die in Hongkong abgemustert und durch eine chinesische Besatzung ersetzt werden sollten. Weil der Verein sich auch um Stellenvermittlungen kümmerte, wandte Jebsen sich mit der Frage an ihn, ob einige seiner Mitglieder geneigt seien, »die Ausreise als Matrosen mitzumachen, um draußen, wo Steuerleute meistens knapp sind, abzugehen«.[318]

Tatsächlich war es in Ostasien schwierig, beim Ausfall eines Steuermanns rasch Ersatz zu finden, da viele es vorzogen, nach Europa zurückzukehren. Der begehrte Aufstieg zum Kapitän eines Dampfers der Reederei Jebsen war für einen Ersten Steuermann in der Regel nach mehreren Jahren guter Führung möglich. Jebsen ließ 1891 wissen, daß mehrere Steuerleute seiner Reederei bereits bis zu acht Jahren bei ihm in Dienst seien, »von denen einige mir von den Herren Kapitänen sehr warm empfohlen sind und die ich bei vorkommender Vakanz zu berücksichtigen mich verpflichtet halte«.[319] Als H. L. L. Möller, der dienstälteste Steuermann der Reederei, sich 1890 bei Jebsen um einen Kapitänsposten bewarb, wenn eine Vakanz eintreten sollte, wandte der Reeder sich an Möllers Kapitän Jacob A. Bruhn vom Dampfer *Amigo* mit der Bitte um seine »unverhohlene Meinung, ob Möller sich für einen solchen Posten« eigne. »Er ist ja leider klein und unansehnlich, wird den Chinesen somit nicht imponieren. Sonst soll er ja als Steuermann brauchbar sein«, schrieb Jebsen. Möllers Qualifikationen, auch gegenüber chinesischen Befrachtern, scheinen genügt zu haben, denn bis zum Jahre 1900 führte er nacheinander drei

Dampfer *Germania*

Dampfer der Reederei – *Vorwärts* (I), *Triumph* und *Germania* – in der ostasiatischen Küstenschiffahrt.[320]

Zwar war der Kapitän formal der Vorgesetzte aller Besatzungsmitglieder an Bord, doch ließ Jebsen es sich nicht nehmen, Steuerleute und Maschinisten hart zu kritisieren und auch ihre Ablösung zu empfehlen. Als Steuermann Hasenwinkel an Bord des Dampfers *Triumph* bei der Fahrt durch den Großen Belt (1881) ein schwerer Fehler beim Navigieren unterlief und das Schiff strandete, nannte der Reeder dessen Verhalten »dummerhaft«. Kapitän Will ließ er wissen, daß Hasenwinkel der Reederei viel Geld gekostet habe und er – Jebsen – »noch nie eine große Idee von seiner Tüchtigkeit gehabt« habe. »Sie müßten nun am besten wissen, ob Sie ihn behalten wollen oder nicht, da Ihnen ja die Sache genauso angeht als verantwortlicher Persönlichkeit«, schrieb er dem Schiffsführer.[321] In einem anderen Fall, nämlich bei der Havarie von *Triumph* in der Hainan-Straße (1891), gab Jebsen zwar Kapitän Jürgen Bruhn die Hauptschuld, doch ließ er die Steuerleute nicht so einfach davonkommen. Als er erfuhr, daß der frühere Zweite Offizier von *Triumph*, der bei dem Unfall an Bord war, inzwischen als Erster Offizier auf *Clara* angeheuert hatte, machte er Kapitän Hieronymus Ipland klar, daß es ihm vollständig frei stehe, ob er ihn als Steuermann behalten wolle oder nicht: »Finden Sie, daß er nicht in allen Stücken seinen Posten ausfüllen kann, dann suchen

Sie ihn los zu werden, vielleicht wird es Ihnen gelingen, ihn zu einem Segelschiffe zu verhelfen. Ich glaube, er wäre dabei besser angebracht als auf einem Dampfer. Indessen will ich Sie keineswegs beeinflussen. Sie sind mir gegenüber die verantwortliche Persönlichkeit.«[322]

Kapitän Adolph Bendixen

Blieb in solchen Fällen die Entscheidungsfreiheit des Kapitäns wenigstens formal gewahrt, so behielt der Reeder sich bei Beförderungsvorschlägen die letzte Entscheidung vor. Kapitän Jacob A. Bruhn, der 1889 seinen Ersten Steuermann Adolph Bendixen für den neugebauten Kleindampfer *Alwine* vorschlug und dessen Tüchtigkeit ausdrücklich lobte, machte Jebsen auf die offenbar mangelnde Solidität des jungen Mannes aufmerksam: So habe Bendixen von allen Steuerleuten der Reederei »am allerwenigsten Geld nach Hause geschickt, ein Zeichen, daß es mit der Sparsamkeit nicht am besten bestellt« sei. Ob er ihm dennoch »ein Schiff als Kapitän anvertrauen« könne, wollte Jebsen erst später entscheiden. Das Ergebnis fiel nach einigem Bedenken und wohl auch aufgrund der warmen Fürsprache von Kapitän Bruhn positiv aus, denn Bendixen übernahm im Folgejahr die Führung von *Alwine* und führte bis 1901 auch die Dampfer *Amigo*, *Apenrade* (II), *Marie Jebsen*

Dampfer *Alwine*

und *Germania* in Ostasien.[323] Für einen guten Ersten Steuermann hielt Jebsen einen Mann, der »tüchtig, zuverlässig und nüchtern« war, wie er F. Vogelgesang ausdrücklich bescheinigte, der in dieser Funktion und vertretungsweise auch als Schiffsführer auf seinen Dampfern gefahren war. Und er faßte am Beispiel von Fr. Vogelgesang zusammen, was er von einem Steuermann erwartete: »Er war stets diensteifrig und zuvorkommend, und obgleich seine Persönlichkeit nicht imponierend ist, verstand er es doch, seinen Untergebenen gegenüber den nötigen Respekt zu wahren.«[324]

Maschinisten

Anders als Steuerleute befanden sich Maschinisten in einer viel günstigeren Situation auf dem Arbeitsmarkt, als die Dampfschiffahrt allmählich die Segelschiffahrt ablöste. Wie Tabelle 5 zeigt, lagen auch bei der Reederei Jebsen ihre Gagen weit über denen der Steuerleute. Der große Unterschied in der Bezahlung erklärte sich in erster Linie aus der größeren Eigenständigkeit und höheren Verantwortung eines Maschinisten an Bord eines Dampfschiffs. Konnte der Steuermann jederzeit bei der Navigierung durch den Kapitän korrigiert oder sogar ersetzt werden, so war eine solche Kompetenzübernahme durch den Schiffsführer im Falle eines Defekts der Dampfmaschine oder der Kessel in den meisten Fällen unmöglich. Fast alle Kapitäne hatten keine technische Ausbildung und waren deshalb von ihrem höheren Maschinenpersonal mehr oder weniger abhängig. Dennoch blieben sie letztendlich für die Maschine verantwortlich, wie Jebsen gegenüber Kapitän Hohlmann klarstellte:

> »Ich verlange von den Kapitänen der Dampfer meiner Reederei nicht, daß sie vollkommen in der Maschine *au fait* [in Kenntnis] sein sollen, wohl aber, daß sie sich darum kümmern, daß der Maschinist seine Pflicht tut und Ihnen über alles Bericht erstattet, wie ich dann auch gewohnt bin, nur den Kapitän als den Herrn an Bord anzusehen und mich nie mit dem Maschinisten direkt in Verbindung gesetzt habe. Es ist eine ganz irrige Ansicht seitens der Kapitäne zu glauben, daß es gar nicht nötig tut zu wissen, was in der Maschine vorgeht.«[325]

Aus solchen Worten wird deutlich, daß Maschinisten sich ihrer großen Bedeutung an Bord bewußt waren und diese je nach technischer Sachkenntnis des Kapitäns entsprechend ausnutzten – auch wenn der Reeder seinen Schiffsführern stets den Rücken stärkte. Gegenüber den Steuerleuten genossen sie einen weiteren Wettbewerbsvorteil, und zwar ihre Verwendbarkeit außerhalb der Schiffahrt. Wie ein zeitgenössischer Beobachter im Mai 1893 in der *Hansa* berichtete, stellten die stets zunehmenden Fabriken, Dampfmühlen und Maschinenbetriebe sehr gerne erfahrene Erste Maschinisten ein, so daß »ein großer Prozentsatz dieser Herren den Dienst an Bord quittiert, um derartige Stellungen an Land anzutreten«. Da sich dieser Abgang aus den besten Maschinisten rekrutierte, sah der Berichteinsender voraus, daß »stets ein Mangel an *guten* Maschinisten« sein werde: »Würden nun diese Stellen schlechter bezahlt als die entsprechenden Anstellungen am Lande, so würden noch viel mehr Erste Maschinisten den Seedienst verlassen, die wir jetzt durch den größeren Lohn halten.«[326]

An Bord war das Maschinenpersonal für die Dampfmaschine zuständig, wozu Ölen und Schmieren sowie Maschinenmanöver und Reparaturarbeiten gehörten. Im Kesselraum führten die Maschinisten die Aufsicht über die Heizer. Die Oberaufsicht über die Maschine, den Verbrauch von Kohlen und Schmiermaterial sowie über die Führung des Maschinenjournals hatte der Erste Maschinist inne.[327] Nach Jebsens Meinung war ein brauchbarer Maschinist »ein Mann, der seine Maschinen gut in Stand hält und selbst auch gelegentlich Hand anlegt, was heute bei den Herren immer seltener wird«. Wenn er auch das tropische Klima gut vertrug, dann eignete sich ein solcher Mann für den Posten als Erster Maschinist auf einem Dampfer in der asiatischen Schiffahrt.[328] Um so gereizter reagierte der Reeder, wenn er von schlechten Leistungen erfuhr. Nachdem Kapitän Schuldt sich mehrmals über seinen Ersten Maschinisten Norman an Bord von *Signal* beklagt und ihm Nachlässigkeit und mangelndes Interesse an seiner Arbeit vorgeworfen hatte, gab Jebsen dem Offizier die letzte Frist von einem Monat, um sich zu ändern. Andernfalls werde er »dem Kapitän auftragen, Sie zu entlassen, und bleibt dann mein Vorsatz unwiderruflich stehen, Sie niemals wieder anzustellen«, teilte er Norman mit.[329] Wenn ein ihm nicht persönlich bekannter Maschinist sich um einen Posten bewarb, erkundigte der Reeder sich stets nach dessen Leumund. Als er von Kapitän Arnold, der einen der Kruppschen Erzdampfer führte, erfuhr, daß ein Bewerber für den Dampfer *Clara* »ein schlechter Kerl sein soll, außerdem wohl auch der Flasche zuspricht«, riet er davon ab, diesen Mann zu berücksichtigen.[330]

In der damaligen Dampfschiffahrt war es üblich, daß der Korrespondentreeder den Maschinisten anstellte und der Kapitän das Maschinenpersonal.[331] Obwohl Jebsen in seinem früher zitierten Brief aus dem Jahre 1882 angab, keinen direkten Kontakt mit Maschinisten seiner Schiffe zu haben, änderte er seine Praxis bald: Vor allem, wenn die Schiffsführer nicht genug technisches Wissen bei Problemen mit der Dampfmaschine zeigten, wandte Jebsen sich selbst an die Maschinisten, gab Ratschläge und kritisierte vermeintliches Fehlverhalten. Aus den zahlreichen detaillierten schriftlichen Anweisungen an die Maschinisten wird ersichtlich, welche gründlichen technischen Fachkenntnisse der Reeder über Dampfschiffe besaß, die er sich in seinen früheren Berufsjahren als Kapitän und als Flottenmanager erworben hatte. Ein Beispiel unter vielen ist sein Schreiben an den Ersten Maschinisten Jagermann von *Signal*, das er aufsetzte, nachdem er von Kapitän Hundewadt erfahren hatte, daß das Schiff bei schönem Wetter und gutem Wind über 42 Stunden von Cuxhaven nach Dover gebraucht hatte, also kaum mehr als 7,5 Meilen pro Stunde gelaufen war. Davon überzeugt, daß die langsame Fahrt des Dampfers, der normalerweise 9,5 Meilen pro Stunde schaffte, vom Maschinisten verschuldet war, hielt er ihm vor:

> »Ich verlange nicht von Ihnen, daß Sie die Maschine überanstrengen, wohl aber, daß dieselbe dasselbe wie früher leistet, nachdem sie in den besten Stand gesetzt worden ist. Das Schiff ist leicht beladen, der Boden rein und alles von bester Ordnung wie kaum jemals zuvor, und ist mir unerklärlich, daß keine bessere Fahrt erzielt worden ist. Wenn Sie die Expansion reduziert haben, dann wollen Sie solches wieder abstellen, damit gehörig Dampf in die Maschine gelangen kann. So wie bisher darf es nicht gehen, dann wird die Reise zu lang. Wenn die Maschine auf 78 bis 80 Umdrehungen gehalten wird, muß das Schiff gut laufen. Bisher scheint dieses aber nie bei Ihnen erreicht worden zu sein. Ich habe den Kapitän ersucht genau darauf zu achten und mir zu berichten, und muß Ihnen noch sehr ans Herz legen dafür zu sorgen, daß Ihre Maschine in gutem Stand gehalten wird, um dann auch das nötige leisten zu können. Bisher haben Sie keine weiteren Beweise geliefert, daß Sie den Posten als Erster Maschinist gehörig ausfüllen können.«[332]

Dampfer *Clara*

Die hohen Gagen der Maschinisten machen deutlich, wie begehrt qualifizierte Leute auf diesen Posten waren. Hinzu kamen Prämien, wenn der Maschinist seine Arbeit gut gemacht hatte. Jebsen gestand 1883 dem Ersten Maschinisten von *Clara* eine Monatsgratifikation von 25 Mark zu und ließ den Kapitän wissen, »daß ich ihm, solange er wie bisher aufpaßt, eine solche Gratifikation von M[ark] 300 per Jahr zukommen lassen werde«.[333] Solche Belohnungen waren noch wichtiger in Asien, wo die Hitze im Maschinen- und Kesselraum der Dampfer oft fast unerträglich war. Angesichts der klimatischen Herausforderungen in dieser Region war es für jeden Reeder besonders wichtig, gute Maschinisten so lange wie möglich mit einer attraktiven Bezahlung an Bord zu halten. Im März 1890 teilte Jebsen der Flensburger Handelskammer mit, daß die Ersten Maschinisten seiner Dampfer 300 Mark in den ersten beiden Jahren erhielten, 360 Mark im dritten und schließlich 420 Mark im vierten Jahr. Zweite Maschinisten erhielten je nach Länge der Fahrenszeit Monatsgagen zwischen 160 und 200 Mark, und Maschinistenassistenten verdienten bis zu 100 Mark. Wenn ein Maschinist in Hongkong abheuerte, war es fast unmöglich, dort einen neuen zu finden. »Die Beschaffung von Ersatzleuten an der Chinaküste ist insoweit schwierig, als diese zum großen Teil verkommene Subjekte sind, welche zur Arbeit nicht taugen und gegen deren Engagement die Kapitäne sich sträuben«, ließ Jebsen die Kammer wissen. Deshalb telegrafierten die

Kapitäne seiner Reederei oft sofort nach Apenrade und baten um Anstellung und Entsendung eines neuen Maschinisten »von Hause aus«.[334]

Kam eine solche Anfrage aus Hongkong in Apenrade an, dann kontaktierte Jebsen befreundete Kapitäne, engere Geschäftsfreunde oder den Flensburger Maschinistenverein und schaltete manchmal sogar eine Zeitungsanzeige mit entsprechenden Stellenangeboten.[335] Die meisten Bewerber kamen über den Maschinistenverein, der ihn, wie er 1899 mitteilte, »bisher zu meiner Zufriedenheit bedient« habe.[336] Besonders schwierig gestaltete sich die Suche in Zeiten von großer Nachfrage nach Maschinisten, beispielsweise im Jahre 1890, als weltweit massenhaft neue Schiffe vom Stapel gelaufen waren – eine direkte Folge der gestiegenen Frachtraten in den späten achtziger Jahren mit dem Höhepunkt im Boomjahr 1889.[337] »Mit Maschinisten ist es hier zu Hause sehr schlecht bestellt«, berichtete Jebsen im April 1890 nach einer Anfrage von Kapitän Jacob A. Bruhn von *Amigo*: Obwohl er 300 Mark Gage angeboten habe, suche er schon seit längerer Zeit vergebens nach Ersten Maschinisten für *Vorwärts* und *Michael Jebsen*.[338] »Der Begehr dafür ist bei der großen Anzahl Neubauten größer als der Vorrat«, schrieb er an Kapitän Möller von *Vorwärts*.[339] Auch Kapitän Matthiesen von *Michael Jebsen* bekam zu hören, daß augenblicklich »solche Leute sehr rar« seien.[340] Um so schwerer wog die Hiobsbotschaft des Ersten Maschinisten Schnoor von *Amigo*, der wegen seines Gesundheitszustandes nicht länger an der chinesischen Küste bleiben wollte. »An Bord eines Schiffes wie des *Amigo*, der zu den besteingerichteten Dampfern meiner Reederei gehört, müßte es sich wohl aushalten lassen«, schrieb der enttäuschte Reeder zurück. Er bat Schnoor, solange im Dienst zu bleiben, bis er einen Nachfolger für ihn gefunden habe.[341] Ein passender Mann konnte schließlich noch am selben Tag verpflichtet werden. Maschinist Malling aus Rostock versprach in seinem Heuervertrag, am Monatsende mit einem Schiff des Norddeutschen Lloyd von Bremen nach Hongkong zu reisen. Für die Ausreise zugesagt wurde ihm freie Passage dritter Klasse, eine halbe Monatsgage in Höhe von 150 Mark und ein Verzehrungsgeld von insgesamt 100 Mark. Sofort nach Ankunft in Hongkong hatte er die Stelle eines Maschinisten auf einem der Dampfer der Reederei Jebsen bei einer Monatsgage von 300 Mark anzutreten.[342]

Angesichts der zunehmenden Zahl von Frachtdampfern anderer Reedereien, die oft bessere Arbeitsbedingungen für Maschinisten als die in tropischen Gewässern fahrenden Schiffe von Jebsen boten, sah der Reeder sich zu einem Appell an seinen wichtigsten Makler in Hongkong veranlaßt. Wie er Wieler & Co. mitteilte, könne er »nur den Kapitänen empfehlen, wenn sie einigermaßen passable Maschinisten haben, solche möglichst lange zu behalten, da hier bei der großen Masse von Dampfern, die monatlich in Fahrt gesetzt wird, Maschinisten ein sehr begehrter Artikel sind, so daß ich große Mühe habe, solche für die dortige Küstenfahrt zu finden«.[343] Wie er Kapitän Jürgen Raben nach Hongkong schrieb, drückten sich die hiesigen Maschinisten »trotz der hohen Gagen nach China zu gehen« und gingen »nicht die besten« hinaus.[344] Im Juli 1890 ließ er in der Stettiner *Ostsee-Zeitung* dreimal im Abstand von je zwei Tagen eine Anzeige veröffentlichen, in der für »die China-Küstenfahrt« Maschinisten mit Patent erster und zweiter Klasse zu Monatsgagen von 300 bzw. 200 Mark bei freier Passage nach China gesucht wurden.[345] Nachdem mehrere deutsche Reedereien sich in Berlin über ihre Probleme bei der Rekrutierung von Maschinisten für die asiatische Küstenschiffahrt beklagt hatten, erließ das Reichskanzleramt im August 1890 eine Verordnung, nach der es auch Zweiten Maschinisten mit einem Patent zweiter Klasse erlaubt war, an der chinesischen Küste als Erste Maschinisten zu fahren.[346] Allerdings kündigte sich zu dieser Zeit bereits die nächste Konjunkturflaute an, so daß die Nachfrage nach Maschinisten zurückging. Wie Jebsen im April 1890 beobachtete, ließ die »Bauwut« deutlich nach;[347] auch die Frachtraten in Ostasien sanken im Sommer langsam.[348]

Mit der neuen Depression, die im November 1890 durch den Zusammenbruch des Londoner Bankhauses Baring Brothers ausgelöst wurde,[349] drehte sich der Stellenmarkt für Maschinisten ins Gegenteil um. Im Juli 1891 konnte Jebsen notieren, daß »augenblicklich kein Mangel an Maschinisten« sei.[350] Die bis zur Mitte des Jahrzehnts anhaltende Wirtschaftsflaute, die für Handel und Schiffahrt durch mehrere schlechte Ernten noch verschärft wurde, hatte zur Folge, daß im Sommer 1894 für Jebsen erklärtermaßen »nicht die geringste Schwierigkeit« bestand, »für die abgehenden Maschinisten Ersatz zu erhalten«. Als ihm ein anderer Reeder von höheren Gagenforderungen seines Maschinenpersonals berichtete, riet er dazu, »(i)m Interesse sämtlicher an der China-Küstenfahrt beteiligten Reedereien« solche Forderungen abzuweisen.[351] Erst mit dem Ende der Depression überstieg die Nachfrage nach Maschinisten wieder das Angebot. Im Herbst 1894 meldete Jebsen, daß gute Maschinisten »auch hier zu Haus recht knapp« seien und die Heuern hoch blieben.[352] Der furiose wirtschaftliche Aufschwung im Frühjahr 1895, der eine bis 1913 dauernde Hochkonjunkturperiode einleitete, löste einen neuen Bauboom für Dampfschiffe aus und heizte damit die Nachfrage nach Maschinisten weiter an.[353] Seinem Sohn Jacob, der seit 1895 die Agentur der Dampfer in Hongkong innehatte, mußte Jebsen im Herbst 1897 mitteilen, daß seine Bemühungen, einen Zweiten Maschinisten für den Dampfer *Knivsberg* zu finden, »bis jetzt leider erfolglos gewesen« seien: »Tüchtige Leute sind augenblicklich hier gesucht und fast nicht aufzutreiben.«[354]

Am Beispiel der Schiffsmaschinisten wird deutlich, wie sehr wechselnde Konjunkturlagen die Rekrutierung dieser für den Betrieb einer Dampferflotte unentbehrlichen Offiziere beeinflußten. Als Reeder mußte Jebsen attraktive Gagen und zusätzliche Anreize – wie freie Ausfahrten nach Hongkong bei halben Monatsbezügen – bieten, um seine in Ostasien fahrenden Dampfer mit guten Maschinisten besetzen zu können. Nur in Europa konnte er es sich in den achtziger Jahren leisten, bei flauen Frachtraten die Gagen des Ersten Maschinisten zu reduzieren. Kapitän F. Plambeck, der *Clara* führte, riet er Ende 1884 dazu, seinen Maschinisten abzumustern und sich einen anderen zu suchen, wenn jener nicht auf die Gagenkürzung eingehen wollte.[355] Dagegen blieb in Ostasien die Bezahlung anhaltend hoch: Ein Zweiter Maschinist erhielt 1898 eine Monatsgage von 200 Mark und die üblichen Leistungen während der Ausreise, mußte sich aber verpflichten, mindestens drei Jahre seinen Dienst zu tun.[356] Die anhaltende Knappheit an Maschinisten, welche in den neunziger Jahren nur für kurze Zeit unterbrochen wurde, führte dazu, daß der Reeder große Zugeständnisse bei der Bezahlung und Zusatzleistungen machen mußte. Auf diese Weise erhielten Maschinisten für den Reedereibetrieb eine Bedeutung, die weit über die der Steuerleute und sogar der Kapitäne hinausging. Wie zeitgenössische Diskussionen deutlich machten, ging eine Aufwertung ihrer Stellung an Bord, also in der Hierarchie der Dampfschiffbesatzung, damit aber nicht einher. Maschinisten würden von den Kapitänen »eigentlich immer noch als nichts weiter als eine lästige Beigabe betrachtet«, beklagte ein anonymer Briefeinsender 1891 in der *Hansa*.[357]

Wie die Kapitäne entgingen auch die Maschinisten nicht den ständigen Appellen Jebsens, sparsamer zu wirtschaften und mehr an die Interessen des Schiffes als an die eigenen zu denken. Seinen Sohn Jacob in Hongkong mahnte er, »nicht immer alles zu bewilligen, was die Herren Maschinisten verlangen. Die Herren müssen lernen sich zu behelfen, sie klagen oft wenn gar keine Veranlassung dazu vorliegt. Ich habe immer noch das Gefühl, daß diese Herren, sowohl wie auch die Kapitäne, bei Anschaffungen und Reparaturen ihre Prozente einheimsen, ein Mißbrauch, mit dem aufgeräumt werden müßte.«[358] Bei aller Kritik an den Maschinisten war Jebsen aber bereit, gute Leistungen durch beruflichen Aufstieg in seiner Reederei zu belohnen: So wurde der 1883 für *Triumph* engagierte Maschinistenassistent Gottlob Friedrich Neppach bereits 1886 zum Zweiten Maschinisten befördert, nachdem er acht Monate als Assistent und zwei Jahre und fünf Monate als Dritter Maschinist tätig gewesen war und sich in dieser Zeit Jebsens »volle Zufriedenheit erworben« hatte.[359]

Chinesische Seeleute

Weil Kapitäne von Handelsschiffen zur Heuerung und Entlassung der Mannschaft befugt waren, finden sich in den Briefen von Jebsen nur wenige Hinweise auf die einfachen Seeleute. Während seine Schiffe in Europa mit deutschen Besatzungen – Matrosen und anderes Deckpersonal sowie Feuerleute – fuhren, waren es in Asien fast ausschließlich chinesische Mannschaften. Eine solche Praxis war mit dem Aufkommen der Dampfschiffahrt in diesen Gewässern seit den 1870er Jahren üblich geworden.[360] Wenn die Schiffe ihre Ausreise von Europa nach Hongkong machten, befand sich eine europäische Mannschaft – meistens Deutsche – an Bord, die nach Ankunft in Hongkong sobald wie möglich abgemustert wurde. Im Gegensatz zu anderen Reedern, die ihre Besatzungen in der britischen Kolonie entschädigungslos abmusterten, bezahlte Jebsen seinen deutschen Seeleuten die freie Rückbeförderung in die Heimat und vier Monate weiteren Lohn. Freimütig gab er 1898 im Reichstag zu, daß auf seinen Schiffen, wenn sie eine Zeit lang draußen in China seien, auch chinesische Mannschaften angenommen würden: »Das läßt sich dort gar nicht anders machen.«[361] Damit folgte er einer gängigen Praxis, die seit längerem in der Küstenschiffahrt üblich war. Besonders die Hongkong-Chinesen galten als »anerkannt vorzügliche Arbeiter, sowohl was Fleiß, als auch Willigkeit und körperliche Fürsorge anbelangt«, wie die Bremer Reederei Rickmers berichtete.[362] Durch die Vermittlung von Hongkonger Rekrutierungsagenten, sogenannten »*boarding masters*« – Eigentümern

N: 371

Deutsches Reich.

Musterrolle

der Mannschaft des Deutschen Schiffes

Clara

Heimathshafen: Apenrade

Unterscheidungs-Signal: L. K. V. P.

— 2 —

Vor dem unterzeichneten Seemannsamte
Der KÖNIGL. PR. MUSTERUNGSBEHÖRDE zu Altona

sind erschienen der Schiffer Hein. Emr. Wilh. Timm aus Altona

führend das Deutsche Schiff Clara einerseits

und

die nachbenannten Schiffsleute andererseits

1.	Christ. Hansen Christensen	aus Hjerting
2.	Michael Ludw. Anton Jebsen	Apenrade
3.	Hein. Carl Fried. Albrecht	Antwerpen
4.	Fried. Simon Hagelweiß	Flensburg
5.	Emil Fried. Wilh. Erich	Swinemünde
6.	Niels Peter Henrik Möller	Assens
7.	Andr. Adolph Brandt	Apenrade
8.	Hein. Anton Jensen	Gusterburg
9.	Hans Christ. [illegible]	Apenrade
10.	Hans Christensson	Trelleborg
11.	Andreas Peter Knudsen	Wyk
12.	Paul Georg Christensen	Flensburg
13.	Carl Ernst Hugo Moch	Polnisch Hammer
14.	Fried. Aug. Wilh. Fuks	Friedland
15.	Adolf Herm. Heinr. Flassau	Heide
16.	Friedr. Wilh. Freimann	Apenrade
17.	Sören Jörgen Hansen Tofte	Hammeleff
18.	Joach. Jürg. Adolph Niemann	Lübeck
19.		
20.		
21.		
22.		
23.		
24.		
25.		

Teil der Musterrolle des Dampfers *Clara* mit Aufstellungen der europäischen und chinesischen Schiffsbesatzungen

von Unterkunfts- und Verpflegungshäusern –, musterten die Kapitäne geschlossene Einheiten des benötigten Maschinen- und Deckpersonals an. Weil diese Makler in der Regel Familien- oder Dorfangehörige zusammen ließen, kam es zu relativ homogenen chinesischen Besatzungen, was offenbar die Disziplin an Bord förderte. Das Abmustern von Europäern und das Anmustern von Chinesen als Heizer, Trimmer, Matrosen, Stewards und Köche war um die Jahrhundertwende in allen ostasiatischen Häfen eine gängige Praxis und schuf einen internationalisierten Arbeitsmarkt für das Schiffspersonal.[363]

Nachdem erstmals im Sommer 1881 einer seiner Dampfer an der Chinaküste eingetroffen war, schrieb Jebsen an Kapitän Evers von *Vorwärts*, der noch mit seiner Besatzung aus Antwerpen in Südostasien fuhr: »Später, wenn Sie Ihre Pantjes los werden, würde es wohl besser sein, Malaisen oder Chinesen zu fahren, da man dabei billiger weg kommt.«[364] Worin die Ersparnis lag, erläuterte er einige Wochen später, als er erneut riet, »mit Eingeborenen [zu] fahren, welches angesichts dieses sich selbst Beköstigen billiger zu stehen kommt«.[365] Tatsächlich lagen damals generell die Kostgelder, also die von den Reedereien zugesagten Aufwendungen für Verpflegung an Bord, welche der Kapitän überwachte, für asiatische Besatzungen um bis zu drei Viertel niedriger als für europäische. Geringe Lebensmittelpreise in Asien und leichte, fleischlose Kost, die nur zweimal täglich eingenommen wurde, waren der Grund für die geringeren Kosten. Für die in Ostasien fahrenden Dampfer seiner Reederei bestimmte Jebsen im Juni 1883 ein monatliches Pro-Kopf-Kostgeld für chinesische Seeleute von 40 Mark, für europäische Seeleute von 45 Mark und für Offiziere und Maschinisten von 60 Mark. Als Begründung für die unterschiedliche Entschädigung der Mannschaft schrieb er, daß »das chinesische Personal selbst für die Kost sorgt«.[366] Wie auch auf anderen Dampfern in dieser Region üblich, organisierten die Chinesen den Einkauf selbst und überließen dem chinesischen Mannschaftskoch die Zubereitung der Speisen.[367] Weil auf diese Weise das Essen für die chinesischen Seeleute sehr billig hergestellt und ihr Kostgeld kaum aufgebraucht werden konnte, hatte Jebsen schließlich nach eigener Aussage seinen Kapitänen Anweisung gegeben, »sobald chinesische Besatzung die europäische ablöst, den Chinesen ihre Beköstigung selbst zu überlassen, wofür sie per Mann $4 per Monat erhalten«.[368] Bei dem damaligen Umtauschkurs von einem Silberdollar zu vier Mark war das Kostgeld für Chinesen also bis 1887 auf rund sechzehn

Offiziere und Mannschaften des Dampfers *Clara Jebsen*, um 1905

Mark und damit um sechzig Prozent gefallen – eine bemerkenswert große Ausgabenersparnis für die Reederei. Mit der weiteren Entwertung des Dollars in den neunziger Jahren schrumpften die Kostgelder für Chinesen schließlich auf kaum erwähnenswerte Beträge zusammen und ließen das Kostenargument beim Anmustern solcher Mannschaften immer wichtiger werden.

Was die Heuer anging, so verdiente ein chinesischer Heizer sowohl 1880 als auch 1897 durchschnittlich 18 bis 20 Dollar pro Monat auf deutschen Dampfschiffen. Bei der Reederei Jebsen erhielten 1897 von den chinesischen Seeleuten die Matrosen und Köche eine Monatsheuer von je 20 Dollar, die Heizer von je 18 Dollar, die Trimmer von je 16 Dollar und die Stewarts von je 9 Dollar.[369] Umgerechnet in die deutsche Reichswährung bekam der chinesische Heizer in den achtziger Jahren also 72 Mark, womit seine Heuer nicht weit unter der eines europäischen Heizers lag, der etwa 83 Mark verdiente.[370] Solange der Silberdollar noch vier Mark kostete, lag die Hauptersparnis für Reedereien also beim Kostgeld und nicht bei der Heuer. Erst mit der rapiden Abwertung des Dollars seit 1893 ergaben sich große Spareffekte bei der Heuer für asiatische Mannschaften: 1894 war der Dollar 2,24 Mark wert,[371] drei Jahre später nur noch 2,20 Mark.[372] Daraus resultierte schließlich, daß asiatische Mannschaften um bis zu fünfzig bis sechzig Prozent billiger fuhren als eine europäische Besatzung.[373] Eine Erhöhung der Heuer für Chinesen kam für die Reedereien aber nicht in Frage, weil die Lebenshaltungskosten an der chinesischen Küste fast unverändert geblieben waren. Wie Jebsens Buchhalter Engelbrecht 1897 erklärte, sei der Unterschied in den Gagen zwischen Europäern und Chinesen nur gering und habe in früheren Jahren gar nicht bestanden: »Aber auch unter den heutigen mißlichen Kursverhältnissen (1 $ = 2.20 Mark), unter welchem die Reedereien sehr zu leiden haben, bleibt das Äquivalent für die Chinesen fast immer dasselbe, da der Dollar natürlich draußen immer seinen Dollarwert behält.«[374] Welche Gage und Heuer an die Besatzungsmitglieder des 1889 fertiggestellten Dampfers *Michael Jebsen* gezahlt wurde, der in der asiatischen Schiffahrt fuhr, zeigt die nachfolgende Tabelle.

Tab. 6: Anzahl und Monatsgagen der Besatzungsmitglieder des Dampfers Michael Jebsen (1889)

Besatzungsmitglieder	Anzahl	Pro-Kopf-Monatsgagen in Mark
Kapitän	1	300
Erster Steuermann	1	120
Zweiter Steuermann	1	80
Erster Maschinist	1	275
Zweiter Maschinist	1	150
Maschinistenassistent	1	70
Vollmatrosen	4 ca.	50
Leichtmatrosen	1 ca.	34
Heizer	3 ca.	60
Trimmer	2 ca.	50
Koch	1	80
Steward	1	30
Zimmermann	1	80

Quelle: JJHA A01–01-315: Verzeichnis der auf Dampfer *Michael Jebsen* befindlichen regelmäßigen Besatzung nebst Angabe der monatlichen Gagen (Apenrade, 25.10.1889).

Auch bei den Sozialleistungen ergaben sich Einspareffekte für Reedereien, wenn sie asiatische Mannschaften an Bord hatten. Zwar gewährte die weltweit vorbildhafte Sozialgesetzgebung des Deutschen Reiches unter Bismarck deutschen wie ausländischen Seeleuten auf deutschen Schiffen prinzipiell die gleichen Leistungen, doch konnten bei afrikanischen und asiatischen Besatzungen andere Praktiken oder wichtige Ausnahmeregelungen von den Reedereien durchgesetzt werden. Wie Berichte deutscher Konsuln in Ostasien zeigen, wurde die 1883 eingeführte Krankenversicherung von chinesischen oder japanischen Seeleuten aus verschiedenen Gründen kaum in Anspruch genommen. Bei schweren Erkrankungen erfolgte in der Regel die Abmusterung und eventuell eine Entschädigungszahlung durch die deutsche Reederei.[375] Aus der Korrespondenz von Jebsen lassen sich aber keine derartigen Fälle entnehmen. Anders sah es mit der 1887 eingeführten Seeunfallversicherung aus, bei der die Seeberufsgenossenschaft (See-BG) – die Berufsgenossenschaft der Seewirtschaftsunternehmen – in voller Höhe leistete, wenn ein Seemann einen Unfall erlitt. Das maßgebende Kriterium, um in die deutsche Unfallversicherung einbezogen zu werden, war die Zugehörigkeit zur Besatzung eines deutschen Schiffes. Die Seeleute brauchten keinen Anteil zu leisten und bekamen ein kostenloses Heilverfahren und bei tödlichem Unfall eine Hinterbliebenenrente. Jebsen berichtete 1895, daß er »für die auf meinen in China fahrenden Schiffen beschäftigten Chinesen Beiträge zur Seeberufsgenossenschaft insoweit« bezahle, »als die Fahrzeuge nach europäischer Mannschaft abgeschätzt worden sind, welches dann der Berechnung der Beiträge zu Grunde gelegt« sei.[376] Auf diese Weise konnte seine Reederei aber nicht von dem niedrigen Dollarkurs profitieren, so daß die Zahlungen für die Unfallversicherung tatsächlich zur finanziellen Belastung für deutsche Reedereien wurden. Als 1892 insgesamt 3360 Mark Beiträge an die See-BG abgeführt wurden, schrieb Jebsens Buchhalter Engelbrecht an seinen in Berlin weilenden Chef, es sei »(s)chade, daß man nicht auch hierbei die chinesische Mannschaft außer Betracht lassen« könne, denn »bei der Invalidenversicherung macht solche immerhin ca. M[ark] 2000 jährlich aus«.[377]

Die von Engelbrecht erwähnte Alters- und Invaliditätsversicherung hatte 1889 den Abschluß des großen Gesetzeswerkes gebildet, das in der Bismarckzeit entstanden war. Die zuletzt eingeführte Versicherung sicherte deutschen wie ausländischen Seeleuten auf deutschen Schiffen eine Altersrente nach dem siebzigsten Lebensjahr sowie eine Invalidenrente bei Arbeitsunfähigkeit zu, für welche Reeder und Seeleute je zur Hälfte Bei-

Kapitän Hieronymus Ipland

träge abzuführen hatten.[378] Von den Versicherungsanstalten für Seeleute der preußischen Küstenprovinzen und der Hansestädte wurde eine gemeinsame Geschäftsstelle in Lübeck eingerichtet, die die Beiträge von den rund zweitausend beitragspflichtigen deutschen Reedern einsammelte und an die Versicherungsanstalten weiterleitete.[379] Während deutsche Seeleute ihre Beiträge an die zuständige Versicherungsanstalt ihrer Heimatregion abführten, waren bei ausländischen Seeleuten die Reedereien für das Einsammeln der Beiträge von den Besatzungsmitgliedern ihrer Schiffe verantwortlich. Auf Dampfern in der ostasiatischen Küstenschiffahrt stieß das Erheben der Beiträge aber auf Schwierigkeiten, da die chinesischen Matrosen und Heizer sich oft weigerten, einen Teil ihrer Heuer für eine ihnen völlig unbekannte Versicherung in Deutschland abzutreten. Als Kapitän Hieronymus Ipland von *Clara* im Mai 1891 meldete, daß seine chinesischen Seeleute die Beiträge nicht zahlen wollten, meinte Jebsen resignierend, daß dann die Reederei »wohl solche selber zahlen« müsse. Er gab Ipland den Rat, sich bei anderen in der Region fahrenden deutschen Schiffen zu erkundigen, wie das Einsammeln gehandhabt werde: »Ein gemeinschaftliches Vorgehen sämtlicher deutscher Kapitäne in dieser Sache wäre sehr erwünscht.«[380] Wie Jebsen wenig später feststellte, konnten die Beiträge für die Alters- und Invaliditätsversicherung der chinesischen Mannschaft von Kapitän Möller von *Vorwärts* problemlos erhoben werden, während andere Kapitäne seiner Reederei »das Eintreiben dieser Beiträge als ganz unmöglich« beschrieben, darunter auch Kapitän Jürgen Bruhn, der *Triumph* führte. Dieser erhielt deshalb von Jebsen die Anweisung, sich mit den Kapitänen oder Agenten der anderen Schiffe unter deutscher Flagge in Verbindung zu setzen und ein gemeinsames Vorgehen abzustimmen: »Wenn diese Gesellschaften für die auf ihren Schiffen fahrenden Chinesen die Beiträge zahlen, ist es selbstverständlich, daß wir ebenso verfahren müssen und vice versa.«[381]

Die häufig auftretenden Schwierigkeiten der Reedereien, die Versicherungsbeiträge von afrikanischen und asiatischen Mannschaften zu erheben, aber sicher auch Kostenerwägungen, führten schließlich zu einer gemeinsamen Initiative der Reeder und der See-BG gegenüber dem Reichsamt des Innern. Das Ziel war es, eine Befreiung dieser Besatzungen von der Versicherungspflicht zu erreichen.[382] Mit der Bekanntmachung des Reichskanzlers vom 24. Januar 1893 »betreffend die Befreiung der Inder, Japaner, Chinesen, Malayen, Sansibariten, Neger und anderen farbigen Seeleuten etc.« wurde eine solche Ausnahme ermöglicht.[383] Bis dahin hatte Jebsen 3221 Mark für das Jahr 1891 und 3560 Mark für das Jahr 1892 an Beiträgen für die Alters- und Invaliditätsversicherung der Besatzungen seiner Schiffe entrichtet. 1893 sank seine Zahlung an die Lübecker Geschäftsstelle auf rund 1500 Mark, weil nach der amtlichen Bekanntmachung, wie er der zuständigen Sektion der See-BG in Kiel mitteilte, »die Dienstleistungen von Chinesen etc. als Beschäftigung im Sinne des I[nvaliditäts-] und A[ltersversicherungs-] Gesetzes nicht anzusehen sind«.[384] Während seine Reederei weiterhin Beiträge für die Unfallversicherung der Seeleute zahlte, brauchte er fortan für chinesische Seeleute keine Beiträge zu entrichten. Erst 1899 wurde das Gesetz entsprechend revidiert.[385] Daraus ergaben sich zwischenzeitlich Kostenvorteile, die das Anheuern chinesischer Besatzungen in Ostasien für den Reeder noch attraktiver machten.

Obwohl Jebsen in seiner Geschäftskorrespondenz stets den finanziellen Vorteil herausstrich, den chinesische Mannschaften boten, gab er in der Öffentlichkeit diesen Grund nicht zu. Bei einer Reichstagsdebatte Anfang 1892, als SPD-Abgeordnete massiv den Einsatz solcher Seeleute auf deutschen Schiffen als billige Arbeitskräfte kritisierten, wies er den Vorwurf mit Hinweis auf die von ihm selbst beobachtete Tatsache zurück, daß europäische Heizer in ostafrikanischen Gewässern, im Roten Meer und anderswo weder Klima noch Arbeit aushielten.[386] Auch sein Buchhalter Engelbrecht folgte diesem Zweckargument: Wie er 1897 dem Apenrader Magistrat im Auftrag seines Chefs mitteilte, erfolge »die Verwendung von farbigen Schiffsleuten an Bord meiner in den ostasiatischen Gewässern fahrenden Dampfer nicht so sehr aus pekuniären Rücksichten als deshalb (…), weil die Eingeborenen naturgemäß mit den chinesischen Verhältnissen völlig vertraut sind und, was namentlich die Feuerleute anbetrifft, eine größere Unempfindlichkeit gegen die hohen Temperaturen in den Maschinen- und Kesselräumen besitzen«.[387] Das Schreiben von Engelbrecht entstand aufgrund der 1897 eingeleiteten Nachforschungen des Reichsamts des Innern über angebliche Dumping-Löhne für chinesische Heizer, die über die nachgeordneten Behörden bei den Reedereien angestellt wurden; davon wird noch zu handeln sein.[388] Mit dieser verschleiernden Behauptung sollte der wachsenden öffentlichen Kritik in Deutschland – vor allem von Gewerkschaften und der SPD – begegnet werden, die sich gegen Lohndrückerei und die daraus resultierende sukzessive Verdrängung deutscher Seeleute richteten. Diesen Einwänden setzten Reederkreise das Zweckargument entgegen, der Einsatz chinesischer Feuerleute und Trimmer sei »geradezu ein Gebot der Menschlichkeit«, um die europäischen Seeleute zu schützen.[389] Daß solche Worte die Realität nicht wiedergaben, zeigt sich in der Geschäftskorrespondenz von Jebsen. Dort nahm er kein Blatt vor den Mund und stellte nur die finanziellen Vorteile für seine Reederei bei den Kostgeldern und Heuern chinesischer Mannschaften heraus. Als Kapitän Jürgen Bruhn im Frühjahr 1892 die europäische Mannschaft von *Holstein* in Hongkong abgemustert und eine chinesische Besatzung angeheuert hatte, lobte Jebsen die »ganz bedeutende Ersparnis, ganz abgesehen von der Annehmlichkeit, Ruhe und Frieden im Schiff zu haben«.[390]

Hongkong als Mittelpunkt der ostasiatischen Schiffahrt

Als Kapitän der Bark *Notos* war Jebsen in den 1860er Jahre in asiatischen Gewässern gefahren und im September 1864 in der britischen Kronkolonie Hongkong vor Anker gegangen. Zu dieser Zeit hatten sich die Konturen der britischen indirekten Herrschaft in China (*informal empire*) stärker herauszubilden begonnen: Mit dem Vertrag von Tientsin (1858) und der Konvention von Peking (1860) waren zehn weitere Häfen (*treaty ports*) für den ausländischen Handel geöffnet, fremde Schiffe auf dem Yangzi und in der Küstenschiffahrt zugelassen und freizügige Reiseregeln für westliche Kaufleute und Missionare eingeführt worden. Hongkong erhielt durch die Abtretung der gegenüberliegenden Halbinsel Kowloon einen strategisch bedeutsamen territorialen Zuwachs. In zunehmendem Maß entwickelte sich die Kolonie auf Kosten Kantons zum Zentralhafen

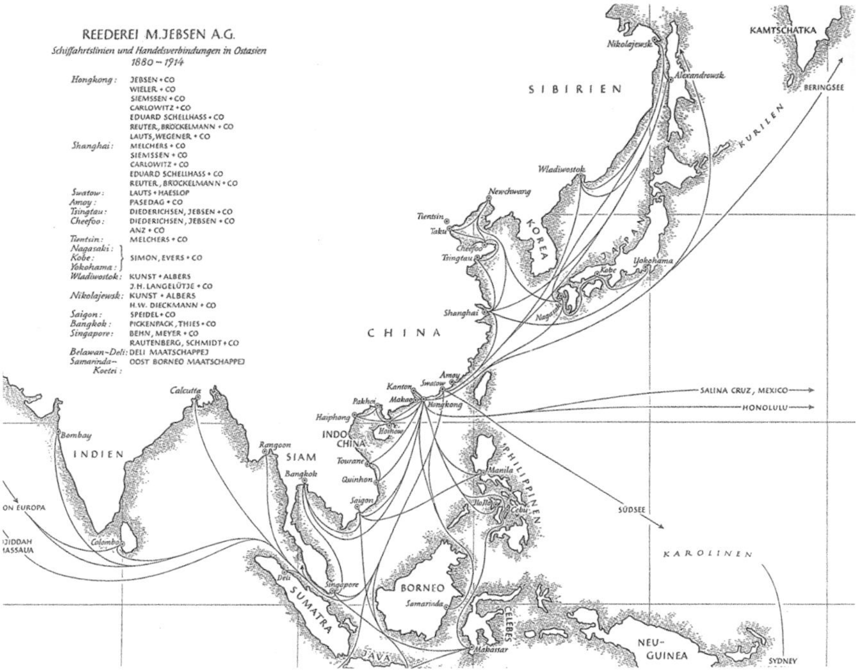

Karte der Schiffahrtslinien und Handelsverbindungen der Reederei M. Jebsen in Ostasien, 1880–1914

für das südchinesische Hinterland. Zwar behielt Shanghai seine unbestrittene Bedeutung als Hauptzentrum westlichen ökonomischen Einflusses in China, doch wurde Hongkong zum wichtigsten südlichsten Anlaufpunkt für die internationalen Schiffswege und die Küstenschiffahrt entlang der Chinaküste. Hinzu kamen die intensiven interregionalen Verkehrsverbindungen der Hafenkolonie mit Südostasien.[391]

Wenn Jebsen in seinen Briefen seit 1881 von chinesischer Küstenschiffahrt sprach und damit die Fahrgebiete der Dampfer seiner Reederei meinte, dann handelte es sich strenggenommen um eine Untertreibung. Tatsächlich betrieben die Schiffe große Kabotage sowohl zwischen als auch innerhalb von drei eng miteinander verwobenen maritimen Räumen Ostasiens, nämlich erstens an den Küsten des Südlichen Ozean (chin.: *Nanyang*), also Südchinas mit den südostasiatischen Kernländern Malaysia, Singapur und Niederländisch-Indien sowie den benachbarten Philippinen, Französisch-Indochina, Siam (Thailand) und Burma, zweitens an den Küsten des Nördlichen Ozean (chin.: *Beiyang*), also Nordchinas

Die Hongkong and Whampoa Dock Company, 1908

und Koreas, und drittens an den Küsten des fernöstlichen Rußlands und Japans. Allerdings war die Küstenschiffahrt in Rußland und den französischen und niederländischen Kolonien für deutsche Schiffe nicht freigegeben, so daß Jebsens Dampfer die dortigen Häfen nur direkt anlaufen und verlassen konnten.[392] In den größeren Hafenstädten dieser Region dominierten lokale, westliche und chinesische Firmen gemeinsam den Im- und Exporthandel, für deren Ausführung sie Schiffe aller Art als Transportmittel benutzten, um durch Küstenschiffahrt und große Kabotage alle möglichen Waren und Passagiere zu befördern. Durch die Vercharterungen ihrer Schiffe agierte die Reederei Jebsen als Dienstleisterin für ausgedehnte Handels- und Finanznetzwerke im ostasiatischen Raum.

Seit dem Sommer 1885 waren alle acht Trampdampfer der Reederei Jebsen in der ostasiatischen Schiffahrt beschäftigt. Zentraler Anlauf- und Liegehafen aller Schiffe war Hongkong, das als Mittelpunkt der asiatischen Schiffahrt wichtige Serviceeinrichtungen für Reedereien bot. Dazu gehörte vor allem die Hongkong and Whampoa Dock Company, die 1863 gegründet worden war und nicht nur die größte, sondern seit 1879 auch die einzige Werft mit Trockendocks in der Kolonie war.[393] Deshalb war das Unternehmen in diesem Bereich ohne Konkurrenz und konnte die Preise diktieren. Der Bremer Kapitän Rüte, der 1882 in der *Hansa* einen Bericht über Hongkong veröffentlichte, teilte mit, daß die Werft noch zu Anfang 1879 für 27 Cents gekupfert habe, doch »jetzt kostet es 50 C[ents], andere Arbeiten im Verhältnis«. Dennoch sei es jedem reparaturbedürftigen Schiff anzuraten, nach Hongkong zu laufen, wenn es eben möglich sei: »Es wird hier Arbeit beschafft, was man von den andern Küstenhäfen nicht sagen kann; außerdem kann man mäßige Reparaturen durch Chinesen machen lassen.« Außer der vorzüglichen Werft bot Hongkong den Vorteil, daß Schiffsausrüster und Heuerfirmen aller Art am Orte waren. Da diese Firmen stark miteinander konkurrierten, war es nach Beobachtung des Kapitäns möglich, »Materialien, sowie Dauerproviant und Ergänzung der Bemannung leicht und verhältnismäßig billig« anzuschaffen.[394] In den Briefen von Jebsen wird aber wiederholt Klage über die teuren Reparaturen der Hongkonger Werft geführt. So schrieb er im Juni 1887 an die deutsche Firma Siemssen & Co., die *Signal* in Zeitcharter aufgenommen hatten:

> »Es ist recht bedauerlich, daß der *Signal* wieder solche bedeutende Reparaturen nötig hatte, die den ganzen Überschuß der Timecharter für 6 Monate vertilgen. Die Hongk[ong] & Whamp[oa] Dock Co. ist auch in ihren Forderungen ganz über alle Maßen unverschämt. So z. B. für die Reparatur an den Kohlenbunkers *Signal* sind $ 1200 gezahlt worden. Dabei hat diese Arbeit nur 4 Tage gedauert. Rechnet man nun fürs Malern sehr dick gerechnet $ 200, so bleibt für Arbeitslohn $ 1000 übrig, und wie man dieses möglich machen kann in 4 Tagen bei einer Arbeit, wo 10 Arbeiter sich gegenseitig im Wege stehen würden, eine solche Summe zu verausgaben, setzt jeden Fachmann hier zu Lande in Erstaunen. Man müßte wirklich, bei einer Arbeit wo das Docken nicht in Betracht kommt, zu jeder Zeit den Konkurrenten der Dock Co. den Vorzug geben.«[395]

Hongkongs zentrale Stellung in der ostasiatischen Küstenschiffahrt und großen Kabotage wird aus Tabelle 7 erkennbar. Die Chinaküste und die Insel Formosa sowie Macao waren das Hauptoperationsgebiet für Schiffe, die in den Hongkonger Hafen ein- und ausliefen. Außerhalb dieser Region gab es einen bedeutenden Schiffsverkehr mit Französisch-Indochina, Singapur und Japan sowie etwas weniger stark frequentierte Verbindungen mit anderen Gegenden.

Tab. 7: Zahl der ein- und auslaufenden Schiffe im Hafen von Hongkong (geordnet nach wichtigsten Herkunfts- und Bestimmungsrichtungen)

	1880		1885		1890		1895		1900	
Chinaküste und Formosa	24.161	23.857	24.244	24.010	24.755	24.646	28.386	28.596	19.452	19.896
Cochinchina	114	107	238	229	260	270	248	221	156	152
Niederländisch-Indien	11	8	20	6	48	35	69	9	186	49
Europäischer Kontinent	64	36	108	54	103	45	109	56	136	81
Großbritannien	161	44	181	16	198	36	163	30	175	81
Insel Hainan und Golf von Tonkin	137	136	257	264	188	221	214	229	351	370
Indien und Singapur	98	126	148	295	170	274	175	273	121	201
Japan	122	120	181	212	283	335	336	317	414	392
Macao	1.629	1.624	1.281	1.271	1.110	1.118	921	927	1.530	1.447
Philippinen	98	138	127	126	140	63	110	92	183	155
Russisch-Asien	–	7	–	5	3	7	8	9	6	26
Siam	85	86	130	53	206	105	197	98	154	86

Quelle: Hong Kong Blue Books for the Years 1880, 1885, 1890, 1895, and 1900.

Hongkongs Bedeutung als Drehscheibe des ostasiatischen Reishandels erschließt sich aus der großen Zahl von Schiffen, die nach Cochinchina mit dem Haupthafen Saigon, dem Golf von Tonkin mit dem Reisexporthafen

Hafen von Hongkong mit der Stadt Victoria, um 1900

Haiphong und nach Siam und Singapur fuhren. Die ersten großen Quantitäten an Reis wurden in den 1880er Jahren verschifft, und bald bildete Reis das wichtigste Stapel- und Reexportgut der Kolonie bis zum Zweiten Weltkrieg. Der Reiseinfuhrhandel profitierte von einer langen politisch friedlichen Phase in den reisexportierenden Teilen von Südostasien, vor allem in Siam und Französisch-Indochina, von der Erschließung von Flußdeltas für die Reiskultivierung, von der Einführung von dampfgetriebenen Reismühlen, von Dampfern zur massenhaften Verschiffung und nicht zuletzt von Telegraphen für rasche Bestellungen. Weil von den Importen aus Südostasien nur ein geringer Teil auf dem lokalen Hongkonger Markt konsumiert wurde, ging die Masse der Reisexporte der Kolonie nach China, vor allem nach Kanton und Swatow. Durch seine zentrale Lage und wichtigen Transitfunktionen wurde Hongkong am Ende des 19. und zu Beginn des 20. Jahrhunderts der unbestrittene Mittelpunkt des südostasiatischen Reishandels. Durch ihre Zweigstellen in Hongkong importierten chinesische Reisfirmen in Haiphong, Saigon, Bangkok und Singapur große Mengen an Reis in die Kolonie und exportierten sie nach China, Japan und auf die Philippinen.[396] Deutsche Schiffe spielten bei der Verschiffung von Reis eine wichtige Rolle, wie die folgende Tabelle deutlich macht, aus der sich die Herkunftsländer der im Hongkonger Hafen verkehrenden Schiffe erschließen lassen.

Tab. 8: Zahl der ein- und auslaufenden Schiffe im Hafen von Hongkong (geordnet nach den wichtigsten Flaggen)

	1880		1885		1890		1895		1900	
Chinesische Dschunken	23,920	23,524	23,674	23,233	23,512	23,174	26,554	26,473	17,732	17,693
Britisch	2,073	2,086	2,491	2,464	2,772	2,752	3,308	3,318	3,764	3,747
Deutsch	246	247	492	484	738	741	638	631	659	660
Chinesisch	155	155	33	30	279	278	98	98	167	168
Amerikanisch	139	147	168	180	50	58	51	50	80	84
Französisch	114	107	86	89	86	86	123	123	235	236
Japanisch	28	28	4	4	47	46	27	26	315	319
Niederländisch	19	17	31	30	7	7	15	14	13	13
Dänisch	9	11	18	19	71	71	97	97	10	9
Norwegisch	4	4	5	4	10	11	127	124	111	109
Russisch	2	3	9	7	4	3	9	9	12	12
Portugiesisch	1	1	–	–	–	–	–	–	38	

Quelle: Hong Kong Blue Books for the Years 1880, 1885, 1890, 1895, and 1900.

In den achtziger und neunziger Jahren des 19. Jahrhunderts belegten deutsche Schiffe einen respektablen zweiten Platz hinter britischen Schiffen, wenn auch mit weitem Abstand. Da das Hauptbetätigungsfeld der meisten in Hongkong ein- und auslaufenden Fahrzeuge die Küstenschiffahrt und große Kabotage in Ostasien war, wie Tabelle 7 zeigt, steht es außer Frage, daß Frachtdampfer unter deutscher Flagge daran einen hervorragenden Anteil hatten. Allerdings gab es einen deutlichen Unterschied zwischen den süd- und den nordchinesischen Gewässern. Ein deutscher Kapitän beobachtete im Frühjahr 1894, daß der Küstenhandel nördlich von Hongkong fast ausschließlich in britischen, chinesischen und japanischen Händen lag: Deutsche Segler und Dampfer seien »auch in China selbst von vielen Plätzen verdrängt worden«. Tatsächlich dominierten die Großen Drei – die britische China Navigation und die Indo-China Steam Navigation sowie die chinesische China Merchants – und zunehmend japanische Reedereien den nordchinesischen Schiffahrtsmarkt. Nur beim Transport von Massengütern von Nord- nach Südchina konnten deutsche Frachtdampfer sich einen Marktanteil sichern. Wegen des Zufrierens der nördlichen Häfen im Winter, was die Schiffahrt zeitweise lahmlegte, und der sehr großen zu verschiffenden Quantitäten von Bohnen, Bohnenkuchen und Erbsen fanden *Outsiders* stets noch lohnende Beschäftigungen.[397] So geht beispielsweise aus einem Brief von Jebsen hervor, daß seine Dampfer *Doris* und *Jacob Diederichsen* im Jahre 1894 regelmäßig am Handel zwischen Newchwang, dem nördlichsten Hafen Chinas, und Südchina beteiligt waren.[398] In dieser Direktverschiffung von Massengütern fanden deutsche Dampfer ihre letzte Nische im Nördlichen Ozean (*Beiyang*).

Weil diese Situation sich zum Ausbruch des Ersten Weltkrieges nicht grundlegend änderte, war sie ein wiederkehrendes Thema in einer Reihe von Berichten deutscher Konsuln in China, die das fast gänzliche Verschwinden der deutschen Flagge in Nordchina beklagten. Als 1898 die deutsche Chinakolonie Kiautschou in der nordostchinesischen Provinz Shantung gegründet wurde, galt es deshalb als wichtig für das Nationalprestige, eine reguläre deutsche Schiffahrtslinie an der dortigen Küste zu haben. Mit der subventionierten Postdampferlinie zwischen Shanghai, Kiautschou, Chefoo und Taku (Tientsin), die von 1898 bis 1901 von der Reederei Jebsen und danach bis 1914 von der Hamburg-Amerika Linie unterhalten wurde, gelang es schließlich, diesem nationalpolitischen Bedürfnis nach stärkerer Präsenz deutscher Schiffe in Nordchina Rechnung zu tragen, wenn auch die Linie nur in der Anfangsphase wirtschaftlich erfolgreich betrieben werden konnte. Die starke Konkurrenz der Großen Drei und von japanischen Gesellschaften in nordchinesischen Gewässern ließ deutschen Schiffen nur eine Chance bei der Verschiffung von Massengütern nach Süden.[399]

Nördlich der chinesischen Küste fuhren Jebsens Dampfer regelmäßig zu Häfen im asiatischen Teil Rußlands, besonders nach Wladiwostok, wo die Hamburger Firma Kunst & Albers eine Niederlassung hatte. Reisen nach Sibirien begannen und endeten üblicherweise in Hongkong. Für alle Reisen nördlich von Wladiwostok mußten Befrachter dreitausend Dollar zusätzlich zur Frachtrate bezahlen, um für die schwierige Navigation und die Wetterunbilden in dieser Region zu entschädigen. Generell erlaubten Frachtkontrakte Fahrten zur Insel Sachalin und zur Halbinsel Kamtschatka, schlossen jedoch den Amurfluß aus. Wegen der schwierigen und gefährlichen Navigation auf diesem Fluß mußte eine Extrazulage von etwa vier- bis sechstausend Mark bezahlt werden.[400] Auf dem Rückweg von Sibirien machten die Dampfer oft Zwischenstation im japanischen Hafen

Hafen von Wladiwostok in Russisch-Asien, um 1900

Nagasaki oder in Newchwang und Chefoo, um nach profitablen Frachten nach Süden zu suchen.[401]

Das Hauptoperationsgebiet deutscher Dampfer in der ostasiatischen Schiffahrt waren aber die Gewässer westlich und südlich von Hongkong, vor allem der Golf von Tonkin und der Südliche Ozean (*Nanyang*). Aus Jebsens Briefen geht hervor, daß seine Dampfer regelmäßig die Route zwischen Hongkong, Hoihow (Insel Hainan), Pakhoi und Haiphong bedienten sowie weiter südlich nach Touran, Saigon, Bangkok, Singapur und Manila fuhren. Der Hauptgrund für die starke Präsenz deutscher Trampschiffe in dieser Region waren die unterschiedlichen Ernteerträge der dortigen Agrarwirtschaft und somit ständig wechselnde Bedürfnisse der Befrachter nach Transportmöglichkeiten. Mit Ausnahme der britischen Kolonie Singapur exportierten alle südostasiatischen Häfen nur landwirtschaftliche Massengüter. Solche fluktuierenden Frachtangebote bedeuteten für feste Dampferlinien aber ein sehr hohes Geschäftsrisiko, so daß die flexiblen Trampschiffe ein lohnendes Betätigungsfeld fanden. Allerdings prognostizierten hellsichtige Beobachter in der Mitte der 1890er Jahre, daß solche Linien wegen der ständig steigenden Nachfrage nach Schiffsraum in der wirtschaftlich expandierenden Region früher oder später entstehen würden.[402] Auch Jebsen trug sich mit diesem Gedanken, wie ein Brief von 1890 zeigt. Danach hatte die deutsche Firma Behn, Meyer & Co. in Singapur sich nach seinem Interesse an der Einrichtung von

Hafen von Chefoo in der nordwestlichen chinesischen Provinz Shantung, 1878

zwei Dampferlinien erkundigt: Während eine Linie zwischen Singapur und Bangkok als eine Art Zubringer von und zu der Reichspostdampferlinie des Norddeutschen Lloyd laufen sollte, war für die andere Linie die Route zwischen Singapur und Borneo vorgesehen. Das Angebot von Behn, Meyer & Co. erschien dem Reeder attraktiv, wie sein Brief deutlich macht: »Es läßt sich nicht verkennen, daß, wenn auch bei Inaugurierung einer festen Linie zuerst kein Segen zu holen ist, es sich doch mit der Zeit bewähren würde und bei flauen Frachtperioden gegenüber den regulären Fahrten viele Vorteile bietet. Meine Hauptmitreeder sind auch der Ansicht, daß es wohl geboten sein dürfte, wenn wir an eine Vergrößerung unserer Flotte denken (...), nicht allein auf irreguläre Fahrt angewiesen zu sein, sondern eine feste Fahrt ins Auge zu fassen.«[403] Die bald einsetzende Depression der neunziger Jahre ließ solche Ideen aber sicher zu Gedankenspielen werden. In keinem der Briefe von Jebsen taucht dieser Plan wieder auf. Erst nach der Gründung der Firma Jebsen & Co. in Hongkong (1895) durch seinen Sohn Jacob und dessen Partner Heinrich Jessen wurde eine feste Linie zwischen der britischen Kolonie und den südwestlich von Hongkong gelegenen chinesischen Häfen Hoihow (Insel Hainan) und Pakhoi am Golf von Tonkin mit gelegentlichen Abstechern nach Haiphong, dem Haupthafen im Norden von Französisch-Indochina, eingerichtet. Auf den Retourfahrten von Hoihow bestanden die Frachten meistens aus Schweinen und von Haiphong ausschließlich aus großen

Hafen von Haiphong im Norden von Französisch-Indochina, um 1920

Quantitäten an Reis. Vier bis fünf Dampfer bedienten diese Linie, die sich zu einem der Stützpfeiler der Reederei entwickelte.[404]

Schiffsmakler in Ostasien

In der ostasiatischen Schiffahrt gab es kaum die Möglichkeit, Befrachtungsgeschäfte ohne vor Ort ansässige Schiffsmaklerfirmen abzuschließen. Die weite geographische Entfernung des Reeders von den Einsatzorten seiner Schiffe, die oft mangelnden Orts- und Sprachkenntnisse seiner Kapitäne und nicht zuletzt die schwere Durchschaubarkeit der regionalen Frachtenmärkte mit ihren stark wechselnden Konjunkturen machten die Einschaltung professioneller Vermittler zwischen der Reederei und den lokalen Befrachtern unabdingbar. In Hongkong war die deutsche Firma Wieler & Co. der Makler, zu dem Jebsen die früheste und regelmäßigste Verbindung hatte. Das Unternehmen war von den aus Hamburg stammenden Brüdern Adolph Wieler und Oscar Wilhelm Wieler um 1876 in der Kolonie gegründet worden. Als der letztgenannte Bruder um 1888 nach Hamburg zurückkehrte, fungierte er oft als Mittelsmann zwischen seiner Hongkonger Firma und der Reederei Jebsen.[405] In der Anfangszeit, als die ersten Dampfer von Jebsen in Ostasien zu fahren begannen, waren Wieler & Co. der alleinige Konsignatar oder Vertreter der Schiffe in Hongkong, wo die meisten Frachtabschlüsse getätigt wurden. Die Firma hatte den Auftrag, die Dampfer zur bestmöglichen Frachtrate für Rechnung des Konsignanten, also der Reederei Jebsen, auf dem Hongkonger Frachtenmarkt zu verchartern. Sobald ein Frachtkontrakt abgelaufen war, mußte sie das vom Befrachter gezahlte Frachtgeld nach Abzug der Kommission und der Maklergebühr abrechnen. Dazu sandte sie die genaue Abrechnung für den jeweiligen Dampfer sowie einen Wechsel (Rimesse) über das Frachtgeld nach Apenrade. Die Kommission, also die Vergütung für den Abschluß des Frachtkontrakts, betrug 2,5 Prozent der Frachtrate und die Maklergebühr (Brokerage) ein Prozent. Bezeichnete Jebsen diese Beträge auch als »allgemein übliche«, so war er nicht bereit, zusätzlich ein Prozent Wechselinkasso zu bezahlen. Dem befreundeten Reeder Heinrich Diederichsen, der sich 1889 der Maklerdienste von Wieler & Co. bedient hatte, riet er, kein Inkasso zu bezahlen »oder, wenn [Wielers] es nicht von der Rechnung streichen wollen, darauf bestehen, daß sie es retournieren«.[406]

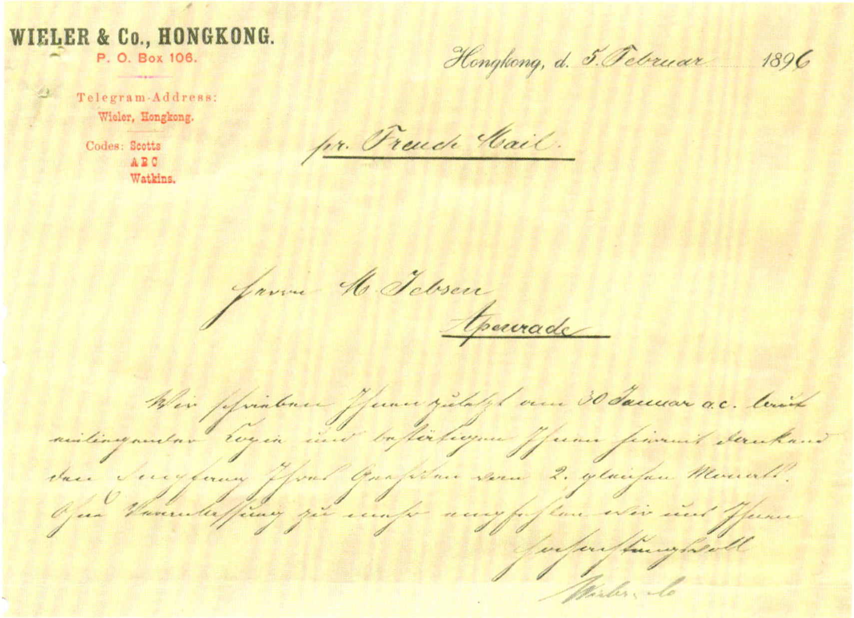
WIELER & Co., HONGKONG.
P. O. Box 106.
Telegram-Address: Wieler, Hongkong.
Codes: Scotts, ABC, Watkins.

Hongkong, d. 5. Februar 1896

pr. French Mail.

Herrn M. Jebsen
Apenrade

Wir schrieben Ihnen zuletzt am 30 Januar a.c. laut mitfolgender Copie und bestätigen Ihnen hiermit dankend den Empfang Ihres Geehrten vom 2. gleichen Monats.
Ohne Veranlassung zu mehr empfehlen wir uns Ihnen
Hochachtungsvoll
Wieler & Co

Ein Schreiben der Firma Wieler & Co. vom Februar 1896

Ein Bruch zwischen Jebsen und Wieler & Co. trat im Jahre 1884 ein, also zu einem Zeitpunkt, als die Firma drei Jahre als alleiniger Konsignatar seiner Dampfer in Hongkong tätig gewesen war. Der Auslöser für die Verstimmung war der Bankrott des damals größten britischen Geldinstituts in Ostasien, der Oriental Bank,[407] die ihre Zahlungen im Mai 1884 einstellen mußte. Mit Unverständnis reagierte Jebsen, als er feststellte, daß Wieler & Co. noch bis kurz vor der Pleite mehrere auf die Bank gezogene Rimessen im Wert von rund 1300 britischen Pfund an ihn geschickt hatte. »Diese Handlungsweise der Herren Wieler & Co. gereicht der Firma nicht zur Empfehlung«, ließ der Reeder wissen. Da auch einige seiner Mitreeder sich sehr ungehalten geäußert hatten, stand er unter starkem Druck. Er sehe sich deshalb genötigt, schrieb er einem seiner Kapitäne, »die Konsignation der Dampfer meiner Reederei einem anderen Hause zu übertragen«.[408] Die Makler schalt er »es riskiert zu haben, den bei weitem größten Teil der diesjährigen Rimessen an mich durch diese Bank gehen zu lassen, wodurch der Reederei nicht unbedeutender Schaden entstehen muß«.[409] Um so erleichterter war er, als er erfuhr, daß ein anderer Schiffsmakler, die Firma Birchal Robinson & Co. in Manila, regelmäßig in guten Wechseln auf die Hongkong & Shanghai Banking Corporation – das bald führende internationale Finanzhaus in China – für seine Dampfer remittiert hatte. Überhaupt fand er, daß die Firma Robinson & Co. »sich bisher unserer Reederei gegenüber entschieden mehr kulant gezeigt hat, als die Herren Wieler & Co.«[410] Knapp drei Wochen später stand die Höhe des Schadens fest, die durch Wielers unvorsichtige Handlungsweise entstanden war: Neun auf die Oriental Bank gezogene Rimessen im Wert von rund 2200 britischen Pfund konnten nicht mehr eingelöst werden. Zwar galt es als sicher, daß durch Zahlungen aus der Konkursmasse lediglich rund 25 Prozent des Gesamtbetrages sowie Zinsen total verloren waren, also ein Verlust von mindestens 15.000 Mark zu verbuchen war, doch blieb es Jebsen erklärtermaßen »ein Rätsel, wie [Wielers] es riskieren konnten, solches schlechtes Papier für unser gutes Geld zu kaufen und dadurch der Reederei beträchtlichen Schaden zuzufügen«. Das Argument der Schiffsmakler, die Oriental Bank habe einen günstigeren Kurs als andere Banken geboten, ließ der Reeder nicht gelten: Die Kursdifferenz sei kaum ein Äquivalent für ein solches Risiko, vor allem bei einer Bank, die »schon lange nicht prima« gewesen sei, was den Maklern wohl hätte bekannt sein müssen. Als Konsequenz dieses Fehlverhaltens kündigte er

Die Praya von Hongkong mit Häusern der Handels- und Schiffahrtsfirmen, um 1890

an, Wieler & Co. »wenn auch nicht die ganze, so doch einen Teil meiner Kundschaft zu entziehen«.[411]

Mit diesen Worten beendete Jebsen die dreijährige Alleinvertretung von Wieler & Co. für seine in Hongkong befrachteten Schiffe. Die Firma konkurrierte fortan mit anderen deutschen Schiffsmaklern in der Kolonie um Charterkontrakte für Dampfer seiner Reederei. Auf diese Weise behalte er sich »freie Hand«, um »unter den mir von verschiedenen Seiten zugesandten Offerten zu wählen«, ließ er wissen.[412] Zum Prinzip machte es sich der Reeder, »keine in China ansässige Firma mit der alleinigen Konsignation resp. Vertretung meiner Dampfer zu betrauen« und die Geschäfte seiner Reederei monopolisieren zu lassen. Jede Firma, die mit ihm Geschäfte machen wolle, lasse er ihre Chance, teilte er 1892 der Bremer Firma Melchers & Co. mit, die sich als Alleinvertreterin seiner Reederei in China angeboten hatte. Wenn Melchers Vertretung in Shanghai ihm »annehmbare Frachten in Aussicht stellen« könne, sei er »gerne bereit, ihr meine Dampfer zur Befrachtung an Hand zu geben«, doch mehr könne er »in dieser Sache nicht tun«. Er zeigte sich überzeugt, daß durch das Festhalten an diesem Prinzip die Reederei »bisher nicht schlecht gefahren«

sei.[413] Das einzige Zugeständnis, das er einem Makler machte, war eine gewisse Sonderbehandlung, wenn ein durch seine Vermittlung verchartertes Schiff wieder frei wurde. In diesem Fall zeigte er sich bereit, dieser Firma den Vorzug gegenüber anderen Maklern bei einem Frachtangebot zu geben, aber nur »unter denselben Bedingungen« wie vorher. Weitere Konzessionen habe er bisher den Geschäftsfreunden in China nicht gemacht, erklärte Jebsen: »[Ich] würde mich auch nie dazu verstehen, von diesem Prinzip abzuweichen.«[414]

Die Schiffsmakler, mit denen Jebsen in Ostasien über Jahre hinweg zusammenarbeitete, waren in der Regel alteingesessene deutsche Handelshäuser, die neben ihren Import- und Exportgeschäften auch Maklerei betrieben. In Hongkong hatte die Präsenz deutscher Firmen 1855 begonnen, als das Handelshaus Siemssen & Co. dort eine Filiale seiner Kantoner Zentrale eröffnete. Auch andere deutsche Firmen in Kanton wie F. Schwarzkopf & Co. (später in Hongkong unter dem Namen Blackhead & Co.), Wilhelm Pustau und Carlowitz & Co. etablierten in den Folgejahren Hongkonger Dependancen. Damit folgten sie einem Trend, der von den großen britischen Chinafirmen wie Jardine, Matheson & Co. oder Dent & Co. vorgegeben worden war. Als britische Kronkolonie bot Hongkong nicht nur die Sicherheit eines westlichen Rechtssystems und den Schutz durch britisches Militär, sondern auch die starke Präsenz ausgedehnter und intensiv genutzter Netzwerke im Wirtschafts- und Finanzsektor, die sich weit über Hongkong hinaus zu anderen fernöstlichen Handelszentren in Indien, Südostasien und entlang der chinesischen Küste bis zum asiatischen Rußland und nach Japan spannten. Als Mittelpunkt der ostasiatischen Schiffahrt verfügte die Kolonie über Kommunikationskanäle, die britischen und anderen Firmen einen hervorragenden Zugang zu wichtigen Informationsquellen über politische und ökonomische Ereignisse und Entwicklungen in der Region und darüber hinaus gaben. Die dadurch entstehenden neuen geschäftlichen Verbindungen stimulierten den Zuzug weiterer Firmen, die sich die von Hongkong ausgehenden Netzwerke zunutze machten.[415] In den vierziger und fünfziger Jahren kamen zahlreiche Kaufleute aus Indien, den Vereinigten Staaten, Deutschland, Frankreich, Portugal und den Niederlanden, um in der Kolonie große oder kleine Unternehmen zu eröffnen. Bis zum Anfang der 1880er Jahre entstanden insgesamt etwa zwanzig deutsche Firmen in Hongkong, entweder als Niederlassungen von Kanton-Firmen oder als eigenständige Unternehmen. Zu ihnen zählten außer den oben genannten auch Melchers & Co., Eduard Schellhass & Co. und Lauts, Wegener & Co. Außerhalb von Hongkong waren es die Firmen Schmidt, Rautenberg & Co. und Behn, Meyer & Co. in Singapur, Speidel & Co. in Saigon, Birchal Robinson & Co. in Manila sowie Kunst & Albers in Wladiwostok, mit denen Jebsen und seine Kapitäne bei der Vercharterung der Schiffe zusammenarbeiteten.[416]

Suchte eine Maklerfirma in Hongkong im Auftrag eines Kaufmanns nach einem passenden Dampfer, um einen Transport durchzuführen, dann kontaktierte der Makler entweder den Kapitän, falls das Schiff im Hafen lag, oder direkt die Reederei Jebsen in Apenrade. Reichte die Zeit aus, dann beschränkte man sich auf Briefe; war es dagegen eilig, schickte man Telegramme, die wegen der hohen Gebühren aber möglichst wenig eingesetzt wurden. Da die Kapitäne über Frachtangebote entscheiden konnten, wurden viele Abschlüsse ohne vorherige Absprache mit Jebsen getroffen. Diese Entscheidungsfreiheit seiner Schiffsführer hinderte den Reeder nicht, mit Lob oder Kritik zu reagieren – sowohl gegenüber den Kapitänen als auch den Maklern. Der Firma Siemssen & Co. in Shanghai, die ihn nach seiner Auffassung ungenügend über die Annullierung eines Frachtkontrakts informiert hatte, schrieb er: »Es setzt mich ganz außerordentlich in Erstaunen, daß Sie es nicht der Mühe wert gefunden haben, mir auch nur die geringste Mitteilung über diese sämtlichen Vorgänge zu machen und muß Ihnen doch sagen, daß ich gewohnt bin, mir ein eigenes Urteil über sämtliche meine Reederei betreffenden Vorgänge zu bilden und daher wünsche, über dieselben unterrichtet zu werden.«[417] Durch seine regelmäßige Korrespondenz nahm Jebsen aktiven Einfluß auf die Frachtabschlüsse für seine Dampfer und behielt sich in vielen Fällen die letzte Entscheidung vor. Über konkrete Frachtangebote und die allgemeine Lage auf den regionalen Frachtenmärkten wurde er von Maklern und Kapitänen auf dem laufenden gehalten, wobei die letztgenannten regelmäßige Berichtspflicht hatten. Darüber hinaus informierte Jebsen sich über die Frachtenlage und die Bewegungen seiner Schiffe durch die Lektüre der gut informierten Zeitung *Hamburger Börsenhalle*. Grundlegende Informationen über Handel und Schiffahrt einschließlich der Verhältnisse in Ostasien erhielt er aus der Reederzeitschrift *Hansa*.[418] Wie der Schiffahrtshistoriker Kirkaldy treffend schrieb, müsse ein Reeder ein »all-round man« sein: Besonders in der Trampschiffahrt sollte sein Wis-

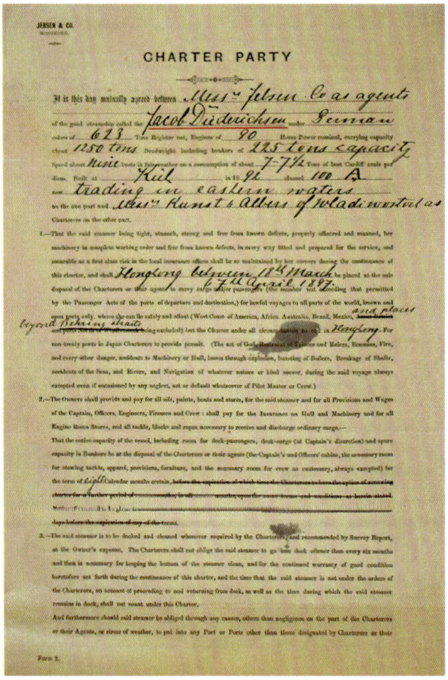

JEBSEN & CO.

CHARTER PARTY

It is this day mutually agreed between *Messrs Jebsen & Co as agents* of the good steamship called the *Jacob Diederichsen* under *German* colors of *623* Tons Register net, Engines of *90* Horse Power nominal, carrying capacity about *1250 tons* Deadweight including bunkers of *225 tons capacity* Speed about *nine* knots in fair weather on a consumption of about *7–7½* Tons of best Cardiff coals per diem. Built at *Kiel* in 18*92* classed *100 A* now *trading in eastern waters* on the one part and *Messrs Kunst & Albers of Wladiwostock as* Charterers on the other part.

1.—That the said steamer being tight, staunch, strong and free from known defects, properly officered and manned, her machinery in complete working order and free from known defects, in every way fitted and prepared for the service, and insurable as a first class risk in the local insurance offices shall be so maintained by her owners during the continuance of this charter, and shall *Hongkong between 10th March & 7th April 1897* be placed at the sole disposal of the Charterers or their agents to carry cargo and/or passengers …

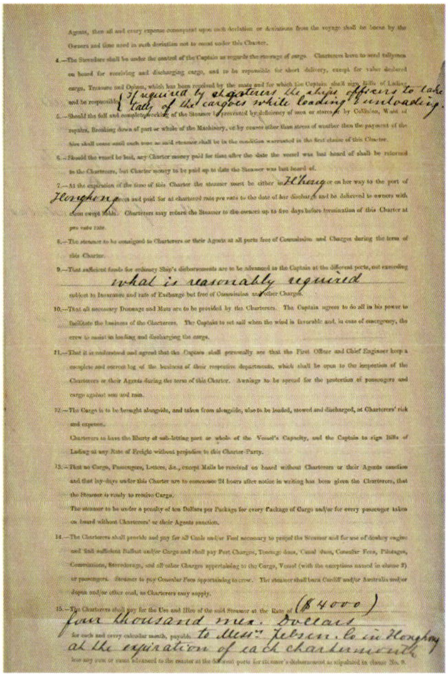

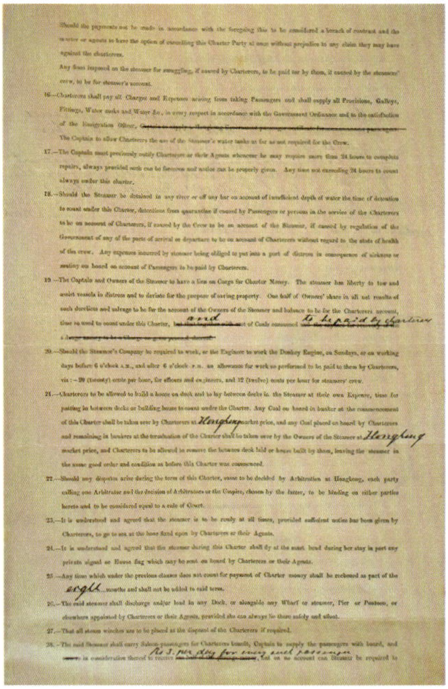

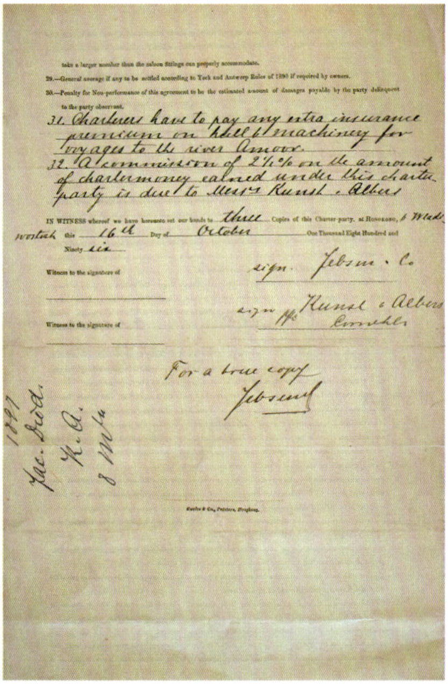

take a larger number than the saloon fittings can properly accommodate.

29.—General average if any to be settled according to York and Antwerp Rules of 1890 if required by owners.

30.—Penalty for Non-performance of this agreement to be the estimated amount of damages payable by the party delinquent to the party observant.

31. Charterers have to pay any extra insurance premium on hull & machinery for voyages to the river Amoor.

32. A commission of 2½ % on the amount of chartermoney earned under this charter party is due to Messrs Kunst & Albers

IN WITNESS whereof we have hereunto set our hands to *three* Copies of this Charter-party, at Hongkong, *& Wladiwostock* this *16th* Day of *October* One Thousand Eight Hundred and Ninety *six*

Witness to the signature of — *sign. Jebsen & Co*

Witness to the signature of — *sign. pp. Kunst & Albers Corrvehls*

For a true copy Jebsen

Charterpartie für den Dampfer *Jacob Diederichsen*, Oktober 1897

sen enzyklopädisch und seine Erfahrung weltweit sein.[419] Jebsen gehörte zweifellos zu diesen hervorragend informierten und profund orientierten Reedern und konnte sich daher jederzeit aktiv in die Verhandlungen über Befrachtungsangebote einschalten. Als er im Herbst 1889 von Oscar Wilhelm Wieler in Hamburg ein Zeitcharterangebot für seinen in Ostasien fahrenden Dampfer *Alwine* von monatlich 2300 Dollar für sechs Monate übermittelt bekam, lehnte er mit dem Hinweis auf die steigende Tendenz von Zeitchartern an der Chinaküste ab. Statt dessen forderte er 2400 Dollar für ein Jahr oder für sechs Monate ohne Option; im letztgenannten Fall konnte der Befrachter das Schiff nach dem Ende des Kontrakts nicht zu denselben Konditionen weiterchartern. An Wieler & Co. schrieb er, daß er nicht daran zweifele, daß es der Firma gelingen werde, »diese Rate durchzuholen«. Wegen seiner Kenntnisse über die tendenzielle Entwicklung des Frachtenmarkts konnte der Reeder also Druck auf die Makler ausüben, einen für ihn profitableren Frachtkontrakt auszuhandeln.[420]

Als ärgerlich empfand Jebsen die verspätete Einsendung von Rimessen. Besonders Wieler & Co. verdächtigte er, Frachtgelder an ihn zurückzuhalten, um davon andere Ausgaben wie beispielsweise Havariekosten für seine Dampfer bestreiten zu können. Da das zurückbehaltene Geld keine Zinsen trug, wies Jebsen den Makler im Mai 1891 an, »in ähnlichen Fällen das Geld in irgendeiner Bank zu deponieren, damit die laufenden Tageszinsen meiner Reederei zugute kommen«.[421] Auch Schellhass & Co. entgingen nicht seiner Kritik, als er erfuhr, daß die Firma erst nach einer längeren Zeit Reparaturkosten für *Triumph* an die Hongkong and Whampoa Dock Company gezahlt und dadurch im Besitz seiner Gelder geblieben war. Diese Beobachtung bestärkte ihn darin, wie er Kapitän Jürgen Bruhn wissen ließ, »daß diese Herren den Hauptgenuß der Reederei-Gelder haben und aus dem Grunde auch jetzt mit der Ablegung der Abrechnung zögern«. Bruhn wurde aufgefordert, dafür zu sorgen, daß die Frachtgelder für sein Schiff nach Erhalt sofort remittiert würden. »Die Herren Wieler & Co. unterscheiden sich darin auch nicht wesentlich von Schellhass & Co., nur Siemssen & Co. sind sehr prompt im Remittieren«, teilte Jebsen mit.[422]

Je länger seine Schiffe in Ostasien fuhren, desto mehr war Jebsen davon überzeugt, daß sowohl sein wichtigster Makler Wieler als auch sein Schiffsausrüster Blackhead »mit dem größten Nutzen unserer Schiffe

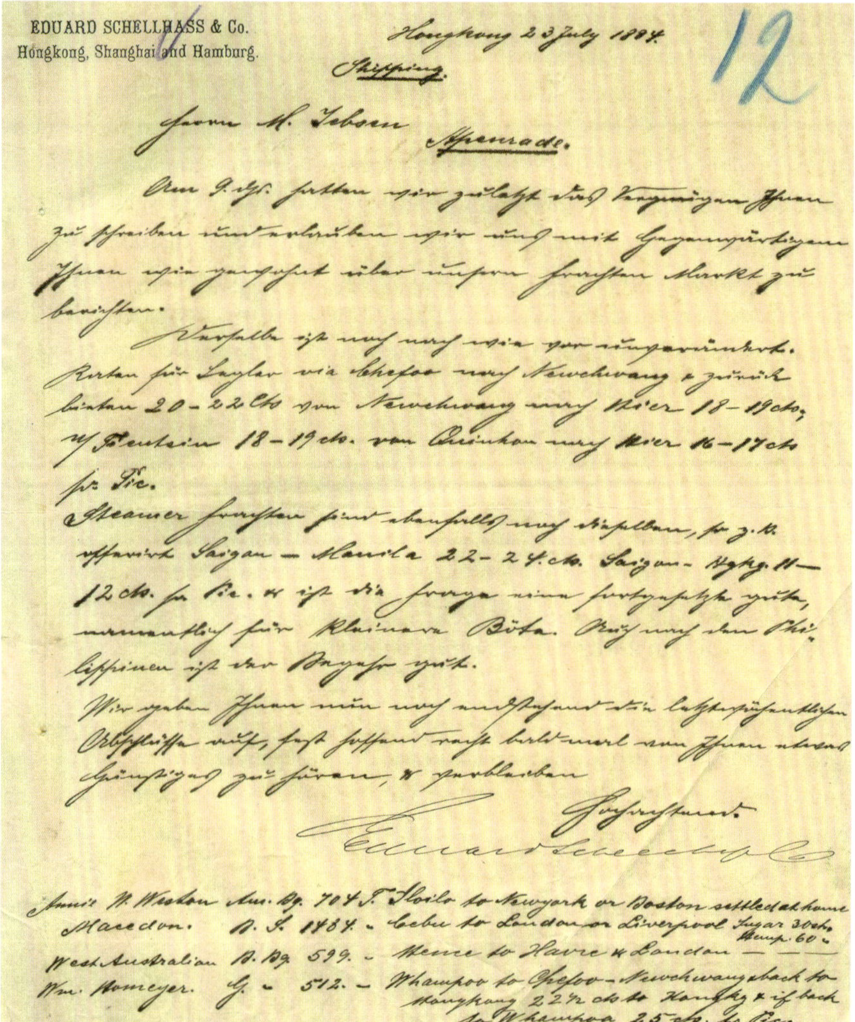
EDUARD SCHELLHASS & Co.
Hongkong, Shanghai and Hamburg.

Hongkong 23 July 1884
Shipping

Herrn M. Jebsen
Apenrade.

Ein Schreiben der Firma E. Schellhass & Co., Juli 1884: Die Firma von Eduard Schellhass war seit 1861 in Hongkong, Kanton und anderen chinesischen Hafenstädten tätig

ab[gehen], und je länger die Kapitäne dort draußen bleiben, desto größer werden die Unkosten«.[423] Seine Kritik an Maklern, Ausrüstern und Schiffsführern zieht sich durch die gesamte Korrespondenz der achtziger und neunziger Jahre. Ähnlich wie bei den Kapitänen entwickelte er auch gegenüber den Schiffsmaklern eine zunehmend negative Einstellung. Auch hier waren die weite geographische Distanz und die Schwierigkeit, die Handlungsweisen der Akteure »vor Ort« einschätzen und richtig beurteilen zu können, sicherlich ausschlaggebend für Jebsens wachsendes Mißtrauen. Mit der Übernahme des Reichstagsmandats (1890) und den monatelangen und arbeitsintensiven Abwesenheiten in Berlin war er zusätzlich gehindert, die Reedereigeschäfte ständig zu überwachen. Obwohl sein Buchhalter Engelbrecht ihm aus Apenrade regelmäßig Post nachsandte und Jebsen in Berlin auch die wichtigste Geschäftskorrespondenz weiter erledigte, war er doch acht Jahre lang über größere Zeiträume nicht mehr in demselben Umfang in das Routinegeschäft eingebunden wie zuvor. Die physische und psychische Abwesenheit vom Operationsgebiet seiner Dampferflotte wird dazu beigetragen haben, daß Jebsen mißtrauischer und kritischer gegenüber den wichtigsten Mitgliedern – Schiffsführern und Maklern – seines geschäftlichen Netzwerks in Ostasien wurde. Inwieweit seine strenge Kontrolle nötig und seine scharfe Kritik berechtigt war, läßt sich heute nicht mehr beurteilen.

Chinesische und europäische Kaufleute als Befrachter

Die Befrachter der Dampfer von Jebsen in der asiatischen Küstenschifffahrt waren in erster Linie chinesische Kaufleute in Hongkong. Meistens aus Kanton oder benachbarten Häfen seit den 1850er Jahren eingewandert, waren sie netzwerkartig mit anderen chinesischen Firmen in den ostasiatischen Hafenplätzen verbunden, beherrschten bald den Ein- und Ausfuhrhandel von China und nahmen eine prominente Stellung in Südostasien ein. Als Händler, Makler und Mittelsmänner *(Kompradore)* bedienten sie sich ausländischer Schiffsmaklerfirmen, die eng mit Reedereien zusammenarbeiteten, um ihre Transporte zwischen den Häfen der Region durchzuführen.[424] Drei dieser chinesischen Firmen tauchen regelmäßig in den Charterpartien der Schiffe und in Jebsens Korrespondenz auf, nämlich Akow, Yuen Fat Hong und Tung Kee. Von ihnen war die Firma Akow & Co. die erste Befrachterin des Dampfers *Vorwärts*, der 1881 nach Hongkong fuhr und von dort aus Küstenschiffahrt in Ostasien betrieb. Akow stammte aus Kanton und betrieb in der Stadt ein Hotel für Ausländer. In Hongkong gehörte sein Unternehmen zwar nicht zu den ersten Adressen, rangierte aber noch über den kleinen Ladengeschäften und Händlern. Zwar genoß Akows Firma nach Jebsens Auskunft »nicht den besten Kredit«,[425] doch war sie »durch zwei andere zahlungsfähige Chinesen gedeckt, so daß keine finanziellen Schwierigkeiten vorliegen«.[426] Neben seinen eigenen Geschäften mit Baumwolle, Tee und anderen Waren war Akow auch als Komprador für westliche Firmen in China tätig.[427] Er erwies sich als so zuverlässig, daß die beiden Kapitäne Evers und Boysen ihm sogar bescheinigten, »vor jedem europäischen und den meisten chinesischen Befrachtern den Vorzug« zu verdienen.[428]

Am 14. August 1893 wurde der Dampfer *Doris* von Yuen Fat Hong gechartert, der bedeutendsten unter den damaligen chinesischen Firmen in Hongkong.[429] Das 1843/44 entstandene Handelsunternehmen gehörte zuerst Ko Yuen Sing, einem Chinesen aus Siam, der nach der Gründung der Kolonie nach Hongkong gekommen war und sich im Reishandel von Siam nach China betätigte. Als der Geschäftserfolg ausblieb, verkaufte er die Firma 1853 an Ko Mun Wah, einen Chinesen aus Swatow, der sich als Arbeiter in Siam verdingt hatte, bevor er in die Kolonie eingewandert war. Ko Mun Wah wurde einer der Gründer der Nam Pak Hong (»Süd-Nord-Handelsgesellschaft«), die 1868 als Vereinigung chinesischer Handelsfirmen in Hongkong entstand, und war ihr Direktor von 1869 bis 1871. Er trat auch als Gründungsmitglied des 1872 geschaffenen Tung-Wah-Hospitals auf, des ersten von Chinesen finanzierten und betriebenen Krankenhauses in der Kolonie. Seine Firma nahm bald eine führende Stellung in der Ein- und Ausfuhr von Reis und großen Mengen chinesischer Erzeugnisse ein, eröffnete Zweigfirmen in Swatow, Bangkok und Singapur, die netzwerkartig miteinander verbunden waren, und besaß fünf Reismühlen in Bangkok. Als Ko Mun Wah 1882 starb, war er einer der reichsten chinesischen Kaufleute in Hongkong und stand auf der Liste der Hongkonger Steuerzahler an sechzehnter Stelle. Sein Nachfolger war sein zweiter Sohn Ko Soon Kam, der extensive Geschäftskontakte mit ausländischen Banken und Firmen pflegte und viele Jahre als Agent der Scottish Oriental Steamship Company und der Bangkok-Hongkong-Dampferlinie des Norddeutschen Lloyd auftrat. Wie sein Vater engagierte auch Ko Soon Kam sich im Sozialleben der Kolonie, war Direktor des Tung-Wah-Hospitals und Chef der Swatower Chinesen in Hongkong sowie Vorsitzender der Man-On-Versicherungsgesellschaft. Seine Firma war zwar auch im Banken- und Versicherungsbereich sowie der Schiffsmaklerei tätig, blieb aber in erster Linie eine Import- und Exportfirma für Reis mit einem Standbein in der Reisproduktion. Das Vierteljahrhundert

Mitglieder der chinesischen Familienfirma Yuen Fat Hong, 1908

bis zum überraschenden Tod von Ko Soon Kam (1909) sind als die goldenen Jahre von Yuen Fat Hong bezeichnet worden.[430]

Die Geschichte dieser Familienfirma zeigt schlaglichtartig die Bedeutung Hongkongs als Drehscheibe zwischen China und Südostasien, das Bestreben chinesischer Kaufleute nach Diversifizierung und Erweiterung ihrer Geschäftsfelder, die Steuerung von Firmen durch Familienmitglieder und nicht zuletzt die Bereitschaft chinesischer Kaufleute, mit westlichen Firmen zusammenzuarbeiten und für ihre Gütertransporte Schiffe von ihnen zu chartern. Unter den chinesischen Befrachtern der Dampfer von Jebsen war Yuen Fat Hong zweifellos die bedeutendste Firma, aber nicht der beste Kunde der Reederei, wie die nur einmalige Charterung von *Doris* zeigt. Mittlere und kleinere Import- und Exportfirmen wie Akow, Tung Kee, Lee Wing, Sung Kee, Young Kee, Nam Woo und die Reederei Yuen Cheong Lee, aber auch die schon früher genannten deutschen Chi-

Geschäftsstraße Queen's Road Central auf der Insel Hongkong, um 1900

Geschäftshäuser der Firma Yuen Fat Hong in Hongkong, 1908

nafirmen Siemssen & Co. und Melchers & Co. in Hongkong, Kunst & Albers in Wladiwostok und der französische Kaufmann und Reeder Auguste Raphael Marty in Hongkong und Haiphong tauchen regelmäßig in den Charterpartien als Befrachter der Dampfer auf.[431] Von den chinesischen Firmen hatte Nam Woo sich auf die Befrachtung von Schiffen für die Route zwischen Hongkong und Saigon spezialisiert, wobei auf der Hinreise vor allem Kulis und auf der Rückreise Reis transportiert wurden. 1891 investierte Li Shek-pang, der Gründer und Patriarch der berühmten Hongkonger Li-Familiendynastie, sein Kapital in die Firma von Nam Woo und wurde schließlich ihr Manager. Als Nam Woo starb und seine Söhne das Geschäft fortführten, aber bald verschuldet waren, gründete Li seine eigene Befrachtungsfirma im Gebäude von Nam Woo und übernahm bald auch dieses Unternehmen. Mit der Gründung eines Reisimportgeschäfts in Hongkong und Saigon, dem Kauf einer großen Reismühle in Französisch-Indochina und der Verschiffung von chinesischer Seide und Medizin nach Saigon erweiterte Li in den Folgejahren Schritt für Schritt sein Geschäftsfeld und besaß kurz nach 1900 sogar seine eigene Dampferflotte aus britischer Produktion.[432] Die anderen mittelgroßen chinesischen Handelshäuser haben dagegen nur wenige Spuren hinterlassen, so daß eine Rekonstruktion ihrer Geschäftstätigkeit und der

Hafen von Amoy an der Südwestküste von China, um 1880

konkreten Zusammenarbeit mit der Reederei Jebsen praktisch unmöglich ist. Als Befrachter seiner Dampfer werden sie in Jebsens Korrespondenz mehr oder weniger regelmäßig genannt, doch nur im Zusammenhang mit Frachtabschlüssen und besonderen Wünschen, wie etwa der Anforderung eines bestimmten Schiffs oder Kapitäns.

Anders als westliche Firmen verfügten chinesische Kaufleute über profunde Kenntnisse der regionalen Märkte in China und besaßen den Vorteil, in ihrer eigenen Sprache und durch persönliche Kontakte schneller und effizienter mit den lokalen Behörden verhandeln zu können. Deshalb konnten sie sich einen entscheidenden Wettbewerbsvorteil gegenüber den fremden Kaufleuten sichern, was es ihnen seit der Mitte der 1860er Jahre ermöglichte, zunehmend den Handel mit chinesischen Gütern zu dominieren. Hongkong und Shanghai entwickelten sich zu Mittelpunkten von hierarchisch strukturierten und weit verstreuten chinesischen Handelsfirmen, die regelmäßig ausländische Frachtdampfer zum Transport ihrer Güter entlang der Chinaküste und in die Nachbarregionen charterten.[433] Die wachsende Bedeutung der chinesischen Handelsfirmen in Hongkong drückte sich auch in Zahlen aus: 1871 gab es etwa fünfhundert bis eintausend chinesische Kaufleute und Kapitalinvestoren, und zehn Jahre später waren es mehr als dreitausend. Von der britischen Kolonie aus entwickelten sie enggespannte Netzwerke mit anderen chinesischen und fremden Firmen in benachbarten Häfen wie Amoy, Swatow und der portugiesischen Kolonie Macao sowie in Handelsplätzen der Kantonregion einschließlich des Perlflußdeltas und des Westflußtals sowie an den Küsten des Golfs von Tonkin. Zwischen diesen Orten verkehrten Dschunken,

Frachtdampfer und Flußboote und transportierten Güterfrachten und Passagiere einschließlich Kuli-Emigranten.[434] Die Zahl der in Hongkong ein- und auslaufenden Schiffe stieg deshalb ständig an, wobei es sich zwar hauptsächlich um Dschunken handelte, die jedoch zunehmend auf die Konkurrenz von Segelklippern und Dampfern trafen. Während Dschunken vor allem im Küsten- und Flußverkehr tätig waren, betätigten chinesische und fremde Dampfer sich auch in der großen Kabotage nach benachbarten ostasiatischen Regionen. Es ist deshalb nicht erstaunlich, daß Hongkongs Hafen als »always crowded with shipping presenting an animated and imposing spectacle« beschrieben wurde.[435] Der Bremer Kapitän Rüte bezeichnete die Kolonie am Anfang der 1880er Jahre als »Mittelpunkt der chinesischen Fahrt« und »Sitz der reichsten chinesischen Charterer«, wo es die meisten Küstenfrachten gebe: »Ein einziger chinesischer Charterer befrachtet mehr Schiffe im Jahre von Hongkong über Tientsin, als ganz Amoy nach Tientsin, außerdem sind hier auch die meisten Frachten für lange Reisen bei europäischen Häusern. Es ist nicht zuviel gesagt, daß man hier Frachten nach jedem Platze an der Küste, Java und Japan eingeschlossen findet.«[436] Jebsen teilte 1898 mit, er verchartere seine Dampfer an die größeren Handelshäuser, »welche dieselben dann nach allen Himmelsrichtungen senden können und mit allen erlaubten Kaufmannsgütern etc. beladen dürfen. Bestimmte Fahrpreise für Personen und Frachtsätze sind nicht vorgeschrieben, richten sich vielmehr nach den jeweiligen Konjunkturen. Die Ufer des Gelben Meeres sind schon öfters von meinen Dampfern berührt worden und werden die Fahrten auch bis nach Wladiwostok, den Inseln Yesso [Hokkaido] und Sachalin ausgedehnt.«[437]

Bei Zeitfrachtverträgen (*time charter*) in Ostasien war entweder der Befrachter oder eine Vertrauensperson – meistens ein Supercargo oder ein Komprador – an Bord, der dem Kapitän Anweisungen über die Ziele der Fahrten gab. Zwar stand es dem Befrachter grundsätzlich frei, die Fahrtgebiete selber zu bestimmen, doch konnte der Reeder hiervon Ausnahmen fordern und gegebenenfalls eine Zulage zur Frachtrate verlangen, wenn es in schwierig zu navigierende Gewässer – wie beispielsweise in den Amurfluß im asiatischen Teil Rußlands – gehen sollte. In vielen Fällen enthielt der Zeit-Frachtkontrakt auch die Möglichkeit einer Option für eine Verlängerung des Vertrages, wenn der Befrachter das Schiff länger behalten wollte. Die Option ermöglichte die Fortführung des Chartervertrags um meistens drei oder sechs Monate zu denselben Bedingungen. Allerdings gab der Reeder eine solche Option meistens nur dann, wenn er voraussehen konnte, daß die Frachtraten nach Ende des Kontrakts viel niedriger sein würden als zum Zeitpunkt des Vertragsabschlusses. Zeit-Frachtkontrakte bildeten damals die üblichste Form von Charterpartien in der ostasiatischen Küstenschiffahrt und großen Kabotage. Jebsen ließ wissen, auch seine Dampfer seien »zum größten Teil in Monatsfracht in ostasiatischen Gewässern beschäftigt, kommen somit überall hin«.[438] Aus naheliegenden Gründen bevorzugten Befrachter den kürzeren Trip-Frachtkontrakt (*trip charter*), wenn die Frachtraten hoch waren, aber die Aussicht bestand, daß sie wieder fallen würden. Andererseits schloß man lieber die längeren Zeit-Frachtkontrakte ab, wenn die Frachtraten niedrig waren. Jeder Befrachter beobachtete die Frachtenmärkte sehr genau und wartete gegebenenfalls auf eine Veränderung zu seinen Gunsten. »Der schlaue Akow hält solange wie möglich mit Offerten zurück in der Hoffnung, daß am Jahresschluß oder im Januar die Frachten fallen werden«, äußerte Jebsen Ende 1894.[439] Chinesische Kaufleute charterten Schiffe üblicherweise kurz vor Beginn des Chinesischen Neujahres, »der besten Frachtperiode« wie Jebsen beobachtete, »zu welcher Zeit die Chinesen sich gewöhnlich ihre Tonnage zu sichern suchen, dabei gute Raten zahlen«.[440] Diese Gewohnheit entsprang dem Wunsch der chinesischen Befrachter, das neue Jahr mit einem festen Frachtkontrakt zu beginnen und sich damit die besten Geschäftschancen zu sichern. Für die Reedereien war es daher vorteilhaft, mit Verschiffungsangeboten bis zu diesem Zeitpunkt zu warten, um bessere Frachtraten bedingen zu können. Aus diesem Grund sanken die Raten im Dezember und zu Anfang Januar jedes Jahr, doch gingen sie kurz vor den chinesischen Neujahrsfeiertagen wieder steil in die Höhe.[441]

Die relativ kleinen Dampfer von Jebsen entsprachen in den 1880er Jahren den Bedürfnissen vieler chinesischer Befrachter, die sich mit ihnen eine größere Flexibilität bei schwankendem Verschiffungsbedarf bewahren konnten. Wie zeitgenössische Beobachter feststellten, hatten chinesische Kaufleute meistens nicht genügend Ladungen für größere Transporte, so daß kleinere Dampfschiffe von sechshundert bis elfhundert Tonnen Größe von ihnen bevorzugt wurden.[442] Außer zweckrationalen scheint es psychologische Gründe gegeben zu haben: Deutsche Schiffe waren bei chinesischen Befrachtern auch deshalb sehr beliebt, weil Reeder und Kapitäne ihnen gegenüber generell freundlich und ohne westliche Arroganz auftraten. Der deutsche China-Kaufmann Prosch im nördlichen Hafen Newchwang berichtete 1885 in der *Hansa*: »Erfahrungen vieler Jahre haben den Chinesen belehrt, daß sein Interesse im Handel und Wandel mit Deutschen stets gewahrt ist, und in der Tat gehören Ausnahmen hiervon glücklicherweise zu den großen Seltenheiten.« Der Deutsche stehe »überall bei Chinesen in größerem Ansehen, als jede andere Nation«, meinte Prosch in seinem Leserbrief, in dem er für die verstärkte Aussendung deutscher Frachtdampfer nach China warb.[443]

Das allgemein positive Verhältnis wurde von Jebsen wiederholt in seinen Briefen bestätigt, doch gab der Reeder sich auch alle Mühe, gute Geschäftsbeziehungen zu chinesischen Kaufleuten aufzubauen und zu bewahren. Es waren aber in erster Linie die Kapitäne, die als Repräsentanten der Reederei in direkten Kontakt mit den Charterern ihrer Schiffe kamen. Als Kapitän Evers vom *Vorwärts* im Sommer 1881 einen neuen Befrachter gefunden hatte, schrieb Jebsen ihm: »Mit ihrem Chinesen werden Sie schon zurechtkommen. Pigeon English haben Sie wahrscheinlich schon gelernt, man muß sich freilich mit den Leuten über vieles hinwegsetzen. In mancher Hinsicht ist ein guter chinesischer Kaufmann mir lieber als ein Europäer, nur muß man mit ersterem umzugehen verstehen.«[444] Daß nicht jeder Kapitän diesen Umgang verstand und sogar dazu neigte, auf Chinesen herabzuschauen, wird aus mehreren Briefen von Jebsen deutlich. Wiederholt forderte der Reeder seine Kapitäne auf, sich mit chinesischen Befrachtern auf guten Fuß zu stellen. Als Kapitän Schuldt mit *Triumph* 1883 nach Ostasien fuhr, ermahnte ihn Jebsen, sich davor zu hüten, »gegen die Chinesen schroff aufzutreten; manchem Kapitän ist dadurch eine gute Fracht verloren gegangen«. Weil Schuldt sich durch sein Auftreten bereits bei europäischen Befrachtern einen schlechten Ruf erworben hatte, forderte er ihn unumwunden auf: »Diesen sogenannten Dummstolz müssen Sie ganz abstreifen; er schadet Ihnen selbst und noch mehr der Reederei.«[445] Als *Triumph* fast nur Tripcharters erhielt und kaum Profite abwarf, mahnte Jebsen erneut den glücklosen Kapitän: »Suchen Sie sich mit den Chinesen gut zu stellen. Durch Entgegenkommen richtet man dabei mehr aus, als wenn man ihnen gegenüber mit Grandezza auftritt.«[446] Für den Reeder stand deshalb fest, daß Schuldt an der Küste von China »nie reüssieren« werde: »Der gute Mann besitzt zu großes Phlegma, um in Tripcharter etwas zu verdienen, und zu viel Grandezza, um jemals sich mit einem chinesischen Timecharterer gut zu stellen.«[447]

In seinen Briefen machte Jebsen die Kapitäne seiner Reederei wiederholt darauf aufmerksam, wie wichtig die Zufriedenheit der Befrachter mit den Diensten des Schiffsführers und seiner Besatzung war. Seine Strategie zahlte sich aus, so daß der Reeder Ende 1888 stolz konstatieren konnte: »I am glad to say that our steamers have attained such a very good reputation on the coast of China that Chinese charterers prefer them to any other steamers on the coast.«[448] Einem anderen Mitreeder teilte er mit, daß die Reederei Jebsen von der Überproduktion von Dampfern nicht tangiert werde: »(Ü)berhaupt genießen unsere Dampfer an der Küste von China einen ganz besonders guten Ruf, sind größtenteils in Händen derselben Befrachter und brauchen die Konkurrenz nicht zu fürchten.«[449]

Nachdem er negative Erfahrungen mit westlichen Befrachtern in Hongkong gemacht hatte, darunter das britische Handelshaus Butterfield & Swire, wies Jebsen seine Hauptmakler Wieler & Co. an, »nur dann mit europäischen Häusern für meine Dampfer Timecharters [zu] kontrahieren, wenn partout keine chinesischen Befrachter, selbst zu niedrigeren Raten, darauf reflektieren«.[450] Um so härter reagierte der Reeder auf Fehlverhalten seiner Kapitäne. Als die Hongkonger Reederei Yuen Cheong Lee sich bei ihm über Kapitän Samuelsen von *Alwine* beklagte und ankündigte, den kleinen Dampfer nicht mehr zu chartern, wenn dieser an Bord bliebe, handelte Jebsen sofort und wies die Firma Wieler & Co. an, Samuelsen seine Kommandoenthebung mitzuteilen. Im Interesse der Reederei bleibe ihm kein anderer Ausweg, ließ Jebsen wissen: »Da nun andere chinesische Befrachter sicherlich von dem Umstand in Kenntnis gesetzt werden, so würden diese ebenso wenig den Dampfer in Timecharter aufnehmen, wenn irgendein anderer erhältlich ist.«[451] Die offene Boykottdrohung führte zur fristlosen Entlassung von Samuelsen, der keinen neuen Posten in der Reederei erhielt und umgehend von Steuermann Adolph Bendixen vom *Triumph* ersetzt wurde. Dem neuen Schiffsführer von *Alwine* schärfte Jebsen ein, »sich dem *chinesischen Befrachter gegenüber so zu betragen, daß er niemals Veranlassung zur Klage haben wird,* da wir ja mit dem kleinen Dampfer ganz auf die Chinesen angewiesen sind und uns das Wohlwollen derselben erhalten müssen«.[452] Vier Tage später schrieb er an die Firma Yuen Cheong Lee: »I am very sorry to note that you are not satisfied with the behaviour of Captain Samuelsen and hereby beg to inform you that I have decided to appoint a new Captain to the *Alwine* who I hope will give you entire satisfaction, and shall recall Captain Samuelsen to Europe. Trusting this will tend to your employing the *Alwine* for a long time yet.«[453]

Mit dieser Entlassung machte Jebsen seinen Schiffsführern unmißverständlich deutlich, wie entscheidend ein gutes Verhältnis zwischen Kapitän und Befrachter für den Erfolg des Frachtgeschäfts war. Um so mehr war ihm daran gelegen, mit den Befrachtern lange und harmonische Beziehungen zu pflegen. Auf einen Brief von Yuen Cheong Lee & Co. hin, in dem die Firma sich sehr lobend über Kapitän Adolph Bendixen und seinen Ersten Steuermann geäußert hatte, sandte Jebsen sein Foto als Zeichen seiner Wertschätzung (*»as token of my esteem«*).[454] Weil aber in erster Linie Schiffsführer und Befrachter persönlich miteinander zu tun hatten, war ein anhaltend gutes und freundliches Verhältnis zwischen ihnen für den Geschäftserfolg sehr hilfreich. Manchmal wurde ein Schiffsführer von einem Befrachter besonders gewünscht, so daß man in den Frachtkontrakt eine entsprechende Sonderbedingung eintrug. Kapitän Hans Schlaikier, der viele Fahrten für das deutsche Handelshaus Kunst & Albers in Wladiwostok gemacht und sich dabei einen sehr guten Ruf erworben hatte, wurde im Herbst 1894 von der Firma ausdrücklich als Führer des von ihr gecharterten *Jacob Diederichsen* angefordert, so daß ein Kapitänswechsel nötig war.[455] Chinesische Befrachter schrieben vor Aufnahme von Verhandlungen über eine Charterung manchmal direkt an Jebsen und forderten einen bestimmten Kapitän für ein bestimmtes Schiff an, worauf der Reeder stets positiv und flexibel reagierte. Als die Firma Yuen Cheong Lee darum bat, Kapitän Jacob Kubik Petersen für *Triumph* zu erhalten, den der Kaufmann nach Jebsens Auskunft »längere Zeit kennt und [der] sein spezieller Freund zu sein scheint«, wurde Kapitän Jürgen Bruhn gebeten, auf ein anderes Schiff der Reederei zu wechseln. Er habe Yuen Cheong Lee versprochen, teilte Jebsen mit, »Kapitän Petersen zum *Triumph* zu versetzen«.[456]

Die angeführten Beispiele für das Geschäftsgebaren einer deutschen Frachtdampferreederei gegenüber chinesischen Schiffsbefrachtern zeigen eindrucksvoll, daß die ältere Imperialismus-These von westlichen Dampfern in China als eines der *tools of empire* einseitig ist und zu kurz greift. In der historischen Realität waren durch die starke Konkurrenzsituation, in welcher sich die Schiffahrtsgesellschaften während des markanten Globalisierungsschubs des 19. Jahrhunderts befanden, erhebliche Adaptionsleistungen der Reeder und Kapitäne an ihre vorwiegend chinesischen Kunden erforderlich. Jebsen und seine Schiffsführer mußten sich permanent auf die Wünsche und Bedürfnisse der Kaufleute einstellen, um die Schiffe im hart umkämpften Frachtenmarkt profitabel in Fahrt zu halten und auch in flauen Frachtzeiten auf die langjährigen vertrauensvollen Kontakte zu Maklern und Charterern bauen zu können. Die westlichen Frachtdampfer waren weniger Speerspitzen der Penetration des chinesischen Marktes als vielmehr gezielt eingesetzte Instrumente chinesischer Kaufleute zur Unterhaltung netzwerkartiger Handelsverbindungen zwischen den Hafenstädten Ostasiens.

Kapitän Jacob Kubik Petersen (1859–1921) (links) und Kapitän Hans Schlaikier (1862–1942) (rechts)

Kulifahrten nach Sumatra

Ein wichtiges Geschäftsfeld deutscher Dampfer in Südostasien waren Passagierfahrten mit chinesischen Kulis. Diese Reisen waren eine unmittelbare Folge der Mobilität mittelloser ländlicher und städtischer Unterschichten in China, die im dritten Viertel des 19. Jahrhunderts ihren Höhepunkt erreichte. Vor allem von den südchinesischen Provinzen Fukien und Kwangtung sowie der Insel Hainan emigrierten massenhaft arme chinesische Arbeiter nach Südostasien, Australien, Nord- und Südamerika und Sibirien. In Rekrutierungszentren wie Hongkong, Kanton, Amoy, Swatow und Macao wurden die Kontrakte zwischen den Arbeitssuchenden und chinesischen Kulimaklern geschlossen und die Kulis anschließend auf Dampfschiffe zur Weiterbeförderung gebracht.[457] Manchmal scheinen die Bedingungen der Überfahrt auf den überfüllten Dampfern so unerträglich gewesen zu sein, daß es zu Revolten und Meutereien kam, doch stellten solche Vorfälle eher Ausnahmen dar. Nach Auskunft von Jebsens Neffen

Chinesische Kulis an einem Dampfer, um 1900

Ein Tabakfeld in Deli auf Sumatra vor dem Schnitt, um 1895

Max, Kapitän des Dampfers *Else*, der 1890 eine Fahrt mit über zweihundert Kulis von Swatow nach Deli auf der Insel Sumatra in Niederländisch-Indien durchgeführt hatte, gingen die mehrfachen Unruhen und Meutereien der Kulis an Bord anderer Schiffe auf eingeschleuste Agenten der chinesischen Kulimakler in Singapur zurück. Weil bei direkten Verschiffungen Singapur umgangen wurde und damit der Maklerverdienst entfiel, hatten als Kulis getarnte Agenten die Kapitäne der Schiffe durch Aufwiegelung der übrigen Passagiere zu zwingen versucht, die britische Kolonie anzulaufen. »Die erwähnten Singapore broker haben natürlich ein großes Interesse daran, den direkten Import zu vereiteln, durch welchen sie in ihren Einkünften schwer geschädigt werden«, erläuterte Max Jebsen.[458]

Angesichts solcher Risiken stand Jebsen der Beförderung von Kulis auf seinen Dampfern skeptisch gegenüber, doch gaben ökonomische Erwägungen in der Regel den Ausschlag, vor allem in wirtschaftlich schwierigen Zeiten. Als im Frühjahr 1890 die deutsche Firma Lauts & Haeslop die Einrichtung einer regulären Dampferverbindung für Kuliverschiffungen von Swatow nach Deli anregte, stand Jebsen der Aussicht, drei bis vier seiner Dampfer »in fester Fahrt auf längere Zeit unterzubringen« grundsätzlich positiv gegenüber, wenn damit genügend Profit erzielt werden konnte. Mit Blick auf die Meutereien an Bord, von denen auch in deutschen Zeitungen berichtet worden waren, wies er aber auf die »sonstigen Unan-

Dampfer *Else* (I)

nehmlichkeiten, die mit dieser Kulifahrt zusammenhängen« hin, in deren Folge »einige Reedereien schon jetzt Bedenken tragen, ihre Dampfer für die Fahrt herzugeben«.[459] Deshalb wollte er zunächst die Stellungnahme seines Neffen Max abwarten, der in Ostasien praktische Erfahrungen bei solchen Reisen gesammelt hatte.[460] Auch seine Hauptmitreeder, die Brüder Carl und Gustav Diederichsen, waren von der Idee nicht begeistert und empfahlen, die Schiffe weiterhin mit Zeit-Frachtkontrakten fahren zu lassen. Deshalb fand Jebsen sich lediglich bereit, drei seiner Dampfer zu einer mäßigen Frachtrate an Lauts & Haeslop zu verchartern.[461] Als Lauts aber eine Subvention von 3000 Dollar pro Monat anbot und einen detaillierten Vertragsentwurf für eine feste Linie sandte, trat Jebsen der Idee näher und sandte schließlich den Entwurf mit seinen Forderungen zurück.[462] Kurz darauf erhielt er aus Deli einen positiven Bericht von Max Jebsen über die wirtschaftliche Machbarkeit des Unternehmens, was ihn endgültig umstimmte.[463] Mit Blick auf das allgemeine Fallen der Frachtraten und die wachsende Konkurrenz durch andere Reedereien in Ostasien kam er Anfang Juli 1890 zu dem Schluß, daß die Kulifahrten in der festen Linie »immerhin eine gute Dividende ermöglichen« würden.[464]

Die in Swatow ansässige Firma Lauts & Haeslop organisierte seit ihrer Gründung (1886) in diesem Vertragshafen der Provinz Kwangtung die Anwerbung, Vorschußzahlung und Verschiffung chinesischer Arbeiter.

Hafen von Swatow an der Südostküste von China, um 1890

Die Firma besaß die einzige Agentur der Deli-Gesellschaft (*Deli Maatschappij*), ein Konsortium der fünf größten Tabakplantagengesellschaften von Sumatra im niederländischen Kolonialstaat Niederländisch-Indien. Anfangs waren die Kulis von Swatow nach Deli über Singapur und Penang verschifft worden, doch hatten sich diese Zwischenstopps als nachteilig erwiesen, weil dort immer wieder Kulis von Bord geflohen und damit auch die an sie gezahlten Vorschüsse verlorengegangen waren.[465] Aus diesem Grund wollte die Deli-Gesellschaft eine direkte Schiffsverbindung von China nach Sumatra schaffen, womit sie Lauts & Haeslop beauftragte. Als im Juli 1890 die Vorverhandlungen zwischen Lauts und Jebsen erfolgreich abgeschlossen waren, leitete die Firma Gespräche mit der Deli-Gesellschaft ein. Zu Jebsens und Lauts Erstaunen kam Mitte August 1890 die Antwort aus Deli, daß man auf das Vertragsangebot nicht eingehen wolle. Die Gesellschaft verwies auf den großen Zustrom von Kulis aus China, der es einer Reederei möglich machen sollte, auch ohne Subvention die feste Linie gewinnbringend zu betreiben. Da Jebsen nicht bereit war, seine Forderungen herabzusetzen, waren die Verhandlungen zunächst gescheitert. Erst im November 1890 nahm Lauts wieder Kontakt zu Jebsen auf und bot 3000 Dollar Subvention und 1300 Dollar garantiertes Passagegeld für drei Dampfer in der geplanten Linie an. Angesichts der Konjunkturdepression und des damit verbundenen dramatischen Sinkens der Frachtraten in Ostasien war Jebsen schließlich erneut verhandlungsbereit.[466] Inzwischen hatte er erfahren, daß auch andere Reedereien um den Vertrag konkurrierten.[467] Einen von Lauts gesandten Vertragsentwurf schickte der Reeder mit zahlreichen Änderungswünschen zurück, darunter der Forderung nach einer Subvention von 3200 Dollar, und machte gleichzeitig klar, daß er, »wenn diese Vorschläge nicht angenommen werden, auf das Geschäft verzichten« müsse.[468] Als er Ende Dezember 1890 von seinem Neffen Max erfuhr, daß die deutsche Handelsfirma Meyer & Co. in Hongkong den Kontrakt mit der Deli-Gesellschaft abgeschlossen hatte, reagierte er überrascht. »Mit zwei Schiffen können die Herren Meyer & Co. eine 12tägige Expedition nicht einhalten«, notierte Jebsen vorausahnend.[469] Tatsächlich wandten Lauts & Haeslop sich schon sechs Wochen später mit einem neuen Vertragsangebot an ihn, und zwar für die Charterung von drei Dampfern, um die Kuliverschiffungen von Swatow nach Deli und zurück durchführen zu können.[470] Das Geschäft kam auf dieser Basis schließlich zustande. Erst 1904 richtete die Reederei eine feste Linie nach Sumatra ein, nachdem die Deli-Gesellschaft mit Jebsen & Co. einen entsprechenden Vertrag über eine Laufzeit von fünf Jahren abgeschlossen hatte.[471]

Reishandel und fingierter Opiumschmuggel

Aus der Geschäftskorrespondenz von Jebsen geht hervor, daß mehrere seiner Dampfer regelmäßig Reis von Saigon und Bangkok nach Hongkong transportierten. Auf den Hinfahrten zu den Reisexporthäfen fuhren die Schiffe manchmal sogar in Ballast, um sich die lohnenden Reistransporte zu sichern, aber oft wurden chinesische Kulis als Passagiere mitgenommen, die nach Ankunft in Saigon in die französische Kolonie Indochina einwanderten und sich in die dort seit langem ansässige chinesische Minorität integrierten. Gechartert wurden die Dampfer von chinesischen Kaufleuten in Hongkong, die Mitglieder eines umfassenden Reishandelsnetzwerks zwischen Indochina und der britischen Kolonie waren. Ihre Partner in Saigon waren ebenfalls Chinesen, oftmals Mitglieder desselben Familienclans, die als sogenannte Reiskönige ein Fastmonopol im wichtigsten Wirtschaftssektor der Kolonie besaßen. Schon vor der französischen Kolonisation in den 1860er Jahren – unter der Herrschaft des Königreichs

Hafen von Saigon mit dem chinesischen Stadtbezirk Cholon, um 1920

Annam – hatten Chinesen ein komplexes Netzwerk des Reishandels im Deltagebiet des Mekongflusses aufgebaut, an deren Spitze die Reishändler in Cholon – eine rund fünf Kilometer westlich von Saigon gelegene chinesisch geprägte Handelsstadt – standen. Vom Einkauf bei einheimischen Reisbauern, der durch besondere chinesische Mittelsmänner und deren eigenem Kapitalkreditsystem erfolgte, über die Verarbeitung des Rohreises (Paddy) durch Schälung in modernen Mühlen und die Verschiffung der Reiskörner im Saigoner Hafen bis hin zur Lieferung an chinesische Kaufleute in Hongkong und anderswo, die den Weiterverkauf an die Konsumenten besorgten, war der indochinesische Reishandel beinahe ausschließlich die Domäne eines von Chinesen unterhaltenen Netzwerks.[472]

Saigon, die Hauptstadt von Cochinchina – des südlichsten Teils des Kolonialstaats Französisch-Indochina und im wesentlichen das große Deltagebiet des Mekongflusses –, war ein bedeutendes regionales Zentrum des Reisexporthandels, stand allerdings in ständiger Konkurrenz mit den weiter westlich gelegenen Ausfuhrhäfen Rangun und Bangkok. Während die Kapitale der britischen Kolonie Burma beim Reisexport den weltweit ersten Platz einnahm, folgte die Hauptstadt des unabhängigen Thaistaates

Karte von Französisch-Indochina, um 1900

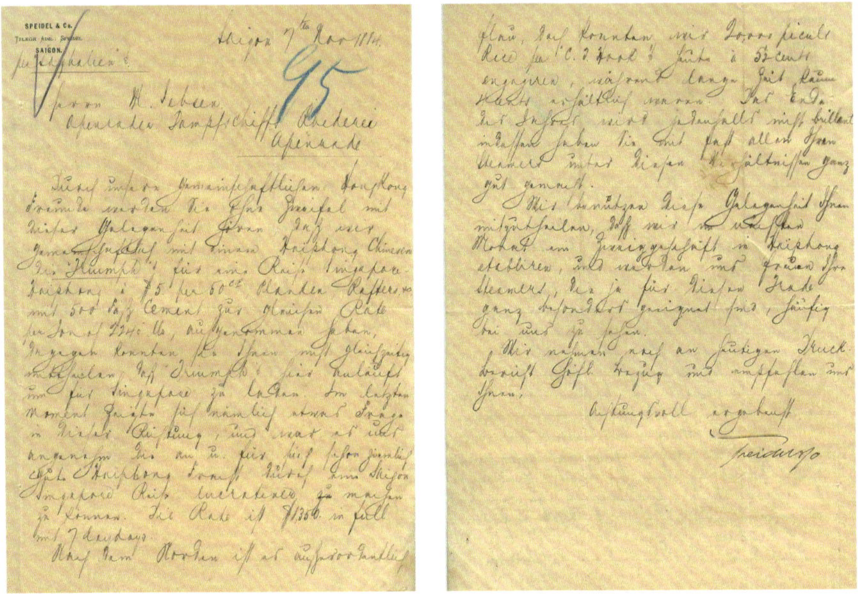
SPEIDEL & Co.
Telegr. Adr.: Speidel
SAIGON.

Saigon 7ten Nov 1884.

95

Herrn H. Jebsen
Apenrader Dampfschiff Rhederei
Apenrade

Achtungsvoll ergebenst
Speidel & Co

Ein Schreiben der Firma Speidel & Co. in Saigon, November 1884

Siam gleich nach Saigon an dritter Stelle: 1897 wurden rund 1,3 Millionen Reis von Burma exportiert, knapp 638.000 Tonnen von Saigon und gut 558.000 Tonnen von Bangkok. Als Abnehmer von Reis aus Cochinchina und Kambodscha – ein weiterer Teil von Frankreichs Kolonie Indochina – stand Hongkong mit rund 170.000 Tonnen im Jahre 1897 an erster Stelle, danach kamen Europa, Singapur, Frankreich und asiatische Länder. Da Direktausfuhren nach China und Japan nur eine vergleichsweise geringe Rolle im indochinesischen Reishandel spielten, bildete Hongkong den unbestrittenen Hauptmarkt für diese Region: Außer ihren Lokalkonsum zu decken, versorgte die britische Kolonie weite Teile von Südchina mit dem wichtigsten asiatischen Grundnahrungsmittel.[473]

Angesichts der chinesischen Dominanz war es französischen und anderen europäischen Firmen schwer gefallen, im Reisgeschäft von Indochina Fuß zu fassen. Einer der Pioniere war die deutsche Firma Speidel & Co., die um 1864 in Saigon eröffnet und sich auf den Import deutscher und anderer europäischer Produkte spezialisiert hatte. Mit der behördlichen Einführung hoher Zölle auf alle nichtfranzösischen Waren, die man dem französischen Generaltarif unterwarf, aber bei gleichzeitig fortbestehender Zollfreiheit für französische Importe, versetzte die Kolonialregierung

1887 vielen etablierten Importeuren einen schweren Schlag. Um die Verluste durch Erschließung neuer Geschäftsfelder zu kompensieren, eröffnete Hans Speidel im selben Jahr eine eigene mechanische Reismühle in Cholon; zehn Jahre später war das Geschäft so profitabel, daß eine zweite und weitaus größere Mühle hinzukam. Diesen beiden Anlagen standen fünf chinesische Reismühlen gegenüber, während in französischem Besitz nur eine ungünstig gelegene und veraltete Mühle in Saigon war. Als der deutsche Asienreisende Moritz Schanz 1898 die neue Mühle von Speidel besichtigte, traf er dort den neueingetroffenen französischen Gouverneurleutnant von Cochinchina mit einem großen Stab. Wie er berichtete, hätten Édouard Picanon und seine Begleiter »die deutschen Erfolge in einer Industrie (...), in welcher ihre eigenen Landsleute vollkommen scheiterten«, mit »saurer Miene« beobachtet.[474] Speidel nahm bei den Reiseinkäufen chinesische Mittelsmänner in Anspruch und finanzierte die zu zahlenden Vorschüsse mit Hilfe der Chartered Bank of India, Australia and China, deren Agent er in Saigon war. Mit der Verschiffung beauftragte er besonders deutsche Reedereien, die Küstendampfer in Ostasien unterhielten, darunter Schiffe der Reederei Jebsen. Da auch chinesische Reishändler in Hongkong zahlreiche deutsche Dampfer für ihre Reisexporte charterten, gelang es der Küstenschiffahrt unter deutscher Flagge, bis zum Ende des 19. Jahrhunderts eine marktbeherrschende Position in der großen Kabotage nach und von Indochina zu erlangen.

Reis wurde in Cochinchina und Kambodscha im Dezember und Januar geerntet und anschließend entweder in Rohform sofort verschifft oder in den Reismühlen von Cholon geschält und danach ausgeführt. Deshalb bot der Hafen von Saigon in diesen und den Folgemonaten ein besonders lebhaftes Bild. Als im Jahr 1895 insgesamt rund 630.000 Tonnen exportiert wurden, macht ein Blick in die Hafenstatistik die starke Stellung deutscher Flaggen in der Reisverschiffung deutlich. Danach löschten und luden im Zeitraum vom 13. bis 16. Dezember 1895 vier französische Dampfer ihre Fracht, die nach Tonkin – dem Norden von Französisch-Indochina –, nach Singapur und Marseille bestimmt war. Außer ihnen gab es fünf deutsche Dampfer – *Marie Jebsen* und *Jacob Diederichsen* der Reederei Jebsen, *China* und *Picciola* der Chinesischen Küstenfahrt-Gesellschaft (Hamburg) und *Independent* der Reederei Wahl (Köln) – mit dem alleinigen Fahrtziel Hongkong; zusätzlich lief am 16. Dezember noch *Ingraban* der Reederei J. P. Massmann ein, bei dem die Statistik die geladene Ausfuhrfracht als

Feldarbeiter in Cochinchina beim Ausgraben des Reises vor der Umpflanzung, um 1920

Reis (franz. *riz*) spezifizierte. Zu den französischen und deutschen Fahrzeugen kamen noch ein englischer nach Singapur bestimmter Dampfer und neununddreißig annamitische Meeresbarken hinzu, die Küstenschifffahrt nördlich von Saigon betrieben.[475] Diese vier in der Hafenstatistik erfaßten Tage illustrieren die Dominanz deutscher Schiffe im Reishandel zwischen Saigon und Hongkong, also beim Transport des wichtigsten Exportguts der französischen Kolonie zu seinem Hauptabnehmer. Im Netzwerk chinesischer Reishändler besetzten deutsche Firmen nicht nur eine beachtenswerte Position in der Reisproduktion, sondern besaßen darüber hinaus ein Fastmonopol in der Reisverschiffung.

Angesichts der marktbeherrschenden Stellung in dieser Fahrt ist es nicht verwunderlich, daß vor allem deutsche Reedereien mit dem Problem des Opiumschmuggels an Bord ihrer nach Saigon gehenden Schiffe zu kämpfen hatten. Um den Hintergrund zu verstehen, ist eine knappe Skizze über die Bedeutung der Ware erforderlich: Opium war im 19. Jahrhundert eine begehrte Droge, die in Asien und Europa vor der Erfindung von Aspirin und Penicillin in erster Linie als Medizin gegen eine ganze Reihe von Schmerzarten eingesetzt wurde. Außer als effektiver Schmerzhemmer diente Opium als probates Mittel in verschiedenen sozialen Kontexten, die mit seinem Genuß positive Erfahrungen verbanden: So bedeutete sein Konsum ein Zeichen der Gastfreundschaft, eine Methode der Entspannung, ein Merkmal sozialer Differenzierung und ein Symbol von Elitekultur. In einer Kultur der bewußten gesellschaftlichen Zurückhaltung, wie sie im 19. Jahrhundert üblich war, stellte Opium außerdem keine Gefahr

Opiumraucher, um 1910

dar, daß sein Rauchen in Gesellschaft zum Verlust der nötigen Etikette und Fassung führen würde, anders als beim Alkohol, der nach gängiger Meinung zu sozial verwerflichen Verhaltensweisen verleitete. Wie ein Weinkenner wählte der kritische Opiumraucher zwischen den vielen verschiedenen Opiumsorten aus und genoß die Droge mit schönen Beigaben wie Tee, Obst, Süßigkeiten, Snacks und Mahlzeiten. Die meisten seiner Konsumenten, auch aus den ärmeren Schichten, nahmen Opium in so moderaten Quantitäten ein, daß Suchtfälle die Ausnahme und nicht die Regel bildeten – eine Tatsache, die im Gegensatz zu den gängigen und bewußt kolportierten Stereotypen und Vorurteilen über Opium steht, auf deren Ursachen und Wirkungen hier nicht näher eingegangen werden kann.[476]

In Französisch-Indochina benutzte die gesellschaftliche Elite – reiche Kaufleute, Besitzer großer Ländereien, hohe Beamte und Aristokraten – das Opium für die oben beschriebenen sozialen Zwecke. Es waren vor allem Chinesen, aber auch Einheimische und Europäer, die der »Opiomanie« huldigten: Wie ein französischer Arzt 1897 berichtete, konsumierten Europäer, unter ihnen mehr als die Hälfte der Beamten und Kaufleute in Indochina, mindestens ein Kilo Opium im Monat.[477] War die Einfuhr von Opium nach der französischen Kolonisation vor allem durch ausgewählte chinesische Kaufleute erfolgt, die das Opiummonopol gepachtet und eine hohe Zollbelastung in Kauf genommen hatten, so endete diese Dominanz der Chinesen im Jahre 1882 mit der Schaffung eines staatlichen Opiummonopols (*la régie de l'opium*) durch die Kolonialregierung. Trotz der neu eingeführten Lizenzierung blieben aber die bisherigen Geschäftspraktiken bestehen, so der Ankauf des Rohopiums durch chinesische und französische Handelshäuser und seine Weiterverarbeitung zu Fertigopium in einer chinesischen Fabrik in Saigon. Die starke Marktposition der Chinesen lag auch in der Tatsache begründet, daß sie allein über das Know-how zur Umwandlung von Rohopium zu rauchfertigem Opium verfügten.[478] Vorher wie nachher scheint das Schmuggeln der Droge eine einträgliche Tätigkeit gewesen zu sein, um die behördlicherseits kontrollierte Einfuhr zu umgehen. Ein deutscher Kapitän berichtete 1883 in der *Hansa*, daß »keine Nation hier draußen zum Schmuggeln so angelegt wie die Chinesen« sei: Trotz hoher Strafen werde mehr geschmuggelt als früher, und die »Haupt-Opiumausfuhrhäfen für Saigon waren und werden bleiben Singapur und Hongkong«.[479] Noch im selben Jahr bekamen die Einnahmen aus dem Opiummonopol für die Kolonialverwaltung eine erhöhte Bedeutung, als Frankreich die Verwaltung von Tonkin vom Königreich Annam übernahm und zur Finanzierung kostenträchtiger infrastruktureller Projekte im neuerworbenen Norden Indochinas gezwungen war.

Seit 1841 war die britische Kronkolonie Hongkong ein Freihafen und Hauptdrehpunkt für indisches Opium, das für den chinesischen Markt bestimmt war. Außerdem versorgte die Kolonie die zahlreichen chinesischen Emigrantengemeinden in Asien und Amerika mit der Ware, die auf legalem oder illegalem Weg ihre Abnehmer erreichte. In den frühen 1880er Jahren gingen schätzungsweise 60 bis 75 Prozent des gebrauchsfertigen Opiums, das in der Opiumfarm in Hongkong hergestellt wurde, in den Export; die Einnahmen aus der Opiumverbrauchssteuer machten 1889/90 über 23 Prozent des Hongkonger Budgets aus. In der Kolonie waren es Kaufleute aus Kanton, die diesen Markt dominierten und durch gezielte Werbung dazu beitrugen, daß dort hergestelltes Fertigopium als besonders geschmackvoll galt – man sagte dem Hongkonger Wasser besondere Qualitäten beim Kochen des Rohopiums nach – und entsprechend höhere Preise erzielen konnte. Da sein Konsum auch den sozialen Status des Rauchers reflektierte, war das Produkt bei den höheren Schichten in und außerhalb Hongkongs sehr begehrt, so daß die Nachfrage stark anstieg.[480] So war es nicht verwunderlich, daß die hochwertige Droge auch in Französisch-Indochina ihre Liebhaber fand und ihr erfolgreiches Einschmuggeln zum lohnenden Geschäft werden konnte. Besonders bei Fahrten mit chinesischen Kulis, die Opium in Hongkong für ihren eigenen Gebrauch eingekauft hatten, bestand für Schiffe die potentielle Gefahr, daß größere Mengen der Droge mitgeführt, in Saigon durch Helfershelfer von Bord geschafft und an der französischen Zollbehörde vorbei eingeschmuggelt wurden. Der deutsche Konsul Emil Heintges, der 1902/03 das neugeschaffene Konsulat in Saigon verwaltete, bezeichnete diese Vorgehensweisen als »die reinen Schmuggelfälle, wo es dem Schmuggler darum zu tun ist, die Ware, für die er hier zu Lande wegen des herrschenden Opiummonopols der Regierung zu lohnenden Preisen Absatz findet, unbemerkt einzuführen«.[481] Geschmuggeltes Opium wurde 1886 und 1888 auf den Dampfern *Decima* und *Tritos* der Flensburger Dampfschiffahrt-Gesellschaft von 1869 entdeckt, als die Schiffe in Saigon lagen. Obwohl die Kapitäne jede Schuld abstritten und die Firma Speidel & Co. sich als Vermittler bei der Zollbehörde einschaltete, wurde die Reederei im ganzen zu über 90.000 Mark Strafe verurteilt; weder auf gerichtlichem noch diplomatischem Weg gelang eine Strafaufhebung.[482] Offensichtlich sollte damit ein Präzedenzfall konstituiert werden: Wie der früher erwähnte deutsche Kapitän 1883 berichtete, habe er in Saigon den Eindruck gewonnen, »daß wir Deutsche die bestgehaßte Nation bei den Franzosen sind«. Zwischen Franzosen und Deutschen gebe es nur geschäftliche, keine gesellschaftlichen Beziehungen. Mit der Bemerkung, daß die Franzosen nach dem Deutsch-Französischen Krieg von 1870/71 »bedeutend umgänglicher« gewesen seien als in den letzten Jahren, deutete er auf die zunächst nachlassende Revanchestimmung in Frankreich nach dem verlorenen Krieg und der Abtretung von Elsaß-Lothringen hin. Obwohl »die hiesigen Deutschen alles tun, um den Franzosen keinen Anlaß zu Klagen zu haben«, wie er in Saigon erfahren hatte, herrsche eine »gereizte Stimmung uns gegenüber«.[483] So waren es offenbar weniger nationalpolitische Ressentiments als vielmehr die starke Position deutscher Firmen in der Wirtschaft Indochinas, vor allem in der Produktion und Verschiffung von Reis, die zu solchen negativen Gefühlen Anlaß gab.

Zwar wurde 1887 in der *Hansa* noch über eine »reine Schikane« der Saigoner Hafenbehörden berichtet, die einen deutschen Dampfer wegen angeblichen Nichtzeigens seiner Flagge gegenüber einem französischen Transportschiff zu einer Geldstrafe verurteilt hatten,[484] doch ließen in den frühen neunziger Jahren die harten Bestrafungen bei entdecktem Opiumschmuggel erheblich nach. Als Anfang 1890 in Saigon auf dem Dampfer *Doris* Opium entdeckt wurde, kam Kapitän Raben mit dem Schrecken davon, als sowohl er persönlich als auch die Reederei Jebsen von jeder Schuld freigesprochen wurden. »Es scheint mir ein Gesetz zu sein, bei dem es auf das Hereinfallen abgesehen ist«, mutmaßte Jebsen nach Erhalt der Nachricht, daß die »Opiumaffäre« noch glücklich abgelaufen sei.[485] Damit bezog er sich auf ein »geniales Spioniersystem«, von dem der schon zitierte deutsche Kapitän 1883 in der *Hansa* berichtet hatte. Um die illegale Einfuhr von Opium nach Indochina und damit den Verlust von Einnahmen für die Opiumfabrik in Saigon zu verhindern, hatten chinesische Opiumkaufleute in Hongkong eigene Spione eingesetzt, um die auf nach Saigon bestimmten Schiffen versteckte Droge zu entdecken. Anschließend telegrafierten sie den Schiffsnamen, die genaue Menge und den Versteckplatz an ihre chinesischen Partner in Saigon, die daraufhin die französische Zollbehörde alarmieren konnten.[486] Weil auf diese Weise die geschmuggelten Opiummengen sehr gering blieben, scheint dieses Spioniersystem auch nach der Einrichtung des staatlichen Opiummonopols (1882) erfolgreich praktiziert worden zu sein. Obwohl die Zollbehörde in Saigon weniger hart gegen Kapitän und Schiff vorging, wenn Opium an Bord entdeckt wurde, bereiteten die regelmäßig vorkommenden Schmuggelfälle den betroffenen Reedereien großes Kopfzerbrechen. Als bei einem chinesischen Heizer von *Marie* im Frühjahr 1890 die Droge entdeckt wurde, wurde Kapitän Hundewadt von Jebsen aufgefordert, »Ihren Steuerleuten die größtmögliche Wachsamkeit einzuschärfen«. Zwar ging diese »Opiumaffäre noch einigermaßen glimpflich« zu Ende, wie er wenig später erfuhr, doch war er sich durch die Berichte seiner Kapitäne bewußt, »wie gefährlich diese Saigonfahrt mit Bezug auf den Opiumschmuggel sich gestaltet«. Es lag auf der Hand, daß die marktbeherrschende Stellung deutscher Schiffe bei den Reistransporten die Wahrscheinlichkeit erhöhte, daß auf ihnen öfters Opium geschmuggelt und entdeckt werden würde als auf Fahrzeugen anderer Flaggen. Als Anfang 1891 der Dampfer *Cosmopolit* in Saigon von der Zollbehörde festgesetzt wurde, regte der Reeder Rudolph Wahl ein gemeinsames Vorgehen aller deutschen Schiffseigner an, die in der Saigonfahrt tätig waren. Seine Vorschläge, den Hafen in der Reissaison gar nicht anzulaufen oder die chinesischen Reisbefrachter in Hongkong mit Sicherungsbeträgen zu belasten, stießen bei Jebsen auf Ablehnung, der sie für undurchführbar hielt.[487] Um so erleichterter war er, als wenig später ein erneuter Opiumfund auf der *Doris* ohne Konsequenzen für seine Reederei blieb.[488]

Dennoch schärfte er im Juli 1891 Kapitän Jürgen Bruhn von *Holstein* die »größte Wachsamkeit« ein, weil der neuerworbene Dampfer vom Hongkonger Kaufmann Tung Kee für ein ganzes Jahr zur guten Frachtrate von 4200 Dollar pro Monat gechartert worden war und voraussichtlich in der Saigonfahrt beschäftigt werden sollte. Auch im Folgejahr mahnte er ihn, auf dieser Route besonders aufzupassen, »da die Chinesen bekanntlich schlaue Schmuggler sind«.[489]

Solche Vorsicht war um so mehr geboten, nachdem die Zoll- und Monopolverwaltung von Indochina im Jahre 1893 das alleinige Monopol für den Import, die Produktion und den Verkauf von Opium erhalten hatte. Damit trug der neue Generalgouverneur von Indochina, Jean Marie Antoine de Lanessan, dem dringenden Geldbedarf einer Kolonie Rechnung, die seit langem defizitär war und nur durch Zuschüsse von Frankreich vor dem finanziellen Kollaps bewahrt werden konnte.[490] Um so schärfer ging die Zollbehörde gegen den Opiumschmuggel vor: Wie eine britische Quelle ausweist, wurden um 1895 mehrere Dampfer in Saigon von der Zollbehörde wegen Drogenfunden bei Passagieren oder chinesischen Feuerleuten beschlagnahmt und die Schiffsführer in Haft genommen. Merkwürdig fand es die nordenglische Reeder- und Kapitänsvereinigung, daß die Beamten stets direkt zu den Stellen gehen konnten, wo das Opium versteckt war, und meinte deshalb, daß »there is just a possibility that some one profits by the result, to the serious injury of the captain and owners«.[491] Aber erst unter Generalgouverneur Paul Armand Rousseau erließ die Kolonialregierung am 14. Oktober 1896 neue Zollbestimmungen, nach denen das Anzeigen von geschmuggeltem Opium sehr hoch belohnt werden sollte: Danach ging das von der Reederei zu bezahlende Strafgeld je zur Hälfte an die Zollbehörde und an den Angeber, dem Straffreiheit und Anonymität zugesichert wurden.[492] Zweifellos erhoffte man sich auf diese Weise das Einführen illegalen Opiums gänzlich zu unterbinden und das staatliche Importmonopol im Interesse der Haushaltskonsolidierung effektiver durchsetzen zu können. Andererseits wurde damit dem »System des Angebertums« starker Vorschub geleistet, also Fällen, bei denen nach Beschreibung von Konsul Heintges »das Opium lediglich aus dem Grunde an Bord gebracht wird, um in Saigon das Vorhandensein des verbotenen Stoffes zur Anzeige zu bringen und die Prämie zu verdienen«. Weil damit jeder fingierte Schmuggelfall den Behördenapparat in Gang setzte, führte das Anzeigesystem in kurzer Zeit – nach Heintges Worten – »zu einer Belästigung der Schiffahrt«.[493] Tatsächlich kam es innerhalb kürzester Zeit zu Anzeigen gegen je zwei französische und britische sowie ein niederländisches Schiff, von denen die Dampfer der französischen Reederei Messageries Maritimes sogar am schwersten bestraft wurden. Allerdings vermutete man auf deutscher Seite, daß die Zollbehörde sich in diesen Fällen mit einem kleinen Bruchteil der hohen Strafen zufrieden gegeben hatte.[494]

Ebenfalls kurz nach Erlaß der neuen Bestimmungen gingen in Saigon ein Flensburger und ein Bremer Dampfer ins Netz, gefolgt von *Holstein*, der mit dreihundert Kulipassagieren aus Hongkong kam. In diesem Schiff war das Opium in drei losen Dosen verpackt und lag im unteren Kohlenreservebunker, der als Laderaum benutzt wurde, unter mehreren großen Paketen versteckt. Als die Zollbeamten am ersten Tag an Bord kamen, fanden sie nichts, doch am nächsten Tag kehrten sie zurück, ließen genau an der Stelle, wo das Opium lag, die Ladung beiseite schaffen, und entdeckten die Schmuggelware. Damit stand für Jacob Jebsen, der Anfang November 1896 zur persönlichen Untersuchung der Sache nach Saigon gereist war, sicher fest, »daß die Leute auf bestimmte Informationen hin handelten«. Er teilte seinem Vater mit, daß es unmöglich gewesen sei, während der Reise daran zu kommen, so daß die Dosen zweifellos während des Ladens in Hongkong dort versteckt worden seien. Weil das Opium beim Löschen der Ladung auf jeden Fall entdeckt worden wäre, zeigte er sich überzeugt, daß es an Bord gebracht wurde, »um angezeigt zu werden und so eine große Belohnung einzutragen«. Einen weiteren Beweis für den fingierten Opiumschmuggel konnte er nach einer Untersuchung der Doseninhalte durch einen Saigoner Chemiker erbringen, als herauskam, daß

Dampfer *Holstein*

Kapitän Jacob A. Bruhn

der Stoff nur sehr geringe Mengen Opium enthielt: »Es liegt wohl auf der Hand, daß, wenn man Opium schmuggeln will, man den reinen, konzentrierten Stoff einschmuggelt, den man ja dann hier beliebig durch Beimischungen abschwächen kann.« Obwohl er die Polizei einschaltete und sogar eine Belohnung auf die Ergreifung des Täters – mutmaßlich ein in Saigon von *Holstein* desertierter chinesischer Heizer – aussetzte, kam Kapitän Jacob A. Bruhn vor ein Tribunal und wurde zu 15.000 Dollar Strafe und fünfzehn Tagen Haft verurteilt; allerdings setzte man die Gefängnisstrafe auf Bewährung aus. Als Strafgrund gab das Gericht lediglich an, daß Bruhn die Schmuggelware bei genügender Vorsicht hätte finden müssen. Zwar legte Jacob Jebsen sofort Berufung ein und bot 20.000 Dollar Garantie an, damit *Holstein* mit seiner Reisladung in See stechen konnte, doch blieb die Zollbehörde hart. »Daß wir Deutsche sind, spielt bei der ganzen Sache natürlich auch eine bedeutende Rolle«, schrieb er. Am 10. November 1896 gelang es ihm, mit Hilfe der Firma Speidel & Co. den Dampfer endlich freizubekommen.[495]

Jebsen machte seinem Zorn über die ungerechtfertigte Strafe, die zweifellos durch einen chinesischen Feuermann bewußt verursacht worden war, deutlich Luft. Bruhn warf er vor, die Platte zwischen Heizraum und Kohlenbunker nicht längst dichtgenietet zu haben, »da bekanntlich die Heizer nie strenge genug kontrolliert werden können und in solchem Falle die Verstauung [des Opiums] sehr erschwert worden wäre«.[496] Es sei eine fatale Sache mit diesem Opiumschmuggel, und es müsse darin Wandel geschaffen werden, sonst müsse die Fahrt Hongkong Saigon aufhören, ließ er seinen Sohn wissen.[497] Offenbar lancierte er einen Beitrag über den Vorfall in das Parteiorgan *Nationalliberale Correspondenz*, welcher Ende Dezember 1896 auch in der *Hansa* erschien. Darin wurde seine Reederei als beispielhaftes Opfer für »(f)ranzösische Zollplackereien in Ostasien« – so der Titel des Beitrags – aufgeführt und die Reichsregierung aufgefordert, sich den Interessen des deutschen Handels und deutschen Gewerbes am ostasiatischen Markt »mit Wärme anzunehmen«.[498] In Hongkong war inzwischen die Handelskammer eingeschaltet worden, die versprach, den britischen Gesandten in Paris aufzufordern, sich bei der französischen Regierung für ein Ende der kritisierten Praktiken in Saigon einzusetzen.[499] Als feststand, daß die Berufung gegen Bruhns Verurteilung vom Saigoner Appellationsgerichtshof abgelehnt worden war, blieb nur der Appell beim Kassationshof in Paris, den Jacob Jebsen mit Hilfe eines englischen Anwalts in Hongkong Anfang 1897 einleitete.[500] Zwar bat Jebsen mehrfach in Berlin um politische Unterstützung durch die Reichsleitung, sowohl bei Kanzler Hohenlohe als auch bei dem ihm befreundeten Außenstaatssekretär Marschall von Bieberstein sowie bei höheren Beamten des Auswärtigen Amts, doch blieben seine Versuche erfolglos. Er sei in der Angelegenheit vorstellig geworden, resümierte er später, ohne wesentliches erreicht zu haben.[501] Damit behielt Jacob Jebsen mit seiner Prophezeiung recht, daß diplomatische Schritte »bei dem prekären Verhältnis zwischen Deutschland und Frankreich gewiß nicht viel Erfolg haben würden«. Obwohl inzwischen drei deutsche Schiffe von dem Anzeigesystem betroffen waren, sah er darin keine nationalpolitischen Ursachen, sondern hielt es für eine »natürlich(e)« Tatsache, weil deutsche Dampfer »den regulären *trade* zwischen hier und Saigon fast monopolisiert haben«.[502]

Für die Flensburger Dampfschiffahrt-Gesellschaft von 1869, die fünf Schiffe in der Saigonfahrt einsetzte, war die ständige Bedrohung durch die fingierten Schmuggelfälle schließlich Grund genug, sich mit anderen deutschen Schiffseignern zu verständigen, die in der asiatischen Küstenschiffahrt engagiert waren. In einer gemeinsam unterzeichneten Eingabe an den Reichskanzler vom 15. März 1897 behauptete die Reederei, »daß zwischen der Zollbehörde in Saigon und ihren Agenten (Spionen) in Hongkong ein vollständiges System besteht, um die Schiffe in Schwierigkeiten und große Geldverluste zu bringen« und vermutete sogar eine Verbindung zwischen der Zollbehörde und den chinesischen Opiumhändlern in Indochina, die »sich auf diese Weise noch einen Extraverdienst durch eine hohe Belohnung« verschafften.[503] Ein solcher Verdacht konnte zwar nicht verifiziert werden, doch lag die Annahme auf der Hand, daß die hohen Anzeigeprämien dazu verleiteten, Opiumschmuggelfälle zu fingieren. Angesichts der Ratlosigkeit in Reederkreisen über das adäquate Vorgehen in dieser Sache wirkte die Nachricht wenig ermutigend, daß die

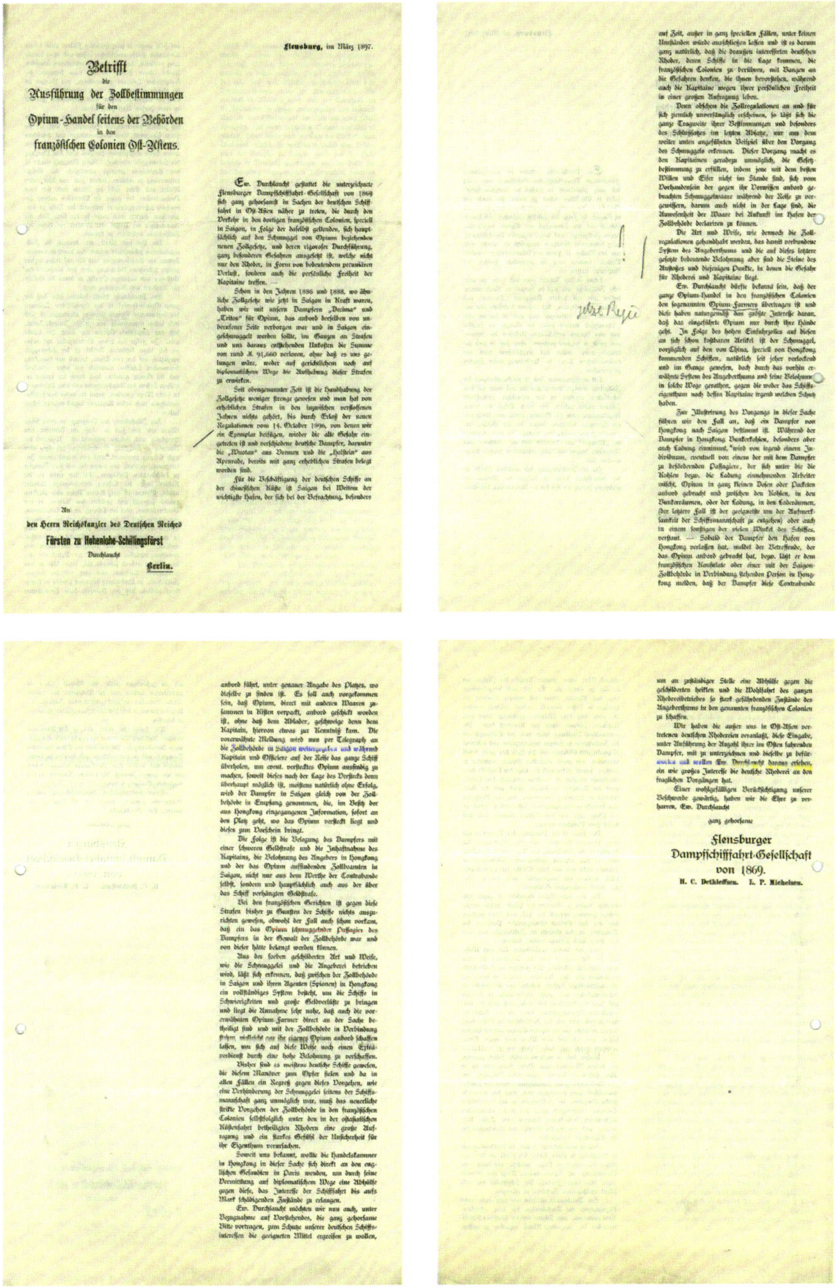

Flensburg, im März 1897.

Betrifft
die
Ausführung der Zollbestimmungen
für den
Opium-Handel seitens der Behörden
in den
französischen Colonien Ost-Asiens.

Ew. Durchlaucht gestattet die unterzeichnete Flensburger Dampfschifffahrt-Gesellschaft von 1869 sich ganz gehorsamst in Sachen der deutschen Schifffahrt in Ost-Asien näher zu treten, die durch den Verkehr in den dortigen französischen Colonien, speciell in Saigon, in Folge der daselbst geltenden, sich hauptsächlich auf den Schmuggel von Opium beziehenden neuen Zollgesetze, und deren rigoroser Durchführung, ganz besonderen Gefahren ausgesetzt ist, welche nicht nur den Rheder, in Form von bedeutendem pecuniären Verlust, sondern auch die persönliche Freiheit der Kapitaine treffen. —

Schon in den Jahren 1886 und 1888, wo ähnliche Zollgesetze wie jetzt in Saigon in Kraft waren, haben wir mit unsern Dampfern „Decima" und „Tritos" für Opium, das anbord derselben von unberufener Seite verborgen war und in Saigon eingeschmuggelt werden sollte, im Ganzen an Strafen und uns daraus entstehenden Unkosten die Summe von rund M. 91,660 verloren, ohne daß es uns gelungen wäre, weder auf gerichtlichem noch auf diplomatischem Wege die Aufhebung dieser Strafen zu erwirken.

Seit obengenannter Zeit ist die Handhabung der Zollgesetze weniger strenge gewesen und man hat von erheblichen Strafen in den inzwischen verflossenen Jahren nichts gehört, bis durch Erlaß der neuen Regulationen vom 14. October 1896, von denen wir ein Exemplar beifügen, wieder die alte Gefahr eingetreten ist und verschiedene deutsche Dampfer, darunter die „Wuotan" aus Bremen und die „Holstein" aus Apenrade, bereits mit ganz erheblichen Strafen belegt worden sind.

Für die Beschäftigung der deutschen Schiffe an der chinesischen Küste ist Saigon bei Weitem der wichtigste Hafen, der sich bei der Befrachtung, besonders

An
den Herrn Reichskanzler des Deutschen Reiches
Fürsten zu Hohenlohe-Schillingsfürst
Durchlaucht
Berlin.

auf Zeit, außer in ganz speciellen Fällen, unter keinen Umständen würde ausschließen lassen und ist es darum ganz natürlich, daß die draußen interessirten deutschen Rheder, deren Schiffe in die Lage kommen, die französischen Colonien zu berühren, mit Bangen an die Gefahren denken, die ihnen bevorstehen, während auch die Kapitaine wegen ihrer persönlichen Freiheit in einer großen Aufregung leben.

Denn obschon die Zollregulationen an und für sich ziemlich unverfänglich erscheinen, so läßt sich die ganze Tragweite ihrer Bestimmungen und besonders des Schlußsatzes im letzten Absatze, nur aus dem weiter unten angeführten Beispiel über den Vorgang des Schmuggels erkennen. Dieser Vorgang macht es den Kapitainen geradezu unmöglich, die Gesetzbestimmung zu erfüllen, indem jene mit dem besten Willen und Eifer nicht im Stande sind, sich vom Vorhandensein der gegen ihr Vorwissen anbord gebrachten Schmuggelwaare während der Reise zu vergewissern, darum auch nicht in der Lage sind, die Anwesenheit der Waare bei Ankunft im Hafen der Zollbehörde declariren zu können.

Die Art und Weise, wie dennoch die Zollregulationen gehandhabt werden, das damit verbundene System des Angeberthums und die auf dieses letztere gesetzte bedeutende Belohnung aber sind die Steine des Anstoßes und diejenigen Punkte, in denen die Gefahr für Rhederei und Kapitaine liegt.

Ew. Durchlaucht dürfte bekannt sein, daß der ganze Opium-Handel in den französischen Colonien den sogenannten Opium-Farmers übertragen ist und diese haben naturgemäß das größte Interesse daran, daß das eingeführte Opium nur durch ihre Hände geht. In Folge des hohen Einfuhrzolles auf diesen an sich schon kostbaren Artikel ist der Schmuggel, vorzüglich auf den von China, speciell von Hongkong kommenden Schiffen, natürlich seit jeher verlockend und im Gange gewesen, doch durch das vorhin erwähnte System des Angeberthums und seine Belohnung in solche Wege gerathen, gegen die weder das Schiffseigenthum noch dessen Kapitaine irgend welchen Schutz haben.

Zur Illustrirung des Vorgangs in dieser Sache führen wir den Fall an, daß ein Dampfer von Hongkong nach Saigon bestimmt ist. Während der Dampfer in Hongkong Bunkerkohlen, besonders aber auch Ladung einnimmt, wird von irgend einem Individuum, eventuell von einem der mit dem Dampfer zu befördernden Passagiere, der sich unter die die Kohlen bezw. die Ladung einnehmenden Arbeiter mischt, Opium in ganz kleinen Dosen oder Packeten anbord gebracht und zwischen den Kohlen, in den Bunkerräumen, oder der Ladung, in den Laderäumen, (der letztere Fall ist der geeignetste um der Aufmerksamkeit der Schiffsmannschaft zu entgehen) oder auch in einem sonstigen der vielen Winkel des Schiffes, verstaut. — Sobald der Dampfer den Hafen von Hongkong verlassen hat, meldet der Betreffende, der das Opium anbord gebracht hat, bezw. läßt er dem französischen Konsulate oder einer mit der Saigon-Zollbehörde in Verbindung stehenden Person in Hongkong melden, daß der Dampfer diese Contrabande

anbord führt, unter genauer Angabe des Platzes, wo dieselbe zu finden ist. Es soll auch vorgekommen sein, daß Opium, direct mit anderen Waaren zusammen in Kisten verpackt, anbord geschickt worden ist, ohne daß dem Ablader, geschweige denn dem Kapitain, hiervon etwas zur Kenntniß kam. Die vorerwähnte Meldung wird nun per Telegraph an die Zollbehörde in Saigon weitergegeben und während Kapitain und Officiere auf der Reise das ganze Schiff überholen, um event. verstecktes Opium ausfindig zu machen, soweit dieses nach der Lage des Verstecks denn überhaupt möglich ist, meistens natürlich ohne Erfolg, wird der Dampfer in Saigon gleich von der Zollbehörde in Empfang genommen, die, im Besitz der aus Hongkong eingegangenen Information, sofort an den Platz geht, wo das Opium versteckt liegt und dieses zum Vorschein bringt.

Die Folge ist die Belegung des Dampfers mit einer schweren Geldstrafe und die Inhaftnahme des Kapitains, die Belohnung des Angebers in Hongkong und der das Opium auffindenden Zollbeamten in Saigon, nicht nur aus dem Werthe der Contrabande selbst, sondern und hauptsächlich auch aus der über das Schiff verhängten Geldstrafe.

Bei den französischen Gerichten ist gegen diese Strafen bisher zu Gunsten der Schiffe nichts auszurichten gewesen, obwohl der Fall auch schon vorkam, daß ein das Opium schmuggelnder Passagier des Dampfers in der Gewalt der Zollbehörde war und von dieser hätte belangt werden können.

Aus der soeben geschilderten Art und Weise, wie die Schmuggelei und die Angeberei betrieben wird, läßt sich erkennen, daß zwischen der Zollbehörde in Saigon und ihren Agenten (Spionen) in Hongkong ein vollständiges System besteht, um die Schiffe in Schwierigkeiten und große Geldverlüste zu bringen und liegt die Annahme sehr nahe, daß auch die vorerwähnten Opium-Farmer direct an der Sache betheiligt sind und mit der Zollbehörde in Verbindung stehen, vielleicht gar ihr eigenes Opium anbord schaffen lassen, um sich auf diese Weise noch einen Extraverdienst durch eine hohe Belohnung zu verschaffen.

Bisher sind es meistens deutsche Schiffe gewesen, die diesem Manöver zum Opfer fielen und da in allen Fällen ein Regreß gegen dieses Vorgehen, wie eine Verhinderung der Schmuggelei seitens der Schiffsmannschaft ganz unmöglich war, muß das neuerliche strikte Vorgehen der Zollbehörde in den französischen Colonien selbstfolglich unter den in der ostasiatischen Küstenfahrt betheiligten Rhedern eine große Aufregung und ein starkes Gefühl der Unsicherheit für ihr Eigenthum verursachen.

Soweit uns bekannt, wollte die Handelskammer in Hongkong in dieser Sache sich direkt an den englischen Gesandten in Paris wenden, um durch seine Vermittlung auf diplomatischem Wege eine Abhülfe gegen diese, das Interesse der Schiffahrt bis aufs Mark schädigenden Zustände zu erlangen.

Ew. Durchlaucht möchten wir nun auch, unter Bezugnahme auf Vorstehendes, die ganz gehorsame Bitte vortragen, zum Schutze unserer deutschen Schiffsinteressen die geeigneten Mittel ergreifen zu wollen,

um an zuständiger Stelle eine Abhülfe gegen die geschilderten heiklen und die Wohlfahrt des ganzen Rhedereibetriebes so stark gefährdenden Zustände des Angeberthums in den genannten französischen Colonien zu schaffen.

Wir haben die außer uns in Ost-Asien vertretenen deutschen Rhedereien veranlaßt, diese Eingabe, unter Anführung der Anzahl ihrer im Osten fahrenden Dampfer, mit zu unterzeichnen und dieselbe zu befürworten und wollen Ew. Durchlaucht daraus ersehen, ein wie großes Interesse die deutsche Rhederei an den fraglichen Vorgängen hat.

Einer wohlgefälligen Berücksichtigung unserer Beschwerde gewärtig, haben wir die Ehre zu verharren, Ew. Durchlaucht

ganz gehorsame

Flensburger
Dampfschifffahrt-Gesellschaft
von 1869.
H. C. Dethleffsen. L. P. Michelsen.

Eingabe der Flensburger Dampfschiffahrt-Gesellschaft von 1869 an den Reichskanzler, 15. März 1897

Paul Doumer (1857–1932), Generalgouverneur von Französisch-Indochina

Bremer Reederei Köper, Docke & Co. mit der Berufung beim Kassationshof in Paris gegen die Strafe für ihren Dampfer *Wuotan*, auf dem in Saigon Opium gefunden worden war, erfolglos geblieben war.[504] Ein kleiner Lichtblick schien aber auf, als bekannt wurde, daß sich die Zollbehörde bereit erklärt hatte, den Angeberlohn bei Opiumschmuggel um über die Hälfte herabzusetzen. Für Jebsen stand aber fest, daß nur bei einem Wegfall der Belohnung der fingierte Schmuggel aufhören werde.[505] In dieser Ansicht wurde er von seinem Sohn und anderen in Hongkong ansässigen Reedereivertretern unterstützt, die bei einer Umfrage des deutschen Konsuls von Loeper ausnahmslos eine deutsch-französische Regierungsvereinbarung befürwortet hatten, um das ganze Zollsystem in Indochina zu ändern und damit mehr in Einklang mit dem in anderen Ländern zu bringen.[506]

Als Ende November 1897 die Nachricht in Apenrade eintraf, daß der Kassationshof in Paris das Urteil gegen Kapitän Bruhn wegen eines Formfehlers aufgehoben und an das Tribunal in Saigon zurücküberwiesen hatte,[507] war ein willkommener Punktsieg erreicht. Tatsächlich waren die Vorstöße der Schiffseigner bei Behörden und in der Presse nicht ohne Wirkung auf die französische Seite geblieben, wie sich an dem Kompromißangebot der Saigoner Zollbehörde deutlich zeigte, welche der Reederei Jebsen das stark verringerte Strafgeld von 1200 Dollar für Bruhn bei einer außergerichtlichen Einigung anbot.[508] Allerdings lag eine grundsätzliche Lösung des Problems damit noch immer in weiter Ferne, vor allem angesichts der verschärften Politik der Haushaltskonsolidierung in Französisch-Indochina. Dort war im Februar 1897 mit dem Politiker Paul Doumer ein fähiger Finanzexperte ins Amt des Generalgouverneurs gekommen, der das defizitäre Kolonialbudget mit gezielten administrativen und infrastrukturellen Maßnahmen – besonders durch den Bau von

Eisenbahnen – ausgleichen wollte. Einen essentiellen Teil dieser Politik bildete die Aufrechterhaltung des Opiummonopols, das bereits 1899 rund 25 Prozent des Gesamtetats aufbrachte und damit zur wichtigsten Einnahmequelle von Indochina wurde. So war mit der Schaffung einer vereinigten Zoll- und Monopolbehörde im Oktober 1897 das klare Ziel verbunden, die Einnahmen für den Haushalt zu maximieren und für diesen Zweck den Opiumschmuggel verstärkt zu bekämpfen.[509] Angesichts dieser Abhängigkeit des Kolonialstaats von den Einnahmen durch das Opiummonopol war also keinesfalls zu erwarten, daß die Zollkontrolle in Saigon und das zu fingierten Schmuggelfällen verführende Prämiensystem eine wesentliche Änderung erfahren würden. Allerdings gab es auch kritische Stimmen zu Doumers strikter Haushaltspolitik: Im Dezember 1897 warnte der Präsident der Saigoner Handelskammer in einer Rede, daß der Generalgouverneur bei seinem großen Interesse für die Arbeit der Zollbehörde auch dafür zu sorgen habe, daß der Handel der Hafenstadt nicht geschädigt werde.[510]

In Berlin nutzte der Reichstagsabgeordnete Jebsen die Sitzung der Budgetkommission am 24. Januar 1898, als der Etat des Außenamts zur Beratung stand, um die Opiumaffäre zur Sprache zu bringen: Die deutschen Reeder würden »die empfindlichsten Schädigungen« erleiden, weil die französischen Behörden bei Entdeckung des Opiums hohe Strafen gegen die Schiffe verhängten. In Form einer Interpellation verlangte er von der Reichsregierung baldige Abhilfe.[511] Zwei Tage später bat ihn Paul Reichardt, Direktor der handelspolitischen Abteilung des Auswärtigen Amts, um das Urteil des Kassationshofes. Er hoffe, schrieb Jebsen seinem Sohn, der Botschafter in Paris werde angewiesen werden, »daß ein Arrangement zustande kommt«.[512] Auch im Reichstagsplenum trat er am 11. Februar 1898 mit Nachdruck für eine definitive Regelung ein. Mit Hinweis auf die bedeutenden deutschen Handels- und Schiffahrtsinteressen in den französischen Kolonien Cochinchina, Tonkin und Annam forderte er die Ersetzung des bisherigen Wahlkonsuls in Saigon durch einen Berufskonsul, um gegenüber der Kolonialregierung in Fällen »angeblichen Opiumschmuggels« stärker auftreten zu können. Doch fand er diesmal kein Gehör beim Auswärtigen Amt: Direktor Reichardt sah keinen allgemeinen Bedarf, weil die deutschen Interessen in Saigon und Umgebung im wesentlichen nur Schiffahrtsinteressen seien; außerdem hielt er die von Jebsen angedeutete »Zollschwierigkeit« für einen Einzelfall.[513]

Die abweisende Antwort des Außenamts diente offenbar zur Kaschierung der vertraulich laufenden Sondierungen der deutschen Regierung, um eine für Frankreich akzeptable Lösung zu erreichen. Wie Jebsen später erfuhr, handele »es sich bei der Sache um interne französische Angelegenheiten«, so daß »man daher bei den empfindlichen Franzosen auf die schonendste Weise vorgehen müßte«. Solche diplomatischen Rücksichten und wohl auch Warnungen von anderer Seite hielten ihn nach eigenem Bekunden davon ab, im Reichstagsplenum die Sache stärker in seinem Sinne voranzutreiben.[514] Als er am 2. März 1898 in Berlin bei einem Diner Oswald Freiherr von Richthofen, Unterstaatssekretär im Auswärtigen Amt, traf, erfuhr er, daß die Botschaft in Paris »die dringendsten Weisungen, in der Sache das Möglichste zu tun«, erhalten habe.[515] Wenige Tage später traf die Nachricht ein, daß die Zollbehörde in Saigon sich mit einem Kompromißangebot der deutschen Seite einverstanden erklärt hatte; damit war die Opiumaffäre des Dampfers *Holstein* endgültig beigelegt.[516]

Die Intervention bei der französischen Regierung gab wohl den Ausschlag für eine neue Bestimmung der indochinesischen Kolonialverwaltung, nach welcher der Zolldirektor eine erhebliche Strafminderung in einem Opiumschmuggelfall gewähren konnte, wenn der gute Ruf des Kapitäns außer Zweifel stand; entsprechend verringerte sich auch der Anzeigelohn auf 20 Dollar für jeden Tael gefundenes Opium, der aber einen reellen Wert von nur 50 Cents hatte.[517] Zwar hatte die französische Seite damit Entgegenkommen signalisiert, doch blieb das Prämiensystem weiterhin in Kraft und verleitete sogar zu einer quantitativen Steigerung der geschmuggelten Drogenmengen, um den Finderlohn hoch zu halten. Als nächstes traf es die Bremer Reederei Köper, Docke & Co. mit ihrem Dampfer *Donar*, auf dem im August 1898 insgesamt 59 Dosen Opium von den Saigoner Beamten gefunden wurden; eine Ermäßigung der 23.600 Dollar Strafe lehnte Zolldirektor Antoine Frezouls aufgrund der großen Menge ab. Die härtere Gangart der Franzosen zeigte sich auch in einem Artikel der Saigoner Zeitung *Le Mekong*, der sich zu der Behauptung verstieg, daß deutsche Schiffe nur deshalb Saigon anliefen, um sich durch Einschmuggeln von Opium zu bereichern; dieser Konkurrenz seien französische Schiffe nicht gewachsen und hätten sich daher von Saigon zurückgezogen.[518] Die beleidigende Äußerung war Ausdruck von Konkurrenzneid sowie ein Versuch, von den wahren Ursachen der fingierten Schmuggelfälle abzulenken. Weil die Zollbehörde auf Einnahmen für den defizitären Kolonialhaushalt erpicht war, gab es ihrerseits kein Interesse, ein Strafsystem zu ändern, das durch seine Belohnung von Anzeigen offenkundig dazu einlud, Schmuggelfälle einfach zu konstruieren.

Jebsens Verdacht, daß »die chinesischen Charterer oder ihre Compradores dabei ihre Hand im Spiele haben«,[519] war in Reederkreisen gängige Meinung. Als die *Hansa* das Schicksal von *Donar* besprach und berichtete, daß der Kapitän »mit größter Vorsicht« vor dem Einlaufen in Saigon das Schiff hatte durchsuchen lassen, hielt das Blatt es für sehr wahrscheinlich, daß der chinesische Heizer, der das Opium angezeigt hatte, von anderen Personen bestochen worden war.[520] Beweisen ließen sich solche Vermutungen freilich nicht. So war es verständlich, daß Jebsen nach eigenem Bekunden davor graute, »wenn der *Holstein* wieder in die Fahrt hineinkommt, der ja bekanntlich auf 10 Monate in Timecharter von Nam Woo aufgenommen worden ist«. Die chinesische Firma Nam Woo in Hongkong, die auf die Fahrt zwischen Hongkong und Saigon spezialisiert war, hatte den Dampfer kurz zuvor in Zeitcharter genommen.[521]

Der energische Protest der Bremer Reederei und der Handelskammer beim Reichskanzler, aber vor allem die hohe Strafe für den Kapitän, obwohl er sich besonders umsichtig verhalten hatte, löste genug Energie für eine Initiative der Flensburger Dampfschiffahrt-Gesellschaft von 1869 aus. Nachdem feststand, daß keine Haftpflichtversicherung das Risiko hoher Zollstrafen in Saigon übernehmen werde, versandte Direktor L. P. Michelsen am 24. Oktober 1898 ein vertrauliches Rundschreiben, in dem er eine Versicherung gegen den Opiumschmuggel in China vorschlug; interessierte Reeder sollten mit ihren in der Saigonfahrt beschäftigten Schiffen dem Unternehmen beitreten.[522] Jebsen fand die Idee »sehr sympathisch« und kündigte seinen Beitritt an. Er sei ebenfalls der Ansicht, schrieb er, »daß Selbsthilfe hier einzig und allein am Platze ist, da eine wirkliche Abhilfe seitens unserer Reichsregierung schwerlich zu erreichen sein wird«. Allerdings gab er zu bedenken, »daß die betreffenden Kapitäne es möglicherweise an der nötigen Vorsicht fehlen lassen könnten, wenn sie von dem Bestehen einer solchen Versicherung Kenntnis erhielten, doch könnte die Sache ja möglichst geheim gehalten werden«.[523]

Drei Reedereien gründeten am 25. November 1898 in Hamburg eine Art gegenseitiger Versicherung, nämlich das Flensburger Unternehmen, die Chinesische Küstenfahrt-Gesellschaft (Hamburg) und die Reederei Jebsen. Insgesamt traten zwölf Schiffe der Vereinigung bei, darunter Jebsen

In der am 25. November 1898 in Mosers Hôtel in Hamburg abgehaltenen Zusammenkunft deutscher, an der chinesischen Küstenfahrt betheiligter Rheder ist von denselben, in Anbetracht der ihren Schiffen im Hafen von Saigon, wegen angeblichen Opium-Schmuggels, durch die Handhabung der dortigen Zollgesetze fortwährend drohenden enormen Zollstrafen, folgende Uebereinkunft getroffen worden:

1) Die Unterzeichneten bilden hierdurch für die ihrer Unterschrift beigefügten Schiffe zum gegenseitigen Schutze eine Vereinigung, deren Dauer vorläufig auf ein (1) Jahr bemessen ist und die das ganze Kalenderjahr 1899 umschliesst. Es handelt sich bei dieser Vereinigung nur um Zollstrafen (bezw. um Kosten s. sub. 5), jedoch eine eventuelle Confiscation der Schiffe ausgeschlossen, die in Saigon wegen angeblichen Opium Schmuggels gegen Schiffe, die der Vereinigung angehören, verhängt werden, einerlei von welchem Hafen diese Schiffe kommen, jedoch mit der Beschränkung, dass das betreffende Schiff in der Zeit vom 1. Januar bis 31. Dezember ~~1899,~~ 1901, beide Tage voll einberechnet, im Hafen von Saigon angekommen sein muss.

2) Es steht jedem deutschen Rheder frei, sich dieser Vereinigung anzuschliessen. Er muss zu diesem Zweck den Namen des- oder derjenigen seiner Schiffe aufgeben, mit denen er beizutreten wünscht, da nur namhaft gemachte Schiffe bei eventl. Zollstrafen, von denen sie in Saigon betroffen, berücksichtigt werden. Zudem verpflichtet sich der Rheder durch seinen Beitritt, für die von ihm angemeldeten Schiffe, während des obigen Zeitraums, die auf dieselben nach untenstehendem Modus entfallenden Beiträge 8 Tage nach erfolgter Abrechnung nach Jahresschluss 1899 zu entrichten, einerlei ob seine Schiffe während des genannten Zeitraums nach Saigon gekommen sind oder nicht, ob sie vor Ablauf desselben verkauft oder verloren sind, oder die Küste verlassen haben.

3) Wird ein der Vereinigung angehörendes Schiff im obigen Zeitraum in dem angeführten Sinne von einer Zollstrafe in Saigon betroffen, so soll der betreffende Rheder angehalten sein, das Aeusserste zu versuchen, dass die seinem Schiffe zudiktirte Strafe ganz aufgehoben, eventl. ermässigt wird.

4) Nach Ablauf von 1899 werden die sämmtlichen nach Vorstehendem im Laufe des Jahres 1899 vorgekommenen Verluste, incl. der sub. 5 genannten Kosten, wie folgt über die für 1899 betheiligten Schiffe vertheilt:

> „Zunächst haben die Rheder der davon betroffenen Schiffe **15** % von ihrem eigenen Verlust selbst zu tragen. Die restirenden **85** % werden pro rato über die Zahl der, der Vereinigung angehörenden Schiffe, einschliesslich des betroffenen Schiffes, vertheilt, jedoch nur bis zum Maximal-Betrag von **Mk. 1000**,– pro Schiff. — Derjenige Betrag des Verlustes, welcher nicht durch **Mk. 1000**,— pro Schiff gedeckt wird, wird aufgebracht von den Rhedereien pro rato der im Laufe des Jahres von sämmtlichen betheiligten Schiffen nach Saigon gemachten Reisen."

5) Einer Zollstrafe gleichgeachtet werden solche, einem der interessirten Rheder entstandene Prozess- oder anderweitige Kosten, die nachweislich dazu beigetragen haben, eine Opium-Schmuggelstrafe in Saigon abzuwenden. resp. zu vermindern.

6) Im Interesse der Vereinigung ist dringend zu empfehlen über das Bestehen derselben die grösstmögliche Geheimhaltung zu beobachten.

7) Behufs der eventl. Fortdauer dieser Vereinbarung wird in der zweiten Hälfte November 1899 eine Versammlung der Betheiligten einberufen.

8) Die vorstehenden Bedingungen gelten in ihrem ganzen Umfange auch für etwaige Schiffe, die noch im Laufe von 1899 angemeldet werden.

9) Die Flensburger Dampfschifffahrt-Gesellschaft von 1869 wird dem Ausdruck gegebenen Wunsche und ihrem Anerbieten gemäss die Geschäftsführung der Vereinigung übernehmen und sind neu beitretende Schiffe bei derselben anzumelden. Von jeder Anmeldung ist sämmtlichen Interessenten Mittheilung zu machen.

Gründungsprotokoll der gegenseitigen Versicherung, 25. November 1898

mit den Dampfern *Holstein*, *Else* (II), *Marie Jebsen* und *Germania*.[524] Die Übereinkunft mit Geltung für das Kalenderjahr 1899 sollte bei Zollstrafen, die in Saigon »wegen angeblichen Opiumschmuggels gegen Schiffe, die der Vereinigung angehören, verhängt werden«, wirksam werden. Zwar war jeder Reeder gehalten, eine Aufhebung oder Ermäßigung der Strafe auf

»das Äußerste zu versuchen«, doch brauchte er im Straffall nur 15 Prozent des eigenen Verlusts tragen; die übrigen 85 Prozent übernahmen sämtliche Schiffe der Vereinigung – einschließlich des bestraften Schiffes – mit einem Maximalbetrag von 1000 Mark pro Schiff. Sollte die Verlustsumme damit nicht abgedeckt sein, dann traten für den Rest die Reedereien proportional nach den 1899 in der Saigonfahrt zurückgelegten Reisen ihrer Schiffe ein. Auch Prozeß- und sonstige Kosten sollten nach diesem Muster von der Vereinigung getragen werden. Wie von Jebsen vorgeschlagen, einigte man sich »über das Bestehen derselben die größtmögliche Geheimhaltung zu beobachten«.[525] Die Flensburger »69er« übernahm die Geschäftsführung und versandte Zirkulare an andere Reedereien, in denen zum Beitritt aufgefordert wurde. Doch war der Anfang wenig ermutigend: Lediglich die Asiatische Küstenfahrt-Gesellschaft in Hamburg trat im Dezember 1898 mit zwei Schiffen bei, die Reederei Struve in Blankenese sagte ab, und die Bremer Firma Köper, Docke & Co. sowie die Kölner Reederei Wahl wollten sich ganz von der Chinaküste zurückziehen; die anderen Schiffseigner kündigten an, mit einer Entscheidung warten zu wollen.[526]

In diese Situation platzte die Nachricht, daß die Saigoner Zollbehörde einen britischen Dampfer, auf dem nur eine geringe Menge Opium gefunden worden war, beschlagnahmt hatte. Zur Begründung berief man sich auf ein altes französisches Gesetz von 1791, nach dem jedes Schiff über fünfzig Tonnen, das verbotene Waren einführte, konfisziert werden konnte. Obwohl der Dampfer nach Zahlung einer relativ geringen Strafe von 5000 Dollar sofort wieder freikam, erregte der Vorfall große Sorge in Reederkreisen. »Mit der Opiumgefahr scheint es in Saigon immer schlimmer zu werden«, meinte Jebsen. Zuvor hatte Michelsen ihn dringend gebeten, die Sache in Berlin zur Sprache zu bringen, bevor man eventuell beim Auswärtigen Amt eine neue Klage einreichen würde.[527] Als neugewählter Landtagsabgeordneter konnte Jebsen in Berlin wieder mit mehr Nachdruck auftreten als nach der verlorenen Reichstagswahl vom Juni 1898. So war er bereits Mitte Dezember 1898 im Auswärtigen Amt und drängte auf weitere Unterstützung der Regierung, ohne aber ein konkretes Ergebnis zu erreichen: Weil es sich diesmal um ein englisches Schiff handelte, wollte Staatssekretär Bernhard von Bülow zunächst das britische Außenamt kontaktieren, damit gemeinsam von Berlin und London Druck auf Paris ausgeübt werden konnte.[528] »Ob dieses nun viel helfen wird, scheint mir nach den bisherigen Erfahrungen zweifelhaft«, resümierte Jebsen.[529]

Nur wenige Tage später trat der befürchtete Fall ein, als auf dem Dampfer *Deuteros* der Flensburger »69er« Opium im Maschinenraum gefunden wurde und Zolldirektor Frezouls eine Strafe von 15.000 Dollar verhängte. Erst als das Geld deponiert war, konnte die eingeschaltete Firma Speidel & Co. eine Ermäßigung auf 8000 Dollar und eine Freigabe des Schiffs erreichen. Direktor Michelsen, der von einem »Sündengeld« sprach, drängte Jebsen, »diesen Fall im Interesse unserer Vereinigung im Auswärtigen Amt zur Kenntnis zu bringen«.[530] Auf sein Gespräch mit Bülow zurückblickend, blieb dieser aber skeptisch und versprach sich den besseren Schutz »vorerst von unserer Versicherung«, wie er Hans Christian Dethleffsen, gleichfalls Direktor der »69er«, mitteilte: »Schade nur, daß nicht mehr Reeder beitreten.«[531] Doch ließ Dethleffsen, der auch Flensburger Handelskammerpräsident war, nicht locker und erreichte schließlich am 3. März 1899 einen gemeinsamen Termin mit Jebsen im Auswärtigen Amt; außer der Opiumaffäre ging es um die weiter ausstehende Einrichtung eines deutschen Berufskonsulats in Saigon.[532] Der zuständige Abteilungschef Reichardt äußerte sich nach Beobachtung von Dethleffsen »sehr sympathisch« über die Frage.[533]

Tatsächlich führte das Gespräch zu einer neuen Initiative Berlins gegenüber Paris, doch ohne eine Verbesserung der Situation zu bewirken. Am 6. Juni 1899 ließ das Auswärtige Amt wissen, das die französische Regierung »– besonders in Anbetracht der außerordentlich schwer auszuübenden zollamtlichen Kontrolle – bis jetzt nicht in der Lage sei, die bestehende Gesetzgebung von Grund auf zu ändern«. Zur Begründung verwies Paris auf ähnliche strenge Bestimmungen in den Indochina benachbarten britischen Kolonien. Weil die Beamten der Zollbehörde »bei den Raumverhältnissen eines Schiffes die kleinen wertvollen Opiumquantitäten nie finden würden«, war die französische Seite nicht bereit, auf das Anzeigesystem zu verzichten und beharrte auf der persönlichen Haftung des Kapitäns bei entdecktem Opium. Um Kritik von sich zu weisen, gab sie die Schuld für die vielen Schmuggelfälle den deutschen Schiffen in der Saigonfahrt, die sich »in besonders hohem Maße chinesischer und malaysischer Schiffsmannschaft bedienen, die zum Schmuggel besonders geneigt und dabei schwer zu überwachen ist«.[534] Mit diesem Argument konnte Paris leicht spielen, denn laut gesetzlicher Bestimmung von 1793 mußten Kapitäne, Offiziere und Dreiviertel der Mannschaft französischer Handelsschiffe aus Bürgern der französischen Republik bestehen; allerdings galten seit 1865 sehr liberale Gesetze für französische Schiffe mit Heimathafen in Indochina, die – nach Bericht der *Hansa* – in der dortigen Küstenfahrt sogar eine malaysische Schiffsführung an Bord haben konnten.[535]

Auf die unnachgiebige Haltung Frankreichs reagierte die Flensburger »69er« mit einer neuen Eingabe beim Reichskanzler. Nachdrücklich wies man im Juli 1899 darauf hin, daß in der chinesischen Küstenschiffahrt kaum ein Dampfer irgendeiner Nation mit europäischen Mannschaften fahre und deshalb alle Schiffe in China gleichgestellt seien. Die Einfädelung und Ausführung des Schmuggels sei derartig organisiert, und die Anstifter nähmen genügend einflußreiche Stellungen ein, daß die Täter niemals hätten ausfindig gemacht werden können, schrieb die Firma. Weil die französischen Zollgesetze dieser Schmuggelorganisation »allen erdenklichen günstigen Vorschub« leisteten, verlangte man eine Änderung der Bestimmungen und die Abschaffung des Prämiensystems.[536] Um den Druck zu verstärken, wandte sich Direktor Michelsen am 16. August 1899 an Jebsen, um ihm »im eigenen und unser aller Interesse« die Frage »wieder recht warm ans Herz« zu legen. Jebsen wurde aufgefordert mitzuteilen, ob es ihm schon gelungen sei, weitere Schritte in der Sache zu unternehmen.[537] Eine Antwort erfolgte nicht mehr, und wenig später starb Jebsen in Berlin an den Folgen einer Operation.

Eine Parallelaktion hatte man am 26. April 1899 in Hongkong gestartet, als sechs britische und fünf deutsche Firmen – darunter Jebsen & Co. – durch die Handelskammer eine Eingabe an die dortige Kolonialregierung machten. Mit dem Hinweis, daß in den letzten vier Jahren rund 60.000 Dollar Strafgelder in Saigon von Schiffen ihrer Flaggen bezahlt worden waren, forderten sie eine völlige Abschaffung des Prämiensystems oder mindestens eine beträchtliche Reduzierung der Angeberlöhne, um fingierten Opiumschmuggel nicht mehr lohnend zu machen.[538] Als das Anliegen den britischen Konsul in Saigon erreichte, zeigte sich dieser wenig optimistisch über den Erfolg: Weil kein System für diese Zollstrafen in Saigon bestand und deren Verhängung ausschließlich in der Autorität des Zolldirektors lag, sah C. F. Tremlett nur eine Petition an Generalgouverneur Doumer als gangbaren Weg. Angesichts der strikten Etatpolitik Doumers und des von ihm ausgeübten Drucks auf die Zollbehörde, zur Mittelbeschaffung beizutragen, konnte nach Meinung des Konsuls aber wenig von beiden erwartet werden; nur von einer diplomatischen Aktion des britischen und deutschen Gesandten in Paris gegenüber der französischen Regierung versprach er sich Erfolg.[539] Auch dem britischen Premier- und Außenminister Lord Salisbury schrieb er, daß weder der Generalgouverneur in seiner Finanzierungsnot die sehr willkommenen Gewinne aus Zollstrafen verlieren wolle, noch der Zolldirektor an irgendwelchen Änderungen interessiert sei, die ihm das Vergnügen nehmen würden, solche Gewinne dem Generalgouverneur zu überreichen.[540] Wie er vorausgesagt hatte, brachte seine Petition nichts: In höflichen Worten lehnte Doumer am 31. August 1899 jede Veränderung des Zollstrafsystems in Saigon ab.[541] Der Finanzbedarf der Kolonie und der Druck aus Paris, endlich den indochinesischen Haushalt zu konsolidieren, waren offenbar zu groß, um Doumer zu irgendeiner Änderung seiner kritikwürdigen Zollpolitik zu veranlassen.

Obwohl auf dem Dampfer *Ingraban* der Reederei J. P. Massmann am 17. Mai 1899 in Saigon Opium entdeckt und das Schiff zu 6000 Dollar Strafe verurteilt worden war,[542] kam für die deutschen Schiffseigner ein Rückzug aus dem profitträchtigen Reisverschiffungsmarkt von Indochina nicht in Betracht. 1898/99 fiel die Reisernte in Cochinchina mit knapp 800.000 Tonnen – eine Steigerung von über zehn Prozent im Vergleich zum Vorjahr – so gut aus, daß der Ausfuhrhandel von Saigon erheblich zunahm.[543] Auch die Kölner Reederei Wahl blieb im Geschäft und hatte im Frühjahr 1899 einen ihrer Dampfer bei der gegenseitigen Versicherung registrieren lassen.[544] Bis zum Frühjahr 1901 traten insgesamt neun Reedereien mit 33 Schiffen der Vereinigung bei.[545] Den Hauptgrund für dieses Geschäftsgebaren brachte Jacob Jebsen auf den Punkt, als er Anfang September 1899 mit Blick auf die bevorstehende Reiserntesaison zwar die »leidige Opiumgefahr« bei einer Zeitcharter nach Saigon beklagte, aber dennoch nicht glauben wollte, »daß wir in irgendeiner anderen Fahrt regelmäßige Beschäftigung finden werden«. Weil seit langem kein neuer Schmuggelfall vorgekommen war, hielt er die Opiumgefahr am Monatsende für »glücklicherweise scheinbar etwas geringer«.[546] Daß nur eine Atempause erreicht war, sollte sich in den kommenden Jahren zeigen. Als mit Emil Heintges der erste deutsche Berufskonsul in Saigon Anfang 1902 sein Amt antrat, widmete er sich besonders dem Opiumschmuggel und kam zu dem Schluß, daß die kostspieligen Baumaßnahmen, die unter Generalgouverneur Doumer ausgeführt wurden, durch die Strafgelder der Reedereien finanziert würden.[547] Tatsächlich war nicht zu übersehen, daß die strikte

Handhabung der Staatsmonopole und eine gezielte Wirtschaftsförderung wesentlich zur Haushaltsgesundung in Indochina beitrugen: Als Doumer im Oktober 1902 nach Paris zurückberufen wurde, wies der Etat erstmals in seiner Geschichte Überschüsse aus. Die »Methode Doumer« – so der Historiker Amaury Lorin – hatte die Kolonie in »eine unerschütterliche Dampfwalze« verwandelt.[548]

Zu den Opfern dieser Radikalkur zählten zweifellos die deutschen und britischen Schiffseigner, einschließlich der Reederei Jebsen. Das indochinesische Prämiensystem – von Generalgouverneur Rousseau eingeführt und unter Doumer ohne wesentliche Abstriche weitergeführt – verlockte gut organisierte chinesische Schmugglerringe zu fingierten Opiumschmuggelfällen, denen die Kolonialverwaltung ansehnliche Einnahmen verdankte. Finanzielle Erwägungen bildeten den ausschlaggebenden Grund für die Aufrechterhaltung des Prämiensystems, weniger deutschfeindliche Motive, wie Jacob Jebsen und andere Reeder vermuteten, wenn es auch unbestreitbar starken Konkurrenzneid in französischen Geschäftskreisen in Saigon gab. Der deutsche Asienreisende Schanz beobachtete um 1898: »Sind die deutschen Reichsangehörigen in Indochina der Zahl nach auch nur recht schwach vertreten, so ist ihre wirtschaftliche Bedeutung doch eine ganz hervorragende, und das sehen die dortigen Franzosen meist mit scheelen Augen an.«[549] Verstärkt wurde die deutsche Wirtschaftsleistung in der französischen Kolonie durch die Küstendampfer deutscher Reedereien, die den Reishandel mit Saigon dominierten und durch ihre starke Präsenz auch in besonders hohem Maße von Opiumaffären betroffen waren. Weil aufgrund der großen fiskalischen Zwänge in Indochina eine Lösung des Problems im Interesse der Reedereien ausgeschlossen war, blieb den deutschen Schiffseignern nur eine Selbsthilfeaktion, um die Verluste zu mindern. In seiner Eigenschaft als Reichstags- und schließlich als preußischer Landtagsabgeordneter, doch vor allem als selbstbetroffener Reeder, nahm Jebsen daran aktiven Anteil. Allerdings war weder seinem Einsatz noch dem seines Sohns Jacob nachhaltiger Erfolg beschieden. Die besondere finanzpolitische Interessenlage Frankreichs und seiner Kolonie schlossen eine grundlegende Änderung des Zollsystems in Französisch-Indochina aus.

Wechselnde Konjunkturen und Frachtraten

Nach den Erkenntnissen maritimer Wirtschaftshistoriker kam es auf den Weltmeeren zwischen 1870 und 1909 zu einem starken Sinken der Frachtraten. Die Hauptgründe dafür waren das zunehmende Angebot an Schiffstonnage durch den Bau zahlreicher neuer Dampfschiffe und damit einhergehende technische Innovationen zur Verbesserung der Kosteneffizienz wie die massenhafte Einführung des Eisenschiffs und die Verbesserung des Dampfantriebs. Ging der Rückgang der Frachtraten in den siebziger Jahren noch sporadisch vor sich, so setzte in den achtziger Jahren eine Phase anhaltenden Verfalls ein, die erst in den neunziger Jahren in eine zwanzig Jahre dauernde Stabilitätsperiode einmündete, in deren Verlauf die Raten innerhalb einer festen Frequenz blieben. Im Rahmen dieser generellen Entwicklung gab es aber erhebliche regionale Unterschiede, vor allem bei Frachtraten in der Küstenschiffahrt. Besonders der ostasiatische Markt hatte eine äußerst komplexe Struktur und war vor allem vom Angebot an konkurrierender Dampftonnage abhängig, aber auch von globalen, regionalen und lokalen Faktoren. Dazu zählten die allgemeine Lage der Weltwirtschaft ebenso wie die jeweiligen Standortfaktoren »vor Ort« und der Einfluß unvorhergesehener Ereignisse wie Aufstände, Kriege oder Bankrotte. Wichtige regional-lokale Faktoren waren die Beschaffenheit der jeweiligen Häfen, die Kosten und Schwierigkeiten des Zugangs zu ihnen zu unterschiedlichen Jahreszeiten, die dort vorhandenen Lade- und Löschungsmöglichkeiten für bestimmte Güter und weitere die Schiffahrt beeinflussende Variablen.[550]

In seinen Briefen ging Jebsen regelmäßig auf die verschiedenen Faktoren ein, die sein Reedereigeschäft beeinflußten. Angefangen mit der Zeit in den Niederlanden, wo er als Manager der Kruppschen Erzdampferflotte die regelmäßige Befrachtung und Transporte der Schiffe zu überwachen hatte, beobachtete der Reeder über einen Zeitraum von mehr als zwanzig Jahren ständig die Höhen und Tiefen des weltweiten Frachtenmarktes, vor allem in Europa und Ostasien, analysierte die Ursachen für bestimmte Entwicklungen und gab Prognosen für die Zukunft ab. Solche Erklärungen und Kommentare finden sich besonders in Briefen an seine Mitreeder, die er bei Dividendenzahlungen für die einzelnen Schiffsparten über die Gründe für hohe, niedrige oder gar keine Profite informierte. Aber auch die Kapitäne seiner Schiffe erhielten seine Analysen, die oft mit Appellen zur »richtig angewandten Sparsamkeit« bei der Schiffsführung verbunden waren. Jebsens Äußerungen zum Steigen und Fallen der Frachtraten und deren Hintergründe und mögliche Folgen lassen sich in das allgemeine Gesamtbild der Konjunkturbewegungen dieser Periode einordnen und geben außerdem wertvolle Hinweise auf spezifische Bedingungen in Europa und Ostasien, denen der Reeder mit flexiblen Geschäftsstrategien begegnen mußte, um sein Unternehmen erfolgreich zu führen und lebensfähig zu erhalten.

Im Jahr 1879, also kurz nach der Gründung der Partenreederei M. Jebsen, endete zwischenzeitlich der seit Mitte der siebziger Jahre anhaltende Abwärtstrend der globalen Frachtraten. In dieser Phase war die weltweite Schiffstonnage zwar weniger stark gewachsen als in den sechziger Jahren, doch hatte – wie oben erläutert – die zahlenmäßige Zunahme der kosteneffizienteren Dampfschiffe zum Rückgang der Raten geführt. Die Zeit von 1878/79 bis 1881/82 war von einer kurzzeitigen Wiederbelebung des Frachtenmarktes gekennzeichnet, ein Ausdruck der weltweiten Konjunkturbelebung, die vermutlich vom Importsog der USA ausgegangen war. So kam Jebsens Dampfer *Vorwärts*, der im Juni 1881 in Hongkong einlief, in eine global konjunkturell günstige Phase, die noch von positiven regionalen Faktoren wie der ökonomischen Durchdringung Chinas, dem anhaltenden Wachstum in Ostasien und dem zunehmenden Transportbedarf durch chinesische und fremde Kaufleute beeinflußt wurde. Die guten Gewinne von *Vorwärts* in asiatischen Gewässern standen aber in starkem Kontrast zu den bereits fallenden Frachtraten in Europa. In den frühen achtziger Jahren erlahmte in Europa der Eisenbahnbau, was negative Rückwirkungen auf Länder mit Schwerindustrie hatte. Seit dem Herbst 1882 nahmen Konkurs- und Bankrotterklärungen in Deutschland wieder zu und signalisierten die zweite Depression in der Anfangsphase der deutschen Hochindustrialisierung. Die Frachtraten gingen europaweit so stark zurück, daß britische Beobachter im Juni 1883 von einer längeren Depressionsphase ausgingen.[551]

Von den sieben Dampfern der Reederei Jebsen befanden sich zu dieser Zeit *Vorwärts*, *Alwine* und *Triumph* in Ostasien. Der jüngste Neubau *Marie* war mit einer guten Fracht zum Amur unterwegs »und, da es ein schönes praktisches Schiff ist, findet sich wohl an der China Küste dafür vorteilhafte Verwendung«, schrieb Jebsen Anfang Mai 1883.[552] Dagegen erwartete er für den regelmäßig nach Riga fahrenden *Signal* wegen der sehr schlechten Frachten in der Ostsee nur eine »sehr homöopathisch« ausfallende Dividende.[553] Immerhin gelang es, zwei Fahrten nach Archangel abzuschließen. »(S)onst würde es schwer fallen, to make both ends meet«, notierte der Reeder im Sommer 1883: »Mit der christlichen Seefahrt sieht es augenblicklich traurig aus.«[554] Zwar war *Clara* mit Transporten für Krupp von Bilbao gewinnbringend beschäftigt,[555] doch erwirtschaftete *Doris* bei ihren Fahrten zwischen der Nord- und Ostsee kaum Profite.[556] So zog Jebsen im Herbst 1883 das ernüchternde Fazit: »Hier in der europäischen Fahrt ist nicht viel Seide zu spinnen.«[557] Besonders klagte er über die starke Konkurrenz in der europäischen Schiffahrt, welche zu geringen oder gar keinen Gewinnen für seine drei Dampfer geführt hatte.[558] Viel besser sah es dagegen in Ostasien aus, wo nur *Triumph* kostspielige Reparaturen an der Maschine und den Kesseln gehabt hatte, was nach Jebsens Mitteilung auf die Nachlässigkeit eines betrunkenen Ingenieurs und nicht auf Baufehler bei Howaldt zurückging.[559] Anfang 1884 teilte er aus Apenrade mit, daß es mit seinen Schiffen an der Küste von China sehr gut gehe, »d. h. mit *Marie*, *Vorwärts* und *Alwine*, die alle in Monatsfracht, die beiden ersten brillant, letztere ziemlich gut, untergebracht sind. Das Schmerzenskind *Triumph* will noch nicht recht in guten Verdienst kommen. Nach dem Dafürhalten hiesiger Kaffern ist der herausfordernde Namen daran schuld! Mit der Zeit wird er wohl wieder zu Ehren kommen. Mit den anderen beiden Schiffen *Clara* und *Doris*, die in der Fahrt sind, sieht es leider sehr trübe aus. Die Frachtverhältnisse sind geradezu haarsträubend.«[560]

Während 1884 die Frachtraten in Europa weiter fielen, verbesserten sie sich in Ostasien trotz weitverbreiteter Befürchtungen über die negativen Auswirkungen des Chinesisch-Französischen Krieges (1883–1885), bei dem Peking und Paris um den Einfluß im Norden von Tonkin – ein wichtiger Teil des späteren Kolonialstaats Französisch-Indochina – militärisch rivalisierten. Sogar nach der Zerstörung einer chinesischen Flotte und der Verteidigungsanlagen von Foochow Ende August 1884 konnte Jebsen seinem Geschäftsfreund Longsdon mitteilen, daß »up to this date our steamers on the coast of China have suffered nothing through the war« und »are doing much better out on the coast of China than they would do if employed in the home trade«.[561] Zu seiner Flotte in Ostasien zählte inzwischen auch der in diesem Jahr fertiggestellte Dampfer *Amigo*, der speziell für die dortige Küstenschiffahrt erbaut worden war.[562]

Angesichts dieser positiven Entwicklung beschloß Jebsen Anfang 1885, seinen letzten Dampfer von Europa nach Asien zu schicken. Für die schlechten Frachtraten in heimischen Gewässern machte er nicht nur die allgemeine Wirtschaftslage verantwortlich, sondern auch die deutsche Zollgesetzgebung von 1879 mit ihren Schutzzöllen für Getreide- und Holzimporte. Weil die nächste Verschärfung der Gesetze bereits für 1885 angekündigt war, wuchsen die Besorgnisse über die möglichen negativen Auswirkungen auf Handel und Schiffahrt in Europa.[563] Mit der Ankündigung, *Clara* gehe auch nach China, »so daß dann meine ganze Flotte von 8 Steamers dort versammelt sein wird«, verband Jebsen düstere Prognosen: »In der europäischen Fahrt würden wir unter heutigen Frachtverhältnissen, die durch die unglückliche Korn- und Holzzollpolitik noch schlechter werden, uns ganz auf den Hund fahren. Wir steuern überhaupt mit unserem Schutzzoll Delirium einer heiteren Zukunft entgegen.«[564]

Doch blieb auch in Ostasien das Bild nicht ungetrübt. Bereits im Sommer 1884 hatte Jebsen registriert, daß »leider in diesem Jahre 4 bis 5 kleinere Dampfer mehr an der Küste [sind] und somit mehr Konkurrenz«.[565] Das Überangebot an Dampftonnage in Europa und der dadurch rasante Verfall der Frachtraten trieb immer mehr Dampfer nach Ostasien. Am Ende des Jahres kommentierte der Reeder: »Ship owning is at present bad business, lucky enough my steamers on the coast of China have been mostly in time charter and four of them have been consequently doing pretty well but I am afraid that the coast of China will be overcrowded with tonnage before long just like the European waters. (…) Things look very gloomy in every line of business and for some years to come there will be no improvement.«[566] Etwa ein Jahr später schien seine Voraussage eingetroffen zu sein, als er schrieb: »Mit der christlichen Seefahrt geht es hier zu Hause ganz gottserbärmlich, und an der Küste von China machen sich die schlechten Zeiten auch fühlbar, nachdem die letzten 6 Monate ziemlich gute Resultate geliefert haben. Von meiner Flotte sind drei, deren Time Charter in diesem Monate ablaufen, nicht wieder aufgenommen, ein sehr großer Übelstand, da Trip Charters für dergleichen kleine Dampfer nur mit Verlust verbunden sind. Dabei strömen noch immer mehr kleine Dampfer hinaus, die schließlich das Geschäft ganz verderben werden. [An] (e)ine Besserung ist bei dem übermäßigen Vorrat an steam tonnage im allgemeinen gar nicht zu denken (…). Wir sind gerade 20

Jahre zu spät mit *Steamship* Reederei angefangen, nachdem die Engländer *the benefit* davon gehabt haben.«[567]

Tatsächlich traf die erneute weltweite Tiefkonjunktur von 1882 bis 1886 alle wichtigen Industrieländer gleichermaßen hart, so daß in der öffentlichen Meinung in Europa wenig Hoffnung auf Besserung übrig blieb. Als Folge der industriellen Überproduktion und des Nachlassens der Kaufkraft kam es vermehrt zu Konkurs- und Bankrotterklärungen, zu empfindlichen Einschränkungen beim Handel und Konsum und zum Sinken der Preise, alles Erscheinungen einer neuen Krisen- und Stockungsperiode. Das hohe Bautempo in Großbritannien, das 1882 über 960.000 Tonnen an Handelsschiffen hervorgebracht hatte, ging unter dem Einfluß fallender Frachtraten sukzessive zurück, bis Ende September 1886 nur noch 350.000 Tonnen im Bau waren. Das hektische Suchen nach Abhilfe stimulierte eine neue Exportoffensive und den Kolonialimperialismus jener Jahre, beides zusammenhängende Strategien, die sich im Deutschen Reich seit 1885 mit der Schaffung staatlich subventionierter Reichspostdampferlinien nach Ostasien, Australien und Ost- und Südafrika einen sichtbaren Ausdruck verschafften.[568] In Frankreich war es die hochsubventionierte Großreederei Messageries Maritimes, die das Mutterland mit den Kolonien im asiatisch-pazifischen Raum verband und sich auch in der dortigen Küstenschiffahrt betätigte. Anfang 1886 stellte Jebsen fest:

> »Prospects for private ship owners are getting worse and worse as the larger companies monopolize the trades everywhere. There used to be a pretty good trade for small boats between Saigon and Manila but now since the Messagerie[s Maritimes: französische Großreederei] has put her boats on to that line also, it has spoiled the business for us. In fact the future does not look very bright for a man like me who has every penny he owns invested in steamers. Had I known that things were to take this turn I should have remained with Krupp but what's done can't be helped and so we must take things as they are and not as they ought to be.«[569]

Aber nicht allein Reedereien mit großen Passagier- und Frachtdampfern waren an der Exportausweitung ihrer Länder in Richtung Asien beteiligt, sondern auch kleinere Frachtdampfer aus Europa, die in der dortigen Schiffahrt mit anderen Schiffseignern in Konkurrenz traten. Ende 1885 teilte Jebsen mit, die Frachtverhältnisse lägen »ja draußen so im Argen«, daß fünf oder sechs Dampfer im Hafen von Hongkong still lägen, darunter *Triumph* und *Doris* seiner Reederei.[570] Mit Besorgnis beobachtete er die Entwicklung und kommentierte Anfang 1886: »Übrigens scheint jetzt alle Welt ihr Heil in China zu suchen. Die Folge davon ist, daß sich eine solche Anzahl von Steam Tonnage an der Küste ansammelt, welche nur zum Teil Beschäftigung finden kann und demzufolge die Frachten, wie solches jetzt der Fall ist, sich so niedrig halten werden, daß nichts verdient werden kann. Meiner Meinung nach haben wir die besten Zeiten draußen gehabt.«[571] Die zunehmende Konkurrenz aus Europa und das dadurch verursachte weitere Sinken der Frachtraten brachten den Reeder schier zur Verzweiflung. In den chinesischen Gewässern sehe es heute mit der Schiffahrt ebenso schlecht aus wie in der Ost- und Nordseefahrt, bemerkte er. »Es sind zu viele passende Dampfer an der Küste von China. Dabei strömen immer noch mehr hinaus und wird es dadurch mit Frachten immer schlechter. Wir haben mit dieser Reederei eine Zeitlang von den guten Frachten profitiert. Die aber jetzt hinaus gehen, werden das Nachsehen haben.«[572] Im März 1886 gab er zu, er habe sich »den Kopf zerbrochen, ein neues Feld für unsere Dampfer zu finden, bis jetzt leider vergebens«. Deshalb blickte er mit Pessimismus auf die Zukunft kleinerer Reedereien und prophezeite ihnen ein ähnliches Schicksal wie den privaten Eisenbahngesellschaften. Es liege der Zeitpunkt nicht fern, »wo, wie es bei dem Landverkehr der Fall ist, der Seeverkehr auch in die Hände der großen *Compagnien* übergehen wird. Was fangen wir armen Privatschaukler dann an?«[573]

Einige Monate später kam endlich der langersehnte Aufschwung. Bis zum Frühjahr 1887 ging die Depression in eine vierjährige weltweite Hochkonjunktur über. Sowohl das Produktionsvolumen als auch die Warenpreise und die Aktienkurse stiegen an. Allein im Deutschen Reich wurden schätzungsweise mehr als tausend Aktiengesellschaften gegründet. Mit den zunehmenden Investitionen gingen die Reallöhne nach oben, was sich belebend auf die Massenkaufkraft und die Binnennachfrage auswirkte.[574] Auch der Frachtenmarkt zog entsprechend an, so daß zur Freude der Reedereien die Raten für Zeit-Frachtkontrakte in Hongkong sehr in die Höhe gingen.[575] Davon konnten allerdings die auf längere Zeit in Zeitcharter gegebenen Schiffe nicht sofort profitieren, wie Jebsen im März 1887 mitteilte: »Leider sind die meisten unserer Dampfer von früher her zu weniger günstigen Raten untergebracht. *Vorwärts* und *Marie* werden wohl etwas davon profitieren. Letztere ist nämlich bis Ende Januar [18]88 zu $ 2800 in Time Charter prolongiert. *Alwine*, *Amigo* und *Signal* laborieren noch bis Juli unter früheren weniger guten Charters.«[576] Ähnlich sah es im Folgejahr aus, als der Reeder zwar berichten konnte, die Frachten an der Küste von China seien »jetzt brillant«, doch profitiere »unsere Reederei nicht genügend davon, da drei der Dampfer noch vom vorigen Jahre her zu kleinen Frachten laufen«.[577] Trotz dieses Wermutstropfens gaben die guten Konjunkturaussichten genügend Mut zu Neuinvestitionen, wie es auch in anderen Wirtschaftssektoren der Fall war. Mit seinen Hamburger Geschäftsfreunden Carl und Gustav Diederichsen kaufte Jebsen Anfang Juni 1888 den fünfzehn Jahre alten und in England gebauten Dampfer *Montevideo* »zum dann sehr billigen Preise von ca. 160.000 M[ark]« von der Hamburg-Südamerikanischen Dampfschiffahrts-Gesellschaft,[578] die das Schiff durch einen Neubau ersetzen wollte. Umbenannt in *Apenrade* war der Dampfer (2238 BRT, 1475 NRT) das bisher größte Schiff seiner Reederei und mit der erhöhten Transportkapazität und den Passagiereinrichtungen eine wichtige Ergänzung seiner Flotte kleinerer Frachtdampfer. Allerdings erwies sich das vermeintliche Schnäppchen als derartig reparaturanfällig, daß es nur Verluste einfuhr und 1890 zu einem profitablen Preis nach Japan verkauft wurde.[579]

Für die internationale Schiffahrt waren die Jahre 1888 und 1889 zweifellos Boomjahre. Im Herbst 1888 meldete Jebsen, daß die deutschen Werften so viele Aufträge hätten, daß bei Bestellungen Wartefristen von bis zu acht Monaten verlangt würden.[580] Er hielt die Aussichten für seine Reederei für »die allerbesten« und erwartete »sehr gute Dividenden«. Nach seiner Einschätzung werde die gute Konjunktur trotz der zahlreichen Neubauten noch eine Zeitlang anhalten, da größtenteils nur große Dampfer gebaut würden, die in der ostasiatischen Küstenschiffahrt nicht besonders in Betracht kämen.[581] Deshalb sei seine Reederei »von der sogenannten Überproduktion«, wie er schrieb, nicht tangiert. Er verwies auf die in Großbritannien mit großem Tempo gebauten Dampfschiffe von zweitausend bis viertausend Tonnen sowie auf die nur geringe Produktion kleinerer Dampfer. Tatsächlich war mit dem steilen Anstieg der Frachtraten auch die Zahl der im Bau befindlichen Schiffstonnage in Großbritannien stark gestiegen, und zwar von ihrem Tiefpunkt im Jahre 1886, als nur 350.000 Tonnen produziert wurden, auf 930.000 Tonnen am Ende des zweiten Quartals von 1889.[582] Die englische Konkurrenz an der Küste

Dampfer *Apenrade* (I)

von China brauche seine Reederei nicht zu fürchten, konstatierte Jebsen im November 1888: »Überhaupt werden nur wenige kleine Dampfer gebaut.«[583] Es seien »unzählige neue Schiffe von der Größe von 2500 bis 3000 Tons gebaut« worden, stellte er im Januar 1890 fest.[584]

Allerdings begannen die Kräfte des Wachstumszykluses bald wieder zu erlahmen. Mit dem Zusammenbruch des großen Londoner Bankhauses Baring Anfang 1890 setzte eine fünfjährige Depression ein, die zuerst Europa traf und 1893 auch die USA. Für den Frachtenmarkt wirkten sich die schlechten Ernten zu Anfang der neunziger Jahre zusätzlich negativ aus.[585] Die Frachtraten in der Nord- und Ostsee seien »hier ganz erbärmlich«, schrieb Jebsen Anfang 1891 an Kapitän Raben, der mit *Doris* in Hongkong lag. Er befürchte, »daß viele Schiffe nach dort hinausströmen und einen ungünstigen Einfluß auf die Frachten ausüben werden«.[586] Seine Vorahnung sollte sich bestätigen, denn auch der hohe Dollarkurs veranlaßte viele Reedereien, ihre Frachttrampdampfer nach Ostasien zu entsenden, so daß weiterer Druck auf den dortigen Markt entstand. »In China wie überall liegen die Frachten sehr danieder«, notierte er im Juni 1893.[587] Kurz danach führten die politischen Spannungen zwischen Frankreich und Siam zum weiteren Sinken der Frachtraten, vor allem ausgelöst durch den zwischenzeitlichen Ausfall der profitablen Route zwischen Bangkok und Hongkong.[588] Hinzu kam der langsame Verfall des Silberdollars, was die Frachtraten negativ beeinflußte. So konnte der Reeder Ende Juli 1893 »nicht viel Erfreuliches mitteilen«. Nach seinem Bericht waren die Frachten »wie überall anderswo so auch an der Küste von China, sehr schlecht, dazu kommt noch, daß der Dollar nur M[ark] 2.70 wert ist, wodurch die Frachten, welche in Dollars normiert sind, sich noch schlechter gestalten«.[589] Trotz solcher verschärfenden Faktoren gelang es Jebsen aber, sich erfolgreich im ostasiatischen Frachtenmarkt zu behaupten. Im Herbst 1893 konstatierte er: »Was nun die Befrachtung meiner Dampfer anbelangt, so glaube ich, nachdem ich mich solange Jahre damit beschäftigt habe und es dahin gebracht habe, daß von sämtlichen deutschen Reedereien, welche die Küstenschiffahrt in China betreiben, meine im allgemeinen die besten Resultate geliefert hat, darin die nötigen Erfahrungen gesammelt zu haben.«[590]

Welche Resultate seine sechs in Ostasien beschäftigten Dampfer in den 1880er Jahren geliefert hatten, machte Jebsen in einer detaillierten Aufstellung deutlich. Danach betrug der durchschnittliche Überschuß dieser Dampfer in einem Zeitraum von zwölf Monaten 70,64 Mark pro Nettoregistertonne. Von den sechs Schiffen hatte *Else* (747 NRT) mit 86,83 Mark Jahresüberschuß pro NRT das beste Ergebnis erzielt und *Amigo* (821 NRT) mit 53,79 Mark Überschuß den geringsten Profit gemacht.[591] Solche positiven Resultate waren zweifellos ein Ergebnis der genauen Beobachtung der fluktuierenden Charterraten im hart umkämpften ostasiatischen Frachtenmarkt und des daraus folgenden Einsatzes flexibler Geschäftsstrategien sowie sparsamer Betriebsführung auf den Schiffen. Entscheidend war auch der Neubau und Ankauf von Dampfern für die Flotte, um den Befrachtern optimale Transportmöglichkeiten zu bieten und sich im Wettbewerb zu behaupten. Von 1889 bis 1894 wurden sechs Dampfer neu in Dienst gestellt: *Michael Jebsen* (995 BRT, 710 NRT), *Holstein* (1539 BRT, 1102 NRT), *Mathilde* (I) (957 BRT, 678 NRT), *Rio* (1736 BRT, 1280 NRT), *Apenrade* (II) (973 BRT, 696 NRT), *Jacob Diederichsen* (988 BRT, 712 NRT), *Marie Jebsen* (2247 BRT, 1770 NRT). Da *Marie* (I) 1891 durch Schiffbruch verlorenging, bestand die Flotte 1894 aus insgesamt dreizehn Schiffen, wovon lediglich vier Dampfer mehr als tausend BRT groß waren. Jebsen setzte also weiterhin auf kleinere Dampfer, die besonders von chinesischen Befrachtern bevorzugt wurden. Allerdings war der kleinste Dampfer seiner Reederei, *Alwine* (511 BRT, 400 NRT), zu diesem Zeitpunkt unprofitabel und verkauft worden, »da mit dergleichen kleinen Schiffen draußen nichts mehr zu machen ist«.[592] Um so mehr mahnte der Reeder seine Kapitäne, die Lade- und Löschvorgänge zu beschleunigen und damit Kosten zu sparen: »Schnelle Expedition in den betreffenden

Dampfer *Mathilde* (I)

Häfen ist dabei erforderlich, überhaupt für kleinere Schiffe, um mit den größeren einigermaßen zu konkurrieren.«[593]

Die größeren Schiffe wurden vor allem für die Passagierfahrt eingesetzt, wobei es sich fast ausschließlich um den Transport chinesischer Kulis handelte. Mit seiner Flotte von vorwiegend kleineren und einigen mittleren Schiffen füllte Jebsen eine Art Nische in dem heiß umkämpften ostasiatischen Frachtenmarkt, wo die Dampfer der Großen Drei und zunehmend auch Fahrzeuge ausländischer Großreedereien das Feld dominierten. Zugute kam ihm, daß viele europäische Reedereien ihre kleineren Dampfer nicht nach Fernost sandten, weil solche Schiffe in Europa noch leichter gewinnbringend eingesetzt werden konnten als große.[594] Jebsens Engagement in der asiatischen Küstenschiffahrt und großen Kabotage mit kleineren und mittelgroßen Dampfern stieß also in eine Marktlücke hinein. So konnte er im März 1894 eine positive Bilanz seines Reedereigeschäfts ziehen:

»Die letzten 2–3 Jahre sind für die Reederei im Allgemeinen, für diejenige, welche sich mit der Fahrt an der chinesischen Küste beschäftigt, im Besonderen, sehr ungünstig gewesen. Zu den allgemeinen schlechten Frachten kam für letztere als ganz besonders aggrevierend der Sturz des Silberwertes hinzu, welcher jede Vercharterung auf längere Zeit, auf welcher seiner Natur nach das chinesische Frachtgeschäft basiert, fast unmöglich macht. Das schnelle Tempo, welches die Silberentwertung in letzter Zeit eingeschlagen hat, läßt hoffen, daß der tiefste Punkt bald erreicht ist und werden auch dann wohl ge-

Dampfer *Germania*

> sunde Zustände zurückkehren. Infolge der Knappheit an passender Tonnage haben die Frachten draußen schon bedeutend angezogen und lassen selbst bei heutigen Kursen ein befriedigendes Resultat. Dieser Mangel an für die chinesische Schiffahrt passenden Dampfern, der sich von Jahr zu Jahr vergrößerte, läßt mich auf eine bald durchgreifende Besserung hoffen und macht jedenfalls die chinesische Küstenfahrt von der allgemeinen Lage des Frachtenmarkts mehr oder weniger unabhängig.«[595]

Mit der Gründung der Firma Jebsen & Co. in Hongkong am 1. März 1895 erhielten Jebsens Sohn Jacob und sein Partner Heinrich Jessen die Alleinagentur sämtlicher Dampfer der Reederei. Das junge Unternehmen stand unter einem guten Stern, denn das Ende der Depression im Frühjahr dieses Jahres und der Übergang zu einer furiosen Hochkonjunkturperiode wirkten sich als belebende Faktoren aus. 1895 begannen in der Tat die »goldenen Jahre der global triumphierenden privatkapitalistischen Industrialisierung und eines beispiellos prosperierenden Welthandels« (Wehler), die bis 1913 anhielten. Waren in Großbritannien Ende 1895 nur 730.000 Tonnen Schiffstonnage im Bau, so stieg die Zahl bis 1898 fast um das Doppelte auf 1,4 Millionen Tonnen.[596] Das hohe Bautempo und die zunehmende Entsendung großer Frachtschiffe nach Ostasien verstärkten aber Jebsens Besorgnisse über die Zukunft seiner Flotte. Im März 1896 notierte er: »Competition is too great like everywhere else and I don't know what it is going to come to if shipbuilding is continuing at the present speed. These everlasting big ocean tramps are spoiling every trade.«[597]

Dampfer *Vorwärts* (II)

Auf Rat seines Sohnes, der die Verhältnisse von Hongkong aus beobachtete, wurden von 1895 bis 1898 ausschließlich vier mittelgroße Schiffe von über tausend BRT und sogar ein großer Dampfer von über zweitausend BRT neu in Dienst gestellt: *Germania* (2256 BRT, 1713 NRT), *Vorwärts* (II) (1027 BRT, 643 NRT), *Else* (II) (1419 BRT, 902 NRT), *Knivsberg* (1033 BRT, 646 NRT), *Tsintau* (1588 BRT, 976 NRT). Weil *Doris* 1897 strandete und verlorenging, bestand die Flotte der Reederei Jebsen 1898 aus insgesamt vierzehn Schiffen.[598] Mit den neuen Schiffen kam man den veränderten Bedürfnissen der chinesischen Befrachter entgegen, die dazu übergingen, größere Quantitäten an Ladungen zu verschiffen.[599] Alle Dampfer seiner Flotte seien »speziell für die China-Küstenfahrt gebaut und ausschließlich in der Fahrt beschäftigt«, ließ Jebsen 1898 wissen.[600]

Mit seinen größeren Schiffen reagierte der Reeder auf die zunehmende Konkurrenz britischer, chinesischer, japanischer und deutscher Reedereien, die mit großen Dampfern in den ostasiatischen Frachtenmarkt hineinzustoßen begannen. Im Zuge der weiteren Marktöffnung Chinas, eine Folge des Chinesisch-Japanischen Krieges (1894/95), verstärkten die »Großen Drei« und andere Reedereien ihre Geschäftstätigkeit in dem Wachstumsmarkt. Jebsen gelang es aber weiterhin, seinen ersten Platz unter den deutschen Trampschiffreedereien in Ostasien zu halten. Sein stärkster Konkurrent war die Chinesische Küstenfahrt-Gesellschaft, eine 1887 gegründete Hamburger Reederei, die mit vier Dampfern in der ostasiatischen Trampschiffahrt angefangen hatte. Als sie 1895 mit der Dampfschiffs-Gesellschaft Swatow fusionierte, die ebenfalls an der Chinaküste operierte, und deren sechs Frachtdampfer übernahm, verfügte sie 1898 über zehn Dampfer.[601] Ihr folgten die Reederei von Rudolph Wahl in Köln mit sechs Schiffen in Ostasien, die Flensburger Dampfschiffahrt-Gesellschaft von 1869 (die »69er«) mit fünf Dampfern an der Chinaküste, die Asiatische Küstenfahrt-Gesellschaft in Hamburg mit vier Schiffen, die Reederei M. Struve in Blankenese mit drei Dampfern sowie die Reedereien J. P. Massmann in Heiligenhafen, J. D. Bischoff in Bremen und Heinrich Schuldt in Flensburg mit je einem Schiff, darunter auch Segler.[602] Die Bremer Reederei Köper, Docke & Co. zog sich wegen der fingierten Opiumschmuggelfälle in Saigon, von denen zwei ihrer Schiffe mit harten Strafen betroffen waren, 1898 aus der Fahrt zurück.[603] Trotz eines deutlichen Rückgangs der deutschen Flagge im Jahre 1896, vor allem ausgelöst durch die starke Konkurrenz britischer und chinesischer Schiffe, die den Markt klar dominierten, zeigte die *Hansa* sich zuversichtlich: »In Anbetracht des stetig wachsenden Ansehens des deutschen Namens an der chinesischen Küste ist ein Umschwung zu unseren Gunsten wohl zu erwarten.«[604]

Tatsächlich stiegen Zahl und Tonnengehalt deutscher Schiffe in den Folgejahren kontinuierlich an: Allerdings verdrängten bereits im Jahre 1900 japanische Reedereien ihre deutschen Konkurrenten auf Platz vier der in China fahrenden Schiffe – eine Situation, die bis zum Ausbruch des Ersten Weltkrieges und dem Verschwinden der deutschen Flagge aus Ostasien anhielt.[605] In dem heiß umkämpften Markt behaupteten die Dampfer der Reederei Jebsen aber ihre Position. Allerdings gingen zwei Schiffe total verloren – *Clara* sank 1901 in der Straße von Hainan, und *Apenrade* (II) strandete 1906 in Hongkong während eines Taifuns –, andere wurden verkauft, doch kamen auch dreizehn Schiffe in diesem Zeitraum hinzu.[606] Weil die Gesamtstärke der Flotte zwischen 1900 und 1914 lediglich um zwei Dampfer – von vierzehn auf zwölf – abnahm, setzte sich die stabile Entwicklung der Reederei Jebsen auch nach dem Tode des Firmengründers kontinuierlich fort.

Bilanz: Ein Reeder und seine Netzwerke

Um theoretische Ansätze zur Erklärung des ökonomischen Handelns des Reeders Michael Jebsen heranzuziehen, sollen im folgenden seine wirtschaftlichen Funktionen und besonders seine Einbindung in Netzwerkstrukturen bilanzierend erörtert werden. Zwar gilt die in der Einleitung formulierte Erkenntnis, daß Unternehmerbiographien in erster Linie interessante Persönlichkeiten illustrieren und weniger die Erfolgsfaktoren ihrer Unternehmen analysieren sollen, doch bietet die strukturell angelegte kontextuelle Individualbiographie durchaus die Chance, auch solche theoretischen Fragestellungen zu diskutieren. In Anlehnung an die grundlegende Studie des Sozialhistorikers Jürgen Kocka über *Unternehmer in der deutschen Industrialisierung* (1975) soll die leitende Fragestellung sein: Aufgrund welcher Motive und mit welchen Zielen, mit welchen Mitteln unter welchen Bedingungen und mit welchem Erfolg trug Jebsen zum Prozeß des wirtschaftlichen Wandels und Wachstums in Europa und Asien sowie zur Industrialisierung der globalen Schiffahrt bei? Um diese Fragen beantworten zu können, erscheint es sinnvoll, auch das Instrumentarium der sozialwissenschaftlichen Netzwerkanalysen heranzuziehen, die in der neueren unternehmenshistorischen Forschung hoch im Kurs stehen.[607] Netzwerktheorien wie die »Erweiterte Neue Institutionenökonomie« nehmen sowohl formelle als auch informelle Netzwerke in den Blick und untersuchen dabei die kulturellen Dimensionen wirtschaftlichen Handelns.[608] Damit sind sie auch für Unternehmerbiographien anwendbar hinsichtlich einer stärker akteursbezogenen Sichtweise auf informelle Netzwerke, die Michael Jebsen als Korrespondentreeder zwanzig Jahre lang unterhielt.

Schaut man zunächst auf die *Motive* von Jebsen, um eine eigene Partenreederei zu gründen, so war sein Drang zur beruflichen Selbständigkeit der wichtigste Grund. Unternehmerische Unabhängigkeit hatte er als Kapitän auf Segel- und Dampfschiffen erlebt, so daß sein Abhängigkeitsverhältnis als Flottenmanager und damit Angestellter der Firma Krupp dazu stark kontrastierte. Die Unzufriedenheit mit seiner beruflichen Stellung in Rotterdam, die auch aus persönlich-familiären Quellen gespeist wurde, und die Gelegenheit eines Schnäppchenkaufs beim Erwerb des ersten Dampfers mündeten in die Entscheidung, den Sprung in die ersehnte Selbständigkeit zu wagen. Seine ihn treibenden bedeutendsten *Ziele* bei der Unternehmensgründung waren sowohl wirtschaftlich-rational als auch persönlich-emotional, nämlich zuallererst der Aufbau einer profitablen Partenreederei, um die eigene und familiäre Existenz zu sichern, und in zweiter Linie die Rückkehr in seine mit positiven Gefühlen behaftete Heimatstadt Apenrade, wo viele Familienangehörige und Freunde lebten. In der Folgezeit war es sein oberstes Ziel, die Reederei gewinnbringend zu machen und zu halten, um seine berufliche Selbständigkeit zu bewahren. Die von ihm eingesetzten wichtigsten *Mittel* zur Erreichung dieser Ziele waren seine guten geschäftlichen und nautisch-technischen Fachkenntnisse, die er bei seiner Arbeit als Korrespondentreeder einbrachte, sein eigenes Finanzkapital zum Erwerb von Schiffsparten und damit zum Neubau oder Kauf von Dampfern sowie die permanente Unterhaltung von informellen und interpersonalen Netzwerken. Über welche beiden Netze Jebsen als Unternehmer verfügte und welche Funktionen sie für ihn erfüllten, soll kurz dargelegt werden.

Die Auswertung der Geschäfts- und Privatkorrespondenz von Jebsen im Zeitraum von 1878 bis 1899 ermöglicht die genaue Identifizierung von drei geschäftlichen Netzwerken. Als frühestes und wichtigstes interpersonales Netzwerk ist ein Kreis von engeren Geschäftsfreunden und Mitreedern aus den Niederlanden und Belgien (Vlissingen, Rotterdam, Antwerpen) und Deutschland (Hamburg, Essen, Kiel, Apenrade, Sonderburg) zu nennen, das teilweise auch durch verwandtschaftliche Beziehungen miteinander verbunden war. Der anfänglich große Widerstand gegen die Einführung der Dampftechnologie in Jebsens Heimatstadt führte zu dem Phänomen, daß die meisten Mitreeder von außerhalb Apenrades rekrutiert werden mußten. Da Dividenden halbjährlich ausgeschüttet wurden oder manchmal auch ganz ausblieben, war ein ständiger Kontakt des Korrespondenztreeders mit den Mitreedern erforderlich, um die Geschäftspolitik abzusichern und Neubauten vorzubereiten. Innerhalb dieser Gruppe ragen die »Hauptmitreeder« Jacob, Carl und Gustav Diederichsen in Hamburg besonders hervor, die neben Jebsen den stärksten Anteil an der Finanzierung seiner Partenreederei hatten. Aufgrund dieser entscheidenden Position waren sie in der Lage, den Schiffbaubetrieb ihres Verwandten Georg Howaldt in Kiel zur Hauswerft von Jebsen zu machen. Weil es dem Reeder trotzdem gelang, an seinem Neubauprogramm auch die von ihm mehr geschätzte Werft von Blohm & Voss in Hamburg zu beteiligen, handelte es sich um kein einseitiges Abhängigkeitsverhältnis, sondern um einen Kompromiß zwischen seinen Interessen als Reeder und denen der Diederichsens als Kapitalgeber. Das Dreiecksnetzwerk Apenrade, Hamburg und Kiel, also die Verbindung zwischen Jebsen, den drei Hamburger Diederichsens und Howaldt, bildete dabei den Dreh- und Angelpunkt bei der Finanzierung und beim Neubau der Dampfer.

Die Netzwerkpartner unterhielten ständigen persönlichen und brieflichen Kontakt, um sich gegenseitig über Entwicklungen auf den Frachtenmärkten und in der Schiffsindustrie auf dem laufenden zu halten.

Ein zweites interpersonales Netzwerk bildeten die Kapitäne seiner Reederei und die in Hafenstädten ansässigen Makler, manchmal auch die Befrachter der Schiffe. Von Apenrade aus stand der Reeder mit seinen Schiffsführern in regelmäßigem Brief- und Telegrammkontakt, wobei es neben schiffstechnischen und Personalfragen vor allem um die Besorgung lukrativer Frachtaufträge – oft, aber nicht immer im Zusammenspiel mit den Maklerhäusern in den Küstenplätzen – ging. Während es sich in Europa um eingesessene Firmen im Schiffahrtsgewerbe handelte, waren es in Ostasien stark diversifizierte deutsche Kaufmannshäuser mit Agenturen für verschiedene Firmen, welche mit westlichen und chinesischen Befrachtern zusammenarbeiteten und für die Reederei Jebsen regelmäßig Frachtaufträge gegen Kommissionszahlungen vermittelten. Für die technische und kaufmännische Abwicklung des Frachttransportgeschäfts stellten Kapitäne und Makler die unerläßlichen Netzwerkpartner des Reeders dar, so daß ein intensiver regelmäßiger Schriftverkehr notwendig war. Seit der Gründung der Hongkonger Firma Jebsen & Co. (1895), die von seinem Sohn Jacob und dessen Geschäftspartner Heinrich Jessen geleitet wurde, lief der Kontakt von Jebsen zu Kapitänen, Maklern und Befrachtern aber fast ausschließlich über diese Firma, die als Alleinagent der Reederei in Ostasien fungierte.

Die Beschreibung und Analyse der hier vorgestellten Netzwerke bildet einen wichtigen Schwerpunkt der Biographie. Da effiziente Netzwerke den Informationsfluß optimieren und zum Erfolg unternehmerischer und politischer Tätigkeit entscheidend beitragen, kommt der Betrachtung der Netzwerkfunktionen eine hohe Bedeutung zu. So besaßen *ökonomische Zwecke* für einen Reeder wie Jebsen naturgemäß die höchste Priorität: Diese Funktionen reichten vom Verkauf von Schiffsparten und der damit erreichten Kapitalbeschaffung für Schiffsneubauten über die Einholung und Übermittlung von Marktinformationen zum europäischen und asiatischen Frachtgeschäft bis hin zum Erfahrungsaustausch über technische Neuentwicklungen im Dampferbau, über die Konkurrenzsituation in der deutschen und asiatischen Küstenschiffahrt und über Veränderungen der wirtschaftlichen und politischen Lage mit ihren möglichen Einflüssen auf das Reedereigeschäft. Diese multiplen ökonomischen Funktionen verringerten die ökonomische Unsicherheit des Reeders und erhöhten massiv seine Chancen für zukünftige weitere Aktivitäten wie die Expansion der Flotte und Erschließung neuer Märkte für Frachtgeschäfte. Die oben vorgestellten beiden Netzwerke – interregional, international und interkontinental geknüpft – dienten also im wesentlichen der Finanzierung und Kapitalverflechtung des Unternehmens sowie der Wissensvermittlung über technologische und geschäftliche Neuerungen im weiteren Umfeld der Firma: Sie bilden auf diese Weise eine Netzwerkökonomie mit dem Reeder im Zentrum.

Nicht zu unterschätzen sind die *sozialen Funktionen* von Netzwerken, zu denen die Bewahrung des Familienstatus im Unternehmen und die Netzwerkpflege gehören. So war es für ein Familienunternehmen wie die Reederei Jebsen besonders vorteilhaft, wenn der älteste Sohn in das Geschäft eintrat, was mit der von Jacob Jebsen und einem Verwandten als Teilhaber gegründeten Firma Jebsen & Co. in Hongkong – anfangs eine reine Agentur für die Dampfer, später ein diversifiziertes Im- und Exporthaus – im Jahre 1895 realisiert wurde. Auch andere Söhne sowie nähere und entfernte Verwandte wurden je nach Möglichkeit in das Unternehmen integriert. Da die Ausbildung eines familiären Netzwerkes innerhalb der Firma aber erst in den letzten Lebensjahren von Michael Jebsen erfolgte, kam der Pflege des Netzwerkes mit den engeren Geschäftsfreunden und Mitreedern in Hamburg und Schleswig-Holstein eine erstrangige Bedeutung zu. Zahlreiche Briefe und Briefkopien aus der Feder von Jebsen zeigen die regelmäßigen intensiven Kontakte, die er mit diesen Netzwerkpartnern pflegte, aber auch häufige Reisen nach Hamburg und Kiel oder gemeinsame Feiern und Ferien wie mit Jacob Diederichsen in Bad Kissingen oder Bewirtungen von urlaubenden auswärtigen Geschäftsfreunden in Apenrade.

Netzwerke übten bedeutende *ordnungspolitische Funktionen* aus, wobei es im Reedereigeschäft vor allem um das vielfältige Zusammenspiel zwischen dem örtlich ansässigen Reeder und den weit entfernt fahrenden Kapitänen ging, aber auch um die Regelsysteme auf den Schiffen, also das Verhältnis zwischen dem Kapitän, den Offizieren und der übrigen Besatzung. Die intensive Auswertung der umfangreichen Korrespondenz von Jebsen machte es möglich, diese Regeln und Normen der Netzwerkökonomie für ein Reederei-Unternehmen in der europäischen und asiatischen Küstenschiffahrt systematisch zu untersuchen sowie das komplexe Funktionieren (und gelegentliche Nicht-Funktionieren) anhand von Fallbeispielen darzustellen und zu analysieren. Angefangen mit der Anheuerung des Kapitäns und der Maschinisten war Jebsen in praktisch alle Fragen des Schiffsbetriebs involviert, also auch in komplizierte technische Fragen, in das Frachtengeschäft vor Ort oder bei der Beschaffung der Kohlen für die Befeuerung der Dampfmaschinen. Seine Hauptaufgabe lag in der Setzung von Normen und Regeln für den ökonomisch effizienten Betrieb, deren Einhaltung er streng überwachte und deren Nichteinhaltung er mit Sanktionen belegte. Das von ihm eingeführte Regelsystem im Netzwerk mit den Kapitänen seiner Dampfer bildet eines der interessantesten und bisher wenig bekannten Aspekte seiner Tätigkeit. Gerade aufgrund der großen Entfernung zwischen dem in Schleswig-Holstein wirkenden Reeder und seinen in Asien fahrenden Dampferbesatzungen ist das relativ reibungslose Funktionieren dieses Netzwerkes um so beachtlicher – ein Zeichen für die richtige Strategie von Jebsen im Umgang mit seinen Mitarbeitern.

Im Zusammenhang mit den ordnungspolitischen Zwecken der Netzwerke stehen deren *kulturelle Funktionen*, also die Herausbildung eines Wertesystems, innerhalb dessen ein Reeder wie Jebsen agierte. Man findet hier typische Grundmuster von Unternehmern der Industriellen Revolution im 19. Jahrhundert wieder, die mit Attributen wie Sparsamkeit, Ordentlichkeit, Bürgerlichkeit, Zuverlässigkeit und Pflichterfüllung umschrieben werden können. Bei Jebsen, der als Schiffsjunge auf Segelschiffen angefangen hatte und über viele Weltmeere gefahren war, auch als Dampferkapitän in Südamerika und schließlich als Flottenmanager der Firma Krupp tätig gewesen war, traten internationale Gewandtheit, vielfältige Sprachkenntnisse und ein großes Fachwissen über alle möglichen Aspekte des Reedereigewerbes, Schiffsbetriebes und Frachtgeschäfts hinzu. Mit diesen Eigenschaften versehen war Jebsen geradezu ein Prototyp eines Reeders im 19. Jahrhundert, dessen Wertematrix durch das Interagieren innerhalb seiner Netzwerke von Seeleuten, Unternehmern und Kaufleuten entscheidend geprägt wurde. An seiner Person läßt sich zeigen, wie kulturell geprägte Handlungsorientierungen über Netzwerkkontakte auf das geschäftliche und politische Wirken eines Unternehmers einwirken.

Die *Bedingungen*, unter denen der Reeder Jebsen seine Geschäftstätigkeit ausübte, waren in erster Linie bestimmt von ständig wechselnden Anforderungen und den konjunkturellen Schwankungen in den internationalen, nationalen und regionalen Frachtenmärkten. Angesichts dessen mußten flexible Strategien entwickelt werden, um sich im Markt behaupten zu können. Diese reichten vom ökonomisch sinnvollen, also meistens sparsamen Einsatz von Besatzungen und Schiffen bis hin zur Anpassung an spezielle Wünsche von Befrachtern wie Größe der Fahrzeuge oder die Person des Schiffsführers. Mit Hilfe der richtigen Anwendung solcher Strategien gelang es Jebsen, seine Flotte insgesamt rentabel zu halten – wenn auch einzelne Schiffe periodenweise Verluste einfuhren, – den Schiffsbestand sukzessive durch Neubauten und Verkäufe zu erweitern und regelmäßig Dividenden an seine Mitreeder auszuschütten.

Zwar ist es unmöglich, den konkreten Einfluß der Reederei Jebsen auf allgemeine Prozesse wirtschaftlichen Wandels und Wachstums in Europa und Asien zu ermessen, doch hatte das Unternehmen zweifellos seinen Anteil an der Durchsetzung der Transportrevolution und den zunehmenden wirtschaftlichen Austauschbeziehungen zwischen verschiedenen maritimen Regionen im Zuge des markanten Globalisierungsschubs des 19. Jahrhunderts. Weil Jebsen durch den Einsatz seiner modernen Dampfschiffe zur Industrialisierung der globalen Schiffahrt beitrug, war er zweifellos auch ein Pionier auf seinem Gebiet.

Der Parlamentarier: Für die Handels- und Kriegsmarine (1890–1898)

Kandidat wider Willen

In den Wochen vor der Reichstagswahl des Jahres 1890 war die Spannung in Deutschland auf dem Höhepunkt. Aufgrund der innenpolitischen Krise – eine Folge von Bismarcks bewährtem Rezept der Konfliktverschärfung und Polarisierung, um seine Macht zu behaupten – schaute die Öffentlichkeit mit besonderem Interesse auf eine Wahl, die über das Schicksal des Reichskanzlers entscheiden würde. Kurz zuvor war seine Reichstagsmehrheit zusammengebrochen und der schwelende Konflikt mit dem jungen Kaiser Wilhelm II. offenkundig geworden. Das »Kartell« von Parteien, das ihn seit 1887 gestützt hatte – die beiden konservativen Parteien und die Nationalliberalen –, war bei der Abstimmung um die Verlängerung des Sozialistengesetzes am 25. Januar auseinandergefallen. Mit den Sozialerlassen vom 4. Februar hatte Wilhelm II. ein Reformprogramm zum Arbeiterschutz eingeleitet, das ihn als Modernisierer und sozial orientierten Herrscher erscheinen ließ, aber einen tiefen Gegensatz zu seinem Kanzler offenbarte, der von solchem »Humanitätsdusel«[1] nichts wissen wollte. Bei den Wahlen am 20. Februar ging es für Bismarck darum, durch einen erneuten Sieg der Kartellparteien seine schwankende Stellung zu festigen und sich dem jungen Monarchen als unentbehrlicher

Reichskanzler Otto Graf von Bismarck (1815–98) im Foyer des Reichstages, 18. Mai 1889

Krisenmanager zu präsentieren. Tatsächlich stand das Deutsche Reich an einer Wegemarke, wie sich bald darauf zeigen sollte, nämlich vor der Frage, ob der alte, erfahrene und seit fast zwanzig Jahren amtierende Kanzler weiter die Geschicke lenken oder ob eine neue Ära anbrechen sollte.[2]

Auch im äußersten deutschen Norden wurde der Wahl mit Spannung entgegengesehen, allerdings aus ganz anderen Gründen. Im Wahlkreis Apenrade-Flensburg war der aussichtsreichste Kandidat ein unbekannter Neuling, der zwar in seiner Heimatstadt eine lokalpolitische Größe darstellte, doch in Flensburg und Umgebung nie aufgefallen war. Besonders in der Landschaft Angeln südlich von Flensburg, wo viele wohlhabende Bauern lebten, die vehement ihre Agrarinteressen vertraten, war seine Kandidatur zuerst auf Widerstand gestoßen. Doch hatte auch hier – wie im übrigen Schleswig-Holstein – ein Kartell zwischen Nationalliberalen und Freikonservativen die Einigung auf einen gemeinsamen Kandidaten und damit die Aufstellung von Michael Jebsen ermöglicht. Seit 1884 galt die Absprache, daß der Reichstagskandidat der Nationalliberalen Partei und der Landtagskandidat der Freikonservativen Partei – seit 1889 der spätere Glücksburger Bürgermeister Asmus Bunzen – angehören sollte. Ein solches Aussparungsabkommen der beiden deutschen staatstragenden Parteien gegenüber ihren dänischgesinnten, linksliberalen und sozialdemokratischen Widersachern galt als wichtiger Garant eines Wahlsiegs. Jebsen hatte entsprechende Zusicherungen an beide Kartellparteien abgegeben und war sowieso als scharfer Gegner der SPD und der Dänischgesinnten bekannt. Gegenüber dem dänischen Kandidaten verfocht er die nationale deutsche Sache in Nordschleswig, und gegenüber dem SPD- und dem freisinnigen Kandidaten vertrat er den Kurs der regierungskonformen und Bismarck tragenden Parteien. Darüber hinaus war Jebsen einer der wichtigsten politischen und wirtschaftlichen Repräsentanten seiner Heimatstadt, die sich von seinem Wahlsieg sehr viel versprach. Welche überragende Bedeutung seine Kandidatur für Apenrade besaß, machte zwei Tage vor der entscheidenden Abstimmung der *Neue Apenrader Anzeiger*, das Sprachrohr der Kartellparteien, deutlich. Die Zeitung veröffentlichte eine »Einsendung«, deren anonymer Verfasser die anhaltende Wirtschaftskrise der Stadt beklagte und energisch dazu aufrief, etwas für Apenrade zu tun:

»Wo liegt nun die Rettung? Wer wird für unsere Stadt eintreten? Wer mithelfen, das Geschäftsleben hieselbst aufzubessern? Meiner Ansicht nach wird und muß ein tüchtiger, thatkräftiger und selbständiger Abgeordneter dazu beitragen können. Sehen wir uns nun einmal die vier Herren an, welche für den hiesigen Wahlkreis aufgestellt sind! Wer von ihnen wird wohl etwas für Apenrade insbesondere thun? Der Freisinnige, der Sozialdemokrat oder der Däne? Ich glaube Keiner von ihnen! Die haben nur ihre Prinzipien, für die sie sich interessieren und eintreten. Sie würden doch nur in ihrer Art unseren Kreis vertreten. Was kümmern sie sich aber wohl um unsere Stadt? Wir sind ihnen fremd, und sie sind uns völlig fremd! Anders liegt die Sache mit dem vierten Kandidaten, Herrn Senator M. Jebsen. Derselbe, ein geborener Apenrader, ist jedem von uns bekannt. Er weiß, wo uns der Schuh drückt, und er wird alles Mögliche zur Hebung der wirtschaftlichen Lage seiner Vaterstadt thun. Man wird mir vielleicht vorhalten, Lokalfragen werden im Reichstage nicht behandelt; die gehören ins Abgeordnetenhaus, deshalb könne Herr M. Jebsen auch nichts Besonderes für uns ausrichten. Das alles weiß ich sehr genau. Ich möchte jedoch folgendes hervorheben: Wenn Herr Jebsen gewählt wird, so wird er wahrscheinlich der einzige Schiffsreeder im Reichstage sein. Infolgedessen wird er in viele Kommissionen gewählt werden, in denen er mit einflußreichen und leitenden Persönlichkeiten in Berührung kommt. Außerdem schließt Herr Jebsen der nationalliberalen Partei sich an, d.h. derjenigen, die zu den einflußreichsten nicht nur im Reichstage, sondern auch im Abgeordnetenhause zählt. Herr Jebsen wird, falls er aus der Wahl siegreich hervorgeht, in Berlin eine einflußreiche, eine für unsere Stadt nicht gering anzuschlagende Stellung einnehmen, eine Stellung, in welcher er auch besonders für seine Vaterstadt zum Vorteile eintreten kann und wird. Er kann vermöge dieser nicht zu unterschätzenden Stellung leitende, hohe Persönlichkeiten, seine Fraktionsgenossen u.s.w. für unsere Stadt bei entscheidenden Fragen gewinnen usw. usw. Ich brauche dieses wohl nicht weiter auszumalen. Jeder einsichtige Bürger unserer

> Stadt wird sich daher auch selber sagen, daß Herr Senator Jebsen der einzige von den aufgestellten Kandidaten ist, welcher nicht nur nach bestem Wissen und Gewissen für die Gesamtinteressen für den Wahlkreis als solchen eintreten wird, sondern daneben auch von ganzem Herzen und mit allen Kräften die Interessen unserer guten Stadt Apenrade wahrnehmen wird. Ich behaupte daher: Jeder Geschäftsmann, jeder Handwerker, jeder Gewerbetreibende, jeder Bürger unserer Stadt – er möge angehören, welcher Partei er wolle – schneidet in sein eigenes Fleisch, wenn er am nächsten Donnerstag nicht Herrn Senator M. Jebsen zum Reichstagsabgeordneten wählt. Darum, Ihr Bürger, wählt nur Herrn Senator M. Jebsen! (…)«[3]

Mit dem Aufruf wurde Jebsen als lokaler und parteienübergreifender Spitzenkandidat präsentiert, dessen Wirtschaftskompetenz für die Stadt – und den Wahlkreis insgesamt – von erstrangiger Bedeutung sei. Diese Strategie war seit Beginn des Wahlkampfes verfolgt worden, um zuerst den zögernden Jebsen zur Zustimmung seiner Kandidatur zu bringen und ihn dann von seinen Rivalen vorteilhaft abzuheben. Als feststand, daß der bisherige nationalliberale Mandatsträger, Landgerichtsrat Paul Ludwig Gottburgsen aus Flensburg, nicht mehr antreten wollte, war die Kandidatensuche losgegangen. Wer auf Michael Jebsen aufmerksam machte, läßt sich nicht mehr feststellen, doch wird der Vorschlag aus dem kleinen nationalliberalen Kreis der Stadt gekommen sein, in dem der tatkräftige Reeder und Kommunalpolitiker einen guten Ruf genoß. Eine erste Anfrage Anfang November 1889 lehnte Jebsen noch ab,[4] doch gab ein wenige Tage später veröffentlichter Artikel im *Neuen Apenrader Anzeiger* möglicherweise den Ausschlag, das unbedingte Nein zurückzunehmen. Unter der Überschrift »Die Stadt Apenrade – ein Stiefkind« wurde von einer geplanten nördlichen Eisenbahnstrecke berichtet, die Nord- und Ostsee miteinander verbinden und von der Insel Röm über Hadersleben nach Aarösund verlaufen sollte – und das, obwohl eine südliche Streckenführung über Rothenkrug nach Apenrade kürzer und damit kostengünstiger sein würde. Die angebliche erneute Bevorzugung von Hadersleben durch die Regierung bildete die Hauptkritik des Artikels, dessen Auflistung der herben Verluste Apenrades – Eingehen des Segelschiffbaus und Abzug der Garnison – die Gemüter in der Stadt zweifellos zur Aufwallung brachte.[5]

Von dieser gereizten Stimmung in der Stadt war auch die Wählerversammlung »deutscher Bürger« beherrscht, die am 13. November 1889 die Reichstagswahl besprach. Es herrschte Konsens, daß ein geeigneter Mann für die Stadt, die man wie ein Stiefkind behandle, »von unberechenbarem Nutzen« sein werde. Aufgefordert als Kandidat anzutreten, gab sich Jebsen zögernd und bat, »man möge sich nach einem würdigeren Kandidaten umsehen«. Als er schließlich versprach, ins Rennen zu gehen, wenn genügend Unterstützung aus Flensburg komme, wurde ein Komitee von zehn führenden Persönlichkeiten gebildet, welches die Sache vorantreiben sollte.[6] Jebsens Hoffnung, daß in der Stadt oder im Kreis Flensburg ein starker Kandidat gefunden werde, erfüllte sich aber nicht.[7] Zwei Namen, die zuerst gehandelt wurden, fielen durch, weil ihre Träger als einseitige agrarische Interessenvertreter galten und für die Flensburger Kaufmannschaft unannehmbar waren. So blieb nur Jebsen übrig, der Anfang Dezember 1889 von der Nationalliberalen Partei in Flensburg als ihr Kandidat präsentiert wurde,[8] obwohl feststand, daß er den meisten Wählern kaum bekannt war und als Schiffsreeder bei der Landbevölkerung wenig Sympathie finden würde. Der Flensburger Landrat Dr. Hermann Rasch reagierte höchst verwundert, als er von der Nominierung eines ihm persönlich Unbekannten erfuhr, der als politisch unbeschriebenes Blatt galt und sich deshalb kaum einordnen ließ: »Was die politische Richtung des p. Jebsen anlangt, so soll er – worauf bei der anscheinenden Unselbständigkeit seines politischen Urteils allerdings wenig Gewicht zu legen sein wird – erklärt haben, dem linken Flügel der nationalliberalen Partei sich anschließen zu wollen.«[9]

Nationalliberale im Wahlkreis Apenrade-Flensburg

Jebsens parteipolitische Entscheidung lag auf der Hand. Die Nationalliberale Partei war die traditionelle Partei des deutschen Wirtschaftsbürgertums und eine klassische Honoratiorenpartei. Rund zwanzig Prozent ihrer Funktionsträger innerhalb der Partei und ihrer Abgeordneten im Reichstag und in den Landtagen der deutschen Bundesstaaten kamen seit 1867 aus dem Unternehmertum. Auch ihre anderen Vertreter lassen sich sehr allgemein einem protestantischen, bürgerlich-bäuerlichen Milieu zuordnen – mit regionalen Schwerpunkten in Schleswig-Holstein, wo sie in Orten mit weniger als zweitausend Einwohnern ihr größtes Wählerpotential hatte, in Hannover, Hessen-Darmstadt, Baden, der Pfalz und in Franken.[10] Wie es dem Charakter einer damaligen Honoratiorenpartei entsprach, war die Parteiorganisation kaum zentralisiert, locker und unbürokratisch: Vor Wahlen bildeten einige sozial angesehene und repräsentative Personen ein Komitee, nahmen Kontakte zu den Komitees anderer Parteien und zu ihrer eigenen Zentrale auf und besprachen die Organisation des Wahlkampfes. Im Wahlkreis Apenrade-Flensburg war es wegen des nationalen Gegensatzes vor den Dänen bereits zu den zweiten Wahlen zum Norddeutschen Reichstag (1867) zu einer Verständigung zwischen den beiden deutsch-bürgerlichen Wahlkomitees – den schleswig-holsteinischen Linksliberalen und den preußisch-orientierten Nationalliberalen – gekommen. Mit dem Sieg des gemeinsamen Kandidaten war ein Grundmuster geschaffen, das in der Folgezeit erfolgreich Anwendung fand, nämlich – auch bei zwei deutschen Bewerbern – prinzipiell gegen die Dänen Wahlkampf zu führen, um stets einem deutschen Kandidaten das Mandat zu verschaffen. Die Entstehung festerer ideologischer Strukturen ließ in den 1870er Jahren zwei Parteien entstehen, die den Wahlkreis dominierten: Die Nationalliberalen waren vor allem in der Stadt Flensburg stark, die Freikonservativen – ebenfalls Honoratiorenpartei, stark auf Bismarck orientiert und stärker als die Liberalen die Interessen der Landwirtschaft und der wachsenden Industrie vertretend – fanden ihre meisten Anhänger unter der ländlichen Bevölkerung. Bei den Wahlen von 1877 erzielten die Nationalliberalen 44,6 Prozent aller Stimmen im Wahlkreis, die Freikonservativen 18,8 Prozent und die Dänen 36,5 Prozent, wodurch der gemeinsame deutsche Kandidat erneut in den Reichstag einzog.[11]

Solange die Nationalliberalen auf dem Höhepunkt ihrer Macht waren – von 1867 bis 1878 –, hatten Wahlkämpfe für die Partei kaum eine Rolle gespielt, da ihr hohes Ansehen für den Erfolg sorgte: Als Speerspitze der Nationalstaatsgründung und der imponierenden Reform- und Modernisierungspolitik im Innern ist sie zu Recht als Quasi-Regierungspartei (Wehler) bezeichnet worden, ohne daß es ihr gegen den Widerstand Bismarcks gelang, die alte Forderung des Liberalismus nach einem parlamentarischen System durchzusetzen. Gerade dieses Ziel wurde ihr zum Verhängnis, als die innenpolitischen Konstellationen sich veränderten und Bismarck die Chance sah, seine bisherige liberal-konservative Allianz aufzugeben und sich auf eine neue konservativ-katholische Rechtskoalition im Reichstag zu stützen – die »epochale Wendung« von 1878/79 (Nipperdey), die auch am Wahlkreis Apenrade-Flensburg nicht

Führende Politiker der Nationalliberalen Partei: Wilhelm Wehrenpfennig, Eduard Lasker, Heinrich von Treitschke, Johannes von Miquel (obere Reihe von links), Franz von Roggenbach, Karl Braun, Rudolf von Gneist, Ludwig Bamberger (untere Reihe von links). Holzschnitt um 1878

spurlos vorüberging.[12] Ausgelöst wurde diese Zäsur durch die anhaltende Wirtschaftskrise seit dem Konjunktureinbruch von 1873 und der wenig später einsetzenden Agrarkrise: Die deutsche Eisen- und Stahlindustrie forderte die Einführung von Schutzzöllen, um die heimische Produktion zu schützen und die lästige ausländische Konkurrenz abzuwehren, und der ostelbische Großgrundbesitz verlangte Getreidezölle, um den Preisverfall zu stoppen, der durch billige Importe aus Rußland und den USA ausgelöst wurde. In einer Region, die wie Schleswig-Holstein sowohl von Schiffahrt als auch von Landwirtschaft stark geprägt war, mußte der aufbrechende Gegensatz zwischen liberalen Anhängern des Freihandels und konservativ-protektionistisch gesinnten Befürwortern von Schutzzöllen fast zwangsläufig zur schweren Krise der Nationalliberalen führen, die es bislang verstanden hatten, liberal-bürgerliche und gemäßigt agrarische Milieus gemeinsam anzusprechen. Das Ergebnis zeigte sich bei der Reichstagswahl von 1878, bei der sowohl reichs- als auch provinzweit die Konservativen stark zulegten und die Liberalen entsprechend verloren. Im Wahlkreis Apenrade-Flensburg war das Resultat noch deutlicher, wo die Freikonservativen, die als konsequente Verfechter von Schutzzöllen angetreten waren, mit 59,8 Prozent der Stimmen haushoch siegten und die Nationalliberalen mit lediglich 2,8 Prozent auf einen beschämenden dritten Platz verwiesen.[13]

Über Michael Jebsens politische Haltung in dieser Zeit liegt uns ein Beleg vor. Als im Mai 1879 die parlamentarische Redeschlacht im Reichstag um die Zollvorlagen entbrannte, hatte er bereits seine eigene Reederei in Apenrade gegründet, war aber noch in Diensten der Firma Krupp geblieben. Die anhaltende Wirtschaftsdepression mit ihren negativen Wirkungen auf Handel und Schiffahrt ließ solche Vorsicht geraten erscheinen. Einem Freund, der über sein schlechtgehendes Ziegeleigeschäft klagte, schrieb er Anfang Juli 1879, daß für diese Fabrikate »Freund Bismarck« auch keinen Schutzzoll geschlossen habe: Denn wahrscheinlich besitze dieser auf Varzin und Friedrichsruh – den beiden ländlichen Wohnsitzen des Kanzlers in Pommern und Schleswig-Holstein – keine Ziegeleien, die notleidend seien, und gäben seine Branntwein brennenden Junkerfreunde sich mit dem Steinebacken nicht ab.[14] Diese Wortwahl enthüllt eine kritische Distanz zu Bismarck, der aus den Kreisen der ostelbischen Junker stammte und mit seiner Schutzzollpolitik deren Agrarinteressen unterstützte. Radikale Protektionisten waren auch in Jebsens Heimatregion zu finden: So hatte der Angler Landwirtschaftliche Verein im Frühjahr 1879 öffentlich Bismarcks Schutzzollpolitik begrüßt und jede Initiative dafür ausdrücklich gelobt.[15] Wie antikonservativ der Reeder eingestellt war, machte er zweieinhalb Jahre später deutlich. Inzwischen hatte der rechte Flügel der Nationalliberalen den Schutzzöllen zugestimmt, was zur ersten Abspaltung geführt und den langsamen Niedergang der Partei eingeleitet hatte. Der Streit um die Zölle und ihre unterschiedlichen Wirkungen auf Schiffahrt, Handel und Landwirtschaft beherrschte weiterhin die politische Debatte, auch im tief zerstrittenen deutschgesinnten Lager des Wahlkreises Apenrade-Flensburg. Für die Reichstagswahl im Oktober 1881 stellte der linke Flügel der Nationalliberalen Partei den Berliner Amtsrichter Eduard Francke auf, die Freikonservativen nominierten den Flensburger Landgerichtsrat Nissen und die Dänischgesinnten den bekannten Buchhändler und Journalisten der *Flensborg Avis*, Gustav Johannsen. Dieser vertrat soziale und wirtschaftsliberale Ziele, die denen der linksliberalen Deutschen Fortschrittspartei nahekamen. Allerdings gelang es keinem der Kandidaten, in der Kernfrage Freihandel oder Schutzzoll das jeweilige andere Lager von sich zu überzeugen, so daß die jeweiligen Stimmenzahlen fast gleich ausfielen und erstmals der dänische Kandidat knapp das Rennen machte, dicht gefolgt vom nationalliberalen Bewerber. Da das absolute Mehrheitswahlrecht im zweiten Wahlgang eine Stichwahl zwischen den zwei stimmstärksten Kandidaten des ersten Wahlgangs erforderte, traten Johannsen und Francke gegeneinander an.[16]

Weil die meisten konservativen Wähler, vor allem auf dem Lande, mit dieser Konstellation nichts anfangen konnten, blieben sie bei der entscheidenden Stichwahl zu Hause. Die massenhafte Stimmenthaltung führte zu

Johannsens haushohem Sieg, besonders in Flensburg und Umland.[17] Wie schockierend das Resultat für die Deutschgesinnten war, zeigte die Reaktion von Jebsen. An seinen Schwager Jessen schrieb er Mitte November 1881, daß »die Flensburger Schweinehunde den ganzen Krempel bei der Wahl dadurch verdorben haben, daß die Anhänger Nissens, Bismarcks Speichellecker, sich der Wahl enthalten haben, diese Schweinehunde!«[18] Bevor er von der Wahlenthaltung erfuhr, hatte er gemutmaßt, daß »die konservativen Ochsen (...) von oben herab von Autorität Bismarck die Weisung erhalten« hätten, für den dänischen Kandidaten zu stimmen. Wie enttäuscht er davon war, daß die Konservativen den bisherigen Grundkonsens zwischen den beiden deutsch-nationalen Parteien aufgegeben hatten und deshalb ein Dänischgesinnter seine Heimat im Reichstag vertreten würde, zeigt die abschließende Bemerkung: »Meinetwegen kann morgen Nordschleswig inklusive Flensburg den Dänen zurückgegeben werden, denn alle Achtung vor Preußen mitsamt dem großen Bismarck habe ich schon längst verloren.«[19]

Das als Fiasko für die deutsche Seite empfundene Mandat Johannsens bewirkte ein Umdenken der beiden Lager. Bereits wenige Wochen nach der Wahl entstand ein nationalliberal orientierter Wählerverein, dem sich auch die freikonservativ gesinnten Agrarier anschlossen. Für die Kooperation auf Wahlkreisebene fördernd war die deutliche Annäherung der Nationalliberalen auf Reichsebene an Bismarcks Politik. Im Herbst 1884 sprachen führende Kräfte in der Partei von einem »Zusammenwirken aller gemäßigt konservativen und liberalen Elemente« und betonten, daß in »den entscheidenden Fragen der Gegenwart – Sozial- und Kolonialpolitik, Militär usw. – wir den Konservativen näher stehen als den Oppositionsparteien«.[20] So konnte im Wahlkreis Apenrade-Flensburg der Deutsche Reichswahlverein entstehen, eine Organisation der nationalliberalen und freikonservativen Honoratioren. Für die nächste Wahl im Oktober 1884 wurde ein gemeinsamer Kandidat aufgestellt, nämlich Landgerichtsrat Paul Ludwig Gottburgsen, früherer Bürgermeister von Apenrade, ein rechtsstehender Nationalliberaler und deshalb sehr willkommen bei der Landbevölkerung.

Im Reichstagswahlkampf 1890

Mit dem Verzicht von Gottburgsen auf eine Wiederwahl und der starken Unterstützung für Jebsen aus seiner Heimatstadt fiel es dem Reichswahlverein nicht schwer, den Reeder zum gemeinsamen Kandidaten »aller gemäßigten deutschgesinnten Parteien« zu küren. Während der Sitzung am 30. Dezember 1889 in Flensburg versprachen die Vertrauensmänner aus Apenrade dafür zu sorgen, daß »alle deutschgesinnten Männer des Kreises Apenrade mit verschwindend geringen Ausnahmen ihre Stimmen« Jebsen geben würden.[21] Mit einer solchen Zusage war die Bresche für Jebsen geschlagen, der seinen Erfolg mit gemischten Gefühlen sah: Es werde ein heißer Kampf werden, hielt er fest, doch müsse er das Mandat annehmen.[22] Seine Frau sei wegen der Kandidatur nicht froh, vertraute er seinem Freund Jacob Diederichsen an, da er zu viel von zu Hause fort sein müsse: »Jetzt läßt sich aber dabei nichts machen, d.h. wenn die Dänen und Sozialdemokraten nicht den Sieg erringen.«[23] Seine Kandidatur stieß in der Flensburger Kaufmannschaft auf Zustimmung, doch gab es Vorbehalte bei der Landbevölkerung in Angeln, »in welcher konservative und teilweise namentlich auch agrarische Anschauungen überwiegen«, wie Landrat Rasch feststellte.[24] Daß dort die meiste Wahlkampfarbeit von Jebsen zu leisten war, lag auf der Hand. »Meine Wahl-Tourneen fangen Anfang Februar an, auch kein besonders Vergnügen«, meldete er nach Hamburg.[25]

Das bewährte Kartell kam auch auf Reichsebene und in Schleswig-Holstein auf Provinzebene zustande. Vier nationalliberale und sechs freikonservative Kartellkandidaten zogen Anfang Februar 1890 in den Wahlkampf, die sich geschlossen für die Unterstützung Bismarcks und die Erneuerung des Sozialistengesetzes aussprachen. Vorherige Differenzen wegen der von Bismarck angepeilten Verschärfung des Gesetzes, was auf den Widerstand der Nationalliberalen im Reichstag gestoßen war, hatten keinen Widerhall im hohen Norden gefunden.[26] Obwohl der Mißerfolg der Maßnahmen feststand, mit denen es nicht gelungen war, die sozialistische Bewegung ein- und zurückzudämmen, indem man Agitation und Organisation unterdrückte und die Wortführer verfolgte und isolierte, hielt Bismarck aus taktischen Erwägungen, über die hier nicht im einzelnen gehandelt werden kann, eisern daran fest. Auf diese Weise gerieten die Kartellparteien in eine verhängnisvolle Situation, weil große Teile der öffentlichen Meinung – angeführt von der linksliberalen Deutschen Freisinnigen Partei[27] – und der junge Kaiser Wilhelm II. längst auf einen moderaten Reformkurs gegenüber der SPD eingeschwenkt waren.[28] Ungeachtet solcher Entwicklungen blieb das Kartell in Schleswig-Holstein auf der alten Linie: Die Nationalliberalen der Provinz machten es sich zur erklärten Pflicht, »den Staat und die Rechtsordnung gegen die Umsturzbestrebungen der Sozialdemokratie zu schützen und die dazu wirklich unerläßlichen Machtmittel den Regierungen zu gewähren.«[29] Mit dieser Festlegung des Kartells, der sich auch Jebsen anschloß, sah die Freisinnige Partei die Chance gekommen, erstmals mit einem eigenen Kandidaten im Wahlkreis Apenrade-Flensburg aufzutreten. Durch die Nominierung von Johann Adloff, früherer Hamburger Gastwirt und aktiver Kommunalpolitiker in der Hansestadt, entstand am 20. Januar 1890 ein freisinniger Wahlverein in Flensburg, der sich in seinem Wahlaufruf dezidiert »gegen alle Ausnahmegesetze« und für eine soziale Reformpolitik aussprach. Vorsitzender wurde Friedrich Mommse Bruhn, Direktor der Flensburg-Ekensunder Dampfschiffahrtskompanie von 1866, der in der Versammlung rasch Einigkeit darüber erzielt hatte, »daß es für jeden freisinnigen Wähler unmöglich sei, den von der Kartellpartei aufgestellten Kandidaten Senator Jebsen-Apenrade, zu wählen, nachdem dieser erklärt habe, dem Kartell beitreten zu wollen.«[30] Mit der Kandidatur Adloffs stand fest, daß dem Kartellkandidaten die linksliberale Unterstützung fehlte und deshalb eine Stichwahl unumgänglich war. Obwohl der Freisinnige Verein Ende Januar 1890 ankündigte, bei einer Stichwahl »für die nationale Sache voll und ganz eintreten« zu wollen,[31] war Jebsen über die Gegenkandidatur erbittert: »Die Nachricht (...) frappiert mich sehr, (...) da eine Stichwahl

Kaiser Wilhelm II. (1859–1941) in Uniform mit Pickelhaube, um 1895

unter diesen Umständen sich nicht vermeiden lassen wird.«[32] Er hätte »von vornherein jede Kandidatur abgelehnt«, wenn er diese Entwicklung geahnt hätte, hielt er fest: »Jetzt ist es dazu zu spät und muß die Sache ausgefochten werden.«[33] Das Auftauchen von Adloff machte es ihm auch unmöglich, sich den städtischen Wählern als linker Nationalliberaler zu präsentieren, wie er es anfangs offenbar geplant hatte. Allerdings sollte sein angebliches Bekenntnis in dieser Richtung, wie es Landrat Rasch berichtet hatte, nicht überbewertet, sondern eher als Ausdruck seiner freihändlerischen Position und eines spontanen anti-konservativen Reflexes gewertet werden.

Um Jebsen bekannt zu machen und vor allem die bäuerliche Bevölkerung in Angeln für ihn zu gewinnen, übernahm Rasch die Organisation der Wahlkampftour. Besonders auf dem Lande hatte er eine rege Agitationstätigkeit der SPD registriert, die nicht ohne Wirkung geblieben war.[34] Auch in Apenrade war ein erstes sozialistisches Flugblatt aufgetaucht und der Versuch gemacht worden, ein Lokal für eine Wahlveranstaltung zu erhalten, um den Flensburger Schneidermeister Heinrich Mahlke als Kandidaten vorzustellen. Zwar untersagten die Behörden die Anmietung eines Saales, doch konnten sie nicht die Verbreitung eines weiteren Flugblatts verhindern, das sich gezielt an Kleinbauern, Handwerker, Kleingewerbetreibende und Arbeiter wandte und ausdrücklich vor der Wahl von Jebsen als des angeblichen Vertreters von Großgrundbesitzern, Großindustriellen, Großkaufleuten und hohen Beamten warnte.[35] Das Flugblatt war sowohl auf Deutsch als auf Dänisch erschienen, ein klares Indiz für den Versuch der SPD, auch die dänische Bevölkerung anzusprechen, um deren Stimmen Gustav Johannsen mit einem linksliberalen Programm ähnlich dem von Adloff warb. Gerade in der Arbeiterschaft Flensburgs und im Umland war die Zustimmung für dänische Kandidaten seit 1881 stetig zurückgegangen, so daß sich dort die SPD gute Chancen erhoffte.[36] Um so mehr mußte Jebsen bemüht sein, diese Wähler dem Kartell zu erhalten. Landrat Rasch übernahm es, dem Reeder darzulegen, daß bei seinen dortigen Auftritten »mit Rücksicht auf die im größten Teile des Kreises vorherrschenden agrarischen Tendenzen die tunlichste Zurückdrängung seines bekanntlich entschieden freihändlerischen Standpunktes dringend angezeigt« erscheine.[37]

Mit dieser Empfehlung versehen trat Jebsen am 7. Februar 1890 in Sörup, einem Dorf im Herzen Angelns, bei der ersten Wahlveranstaltung

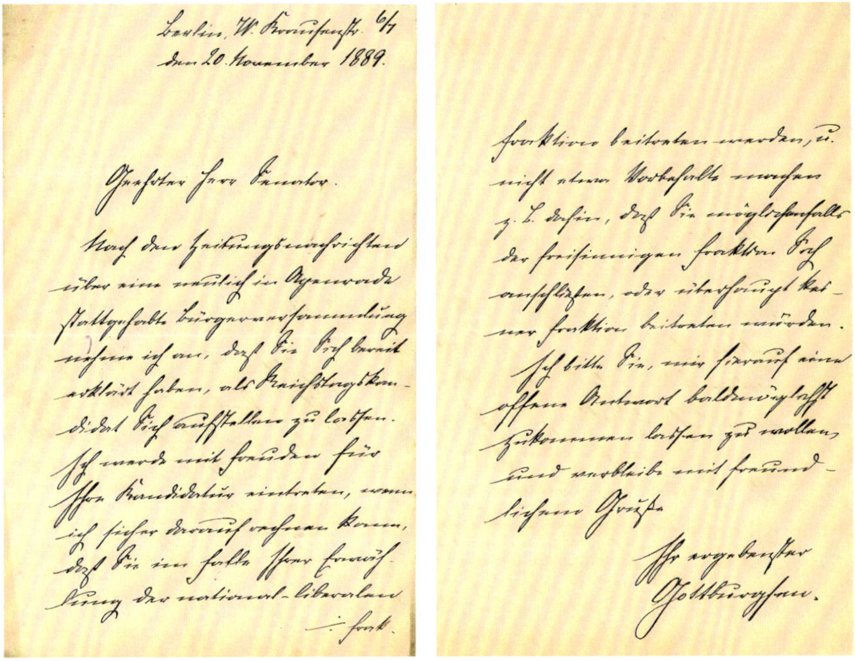
Berlin, W. Kronenstr. 6/7
den 20. November 1889.

Geehrter Herr Senator.

Nach den Zeitungsberichten über eine neulich in Apenrade stattgehabte Bürgerversammlung nehme ich an, daß Sie sich bereit erklärt haben, als Reichstagskandidat sich aufstellen zu lassen. Ich werde mit Freuden für Ihre Kandidatur eintreten, wenn ich sicher darauf rechnen kann, daß Sie im Falle Ihrer Erwählung der national-liberalen

– Frakt.

Fraktion beitreten werden, u. nicht etwa Vorbehalte machen z. B. dahin, daß Sie möglicherweise der freisinnigen Fraktion sich anschließen, oder überhaupt keiner Fraktion beitreten würden.

Ich bitte Sie, mir hierauf eine offene Antwort baldmöglichst zukommen lassen zu wollen und verbleibe mit freundlichen Grüßen

Ihr ergebenster
Gottburgsen.

Ein Schreiben von Paul Ludwig Gottburgsen an Michael Jebsen, 20. November 1889

der Nationalliberalen Partei auf, begleitet von Gottburgsen und dem Hofbesitzer P. Otzen, einem einflußreichen Vertrauensmann der Kartellparteien in der Gegend. Der Kandidat bekannte sich zur bisherigen Militär- und Kolonialpolitik Bismarcks und trat für die Erneuerung des Sozialistengesetzes ein, »das zur Zeit nicht entbehrt werden könne«. Den heikelsten Punkt, also seine Meinung zu den Schutzzöllen, umschiffte er mit der Bemerkung, er sei zwar »kein Freund der Zölle auf Lebensmittel«, doch könne »zunächst nicht von einer Abschaffung derselben die Rede sein«. Mit besonderem Nachdruck hob er das einigende Band zwischen ihm und den Landleuten hervor, nämlich »eine echt deutsche Gesinnung«, von der er sich bei seinen Entscheidungen stets leiten lassen werde. Wie der *Neue Apenrader Anzeiger* berichtete, wurde die in schlichter Weise vorgetragene Ansprache sehr positiv aufgenommen: Es sei der Eindruck entstanden, daß Herr Jebsen in Angeln die große Mehrzahl der Stimmen erhalten werde.[38] Zwei Tage später ging die Tour weiter ins Dorf Eggebek südlich von Flensburg, und am 12. Februar sprach Jebsen in Apenrade. Zwar war dieser Auftritt, der ohne Gottburgsens Begleitung stattfinden konnte, ein sicheres Heimspiel, doch zeigte Jebsen sich erleichtert, daß wegen des Kartells kein konservativer Gegenkandidat existierte: »(S)omit werden die deutschen Handwerker hoffentlich für mich stimmen.«[39] Laut eines Flensburger Zeitungsberichts war der Saal des Apenrader Kolosseums so gedrängt voll, daß viele stehen mußten. Jebsen kündigte zu Beginn seiner Rede den Beitritt zur Nationalliberalen Partei an, die »von jeher eine der besten Stützen des Reiches gewesen sei«. Er fuhr fort, es bleibe »natürlich jedem unbenommen zu stimmen wie er wolle«, doch könne er »nicht umhin, aus nationalen Rücksichten alle rechten Deutschen des Wahlkreises aufzufordern, Mann für Mann gegen die Feinde des Reiches – die Dänen und die Sozialdemokraten – energisch aufzutreten«. In seiner Programmrede, die von mehreren Bravorufen unterbrochen wurde, bezeichnete er sich als »Freihändler«, plädierte aber für die Beibehaltung der Schutzzölle »zur Bestreitung der vielen und gerechten Ausgaben für Reichszwecke«. Ausdrücklich bekannte er sich zur Stärkung von Heer und Flotte sowie zum Weiterbestehen der deutschen Kolonien, um nicht andere Nationen die Früchte ernten zu lassen. Hinsichtlich der von den Nationalliberalen unterstützten Verlängerung des Sozialistengesetzes versprach er laut Zeitungsbericht, »immer der Staatsregierung zur Unterdrückung der gefahrbringenden sozialdemokratischen Agitation, welche nur auf den Umsturz des Bestehenden ausgehe, bereitwilligst die Hand« zu bieten. Zwar gestand er ein, mit seinem Programm nicht jeden zufriedenstellen zu können, »was ja nicht so wunderbar« sei, doch versicherte er im Falle seiner Wahl, die Interessen des Wahlkreises nach bestem Wissen und Gewissen vertreten zu wollen. Als »ein echter Deutscher« laute sein Wahlspruch: »Treu zu Kaiser und Reich!«[40] Obwohl er jubelnden Beifall erntete, empfand er solche Auftritte als anstrengend: »Ich werde meinem Schöpfer danken, wenn die Wahl erst zu Ende ist und man wieder zur Ruhe kommen kann.«[41]

Wie sehr Jebsen der Spagat zwischen den divergierenden politischen Interessen in seinem Wahlkreis belastete, zeigte sich im Vorfeld der Veranstaltung in Flensburg am 15. Februar 1890, zu der zahlreiche Kleinhändler und Arbeiter erwartet wurden. Gottburgsen gestand er ein, »jetzt schon geheime Angst« zu haben, denn es mache ihn nervös, »vor einem solchen Publikum zu reden«, was schon bei den beiden Veranstaltungen, »wo ich nur vor einfachen Landleuten sprach«, der Fall gewesen sei. Deshalb schlug er vor, nur eine kurze Erklärung abzugeben und sich darin ganz auf den Standpunkt von Gottburgsen zu stellen, der anschließend das nationalliberale Programm vorstellen sollte. Sein Plan, auf diese Weise »die Angelegenheit ohne besondere Schwierigkeiten für mich zu erledigen«,[42] also nicht durch provozierendes Reden Widerspruch und Ablehnung zu ernten, ging auf. Gegenüber seinen Flensburger Zuhörern beschrieb Jebsen sich als »einen praktischen Seemann und gründlichen Kenner der Verhältnisse und Bedürfnisse unserer Schiffahrt«, schilderte seinen seemännischen Lebensweg und versprach, im Reichstag »keine großen politischen Reden halten und in dieser Beziehung höchstens auf die dänischen Querelen antworten« zu wollen. Nach diesem klaren Bekenntnis für die deutsche Sache in Nordschleswig betonte er seine Hoffnung, seinem Vaterland und Wahlkreis »durch seine praktische Erfahrung von Nutzen zu sein können«. Wie die *Flensburger Norddeutsche Zeitung* anschließend lobte, sei daran »in der Tat nicht zu zweifeln«. Jebsen als ein »genau vertrauter Kenner der praktischen Seemannschaft und der nautischen Technik« erschien dem Blatt sogar erwünscht und notwendig, um bei der maritimen Gesetzgebung beratend mitzuwirken und von außerhalb Wünsche und Beschwerden einzubringen. Vor allem aber empfahl die Zeitung die Kandidatur von Jebsen »als eine politisch mittlere«, welche »die Stimmen aller deutschgesinnten Wähler unbeschadet abweichender Einzelanschauungen« auf sich vereinigen könne. Mit seinem Auftritt war es Jebsen also gelungen, die politisch heiklen Fragen um die Schutzzölle und das Sozialistengesetz zu umschiffen und sich der Unter- und unteren Mittelschicht in der von Seeinteressen geprägten Fördestadt als passabler Kandidat zu präsentieren.[43] Seine Eindrücke von der Wahltournee faßte er wenig später dahin zusammen, daß Flensburg mehr freisinnig und noch mehr sozialdemokratisch sei, während Angeln durch die Sozialdemokraten verdorben werde, die »kolossal« wühlten: »Unsere Aussichten sind somit nicht brillant.« Auch »die Dänen, encouragiert durch die Freisinnigen herbeigeführte Zersplitterung im deutschen Kreise, agieren lebhaft«. Es werde ein harter Wahlkampf werden, prophezeite er.[44]

Am 18. Februar 1890 veröffentlichten die Kartellparteien einen abschließenden Aufruf zur Wahl ihres Kandidaten. Um sowohl rechte wie linke Wähler zu überzeugen, betonte man die politische Kontinuität, die mit Jebsen garantiert werde, auch seine Bereitschaft, die vom Kaiser initiierten Sozialreformen mitzutragen, und schließlich seinen Willen, Verfassung und Volksrechte zu achten. Der *NAA* übernahm es, auf die besondere Bedeutung dieser Kandidatur für die lokalen Interessen hinzuweisen.[45] Tatsächlich erreichte Jebsen auf Wahlkreisebene mit 38 Prozent der Stimmen das beste Ergebnis unter allen Bewerbern, was aber eine Stichwahl mit Mahlke, der 24 Prozent erzielt hatte, erforderlich machte. In seiner Heimatstadt war ihm ein haushoher Sieg gelungen, wo ihm 63 Prozent der Stimmen zufielen, gefolgt von Johannsen mit 29 Prozent, Mahlke mit sechs Prozent und Adloff mit zwei Prozent. Dagegen war es im agrarisch geprägten Landkreis Apenrade umgekehrt, wo er mit 24 Prozent auf dem zweiten Platz nach dem Dänen (67 Prozent) landete; die SPD und die Freisinnige Partei blieben mit unter fünf Prozent dort Splitterparteien. Wie sehr Jebsen die Unterstützung der konservativen Landbevölkerung des Kreises Flensburg entgegenkam, zeigte sich an seinem dortigen Ergebnis, das zwar nicht überwältigend ausfiel (45 Prozent), sich aber deutlich von seinem freisinnigen Mitbewerber (30 Prozent) und dem Sozialdemokraten (16 Prozent) abhob; der Däne erreichte nur acht Prozent. In der Stadt Flensburg war es für Jebsen umgekehrt: Hier belegte er lediglich den zweiten Platz (28 Prozent) nach Mahlke (45 Prozent), lag aber weit vor Adloff (16 Prozent) und Johannsen (11 Prozent).[46]

Jebsens Freude war geteilt, als er das Ergebnis kommentierte: »Unsere kleine Stadt Apenrade hat sich sehr gut gemacht, trotz aller Anstrengungen der Dänen, die bald ihre Ohnmacht einsehen mögen«, schrieb er, doch war er zugleich besorgt über das gute Abschneiden der SPD: »Leider gewinnt die Sozialdemokratie in Flensburg wie überall im Reich immer mehr an Terrain, ungeachtet der philanthropischen Maßnahmen seitens der Regierung, die anstatt den Arbeiter zur Vernunft zu bringen, in ihm das Bewußtsein seiner Macht erweckt.«[47] Mit diesem Hinweis auf die politisch fehlgeschlagene Bismarcksche Sozialpolitik der 1880er Jahre, die auf eine Versöhnung der Arbeiter mit dem Obrigkeitsstaat und ein Zurückdrängen der SPD gesetzt hatte, zeigte sich Jebsen erneut als Befürworter einer harten Gangart gegen die Sozialdemokratie, wovon er sich offenbar bessere politische Erfolge erhoffte als von weiteren Sozialreformen. Wie sehr die SPD an Boden gewonnen hatte und reichsweit zur stärksten Kraft aufsteigen würde, zeichnete sich zu diesem Zeitpunkt bereits ab. So sah sich der *NAA* veranlaßt, ein »überaus trübes Bild« zu beklagen und vor dem »Schreckgespenst der Revolution« zu warnen.[48] Daß ein Sieg der SPD im Wahlkreis Apenrade-Flensburg nicht zu erwarten war, stand allerdings fest, nachdem die Freisinnigen erneut ihre Unterstützung für Jebsen in

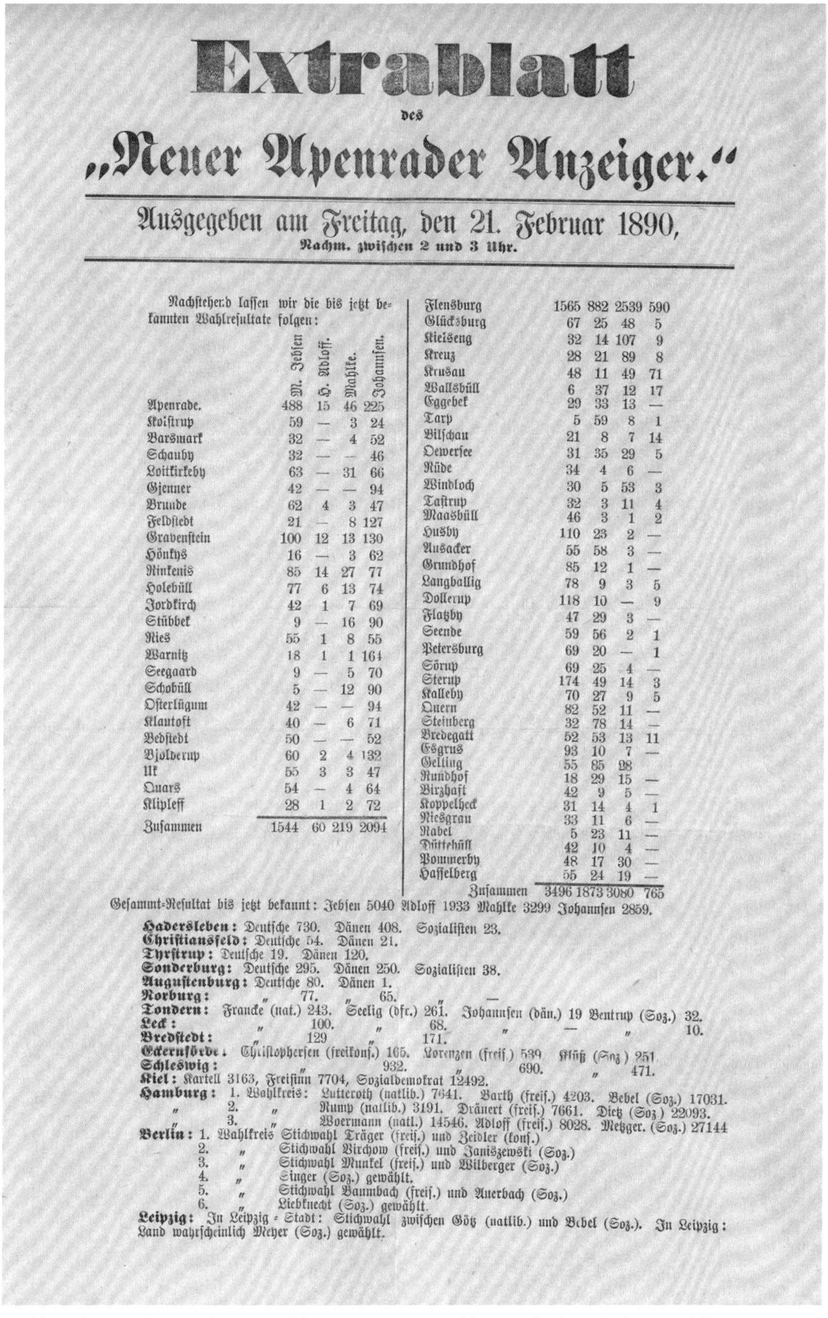

Extrablatt

des

„Neuer Apenrader Anzeiger."

Ausgegeben am Freitag, den 21. Februar 1890,
Nachm. zwischen 2 und 3 Uhr.

Nachstehend lassen wir die bis jetzt bekannten Wahlresultate folgen:

	M. Jebsen	H. Adloff.	Mahlke.	Johannsen.
Apenrade.	488	15	46	225
Koistrup	59	—	3	24
Barsmark	32	—	4	52
Schauby	32	—	—	46
Loitkirkeby	63	—	31	66
Gjenner	42	—	—	94
Brunde	62	4	3	47
Feldstedt	21	—	8	127
Gravenstein	100	12	13	130
Hönkys	16	—	3	62
Rinkenis	85	14	27	77
Holebüll	77	6	13	74
Jordkirch	42	1	7	69
Stübbek	9	—	16	90
Ries	55	1	8	55
Warnitz	18	1	1	164
Seegaard	9	—	5	70
Schobüll	5	—	12	90
Osterlügum	42	—	—	94
Klautoft	40	—	6	71
Bedstedt	50	—	—	52
Bjolderup	60	2	4	132
Uk	55	3	3	47
Quars	54	—	4	64
Klipleff	28	1	2	72
Zusammen	1544	60	219	2094

Flensburg	1565	882	2539	590
Glücksburg	67	25	48	5
Kielseng	32	14	107	9
Kreuz	28	21	89	8
Krusau	48	11	49	71
Wallsbüll	6	37	12	17
Eggebek	29	33	13	—
Tarp	5	59	8	1
Bilschau	21	8	7	14
Oewersee	31	35	29	5
Rüde	34	4	6	—
Windloch	30	5	53	3
Tastrup	32	3	11	4
Maasbüll	46	3	1	2
Husby	110	23	2	—
Ausacker	55	58	3	—
Grundhof	85	12	1	—
Langballig	78	9	3	5
Dollerup	118	10	—	9
Flatzby	47	29	3	—
Seende	59	56	2	1
Petersburg	69	20	—	1
Sörup	69	25	4	—
Sterup	174	49	14	3
Kalleby	70	27	9	5
Quern	82	52	11	—
Steinberg	32	78	14	—
Bredegatt	52	53	13	11
Esgrus	93	10	7	—
Gelting	55	85	28	
Rundhof	18	29	15	—
Birzhaft	42	9	5	—
Koppelheck	31	14	4	1
Niesgrau	33	11	6	—
Nabel	5	23	11	—
Düttebüll	42	10	4	—
Pommerby	48	17	30	—
Hasselberg	55	24	19	—
Zusammen	3496	1873	3080	765

Gesammt-Resultat bis jetzt bekannt: Jebsen 5040 Adloff 1933 Mahlke 3299 Johannsen 2859.

Hadersleben: Deutsche 730. Dänen 408. Sozialisten 23.
Christiansfeld: Deutsche 54. Dänen 21.
Thyrstrup: Deutsche 19. Dänen 120.
Sonderburg: Deutsche 295. Dänen 250. Sozialisten 38.
Augustenburg: Deutsche 80. Dänen 1.
Norburg: " 77. " 65. " —
Tondern: Francke (nat.) 243. Seelig (dfr.) 261. Johannsen (dän.) 19 Bentrup (Soz.) 32.
Leck: " 100. " 68. " — " 10.
Bredstedt: " 129 " 171.
Eckernförde: Christophersen (freikons.) 165. Lorenzen (freis.) 539 Klüß (Soz.) 251.
Schleswig: " 932. " 690. " 471.
Kiel: Kartell 3163, Freisinn 7704, Sozialdemokrat 12492.
Hamburg: 1. Wahlkreis: Lutteroth (natlib.) 7641. Barth (freis.) 4203. Bebel (Soz.) 17031.
" 2. " Rump (natlib.) 3191. Dränert (freis.) 7661. Dietz (Soz.) 22093.
" 3. " Woermann (natl.) 14546. Adloff (freis.) 8028. Metzger. (Soz.) 27144
Berlin: 1. Wahlkreis Stichwahl Träger (freis.) und Zeidler (kons.)
2. " Stichwahl Virchow (freis.) und Janiszewski (Soz.)
3. " Stichwahl Munkel (freis.) und Wilberger (Soz.)
4. " Singer (Soz.) gewählt.
5. " Stichwahl Baumbach (freis.) und Auerbach (Soz.)
6. " Liebknecht (Soz.) gewählt.
Leipzig: In Leipzig-Stadt: Stichwahl zwischen Götz (natlib.) und Bebel (Soz.). In Leipzig: Land wahrscheinlich Meyer (Soz.) gewählt.

Wahlergebnisse der Reichstagswahl von 1890 im 2. schleswig-holsteinischen Wahlkreis Apenrade-Flensburg

der anschließenden Stichwahl signalisiert hatten. Dieser sah der letzten Wahlrunde daher beruhigt entgegen, obwohl die Haltung der dänischen Wähler ungewiß blieb: »(S)elbst wenn 2/3 der Dänen oder auch die ganze Bande für Mahlke stimmen, würden sie doch nichts anderes ausrichten, als sich ganz gehörig zu blamieren«, notierte er am Vortag der Wahl.[49]

Die Stichwahl am 28. Februar 1890 endete mit dem überwältigenden Sieg von Jebsen: Im gesamten Wahlkreis erreichte er 63 Prozent der Stimmen, in der Stadt Apenrade sogar 88 Prozent und im Landkreis Apenrade 70 Prozent. In der Stadt Flensburg lag er erwartungsgemäß hinter dem SPD-Kandidaten, der dort mit 55 Prozent sein bestes Ergebnis erzielte, während Jebsen im Landkreis Flensburg mit 74 Prozent der Stimmen noch besser als im Apenrader Umland abschnitt.[50] Wenn auch der *Neue Apenrader Anzeiger* von »einem glänzenden Sieg« sprach und darüber jubelte, daß Apenrade sich »diesmal mehr als je zuvor, als eine echtdeutsche Stadt bewiesen« habe, war das Gesamtergebnis für die Nationalliberalen in Schleswig-Holstein und im Reich eine Katastrophe. In seiner Provinz blieb Jebsen der einzige Nationalliberale, der ein Mandat erhielt, während die SPD zum ersten Mal stärkste Partei wurde. Im Reichstag war seine Partei auf den vierten Platz hinter dem katholischen Zentrum, den beiden konservativen Parteien und den Linksliberalen abgerutscht, dicht gefolgt von der SPD, die aufgrund der für sie ungünstigen Wahlkreiszuschnitte und des Verlustes zahlreicher Stichwahlen ihre Mehrheit im ersten Wahlgang nicht voll in Mandate umsetzen konnte.[51] Wie Jebsen ernüchtert festhielt, sei die Nationalliberale Partei leider »auf ein kleines Häuflein zusammengeschmolzen«.[52] In einem Brief an seinen Freund Alfred Longsdon, Londoner Vertreter der Firma Krupp, resümierte er:

> »(...) Thanks for your kind congratulation; it is with no great pleasure that I enter the Reichstag. The National liberal party to which I belong having lost more than half of its members but the battle with the Social Democrats was fought out in our district brilliantly, and now we will have to make the best of it. I never sought for the position but was half forced to accept it by my countrymen. (...)«[53]

Mit dieser Wahl trat eine Wende in der deutschen Politik ein. Mit dem Zusammenbruch des Kartells, das rund eine Million Stimmen eingebüßt hatte, war für Bismarck keine verläßliche Reichstagsmehrheit mehr vor-

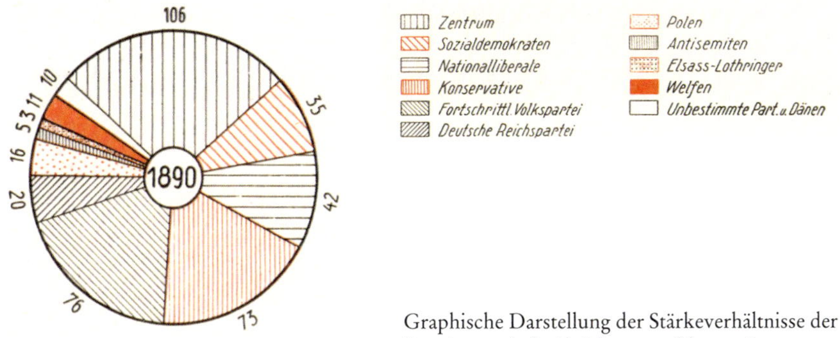

Graphische Darstellung der Stärkeverhältnisse der Parteien nach der Reichstagswahl von 1890

handen. Den rund 140 Stimmen der Rechtsparteien – Konservative und Nationalliberale – standen etwa 100 Stimmen der Freisinnigen und der SPD und mehr als 100 Zentrumsstimmen gegenüber. Als deshalb der Kaiser den Kanzler aufforderte, auf ein verschärftes Sozialistengesetz zu verzichten, kam es zum endgültigen Bruch zwischen Wilhelm II. und Bismarck, der am 18. März 1890 – freilich andere Gründe vorschiebend – um seine Entlassung als Kanzler bat.[54] Während mit Bismarcks Rücktritt eine wichtige Epoche deutscher Geschichte zu Ende ging, begann für Jebsen ein neues Lebenskapitel als Parlamentarier in Berlin.

Abgeordneter des Deutschen Reichstags

Am 6. Mai 1890 begannen die Sitzungen der achten Legislaturperiode des Deutschen Reichstags. Wie Jebsen in seinem Tagebuch notierte, fanden vorher getrennte Gottesdienste für protestantische und katholische Parlamentarier in der Kapelle des Stadtschlosses und in der Sankt-Hedwigs-Kirche statt. Anschließend verlas Kaiser Wilhelm II. die Thronrede im Weißen Saal des Schlosses. Nach Jebsens Aufzeichnungen »erwähnte der Kaiser das Entgegenkommen gegen die berechtigten erfüllbaren Wünsche der arbeitenden Bevölkerung, warnte jedoch vor den Folgen maßloser und ungewährbarer Forderungen und betonte die unbeugsame Entschlossenheit gegenüber jedem Versuche, an der Rechtsordnung gewaltsam zu rütteln«.[55] Mit dieser Warnung an die Adresse der SPD stellte der Monarch zugleich klar, daß er zu moderaten sozialpolitischen Zugeständnissen an die Arbeiter bereit war – ein zentraler Konfliktpunkt mit Bismarck und einer der Gründe für dessen Rücktritt. »Kurz vorher hatte sich der Kanzler-Wechsel vollzogen«, hielt Jebsen fest, womit er sich auf die faktische Übernahme der Kanzlergeschäfte durch Bismarcks Nachfolger Admiral Leo Graf von Caprivi bezog. Dessen Antrittsrede am 12. Mai 1890 verfolgte er aufmerksam. Der ehemalige Chef der Admiralität war eine energische und selbständige Persönlichkeit und verfocht den »Neuen Kurs« des Kaisers – ein sich schnell verbreitendes Schlagwort –, indem er die deutsche Außenpolitik eindeutiger und klarer orientieren, den Agrarprotektionismus abbauen und eine aktive Außenhandelspolitik zur Industrieförderung einleiten wollte; für überseeische Expansion zeigte er dagegen keinerlei Sympathie.[56] So war der allgemeine Eindruck der Rede sehr günstig, wie Jebsen berichtete, vor allem bei denjenigen, die wie er selbst »keine Kolonialschwärmer« seien.[57]

»Ich bin natürlich stummer Zuhörer, werde es auch wohl diese Session hindurch mit vielen anderen bleiben«, ließ Jebsen nach seinen ersten Sitzungstagen wissen.[58] Diese Äußerung machte deutlich, daß er sich der wichtigen Politikkompetenzen und der ausgeprägten Debattenkultur des Reichstags durchaus bewußt war, in die er als Parlamentsneuling sich erst einlernen und einfinden mußte. Tatsächlich war der Reichstag im monarchisch-konstitutionellen System des Kaiserreichs mitnichten eine machtlose Redemaschine. Zwar hatte das Parlament keinen Einfluß auf die Zusammensetzung der Regierung – offiziell »Reichsleitung« genannt – und damit auf den Kurs der Gesamtpolitik, doch konnte es durch sein Recht zur Gesetzgebung und Ausgabenbewilligung sowie durch Anfragen und Interpellationen an den Reichskanzler auf das Handeln der Reichsleitung und der ihr nachgeordneten Behörden einwirken. Weil der Kanzler nur vom Kaiser ernannt wurde und ausschließlich von dessen Vertrauen abhing, also

Reichskanzler Leo Graf von Caprivi (1831-99)

Stadtschloß in Berlin mit Lustgarten und Cantian-Granitschale, um 1900

Weißer Saal im Stadtschloß in Berlin

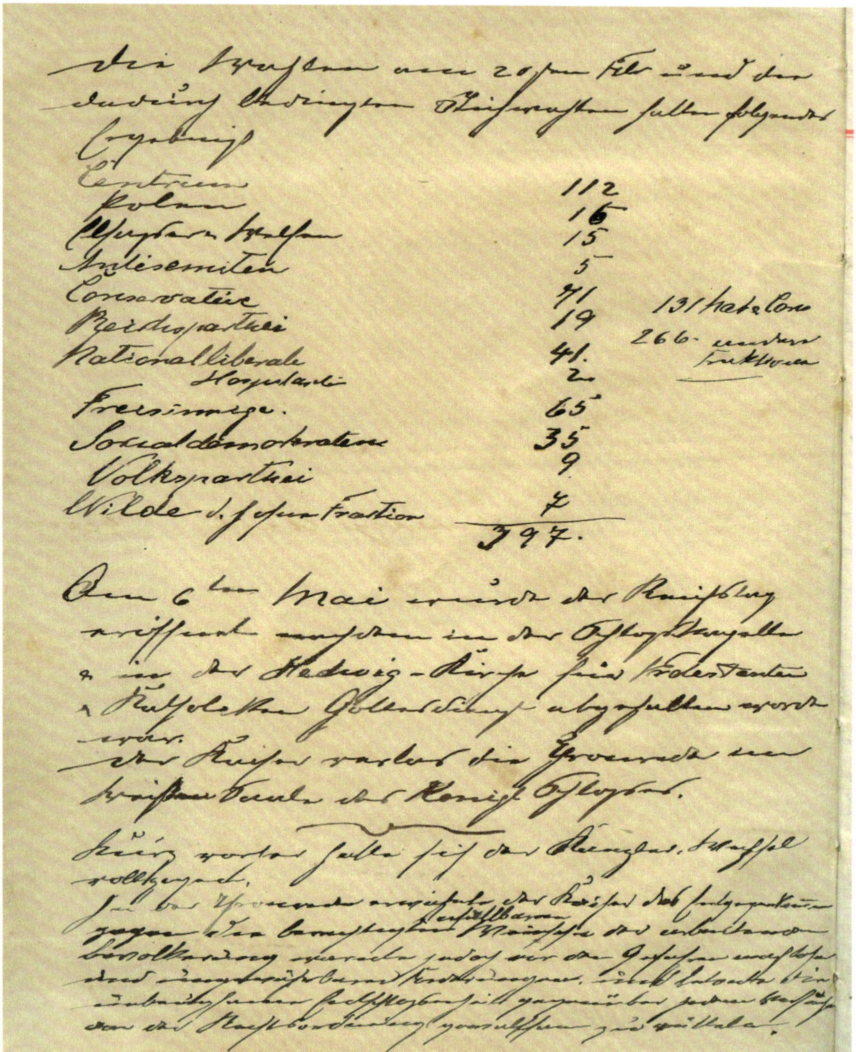

Eine Seite aus den politischen Tagebüchern, die Michael Jebsen von 1890 bis 1894 führte, mit Ergebnissen der Reichstagswahl von 1890.

keine natürliche Mehrheit im Reichstag besaß und sich auf keine Regierungsfraktion oder -koalition stützen konnte, mußte er sich immer wieder um wechselnde parlamentarische Mehrheiten bemühen, um Gesetze und Etats durchzubringen. Gelang ihm das nicht, so besaß er als letztes Mittel die Möglichkeit, den Reichstag aufzulösen und Neuwahlen auszuschrei-

Plenarsitzungssaal im alten Reichstagsgebäude, um 1890

Altes Reichstagsgebäude in der Leipziger Straße 4, das von 1871 bis 1894 der Sitz des Deutschen Reichstages und des Bundesrates war

ben. Doch konnte diese Waffe nur sorgfältig dosiert eingesetzt werden, da die potentielle Gefahr bestand, daß bei einer Wahl die regierungsfreundliche Mehrheit im Parlament noch weiter zusammenschmolz. Das tägliche Politikgeschäft war deshalb vom Gegenüber von Reichstag und Regierung bestimmt, von Petitionen, Anfragen, Interpellationen und Debattenbeiträgen der Abgeordneten und der Rechenschaftslegung des Kanzlers und seiner Staatssekretäre – faktisch die Reichsminister, die stets aufs Neue versuchen mußten, regierungsfreundliche Mehrheiten für Reichsgesetze und -haushalte zusammenzubringen. Durch dieses Prozedere konnten die Abgeordneten der Reichsleitung zwar keine Weisungen erteilen, doch zu sämtlichen Fragen der Politik und Verwaltung, die ihre Aufmerksamkeit erregten, Stellung nehmen. Zusammen mit dem Recht, alle Reichsgesetze nicht nur zu billigen, sondern zu beraten und zu beschließen, und dem Budgetrecht, also die Einnahmen und Ausgaben des Reichs zu bewilligen, besaß der Reichstag eine erhebliche gesamtpolitische Entscheidungsmacht und konnte Weichen neu stellen.[59]

Leipziger Straße mit der Kreuzung Friedrichstraße in Berlin, 1899: Die Fraktionskneipe der Nationalliberalen befand sich in der Gaststätte *Sedlmayr* in der Friedrichstraße, wo nach Auskunft von Michael Jebsen »die neuen Mitglieder Gelegenheit finden, mit den älteren Kollegen bekannt zu werden« (JJHA A01-01-318: Brief v. 27.6.1893).

Als Reichstagsabgeordneter war Jebsen formal »Vertreter des gesamten Volkes und an Aufträge und Instruktionen nicht gebunden«.[60] Allerdings war ein solches freies Mandat in der Parlamentswirklichkeit zunehmend dem Fraktionszwang zum Opfer gefallen. Damit wollten die politischen Parteien, die als Reichstagsfraktionen auftraten, ihre Mitglieder in den Plenarabstimmungen an die vorausgegangenen Beschlüsse der Fraktionsmehrheit binden und damit eine planmäßige Strategie und Taktik ihrer Aktionen sicherstellen. Daß Jebsen diese Praxis rasch kennenlernte, zeigte sich an der Bemerkung, er mache in den Fraktionssitzungen der Nationalliberalen gelegentlich seine Meinung geltend, jedoch »nicht immer in

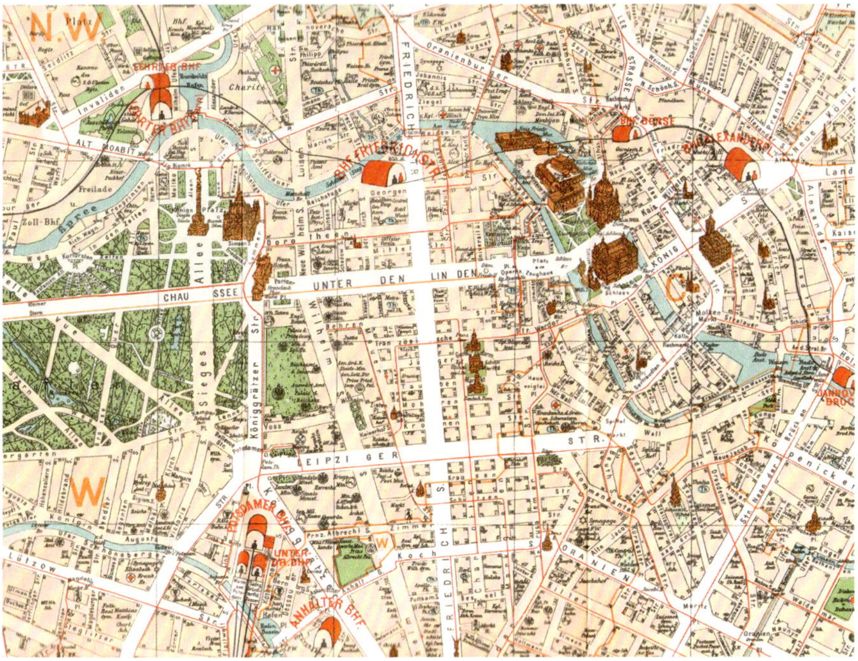

Plan der Berliner Innenstadt um 1900: Während seiner Aufenthalte in der Reichshauptstadt wohnte Michael Jebsen im Hotel *Hohenzollern* in der Behrenstraße 18–19.

Übereinstimmung mit den von uns weit rechtsstehenden Kolonialschwärmern und Schutzzöllnern«,[61] also Befürwortern einer expansionistischen und agrarischen Interessenpolitik in der eigenen Fraktion. Mit dieser Position lag Jebsen auf der freihändlerisch-orientierten Generallinie seiner Fraktion, die sich vom rechten Parteiflügel mit seiner Empfänglichkeit für konservativ-agrarische Ideen deutlich abhob.[62] Als einziger Vertreter der Schiffahrt unter den 397 Abgeordneten des neuen Reichstags und in seiner Fraktion war eine solche politische Ausrichtung für Jebsen vorgegeben, so daß er selten in Konflikt mit der Parteiführung geriet. Die stark verkleinerte Fraktion von lediglich 42 Abgeordneten – über die Hälfte weniger als in der vorherigen Legislaturperiode – bestand zu fast sechzig Prozent aus Unternehmern im weitesten Sinne, darunter vorwiegend Industriellen und einer Handvoll von Bankiers, Handelsleuten und Gewerbetreibenden wie Jebsen als Schiffsreeder. Weil der Hamburger Großreeder Adolf Woermann nicht wiedergewählt worden war, lag es auf der Hand, daß das deutsche Schiffahrtsgewerbe Jebsen als seinen Lobbyisten im Parlament betrachtete. Eine solche Profilierung wird deutlich, wenn man auf Jebsens Redebeiträge in der achten Legislaturperiode von 1891 bis 1893 schaut, in der er sich ausschließlich zu maritimen Fragen äußerte. Was die Zahl seiner Wortmeldungen angeht, so gehörte er mit fünfzehn meistens kürzeren Ansprachen zu den etwas aktiveren unter den 88 Unternehmer-Abgeordneten, von denen der Eisenhüttenbesitzer Freiherr von Stumm-Halberg zwar mehr als hundertdreißig Mal und der Bergwerksbesitzer Friedrich Hammacher hundertzehn Mal das Wort ergriffen, doch viele andere Unternehmer nur ein- oder zweimal im Plenum auftraten. Mit seiner Beschränkung auf Schiffahrtsfragen kann Jebsen zu denjenigen Reichstagsmitgliedern gezählt werden, die am überzeugendsten als Sachverständige agierten und sich deshalb zu anderen Themen kaum oder gar nicht äußerten.[63]

Wie Jebsen in seinem Reederberuf übten auch die meisten anderen Abgeordneten eine hauptberufliche Tätigkeit neben ihrer Reichstagsarbeit aus. Weil sie keine Diäten erhielten – eine von Bismarck durchgesetzte Bestimmung, um das befürchtete Aufkommen von Berufspolitikern zu verhindern –, blieb das parlamentarische Mandat eine Art Nebentätigkeit und wurde ehrenamtlich und oft unter Opfern wahrgenommen.[64] Gleich nach seiner Wahl lehnte Jebsen das Angebot einer Kapitalbeteiligung in den Niederlanden mit dem Argument ab, seine finanziellen Verhältnisse erlaubten es ihm nicht, eine Summe von tausend Gulden zu zeichnen: »Durch den, infolge meiner Wahl zum Reichstagsabgeordneten, bedingten längeren Aufenthalt in Berlin, werden mir schon bedeutende pekuniäre Opfer auferlegt, so daß eine Einschränkung meinerseits wohl geboten sein dürfte.«[65] Und mehr als ein halbes Jahr später berichtete er, daß es ihm in Berlin gut gefalle und in seiner Fraktion, »die bekanntlich nicht sehr zahlreich ist, (…) ein gemütlicher kollegialischer Ton« herrsche: »Kostspielig ist aber der Spaß.«[66] Zwar führte der effektive Ausschluß aller Diäten dazu, daß praktisch nur Angehörige der wohlhabenden Schichten ein Abgeordnetenmandat wahrnehmen konnten, doch verhinderte es nicht das Entstehen von Berufspolitikern, die angesichts der steigenden Arbeitslast und der wachsenden Spezialkenntnisse zu unentbehrlichen Experten und Technikern des Parlamentsbetriebs wurden. Nach 1900 dominierte dieser neue Typus den Charakter des Reichstags.[67] Jebsen gehörte also zu den Abgeordneten alten Stils, die aufgrund ihrer wirtschaftlichen Unabhängigkeit zwar jederzeit ins private Leben zurückkehren konnten, doch gegenüber den Berufspolitikern sich zunehmend als unterlegen erwiesen. Nur durch Konzentration auf ihre Fachkenntnisse – wie bei Jebsen in maritimen Fragen – konnten sie mit den Berufsparlamentariern mithalten und gegenüber ihnen und den Regierungsvertretern kompetent auftreten.

Die Heeresnovelle von 1890

Obwohl er sich auf maritime Themen konzentrierte, verfolgte Jebsen mit großer Aufmerksamkeit auch Reichstagsdebatten, die sich militärischen Fragen widmeten. Bereits im Wahlkampf hatte er genügend Mittel »zur Unterhaltung unseres tapferen Heeres« gefordert, das er als »das musterhafteste der Welt« und »kräftigsten Schutz des neuen Deutschen Reiches« bezeichnete. Er bekannte sich aus »innerster Überzeugung« zu einem »kräftigen und starken Heer für unser liebes Vaterland« und stellte klar, daß er »immer – freilich nur nach genauer Prüfung – alle diejenigen Mittel bewilligen« werde, die dafür notwendig seien.[68] Wie er im Mai 1890 in seinem politischen Tagebuch notierte, hielt er »die Militärvorlage oder der Entwurf eines Gesetzes betreffend die Friedenspräsenzstärke des deutschen Heeres« für »(d)ie entschieden wichtigste Vorlage dieser Session«. Um sich rasch in die schwierige Materie einzuarbeiten, machte er sich genaue Aufzeichnungen über den Regierungsvorschlag zur Heeresvermehrung und über seine parlamentarische Behandlung, dessen Hintergrund kurz skizziert werden soll: Angesichts der bedrohlich wirkenden verstärkten Rüstungen Frankreichs und Rußlands hatte Bismarck 1889 eine Vergrößerung des deutschen Heeres für nötig gehalten. Nach seiner Entlassung fiel es dem neuen Kanzler von Caprivi zu, die Militärvorlage von einem Reichstag verabschieden zu lassen, in dem die regierungsfreundlichen Kartellparteien – Konservative und Nationalliberale – nach den Wahlen von 1890 keine Mehrheit mehr besaßen. Deshalb beschränkte Caprivi sich auf eine Novelle zum laufenden Gesetz, das 1887 für sieben Jahre beschlossen worden war, also bis 1894 galt. Dieses sogenannte »Septennat« sollte durch eine Erhöhung der Heeresstärke um 18.500 Mann aufgestockt werden, so daß 1894 fast eine halbe Million deutsche Soldaten zur Verfügung stehen würden. Außerdem waren die Vermehrung der Feldartillerie um siebzig Batterien und ihre Ausrüstung mit Gespannen vorgesehen, um in dieser Waffe nicht zu weit hinter dem französischen

Vorparade der beiden Bataillone mit je fünf Kompanien des Kadettenkorps in der Preußischen Hauptkadettenanstalt in Lichterfelde bei Berlin, um 1900

Heer zurückzubleiben. Im Mai und Juni 1890 beobachtete Jebsen die zähen Verhandlungen im Plenum mit Interesse. Allerdings verzichtete er ausdrücklich auf die Mitgliedschaft in einer der Kommissionen, in denen die Plenumsverhandlungen und Abstimmungen über Gesetzesvorlagen vorbereitet wurden. »In die bis jetzt errichteten Kommissionen habe ich mich nicht hinein wählen lassen«, berichtete er Mitte Mai 1890: »Ich will mir nicht zu viel aufladen, um nicht allzu sehr gebunden zu sein.«[69]

Als neues Parlamentsmitglied fertigte er ausführliche Notizen von der Rede des preußischen Kriegsministers Justus von Verdy du Vernois an, der zur Überraschung der Parlamentarier erklärte, »daß die jetzige Vorlage nicht ausreichen würde, die Ungleichheit zu beseitigen, [so] daß man viel mehr auf eine weitere Verstärkung unserer Rüstungen gefaßt sein müsse«. Als Begründung verwies er auf den Vorsprung Frankreichs in der Heeresverstärkung. So war es nicht verwunderlich, daß mehrere Abgeordnete prophezeiten, »man stehe vor unabsehbaren Mehrforderungen der Kriegsverwaltung«. Jebsen hielt fest: »Die Militärfrage wurde dadurch in den Vordergrund unserer gesamten Politik geschoben.« Um

Julius von Verdy du Vernois (1832-1910), preußischer Kriegsminister

solche Mehrausgaben zu decken, verlangten die Parlamentarier bestimmte Kompensationen, darunter auch die schon seit der Reichsgründung geforderte Abkürzung der bisher dreijährigen aktiven Dienstzeit auf zwei Jahre. Über den weiteren Verlauf der Debatte notierte Jebsen: »Während Konservative und Nationalliberale für die Regierungsvorlage eintraten, letztere aber hervorhoben, daß bei einer Erweiterung der Heranziehung der wehrfähigen Mannschaft im Sinne des Kriegsministers, jedenfalls persönliche Erleichterungen, evt. eine Herabminderung der Dienstzeit auf 2 Jahre eintreten müßten, ließ sich in der Zentrumspartei trotz der energischen Bestrebungen der Herren v. Huene & Windthorst eine Einigung nicht erzielen.«[70] Als es schließlich den von Jebsen erwähnten führenden Abgeordneten der katholischen Zentrumspartei gelang, die Mehrheit ihrer Fraktion hinter sich zu bringen, konnte die Heeresvorlage am 28. Juni 1890 verabschiedet werden. Vorausgegangen waren bindende Resolutionen des Reichstags, initiiert von Ludwig Windthorst als Vorsitzendem der Zentrumspartei, mit denen die Reichsleitung auf die zweijährige Dienstzeit festgelegt wurde. Jebsen schrieb, Freisinn und Sozialdemokraten hätten eifrig für die Verkürzung plädiert, doch habe man den Zeitpunkt nicht für geeignet gehalten: »Zum großen Teil war man aber der Ansicht, daß, falls eine Heranziehung aller waffenfähigen Leute nach dem Scharnhorstschen Prinzip durchgeführt würde, eine Herabminderung der Dienstzeit unerläßlich sei.« Mit der entsprechenden Resolution war der kürzeren Dienstzeit von zwei Jahren für die Zukunft die entscheidende Bresche geschlagen. Caprivi hatte in dieser Frage Konzessionen machen müssen, um seine maßvolle Heeresvorlage durchzubringen. Tatsächlich opferte er aber nicht viel: Zwar strebte die Reichsleitung keine allgemeine Wehrpflicht an, wie sie General von Scharnhorst in den Befreiungskriegen gegen Napoleon erreicht hatte, doch ließ sich mit der Verkürzung der Dienstzeit die Zahl der kurzfristig ausgebildeten Rekruten erhöhen und damit für das Heer eine starke Reserve bilden, die im Kriegsfall rasch mobilisiert werden konnte. In sachlicher Hinsicht konnten sich also sowohl Reichsleitung als auch Reichstag als Sieger dieser Debatte fühlen.[71]

Südamerika und die deutsche Flotte

Jebsens anfängliche Hoffnung, sich auf eine passive Rolle im Reichstag beschränken zu können, wurde Anfang 1891 mit dem Ausbruch des Bürgerkriegs in Chile zunichte gemacht. Seine persönliche Verbundenheit mit dem Land, das er von früher gut kannte, aber vor allem die offenkundige Machtlosigkeit der deutschen Marine im Ausland und der starke Druck auf ihn seitens Hamburger Wirtschaftskreise, sich für eine militärische Absicherung deutscher Kapitalinteressen in dem südamerikanischen Land einzusetzen, bildeten die entscheidenden Auslöser für sein aktives Auftreten im Plenum. Deutsche Firmen in Chile waren besonders im Import und Export tätig und hatten eine starke Position auf dem Kapital- und Warenmarkt; außerdem gab es bedeutende Beteiligungen an britischen, peruanischen und chilenischen Firmen im industriellen Bereich, vor allem in der dominanten Nitratproduktion.[72] Wegen ihrer engen Verflechtung mit Hamburger Handelshäusern und Reedereien, die bei den Salpeter- und Erzeinfuhren nach Europa und bei den Industrie- und Textilausfuhren nach Chile eine wichtige Rolle spielten, schienen deutsche Interessen in großem Umfang gefährdet zu sein, als am 7. Januar 1891 ein bewaffneter Aufstand gegen Chiles Präsident Balmaceda ausbrach. Auf die Ursachen kann hier nicht im einzelnen eingegangen werden, doch steht fest, daß vor allem politische und weniger ökonomische Motive bei der Revolution der »Kongreßpartei«, also des nationalen Parlaments mit

José Manuel Balmaceda Fernández (1838/40–91), Präsident von Chile

Eine Szene aus dem Bürgerkrieg in Chile, 1891

Abgeordneten aus der bürgerlichen landbesitzenden Oberschicht, eine Rolle spielten; ein nennenswerter Einfluß ausländischer Firmen oder der britischen Regierung konnte nicht nachgewiesen werden.[73] Der neunmonatige chilenische Bürgerkrieg – wegen seiner verworrenen Konstellation als einer der merkwürdigsten Kriege in der Geschichte bezeichnet – diente in Deutschland als oft zitiertes Beispiel für die Notwendigkeit, deutsche Schiffahrt- und Handelsinteressen in Übersee mit eigenen Kriegsschiffen abzusichern.[74] Für Jebsen bedeutete die chilenische Revolution den Beginn seines aktiven politischen Engagements für die Marine und für den Aufbau einer schlagkräftigen deutschen Kriegsflotte. Ein Jahr früher hatte er im Wahlkampf angekündigt, »für die Erhaltung und die Weiterentwicklung unserer Flotte eintreten« zu wollen, und sich stolz gezeigt »auf unsere junge Marine (…), die den Flotten der Großmächte England und Frankreich sich ebenbürtig anreihen dürfe«.[75] Daß seine Einschätzung zu optimistisch gewesen war, wurde ihm spätestens bei den Ereignissen in Chile deutlich.

Vom Ausbruch der Revolte war die Hamburger Bark *Potsdam*, die im Hafen von Valparaíso ihre Ladung löschte, unmittelbar betroffen. Während die chilenische Armee zum Präsidenten stand, schlug sich die Marine auf die Seite der aufständischen Kongreßpartei: Fast die gesamte chilenische Flotte mit vielen Abgeordneten an Bord ging von Valparaíso aus in See, um vom Norden des Landes aus den Bürgerkrieg zu führen.[76] Zuvor hatte der Kommandant der Kongreßflotte die Blockade über den Hafen verhängt und allen Handelsschiffen befohlen, unverzüglich auszulaufen, weil sonst eine Beschießung durch die Batterien drohte. Nur unter Protest willigte der Kapitän von *Potsdam* ein und engagierte einen Schleppdampfer, der die Bark aus dem Hafen hinausschleppte. Das Unglück passierte, als das Segelschiff zu früh von der Leine gelassen wurde, offenbar weil der Schlepperkapitän einen möglichen Beschuß von den Batterien befürchtete. Von Wind und Strömung erfaßt trieb *Potsdam* steuerungslos an Land, wo sie zerschellte und ihre ganze Ladung verlor; immerhin konnte die Besatzung gerettet werden.[77] Der Vorfall fand großes Aufsehen in der deutschen Presse, die die rücksichtslose Behandlung der Hamburger Bark durch Chile als erneuten Beweis deutscher Machtlosigkeit in Übersee wertete und nach militärischem Schutz deutscher Handelsschiffe verlangte. Als bekannt wurde, daß britische und französische Kriegsschiffe zum Schutz der eigenen Landsleute nach Valparaíso entsandt worden waren, aber keine deutschen Fahrzeuge, trat Jebsen am 3. Februar 1891 erstmals im Reichstagsplenum auf. In seiner Jungfernrede führte er an, daß er von seinen Hamburger Freunden mit überseeischen Beziehungen – also von Carl und Gustav Diederichsen und ihrer Firma Theodor Wille mit ausgedehntem brasilianischen Kaffeehandel – darauf aufmerksam gemacht worden sei, daß in den letzten Jahren deutsche Kreuzer in Südamerika sehr spärlich vertreten gewesen seien. Bei früheren Revolutionen in dieser Region hätten stets Engländer die deutschen Interessen wahrgenommen, obwohl »es für den Deutschen doch angenehm« sei, wenn er von Deutschen geschützt werde.[78]

Die zögernde Haltung von Außenstaatssekretär Freiherr Marschall von Bieberstein, der wiederholt auf die ausreichende Unterstützung britischer Kriegsschiffe für die deutschen Interessen in Chile hinwies, führte am 16. Februar 1891 zur ersten großen Flottenpetition Hamburger Kaufleute. Die Eingabe an den Reichstag war von mehr als einhundert Hamburger Firmen unterzeichnet, darunter den wichtigsten Handelshäusern und Reedereien der Stadt.[79] Die darin enthaltene Forderung nach Entsendung eines deutschen Kriegsschiffs geschah vor dem Hintergrund von Präsident Balmacedas Repressionspolitik in Zentralchile und der erwar-

Freiherr Marschall von Bieberstein (1842–1912), Staatssekretär des Auswärtigen Amts

teten schweren Kämpfe zwischen den Kombattanten mit ihren schon spürbaren negativen Auswirkungen auf die Geschäfte der dortigen deutschen Kaufmannschaft. Für die Einreicher der Petition übernahm Jebsen im Reichstag die Wortführung, indem er eine parlamentarische Interpellation einbrachte. In seiner nächsten Plenumsrede am 5. März 1891 unterstützte er deshalb die Hamburger Forderung und verlangte, »so schleunig wie möglich einen Kreuzer an die Westküste von Amerika zu schicken«. Er verwies auf das kürzlich nach China entsandte Kreuzergeschwader von drei Schiffen und schlug vor, eines davon nach Chile zu dirigieren. Marinestaatssekretär Hollmann lehnte den Vorschlag aber rundweg mit der Bemerkung ab, daß in Amerika keine Marinestation bestehe und aus finanziellen Gründen auch nicht eingerichtet werden könne.[80] Die unbefriedigende Antwort Hollmanns, die in den Zeitungen heftig kritisiert wurde, veranlaßte Jebsen eine Woche später, erneut eine Interpellation im Reichstag einzubringen und gegenüber Marschall von Bieberstein zu verteidigen. Als wie sensibel das Thema inzwischen galt, wurde deutlich, als Reichskanzler von Caprivi betonte, der Schutz der deutschen Kolonien in der Südsee und der deutschen Handels- und Schiffahrtsinteressen in China und Japan durch das Kreuzergeschwader seien weitaus wichtiger als diejenigen in Chile. Während Caprivi in Ostasien auf neue Märkte hoffte – ein klarer Verweis auf die von ihm massiv geförderte Außenhandelspolitik – sah er in Chile keine neuen Wachstumschancen für deutsche Exporte und hielt es auch für unmöglich, mit einem einzigen Kriegsschiff die deutschen Kaufleute in den vielen Häfen der weitausgedehnten Küste Chiles schützen zu können. Weil damit sogar der Kanzler den Vorschlag abgelehnt hatte, fuhr Jebsen schweres Geschütz auf und nannte die politische Situation in ganz

Südamerika instabil, was die Gründung einer Marinestation »nicht allein in Chile« verlange.[81] Wie er später berichtete, habe während der Sitzung auch Prinz Heinrich, der marinebegeisterte Bruder des Kaisers, auf der Tribüne gesessen, der sich während seiner Interpellation Notizen gemacht habe. Es habe zur Folge gehabt, daß nicht *ein* Schiff, sondern die in Japan liegende Kreuzerflotte nach Chile geschickt worden sei.[82]

Für diese Entscheidung maßgebend war Kaiser Wilhelm II., der sich auf der Kieler Woche von seinem Bruder und anderen Unterstützern überreden ließ, das Kreuzergeschwader zu entsenden. Die Schiffe erschienen allerdings erst Anfang Juli 1891 in der Schlußphase des Bürgerkrieges vor Valparaíso und übten eher einen moralischen Effekt auf die Lage der dortigen Deutschen aus.[83] Nach Jebsens Meinung war es »der erste Erfolg, den unsere Flotte gehabt hat«. So erfüllte ihn noch Jahre später die Genugtuung, zu diesem Erfolg beigetragen zu haben. »Seine damaligen Bemühungen seien vom In- und Ausland dankbar anerkannt worden«, schilderte er rückblickend.[84] Er konnte beobachten, wie die chilenische Revolution im August 1891 mit dem triumphalen Sieg der Kongreßtruppen über die Präsidentenarmee zu Ende ging; der entmachtete Balmaceda setzte seinem Leben daraufhin freiwillig ein Ende.[85] Die von der deutschen Presse breit berichteten Ereignisse und die schweren Vorwürfe norddeutscher Handels- und Schiffahrtskreise über die mangelnde Flottenpräsenz in diesem Krisengebiet bewirkten schließlich eine wichtige Zäsur im Verhältnis zwischen Regierung, Wirtschaft und Parlament: Das Verlangen der hanseatischen Kaufleute nach militärischem Schutz in Übersee verknüpfte sich mit der Forderung an die Marineverwaltung, neue Kreuzer in Dienst zu stellen, und an den Reichstag, dafür die nötigen Mittel zu bewilligen. Auf diese Weise erhielt das vor sich hin dümpelnde Ausbauprogramm für die Flotte starke Unterstützung durch einflußreiche Repräsentanten der deutschen Wirtschaft.

Welche weiteren Kreise die Revolution in Chile zog, zeigte sich wenig später am Streit um den Freundschafts-, Handels- und Schiffahrtsvertrag mit Kolumbien. Das Abkommen bewegte sich im weiteren Rahmen der innenpolitisch vieldiskutierten Zoll- und Handelsvertragspolitik Caprivis. Seine Auswirkung auf die deutsche Agrarwirtschaft war allerdings gering, weil Kolumbien überwiegend Tabakblätter, Rohkaffee und Steinnüsse nach Deutschland exportierte und Wollwaren, Eisenprodukte und Bier von dort importierte. Anders als bei den 1891/92 erreichten Handelsabkommen mit Österreich-Ungarn, Italien und Belgien und der Schweiz, die landwirtschaftliche Interessen in Deutschland weitaus stärker tangierten,[86] hatte der Vertrag mit Kolumbien also vor allem Bedeutung für die deutsche Außenhandelswirtschaft. Zwar waren vergleichbare Abkommen 1882 mit Mexiko und 1887 mit Ecuador abgeschlossen worden, doch hatten der Bürgerkrieg in Chile und die daraus resultierende Diskussion um den Schutz deutscher Interessen im Ausland einen nachhaltigen Eindruck hinterlassen. Um so mehr war Carl Lueder, deutscher Generalkonsul in Bogotá, der durch seine frühere Tätigkeit in Bremer Handelshäusern mit den Sorgen der hanseatischen Kaufleute vertraut war, darum bemüht, einen Notenwechsel mit dem kolumbianischen Außenminister Suárez zu vereinbaren. Darin wurde den in Kolumbien lebenden Deutschen die Meistbegünstigung zugestanden, also Schadenersatz versprochen, wenn die kolumbianische Regierung den Angehörigen anderer Staaten eine solche Kompensation nach Aufständen gewähren sollte.[87]

Trotz dieses Zugeständnisses stieß der im Juli 1892 in Bogotá unterzeichnete Vertrag auf heftigen Protest in Hamburger und Bremer Handelskreisen. Besonderen Anstoß nahmen die Kaufleute an drei Artikeln, die Deutsche in bestimmten Fällen der kolumbianischen Polizei- und Justizgewalt unterwarfen und Schadenersatzansprüche durch Deutsche nach Rebellenaufständen und Bürgerkriegen ausschlossen. Obwohl die Artikel völkerrechtlich anerkannten Normen entsprachen, hielten die Hanseaten sie nicht auf ein Entwicklungsland wie Kolumbien anwendbar; dabei mögen auch Erinnerungen an einen sieben Jahre zurückliegenden und erfolglosen Aufstand der »Radikalen« gegen die Regierung in Bogotá eine Rolle gespielt haben.[88] Vor allem aber spiegelte ihr Protest die Erfahrungen aus der chilenischen Revolution wider, indem gefordert wurde, daß der Vertrag nicht den Einsatz der deutschen Marine verhindern dürfe. Eine im Januar 1893 beim Bundesrat eingereichte Petition, die die Abänderung der strittigen Artikel forderte, blieb aber erfolglos, als das Haus den Vertrag gegen die Stimmen Hamburgs und Bremens annahm. Ein Stimmungsumschwung in den Hansestädten setzte aber rasch ein, nachdem Exkanzler Bismarck sich in der Presse zu Wort gemeldet und den Streit genutzt hatte, um die Handelsvertragspolitik Caprivis einer Totalkritik zu unterziehen. Angesichts der Gefahr, daß der ganze Vertrag scheitern könne, fanden Gespräche zwischen Vertretern der hanseatischen Handelskammern und wichtiger Außenhandelsfirmen mit Außenstaatsse-

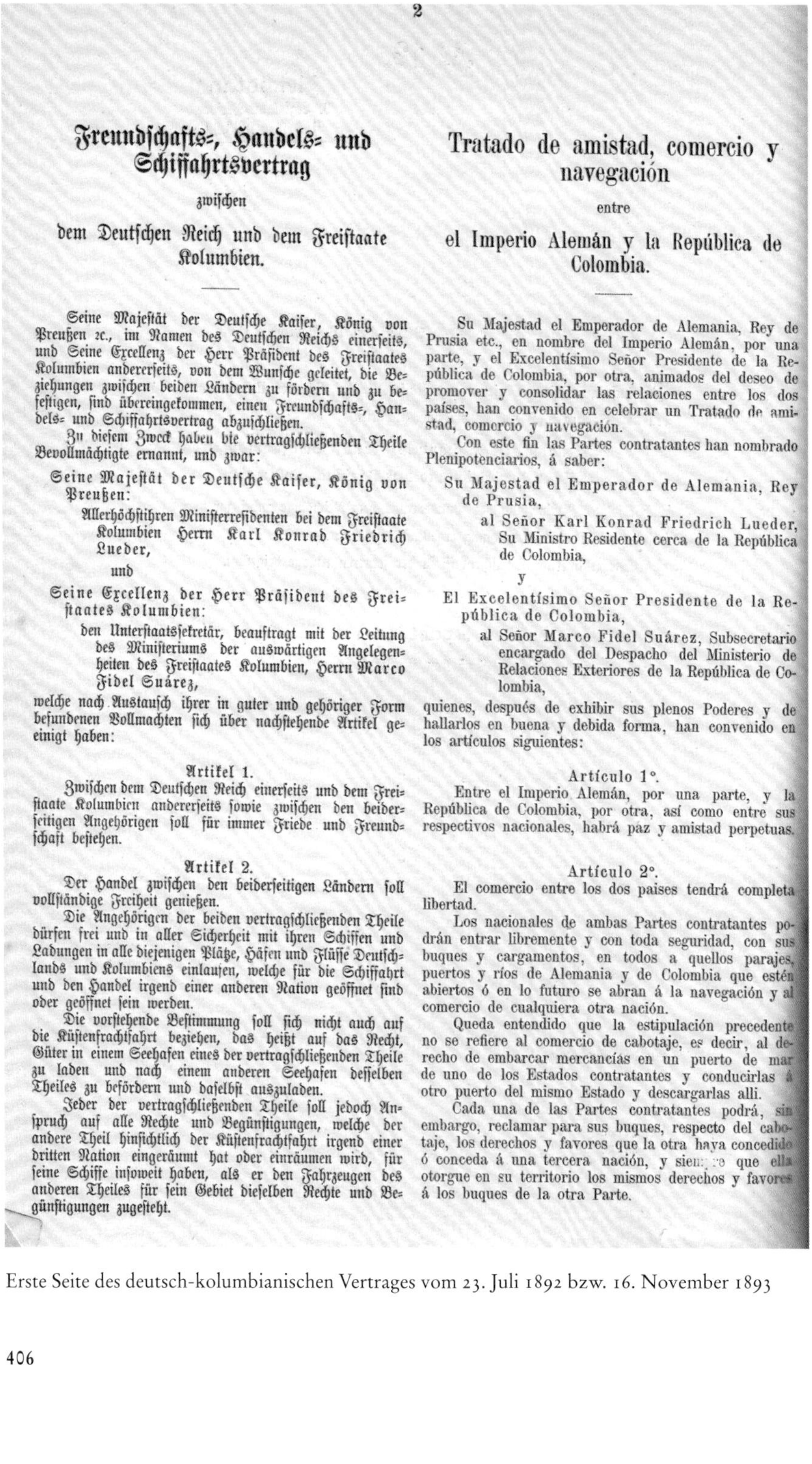

2

Freundschafts-, Handels- und Schiffahrtsvertrag

zwischen

dem Deutschen Reich und dem Freistaate Kolumbien.

Seine Majestät der Deutsche Kaiser, König von Preußen ꝛc., im Namen des Deutschen Reichs einerseits, und Seine Excellenz der Herr Präsident des Freistaates Kolumbien andererseits, von dem Wunsche geleitet, die Beziehungen zwischen beiden Ländern zu fördern und zu befestigen, sind übereingekommen, einen Freundschafts-, Handels- und Schiffahrtsvertrag abzuschließen.

Zu diesem Zweck haben bie vertragschließenden Theile Bevollmächtigte ernannt, und zwar:

Seine Majestät der Deutsche Kaiser, König von Preußen:

Allerhöchstihren Ministerresidenten bei dem Freistaate Kolumbien Herrn Karl Konrad Friedrich Lueder,

und

Seine Excellenz der Herr Präsident des Freistaates Kolumbien:

den Unterstaatssekretär, beauftragt mit der Leitung des Ministeriums der auswärtigen Angelegenheiten des Freistaates Kolumbien, Herrn Marco Fidel Suárez,

welche nach Austausch ihrer in guter und gehöriger Form befundenen Vollmachten sich über nachstehende Artikel geeinigt haben:

Artikel 1.

Zwischen dem Deutschen Reich einerseits und dem Freistaate Kolumbien andererseits sowie zwischen den beiderseitigen Angehörigen soll für immer Friede und Freundschaft bestehen.

Artikel 2.

Der Handel zwischen den beiderseitigen Ländern soll vollständige Freiheit genießen.

Die Angehörigen der beiden vertragschließenden Theile dürfen frei und in aller Sicherheit mit ihren Schiffen und Ladungen in alle diejenigen Plätze, Häfen und Flüsse Deutschlands und Kolumbiens einlaufen, welche für die Schiffahrt und den Handel irgend einer anderen Nation geöffnet sind oder geöffnet sein werden.

Die vorstehende Bestimmung soll sich nicht auch auf die Küstenfrachtfahrt beziehen, das heißt auf das Recht, Güter in einem Seehafen eines der vertragschließenden Theile zu laden und nach einem anderen Seehafen desselben Theiles zu befördern und daselbst auszuladen.

Jeder der vertragschließenden Theile soll jedoch Anspruch auf alle Rechte und Begünstigungen, welche der andere Theil hinsichtlich der Küstenfrachtfahrt irgend einer dritten Nation eingeräumt hat oder einräumen wird, für seine Schiffe insoweit haben, als er den Fahrzeugen des anderen Theiles für sein Gebiet dieselben Rechte und Begünstigungen zugesteht.

Tratado de amistad, comercio y navegación

entre

el Imperio Alemán y la República de Colombia.

Su Majestad el Emperador de Alemania, Rey de Prusia etc., en nombre del Imperio Alemán, por una parte, y el Excelentísimo Señor Presidente de la República de Colombia, por otra, animados del deseo de promover y consolidar las relaciones entre los dos países, han convenido en celebrar un Tratado de amistad, comercio y navegación.

Con este fin las Partes contratantes han nombrado Plenipotenciarios, á saber:

Su Majestad el Emperador de Alemania, Rey de Prusia,

al Señor Karl Konrad Friedrich Lueder, Su Ministro Residente cerca de la República de Colombia,

y

El Excelentísimo Señor Presidente de la República de Colombia,

al Señor Marco Fidel Suárez, Subsecretario encargado del Despacho del Ministerio de Relaciones Exteriores de la República de Colombia,

quienes, después de exhibir sus plenos Poderes y de hallarlos en buena y debida forma, han convenido en los artículos siguientes:

Artículo 1°.

Entre el Imperio Alemán, por una parte, y la República de Colombia, por otra, así como entre sus respectivos nacionales, habrá páz y amistad perpetuas.

Artículo 2°.

El comercio entre los dos paises tendrá completa libertad.

Los nacionales de ambas Partes contratantes podrán entrar libremente y con toda seguridad, con sus buques y cargamentos, en todos a quellos parajes, puertos y ríos de Alemania y de Colombia que estén abiertos ó en lo futuro se abran á la navegación y al comercio de cualquiera otra nación.

Queda entendido que la estipulación precedente no se refiere al comercio de cabotaje, es decir, al derecho de embarcar mercancías en un puerto de mar de uno de los Estados contratantes y conducirlas á otro puerto del mismo Estado y descargarlas allí.

Cada una de las Partes contratantes podrá, sin embargo, reclamar para sus buques, respecto del cabotaje, los derechos y favores que la otra haya concedido ó conceda á una tercera nación, y siem[illegible]re que ella otorgue en su territorio los mismos derechos y favores á los buques de la otra Parte.

Erste Seite des deutsch-kolumbianischen Vertrages vom 23. Juli 1892 bzw. 16. November 1893

kretär Marschall von Bieberstein statt. Außerdem erreichte man im März 1893 die Einsetzung einer Reichstagskommission, die trotz starker Einwände hanseatischer Abgeordneter schließlich die Annahme des Vertrags empfahl. Und schließlich führten die von Marschall initiierten Gespräche zu der abmildernden Übereinkunft mit Bogotá, daß der deutsche Konsul eingeschaltet werden mußte, wenn Deutsche mit der kolumbianischen Polizei und Justiz in Schwierigkeiten gerieten.[89]

Mit diesen Verbesserungen war der Boden für die Plenumsdebatte am 2. Dezember 1893 bereitet. Warum nicht ein hanseatischer Abgeordneter wie der freisinnige Bremer Kaufmann Hermann Frese, der nach der Wahl von 1893 in den Reichstag eingezogen war, den Vertrag öffentlich erläuterte,[90] sondern Jebsen, mag mit dessen allgemein bekannter Unterstützung des Abkommens zu tun gehabt haben. Weder in seiner Privat- und Geschäftskorrespondenz noch bei einem öffentlichen Auftritt hatte Jebsen sich negativ über den Vertrag geäußert, so daß er von Anfang an zu den Befürwortern der Vereinbarung gehört haben wird. Seine Position, die in der Nationalliberalen Partei nicht unumstritten war, erschließt sich aus dem Redebeginn, als er zugestand, daß »(v)on meinen politischen Freunden (…) auch heute noch einige gegen« die ersten beiden Vertragsartikel seien und nicht begriffen, warum Deutschland so viele Konzessionen beim Rechtsschutz für Deutsche in Kolumbien gemacht habe. Für die Annahme des Vertrags führte er zwei Gründe an: Zum einen verwies er auf den existierenden Handelsvertrag mit Mexiko, der »genau nach dem Wortlaut so besteht«, und auf das zukünftige Problem für die deutsche Regierung bei einem Vertrag mit einer anderen südamerikanischen Republik, »wenn sie auf die Streichung dieses Paragraphen bestehen würde«. Außerdem machte er deutlich, daß durch den Zusatzparagraphen – also den Notenwechsel mit Außenminister Suárez – Deutschen die Meistbegünstigung beim Schadenersatz durch die kolumbianische Regierung gewährt sei. Zum anderen führte er den Panamerikanismus der USA an, die danach strebten, Südamerika durch Handelsverträge mit der Losung »Amerika für die Amerikaner« an sich zu binden. Diese komplexen juristisch-politischen und außenwirtschaftlich-politischen Gründe waren sicherlich in der Kommission von den Befürwortern des Vertragswerks vorgebracht und von Jebsen übernommen worden. Obwohl er zugab, »daß der Vertrag wohl besser sein könnte«, hielt er eine erneute Rückverweisung in eine Kommission für

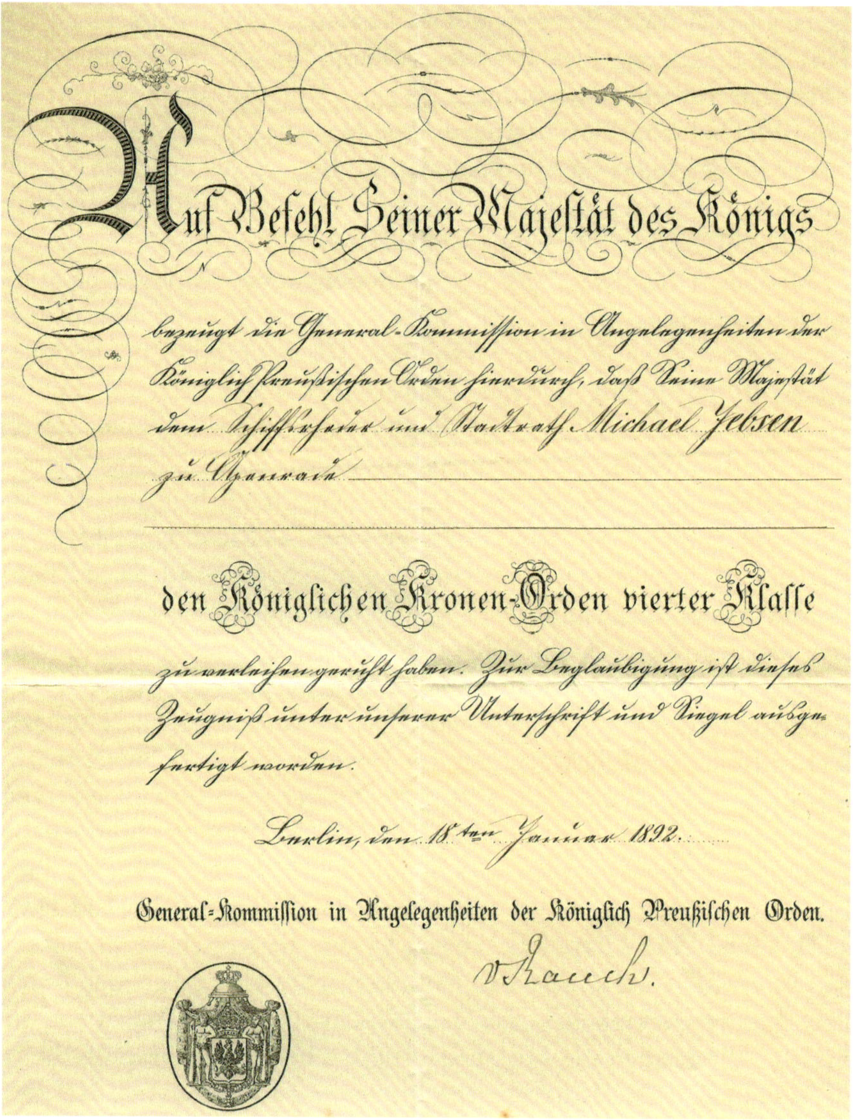

Auf Befehl Seiner Majestät des Königs

bezeugt die General-Kommission in Angelegenheiten der Königlich Preußischen Orden hierdurch, daß Seine Majestät dem Schiffsrheder und Stadtrath Michael Jebsen zu Apenrade

den Königlichen Kronen-Orden vierter Klasse

zu verleihen geruht haben. Zur Beglaubigung ist dieses Zeugniß unter unserer Unterschrift und Siegel ausgefertigt worden.

Berlin, den 18ten Januar 1892.

General-Kommission in Angelegenheiten der Königlich Preußischen Orden.

v. Rauch.

Urkunde zur Verleihung des Königlichen Kronenordens vierter Klasse an Michael Jebsen vom 18. Januar 1892

unnötig – ein klares Zeichen, daß bereits breiter Konsens erzielt worden war. Sein Antrag auf Abstimmung im Plenum führte zu dem Ergebnis, daß alle 26 Artikel des Vertrags mit Mehrheit genehmigt werden und damit in Kraft treten konnten.[91]

Sowohl der Bürgerkrieg in Chile (1891) als auch der Handelsvertrag mit Kolumbien (1892/93) hatten deutlich gemacht, daß die deutsche Kaufmannschaft – viel stärker als in früheren Jahren – nach dem Schutz ihrer überseeischen Interessen durch den Staat und seinen militärischen Machtmitteln in Form der Kriegsmarine verlangte. Angespornt durch das Vorbild der britischen und französischen Flotten, die seit Jahrzehnten die globalen außenwirtschaftlichen Interessen und kolonialen Unternehmungen ihrer Länder mit Waffengewalt sicherten, forderten in den 1890er Jahren deutsche Handelshäuser eine solche Unterstützung von ihrer Regierung. Mit der Umwandlung Deutschlands in einen Industriestaat und der damit verbundenen steigenden Exportorientierung der deutschen Volkswirtschaft, die von der Zoll- und Handelspolitik des neuen Reichskanzlers von Caprivi begleitet und aktiv unterstützt wurde, stiegen auch die Erwartungen des Außenwirtschaftssektors an die machtpolitisch-militärische Präsenz des Deutschen Reichs in solchen Regionen, die sukzessive in den globalen Welthandel einbezogen wurden. Weil Jebsen mit seiner Expertise sowohl für Südamerika als auch für Ostasien eine relevante Rolle im Reichstag spielte, lag es auf der Hand, daß er sich außer in Fragen der Handelsschifffahrt auch in der Marinepolitik bald zu Wort meldete. Auf diese Weise unterstützte er aktiv die außenwirtschaftlich-politischen Interessen der deutschen Handels-, Schiffahrts- und Schiffbauindustrie.

In der Marinepolitik

Mit der Erwerbung deutscher Kolonien und dem steigenden Überseehandel deutscher Firmen auf den globalen Märkten war die Bedeutung der Marine bereits in den 1880er Jahren stärker in das öffentliche Blickfeld gerückt. Doch bildete das persönliche Engagement des jungen Kaisers Wilhelm II. für den Ausbau der Marine den entscheidenden Auslöser für ein aktiveres Schiffbauprogramm. Das Schwergewicht lag auf dem Bau von Kreuzern, die den Handel schützen und die Küste im Krieg verteidigen sollten. Allerdings war diese Konzeption zunehmend unter den Druck einer international geführten Debatte geraten, die den verstärkten Bau von Schlachtschiffen zur Sicherung von Seeherrschaft in Konfliktfällen empfahl. Dieser Diskussion wich Vizeadmiral Friedrich Hollmann, seit 1890 Staatssekretär des Reichsmarineamts und Vertrauter des Kaisers, jedoch aus und setzte weiterhin auf ein umfassendes Bauprogramm von Kreuzern verschiedener Typen, ohne ein klares Konzept für deren Einsatz im Friedens- und Kriegsfall vorzulegen. Diese Planlosigkeit, verbunden mit Hollmanns Unvermögen, den Reichstag von den steigenden Forderungen seiner Verwaltung zu überzeugen, hatte bei der Debatte um den Marineetat für 1891/92 zu rigorosen Streichungen geführt. Im Folgejahr stand die Diskussion unter dem Eindruck des erfolgreichen Einsatzes des Kreuzergeschwaders in Chile und den anhaltenden Forderungen Hamburger Wirtschaftskreise nach militärischem Schutz des Überseehandels.[92]

Vizeadmiral Friedrich Hollmann (1842–1913), Staatssekretär des Reichsmarineamts, 1906

Angesichts dieser Situation sah Jebsen sich veranlaßt, aktiver in die Debatte einzugreifen. Entscheidender Auslöser war offenbar ein an ihn persönlich gerichteter Vorschlag seines Geschäftspartners Georg Howaldt, Kieler Werftbesitzer und Produzent zahlreicher seiner Dampfer, über mögliche Kosteneinsparungen beim Bau von Kriegsschiffen. Damit sollten die von der Werftindustrie befürchteten größeren Streichungen im geplanten Marineetat für 1892/93 aufgefangen werden. Jebsen kündigte Anfang 1892 an, sich in die Budgetkommission wählen zu lassen und in dieser Sache das Wort zu ergreifen, »da eine Erörterung in den Kommissionssitzungen nur allein erfolgreich sein würde, während Reden im Plenum gegen Kommissionsbeschlüsse gehalten, gewöhnlich zwecklos sind«. Er versprach, auch den Kieler Freisinnigen Abgeordneten Albert Hänel, mit dem er »ganz freundschaftlich« verkehre, zu bewegen, die Kommissionsmitglieder seiner Partei in dieser Richtung zu beeinflussen.[93] Aus diesen Äußerungen wird die große Bedeutung der Ausschüsse (Fachkommissionen) für die Parlamentsarbeit ersichtlich: Besonders der einflußreiche Haushaltsausschuß (Budgetkommission) nahm mit seinen Entscheidungen und dem anschließend geübten Fraktionszwang viele

Plenumsabstimmungen vorweg. Nach Darstellung des Verfassungshistorikers Ernst Rudolf Huber habe sich die eigentliche parlamentarische Arbeit im damaligen Reichstag noch nicht aus dem Plenum überwiegend in die Ausschüsse verlagert, doch sei die Ausschußtätigkeit im Kaiserreich von wachsender Bedeutung gewesen.[94] Jebsens Schilderung vermittelt einen Eindruck von der Wichtigkeit der Beratungen und Beschlüsse der Kommissionen, in denen die entscheidenden Weichen für das anschließende Stimmverhalten der Fraktionen im Plenum gestellt wurden.

Am 9. Februar 1892 wurde Jebsen offiziell in die 28-köpfige Budgetkommission aufgenommen und nahm am Folgetag erstmals an einer Sitzung über den Marineetat 1892/93 teil. Um sich sachverständig äußern zu können, beteiligte er sich erst acht Tage später an der Diskussion. Im Vorfeld hatte er sich bei Howaldt nach der Beschäftigtenzahl seiner Werft und den Ausgaben für werkseigene Arbeiterwohnungen erkundigt. Laut Statistik beschäftigten die Howaldtswerke 1892 durchschnittlich 991 Arbeiter, während die beiden benachbarten Großwerften Germania und die Kaiserliche Werft im Durchschnitt rund 1200 bzw. 3800 Arbeiter aufwiesen. Seit Anfang der achtziger Jahre hatte Howaldt in der Nähe seines Unternehmens Arbeiterwohnungen für Familien mit fünf bis sechs Kindern bauen lassen, womit er dem Vorbild der Firma Krupp in Essen folgte.[95] Weil auch das Reichsmarineamt den Bau von Zweifamilienhäusern in der Nähe der Kaiserlichen Werft vorantrieb, um seinen Kieler Arbeitern lange Anfahrwege zu ersparen, waren in den neuen Etatplan hohe Summen für den Bau von Zweifamilienhäusern eingestellt worden. Jebsen bat Howaldt um Zusendung von Plänen seiner Arbeiterwohnungen und schließlich auch um den genauen Durchschnittspreis für jedes Arbeiterhaus, um in der Budgetkommission »den Herren der Marine durch Zahlen beweisen zu können, daß viel zu teuer gebaut wird«.[96] So war der Boden bereitet, als der Kommission am 18. Februar 1892 der Regierungsantrag vorlag, die Zahl der Marinebeamten auf den Kaiserlichen Werften zu erhöhen. Jebsen reagierte zurückhaltend und wies auf den viel niedrigeren Personalbedarf von Privatwerften hin. Doch fruchtete sein Argument nichts: Staatssekretär Hollmann hielt einen solchen Vergleich für »ganz unmöglich« und hob hervor, kein Interesse an überflüssigem Personal zu haben. Zwei Tage später hatte Jebsen Gelegenheit, seine anderen von Howaldt erhaltenen Informationen zu verwenden. Auf die Forderung der Marinevertreter nach Extramitteln für den Bau von Arbeiterwohnungen der Kaiserlichen

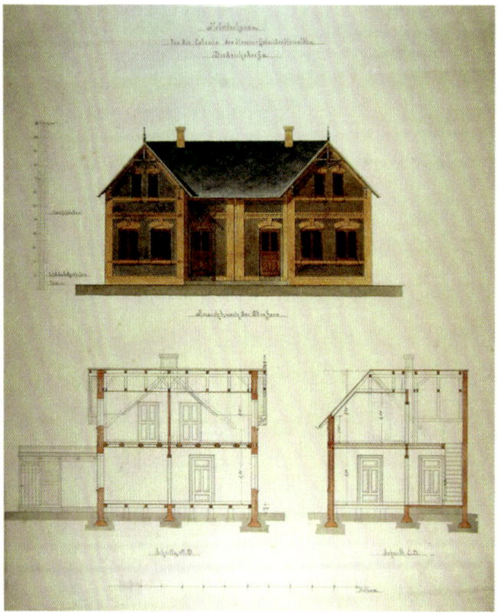

Oben: Arbeitersiedlung der Gebrüder Howaldt in Dietrichsdorf im Bau, um 1883
Links: Plan eines Arbeiterhauses der Siedlung in Dietrichsdorf, um 1883

Werft in Kiel reagierte er zustimmend und machte auf Howaldt aufmerksam, der in der Stadt »für Arbeiter *gute* Wohnungen« zu geringen Kosten gebaut habe. Die Abgeordneten folgten seiner Befürwortung und nahmen den Etattitel einstimmig an.[97]

Wenig später debattierte man die Forderungen des Reichsmarineamts nach Schiffsneubauten. Dazu zählte auch die im Vorjahr abgelehnte Kreuzerkorvette K, ein kleineres Fahrzeug mit Panzerdeck für den Kreuzerkrieg gegen Handelsschiffe, für das die Vulcan-Werke in Stettin die Baupläne geliefert hatten. Jebsen setzte sich stark für die Anschaffung ein und gab auch nicht auf, nachdem er in der Kommission überstimmt wurde. Mit der umstrittenen Korvette beschäftigte sich am 29. Februar 1892 eine endlose Debatte im Plenum des Reichstags, in deren Verlauf wenig sachverständige Laien lang und breit die Möglichkeit und den Wert des Kreuzerkrieges erörterten. Nachdem sogar Reichskanzler von Caprivi persönlich für den Neubau plädiert hatte, stellte Jebsen sich demonstrativ hinter seinen Vorredner und forderte erneut den Bau dieses schnelleren und mit einer größeren Offensivkraft versehenen Schiffes, um »unsere Marine, wie es wohl dem Deutschen Reich gebührt, repräsentieren zu können, ebenso bei auswärtigen Unruhen im Auslande uns Respekt zu verschaffen, und im Kriegsfalle unseren Handel und unsere Schiffahrt zu schützen, sowie den Feind nach Möglichkeit zu schädigen«. Er schilderte seine Erfahrungen von 1862/63, als sein Segler *Mazatlan* von einem mexikanischen Gouverneur zwangsweise für Truppentransporte benutzt worden und kein deutsches Kriegsschiff zur Hilfe gekommen war. Als geradezu peinlich empfand er das derzeitige Erscheinungsbild der Marine mit »diesen alten Kasten« (sic!). Wie wenig er über den wirklichen Zustand der Flotte Bescheid wußte, machte seine freimütige Äußerung deutlich, möglicherweise als Schiffsunkundiger, der nichts von der Marine verstehe, hingestellt zu werden. Mit diesem Eingeständnis fiel es seinem freisinnigen Kollegen Heinrich Rickert leicht, Jebsen seinen »etwas zu idealen Standpunkt« vorzuwerfen und ihm die weitaus größere Bedeutung der Armee gegenüber der Marine deutlich zu machen: »Sie scheinen mir doch ein kleiner Schwärmer zu sein, der etwas mehr mit den realen Verhältnissen rechnen müßte.«[98]

Noch härter in seiner Kritik an Jebsen war Eugen Richter, der bekannte Führer der Freisinnigen Partei, der sich in den Marinedebatten stets als scharfer Opponent des Reichsmarineamts und damit auch der Pläne des Kaisers erwiesen hatte. Jebsen schien ihm geradezu die Verkörperung des Regierungskurses zu sein und durch seine Expertise als Schiffsreeder ein gefährlicherer Widersacher als andere Fürsprecher der amtlichen Marinepläne. In der Debatte am 1. März 1892 wies er vehement Jebsens Vorstellung zurück, daß die Flotte zum Schutz deutscher Handelsschiffe und zum Angriff auf feindliche Handelsschiffe eine wichtige Rolle spielen könne. Er verwahrte sich gegen den Ausdruck »alte Kasten« für Kriegsschiffe, die zum Teil höchstens dreizehn Jahre alt waren, und fragte laut, ob Jebsen überhaupt so bewandert sei in der Marine, wie es nach der Sicherheit seines Auftretens scheinen könne. Jebsen meine wohl, »daß mit seinem Eintritt in den Reichstag die Weltgeschichte erst anfängt, und daß überhaupt die Marineentwicklung erst beginnt«.[99] Der so Angegriffene sah sich am Folgetag zur Replik herausgefordert, in der er sich als alten Seemann bezeichnete, der einen nicht so sehr parlamentarischen Ausdruck gebraucht habe. Trotz dieses Eingeständnisses beharrte Jebsen darauf, daß keines der gegenwärtigen Schiffe den geplanten Neubauten gleichkomme, und kündigte an, auch weiterhin für den Bau der Kreuzerkorvette K eintreten zu wollen. Bei der nachfolgenden Abstimmung kam aber erwartungsgemäß keine Mehrheit zustande, so daß die beantragten zwei Millionen Mark als erste Rate für den Bau dieses Schiffes gestrichen wurden.[100]

Daß Jebsen kein vorbehaltloser Verfechter von Regierungspositionen in der Marinepolitik war, kam wenig später zum Ausdruck, als es um den Bau von zwei großen Trockendocks auf der Kaiserlichen Werft in Kiel ging, wo größere Küstenpanzerschiffe entstehen sollten. Dafür war die sehr hohe Summe von rund siebzehn Millionen Mark veranschlagt. Auch in diesem Falle hatte sich Jebsen, um sachkundig zu sein, vorher bei Howaldt über solche Anlagen erkundigt und ihn gebeten, »mir womöglich baldigst mitzuteilen, ob die jetzt dort oder in Wilhelmshaven bestehenden Docks imstande sind, die jetzt im Bau begriffenen Panzerschiffe, deren Dimensionen mir nicht bekannt sind, aufzunehmen«.[101] Mit der Expertise des Schiffsbauers versehen, bezeichnete er in der Kommissionssitzung am 20. Februar 1892 die vorhandenen Trockendocks als »hinreichend« und empfahl den Bau von billigeren Schwimmdocks. Sein Votum gab den Ausschlag für die einstimmige Ablehnung des Etattitels – eine klare Niederlage für Staatssekretär Hollmann.[102] Auch im Plenum am 1. März 1892 beurteilte Jebsen diese Pläne als voreilig und zum jetzigen Zeitpunkt als unnötig. So fiel dieser Posten dem Rotstift zum Opfer, aber diesmal befand Jebsen sich auf derselben Linie wie die Budgetkommission und die Mehrheit des Reichstags.[103] Erneut war die allgemeine Konzeptionslosigkeit des Flottenbauprogramms deutlich geworden. In den bemerkenswerten Debatten über die Problematik des Kreuzerkrieges hatten die Abgeordneten aber nicht nur Kritik geübt, sondern sogar erstmals versucht, eigene Beiträge zur Klärung der strategischen Grundfragen zu liefern.[104]

Auch im Folgejahr hielt das Reichsmarineamt an seinen stereotyp vorgelegten Forderungen und übersteigerten Vorstellungen fest. Anfang 1893 waren die Aussichten noch schlechter als früher, weil gleichzeitig eine neue Militärvorlage vom preußischen Kriegsministerium eingebracht worden war, also größere Ausgaben für das Landheer anstanden. Am 30. Januar 1893 trat Jebsen erneut in die Budgetkommission ein und verfolgte die Debatte über den Marineetat. Als die Marineverwaltung wieder die Kreuzerkorvette K forderte, äußerte er, zwar wie im vorigen Jahr dafür zu sein, doch erst die Probe des Vorgängertyps J abwarten zu wollen. Es entspann sich eine lange Diskussion, bis dieser Etatposten mit achtzehn gegen vier Stimmen abgelehnt war.[105] Am Folgetag standen so wie im Vorjahr die Trockendocks in Kiel auf dem Etatplan. Obwohl Staatssekretär Hollmann argumentierte, daß die gegenwärtigen Docks selbst im Frieden nicht genügten und im Krieg zur Reparatur erheblich havarierter Schiffe benötigt würden, bezweifelte Jebsen deren Notwendigkeit in Friedenszeiten und sah auch im Kriegsfall keinen Nutzen darin, da havarierte Schiffe ein Jahr und länger zur Wiederherstellung brauchen würden. Auch sprach er sich aus Kostengründen für Schwimm- anstelle von Trockendocks aus. Nach kurzer Debatte lehnte die Kommissionsmehrheit den Etattitel ab.[106]

Schon an diesen Beispielen zeigte sich die Unfähigkeit Hollmanns, ein realistisches Marineprogramm mit klarer Zielsetzung zu entwerfen, das für die Parlamentarier akzeptabel war. Die wachsende öffentliche Kritik an seinen Plänen ließ sogar den Kanzler auf Distanz zum Marinechef gehen: Vor dem Reichstagsplenum bekannte Caprivi sich am 8. März 1893 zur reinen Defensivfunktion der Flotte mit der alleinigen Aufgabe, im Kriegsfall eine Blockade der deutschen Küsten zu verhindern; für diesen Zweck verlangte er den Bau von neuen Panzerschiffen, Kreuzern und Torpedoschiffen. Zwar waren das neue Töne von Regierungsseite, doch war die Mehrheit des Hauses zu sehr mit dem Streit um die Heeresvorlage beschäftigt, um längere Debatten über die Marine zu führen. Unmittelbar nach dem Kanzler ergriff Jebsen das Wort, der seinem Vorredner zwar prinzipiell zustimmte, aber gleichzeitig ankündigte, sich diesmal der Budgetkommission in ihrem negativen Votum über die Kreuzerkorvette K anschließen zu wollen. Vorsichtige Kritik an der Konzeption Hollmanns kam zum Ausdruck, als er – wie zuvor in der Kommission – zum Abwarten riet, um zunächst Erfahrungen mit dem Vorgängertyp dieses Schiffes zu machen und anschließend über den Bau der Korvette K zu entscheiden. Allerdings stellte er klar, »daß wir solche Kreuzer brauchen, steht außer Zweifel«. Bei der Abstimmung befand er sich unter der Mehrheit des Reichstags, die erneut diese Forderung ablehnte. Da auch viele andere Posten – darunter wieder die Trockendocks für Kiel – gestrichen wurden, bedeuteten die Etatberatungen vom Frühjahr 1893 einen neuen Tiefpunkt im Verhältnis zwischen Parlament und Marine.[107]

Nationalliberale Aufbrüche

Kurz nach der Reichstagswahl von 1890 hatte der *Neue Apenrader Anzeiger* die »reichstreuen Wähler« und besonders ihre politischen Führer ermahnt, sich in Zukunft den Wahlkampf des dänischgesinnten Abgeordneten Gustav Johannsen zum Vorbild zu nehmen. Dieser sei mit großer

Carl Sattler (1850–1906)

Energie angetreten, habe an vielen Orten Reden gehalten und zu einer regen Wahlbeteiligung aufgerufen.[108] Ein solcher Appell traf tatsächlich den Nerv der Nationalliberalen als Honoratiorenpartei, die sich nur langsam dem modernen Parteibetrieb öffnete und angesichts ihrer empfindlichen Niederlage und des drastischen Bedeutungsverlusts nach 1890 darüber diskutierte, wie mehr Organisation und Aktivität im Vorfeld von Wahlkämpfen entfaltet werden konnten. Damit standen die Nationalliberalen nicht allein, denn alle nichtsozialistischen Parteien waren gezwungen, sich dem Organisationsstil der SPD und der Massenbewegungen anzugleichen, um erfolgreich konkurrieren zu können. In der pluralisierten Massengesellschaft des Kaiserreichs, die sich am Ende des 19. Jahrhunderts immer stärker zu entwickeln begann, waren Zentralisierung und Organisation der Parteiarbeit mit Hilfe eines Apparats notwendig, um in Berlin und in den einzelnen Wahlkreisen vor Ort präsent zu sein und sichtbar wie hörbar zu verschiedensten Angelegenheiten Stellung zu nehmen. In Schleswig-Holstein unternahm der Provinzparteitag der Nationalliberalen am 2. November 1890 in Neumünster dazu erste Schritte. Weil man die SPD als große Gefahr sah, wurde zur Bildung eigenständiger nationalliberaler Ortsvereine aufgerufen: Nur durch den konsequenten Aufbau einer Parteiorganisation seien Erfolge künftig noch möglich, ließ der Vorsitzende Joseph Peters wissen.[109]

Nationalliberale Fraktionskollegen schlugen kurz darauf Jebsen vor, den Berliner Staatsarchivdirektor Dr. Carl Sattler, der für die Partei bis 1888 im Reichstag gesessen hatte, Ende Dezember 1890 zu einem Vortrag nach Flensburg einzuladen. Offenbar sollte damit die Gründung eines Ortsvereins initiiert werden. Wie Jebsen an seinen Vorgänger Gottburgsen schrieb, solle »auch in unserer Provinz etwas mehr für die nationalliberale Sache« getan werden.[110] Sattler galt als willensstarker Mann, der jedes Fraktionsmitglied genau kannte und breites politisches Wissen und redne-

Heinrich Christian Kallsen (1852/3–1908)

Christian Voigt, Handelsschullehrer in Flensburg

risches Talent besaß.[111] Tatsächlich entstand in Flensburg am 7. März 1891 ein nationalliberaler Wählerverein, der sich die Förderung des politischen Lebens im Wahlkreis Apenrade-Flensburg zum Ziel setzte. Vorsitzender wurde Gymnasiallehrer Conrad Metger, im weiteren Vorstand saßen Jebsen, die Rechtsanwälte E. Bong-Schmidt und Semann, der Reismühlenbesitzer und Handelskammervorsitzende Heinrich Christian Kallsen sowie Handelsschullehrer Christian Voigt. Bis zum Herbst 1891 zählte man 97 Mitglieder und schloß sich einige Monate später dem neuen Berliner Zentralvorstand an. Wie anderswo beschränkte sich der Verein auf die Aufstellung des Kandidaten und die Organisation des Wahlkampfes. Zwischen den Wahlen trat er kaum in Erscheinung und war deshalb für die Wahlen wenig gerüstet. Um so notwendiger erschien die Neuorganisation der Partei auf zentraler Ebene: In Berlin hatten Vertreter der nationalliberalen Reichstags- und Landtagsfraktion 1892 das erste Parteistatut ausgearbeitet. Eine von der Fraktion unabhängige Parteileitung entstand, der sogenannte Zentralvorstand, dem Delegierte der Landes- und Provinzialleitungen sowie Vertreter der Fraktionen angehörten. Damit war ein innerparteiliches Gremium entstanden, das die Nationalliberalen von Berlin aus zentral führte und repräsentierte.[112]

Als die Partei am 28. Februar 1892 ihr fünfundzwanzigjähriges Jubiläum beging, war Jebsen beim Festessen im Berliner Hotel Kaiserhof

Das repräsentative Fotoalbum der Nationalliberalen Reichstagsfraktion mit dem Wappen des Deutschen Reiches

dabei. Wie er in seinem Tagebuch festhielt, waren außer den meisten Mitgliedern des Reichstags und preußischen Landtags auch frühere Abgeordnete wie der Bremer Reeder Hermann Heinrich Meier, Gründer des Norddeutschen Lloyd, und der jüdische Hamburger Rechtsanwalt Isaac Wolfson anwesend. Die Festrede hielt der führende Nationalliberale Rudolf von Bennigsen »und zwar wie immer hervorragend schön, die mit großer Begeisterung aufgenommen wurde«. Der Jurist Heinrich von Marquardsen würdigte in seiner Ansprache Bennigsen als »Begründer des Nationalliberalen Vereins und Wegbahner zur wiedererrungenen Einheit der Nation« und fand für den prominenten Politiker weitere lobende Worte, die von Jebsen mitgeschrieben wurden.[113] Zum Jubiläum war eine Gedächtnisschrift erschienen, in der die Partei sich rühmte, nach der Wahlschlappe von 1890 ihre Organisation gekräftigt und verbessert zu haben und selbstlobend feststellte: »(M)it ersichtlich wachsendem Vertrauen sammeln sich die Freunde des gemäßigten Liberalismus wieder um ihre Fahne.«[114] Im März 1892 ging deshalb aus Berlin der Mahnruf an alle nationalliberalen Mitglieder, besonders auf die Parteiorganisation zu achten, denn fester Zusammenschluß und ununterbrochene politische Tätigkeit und Wachsamkeit seien dringend geboten.[115]

Trotz solcher Appelle fiel es der Partei in Flensburg schwer, regelmäßig zugkräftige Veranstaltungen zu organisieren. Auch Jebsen fand kaum Zeit, sich dem Verein zu widmen, was sich Ende 1892 zeigte, als der Vorsitzende Metger ihn bat, einen kurzen Vortrag über seine Abgeordnetentätigkeit zu halten. Zu jener Zeit wurde die umstrittene Militärvorlage der Regierung in Parlament und Öffentlichkeit heiß diskutiert. Da Jebsen sich im Reichstag – wie seine Tagebücher ausweisen – mit vielen verschiedenen Themen beschäftigt hatte, fürchtete er, »dieser Aufgabe nicht recht gewachsen zu sein, und dann ist es ebenso langweilig, einem schlecht-

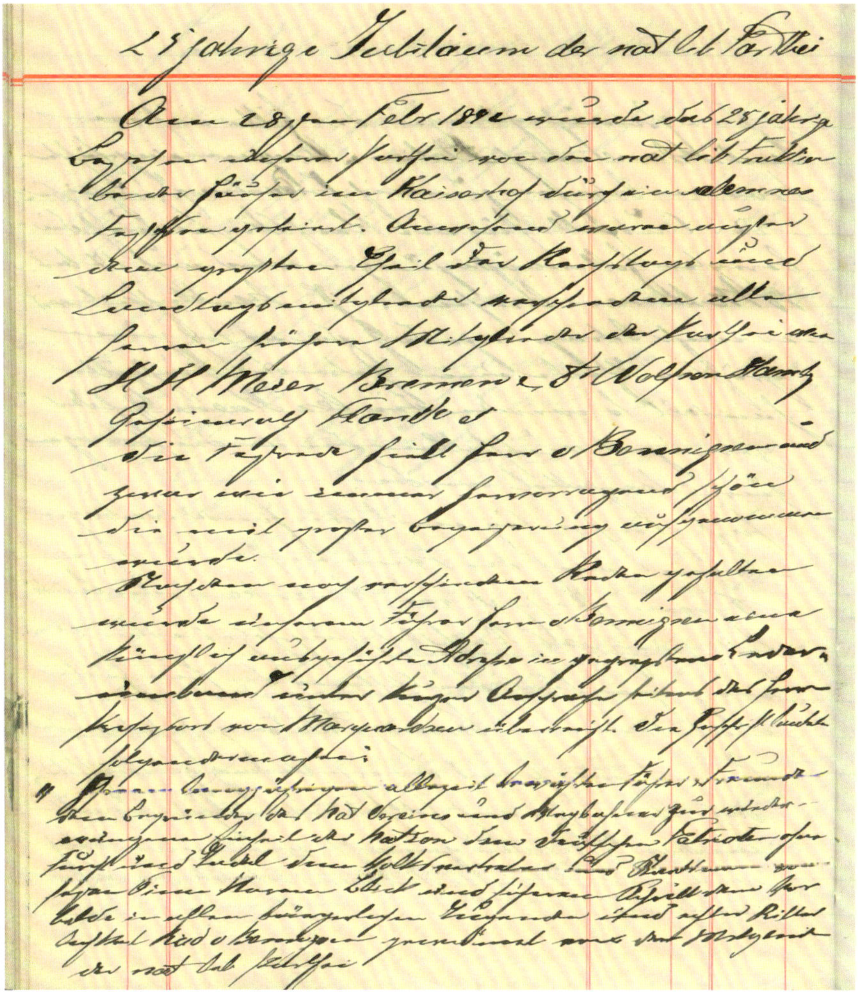

Eine Seite aus den politischen Tagebüchern von Michael Jebsen über das 25jährige Jubiläum der Nationalliberalen Partei am 28. Februar 1892

gehaltenen Vortrag über Sachen, die allgemein bekannt und genügend durchgedroschen sind, zuzuhören wie denselben zu halten, um so mehr jetzt, wo die Militärvorlage mit ihrem Anhang von neuen Steuern das ganze Interesse eines jeden Wählers jeglicher Schattierung so in Anspruch nimmt, daß alles andere Parlamentarische gänzlich in den Schatten gestellt wird.« Dennoch willigte er schließlich ein, »selbst auf Gefahr hin, mich ein wenig zu blamieren«.[116] Daß Jebsen am 10. Januar 1893 in Flensburg vor allem die Militärvorlage besprach, geht aus einem am Folgetag veröffentlichten Artikel in der *Flensburger Norddeutschen Zeitung* hervor.[117] Zwar wird der Redner nicht namentlich genannt, doch beschäftigte sich der Beitrag ausschließlich mit dieser Frage, die zum wichtigsten Wahlkampfthema von 1893 werden sollte.

Inzwischen hatte der parlamentarische Streit um die neue Militärvorlage den Kanzler bewogen, das Parlament zu schließen und Neuwahlen auszuschreiben. Die Krise war durch die Rede des preußischen Kriegsministers Karl von Kaltenborn-Stachau ausgelöst worden, der am 23. November 1892 mit einem Gesetzvorschlag auftrat, der fundamentale Neuerungen bei der Armee vorsah und dafür den größten Etat seit der Gründung des Reichs forderte. Angesichts der bedrohlich wirkenden politischen Annäherung Rußlands und Frankreichs, welche einen von Bismarck stets befürchteten Zweifrontenkrieg für Deutschland wahrscheinlicher machte, sollte die bisherige Dienstzeit von drei auf zwei Jahre verkürzt und auf diese Weise kurzfristig die Zahl der Rekruten und langfristig die der Reservisten erhöht werden. Darüber hinaus wollte man die Friedenspräsenzstärke um rund 72.000 Mann erhöhen, woraus sich bei Einrechnung der Unteroffiziere, der Einjährig-Freiwilligen und der Offiziere eine Gesamtstärke von rund 600.000 Soldaten ergab. Obwohl Caprivi die Vorlage mit einer zündenden Rede verteidigte und dabei auf das gemeinsame nationale Interesse an einer Stärkung der Wehrkraft appellierte, entbrannte in den Ausschußberatungen des Reichstags ein harter Kampf. Während die katholische Zentrumspartei, die linksliberale Freisinnige Partei und die SPD sich aus mehrerlei Gründen gegen den Antrag aussprachen, waren Konservative und Nationalliberale dafür. Eine Kompromißvorlage des Zentrumsabgeordneten Huene, der zum rechten Flügel seiner Partei zählte, sah eine geringere Erhöhung der Friedenspräsenzstärke auf nur knapp 480.000 Mann vor, was für die Reichsleitung annehmbar, aber der Mehrheit des Reichstags immer noch zu viel war. Die Ablehnung beider Vorlagen in einer Kampfabstimmung am 6. Mai 1893 beantwortete Caprivi mit der sofortigen Auflösung des Reichstags, um Neuwahlen und ein politisch anders zusammengesetztes Parlament zu erreichen.[118] Damit stand Jebsen vor der Entscheidung, ob er erneut für den Reichstag kandidieren sollte.

Die Wiederwahl von 1893

Nachdem als Wahltermin der 15. Juni 1893 feststand, begannen die Parteien hektische Vorbereitungen. War die gescheiterte Militärvorlage der unmittelbare Anlaß für die Neuwahlen gewesen, so daß dieses Thema den Wahlkampf zu beherrschen versprach, gaben auch andere Politikfelder genügend Zündstoff her, um den Wahlausgang an vielen Orten schwer vorhersehbar zu machen. Dazu zählte vor allem die umstrittene industriefreundliche Handelsvertragspolitik Caprivis, wegen der es zum Bruch zwischen der Reichsleitung und den Großagrariern gekommen war. Die zwischen 1891 und 1893 abgeschlossenen Handelsverträge hatten zur moderaten Senkung der deutschen Importzölle auf ausländische Agrarexporte und zu geringeren ausländischen Importzöllen auf deutsche Industrieprodukte geführt, was den zukünftigen Aufstieg Deutschlands als exportorientierte Industriemacht einleitete, aber eine massive Industrieförderung zu Lasten der deutschen Landwirtschaft bedeutete.
Der erbitterte Widerstand der Agrarier hatte Anfang 1893 zur Gründung des Bundes der Landwirte (BdL) als neuer Massenorganisation geführt, ein Ausdruck des »lang gewachsenen, latenten, populistischen und emotionalen Protestes des Landes gegen seine Überwältigung durch die Stadt« (Nipperdey) und durch die akute Getreidepreiskrise verstärkt und ausgelöst.[119] Die Organisation des Bundes übernahmen konservative Grundbesitzer, die den straff zentralisierten Verband bald zur unentbehrlichen Stütze der Deutschkonservativen Partei machten. Damit fand ein unübersehbarer Rechtsruck der Konservativen statt. Zur Wahl 1893 trat der BdL sogar mit einem eigenen politischen Programm an und postulierte darin als wichtigste Ziele den Sieg über die beiden freisinnigen Parteien und die Wirtschaftspolitik Caprivis. Die Unterstützung für Kandidaten wurde von der Verpflichtung abhängig gemacht, agrarische Forderungen vorbehaltlos zu unterstützen. So war der Wahlkampf erkennbar von der Furcht vor der zukünftigen Handelspolitik und weiteren Handelsverträgen geprägt. Als besonderes Schreckgespenst galt den Agrariern das angekündigte Handelsabkommen mit Rußland, das die Reichsleitung zur politischen Annäherung an St. Petersburg nutzen wollte. Die Landwirte befürchteten aber das massenhafte Einströmen billigen russischen Getreides und damit einen Preisverfall und den Ruin vieler bäuerlicher Existenzen.[120] Angesichts dieser Stimmung war es voraussehbar, daß der

Wahlkampf in einem Bezirk wie Apenrade-Flensburg mit einem starken Anteil bäuerlicher Bevölkerung zur besonderen Herausforderung für die Reichstagsbewerber werden würde.

In ihrem reichsweiten Wahlaufruf vom 9. Mai 1893 konzentrierte sich die Nationalliberale Partei auf die Militärvorlage, die sie trotz der bedeutenden finanziellen Belastungen für die Ehre und Machtstellung des Deutschen Reiches für notwendig hielt. Dagegen traten andere Ziele in den Hintergrund, beispielsweise Stärkung der städtischen und ländlichen Mittelklassen und Hilfe für Handwerker, Kaufleute und die von ausländischer Konkurrenz bedrohte Landwirtschaft.[121] Der achtköpfige Vorstand der schleswig-holsteinischen Nationalliberalen – darunter Jebsen und der Kieler Reeder August Sartori – ließ eine Woche später einen Aufruf veröffentlichen, der das, »(w)as die erprobten militärischen Sachverständigen gefordert, was die bedeutenden Männer unseres Volkes in gewissenhafter Prüfung als unbedingt notwendig für des Reiches Sicherheit erkannt haben«, zur Bewilligung empfahl. Zwar trat man klar für die Militärvorlage ein, doch blieben andere Themen unerwähnt. Der BdL rief erwartungsgemäß zur Unterstützung der Landwirtschaft auf und appellierte auch im Wahlkreis Apenrade-Flensburg an die Wähler, nur solchen Männern das Vertrauen auszusprechen, die fest zu den landwirtschaftlichen Forderungen ständen.[122]

Als am 18. Mai 1893 die Vertrauensmännerversammlung der Nationalliberalen und Freikonservativen in Flensburg stattfand, woran auch führende Mitglieder des BdL aus der agrarischen Hochburg Angeln teilnahmen, machte Jebsen deutlich, warum er wieder kandidieren wollte: »Die Landleute in Angeln, welche in unserem Wahlkreise den Ausschlag geben, sind sehr halsstarrig, die Flensburger sehen die Gefahr ein, daß, falls sie, d.h. die Angler nicht mitgehen, der Wahlkreis den Sozialdemokraten oder Dänen in die Hände fällt. Ziehe ich meine Kandidatur zurück, dann wird solches leider der Fall sein und ist zu hoffen, daß noch ein Kompromiß zustande kommt.«[123] Obwohl die Vertreter des BdL anfangs zögerten, Jebsen als gemeinsamen Kandidaten aufzustellen, war es offenbar dem persönlichen Einsatz der beiden Landräte Rasch und von Bonin zu verdanken, daß er schließlich von der Versammlung akzeptiert wurde. Das nationalliberale Programm habe bei den Agrariern Zustimmung gefunden, wie Jebsen von einem Vertrauensmann erfuhr, und damit auch seine erneute Kandidatur. So stand fest, daß die alten »Kartellparteien« in diesem, wie in vielen anderen Wahlkreisen, erneut gemeinsam antreten würden. Wie seit Jahren üblich, funktionierte auch diesmal die Absprache über einen nationalliberalen Reichstagskandidaten – Jebsen – und einen freikonservativen Landtagskandidaten – Bunzen.[124]

Michael Jebsen, um 1893

Zur gleichen Zeit erhielt Jebsen die Nachricht, daß die Freisinnigen in Flensburg einen eigenen Kandidaten aufstellen wollten, wenn der nationalliberale Bewerber sich nicht eindeutig zum Freihandelssystem, also zur Handelsvertragspolitik Caprivis bekennen würde. Angesichts der Ablehnung der Militärvorlage durch die freisinnige Reichstagsfraktion und des zahlenmäßigen Übergewichts ländlicher Wähler im Wahlkreis fiel Jebsen die Entscheidung nicht schwer. »Es galt somit«, hielt er fest, »sich entweder für den Beistand der Landleute oder der Freisinnigen zu entscheiden und läßt sich nicht leugnen, daß der Beistand der Ersteren dem der Letzteren vorzuziehen ist.« Mit dieser Festlegung war er aber gezwungen, sich eindeutig zur Kernfrage für die Landwirte, nämlich zum Schreckgespenst eines Handelsvertrags mit Rußland, klar zu äußern und dabei eine agrarfreundliche Haltung einzunehmen. Von zwei Mitgliedern des Flensburger Nationalliberalen Wählervereins unter Druck gesetzt, die zweifellos mit dem BdL in Verbindung standen, habe er »nach langem Sträuben diese Konzession« gemacht und sei »*contre cœur* [gegen das Herz] weiter gegangen«, als er beabsichtigt habe.[125] Wie er später wissen ließ, habe er »einigen der Herren Agrarier in Aussicht« gestellt, »daß ich mich eventuell bei der Abstimmung über den russischen Handelsvertrag meiner Stimme enthalten wollte«.[126]

Als er am 15. Mai 1893 seine Bereitschaft zu kandidieren bekanntgab, richtete er sein Programm auf die Wünsche der Landwirte aus. Im Falle seiner Wiederwahl versprach er, zwei noch unerledigte Gesetzesvorlagen zugunsten der Landwirtschaft zu unterstützen, und kündigte an, beim Handelsvertrag mit Rußland, dessen Verwirklichung ihm aber sehr zweifelhaft erschien, sich seine Entscheidung vorzubehalten, doch »darauf hinzuwirken, daß die deutschen, besonders die landwirtschaftlichen Interessen nicht geschädigt werden«. Erst an letzter Stelle sprach er von der Militärvorlage und bekannte sich zum Kompromißantrag Huenes, für den er gestimmt habe und auch zukünftig eintreten werde. Angesichts dieser Positionierung erklärte der Bund der Landwirte in Flensburg am 17. Mai 1893 seine Unterstützung für Jebsen »im Interesse der nationalen Sache«.[127]

Es lag auf der Hand, daß Jebsens agrarfreundlicher Kurs seinen politischen Widersachern genügend Angriffsfläche bot, um heftig polemisierend gegen ihn ins Feld zu ziehen. Besonders die Freisinnigen sahen ihre Stunde gekommen, obwohl die Spaltung der Partei zunächst als Nachteil erschien. Das Auseinanderfallen der Freisinnigen Partei war eine unmittelbare Folge der Abstimmung über die Militärvorlage, wobei sich eine pragmatische, regierungsfreundliche Minderheit zur Freisinnigen Vereinigung erklärt und eine doktrinäre, linksorientierte Mehrheit die Freisinnige Volkspartei gebildet hatte. Obwohl der Kieler Freisinnige Reichstagsabgeordnete Hänel zur Volkspartei hielt, schien es geboten, im Wahlkreis Apenrade-Flensburg mit einem Kandidaten anzutreten, der zumindest verbal für die Militärvorlage eintrat, um überhaupt eine Chance bei den ländlichen Wählern zu haben, und zudem Freihandelsprinzipien vertrat, die für die städtischen Wähler wichtig waren. So kam die Spaltung der Freisinnigen nicht zum Ausdruck, was sich am Fortbestehen des Flensburger Deutsch-Freisinnigen Vereins zeigte, der den pensionierten Hamburger Seminaroberlehrer Johannes Halben aufstellte – nach Jebsens Meinung ein »sehr gute(r) Griff«: Halben sei »ein gewitzter Volksredner, der bekanntlich der äußersten Linken angehöre, es aber fertigbringe wie ein Nationalliberaler zu reden, weil seine radikalen Ideen, die er – wenn gewählt – später im Reichstag zum Austrag bringen werde, in Flensburg und in Apenrade nicht angebracht seien.«[128] Mit Sorge beobachtete er, wie Halben auf Veranstaltungen für die Militärvorlage eintrat, freilich nicht, ohne Bedingungen an die Regierung zu stellen, und Jebsen zugleich als den »ärgste(n) Agrarier« brandmarkte. In dieselbe Kerbe hieben Gustav Johannsen, der Kandidat des Dänischen Wählervereins, und der Sozialdemokrat Heinrich Mahlke, die beide erneut ins Rennen gingen.[129] Angesichts dieser Konstellation zeigte Jebsen sich schon Anfang Juni 1893 ernüchtert: »Hätte ich eine Ahnung davon gehabt, daß die Sache sich so zuspitzen würde, dann hätte ich von vornherein die Kandidatur abgelehnt. Jetzt noch zurückzutreten geht leider nicht mehr, sondern muß man alles Schimpfen ruhig über sich ergehen lassen. In der Beziehung muß ein Parlamentarier dickfellig sein.«[130]

In Jebsens Augen war Halben mit seinem rhetorischen Talent und seiner taktischen Finesse der gefährlichste aller Gegenkandidaten. Der linksliberale Lehrer besaß gerade jene Eigenschaften, die Jebsen nicht hatte, was sich zu einem eklatanten Mangel im Wahlkampf zu entwickeln drohte, als deutlich wurde, daß Halben viel Anklang in den Städten fand und es nicht mehr ausgeschlossen war, daß die Freisinnigen und die Sozialdemokraten im ersten Wahlgang siegen könnten. Um so mehr erschien die Unterstützung des nationalliberalen Zentralvorstands in Berlin nötig: Das Angebot von Generalsekretär Albrecht Patzig, der als Redner und Organisator gelegentlich selbst in einzelne Wahlkämpfe eingegriffen hatte, nach Nordschleswig zu kommen, nahm Jebsen sofort an.[131] Damit traf er auf Widerstand beim Wahlvereinsvorsitzenden Metger, der befürchtete, daß Patzig einen exklusiv nationalliberalen Parteistandpunkt vertreten werde und damit die konservativ-agrarischen Wähler vor den Kopf stoßen könnte. Jebsen versprach daraufhin, Patzig entsprechend zu instruieren, nur für seine – Jebsens – Kandidatur einzutreten und nicht allein bei ihm aufzutreten, sondern auch bei Veranstaltungen des BdL in Angeln zu erscheinen: »Wenn es unbedingt erforderlich ist, werde ich auch noch zu allen bis jetzt für die Agrarier gebrachten Opfern auch noch das bringen, in Sterup, Sörup oder Gelting mich den Herren zu Füßen legen.«[132]

Allerdings stand fest, daß das Werben um die noch schwankenden städtischen Wähler wichtiger war, als die Gunst der Bauern zu suchen, die sich bereits auf Jebsen festgelegt hatten. In seiner Not wandte sich Jebsen an seinen Fraktionskollegen Dr. Friedrich Böttcher, der ebenso wie Patzig zum nationalliberalen Zentralvorstand gehörte und nach Jebsens Meinung ein ganz vorzüglicher Redner war.[133] Um so enttäuschender war die Antwort des Berliner Zentralbüros, das am 6. Juni 1893 wissen ließ, daß nur ein Pressemann kommen könne, weil die beiden gewünschten Redner anderswo gebraucht würden. Als auch diese Zusage vier Tage später sistiert wurde, machte Jebsen seinem Unmut über die mangelhafte Organisation der Partei deutlich Luft: »Eine solche Unkulanz uns gegenüber ist mir völlig unerklärlich«, schrieb er nach Berlin, denn es sei doch zu erwarten gewesen, »daß man uns, wie in zahlreichen anderen Wahlkreisen, mit einem Redner von dort aushelfen würde«.[134] Es zeigte sich, daß Jebsen über keine soliden Kontakte zu seiner Partei verfügte, um politischen Beistand zu bekommen, aber auch, daß die effektive Verklammerung zwischen Zentrale und Wahlkreisen bei den Nationalliberalen immer noch ein Manko war. Andererseits ist nicht zu übersehen, daß Jebsens Wiederwahl wegen der Unterstützung durch die Agrarier als relativ sicher galt, so daß die knappen Ressourcen der Partei in andere Wahlkreise gelenkt werden konnten.

Um dem freisinnigen Kandidaten die Stirn zu bieten, unternahm Jebsen beinahe verzweifelt wirkende Versuche, um zwei wichtige liberale Wählergruppen noch hinter sich zu bringen. Dem Innungsausschuß der Handwerker für die Stadt und den Kreis Apenrade versprach er, für die Förderung des Handwerks im Reichstag zu wirken, woraufhin der vereinigte Ausschuß in Flensburg am 10. Juni 1893 zur Wahl von Jebsen aufrief.[135] Die Flensburger Kaufmannschaft versuchte er, durch einen Eilbrief an einen nationalliberalen Vertrauensmann im preußischen Finanzressort zu gewinnen, in dem er das Ministerium bat, möglichst rasch und positiv auf eine Eingabe der Flensburger Handelskammer vom Januar 1893 zu antworten; in der Petition hatten die Kaufleute um gemischte Privattransitlager für Getreide ohne zollamtlichen Mitverschluß gebeten, um das Import-Export-Geschäft zu erleichtern.[136]

Wichtig waren auch die Auftritte in verschiedenen Orten, bei denen Jebsen Unterstützung von den Landräten Rasch und von Bonin sowie dem Apenrader Amtsvorsteher und Kreisdeputierten Rafael von Uslar-Gleichen erhielt, die damit als seine Wahlkampforganisatoren fungierten. Uslar leistete Überzeugungsarbeit, damit Jebsen dort auftrat, wo zuvor Halben gewesen war und besonders viele kritische Fragen auf den Kandidaten warteten. Das Engagement dieser drei Amtsträger, die aufgrund ihrer offiziellen Stellung zur Unterstützung der regierungsnahen Kandidaten verpflichtet waren, zeigte sich deutlich auf Versammlungen der Vertrauensmänner und des BdL. In Ansprachen setzten sie sich für Jebsen ein, während ihre Helfer Flugblätter und Stimmzettel austeilten und bei der Durchführung der Veranstaltungen halfen. Ob Jebsens Wiederwahl »letzten Endes wohl auf ihr Konto« ging, bleibt Spekulation, weil politische Sachfragen eine wichtige Rolle spielten. In seiner letzten Rede vor der Wahl am 13. Juni 1893 in Apenrade ging Jebsen explizit auf Vorwürfe von Halben ein, der ihn in polemischer Absicht als antireformerisch und nicht liberal orientiert hatte erscheinen lassen. »Überhaupt hätte man der freisinnigen Parteileitung in Flensburg wohl so viel Gefühl für das, was recht und gerecht ist, zutrauen können«, resümierte der *Neue Apenrader Anzeiger*, »daß sie Herrn Jebsen nicht wegen einiger Konzessionen an den Bund der Landwirte zu einem völligen Reaktionär stempelt.«[137]

Anders als drei Jahre zuvor gelang Jebsen diesmal kein haushoher Sieg in seiner Heimatstadt, doch war er mit 54 Prozent der Stimmen der klare Gewinner, gefolgt von Johannsen (31,9 Prozent), Mahlke (9,1 Prozent) und Halben (4,9 Prozent). Auch im Landkreis Apenrade büßte er Stimmen ein und blieb mit 28,7 Prozent erneut weit hinter dem Dänischen Wahlverein zurück, der mit 60,8 Prozent zwar ein hohes Ergebnis erzielt, aber im Vergleich zur Vorwahl fast zwanzig Prozent seiner Stimmen eingebüßt hatte. Wie zuvor waren die SPD (5,4 Prozent) und die Freisinnigen (5,1 Prozent) dort nur Außenseiter. Andersherum war es in der Stadt Flensburg, wo Mahlke mit 47,8 Prozent erneut hoch siegte und Jebsen mit 25,3 Prozent auf den zweiten Platz verwies. Halben erreichte dort mit 19 Prozent ein respektables Ergebnis, Johannsen bekam nur 7,9 Prozent der Stimmen. Am besten schnitt Jebsen erwartungsgemäß im Landkreis Flensburg ab, wo Nationalliberale (51,6 Prozent) klar vor Freisinnigen (27,3 Prozent), SPD (14,3 Prozent) und dem Dänischen Wahlverein (6,7 Prozent) lagen. Auf der entscheidenden Wahlkreisebene siegte Jebsen mit 38 Prozent vor Mahlke, der 24 Prozent erhalten hatte – zufälligerweise genau das Zahlenverhältnis von 1890, so daß es wieder zur Stichwahl zwischen beiden kam.[138]

Vor der Stichwahl am 24. Juni 1893 rief der Dänische Wahlverein seine Anhänger zur Stimmenthaltung auf. Zwar wurde die SPD als das kleinere Übel bezeichnet, weil sie gegen die Militärvorlage und für die dänischgesinnte Bevölkerung Nordschleswigs eingetreten sei, doch hatte die harte sozialdemokratische Agitation im Wahlkampf keine Sympathien bei den Dänen geweckt. Noch negativer war der Eindruck von Jebsen: Kein Däne dürfe ihm seine Stimme geben, mahnte der Aufruf, weil dieser für die Vermehrung der Soldaten und der Steuern sowie für die »nationale Unterdrückung in Nordschleswig« eintrete. Der so Gescholtene resümierte in einem Schreiben an einen Freund, daß die Dänen auch im Wahlkreis Apenrade-Flensburg äußerst rührig gewesen seien, auf alle mögliche Art und Weise agitiert und dabei Geldunterstützung aus Dänemark erhalten hätten: »Wenn wir uns nicht mehr zusammennehmen und die Regierung uns nicht besser unterstützt, wird das Dänentum noch größere Fortschrit-

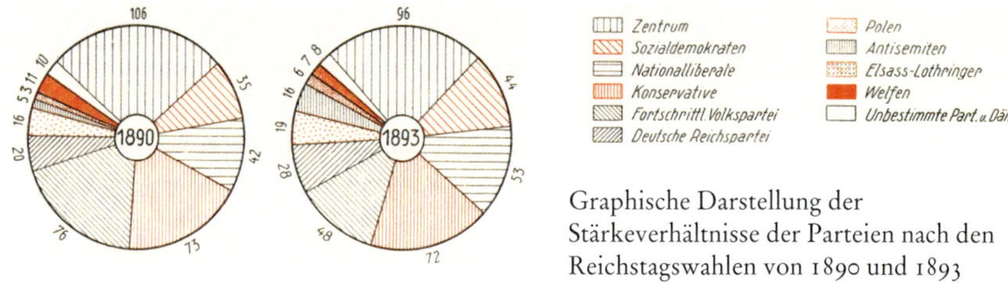

Graphische Darstellung der Stärkeverhältnisse der Parteien nach den Reichstagswahlen von 1890 und 1893

te machen.«[139] Ein solcher Kommentar erstaunt angesichts der Tatsache, daß Johannsen bei dieser Wahl leicht an Stimmen eingebüßt hatte, während Mahlke hatte zulegen können. Obwohl die SPD in den letzten Tagen vor der Stichwahl noch heftig agitierte, stand mit der Unterstützung der Freisinnigen für Jebsen der Sieger von vornherein fest. Dennoch ließ es sich das Nationalliberale Wahlkomitee in Apenrade nicht nehmen, in einem Aufruf vor der Sozialdemokratie als einer »revolutionäre(n) Partei« zu warnen und zur Wahl von Jebsen zur »Aufrechterhaltung unserer bestehenden Gesellschaftsordnung« aufzurufen.[140] Bis auf die Stadt Flensburg, die eine sozialdemokratische Hochburg blieb (57,8 Prozent), gewann Jebsen überzeugend im Landkreis Apenrade einschließlich der Stadt Apenrade (84,3 Prozent) und im Landkreis Flensburg (80,6 Prozent) gegen seinen SPD-Herausforderer. Der *Neue Apenrader Anzeiger* stellte fest, daß sowohl Freisinnige wie mehrere vernünftig denkende Dänischgesinnte Jebsen gewählt hätten, »um öffentlich zu bekunden, daß auch sie gegen die Umstürzler Front machen wollen«.[141]

In Schleswig-Holstein konnte die SPD (37,8 Prozent) starke Zugewinne verzeichnen und wieder den ersten Platz vor Freisinnigen (22,8 Prozent) und Nationalliberalen (12,2 Prozent) erringen. Reichsweit verloren die Nationalliberalen zwar an Stimmen, doch gewannen sie durch die Stichwahlen insgesamt elf Sitze und verfügten über 53 Sitze im Parlament. Während die beiden konservativen Parteien und das Zentrum im Reichstag zahlenmäßig führten, war die SPD mit insgesamt 44 Sitzen zur viertgrößten Partei geworden. Hauptverlierer waren die Linksliberalen, die insgesamt 29 Sitze einbüßten und damit als politische Kraft im Reich ausschieden.[142] Es war den alten »Kartellparteien« nochmals gelungen, mit Hilfe »einer hochgeputschten nationalistischen Aufrüstungsagitation« (Wehler) in eine parlamentarische Schlüsselstellung zu kommen. Allerdings hatten massive interne Gewichtsverschiebungen in diesen Fraktionen stattgefunden, wobei Populisten und Bürgerliche dominierten,

Theodor Feddersen (1839–1908)

gemäßigte Konservative und Adlige hinausgedrängt und durch agrarisch gesinnte Mandatsträger ersetzt worden waren.[143] Jebsens Resümee, der neue Reichstag werde »gewiß ein sonderbares Bild aufweisen«, war daher berechtigt.[144] Um so mehr freute er sich, nicht mehr der einzige Schleswig-Holsteiner in der nationalliberalen Fraktion zu sein, da der Landmann Theodor Feddersen im Wahlkreis Tondern gesiegt hatte. Den neuen Kollegen begrüßte er in einem Brief »aufs Herzlichste« als neuen Reichstagskollegen und schlug vor, von Hamburg aus gemeinsam nach Berlin zu reisen, wo er ihn in der Fraktionskneipe den älteren Kollegen vorstellen wollte: »In jeder Beziehung herrscht in der nationalliberalen Fraktion ein ungezwungener kameradschaftlicher Ton, wobei Sie sich gewiß gemütlich fühlen werden.«[145]

Die nationalliberale Reichstagsfraktion von 1893 bis 1898: Michael Jebsen steht in der hintersten Reihe als zweiter von rechts

Zollkrieg und Handelsvertrag mit Rußland

Die Furcht vor neuen Handelsverträgen und besonders vor einem Abkommen mit Rußland hatte eine bedeutende Rolle im Wahlkampf 1893 gespielt. Tatsächlich bildete die wirtschaftliche Annäherung an das Zarenreich einen Kernbestandteil der Handels- und Außenpolitik Caprivis: Nach der von Deutschland abgelehnten Nichtverlängerung des Rückversicherungsvertrags mit Rußland (1890) – ein Eckstein der Bismarckschen Bündnisdiplomatie zur Verhinderung eines Zweifrontenkriegs mit Rußland und Frankreich – erhoffte man von einem Handelsabkommen mit St. Petersburg sowohl ökonomische als auch politische Vorteile für das Deutsche Reich. Der Kanzler hatte also eine Kehrtwendung vollzogen, nachdem deutlich geworden war, daß der Dreibund Berlins mit Wien und Rom, die reservierte Haltung Londons gegenüber Berlin und die Annäherung zwischen St. Petersburg und Paris die deutsche Politik in die Isolation geführt hatte. In Caprivis Rußlandpolitik verbanden sich demnach politische und ökonomische Motive, während die deutsche Handels- und Schiffahrtsindustrie rein wirtschaftliche Gründe bei ihrer starken Unterstützung einer Handelsübereinkunft mit St. Petersburg hatte; dagegen lehnten die Agrarier jede Vereinbarung vehement und hartnäckig ab. Es war aber nicht die radikale Opposition des BdL, sondern die hohe Erwartungshaltung der Industrie und des Handels, welche die seit 1890 laufenden Vorverhandlungen mit St. Petersburg bereits im Spätsommer 1893 – also kurz nach der Reichstagswahl – in einen Zollkrieg münden ließen. Offenbar hatte die deutsche Regierungsseite dieses wirtschaftliche Kräftemessen bewußt provoziert, um die innenpolitischen Gegner ihrer Verhandlungstaktik hinter sich zu bringen und Rußland weitere Konzessionen abzuringen.[146]

Um den Stillstand in den Verhandlungen zu beenden, führte die russische Regierung am 1. August 1893 Maximalzölle für deutsche Produkte ein. Daraufhin belegte die Reichsleitung russische Waren mit einem Zusatzzoll von fünfzig Prozent. Als Antwort darauf erhöhte Rußland die Kronlastengelder – staatliche Hafenabgaben in russischen Seehäfen – für deutsche Schiffe um das Zwanzigfache, von fünf Kopeken auf einen Rubel für zwei Tonnen, was für ein kleines Fahrzeug eine Steigerung von zwanzig auf vierhundert Rubel bedeutete. Die deutsche Schiffahrt sei »natürlich sehr betroffen«, meldete die *Hansa* und fuhr fort: »Diese

Karte der Ostsee und der russischen Küste, 1906

Zollkriegs-Verhältnisse werden hoffentlich nicht lange anhalten, da dieselben für Handel und Verkehr als unerträglich zu bezeichnen sind.«[147] Tatsächlich erlitt die Schiffahrt schwere Einbußen, wie Jebsen später im Reichstagsplenum erläuterte: Es sei aber »nicht etwa die große Reederei, wie z. B. die großen Hamburger und Bremer Dampferkompagnien, sondern die kleine Ostsee- und Nordseereederei, die schwer um ihr Dasein«

kämpfe. Deren Schiffe, die zur Zeit des Ausbruchs des Zollkriegs nach Rußland unterwegs waren, hätten »bei den gewöhnlichen Unkosten noch einen kleinen Überschuß erzielen« können, doch durch die Erhöhung der Lastengelder mit Verlust gearbeitet.[148] Angesichts der dramatischen Lage wandten sich noch im August 1893 mehrere Reedereien mit einer Protestpetition an das Auswärtige Amt und verlangten, daß die Reichsleitung von der Regierung in St. Petersburg die zuviel erhobenen Gelder zurückfordern sollte; vergleichbare Gebühren von russischen Schiffen zu erheben, kam wegen des dezentralen deutschen Systems, in dem die jeweiligen Kommunen die Hafenabgaben festlegten und einzogen, aber auch angesichts der kleinen russischen Handelsflotte nicht ernsthaft in Betracht. Anders lag der Fall bei den deutschen Getreideimporteuren, die damit rechnen konnten, daß ihnen das Reich die stark erhöhten Zollgebühren später zurückerstatten würde.[149]

Weder die Petition brachte Erfolg noch der Versuch, eine Protestversammlung der Reeder abzuhalten. Ein solches Ansinnen wurde von der Reichsleitung verhindert, um nicht das Bild innenpolitischer Uneinigkeit abzugeben und die anstehenden Verhandlungen zu belasten. Die deutsch-russischen Gespräche begannen am 1. Oktober 1893 und endeten mit der Vertragsunterzeichnung am 10. Februar 1894. Schon im Vorfeld hatte der Verein Hamburger Reeder gegenüber Caprivi gefordert, daß Berlin von St. Petersburg ein Ende der »Kampfmaßregeln« sofort nach Vertragsabschluß sowie die Rückerstattung der zusätzlichen Kronlastengelder verlangen sollte. Ein solches Ansinnen lehnte der Kanzler aber ab.[150] So erlitt die deutsche Schiffahrt weiterhin direkte Schäden durch die hohen Abgaben in russischen Häfen sowie indirekte Schäden durch Verdrängung aus den Fahrten nach Rußland, weil Konkurrenten aus anderen Ländern ihren Platz in dem Markt einnahmen. Nach harten Debatten, in die sich im Hintergrund sogar Kaiser Wilhelm II. einschaltete, um die Konservativen für das Abkommen zu gewinnen, nahm der Reichstag den Vertrag am 10. März 1894 an; in Kraft trat er am 22. März 1894 mit wichtigen Vereinbarungen wie der Meistbegünstigung für Frachtabfertigungen und den Schiffsverkehr. Damit waren der Zollkrieg und die russischen Strafmaßnahmen gegen deutsche Schiffe beendet.[151] Zwar lobten die Hamburger Reeder den Vertrag als »auch für die Schiffahrt von großer Bedeutung und zwar nicht allein wegen der Beseitigung der Verkehrserschwerungen und der Gewährleistung der Meistbegünstigung für die deutsche Flag-

Das neue Reichstagsgebäude in Berlin, fertiggestellt im Dezember 1894

ge«,[152] doch war es nicht geglückt, für die geschädigten Reedereien eine Kompensation zu erhalten; dagegen hatten die deutschen Getreideimporteure ihre erhöhten Zollgebühren vom Reich zurückerhalten. Weil es von vornherein als aussichtslos galt, Ersatz für die indirekten Schäden der Schiffahrt zu erhalten, hatte man sich zuletzt auf die erhöhten Kronlastengelder beschränkt und war auf eine Schadensersatzsumme von 162.000 Mark gekommen. Wie Jebsen am 23. März 1895 im Reichstag feststellte, sei »(v)on der russischen Regierung (...) nichts zu erwarten«, so daß er sich im Namen der deutschen Reederei an die eigene Regierung wandte, um die Forderung durchzusetzen.[153]

Schon in der Budgetkommission hatten Jebsen und seine Unterstützer vorgeschlagen, daß die Reichsleitung aus den Überschüssen der früheren deutschen Kampfzolle gegen Rußland die geforderte Schadensersatzsumme für die Schiffahrt zahlen sollte. Als wichtigster Fürsprecher erwies sich sein Parteifreund Theodor Möller, Fabrikbesitzer im westfälischen Brackwede und herausragender wirtschaftspolitischer Kopf der nationalliberalen Fraktion, der spätere preußische Handelsminister. Die beiden Abgeordneten wandten sich an Außenstaatssekretär Marschall von Bieberstein mit dem Vorschlag, daß Reichsschatzsekretär Graf von Posadowsky-Wehner die Summe aus seinem Haushalt zur Verfügung stellen sollte. Um der Forderung Nachdruck zu verleihen, trat Jebsen bei der Etatdebatte über Zölle und Verbrauchssteuern ans Rednerpult. Mit dem ausdrücklichen Hinweis, daß er »dabei nicht beteiligt« sei, also seine Reederei keine Schadensersatzansprüche habe, machte er darauf aufmerksam, daß »es sich nun nur um eine kleine Summe handelt, die den deutschen Reichssäckel nicht schwer belasten würde, wohingegen für die kleinen geschädigten Reedereien (…) der Schaden ganz bedeutend ist, und ihnen eine solche Entschädigung sehr erwünscht sein würde«. Den Schatzsekretär bat er einen Ausweg zu finden: »Er würde sich um unsere deutsche Reederei damit ein großes Verdienst erwerben.« Doch lief sein Vorschlag ins Leere. Posadowsky-Wehner stellte klar, daß eine Abgabe, die ein fremder Staat von einem Deutschen erhoben hatte, nicht vom Deutschen Reich ersetzt werden konnte. Ein solcher Vorgang sei bisher kaum da gewesen, betonte er und machte anschließend auf die möglichen negativen Folgen eines solchen Präzedenzfalls aufmerksam. Der fremde Staat könne »viel schärfere Repressalien ergreifen«, wenn er wisse, daß hinter den geschädigten Privatleuten das Deutsche Reich stehe und ihnen die Kampfzölle oder sonstige Zollasten schließlich ersetze: Daher könne man »den Weg, den der Herr Vorredner vorgeschlagen hat, nicht gehen«.[154]

Arthur Graf von Posadowsky-Wehner (1845–1932), Staatssekretär des Reichsschatzamts

Die Ablehnung jeder staatlichen Entschädigung stieß in Reederkreisen auf Verbitterung. Nachdem alle Versuche gescheitert waren, ergriff gegen Ende 1896 der Nautische Verein zu Papenburg im Zusammenspiel mit dem nationalliberalen Wahlkreisabgeordneten Dr. med. Ernst Kruse die Initiative zu einer Petition an den Reichstag »betreffend die Rückerstattung von Kronlastengebühren, die während des Zollkrieges mit Rußland erhoben wurden«. Jebsen, der mit dem Arzt gut befreundet war, teilte später dem Verein mit, daß Kruse »in der Petitionskommission Ihre Sache warm verfochten hat, doch leider der Majorität unterliegen mußte«.[155]

Wegen des negativen Kommissionsvotums blieb nur die Möglichkeit, daß die Mehrheit des Reichstags die Petition an den Kanzler zur letzten Entscheidung überwies. Um ein solches Vorgehen des Hauses zu erreichen, mußte der Einbringer der Petition – Kruse – seine Gründe überzeugend im Plenum darlegen. Jedoch wurde der Petitionsbericht, der am 15. März 1897 auf der Tagesordnung des Reichstags stand, früher als erwartet aufgerufen. Kruse war nicht im Saal, und so übernahm an seiner Stelle Jebsen die Verteidigung der Petition. Er stellte klar, daß er »es geradezu als eine Grausamkeit gegenüber der deutschen Reederei« betrachte, »daß diese Reeder, die seinerzeit ganz unschuldigerweise« mit den hohen Schiffsabgaben in Rußland belastet worden waren, keine Entschädigung erhalten hatten. Zwar gestand er dem wiederholt vorgebrachten Argument von Regierungsvertretern, daß das Reich diese Einnahme nicht gehabt habe und deshalb auch nicht entschädigen könne, »eine gewisse Logik« zu, doch hielt er es den Reedern gegenüber für »nicht schön, daß man auf diese Weise ihre unschuldig erlittenen Unkosten nicht ausgeglichen hat«. Trotz des Kommissionsbeschlusses beantragte er, die Petition dem Reichskanzler »zur Berücksichtigung« zu überweisen. Diesmal antwortete der Direktor im Reichsschatzamt, Dr. Paul von Koerner, der die frühere ablehnende Position seines Chefs wiederholte und knapp vorschlug, zur weiteren Tagesordnung überzugehen. Jebsen gab aber nicht auf und fragte in seiner Replik laut, wer die Schuld für die Lage trage: »Doch nicht die Leute selber; also die Regierung.« Weil es sich für die Betreffenden, aber nicht für das Reich um große Summen handele, mahnte er, »doch etwas kulanter« zu sein: »Ich bin auch Schiffsreeder; keines meiner Schiffe ist an der Fahrt beschäftigt gewesen. Aber ich spreche für meine Kollegen, welche derzeit von der Regierung nicht kulant behandelt worden sind.« Sein anschließender Antrag, die Petition dem Kanzler zu überweisen, wurde zur Abstimmung gestellt – und von der Mehrheit des Reichstags angenommen.[156] Trotz des guten Ausgangs meinte Jebsen später, daß der verhinderte Kruse »die Sache so gut wie ich und auch wohl besser verteidigt« hätte.[157]

Über das Ergebnis konnten Jebsen und die geschädigten Reeder sich freuen. Der *NAA* würdigte einige Tage später diesen Erfolg, weil »es äußerst selten vorkommt, daß ein Beschluß der Petitionskommission nicht angenommen wird, wie solches hier der Fall war«.[158] Doch währte die Freude nur kurz: Anfang Dezember 1897 erhielt der Nautische Verein zu Papenburg die Mitteilung, daß auch Reichskanzler Hohenlohe-Schillingsfürst die Petition abgelehnt hatte. Obwohl der Vereinsvorsitzende Beckmann vorschlug, daß Jebsen das Thema im Reichstag nochmals zur Sprache bringen sollte, hielt dieser es »für *vollständig* ausgeschlossen, daß dadurch irgendein Erfolg zu erzielen wäre«.[159] Es hatte sich gezeigt, daß trotz parlamentarischer Unterstützung der Widerstand des Reichsschatzamts gegen die Entschädigung der Reeder nicht zu überwinden war. Jebsens Appell an die Kulanz der Regierung war auf unfruchtbaren Boden gefallen, weil weiterhin die Sorge überwog, daß beim Setzen eines solchen Präzedenzfalls auch in Zukunft Entschädigungsansprüche für Schäden geltend gemacht würden, die Deutsche durch andere Staaten erlitten hatten. Angesichts dieses eindeutigen Rechtsstandpunkts waren Petitionen oder Appelle an die bürokratische Reichsleitung zum Scheitern verurteilt.

Viel folgenreicher als die Entschädigungsfrage für die deutsche Schiffahrt sollte für Jebsen aber seine Haltung zum deutsch-russischen Handelsvertrag werden. Wie früher berichtet, hatte er im Frühjahr 1893, als seine erneute Reichstagskandidatur besprochen wurde, erst nach langem Zögern und gegen seine innere Überzeugung zugesagt, sein Wahlprogramm auf die Wünsche des Bundes der Landwirte auszurichten. Geschehen war das, indem er einigen Agrariern in seinem Wahlkreis in Aussicht stellte, bei der Abstimmung über einen Handelsvertrag mit Rußland sich eventuell der Stimme zu enthalten. Erst nach diesem Zugeständnis hatte der BdL sich zur Unterstützung der Kandidatur von Jebsen bereit erklärt, der mit dieser massiven Wahlkampfhilfe seine Herausforderer aus dem Feld schlagen konnte. Allerdings geriet er wegen dieses Versprechens wenige Monate später in einen Gewissenskonflikt, als der monatelange Zollkrieg viele Kleinreedereien an der Nord- und Ostseeküste, deren Schiffe zum großen Teil nach Rußland fuhren, finanziell schwer schädigte. Die ganze Ostküste von Preußen, Pommern, Mecklenburg und Schleswig-Holstein sei großenteils auf den Handel mit Rußland angewiesen, führte Jebsen einige Jahre später aus: Weil der Zollkrieg die kleinen Reedereien, die zum großen Teil nach Rußland fuhren, lahmlegte und die Gefahr drohte, daß »die ganze Fahrt in die Hände der Dänen, Schweden und Norweger« übergehen würde – »und wir Deutschen hätten das Nachsehen gehabt« – entschied er sich, für den Handelsvertrag mit Rußland zu stimmen.[160]

Mit einer solchen Intention war es unausweichlich, daß Jebsen sein früheres Versprechen gegenüber den Landwirten seines Wahlkreises brechen mußte. Für ihn stand fest, daß er im Interesse der Existenzsicherung von Schiffahrt und Handel in seiner weiteren Heimatregion, also für die ihm am Herzen liegenden Industrien im Ostseeraum, das Abkommen mit dem Zarenreich unterstützen mußte. Dieser Zollkrieg hätte Tausende von Existenzen ruiniert, sagte er später: »Aus diesem Grunde haben meine Freunde und ich für den russischen Handelsvertrag gestimmt, und es gereut uns nicht.« Tatsächlich gehörten er und der Großteil der nationalliberalen Fraktion zu den Befürwortern des Vertrags, der am 10. März 1894 im Reichstag zur Abstimmung kam. Genauso dafür votierten die beiden freisinnigen Parteien, knapp die Hälfte der Zentrumspartei und auch zwei deutsch- und drei freikonservative Abgeordnete, darunter der bekannte Saarindustrielle Freiherr von Stumm-Halberg, ein starker Unterstützer der Zoll- und Handelspolitik Caprivis. Erwartungsgemäß dagegen stimmten fast alle Parlamentarier der beiden konservativen Fraktionen, aber auch sechzehn nationalliberale Hinterbänkler. Mit 200 gegen 146 Stimmen war der Vertrag angenommen.[161]

Als Jebsen fünf Jahre später auf sein Abstimmungsverhalten zurückkam, richtete er den Blick auf diese zurückliegende Zeitspanne. Hinsichtlich der Handelsverträge, die das Deutsche Reich in den 1890er Jahren abgeschlossen hatte – außer den früher genannten auch mit Serbien, Rumänien, Spanien und Argentinien –, konstatierte er, daß diese »nicht so furchtbar schlecht« seien: »Vollkommen sind sie nicht; aber was ist auf dieser Welt vollkommen?« Er bestritt den Vorwurf von agrarischer Seite, daß diese Abkommen »viel Unglück angerichtet« hätten und verwies auf die günstige wirtschaftliche Situation in Deutschland: »(U)nsere Industrie, unser Handel florieren, der allgemeine Wohlstand ist heute wohl besser als vor den Handelsverträgen.« Zwar gestand er zu, »daß die Landwirtschaft nicht auf Rosen gebettet« sei, doch bestritt er die Auffassung, daß es mit ihr »so schlecht bestellt« sei.[162] Mit seiner Meinung hatte er zweifellos recht: Die Handelspolitik Caprivis trug entscheidend zum wirtschaftlichen Aufschwung des Reichs bei und wurde zur Basis für das Wachstum der deutschen Exportindustrien, die Deutschland endgültig in einen modernen Industriestaat verwandelten. Für die Landwirtschaft brachte der Handelsvertrag mit Rußland nicht die oft prophezeite Katastrophe, sondern einen verstärkten Wettbewerb und eine davon angespornte höhere Produktivität. Weil weder die Zahl der Zwangsversteigerungen landwirtschaftlicher Betriebe zunahm, noch die Getreideanbaufläche abnahm, erwiesen sich die Schreckensszenarien der Agrarier vom massenhaften Ruin bäuerlicher Existenzen als übertrieben. Zwar kamen viele Landwirte durch die extrem niedrigen Getreidepreise in arge Bedrängnis, doch gelang es ihnen, durch intensivere Bewirtschaftung und Rationalisierung ihre Betriebe wettbewerbsfähiger und von staatlicher Hilfe unabhängiger zu machen.[163]

Dennoch hatten die aufgeheizten Diskussionen um die Handelsverträge für die Landwirte eine traumatische Erfahrung bedeutet, deren negative psychologische Effekte lange Zeit weitaus prägender waren als die positiven mittel- und langfristigen Auswirkungen der Vertragspolitik. Mit dieser Stimmung der Landwirte, aber auch mit dem durchaus gerechtfertigten Vorwurf, sein Versprechen gegenüber dem BdL gebrochen zu haben, wurde Jebsen im Wahlkampf 1898 unmittelbar konfrontiert. Die vor allem in der Landschaft Angeln tonangebenden Agrarier seines Wahlkreises weigerten sich beharrlich, ihn als gemeinsamen Kandidaten des deutschnationalen Lagers zu unterstützen. Bei seiner Plenumsrede am 11. Februar 1898, in der er aus wahlkampftaktischen Gründen die Handelspolitik Caprivis ansprach, führte er auch politische Gründe für seine Unterstützung des Handelsvertrags mit Rußland an. Mit Verweis auf das »europäische Konzert«, von dem so viel gesprochen werde, fuhr er fort: »Ja, wenn heute die erste Violine und die Flöte – und wir wissen doch alle: die erste Violine in Europa spielt der Russe, und wir blasen die Flöte – nicht ordentlich harmonieren, dann ist es mit dem Konzert nichts, sondern dann hätte es, wenn der Vertrag nicht angenommen worden wäre, eine große Dissonanz gegeben, die sehr zu beklagen gewesen wäre.«[164] Bei einem Wahlkampfauftritt am 7. Juni 1898 in den Dörfern Wanderup und Großenwiehe, wo es darum ging, möglicher Kritik der Landbevölkerung den Wind aus den Segeln zu nehmen, spitzte er sein politisches Argument noch weiter zu. Den gegenwärtigen Wohlstand im Deutschen Reich – »wie wir ihn nie zuvor gekannt« hätten – führte er auf die Handelsverträge zurück und sinnierte über die möglichen Folgen, wenn das Abkommen mit Rußland nicht zustande gekommen wäre: Ein Zollkrieg mit diesem mächtigsten europäischen Staat hätte ausbrechen können, »der leicht zu einem politischen Kriege mit Rußland sich hätte gestalten können«.[165]

Ein solches Argument verschleierte zwar Jebsens wahre Beweggründe für sein Abstimmungsverhalten, das von praktischen Schiffahrts- und

Handelsinteressen motiviert war, doch war seine politische Situationsanalyse durchaus treffend. Reichskanzler von Caprivi hatte sich von der wirtschaftlichen Annäherung an St. Petersburg auch politische Resultate versprochen, um Deutschland aus der drohenden Einkreisung durch die beiden Kontinentalmächte Frankreich und Rußland zu befreien. Schaut man auf das Ergebnis, so fiel die Bilanz negativ aus: Entgegen der Erwartung ersetzte der Handelsvertrag mit Rußland nicht den Rückversicherungsvertrag von 1887. Der Grund dafür lag im Machtverfall Deutschlands nach dem Ende des Bismarckschen Bündnissystems. Anstelle des von Berlin indirekt geführten flexiblen Gleichgewichts in Europa entwickelten in den 1890er Jahren sich klare Fronten ohne zentrale Führung, was zur Aufteilung in Allianzblöcke führte. Damit war das »europäische Konzert«, das zwanzig Jahre lang von Bismarck dirigiert worden war, zu Ende. Was Jebsen mit den violinespielenden Russen und flötespielenden Deutschen gemeint hatte, war nichts anderes als ein Ausdruck der Verschiebung der Machtbalance zwischen beiden Ländern. Spätestens mit dem russisch-französischen Bündnis von 1894 stand das Deutsche Reich mit zwei relativ schwachen Bündnispartnern – Österreich-Ungarn und Italien – in einer Juniorposition gegenüber dem mächtig auftrumpfenden Zarenreich. Eine Einigung mit Großbritannien scheiterte an kolonialpolitischen Dissonanzen in Übersee und der Unabhängigkeit von Londons europäischer und globaler Außenpolitik. Angesichts dieser Situation waren Jebsens Befürchtungen vor einem politischen Konflikt mit Rußland, der möglicherweise durch einen längeren Zollkrieg provoziert worden wäre, nicht aus der Luft gegriffen. Als er diese Äußerungen im Frühjahr 1898 machte, rüstete sich das Deutsche Reich durch den Bau einer großen Schlachtflotte für eine Machtdemonstration gegenüber einer zunehmend als bedrohlich empfundenen kontinentaleuropäischen Konstellation. Das von Jebsen unterstützte Bauprogramm sollte neues Kraftgefühl demonstrieren und den Machtverfall mit militärischer Stärke aufhalten.[166] Halfen die Handelsverträge der neunziger Jahre, das Reich endgültig zum Industriestaat zu machen, so erfüllte der Handelsvertrag mit Rußland nicht die in ihn gesetzten politischen Erwartungen. Ähnlich gemischt fiel auch die Bilanz für Jebsen aus: Trug seine Zustimmung zum Abkommen mit St. Petersburg zur wirtschaftlichen Existenzsicherung der kleineren Nord- und Ostseereedereien bei, so bedeutete der dadurch verursachte Bruch mit den Agrariern letztendlich das Aus für seine politische Arbeit als Reichstagsabgeordneter.

Sozialdemokratie und Seeleute

Deutschlands Entwicklung zum global agierenden modernen Industriestaat war in der Seefahrt seit den 1870er Jahren mit dem sukzessiven Übergang von der Segel- zur Dampfschiffahrt sichtbar geworden. In der Segelschiffahrtszeit waren der Schiffer und seine Mannschaft in der Regel aus einem ähnlichen sozialen Umfeld in derselben geographischen Gegend gekommen und hatten ihre unterschiedlichen handwerklichen Fähigkeiten von der Navigation des Schiffes über das Takeln und Reparieren, Laden und Löschen bis zur Bedienung der Segelmaschine eingesetzt. Die Dampfschiffahrtszeit führte technische Fortschritte und wirtschaftliche Rentabilität in die Seefahrt ein und veränderte naturgemäß die soziale Rekrutierung und Stellung von Schiffsführern und Mannschaften, die Größe und Zusammensetzung von Besatzungen und die Arbeitsverhältnisse an Bord. Dieser Prozeß kann als Industrialisierung der Seefahrt bezeichnet werden, nicht nur wegen der stärkeren Technisierung des Schiffsbetriebs, sondern auch wegen der Veränderung der sozialen Organisation der Arbeit an Bord und der zunehmenden Einflußnahme von Staat, Interessengruppen und Parteien auf die Betriebsform Schiff. In diese Entwicklung war Jebsen sowohl in seiner Eigenschaft als Unternehmer als auch durch seine parlamentarische Tätigkeit eingebunden. Für die achtziger und neunziger Jahre des 19. Jahrhunderts lassen sich anhand seiner Biographie einige wichtige Zäsuren und Kontinuitäten dieser komplexen Einführung industrialisierter Wirtschafts- und Arbeitsverhältnisse in der Seefahrt und die damit verbundenen Konflikte schlaglichtartig aufzeigen.

Wenn Jebsen in seine eigene Familie schaute, konnte er seinen Großvater mütterlicherseits als Träger eines Amts erkennen, das in Hamburg seit 1691 als Behörde zur Kontrolle obrigkeitlicher Vorschriften in der Schiffahrt diente. Peter Ehlers war zu Anfang des 19. Jahrhunderts »Wasserschout« der Hansestadt – eine aus dem Niederländischen übernommene Bezeichnung, die im Deutschen dem »Schulzen« entspricht. Mit diesem Amt, das 1782 auch in Lübeck und 1802 in Bremen eingeführt wurde, war eine stärkere Reglementierung der Schiffahrt intendiert und damit letztendlich ihre Herauslösung aus altem Brauch. Wurde Seefahrt an deutschen Küsten überall nach lokalen und regionalen Bräuchen und Rechten ausgeübt, so bedeutete die Berufung von Wasserschouten, die vor allem für die Überwachung von Heuerverträgen verantwortlich waren, einen geradezu revolutionären Eingriff von Behörden in das personale Verhältnis zwischen Schiffer und Mannschaft.[167]

Bis zur Mitte des 19. Jahrhunderts waren in allen seefahrenden deutschen Staaten staatliche Regulierungen durchgesetzt, um die Dienstverhältnisse in der Schiffahrt den Bedingungen des internationalen Seehandels möglichst weit anzupassen. Zuerst Bremen und später auch Hamburg, Lübeck und Preußen erließen Verordnungen und Gesetze, mit denen die Autorität des Schiffsführers gegenüber der Mannschaft geregelt und Verletzungen der Vorschriften von Gesetz wegen als Delikte behandelt wurden. Legitimiert wurde diese Disziplinierungsstrategie gegenüber Seeleuten mit der Begründung, daß die Betriebsform Schiff durch ihre lange Verweildauer außer Landes einer Führung in Gestalt des Kapitäns bedürfe, der die staatlich sanktionierte Ordnung durch unbedingte Unterordnung der Besatzung unter seinen Befehl aufrechterhalten müßte. Für alle deutschen Seestaaten erhielt dieses Prinzip durch die Reichs-Seemannsordnung von 1872 allgemeine Geltung; laut Paragraph 79 war bei Widersetzlichkeit oder bei beharrlichem Ungehorsam eines Seemanns der Schiffer »zur Anwendung aller Mittel befugt, welche erforderlich sind, um seinen Befehlen Gehorsam zu verschaffen«.[168] Allerdings ließen unterschiedliche Auslegungen ihrer Bestimmungen und der rasche Aufschwung der Dampfschiffahrt, mit dem das Verhältnis zwischen Schiffsführer und Mannschaft sich veränderte, bald eine Revision der Seemannsordnung notwendig erscheinen. Vor allem die Disziplinarverhältnisse gaben Anlaß zu Kritik, weil sowohl eine zunehmende Disziplinlosigkeit der Besatzungen als auch körperliche Züchtigungen durch Kapitäne beklagt wurden. Frühere soziale Kontrollen an Land, als Schiffsführer und Mannschaften eines Segelschiffes noch aus derselben Gegend stammten, waren mit der Rekrutierung vieler ortsfremder und ausländischer Seeleute für Dampfschiffe weggefallen; reguläre Abmusterungen und Desertionen bewirkten einen gravierenden Strukturwandel der geographischen Rekrutierung.[169]

Die Industrialisierung der Seefahrt brachte politisch-ideologische Kräfte ins Spiel, die auch in anderen Wirtschaftsbereichen ihre unterschiedlichen Standpunkte ausfochten. Während Nationalliberale und

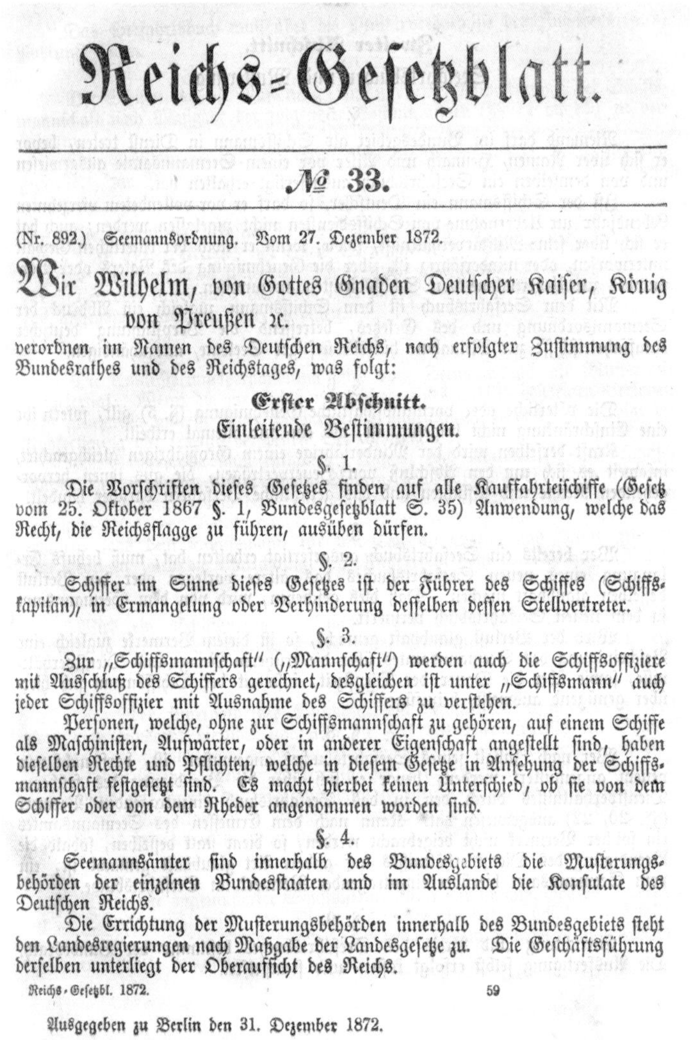

Reichs-Gesetzblatt.

№ 33.

(Nr. 892.) Seemannsordnung. Vom 27. Dezember 1872.

Wir Wilhelm, von Gottes Gnaden Deutscher Kaiser, König von Preußen ꝛc.

verordnen im Namen des Deutschen Reichs, nach erfolgter Zustimmung des Bundesrathes und des Reichstages, was folgt:

Erster Abschnitt.
Einleitende Bestimmungen.

§. 1.

Die Vorschriften dieses Gesetzes finden auf alle Kauffahrteischiffe (Gesetz vom 25. Oktober 1867 §. 1, Bundesgesetzblatt S. 35) Anwendung, welche das Recht, die Reichsflagge zu führen, ausüben dürfen.

§. 2.

Schiffer im Sinne dieses Gesetzes ist der Führer des Schiffes (Schiffskapitän), in Ermangelung oder Verhinderung desselben dessen Stellvertreter.

§. 3.

Zur „Schiffsmannschaft" („Mannschaft") werden auch die Schiffsoffiziere mit Ausschluß des Schiffers gerechnet, desgleichen ist unter „Schiffsmann" auch jeder Schiffsoffizier mit Ausnahme des Schiffers zu verstehen.

Personen, welche, ohne zur Schiffsmannschaft zu gehören, auf einem Schiffe als Maschinisten, Aufwärter, oder in anderer Eigenschaft angestellt sind, haben dieselben Rechte und Pflichten, welche in diesem Gesetze in Ansehung der Schiffsmannschaft festgesetzt sind. Es macht hierbei keinen Unterschied, ob sie von dem Schiffer oder von dem Rheder angenommen worden sind.

§. 4.

Seemannsämter sind innerhalb des Bundesgebiets die Musterungsbehörden der einzelnen Bundesstaaten und im Auslande die Konsulate des Deutschen Reichs.

Die Errichtung der Musterungsbehörden innerhalb des Bundesgebiets steht den Landesregierungen nach Maßgabe der Landesgesetze zu. Die Geschäftsführung derselben unterliegt der Oberaufsicht des Reichs.

Reichs-Gesetzbl. 1872. 59

Ausgegeben zu Berlin den 31. Dezember 1872.

Erste Seite der deutschen Seemannsordnung vom 22. Dezember 1872

Freikonservative die Unternehmerinteressen zu wahren suchten, war die damalige Sozialdemokratische Partei eine Organisation,[170] die sich für die Belange der einfachen Seeleute einsetzte. Nach dem Auslaufen des Sozialistengesetzes im Jahr 1890 hatte die SPD sich politisch frei entfalten und ihre Mitglieder- und Wählerzahl weiter steigern können: Von 1890 bis 1893 verfügte sie im Reichstag über 35 Mandate und in der nächsten

Einige Mitglieder der Sozialdemokratischen Fraktion des Reichstages unter dem Medaillon von Fichte, 1889: Georg Schumacher, Friedrich Harm, August Bebel, Heinrich Meister, Karl Frohme (vordere Reihe von links), Johann Heinrich Wilhelm Dietz, August Kühn, Karl Liebknecht, Karl Grillenberger, Paul Singer (hintere Reihe von links)

Legislaturperiode bereits über 44 Mandate – trotz der für sie ungünstigen Wahlkreiseinteilung mit dem stärkeren Gewicht ländlicher Gebiete und des Mehrheitswahlrechts mit den gegen sie gerichteten bürgerlichen Wahlbündnissen. In ihrem 1891 verabschiedeten Programm stellte sich die SPD zwar als dogmatisch-marxistisch geprägte Partei dar, doch setzte sich in der Praxis eine gemäßigt sozialreformerische Richtung durch. Allgemein anerkannter Parteiführer war der langjährige Reichstagsabgeordnete August Bebel, ein durchaus elastischer Politiker, der das Ziel der proletarischen Revolution hochhielt und gleichzeitig auf Sozialpolitik und mehr Demokratie im politischen System des Kaiserreichs hinarbeitete.[171]

Konkreter Anlaß der SPD, die Handelsschiffahrt ins Blickfeld zu nehmen, waren die sich häufenden Selbsttötungen von Heizern und Trimmern – Arbeiter, die die Kohlen aus den Bunkern in die Heizräume transportierten – auf Hamburger und Bremer Schiffen am Ende der achtziger Jahre. Diese oft ungelernten Arbeiter ohne Erfahrung in der Seefahrt standen in der Bordhierarchie ganz unten und mußten Mißhandlungen durch die übrige Besatzung ertragen. Zum psychischen kam der

Vorderseite der Traditionsfahne der SPD, gefertigt 1873 für den Allgemeinen Deutschen Arbeiter-Verein (ADAV)

physische Streß, weil die Feuerleute ständig von Hitzschlägen, Verbrennungen, Hautentzündungen und Atemwegsbeschwerden bedroht waren. Angesichts dieser schwierigsten Bedingungen versuchten besonders Trimmer, sich durch den Sprung über die Reling von ihren Qualen zu befreien. Anfang 1889 prangerte Bebel im Reichstag diese Mißstände an, vor allem wegen der im Vorjahr bekannt gewordenen Selbstmorde auf dem Dampfer *Graf Bismarck* des Norddeutschen Lloyd. Eine von der Reichsleitung daraufhin eingeleitete Umfrage bei den wichtigsten Schiffahrtsinstitutionen resultierte zwar in vielerlei Vorschlägen zur Verbesserung der technischen Einrichtungen – beispielsweise bessere Ventilation der Kessel und Heizräume oder Arbeitszeitverkürzungen –, doch sprachen sich die meisten Befragten für eine bessere Auswahl der Feuerleute aus; erstmals kam der Fingerzeig in Richtung der britischen Reedereien, die »Eingeborene« verwendeten, da diese die große Hitze in den Heizräumen besser vertrügen. Tatsächlich hatte die englische Peninsular & Oriental 1885 mit dieser Praxis auf ihren überseeischen Dampferlinien begonnen.[172] Auch auf deutschen Dampfern fuhren seit den späten siebziger Jahren Asiaten und Afrikaner als Feuerleute, sowohl auf den Reisen von und nach Deutschland – vor allem auf den subventionierten Reichspostdampferlinien des Norddeutschen Lloyd – wie in der ostasiatischen Küstenschiffahrt und damit auch auf den Dampfern der Reederei Jebsen.

Erkennbar hatten sich asiatische – vor allem chinesische – und afrikanische Feuerleute als widerstandsfähige Arbeiter erwiesen, besonders in tropischen Gewässern. Es waren aber nicht die oft behaupteten »rassischen« Merkmale, die sie den Weißen überlegen machten, sondern kulturell geprägte Verhaltensweisen. Wie der frühere Schiffsarzt Dr. Arnold Kurrer, damals Assistent am Pathologischen Institut in Kiel, in einer medizinischen Untersuchung ermittelt hatte, beruhte die schlechtere Hitzeverträglichkeit weißer Heizer auf unzweckmäßiger Kleidung, Alkoholgenuß, Malaria, Hautleiden und Gefäßerkrankungen, nicht auf Merkmalen einer bestimmten Rasse.[173] Auch andere Ärzte kamen zu der Erkenntnis, daß Alkoholabstinenz, Verzicht auf schweres und fettes Essen, leichte Kleidung sowie ein langsamerer Arbeitsrhythmus dem afrikanischen und asiatischen Maschinenpersonal zugute kam. Andererseits war es weniger die bessere Anpassung an Klima und Arbeit, die solche Seeleute als Feuerleute für Reedereien attraktiver als Europäer erschienen ließ, sondern vor allem die Einsparungen an Heuern und Sozialleistungen; davon ist am Beispiel der Reederei Jebsen bereits gehandelt worden.[174] Auf Bremer Passagier- und Frachtdampfern verdienten in den neunziger Jahren chinesische Heizer rund 50 Prozent und chinesische Trimmer 41,5 Prozent weniger Heuer als ihre europäischen Kollegen.[175] Diese krassen Lohnunterschiede und der unterste Rang von Feuerleuten in der Bordhierarchie, aber auch rassistische Vorurteile europäischer Offiziere und Besatzungen gegen, machten sie zu einer Art Prügelknaben, die eine teilweise unmenschliche Behandlung erdulden mußten. Mit dem vermehrten Einsatz afrikanischen und asiatischen Maschinenpersonals auf deutschen Schiffen erhöhten sich entsprechend auch die Fallraten von Konflikten, Mißhandlungen und Selbsttötungen. Dadurch geriet die Seemannsordnung in den Mittelpunkt der Kritik. Der Streit über ihre Revision wurde ein Gegenstand der politischen Auseinandersetzung im Reichstag, an der auch Jebsen stark beteiligt war.

Bekannt gewordene Mißhandlungsfälle machte die SPD im Reichstag wiederholt öffentlich, so auch in der Etatdebatte am 15. Januar 1892. Der Hamburger Sozialdemokrat Friedrich Wilhelm Metzger berichtete über den Tod eines schwarzen Feuermanns auf einem Schiff der Hamburger Woermann-Linie, beklagte »entsetzliche Zustände« bei dieser Reederei und verurteilte scharf den Einsatz dieser »billigeren Arbeitskräfte zur Vermehrung der Dividenden und Gewinne«.[176] Als sein Lübecker Parteigenosse Johann Schwartz ihm beisprang und die Seemannsordnung für ihren mangelnden Schutz der Seeleute »vor Mißhandlungen der Schiffsoffiziere« kritisierte und ihre Revision forderte, sah Jebsen sich herausgefordert. Er bestritt den Vorwurf, »daß die deutschen Kapitäne und Offiziere die Barbaren sind, als welche sie hingestellt werden«, und stellte fest: »Unsere deutsche Kauffahrteiflotte steht noch oben an, und den Beweis kann ich damit liefern, daß Leute von anderen Nationen gerne zu uns kommen, um auf unseren Schiffen Platz zu bekommen.« Ebenso entschieden wandte er sich gegen die Behauptung, daß Woermann und andere Reeder als Heizer »nur Schwarze, Chinesen, Malayen usw. aus finanziellen Gründen« verwendeten. Auf eigene Erfahrungen als Seemann verweisend, äußerte er die Ansicht, »daß unsere europäischen Heizer auf die Länge der Zeit in den ostafrikanischen Gewässern, im Roten Meer usw. das Klima und die Arbeit nicht aushalten«. Er hielt Mißhandlungen bei 3500 deutschen Schiffen auf See für nicht zu verhindern und würdigte die Seemannsordnung als »vollkommen ihrem Zwecke« entsprechend. Zwar erntete er für seine Meinung über die bessere Einsetzbarkeit asiatischer Seeleute in Tropengegenden entschiedenen Widerspruch von Metzger, doch stimmten beide Redner darin überein, daß vor allem die Ausführung der Seemannsordnung verbesserungsbedürftig war. Nach Jebsens Meinung existierten aber alle die von Kritikern behaupteten Fehler und Mängel gar nicht: »Mit der Seemannsordnung selbst, wie sie jetzt ist, können wir uns ganz gut zufrieden geben.«[177]

Mit dieser Position setzte Jebsen sich der schonungslosen Kritik der SPD aus. Ausgerechnet das politische Schwergewicht Bebel nahm wieder das Wort, um dem Reichstag das schwere Los der Trimmer vorzuführen und mehr Kontrolle für das Schiffswesen sowie eine Änderung der Seemannsordnung zu fordern. Jebsens Behauptung über die bessere Eignung asiatischer Mannschaften in den Tropen hielt er für unbewiesen und nannte als Hauptgrund für deren Einsatz die weit geringere Bezahlung, auch auf den subventionierten Postdampfern.[178] Damit hatte er zweifellos recht, wie ihm Jebsen wohl stillschweigend zugegeben haben wird. Auch bei der Reederei Jebsen spielte ausschließlich das Kostenargument für die Beschäftigung chinesischer Mannschaften eine Rolle und niemals die bessere Hitzeverträglichkeit. Bebels Parteigenosse Metzger prangerte in der Debatte erneut die Mißhandlungen an Seeleuten an und verwies auf zehn Fälle in den letzten zwölf Monaten, die fast alle mit Selbstmord geendet hatten.[179]

Die massive Kritik der SPD machte deutlich, daß das Thema nicht zur Ruhe kommen würde: Während die Sozialdemokraten als Interessenvertreter der Besatzungen die Disziplinargewalt der Kapitäne abbauen wollten, ging es den Kapitänen, Offizieren und vielen Reedern um eine klarere Festschreibung der Befehlsbefugnisse an Bord zugunsten der Schiffsführung. Im Reederorgan *Hansa* stellte wenig später ein anonym bleibender Kapitän fest, es herrsche nur eine Meinung, nämlich, daß »die Seemannsordnung in ihrer jetzigen Form nicht mehr für die heutigen Verhältnisse paßt (...) und daß eine Umänderung derselben von größter Wichtigkeit für die beteiligten Kreise sei«.[180] Als noch im selben Jahr ein Gericht in Hamburg einem Kapitän zugestand, einen Seemann rechtmäßig geprügelt zu haben, gingen bei der SPD die Wogen der Entrüstung hoch. Angesichts dieser Stimmung, die auch andere Parteien und sogar die Regierung im Sinne der Seeleute beeinflußte, machte sich so großer Pessimismus unter den Kapitänen breit, daß deren Interessenvertreter, der Nautische Verein in Hamburg, an die Ausarbeitung von Reformvorschlägen ging. Zum Schutz gegen die angebliche »Unfähigkeit der Matrosen«, wie die *Hansa* Ende 1892 in ihrem Leitartikel schrieb, erschien den Schiffsführern und vielen Reedern eine Revision der Seemannsordnung unabdingbar.[181]

In der politischen Stimmung der neunziger Jahre war aber keine Chance für eine von den Sozialdemokraten oder den Kapitänen vorangetriebene Sozialreform vorhanden. Für Kaiser, Reichsleitung und führende Gesellschaftsschichten galt die SPD als systemgefährdende Bedrohung, der man mit allen legalen Mitteln entgegentreten mußte. Sozialdemokratische Wahlerfolge, die Mitgliederzunahme und eine klassenkämpferische Agitation, die an den Grundpfeilern der Gesellschaftsordnung rüttelte, trugen ebenfalls dazu bei, daß der Regierungskurs klar vom Kampf gegen Demokratie und Sozialdemokratie geprägt blieb. Die *Hansa* brachte diese Stimmung auf den Punkt, als sie es am 5. August 1893 als »unbestrittene Tatsache« hinstellte, »daß die Sozialdemokratie im Matrosenstande genau eben so starke Verbreitung gefunden hat, wie unter den Arbeitern am Lande (...)«, und pessimistisch prognostizierte, daß die Partei bei passender Gelegenheit »ihre Fangarme nach den Schiffern und Steuerleuten« ausstrecken werde.[182] Als die SPD 1894 mehrere Anträge im Reichstag einbrachte, um die Seemannsordnung zu revidieren, standen die Kapitäne vor der Gretchenfrage, ob sie dabei gegen den Widerstand der Reeder mitgehen sollten. Die Entscheidung fiel schließlich zugunsten des Bestehenden: Weil die SPD-Vorschläge »bezwecken, oder doch die Wirkung haben würden, die Disziplin an Bord zu untergraben«, erachteten die nautischen Vereine die Reform als »zur Zeit weder für erforderlich noch für wünschenswert«.[183]

Um so massiver drängten die Sozialdemokraten in der Etatdebatte am 30. Januar 1896 auf eine Revision. Erneut beklagte Metzger die Verwendung von Asiaten und Afrikanern, vor allem auf den subventionierten Reichspostdampfern des Norddeutschen Lloyd und der Hamburg-Amerika Linie, und kritisierte prinzipiell die Reedereien für ihre »Ausbeutung der Arbeitskraft« und »unmenschliche und menschenunwürdige Behandlung« der Mannschaften. Allerdings zeigte die SPD sich zum ersten Mal als ausdrückliche Verteidigerin der Interessen deutscher Seeleute, als Metzger über die mangelnde Hygiene von chinesischen und malayischen Feuerleuten in den Mannschaftslogis berichtete: »(D)ieselben verschmutzen und verderben wieder, was die deutschen Feuerleute gut gemacht und in Ordnung gebracht haben.«[184] Auch Bebel stieß in dieses Horn und bezeichnete besonders Chinesen als »ausgesprochen unreinliche Menschen« und äußerte sich ausführlich über Mißhandlungen an deutschen Trimmern: Mit seinem Resümee, daß Arbeiterinteressen einfach schwer vernachlässigt würden, verband sich der Ruf nach Veränderung.[185] Es war deutlich geworden, daß die SPD trotz ihrer offiziellen Programmatik, die internationale Solidarität der Arbeiter zu fordern, in ihrer Tagespolitik die Belange der deutschen Seeleute in den Vordergrund stellte und ihre Vertreter nicht frei von rassistisch-kulturellen Vorurteilen waren.

In Metzgers Schlußbemerkung, daß nicht die bessere Hitzeverträglichkeit, sondern das Interesse der Reedereien, »sich billiges Menschenmaterial« zu verschaffen, der entscheidende Grund für die Verwendung farbiger Seeleute auf deutschen Schiffen sei,[186] zeigte sich das wachsende Unbehagen der SPD über Arbeitsplatzkonkurrenz und Lohndumping durch solche Praktiken. Tatsächlich wurde der Einsatz asiatischer Billiglohnarbeiter zunehmend als Bedrohung der ökonomischen Existenz deutscher Seewirtschaftsbeschäftigter in einem gnadenlosen Verdrängungswettbewerb betrachtet. Die zu Ende gegangene mehrjährige Wirtschaftsdepression saß 1896 noch in den Gliedern, als die Frachtraten erst langsam wieder anstiegen und die Arbeitslosigkeit unter deutschen Seeleuten noch bei neunzehn Prozent lag.[187] Als Folge des Lohndrucks traten die Hamburger Hafenarbeiter im Winter 1896/97 in einen Großstreik, der von der SPD massiv unterstützt und reichsweit aufmerksam mitverfolgt wurde. Nachdem Metzger im Reichstag den »Wettbewerb des billigen gelben Mannes« als Kernpunkt des Ausstandes bezeichnet hatte, drehte sich die Debatte um die Postdampfersubvention am 12. Dezember 1896 fast nur noch um die Lohnforderungen der Schauerleute. Auf die Vorwürfe seines Parteigenossen Hermann Molkenbuhr, der die »Lohndrückerei« und »Hungerlöhne« der Hamburger Reederei aufs Korn genommen hatte, antwortete auch Jebsen. Er bezeichnete sich »als Hamburger Reeder« – einige seiner

Dampfer waren in Hamburg registriert – und rechtfertigte die niedrigen Löhne mit den flauen Frachtraten und geringen Gewinnen der großen Schiffahrtsgesellschaften. Sichtbar erregt fuhr er fort:

> »Das sind doch Zahlen, die auf Wahrheit beruhen. Wenn Sie nun sagen: jetzt soll eine Erhöhung der Löhne stattfinden –, da haben Sie den ungünstigsten Zeitpunkt gewählt, indem Sie gerade jetzt durch den Streik die Reeder forcieren wollten, ihre Löhne zu erhöhen. Das tut der Reeder nicht, ich würde es selbst nicht getan haben. Aber wenn nachher – was ich hoffe – dieser Streik, der meiner Ansicht nach nicht lange dauern wird, dazu beitragen würde, unsere maritime Bevölkerung aus den Klauen der Sozialdemokraten herauszuholen (sehr richtig! rechts; Heiterkeit links), so würde dieser ganze Streik wirklich der Reederei und den Seeleuten zum Nutzen gereichen. (Sehr richtig! Bravo! rechts. Zuruf links.) – Ja wohl! Sie sind keine Propheten. Dann bin ich auch fest überzeugt, daß die Reeder, wenn sie mit ihren Leuten vernünftig sprechen können, ohne daß ihnen da die Karre vor die Tür geschoben wird, auskommen; und je nachdem der Reeder verdient, wird er auch seine Leute stellen. Aber dazu tragen sie nicht bei, wenn sie die Reeder mit allen möglichen Schimpfnamen, wie Protzen, belegen. Tragen Sie Ihr möglichstes bei, den Hamburger Streik zu beendigen, dann werden wir sehen, daß es sowohl für die Reeder, als für die Kapitäne, Offiziere und Mannschaften ein großer Segen werden wird. (Bravo! rechts.)«[188]

Zwar ging der Schlagabtausch weiter, doch hatte Jebsen sich eindeutig in die Fronde der Regierung und Industrie gegen die streikenden Arbeiter und ihre Interessenvertreter eingeordnet. Sein patriarchalischer Unternehmerstandpunkt kam auch in dem Appell an die SPD, zur Lösung der Krise beizutragen, zum Ausdruck. Ganz anders reagierte Kaiser Wilhelm II., der sich angesichts des Hamburger Streiks sogar mit Staatsstreichideen trug, die dahin gingen, das Reich aufzulösen und mit einer anderen, stärker autoritären Verfassung neu zu gründen.[189]

Um die Vorwürfe gegen die Reederei zu prüfen, ließ der sozial aufgeschlossene Innenstaatssekretär Graf von Posadowsky-Wehner im Folgejahr eine reichsweite Untersuchung über die Beschäftigung und die Lohnverhältnisse von Schiffspersonal asiatischer und afrikanischer Herkunft auf deutschen Schiffen durchführen. In der Reederei Jebsen übernahm es der Buchhalter Franz Engelbrecht, auf die entsprechende Anfrage des

Apenrader Magistrats zu antworten; dabei spielte er das Kostenargument herunter und betonte die bessere Hitzeverträglichkeit chinesischer Feuerleute.[190] Als das Befragungsergebnis im Herbst 1897 vorlag, stellte sich heraus, daß auf insgesamt 117 Schiffen »auf Fahrten in tropischen Gewässern und in der ostasiatischen Küstenschiffahrt« zusammen 2241 asiatische und afrikanische Mannschaften verwendet wurden. Bei einer Gesamtzahl von 3691 deutschen Handelsschiffen mit 40.966 Seeleuten hatten diese Seeleute also einen Anteil von etwa 5,47 Prozent. Auf allen 117 erfaßten Schiffen bestand das niedere Maschinenpersonal ausschließlich aus Asiaten und Afrikanern, wobei laut der Feststellung von Posadowsky-Wehner »die größere Unempfindlichkeit der Eingeborenen gegen die Hitze besonders ins Gewicht fällt«. Auf Schiffen, die dauernd in der Küstenschiffahrt fuhren, war auch das niedere Deckpersonal fast gänzlich aus Asiaten zusammengesetzt. Auf die Heuern eingehend, kam der Bericht zu dem Ergebnis, daß die niedrigeren Heuersätze im wesentlichen durch den Stand des Silberdollars zustande kämen und auch dieser Vorteil »durch die geringere Leistungsfähigkeit der farbigen Mannschaften aufgewogen« werde, was »die Einstellung eines größeren Personals« erfordere;[191] das letztgenannte Argument war tatsächlich öfters aus Reedereikreisen zu hören.[192] Abschließend brachte der amtliche Bericht die ebenfalls dort vertretene Meinung zum Ausdruck, daß die Schiffsdisziplin bei solchen Mannschaften und »im Ganzen ihre Arbeitswilligkeit und Folgsamkeit« allgemein besser seien.[193]

Weder in Reichstagsreden noch in Geschäftsbriefen ging Jebsen auf das Thema wieder näher ein. Auch nach seinem Tod fuhr seine Dampferflotte in Ostasien weiterhin mit chinesischen Besatzungen. Ausschlaggebend war dafür nur der Kostenfaktor, niemals die Auffassung, daß chinesische Feuerleute die Hitze besser vertrügen. Zweifellos hätte Jebsen auch deutsche oder andere europäische Seeleute für seine Schiffe angeheuert, wenn deren Lohnforderungen und besonders Verpflegungskosten auf ähnlich niedrigem Niveau gelegen hätten wie die der Chinesen. Im Reichstag hielt er sich aber bei Diskussionen über das Thema zurück und nahm auf diese Weise erkennbare Rücksicht auf andere deutsche Reedereien, die wegen der Verwendung asiatischer Besatzungen in ihren Ostasiendiensten stark im Zentrum der Kritik der SPD standen. Auch hier erwies er sich als Vertreter von Reedereiinteressen gegenüber den Forderungen aus Arbeiterkreisen. Sein unerschütterlicher Unternehmerstandpunkt war im Verhältnis zur Sozialdemokratie offenkundig geworden.

Seeunfälle

Für die deutsche Handelsschiffahrt war Artikel 54 der Reichsverfassung maßgebend, nach dem »(d)ie Kauffahrteischiffe aller Bundesstaaten (...) eine einheitliche Handelsmarine« bildeten. Hatte der Staat in Gestalt der Seemannsordnung Einfluß auf die soziale Organisation der Arbeit an Bord genommen, die sich durch die Dampfschiffahrt immer stärker veränderte, so griff er in den achtziger Jahren mit weiteren gesetzlichen Maßnahmen regulierend in die Schiffahrt ein. Im Rahmen der Bismarckschen Sozialpolitik wurde am 13. Juli 1887 das Seeunfallversicherungsgesetz erlassen. Damit schuf das Deutsche Reich als weltweit erster Staat einen einheitlichen und weitreichenden Versicherungsschutz für die auf deutschen Schiffen fahrenden Seeleute gegen die Folgen von Arbeitsunfällen. Der Schutz erstreckte sich auf alle Personen, die auf deutschen Seefahrzeugen und in binnenländischen Seeschiffahrtsunternehmen beschäftigt waren – mit Ausnahme der Küsten- und Hochseefischerei. Als Träger der Seeunfallversicherung, also als Versicherungsanstalt für Seeleute und deren Angehörige fungierte die Seeberufsgenossenschaft – hier kurz See-BG genannt – mit Sitz in Hamburg. Die Beiträge leisteten ausschließlich die Unternehmen der Seeschiffahrt, nicht die Versicherten. Die See-BG war in örtlich abgegrenzte Sektionen eingeteilt, womit die organisatorische Arbeit erleichtert wurde. Jede Sektion hatte eine Sektionsversammlung, einen Sektionsvorstand und ehrenamtliche Vertrauensmänner, die vor Ort die Versicherten betreuten. Die Tätigkeit der See-BG bestand im wesentlichen aus zwei Bereichen: Zum einen stellte sie Unfallverhütungsvorschriften auf, überwachte deren Befolgung und ahndete Vergehen, zum anderen kümmerte sie sich um Unfallopfer und deren Angehörige durch Entschädigungszahlungen und die eventuelle Bewilligung oder Ablehnung von Unfallrenten.[194]

Jebsen war vom 1. Oktober 1887 bis zu seinem Tode, also zwölf Jahre lang, Vertrauensmann der Sektion IV (Kiel) der See-BG und damit auch Mitglied des Sektionsvorstands. Seine Wiederwahl erfolgte regelmäßig alle zwei Jahre in der Sektionsversammlung. Zwischen seiner Geschäftskorrespondenz finden sich vereinzelte Schreiben an den Sektionsvorstand in Kiel, in denen er seine Teilnahme an Vorstands- und Sektionsversammlungen bestätigte oder absagte; im Falle einer Absage mußte er sich darum kümmern, daß sein Stellvertreter, der Kieler Reeder Christian Ivers, an der

Versammlung teilnahm.[195] Weitere Schreiben richteten sich an Versicherte in Apenrade und Umgebung, in denen die Einreichung von Unterlagen verlangt wurde. So ließ er 1889 die Witwe eines Seemanns in Apenrade wissen, daß »(b)ehufs Erlangung einer Rente von der Seeberufsgenossenschaft in Anlaß der Verunglückung Ihres Mannes mit der Bark *Sibirien*« mehrere Schriftstücke an ihn gesandt werden sollten.[196] Die Kapitäne seiner Reederei, die in Ostasien unterwegs waren, wies er an, bei Unglücksfällen von Mannschaften immer drei Berichtsexemplare einzusenden »und zwar *ein Exemplar* an den Konsul draußen, eines an die *Berufsgenossenschaft Kiel* und das dritte an mich als *Vertrauensmann*«.[197] Über die Beiträge zur Unfallversicherung seiner eigenen Reederei, welche er sowohl für deutsche als auch für chinesische Seeleute leistete, ist an anderer Stelle gehandelt worden.[198]

Daß die von der See-BG aufgestellten Unfallverhütungsvorschriften als nicht ausreichend angesehen wurden, machte 1893 die SPD im Reichstag deutlich. Den Zündstoff lieferte ein aufsehenerregendes Schiffsunglück, nämlich das spurlose Verschwinden der brandneuen großen Bremer Fünfmastbark *Marie Rickmers* im Indischen Ozean. Als Gründe für dieses Ereignis im Juli 1892 wurden ein Taifun, Piraten, Kentern oder die Überforderung der zu geringen Besatzung vermutet.[199] Für die SPD bildete das Unglück ein Beispiel für die harte Preiskonkurrenz der Reedereien im Frachtgeschäft und die mangelhafte amtliche Untersuchung von Schiffen auf ihre Seetüchtigkeit. So entwickelte sich die Plenumsdebatte am 21. Februar 1893 zu einem wahren Rededuell. Der Sozialdemokrat Schwartz machte für den Untergang der *Marie Rickmers* die schwache Bemannung des Schiffes verantwortlich und gab dafür die Schuld dem »wilden Konkurrenzkampf« sowie der ungenügenden Kontrolle der Unfallverhütungsvorschriften der See-BG. Außerdem beklagte er das Hamburger Urteil von 1892 zugunsten eines prügelnden Kapitäns und kündigte eine Vorlage für eine revidierte Seemannsordnung an.[200]

Jebsen lieferte – wie schon im Vorjahr – ein Plädoyer für die bestehende Ordnung, wenn er auch zugab, daß diese »nicht infallibel« und »etwas zu ändern vielleicht angebracht« sei. Beim Unglück der *Marie Rickmers* lag seiner Meinung nach ein Kentern wegen zu geringer Bemannung nicht vor; stattdessen verwies er auf »so viele Gefahren« zwischen Ostindien und Deutschland. Er bestritt, daß die Disziplinarvorschriften der Seemannsordnung zu weit gingen und ebenso die Behauptung, daß überall

Fünfmastbark *Marie Rickmers*

geprügelt werde. Der SPD warf er vor, »wie es ja gewöhnlich der Fall ist, von Einzelheiten auf das Ganze« zu exemplifizieren: »Es werden immer solche Fälle vorkommen; und mögen Sie nun die Seemannsordnung revidieren, wie Sie wollen, ganz beseitigen werden Sie solche Fälle nie.« Deshalb fand er, daß die bestehende Regelung vorläufig noch genüge, und empfahl, sie »mit wenigen Änderungen so zu lassen, wie sie ist«.[201]

Wie im Vorjahr ging Bebel zum Angriff auf Jebsen über und warf ihm vor, bei der Frage der Seemannsordnung nicht die Ansicht des maßgebenden Nautischen Vereins in Hamburg, sondern einen »Unternehmerstandpunkt« zu vertreten. Den Fall der gesunkenen *Marie Rickmers* hielt er für einen Beweis der unzureichenden Seemannsordnung, nach deren § 94 eine unbegründet geäußerte Befürchtung über die Seetüchtigkeit eines Schiffes mit Strafe wegen leichtfertiger Verdächtigung belegt werden konnte – eine Bestimmung, die solche Anzeigen in der Regel verhinderte. Der Höhepunkt seiner kämpferisch gehaltenen Rede war erreicht, als der SPD-Führer das 1892 in der Presse veröffentlichte Schreiben des Elsflether Reeders Adolph Schiff an einen seiner befreundeten Mitreeder oder Kapitäne zitierte. Darin freute der Schiffseigner sich, nach dem Untergang von zweien seiner Fahrzeuge, »die Assekuranzgelder eingeheimst zu haben«, obwohl er bedauerte: »Leider ist dabei die Mannschaft gerettet worden.«

August Bebel (1840–1913)

Die Kosten für den Rücktransport der Seeleute waren ihm von der Versicherungssumme gekürzt worden. Bebel hielt das Verhalten des Reeders für »barbarisch« und zitierte das SPD-Parteiorgan *Vorwärts*: Das Blatt hatte Schiff direkt einen Mörder genannt, weil er offenbar absichtlich seeuntüchtige Schiffe auf See schickte, um nach deren Untergang die hohen Versicherungsgelder einziehen zu können. Um so empörter war Bebel, daß Schiff bis zuletzt nichtamtliches Mitglied des Reichsversicherungsamts – das höchste deutsche Sozialgericht in Streitigkeiten aus der Invaliden- und Unfallversicherung – für die See-BG gewesen war. Außerdem hatten rund siebzig Elsflether Honoratioren bezeugt, daß Schiff ein Ehrenmann im vollsten Sinne des Wortes sei.[202]

Auf die schweren Vorwürfe gegen den Berufskollegen reagierte Jebsen mit beinahe naiver Offenheit. Er bekannte, daß der Fall Schiff »ja ganz eigentümlich« klinge und er sich alle mögliche Mühe gegeben habe, um darüber näheres zu erfahren, weil er Schiff persönlich von der Seeberufsgenossenschaft her kenne und mit ihm selbst gesprochen habe. Als Erklärung für dessen Verhalten blieb ihm nur ein »Schreibfehler«, was Lachen in der SPD-Fraktion auslöste. Auf seinen Hinweis, es könne gar nicht möglich sein, daß ein Mensch so schwarz denke, und Schiff werde in Elsfleth immer noch als ehrenwerte Persönlichkeit angesehen, erntete er Zurufe und wiederholtes Lachen bei den Sozialdemokraten. Als er weiterreden konnte, gestand er ein, »nicht an diese Schlechtigkeit glauben« zu können, welche die SPD dem Mann zuschreibe. Die von der See-BG erlassenen Unfallverhütungsvorschriften hielt er für ausreichend, um zu verhindern, daß ein seeuntüchtiges Schiff aus einem Hafen herausgehe. Schließlich rief er ins Plenum: »Meine Herren, es mag überall etwas zu kritisieren sein; aber im allgemeinen können wir uns nur freuen, daß unsere Kauffahrteimarine noch so gut beschaffen ist und noch den guten Ruf genießt, trotz der Anfeindungen seitens der Sozialdemokraten.«[203]

Jebsens Rede, die kein Zugeständnis an die Adresse der SPD enthielt, blieb nicht unbeantwortet. Bebel meinte: »Der Herr Vorredner hätte jedenfalls klüger getan, seine letzte Rede nicht zu halten.« Er bedauerte die mangelnde Kontrolle der Unfallversicherungsvorschriften und forderte Jebsen auf, im Interesse der deutschen Schiffsreeder für den Vorschlag der SPD über Vorkehrungen und Einrichtungen zur Untersuchung der Seetüchtigkeit von Schiffen einzutreten. Jebsens Rechtfertigungen oder Entschuldigungen für den Reeder Schiff hielt er für »das Stärkste, was ich für möglich gehalten habe«. Den angeblichen »Schreibfehler« und Jebsens Verwunderung über eine solche Dummheit tat er ab mit den Worten, daß ein sehr tüchtiger und intelligenter Mensch doch ein Schuft sein könne, »und auch ein Schuft kann eine Dummheit begehen«. Die Tatsache, daß Schiff keine Gerichtsklage gegen die schweren Presseangriffe erhoben und sofort sein Ehrenamt im Reichsversicherungsamt niedergelegt hatte, nahm Bebel als »sonnenklar(en)« Beweis, »daß Adolph Schiff in Elsfleth ein Massenmörder ist«. Bewegung und Beifall in der SPD-Fraktion waren die Folge. Jebsen erschien zwar sofort wieder am Rednerpult, ging aber auf Bebels letzten Ausruf nur mit der knappen Bemerkung ein, das Wort »Massenmörder« gehöre einfach nicht hierher.[204]

Die erhitzte Diskussion über Seeunfälle ebbte im Reichstag zunächst ab und wurde im Folgejahr nicht fortgesetzt. Dafür verantwortlich war das 1894 getroffene Abkommen zwischen der See-BG und dem Germanischen Lloyd, das deutsche Klassifikationsinstitut für Handelsschiffe, über die Überwachung der Unfallverhütungsvorschriften.[205] Die Übereinkunft kam allerdings nicht wegen der sozialdemokratischen Kritik, sondern vor allem aus Sorge vor einer Reichskontrolle der Schiffahrt zustande; davon wird noch zu handeln sein. Jebsen war sowohl in der See-BG als auch beim Germanischen Lloyd ehrenamtlich engagiert und übte damit eine wichtige Mittlerfunktion zwischen beiden Organisationen aus.

Ein weiteres Ehrenamt nahm Jebsen von 1888 bis 1899 als Beisitzer des Seeamts Flensburg wahr.[206] Die zwölf deutschen Seeämter – Seegerichte mit Untersuchungs-, aber beschränkter Strafkompetenz – unterstanden dem 1877 geschaffenen Reichsoberseeamt, das im Zuge des Aufbaus einer Reichsverwaltungsgerichtsbarkeit entstanden war. Nach der Reichsgründung von 1871 hatte die Reform und Vereinheitlichung der Rechtsordnung einen obersten Platz in der Politik bekommen. Darin verbanden sich die Ziele des monarchisch-bürokratischen Obrigkeitsstaates nach Einheit und Geschlossenheit der Nation und der liberalen Bewegung nach Freiheit und individueller Autonomie, welche durch ein rationales, berechenbares und sicheres Rechtssystem erreicht werden sollten. Die ersten großen Akte der Rechtsvereinheitlichung begannen mit dem Reichsstrafgesetzbuch von 1871 und erreichten mit der Schaffung eines Reichsgerichts 1877/79 eine Krönung.[207] Durch das Reichsgesetz betreffend die Untersuchung von Seeunfällen vom 27. Juli 1877 entstand das Reichsoberseeamt als verwaltungsgerichtliche Kollegialinstanz, die Beschwerden gegen die Entscheidung der Seeämter über den Entzug von Gewerbebefugnissen gegenüber dem Verursacher eines Seeunfalls bearbeitete und entschied. Zu den Verhandlungen der Seeämter, die Seeunfälle von Handelsschiffen untersuchten, entsandte das Reichsoberseeamt einen vom Reichskanzler ernannten Reichskommissar – de facto ein Staatsanwalt. An den Seeamtssitzungen nahmen außer dem Reichskommissar und dem Vorsitzenden, der die Fähigkeit zum Richteramt haben mußte, noch vier Beisitzer teil, die vom Vorsitzenden nach einer jährlich neu aufgestellten Liste der hierzu geeigneten Personen berufen wurden.[208]

Jebsen wurde zum ersten Mal für das Jahr 1888 als einer von insgesamt fünfzehn Beisitzern des Seeamts Flensburg berufen. Seit 1877 hatten in Flensburg 73 Verhandlungen stattgefunden, womit das Seeamt zahlenmäßig an siebter Stelle nach Hamburg, Stralsund, Emden, Bremerhaven, Stettin, Brake und Rostock rangierte. Obwohl laut Gesetz mindestens zwei Beisitzer Kauffahrteikapitäne sein mußten, um praktisches Expertenwissen in den Beratungen zu gewährleisten, waren in Flensburg sogar neun Kapitäne und ein Navigationslehrer ernannt; die anderen Beisitzer – darunter Jebsen – kamen aus dem Reederei-, Makler- und Kaufmannsgewerbe.[209] Die Seeämter traten nur in Aktion, wenn bei einem Seeunfall Menschenleben verlorengegangen waren, ein Schiff aufgegeben oder gesunken war, oder wenn der Reichskanzler die Untersuchung anordnete. Die Verhandlungen waren öffentlich und mündlich und sollten die Ursachen des Unfalls und alle Begleitumstände klären, vor allem ob Kapitän, Steuermann oder Maschinist falsch gehandelt oder ihre Pflichten vernachlässigt hatten. Wie wichtig die Urteile waren, machte die *Hansa* deutlich, als sie schrieb, daß die »praktischen Folgen die wichtigsten« seien, denn »sie bedeuten für viele unserer Kollegen Brot oder Elend«.[210]

Da die Entziehung der Berufserlaubnis die Höchststrafe war, entschieden die Seeämter tatsächlich über das Schicksal ganzer Familien. Jebsen stand diesem Verfahren kritisch gegenüber, wie er 1883 deutlich machte. Als er hörte, daß der Führer des Kruppschen Erzdampfers Kapitän Arnold wegen angeblicher Tabakschmuggelei seiner Besatzung von der Essener Firma entlassen und trotz erwiesener Unschuld nicht wieder eingestellt worden war, meinte er, daß Krupp ihn nur zeitweise seiner Posten hätte entheben können, denn »das wäre Strafe genug gewesen«. So aber scheine man »dem *dummen preußischen Seegerichte nachahmen zu wollen,* das entweder die Betreffenden laufen läßt oder für ihr ganzes Leben unglücklich macht«.[211] Andere Konsequenzen der Seeamtsurteile waren weniger schwerwiegend, aber dennoch für die Schiffssicherheit wichtig. Wie Jebsen nach acht Jahren Erfahrung als Beisitzer wissen ließ, gehe das Seeamt sogar soweit, »daß wir, wenn der Bruch einer Welle, einer Pumpe, Ventile usw. entsteht, alles erörtern und nicht zurückhalten, den betreffenden Reedern und Maschinenbauern mitzuteilen, wenn solches auf mangelhaftes Material zurückzuführen ist«.[212]

Zwar enthalten die in der *Hansa* veröffentlichten Berichte von Seeamtssitzungen keine Namen von Reichskommissaren, Vorsitzenden und Beisitzern – zweifellos aus Vertraulichkeitsgründen –, doch kann wegen der Thematik angenommen werden, daß Jebsen an den Verhandlungen am 7. November 1891 und 14. November 1892 als Beisitzer teilnahm; ein Terminkonflikt mit seiner Parlamentsarbeit in Berlin war ausgeschlossen, da an den beiden Tagen der Reichstag entweder vertagt oder noch nicht zusammengetreten war. Es ging im Seeamt um die Strandung des Flensburger Dampfers *Marianne* auf der Reise von Hongkong nach Wladiwostok mit einer Ladung Stückgut: Unter der Führung von Kapitän J. N. Hansen war das Schiff im Juni 1891 bei einem Wendemanöver aufgelaufen. Zwar verwies Hansen auf seinen Steuermann, dem er genaue Ordre gegeben habe, auf Klippen zu achten, doch war er trotz der gefährlichen Seegegend selbst nicht an Deck geblieben. Nachdem Vernehmungen der Mannschaft in den deutschen Konsulaten in Hongkong, Singapur und Chefoo stattgefunden hatten, beantragte der Reichskommissar die Entziehung des Schifferpatents von Hansen. Das Seeamt folgte nach längerer Beratung dem Antrag und entzog dem Kapitän »wegen nachlässiger Navigierung, grober Pflichtwidrigkeit und Mangel an Maßnahmen zum Schutze des Schiffes und der Mannschaft« sein Patent.[213] Damit erhielt Hansen die

Höchststrafe, die das Seeamt verhängen konnte, denn nach dem Willen des Gesetzgebers sollte nur solchen Schiffsführern die Gewerbebefugnis entzogen werden, die »das Vertrauen verscherzt haben, daß sie ferner ihrer Pflicht genügen würden«.[214] Um so eindringlicher ermahnte Jebsen einige Monate später die Kapitäne seiner Reederei, beim Steuern durch gefährliche Gewässer das Lot »fleißig zu gebrauchen«, denn dieses »erheischt die seemännische Vorsicht, und der Kapitän, der sich dieses Hilfsmittels nicht bedient, darf nicht behaupten, mit der nötigen Vorsicht zu Werke gegangen zu sein«. Kapitän Hieronymus Ipland, der mit *Clara* im Mai 1893 in der japanischen Inlandssee bei voller Fahrt auf harten Grund aufgelaufen, aber mit geringen Beschädigungen des Kiels wieder freigekommen war, machte er klar, daß ihm »bei jeder seeamtlichen Verhandlung dieser Angelegenheit« der Vorwurf mangelnder Vorsicht nie erspart bliebe: »Von 10 Seeamtsfällen, denen ich beigewohnt habe, sind immer 9 auf Versäumnisse des Lotsens zurückzuführen gewesen.«[215]

Gegen Staatsaufsicht: Germanischer Lloyd

Zu Jebsens Aufgaben bei der See-BG und dem Seeamt trat 1889 der ehrenamtliche Posten eines stellvertretenden Aufsichtsratsmitglieds der Schiffsklassifikationsgesellschaft Germanischer Lloyd. Das gemeinnützige Unternehmen, dem als Mitglieder Seeversicherer, Reeder und Kaufleute angehörten, war 1867 in Hamburg nach dem Vorbild des britischen Lloyd's gegründet worden. Besonders Seeversicherer und Befrachter (Charterer) waren daran interessiert, daß Schiffe möglichst zuverlässig und objektiv beurteilt wurden, damit das Risiko einer Versicherung oder einer Frachtverschiffung abgeschätzt werden konnte. Laut Statut hatte die Genossenschaft die Aufgabe, »möglichst genaue und gerechte Klassifizierungen von Handelsschiffen gegen tunlichst niedrige Gebühren durch zu ernennende Besichtiger vorzunehmen« und die Ergebnisse in einem Schiffsregister festzuhalten; außerdem erarbeitete sie Vorschriften für Neubauten und Reparaturen von Handelsschiffen.[216] Zwar stand die Gesellschaft von Anfang an in Konkurrenz mit dem etablierten Londoner Institut und dem Pariser Bureau Veritas, welche die meisten deutschen Schiffe klassifizierten, doch gelang rasch der Aufbau eines Stabes von Besichtigern in Häfen im In- und Ausland. Der private Charakter des Germanischen Lloyd

Ausschnitt aus dem ersten Schiffsregister des Germanischen Lloyd, Oktober 1868

und seine beschränkte Reichweite ließen bald den Ruf nach einem Unternehmen aufkommen, welches Lloyd's und Veritas ebenbürtig war. Die Befürworter der Idee brachten 1883 erstmals ihre Argumente in der *Hansa* vor. Unter der Überschrift »Ein *deutsches* Schiffsbesichtigungsinstitut« erschien der Appell, »den schreienden Übelständen wirksam entgegen zu treten, und ein unserer Nation würdiges und nach Außen vertrauenswertes Besichtigungsinstitut auf nationaler Grundlage herzustellen«. Vor allem die französische Veritas stand wegen ihrer angeblichen Diskriminierung des deutschen Schiffsbaus im Zentrum der Kritik.[217]

Von solchen Argumenten zeigte sich Jebsen, dessen Schiffe von Veritas klassifiziert wurden, wenig beeindruckt. Als die Kieler Reederei Paulsen & Ivers im Frühjahr 1883 die Gründung eines »deutschen Reedereiverein(s)« anregte, um zur Selbstkontrolle der deutschen Reedereien überzugehen und damit die beiden ausländischen Klassifikationsgesellschaften auszuschalten, lehnte Jebsen »ein großes nationales Institut« als unpraktisch ab – weil darin »bald Tausende von Schiffen Aufnahme finden würden« – und plädierte stattdessen für eine »Gesellschaft gegenseitiger Versicherer unserer Provinz, aus Reedereien bestehend, die sich genau kennen, und deren Schiffe zu kontrollieren wären«. Vor allem befürchtete er eine kostspielige Verwaltung mit großem Expertenpersonal, wodurch die Versicherungsprämien in die Höhe getrieben werden könnten.[218] Ähnlich mißtrauisch blieb man in Hamburger Reederkreisen, die vor jedem Zwang warnten, ein deutsches Institut benutzen zu müssen, und die Schaffung einer staatlichen Einrichtung vehement ablehnten.[219]

Als mit der zunehmenden Dampfschiffahrt sich die Anforderungen an die Schiffssicherheit erhöhten, begann im Laufe der achtziger Jahre eine öffentliche Diskussion über die Notwendigkeit staatlicher Aufsicht über den Schiffbau. Eine vom Reichskanzler berufene Kommission zur Behandlung von Fragen der Klassifikation und Schiffssicherheit, der auch einige Hamburger Reeder angehörten, erarbeitete 1888 bestimmte Grundsätze, darunter auch die Empfehlung, den Germanischen Lloyd in eine Aktiengesellschaft umzuwandeln und die Gesellschaft damit unabhängiger von ihren Mitgliedern zu machen. Auf diese Weise sollte das Unternehmen sein Renommee gegenüber seinen ausländischen Konkurrenten verbessern und zum führenden Klassifikationsunternehmen für die deutsche Handelsschiffahrt gemacht werden.[220] Obwohl die meisten Hamburger Reeder sich skeptisch verhielten und an dem bewährten Londoner und Pariser Institut festhalten wollten, stieß der Plan bei Jebsen und anderen Schiffseignern auf Zustimmung. Als sein alter Arbeitgeber, die Firma Krupp in Essen, sich beim Germanischen Lloyd beteiligen wollte und bei ihm Auskunft darüber einholte, ließ Jebsen im Juni 1889 wissen, daß er »ihr den Lloyd als deutschnationales Institut warm« empfehle.[221] »Den Standpunkt der Hamburger Herren habe ich gebührend gekennzeichnet«, gab er abschließend kund: Auf einer Reise nach Danzig habe er so recht erfahren, »welche Gesinnung diese dem Germanischen Lloyd entgegenbringen«.[222]

Angesichts der starken Widerstände aus Hamburg fand die konstituierende Sitzung der neuen Aktiengesellschaft am 25. August 1889 in Berlin ohne Beteiligung von Vertretern der größten deutschen Hafenstadt statt. Im Vorfeld hatte Jebsen den Kieler Reeder Sartori wissen lassen, er wolle dazu »gerne zugezogen sein«. Tatsächlich ging er zur Generalversammlung, ließ sich zu einem stellvertretenden Mitglied des Aufsichtsrats wählen und beteiligte sich mit der vergleichsweise hohen Summe von zwanzigtausend Mark an der Gesellschaft.[223] Den Vorsitz des siebenköpfigen Gremiums übernahm der Bremer Großreeder Diedrich Heinrich Wätjen, sein Stellvertreter wurde der freisinnige Reichstagsabgeordnete Dr. Friedrich Witte aus Rostock; außer je zwei Kaufmannsreedern und Versicherungsvertretern hatte auch der Kieler Werftbesitzer Georg Howaldt, der schon der alten Gesellschaft angehört hatte, einen Aufsichtsratssitz inne. Die acht Stellvertreter waren Schiffseigner – darunter der seit der Reichstagsdebatte vom 21. Februar 1893 unrühmlich bekannte Adolph Schiff aus Elsfleth –, Kaufleute, Schiffbauer und ein Kapitän. Von seiten der Regierung nahm Karl Heinrich von Boetticher, Innenstaatssekretär und stellvertretender Reichskanzler, an der Sitzung teil – ein Zeichen für die Bedeutung, die die Reichsleitung dem neuen Unternehmen zumaß. Der Staatssekretär bestätigte dem Lloyd das Vertrauen der Regierung in seine Aufgabe als Klassifikationsinstitut und verkündete, daß man zwar vorläufig keine Reichskontrolle über den Schiffbau beabsichtige, aber eine

M. 226

№ & Signal.	Namen von Schiff, Schiffer, Rheder und Heimathsort.	Classe. Anfang der Cl. Ort und Zeit der letzten Besichtigung.	Fahrt & Bestimmung.	Flagge. Takelung und Gattung.	Tonnengehalt. Pferdekraft. Anker u. Ketten.	Bau-Jahr, Bauort, Baumeister. Baumaterialien, Verbolzung, Beschlag, Reparaturen; Details der Maschinen etc.	Regist. Länge, Breite, Tiefe. Engl. Fuss.	Tiefgang beladen. Form. Anzahl d. Decks.
№ & Signal-Letters.	Names of the Ship, Master and Owners, Port where the Ship belongs to.	Class for ...years, from ...(Date). Place and Date of last Survey.	Navigation & Destination.	Flag, Rig & Description.	Regist. Tonnage. Horse-Power of Engs. Anchors & Chains.	When and where built, Builder. Building Materials, Fastenings, Sheathing, Repairs etc. Details of Engines etc.	Regist. Length, Breadth, Depth. Feet engl.	Load draught. Shape of the vessel. Nr. of Decks.
✠ 165.	**Michael Jebsen.** 75. Matthiessen, J. C. 88. M. Jebsen sen., Hamburg.	100A 4 9. 89. Kiel. 8. 89.	L.	D. Scho.	995 708 450	5.89. Diedrichsdorf/Kiel, Howaldt's Werke. .St.; 4I; dB.; Cem. (3 Cyl. 15",2, 23",6&39"-27",6; 11 Atm.) MC.9.89.	205,7 29,5 17,8	16 ^ 2(SpD.)
166. QRPL	**Milano.** (ex Stirling.) Questa. 88. S. Salmon, Livorno.		K.	Ital. SBg.	1065 784 400	56. Glasgow, J. & G. Thompson. ; 3I; Cem.; lg.63; r.78&81; r.84; bv.o.3.88. (2 Cyl. 28"&50"-30"; 60 Ø.) nMasch.63; n 10.82; MC.3.88.	231,7 28,7 17,8	17 ^ 1&B.
✠ 167.	**Mimi.** 72. Vöge, J. A. 89. Kieler Dampfer-Comp., Kiel.	100A 4 5. 89. Kiel. 5. 89.	K.	D. GS.	886 755 380	3.89. Diedrichsdorf/Kiel, G. Howaldt. .St.; 4I; dB.; Cem. ✠ (3 Cyl. 14",2, 22",2&36",6-23",6; 11 Atm.) MC.5.89.	203,8 30 14,2	14 ^ 1
168. RGVT	**Mimi Benitt.** (ex Anna Theodora.) Clausen, J. 89. J. H. Benitt Ww., Altona.	AI 3 8. 89. Altona. 8. 89. sp. V.	k.	D. Tlk.	67	10.71. Foxhol, Gebr. Smit. E.e.; ; ; .85; rTg.n.-r.87; nS.-bv.o.r (rIh.rD.rTs.rBh.).1.8.89.	73,4 16,5 7,4	7 1/2 flb. 1

Auszug aus dem Register des Germanischen Lloyd mit Eintrag des Dampfers *Michael Jebsen*, 1890

endgültige Entscheidung von der Entwicklung der Gesellschaft und ihrer Arbeit abhängig machen werde.[224]

Um so mehr war Jebsen bemüht, das Ansehen und Vertrauen in den Germanischen Lloyd zu stärken. Bereits im August 1889 ließ er seinen neuen Dampfer *Michael Jebsen*, der bei Howaldt vom Stapel lief, von dem zuständigen Fachmann der Gesellschaft in Kiel besichtigen und klassifizieren.[225] Einige Monate später empfahl er der Berliner Geschäftsstelle, insgesamt drei Experten in der Provinz Schleswig-Holstein, und zwar jeweils in Kiel, Rendsburg und Flensburg mit Schiffsbesichtigungen zu beauftragen, und gab Ratschläge über geeignete Personen aus Flensburg. Weil dort »ansässige Baumeister oder Ingenieure größtenteils mit der einen oder anderen Schiffsreederei in Verbindung« ständen, riet er von solchen Bewerbern ab, ebenso von alten Schiffskapitänen, »die zum großen Teil nur mit hölzernen Segelschiffen Bescheid wissen« und deshalb »für einen solchen Posten nicht die rechten Leute sind«.[226] Trotz seines Engagements erhielt er aber keinen Aufsichtsratsposten, auch nicht, nachdem der Vorsitzende Wätjen

Schnelldampfer *Elbe* des Norddeutschen Lloyd. Zeitgenössischer Holzstich

1893 überraschend gestorben war. »(O)bgleich ich nach dem Tode des Herrn Wätjen wohl berechtigt sein dürfte, in solche Stelle aufzurücken«, stellte er Ende 1893 fest, sei er dennoch nur Stellvertreter eines Mitglieds des Aufsichtsrats geblieben, »trotzdem meine Reederei von 13 Dampfern eine der stärksten sein dürfte, die zum Germanischen Lloyd gehört«.[227]

Der Germanische Lloyd erfuhr eine entscheidende Aufwertung, als 1894 ein Abkommen mit der Seeberufsgenossenschaft zustande kam. Infolgedessen übernahm das Unternehmen die Aufsicht über die korrekte Einhaltung der von der See-BG erlassenen Unfallverhütungsvorschriften beim Bau deutscher Handelsschiffe.[228] Auf diese Weise gelang es, der möglichen Reichskontrolle des Schiffbaus einen Riegel vorzuschieben. Dennoch geriet das Thema schon wenig später in den Mittelpunkt der öffentlichen Aufmerksamkeit, nachdem der Dampfer *Elbe* des Norddeutschen Lloyd am 30. Januar 1895 in der Nordsee mit einem britischen Dampfschiff kollidiert war: Bei ihrem Untergang riß *Elbe* 332 Menschen in den Tod.[229] Angesichts der Tragödie wurde der Ruf nach besseren Si-

Gerettete des Dampfers *Elbe*. Zeitgenössischer Holzstich

cherheitsvorrichtungen auf Schiffen immer lauter und mündete in eine parlamentarische Interpellation »betreffend die Verhütung des Verlustes von Menschenleben bei Seegefahr«, die von zwei konservativen Schwergewichten gemeinsam gestartet wurde. Der Schulterschluß des bekannten Saarindustriellen und freikonservativen Abgeordneten Freiherr von Stumm-Halberg mit dem Vorsitzenden der Deutschkonservativen Partei und Reichstagsfraktion, Freiherr von Manteuffel-Crossen, einer der Wortführer des agrarischen Flügels seiner Partei, wirkt auf den ersten Blick erstaunlich, denn keiner von beiden war mit Schiffahrtsfragen näher vertraut.

So gab es vor allem zwei Gründe für diesen Schritt: Zum einen sollte die Interpellation, die sich gegen die Regierung und die Reederei richtete, eine gezielte Aktion sein, um die im Vorjahr zerbrochene Einheit zwischen den beiden konservativen Fraktionen demonstrativ wiederherzustellen. Bei der Abstimmung über den Handelsvertrag mit Rußland hatte Stumm mit wenigen anderen Fraktionskollegen im Interesse der Industrie für das

Abkommen votiert, während die meisten Konservativen mit Rücksicht auf die Landwirtschaft dagegen gestimmt hatten. Anschließend waren er und weitere Vertreter der Industrie bemüht gewesen, das angeschlagene Verhältnis zu den Agrariern wieder zu verbessern.[230] Das gemeinsame Vorgehen bot die Chance, die alte Solidarität öffentlich wieder zu bekunden. Zum anderen empfand der Industrielle Stumm eine patriarchalische Verantwortung für Arbeiter, die in seinen eigenen Betrieben – für die damalige Zeit – großzügige Sozialleistungen erhielten. Auch hatte Stumm die Wirtschafts- und Sozialpolitik Bismarcks aktiv unterstützt und einige bedeutende sozialpolitische Vorschläge gemacht. Als Vorsitzender der für seine Industriebranche zuständigen Berufsgenossenschaft achtete er auf die Einhaltung von Unfallverhütungsvorschriften und lehnte nach eigenen Worten »eine Omnipotenz des Unternehmers auf diesem Gebiet« ab. Um so unverständlicher erschien ihm, daß es keine reichseinheitlichen Gesetze und Kontrollen für Schiffsbaubetriebe gab – so wie es bei Fabrikbetrieben schon lange übliche Praxis war.[231] Aus diesen beiden Motiven heraus, die vor allem Stumm antrieben, ergab sich die sehr ungewöhnliche Konstellation, daß die beiden Konservativen in ihrer Forderung nach mehr Staatsaufsicht über die Schiffahrt gemeinsam und geschlossen mit den Sozialdemokraten, die ohnehin für mehr Staatseinfluß in der kapitalistischen Wirtschaft waren, gegen die Reichsleitung und den Reedereilobbyisten Jebsen ins Feld zogen.

Die nötige Munition für die Attacke lieferte das Büchlein eines pensionierten Marineoffiziers, das in Regierungs-, Partei- und Schiffahrtskreisen für große Aufregung sorgte: Unter dem Titel *Schutz für unsere Seeleute! Ein Aufruf an deutsche Menschenfreunde* (1894) hatte Georg Wislicenus behauptet, »daß durch eine Erhöhung der Betriebssicherheit bei der Seeschiffahrt alljährlich viele Menschenleben vor dem Tode bewahrt werden können«. Was den später bekannten Marineschriftsteller bei seinen Vorwürfen trieb, ließ er gleich zu Anfang wissen, als er die »verächtliche, ablehnende Haltung der Reederzeitungen und frühere Studien auf ähnlichem Gebiete« kritisierte. Auf 88 Seiten rechnete Wislicenus mit großer Sachkenntnis den Schiffseignern ihre Versäumnisse vor und kritisierte die mangelnde Einheitlichkeit aller Bestimmungen in der Schiffahrt. Für einen Teil der Seeunfälle machte er schlechte Schiffe, zu starke Beladung oder ungenügende Ausrüstung verantwortlich, was durch eine bessere Aufsicht über die Seeschiffe und ihre Ausrüstung verhindert werden könnte. Der

Reeder habe »den erklärlichen Wunsch, mit seinem Kapital, den Schiffen, möglichst großen Verdienst, hohe Dividenden herauszuschlagen«, konstatierte er, und werde daher alles tun, »um zu verhüten, daß er in Zukunft (...) durch strengere und unbequemere Vorschriften gebunden werde«. Dem in Reederkreisen oft vorgebrachten Argument, daß bei einer staatlichen Überwachung des deutschen Schiffbaus und der deutschen Schiffe eine Abwanderung ins Ausland und ein Flaggenwechsel drohten, hielt er entgegen, daß nur ein paar internationale Reeder diesen Schritt gehen würden. Zwar kritisierte er, daß nur wenige Reeder den deutschen Schiffbau begünstigten, doch fand er »schon jetzt leuchtende Beispiele, die in großen Betrieben kein einziges fremdes Schiff« benutzten: »Es genügt, die allbekannten Namen Woermann und Jebsen zu nennen.« Weil der Seemann »der Habsucht und Geldgier gegenüber machtlos« sei, forderte Wislicenus das Eingreifen des Staates per Gesetz und die Schaffung einer großangelegten »Reichsseebehörde«, die sämtliche Bereiche der Schiffahrt – Schiffsbau, Ausrüstung und Maschinen, Musterungen, Schiffshygiene, See- und Hafenpolizei, Seeämter, Lotsenwesen, Hafenbau und Seefischerei – überwachen sollte.[232]

Mit seiner rechten Kapitalismuskritik an der Reederei reihte Wislicenus sich nahtlos in die Fronde der linken Kapitalismuskritiker ein, die in Gestalt der Sozialdemokraten und Gewerkschaften seit Jahren die Verhältnisse in der deutschen Seeschiffahrt vehement beanstandeten. Klar erkennbar war die Sichtweise eines konservativ-nationalistischen Marineoffiziers, der die freie und kapitalistische Handelsschiffahrt einer rigorosen staatlich-militärischen Kontrolle unterwerfen wollte. Seine schonungslose Beschreibung und Analyse der Lage war mit Statistiken, Fallbeispielen und Zitaten von Fachleuten unterlegt und gab den Eindruck großer Sachkenntnis; vor allem war der Text sehr lesbar und sogar für Laien leicht verständlich. Freilich operierte er oft mit wenigen konkreten Belegen, benutzte Äußerungen anderer für seine eigene Argumentation und zog weitreichende verallgemeinernde Schlußfolgerungen. Obwohl das Büchlein mit offenkundiger manipulatorischer Absicht entstand, war es vorzüglich recherchiert und sachlich geschrieben. Es konnte deshalb eine starke Wirkung bei denjenigen entfalten, die wenig von der Theorie und Praxis der Schiffahrt verstanden, sich aber nach der Lektüre für sachkundiger hielten. Jebsen scheint sich dieser Gefahr sehr bewußt gewesen zu sein, nachdem er die Schrift gelesen hatte. Um so mehr mußte er versuchen, die

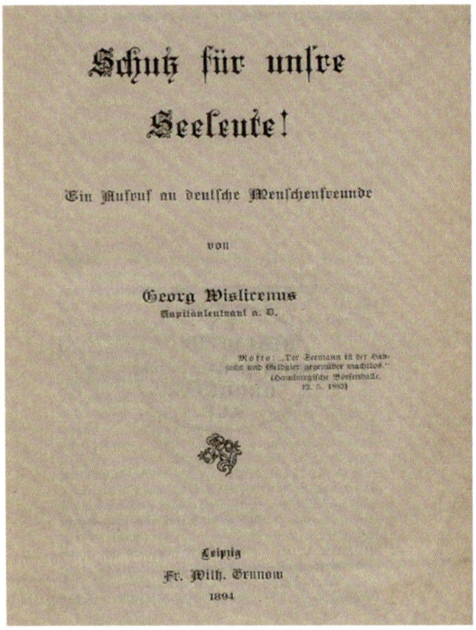

Schutz für unsre Seeleute!

Ein Aufruf an deutsche Menschenfreunde

von

Georg Wislicenus
Kapitänleutnant a. D.

Motto: „Der Seemann ist der Habsucht und Geldgier gegenüber machtlos."
(Hamburgische Börsenhalle, 12. 5. 1882)

Leipzig
Fr. Wilh. Grunow
1894

Titelblatt der Schrift *Schutz für unsere Seeleute!* von Georg Wislicenus, 1894

verbalen Angriffe von Wislicenus im Reichstag zu entkräften und zu widerlegen.

Welchen Einfluß Wislicenus' Kritik gehabt hatte, zeigte sich bereits, als Stumm die Interpellation am 9. Februar 1895 im Reichstagsplenum begründete. Der Industrielle fuhr schweres Geschütz gegen die Schiffbauindustrie auf, die »sich außerhalb jeder staatlichen Einwirkung und Beaufsichtigung« befinde, und verlangte die Einrichtung einer Reichsbehörde, um die »vollständige Anarchie auf See« zu beseitigen. Angesichts dieser Kritik an seiner Regierung trat der neue Reichskanzler Fürst zu Hohenlohe-Schillingsfürst ans Rednerpult und referierte knapp über drei bisher vollzogene Verwaltungsmaßnahmen, als wichtigste die Überwachung der Unfallverhütungsvorschriften der See-BG durch den Germanischen Lloyd. Nach ihm erschien Jebsen auf der Tribüne und hielt – nach Beobachtung des Sozialdemokraten Bebel – die umstrittene Broschüre in der Hand mit der Begründung, spätere Redner würden sich auf Herrn Wislicenus berufen.[233]

Wie zu erwarten, lehnte Jebsen jede staatliche Kontrolle des Schiffbaus im Interesse »unserer Konkurrenzfähigkeit mit anderen Nationen« ab. Auf den Untergang der *Elbe* eingehend, zeigte er sich »als alter praktischer Seemann« fest davon überzeugt, »daß Sie es gar nicht verhüten können, daß, wenn Schiffe kollidieren, das eine oder andere dann sinkt«. Weil auch die wasserdichten Schotten das Sinken des Dampfers nicht hatten verhindern können, wies er auf die technischen Grenzen solcher Sicherheitseinrichtungen hin: »Was also alles auch gemacht wird, es ist ganz unmöglich, heute Schiffe zu bauen, die in Kollisionsfällen gänzlich sicher sind.« Ausdrücklich lobte er den Germanischen Lloyd und seine sehr strengen und vorzüglichen Vorschriften bei der Schiffsklassifizierung. Auf Wislicenus' Buch verweisend, gab er kund, er »werde ja darin sehr gut behandelt, indem der Herr Verfasser mich mehr herausstreicht, als ich verdiene«. Das hinderte ihn aber nicht, auf einige Kritikpunkte der

Carl-Ferdinand Freiherr von Stumm-Halberg (1836–1901)

Schrift näher einzugehen – darunter die umstrittene Tiefladelinie, die ein Überfrachten des Schiffs verhindern sollte – und anhand von Beispielen aus seiner eigenen Reederei zu widerlegen. Sein Ausruf, »unsere Reederei tut alles, was sie tun kann, um so viel als möglich für die Schiffe und Leute zu sorgen«, führte ihn zu dem Resümee, daß es »mit unserer deutschen Schiffahrt sehr gut bestellt ist, auch ohne Reichsaufsicht«.[234]

Angesichts dieser glatten Zurückweisung jeder Kritik war Jebsen naturgemäß eine einfache Zielscheibe der Sozialdemokraten. In die hochrangig besetzte Debatte hatte die SPD einer ihrer politischen Hauptmatadore entsandt, nämlich Paul Singer, langjähriger Vorsitzender der Reichstagsfraktion und zugleich Mitglied der Berliner Stadtverordnetenversammlung sowie Zweiter Vorsitzender des SPD-Parteivorstands; der ehemalige Textilfabrikant, jüdischen Glaubens und sehr vermögend, hatte seit 1887 sämtliche SPD-Parteikongresse geleitet. Singer machte gleich am Anfang sein Ziel deutlich, nämlich gemeinsam mit den Konservativen eine Reichsseebehörde von der Regierung zu fordern – eine »ausnahmsweise« Übereinstimmung, obwohl nach seiner Ansicht Stumm in seinen Forderungen »lange nicht weit genug« gegangen sei. Konsequenterweise attackierte er Jebsen in allen Punkten und berief sich ausdrücklich auf Wislicenus' Schrift: »Ja, wenn Herr Jebsen nur die materiellen Interessen seines Berufs vertreten will, dann werden ihm die Nachweisungen, welche diese Broschüre enthält, allerdings etwas unangenehm sein.« Auf wie fruchtbaren Boden Wislicenus' Darstellung gefallen war, zeigte sich in Singers Worten, als der schiffahrtsunkundige Sozialdemokrat seinen günstigen Eindruck von dem Text hervorhob, der »auf jeden unparteiischen Leser durchaus den Eindruck der Wahrheit macht«. Jebsens ablehnende Haltung hielt er für unzulässig, vor allem hinsichtlich der vieldiskutierten Tiefladelinie: Es handle »sich nicht um eine lex Jebsen, sondern um ein Gesetz, welches für *alle* Reeder gilt (...)«. Nach-

Karl Heinrich von Boetticher (1833–1907), Staatssekretär des Reichsamts des Innern

dem er auf die Hauptvorwürfe in Wislicenus' Schrift eingegangen war, folgten weitere Redner, darunter der zweite Interpellierende, Freiherr von Manteuffel-Crossen. Auch er konzentrierte sich auf Jebsen, warf ihm vor, die ganze Interpellation »gewissermaßen als unnötig, überflüssig, ja vielleicht als schädlich« hinzustellen, und verlangte ausdrücklich nach »einer Oberaufsicht von Reichswegen«. Zwar wogte die Debatte noch lange hin und her, doch war die politische Konstellation sehr deutlich: Während beide konservative Fraktionen mit der SPD für eine Staatskontrolle der Schiffahrt fochten, stellten sich Nationalliberale, Freisinnige und das katholische Zentrum hinter die Regierung – Reichskanzler Hohenlohe und Innenstaatssekretär Boetticher – und plädierten für die Beibehaltung des Status quo.[235]

Fünf Tage später, am 14. Februar 1895, ging die Diskussion bei der Etatdebatte des Reichsamts des Innern weiter: Diesmal trat für die SPD ihr Vorsitzender Bebel in den Ring, der gleich zu Anfang mit Informationen eines Gewährsmanns überraschte, wonach von den zehn Rettungsbooten des gesunkenen Dampfers *Elbe* nur ein Boot habe flottgemacht werden können. Als Grund dafür gab der unbenannte Informant aus Bremerhaven an, daß der Norddeutsche Lloyd seit Jahren keine Bootsmanöver übe; außerdem seien Taue und Winden bei den Booten durch Ölfarbe verschmiert gewesen. Auch Schottenschließproben seien selten gemacht worden. Anschließend ging Bebel auf das Buch von Wislicenus ein, der ihm »als Autorität« galt, und forderte Jebsen auf, die Kritik des Marineoffiziers zu widerlegen. Als dieser endlich an die Reihe kam, hielt er die längste Reichstagsrede seiner Abgeordnetenzeit, welche in den gedruckten stenographischen Protokollen fast viereinhalb Spalten einnimmt. Der Schrift von Wislicenus bescheinigte Jebsen, daß durch sie »ein gewisser Ton von Gehässigkeit gegen die deutsche Reederei geht, wenn ihr Habsucht vorgeworfen wird, Geldgier und Gewinnsucht, daß wir nur auf Geldverdienen ausgingen, und man bei uns gar kein Interesse für das Wohl unserer Leute, unserer Mannschaften entdecken könne«. Er wies Wislicenus' Kritik in allen Punkten zurück und verteidigte besonders die Reedereien in Flensburg, Kiel und Hamburg, »die aus patriotischen Rücksichten auf deutschen Werften deutsche Schiffe bauen lassen und mehr dafür bezahlen«. Doch hinterließen seine Worte wenig Eindruck bei Bebel, der in einer zweiten längeren Rede sich wiederholt auf Wislicenus berief und Jebsens Angaben bestritt. Obwohl noch weitere Parlamentarier zu Worte kamen und Boetticher versprach, Bebels Informationen über den Norddeutschen Lloyd nachgehen zu wollen, brachte die Debatte inhaltlich wenig Neues.[236]

An beiden Plenumstagen war deutlich geworden, daß berufliche Eigeninteressen und parteipolitische Taktiken die Diskussion prägten. Da das politische System des Deutschen Kaiserreichs den Parteien keine Mitregierung ermöglichte, also keine Kompromisse in einer Regierungskoalition aufzwang, waren die Auseinandersetzungen vor allem von den jeweiligen ideologischen Standpunkten und weniger von Sacherwägungen bestimmt. Ausgelöst durch einen spektakulären Schiffsuntergang und sachlich stark unterstützt durch die persönliche Abrechnung eines Marineoffiziers mit der Reederei hatte vor allem der Industrielle Stumm die sehr international ausgerichtete und unabhängig agierende Handelsschiffahrt als Buhmann entdeckt, um seine sozialpolitischen und parteitaktischen Ziele durchzusetzen. Daß dadurch auch ein temporärer Schulterschluß mit den ansonsten verhaßten Sozialdemokraten gelang, war eher ein nützlicher Nebeneffekt, um die Forderung nach mehr Staatsaufsicht über die Handelsmarine zu verstärken. Der SPD war daran gelegen, sich weiter als Arbeiterschutzpartei zu profilieren und dabei die Seeleute mit einzubeziehen. Mit Stumm, der sich in seinen Betrieben durch eine patriarchalische Sozialpolitik auszeichnete, fiel der Partei ein gemeinsames Zusammengehen in dieser Frage nicht schwer. Angesichts dieser Front, bei der Konservative und SPD in dieselbe Kerbe hieben, hatte Jebsen, der die Hauptlast der Verteidigung der regierungsnahen Parteien trug, einen schweren Stand. Da er der einzige Schiffahrtsexperte im Reichstag war, richtete sich die Kritik naturgemäß zuerst an ihn und die Regierungsvertreter. Wie seine Reden zeigten, war auch Jebsen nicht bereit, irgendwelche Abstriche von seiner vorgefaßten Meinung zu machen und auf die Argumente der Gegenseite ernsthaft einzugehen. Statt dessen stellte er seine Schiffahrtsexpertise stark heraus und nahm zugleich seine eigene Reederei als Musterbeispiel, um auf die Verhältnisse in der ganzen deutschen Handelsmarine zu verallgemeinern. Mit »lex Jebsen« – eine Anspielung auf die römische Gesetzgebung – war diese Argumentationsweise treffend beschrieben. Damit erwies er sich erneut als guter Lobbyist der Schiffahrtsindustrie, geschickt denkend und argumentierend, aber auch als ein nur wenig über diesen Tellerrand hinausdenkender Parlamentarier.

Daß die beiden Redeschlachten im Februar 1895 nicht ohne Wirkung geblieben waren, zeigte sich bereits im Folgemonat. Angesichts der konservativ-sozialistischen Frontstellung gegen die Reederei weichten in Hamburg die alten Widerstände gegen den Germanischen Lloyd auf. Am 4. März 1895 suchte der Verein Hamburger Reeder den Schulterschluß mit dem Institut in der gemeinsamen Leitlinie, keine Verhandlungen über eine Verstaatlichung des Lloyd zuzulassen. Um die Einigung zu bekräftigen, schloß man am 1. Mai 1895 ein Abkommen, in dessen Folge 55 Hamburger Reedereien mit 366 Schiffen und einem Tonnengehalt von 540.912 NRT in die Klasse des Germanischen Lloyd eintraten.[237] In den Aufsichtsrat der Gesellschaft wählte man zwei Hamburger Reeder nebst ihren Stellvertretern. An der Spitze blieb der Bremer Senator Johann Friedrich Wessels, der nach Wätjens Tod das Amt des Vorsitzenden übernommen hatte; sein Stellvertreter war der Kieler Reeder Sartori. Zum Aufsichtsratsmitglied wurde auch Jebsen gewählt, sicherlich ein Ausdruck der Anerkennung für seinen energischen Redeeinsatz im Reichstag. Weitere bekannte Persönlichkeiten, die einen Gremiumssitz übernahmen, waren das Vorstandsmitglied der Hapag, Albert Ballin, und sein Pendant vom Norddeutschen Lloyd, Dr. Heinrich Wiegand. Unter den Stellvertretern befanden sich weiterhin der Elsflether Reeder Schiff und Jebsens Hamburger Geschäftsfreund Gustav Diederichsen.[238]

Die Hamburger Beteiligung am Germanischen Lloyd und der Beschluß der See-BG, daß alle deutschen Schiffe, die keine Klasse hatten, vom Lloyd besichtigt werden sollten, war ein wichtiger Schritt, um einer Staatsaufsicht weiterhin wirksam vorzubeugen. Das Klassifikationsinstitut bekam die Kontrolle über alle deutschen Seeschiffe mit mehr als fünfzig Kubikmeter Rauminhalt und erhielt für seine Arbeit sogar eine Reichssubvention von zwanzigtausend Mark. Erkennbar hatten sich die Gegner einer Reichsseebehörde, wie sie Wislicenus und seine politischen Unterstützer gefordert hatten, mit ihrem Beharren auf prinzipieller Wahrung der Unabhängigkeit der Handelsmarine durchgesetzt, wenn auch Zugeständnisse bei der Ausweitung der Kontrollen gemacht worden waren.[239]

Mit diesem Fortschritt zeigten sich die Konservativen zufrieden, Ihre Haltung kam in Stumms Rede der Etatdebatte am 30. Januar 1896 deutlich zum Ausdruck, als das Thema wieder auf der Tagesordnung stand. Zwar hatte Metzger an die Interpellation des Vorjahres erinnert und diesmal als Befürworter einer Staatskontrolle den Hamburger Oberlandesgerichtspräsidenten Sieveking zitiert, einen bekannten Experten für Seerecht, doch stieß seine Forderung außerhalb der SPD-Fraktion auf taube Ohren. Jebsen bildete erneut den Hauptzielpunkt der sozialdemokratischen Kritik, vor allem wegen seiner früheren Vorgehensweise, die eigene Firma als verallgemeinerungsfähiges Beispiel für die deutsche Reederei zu präsentieren. »Ja, die Firma Jebsen!« rief Metzger aus, nicht ohne ein Lob zu spenden: »Das wird sogar von den Seeleuten, die die Firma Jebsen kennen, anerkannt, daß von derselben alles mögliche für die Sicherstellung des Schiffsverkehrs getan wird.« Allerdings verbat Metzger sich daraus Schlüsse über die gleichen Verhältnisse bei allen deutschen Reedereien: »Nein, Herr Kollege Jebsen, das ist nun eben nicht der Fall.« Um so stärker war er bemüht, weitere Verfehlungen in der Handelsmarine nachzuweisen – diesmal besonders bei der Hapag, die Profite der Reedereien zu kritisieren und eine Reichsseebehörde als Kontrollorgan zu fordern.[240]

Erwartungsgemäß brach Jebsen in seiner Erwiderung erneut eine Lanze für den eigenen Berufsstand. Metzgers letzten Vorwurf an ihn drehte er einfach herum und hielt dem Sozialdemokraten vor, die beklagten Mißstände seinerseits zu generalisieren: Bei einer Kauffahrteiflotte von 3500 Schiffen müsse man »doch auch Nachsicht üben«, verlangte er. Mit Vergleichen zwischen den früher schlechteren und heute besseren Zuständen, oft unterstutzt durch kurze Erfahrungsberichte aus der eigenen Schiffahrtspraxis, wies der Reeder die Kritik Metzgers zurück. Dennoch blieb er unbeirrt in seiner fundamentalen Ablehnung jeder Staatsaufsicht. Am Schluß zeigte er sich sichtbar beeinflußt von der gerade zu Ende gegangenen fünfjährigen Wirtschaftsdepression und der nur langsamen Erholung des Frachtenmarkts; auch die laufende Debatte über die Reichspostdampfersubvention spielte herein. So endete er mit einem fast leidenschaftlichen Appell:

> »Meine Herren, allen diesen Gravamina [Beschwerden] wird nicht abgeholfen durch die Maßregeln, die Sie vorschlagen, sondern es wird dadurch nur das ganze Seegewerbe, die ganze Reederei belastet, und, meine Herren, wir sind jetzt schon mit unseren Reedereien so weit, daß sie heute nur noch sehr wenig Dividende geben. Wenn Sie vorhin von den guten Dividenden gesprochen haben, so kann ich nur sagen: mit unseren Reedereien steht es heute sehr bös. Dennoch sind wir ja im Stande, auf eigenen Füßen zu stehen, wir fordern keine Subventionen, mit Ausnahme für die Postdampfer, wir wollen nicht, wie die Österreicher, Franzosen usw. Meilengelder haben. Also, meine Herren, lassen Sie uns unseren Willen! Die deutsche Reederei ist respektabel genug, sie bedarf keiner Reichsoberseebehörde, um ihre Pflicht zu erfüllen.«[241]

Obwohl der SPD-Vorsitzende Bebel – wie im Vorjahr – den Standpunkt seiner Partei verteidigte, drehte sich die weitere Debatte hauptsächlich um die Seemannsordnung und Mißstände bei den Besatzungen; davon ist bereits gehandelt worden. So wie sein Genosse Metzger kritisierte Bebel mehrere von Jebsens Aussagen, doch machte sein Hinweis auf die Glaubwürdigkeit seiner eigenen Gewährsmänner auch den größten Schwachpunkt der jahrelangen Diskussionen deutlich. Seine Informationen stammten von Leuten, ließ Bebel wissen, »die zum Teil Jahrzehnte lang auf See gefahren sind, zum Teil selbst Schiffe geführt haben, das Seewesen aus dem ff kennen, die es so gründlich kennen, daß weder der Herr Staatssekretär [von Boetticher], noch irgend einer hier im Hause, mit Ausnahme vielleicht des Herrn Jebsen, in der Lage ist, in Bezug auf Sachverständigkeit mit diesen konkurrieren zu können.«[242] Wohl ungewollt hatte der prominente Sozialdemokrat ein Lob für Jebsen ausgesprochen, das dieser genugtuend zur Kenntnis nehmen konnte. Tatsächlich brachte Jebsen mit seinen großen Erfahrungen als Kapitän und Reeder ein Fachwissen in den Reichstag, mit dem er fast allen Mitrednern weit überlegen war. Allerdings nutzte er seine Expertise gezielt im Sinne der nationalliberalen Parteilinie – prinzipiell unternehmerfreundlich und regierungsnah – und vor allem für die Interessen der deutschen Reederei einschließlich seines eigenen Unternehmens. Das war weder unüblich noch falsch, doch zeigte sich dabei deutlich, daß auch unabhängiges Expertenwissen in der Politik stets harten parteilichen und profitorientierten Limitierungen unterliegt.

Von der Kreuzer- zur Schlachtflotte

Für die Marineverwaltung hatte die Wahl von 1893 nur wenig Veränderung gebracht. Zwar waren die regierungsfreundlichen Rechtsparteien – Konservative und Nationalliberale – im neuen Reichstag etwas stärker vertreten, aber die leicht geschwächte katholische Zentrumspartei hatte ihre Schlüsselrolle behalten. Angesichts dieser Konstellation war es klar, daß alle Forderungen des Reichsmarineamts nach umfangreichen Schiffsneubauten auf den Widerstand des Zentrums und der SPD stoßen und zur weiteren Verschärfung der Spannungen zwischen Reichstag und Reichsleitung führen würden. In selten realistischer Manier ergriff Kaiser Wilhelm II. deshalb im Herbst 1893 die Initiative und strich den Etatplan von Staatssekretär Hollmann erheblich zusammen. Mit dieser drastischen Reduktion wurde die Etatpolitik der Marine gegenüber dem Parlament tatsächlich auf eine neue Grundlage gestellt. Allerdings war es dem Monarchen vorrangig darum gegangen, den Ersatzbau für das veraltete Panzerschiff *Preußen*, der bei den Etatberatungen im Frühjahr 1893 abgelehnt worden war, unbedingt durchzusetzen. So beliefen sich die Forderungen des Reichsmarineamts für 1894/95 auf nur rund 29 Millionen Mark und lagen damit um elf Millionen Mark niedriger als im Vorjahr, was im Plenum des Reichstags zu einer insgesamt freundlicheren Stimmung der Marine gegenüber führte.[243]

Um die Verhandlungen besser verfolgen zu können, trat Jebsen erneut in die Budgetkommission ein.[244] Vom 2. bis 6. März 1894 äußerte er sich mit knappen Worten zu vorwiegend technischen Schiffsfragen und verlangte Auskunft vom Reichsmarineamt über ihm berichtete Beschwerden des niedrigen Beamtenpersonals der Marine wie Bauinspektoren, Werftbootsleute und Konstruktionszeichner über ihre Gehälter. Auf den Etatposten von acht Millionen Mark für ein zweites Trockendock in der Kieler Marinewerft reagierte er positiv und erläuterte, daß er früher zwar gegen die Forderung gewesen sei, sich aber an Ort und Stelle von den gegenwärtigen Schwierigkeiten überzeugt habe und deshalb die Bewilligung eines Docks befürworte. Allerdings gelang es ihm nicht, seine Kollegen davon zu überzeugen, die den Etattitel schließlich mehrheitlich ablehnten.[245]

Als am 9. März 1894 im Plenum über den Ersatzbau für das über zwanzig Jahre alte Panzerschiff *Preußen* beraten wurde, gab der Berichterstatter

Panzerfregatte *Preußen*, 1878/82

Panzerkreuzer *Leipzig*, 1889 in La Valetta/Malta

für den Marineetat, der führende Zentrumsabgeordnete Dr. Ernst Lieber, das knappe Votum der Kommission für die Bewilligung bekannt. Er verwies darauf, daß es sich um einen Ersatzbau und kein Extraschiff handelte und machte auf die problematische Beschäftigungslage der Werften aufmerksam. Staatssekretär Hollmann strich die hohe Selbstbeschränkung der Marine im neuen Etatplan heraus und nannte als Grund für die hohen Kosten des Ersatzbaus die Weiterentwicklung der Technik. Dennoch war der linksliberale Abgeordnete Eugen Richter nicht zufrieden, der die Marineverwaltung sogar verdächtigte, eine große Hochseeflotte schaffen zu wollen, die weit über den Küstenschutz hinausgehen und gegen Seemächte ersten Ranges auftreten wollte. Hart kritisierte er die »sehr übertriebenen Anschauungen von der Finanzkraft Deutschlands« und kündigte »jener subjektiven Vorliebe für die Marine« den Kampf an. In der erregten Atmosphäre nahm Jebsen das Wort und stellte klar, auch er sei »kein Bewunderer der großen Panzerschlachtschiffe und hätte hier lieber eine Forderung für kleinere gesehen«. Weil es sich aber um einen Ersatz handelte, wollte er dafür stimmen. Mit dem Hinweis auf die Fortschritte in der Technik, im Schiffs- und Maschinenbau und in der Bewaffnung stellte er sich auf Hollmanns Linie. »Wenn wir heute in unserer Handelsmarine ein altes Schiff absetzen, müssen wir für einen Ersatz ganz andere Summen einsetzen, um der Konkurrenz zu begegnen«, sagte er, gestützt auf seine eigenen Erfahrungen als Reeder. Er griff Liebers Bericht über die Lage der Werften auf und warnte davor, daß »die Leute zum großen Teil brotlos oder außer Verdienst« sein würden, wenn der Reichstag den Posten nicht bewilligte. Obwohl der rhetorische Schlagabtausch noch weiterging, wurde der Titel am Ende in namentlicher Abstimmung bewilligt: Von den 228 anwesenden Abgeordneten stimmten 134 für den Ersatzbau, darunter auch Jebsen.[246]

Bis zum Ende der Etatdebatten im März 1894 gab die Majorität des Reichstags grünes Licht lediglich für zwei von drei geforderten Neubauten und den Ersatzbau der *Preußen*. Die Ablehnung des Ersatzbaus für den Kreuzer I. Klasse *Leipzig*, das Flaggschiff des Kreuzergeschwaders, konnte man zwar als parlamentarischen Erfolg über die Marine feiern, doch zog die erneute Beschneidung der Mittel für den staatlichen Schiffbau rasch öffentliche Kritik auf sich. Im April 1894 setzte eine mehrmonatige Pressepolemik zu Marine- und besonders zu Schiffbaufragen ein, die sich vor allem um die Kreuzerflotte drehte, also um deren Bedeutung für die Außenrepräsentation Deutschlands und für den Schutz der globalen deutschen Handels- und Schiffahrtsinteressen. Die vom Reichsmarineamt aktiv unterstützte Diskussion führte erkennbar zu einer positiveren Perzeption der Marine in der deutschen Öffentlichkeit.[247]

Daß die große Politik davon nicht unberührt blieb, machte der neue Reichskanzler Chlodwig Fürst zu Hohenlohe-Schillingsfürst deutlich, der Ende Oktober 1894 das Amt von Caprivi übernommen hatte. Er bekannte

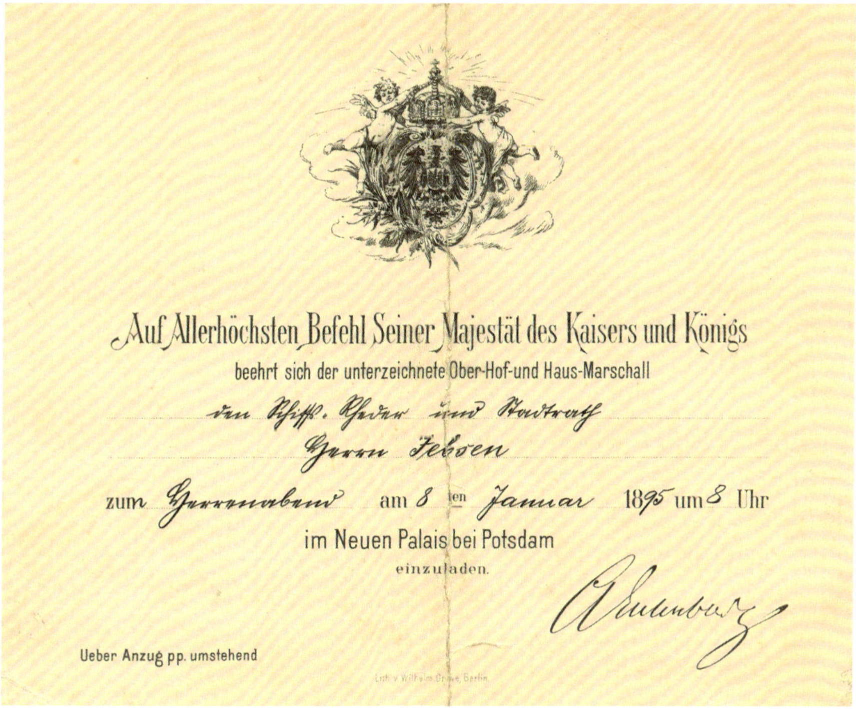
Auf Allerhöchsten Befehl Seiner Majestät des Kaisers und Königs
beehrt sich der unterzeichnete Ober-Hof-und Haus-Marschall
den Schiffs-Rheder und Stadtrath
Herrn Jebsen
zum Herrenabend am 8 ten Januar 1895 um 8 Uhr
im Neuen Palais bei Potsdam
einzuladen.

Ueber Anzug pp. umstehend

Kaiserliche Einladung für Michael Jebsen zum Herrenabend am 8. Januar 1895 in Potsdam sich zur Vergrößerung der Kreuzerflotte, »daß sie mindestens imstande ist, unsern überseeischen Interessen den Schutz zu gewähren, ohne welchen Unternehmungen des Handels und Verkehrs überhaupt nicht bestehen können«. Auch der Kaiser warb am 8. Januar 1895 in Potsdam vor über zwanzig Reichstagsabgeordneten der Rechtsparteien für den Ausbau des Kreuzergeschwaders und trat damit ganz auf die Linie von Staatssekretär Hollmann, dessen Etatplan für 1895/96 den Bau von drei neuen Kreuzern und einem Panzerkreuzer vorsah. Bei dem Potsdamer Treffen, zu dem auch Jebsen eingeladen war, mag die scherzhafte Betitelung mit »Admiral« aus dem Munde von Wilhelm II. gefallen sein: Wie Jacob Jebsen berichtete, sei sein Vater vom jungen Kaiser wegen der geplanten Flottenvergrößerung häufiger ins Gespräch gezogen worden. Dabei ging es um erhebliche Quantitäten: So verlangte das Reichsmarineamt für die Torpedoflotte Ersatzbauten für 24 veraltete Boote und für die Schlachtflotte den Umbau von vier Schlachtschiffen der Sachsenklasse sowie Ersatzbauten für die drei ältesten Einschraubenpanzerschiffe. Außerdem hatte man wie im Vorjahr die Forderung nach einem zweiten Trockendock für die Kaiserliche Werft in Kiel aufgenommen. War 1892 der Antrag auf zwei neue Docks vor allem durch das ablehnende Votum von Jebsen gescheitert, so war der 1894 gemachte Versuch, wenigstens ein Dock bewilligt zu bekommen, trotz Jebsens Befürwortung erfolglos geblieben.[248]

Mit diesem bescheidenen Programm und dem Stimmungsumschwung zugunsten der Marine gestalteten sich die Verhandlungen in der Budgetkommission Anfang 1895 weitaus einvernehmlicher als in früheren Jahren. Alle Kreuzer und auch der Panzerkreuzer wurden bewilligt. Die beantragte Ausrüstung der knapp zwanzig Jahre alten Schlachtschiffe der »Sachsenklasse« mit neuen Maschinen und Kesseln für rund 6,5 Millionen Mark löste allerdings eine Debatte darüber aus, ob alle vier Schiffe gleichzeitig modernisiert werden sollten. Jebsen trat nachdrücklich dafür ein, konnte sich aber nicht durchsetzen. Dennoch betonte er am 2. März 1895 im Plenum seine große Sympathie und die seiner »politischen Freunde« für den Umbau der vier Schiffe und legte dar, daß damit eine Debatte über den Neubau von Schlachtschiffen umgangen werden konnte: »Diejenigen, die heute Bedenken tragen, weil sie in allzu kurzer Zeit zu vielen neuen Forderungen für Schlachtschiffe entgegensehen, müssen diesen Forderungen gewiß zustimmen.« Zwar unterwarf er sich dem Mehrheitsvotum der Kommission, zunächst nur Mittel für zwei Umbauten bereitzustellen, doch drängte er darauf, »in der nächsten Session auch der Marineverwaltung entgegenzukommen und die Summe auch für die beiden anderen Schiffe« zu bewilligen. Erfreuter zeigte er sich über die sehr positive Haltung der Kommission zum Umbau der drei ältesten Schlachtschiffe für rund 1,6 Millionen Mark, was er ebenfalls ausdrücklich unterstützte. Dagegen war er in der Kommission mit seinem Plädoyer für den Bau eines neuen Trockendocks in der Marinewerft erneut gescheitert. Im Plenum wies er darauf hin, daß in Kiel nur ein Dock vorhanden sei, »welches unter ganz günstigen Verhältnissen die großen Schlachtschiffe aufnehmen kann«. Sobald ein Schiff Havarie erleide und etwas tiefer gehe, sei es nicht imstande, in das Dock einzulaufen, und ebenso nicht, wenn kein hoher Wasserstand herrsche. »Nun, meine Herren, das ist ein Zustand, dem abgeholfen werden muß«, betonte er. »Und wenn auch die finanzielle Lage heute nicht sehr günstig ist, so hoffe ich doch, daß, wenn dieses Dock – das heute abgelehnt wird, da die große Majorität sich dagegen erklärt hat, – in der nächsten Session wieder gefordert wird, sich dafür eine Majorität im hohen Reichstag finden wird.« Wie erwartet fiel der Posten bei der anschließenden Abstimmung dem Rotstift zum Opfer.[249]

Das spürbare wachsende öffentliche Interesse an Marinefragen war auch der verstärkten propagandistischen Arbeit des Reichsmarineamts zu verdanken. Mit Überraschung registrierte man, daß im November ein Bildband über die deutsche Flotte reißenden Absatz fand.[250] Auch der Kaiser demonstrierte mit seinem Besuch der Hamburger Werft Blohm & Voss im Spätherbst 1895 seine besondere Vorliebe für die Seefahrt. Jebsen schrieb am Heiligabend an Ernst Voss, Mitbesitzer der Großwerft und Erbauer fünf seiner Dampfer, auch er habe sich über diesen Besuch sehr gefreut. Auf das Interesse des Monarchen an modernen technischen Entwicklungen anspielend, fuhr er fort: »Ich kann mir denken, wie er sich alles genau angesehen hat und werden Sie gewiß gefunden haben, daß er außerordentlich vielseitig ist, sowie, daß er sich für alles interessiert.« Mit Blick auf die allgemein bekannte Begeisterung des Kaisers für die Erweiterung der Kreuzerflotte und die bald anstehenden Debatten über den Marineetat für 1896/97 versprach er Voss, dessen Werft 1892 den Kleinen Kreuzer *Condor* gebaut hatte, seine Unterstützung, um eine Schiffsbestellung zu erhalten: »Hoffentlich werden Sie bald mit dem Bau eines Kreuzers betraut werden, für den ich mich wieder in die Bresche legen werde.«[251]

Die Zurückhaltung von Staatssekretär Hollmann, die im krassen Gegensatz zum zunehmenden Engagement des Kaisers für die schnelle Erneuerung der Kreuzerflotte stand, erwies sich bei den Etatberatungen Anfang 1896 als Vorteil. Obwohl die Themen Weltpolitik, Flottenerneuerungspläne und Marineagitation – auch ausgelöst durch außenpolitische Vorgänge – die öffentliche Meinung und den Reichstag beherrschten, nahm die Mehrheit der Abgeordneten die bescheidene Etatvorlage des Reichsmarineamts wohlwollend zur Kenntnis. Gefordert wurden nur Ersatzbauten für vorhandene Panzerschiffe und eine geringfügige Erweiterung der Kreuzerflotte. Jebsen kündigte am 5. März 1896 in der Budgetkommission seine Zustimmung zu dem Plan an und wies darauf hin, daß die Zahl der Kreuzer durch Ausrangierung abgenommen habe. Die Verteuerung beim Bau der neuen Schiffe hielt er nach den Erklärungen von Hollmann für gerechtfertigt, weil bei der Ausdehnung des Maschinenraums die Räume für die Mannschaften vergrößert werden müßten. Überhaupt zeigte er sich zufrieden mit der überseeischen Präsenz der Kreuzerflotte, denn er habe »lange genug im Ausland gelebt, um die Wirkung der deutschen Flagge zu kennen«.[252] Die Mehrheit seiner Kollegen war ähnlicher Auffassung und verabschiedete am 18./19. März 1896 den Marineetat ohne Debatte in zweiter Lesung.[253] Damit festigte sich Hollmanns Stellung erheblich gegenüber dem Kaiser, der im Laufe des Jahres 1896 resigniert und enttäuscht sein ehrgeiziges Sofortprogramm vorläufig aufgab.

Um so überraschter reagierte der Reichstag auf den neuen Etatentwurf für 1897/98, der am 12. November 1896 vom Reichsmarineamt einging. Darin wurden für Schiffsbau und Armierungen rund 62 Millionen Mark gefordert, etwa 34 Millionen mehr als im Vorjahr. Weil Hollmann für die bereits im Vorjahr bewilligten Schiffe wesentlich höhere zweite Raten eingestellt und mit den Neubauforderungen kombiniert hatte, erschien der Plan als erhebliche Beschleunigung des Bautempos. Zwar waren die Kostensteigerungen voraussehbar, doch wirkten sie überraschend in ihrem ganzen Umfang – auch auf die flottenfreundlichen Abgeordneten. Als Ende November 1896 die erste Beratung des Marineetats im Plenum begann, waren sich die Sprecher aller Fraktionen einig, daß wesentliche Abstriche unvermeidlich waren.[254] Angesichts der bevorstehenden harten Auseinandersetzungen zeigte Jebsen sich entschlossen, an den Sitzungen der Budgetkommission teilzunehmen. Einem Fraktionskollegen schrieb er Anfang Dezember 1896 aus Hamburg, er solle ihm telegrafieren lassen, »wann die Marine oder das Auswärtige Amt in die Kommission kommt, da ich an den beiden Kommissionsverhandlungen teilnehmen möchte, was ich übrigens in der Fraktionssitzung hervorgehoben habe«.[255]

Am 8. Februar 1897 trat Jebsen erneut in die Budgetkommission ein.[256] Am selben Abend nahm er sicherlich beim preußischen Finanzminister Johannes von Miquel an einem parlamentarischen Diner teil, dem sich eine Abendunterhaltung des Kaisers mit Abgeordneten der Konservativen und Nationalliberalen Partei anschloß. Das Hauptthema war die Vergrößerung der Marine, die Wilhelm II. als absolut notwendig für die Landesverteidigung bezeichnete: Es ginge im Kriegsfall nicht nur um den Schutz der Ostseeprovinzen, sondern auch um die Freihaltung des Handelsverkehrs zur Versorgung Deutschlands mit Lebensmitteln. Um der Forderung des Monarchen Nachdruck zu verleihen, legte das Reichsmarineamt eine umfangreiche Denkschrift vor, die hohe Steigerungen beim Schiffneubau vorsah und der Kreuzerflotte anstatt des Schutzes der überseeischen Interessen reine Hilfsaufgaben für die Schlachtflotte zuwies. So war es nicht verwunderlich, daß die am 5. März 1897 beginnenden Beratungen der Budgetkommission von stürmischen Wortgefechten und endlosen Debat-

Kaiser Wilhelm II. beim Besuch der Vulcan-Werft in Stettin, 4. Mai 1897

ten geprägt waren. Allerdings nahm Jebsen zu keiner Zeit das Wort und ging konform mit dem Mehrheitsbeschluß, der rund neunzehn Prozent Abstriche für Schiffbau und Armierungen im Etat für 1897/98 vorsah. Zwar waren die bewilligten knapp fünfzig Millionen Mark ein noch recht gutes Ergebnis für die Marineverwaltung – beinahe das Doppelte wie im Vorjahr –, doch sah der Kaiser den erwünschten Anlaß gekommen, um sich von Hollmann zu trennen. Der Staatssekretär reichte am 13. März, als die Budgetkommission die Abstriche beschloß, seinen Abschied ein. Während der mehrtägigen Plenumsdebatten über den Marineetat, die am 18. März begannen, plädierte Reichskanzler Hohenlohe für die Schaffung einer »des großen Deutschlands würdige(n) Flotte« und hob die machtpolitische und friedenssichernde Funktion der Flotte deutlich hervor. Dennoch lehnte der Reichstag mit großer Mehrheit am 20. März 1897 die Mittel für zwei weitere Kreuzer ab. Obwohl er auch im Plenum keinen Wortbeitrag leistete, stand Jebsen auf der Seite der Befürworter dieses Etattitels, wie auch andere Nationalliberale und den Konservative sowie einige Abweichler der Freisinnigen aus norddeutschen Wahlkreisen, in denen maritime Interessen eine Rolle spielten.[257]

Mit dem Amtsantritt von Konteradmiral Alfred Tirpitz, der am 18. Juni 1897 zum Staatssekretär des Reichsmarineamts ernannt wurde, trat eine grundsätzliche Wende in der deutschen Marinepolitik ein. Zum einen sollte der Flottenbau fortan der »Weltpolitik« dienen und damit dem globalen außenpolitischen Konzept des neuen Außenstaatssekretärs Bernhard von Bülow – der nur zehn Tage nach Tirpitz sein neues Amt übernahm – den nötigen Unterbau geben. Mit dieser Verknüpfung ließ sich der Bau einer starken Flotte politisch rechtfertigen, was durch eine an das Nationalgefühl appellierende Propaganda öffentlichkeitswirksam verstärkt wurde, um die unentbehrlichen parlamentarischen Mehrheiten schaffen zu helfen. Zum anderen sollte die Kreuzerflotte gegenüber einer Schlachtflotte aus Linienschiffen in den Hintergrund treten, um im Kriegsfall der deutschen Schiffahrt das Meer offenhalten und eine feindliche Blockade der deutschen Häfen verhindern zu können; damit richtete sich der Plan hauptsächlich gegen Großbritannien als weltweit stärkste Seemacht. Besonderen Auftrieb erhielt die Flottenfrage im November 1897 durch die Besetzung der Kiautschou-Bucht in Nordostchina, bei der die Marine ihren Nutzen und ihre Notwendigkeit für die neue Weltpolitik demonstrieren konnte.[258] Wie sehr Jebsen in diese Entwicklung involviert

Bernhard von Bülow (1849–1929),
Staatssekretär des Auswärtigen Amts

Konteradmiral Alfred (von) Tirpitz (1849–1930),
Staatssekretär des Reichsmarineamts

wurde, zeigte sich daran, daß er bereits Anfang 1898 in Verhandlungen mit dem Reichspostamt über die Einrichtung einer Postdampferlinie von Shanghai nach Kiautschou eintrat.

Zweifellos am heikelsten war die Frage der langfristigen Finanzierung eines solchen expansiven Flottenausbaus. Da dessen stetiger Fortgang nicht von wechselnden Reichstagsmehrheiten abhängig sein sollte, erschien Tirpitz ein »Flottengesetz« unumgänglich, das als Planungsgesetz das Parlament an die jährlichen Etatbewilligungen band. Mit Hilfe einer vom Reichsmarineamt gesteuerten Propaganda gegenüber der Öffentlichkeit und dem Reichstag wurde das Flottengesetz als Entscheidung für oder gegen die Regierungspolitik ausgeweitet und den Abgeordneten damit eine weit größere Verantwortung und taktische Rücksichtnahme auferlegt. Weil man sich seit Anfang Dezember 1897, als die Beratungen über die Flottenvorlage begannen, auch in der letzten Session vor regulären Neuwahlen befand, kam sogar eine vorzeitige Auflösung des Reichstags in Frage.[259] Daß die regierungsfreundlichen Nationalliberalen sich in dem öffentlich aufgeheizten Klima von einer vorgezogenen Wahl Stimmengewinne versprachen, geht auch aus einer Äußerung von Jebsen hervor, der am 16. Februar 1898 mutmaßte, »daß die Flottenfrage Veranlassung zur Auflösung des Reichstags geben« werde. »Dann tritt ja die Sache in ein ganz anderes Stadium, was uns nur von Vorteil sein könnte«, schrieb er an seinen Flensburger Parteifreund Conrad Metger.[260]

Angesichts des anfangs heftigen Widerstandes der von Eugen Richter geführten Freisinnigen zeigte Tirpitz sich tatsächlich als »Meister der Inspiration und Organisation, des Durchboxens und der Verschleierung seiner Ziele«.[261] Ausschlaggebend war aber die Zustimmung der Zentrumspartei, die erst durch das Versprechen von Regierungsseite, den Flottenausbau ohne Steuererhöhungen zu finanzieren, zum Umlenken bewegt werden konnte. »Hinsichtlich der Finanzierung der Flottenvorlage sucht das Zentrum allerhand Schwierigkeiten zu bereiten und scheint mir die Sache noch keineswegs so glatt abzugehen wie Flotten-Optimisten sich es ausgemalt haben«, berichtete Jebsen am 8. März 1898. Obwohl er am 5. Februar nach dem Ende der Beratungen über die Dampfersubventionsvorlage aus der Budgetkommission ausgetreten war,[262] erschien ihm der Marineetat für 1898/99 und damit der Tirpitzsche Flottenplan als so wichtig, daß er sich wieder in die Kommission aufnehmen ließ. Deshalb fehle es ihm nicht an Arbeit, teilte er weiter mit, und er komme »von 10 Uhr vormittags bis 6 ½ Uhr abends nicht aus dem Reichstag heraus«. Daß er damit einer Minderheit von Abgeordneten angehörte, stellte er nicht ohne Bitterkeit fest: »Zwei Drittel der Herren Kollegen machen es sich bequem, bleiben zu Hause bei Mutter und kommen nur gelegentlich, wenn es sich um eine wichtige Abstimmung handelt.«[263]

Drei Tage später war es geschafft: Er habe Urlaub »auf zehn Tage genommen, da ich jetzt mit den Kommissionssitzungen fertig bin und die Flotten-Vorlage nicht vor Ende des Monats ins Plenum gelangt«, ließ Jebsen am 11. März 1898 wissen.[264] Tatsächlich fanden die Verhandlungen am 28. März ihr Ende, als die Tirpitzsche Flottenvorlage mit großer Mehrheit im Reichstag verabschiedet wurde; nur die SPD, die Freisinnigen, einige Abweichler des Zentrums und Splittergruppen stimmten dagegen. Damit war – auch mit Hilfe von Jebsen – der Weg frei gemacht für das Flottengesetz vom 10. April 1898, das den Aufbau einer aktiven Schlachtflotte aus zwei Geschwadern zu je acht Linienschiffen vorsah. Politisch-militärische Gründe verbanden sich dabei von Anfang an mit wirtschaftlichen Interessen, weil die am Flottenbau partizipierenden Industrien eine stetige Auftragslage von der Marine erwarten konnten.[265] Um das Interesse an

Deutscher Flottenverein. Zeitgenössische Postkarte

der Flotte in der Öffentlichkeit und im Reichstag zu steigern, auch mit Blick auf die erhoffte gewinnbringende weitere Vergrößerung der Flotte, gründeten vorwiegend Vertreter der Schwerindustrie, darunter die Firma Krupp, knapp drei Wochen später den Deutschen Flottenverein.[266] Während dieser sich auf die Propaganda in Deutschland konzentrierte, wurde am 8. Juni 1898 mit dem Hauptverband Deutscher Flottenvereine im Auslande eine unabhängige Parallelvereinigung geschaffen, die sich gezielt an deutsche Firmen im Außenhandelsgeschäft oder mit Sitz im Ausland wandte und die Gründung von Flottenvereinen im Ausland anregte sowie um Unternehmensspenden für den Flottenbau warb. Die hochoffizielle Förderung des Verbands kam dadurch zum Ausdruck, daß das Reichskanzleramt die Initiative übernahm und die Deutsche Kolonialgesellschaft, die für eine aktive deutsche Kolonialpolitik in der Öffentlichkeit warb, mit der Zusammenstellung des Vorstands und der Mitgliederschaft beauftragte. Auf eine Anfrage hin erklärte sich auch Jebsen im Vorfeld der Gründung bereit, als Mitglied dem Hauptverband beizutreten.[267] Präsident wurde Alexander Prinz zu Hohenlohe-Schillingsfürst, Schatzmeister der Elberfelder Bankier August Freiherr von der Heydt und Schriftführer Korvettenkapitän z. D. Lazarowicz; weitere Mitglieder des fünfzehnköpfigen Vorstands waren unter anderen Friedrich Alfred Krupp und Heinrich Wiegand, Generaldirektor des Norddeutschen Lloyd. Zu den einfachen Mitgliedern zählten außer Jebsen noch bekannte Namen wie Albert Ballin, Generaldirektor der Hapag, und der Hamburger Reeder Carl Ferdinand Laeisz sowie eine Reihe von Industriellen, Spitzenbeamten und Militärs.[268]

Bereits Anfang Juli 1898 begann der Hauptverband tätig zu werden und versandte Druckschriften an alle deutschen Handelskammern, um die Außenhandelsfirmen über seine Ziele zu informieren. Die Verbandsmitglieder fungierten als Multiplikatoren, die – wie Jebsen am 7. Juli 1898 – von Lazarowicz aufgefordert wurden, Adressen von interessierten Bekannten und Geschäftsfreunden an die Berliner Zentrale zu schicken und die Gründung von Flottenvereinen im Ausland aktiv in die Hand zu nehmen.[269] Weil er im Sommer viel auf Reisen war, antwortete Jebsen erst Anfang September und ließ wissen, daß er »dem Verein in gewünschter Weise wenig nützlich sein kann, da meine Verbindungen im Auslande sich in den letzten 15 Jahren auf China beschränkt haben, woselbst Ihnen jedenfalls die deutschen Freunde des Flottenvereins bzw. dessen Strebens schon längst bekannt sind«. Dennoch zeigte er sich bereit, »die fraglichen Drucksachen an meine Geschäftsfreunde in China und Indien zu versenden« und bat um Zusendung von 20 bis 25 Exemplaren.[270]

Allerdings verzögerte sich der Versand erheblich, da Jebsen im Oktober 1898 erst auf Geschäftsreise in England war, unmittelbar danach im Wahlkampf als Kandidat für ein preußisches Landtagsmandat antrat und gleichzeitig die deutschlandweiten Spendenaufrufe für das Bismarckdenkmal auf dem Knivsberg in Gang setzte. So mußte sein Buchhalter Engelbrecht nach Berlin melden, daß die Versendung der Rundschreiben und Aufrufe »wegen Überhäufung mit Geschäften und längerer Abwesenheit von hier noch nicht habe erfolgen können«.[271] Erst am 5. November erging ein hektographiertes Rundschreiben von Jebsen mit einigen Drucksachen des Hauptverbandes an seine Geschäftsfreunde und der Aufforderung, dem Hauptverband beizutreten »und Ihre Freunde und deutschen Landsleute an Ihrem Wohnorte etc. gleichfalls hierzu zu veranlassen«, wenn »Sie sich für unsere deutsche Flotte interessieren und gerne bereit sein werden, zur Kräftigung derselben in irgendeiner Weise beizutragen«.[272]

Welchen Erfolg der Aufruf hatte, läßt sich nicht mehr feststellen. Daß auch Jebsens Sohn Jacob in Hongkong auf der Verteilerliste gestanden hatte, erschließt sich aus dessen Rückfrage Anfang Dezember 1898, ob »ich mich bei dir als Mitglied anmelden« müsse und »hier der Versuch zur Gründung eines Lokalvereins gemacht werden« solle.[273] Zu dieser Zeit fungierte Jebsen bereits als Vorsitzender des Apenrader Flottenvereins, dessen Vorstand noch ein lokaler Lotse und ein Böttcher sowie ein Kapitän aus Loitkirkeby angehörten.[274] Bis Ende April 1899 traten allerdings nur zwei Postsekretäre und ein Steinhauer sowie Theodor Janke, Redakteur des *Neuen Apenrader Anzeiger*, dem Ortsverein als zahlende Mitglieder bei.[275] Reichsweit hatte der Verein im Jahr nach seiner Gründung bereits eine knappe Viertelmillion Mitglieder und steigerte deren Zahl bis 1914 auf über eine Million.[276] Zweifellos hatte Jebsen in der Frühphase seinen – wenn auch bescheidenen – Anteil daran, den Flottenverein zum populärsten politischen Verein des Kaiserreichs zu machen, der mit Massenpropaganda den Bau der zweitgrößten Schlachtflotte der Welt unterstützte.

Kaiser Wilhelm II. in Marineuniform. Postkarte von Michael Jebsen an seinen Sohn Friedrich, 10. Februar 1899

Deutsche Konsulate in Ostasien

Außer für die Marine und den Schiffbau konnte Jebsen im Reichstag auch weiterhin politisch wirkungsvoll für die Interessen der deutschen Handels- und Passagierschiffahrt eintreten. Seine berufliche Expertise als Reeder, dessen Flotte in Ostasien operierte, nutzte er in der Legislaturperiode von 1893 bis 1898, um einen effizienteren Konsularservice für deutsche Frachtschiffe in Asien zu schaffen, weitere Staatshilfen für die Reichspostdampferlinie des Norddeutschen Lloyd nach Ostasien und Australien zu sichern sowie einen staatlich subventionierten Postdampferdienst seiner

Reederei zur deutschen Kolonie Kiautschou und entlang der nordchinesischen Küste einzurichten. Auf diese Weise war er als Lobbyist der deutschen Reederei und damit nicht zuletzt seiner eigenen Firma tätig, der sich mit Anträgen und Appellen in den parlamentarischen Gremien an die Reichsleitung wandte, aber auch informelle Kontakte zu Regierungsmitgliedern nutzte, um seine Interessen durchzusetzen. Gut informiert über die Lage in Ostasien wurde er vor allem durch seinen ältesten Sohn Jacob, der als Mitinhaber der Firma Jebsen & Co. in Hongkong seit 1895 die Geschehnisse beobachtete und durch zahlreiche Geschäftskontakte innerhalb und außerhalb der britischen Kronkolonie über Insiderwissen verfügte. In den Briefen an seinen Vater berichtete und kommentierte Jacob politische Ereignisse, die ihm sowohl für die Belange Deutschlands als auch für die Geschäftsinteressen seiner Firma wichtig erschienen, und nahm auf diese Weise Einfluß auf die politische Arbeit seines Vaters. Umgekehrt verfügte dieser durch die Berichte seines Sohnes über einzigartige Informationsquellen, die er gegenüber der Reichsleitung und dem Parlament einsetzen konnte. Das enge Zusammenspiel von Vater und Sohn zwischen 1895 und 1898 kann als wichtige Voraussetzung für die erfolgreiche Lobbyarbeit des Parlamentariers Jebsen in allen ostasiatischen Handels- und Schifffahrtsfragen betrachtet werden.

Deutsche Konsuln vertraten als Beamte des 1871 geschaffenen Auswärtigen Amts besonders die Interessen des deutschen Handels und deutscher Staatsbürger im Ausland. In Hafenstädten fungierten sie gegenüber deutschen Handelsschiffen als Schiffspolizeibehörde mit großen Vollmachten, beispielsweise bei der amtlichen An- und Abmusterung von Mannschaften, der Verfolgung desertierter Besatzungen und der Überstellung straffällig gewordener Seeleute an heimische Gerichte.[277] Bei einer solchen Kompetenzfülle waren Konflikte mit Kapitänen und Reedereien unvermeidlich. Als Anfang 1893 drei deutsche Besatzungsmitglieder seines Dampfers *Jacob Diederichsen* eine nicht mehr bekannte Disziplinlosigkeit begangen hatten und von dem in Hongkong amtierenden Konsul Ludwig von Loeper umgehend nach Deutschland expediert worden waren, ärgerte Jebsen sich über die Anwendung dieses höchsten Strafmaßes gegenüber Seeleuten. Er forderte den mit ihm befreundeten Außenstaatssekretär Adolf Freiherr Marschall von Bieberstein auf, bei der Besetzung von Konsulatsposten wie in Hongkong mehr wählerisch zu Werke zu ge-

Das Auswärtige Amt in der Wilhelmstraße 75–76 in Berlin, um 1900

hen: Die Hauptbedingung sei, »nur solche Herren für dergleichen Stellen auszuersehen, die in Schiffahrtsachen einigermaßen Routine besitzen«.[278]

Zu dieser Zeit scheint Jebsen sich auch bei Marschall über die Amtsführung des Konsulatsverwalters im nordchinesischen Hafen Chefoo, des Chinesisch-Dolmetschers Dr. Wilhelm Schrameier, beklagt zu haben. Weil kein direkter Beleg dafür vorliegt, nur eine briefliche Randbemerkung von Jacob Jebsen,[279] wird es sich um eine mündliche Beschwerde gehandelt haben, die möglicherweise – so Jebsens Vermutung – zu den späteren Schwierigkeiten beim Betrieb der Postdampferlinie nach Kiautschou beitrug; davon wird noch gehandelt werden.[280] Seine kritische Haltung zu den deutschen Konsuln machte er auch im Reichstagsplenum deutlich, als er am 16. Februar 1894 in der Debatte über den Etat des Auswärtigen Amts das vermeintlich fehlende Engagement dieser Beamten in Häfen an der Chinaküste ansprach. Weil jeder Kapitän gesetzlich verpflichtet war, das Einlaufen seines Schiffs dem zuständigen Konsul zu melden, dabei umfassende Auskünfte über Schiff, Passagiere, Frachten und Reisen zu machen sowie die Musterrolle der Mannschaft zur Verwahrung abzuliefern, war eine gute und rasche Zusammenarbeit zwischen Schiffsführern und Konsuln notwendig, wenn ein Schiff für einen nur kurzen Zwischenstopp einlief, um Fracht zu laden oder zu löschen.[281] In seiner Rede wies Jebsen auf zahlreiche Berichte der Agenten seiner Reederei hin, die beklagt hätten, daß die Konsulate am Sonnabend bereits nach 16 Uhr geschlossen und ein- oder auslaufende Schiffe erst am Montag von den Konsuln ein- oder ausklariert worden seien, so daß sie untätig im Hafen hätten liegen müssen. Zwar hätten sich seine Agenten an die deutsche Gesandtschaft in Peking gewandt, doch seien sie nur auf Dienstvorschriften verwiesen worden, die eine solche Praxis zuließen. »Wenn unsere Herren Konsuln uns nicht ein bißchen unter die Arme greifen, dann wird unser Stand um so schwieriger«, mahnte Jebsen mit Blick auf die deutsche Küstenschifffahrt in Ostasien und ihre starke britische Konkurrenz. An Marschall von Bieberstein gewandt, forderte er, »den jungen Herren Konsuln da, die nicht die nötige Erfahrung haben, einzuschärfen, daß sie etwas mehr für Handel und Schiffahrt tun, daß sie auch einmal eine gewissen Latitüde üben, und wenn auch ein Schiff um 5 Uhr in den Hafen kommt, dasselbe auch dann zu klarieren und nicht 48 Stunden länger im Hafen zu halten«. Zwar hielt der zuständige handelspolitische Experte des Auswärtigen Amts, Direktor Reichardt, diesen Wunsch für »unerfüllbar« und verwies auf unterschiedliche Verhältnisse in anderen Ländern, doch versprach er die Untersuchung des von Jebsen genannten Falls, woraufhin ein Bravo bei den Nationalliberalen ertönte.[282]

Einen ständigen Stein des Anstoßes bildeten die hohen Konsulatsgebühren, die von den Schiffen für die Ein- und Ausklarierung zu entrichten waren. Als das deutsche Gebührensystem nach der Reichsgründung vereinheitlicht wurde, bestand die Handelsflotte vorwiegend aus Segelschiffen mit geringer Tonnage, die höchstens zwei Auslandsfahrten im Jahr machten und maximal zweihundert Mark Konsulatsgebühren zu bezahlen hatten. Weil fast alle deutschen Staaten vor 1871 keine Berufs-, sondern Wahlkonsuln – meistens deutsche Kaufleute – als Vertreter ihrer Handels- und Schiffahrtinteressen beschäftigten,[283] dienten die Gebühren vor allem zur Honorierung dieser Posten. Auch in den 1890er Jahren gab es noch rund siebenhundert kaufmännische Konsuln des Deutschen Reichs im Ausland, deren Honorare mit dem Aufkommen der Dampfschiffahrt stark gestiegen waren: Ein 2400 Tonnen schwerer deutscher Frachtdampfer der Reederei Jebsen zahlte jährlich rund dreitausend Mark

Auf Allerhöchsten Befehl Ihrer Kaiserlichen und Königlichen Majestäten
beehrt sich der unterzeichnete Ober-Hof-und Haus-Marschall
das Mitglied des Reichstages
Herrn Jebsen
zur Gala-Tafel am 18ten Januar 1896 um 6¾ Uhr
im Königlichen Schlosse zu Berlin
einzuladen.
Ueber Anzug pp. umstehend

Kaiserliche Einladung für Michael Jebsen anläßlich der Feier des Gründungstages des Königreichs Preußen am 18. Januar 1896

Gebühren, wenn er verschiedene Häfen in Ostasien regelmäßig anlief. Dagegen brauchten Dampfschiffe unter britischer und norwegischer Flagge bei ihren jeweiligen Konsulaten nur umgerechnet 25 Mark bzw. höchstens dreihundert bis vierhundert Mark im Jahr entrichten – ein klarer Wettbewerbsvorteil zu Lasten der viel höher taxierten deutschen Konkurrenz. So war es kein Wunder, daß seit den 1880er Jahren aus Reederkreisen zahlreiche Anträge auf Ermäßigung dieser Kosten an das Auswärtige Amt gingen, die allerdings erfolglos blieben. Erst mit dem Beginn der Konjunkturflaute in den frühen neunziger Jahren wurde das Thema wieder aktuell, als der Verein Hamburger Reeder und der Deutsche Nautische Verein die hohen Meldegebühren als ungerechtfertigte Belastung der deutschen Reederei öffentlich brandmarkten. Nach dieser Kritik begann man in Berlin ein genaues Studium der Gesetzgebung anderer Seestaaten und holte Gutachten bei den deutschen Berufskonsuln ein. Es lag auf der Hand, daß das Reedereigewerbe zusätzlichen parlamentarischen Druck auf die Reichsleitung zur Durchsetzung ihrer Forderung ausüben wollte und dafür Jebsen als ihren wichtigsten Lobbyisten im Reichstag ansah.[284]

Um für die deutsche Reederei eine Ermäßigung der Konsulatsgebühren zu erreichen, wandte Jebsen sich Anfang 1896 an Heinrich Schuldt, einen der großen Flensburger Reeder mit einer Flotte von zwölf Dampfern in der europäischen Küstenschiffahrt.[285] Weil er »wegen der hohen deutschen Konsulatskosten« interpellieren wolle, bat er, »wo möglich von England, Norwegen, Dänemark etc. die Konsulatsgebührentarife einzuholen« und ihm nach Berlin zu senden. Norwegen und England kämen am meisten in Betracht, betonte Jebsen, »da die Schiffe der Länder den unsrigen die größte Konkurrenz machen«.[286] Mit diesen Zahlen versehen konnte er am 14. Februar 1896 in der Debatte über den Etat des Auswärtigen Amts auf die scharfe Konkurrenz in der Küstenschiffahrt Chinas aufmerksam machen. »Wir verlangen nicht Subsidien oder Meilengebühren, die andere Nationen beziehen«, stellte Jebsen klar, »aber um unsere

Konkurrenzfähigkeit in dem Frachtenmarkte aufrecht zu erhalten«, bat er um wohlwollende Erwägung, ob es nicht möglich sei, » im Interesse der deutschen Reederei die Konsulatsgebühren etwas zu ermäßigen«. Erneut antwortete Direktor Reichardt und verwies auf die laufende Untersuchung, doch versprach er eine baldige Abänderung der Vorschriften über Schiffsgebühren, allerdings keine so starke Ermäßigung wie von manchen Reedern verlangt – mit Rücksicht auf die Kaufmannskonsuln und ihre Einnahmen.[287] Als zwei Jahre später noch kein Ergebnis vorlag, brachte Jebsen das Thema am 11. Februar 1898 erneut im Plenum zur Sprache und erhielt zur Antwort, daß die Gesamtreform des Konsulatstarifs noch vor dem Ablauf des Jahrhunderts vollendet sein werde.[288]

Neuer Ärger über das Konsulatswesen entstand durch das Verhalten von Vizekonsul Ivo Streich, der im Vertragshafen Swatow an der Südostküste von China als deutscher Berufskonsul amtierte. Von Swatow aus transportierten Dampfer von Jebsen und anderen Reedereien regelmäßig chinesische Kulis zu den Tabakplantagen auf Sumatra in Niederländisch-Indien. Wiederholt war Streichs Amtsführung von Jacob Jebsen kritisiert worden, der von Hongkong aus die Flotte dirigierte. Kapitän Carl Heinrich Davidsen vom Dampfer *Rio* bezeichnete Streich sogar als einen »große(n) Schikaneur«. Im Herbst 1896 forderte Jebsen seinen Sohn und Davidsen auf, ihm das Material für eine Klage beim Auswärtigen Amt zu beschaffen, »was seine Wirkung nicht verfehlen würde«. Seine Erwartung, er werde »durch das Vorbringen derselben bei Herrn von Marschall Abhilfe schaffen«, scheint sich erfüllt zu haben, denn das Thema taucht in seinen Briefen nicht mehr auf.[289]

Standen in Swatow die einträglichen Kulifahrten im Vordergrund, so waren es an der Südwestküste von China besonders landwirtschaftliche Erzeugnisse, die von Dampfern der Reederei Jebsen verschifft wurden. Zwischen Hoihow, dem wichtigsten Anlegeplatz im Norden der Insel Hainan, und Hongkong betrieb die Reederei in den 1890er Jahren die »Schweinefahrt«, wie die Kapitäne sie nannten, also den Transport einer großen Anzahl lebender Schweine – oft tausend Tiere pro Fahrt – in Zeitcharter für chinesische Kaufleute; von Pakhoi, einem kleinen Küstenort am Nordufer des Golfs von Tonkin, transportierte man vor allem Agrarprodukte nach Hongkong. Dabei stand die Firma in Konkurrenz mit der französischen Reederei Marty et d'Abbadie, die ihre Schiffe auf derselben Route einsetzte.[290] Weil diese Fahrten an Frequenz und Umfang stark zunahmen, erschien es Jacob Jebsen wichtig, sowohl in Hoihow als auch in Pakhoi deutsche Konsulate für die reibungslose Abwicklung der Schiffsgeschäfte zu haben. Sein Vater versprach ihm Mitte 1897, dafür »in Berlin Schritte« zu tun, um wenigstens in einem Ort ein Konsulat zu erhalten, und kündigte im Herbst an, »betreffs der Konsulat-Einrichtung in Hoihow« mit Direktor Reichardt zu sprechen. »Schade nur, daß Herr von Marschall nicht mehr im Amte ist, mit dem ich sehr befreundet bin und der meinen Wünschen immer sehr nachgekommen ist«, schrieb er.[291]

Marschall von Bieberstein wurde sechs Tage später von Bernhard von Bülow abgelöst und ging als Botschafter nach Konstantinopel. Ohne die persönliche Unterstützung aus dem Auswärtigen Amt war Jebsen gezwungen, sich verstärkt auf parlamentarischer Ebene um die Einrichtung von Konsulaten zu bemühen. Von seinem Sohn Jacob in Hongkong auf mangelnde deutsche Konsulardienste in verschiedenen Häfen aufmerksam gemacht, sprach er sich in der Sitzung der Budgetkommission am 24. Januar 1898, die den Außenamtsetat beriet, prinzipiell für die Einsetzung von Berufs- anstatt von kaufmännischen Wahlkonsuln aus; bereits sechs Jahre früher hatte er in der Kommission bemerkt, »keine sehr günstigen Erfahrungen mit der Parteilosigkeit der Wahlkonsuln gemacht« zu haben.[292] Tatsächlich litt der allgemeine Ruf von Kaufmannskonsuln durch ihren unvermeidlichen Interessenkonflikt zwischen den eigenen Geschäftsinteressen und ihren amtlichen Pflichten als staatliche Vertreter – sowohl in den Augen ihrer Konkurrenten als auch bei den chinesischen Behörden.[293] Sowohl für Hoihow als auch für Saigon, der wichtigste Hafen von Frankreichs Kolonie Indochina, beantragte Jebsen deshalb die Einsetzung deutscher Berufskonsuln. In allen französischen Kolonien Ostasiens gebe es keine Berufskonsulate, stellte er fest – trotz der großen Schiffahrtsinteressen deutscher Reedereien. Auch bei der Sitzung zwei Tage später beschäftigte ihn das Thema der Konsulate, als er für die Errichtung eines Konsulats in Sibirien plädierte und zur Begründung auf umfangreiche deutsche Interessen in Wladiwostok und Nikolajewsk verwies.[294] Seinem Sohn Jacob schrieb er Anfang Februar 1898, er »habe eine Vertretung des Deutschen Reichs durch Berufskonsuln in den französischen Kolonien und auf Hainan (...) in der Budgetkommission angeregt, werde auch in dem Sinne im Plenum sprechen«.[295] Weil er damit seine Mission erfüllt sah, trat er am 5. Februar 1898 wieder aus der Budgetkommission aus.[296]

Wie wichtig ihm ein verbesserter Konsularservice in Ostasien war, machte Jebsen am 11. Februar 1898 im Reichstagsplenum erneut deutlich. Seine Forderung nach einem Berufskonsul in Saigon fand allerdings kein Gehör. Die Absage hinderte ihn nicht, auf die Bedeutung der Insel Hainan, »wo ich selbst sehr große Interessen habe«, ausdrücklich hinzuweisen: Dessen Hafen werde durch die größte Zahl von deutschen Dampfern besucht, »sogar mehr als durch die Franzosen«. Um so mehr bedauerte er, daß es dort nicht einmal einen Wahlkonsul gebe, und schlug vor, das Konsulat im Vertragshafen Amoy an der Südostküste Chinas, dessen wirtschaftliche Bedeutung zurückgegangen war, zum Vizekonsulat herabzustufen und statt dessen ein Konsulat auf Hainan zu eröffnen. Auch diesmal antwortete Reichardt ausweichend und wollte erst die Verhältnisse in Amoy näher prüfen lassen. Hartnäckig blieb Jebsen beim Thema und brachte erneut »einige Konsulatsschmerzen« an, wofür er Heiterkeit im Plenum erntete. Er wies auf große deutsche Interessen in Wladiwostok und Nikolajewsk hin und appellierte an die Reichsleitung, dort einen deutschen Vertreter einzusetzen. Weil Reichardt aber bereits am 26. Januar in der Kommission knapp berichtet hatte, daß in Wladiwostok ein Handelsagent für Deutschland angestellt sei, blieb er Jebsen im Plenum eine Antwort schuldig.[297]

In der Debatte war deutlich geworden, daß das Auswärtige Amt nicht bereit war, Forderungen von Parlamentariern nach Ausweitung seines Berufskonsulardienstes nachzukommen, wenn es dafür keinen dringenden Anlaß sah. Zwar hatte Reichardt betont, man ziehe jede Anregung aus dem Reichstag zu diesem Thema »stets mit voller Bereitwilligkeit in Erwägung«, doch stand fest, daß die Regierung trotz ihrer positiven Haltung zur Verstärkung des deutschen Einflusses in Ostasien nicht einfach den Argumenten aus Handels- und Reedereikreisen folgte, sondern haushälterisch zu Werke ging und jeden Einzelfall auf seine Relevanz hin prüfte. Es zeigte sich, daß das lange vakante Vizekonsulat auf der Insel Hainan mit Sitz in der Hauptstadt Kiungchow 1902 schließlich neu besetzt und 1904 auch für Pakhoi zuständig wurde. Wegen des Saigoner Berufskonsulats war Jebsen persönlich am 3. März 1899 – dann als Landtagsabgeordneter des Wahlkreises Flensburg – bei Direktor Reichardt im Auswärtigen Amt. Gemeinsam mit Handelskammerpräsident Dethleffsen, der auch Direktor der Flensburger Dampfschiffahrt-Gesellschaft von 1869 war, brachte er die Sorgen deutscher Reedereien über die fingierten Opiumschmuggelfälle in Saigon vor und drängte auf besseren Schutz durch einen deutschen Konsul in der wichtigen Reisexportmetropole.[298] Doch blieb der Wunsch noch unerfüllt: Erst Anfang 1902 konnte Emil Heintges als erster deutscher Berufskonsul seine Arbeit in Französisch-Indochina aufnehmen. Mit den Konsulaten in Kiungchow/Pakhoi und Saigon trug das Deutsche Reich der starken Marktposition deutscher Frachtdampfer auf der Strecke zwischen Hongkong und Indochina erstmals Rechnung.[299] Damit waren die Forderungen von Jebsen weitgehend erfüllt, der seine politischen Möglichkeiten als Abgeordneter in pragmatischer Weise genutzt hatte, um Verbesserungen im Konsularservice für deutsche Reedereien zu erreichen.

Reichspostdampfersubvention

Ähnlich wie in den Debatten um die Marinepolitik nahm Jebsen auch bei der Frage von Staatshilfen für die deutschen Reichspostdampferlinien nach Fernost einen dezidiert nationalpolitischen Standpunkt ein. Anders als bei der Kriegsflotte konnte er aber bei der Fracht- und Passagierschifffahrt seine Expertise als mittelständischer Reeder einbringen und damit wirkungsvoll als Lobbyist im Reichstag auftreten. Unverkennbar war er auch hier bedacht, die Interessen kleinerer Reedereien wie auch seines eigenen Unternehmens zu wahren. In diesem Spannungsfeld bewegten sich seine parlamentarischen Aktivitäten für die Postdampfersubvention, die erkennbar von dem Wunsch geleitet waren, die Perzeption von Deutschland als Großmacht im asiatisch-pazifischen Raum zu verstärken.

Tatsächlich bildeten die großen überseeischen Schiffahrtslinien einen wichtigen imagebildenden Faktor für die politisch-wirtschaftliche Position des Deutschen Reiches im Ausland. Die Anfänge waren freilich bescheiden: Nur die Deutsche Dampfschiffs-Rhederei zu Hamburg – seit 1881 als Kingsin-Linie bezeichnet – hatte seit den frühen siebziger Jahren einen regelmäßigen Frachtdienst nach Ostasien betrieben und auch Passagiere und Post befördert. Trotz ihrer Vorreiterrolle war die Hamburger Firma nicht die Favoritin der Reichsleitung, als in den 1880er Jahren die Forderungen aus Wirtschafts- und Reedereikreisen nach Einrichtung von regelmäßigen Postdampferlinien nach Ostasien und Australien zu ersten greifbaren Ergebnissen führten. Ein wichtiger Proponent subventionierter Linien war Hermann Heinrich Meier, Gründer der Bremer Reederei

Norddeutscher Lloyd und Vorsitzender ihres Verwaltungsrats, der seit 1881 als nationalliberaler Abgeordneter für Bremen im Reichstag saß. Sein Mandat ermöglichte Meier den direkten Kontakt mit Heinrich von Stephan, Staatssekretär des Reichspostamts, der von Reichskanzler Bismarck mit der Bearbeitung der Postdampferfrage beauftragt worden war. Zusätzlichen Schub erhielt das Thema durch den Eintritt Deutschlands in den Kreis der Kolonialmächte: Zwar stand Bismarck prinzipiell dem Erwerb von Kolonien skeptisch gegenüber, doch gab er 1884 aus verschiedenen außen- und innenpolitischen Motiven seine Zustimmung dazu, daß Gebiete in Afrika sowie der Nordostteil der Insel Neuguinea und die pazifischen Marshallinseln zu »Schutzgebieten« des Reiches erklärt wurden. Um eine wirtschaftliche Erschließung zu ermöglichen, erschienen regelmäßige Schiffsverbindungen dorthin als unbedingt nötig.[300]

Obwohl der Norddeutsche Lloyd zu dieser Zeit die größte und leistungsstärkste deutsche Reederei war und in der Passagierfahrt nach Amerika den internationalen Spitzenplatz einnahm, verfügte das Unternehmen über kein einziges Schiff, das den strengen Anforderungen der Reichsleitung an eine Postdampferlinie in den Fernen Osten genügte. Dennoch gelang den Bremern der Sieg über ihre Hamburger Konkurrenz, weil sowohl die Kingsin-Linie als auch die Reederei Rob. M. Sloman, die seit 1880 eine Passagier- und Frachtlinie nach Australien betrieb, mit ihren nur sehr langsam fahrenden und kaum einen Fahrplan einhaltenden Schiffen als wenig leistungsfähige Firmen erschienen. Da Stephan schon bei der Ausarbeitung der Gesetzesvorlage mit dem Lloyd eng zusammengearbeitet und dessen Fachkenntnisse herangezogen hatte, war es nicht verwunderlich, daß die Bremer Reederei im Juli 1885 den Zuschlag erhielt, nachdem das Gesetz über die Reichspostdampferlinien nach Ostasien und Australien am 6. April in Kraft getreten war. Der Vertrag sah im wesentlichen zwei Hauptlinien von Bremerhaven nach Shanghai und Sydney und zwei Anschlußlinien von Hongkong nach Nagasaki sowie von Sydney zu den Samoa-Inseln vor, wo deutsche Wirtschaftsinteressen bestanden; diese Linien waren im Vierwochentakt zu bedienen. Mit der Abfahrt des ersten Lloyddampfers von Bremerhaven nach Australien am 14. Juli 1886 begann die Geschichte des deutschen Reichspostdampferdienstes, für den die Regierung vier Millionen Mark an Subventionen an den Lloyd zahlte. Allerdings blieben die Geschäftsergebnisse enttäuschend gering, weil zu viel Passagier- und zu wenig Frachtraum angeboten wurde; auch eine kleinere Mittelmeerlinie erwies sich als unrentabel. Die Verluste konnten aber durch die hohen Gewinne in der Auswandererfahrt nach New York ausgeglichen werden, was sich für den Lloyd in der Wirtschaftsdepression der achtziger Jahre als entscheidender Plusfaktor erwies.[301]

Über die Haltung von Jebsen zum Reichspostdampferdienst gibt eine briefliche Äußerung vom Mai 1887 Aufschluß. Zu diesem Zeitpunkt hatte der globale Wirtschaftsaufschwung begonnen, und auch der Frachtenmarkt zog langsam wieder an.[302] Der Reeder stand aber noch ganz unter dem Eindruck der jahrelang niedrigen Frachtraten, die auch die Rentabilität seiner Flotte in Ostasien betroffen hatten. Mit Blick auf die anhaltende Flaute in der europäischen Fahrt und den sukzessiven Übergang Europas zum Schutzzollsystem beklagte er die weitere Lähmung von Handel und Schifffahrt. Und er fuhr fort: »Kommen dazu noch die großen Subventionen, die nur den großen Compagnien zu Gute kommen, mehr in Schwung, dann ist es mit der Privatreederei bald zu Ende und wird, wie auf dem Industriegebiet, das Geschäft ausschließlich in die Hände der großen Aktiengesellschaften übergehen.«[303] Mit dieser düsteren Prognose erwies Jebsen sich als Gegner von Staatssubventionen für die Schiffahrt und sah eine Monopolisierung der Reederei zu Lasten der kleineren Unternehmen – wie seiner eigenen Firma – voraus. Daß er zu pessimistisch gestimmt war, zeigten die Boomjahre 1888 und 1889 der globalen Schiffahrt, von denen auch seine Reederei stark profitierte. Als er 1893 einen zufriedenen Rückblick machte, verdankte er dieses Resultat der guten Konjunktur und seiner erfolgreichen Geschäftsstrategie, von der früher gehandelt worden ist.[304]

Auch die Ergebnisse der Postdampfer des Norddeutschen Lloyd waren 1893 positiv, denn erstmals konnte nach notwendigen Anpassungen im Schiffsbestand und bei den Fahrplänen ein Gewinn verzeichnet werden. Eine Gesetzesänderung hatte die Einstellung der unrentablen Mittelmeer- und der Samoalinie ermöglicht. Wegen der globalen Wirtschaftsdepression in der ersten Hälfte der neunziger Jahre und den daraus resultierenden Verlusten in anderen Fahrtgebieten konnten 1894 und 1895 aber keine Dividenden ausgezahlt werden. Dennoch startete Generaldirektor Heinrich Wiegand eine kostenintensive Modernisierung der Flotte, gerade auch, um der Konkurrenz in Gestalt der Bremer Reederei Rickmers, die 1896 eine vierwöchentliche Frachtlinie nach Ostasien eröffnet hatte, begegnen zu können. Zudem trat er an die Reichsleitung mit einem Vorschlag zur Einrichtung von vierzehntäglichen Fahrten auf der ostasia-

Dr. jur. Heinrich Wiegand (1855–1909)

tischen Linie heran, was einer Forderung deutscher Handelshäuser im Fernen Osten entsprach.[305] Nachdem die zuständigen Staatssekretäre sich einverstanden erklärt hatten,[306] ging der entsprechende Gesetzentwurf im Spätherbst 1896 an den Reichstag und damit in die Öffentlichkeit.

Wie strittig die Frage zu werden versprach, machte die vernichtende Kritik eines Kaufmanns in den *Hamburger Nachrichten* deutlich, die auch Eingang in die Akten der Budgetkommission des Reichstags fand: Mit Hinweis auf den »völlig verfehlten Betrieb des Lloyd« wurde die Leistungsfähigkeit der Hamburger Kingsin-Linie für den deutschen Außenhandel mit Fernost hervorgehoben und empfohlen, die Subventionsgelder besser für die Kriegsflotte zu verwenden.[307] Auch die Kingsin-Linie machte mobil und kritisierte in einer Denkschrift für die Regierung in scharfer Form die Wettbewerbsvorteile für den Lloyd und die Benachteiligung der anderen deutschen Reedereien.[308] Angesichts solcher publizistischen Angriffe, die offensichtlich von Hamburger Wirtschaftskreisen gegen die Bremer Konkurrenz lanciert wurden, sah Jebsen hellsichtig voraus, daß die Vorlage an die Budgetkommission zur Beratung überwiesen werden würde.[309] An der ersten Lesung am 9. Dezember 1896 im Plenum konnte er aber nicht teilnehmen, als die Abgeordneten die Frage diskutierten, warum der Lloyd weiter mit Steuergeldern subventioniert werden solle, wenn die Kingsin-Linie und Rickmers den zusätzlichen Transportbedarf ohne Reichszuschuß abwikkeln konnten. Wie Jebsen erwartet hatte, ging die strittige Vorlage nach drei Tagen harter Debatten an die Budgetkommission. Daß die Nationalliberalen für die Weitersubventionierung des Lloyd eintraten, hatte Jebsen am 12. Dezember im Plenum für seine Fraktion deutlich gemacht: Er hoffe, daß in der Kommission »diese kleinen Vorwürfe gegen den Norddeutschen Lloyd sich wohl beseitigen lassen werden«.[310]

Seinen Standpunkt in der Frage erläuterte Jebsen auch in seinem Heimatwahlkreis. So wie seine Firma betrieben die Flensburger Dampfschifffahrt-Gesellschaft von 1869 sowie die Reederei Heinrich Schuldt seit vielen Jahren ostasiatische Küstenschiffahrt und große Kabotage. Zwar waren die Flensburger Reeder nicht prinzipiell gegen den Erhalt der Reichspostdampfer auf Basis der bisherigen Subventionssumme, doch herrschte die Befürchtung, daß bei einer substantiellen Erhöhung dieser Förderung der Lloyd seine Flotte stark ausbauen und in die Frachtschiffahrt von Ostasien eindringen könnte. Für die dort operierenden Flensburger Schiffe »wäre dies natürlich der schwerste Verlust, wo nicht der Ruin«, strichen Sprecher auf einer gut besuchten Versammlung der Flensburger Nationalliberalen am 9. Januar 1897 heraus. Wie sehr die Hamburger Kritik auf Resonanz gestoßen war, machte das Argument deutlich, es sei »nicht einzusehen, daß ein nationales Interesse es gebieten soll, eine Linie, die selbständig nicht sich erhalten kann, zu unterstützen, damit sie andere Linien, die gut rentieren, zu Grunde richtet«. Angesichts dieser Auffassung, der nach Beobachtung eines Journalisten »sehr lebhafter Ausdruck verliehen« wurde, hatte Jebsen einen schweren Stand. Er bekannte sich dazu, daß zwei Seelen in seiner Brust wohnten: Als »meistinteressierter Reeder« könne er nur wünschen, daß die Erhöhung der Subvention für den gefährlichen Rivalen abgelehnt werde, aber mit seinem nationalen Gewissen könne er es nicht vereinbaren, »daß eine solche Dampfer-Unternehmung, vermöge deren die Reichsflagge regelmäßig in Ostasien weht, zum Gaudium der Engländer und Franzosen ruhmlos zu Ende kommen« solle. Obwohl er die Bedenken der anderen Reeder respektierte, hielt er nationale Gründe für wichtiger und kündigte an, für die Gesetzesvorlage im Reichstag einzutreten. Allerdings stellte er klar, daß diese patriotische Empfindung in ihm lebendig genug sei, um äußerstenfalls der Abstimmung über dieses Thema fern zu bleiben. Damit war ein Kompromiß gefunden, der von den Zuhörern laut Zeitungsbericht »mit Befriedigung« zur Kenntnis genommen wurde.[311]

Zurück in Berlin trat Jebsen in die Budgetkommission ein und meldete sich am 25. Februar 1897 bei der Beratung über die Postdampfersubvention erstmals zu Wort. Vor ihm hatte der Aachener Zentrumsabgeordnete Franz Prinz von Arenberg sich besorgt wegen möglicher Nachteile für die deutsche Landwirtschaft bei der Zufuhr ausländischer Konkurrenz-

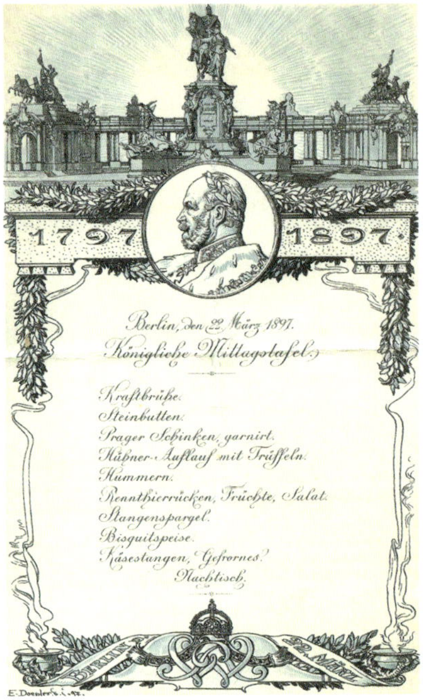

Einladung für Michael Jebsen anläßlich der Feier des hundertsten Geburtstages des 1888 verstorbenen Kaisers Wilhelm I. am 22. März 1897

importe mit der Postdampferlinie gezeigt und vor der Schädigung anderer Reedereien, besonders der Kingsin-Linie, gewarnt. Jebsen betonte, daß »nach Fertigstellung der sibirischen Bahn die Subvention im Interesse der Post doch ganz nötig« sei, da die Post dann am schnellsten auf dem Schienenweg an ihr Ziel gelange. Diese Eventualität müsse mit berücksichtigt werden, hob er hervor.[312] Tatsächlich war zu dieser Zeit der Bau des Eisenbahnnetzes in Sibirien in vollem Gange, womit Rußland seine machtpolitische Stellung in Ostasien befestigen und den wichtigsten Hafen Wladiwostok sowie das Pachtgebiet Port Arthur in China an seinen europäischen Landesteil anschließen wollte: 1896 war die westsibirische Strecke eröffnet worden, gefolgt von der 1899 fertiggestellten mittelsibirischen Bahn bis Irkutsk. Auch die Strecke von Chabarowsk nach Wladiwostok sowie die Chinesische Ostbahn mit einer Zweiglinie nach Port Arthur befanden sich 1897 im Bau. Die Fahrtzeit per Bahn von Moskau nach Port Arthur betrug nach Fertigstellung der Strecken vierzehn Tage, während ein Dampfer von Odessa durch den Suezkanal und via Singapur durchschnittlich 45 Tage brauchte.[313] So waren Jebsens Bedenken nicht unbegründet, wenn er damit auch keine Resonanz in der Kommission fand. Weil keine Einigung zustande kam, ging die Sitzung ergebnislos zu Ende, womit das Thema für den Reichstag vorläufig erledigt war.

Trotz der Vertagung des Themas hatte der Norddeutsche Lloyd einen Teilsieg erreicht, weil sowohl die Reichsleitung als auch das Reichstagsmitglied Jebsen sich öffentlich hinter eine Erhöhung der Subvention gestellt hatten. Um in der nächsten Etatrunde eine positive Entscheidung zu erreichen, unternahm der Lloyd mehrere Schritte: Erstens wurden

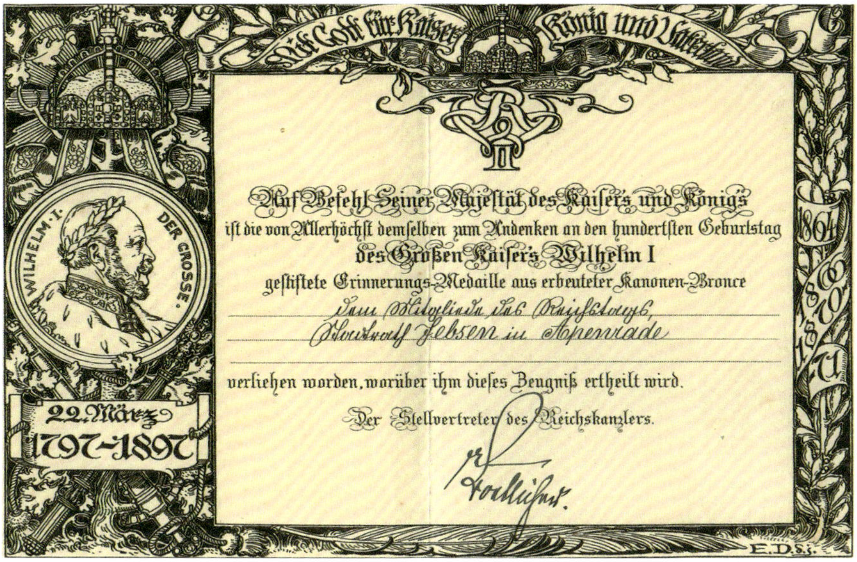
Mit Gott für Kaiser König und Vaterland

Auf Befehl Seiner Majestät des Kaisers und Königs
ist die von Allerhöchst demselben zum Andenken an den hundertsten Geburtstag
des Großen Kaisers Wilhelm I
gestiftete Erinnerungs-Medaille aus erbeuteter Kanonen-Bronce

verliehen worden, worüber ihm dieses Zeugniß ertheilt wird.
Der Stellvertreter des Reichskanzlers.

WILHELM I. DER GROSSE.
22. März 1797–1897
1864 1866 1870 71

Urkunde über die Verleihung der Erinnerungsmedaille aus Anlaß des hundertsten Geburtstages von Kaiser Wilhelm I. an Michael Jebsen, 1897

die schweren Anschuldigungen der Kingsin-Linie von Generaldirektor Wiegand im März 1897 in einer ausführlichen offenen Stellungnahme als »unwahr« zurückgewiesen.[314] Wie sehr er auf der Seite des Lloyd stand, machte Jebsen deutlich, als er gegenüber Hamburger Geschäftsleuten die Vorwürfe als »Unwahrheiten« bezeichnete und damit einen Protestbrief des Kaufmanns Johannes Thormälen auslöste, der in Kamerun und im übrigen Westafrika geschäftlich stark engagiert war und zweifellos mit der Kingsin-Linie bei Frachttransporten zusammenarbeitete. Zwar zeigte Jebsen sich bereit, nur noch von »Unrichtigkeiten« zu sprechen, doch verwies er Thormälen auf Wiegands Broschüre: Er müsse »in dieser Anschauung beharren, bis ich durch eine evt. Widerlegung dieser Angaben seitens der Kingsin-Linie eines Besseren belehrt werde«, schrieb er zurück.[315] Zweitens bemühte sich der Lloyd um eine Poolvereinbarung mit der Kingsin-Linie, was allerdings mißlang. Und drittens suchte Wiegand das Gespräch mit den Aktionären der Rickmers AG, deren Aufsichtsrat er angehörte, und nutzte den internen Familienzwist über die richtige Geschäftsstrategie, um die Reederei zur Aufgabe ihrer Ostasienlinie zu bewegen; drei der Dampfer nahm der Lloyd in Charter mit Kaufoption auf. Weil aber die Rickmers-Agenten mit Billigung eines Teils der Familie die

Albert Ballin (1857–1918)

übrigen vier Dampfer an die Hamburg-Amerika Linie (Hapag) mit Kaufoption vercharterten, um ihre Geschäftsbasis zu sichern, ermöglichten sie der Hamburger Großreederei den Einstieg in den Ostasiendienst. Damit entstand für den Lloyd ein mächtiger neuer Konkurrent im Fernostgeschäft, welches nach der Besetzung der Kiautschou-Bucht durch deutsche Marineeinheiten im November 1897 noch profitabler zu werden versprach.[316]

Kurz darauf verkündete Direktor Albert Ballin, die treibende Kraft beim Expansionskurs der Hapag, seine Absicht, einen Frachtdampferdienst nach Ostasien einzurichten. Er ernannte die deutsche Chinahandelsfirma Carlowitz & Co. zum Agenten, die sich wiederum die erfahrenen ehemaligen Rickmers-Agenten als Repräsentanten sicherten. Deshalb lief der Vorstoß von Jebsen, der bei einem persönlichen Gespräch mit Ballin am 1. Dezember 1897 seinen Sohn in Hongkong als Agenten der Hapag empfahl, ins Leere. Als routiniertem Taktiker, der sich zunächst eine gute Ausgangsposition für die Gespräche schuf, gelang Ballin mit der eigenen Linie als Trumpf in der Hand eine Vereinbarung mit seinem Bremer Widersacher über eine Betriebsgemeinschaft. Danach sollte die Hapag sich paritätisch am Reichspostdampferdienst nach Ostasien beteiligen und der Lloyd ebenso paritätisch an der Frachtdampferlinie nach Ostasien; für beide Linien einigte man sich auf vierzehntägliche Abfahrten abwechselnd von Hamburg und Bremen.[317] Für die Kingsin-Linie werde es ein harter Schlag sein, kommentierte Jebsen die Pläne von Ballin und prophezeite, daß dieser Firma nichts anderes übrigbleiben werde, als sich mit der Hapag zu vereinigen.[318]

In Schiffahrtskreisen trafen die Verhandlungen zwischen dem Lloyd und der Hapag über eine Aufteilung des Postdampferdienstes auf positive Resonanz – nach Meinung der *Hansa* »wünschenswert und erfreulich« und »im Interesse des gesamten deutschen Handels unbedingt erforderlich«.[319]

Starken Rückenwind erhielten die Pläne durch die deutsche Handelskommission für Ostasien, eine Gruppe von Geschäftsleuten aus den wichtigen Industriebranchen unter Leitung des Kantoner Konsuls Wilhelm Knappe, die von März bis Dezember 1897 verschiedene Länder bereiste, um neue Märkte zu erkunden. Im Mai 1897 berichtete Knappe aus Shanghai, daß man dort so wie in Hongkong, Singapur und anderen besuchten Plätzen derselben Stimmung begegnet sei: Es herrsche allgemein die Ansicht, daß der deutsche Handel in Ostasien einen Teil seines Aufschwungs im letzten Jahrzehnt der deutschen Postdampferlinie zu verdanken habe, und daß die Einführung einer vierzehntäglichen Fahrt in derselben Richtung sehr viel Erfolg versprechen dürfte.[320] Auch die *Hansa*, das Organ der führenden Organisationen und Verbände der deutschen Seewirtschaft, stellte sich im Folgemonat hinter die Gesetzesvorlage auf Verdoppelung der ostasiatischen Postdampferlinien und verwies auf die Konkurrenz französischer, österreichischer, italienischer und russischer Reedereien, die mit Hilfe ihrer Regierungen die Flotten modernisierten und Linien nach Ostasien einrichteten.[321] Nachdem das Reichspostamt eigene Erkundigungen über die Anzahl von Europäern und vor allem von Deutschen in Shanghai und Tientsin sowie deren Geschäftsaktivitäten eingezogen hatte, war der Boden bereitet, um im August 1897 die Gespräche mit dem Lloyd über eine revidierte Reichspostdampfervorlage aufzunehmen.[322] Die Verhandlungsergebnisse flossen in eine umfangreiche Denkschrift ein, die am 15. November 1897 fertig war und als Grundlage der entsprechenden Gesetzesvorlage diente. Explizit ging man dort auf die Sorgen der Landwirtschaft vor ausländischer Konkurrenz ein und berücksichtigte auch die Befürchtungen kleinerer Reedereien vor Verdrängung aus der ostasiatischen Küstenschiffahrt.[323] Wie die linksliberale *Freisinnige Zeitung* zu Anfang Februar 1898 feststellte, waren die Darlegungen »offenbar dazu bestimmt, die Konservativen der Vorlage geneigter zu machen, als es im Vorjahre der Fall war«.[324]

Tatsächlich reagierten diesmal die Konservativen und das Zentrum generell positiv auf die neue Vorlage; ablehnend blieben die Freisinnige Volkspartei und die SPD. Während der ersten Lesung am 17. Februar 1898 hielt Jebsen eine längere Rede und stellte sich ganz auf den Regierungsstandpunkt, der zuvor von Innenstaatssekretär Posadowsky-Wehner erläutert worden war. Er ging zunächst auf Hamburger Empfindlichkeiten ein, als er die verabredete Kooperation zwischen dem Lloyd und der

Hapag lobte, Hamburg als wichtigen Ausgangspunkt der Postdampfer würdigte und der Kingsin-Linie bescheinigte, durch Modernisierung ihrer Flotte »gut neben dem Lloyd« existiert zu haben; eine Einschränkung der Frachtdampferfahrt nach Ostasien sah er nicht. Anschließend spielte er die nationale Karte:

> »Hier stehen wir vor der Alternative, entweder bewilligen wir die Vorlage – wir können uns ja im Einzelnen in der Kommission darüber verständigen – oder wir müssen nach Ablauf dieses Kontraktes die ganze Subventionslinie aufgeben. Ich glaube, das wäre für uns Deutsche eine ziemliche Blamage, und ich möchte wohl wissen, was wir dazu sagen würden vom patriotischen Standpunkt aus, den wir doch mehr oder weniger alle haben, wenn wir von den Franzosen, Engländern, Italienern usw. über die Achsel angeschaut würden, indem sie sagen: Deutschland kann nicht einmal eine subventionierte Linie nach Ostasien unterhalten. Unsere Leute draußen in Ostindien würden in eine sehr faule Position kommen den anderen gegenüber; man würde sie bei den anderen Nationen belächeln. Ich bin gewiß kein Enthusiast für die Subventionsvorlage gewesen; aber ein ganz anderes Ding ist es, wenn wir sie einmal haben, abzuwimmeln. (Sehr richtig! links.) Ich glaube, wenn ich derzeit im Reichstag gewesen wäre, hätte ich große Bedenken getragen, sie anzunehmen – möglich, daß ich mich hätte belehren lassen. Aber heute sie wegen eines Zuschusses von 1 ½ Millionen abzulehnen, dazu würde ich mich nicht hergeben.«

Für Jebsen stand offenkundig das nationale Prestige des Deutschen Reiches im Ausland auf dem Spiel, doch gingen seine Besorgnisse noch weiter. Aus eigener Erfahrung während seiner Zeit als Seemann kannte er die psychologische Wirkung großer und eindrucksvoller Passagier- und Kriegsschiffe auf die Imagebildung von Menschen, die ansonsten wenig über das betreffende Land wußten. Auf diese Weise konnten solche Schiffe als Werbeträger für den ökonomisch-technischen Entwicklungsstand eines Staates dienen und positive Impulse für Außenhandel und Schiffahrt geben, indem sie Vertrauen schufen in die Effizienz, Leistungsfähigkeit und Modernität der Wirtschaft einer Nation. Jebsen standen deshalb auch die Geschäftsinteressen der deutschen Kaufleute und Reeder in Fernost – einschließlich seiner eigenen Firma – vor Augen, die von der Weiterexistenz und Verdoppelung der Frequenz der Reichspostdampferlinie einen

Auf Allerhöchsten Befehl
Ihrer Kaiserlichen und Königlichen Majestäten
beehrt sich der unterzeichnete Ober-Hof-und Haus-Marschall

Herrn Stadtrath Jebsen

zum Ball am 22ten Februar 1898 Abends 8 Uhr
im Königlichen Schlosse zu Berlin
einzuladen.

Ueber Anzug, An-u. Abfahrt pp.
in der beifolgenden Ansage das Nähere.

Kaiserliche Einladung für Michael Jebsen zum Ball am 22. Februar 1898

mittel- und langfristigen Nutzen ziehen sollten. Dabei ging es vor allem um Aufbau, Entwicklung und Intensivierung ökonomischer Netzwerke zwischen den einzelnen fernöstlichen Hafenstädten und besonders ihren multinationalen Handels- und Schiffahrtskreisen, aber auch um Kontakt und langfristige Kooperation mit chinesischen und anderen einheimischen Kaufleuten. Somit erhielt die Frage der Postdampfer eine eminent wichtige außenwirtschaftliche Dimension, die allerdings von Jebsen in der Reichstagsdebatte durch den Appell an patriotisch-nationale Gefühle eher verschleiert wurde. Um der Sachkritik zu begegnen, ging er im Rest seiner Rede dezidiert auf einzelne Vorwürfe ein. Er stellte klar, daß eine Postdampferlinie auch ohne Subvention auskäme, doch könne man ihr dann von Staatswegen keine Vorschriften hinsichtlich der Schiffsgrößen und ihrer Geschwindigkeit machen. Dem Lloyd bescheinigte er, durch Bestellung von Neubauten den deutschen Schiffsbau nebst Zuliefererindustrien gefördert zu haben; dessen Versprechen, in Ostasien keine Küstenschiffahrt betreiben zu wollen, begrüßte er und verlangte eine solche Zusage auch von der Hapag. Die deutsche Landwirtschaft sah er durch die Zusage, keine bestimmten Agrarprodukte wie Butter und gefrorene Hammel einzuführen, nicht in Gefahr und meinte, daß dazu Spezialschif-

Werbeplakat des Norddeutschen Lloyd für die Ostasiatische Reichspostdampferlinie, 1898

fe mit Eismaschinen gehörten, worauf »sich der Lloyd nicht einlassen« werde. Als Interessenvertreter der kleineren Reedereien und vor allem der Kingsin-Linie erwies er sich, als er an die Regierung appellierte, die beiden Großreedereien aufzufordern, »sich auf freundschaftlichen Fuß zu ihr [zu] stellen und sie nicht [zu] erdrücken, nach dem Prinzip: Leben und Leben lassen (...)«. Eine solche freiwillige Gegenleistung begründete er mit Blick auf die sichere Unterstützung der Subventionsvorlage durch das Parlament und mahnte: Weil »wir ihnen so kulant entgegenkommen, [sollten] sie auch anderen Leuten gegenüber sich kulant erweisen.«[325]

Nach Fortsetzung der Plenumsdebatte am 19. Februar 1898 wurde die Vorlage an eine vierzehnköpfige Kommission überwiesen, in die auch Jebsen eintrat.[326] Er selbst hatte die Einrichtung dieser Kommission am Schluß seiner Rede zwei Tage zuvor beantragt und dabei laut gewünscht, daß »wir uns in der Kommission sachlich und ruhig über diese Vorlage unterhalten, und daß wir, ohne uns allzulange dabei aufzuhalten, zu einem befriedigenden Ergebnis kommen, welches nicht allein dem Lloyd, sondern auch unserer deutschen Industrie und dem deutschen Handel zum Nutzen, sowie auch unserem Vaterland zur Ehre gereichen wird«.[327] Eine solche Stimmung scheint vorgeherrscht zu haben, denn bereits am 25. Februar 1898 kam in der Kommission eine Mehrheit für die Annahme des Gesetzes zustande.[328] Am selben Tag lief der erste Hapag-Dampfer von Hamburg zu einer Reise nach Ostasien aus, und zwar vorwiegend mit Fracht, womit das Unternehmen in das traditionelle Fahrtgebiet der Kingsin-Linie eindrang und offen die Konkurrenz eröffnete. Jebsens Hoffnung auf Kulanz der großen gegenüber den kleineren Reedereien hatte sich angesichts des Expansionsdrangs und der rastlosen Energie von Ballin nicht erfüllt. So wie er im Dezember 1897 prophezeit hatte, geschah es: Die Kingsin-Linie kapitulierte kampflos vor der Größe und Entschlossenheit der Hapag und akzeptierte ein gutes, aber kompromißloses Übernahmeangebot. Mit der Unternehmensfusion am 26. März 1898 gingen alle dreizehn Kingsin-Dampfer in den Besitz der Hapag über.[329]

Zwar hatte Jebsen bei der zweiten Lesung der Subventionsvorlage am 10. März 1898 erneut das Wort ergriffen, war aber mit keiner Silbe auf das Schicksal der Kingsin-Linie eingegangen. Im Plenum wiederholte er seinen Standpunkt, die Postdampferlinie als »überhaupt für den deutschen Staat sehr nützlich« zu betrachten, denn »sie fördert Handel und Industrie und stärkt das Ansehen der Deutschen im Ausland«. Auch seine weitere

Rede brachte inhaltlich wenig Neues.[330] Weil er so wie andere Befürworter der Vorlage vor allem an nationale Rücksichten appellierte, stand für das linksliberale *Hamburger Fremdenblatt* fest, daß dieses Argument »aus Mangel an tatsächlichen Gründen immer von Neuem« vorgeführt werde. Es sei überhaupt seltsam, schrieb die Zeitung, »welcher Zauber bei der Begründung der Subventionsvorlage mit dem Nationalitätsprinzip getrieben« werde: »Gleichsam, als ob erst durch die Erwerbung von Kiautschou China für den deutschen Handel entdeckt worden wäre und ob alles Sein oder Nichtsein dieses Handels für die Zukunft von einer vierzehntägigen subventionierten Verbindung mit Ostasien abhänge.«[331]

Bei dieser Kritik außer acht blieben freilich die von Jebsen und anderen erhofften mittel- und langfristigen Auswirkungen auf die wichtige ausländische Bildformung über die Wirtschaftskraft des Deutschen Reichs. So standen sich nüchtern-rationale und patriotisch-emotionale Argumente gegenüber, doch gaben letztere offenbar den Ausschlag, als der Reichstag am 13. April 1898 das Gesetz über die Postdampfersubvention mit großer Majorität verabschiedete. Damit war der Weg frei für die Betriebsgemeinschaft von Lloyd und Hapag in der Ostasienfahrt, die am 1. Oktober 1899 in gemeinsamer Regie gestartet wurde.[332] Mit seiner parlamentarischen Arbeit hatte Jebsen aktiv an der Fortführung und Verstärkung des prestigeträchtigen Reichspostdampferdienstes mitgewirkt und auf diese Weise zur weiteren globalen Ausdehnung und Vernetzung der deutschen Schiffahrt beigetragen.

Postdampfer nach Kiautschou

Sein Einsatz in der Reichspostdampferfrage brachte Jebsen ein unerwartetes Geschäft ein, und zwar eine eigene, vom Staat subventionierte Postdampferlinie entlang der nordchinesischen Küste. Den Ausgangspunkt dafür bildete die Besetzung der Bucht von Kiautschou in der chinesischen Nordostprovinz Shantung, in dessen Folge das Deutsche Reich am 14. November 1897 in den Kreis der imperialistischen Mächte in China eintrat. Die Ermordung zweier deutscher Missionare hatte den Vorwand geliefert, um das Gebiet unter deutsche »Schutzherrschaft« zu stellen. Der Initiator der Aktion war Admiral Tirpitz, Staatssekretär des Reichsmarineamts, der – mit ausdrücklicher Billigung und Förderung des Kaisers – auf diese

Weise die Bedeutung der Marine für die neue deutsche Weltmachtpolitik unterstreichen wollte. Nicht nur sollte eine Flottenstation in Ostasien für die dortige Erste Kreuzerdivision geschaffen werden, sondern der neue Besitz als Musterkolonie entwickelt werden – als ein deutsches Hongkong, mit dem die wirtschaftliche und militärische Leistungsfähigkeit des Deutschen Reiches demonstriert werden konnte.[333]

Als die Nachricht von der Besetzung in Hongkong eintraf, waren die dort lebenden Deutschen wie elektrisiert: Das Ereignis der Woche sei die Besitzergreifung von Kiautschou durch das deutsche Geschwader, hielt Jacob Jebsen am 23. November 1897 fest: »Wir sind hier draußen natürlich sehr gespannt darauf, was aus der Sache werden wird. Daß man einen ausgezeichneten Hafen bekommen hat, ist sicher, ob aber irgendwelcher Handel sich dort hin ziehen wird, ist wohl eine große Frage. Die Leute von der Marine haben natürlich große Rosinen im Sack, wollen eine Bahn von Kiautschou nach Tientsin bauen etc.« Um eine Schiffsverbindung zwischen der neuen Kolonie und dem südlich gelegenen Shanghai herzustellen, hatte die Marine einen Dampfer der deutschen Chinafirma Siemssen & Co. gechartert, doch lag es auf der Hand, daß zukünftig eine feste Verbindung zur regelmäßigen Beförderung von Zivil- und Militärpersonen sowie der Post hergestellt werden mußte. Für den Unterhalt einer solchen Linie waren staatliche Subventionen nötig, wie Jacob Jebsen erkannte, doch rechnete er auch mit steigenden Frachteinnahmen, wenn Kiautschou als Handelsplatz entwickelt wurde. Seinen Vater drängte er, darüber mit dem Auswärtigen Amt zu sprechen.[334]

Allerdings ging die Initiative für die Einrichtung einer Postdampferlinie nach Kiautschou von Staatssekretär Tirpitz aus. Der Admiral war 1896/97 Chef des deutschen Kreuzergeschwaders in Ostasien gewesen und hatte sich längere Zeit in Hongkong aufgehalten, so daß er über die Beteiligung deutscher Dampfer an der asiatischen Küstenschiffahrt zweifellos gut informiert war. Formal korrekt wandte er sich kurze Zeit nach der Besetzung von Kiautschou an seinen Amtskollegen Victor von Podbielski, Staatssekretär des Reichspostamts, und schlug einen Postdampferdienst zur zukünftigen Kolonie vor.[335] So konnte am Heiligabend 1897 der Geheime Oberpostrat Carl-August Gieseke den in Apenrade weilenden Jebsen »durchaus vertraulich« auffordern, bei Interesse für eine solche Linie zu Verhandlungen nach Berlin zu kommen.[336] Zeitgleich berichtete Jacob Jebsen, der Kiautschou kurz zuvor besucht hatte, daß

Viktor von Podbielski (1844–1916), Staatssekretär des Reichspostamts, Altersbild

zwischen der geplanten Kolonie und Shanghai ein Postdampferdienst eingerichtet werden solle und er dafür einen der schnellen kleineren Dampfer – *Apenrade* oder *Mathilde* – abgeben könne. Er schlug seinem Vater vor, für die Postbeförderung 10.000 Mark monatliche Subvention zu verlangen.[337] So war der Boden für die Verhandlungen bereitet. Er sei »gerne bereit, der beregten Angelegenheit näher zu treten«, schrieb Jebsen an Gieseke, »um so mehr, da meine Reederei mit 14 Dampfern an der chinesischen Küstenfahrt Teil nimmt und mein Sohn von der Firma Jebsen & Co. Hongkong bereits schriftlich auf diese Angelegenheit hingedeutet hat«.[338] Schon am 4. Januar 1898 traf er sich mit Podbielski und Gieseke im Reichspostamt. Der Staatssekretär konnte nach Jebsens Bericht »aber in der Kiautschou Sache augenblicklich nichts weiter machen« und riet zum Abwarten.[339] Immerhin kam man zu der vorläufigen Übereinkunft, daß Jebsen einen seiner Dampfer für eine regelmäßige Verbindung von Shanghai über Kiautschou nach Tientsin und zurück zur Verfügung stellen und dafür monatlich 10.000 Mark Subvention bekommen solle; im Gegenzug sollte sich die Marine verpflichten, auf diesem Schiff die von Shanghai nach Kiautschou zu transportierenden Güter, Offiziere und Mannschaften zu befördern, wofür Jebsen feste Tarife zusagte. Wenn die Marine das Schiff nicht auslastete, konnte Jebsen darauf andere Passagiere und Güter auf seine eigene Rechnung transportieren.[340]

Als wie dringend die Sache galt, läßt sich daran erkennen, daß bereits vier Tage später ein Treffen von Beamten aus fünf Berliner Ressorts – Auswärtiges Amt, Reichspostamt, Reichsschatzamt, Reichsmarineamt und Reichsamt des Innern – stattfand. Die Marinevertreter betonten dabei, daß es sich bei der ganzen Frage nur um den Lokalverkehr zwischen Shanghai und Kiautschou handelte und weder die direkten Transporte zwischen Deutschland und Kiautschou noch irgendwelche Beförderungen auf Kriegsschiffen darunter fielen. Die Postvertreter hoben hervor, daß der Vertrag mit Jebsen »wegen der sonstigen Unklarheit der Verhältnisse« eine möglichst kurze Kündigungsfrist haben solle. Obwohl die Sache damit tief gehängt wurde, beharrten die anderen Ressortvertreter auf der Einholung weiterer Angebote. Unmittelbar nach der Sitzung gingen deshalb entsprechende Anfragen an die Reederei Wahl in Köln und die Chinesische Küstenfahrt-Gesellschaft in Hamburg, doch stellte sich heraus, daß Jebsen die niedrigste Subventionsforderung hatte, was letztendlich den Ausschlag zu seinen Gunsten gab.[341] Was sich hinter den Kulissen abgespielt hatte, deutete Jebsen wenig später seinem Sohn an: Es gebe »immer Konkurrenten, die noch bessere Offerten machen«, so daß es nur seiner aktiven Mitarbeit in der Kommission für die Dampfersubventionsvorlage zu verdanken sei, den Konkurrenten gegenüber gesiegt zu haben.[342]

Welche Zukunftshoffnungen sich auf die neue Erwerbung und ihren Einfluß auf den deutschen Chinahandel richteten, zeigte sich in diesen Wochen eindrucksvoll in den Parlamentsdebatten über die Reichspostdampfersubvention. Zweifellos kam die Besetzung von Kiautschou den Forderungen nach weiteren Subventionen zugute. Jebsen setzte sich direkt mit dem Norddeutschen Lloyd in Verbindung und traf Anfang Februar 1898 eine Vereinbarung über Durchfrachten, also über den Weitertransport von Gütern, die mit den Lloyd-Postdampfern aus Deutschland in Shanghai ankamen und entweder für Tsingtau, Chefoo oder Taku, den Hafenplatz von Tientsin, bestimmt waren; ein entsprechendes Abkommen fehlte aber für die Hapag-Postdampfer, bei denen Carlowitz & Co. für die Weiterbeförderung zuständig waren.[343] Der Subventionsvertrag wurde nach nur fünfwöchigen Verhandlungen am 10. Februar 1898 im Reichspostamt unterzeichnet. Anders als bei den Reichspostdampferlinien waren wegen der vergleichsweise sehr geringen Subventionssumme der Gesetzesweg und eine parlamentarische Billigung dieser Staatsbeihilfe nicht nötig. Weil Jebsen aber zu dieser Zeit in der vierzehnköpfigen Reichstagskommission über die Subventionsvorlage für die Reichspostdampferlinie saß, erschien es ihm sicherlich geboten, über die Subvention für seine eigene Reederei nicht öffentlich zu sprechen. Da der Küstendienst erst gegen Mitte April 1898 aufgenommen werden sollte und es als sicher galt, daß bis dahin das Subventionsgesetz im Reichstag angenommen war, konnte eine vorzeitige Bekanntgabe und eine mögliche öffentliche Diskussion über die Verschränkung öffentlicher und privater Interessen vermieden werden. In seinen beiden Plenumsreden zur Postdampfervorlage am 17. Februar und 10. März 1898 erwähnte Jebsen seinen Vertrag mit dem Reichspostamt mit keinem Wort.

Der Vertrag vom 10. Februar 1898 legte für die Strecke Shanghai-Kiautschou-Chefoo-Tientsin und zurück einen vierzehntägigen Intervall fest. Die Postbeförderung war mit einer Subvention von 10.500 Mark abgegolten; der Transport von Marinepersonal und Marinefrachten erfolgte zu den früher vereinbarten Konditionen in festen Sätzen. Ein Nachtrag regelte, wie die Postzustellung und -abholung im Winter erfolgen sollte, wenn der Hafen von Taku zugefroren war: In diesem Fall mußte der Dampfer den weiter nördlich gelegenen Hafen Peitaiho bei Tsin-hwangtau anlaufen, wo ein Bote der deutschen Postagentur in Tientsin bereitstand. Sollte eine Übergabe der Post wegen hohen Seegangs nicht möglich sein, durfte das Schiff nach vierundzwanzig Stunden wieder ablegen.[344] Zu Agenten der Linie in Tsingtau, dem Hauptort der neuen Kolonie, bestellte man die Firma Schwarzkopf u. Co, in Shanghai die Firma Melchers & Co. und wenig später in Chefoo die Firma Anz & Co. Die Vertragslaufzeit war auf sechs Monate begrenzt, was die Unsicherheit auf beiden Seiten über die Praktikabilität des Unternehmens widerspiegelte.

Solche Befürchtungen wurden von Jacob Jebsen nicht geteilt, der die neue Kolonie bereits Mitte Januar 1898 besucht hatte. Er drängte seinen Vater, möglichst bald eine Vertragsverlängerung zu erreichen, da diese »absolut entscheidend« dafür sei, ob seine Hongkong-Firma sich in Kiautschou etablieren sollte. Als Begründung für seinen Optimismus verwies er auf Aussagen chinesischer Kaufleute aus Chefoo, dem Haupthandelszentrum der Provinz Shantung, die dem neuen Platz eine bedeutende Stellung beim Export von Strohborten und beim Import von Eisen und Garn vorausgesagt hatten. »Ich glaube, daß wenn wir wirklich erst A gesagt haben, ein sehr großes B folgen und das Unternehmen ziemlich große Dimensionen annehmen wird«, schrieb er.[345] Solche Absichten stießen bei seinem Vater auf Zurückhaltung, der Anfang März 1898 berichtete, daß Kiautschou die Gemüter in Berlin ganz besonders zu verwirren scheine: Man mache sich viel zu große Hoffnungen, die gewiß bei vielen enttäuscht würden. Auch seine Geschäftsfreunde Heinrich Diederichsen und Bernhard Howaldt hegten weitschweifige Pläne, ließ er wissen, doch verhalte

Karte von Kiautschou und Umgebung mit Postdampferlinien, 1899

er sich dabei passiv.[346] Erkennbar ist, daß der Hongkonger und die beiden Kieler Unternehmer auf den Ausbau des Platzes zum Wirtschafts- und vor allem zum Industriezentrum setzten: Der Startschuß dafür wurde wenige Tage später, am 6. März 1898, mit der Unterzeichnung des Pachtvertrages gegeben, der dem Deutschen Reich auf neunundneunzig Jahre die volle Oberhoheit über das Gebiet gab, außerdem Konzessionen für den Bau zweier Eisenbahnlinien und den Abbau von Kohlevorkommen zusicherte.[347] Bei Jebsens Zurückhaltung gegenüber dem Großprojekt spielte aber

Heinrich Diederichsen (jun.) (1865–1942)

noch ein persönlicher Grund eine Rolle: Er habe viel im Reichstag zu schaffen, gestand er seinem Sohn ein, es fehle ihm auch die nötige Spannkraft »und mag ich mir nicht allzu viel einbrocken«.[348]

So war es Jebsen durchaus gelegen gekommen, daß Staatssekretär von Podbielski ihn bei der Vertragsunterzeichnung gebeten hatte, seinen früheren Partner in der Firma Tippelskirch & Co. zum Agenten der Reederei in Kiautschou zu bestellen.[349] Wie Jebsen seinem Sohn erklärte, halte er es für »sehr diplomatisch gehandelt«, wenn Tippelskirch die Vertretung bekäme.[350] Podbielskis Geschäftsfreund nahm die Chance sofort wahr und bat Jebsen Anfang April 1898, die Firma Jebsen & Co. in Hongkong zu veranlassen, der »Kiaotschau Gesellschaft« – ein von Horst von Tippelskirch und zwei anderen Firmen soeben gegründetes Speditions- und Versicherungsunternehmen – die Vertretung der Reederei in der Kolonie zu übertragen. Jebsen erklärte sich nur unter der Bedingung einverstanden, daß sein Sohn nicht selber eine Agentur dort einrichten wollte.[351] Zu jener Zeit lag er mit einem Nierenleiden in Apenrade zu Bett und korrespondierte unter großer Anstrengung mit Heinrich Diederichsen über Kohlenlieferungen für die Marine nach Kiautschou. Der umtriebige Kieler Unternehmer hatte sich die Agentur des mächtigen Rheinisch-Westfälischen Kohlen-Syndikats in der Kolonie gesichert und war beim Reichsmarineamt mit einer Lieferungsofferte vorstellig geworden; wegen der Anschaffungskosten für die notwendigen Kohlendampfer hatte er sich Jebsens Rat eingeholt. Obwohl er einen erheblichen Preisnachlaß einräumen mußte, schloß Diederichsen das Geschäft mit der Marine ab und forderte den Apenrader Schiffseigner am 30. April 1898 telegrafisch auf, sich an dem neuen Unternehmen zu beteiligen. Nach anfänglichem Zögern sagte Jebsen schließlich definitiv ab: Er hielt das Risiko für zu hoch, sah nur geringe

Profitaussichten und fühlte sich als kranker Mann außerstande, an dem Ankauf von Schiffen und deren Beladung aktiv mitzuwirken.[352] Es lag auf der Hand, daß der gesundheitlich angeschlagene Reeder befürchtete, über das finanziell gewagte Geschäft keine Kontrolle zu bekommen und wichtige Entscheidungen seinem risikofreudigen Geschäftspartner überlassen zu müssen. Auch Diederichsens Vorschlag, ein gemeinsames Unternehmen in Kiautschou zu gründen, der man als erster deutscher Firma in der Kolonie »mancherlei nennenswerte Vertretungen« zuführen könne, stieß auf Ablehnung.[353] Als Ausweg bot sich an, den enttäuschten Diederichsen an Jacob Jebsen zu verweisen und ein gemeinsames Unternehmen anzuregen, welches sowohl die Agentur für das Kohlensyndikat als auch für die Postdampferlinie bilden sollte. Tatsächlich brachte Jebsen seinen Sohn ins Spiel: »Vielleicht (...) könnten Sie mit ihm zusammen die Kiautschou-Firma gründen und Tippelskirch zuvorkommen.«[354]

Die Einigung kam rasch zustande: Zwar zeigte sich Jacob Jebsen weniger optimistisch als Diederichsen über die Zukunft von Kiautschou und damit über die erwarteten Profite einer gemeinsamen Firma, doch war es ihm wichtig, eine eigene Reedereiagentur am Platz zu haben, wenn der Subventionsvertrag verlängert werden sollte. Außerdem wolle er verhindern, wie er notierte, daß Heinrich Diederichsen sich mit der Firma Melchers & Co. vereinigen und eventuell Verschiffungsgeschäfte mit ihr machen würde.[355] Von der neuen Firma versprach er sich eine engere Geschäftsverbindung mit dem energischen Diederichsen und eine bessere Kontrolle über die Postdampferlinie, bei der man auf längere Dauer »nicht mit lauter Fremden als Agenten arbeiten« könne.[356] Die beschlossene Firmengründung schuf zusätzliche Motivation, die Linie zu erhalten und zum Rückgrat des neuen Unternehmens namens »Diederichsen, Jebsen & Co.« zu machen, an dem Heinrich Diederichsen sich mit fünfzig Prozent beteiligte und Jacob Jebsen und Heinrich Jessen mit je fünfundzwanzig Prozent.

Ermutigend waren auch die Resultate der ersten Monate: Nachdem *Apenrade* am 13. April 1898 die erste Fahrt von Shanghai nach Kiautschou und Tientsin angetreten hatte,[357] stiegen die Passagier- und Güterzahlen so stark an, daß der Dampfer den Ansturm kaum bewältigen konnte und Ladung zurücklassen mußte. So erwies sich die Prognose von Jacob Jebsen als richtig, der schon im Februar einen zweiten Dampfer für die Linie gefordert hatte, doch bei seinem zögernden Vater auf taube Ohren gestoßen war. Als der Kapitän von *Apenrade* und der Shanghaier Melchers-Agent dringend um ein weiteres Schiff baten, drängte Jacob Jebsen seinen Vater in diese Richtung: Wenn es so weiter gehe, werde eine Konkurrenz ganz sicher kommen, prophezeite er. Um so mehr bestand er darauf, möglichst bald einen definitiven mehrjährigen Postkontrakt zu erhalten. Das Resultat der Linie sei »ein vorzügliches«, schrieb er Anfang Juli 1898, »und es besteht die sicherste Aussicht auf eine fortschreitende Besserung der Frachteinnahmen und der Entwicklung von Kiautschou«.[358]

Obwohl Jebsen nach der verlorenen Wahl von 1898 kein Reichstagsmandat mehr besaß und dadurch an politischem Einfluß in Berlin verloren hatte, scheinen sein freundschaftlicher Draht zu Podbielski und vor allem der Erfolg der Postdampferlinie die Türen wieder schnell geöffnet zu haben. Nach einem Gespräch mit dem Staatssekretär kündigte Jebsen am 12. August 1898 formell den alten Vertrag und reichte gleichzeitig das neue und erweiterte Angebot ein, zwei Dampfer ohne Subventionserhöhung in die Linie einzustellen und auf diese Weise die Fahrten zu verdoppeln – sollte der neue Vertrag eine Laufzeit von mindestens zwei Jahren haben. Als Grund für sein Entgegenkommen nannte er den steigenden Verkehr mit der neuen Kolonie, der ihm trotz der doppelten Betriebskosten ein lohnendes Geschäft möglich machte. Um im Vorfeld guten Willen zu demonstrieren und *Apenrade* spürbar zu entlasten, war inzwischen der Dampfer *Mathilde* aus der Reisfahrt von Haiphong nach Hongkong genommen und für die Abfahrt nach Shanghai vorbereitet worden.[359]

Damit war die erste Schneise geschlagen. Als Gieseke signalisierte, daß die Marine außerdem eine Ermäßigung der Frachtsätze für Regierungsgüter, also für ihre eigenen Verschiffungen erwartete, ging Jebsen sofort darauf ein. Trotz der günstigen Vorzeichen ließ die endgültige amtliche Entscheidung auf sich warten. Der Reeder notierte, daß ihm die Postverwaltung wohlgesinnt sei und alles tue, damit der Kontrakt zustande komme: Es hapere im Reichsschatzamt, das »lieber eine Konkurrenz ausschreiben möchte, was aber die Herren von der Post lieber vermieden sehen würden«.[360] Wie er voraussagte, verweigerte Podbielski sich der Forderung des Schatzamtes, die Postlinie erneut auszuschreiben. Unumwunden lobte der Staatssekretär das attraktive Angebot von Jebsen und verwies auf die bereits gut funktionierenden Einrichtungen und Geschäftsbeziehungen der Reederei.[361] Auf diese Weise gelang es ihm, die Einwilligung aller formal zuständigen Berliner Ministerien zu erhalten – mit Ausnahme des entscheidenden Reichsmarineamts. Dort wartete man auf die Stellungnahme

Antrittsrede von Kapitän z. S. Carl Rosendahl, erster Gouverneur von Kiautschou, in Tsingtau, 1898

des Gouverneurs von Kiautschou, Carl Rosendahl. Zwar kam es am 24. August 1898 bei einer gemeinsamen Sitzung aller Amtsvertreter im Beisein von Jebsen zur einstimmigen Billigung des neuen Vertrags, doch fehlte weiterhin jede Nachricht aus der Kolonie.[362] Welche Motive der Gouverneur dabei hatte, blieb unklar. Jebsen vermutete, wie er Gieseke schrieb, daß Rosendahl aus irgendwelchen Gründen gegen die Verlängerung des Postkontrakts mit ihm Einwand erhöbe, möglicherweise weil seine – Jebsens – bisherige Agenten in der Kolonie, die Firma Schwarzkopf u. Co., bei Rosendahl »in Mißkredit« ständen. Um so nachdrücklicher machte er auf seine neuen Agenten, die Firma Diederichsen, Jebsen & Co., aufmerksam und kündigte eine Reise nach Berlin an: »Haben die Herren des Reichsmarineamts oder Herr Rosendahl sich über mich respektive meine Reederei zu beschweren, dann mögen sie mit der Sprache herausrücken, damit ich mich verteidigen respektive die eventuellen Mißstände abstellen kann.«[363] Als am Folgetag die Marine endlich grünes Licht für den Abschluß gab, war der Knoten gelöst. Trotzdem schien Jebsen zu ahnen, daß das Gouvernement von Kiautschou sein privates Beförderungsmonopol für Marinetransporte und für die Post der Kolonie zunehmend kritischer sah. Darauf deutete auch die Tatsache hin, daß die Marine sich eventuelle Änderungswünsche bei ihren eigenen Vertragsverpflichtungen ausdrücklich vorbehielt – was Jebsen schließlich konzedieren mußte.[364]

Der Vertrag vom 30. August 1898 legte wöchentliche Fahrten zwischen Shanghai und Kiautschou mit zwei Dampfern fest. Ein Nachtrag bestimmte, daß jede zweite Woche eine Fahrt von Shanghai über Chefoo nach Taku (Tientsin) stattfinden sollte, bei welcher das Anlaufen von Kiautschou nur auf Anweisung des deutschen Postamts in Shanghai nötig war. Ansonsten stimmte der neue Vertragstext im wesentlichen mit dem alten überein. Bei der Laufzeit – beginnend am 1. November 1898 – hatte das Reichspostamt diesmal zwei Jahre konzediert, so daß der einzige Schönheitsfehler ein stipulierter Vorbehalt war, mit dem die Marine ein Recht auf Änderungen ihrer eigenen Verpflichtungen im Vertrag beanspruchte.[365] Vor diesem Hintergrund war es verständlich, daß Jebsen seinen Sohn eindringlich davor warnte, sich wegen der Firma Schwarzkopf & Co. mit der Marine zu verfeinden und irgendwelche Animosität gegen Gouverneur Rosendahl offen zu zeigen; eine solche Haltung hatte er aus Briefen Jacobs an Heinrich Diederichsen herausgelesen.[366]

Welche Mißstimmung bereits gegenüber der Postdampferlinie herrschte, wurde Anfang September 1898 deutlich. Offenbar hatte das Reichspostamt die Beschwerden bis dahin bewußt zurückgehalten, um den Vertragsabschluß mit Jebsen nicht zu gefährden. Geklagt wurde über die zu späte Ablieferung der Postsäcke in Tsingtau, die erst nach den Passagieren an Land gebracht wurden, und über den geringen Komfort und die angeblich mangelhafte Verpflegung an Bord von *Apenrade*.[367] Besonders der letzte Kritikpunkt, der sich gegen den Einsatz seiner Frachtdampfer für die Passagierfahrt richtete, veranlaßte Jebsen, schnellstens nach einem besser geeigneten und kurzfristig neu zu erwerbenden Dampfer Ausschau zu halten, der als neues – und drittes – Schiff in die Linie aufgenommen werden konnte. Kurz vor Vertragsbeginn Ende Oktober 1898 gelang der Ankauf des britischen Doppelschraubendampfers *Santelmo*, der bisher an der Küste von Brasilien als Postschiff gefahren und für achtundzwanzig Passagiere der ersten Klasse eingerichtet war. Der Salon und die Passagierkammern seien ebenso elegant und geräumig wie auf Schiffen des Norddeutschen Lloyd, ließ Jebsen Gieseke wissen, »so daß die Herren Kritiker, die an der *Apenrade* allerhand wenig berechtigte Ausstellungen zu machen hatten, bei diesem Dampfer dazu keine Gelegenheit finden werden«. Um das Schiff möglichst rasch in die Linie einzustellen, dampfte es – umbenannt in *Tsintau* – sofort nach China ab.[368]

Dampfer *Tsintau*

In der 1899 erstmals veröffentlichten regierungsamtlichen *Denkschrift betreffend die Entwicklung von Kiautschou* zählte das Reichsmarineamt die bis Ende Oktober 1898 in der Kolonie erzielten Leistungen auf und erwähnte auch die wöchentlichen Fahrten der Postdampfer zwischen Shanghai und Kiautschou.[369] Obwohl noch der alte Subventionsvertrag galt, der nur zweiwöchentliche Fahrten mit einem Dampfer vorsah, war *Mathilde* als freiwillige Zusatzleistung der Reederei Jebsen seit Ende August 1898 voll im Einsatz. Der zukünftige deutsche Leiter des Chinesischen Seezollamts in Kiautschou, Ernst Ohlmer, der sich im Oktober zu Verhandlungen in der Kolonie aufhielt, berichtete seiner Behörde in Peking, daß die beiden Postdampfer – abgesehen von wenigen, gelegentlich ankommenden Schiffen aus Deutschland – den Verkehr mit der Kolonie monopolisierten und begännen, ganze Frachtladungen verschiedenster Waren heranzuschaffen – außer Gebrauchsartikeln für den lokalen Konsum vor allem Shanghaier Baumwollgarne, Kerosinöl und Stabeisen. Solche Artikel seien nach Aussage chinesischer Kaufleute bisher nicht direkt importiert und von den Bewohnern westlich der Kiautschou-Bucht kaum benötigt worden.[370] Auch Jacob Jebsen bemerkte, wie die deutsche Besatzung das Gebiet langsam veränderte. Als er im Oktober 1898 wieder dort war, fällte er ein nüchternes Urteil: »Wenn 2/3 der Garnison, die man

Kaiser-Wilhelm-Ufer in Tsingtau von See aus gesehen, um 1900

ganz gut entbehren kann, fort, dafür einige Zivilisten mehr da sind und erst anständige Häuser stehen, wird es ein ganz erträglicher Platz werden, vorläufig ist es nichts.« Erfreut war er über Tirpitz' Entscheidung, Gouverneur Rosendahl wegen ungenügender Leistungen für die Wirtschaftsentwicklung der Kolonie abzusetzen: »Gegen den Kaufmannsstand zeigte er eine vollständige Mißachtung, deren Anwendung auf mich und unsere Firmen ich mir mehrfach energisch verbitten mußte«, resümierte Jacob Jebsen seinen Eindruck über den ersten Verwalter von Kiautschou. Besonders hatte der Hongkonger Kaufmann sich über »das Schimpfen auf unsere Dampfer« geärgert – nach seinem Eindruck eines der Lieblingsthemen in Tsingtau, womit sich die Bewohner der Kolonie die Zeit vertrieben. Als er erfuhr, daß die meisten Leute nie mit anderen Schiffen als den komfortablen Reichspostdampfern des Lloyd gefahren waren, nahm er ihr Urteil weniger ernst. Immerhin hörte er auch Lob über *Mathilde*. Er selbst hielt nach eigener Erfahrung beide Dampfer, wenn sie nur fünf bis sechs Passagiere an Bord hatten, für ebenso gut wie vergleichbare Schiffe der chinesischen und englischen Konkurrenz.[371]

Unmittelbar nach der Gründung der Firma Diederichsen, Jebsen & Co. am 1. Oktober 1898 war von den drei Partnern die Errichtung der Kiautschou Leichtergesellschaft beschlossen worden. Da Tsingtau noch über keinen Hafen verfügte, mußte das Laden und Löschen der Postdampfer auf offener Reede durch Leichter erfolgen, von denen aber zu wenige vorhanden waren, was zu Zeitverzögerungen und Beschwerden führte.

Kontorhaus von Diederichsen, Jebsen & Co. mit Lagerhaus in Tsingtau, um 1898

Den Aufbau der Leichtergesellschaft übernahm Heinrich Jessen, der sich um die Jahreswende 1898/99 für einige Wochen in Tsingtau aufhielt; als Unterkunft stand ein neuerbautes Kontorhaus mit einigen Wohnräumen und zwei großen Lagerhäusern am Strand von Tsingtau zur Verfügung. Das Hauptereignis war die Ankunft von Heinrich Wiegand, Direktor des Norddeutschen Lloyd, der Diederichsen, Jebsen & Co. die Agentur seines Unternehmens für Kiautschou übertrug – nach Jessens Aussage »für eine Firma immer eine gewisse Reklame«, wenn sie sich Vertreterin des Lloyd oder der Hapag nennen könne.[372] Über Wiegands Hauptmotiv für den Schritt teilte Jebsen mit, daß der Lloyd-Direktor ihm immer noch dankbar sei, daß er ihm bei der Subventionsvorlage im Reichstag gut geholfen habe – ein klares Indiz für die unausweichliche Verschränkung politischer und geschäftlicher Interessen bei seinem Abgeordnetenmandat.[373] Allerdings gelang es nicht, die Agentur der anderen großen deutschen Reederei – Hapag – zu erhalten, welche Carlowitz & Co. in Tsingtau übernahmen. Aus diesem Grund kam auch keine feste Vereinbarung wie mit dem Lloyd über Durchgangsladungen von Shanghai nach Kiautschou zustande, also von den transkontinentalen Reichspostdampfern auf die Postdampferküstenlinie, obwohl Jebsen persönlich im Februar 1899 bei Ballin in Hamburg vorsprach. Der Apenrader Schiffseigner ließ Ballin wissen, daß Carlowitz & Co. auch Agenten der britischen Reederei Butterfield & Swire seien, die mit ihren Dampfern der Postlinie Konkurrenz machten. Als der Hamburger Großreeder sich davon unbeeindruckt zeigte, notierte Jebsen enttäuscht, Ballin sei nicht recht zu trauen. Um so stärker warnte er davor, daß die englischen Schiffe die Frachtraten der Postdampfer unterbieten könnten: »Wir müssen uns (…) durch Kontrakte die Ladung zu sichern suchen; Melchers müßte dafür sorgen.«[374]

Trotz geschäftlicher Teilerfolge stand die Firma Diederichsen, Jebsen & Co. anfangs vor großen Schwierigkeiten: Eine Revision im Februar 1899 zeigte, daß der Prokurist nach der Abreise von Jessen seiner Aufgaben nicht gewachsen war. Die Unordnung sei eine fürchterliche, und besonders die Leichtergesellschaft habe ohne Kontrolle ganz miserabel gearbeitet, berichtete Jacob Jebsen, auch die Postdampfer hätten »in der Fahrt letzthin herzlich wenig Seide gesponnen«.[375] Um den schlechten Nachrichten die Krone aufzusetzen, wurde bekannt, daß der scheidende Gouverneur Rosendahl einen Bericht mit negativen Kommentaren über die Postdampferlinie nach Berlin geschickt hatte. Welche Gründe dafür ausschlaggebend waren, erklärte Jebsen mit dem grundlegenden Kompetenzkonflikt zwischen dem Reichspostamt und dem Reichsmarineamt, welches sich immer über die alleinige Disposition der Post über die Dampfer ärgere und deshalb nicht frei über sie so verfügen könne wie bei gecharterten Schiffen.[376] Es wurde deutlich, daß die Marine die subventionierte Hauptschiffahrtsverbindung nach Kiautschou inzwischen als ihre eigene Domäne betrachtete und sich nur widerwillig bereit zeigte, einer anderen Regierungsstelle nennenswerte Verfügungsgewalt über die lebenswichtige Verkehrsader der Kolonie einzuräumen. Dieser Grundkonflikt wurde noch angeheizt durch eine – möglicherweise vom Gouvernement seit Mitte 1898 bewußt geschürte – Serie von Klagen über den Betrieb und die Ausstattung der Postdampfer. Hinzu trat ein weiterer Faktor, der mit dem subventionierten Monopol einer privaten Firma wie Diederichsen, Jebsen & Co. in der Postbeförderung und bei Marinetransporten zu tun hatte, nämlich der Konkurrenzneid anderer Firmen am Ort und deren Lobbyismus gegenüber dem Gouvernement von Kiautschou. Mit dem Argument bewaffnet, daß die Postlinie mit ihrem Beförderungsmonopol für bestimmte Personen und Güter den freien Wettbewerb schädige, indem sie die Konkurrenz abschrecke und damit die Entwicklung von Kiautschou als Handelsplatz behindere, fanden die Kritiker leicht Gehör bei einer Verwaltung, die unter enormem Druck von Tirpitz stand, den wirtschaftlichen Aufbau der Kolonie als Hauptziel in Angriff zu nehmen. Die Amtsentlassung von Gouverneur Rosendahl nach nur wenigen

Monaten war eine direkte Folge von dessen Unfähigkeit, diese Priorität zu erkennen und in die Tat umzusetzen. Um so schwerer wog jeder Vorwurf, der sich auf eine angebliche Schädigung von vitalen Interessen der Kolonie richtete – von welcher Seite er auch vorgebracht wurde.

Dr. phil. Wilhelm Schrameier (1859–1926), Zivilkommissar im Gouvernement von Kiautschou

Als Protagonisten der Fehde vermutete Jebsen die Firmen Carlowitz & Co. oder Siemssen & Co. in Tsingtau, die offenbar einen Anteil an den lukrativen Marinetransporten ergattern wollten. Sein Sohn hörte sich in der Kolonie um und kam zu dem Ergebnis, daß Dr. Wilhelm Schrameier, stellvertretender Zivilkommissar im Gouvernement, hinter dem Bericht Rosendahls steckte. Schrameier war jahrelang Dolmetscher im diplomatischen Dienst gewesen und im Frühjahr 1898 mit der Ausarbeitung einer Land- und Steuerordnung für Tsingtau beauftragt worden. Weil die Erstellung eines Stadtplans wegen der ungenügenden Unterstützung aus Berlin und infolgedessen der Baubeginn mit Häusern sich stark verzögerten, geriet der Beamte in die Kritik der deutschen Kaufleute in der Kolonie, welche auf rasche Landkäufe erpicht waren. Der Philologe galt als graue Eminenz im Gouvernement und beim Aufbau Tsingtaus und war faktisch der Chef der Verwaltung der Kolonie, weil der Posten des Zivilkommissars bis 1900 unbesetzt blieb. Durch seine Heirat mit Klara Kirchner, der jüngsten Tochter des Lübecker Shanghai-Kaufmanns Alfred Kirchner, stand Schrameier seit 1896 mit der deutschen Kaufmannschaft in China in enger Beziehung. Verstärkt wurde sein Einfluß noch durch die Ehen seiner Schwägerinnen: Martha Kirchner war mit Adolf Carl Schomburg, Teilhaber der Firma Carlowitz & Co., verheiratet, und Paula Kirchner mit Erich Karbe, dem Direktor der Deutsch-Asiatischen Bank in Shanghai. Nachdem Schomburg nach Tsingtau gekommen war, wohnten seine und Schrameiers Familie nahe beieinander.[377] So lag es auf der Hand, daß Ja-

Bürohaus von Carlowitz & Co. in Tsingtau, um 1900

cob Jebsen annahm, daß der Beamte die Interessen seines Schwagers und damit diejenigen von Carlowitz & Co. und auch von Butterfield & Swire förderte. Außerdem vermutete er, daß Schrameier eine persönliche Animosität gegen seinen Vater hegte, der sich 1894 beim Auswärtigen Amt über ihn als damaligen Konsulatsverwalter in Chefoo beschwert hatte. Bei der Kritik an Schrameier war es um dessen angeblich mangelhaften Service für deutsche Frachtschiffe in Ostasien gegangen.[378] Nicht zuletzt hegte der Kaufmann den Verdacht, daß Schrameier, der »gerne als Alleinherrscher Tsingtau regieren« wolle, die Verfügungsgewalt des Reichspostamts über die Linie nicht passe. »Unser Feind ist Dr. Schrameier«, stellte er Anfang April 1899 unumwunden fest.[379]

Wenn der Verdacht gegen Schrameier auch nie verifiziert werden konnte, so gab er Jacob Jebsen doch genügend Motivation, um eine Gegenkampagne zu starten. Zunächst nahm man neben *Apenrade* und *Tsintau* den großen Dampfer *Knivsberg* in die Linie, so daß statt der vertragsgemäß vereinbarten zwei Dampfer stets drei Dampfer verkehrten, also wie schon früher eine kostenlose Zusatzleistung der Reederei erbracht wurde. Anschließend verfaßte der Kaufmann einen bewußt überzogenen Bericht über den angeblich aussichtslosen Konkurrenzkampf deutscher Reedereien in Nordchina mit den »Großen Drei« – den britischen Reedereien China Navigation und Indo-China Steam Navigation sowie der chinesischen Schiffahrtsgesellschaft China Merchants – und verband seine Schilderung mit dem Hinweis, daß durch die Postdampfer der Reederei Jebsen wieder »die deutsche Flagge« in Häfen wie Chefoo und Tientsin aufgetaucht sei. Auf diese Weise brachte er ein nationalpolitisches Argument für den Erhalt der Linie vor, das besonders in Zeiten großer imperialistischer Rivalitäten in China auf fruchtbaren Boden in Berlin fallen mußte. Gleichzeitig bot er an, bei einer erhöhten Subvention drei große und komfortable Dampfer ähnlich wie *Tsintau* dauernd in die Linie einzustellen.[380] Sein Bericht, den er an die deutschen Vertretungen in den beiden genannten Vertragshäfen sandte, fand Unterstützung bei den dortigen Konsuln, die aus nationalen Gründen für die weitere Subventionierung der Linie eintraten. Auch ein lancierter Leitartikel im *Ostasiatischen Lloyd*, der führenden deutschen Zeitung in Shanghai, schlug eine Bresche für die Postlinie und sprach sich für einen neuen Subventionsvertrag im Sinne der Reederei aus.[381] Als Höhepunkt der Unterstützungskampagne kann das Memorandum des deutschen Gesandten in Peking, Clemens Freiherr von Ketteler, vom September 1899 gelten, in welchem der »Niedergang des deutschen Ansehens in China« prophezeit wurde – sollte die subventionierte Postlinie aus der nördlichen Küstenfahrt ausscheiden.[382]

Inzwischen war Jebsen – seit Januar 1899 Mitglied des Preußischen Abgeordnetenhauses – nicht untätig geblieben und hatte sich den aktiven Beistand des Norddeutschen Lloyd gesichert: Ganz in seinem Sinne betonte der ihm gewogene Direktor Wiegand in Schreiben an Kaiser Wilhelm II. und die Staatssekretäre Tirpitz und Podbielski die nationale Bedeutung der Postlinie. Jebsen nutzte das Festmahl des Kaiserlichen Yachtclubs in Kiel Anfang Juli 1899, um sich dort bei Tirpitz und Bülow »sehr deutlich über die Machinationen des Dr. Schrameier« zu beschweren und Unterstützung in der Subventionsfrage zu verlangen.[383] Von Bülow gebeten, eine vertrauliche Beschwerde einzureichen, warf Jebsen dem Beamten vor, »an der Spitze der Leute« zu stehen, die eine Verlängerung des Postkontrakts verhindern wollten; als Beleg dienten die angeblichen Beziehungen von Schrameier zu Butterfield & Swire.[384] Im Auswärtigen Amt fiel die Eingabe auf unfruchtbaren Boden, da Jebsen – wie Unterstaatssekretär Oswald Freiherr von Richthofen bemerkte – keine Beweise für seine Behauptungen anführen konnte.[385] Andererseits blieben die Konsulnberichte aus China nicht wirkungslos, besonders der lange Rapport von Dr. Rudolf Eiswaldt aus Tientsin über die Situation der deutschen Schiffahrt in Nordchina. Dieser kritisierte zwar die »Halbheit des Jebsen'schen Vorgehens«, der statt nur eines Extradampfers zwei weitere in die Linie hätte einstellen sollen, um der Konkurrenz besser die Stirn zu bieten, doch gleichzeitig lobte er die Reederei für ihre Arbeit »im nationalen Interesse«.[386] Damit war die Bresche für eine Verlängerung des Subventionsvertrags geschlagen. Obwohl im Juli 1899 noch eine Mängelbeschwerde über die Postlinie einging – diesmal von Emil Rehders, dem einflußreichen und mit China gut vertrauten Direktor der Deutsch-Asiatischen Bank in Berlin,[387] wogen die nationalpolitischen Gründe schwerer. Besonders das Auswärtige Amt schwenkte ein: Richthofen ließ das Marine- und das Postressort wissen, er unterstütze den Vorschlag, der Reederei Jebsen für vier Dampfer in der Linie eine etwas höhere Subvention bei längerer Vertragslaufzeit zu geben, und zwar »(i)m Interesse der Förderung des deutschen Handels und der durch Konkurrenz stark bedrohten deutschen Küstenschiffahrt in Ostasien«.[388]

Jebsen lief deshalb am 25. August 1899 offene Türen im Außenamt ein, als er ankündigte, einen neuen Plan für vier Postdampfer auszuarbeiten und im Oktober vorzulegen.[389] Sein Tod verhinderte nicht den Fortgang der Verhandlungen, die von Jacob Jebsens Partner Heinrich Jessen und seinem Geschäftsfreund Heinrich Diederichsen fortgeführt wurden. Der neue Subventionsvertrag vom 31. März 1900 sah zwar nur drei Dampfer vor, doch bot die feste Laufzeit von drei Jahren – mit zeitlich unbestimmtem Weiterlaufen bei Nichtkündigung – insgesamt gute langfristige Aussichten für die Linie.[390] Trotzdem kam es ganz anders als erwartet: Mit dem ultimativen Übernahmeangebot von Ballin, der die Hapag mit aller Macht in der ostasiatischen Küstenschiffahrt etablieren wollte, endete bereits im Folgejahr die Geschichte der Postdampferlinie unter der Regie der Reederei Jebsen. Aus dem Verkauf zog das Unternehmen aber nicht nur einen brillanten finanziellen Nutzen, sondern befreite sich auch von der Last, einen regelmäßigen Passagierdienst mit allen seinen Schwierigkeiten aufrechtzuerhalten.[391] Wie sich in den Folgejahren zeigte, gelang es der Hapag trotz der Subvention nie, die Linie profitabel zu gestalten: Nur aus politischen Prestigegründen und mit Hilfe hoher Staatshilfen konnte der deutsche Postdampferdienst in Nordchina bis 1914 fortbestehen.[392]

Kandidat ohne Aussicht

Die Organisation der Nationalliberalen Partei war seit der demütigenden Wahlniederlage von 1890 auf allen Ebenen verstärkt ausgebaut worden. Nach der Bildung des Zentralvorstands in Berlin entstanden zahlreiche Ortsvereine, darunter auch in Flensburg, wo sich im März 1891 ein nationalliberaler Wählerverein für den Wahlkreis Apenrade-Flensburg konstituierte, in dessen Vorstand auch der Reichstagsabgeordnete Jebsen Platz nahm. Zwar gelang es, bei der Wahl von 1893 reichsweit die Mandatszahl leicht zu erhöhen, doch mußte sich die Partei der stärker werdenden Konkurrenz durch die mitglieder- und wählerstarke SPD und katholische Zentrumspartei stellen. Eine solche Massenpartei zu werden, fiel den Nationalliberalen als traditioneller Honoratiorenpartei schwer: Weder fand das Bürgertum Gefallen an politischer Organisation, noch bestand zahlenmäßig an Mitgliedern eine breite Basis und eine Aussicht, in Großstädten Wahlerfolge zu erzielen. Deshalb war das Interesse des Berliner Zentralvorstands an den lokalen Organisationen gering, die in den 1890er Jahren keine Berichtspflicht hatten und kaum registriert wurden.[393] Über die Situation in Kreis und Stadt Apenrade ließ Jebsen Ende 1895 wissen, daß es nur zwei Parteien gebe, nämlich »Deutsch und Dänisch und neuerdings der gemeinsame Feind, die Sozialdemokratie«. Es bestehe in Apenrade kein nationalliberaler Verein, erklärte er, und »die wenigen hiesigen Nationalliberalen, nämlich Stadtrat Lorentzen, Rechtsanwalt Nicolaisen, Buchhändler Wohlenberg, Hofbesitzer Hinrichsen [in] Osterterp und seine Wenigkeit« gehörten dem Nationalliberalen Wählerverein in Flensburg an. Von dort müsse auch die »Agitation auf dem flachen Lande ins Leben gerufen werden«, stellte er fest, womit er sich auf Aktivitäten der Partei zwischen den Wahlkämpfen bezog. Zwar bezeichnete er den lokalen [*Neuen*] *Apenrader Anzeiger* als »hiesige deutsche im nationalliberalen Sinne redigierte Zeitung«, doch konnte er darüber hinaus kaum eine Präsenz der Partei feststellen: Weil seine Apenrader nationalliberalen Freunde »leider sehr dünn gesät« seien, verspreche er sich »von einer Agitation im nationalliberalen Sinne im Kreise Apenrade (…) indessen wenig oder nichts«, schloß er seine Einschätzung der Situation.[394]

Nationalliberale Parteitage wurden in den 1890er Jahren institutionell fixiert und regelmäßig durchgeführt, um die Verbindung mit breiteren Mitgliederschichten aufrechtzuerhalten. Am 8. Dezember 1895 fand ein

Parteitag der nordwestdeutschen Nationalliberalen in Neumünster statt, der von Jebsen besucht wurde. Allerdings findet sich keine Korrespondenz von ihm über diese Veranstaltung, die er vor allem als Pflichtübung verstand – wie sein einziger Brief zu dem Thema ausweist.[395] Nennenswerte Veranstaltungen des Flensburger Wahlvereins gab es nicht mit Jebsen, der sich ganz auf seine parlamentarische Arbeit in Berlin konzentrierte. Im Reichstag erwiesen er und seine Partei sich als wichtige Unterstützer der neuen Handelsverträge, vor allem des Abkommens mit Rußland, und damit einer Politik, die von den Konservativen und dem Bund der Landwirte scharf bekämpft wurde. Tatsächlich war die Frage nach der Art und Weise, wie Deutschland den Übergang vom Agrar- zum Industriestaat bewältigen sollte, das Hauptthema der öffentlichen Auseinandersetzung in der Mitte der neunziger Jahre. Verschiedene Interessengruppen bedienten sich politischer Parteien und populistischer Bewegungen, um ihre Forderungen durchzusetzen. Das vielfältige Wirrwarr, von intellektuellen Beobachtern als ein Zustand der Zerfahrenheit und Perspektivlosigkeit empfunden, beschrieb der Historiker Johannes Ziekursch mit folgenden treffenden Sätzen: »Wegen der Caprivischen Handelsverträge grollte die Landwirtschaft der Industrie und dem Handel; die Antisemiten bekämpften Handel, Börse und Großkapital. In viele Gruppen waren die Liberalen gespalten. Die Polen hatten sich wieder gegen die Regierung gewandt. Gegen das gesamte Bürgertum nahmen die Sozialisten ihre Front. So ging es zu wie beim Abschluß einer Bauernhochzeit; jeder schlug um sich, ohne viel zu fragen, wohin er traf und woher er getroffen wurde.«[396]

Unter diesen verworrenen Umständen war es auch den Antisemiten gelungen, eine neue Partei in Gestalt der 1894 gegründeten Deutschsozialen Reformpartei zu etablieren – nach jahrelangen Neugründungen, Konkurrenzkämpfen und Spaltungen. Laut Programm bezeichnete sie »das stammfremde Judentum« als den »Träger der Zersetzung« und kündigte an, »(d)eutschen Geist und deutsche Eigenart (…) zu bewahren vor jedem schädlichen Fremdstoff«. Für die »nationale Wiedergeburt« sollten »die scheinbaren Interessengegensätze zur Versöhnung« gebracht »und so aus allen Gruppen der schaffenden Arbeit eine eng zusammenhängende Streitmacht gegen den gemeinsamen Feind« gebildet werden.[397] Mit ihren beiden konservativen und antikapitalistischen Flügeln sprach die Partei vor allem Bauern und Handwerker an und hatte ihre Hochburgen in Brandenburg, Pommern, Sachsen und Hessen. Aber auch in Schleswig-

Holstein erhielt sie Zulauf, und zwar am meisten im Landkreis und in der Stadt Flensburg, wo es dem Hamburger Porzellanmaler Friedrich Raab im November 1895 gelang, rund 650 Personen zur Gründungsversammlung zusammenzubringen, von denen sechzig dem lokalen Verein beitraten. Weil Raab ein gemäßigter Antisemit des konservativen Parteiflügels mit politischen Erfahrungen in der Hamburger Bürgerschaft war, der vor allem als Agrarierfreund auftrat und sich dementsprechend über Agrarpolitik, Handelsverträge und Schutzzölle äußerte, traf er auf große Zustimmung in einem Wahlkreis, der praktisch keine jüdischen Einwohner hatte.[398] Nach Meinung des Flensburger Landrats Rasch habe der Antisemitismus »durch die in den letzten Jahren hier aufgekommenen Ramsch- und Schleudergeschäfte verschiedener großjüdischer Spekulanten« sehr an Zugkraft und Anhängerschaft in der Stadt Flensburg und auf dem Lande gewonnen.[399] Hinzu kam, daß die sechzehn Antisemiten im Reichstag als einzige Fraktion die Forderungen der Landwirte bei den Handelsvertragsdebatten 1894/95 stets unterstützt hatten. Es waren die kleinen und mittleren Gewerbetreibenden und die bäuerlichen Honoratioren, die Parteimitglieder wurden und damit die enge Verbindung zwischen dem Innungsausschuß der Handwerkerzunft, dem BdL und der Reformpartei herstellten.[400] Bereits im Winter 1895/96 kam es zu – ergebnislos bleibenden – Gesprächen der Antisemiten mit dem Flensburger Reichswahlverein, der Organisation der nationalliberalen und freikonservativen Honoratioren, über die Aufstellung eines gemeinsamen Kandidaten für die Wahl von 1898.

Angesichts dieser Konstellation war es nicht verwunderlich, daß Jebsen im Frühjahr 1896 vorausahnte, daß sein Reichstagsmandat in zwei Jahren ein Ende haben werde. Vor allem seine Zustimmung zum Handelsvertrag mit Rußland hatte ihn die letzten Sympathien bei der Agrarlobby gekostet. »Meine Herren Agrarier, die mit den Antisemiten und Zünftlern zusammengehen wollen, haben sich bereits mit dem Flensburger Reichswahlverein, der aus Freikonservativen und Nationalliberalen besteht, in Verbindung gesetzt, um wo möglich einen Kompromiß zustande zu bringen, wobei von mir selbstverständlich keine Rede sein kann. (...) Allein bis Juni 1898 läuft noch viel Wasser den Berg herunter und ist es unnötig, sich jetzt schon den Kopf darüber zu zerbrechen.«[401] Mit dieser Einstellung konnte er beruhigter zum nationalliberalen Parteitag Anfang Oktober 1896 nach Berlin reisen,[402] bei dem die Agrar- und Handwerkspolitik der Reichstagsfraktion und ihre ständigen Kompromisse mit den Konservativen im Mittelpunkt der Debatten standen. Dennoch stimmte nur eine Minderheit von Delegierten für eine antiagrarische Verschärfung der Tonlage der Partei, darunter bestimmt nicht Jebsen, der in seinem Wahlkreis dringend auf die Unterstützung der Agrarlobby angewiesen war, um überhaupt eine Chance auf Wiederwahl zu haben. Im wirtschaftspolitischen Teil ihrer Berliner Erklärung von 1896 bezeichneten sich die Nationalliberalen als Mittelpartei: »Die nachdrückliche Förderung der Interessen der Landwirtschaft wie des gewerblichen Mittelstandes wird sie sich auch fernerhin angelegen sein lassen.«[403] Mit dieser Kompromißformel entging die Partei zwar einer Festlegung auf nur eine ihrer wichtigsten Wählergruppen, doch verschwamm damit für die Wählerschaft ihr programmatisches Profil ins fast Unkenntliche.

Wie schwierig die parteipolitische Gemengelage 1898 zu werden versprach, stand Jebsen zweifellos vor Augen. Mit seiner Zustimmung zu den Handelsverträgen hatte er gegen die Landwirte in seinem Wahlkreis klare Position bezogen und war damit im Grunde als Kandidat untragbar geworden. Der nationalliberale Fraktionsvorstand riet Jebsen deshalb im März 1897 davon ab, über seine Neukandidatur eine feste Erklärung abzugeben, »die evt. nur den Agrariern zu Gute kommen würde«. Conrad Metger, Vorsitzender des Nationalliberalen Vereins in Flensburg, hatte ihn im Namen des Reichswahlvereins offiziell um eine Stellungnahme über seine Kandidatur gebeten. Um den Nationalliberalen den Wahlkreis zu erhalten, war Jebsen aber bereits in Berlin aufgefordert worden, nach einem Kompromißkandidaten Ausschau zu halten. So bat er Metger um Mitteilung, »ob Sie einen nationalliberalen Kandidaten in Aussicht resp. sicher haben, der sich nicht auf das Programm des Bundes der Landwirte festlegt, sondern der evt. den mehr moderaten Landleuten genehm ist und auf den wir nationalliberalen Städter auch stimmen können«.[404] Tatsächlich nominierte eine gemischte Kommission des Reichswahlvereins wenig später den freikonservativen Landtagsabgeordneten und Glücksburger Bürgermeister Asmus Bunzen als Kompromißkandidaten, dem allerdings wenige Chancen auf einen Wahlerfolg gegeben wurden. Das Verfahren der Kandidatenkür glich tatsächlich »nahezu einer Demontage« von Jebsen, der aus taktischen Erwägungen heraus von seiner Partei in den Hintergrund geschoben wurde.[405]

Währenddessen preschte die Reformpartei vor und nominierte Raab am 2. Mai 1897 in Neumünster als eigenen Kandidaten; dieser legte sich erwartungsgemäß von Anfang an auf ein Wahlbündnis mit den Agrariern fest.[406] Einen solchen Schritt voraussehend hatte Jebsen im Vormonat prophezeit, daß »die Sache heiter werden« könne. Weil auch die Freisinnigen – seit 1893 gespalten in zwei Parteien – noch nicht entschieden hatten, ob sie einen eigenen oder sogar zwei eigene Kandidaten aufstellen wollten, und außerdem die jeweiligen Bewerber der Dänischgesinnten, der SPD und der Antisemiten, »der zugleich zum Bunde der Landwirte gehört«, sowie der Kompromißkandidat der Nationalliberalen und Freikonservativen antraten, war es für Jebsen ein Rätsel, »was dabei herauskommen wird«. Überhaupt werde der nächste Reichstag »voraussichtlich ein wunderbares Bild aufweisen«, meinte er über die kommende parteipolitische Zusammensetzung des Parlaments.[407]

Als im Sommer 1897 die Geheimverhandlungen zwischen dem Reichswahlverein und dem BdL im Wahlkreis Apenrade-Flensburg endgültig platzten, weil man sich auf keinen gemeinsamen Kandidaten einigen konnte, hatte – wie der Flensburger Korrespondent der *Kieler Zeitung* bemerkte – »das unnatürliche Bündnis ein Ende erreicht, das bisher seit 13 Jahren die parlamentarischen Wahlen des hiesigen Wahlkreises beherrschte.«[408] Mit diesem Scheitern war die Kandidatur von Bunzen obsolet und der Weg für eine Neubewerbung des weitaus bekannteren und politisch erfahrenen Jebsen frei. Die Kandidatenfrage stand deshalb im Mittelpunkt einer Versammlung des Flensburger Nationalliberalen Vereins am 7. August 1897. Erst nach längerer Debatte und »wiederholtem Drängen nachgebend« erklärte Jebsen sich laut des *Neuen Apenrader Anzeiger* bereit, nochmals eventuell ein Mandat für den Wahlkreis zu übernehmen.[409] Er ließ sich also »der dringenden Bitte unserer nationalliberalen Freunde nachgebend« überreden, die Kandidatur anzunehmen – »wenn auch mit schwerem Herzen« und »wenn auch ein Erfolg sehr zweifelhaft sein wird« und »zum großen Leidwesen meiner Frau«, wie er in Briefen mitteilte.[410] Seine Hoffnung, daß die Freisinnigen keinen eigenen Kandidaten aufstellen und »mit uns zusammen Front gegen Antisemiten, Bündler und Konservative« machen würden,[411] schien sich zu erfüllen, als die beiden liberalen Parteien im Oktober 1897 ihre Gespräche über die Aufstellung von Kandidaten in Schleswig-Holstein ergebnislos abbrachen und sich vertagten.[412]

Ernst Bassermann (1854–1917)

Um die schleswig-holsteinischen Nationalliberalen auf den Wahlkampf vorzubereiten und sie mit den Zielen der Partei vertraut zu machen, schlug Jebsen bei einer parteiinternen Sitzung am 29. Oktober 1897 in Hamburg vor, einen großen Parteitag für Nordwestdeutschland in Kiel und eine kleinere Veranstaltung in Flensburg abzuhalten. Nach allgemeiner Zustimmung trug er seine Idee dem Vorsitzenden des nationalliberalen Provinzialvorstands in Schleswig-Holstein, dem Kieler Reeder August Sartori, vor, »falls solches den Kieler Parteigenossen konveniert«.[413] Auch Conrad Metger erhielt Post mit dem Vorschlag, für »eine allgemeine Versammlung in Flensburg (...) einige der besten Redner unserer Partei heranzuholen«.[414] Als ein solcher Redner galt der Schweriner Finanzrat Otto Büsing, der sein Mandat bei der Wahl von 1893 verloren hatte, aber erneut im Großherzogtum Mecklenburg-Schwerin antrat. »Mehr als je ist es nötig, unsere Parteigenossen in politischer und wirtschaftlicher Beziehung zum Liberalismus anzuhalten und denselben plausibel zu machen, daß jede Konzession an die Herren Agrarier nur dazu beitragen wird, diese immer begieriger zu machen«, schrieb Jebsen in seiner Einladung an Büsing, als erster Redner auf dem Kieler Parteitag aufzutreten.[415] Statt Büsing kam aber das nationalliberale Schwergewicht Ernst Bassermann, ein ausgewiesener Experte in sozial-, finanz- und handelspolitischen Fragen, der am 28. November 1897 in Kiel seine Parteifreunde aufrief, an den Prinzipien der Partei festzuhalten, um auch in Zukunft einer nationalgesinnten Mittelpartei den Sieg zu sichern. Laut Zeitungsbericht hielt noch der Hamburger Anwalt Dr. Johannes Semler eine ausführliche Rede, um die »Existenzberechtigung der nationalliberalen Partei« nachzuweisen, während Jebsen, Sartori und Metger nur kurze Wortbeiträge lieferten.[416]

Obwohl Jebsen als Kandidat der Flensburger Nationalliberalen feststand, war es klar, daß mit ihm kein Wahlbündnis mit dem BdL und der Deutschsozialen Reformpartei zu erreichen war. Wiederholt hatte Jebsen darauf hingewiesen, daß er den Agrariern keine Konzessionen machen werde und deshalb ein anderer Kandidat gefunden werden müsse – »was mich auch nicht sonderlich betrübt, da es keine angenehme Aufgabe ist, unter gegebenen Verhältnissen Mitglied des Reichstags zu sein«.[417] Deshalb gab er seiner Kandidatur kaum Chancen: »Vielleicht findet sich einst in der elften Stunde ein Nationalliberaler, der den Agrariern genehmer ist als ich, dann trete ich gern zurück«, schrieb er Anfang November 1897 einem Fraktionskollegen.[418] Tatsächlich ging die Suche nach einem für alle deutschen Parteien und Gruppierungen akzeptablen Bewerber weiter. Der vom BdL-Bezirksvorsitzenden P. Otzen vorgeschlagene Flensburger Parteivorsitzende Metger galt zwar als agrarfreundlich, doch lehnten die einflußreichen Angeliter Bauern ihn mit der Begründung ab, sie wollten überhaupt keinen Nationalliberalen als Abgeordneten.[419]

Als Kompromißkandidat für ein breites Wahlbündnis von Antisemiten, Nationalliberalen, Freikonservativen und dem BdL brachte sich Raab, der Kandidat der Reformpartei, ins Gespräch, der allerdings durch sein eigenmächtiges Vorgehen auf heftige Ablehnung aller Beteiligten, besonders in der Stadt Flensburg, stieß. Als Ausweg sah man die Kandidatur von Pastor Jacobsen, dem Initiator des Deutschen Vereins für das nördliche Schleswig, der mit den Antisemiten liebäugelte und auch die Unterstützung der Agrarier hatte, was sich auf einer Versammlung aller deutschen Wählervereine am 14. Dezember 1897 herausstellte. Wie Jebsen später über Jacobsen schrieb, sei dieser »bekanntlich halb Agrarier, halb Antisemit«.[420] Der Ausacker Landwirt Peter Jensen, stellvertretender BdL-Vorsitzender in Schleswig-Holstein und Mitglied der Reformpartei, hielt deshalb nur Jacobsen für einen chancenreichen Kompromißkandidaten. Allerdings machte der Pastor, der in einer längeren Rede seine politische Meinung erläuterte, zur Bedingung, daß die Flensburger Nationalliberalen ihn unterstützten und Jebsen auf eine Kandidatur verzichtete. Da aber die Vertreter der Reformpartei an Raab festhielten, gingen die Verhandlungen ergebnislos zu Ende.[421]

Um so mehr war Pastor Jacobsen bemüht, seine Kandidatur als einzig möglichen Kompromiß zu propagieren. In einer widersprüchlichen Sequenz von Äußerungen erklärte er sich zuerst bereit, bei seiner Wahl in den Reichstag der nationalliberalen Fraktion beizutreten, doch änderte er wenig später seine Meinung und kündigte den Beitritt zur Reformpartei an. Ende Dezember 1897 gab es Gespräche mit ihm über die Möglichkeit, als parteiungebundener »wilder Kandidat« anzutreten, doch wollten sich darauf weder die Nationalliberalen noch die Antisemiten einlassen. Jebsen kam zu dem Schluß, der Mann scheine »partout in den Reichstag zu wollen, wobei Parteisache Nebensache ist«.[422] Anfang Januar 1898 zerplatzten aber Jacobsens Hoffnungen, als sowohl Nationalliberale als auch Antisemiten ihn als Kompromißkandidaten ablehnten: Für die ersteren blieb Jebsen im Rennen, für die letzteren Raab, während der BdL laut seine Zweifel an Raabs Erfolgsaussichten äußerte und erneut den Landtagsabgeordneten Bunzen ins Spiel brachte.[423]

Angesichts dieser Uneinigkeit im deutschen Lager, die von der SPD und den Dänischgesinnten mit Schadenfreude beobachtet wurde, trat die nationalliberale Flensburger *Nord-Ostsee-Zeitung* in einem aufrüttelnden Aufruf für die Kandidatur von Jebsen ein: Er wurde als »um die deutsche Sache und um seinen Kreis hochverdienter Abgeordneter« bezeichnet, der »sich im Reichstage als eine überaus schätzenswerte, fast möchten wir sagen unentbehrliche Arbeitskraft erwiesen« habe. Der dringende Appell »an den patriotischen Sinn unserer Wähler in Stadt und Land, unter Zurückdrängung aller kleinlichen Gegensätze sich einmütig für die Wiederaufstellung desselben auszusprechen«,[424] war für Theodor Janke, Redakteur des *Neuen Apenrader Anzeiger*, und seinen Berufskollegen Friedrich Becker von der *Apenrader Zeitung* eine willkommene Gelegenheit, für Jebsen auch in Apenrade eine starke Lanze zu brechen. Beide Zeitungen druckten den Artikel in voller Länge wieder ab. Jebsens Buchhalter Engelbrecht, der die Weiterleitung des Artikels an die Lokalblätter besorgt hatte, schrieb seinem Chef nach Berlin: »Es wäre schändlich, wenn jemand anders als Sie gewählt werden sollte; Ihre Wiederwahl dürfte aber doch wohl so ziemlich sicher sein.«[425]

Tatsächlich schienen sich die Chancen zu bessern, daß Jebsen als einziger Kandidat des deutschgesinnten Bürgertums ins Rennen ging und damit dem SPD- und dänischgesinnten Bewerber den Rang ablief. Sein Einfluß im Deutschen Verein für das nördliche Schleswig und in der Knivsberggesellschaft, welche beide öffentlichkeitswirksam den Bau eines Bismarckdenkmals vorantrieben, sowie seine große Bekanntheit und unbestreitbaren Verdienste als Parlamentarier machten ihn zum erstrangigen

Kandidaten. Völlig anderer Ansicht war sein stärkster Widersacher in der Partei und im Deutschen Verein, der Flensburger Landrichter Hermann Schwartz, der sich für den Vereinsinitiator Jacobsen als Reichstagsbewerber stark gemacht hatte. Deshalb forderte Jebsen ihn Ende Januar 1898 auf, »jetzt nicht weiter für Pastor Jacobsen zu agitieren, sondern mir Ihre Gunst zuwenden zu wollen«. Er wies darauf hin, daß »die liberalen Städter und Landleute doch schwerlich« diesem ihre Stimme geben würden; damit spielte er auf die landläufig bekannte sehr antidänische und deutschnationalistische Haltung des Geistlichen an.[426]

Zwar war die Kandidatur Jacobsens erledigt, aber die Kandidatur Jebsens keineswegs gesichert. Um so eifriger war Jebsen von Berlin aus bemüht, im Heimatwahlkreis seine parlamentarische Arbeit bekannt und seine politischen Positionen deutlich zu machen. Die Debatte über den Etat für das Auswärtige Amt nutzte er am 11. Februar 1898 nicht nur, um einen besseren deutschen Konsularservice für die Schiffahrt in Ostasien zu fordern, sondern auch, um seine Haltung zur umstrittenen Handelspolitik Caprivis in den frühen neunziger Jahren zu erklären. Erkennbar war der Versuch, sich als einen für den Bund der Landwirte annehmbaren Kandidaten zu präsentieren. So lehnte er es gleich zu Redebeginn ab, sich entweder als Agrarier oder als Agrarierfeind hinstellen zu lassen: »Schmeißen sie die beiden zusammen und machen Sie daraus einen gewöhnlichen Durchschnittsmenschen in wirtschaftlicher Beziehung, – und da haben Sie mich.« Während seiner von Heiterkeit im Plenum begleiteten Rede stellte er klar, »gewiß kein Feind der Landwirte« zu sein, und hob hervor, unter ihnen sehr gute Freunde zu haben, »sogar unter den Ultra-Agrariern, unter den Freunden des Herrn Kollegen Rettich«. Meno Rettich, ein Mecklenburger Großagrarier aus Rostock, war 1893 mit einem deutschkonservativen Mandat in den Reichstag eingezogen und verfocht die Forderungen des BdL. Außerdem nannte Jebsen den freikonservativen Abgeordneten Wilhelm Müller, Hofbesitzer im hannoverschen Scheeßel, »meinen Freund« und bezeichnete sowohl ihn als auch »meine Landsleute«, den Büdelsdorfer Freisinnigen Asmus Lorenzen, den Zennhusener fraktionslosen Gustav Thomsen und seinen Fraktionskollegen Theodor Feddersen als »unsere tüchtigen Landwirte«. Er rief diese Männer und nach einem Zuruf auch seinen anderen Kollegen, Landwirt Georg Frank aus Pforzheim, als Zeugen für seine Behauptung auf, daß es trotz der Handelsverträge mit der Landwirtschaft nicht »so schlecht bestellt« sei.[427]

Einen klaren Brückenschlag zum handelsorientierten und liberal gesinnten Flensburger und Apenrader Stadtbürgertum vollzog Jebsen im zweiten Teil seiner Rede. Er ging auf seinen langgedienten Fraktionskollegen Freiherr von Heyl zu Herrnsheim ein, ein bekannter hessischer Lederfabrikant, der in der Etatdebatte zwei Tage zuvor »eine gewisse Interessengemeinschaft zwischen Industrie und Landwirtschaft« beschworen und angebliche schwere Nachteile für Deutschland bei den Handelsverträgen kritisiert hatte.[428] Heyl schlug als konkreten Schritt die sofortige Kündigung aller Meistbegünstigungsverträge mit anderen Staaten vor, wie es die Großagrarier forderten, wollte also einen totalen Bruch mit der Handelspolitik Caprivis der frühen 1890er Jahre erreichen. Ein solches Vorgehen, das die deutsche Export- und Schiffahrtsindustrie stark zu schädigen drohte, lag durchaus im Interesse von Landwirtschaft und einigen Industriebranchen wie der Lederfabrikation, die unter der preiswerten ausländischen Konkurrenz litten.

Jebsen warf deshalb am 11. Februar 1898 seinem Parteifreund vor, »sich der Tragweite dieses Antrags wohl selbst nicht recht bewußt gewesen« zu sein: »Was wäre das für ein Wirrwarr auf kommerziellem Gebiet, wenn heute plötzlich alle Meistbegünstigungsverträge gekündigt würden! Die Leute, die daraufhin Kontrakte gemacht haben, auf Monate vielleicht, auf Jahre hinaus, die könnten ja durch solche Kündigung zum Teil ruiniert werden.« Damit zielte er vor allem auf das Handels- und Schiffahrtsgewerbe und zeigte sich seinen potentiellen Wählern zu Hause als Verteidiger ihrer wirtschaftlichen Interessen. Den neuen Außenstaatssekretär von Bülow, der die Rede von Heyl schweigend verfolgt hatte, forderte er auf, so wie sein Vorgänger Marschall von Bieberstein solche Klagen gegen die Handelsverträge als »nicht berechtigt« zurückzuweisen. Bekanntlich war Marschall ein starker Förderer deutscher Außenhandelsinteressen gewesen, der seinem Freund Jebsen bei dessen schiffahrtspolitischen Forderungen oft den Weg geebnet hatte. Abschließend appellierte Jebsen an die im Bundesrat vertretenen deutschen Einzelregierungen, »auf dem Wege, den sie bisher gewandelt haben, auch noch fortzufahren und diese Verträge, die wir in Treu und Glauben mit anderen Nationen abgeschlossen haben, bis zum Ablauf der Frist, wofür sie abgeschlossen sind, aufrecht zu erhalten, entsprechend der alten deutschen Ehrlichkeit, die wir doch immer bewahren müssen.«[429]

Für seine Rede erhielt er erwartungsgemäß lebhaftes Bravo von links, also vor allem vom linken Flügel seiner eigenen Partei und sicherlich von

Teilen der beiden freisinnigen Fraktionen. Wegen des eindeutigen Wahlkampfzwecks bemühte er sich rasch um die öffentliche Verbreitung der stenographischen Redemitschriften: Sein Buchhalter Engelbrecht übernahm es, die in der *Nord-Ostsee-Zeitung* abgedruckten Protokollauszüge in die beiden Apenrader Lokalblätter zu lancieren. Sowohl Janke als auch Becker versprachen, die von Jebsen geübte Kritik am deutschen Konsularservice in Ostasien sowie seine Stellungnahme zu den Handelsverträgen in voller Länge in ihren Zeitungen abzudrucken.[430]

Dr. med. et. chir. Asmus Duus (1849–1917)

Wenig später, am 2. März 1898, stand mit der offiziellen Nominierung des Flensburger Arztes Dr. Asmus Duus, Vorsitzender des örtlichen Deutsch-Freisinnigen Vereins, zum Kandidaten der Freisinnigen Volkspartei der erste bürgerliche Bewerber für die Reichstagswahl am 16. Juni fest. Das deutsche Lager war damit gespalten: »Persönliche Feindschaft mir gegenüber ist bei den hiesigen Freisinnigen auch mit im Spiel«, ließ Jebsen wissen.[431] Verhandlungen der Volkspartei mit den Nationalliberalen und Freikonservativen über Duus als Kompromißkandidaten aller drei Parteien scheiterten an deren Festhalten an Jebsen.[432] Dagegen schloß sich der Vorstand der kleinen Freisinnigen Vereinigung dem Reichswahlverein an und unterstützte dessen Kandidaten Jebsen. Am 12. April 1898 bekannte sich die Generalversammlung der Flensburger Nationalliberalen – in Anwesenheit von Jebsen – »mit großer Begeisterung« zu dessen Kandidatur.[433] Sowohl Duus als auch Raab wurden wenige Chancen auf Erfolg gegeben, vor allem beim rechtsliberalen Flensburger Bürgertum, das keinen der beiden Bewerber für unterstützungswürdig hielt. Der Sinn einer Kandidatur von Raab wurde auch vom BdL bezweifelt, der unbedingt seine agrarische Interessenpolitik absichern wollte und deshalb nach einem mehrheitsfähigeren Kandidaten Ausschau hielt; treibende Kraft war Peter Jensen, der ursprünglich Pastor Jacobsen protegiert hatte. In der Person des bekannten Sozialexperten und Kieler Landesversiche-

Peter Christian Hansen (1853–1935)

rungsrats Peter Christian Hansen, ein gebürtiger Flensburger und persönlicher Freund von Jensen, fand man schließlich einen allgemein akzeptablen Kandidaten. Hansen wollte aber nicht gegen Jebsen antreten und verlangte zuerst dessen freiwilligen Verzicht auf eine Kandidatur. Als Jebsen diese Forderung schriftlich zugestand, ging er offenbar davon aus, daß auch Raab sich aus dem Rennen zurückziehen werde, um die Bewerbung von Hansen zu stärken.[434] Die vom Reichswahlverein vorgeschlagene Neukandidatur stand deshalb im Mittelpunkt einer Versammlung von 41 Vertrauensmännern und Mitgliedern des BdL am 22. April 1898 in Flensburg. Unter den anwesenden Nationalliberalen erwies sich Landrichter Schwartz als warmer Förderer von Hansen; eine Kandidatur Jebsen schien für ihn bereits erledigt zu sein. Bei der Abstimmung erhielt Hansen 31 Stimmen, während die zehn Stimmen für Raab ausschließlich von den Reformparteianhängern kamen. Infolge dieser eindeutigen Entscheidung für Hansen war die Kandidatur von Jebsen praktisch obsolet geworden. Herr Hansen sei eine Persönlichkeit, schrieb am Folgetag der *Neue Apenrader Anzeiger*, »der wir mit vollem Vertrauen die Vertretung unseres Wahlkreises anvertrauen können«.[435]

Seiner Erbitterung über die Vorgänge machte Jebsen kurz vor der Vorstandssitzung der Flensburger Nationalliberalen am 23. April 1898 deutlich Luft. Bei einem auswärtigen Parteifreund beschwerte er sich darüber, daß »seitdem ich die Erklärung abgegeben habe, zwar mit schwerem Herzen, die Kandidatur wieder anfassen zu wollen, keine Hand für mich sich gerührt hat«. Diese »Lauheit« habe ihn zu der Erklärung veranlaßt, sich zugunsten eines anderen nationalliberalen Kandidaten zurückzuziehen, »der die Garantie böte, den Wahlkreis gegenüber den Dänen und Sozialdemokraten zu halten«. Weil die meisten Nationalliberalen sich für Hansen ausgesprochen hatten, wollte er sich fügen, »wenn nicht heute Abend, was ich jedoch sehr bezweifle, aus der Versammlung einstimmig die Forderung an mich ergeht, an meiner Kandidatur festzuhalten«. Über das taktische Hin und Her seiner Partei zeigte er sich verärgert: »Daß das ganze Verhalten der Majorität des Nationalliberalen Vereins dazu beigetragen hat, meinen bisher dokumentierten Enthusiasmus für die Nationalliberale Partei im allgemeinen sehr abzukühlen, bedarf wohl keiner besonderen Erwähnung.«[436]

Welchen Verlauf die Vorstandssitzung nahm, ist nicht dokumentiert, doch fiel kein definitiver Entschluß in der Kandidatenfrage. Die Entscheidung vertagte man auf den 2. Mai 1898. Das *Hamburger Echo* berichtete am 26. April 1898, daß Jebsen weiter kandidieren wolle, nachdem er erfahren habe, daß Raab nicht verzichten wollte, also die von ihm gemachte Voraussetzung für seinen Rückzug nicht erfüllt sei.[437] In diese ungewisse Stimmungslage platzte die Meldung der *Deutschen Tageszeitung*, des Hausblatts der Agrarlobby, über eine geheime Absprache zwischen Hansen und dem BdL-Kreisvorsitzenden Otzen: Danach habe Hansen versprochen, bei seiner Wahl in den Reichstag in landwirtschaftlichen Fragen sich mit Otzen abzustimmen und bei unlösbaren Differenzen sein Mandat niederzulegen. Als die Nationalliberalen sofort schärfsten Protest gegen dieses »imperative Mandat« erhoben, versuchte Hansen noch öffentliche Gegendarstellungen, aber er war desavouiert. Von seiten des BdL wurden deshalb Anfang Mai 1898 Stimmen laut, die Kandidatur Hansen noch in letzter Stunde fallen zu lassen.[438]

Trotz dieser unerwarteten Wendung stand für Jebsen fest, daß es »ausgeschlossen« sei, wieder in den Reichstag zu kommen, da die Agrarier »von mir nichts wissen wollen und diese zum Teil in unserem Kreise den Ausschlag geben«. Auf seine flexible Haltung bei der Kandidatensuche hinweisend, stellte er fest: »Ich wasche meine Hände in Unschuld, da ich dem Vorstand des Reichs[...]-Wahlvereins in Flensburg die Angelegenheit überlassen habe, indem ich den Herren anheimstellte, anstatt meiner jeden anderen nationalliberalen Kandidaten, der nur bessere Garantie als ich dafür böte, die Majorität der deutschen Stimmen im Wahlkreise auf sich zu vereinigen resp. dieselben gegenüber den Dänen und Sozialdemokraten zu halten.«[439] Zwar hielt er Hansen für einen Hoffnungsträger, doch fielen noch am selben Tag die Würfel anders: In einer Versammlung des BdL am 6. Mai 1898 in Flensburg gab man Hansen auf und stellte sich geschlossen hinter Raab, dem man eher zutraute, das wirtschaftspolitische Programm des BdL im Reichstag zu verfechten; dem Schritt folgten auch die lokalen Innungsverbände. Wie umstritten die Festlegung auf den Antisemiten innerhalb der Agrarlobby war, zeigte sich daran, daß der nationalliberale Hofbesitzer Jep Hinrichsen aus Osterterp, früherer BdL-Vorsitzender im Kreis Apenrade, seinen Austritt aus dem Bund erklärte. Tatsächlich trat die Wahlbewegung – wie der *NAA* feststellte – »in ein ganz neues Stadium«. Nach der Entscheidung der Landwirte waren als nächstes die Nationalliberalen gefordert. Die *FNZ* schrieb am 8. Mai 1898 zur Lage: »Ob Herr Jebsen nach dem bisherigen Verlaufe der Kandidatenfrage noch Neigung haben wird, in die Bresche zu treten, bleibt abzuwarten.«[440]

Als am Folgetag der düpierte Hansen seinen Verzicht erklärte, war der Weg für Jebsen frei. Der Vorstand der Flensburger Nationalliberalen bezeichnete die Verhandlungen mit dem BdL als total gescheitert und stellte sich noch am selben Tag wieder hinter Jebsen. Eine formale Anfrage bei ihm ergab die Antwort, daß er »unter den jetzigen Verhältnissen eine Kandidatur wieder« annehmen wolle.[441] Zur Begründung schrieb er kurz danach, er habe »nicht so ohne weiteres dem Antisemiten Raab oder dem Richterianer Dr. Duus das Feld räumen« können, sondern müsse es auf einen Kampf ankommen lassen;[442] der Begriff »Richterianer« bezog sich auf den streitbaren Führer der Freisinnigen Volkspartei, Eugen Richter, den Jebsen in den Marinedebatten als harten Kritiker seiner Äußerungen erlebt hatte. Bei einer gut besuchten Versammlung am 11. Mai 1898 erklärte er ausdrücklich seine Bereitschaft zur Kandidatur. Die *FNZ* meinte, daß »nach Lage der Dinge« die Nationalliberalen gar keine andere Entscheidung hätten treffen können. Nach Ansicht des *NAA* müsse seine Kandidatur »als die für den Sieg der nationalen Parteien erfolgversprechendste bezeichnet und aus diesem Grunde vor allen Dingen eifrigst unterstützt werden«.[443]

Wegen der Kandidaturen von Jebsen, Raab und Duus gab es drei getrennt agierende Bewerber im deutschnational-bürgerlichen Lager, welche alle gegen den SPD-Kandidaten Friedrich Holzhäuser, Vorsitzender des Deutschen Schneiderverbandes, und den Bewerber des dänischen Wählervereins, Hofbesitzer Claus Peter Wolff, antraten. Angesichts der befürchteten Zersplitterung im rechten Lager hatte der Flensburger Landrat Rasch bereits Ende April 1898 vor »der bedauerlichen Verwirrung der Parteiverhältnisse gerade in hiesigem Wahlkreise« gewarnt. Obwohl Jebsen den Wahlkreis bereits in zwei Legislaturperioden vertreten und »sich wenigstens auf dem ihm am nächsten liegenden Gebiete der kommerziellen und maritimen Interessen einer ungeteilten Anerkennung seiner Wirksamkeit zu erfreuen gehabt« habe, war Rasch nur vorsichtig optimistisch.[444] Auch Jebsen versprach sich von »dem Wahlwirrwarr in unserem Kreise (...) wenig Aussicht auf Erfolg«.[445] Einen auswärtigen Nationalliberalen ließ er wissen, »das Hetzen gegen mich« seitens der Agrarier sei durch seine Zustimmung zum Handelsvertrag mit Rußland zu erklären: »Dieses wird nun in allen möglichen Tonarten ausposaunt.«[446]

Die Wahlniederlage von 1898

Das verwirrende und perspektivlose Gegeneinander in der deutschen Innenpolitik – eine Folge des raschen Übergangs Deutschlands vom Agrar- zum Industriestaat mit allen seinen schmerzhaften Nebenwirkungen – und die Kakophonie von Interessen und Meinungen blieb nicht ohne Versuche, Auswege aus der vermeintlichen Krise zu finden. Auf der Regierungsseite war es Finanzminister Johannes von Miquel, der sogenannte starke Mann in Preußen (Nipperdey), ursprünglich ein radikaler Demokrat und Sozialist, später aber konservativ und agrarisch gesinnt, der im Juli 1897 die berühmte Parole von der »Sammlung« der »produzierenden Klassen« ausgab. Anstatt Konfrontation zwischen Landwirtschaft und Industrie sollte ein »Kartell der staatserhaltenden und produktiven Stände« zusammen mit dem gewerblichen Mittelstand gebildet werden. Es ging Miquel um den Schutz der Produzenteninteressen, allerdings ohne die exzessiven Wünsche der Agrarlobby zu unterstützen, und vor allem um die Abwehr der stärker werdenden Sozialdemokratie. Die Stabilisierung und Erhaltung des politischen Systems des Kaiserreichs inmitten der wirtschaftspolitischen Kämpfe stand bei seiner Idee der Sammlung der streitenden Elemente im Vordergrund. Obwohl das Konzept letzten Endes konservativ war, stieß es in fast allen politischen Lagern auf Ablehnung, auch bei der Deutschkonservativen Partei und dem sie unterstützenden BdL, der darin keine Rückendeckung für seine wichtigsten agrarprotektionistischen Forderungen sah. Daß Miquels Idee an den zu stark divergierenden Interessen scheiterte, zeigte sich auch deutlich im Vorfeld der Reichstagswahlen in Nordschleswig: Als im April 1898 feststand, daß im Wahlkreis Apenrade-Flensburg eine Vielzahl von Kandidaten verschiedener Parteien und Gruppierungen ins Rennen gehen würde, kommentierte der Flensburger Korrespondent des *Hamburger Echos*:

Johannes Miquel (1828–1901) (rechts) und Ludwig Windthorst (1812–91) im Reichstag, um 1889

»Man sieht, die Miquel'sche ›Sammelpolitik‹ hat in unserem Wahlkreise wunderbar prächtige Früchte getragen.«[447]

Angesichts der ungünstigen Konstellation, als Nationalliberaler gegen den Bewerber der einflußreichen Agrarier antreten zu müssen, war Jebsen klar, daß im Wahlkampf alle Register gezogen werden mußten. Schon am Tag vor seiner offiziellen Nominierung wandte er sich an Generalsekretär Albrecht Patzig vom Berliner Zentralvorstand mit der Bitte, »uns mit Rednern unter die Arme zu greifen«. Es gehe größtenteils »um die Bekämpfung resp. Bloßstellung der Antisemiten«, und er zählte mehrere Fraktionskollegen als mögliche Redner auf.[448] Seinem Geschäftsfreund Carl Diederichsen beschrieb er die schwierige Lage: »Es ist zu lange hin und her gewerkelt worden seitens unserer Partei, und bis jetzt ist auch noch kein rechter Schwung in der Parteiagitation, während bei den Antisemiten sehr agitiert wird.«[449] Ein anderer Freund erhielt die Mitteilung, er halte es für seine Pflicht, »den Antisemitismus und das Ultra-Agrariertum zu bekämpfen«: Daß der BdL sich einen Antisemiten ausgesucht hatte, der in einer Rede für die Verstaatlichung des Grund und Bodens eingetreten war – »ein Vorschlag, der doch sicherlich den Großgrundbesitzern keineswegs konvenieren kann« – war für ihn ein Beweis, daß »die Herren Bündler (...) je länger je verrückter« würden.[450] In seiner Not wandte er sich sogar an den enttäuschten Peter Christian Hansen und bat um dessen

Wahlkampfhilfe in Orten, »die nicht ganz verraabt sind«, also sich noch nicht auf die Wahl von Raab festgelegt hatten. Um Hansen für sich zu gewinnen, sprach er von »der schändlichen Behandlung, die Ihnen von den Herren vom Bund der Landwirte zuteil geworden ist«, und er stellte seine schwierige Situation dar: »Ich bin jetzt das Karnickel, das herhalten muß, und dabei wird noch wenig oder nichts für die Agitation getan. Überhaupt sieht es mit der Organisation noch wenig erfreulich aus, während die Anhänger Raabs außerordentlich tätig sind. Überhaupt fehlt unserem Vorstande jegliche Fühlung mit dem platten Lande, obgleich doch anzunehmen ist, daß im Flensburger Kreise nicht alle Leute Anhänger von Raab sind.«[451]

Geradezu als Hiobsbotschaft wirkte die Ende Mai 1898 bekanntgemachte Absprache der beiden freisinnigen Parteien, im Wahlkampf jeweils für den Kandidaten der anderen Partei einzutreten. Die Freisinnige Vereinigung im Wahlkreis Apenrade-Flensburg entfiel damit als Unterstützerin für Jebsen und stellte sich hinter seinen Rivalen Duus. »Die Sache wird immer bunter und scheint mir alle unsere Arbeit nur verlorene Liebesmühe zu sein«, schrieb Jebsen seinem Parteifreund Metger.[452] Einem Fraktionskollegen vertraute er an: »Meine Chancen sind somit sehr schlecht und ist es höchstwahrscheinlich, daß der Antisemit mit dem Sozialdemokraten in die Stichwahl kommt.«[453] Seine Frustration äußerte sich auch in Kritik an der Organisation der eigenen Partei: »Berlin schickt uns bis jetzt keine Redner, kein Geld, und an den wichtigen Agitatoren, wie die anderen Parteien solche im Überfluß haben, fehlt es auch und zwar, weil unsere Leute zu anständig sind.«[454] Zwar erhielt er keine Unterstützung von Hansen, doch immerhin von auswärtigen Nationalliberalen. Als erster kam Kommerzienrat und Fabrikbesitzer Theodor Möller, der später Handelsminister Preußens werden sollte. Jebsen und Möller kannten sich aus ihrer Arbeit in der Budgetkommission und hatten im Frühjahr 1895 eine gemeinsame Initiative gegenüber Außenstaatssekretär Marschall von Bieberstein gestartet, um Schadenersatz für deutsche Reedereien zu erhalten, die im Zollkrieg mit Rußland finanzielle Verluste erlitten hatten. Im Vorfeld des Auftritts des Industriellen – laut *Nord-Ostsee-Zeitung* »eines der hervorragendsten und angesehensten Mitglieder der nationalliberalen Partei«[455] – schrieb Jebsen warnend: »Wenn er aber glaubt, unsere Angliter Agrarier zu bekehren, dann wird er finden, daß solches schwieriger sein wird, als einen Kameruner weiß zu waschen.« Leicht sei die Aufgabe nicht, da die verschiedensten wirtschaftlichen Interessen vorlägen und »auf dem Gebiet die Anschauungen meiner konservativen, nationalliberalen und freisinnigen Wähler weit auseinander gehen«.[456] Um so mehr war er bemüht, seinen Parteifreund Möller genauestens zu instruieren: »Dem Antisemiten Raab (...) muß gehörig heimgeleuchtet werden, was nicht schwer fallen dürfte, da derselbe in Hamburg für die Verstaatlichung des Grund und Bodens eingetreten ist, überhaupt der Sozialdemokratie in manchen Punkten nahe steht.«[457] Um Raab damit zu belasten, scheinen Jebsen nahestehende Personen diese Anschuldigung in die linksliberale *Kieler Zeitung* lanciert zu haben.

So war der Boden vorbereitet, als Jebsen gemeinsam mit Möller am 27. Mai 1898 in einer gut besuchten Flensburger Wahlversammlung auftrat, in der auch Mitglieder anderer Parteien erschienen. Nach der Eröffnung durch Rektor Nicolaisen referierte Jebsen über seine fünfjährige Reichstagsarbeit und wies den von Kritikern früher erhobenen Vorwurf zurück, daß er gewählt werden wolle, um »Geschäfte zu machen« – sicherlich eine nicht ganz unberechtigte Kritik an seiner Lobbytätigkeit für die Schifffahrtsindustrie und seine eigene Reederei. Ebenso vehement widersprach er dem Gerücht, eine schriftliche Erklärung gegeben zu haben, gegen den Handelsvertrag mit Rußland zu stimmen, und hinterher wortbrüchig geworden zu sein; statt dessen führte er politische Gründe für sein Verhalten an. Um das peinliche Thema zu verlassen, war er bemüht, sein besonderes Interesse für die Landwirtschaft zu demonstrieren, seine arbeitsreiche parlamentarische Tätigkeit zu schildern und sich den Flensburgern als einziger seefahrtskundiger Mann im Reichstag besonders zu empfehlen. Möller griff diesen Faden auf und riet zur Wahl von Jebsen, weil die großen See- und Handelsstädte seit Jahren nur durch die SPD im Reichstag vertreten seien. Wie mit Jebsen abgesprochen, ging er zum scharfen Angriff auf Raab über und warf diesem vor, in der Hamburger Bürgerschaft die Verstaatlichung des Grundbesitzes gefordert zu haben. Er bezeichnete die Kandidatur eines solchen Mannes als reinen Hohn, weil für Landwirte die Besitzerhaltung »eines der heiligsten Güter« sei. Raab, der auch anwesend war, wies den Vorwurf umgehend als »unrichtig« zurück: Er habe sich dabei auf lokale Hamburger Verhältnisse bezogen, nämlich Bauschwindel zulasten der Handwerker. Auch Jebsen entging nicht der Kritik der Reformpartei, und zwar durch einen Landwirt, der – wie die *FNZ* mitteilte – sich »in etwas drastischer Weise von den Ausführungen des Herrn Jebsen nicht befriedigt« gezeigt habe.[458]

Dr. jur. Friedrich Hammacher (1824–1904)

Der nächste Parteifreund, den Jebsen begrüßen konnte, war der weitbekannte Essener Industrielle Dr. Friedrich Hammacher, seit 1869 Reichstagsmitglied mit Bergbauexpertise und starkem sozialen Gewissen, der beim großen Bergarbeiterstreik von 1889 erfolgreich vermittelt hatte und als kluger und tatkräftiger Mann galt.[459] Der Vierundsiebzigjährige befand sich auf Erholungsreise und nahm auf Bitte seines persönlichen Freundes Jebsen, der ihn im Brief mit »Verehrter Herr Kollege und Gönner« anredete,[460] am 1. Juni 1898 in Apenrade an einer gut besuchten Wahlversammlung teil. Er empfahl den Wählern »die Kandidatur seines Freundes Jebsen«, der stets »furchtlos und energisch die Interessen der Schiffahrt und der Seeleute vertreten« habe: Da dieser der einzige schiffahrtskundige Abgeordnete sei, werde man in weiten Kreisen nicht verstehen, warum man den verdienten und bewährten Parlamentarier fallen lasse. Auf die Kritik der Agrarier anspielend, versprach er, daß bei Prüfung neuer Handelsverträge die Nationalliberale Partei und Jebsen »den berechtigten Interessen der Landwirtschaft dieselbe Sorgfalt und gewissenhafte Beurteilung« wie anderen Erwerbsständen zukommen lassen würden. Jebsen sei in zwei Legislaturperioden »ein bewährter Vertreter des Kreises gewesen – ein kernfester deutscher Mann, der furchtlos das als richtig Erkannte vertrete und dem Wahlkreise Ehre gemacht« habe.[461]

War der Auftritt in Apenrade ein Heimspiel gewesen, so mußte Jebsen im westlich gelegenen Dorf Rothenkrug auf Agrarinteressen stärker Rücksicht nehmen. Tatsächlich konzentrierte Hammacher sich am 3. Juni 1898 auf Jebsens wundeste Stelle, nämlich seine angeblich agrarfeindliche Haltung, und hob hervor, daß dieser wie die ganze Partei »die Interessen aller Berufsstände« vertreten habe, »wie es die Pflicht eines jeden Abgeordneten« sei. Ausdrücklich bekundete er die Bereitschaft seiner Partei, »bei zukünftigen Handelsverträgen für die Landwirtschaft einzutreten«.

Die *FNZ* berichtete, der alte angesehene Parlamentarier habe in seiner »gehaltvolle(n) Ansprache« die Wiederwahl von Jebsen »auf das Wärmste« empfohlen. Hammachers Rede war insofern wichtig, weil er seine Partei darin auf einen zukünftigen agrarfreundlichen Kurs festlegte, um in letzter Minute mit diesem weitgehenden Versprechen die Unterstützung der Agrarlobby für Jebsen und zweifellos auch für andere nationalliberale Kandidaten zu erreichen. Nach Beobachtung der *FNZ* erhielt die Rothenkruger Veranstaltung durch die »bemerkenswerte Ansprache« von Hammacher »eine erhöhte Bedeutung«.[462]

Die gemeinsamen Auftritte mit dem prominenten Hammacher schienen eine positive Wende für Jebsen einzuleiten. Nachdem auch der Reichswahlverein am 1. Juni 1898 einstimmig beschlossen hatte, seine Wiederwahl zu empfehlen, begann nach Meinung des *NAA* sich die Stimmung für ihn in der Flensburger Handelswelt und auch bei den meisten Lehrern im Wahlkreis zu heben: »So scheint sich, wenn auch in elfter Stunde, ein ganz bedeutender Umschwung zugunsten der Jebsen'schen Kandidatur vollziehen zu wollen.«[463] Trotz des bewußt geschürten Optimismus durch die ihm nahestehende Zeitung blieb Jebsen skeptisch, auch angesichts der allgemein bekannten Sympathie des Landrats des Kreises Apenrade, Rafael von Uslar-Gleichen, für den BdL und damit für die Kandidatur Raab. Als Gutsbesitzer stand Uslar den Bauern näher als den Städtern und ging nach Meinung von Jebsen mit dem BdL »durch dick und dünn«. Man könne glauben, »daß der Antisemit Raab auch von der Regierung protegiert wird«, schrieb er seinem Parteifreund Gottburgsen: »Heute kann man sich über nichts mehr wundern.«[464] Wie problematisch Uslars agrarfreundliche Position war, kam darin zum Ausdruck, daß sich einige Unterstützer von Jebsen weigerten, ihren Namen unter einen Wahlaufruf des Vorstands des Reichswahlvereins zu setzen, der am 7. Juni 1898 in der Presse erschien und Jebsens Kandidatur als »die beste Gewähr« anpries, »den Deutschen gegen Sozialdemokraten und Dänen zum Siege zu verhelfen«. Es seien »hauptsächlich natürlich solche, die mit dem Kreisoberhaupt dienstliche Verbindung haben«, erklärte Jebsens Buchhalter Engelbrecht seinem Chef.[465]

In dieser Lage wandte sich Rektor Nicolaisen, der bei der Vorbereitung des Wahlaufrufs federführend tätig gewesen war, sogar an Oberpräsident von Köller und bat ihn, »etwas für die Wahl Jebsen's tun zu wollen«. Er schreibe »lediglich aus eigenem Antriebe und aus dem Grunde, um etwas

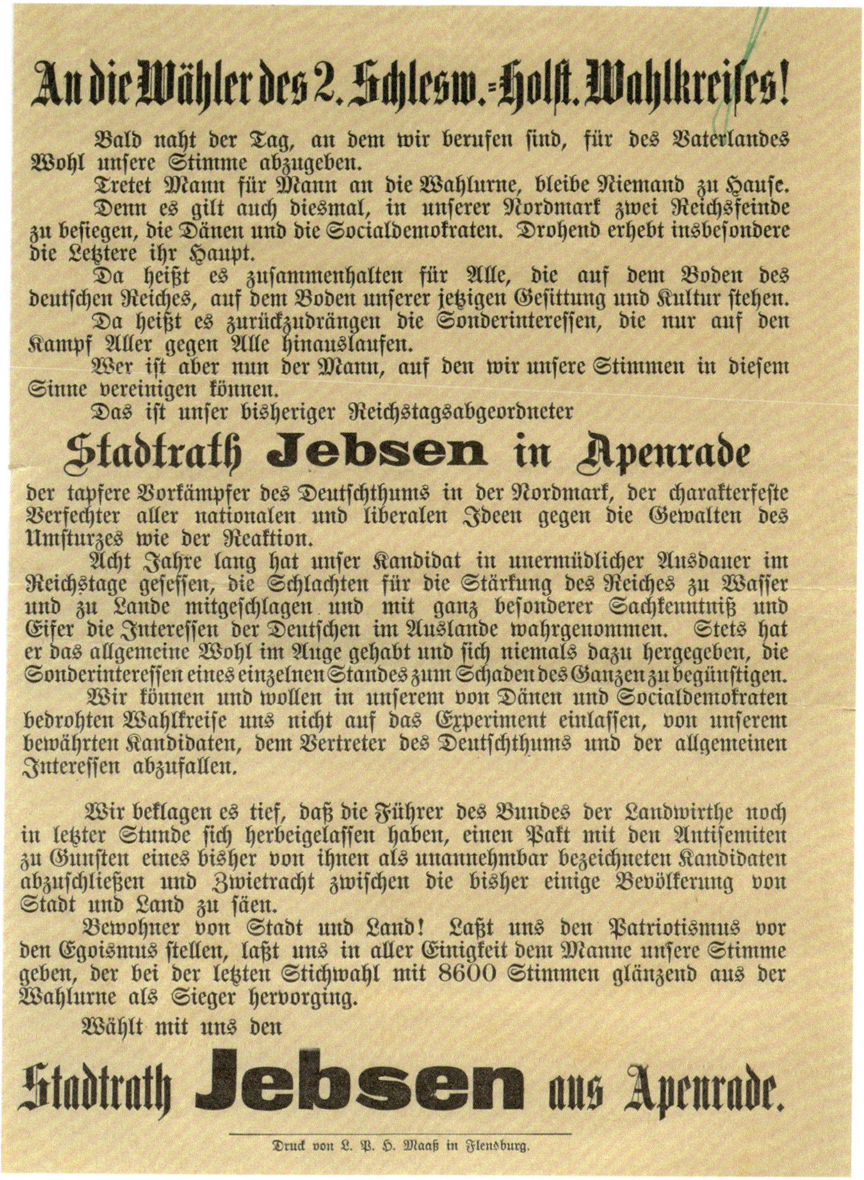

An die Wähler des 2. Schlesw.-Holst. Wahlkreises!

Bald naht der Tag, an dem wir berufen sind, für des Vaterlandes Wohl unsere Stimme abzugeben.

Tretet Mann für Mann an die Wahlurne, bleibe Niemand zu Hause.

Denn es gilt auch diesmal, in unserer Nordmark zwei Reichsfeinde zu besiegen, die Dänen und die Socialdemokraten. Drohend erhebt insbesondere die Letztere ihr Haupt.

Da heißt es zusammenhalten für Alle, die auf dem Boden des deutschen Reiches, auf dem Boden unserer jetzigen Gesittung und Kultur stehen.

Da heißt es zurückzudrängen die Sonderinteressen, die nur auf den Kampf Aller gegen Alle hinauslaufen.

Wer ist aber nun der Mann, auf den wir unsere Stimmen in diesem Sinne vereinigen können.

Das ist unser bisheriger Reichstagsabgeordneter

Stadtrath Jebsen in Apenrade

der tapfere Vorkämpfer des Deutschthums in der Nordmark, der charakterfeste Verfechter aller nationalen und liberalen Ideen gegen die Gewalten des Umsturzes wie der Reaktion.

Acht Jahre lang hat unser Kandidat in unermüdlicher Ausdauer im Reichstage gesessen, die Schlachten für die Stärkung des Reiches zu Wasser und zu Lande mitgeschlagen und mit ganz besonderer Sachkenntniß und Eifer die Interessen der Deutschen im Auslande wahrgenommen. Stets hat er das allgemeine Wohl im Auge gehabt und sich niemals dazu hergegeben, die Sonderinteressen eines einzelnen Standes zum Schaden des Ganzen zu begünstigen.

Wir können und wollen in unserem von Dänen und Socialdemokraten bedrohten Wahlkreise uns nicht auf das Experiment einlassen, von unserem bewährten Kandidaten, dem Vertreter des Deutschthums und der allgemeinen Interessen abzufallen.

Wir beklagen es tief, daß die Führer des Bundes der Landwirthe noch in letzter Stunde sich herbeigelassen haben, einen Pakt mit den Antisemiten zu Gunsten eines bisher von ihnen als unannehmbar bezeichneten Kandidaten abzuschließen und Zwietracht zwischen die bisher einige Bevölkerung von Stadt und Land zu säen.

Bewohner von Stadt und Land! Laßt uns den Patriotismus vor den Egoismus stellen, laßt uns in aller Einigkeit dem Manne unsere Stimme geben, der bei der letzten Stichwahl mit 8600 Stimmen glänzend aus der Wahlurne als Sieger hervorging.

Wählt mit uns den

Stadtrath Jebsen aus Apenrade.

Druck von L. P. H. Maaß in Flensburg.

Wahlaufruf für Michael Jebsen zur Reichstagswahl 1898, *Flensburger Nachrichten*, 1. Juni 1898

dazu beizutragen, daß unser Wahlkreis von einem reichstreuen Mann vertreten wird, wie das stets der Fall gewesen ist mit Ausnahme von 1881–84, wo infolge einer ähnlichen Zersplitterung der Däne Johannsen den Kreis vertrat«.[466] Ob der patriotische Appell irgendwelche Auswirkungen hatte, ist zweifelhaft, weil es den Behörden nicht erlaubt war, auf die Wahlen direkten Einfluß zu nehmen. Allerdings kann es als sicher gelten, daß der Flensburger Landrat Rasch – ähnlich wie bei den Wahlkämpfen 1890 und 1893 – auf der Seite von Jebsen stand, wenn er auch nicht öffentlich damit hervortrat. Erst während der preußischen Landtagswahlen Ende 1898, als Jebsen erneut ins Rennen ging, kamen die politischen Gegensätze zwischen Rasch und den Agrariern deutlich ans Licht; davon wird noch zu handeln sein.

Als letzter auswärtiger Unterstützer von Jebsen erschien Albrecht Patzig, Geschäftsführer des Zentralvorstands der Partei, und begleitete – wie schon fünf Jahre zuvor – den Kandidaten bei seinen Wahlkampfauftritten. Am 3. Juni 1898 sprachen beide in Flensburg und am 4. Juni in Gravenstein und Glücksburg. Während die Gravensteiner Zuhörer stumm zuhörten und keine Fragen stellten, warf in Glücksburg ein Landwirt, der sich als BdL-Mitglied zu erkennen gab, den Rednern vor, Raab persönlich angegriffen und ihn als Sozialdemokrat bezeichnet zu haben. Zwar wies Patzig die Kritik zurück und sprach von Mißverständnissen, doch war klar, daß die Bauern kaum auf die Seite von Jebsen zu ziehen waren. Noch deutlicher wurde diese Haltung im Dorf Sörup mitten in der Landschaft Angeln, der Hochburg des BdL, wo nur etwa fünfzig Personen kamen. Obwohl Jebsen sich laut über die Unzufriedenheit der ländlichen Wähler wunderte, nachdrücklich auf sein wiederholtes Abstimmungsverhalten »zur Besserung der Lage der Landwirte« hinwies und auch versprach, »im Falle seiner Wahl weiter in landwirtschaftsfreundlichem Sinne« zu wirken, blieben die Zuhörer unbeeindruckt. Unerwartete Rückenstärkung erhielt er vom Söruper Arzt Dr. med. Ernst Weyhe, führendes Mitglied der Freisinnigen Vereinigung, welche anfangs Jebsen unterstützt hatte. Als der Mediziner Raab sozialistische Tendenzen vorwarf und »nach Lage der Verhältnisse« die Wahl des »nationalen Kandidaten« Jebsen empfahl, schien sich die Stimmung im Saal aufgehellt zu haben: Man hatte den Eindruck, schrieb der *NAA*, »als wenn ein Umschwung zugunsten der Kandidatur Jebsen[s] eingetreten sei«.[467]

Als gutes Omen konnte Jebsen die Hilfe durch den Handwerker-Club der Stadt Apenrade deuten. Die am 6. Juni 1898 abgegebene »Öffentliche Erklärung« der rund fünfzig selbständigen Handwerksmeister wies die Behauptung von Raab zurück, der Klub habe ihm Unterstützung zugesagt, und lobte statt dessen Jebsens Engagement für die Interessen ihres

Berufsstands.[468] Am selben Tag trat der Kandidat in politisch freundlicher Umgebung und deshalb ohne Begleitredner auf, nämlich zunächst in Schafflund, einem Dorf westlich von Flensburg, wo bäuerlicher Kleinbesitz und Handwerk vorherrschte. Dort versprach er, »die Interessen der Landwirtschaft, der Industrie, des Handels und des Handwerks in gleicher Weise zu fördern«, lehnte es aber ab, »solche unerfüllbaren Versprechungen [zu] machen wie Herr Raab«. In den weiter südlich gelegenen Dörfern Wanderup und Wiehekrug, wo man nach Meinung des *NAA* »keine Agrarier und keinen Bund der Landwirte« kannte, fanden seine Erklärungen über die Handelsvertragspolitik am 7. Juni großen Beifall: »Herr Jebsen hat hier im Westen durch sein sicheres und entgegenkommendes Auftreten, durch seine Sachkenntnis und seine wirtschaftlichen Grundsätze zu den alten Freunden neue gewonnen.«[469]

Ungemütlicher war es drei Tage später in Gelting im östlichen Angeln, wohin Jebsen den Schriftführer des Flensburger Nationalliberalen Vereins, E. Bong-Schmidt, gebeten hatte. Der Rechtsanwalt übernahm es, einen vom BdL-Vizevorsitzenden Jensen kurz zuvor veröffentlichten äußerst kritischen Artikel über Jebsen in allen Punkten zu widerlegen. Im nahegelegenen Sterup scheint die Stimmung am 12. Juni besser gewesen zu sein. Nach Meinung des *NAA* nahm in Ostangeln die Zahl der Unterstützer von Jebsen zu: Die verständlichen, sachlichen und ruhigen Ausführungen des Herrn Jebsen hätten einen sehr günstigen Eindruck gemacht.[470] Am nächsten Tag folgte eine Versammlung im Dorf Hellewatt westlich von Apenrade, wo Jebsen sich als »ein Freund der Landwirtschaft« präsentierte, aber »extreme, unerfüllbare Forderungen« ablehnte. Wie anstrengend die Auftritte waren, machte seine Bemerkung deutlich: »Heute abend halte ich in Hellewatt und Mittwochabend in Uk [südwestlich von Apenrade] Versammlung ab, dann kann man sich von den Strapazen ausruhen, was auch Körper und Geist nötig haben.«[471]

In der Endphase des Wahlkampfes steigerte sich das Trommelfeuer der Medien: Zwei Tage vor der Wahl, also am 14. Juni 1898, erschien im *NAA* ein ganzseitiger Wahlaufruf für Jebsen, der von zahlreichen Persönlichkeiten aus Flensburg, Glücksburg und Umland, Apenrade und umliegenden Ortschaften namentlich unterzeichnet war. Auf der ersten Seite appellierte das Lokalblatt eindringlich an die Wähler: »Wer es treu meint mit seinem deutschen Vaterlande, der gebe seine Stimme nur einem in deutscher Treue, in der Liebe zum deutschen Vaterlande, zu Kaiser und

Reich erprobten Manne; ein solcher ist voll und ganz unser Mitbürger Stadtrat M. Jebsen!«[472]

Obwohl der Wahldonnerstag in Apenrade laut Meldung der *FNZ* äußerlich ruhig verlief, wurde von den Parteien noch viel Werbung gemacht. Als das Ergebnis feststand, glich es tatsächlich »beinahe einem Triumphzug« der Antisemiten und des BdL über den Reichswahlverein und dessen Kandidaten: Auf Wahlkreisebene siegte der Antisemit Raab mit 24,5 Prozent vor Holzhäuser, der für die SPD 22,2 Prozent erreichte, während Jebsen mit 20,7 Prozent den dritten Platz belegte; der dänischgesinnte Wolff schaffte 18,5 Prozent und der Freisinnige Duus 13,9 Prozent. Wie bereits 1893 gelang Jebsen kein hoher Sieg in seiner Heimatstadt – er verlor sogar 8,5 Prozent gegenüber der vorherigen Wahl –, doch erreichte er mit 45,5 Prozent das beste Ergebnis vor Wolff (31,1 Prozent), Holzhäuser (10,3 Prozent), Duus (10,2 Prozent) und Raab (2,6 Prozent), der in Apenrade sein schlechtestes Ergebnis erzielte. Auch im Landkreis Apenrade büßte Jebsen Stimmen ein und blieb mit 14,9 Prozent noch deutlicher als 1893 hinter dem Dänischen Wahlverein zurück, der mit 51,3 Prozent haushoch siegte. An zweiter Stelle kamen überraschend die Freisinnigen (18,1 Prozent) vor den Antisemiten (11,7 Prozent) und den Sozialdemokraten (3,8 Prozent), die auf dem Lande Außenseiter blieben. Ganz anders sah das Bild in der Stadt Flensburg aus, wo Holzhäuser (43,3 Prozent) klar siegte, und zwar vor Jebsen (21,3 Prozent), Duus (18,4 Prozent), Raab (9,6 Prozent) und Wolff (7,2 Prozent). Dagegen bestätigten sich im Landkreis Flensburg die Befürchtungen: Hatte Jebsen dort 1893 mit Unterstützung der Agrarlobby noch haushoch gesiegt, so war es diesmal Raab, der mit 47,3 Prozent das beste Ergebnis einholte. Damit war er der eindeutige Gewinner vor Jebsen (18,3 Prozent), Duus (15,2 Prozent), Holzhäuser (12 Prozent) und Wolff (6,9 Prozent).[473]

Nach Meinung des *NAA* war Raab der große Verlierer in Stadt und Kreis Apenrade. Mit nur 25 städtischen Stimmen für den Antisemiten bildete das Resultat »ein einzig dastehendes Fiasko«, und auch die wenigen ländlichen Stimmen für Raab zeigten nach Ansicht des Blatts »zur Genüge, daß der Kreis Apenrade durch einen Raab nicht vertreten sein will«. Auch die Stadt Flensburg habe »mit starker Deutlichkeit das Gleiche bekundet«. So war es unverkennbar der Landkreis Flensburg, in dem Jebsen am meisten verloren hatte. »Hätte es die Zeit Herrn Jebsen gestattet, an allen größeren Orten Angelns seine Wahlreden zu halten, er hätte auch dort wie an jeder andern Stätte mit derselben Leichtigkeit die

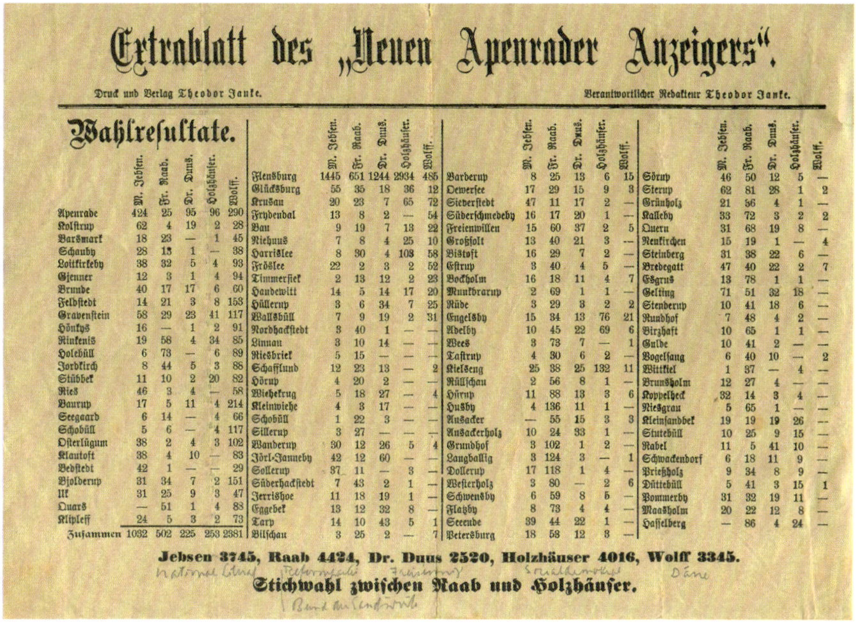

Extrablatt des „Neuen Apenrader Anzeigers“.

Druck und Verlag Theodor Janke. Verantwortlicher Redakteur Theodor Janke.

Wahlresultate.

	M. Jebsen.	Fr. Raab.	Dr. Duus.	Holzhäuser.	Wolff.
Apenrade	424	25	95	96	290
Kolstrup	62	4	19	2	28
Barsmark	18	23	—	1	45
Schauby	28	13	1	—	38
Loitkirkeby	38	32	5	4	93
Gjenner	12	3	1	4	94
Brunde	40	17	17	6	60
Feldstedt	14	21	3	8	153
Gravenstein	58	29	23	41	117
Hönkys	16	—	1	2	91
Rinkenis	19	58	4	34	85
Holebüll	6	73	—	6	89
Jordkirch	8	44	5	3	88
Stübbek	11	10	2	20	82
Ries	46	3	4	—	58
Baurup	17	5	11	4	214
Seegaard	6	14	—	4	66
Schobüll	5	6	—	4	117
Osterlügum	38	2	4	3	102
Klautoft	38	4	10	—	83
Bedstedt	42	1	—	—	29
Bjolderup	31	34	7	2	151
Uk	31	25	9	3	47
Quars	—	51	1	4	83
Klipleff	24	5	3	2	73
Zusammen	1032	502	225	253	2381

	M. Jebsen.	Fr. Raab.	Dr. Duus.	Holzhäuser.	Wolff.
Flensburg	1445	651	1244	2934	485
Glücksburg	55	35	18	36	12
Krusau	20	23	7	65	72
Frydendal	13	8	2	—	54
Bau	9	19	7	13	22
Niehuus	7	8	4	25	10
Harrislee	8	30	4	103	58
Fröslee	22	2	3	2	52
Timmersiek	2	13	12	2	23
Handewitt	14	5	14	17	20
Hüllerup	3	6	34	7	25
Wallsbüll	7	9	19	2	31
Nordhackstedt	3	40	1	—	—
Linnau	3	10	14	—	—
Riesbriek	5	15	—	—	—
Schafflund	12	23	13	—	2
Hörup	4	20	2	—	—
Wiehekrug	5	18	27	—	4
Kleinwiehe	4	3	17	—	—
Schobüll	1	22	3	—	—
Sillerup	3	27	—	—	—
Wanderup	30	12	26	5	4
Jörl-Janneby	42	12	60	—	—
Sollerup	37	11	—	3	—
Süderhackstedt	7	43	2	1	—
Jerrishoe	11	18	19	1	—
Eggebek	13	12	32	8	—
Tarp	14	10	43	5	1
Bilschau	3	25	2	—	7

	M. Jebsen.	Fr. Raab.	Dr. Duus.	Holzhäuser.	Wolff.
Barderup	8	25	13	6	15
Oeversee	17	29	15	9	3
Sieverstedt	47	11	17	2	—
Süderschmedeby	16	17	20	1	—
Freienwillen	15	60	37	2	5
Großsolt	13	40	21	3	—
Bistoft	16	29	7	2	—
Estrup	3	40	4	5	—
Bockholm	16	18	11	4	7
Munkbrarup	2	69	1	1	—
Rüde	3	29	3	2	2
Engelsby	15	34	13	76	21
Adelby	10	45	22	69	6
Wees	3	73	7	—	1
Tastrup	4	30	6	2	—
Kielseng	25	38	25	132	11
Rüllschau	2	56	8	1	—
Hürup	11	88	13	3	6
Husby	4	136	11	1	—
Ausacker	—	55	15	3	3
Ausackerholz	10	24	33	1	—
Grundhof	3	102	1	2	—
Langballig	3	124	3	—	1
Dollerup	17	118	1	4	—
Westerholz	3	80	—	2	6
Schwensby	6	59	8	5	—
Flatzby	8	73	4	4	—
Seeende	39	44	22	1	—
Petersburg	18	53	12	3	—

	M. Jebsen.	Fr. Raab.	Dr. Duus.	Holzhäuser.	Wolff.
Sörup	46	50	12	5	—
Sterup	62	81	28	1	2
Grünholz	21	56	4	1	—
Kalleby	33	72	3	2	2
Quern	31	68	19	8	—
Neukirchen	15	19	1	—	4
Steinberg	31	38	22	6	—
Bredegatt	47	40	22	2	7
Esgrus	13	78	1	1	—
Gelting	71	51	32	18	—
Stenderup	10	41	18	6	—
Rundhof	7	48	4	2	—
Birzhaft	10	65	1	1	—
Gulde	10	41	2	—	—
Vogelsang	6	40	10	—	2
Wittkiel	1	37	—	4	—
Brunsholm	12	27	4	—	—
Koppelheck	32	14	3	4	—
Niesgrau	5	65	1	—	—
Kleinsandbek	19	19	19	26	—
Stutebüll	10	25	9	15	—
Rabel	11	5	41	10	—
Schwackendorf	6	18	11	9	—
Priesholz	9	34	8	9	—
Düttebüll	5	41	3	15	1
Pommerby	31	32	19	11	—
Maasholm	20	22	12	8	—
Hasselberg	—	86	4	24	—

Jebsen 3745, Raab 4424, Dr. Duus 2520, Holzhäuser 4016, Wolff 3345.

Stichwahl zwischen Raab und Holzhäuser.

Wahlresultate der Reichstagswahl von 1898 in den Orten des 2. schleswig-holsteinischen Wahlkreises

Wähler davon zu überzeugen vermocht, daß das ihnen von bündlerischer Seite gehässiger Weise und zu Unrecht eingeimpfte Vorurteil gegen seine Kandidatur ein nichtiges sei.« Die Schuld am Scheitern von Jebsen gab die Zeitung auch den Freisinnigen, besonders ihren Unterstützern in Flensburger Schiffahrts- und Handelskreisen, die zukünftig keinen Vertreter im Reichstag hätten: So sei »doch wohl die Haltung gerade jener Flensburger Herren gleichbedeutend mit schwerster Selbstschädigung«.[474] Auch Jebsens Einschätzung klang zwei Tage nach der Wahl ähnlich. »Wenn in Flensburg die Freisinnigen nicht so töricht gewesen wären zu glauben, daß ihr Kandidat in die Stichwahl kommen würde (...), sondern sich nur zum Teil mir zugewandt hätten, hätte ich den Sozialdemokraten leicht geschlagen und wäre mit Raab in die Stichwahl gekommen.« Überrascht zeigte er sich, daß er im Landkreis Apenrade mehr Stimmen als Raab bekommen und in Angeln über 1200 Stimmen erhalten hatte, »was ich nicht erwarten durfte«. Für die Stichwahl prophezeite er den Sieg von Raab gegen Holzhäuser, »da von allen Seiten auf die Gefahr der Sozialdemokratie aufmerksam gemacht« werde. Er habe sich aber mit seinem Schicksal ausgesöhnt, teilte er über seine Stimmung nach der Niederlage mit: Seine

Frau freue sich sehr, beanspruche aber jetzt, »da ich nicht so viel Geld im Winter in Berlin verbrauche, etwas mehr auf Reisen gehen zu dürfen, was ich ganz in Ordnung finde«.[475]

Für die *FNZ* kam Jebsens Niederlage nicht überraschend, sondern sei nach Lage der Verhältnisse zu erwarten gewesen. Immerhin notierte die Zeitung befriedigt, daß im Vergleich zur Wahl von 1893 die Nationalliberalen in der Stadt Flensburg kaum verloren hätten: Für Raabs Erfolg habe »das Land und speziell Angeln den Ausschlag gegeben«. Anders als in Apenrade gab man verständlicherweise den Freisinnigen keine Schuld am Wahlausgang, sondern verwies auf ihren nur leichten Zugewinn in der Stadt und großen Rückgang im Landkreis Flensburg. Weil sowohl der Dänische Wahlverein als auch die SPD in Stadt und Kreis Flensburg insgesamt schwach abgeschnitten hatten, konstatierte das Blatt »eine schwere Enttäuschung« für die hiesigen Sozialdemokraten, was »ihre Freude über den Erfolg, wieder in die Stichwahl zu kommen, doch stark beeinträchtigen« werde.[476]

Wie auch immer: Mit diesem Ergebnis standen sich in der Stichwahl am 24. Juni 1898 der Antisemit Raab und der Sozialdemokrat Holzhäuser gegenüber.[477] Daß Jebsen in einem solchen Fall für Raab stimmen wollte, hatte er bereits am 1. Juni beim Auftritt mit Hammacher in Apenrade öffentlich bekundet.[478] So wie er gingen die Flensburger Nationalliberalen in das Lager der Reformpartei und damit auch des BdL über, was sich bei einem gemeinsamen Treffen am 20. Juni zeigte.[479] Weil mit dieser Festlegung das deutschnational-bürgerliche Lager geschlossen hinter Raab stand, gab es nach Jebsens Meinung keine Gefahr, daß der Sozialdemokrat gewählt werde: »Raab siegt glänzend.« Er kündigte an, am Wahltag rechtzeitig von einer Reise nach Apenrade zurückzukehren, »nur um meine Stimme für meinen Freund Raab abzugeben«. Sein leichter Sarkasmus kam auch im letzten Satz seines Briefs an *FNZ*-Redakteur Frölich zum Ausdruck: »Mehr kann ich in dieser Sache nicht tun.«[480]

Tatsächlich forderte der Nationalliberale Wahlverein seine Anhänger auf, bei der Stichwahl »für den nationalen und reichstreuen Kandidaten einzutreten«. Zugleich gab man die Parole aus: »Gemeinsamer Kampf gegen die Sozialdemokraten!« Dem Schritt schloß sich der Reichswahlverein an, damit »unserem Wahlkreise die Schmach der Vertretung durch einen Sozialdemokraten im Reichstag erspart bleibt«.[481] So kam es zum Sieg des Antisemiten, der mit knapp sechzig Prozent der Stimmen über seinen SPD-Herausforderer siegte. In einer Wahlanalyse äußerte der *NAA* sich

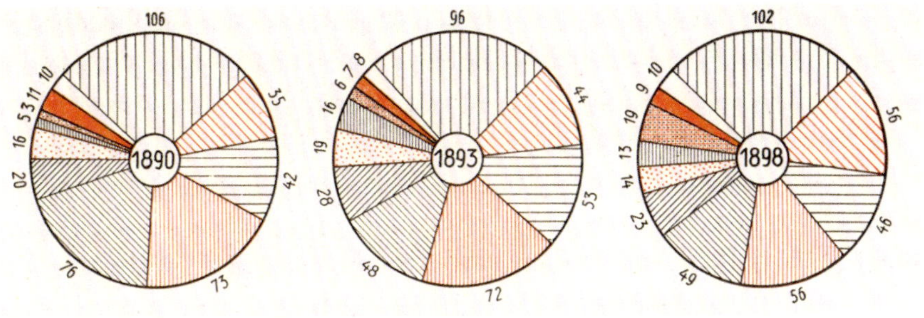

Graphische Darstellung der Stärkeverhältnisse der Parteien nach den Reichstagswahlen von 1890, 1893 und 1898

zwar positiv über das Ergebnis, doch machte das Blatt zugleich auf die schwierige Gefühlslage vieler Apenrader und Flensburger aufmerksam, »einem Fremden die Stimme zu geben, der unserm seitherigen bewährten und allgemein hochgeachteten wie beliebten Reichstagsabgeordneten Jebsen das seit 8 Jahren treu verwaltete Mandat zu entreißen getrachtet« habe.[482]

Schaut man auf das Ergebnis der Wahl von 1898 in Schleswig-Holstein, so war provinzweit die SPD mit 39 Prozent wiederum stärkste Kraft geworden und hatte die Nationalliberalen mit 14,5 Prozent auf Platz zwei verwiesen. Hauptverlierer war die Freisinnige Vereinigung, aber auch Antisemiten und Freikonservative blieben deutlich unter zehn Prozent, die Dänischgesinnten knapp darüber. Im neuen Reichstag stellte das katholische Zentrum die meisten Mandate, gefolgt von Konservativen und SPD, während die Nationalliberalen reichsweit leicht verloren und als vierte Kraft ins Parlament einzogen; die Antisemiten blieben Splitterpartei.[483] Insgesamt gesehen war es der SPD am besten gelungen, ihre Anhänger zu mobilisieren, obwohl sie sich überall einer anti-sozialdemokratischen Frontstellung gegenüber gesehen hatte. Bemerkenswert war auch, daß die agrarisch orientierten oder festgelegten Abgeordneten sowohl bei den Nationalliberalen und Konservativen als auch beim Zentrum zahlenmäßig zunahmen.[484] Mit Raab kam einer von ihnen erstmals aus dem Wahlkreis Apenrade-Flensburg. Bei den Nationalliberalen hatte außer Jebsen auch sein Freund Hammacher seinen Wahlkreis verloren, dagegen nahm Jebsens anderer Wahlhelfer – Theodor Möller – nach dreijähriger Pause wieder im Reichstag Platz. Einen guten Monat nach der Wahlniederlage resümierte Jebsen seine Zeit als Parlamentarier: »Viel Spaß nicht, aber desto mehr Ärgernis war mit dem Amt verbunden, ganz abgesehen von den ganz bedeutenden Kosten.«[485]

Bilanz: Ein Parlamentarier und sein politisches Wirken

Die politische Haltung von Jebsen erfuhr Änderungen im Laufe seines Lebens. Bekannte er sich als Jugendlicher generell zur deutschen Sache in Nordschleswig, so erscheint er in den 1860er Jahren als Sympathisant der augustenburgischen Bewegung, die ein unabhängiges Schleswig-Holstein anstrebte. Wie sein Vater, einer der führenden deutschgesinnten Liberalen in Apenrade, ist auch Jebsen nach seiner Rückkehr in die Heimatstadt (1882) der liberalen Bewegung zuzurechnen – wenn er auch in den achtziger Jahren noch nicht in festen parteipolitischen Kategorien dachte. Seine aus familiärer Tradition und eigener Überzeugung resultierende liberale und antikonservative Haltung machte ihn zu einem preußenkritischen Zeitgenossen, der auch dem Reichsgründer Bismarck mit großer Distanz gegenüberstand. Gefördert wurde dieser Reflex noch zusätzlich durch die Abwendung des Kanzlers von den Nationalliberalen und Hinwendung zu einer Schutzzollpolitik (1879), die der konservativen Agrarlobby zugute kam. Erst mit Bismarcks Abgang und seinem eigenen Einzug in den Reichstag als nationalliberaler Abgeordneter (1890) veränderte Jebsen sichtbar seine frühere kritische Einstellung zu Preußen und zum Deutschen Reich. Unter dem Eindruck der schiffahrtsfreundlichen Handelsvertragspolitik des neuen Kanzlers von Caprivi bekannte er sich zu den freihändlerisch-orientierten Positionen seiner Partei und grenzte sich von konservativ-agrarischen Ideen ab – wenn er damit auch in permanente Schwierigkeiten mit der mächtigen Agrarlobby in seinem Wahlkreis kam. Eine durchaus gewichtige Rolle spielte er bei der Durchsetzung von Reedereiinteressen gegenüber den politischen Gegnern in Gestalt der Sozialdemokraten und der Linksliberalen, aber auch gegenüber der Regierung bei seiner Ablehnung jeder Staatsaufsicht über die Schiffahrt oder bei seiner Forderung nach Subventionen für einen Reichspostdampferdienst. In allen diesen Fragen nahm Jebsen einen klaren Unternehmerstandpunkt ein.

Obwohl Jebsen im Reichstag vor allem als Experte und Lobbyist für die Handelsschiffahrt auftrat, begann sein Engagement für die Marine bereits zu Anfang seiner achtjährigen Mandatszeit, und zwar unter dem Einfluß seiner Geschäftsfreunde in Handels- und Reedereikreisen, die sich von deutschen Kriegsschiffen einen besseren Schutz ihrer Wirtschaftsinteressen im Ausland versprachen. Mit seiner Unterstützung der Tirpitzschen Marinepolitik hatte Jebsen zweifellos einen Anteil am Aufbau der deutschen Schlachtflotte, einem wichtigen militärischen Instrument zur Unterstützung der »Weltpolitik« von Außenstaatssekretär von Bülow und des deutschen Imperialismus vor dem Ersten Weltkrieg. Zwar distanzierte der Politiker Jebsen sich vom Kolonialismus und stand der Erwerbung der deutschen Chinakolonie Kiautschou eher gleichgültig gegenüber, doch versäumte er nicht die Gelegenheit, seine persönlichen Verbindungen in Berlin zu nutzen, um die subventionierte Postdampferlinie in Nordchina für seine Reederei zu akquirieren. Jebsen läßt sich deshalb in Anlehnung an die Kategorisierung des Historikers Wolfgang Mommsen am ehesten den Vertretern eines »realpolitischen Imperialismus« unter den Nationalliberalen zurechnen, die weltpolitische Ziele aus wirtschaftlichem Interesse und mit entsprechendem Augenmaß befürworteten und damit nicht zuletzt die schwindende eigene Basis in der bürgerlichen Wählerschaft mit ihrer großen Empfänglichkeit für »weltpolitische« Pläne im Blick hatten.[486] Allerdings konnte Jebsen diese Trumpfkarte in seinem letzten Reichstagswahlkampf (1898) kaum ausspielen, da er sich vor allem für seine freihändlerischen Positionen und Entscheidungen gegenüber den Agrariern in seinem Wahlkreis rechtfertigen mußte. Insgesamt gesehen war er als Politiker ein sehr gemäßigter und vor allem im Rahmen nüchtern-wirtschaftlicher Zweckmäßigkeit denkender Proponent eines deutschen globalpolitischen Engagements.

Überblickt man die achtjährige Reichstagstätigkeit von Jebsen von 1890 bis 1898, so übte er sein Mandat gerade in einer Zeit aus, welche in Deutschland vom heftigen Streit über neue politische, wirtschaftliche und soziale Wege geprägt war. Nach dem Abgang des Reichsgründers Bismarck versuchten die vergleichsweise schwachen Kanzler Caprivi und Hohenlohe, mehr oder weniger erfolgreich eigene Akzente gegenüber dem jungen Kaiser Wilhelm II. und seinem »persönlichen Regiment« zu setzen. Die Abkehr vom Bismarckschen Bündnissystem und die Hinwendung zu einer großangelegten Welt- und Flottenpolitik mit ihren globalen außenwirtschaftlichen und militärischen Implikationen prägte diese Phase genau so sehr wie der große Sprung der deutschen Wirtschaft vom Agrar- zum Industriestaat mit seinen binnenwirtschaftlichen und sozialen Folgen. Die dadurch entstehenden gesellschaftlichen Spannungen fanden im Reichstag ihr Spiegelbild und ihren Austrag auch bei den von Jebsen erlebten und teilweise mitgetragenen Debatten über den Einsatz deutscher Kriegsschiffe im Ausland, die schrittweise Erweiterung der Marine, die Erleichterung der Situation der Handelsschiffahrt und ihrer Besatzungen, die Subventionierung von Reichspostdampferlinien, die Verbesserung des deutschen Konsulardiensts im Ausland und den Abschluß von Handelsverträgen mit anderen Staaten. Die starken Interessengegensätze, die sich in den Diskussionen im Plenum und in den Kommissionen entluden, waren nicht nur ein Reflex unterschiedlicher Standpunkte, sondern ein Grundmuster des systembedingten und damit unaufhebbaren Spannungsverhältnisses zwischen einer monarchisch-bürokratisch geführten Regierung mit fast unbeschränkter Handlungsfreiheit und einem demokratisch-liberalen Parlament, das außer dem Etatrecht – also der Verweigerung oder Verzögerung der von der Reichsleitung beantragten einzelnen Etattitel – nur durch kraftvolle Reden seiner Abgeordneten und eine unterstützende Presse maßgeblichen Einfluß auf das Regierungshandeln ausüben konnte.

Trotz der allgemein aufgeheizten Stimmung in jenen Jahren eckte Jebsen mit seiner Expertenrolle für Fragen der Schiffahrt kaum jemals ernsthaft im Reichstag an. Jacob Jebsen berichtete, sein Vater habe in der Nationalliberalen Partei sich schnell eine geachtete Stellung erworben und sei wegen seines frischen, humorvollen und energischen Wesens sehr beliebt gewesen: »(O)hne an der eigentlichen politischen Führung einen Teil zu haben oder als Redner sich hervorzutun, was ihm nicht lag, verschafften ihm sein scharfer Verstand und seine Spezialkenntnisse auf dem Gebiete der Schiffahrt und des Überseehandels einen erheblichen Einfluß.«[487] Um so bemerkenswerter ist es, daß ausgerechnet Jebsen, der sich zu Verästelungen der Großen Politik so gut wie nie äußerte, weil er darüber schlicht zu wenig wußte, einer innenpolitischen Konstellation zum Opfer fiel, die sich auch in seinem nordschleswigschen Wahlkreis wie in einem Brennglas wiederfand, nämlich dem ökonomisch getriebenen Interessengegensatz zwischen landwirtschaftlichen Produzenten und städtischen Konsumenten. Mit seiner Zustimmung zum Handelsvertrag mit Rußland half er zwar den norddeutschen Handels- und Schiffahrtskreisen, die ihm geschäftlich und auch persönlich nahestanden, doch verscherzte er sich nachhaltig die Sympathie und Unterstützung der mächtigen Agrarlobby in Gestalt des Bundes der Landwirte. Seine Wahlniederlage von 1898 ging ursächlich auf diese Entscheidung zurück, die allerdings nicht Ausdruck »seiner unklaren Haltung zu den Agrarzöllen«[488] war, sondern einer bewußten Prioritätensetzung zugunsten der Belange von Handel und Schiffahrt. Eine andere Option blieb ihm als einem hauptberuflichen Reeder kaum, wenn er nicht gegen seine eigenen Geschäftsinteressen sowie diejenigen seiner engsten Netzwerkpartner handeln wollte. Das dafür zu bringende Opfer war der Verlust des politischen Mandats im Reichstag, also eines für ihn und seine Freunde wichtigen, aber nicht existentiellen Einflußfaktors auf das Regierungshandeln in Berlin. Insofern konnte die Wahlniederlage verschmerzt werden, wenn auch Reeder- und Schiffahrtsinteressen zukünftig keine starke Lobby im deutschen Parlament mehr hatten.

Der Nordschleswiger: Politik und Wirtschaft in der Grenzregion (1882–1899)

»Mottenburg« Apenrade

Im Sommer 1882 fand der Umzug der Familie Michael Jebsen von Rotterdam nach Apenrade statt. Dieser Schritt war zwar gleich nach der Gründung der Partenreederei im November 1878 erörtert worden, doch hatten berufliche Zwänge ihn verhindert. Allerdings waren Jebsen schon lange vor dem Verlassen der holländischen Metropole ernste Zweifel gekommen, ob er es in der Heimatstadt, »nachdem ich jetzt an ein so reges Leben gewohnt bin, aushalten werde«.[1] Nüchtern und hart fielen seine Kommentare über das rückständige Denken der Apenrader aus, die sich nicht von der traditionellen Segelschiffahrt trennen wollten. Eine Art Vorentscheidung für die Rückkehr fiel bereits im Sommer 1880. Der älteste Sohn Jacob hatte in Rotterdam bislang Privatunterricht von der Hausgouvernante Minna Kossow, einer Jugendfreundin von Clara Jebsen, erhalten und sollte mit neun Jahren endlich eine öffentliche Schule besuchen. Da offenbar eine niederländische Lehranstalt nicht in Frage kam, beschloß man, ihn nach Apenrade zu schicken, wo er im Herbst 1880 in die Rektorschule aufgenommen wurde; sein Klassenlehrer war der spätere Rektor Nicolai Nicolaisen.[2] Als Jebsen seinen Sohn Anfang 1881 kurz besucht hatte, äußerte er sich sehr positiv über den Schulfortschritt und Gesund-

heitszustand von Jacob. Wie er seinem Freund Marshall schrieb, denke er ernsthaft darüber nach, nicht länger in Rotterdam zu bleiben, sondern noch dieses Jahr nach Apenrade umzuziehen.[3] Weil ein rascher Abschied von der Firma Krupp aber nicht möglich war, beschloß man, daß Clara mit den Kindern zwei bis drei Monate in Apenrade zubringen sollte – sicherlich, um sie auf die neue Umgebung vorzubereiten.[4] »Hoffentlich wird es nicht allzu lange währen, bevor wir unseren Wohnsitz ganz in Apenrade wieder aufschlagen«, schrieb Jebsen im Mai 1881.[5]
Allerdings beschlichen ihn bald Zweifel über die geschäftlichen Perspektiven seiner Reederei in einem Ort, deren tonangebende Schicht nach seiner Auffassung modernisierungsfeindlich eingestellt war. »Die guten Apenrader hocken zu Hause im Krähwinkel herum und gehen den Krebsgang«, urteilte er.[6] Zwar zeigte er sich im Juli 1881 befriedigt, daß seine Frau und die sechs Kinder den Aufenthalt dort genossen, doch war er unsicher, ob er sich »in einer kleinen Stadt zufrieden geben würde«, und kündigte deshalb an, »oft nach Hamburg reisen« zu wollen.[7] Wie groß seine Sorge war, in seiner Heimatstadt nicht mehr zurecht zu kommen, wurde Ende 1881 deutlich, als er mitteilte, er sei sich über seinen künftigen Wohnsitz noch nicht schlüssig geworden, werde ihn jedoch in Hamburg oder einer Stadt der Elbeherzogtümer – also in Holstein oder Lauenburg – aufschlagen.[8] Zweifellos versprach er sich bessere Entfaltungsmöglichkeiten für seine Reederei in der Handelsmetropole Hamburg oder deren Umland. Um so schärfer kritisierte er die Rückwärtsgewandtheit der tonangebenden Apenrader und prognostizierte, daß die Stadt »zum Fischerdorfe mit Gasbeleuchtung herabsinken« werde.[9]

Als die Familie Jebsen endlich in Apenrade ankam, traf sie auf eine Stadt im mühsamen strukturellen Wandel. Die traditionsreiche Schiffer- und Schiffbauerstadt verlor langsam ihren alten Charakter angesichts des raschen Niedergangs ihrer traditionellen industriell-gewerblichen Grundlage. Tatsächlich versetzte das sukzessive Ende der Segelschiffahrt der Stadt einen fast tödlichen Stoß. Das letzte große Segelschiff, die Bark *Concordia*, lief 1882 auf der Werft von Erich Paulsen vom Stapel.[10] Gab in den siebziger Jahren die Apenrader Segelschiffsflotte noch etwa fünfhundert Männern Arbeit, so war ihre Beschäftigtenzahl im Jahr 1890 auf nur einundvierzig zusammengeschmolzen. Viele Familien hatten ihre Existenzgrundlage verloren, so daß manche Armenfürsorge benötigten und noch mehr die Stadt verließen: Allein in den Jahren 1878 bis 1882 sollen

Apenrade an der Apenrader Förde, um 1900

etwa fünfzehn bis sechzehn Prozent der Einwohner weggezogen sein, wobei wirtschaftliche Motive die Hauptrolle spielten.[11] Zwischen 1875 und 1884 verlor der Landkreis Apenrade durch Auswanderung nach Übersee 0,7 Prozent seiner Bewohner, womit er bei den Wanderungsverlusten zahlenmäßig an dritter Stelle im schleswigschen Landesteil hinter den Kreisen Tondern und Hadersleben lag.[12] Entsprechend ging die Apenrader Kreis- und Stadtbevölkerung in den achtziger Jahren zurück: Gab es 1880 noch knapp 30.000 Kreis- und 6215 Stadteinwohner, so waren diese Zahlen bis 1890 auf rund 27.400 Kreis- und 5369 Stadteinwohner gefallen. Erst in den neunziger Jahren begann mit der globalen Wirtschaftskonjunktur die Bevölkerungszahl wieder leicht zuzunehmen.[13] Bei ihrer Ankunft in Apenrade wird die Familie Jebsen auf eine weitverbreitete Stimmung der Unsicherheit, Frustration und Zukunftsangst gestoßen sein, die das Einleben in der neuen Umgebung nicht erleichterte.

Der ökonomische Niedergang der früher bedeutenden Schiffer- und Schiffbauerstadt spiegelte sich nur wenig in zeitgenössischen Schilderungen wider, in denen vor allem die landschaftliche Schönheit ihrer Umgebung hervorgehoben wurde. In dem regionalpatriotischen Werk *Unsere*

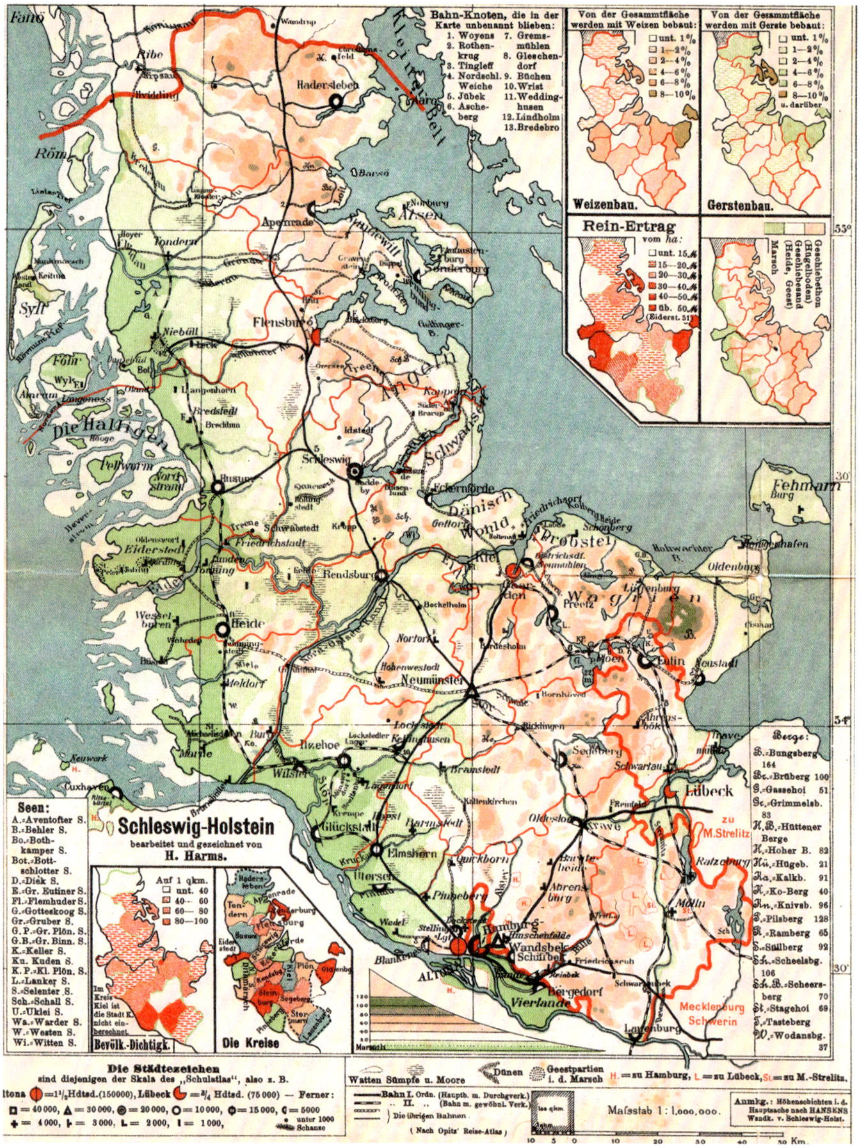

Karte der preußischen Provinz Schleswig-Holstein, vor 1920

meerumschlungene Nordmark (1914) verglich Jacob Bödewadt die Provinz Schleswig-Holstein mit einem Pfannkuchen: »(I)st die Mitte auch nicht gerade zu verachten, das Beste daran sind doch die Ränder.« Dieses Bild, das alte Schullehrer wohl damals mit Vorliebe heranzogen, bezog

Titelblatt des Werkes *Unsere meerumschlungene Nordmark*, 1914

sich auf die Nord- und Ostseeküste, an denen nach Bödewadts Meinung sich der Reichtum und die Schönheit häuften. In Nordschleswig sah er das Schwergewicht »in jeder Hinsicht im Osten: politisch, wirtschaftlich, landschaftlich«. Für den Schriftsteller lag der »unvergleichliche Reiz Apenrades« vor allem »in seiner wundervollen Umgebung, in den schönen Wäldern, die die Stadt umschließen und vor allem in der prächtigen Förde«. Er erwähnte besonders das »hochgelegene Knapp am Nordufer und das entzückende Elisenlund bei Lachsmühle am Südufer der Förde, Neumühle im Riesholz und Färbersmühle im Süderholz westlich der Stadt« – nach seinem Bericht alles »beliebte Ausflugsorte, die sich an landschaftlicher Schönheit mit jedem Punkt der Ostsee messen können«.[14]

Andere zeitgenössische Autoren kamen zu ähnlichen Urteilen: So lobte ein *Führer für Einheimische und Fremde* durch *Apenrade und die nächste Umgebung* (1891) aus dem Verlag des Apenrader Buch- und Papierhändlers Andreas Wohlenberg ausdrücklich die Umgebung der Stadt, die »zu den schönsten Gegenden Schleswig-Holsteins« gehöre, »welchen Vorzug die Stadt ihrer günstigen Lage an einem prächtigen, vielleicht dem schönsten, Meerbusen der Ostsee und waldbekränzter, hügeliger Umgebung zu verdanken« habe. Folgerichtig empfahl das Büchlein neun Spaziergänge um Apenrade herum, aber auffalligerweise keinen einzigen Gang durch die Stadt. Zur Erklärung hieß es: »Für das, was der Stadt selbst an Schönheit abgeht, findet der Besucher reichlichen Ersatz in der Schönheit der malerischen Umgebung«. Der lokale Gewerbetreibende vergaß nicht, die »Wohltaten der stärkenden Seeluft und des Seebades« zu erwähnen und die Stadt für Erholungsbedürftige als einen »Aufenthalt ersten Ranges« zu preisen, »dem sich in Schleswig-Holstein durchaus nichts an die Seite stellen läßt«.[15]

Michael und Clara Jebsen, um 1875

In solchen Worten spiegelte sich außer lokalpatriotischem Gefühl und kommerziellem Eigeninteresse auch ein Stück der Realität von Apenrade am Ende des 19. Jahrhunderts wider. Der ökonomische Niedergang machte die Stadt zu einem ruhigen und provinziell wirkenden Ort, dem fast jede Betriebsamkeit abging. Auch Jebsen empfand deutlich diese Abgeschiedenheit, vor allem im Vergleich zur Transitopolis Rotterdam, wenn er auch bemüht war, darin mehr Vor- als Nachteile zu sehen. So lobte er in Briefen während der ersten Wochen nach seiner Rückkehr »this little quiet place« und teilte mit, daß seine Frau und die Kinder sich sehr wohl fühlten.[16] Zwar kam ihm das Leben im Vergleich zu Rotterdam

Die Apenrader Förde mit der Stadt im Hintergrund, um 1910. Zeitgenössisches Gemälde

Straßenszene in Apenrade, um 1910

»stille vor«, weil Börsen- und Tagesbürozeit wegfielen, »allein wir haben es hier um so gemütlicher«. Er selbst sei »hier so ziemlich wieder eingebürgert, jedoch mit Arbeiten, die sich inzwischen angesammelt haben, sehr überhäuft«. Die Kinder tummelten sich in Hof und Garten herum, gediehen dabei famos und hätten schon eine ganz andere Farbe bekommen, berichtete er.[17] Allerdings hatte die oft gepriesene kräftige Seeluft von Apenrade auch ihre Nachteile, wie Jebsen schon kurze Zeit nach dem Umzug feststellte. Nicht nur waren die Kinder öfters krank als früher, sondern auch er selbst litt ständig an Halsschmerzen. Seine erste Kur im fränkischen Bad Kissingen, die er unmittelbar nach Verlassen der Niederlande antrat, diente allerdings der Behandlung eines Magenleidens, das er sich durch reichlichen Alkoholgenuß zugezogen hatte. Seinen Rotterdamer Geschäftsfreund Ruys ließ er wissen: »Mir geht es hier gut, und da ich keine holländischen Genever [Wacholderbranntweine] oder Bittertjes [bittere Schnäpse] im Körper habe, sind die anderen kleinen Gebrechen, die Sie aufs mehr unschädliche Bier zurückführen, gänzlich gewichen.«[18]

Die sechswöchige Kissinger Kur von August bis Mitte September 1882 bildete den Auftakt von Jebsens regelmäßigen Sommeraufenthalten in dem berühmten Badeort. Weil die Heilquellen von Kissingen besonders der Behandlung von Atemwegs- und Halserkrankungen sowie der Anregung der Darmtätigkeit und des Blutkreislaufs dienen, konnte er seinen

Apenrade im Winter, um 1910

Körper dort wieder regenerieren. Zwar half die erste Kur auch seinem Hals, doch kehrten die Beschwerden zu Hause zurück. Er müsse sich »wohl erst wieder an dies nordische Klima gewöhnen«, meinte er.[19] Doch zeigte er sich insgesamt zufrieden mit seinem neuen Leben: »Sonst ist mein Appetit ausgezeichnet und schlafe ich wie ein Bär, und muß ich mit meinem Zustande zufrieden sein.«[20]

Trotz gelegentlicher Reisen nach Hamburg, wo Jebsen sich »wegen des Mangels einer Oper und eines guten Theaters hier« entschädigte, hatte er die Idee aufgegeben, dort seinen Wohnsitz zu nehmen. Mit der Bemerkung, schon genug umgezogen zu sein, und daß es Zeit sei, »gemütlich der Ruhe zu pflegen«, verband sich ein Lob auf Apenrade: »So bequem und mollig wie wir es hier haben, würden wir schwerlich anderswo zurecht kommen.«[21] Andererseits machte ihm das rauhe Klima weiter zu schaffen, wie er während stürmischer Tage im November 1882 einem Geschäftsfreund in Rotterdam mitteilte: »Was ein solcher östlicher Sturm, wie wir sie hier aus Rußland direkt über die Ostsee, die uns hier frei vor der Tür liegt, importieren, bedeutet, davon haben die guten Rotterdamer keine Idee. Es gehören gesunde Lungen dazu, um dagegen anzugehen.«[22] Noch genauer schilderte er die Apenrader Winterverhältnisse und seine körperlichen Leiden am Neujahrstag 1883:

> »Nachdem ich einen Teil meiner starken Konstitution eingebüßt habe und jetzt, wo ich zur Ruhe gekommen bin, öfters den Patienten spiele, lerne ich so recht kennen, was eine gute Gesundheit wert ist. Nachdem ich längere Zeit am Hals laboriert habe, bin ich vor ca. 8 Tagen, um mit Bräsig [die literarische Figur Entspekter Bräsig des mecklenburgischen Volksdichters Fritz Reuter] zu reden, so voll von Rheumatismus geworden wie der Esel voll grauer Haare und wer weiß, wie lange ich mich damit abquälen muß. Ich habe es sonst hier äußerst gemütlich. Arbeit zur Genüge, gute Verpflegung und Alles, was das Herz nur begehrt, aber das Klima ist ein sehr rauhes und erfordert durch und durch gesunde Menschen. Wer hier durchkommt, kann es schon anderswo aushalten. Holland ist das reine Italien dagegen, und die guten Vlissinger, die bei ihrer sogenannten *zeeuwschen lucht* [das Wetter der niederländischen Provinz Zeeland] sich bis an die Nase einbündelten, möchte ich mal hier bei uns sehen, wenn der direkt von Rußland importierte Oststurm bei 12 bis 15 Grad Reaumur [minus 15 bis minus 19 Grad Celsius] durch die Straßen pfeift. Die Kinder haben sich schnell wieder akklimatisiert; mit mir und meiner Frau geht es nicht so schnell, doch ist letztere verhältnismäßig wohl, wenn man ihre schwache Konstitution in Betracht zieht. Die große tumultarische Kinderschar macht ihr manchmal das Leben schwer.«[23]

Zwar kam man in der neuen Heimat gut durch den ersten Winter, doch erkrankten im Frühjahr die drei Mädchen Bothilde, Clara und Johanne längere Zeit an einem Lungenkatarrh. Als Ende Mai 1883 alle wieder gesund waren, konnte Jebsen mitteilen, daß es eine Freude sei, die Mädchen anzusehen: »Durch das beständige Herumtummeln im Freien haben sie so recht rote Backen bekommen, die ihnen in Rotterdam fehlten. Die haben bei der Übersiedlung hier am meisten profitiert.« Auch seine Frau könne sich nicht beklagen, fuhr er fort, doch sage ihm selbst das Klima in Apenrade nicht zu: »Ich bin fast immer erkältet und werde den Husten gar nicht wieder los, wenn ich mich auch noch so sehr in Acht nehme und eigentlich ein quasi philiströses Leben führe.«[24] Um so mehr erfreuten er und seine Familie sich an der reizvollen landschaftlichen Umgegend. Jebsen lobte die »schönen Buchenwälder, womit unsere Stadt umgeben ist«, und in denen er längere Spaziergänge machte.[25] Im

Sommer sei es »hier sehr schön, Thüringen ist nichts dagegen. Waldluft, gute kalte Bäder, verträgliche Menschen und die beste Naturalverpflegung, was will man mehr«.[26]

Die Bezeichnung »Mottenburg« für Apenrade gebrauchte Jebsen erstmals im Mai 1883 in einem Brief an seinen Schwager Jessen. Nach seinem Bericht über das diesjährige Schützenfest, an dem er teilgenommen hatte, schrieb er: »Weitere Stadtneuigkeiten weiß ich dir nicht mitzuteilen, es geschah aber in unserem Mottenburg nicht viel.«[27] Diese liebevoll-ironische Wendung, mit der die abgeschlossene, überalterte und neuerungsfeindliche Mentalität und das deshalb langsam sich selbst zerstörende Wesen der Stadt pointiert beschrieben wurde – ähnlich wie ein lange nicht geöffneter Kleiderschrank voller gefräßiger Motten, tauchte in der Folgezeit öfters in seiner privaten Korrespondenz auf. »Hier in unserem Mottenburg passiert nur sehr wenig«, gestand er im Juni 1883 ein, doch lobte er die Schönheit der Landschaft und das Gedeihen seiner Kinder in der guten Luft.[28] Als er einen jüngeren Bekannten zum Besuch einlud, ließ er wissen, es sei »keine schlechte Gegend. Zum Schnabulieren gibt es hier genug, und amüsieren werden wir Sie schon.«[29] Eine andere, schon früher erwähnte Benennung war »Krähwinkel«, der Name für einen Ort in dem Lustspiel *Die deutschen Kleinstädter* des Dramatikers August von Kotzebue, der damit eine spießbürgerliche Kleinstadt bezeichnete. Auch wenn Jebsen mit dieser Benennung spöttisch auf die kleinstädtische Beschränktheit seiner Apenrader Miteinwohner hinwies, blieb sein Urteil über das Leben in der Heimatstadt insgesamt positiv: »Ansonsten leben wir in unserem Krähwinkel recht gemütlich«, berichtete er Ende 1883.[30]

An solchen Bemerkungen zeigt sich, daß Jebsen die mentale Unmodernität und ökonomische Rückständigkeit von Apenrade zwar schonungslos kritisierte, doch seiner Stadt innerlich stark verbunden blieb und sein Privatleben dort als angenehm empfand. Gerade aus diesem scheinbaren Widerspruch erklärt sich sein sehr aktives kommunalpolitisches und wirtschaftliches Engagement für Apenrade. Um der zurückgebliebenen Stadt zu helfen, wenigstens wieder etwas an Bedeutung zurückzugewinnen, setzte er sich auf verschiedenen Feldern für ihre Interessen ein. Aus diesem Grunde finden sich mit seinen zunehmenden Aktivitäten in der städtischen Verwaltung und nach der Übernahme anderer Ehrenämter bald weniger ironisch-spöttische Bemerkungen über die Ruhe und Abgeschiedenheit von Apenrade. »An Zeitvertreib fehlt es mir im lieben Mottenburg nicht«, teilte Jebsen schließlich Ende 1884 mit.[31] Nur in den Zeiten harter kommunalpolitischer Konflikte in der zweiten Hälfte der achtziger Jahre kam bei ihm wieder der Gedanke hoch, nach Hamburg umzuziehen. Allerdings hielten die hohen Lebenshaltungskosten in der aufstrebenden Elbmetropole und der Widerspruch seiner Frau ihn davon ab: »Ich gehe oft mit der Idee um, nach Hamburg überzusiedeln, jedoch Mutter hat keine Lust, auch ist es hier für Leib und Seele der Kinder gesünder, und so wird es immer mehr aufgeschoben«, notierte er Anfang 1887.[32] Einem Rotterdamer Freund teilte er mit: »The mortgages [in Hamburg] last year having exceeded even that of Calcutta, [and] in consequence thereof the Mrs. objects to changing our abode and I have to obey.«[33]

In den 1890er Jahren erscheinen in den Briefen von Jebsen keine nennenswerten Kommentare über Apenrade. In jener Zeit war er oft zu Reichstagssitzungen in Berlin oder auf Reisen im In- und Ausland sowie durch die verschiedenen Ehrenämter stark beschäftigt, so daß wenig Zeit für häusliche Besinnung blieb. »Er war ein unruhiger, lebhafter Geist, selten lange an einem Fleck und immer in Bewegung«, erinnerte sich sein Sohn Jacob.[34] Auf diese Weise konnte Jebsen der Enge seiner »Mottenburg« entfliehen und sich dennoch ein positives Verhältnis und lokalpatriotische Gefühle für die Kleinstadt bewahren. Das kommunalpolitische Engagement, gepaart mit anderen Nebenämtern in der Stadt, ließ Jebsen zum »König von Apenrade« werden, wie seine Tochter Emma vermerkte[35] – eine ironische Bezeichnung, die treffend auf seine führende Rolle in der Stadtvertretung hinweist. In diesen Jahren nannte er Apenrade oft seine »liebe, kleine Vaterstadt« – wie Redakteur Frölich von der *FNZ* berichtete.[36] So war es selbstverständlich, daß die Stadt nach seinem Tod auf die enge emotionale Beziehung von Jebsen zu Apenrade hinwies. Im seitengroßen Nachruf des *NAA* hieß es: »Wie hätte er, den so viele anderweite geschäftliche Beziehungen von verlockenden Erfolgen, mit Großstädten, wie Hamburg u. a., verbanden, nicht gar leicht ein angenehmeres und zugleich ertragreicheres Arbeitsfeld anderswo gefunden; doch die Liebe zur Vaterstadt bannte ihn an die heimatliche Scholle.«[37] Mit diesen Worten drückte Redakteur Janke, der Jebsen gut kannte, den inneren Zwiespalt aus, den der engagierte Parlamentarier und erfolgreiche Reeder mit einer in Ostasien operierenden Dampferflotte ständig empfand, wenn er von seinen langen Reisen in die entlegene »Mottenburg Apenrade« an der deutschen Nordgrenze zurückkehrte.

Die Familie Jebsen

Die Kinder von Michael und Clara Jebsen, um 1885: Heinrich, Friedrich, Emma, Jacob, Bothilde (sitzend), Michael, Clara, Johanne (v. l. n. r.)

In Apenrade bezog die achtköpfige Familie im Sommer 1882 das alte Stadthaus in der Schiffbrückstraße nahe am Hafen. Nachdem die Phase der Eingewöhnung vorbei war, konnte Jebsen melden, daß »wir uns in unserem *alten Ahnenschloß* sehr gemütlich« befänden.[38] Man wohnte dort sehr beengt zusammen mit der verwitweten Frau von Jebsens Bruder Jacob (IV), Johanne, und ihren beiden Kindern Michael (genannt »Max«) und Marie Mathilde sowie Thilde, der unverheirateten Zwillingsschwester von Jebsen. Hinzu kamen noch zwei Dienstmädchen, so daß insgesamt vierzehn Personen sich unter einem Dach befanden. Mit diesen Wohnverhältnissen lag man am Ende des 19. Jahrhunderts in Deutschland nicht mehr im allgemeinen Trend. Zunehmend war es in bürgerlichen Familien üblich geworden, daß nur Eltern und Kinder zusammenwohnten, nicht jedoch Großeltern, verheiratete oder unverheiratete Geschwister der Eltern mit ihnen.[39] Offenbar diktierten Sparzwänge diese große Wohn- und Haushaltsgemeinschaft der Familie Jebsen, in der sich besonders Thilde aktiv an der Kindererziehung beteiligte. Nach Schilderung von Jebsens jüngster Tochter Emma scheint sie eine eher launische Natur gewesen zu sein. Weil sie aber praktisch veranlagt war, hätte sie nach Meinung von Emma einen Posten in einem großen Wirtschaftsbetrieb ausfüllen können. »(A)us unserer Kindheit ist sie nicht fortzudenken, zum alten Haus gehörte sie unbedingt«, schrieb Emma im Rückblick auf die Verhältnisse im alten Stadthaus, die stark von dieser »Familientante« geprägt waren.[40]

Ebenfalls nicht im allgemeinen Trend der Zeit lag Jebsen mit der Erledigung seiner beruflichen Aufgaben im häuslichen Kontor, das im linken Teil des Parterres seines Hauses lag. Längst üblich geworden war die strikte Trennung von beruflicher und familiärer Sphäre. Auch hier mö-

Clara Jebsen, um 1890

gen finanzielle Erwägungen oder einfach die Tatsache, daß für den Schriftverkehr mit Kapitänen und Geschäftspartnern nur ein kleinerer Arbeitsbereich mit Ablagen benötigt wurde, eine Rolle gespielt haben. Allerdings war die Familie nicht in die Berufsarbeit von Jebsen einbezogen, die seine Sache allein blieb; erst seit den späten 1880er Jahren nahm er gelegentlich die Hilfe seines Sohnes Jacob für die Erledigung von Geschäftskorrespondenz in Anspruch.[41] Bei längeren Abwesenheiten, vor allem bei Geschäftsreisen oder während seiner parlamentarischen Tätigkeit in Berlin, erledigte ein familienfremder Buchhalter wie Franz Engelbrecht seine Aufgaben, hielt aber regelmäßigen Briefkontakt mit ihm. So blieben Berufs- und Familienwelt trotz der räumlichen Nähe unter einem Dach strikt voneinander getrennt, womit die überlieferte geschlechtsspezifische Arbeitsteilung verstärkt wurde. Diese völlige Freistellung der Frau und der Kinder von der Mitarbeit im Geschäft des Mannes war in gutbürgerlichen Kreisen damals üblich. Clara Jebsen war zu keiner Zeit mit den beruflichen Angelegenheiten ihres Mannes befaßt oder gab auch nur ein leises Interesse daran kund. Ihr ältester Sohn schrieb rückblickend: »Unsere Mutter, deren ganzes Leben aufgegangen ist in der Sorge für ihre Familie und deren Selbstlosigkeit eine beispiellose war, besorgte mit zwei Mädchen den Hausstand und war unermüdlich tätig.«[42] Es zeigte sich, daß Aufgabe und Lebensprojekte beider Ehepartner verschieden waren, wobei die wesentlichen und letzten Entscheidungen wie traditionell üblich beim Mann lagen, der die Familie eindeutig in patriarchalischer Weise dominierte.[43]

Tatsächlich stellte die patriarchalische Struktur der Familie Jebsen sich geradezu idealtypisch für jene Zeit dar. Seit im frühen 19. Jahrhundert in Europa aus den biologischen Unterschieden der Geschlechter unterschiedliche Rollenmodelle und Lebensprojekte entwickelt und theore-

Michael und Clara Jebsen am Strand von Elisenlund, 1892

tisch begründet worden waren, gab es in der Realität der bürgerlichen Familie die klare Trennung zwischen der Frau, die kindergebärend und -aufziehend ans Haus gebunden war, und dem Mann, der auf das äußere und öffentliche Leben, auf Arbeit, Markt und Politik bezogen war. Über Sozialisationsinstanzen wie Eltern, Schule und Kirche waren diese Rollenmuster als Lebensmodell internalisiert und selbstverständlich geworden. In der typischen bürgerlichen Ehe des 19. Jahrhunderts besorgte die Frau das Heim und bestimmte als liebende Mutter die Familienatmosphäre; für den Mann war das Heim der Ruhepunkt, wo er vom »Lebenskampf« ausruhte, und der Ort der Bildung der Kinder. Diese Aufgabenteilung implizierte aber auch die Vorrangigkeit des Mannes im Sinne eines paternalistischen Patriarchalismus: Die Frau ordnete sich dem Mann unter, akzeptierte seine Führung und Vormundschaft und war mit ihrem häuslichen Leben zufrieden. Clara Jebsen verkörperte in ihrer Ehe diese Frauenrolle mit ihrer aufopfernden und völligen Hingabe für Heim und Kinder. Michael Jebsen war ihr Gegenpol, also die notwendige kompensatorische Ergänzung zu ihrer einseitigen Rolle, und auf die äußere Leistungswelt, den Konkurrenzkampf, das politische Geschäft und die Welt der Konflikte bezogen. Allerdings griff Jebsen häufig mit harten Mitteln in die Erziehung der Kinder ein, was Clara »ihre Aufgabe nicht leichter« gemacht habe, wie der älteste Sohn Jacob wissen ließ. Und Emma schrieb,

»bei solchen Vollkraftnaturen« wie ihrem Vater sei »für niemanden, auch für seine sehr geliebte Frau nicht, das Zusammenleben mit ihm leicht« gewesen.[44]

Zu Hause zeigte Jebsen sich als ein äußerst strenger patriarchalischer Familienvater, dessen Auftreten und Verhaltensweisen von seinen Kindern Jacob und Emma anschaulich beschrieben worden ist. Als mit der Geburt des letzten Sprößlings Emma im Mai 1885 die Kinderschar auf acht angewachsen war, habe im alten Stadthaus ein lebhafter Kindertrubel geherrscht, erinnerte sich die jüngste Tochter, »reichlich viel für die zarte Mutter; da war ein strenges Regiment am Platz«. Entsprechend scheint Jebsen sich verhalten zu haben: »Die Kinder mußten aufs Wort gehorchen; beim Mittagessen stand dem Vater eine lange Haselgerte zur Hand, die über den ganzen Tisch reichte; bei Unart und Unmanierlichkeit gab es gleich eins über die Finger. Gegessen werden mußte, was auf den Tisch kam; erst nach den Schularbeiten durfte gespielt werden; schlechte Schulzeugnisse wurden hart bestraft, und seine ständige Devise der milden Mutter gegenüber war: »Verwöhne die Kinder nicht, du tust ihnen damit einen schlechten Dienst«. Rückblickend äußerte Emma sich positiv über diese Erziehung, für die ihm seine Kinder später »herzlichst gedankt« hätten.[45] Sein ältester Sohn Jacob, der nach Meinung Emmas die harte Hand nicht gebraucht habe, weil er sehr artig gewesen sei, erinnerte sich besonders an »plötzliche, unerwartete Strafgerichte mit sofortiger Exekution des Urteils«, wenn der Vater von seinen Reisen, vor allem in den neunziger Jahren aus Berlin, zurückkehrte. So war es kein Wunder, daß die Kinder der Ankunft des Vaters »bisweilen mit Zagen entgegengesehen« hätten. Besonders habe er die Lüge gehaßt und oft gesagt: »Wer lügt, der stiehlt und hat auch Läuse«, so daß unerbittliche Strafen folgten, wenn eines der Kinder bei einer Unwahrheit ertappt wurde.[46]

Der von Jebsen geübte autoritäre Erziehungsstil war selbstverständlich im 19. Jahrhundert. Die Autorität der Erwachsenen – auch die seiner Schwester Thilde bei der Kindererziehung – wurde nicht in Frage gestellt, sondern mit widerspruchslosem Gehorsam beantwortet. Dieses Verhaltensmuster durchdrang das tägliche Leben und dominierte die Beziehungen zwischen Vätern und Kindern. Oberstes Ziel war Ordnung und Unterordnung, also sich fügen und folgen, womit die Kinder zu ihrem Besten geführt werden sollten. In diesem Erziehungsmuster blieb wenig Raum für Gefühlsausdruck, Vertraulichkeit oder gar selbständiges Wach-

Am Höruphaff am 1. Juli 1892: Michael Jebsen, Frau Offersen, Frau Raben, Fräulein Ebsen, Herr Dose, Herr Offersen (v. l. n. r.)

sen. Dennoch gab es natürlich liebende Aufmerksamkeit von Vätern ihren Kindern gegenüber, aber streng dosiert und auf besondere Gelegenheiten begrenzt.[47] So blieb auch Jebsen seinen Kindern nicht nur als autoritärer Vater in Erinnerung. Emma berichtete von gemeinsamen Angelpartien und Törns auf seinem geliebten Segelkutter und von Fahrten mit dem Ponywagen zu Freunden ihres Vaters, bei denen Jebsen selbst kutschierte. Er habe seine Kinder sehr geliebt, berichtete sie, wenn sie auch seine Liebkosungen beinahe ebenso wie seine Züchtigungen gefürchtet hätten: »(S)eine zärtlichen Kläpse waren zum mindesten Ohrfeigen mittlerer Stärke: alles Äußerungen seiner ungeheuren Vitalität.« Für Jacob war er im Rückblick »ein sehr zärtlicher Vater, sehr stolz auf jeden kleinen Erfolg eines von uns und liebte es sehr, Bekannten die ganze Kinderschar vorzuführen«.[48]

In Briefen an Freunde, vor allem während und in den ersten Jahren nach der Zeit in den Niederlanden, ging Jebsen gelegentlich auf seine Familie ein. Oft schilderte er die Entwicklung seines ältesten Sohnes Jacob, der seit 1880 die Schule in Apenrade besuchte, und die der anderen sieben Sprößlinge. Seine drei in Rotterdam geborenen Kinder – Johanne (* 1879), Heinrich (* 1880) und Friedrich (* 1881) – bezeichnete er wiederholt als »die drei Holländer«, was außer einer Art Sammelname für die kurz hintereinander geborenen Kinder auch ein ironischer Hinweis auf deren gemeinsame frühkindliche Sozialisation in einer niederländisch geprägten Umwelt war. Daß der Kindersegen nicht in dem Ausmaß gewollt war, geht aus einer Bemerkung hervor, die er im April 1881 seinem Freund Jacob Diederichsen gegenüber machte. Inzwischen war die Kinderschar in Rotterdam auf fünf angewachsen, und der sechste Erdenbürger kündigte sich an: »Nächsten Monat wird der Storch wohl wieder vorsprechen, dann muß das Geschäft aber aufhören.«[49] Mit Friedrich kam im Folgemonat der dritte Sohn zur Welt. Wie lebhaft es im neuen Apenrader Haushalt zuging, schilderte Jebsen nach dem Weihnachtsfest von 1882:

> »Das liebe Weihnachtsfest liegt jetzt Gott sei Dank hinter uns, es verursacht zwar viel Freude, aber auch in einem Hause, das so reichlich mit Kindern gesegnet ist wie das unsrige, auch viel Trouble. Glücklicherweise ist jetzt schon die Hälfte des Spielzeugs der beiden jüngsten wie z. B. Trommel, Trompete, Steckenpferd etc., schon außer Betrieb gesetzt; somit wird das Geräusch schon weniger. Am Weihnachtsabend hätten Sie aber das halbe Dutzend sehen müssen, überhaupt die 3 Jüngsten, es war eine reine Freud. Von den vielen Onkeln & Tanten, Großeltern etc. regnete es förmlich Geschenke.«[50]

Als sich im Frühjahr 1883 der siebte Nachkomme ankündigte, bezeichnete Jebsen das Ereignis als »eigentlich des Guten zu viel« und wünschte, »daß damit dieses Geschäft zum Abschluß kommt, sonst wird uns schließlich noch das Haus zu klein«.[51] Einige Zeit später konnte er die Ankunft des Sprößlings Michael melden, »ein kräftiger Junge«, bei dessen Geburt »soweit alles nach Wunsch gegangen« sei. Als er im September 1883 dessen Taufe erwähnte, bezeichnete er den »jüngste(n) Michael Jebsen« als »ein gutes *Spezimen* der Familie Jebsen«, der dem anderen halben Dutzend nichts nachgebe.[52] Mit der Geburt der Tochter Emma im Frühjahr 1885 wuchs die Kinderschar weiter an; ihre Taufe fand an Jebsens fünfzigstem Geburtstag am 27. September 1885 statt. »Hoffentlich werden wir nicht wieder in diese Verlegenheit kommen, da wir an acht Sprößlingen genug haben, es so schon schwer fallen wird, eine passende Lebensstellung und gute *Männer für die Mädchen* zu bekommen«, meinte er.[53] Wie sehr die große Familie finanziell zur Last fiel, wurde offensichtlich, als die Konjunkturflaute der achtziger Jahre nicht zu enden schien und seine Dampferflotte geringere Dividenden als früher abwarf. Ende 1886 gestand er ei-

Jacob und Bothilde Jebsen als Kinder, um 1872

nem Freund, daß er sich Reichtümer nie erwerben werde: Außer dem miserablen Reedereigeschäft erfordere »die Unterhaltung, Erziehung von 8 Kindern (...) zu viel«, doch sei er sehr zufrieden mit seinem Schicksal und wollte »es immer so behalten«.[54]

Nach dem Umzug nach Apenrade erfreute Jebsen sich an der ruhigen und fast ländlich wirkenden Atmosphäre der Kleinstadt, in der seine Kinder in guter Luft und gesund ernährt aufwuchsen. Er berichtete von Feldhühnern, Küken und Hasen, »die nebenbei wie Hasen schmekken, was man von den holländischen nicht sagen kann«, und vom Hof am Haus »mit ca. 30 Hühnern und Enten gut versehen, worüber die Kinder sich sehr amüsieren«.[55] Im Jahr darauf teilte er mit, daß »(u)nsere erste Serie« – also Jacob (* 1870), Bothilde (* 1872) und Clara (* 1874) – sich tüchtig im Freien herumtummele und täglich bade: »Die Mädchen sind dabei aber noch immer so weiß wie die Lilien, vor allem Clara, die von allen anderen Kindern merkwürdig absticht.« Sehr positiv äußerte er sich über Jacob, der groß und stark werde, noch immer sehr fleißig sei, gute Fortschritte in der Schule mache und noch nicht die rechten Jungenstreiche getrieben habe. Über die »drei kleinen Holländer« schrieb er, daß sie aufgrund ihrer fast gleichen Größe »ganz gut für Drillinge passieren« könnten: »Hanni [Johanne] geht in den Kindergarten, die beiden Knaben [Heinrich und Friedrich] wälzen sich gewöhnlich in Hof und Garten herum und hauen sich nach Noten.« Ein halbes Jahr später konnte er berichten, daß Jacob weiter sehr fleißig sei und die Mädchen auch gut lernten, die »ja übrigens nicht so viel zu lernen wie die Jungen« brauchten.[56]

In der letzten Bemerkung zeigte sich die klassische Rollenverteilung zwischen weiblichen und männlichen Nachkommen in der bürgerlichen Familie des späten 19. Jahrhunderts. Auf zeitgenössischen Fotos der Familie Jebsen erscheinen die Mädchen in weißen Kleidern, die Jungen in

Die vier Töchter von Michael und Clara Jebsen, um 1900: Johanne, Emma, Bothilde, Clara (v. l. n. r.)

dunklen Anzügen – typische Symbole der Teilung der Geschlechterrollen. Wie damals üblich wurden die Interessen der Mädchen früh auf Küche, Kleidung und Kinder gelenkt, also auf eine familiäre Rolle, während die Jungen auf Spielen, Kämpfen und schulischen Erfolg orientiert wurden. In der Aufmerksamkeit vorne stand in der Regel der älteste Sohn als Stammhalter der Familie, aber auch für die nachgeborenen Söhne plante man von vornherein höhere Ausbildungsinvestitionen als für die Töchter. Allerdings gab es in diesen autoritären Familienverhältnissen durchaus Freiräume bei der Frage nach der beruflichen Entwicklung der Kinder. Zwar spielten bei der Berufswahl der Söhne deren Väter, die oft die Ausbildung finanzierten, eine nicht zu unterschätzende Rolle, doch gab es die ältere väterliche Entscheidungskompetenz nicht mehr. Weil der Beruf den sozialen Status bestimmte, besaßen die Söhne ein gewichtiges Mitspracherecht.[57] Wie offen Jebsen der beruflichen Zukunft seines ältesten Sohnes gegenüberstand, machten seine Worte über den fast zwölfjährigen Jacob deutlich. Dieser sei der fleißigste und begabteste Schüler, schrieb er Ende 1882, und werde »am Ende noch ein großer *Gelehrter*!« Deshalb traute er Jacob auch nicht den Beruf des Seemanns oder Mechanikers zu, »dazu geht ihm alles zu linkisch an«. Weil ihm zum Soldaten die Courage fehle, könne er vielleicht »noch Pastor werden und dann schließlich seinen Alten bekehren, das wäre ein gutes Werk!«[58] Trotz des ironisch-spöttischen Tones wird deutlich, daß der Sohn keineswegs als sein Nachfolger in der Reederei eingeplant war. Auch in späteren Briefen findet sich kein Hinweis, daß Jacob oder einer seiner drei Brüder – Heinrich, Friedrich oder Michael – für diese Aufgabe vorgesehen waren. Die Berufsentscheidung der Söhne blieb weitgehend ihnen selbst überlassen – ein Ausdruck des Respekts vor deren eigener Lebenssphäre und eine Bestätigung des individualisierenden, differenzierenden Charakters der bürgerlichen Familie jener Zeit.

Welchen Lebensweg die Kinder und Schwiegerkinder von Jebsen nahmen, soll im nachfolgenden skizziert werden. Das Erstgeborene, die Tochter **Marie Mathilde** (* 11. August 1869), war bereits als Kleinkind im Alter von etwa fünf Monaten an einer akuten Gehirnentzündung gestorben. Der erste Sohn, **Jacob** (* 27. Dezember 1870), ging in Apenrade zur Schule, verließ die Anstalt aber zu Ostern 1885, weil sie keinen gymnasialen Abschluß anbot und deshalb das sogenannte Einjährig-Freiwilligen-Privileg, also die Verkürzung der beim preußischen Militär üblichen dreijährigen Wehrpflicht auf ein Jahr, nicht ermöglichen konnte. Um dieses Vorrecht in Anspruch nehmen zu können, wechselte Jacob auf das Realprogymnasium im benachbarten Sonderburg. Diese Anstalt war 1859 im Rahmen einer preußischen Schulreform aus der örtlichen höheren Bürgerschule hervorgegangen und hatte wie die anderen Realgymnasien einen Lehrplan, der stärker auf Mathematik, Naturwissenschaften und moderne Sprachen als auf Griechisch und Latein ausgerichtet war. Weil die beiden letzten Klassen – Unterprima und Oberprima – in den Progymnasien fehlten, brach Jacob seine Ausbildung in Sonderburg bereits in der Obersekunda ab und ging im Herbst 1886 an das Flensburger Realgymnasium, wo er Ostern 1889 seine Abiturprüfung ablegte. Seine Berufswünsche – Seemann, Kaufmann oder Schiffsreeder – stießen auf die Ablehnung des Vaters, der den kurzsichtigen und schmächtigen Knaben als dafür nicht geeignet einschätzte. Dem Rat von Jacob Diederichsen folgend, entschloß sich Jacob für ein Chemiestudium und damit für ein Fach mit guten Zukunftsperspektiven: Die chemische Industrie gehörte seit 1870 zu den bedeutendsten Industrien Deutschlands und besaß Weltruf aufgrund ihrer schnellen Entwicklung, Qualität und Vielseitigkeit.[59]

Auch die Wahl des Studienortes – Karlsruhe, Haupt- und Residenzstadt des Großherzogtums Baden mit einer renommierten Technischen Hochschule – ging auf den Einfluß von Diederichsen zurück. Seine beiden Kieler Neffen Bernhard und Hermann Howaldt hatten in den 1870er Jahren dort Ingenieurstudien absolviert.[60] Jedoch gefiel es Jacob nicht in Karlsruhe, so daß er bereits nach dem Sommersemester 1889 an die Technische Hochschule Charlottenburg bei Berlin wechselte und sich dort ein Jahr lang zum technischen Chemiker ausbilden ließ. Im Mai 1890 konnte er seinen Vater begrüßen, der als frischgebackener nationalliberaler Abgeordneter ein Reichstagsmandat übernahm. Auf diese Weise kam Jacob für knapp acht Wochen in Kontakt mit der Großen Politik in der Hauptstadt, bevor sich das Parlament für Monate vertagte. Weil er im Herbst erkrankte – offenbar eine Augenverletzung bei einem chemischen Experiment –, das Studium abbrach und nach Hause zurückkehrte, blieben der Berliner Aufenthalt und die Chemikerausbildung eine Episode. Einer Beschäftigung im väterlichen Kontor, wo er die Grundlagen des Reedereibetriebs kennenlernte, folgte eine kaufmännische Ausbildung im Speditions- und Schiffsmaklergeschäft von Adolf Deppe – ein alter Freund und Mitreeder von Michael Jebsen – im belgischen Antwerpen. Nach zwei Jahren kehrte Jacob nach Apenrade zurück, doch fiel bald seine Entscheidung, nach Hongkong zu gehen, um dort eine Anstellung in einer der deutschen Schiffsmaklerfirmen zu finden, die regelmäßig für die väterliche Dampferflotte als Agenten auftraten. Am 20. November 1894 traf er in der britischen Kronkolonie ein. Anders als erwartet, erhielt er kein Stellenangebot und tat sich deshalb mit seinem Vetter zweiten Grades, Heinrich Jessen, Neffe seines Onkels Jes Nicolai Jessen, zusammen, welcher bei einer deutschen Firma in Shanghai arbeitete. Die beiden jungen Männer gründeten am 1. März 1895 die Partnerschaftsfirma Jebsen & Co. mit Sitz in Hongkong als alleinige Agentin der Reederei M. Jebsen in Ostasien.[61]

Die geschäftliche Etablierung zu jenem Zeitpunkt geschah zweifellos mit Blick auf die knapp drei Wochen später beginnenden Friedensverhandlungen zwischen Japan und China nach dem für Tokio siegreichen Krieg von 1894/95. Im Frieden von Shimonoseki vom 17. April 1895 mußte Peking den Japanern auch das Privileg einräumen, in China Industriebetriebe zu errichten, was durch die ebenfalls gewährte Meistbegünstigung auf alle Vertragsmächte, die sich mit sogenannten »ungleichen

Verträgen« besondere Rechte in China verschafft hatten, ausgedehnt wurde. Auf diese Weise eröffnete sich ein riesiger neuer Markt für den Absatz westlicher Waren, also gänzlich neue Geschäftsfelder im Inneren Chinas für ausländische Firmen, die bisher auf die Vertragshäfen (*treaty ports*) beschränkt gewesen waren. Ohne die bis heute kontrovers diskutierten politisch-ökonomischen Konsequenzen für China in Betracht ziehen zu wollen,[62] kann festgestellt werden, daß die beiden Unternehmensgründer Jacob Jebsen und Heinrich Jessen in entscheidendem Maße von der neuen Situation profitierten – und ohne deren günstige Perspektiven wohl nicht den Schritt in die Selbständigkeit gewagt hätten. »Selten hatte ein Krieg so viele Gewinner wie der von 1894/95«, konstatierte der Historiker Jürgen Osterhammel.[63] Obwohl die Einnahmen aus dem Reedereigeschäft über die Anfangsprobleme hinweghalfen, gelang es innerhalb kurzer Zeit, profitable Geschäftsverbindungen mit einer Textilfirma im englischen Manchester und vor allem mit dem deutschen Chemiekonzern BASF aufzubauen, welcher 1897 Jebsen & Co. zu seinen Agenten in China machte. Als im Folgejahr die deutsche Chinakolonie Kiautschou entstand, kam es durch die Initiative des Kieler Kohlengroßhändlers Heinrich Diederichsen zu einer weiteren profitablen Partnerschaft in Form der Firma Diederichsen, Jebsen & Co. mit Sitz in Tsingtau und Kiel, die zehn Jahre lang bestand.[64]

Jacob Jebsen (1870–1941)

Nach dem Tode des Vaters (1899) führte Jacob ein Leben abwechselnd in Hongkong und in Apenrade, um im Zusammenspiel mit seinem Partner Heinrich Jessen sowohl die Reederei als auch die stetig zunehmenden Import- und Exportgeschäfte zu bewältigen. Regelmäßige Dampferlinien wurden zwischen Hoihow, Pakhoi und Hongkong für den Transport von Vieh und Lebensmitteln sowie zwischen Swatow und Deli auf Sumatra zur Verschiffung von chinesischen Kulis eingerichtet; Zweigniederlassungen des Unternehmens entstanden in Shanghai (1903), Kanton und Tientsin (1907). Als unmittelbare Konsequenz aus dem Ende der Partnerschaft mit Heinrich Diederichsen gründeten die Partner die Firma Jebsen & Jessen mit Sitz in Hamburg (1909) als eigene Einkaufsagentur für den europäischen Markt. In seiner nordschleswigschen Heimat übernahm Jacob von seinem verstorbenen Vater den Vorsitz der Knivsberggesellschaft und sorgte gemeinsam mit seiner Mutter und seinem Vetter Max durch eine erhebliche Geldspende von rund 35.000 Mark für die Fertigstellung des Bismarckdenkmals. Auch im Deutschen Verein für das nördliche Schleswig trat er in die väterlichen Fußstapfen, ließ sich in den Hauptvorstand wählen und leitete die Ortsabteilung Apenrade.[65]

Im privaten Bereich kam es zu großen Veränderungen bei den Partnern: Nachdem Heinrich Jessen die dritte Jebsen-Tochter Johanne geheiratet hatte, schloß Jacob am 3. Oktober 1907 den Bund des Lebens mit Käthe Bock, der ältesten Tochter des mecklenburgischen Rittergutsbesitzers Hans Christian Bock. Aus der Ehe gingen die Töchter Clara (* 1909), Ingeborg (* 1910) und Irmgard (* 1912) sowie die Söhne Michael (* 1911) und Hans Jacob (* 1921) hervor. Den Ausbruch des Ersten Weltkrieges erlebte Jacob in Hongkong, wo er im Oktober 1914 als Angehöriger eines Feindstaates von den britischen Behörden interniert wurde. Auch seine Firma wurde schließlich liquidiert, und im Februar 1916 erfolgte seine Verlegung nach Australien. Erst im Sommer 1919 kehrte er in seine Heimatstadt Apenrade zurück, die wenig später zusammen mit dem nördlichen Teil von Schleswig-Holstein infolge der Volksabstimmung vom Februar 1920 an das Königreich Dänemark fiel.[66]

Zusammen mit seinem Partner Heinrich Jessen nahm Jacob im September 1919 die Geschäfte der Hamburger Firma Jebsen & Jessen wieder auf. Dem Neubeginn in Kanton (1922) folgte im nächsten Jahr die Wiedereröffnung der Firma Jebsen & Co. in Hongkong. Erleichtert wurde die frühe Aufnahme des Geschäfts in der britischen Kronkolonie durch den neuen politischen Status der beiden Partner als dänische Staatsangehörige. In den zwanziger und dreißiger Jahren beteiligte sich die Firma an mehr oder weniger profitablen Firmen in Nordchina und übernahm eine Reihe von Agenturen wichtiger deutscher Unternehmen wie der I.G. Farben, der Motoren-Werke Mannheim, der Firmen Robert Bosch und Daimler-Benz, der Reederei Rickmers sowie der dänischen Schiffahrtslinie Maersk. Der Ausbruch des Zweiten Weltkrieges bedeutete eine erneute Zäsur: Nachdem Jacob als Staatsbürger des von Deutschland im April 1940 besetzten Dänemark zum *technical enemy* von Großbritannien erklärt worden war,[67] wurde das Vermögen seines Unternehmens in Hongkong beschlagnahmt. Die Firma Jebsen & Co. konnte in der britischen Kolonie zwar weiterarbeiten, wenn auch unter starker behördlicher Kontrolle, doch verlegte sie bald mehr und mehr ihre Aktivitäten nach Shanghai. Mit der Besetzung Hongkongs durch japanische Truppen am 25. Dezember 1941 kam das Geschäft dort für mehrere Jahre vollständig zum Erliegen. Nur wenige Tage zuvor, am 14. Dezember 1941, war Jacob an einem Krebsleiden in Apenrade gestorben. Er hatte sich um die deutsche Minderheit im dänischen Nordschleswig sehr verdient gemacht und wurde mit großen Ehrungen beigesetzt.[68]

Jacob Jebsen, Mai 1900

Jacobs älteste Schwester **Bothilde** (* 17. Dezember 1872) galt als »(i)hres Vaters Liebling« und war nach den Worten ihrer Schwester Emma in jungen Jahren »reizend, liebenswürdig, immer vergnügt«.[69] Um ihr eine standesgemäße Erziehung zu sichern, schickten die Eltern sie in ein Pensionat in Brüssel, wo sie gemeinsam mit der Schwiegertochter von Jebsens Rotterdamer Geschäftsfreund Willem Ruys war.[70] Im Oktober 1890 verlobte sie sich mit dem jungen Regierungsreferendar Dr. jur. Bruno Bourwieg. Der knapp dreißigjährige Verlobte stammte aus dem hinterpommerschen Greifenhagen und war in der Provinzialhauptstadt Stettin aufgewachsen, in der sein Vater August als selbständiger Rechtsanwalt und Notar tätig war und den Ehrentitel eines Justizrats trug. Nach dem Jurastudium im badischen Freiburg im Breisgau (1883/84), wo er als Mitglied der Burschenschaft *Franconia Freiburg* aktiv wurde,[71] in Leipzig (1884/85) und in Berlin (1885/86) hatte er am Stettiner Oberlandesgericht die erste juristische Staatsprüfung abgeschlossen und war 1886 zum Gerichtsreferendar ernannt und an das Amtsgericht von Alt-Damm bei Stettin überwiesen worden. Weil die Zulassung zur zweiten juristischen

Über die
Compensationsfähigkeit verjährter Forderungen.

INAUGURAL-DISSERTATION
ZUR
ERLANGUNG DER DOCTORWÜRDE
DER
JURISTISCHEN FACULTÄT
DER
GEORG-AUGUST-UNIVERSITÄT ZU GÖTTINGEN
VORGELEGT
VON
Bruno Bourwieg, Referendar,
aus Stettin.

BERLIN, 1888.
DRUCK VON JULIUS FEIERTAG.
Neue Promenade 4.

Titelblatt der juristischen Dissertation von Bruno Bourwieg, 1888

Staatsprüfung von der Ableistung der Militärpflicht abhing, nahm Bourwieg das für junge Männer mit Abitur bestehende Einjährig-Freiwilligen-Privileg in Anspruch und leistete seinen Militärdienst 1886/87 beim 1. Pommerschen Feldartillerieregiment Nr. 2 in Stettin ab. Daß er am Ende seiner Dienstzeit das begehrte Reserveoffizierspatent erwarb und in den Folgejahren regelmäßig mehrwöchige Übungen absolvierte, dokumentierte sich in der Verleihung des Roten Adler-Ordens, des Eisernen Kreuzes am weiß-schwarzen Bande sowie der Landwehrdienstauszeichnung.[72]

Die justizjuristische Ausbildung setzte Bourwieg im Oktober 1887 am Amtsgericht von Stepenitz, einer Kleinstadt nordöstlich von Stettin, fort. Im Folgemonat bewarb er sich an der Universität Göttingen um die juristische Promotion und legte dafür eine Arbeit über die Kompensationsfähigkeit verjährter Forderungen, also aus dem Zivilrecht vor; 1888 wurde er von der Juristischen Fakultät promoviert.[73] Die prestigeträchtige akademische Würde, aber vor allem seine Herkunft aus dem höheren städtischen Bürgertum, gepaart mit finanzieller Unabhängigkeit durch seinen vermögenden Vater, ermöglichte Bourwieg den Wechsel von der justizjuristischen Ausbildung in den Vorbereitungsdienst für höhere Verwaltungsbeamte. Im Preußen des 19. Jahrhunderts galt allgemein der Verwaltungsdienst als weitaus vornehmer und exklusiver als die Justiz und war deshalb bei Söhnen aus adligen und bürgerlichen Familien sehr begehrt. Allerdings gab es während der Ausbildung keine staatlichen Unterhaltszahlungen; statt dessen mußte von den Referendaren bis 1911 ein Lebensunterhalt von 1500 Mark pro Jahr nachgewiesen und außerdem die stattliche Summe von 7500 Mark hinterlegt werden. Weil Bourwieg diese Bedingungen erfüllte, wurde er 1889 an das Präsidium der Bezirksregierung in Schleswig überwiesen und zum Regierungsreferendar ernannt.[74]

Dr. jur. Bruno Bourwieg und Bothilde Jebsen als Brautpaar, 1891

Als er im Folgejahr im Landratsamt Apenrade eine sechsmonatige praktische Ausbildung absolvierte, kam es zur Begegnung und Verlobung mit Bothilde Jebsen. Ihr Vater äußerte sich positiv über den zukünftigen Schwiegersohn, wenn ihm auch klar vor Augen stand, daß es noch einige Jahre dauern würde, bis Bourwieg eine Lebenszeitstellung und Pensionsberechtigung als preußischer Staatsbeamter bekam: »Er ist ein netter junger Mann, gebürtig aus Stettin, wo sein Vater Justizrat ist, der sehr wohlhabend sein soll, was auch nötig ist, wenn der Sohn eine solche Karriere einschlägt.«[75]

Nach dem Ende seines insgesamt vierjährigen Referendariats absolvierte Bourwieg die große juristische Abschlußprüfung, also das staatliche Assessorexamen, und wurde zu Beginn des Jahres 1891 zum Regierungsassessor ernannt. »Tille ist natürlich traurig, da ihr Herr Bräutigam an die Regierung zu Schleswig versetzt ist«, meldete Jebsen.[76] Im Sommer 1891 kam das Ehepaar Bourwieg zu Besuch und verbrachte mit der Familie Jebsen einige Zeit auf der Insel Sylt. »Meine Frau hat bereits zugesagt, und als gehorsamer Ehemann muß ich Folge leisten, obgleich ich viel lieber nach Karlsbad ginge«, ließ Jebsen kurz vor der Anreise der zukünftigen Stettiner Verwandten wissen.[77] Assessor Bourwieg wurde wenige Monate später in die westfälische Industriestadt Gelsenkirchen versetzt, wo er als stellvertretender Landrat des Stadtkreises Gelsenkirchen wirkte – nach Meinung seines besuchenden Schwagers Jacob »glücklicherweise nur für kurze Zeit, denn die Stadt mit ihren Kohlenzechen und der Fabrikarbeiterbevölkerung machte einen höchst tristen und armseligen Eindruck«.[78] Am 28. Februar 1893 hatte die Hochzeit von Bruno und Bothilde in Apenrade stattgefunden; anschließend war die junge Ehefrau ihrem Gatten ins Ruhrgebiet gefolgt. Jebsen, der seinen Sohn im Juni 1893 nach Westfalen begleitet hatte, berichtete über die anstehende zweimonatige Berufung des Schwiegersohns an die Bezirksregierung in Arnsberg, welche es dem Paar unmöglich machte, an der Hochzeit von Bothildes Schwester Clara in Apenrade teilzunehmen. Bourwieg »wird sich ins Unvermeidliche fügen müssen«, meinte der Reeder über die dienstlichen Zwänge eines preußischen Beamten.[79]

Michael und Clara Jebsen mit ihrer Tochter Bothilde, um 1890

Besonders schwer fiel es Bothilde, daß sie während Brunos Abwesenheit »allein in Gelsenkirchen bleiben« mußte, wie ihr Vater schrieb. Die frühere Kleinstadt hatte seit dem 1855 begonnenen Steinkohlenbergbau einen großen Aufschwung genommen, verfügte über Hochofenanlagen, eine Eisengießerei und Gußstahlfabrik sowie zahlreiche andere Industrien; ihre Bevölkerungszahl stieg bis 1900 auf rund 37.000 Einwohner an.[80] Die mit der Industriellen Revolution eingehende wirtschaftliche Veränderung der Region nördlich der Ruhr und eine damit verbundene Verstädterung mit ihren vielschichtigen Problemen war Teil eines beschleunigten Modernisierungsprozesses, den die preußische Verwaltung oft vermittelnd unterstützte. Den dort tätigen Beamten fiel eine Schlüsselrolle zu, vor allem im Regierungsbezirk Arnsberg als des größten Verwaltungsbezirks der Provinz Westfalen, zu dem der Stadtkreis Gelsenkirchen gehört. Der Bezirk umfaßt bis heute große Teile des Ruhrgebiets, den Märkischen Raum, das Sauerland, die Soester Börde und das Siegerland. Bis 1885 hatte sich die Bevölkerung des Bezirks mehr als vervierfacht und lag 1891 bei mehr als 1,5 Millionen Einwohnern. Wohl zu Recht galt Arnsberg neben dem oberschlesischen Oppeln und dem nordrheinischen Düsseldorf als arbeitsreichste und schwierigste Regierung, weil hier die wirtschaftlichen und sozialen Folgen der rapiden Industrialisierung Deutschlands am stärksten zu spüren waren.[81] Regierungspräsident Wilhelm Winzer, ein gebürtiger Mindener, scheint mit Bourwiegs Verwaltungsarbeit zufrieden gewesen zu sein, denn er habe – wie Jebsen im Frühjahr 1896 seinen Schwiegersohn von Berlin aus wissen ließ – »dir ein gutes Zeugnis ausgestellt, (...) resp[ektive] sich befriedigend über dich geäußert.«[82]

Zu jener Zeit stand die Frage nach einer neuen Beschäftigung für Bourwieg im Raum: Üblicherweise konnte ein Assessor, nachdem er mehrere Jahre lang im wesentlichen unbezahlt bei einer Kreisverwaltung tätig gewesen war, mit der endgültigen Einstellung in den preußischen Verwaltungsdienst rechnen. Allerdings stand weder der Zeitpunkt noch der Dienstort sicher fest, weil sich der Staat angesichts der relativen Knappheit der Stellen in einer starken Position befand und persönlichen Wünschen äußerst reserviert gegenüber stand.[83] Eingedenk dieser Tatsache wandte Jebsen sich an seinen Reichstagskollegen Rudolf von Bennigsen, den einflußreichen Führer der Nationalliberalen Partei und seit 1888 auch Oberpräsident der Provinz Hannover. Als Bennigsen aber meinte, daß »in Hannover nichts zu machen« sei, sprach Jebsen direkt beim Personalreferenten des preußischen Innenministeriums vor. Wie der spätere Reichskanzler Georg Michaelis aufgrund eigener Erfahrungen in seinen Memoiren festhielt, habe jeder Staatsdiener einen gewissen Groll auf diese Sorte »allmächtige(r)« Beamten: Alle Bewerber seien »nach Alter und Examensleistung in Listen« gebracht »und dann von oben herab in der gegebenen Reihenfolge über ihre amtlichen Schicksale« verfügt worden.[84] Auch Jebsen erlebte in dieser Weise den bürokratischen Obrigkeitsstaat, als er mit Personalrat von Kitzing die Anstellung von Bourwieg besprach:

> »Als ich ihn fragte, ob man vielleicht über deine demnächstige Tätigkeit disponiert habe, verneinte er dieses und meinte, daß es damit keine Eile hätte und verschiedene Herren früher an der Reihe seien, auch allerhand Wünsche vorgetragen hätten, nannte mir einige Namen, die etwas *von* klangen, wodurch ich mich aber nicht abhalten ließ, ihn zu bitten, mal deine Akten einzusehen, und als er dieses tat, mußte er gestehen, daß du einer der ersten an der Reihe seiest.«[85]

Tatsächlich war der Verwaltungsdienst in Preußen ein konservativ-aristokratisches Reservat, für deren Zugang oft drei ungeschriebene Regeln galten: adlige Herkunft, alter Herr in einem Corps und Reserveoffizier.[86] Daß Bourwieg als Nichtadliger und Alter Burschenschafter dennoch Karriere als Beamter machte, war ein Zeichen des langsamen Vordringens

Landrat Dr. jur. Bruno Bourwieg (1865–1944)

qualifizierter Bürgerlicher in diese adlige Domäne, aber auch seiner eigenen guten Leistungen in einem schwierigen Verwaltungsumfeld. Weil er eine Weiterbeschäftigung im Arnsberger Bezirk ablehnte, Schleswig für sehr langweilig hielt und sein Schwiegervater gegen eine ostdeutsche Stelle war – das von Kitzing angebotene westpreußische Marienwerder hatte Jebsen dankend zurückgewiesen, weil *»ihr noch weiter von uns entfernt würdet«* –, und Berlin beim Personalreferenten nicht durchsetzbar war, ging es am Ende nur um mittel- und westdeutsche Standorte.[87] Schließlich zog Bourwieg mit seiner Familie, die inzwischen um zwei Söhne angewachsen war, in die westfälische Provinzhauptstadt Münster, wo er 1897 bei der Bezirksregierung angestellt wurde.[88] Zwei Jahre später wurde er zum kommissarischen Landrat des Kreises Siegen berufen und kehrte damit in den Regierungsbezirk Arnsberg zurück; am 12. Juni 1900 erfolgte seine endgültige Ernennung zum Siegener Landrat. In dieser Region, die stark von Bergrevieren, Hochöfen, Gießereien und Kleineisenindustrien geprägt war, engagierte Bourwieg sich für die Einrichtung höherer Bildungsanstalten wie der Fachschule für Eisen- und Stahlindustrie und für den Ausbau von Kreisstraßen und Kleinbahnlinien. Von 1905 bis 1919 war er auch Abgeordneter des Westfälischen Provinziallandtags, der mindestens alle zwei Jahre vom preußischen König berufen wurde, und vertrat darin die Interessen seines Kreises; die ehrenvolle Ernennung zum Geheimen Regierungsrat erfolgte in jener Zeit.[89]

Seine Frau Bothilde war nach Meinung ihrer Schwester Emma als »Frau Landrat« sehr an ihrem Platz. Bis zum Ersten Weltkrieg habe das Leben ihr gelacht, doch dann das Schicksal hart zugeschlagen: Die beiden ältesten Söhne Max August (* 1894) und Hellmut (* 1895) fielen an der Front, nur der jüngste Sohn Bruno (* 1901) überlebte die Eltern.[90] Landrat Bourwieg trat im Zuge des Beamtenrevirements der frühen Weimarer Republik, in dessen Folge die konservativ-monarchische Beamtenschaft

Familiengrabsteine für Bruno Bourwieg, seine Frau Bothilde, seine drei Söhne nebst Schwiegertochter auf dem Mühlenfriedhof von Flensburg, 2012

durch bürgerlich-demokratische Stelleninhaber ersetzt wurde, am 1. November 1919 von seinem Amt zurück. Als stellvertretender Leiter des preußischen Landesfleischamts in Berlin bekleidete er einen politisch einflußlosen Posten, den er bereits nach drei Monaten aufgab, um sich zum 1. April 1920 auf eigenen Wunsch hin in den Ruhestand versetzen zu lassen. Ein knappes Jahr später ging er mit seiner Frau und dem jüngsten Sohn nach Kiel, wo er bis zu seinem Tod am 25. Februar 1944 lebte.[91] Bothilde habe einen schönen Lebensabend gehabt, schrieb Emma, und zwar mit ihrem Mann, der sie auf Händen getragen, und ihrem Sohn, an dem und dessen Familie sie viel Freude gehabt habe, »dabei eine fabelhafte Frische und Gesundheit«. Bothilde Bourwieg starb am 28. Juni 1958 in Kiel und wurde im Familiengrab auf dem Friedhof von Apenrade beigesetzt. Nach Auflösung der Grabstelle wurden die Grabsteine auf den Flensburger Mühlenfriedhof überführt.[92]

Clara (* 18. November 1874), die zweite Tochter von Jebsen, war eine gutaussehende und amüsante Frau, die sich nach Schilderung ihrer Schwester Emma durch große Hilfsbereitschaft und Freundestreue auszeichnete. Nach der Konfirmation verbrachte sie zwei Jahre in einem Schulpensionat in Hamburg; ab Ostern 1891 besuchte sie das höhere Lehrerinnenseminar in Stettin und machte zwei Jahre später ihr Examen. Zwar habe Clara es nicht nötig, »ihr Leben als Lehrerin zu fristen«, schrieb Jebsen, doch schade es nicht, wenn sie die Befähigung dazu besitze: »Man kann ja nie wissen, wie es im Leben gehen wird.«[93] Wie gut es Clara erging, zeigte sich daran, daß sie bereits im April 1892 ihre Verlobung mit dem aus dem rheinischen Wesel stammenden Mediziner Dr. Ludwig von Fischer-Benzon feierte. Zwar fand Jebsen, daß seine erst siebzehnjährige Tochter »noch etwas damit (hätte) warten können«, doch hielt er den dreißigjährigen Bräutigam für einen netten Menschen, der »weiß, was er will, was bei

Clara wohl angebracht sein dürfte«. Seine Bemerkung, die Heirat habe noch lange Zeit, war ein Hinweis auf das jugendliche Alter der Tochter und das geringe Einkommen des künftigen Schwiegersohns, der erst am 1. Februar 1892 seine Ernennung zum kommissarischen Kreisphysikus bekommen und sich in Apenrade als praktischer Arzt niedergelassen hatte. Fischer-Benzon müsse sich erst eine gute Praxis erwerben, denn »(v)on seiner Physikus Einnahme können sie nicht leben«, konstatierte Jebsen.[94]

Der junge Arzt hatte sein Medizinstudium in Kiel und München absolviert, war nach dem Staatsexamen (1886) Assistenzarzt an der Chirurgischen Klinik der Universität Kiel geworden und hatte sich nach einer großen Neuseelandreise zunächst im holsteinischen Quickborn als praktischer Arzt niedergelassen (1888), von wo aus er nach Apenrade zog. Weil es ihm gelang, sich rasch einen guten Patientenstamm aufzubauen, konnte bereits im Folgejahr – am 28. Juli 1893 – die Hochzeit gefeiert werden.[95] In den Folgejahren kamen die Töchter Clara (* 1894) und Margaretha (* 1895) zur Welt. Als Fischer-Benzon die Anfrage erhielt, ob er interimistisch auch die Geschäfte eines Kreisphysikus in Flensburg übernommen wollte, sagte er zu, so daß er auf der Kandidatenliste ganz

Dr. med. Ludwig und Clara von Fischer-Benzon, um 1890

Kreisarzt Dr. med. Ludwig von Fischer-Benzon (1861–1938)

oben stand, als der bisherige Amtsinhaber Anfang 1897 an die Bezirksregierung ins vorpommersche Stralsund versetzt wurde. »Ich behielte ihn und meine Tochter mit ihren lieben kleinen Mädchen lieber hier, wo seine Praxis ihn auch schon ernährt«, ließ Jebsen wissen. Doch sollte sich seine Hoffnung nicht erfüllen: Am 19. Juli 1897 wurde der Schwiegersohn als Kreisphysikus nach Flensburg versetzt, und zwei Monate später zog die Arztfamilie in die südliche Nachbarstadt um. Dort wurden die Töchter Botilde (* 1899), die noch als Säugling verstarb, und Hedwig (* 1901) geboren.

Infolge einer Gesetzesreform im Gesundheitswesen erhielt Fischer-Benzon am 1. April 1901 die Stelle des nicht vollbesoldeten Kreisarztes für den Stadt- und Landkreis Flensburg mit Amtssitz in Flensburg.[96] Seine Hauptaufgabe lag in der ständigen Überwachung der Gesundheitsverhältnisse, also in der Kontrolle behördlicher Anordnungen und in der Aufsicht über Krankenhäuser und ähnliche Einrichtungen. Im Falle des Ausbruchs von Seuchen konnte er selbständig vorläufige Anordnungen treffen und damit seine volle gesundheitspolizeiliche Amtsgewalt als verantwortlicher Medizinalbeamter ins Spiel bringen. Die blühende Hafen- und Werftstadt Flensburg mit ihren damals knapp fünfzigtausend Einwohnern galt nach Aussage von Jebsen als »das beste Physikat im preußischen Staat«,[97] so daß es eine besondere Auszeichnung für seinen Schwiegersohn bedeutete, die begehrte Beamtenstelle als dortiger Kreisarzt bekommen zu haben. Als zuerst nicht vollbesoldeter Kreisarzt blieb Fischer-Benzon aber auf weitere Einkünfte angewiesen. So war er in seinem Kreis auch Bahnarzt, Polizeiarzt, Gefängnisarzt und Impfarzt,

Familiengrabstein für Ludwig von Fischer-Benzon, seine Frau Clara (unterste Inschrift) und zwei seiner Töchter auf dem Mühlenfriedhof von Flensburg, 2012

Heinrich und Johanne Jessen, um 1900

außerdem von 1906 bis 1921 ärztlicher Leiter des städtischen Krankenhauses und von 1906 bis 1933 leitender Arzt der zunächst privaten, später städtischen Fürsorgestelle für Lungenkranke. Während des Ersten Weltkriegs leitete er das Flensburger Lazarett des Roten Kreuzes und wurde in seinem Amt als Kreisarzt auch mit Pockenepidemien konfrontiert. Als er am 1. Oktober 1926 in den Ruhestand trat, erschien eine von Stadt und Ärzteverein gemeinsam verfaßte Würdigung: »Er war unablässig bemüht, im Verein mit den zuständigen Behörden, insbesondere der Polizeiverwaltung und der Gesundheitskommission, überall fördernd einzugreifen und sich für die Schaffung von Einrichtungen einzusetzen, von deren Notwendigkeit er überzeugt war.« Für einige Jahre blieb er noch Impfarzt des Stadtkreises Flensburg und Leiter der städtischen Fürsorgeanstalt für Lungenkranke; am 1. August 1938 verschied er in Flensburg. Seine Frau Clara starb dort am 3. März 1951.[98]

Die drittgeborene Tochter **Johanne** (* 1. März 1879) war nach Meinung ihrer Schwester Emma ein »hübsches, sonniges Mädchen« mit einer glücklichen Jugend und einer ebenso glücklichen Ehe mit Jacobs Partner Heinrich Jessen, »der sie auf Händen trug«. Nach der Heirat (1899) ging sie noch am Jahresende gemeinsam mit ihrem Mann nach Hongkong, wo in der Folgezeit die Tochter Marie Christine (*1900) und der Sohn Johann Heinrich (*1903) geboren wurden. Ihr Wohnsitz war das repräsentative Haus *Lysholt* auf dem Peak. Im Frühjahr 1904 kehrte die Familie für knapp zwei Jahre nach Apenrade zurück. Den Frühsommer 1907 verbrachte Johanne, die sich in ihrer dritten Schwangerschaft befand, mit ihren beiden Kindern in der deutschen Chinakolonie Kiautschou, ein zunehmend beliebter werdender Urlaubs- und Badeort für Ausländer in China. Als sie anschließend an Bord eines Dampfers des Norddeutschen Lloyd von Shanghai nach Hongkong zurückfuhr, erkrankte sie plötzlich und starb am 17. Juni 1907 durch eine tragische Verkettung von Umständen bereits nach einigen Stunden. Nach der provisorischen Bestattung in Foochow, einer Hafenstadt an der Südostküste Chinas, wo der Dampfer Halt machte, ließ man sie wenige Monate später nach Apenrade überführen und auf dem dortigen Friedhof bestatten.[99]

Grabstein von Johanne Jessen auf dem Friedhof von Apenrade, 2011

Johannes jüngerer Bruder **Heinrich** (* 8. Mai 1880) war das Lieblingskind von Jebsens Zwillingsschwester Thilde, die als unverheiratete »Familientante« im Haus der Familie Jebsen lebte. Sein Patenonkel wurde Conrad Steinbömer, Jebsens Nachfolger im Kruppschen Kontor in Rotterdam.[100] Nach Schilderung seiner Schwester Emma sei er als Kind unnatürlich schweigsam und ohne Selbstvertrauen gewesen, weshalb er von seinem jüngeren Bruder Friedrich vollkommen in den Schatten gestellt worden sei: »Dabei war er durchaus nicht dumm, aber ohne rechte Initiative.«[101] Entsprechend schwer fiel Heinrich der Besuch der Apenrader Mittelschule, so daß er private Nachhilfestunden in Französisch, Latein, Rechnen und Mathematik nehmen mußte. Als Jebsen im April 1895 beim Progymnasium in Sonderburg die Aufnahme seines Sohnes in die Obertertia beantragte, kündigte er vorsichtshalber die Fortsetzung dieser Privatstunden an, wenn Heinrich den Anforderungen nicht genügen sollte: »Der Junge ist sehr ernst und gewissenhaft, normal begabt, und ist er sehr zurückhaltend und fällt es ihm etwas schwer, seinen Gedanken mündlich Ausdruck zu verleihen.«[102] Obwohl ein neuer Nachhilfelehrer für Latein engagiert wurde, brachte Heinrich Ende 1895 ein so mäßiges Zeugnis nach Hause, so daß seine Versetzung in die Untersekunda zu Ostern 1896 gefährdet war. Ernüchtert ließ Jebsen wissen, daß sein Sohn »nicht mehr als bisher« sage und »die Lehrer jedes Wort aus ihm herauszwingen« müßten.[103] Da dem Sonderburger Progymnasium – wie bei diesem Schultyp üblich – die beiden letzten Jahrgänge Unter- und Oberprima fehlten, konnte Heinrich im April 1897 die Schule mit einem Obersekunda-Abschluß verlassen. Seemann zu werden, wie er angestrebt hatte, kam wegen seiner Kurzsichtigkeit aber nicht in Frage, so daß er sich für den Beruf des Maschinentechnikers entschied. Jebsen, der sich an seinen Dresdner Freund und Mitreeder Otto Libbertz mit der Bitte um eine entsprechende Lehrstelle wandte, beschrieb seinen zweitältesten Sohn mit folgenden Worten:

> »Der Junge ist groß und stark, kein Bonaparte, aber gewissenhaft und pflichttreu, geistig und körperlich etwas schwerfällig, spricht nur, wenn er dazu aufgefordert wird, dann aber auch nicht mehr als höchst notwendig, ist überhaupt der rechte Typ eines Nordschleswigers, hat mir aber bisher keinen Kummer bereitet und wird sich auch schon ferner schicken.«[104]

Tatsächlich konnte Heinrich 1897/98 im Maschinenbaubetrieb von Libbertz in Dresden ein erstes Lehrjahr absolvieren. Der Junge sei gut untergebracht, konstatierte Jebsen nach einem Besuch: »Das Sprechen für ihn besorgen aber die Jungens von Libbertz, die niedlich sächseln, was Ango [Heinrich] wohl schwerlich lernen wird.«[105] Schon im Folgejahr war Heinrich wieder aus Sachsen zurück und setzte seine Technikerlehre bei den Kieler Howaldtswerken fort. Wie labil seine Persönlichkeit weiterhin war, machte ein scharfer Brief seines Vaters zu Weihnachten 1898 deutlich, in welchem dem Sohn übermäßiger Alkohol und Nikotingenuß, falscher privater Umgang und ein schlechter Briefschreibstil vorgehalten wurde: »Was soll aus dir werden, wenn du bei deiner geringen geistigen Begabung, deinem Mangel an Beredsamkeit etc. dich nicht selbst weiterbildest? Halte dir das mal selber vor.« Trotz des Tadels konnte Jebsen befriedigt vermerken, daß Heinrich als recht fleißig bei der Arbeit galt.[106]

Am Ende der Kieler Lehrzeit trat er in die Dienste der väterlichen Reederei über. Sein Militärjahr absolvierte er 1902/03 bei einem Regiment im Großherzogtum Mecklenburg-Strelitz.[107] Anschließend fuhr er weiter auf Jebsen-Schiffen in der ostasiatischen Küstenschiffahrt. Als Zweiter Maschinist des Dampfers *Apenrade* war er am 18. September 1906 an Bord, als ein verheerender Taifun das vor dem Hafen liegende Schiff von seinen beiden Ankerketten losriß und an Land trieb, bis es strandete. In dieser gefährlichen Situation sprangen Heinrich und der Erste Offizier mit einer Trosse ins Wasser und befestigten das Fahrzeug, so daß Passagiere und Mannschaft sicher an Land gebracht werden konnten. Das Schiff sank kurz danach und konnte nur als Totalverlust abgeschrieben werden. Dieses »Heldenstück von ihm soll nicht vergessen werden«, schrieb seine Schwester Emma später.[108]

Seit Anfang 1906 liefen Verhandlungen über eine mögliche Geschäftspartnerschaft von Heinrich mit dem Flensburger Christian Witzke, der in Hongkong mit dem Briten Macdonald eine kleine Firma für Eisen- und Stahlbauten sowie Maschinenreparaturen betrieb. Als Macdonald ausschied, führte Witzke am 1. April 1908 die Reparaturwerkstatt unter dem Namen Chr. Witzke & Co. mit Heinrich als neuem gleichberechtigtem Partner fort; das Einschußkapital jedes Partners lag bei 15.000 Dollar. Wenige Wochen nach Firmengründung pachtete die in Kowloon – der Stadtteil gegenüber der Insel Hongkong – eingetragene Firma das Grundstück Fourth Street Nr. 1 im westlichen Teil der Insel, und zwar von Tang Kam Chi, Kaufmann in der Schiffscharterfirma Kwong Lei Yuen; der Pachtvertrag wurde 1910 um weitere drei Jahre verlängert.[109] Wie Heinrich Jessen bereits 1906 wissen ließ, werde Heinrich »in der Werkstatt von Witzke vermutlich eine gute Gelegenheit geboten, sich ein Urteil darüber zu bilden, wie groß die Kosten kleiner Reparaturen sind und wie sie ausgeführt werden müssen«. Weiter prophezeite er: »Lohnen kann sich die Werkstatt wohl nur so lange als unsere und andere deutsche Schiffe der Werkstatt Arbeit geben, und selbst mit dieser Unterstützung kann angesichts der großen Konkurrenz der Ertrag der Werkstatt kein glänzender sein.«[110] Trotz solcher Unkenrufe scheint sich die Firma mit ihrer Spezialisierung auf Reparaturen von Schiffen, Kesseln, Maschinen und ähnlichem gut behauptet zu haben. Im Hongkonger Pachtregister von 1910 erscheint Heinrich zwar mit dem Wohnsitz Yau Ma Tei, einem Stadtteil auf der Halbinsel Kowloon, doch wird als zeitweiliger Aufenthaltsort die Hafenstadt Haiphong im Norden von Französisch-Indochina angegeben.[111] Weil Haiphong ein wichtiger Anlaufpunkt für die Dampfer der Reederei Jebsen war, wird Heinrich auch dort Schiffsreparaturen durchgeführt haben. Sein

Heinrich Jebsen (1880–1944) in Marineuniform

Bruder sei bis zum Kriegsausbruch »mit Arbeiten für unsere und andere Küstendampfer gut beschäftigt« gewesen, hielt Jacob später fest.[112]

Der Erste Weltkrieg habe ihn aus der Bahn geworfen, schrieb Emma über ihren Bruder. Nach Kriegsausbruch meldete sich der 34jährige Heinrich freiwillig zur Verteidigung der deutschen Chinakolonie Kiautschou. Nachdem deren bedingungslose Übergabe von Japan am 15. August 1914 ultimativ gefordert worden war, befahl Kaiser Wilhelm II. vier Tage später die Verteidigung des Gebiets bis zum Äußersten. Heinrich nahm im Rang eines Obermaschinistenanwärters der Seewehr in der 5. Kompanie der Matrosenartillerie als Scheinwerferbediener an den Kämpfen teil, welche am 7. November 1914 mit der Kapitulation der deutschen Truppen endeten. Die Überlebenden gingen in japanische Kriegsgefangenschaft und kehrten zum Teil erst 1919 nach Abschluß des Versailler Friedensvertrags nach Deutschland zurück. Auch Heinrich wurde erst nach fünf Jahren aus dem Kriegsgefangenenlager Bando entlassen und kam damit aus einer Internierung, die ihm »schlimm zugesetzt« habe, schrieb Emma, und zwar »(m)it gänzlich zerrütteten Nerven«. Nach der Entmündigung (1921) folgten zeitweilige Aufenthalte in Nervenkliniken, doch konnte Heinrich sich von den Kriegserlebnissen nicht erholen und keine Berufsarbeit mehr verrichten. Mehrere Jahre lebte er im Hause des befreundeten Ingenieurs H. Schill in Remmels bei Hohenwestedt im Kreis Rendsburg. Er starb am 23. November 1944 an einem Hirnschlag und wurde im Grab seiner Eltern auf dem Friedhof von Apenrade beigesetzt.[113]

Heinrichs jüngerer Bruder **Friedrich** (* 21. Mai 1881) bildete das charakterliche Gegenstück zu ihm. Der gutaussehende und allseits beliebte Junge war sehr redegewandt und ständig zu Lausbubenstreichen und anderen Dummheiten bereit, aber manchmal brutal im Umgang mit seinen Geschwistern. Wohl um ihn zu besserem sozialen Verhalten zu erziehen, wurde er 1895/96 in ein Internat nach Hanerau in der Nähe von Rendsburg geschickt, doch vergeblich. »Der Junge ist und bleibt ein Luftikus und alles Räsonieren sowie alle guten Ratschläge sind verlorene Liebesmühe«, konstatierte Jebsen nach Lektüre eines Briefs von Friedrichs Lehrer.[114] Seiner Ankündigung, es noch ein Jahr mit ihm in Hanerau zu versuchen, folgte Anfang 1896 die Erkenntnis, daß der drittälteste Sohn keinesfalls dieselbe Schule wie Heinrich besuchen durfte. Dem Sonderburger Rendanten teilte er mit, der Junge müsse »immer unter Aufsicht gehalten werden und würde auf Heinrich einen noch viel schädlicheren Einfluß ausüben als Max Kier [Freund von Heinrich in Sonderburg]«. Deshalb entschied er, Friedrich aufs Realgymnasium nach Rendsburg zu schicken und im Hause eines Lehrers einzuquartieren. Welche Gründe dazu führten, den Beschluß zu revidieren und Friedrich zu Ostern 1896 doch in Sonderburg einzuschulen, ist nicht überliefert, doch werden die mangelhaften schulischen Leistungen den Ausschlag gegeben haben. Nach Aufnahme in die Obertertia des Progymnasiums in Sonderburg erhielt Friedrich bereits sechs Monate später Gesellschaft von seinem über zwei Jahre jüngeren Bruder Michael, der zusammen mit ihm zu Ostern 1897 in die Untersekunda kam; zum selben Zeitpunkt verließ Heinrich die Anstalt.[115] Im neuen Schuljahr trat der von Jebsen früher befürchtete Fall ein, aber in anderer Konstellation, nämlich ein schlechter Einfluß von Friedrich auf seinen Bruder Michael. Allerdings scheinen viele Dummheiten, die der ältere ausführte, vom jüngeren ausgeheckt worden zu sein. Im Herbst 1897 klagte Jebsen, das Betragen seiner beiden Jungen sei »dort das denklich Schlechteste«. Er war überzeugt, »daß meine beiden Söhne bei längerem Zusammensein dort, infolge ihrer grenzenlosen Albernheit, den Herren Lehrern das Leben sauer machen, auch der eine den anderen von den häuslichen Schularbeiten abhält und [sie] sich gegenseitig das Vorwärtskommen in der Schule erschweren«. Um Abhilfe zu schaffen, mußte Michael zu Ostern 1898 die Sonderburger Anstalt verlassen, und Friedrich wechselte auf das bekannte Lübecker Katharineum, ein altsprachliches Gymnasium, das mit einem Realgymnasium verbunden war. Diese Anstalt verließ er zu Ostern 1899 mit dem Obersekunda-Abschluß.[116]

Weil Friedrich »absolut zur See« wollte, wie seine Schwester Emma berichtete, habe ihr Vater trotz starker Bedenken nachgegeben. Tatsächlich hielt Jebsen eine kaufmännische Lehre für geeigneter, um seinen Sohn nach drei oder vier Jahren in die Firma Jebsen & Co. in Hongkong schik-

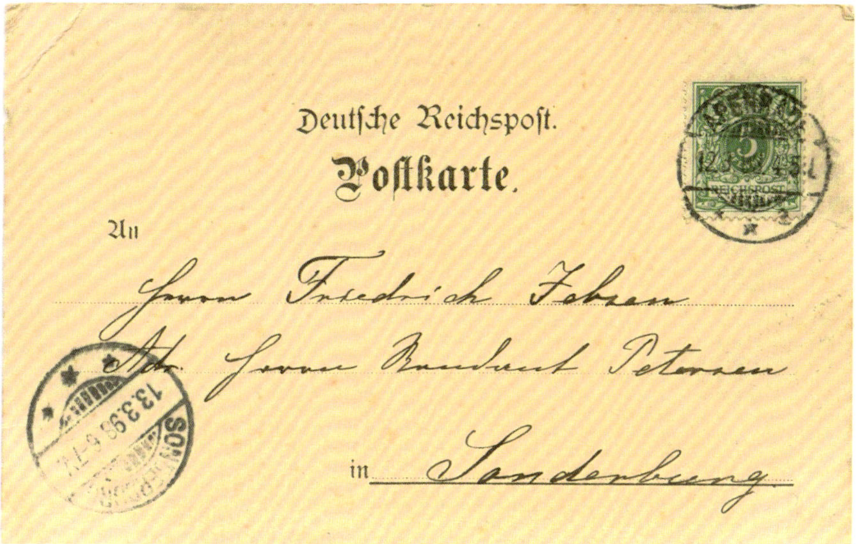

Eine Postkarte von Michael Jebsen an seinen Sohn Friedrich in Sonderburg, 12.3.1898

ken zu können. »Allein mit dem Jungen ist nichts anzustellen und somit muß ich wohl zustimmen«, schrieb er resignierend. Allerdings hoffte er, daß man bei der Marine »ihn wohl zurechtstutzen wird und er Gelegenheit findet, sein flegelhaftes Benehmen zu bedauern«. Seinen Kieler Geschäftsfreund Heinrich Diederichsen bat er um Kontaktaufnahme zu »einem Ihrer Marine-Freunde«, um mehr über die Aufnahmeformalitäten in die dortige Marineakademie zu erfahren.[117] Das Verfahren war erfolgreich: Im März 1899 konnte Jebsen seinen Sohn zur Einquartierung im Akademiegebäude anmelden und ihn sofort nach Schulabschluß nach Kiel bringen, wo Friedrich am 9. April im Alter von knapp achtzehn Jahren als Kadett in die Kaiserliche Kriegsmarine eintrat. Die strenge militärische Disziplin behagte dem Jungen aber gar nicht. Er sei im Dienst gleichgültig, beim Unterricht faul und außerdem recht eitel und eingebildet gewesen, schrieb Emma. Ihr ältester Bruder Jacob, der nach dem Tode des Vaters zum Familienoberhaupt geworden war, zeigte sich Ende 1900 so verärgert über Friedrichs Verhalten, daß er ihn aus der Marine herausnehmen wollte: »Er muß in eine sehr strenge Zucht, um die Neigung zu Windbeuteleien auszutreiben.«[118] Mangels Alternative konnte Friedrich in der Truppe bleiben und im Frühsommer 1902 das Offiziersexamen mit recht gutem Erfolg absolvieren. Weil er aber in einem wichtigen Nebenexamen durchfiel und allgemein zu wenig Pflichtgefühl gezeigt hatte, wurde ihm der Abschied nahegelegt. So sei er »nicht ganz freiwillig« abgegangen, ließ Emma später wissen. Ihr Bruder Jacob fand noch deutlichere Worte, als er Friedrich einen mangelnden Sinn für Disziplin bescheinigte und ihm schrieb: »Ich habe das bestimmte Gefühl, daß ich es nicht verantworten kann, dich in der Karriere zu halten, in der du nach meiner Überzeugung den letzten Rest von Ehre und Pflichtgefühl verlieren wirst.«[119]

Immerhin erhielt Friedrich durch das Offiziersexamen das Patent als Steuermann in der Handelsmarine. Von seinem Vetter Max Jebsen, der in Hamburg eine kleine Reederei betrieb, wurde er im Juli 1902 als Dritter Steuermann auf dem Dampfer *Emma* angestellt. Das Schiff ging wenig später in der Südsee verloren, und Friedrich kehrte über Hongkong nach Hamburg zurück, wo er weiterhin in der Reederei von Max Jebsen beschäftigt blieb und nebenbei sein Kapitänsexamen machte. Während des Russisch-Japanischen Krieges (1904/05) fuhr er in Ostasien als Kapitän eines größeren Dampfers seines Vetters. Als nach dem Krieg die Nachfrage nach Frachtschiffen drastisch nachließ, stand Max Jebsen vor dem geschäftlichen Aus. Dem stellensuchenden Friedrich, der den letzten Dampfer, *Erna,* in San Francisco verkauft hatte, empfahl er, nach Seattle zu gehen. In der lebhaften Hafenstadt im US-Bundesstaat Washington sollte er mit einem Partner die Vertretung einer von Max neueingerichteten Dampferlinie an der amerikanischen Pazifikküste übernehmen. Offenbar beeinflußten auch private Gründe – seine beabsichtigte Verlobung mit der Tochter eines dortigen Großmüllers – Friedrichs Entschluß, in Seattle eine neue berufliche Zukunft zu suchen.[120] Beide Vorhaben zerschlugen sich in kurzer Zeit, so daß Friedrich nach San Francisco zurückkehrte und dort als Reeder und Makler die Linie in Eigenregie betrieb. Jacob gewann einen guten Eindruck vom Geschäft des Bruders, als er ihn 1912 besuchte. Auch dank seiner finanziellen Beteiligung konnte Friedrich einen norwegischen Dampfer und einige Motorsegler kaufen und die Reederei Lloyd Mejicano gründen, die ihre Schiffe zwischen kalifornischen und mexikanischen Häfen laufen ließ. Sein ältester Bruder bescheinigte ihm eine besondere Eignung für diesen Beruf, der in die Familientradition paßte, sowie eine allgemeine Beliebtheit in San Francisco: »Er war kein Mann für stetige Büroarbeit, hatte aber eine große Gabe, mit Menschen umzugehen und persönlich zu verhandeln. Sein frisches Wesen und sein gutes Aussehen, er war etwa 1,90 m groß, hellblond und blauäugig, machten ihn schnell

Friedrich Jebsen (1881–1915) in Marineuniform

beliebt; auch bei den Damen hatte er besonders viel Glück.«[121]

Friedrichs Geschäftsbeziehungen nach Mexiko brachten ihn wenig später in ernste Schwierigkeiten, als in dem Land ein Putsch gegen den 1911 gewählten Präsidenten Francisco I. Madero stattfand. Anführer war der Militärchef des Landes, Victoriano Huerta, der den Präsidenten im Februar 1913 verhaften und ermorden ließ, um selbst die Regierung zu übernehmen. Weil damit die alten Machtverhältnisse wiederzukehren schienen, kam es im April 1913 zum Aufstand gegen die Militärdiktatur – eine der vielen sozialen Revolutionen im damaligen Lateinamerika. Weil Friedrich angeblich die Revolutionäre begünstigt hatte, wurde er bei seinem Besuch in Mexiko verhaftet und mit dem Tode bedroht. Als sein Bruder Jacob davon erfuhr, setzte er sich umgehend in Berlin mit Außenstaatssekretär Arthur Zimmermann in Verbindung, der ihm aus dessen früherer Dienstzeit als Vizekonsul in Shanghai, Kanton und Tientsin persönlich bekannt war. Zimmermann schaltete den deutschen Gesandten in Mexiko, Paul von Hintze, in die Sache ein. Hintze, der 1911 Konteradmiral geworden war, kannte Friedrich noch aus der Zeit bei der Marine. Wegen der zerstörten Telegrafenlinien zwischen Mexiko-Stadt und der Küste gelang die Freilassung des Inhaftierten aber erst nach mehreren Tagen. Nachdem sich herausgestellt hatte, daß eine lokale Reederei die Verhaftung aus Konkurrenzneid veranlaßt hatte, erhielt Friedrich später eine förmliche Entschuldigung der mexikanischen Regierung.[122]

Nach Ausbruch des Ersten Weltkrieges wurde Friedrich vom Mobilmachungskommando der deutschen Marine zum Vertrauensmann ernannt. Von San Francisco aus organisierte er die Kohlenversorgung für den Kleinen Kreuzer *Leipzig*, eines der deutschen Kriegsschiffe des

Michael (Magge) Jebsen (1883–1916)

Kreuzergeschwaders von Vizeadmiral Graf Spee, welches Anfang Dezember 1914 bei den Falklandinseln nach heftigen Gefechten unterging. Als Friedrichs unerlaubte Tätigkeit bekannt wurde, flüchtete er Anfang 1915 gemeinsam mit einem deutschen Hauptmann per Bahn nach New York, wo er mit falschem Paß auf einem neutralen dänischen Dampfer anheuerte. Weil er auf der Fahrt heimlich eine Minenkarte des englischen Kanalhafens Dover gezeichnet hatte, bot ihm nach seiner Rückkehr der deutsche Admiralstab als Anerkennung eine Kommandierung seiner Wahl an. Friedrich entschied sich für den Dienst in einem U-Boot und nahm Anfang Juli 1915 an Tauch- und Schießübungen auf verschiedenen Booten teil. Zurück in Wilhelmshaven wurde er endgültig als Fähnrich zur See auf das Boot *U 36* kommandiert, das am 15. Juli zu einer zwanzigtägigen Fernfahrt in See stach. Zu jener Zeit lief zwischen Washington und Berlin ein erregter diplomatischer Notenwechsel über die Versenkung britischer und amerikanischer Passagierdampfer durch deutsche U-Boote, bei der auch US-Staatsbürger ums Leben gekommen waren. Nur wenige Tage nach dem Auslaufen, am 24. Juli 1915, wurde *U 36* als eines der ersten deutschen U-Boote von einem britischen Kriegsschiff nördlich von Irland angegriffen und versenkt.[123]

Friedrichs jüngster Bruder **Michael** (* 26. Juli 1883), genannt Magge, war als Kind klein, zart und angeblich sogar etwas kümmerlich. Jebsen war aber voll des Lobes über den letztgeborenen Sohn, als er im März 1884 berichtete, »unser Jüngster ist, wie solches immer der Fall gewesen ist, der Beste. Es ist auch ein Prachtjunge, immer ruhig und zufrieden, wird aber auch gehörig verzogen.«[124] Als der am meisten begabte der drei jüngeren Söhne wurde Michael bereits im Herbst 1896 im Alter von dreizehn Jahren in die Obertertia des Sonderburger Progymnasiums aufgenommen. Weil er dort zusammen mit Friedrich nur Albernheiten ausheckte, nahm ihn der Vater zu Ostern 1898 von der Schule und schickte ihn auf das Realgymnasium in Flensburg, wo er die Untersekunda wiederholte. Nebenbei bekam er privaten Nachhilfeunterricht in Griechisch und Latein, um ihn auf die Obersekunda am dortigen Gymnasium vorzubereiten.[125] Als er die Flensburger Schule zu Ostern 1900 mit dem Obersekunda-Abschluß verließ, entschied er sich für den Beruf des Kaufmanns und begann eine Lehre in der Hamburger Firma C. Illies & Co., Hauptniederlassung und Einkaufshaus der ältesten deutschen Japanfirma mit Zweigniederlassungen in vier japanischen Großstädten. Nach zwei Jahren, also im Alter von neunzehn Jahren, ging Michael nach Hongkong und arbeitete bald mit großem Erfolg in der Schiffahrtsabteilung der Firma Jebsen & Co. Er scheint »eine sehr tüchtige Kraft« gewesen zu sein, wie seine Schwester Emma berichtete, wenn er auch ein bewegtes Privatleben mit reichlichem Alkoholgenuß führte. In weiten Kreisen Hongkongs sei er durch seinen Charme sehr beliebt gewesen, teilte der Firmenbiograph Hänisch mit.[126]

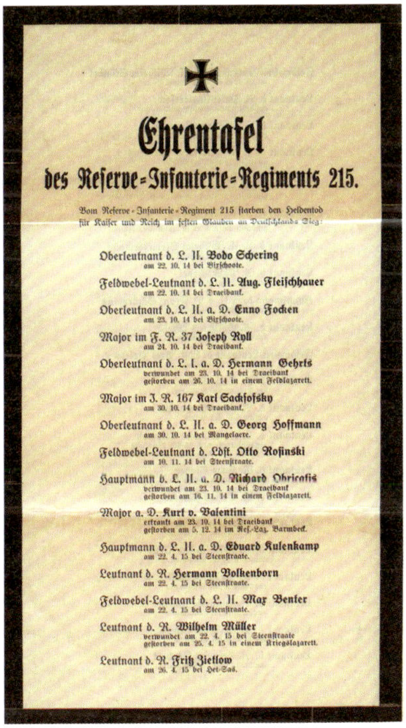

Ehrentafel

des Reserve=Infanterie=Regiments 215.

Vom Reserve=Infanterie=Regiment 215 starben den Heldentod für Kaiser und Reich im festen Glauben an Deutschlands Sieg:

Oberleutnant d. L. II. Bodo Schering
am 22. 10. 14 bei Bixschoote.

Feldwebel-Leutnant d. L. II. Aug. Fleischhauer
am 22. 10. 14 bei Draeibank.

Oberleutnant d. L. II. a. D. Enno Focken
am 23. 10. 14 bei Bixschoote.

Major im F. R. 37 Joseph Ryll
am 24. 10. 14 bei Draeibank.

Oberleutnant d. L. I. a. D. Hermann Gehrts
verwundet am 23. 10. 14 bei Draeibank
gestorben am 26. 10. 14 in einem Feldlazarett.

Major im J. R. 167 Karl Sackfofsky
am 30. 10. 14 bei Draeibank.

Oberleutnant d. L. II. a. D. Georg Hoffmann
am 30. 10. 14 bei Mangelaere.

Feldwebel-Leutnant d. Ldst. Otto Rosinski
am 10. 11. 14 bei Steenstraate.

Hauptmann d. L. II. a. D. Richard Obricatis
verwundet am 23. 10. 14 bei Draeibank
gestorben am 16. 11. 14 in einem Feldlazarett.

Major a. D. Kurt v. Valentini
erkrankt am 23. 10. 14 bei Draeibank
gestorben am 5. 12. 14 im Res.-Laz. Barmbeck.

Hauptmann d. L. II. a. D. Eduard Kulenkamp
am 22. 4. 15 bei Steenstraate.

Leutnant d. R. Hermann Volkenborn
am 22. 4. 15 bei Steenstraate.

Feldwebel-Leutnant d. L. II. Max Benter
am 22. 4. 15 bei Steenstraate.

Leutnant d. R. Wilhelm Müller
verwundet am 22. 4. 15 bei Steenstraate
gestorben am 25. 4. 15 in einem Kriegslazarett.

Leutnant d. R. Fritz Zietlow
am 26. 4. 15 bei Het-Sas.

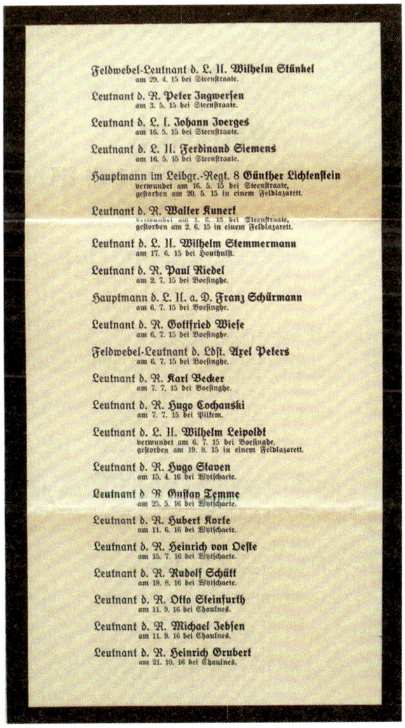

Feldwebel-Leutnant d. L. II. Wilhelm Stünkel
am 29. 4. 15 bei Steenstraate.

Leutnant d. R. Peter Ingwersen
am 3. 5. 15 bei Steenstraate.

Leutnant d. L. I. Johann Iverges
am 16. 5. 15 bei Steenstraate.

Leutnant d. L. II. Ferdinand Siemens
am 16. 5. 15 bei Steenstraate.

Hauptmann im Leibgr.-Regt. 8 Günther Lichtenstein
verwundet am 16. 5. 15 bei Steenstraate,
gestorben am 20. 5. 15 in einem Feldlazarett.

Leutnant d. R. Walter Kunert
verwundet am 1. 6. 15 bei Steenstraate,
gestorben am 2. 6. 15 in einem Feldlazarett.

Leutnant d. L. II. Wilhelm Stemmermann
am 17. 6. 15 bei Houthulst.

Leutnant d. R. Paul Riedel
am 2. 7. 15 bei Boesinghe.

Hauptmann d. L. II. a. D. Franz Schürmann
am 6. 7. 15 bei Boesinghe.

Leutnant d. R. Gottfried Wiese
am 6. 7. 15 bei Boesinghe.

Feldwebel-Leutnant d. Ldst. Axel Peters
am 6. 7. 15 bei Boesinghe.

Leutnant d. R. Karl Becker
am 7. 7. 15 bei Boesinghe.

Leutnant d. R. Hugo Cochanski
am 7. 7. 15 bei Pilkem.

Leutnant d. L. II. Wilhelm Leipoldt
verwundet am 6. 7. 15 bei Boesinghe,
gestorben am 19. 8. 15 in einem Feldlazarett.

Leutnant d. R. Hugo Staven
am 15. 4. 16 bei Wytschaete.

Leutnant d. R. Gustav Temme
am 25. 5. 16 bei Wytschaete.

Leutnant d. R. Hubert Korte
am 11. 6. 16 bei Wytschaete.

Leutnant d. R. Heinrich von Oeste
am 15. 7. 16 bei Wytschaete.

Leutnant d. R. Rudolf Schütt
am 18. 8. 16 bei Wytschaete.

Leutnant d. R. Otto Steinfurth
am 11. 9. 16 bei Chaulnes.

Leutnant d. R. Michael Jebsen
am 11. 9. 16 bei Chaulnes.

Leutnant d. R. Heinrich Grubert
am 21. 10. 16 bei Chaulnes.

Ehrentafel des Reserveinfanterieregiments 215 für die Gefallenen im Ersten Weltkrieg: Der Name von Michael (Magge) Jebsen ist der vorletzte auf der zweiten Seite

Erst im Frühjahr 1914 kam Michael zurück nach Apenrade, wo er vom Ausbruch des Ersten Weltkrieges überrascht wurde. Obwohl er keinen Militärdienst geleistet hatte, meldete er sich im Folgejahr als einer der vielen Kriegsfreiwilligen und ging nach kurzer Ausbildung an die Westfront. Er wurde nach einem knappen Jahr zum Leutnant der Reserve im Reserveinfanterieregiment Nr. 215 befördert und nahm seit dem Frühsommer 1916 an der Schlacht an der Somme in Nordfrankreich teil. Dort sah sich die deutsche Front unter Befehl von Kronprinz Rupprecht von Bayern einem monatelangen massiven Angriff britischer und französischer Truppen gegenüber. Weil in den Gefechten rund eine Million Soldaten auf beiden Seiten starben, gilt diese Schlacht als die verlustreichste Einzelschlacht des Ersten Weltkrieges. Michael befand sich am 11. September 1916 im südlichen Frontbereich am Bahnhof Chaulnes in einem Unterstand, der einen Volltreffer erhielt und seine Insassen verschüttete. Sein Kompanieführer, Oberleutnant von Basse, der die Familie informierte, versicherte, ihn »als Soldaten, Kameraden u. Freund hochgeschätzt« zu haben: Die Kompanie verliere in ihm »einen tüchtigen, pflichttreuen, tapferen Offizier u. einen lieben, treuen Kameraden, der uns allen in jeder Beziehung ein Vorbild war«. Michael fand sein Grab auf dem Soldatenfriedhof St. Nicaise in Mesnil nördlich von Nesle. Sein Tod sei ein großer Verlust für die Firma Jebsen & Co. gewesen, schrieb Hänisch, denn er habe beim Wiederaufbau des Schiffahrtsgeschäfts nach dem Krieg sehr gefehlt.[127]

Das neunte Kind und der letzte Familiensproß war die Tochter **Emma** (* 14. Mai 1885), die ihre Pensionatszeit bei den Geschwistern Diesterweg in Bonn verbrachte. Am 23. Oktober 1906 heiratete sie Theodor von Hassel, Hauptmann in der Kaiserlichen Schutztruppe in Deutsch-Ostafrika. Um sich auf den Aufenthalt in der Kolonie vorzubereiten, besuchte sie die Kolonial-Frauenschule in Rendsburg und folgte gegen den Rat der Familie ihrem Mann nach Afrika, wo die Tochter Gertrud (* 1908) und die Söhne Friedrich (* 1910), Kai-Uwe (* 1913) und Michael (* 1915) zur Welt kamen. Theodor war Kompanieführer in Daressalam, verließ aber 1909 den Militärdienst und übernahm eine Kaffeepflanzung in der Nähe von Lushoto, bei deren Kauf ihn Emmas Bruder Jacob und Heinrich Jessen finanziell unterstützt hatten. Bei Ausbruch des Ersten Weltkrieges wurde Theodor wieder eingezogen und diente unter General Paul von Lettow-Vorbeck, dem Kommandeur der Schutztruppe, bis zu seiner Gefangennahme durch britische Streitkräfte (1917); anschließend war er

Clara Jebsen mit ihrer jüngsten Tochter Emma, 1887/88

Emma und Theodor von Hassel bei ihrer Hochzeit, 23. Oktober 1906

in Gefangenenlagern in Ägypten und auf Malta. Seine Frau kümmerte sich nach der Ausweisung durch die britische Mandatsverwaltung um den Heimtransport der Familie nach Deutschland. Die Kinder fanden ihren Weg in die Heimatregion der Familie Jebsen zurück und verbrachten den Winter 1918/19 im Haus Lensnack von Jacob Jebsen in Apenrade. Nach Emmas Ankunft Ende 1920 kam die Familie in Glücksburg zusammen, wo die jüngste Tochter Gisela (* 1923) das Licht der Welt erblickte. Emma ließ sich bereits im Folgejahr von Theodor scheiden und führte mit ihren Kindern ein bescheidenes Leben; ihr Mann kehrte 1926 nach Afrika zurück und wurde wieder Kaffeepflanzer. Als sein Sohn Kai-Uwe ihn dort besuchte (1935), war die Wiedersehensfreude nur kurz: Der 66jährige Theodor erkrankte nach sechs Monaten an Gehirnmalaria und starb in Mahenge (Tanganyika), wo er auch beerdigt wurde.[128]

Während Gertrud Lehrerin, Friedrich Ingenieur und Gisela Musikerin wurden, machte Michael eine Kaufmannslehre und war 1938/39

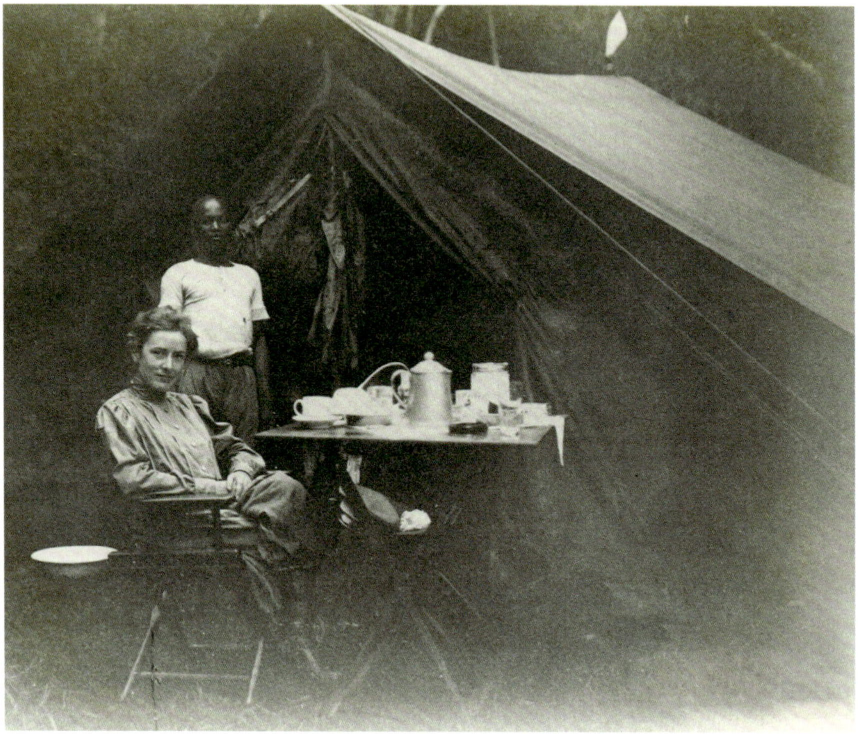

Emma von Hassel auf einer Safari am Fuße der Usambara-Berge in Afrika, 1912

für Jebsen & Co. in Hongkong und bis 1943 bei einer anderen deutschen Firma in Shanghai tätig; später ging er nach New York. Am weitesten im Berufsleben brachte es Kai-Uwe von Hassel, der als Ministerpräsident von Schleswig-Holstein eine entscheidende Rolle beim Zustandekommen der Bonn-Kopenhagener Erklärungen von 1955 spielte, mit welchen der deutschen Minderheit in Dänemark und der dänischen Minderheit in Deutschland das freie Bekenntnis zur jeweiligen Volkszugehörigkeit sowie die Gleichbehandlung mit den anderen Staatsbürgern bestätigt wurde. Seine Verdienste um den deutsch-dänischen Ausgleich wurden im März 1980 von Königin Margrethe II. von Dänemark mit dem »Großen Kreuz von Danebrog« gewürdigt – eine Auszeichnung, die sonst nur amtierenden Staatsoberhäuptern verliehen wird. Auch in der Bundesrepublik Deutschland erhielt Kai-Uwe von Hassel für sein Wirken in zahlreichen öffentlichen Ämtern hohe Ehrungen und Würdigungen.[129]

Villa *Clara* in Apenrade, um 1900

Auf der Grundlage eigener Quellenforschung und von persönlichem Erleben verfaßte Emma am Anfang der fünfziger Jahre eine umfangreiche Familienchronik, die sich besonders den Ahnen der Familie sowie dem Lebensweg ihres Vaters widmete. Das verdienstvolle Werk erschien 1953 als Privatdruck unter dem Titel *Michael Jebsen. Das Leben des Schiffsreeders und die Chronik seiner Vorfahren.* Darin teilte sie knapp mit, das härteste Leben von allen Geschwistern gehabt zu haben und vor sehr schwere Aufgaben gestellt worden zu sein. Daß sie diese erfüllen konnte, habe sie »der guten Jebsen'schen Erbmasse« verdankt, nämlich »der von den Vorfahren ererbten Energie«. Tatsächlich wurde sie im familiären Gedächtnis besonders wegen ihrer Diszipliniertheit und Zielstrebigkeit erinnert. In Glücksburg kennt man sie bis heute als resolute Frau und starke Persönlichkeit, die fast vierzig Jahre ehrenamtlich für das dortige Deutsche Rote Kreuz tätig war und dadurch zu einer der markantesten und am meisten geachteten Persönlichkeiten im öffentlichen Leben der Stadt wurde. Emma starb am 14. April 1960 in Glücksburg und fand ihre letzte Ruhe im Familiengrab auf dem dortigen Friedhof.[130]

Michael Jebsen und seine Frau Clara hatten am 9. Oktober 1892 ihre silberne Hochzeit in einem großen Kreis von Angehörigen und Freunden gefeiert. Als der Vater sieben Jahre später starb, übernahm Jacob die Reederei und führte sie ohne eigene Vergütung für die Rechnung seiner Mutter weiter, so daß sie ein gutes Auskommen hatte. Auch als Witwe verbrachte Clara die Wintermonate im Stammhaus in der Schiffbrückstraße und die Sommermonate in der *Villa Clara* (ex *Marienlust*), das 1896

Bilderbogen zur Silbernen Hochzeit von Michael und Clara Jebsen am 9. Oktober 1892, gezeichnet von Rechtsanwalt Tücksen aus Apenrade. Im Stile der damals populären Neuruppiner Bilderbögen zeigt er den Apenrader Hafen, das alte Familienhaus in der Schiffbrückstraße 17, Michael Jebsen an der Petroleumlampe, Clara Jebsen mit dem Milchmann, Tochter Bothilde mit ihrem Verlobten Dr. Bruno Bourwieg, Tochter Clara mit ihrem Verlobten Dr. Ludwig von Fischer-Benzon und die Geschwister Jacob, Heinrich, Friedrich (auf Heinrich), Michael, Johanne und Emma (v. l. oben nach r. u.).

von Jebsen erworbene Sommerhaus der Familie am Ufer der Apenrader Förde. Dort empfing sie regelmäßig ihre Söhne, Töchter, Schwiegersöhne, Schwiegertöchter und Enkelkinder; Höhepunkte waren gemeinsame Ausflugsfahrten auf dem Segelkutter *Thea*. Allerdings wurden Claras letzte Lebensjahre von einer anhaltenden Herzschwäche überschattet, welcher sie schließlich am 8. Juni 1913 erlag. »So endete ein Leben, das ein Vorbild sein kann für jede deutsche Frau, wie man sie früher sich dachte«, schrieb ihr Sohn Jacob: Es sei keine Übertreibung zu sagen, daß sie nie an sich selbst gedacht und nur für Mann und Kinder gelebt habe.[131] Tatsächlich

Michael Jebsen in seinem Segelkutter *Thea*, um 1890

hatte Clara Jebsen die aufopfernde und hingebungsvolle Rolle der bürgerlichen Frau im Kaiserreich fast idealtypisch verkörpert und auf diese Weise ihrem Ehemann viel Zeit und Raum für seine geschäftlichen und politischen Aktivitäten gegeben.

Kreis und Stadt Apenrade

Der Landkreis und die Kreisstadt Apenrade gehörten seit 1866 verwaltungsmäßig zur preußischen Provinz Schleswig-Holstein, die mit knapp 1,4 Millionen Einwohnern (1900) die kleinste Provinz Preußens war. Wie in allen preußischen Provinzen stand an der Spitze der Verwaltung der vom König ernannte Oberpräsident, der die Aufsicht über den Regierungspräsidenten in Schleswig und die Landräte der zwanzig schleswig-holsteinischen Landkreise wahrnahm. Neben seiner Funktion als Chef der staatlichen Verwaltung war er auch eine Art Provinzialminister, dessen wichtigste Aufgabe darin bestand, die politische, wirtschaftliche und kulturelle Einheit der Provinz zu gewährleisten. In den achtziger und neunziger Jahren übten Georg von Steinmann (1880–97) und der frühere preußische Innenminister Ernst Matthias von Köller (1897–1901) dieses Amt aus. Aus historischen Rücksichten bestand Schleswig-Holstein nur aus einem einzigen Regierungsbezirk mit der Stadt Schleswig als Sitz der Königlichen Regierung. Eine weitere Besonderheit der Provinz war es, daß die Regierungspräsidenten bis 1889 nur Stellvertreter des Oberpräsidenten waren und erst danach als vollverantwortliche Leiter der Regierung fungierten. Deshalb trat nur Gustav Zimmermann (1889–1901) als selbständiger Regierungspräsident in die öffentliche Wahrnehmung. Unterhalb der Provinz- und Bezirksebene waren die Landräte als weitere Gruppe der sogenannten »politischen Beamten« tätig. Auch sie waren spätestens mit dem königlichen Erlaß vom 4. Januar 1882 verpflichtet, jederzeit aktiv die Anschauungen der konservativen Staatsregierung Preußens zu vertreten und auch bei Wahlkämpfen die Regierungspolitik zu verteidigen. Wegen dieser Verpflichtung hatte die preußische Verwaltung einen ausgeprägten parteipolitischen Charakter, was bei den Oberpräsidenten auf Provinz- und bei den Landräten auf Kreisebene am deutlichsten zum Ausdruck kam.[132]

Oberpräsident Georg von Steinmann (1830–1901)

Schloß Brunlund, Sitz des Landratsamts von Apenrade

Landrat Werner von Levetzau (1822–99)

Landrat Rafael von Uslar-Gleichen (1853–1931)

Der Landkreis Apenrade war damals rund 685 Quadratkilometer groß, von den Nachbarkreisen Hadersleben, Tondern, Flensburg und Sonderburg umgeben und im Osten von der Küste des Kleinen Belt begrenzt. Außer der Kreisstadt gleichen Namens gehörten verwaltungsmäßig zu ihm zwölf Amtsbezirke mit achtzehn Landgemeinden und fünf Gutsbezirken. Die Selbstverwaltung des Kreises, also der Kreisausschuß mit dem Landrat als Vorsitzendem sowie der Kreistag wurden von den großen und mittleren ländlichen Grundbesitzern, den sogenannten Agrariern, politisch dominiert. Der Sitz des Landratsamts war Schloß Brunlund im Westen der Stadt, ein 1410 unter der dänischen Königin Margarethe begonnenes und von einem breiten Wassergraben umgebenes Gebäude, von dem aber nur ein Teil fertig wurde.[133] Zu Jebsens Zeit amtierten insgesamt drei Landräte auf Brunlund, deren Namen auf ihre adlige Herkunft und enge Verbindung zur Agrarlobby in Schleswig-Holstein hindeutet: Der Holsteiner Werner von Levetzau (1868–89), der vorher in dänischen Diensten gestanden und 1868 zum ersten preußischen Landrat des Apenrader Kreises ernannt worden war;[134] der Hinterpommer Joachim von Bonin (1890–95), Jurist und Regierungsassessor der Bezirksregierung in

Schleswig, der aber schon nach vier Jahren seinen Posten wegen eines Rheumaleidens aufgeben mußte,[135] und schließlich der Apenrader Gutsbesitzer Rafael von Uslar-Gleichen (1895–1913), Sohn des früheren deutschen Generalkonsuls in Mexiko-Stadt, der als Kreisdeputierter bereits politische Erfahrungen besaß und die agrarisch-konservative Fronde bei allen Wahlgängen in den 1890er Jahren verstärkte.[136]

Professor Dr. jur. Albert Hänel (1833–1918)

Im Gegensatz zum staatlich dominierten und politisch vorwiegend konservativen Landkreis Apenrade war die Selbstverwaltung der Kreisstadt vom bürgerlich-liberalen Geist geprägt. Die Städteordnung der Provinz Schleswig-Holstein vom 14. April 1869 galt als den meisten vergleichbaren Regelungen in Deutschland weit voraus und wurde in Preußen bahnbrechend für die anderen Provinzen.[137] Der maßgebliche Urheber der modernsten Städteordnung der preußischen Monarchie war der linksliberale Kieler Staatsrechtsprofessor Albert Hänel, der 1870 feststellte: »Es gibt keine bessere Städteordnung in irgendeiner preußischen Provinz als die unsrige.«[138] Er hatte sich die Holsteinische Städteverfassung von 1854 zum Vorbild genommen und war sehr darauf bedacht gewesen, sich keinesfalls an das in den Herzogtümern unbekannte oder unbeliebte Dreiklassenwahlrecht der preußischen Städteordnung von 1853 anzulehnen. Zwar stießen in Berlin, wo das Innenministerium die preußische Städteordnung zur Grundlage nehmen wollte, einzelne Forderungen von Hänel auf erheblichen Widerstand, doch gab man aus politischen Rücksichten in den entscheidenden Punkten schließlich nach. Die Städteordnung kann deshalb als »ein Meisterwerk an Synthese von bewährten, schleswig-holsteinischen und altpreußischen Einrichtungen« (Hauser 1967) gelten. Um die Schleswig-Holsteiner mit den neuen politischen Machtverhältnissen zu versöhnen, wurden alle Hauptforderungen Hänels akzeptiert: Erstens die unmittelbare Wahl des Magistrats – Bürgermeister, Beigeordneter und Stadträte

(Senatoren) – von der Bürgerschaft und nicht von den Stadtverordneten, und zwar aus einer von den beiden städtischen Kollegien gemeinsam aufgestellten Vorschlagsliste; zweitens gemeinschaftliche Sitzungen beider Kollegien – Magistrat und Stadtverordnetenversammlung – zur Beratung und Beschlußfassung über alle wichtigeren Gemeindefragen; und drittens eine verstärkte kommunale Selbstverwaltung durch größere Bedeutung der Kommissionen und des Ortsstatuts. Die gemeinschaftlichen Sitzungen erlaubten dem Magistrat eine stärkere Führungsstellung bei allen Entscheidungen einzunehmen – ein Erbe der altdeutschen Ratsverfassung in Nordwestdeutschland, was der preußischen Regierung ihre Zustimmung zu Hänels Vorschlägen erleichtert hatte. Zwar gab es keine Klasseneinteilung wie sonst überall in der preußischen Monarchie, außer in Frankfurt am Main, doch blieb das Bürgerrecht an Besitz und Zensus gebunden: Besitz eines Wohnhauses oder Betreiben eines stehenden Gewerbes oder Klassensteuerveranlagung von mindestens zweihundert und höchstens fünfhundert Talern jährlich. Trotz dieser Einschränkung, die bei Kommunalwahlen den besitzenden und einkommensstarken Ober- und Mittelschichten zugute kam, kann die schleswig-holsteinische Städteordnung mit ihrem Verzicht auf das Dreiklassenwahlrecht und der Beschränkung des staatlichen Bestätigungsrechts als ein wichtiger Fortschritt gelten. Zweifellos ermöglichte sie den Städten ein weitgehendes Selbstverwaltungsrecht und der bürgerlichen Mitarbeit einen großen Spielraum.[139] In Apenrade ersetzte sie die alte Ordnung, die 1723 nach der Angliederung des Gottorpschen an den Königlichen Anteil des Herzogtums Schleswig eingeführt worden war.[140]

Die neue Städteordnung bildete die Grundlage für die Wahl der ersten Stadtverordneten von Apenrade am 15. und 16. November 1869. Da es den Städten überlassen blieb, wie hoch sie den Zensus für die Aufnahme in die Bürgerrolle ansetzten, also die Wahlberechtigten unter den Bürgern selektierten, konnten die tonangebenden Einwohner erheblichen Einfluß auf den Ausgang der Wahlen nehmen. In Apenrade, wo die deutschgesinnten Bürger vor allem die städtische Ober- und Mittelschicht bildeten und die Kommunalverwaltung dominierten, wurde der Zensus so angesetzt, daß von 6155 Einwohnern 492 wählen konnten, also knapp acht Prozent der Bevölkerung. Damit waren die mehrheitlich dänischgesinnten »kleinen Leute« von der Wahl ausgeschlossen, was im Ergebnis auch zum Ausdruck kam. Die von deutscher Seite aufgestellten Kandidaten, der Ger-

Bürgermeister Albrecht von Krogh (1821–87)

bermeister N. Tondering und der Segelmacher Jürgen Chr. Frellsen, erhielten 202 Stimmen, während auf die von dänischer Seite unterstützten Kandidaten, der Werftbesitzer Jürgen Paulsen und der Arzt Dr. Th. Dahl, nur 162 Stimmen entfielen. Sieht man das Ergebnis als ein Kräftemessen zwischen beiden nationalen Gruppen, dann lag der deutsche Anteil bei sechsundfünfzig Prozent, also eine klare Mehrheit unter den Wählern in Apenrade. Wegen des enttäuschenden Resultats am ersten Wahltag blieben die dänischgesinnten Wähler am zweiten Tag der Wahl fern, so daß die deutschen Kandidaten, der Bäcker H. C. Lorenzen und der Friseur Speckhahn, ohne Gegenkandidaten gewählt wurden. Auch bei den Ergänzungswahlen von 1870 und 1871 gewannen ausschließlich deutsche Kandidaten. Das gleiche Bild zeigte sich bei den Wahlen zum Magistrat: Als Bürgermeister wurde der seit 1867 amtierende Albrecht von Krogh, ein früherer Gerichtsangestellter, am 15. Januar 1870 durch Wahl für zwölf Jahre bestätigt. Er hatte zwar eine bewußte Eindeutschungspolitik betrieben, ohne aber ausgesprochen dänischfeindlich zu sein. Auch die amtierenden vier Senatoren – der damals in Apenrade übliche Titel der Stadträte – wurden wiedergewählt: Kaufmann Jürgen Ahlmann als Beigeordneter (Erster Senator) für sechs Jahre, der Werftbesitzer Gustav Raben als Zweiter Senator für dieselbe Zeit sowie die Kaufleute Boy Boysen Jessen und Carl Emil Hoffgaard jeweils auf Lebenszeit.[141]

Auch in den siebziger Jahren führte Bürgermeister Krogh eine klare und auf Kooperation mit allen Seiten setzende Eindeutschungspolitik fort. Mit seiner Kompromißhaltung gewann er zwar die moderaten Dänischgesinnten für sich, doch gab er für viele Deutsche ein Bild der Schwäche ab, was schließlich in deren Reihen zur Zersplitterung in zwei Lager führte. Kroghs stärkster Gegenspieler war Senator Gustav Raben, der große Unterstützung bei den Wählern genoß, weil viele von ihm als

Rathaus von Apenrade, um 1900

Werftbesitzer auch wirtschaftlich abhängig waren; seine Wiederwahl für zwei Jahre war deshalb 1876 gesichert. Da er sich aber nach Erwerb der Kupfermühle bei Krusau zunehmend aus der Politik zurückzog, wurde er am Ende seiner Amtszeit nicht wieder als Kandidat aufgestellt. Seinem schwindenden Einfluß war es wohl zuzuschreiben, daß bei der Wahl im November 1878 zum ersten und einzigen Male ein Dänischgesinnter zum Stadtverordneten gewählt wurde, nämlich der Apotheker P. Stisgaard. Die deutsche Alleinherrschaft geriet jedoch erst in Gefahr, als im November 1879 der Anwalt Carl Bekker, der im Vorjahr in der dänischsprachigen Zeitung *Freia* mit einer scharfen Kritik an der deutschdominierten Kommunalverwaltung hervorgetreten war, als Kompromißkandidat beider Seiten gehandelt wurde. Nach erheblichem Druck auf die gemäßigten deutschen Wähler, von denen sich viele der Wahl enthielten, gelang es der deutschen Seite schließlich, Kapitän Johann Ahlmann und Gerbermeister Peter H. Tondering als neue Stadtverordnete durchzubringen.[142]

Mit dem Ende von Kroghs Amtszeit (1882) bahnte sich eine einschneidende Zäsur in der politischen Geschichte von Apenrade an – ein klarer Reflex des generell verschärften innenpolitischen Klimas im Kaiserreich. Der von Bismarck seit 1876 bewußt gesteuerte Kurs zielte auf eine politische Wende, um die konservativen Kräfte zu stärken, liberale Einflüsse zu schwä-

Oberpräsident Carl Freiherr von Scheel-Plessen (1811–92)

chen und gegen sogenannte Reichsfeinde – Katholiken, Sozialisten, Welfen, Polen und Dänen – wirksamer vorzugehen. Auf diese Weise sollten die sozialkonservativen Grundlagen des preußisch-deutschen Staates gefestigt und Bismarcks Machtstellung – auch im Hinblick auf den möglichen baldigen Thronwechsel – zementiert werden. Bewußt geschürte Krisenangst und Revolutionsfurcht führten bei den Reichstagswahlen von 1878 zu einem unverkennbaren Rechtsruck. Wenig später nahm der Reichstag das Ausnahmegesetz gegen die Sozialdemokratie, das sogenannte Sozialistengesetz, mit den Stimmen der beiden konservativen Parteien und der Nationalliberalen an. Als nächster Schritt folgte Bismarcks Bruch mit den Liberalen, der Rücktritt der letzten preußischen Minister mit liberalen Neigungen und seit dem Sommer 1879 die Wendung zu einer streng konservativen Politik.[143]

In Nordschleswig wirkte sich diese innenpolitische Kursänderung auf zwei Ebenen aus: Zum einen kam es 1878, auf Bismarcks Initiative hin, zur Aufhebung des Artikels V (Nordschleswig-Klausel) des 1866 abgeschlossenen preußisch-österreichischen Friedensvertrags von Prag. Eine darin vorgesehene Volksabstimmung über eine eventuelle Abtretung Nordschleswigs an Dänemark war danach nicht mehr möglich, so daß sich die Dänischgesinnten auf ein langes Verbleiben in Deutschland einrichten und auf Wege zur Bewahrung ihrer Identität besinnen mußten. Zum anderen trat 1879 der erste schleswig-holsteinische Oberpräsident Carl Freiherr von Scheel-Plessen zurück, der eine betont gemäßigte Politik gegenüber den Dänischgesinnten – auch in der Sprachenfrage – verfolgt hatte. Diese beiden als einschneidend empfundenen Ereignisse bewirkten, daß die dänischen Nordschleswiger in den achtziger Jahren mit einer stärkeren Betonung ihrer kulturellen Eigenart begannen. Um sich von dem dominanten deutschen Einfluß abzugrenzen, steigerten sie ihre kulturellen Aktivitäten bis hin zu einer wahren Volksbewegung. Sicht-

Bürgermeister Adolph Vreden (1847–1904)

barer Ausdruck davon war der 1880 gegründete Verein zur Erhaltung der dänischen Sprache, dem weitere Vereinigungen folgten. Unterstützt wurde die Bewegung indirekt aus Kopenhagen und direkt von südjütischen Vereinen in der dänischen Grenzregion, und zwar sowohl mit materiellen als auch mit ideellen und psychologischen Mitteln. Zu den dänischgesinnten preußischen Staatsangehörigen kamen noch etwa 25.000 dänische Staatsangehörige (1881), die sogenannten Optanten, denen trotz ihrer Option für Dänemark der Wohnsitz in Nordschleswig erlaubt worden war.[144]

Angesichts der sich verschärfenden Gegensätze zwischen einer streng konservativen preußisch-deutschen Politik, die auf die Einschmelzung der nationalen Minderheiten zielte, und dem erwachenden dänischen Selbst- und Nationalbewußtsein in Nordschleswig war es nur eine Frage der Zeit, wann sich die ersten Folgen davon auf lokaler Ebene zeigen würden. Tatsächlich dauerte es nicht lange: Die drei Wahlgänge von 1881/82 für das Apenrader Bürgermeisteramt signalisierten die sich anbahnende Zäsur, die von einer erheblichen Einmischung des Staates in städtische Angelegenheiten gekennzeichnet war. Bei der Wahl im August 1881 entfielen auf Carl Fr. Boy, ehemaliger Bürgermeister im thüringischen Zeulenroda, die meisten Stimmen; der bisherige Amtsinhaber Krogh wurde Zweiter. Weil Boy anscheinend als politisch nicht zuverlässig genug galt, weil er kein Preuße war, weigerte sich die Bezirksregierung in Schleswig, die Wahl anzuerkennen. Bei der Neuwahl im März 1882 gelang es Krogh zwar, die meisten Stimmen auf sich zu vereinigen, doch erneut lehnte die Regierung die Bestätigung der Wahl ab.[145] Bei der Neuwahl im August 1882 traten Adolph Vreden, Polizeisekretär aus Neumünster, und der Coswiger A. Schrader an: Von 252 Stimmen entfielen 176 auf Vreden, darunter wohl auch einige von dänischgesinnten Wählern, die ihn für gemäßigter als seinen Gegenkandidaten hielten.[146]

Vredens Amtsantritt signalisierte den Beginn einer neuen Epoche in der Apenrader Geschichte: Auf den Wahlausgang hatte der preußische Staat direkten Einfluß genommen und damit dem staatsnäheren und konservativeren Kandidaten den Einzug in den Magistrat ermöglicht. In dieser Weise schlug die innenpolitische Wende in Berlin sich auch in der Stadt Apenrade nieder. Der von der preußischen Bürokratie geprägte Vreden sollte in der Folgezeit sich als praktisch-orientiert, doch oftmals wenig sachkundig erweisen: Weil er auch oft politisch-taktisch ungeschickt auftrat, gab er Jebsen Anlaß zu wiederholter und scharfer Kritik an seiner Amtsführung. Tatsächlich fand das neue Stadtoberhaupt in der Person seines Stellvertreters bald einen mächtigen Gegenspieler im Rathaus. Bemerkenswert ist es, daß die kommunalpolitischen Amtszeiten der beiden Widersacher sich fast deckten: Während Vreden von 1882 bis 1898 sein besoldetes Amt als Bürgermeister und Polizeimeister von Apenrade ausübte, war Jebsen von 1883 bis 1899 ehrenamtlicher Erster Senator (Beigeordneter) des Magistrats – also Vredens Stellvertreter für fünfzehn Jahre. In dieser Kombination repräsentierten sie zwar gemeinsam die mehrheitlich pro-deutsche Einwohnerschaft – auch Vreden war ausgeprägt deutschgesinnt – doch ging ihr Handeln selten Hand in Hand. Während der Bürgermeister starke Schwächen in seiner Amtsführung zeigte und auch fachlich oft überfordert wirkte, erwies sich Jebsen als höchst kompetenter Kommunalpolitiker, der die Mehrheit in der Stadtvertretung hinter sich sammeln konnte. Sein Beiname »König von Apenrade«,[147] der offenbar in der Stadt gängig war, entstand aus Anerkennung für sein langjähriges Wirken als ehrenamtlicher städtischer Mandatsträger.

Erster Senator

Schon kurze Zeit nach seinem Umzug aus Rotterdam kam Jebsen mit der Apenrader Kommunalpolitik in Kontakt. Er sei als Stadtverordneter vorgeschlagen, teilte er am 12. Oktober 1882 mit: »Lieber wäre es, wenn sie mich darin nicht aufnehmen. Es sitzen nämlich darin eine Anzahl alter Kaffern, zu denen ich nicht recht passe. Werde ich gewählt, dann kann ich nur unter Zuschlag von 50 % meiner Kommunalabgaben davon frei werden. Da ich aber schon M[ar]k 800 zahle, würde dies ein teures Vergnügen werden.«[148] Zu den alten Kaffern zählte er zweifellos jene

Mitbürger, die an der traditionellen Segelschiffahrt festhielten und kein Interesse am Kauf von Parten in seiner Dampfschiffsreederei gezeigt hatten, so daß Konflikte über die kommunale Wirtschaftspolitik vorprogrammiert zu sein schienen. Allerdings gab es kaum ein Entrinnen: Die Städteordnung von 1869 verpflichtete jeden Bürger, »eine unbesoldete Stelle (Amt) in der Gemeindeverwaltung und Gemeindevertretung zu übernehmen und mindestens sechs Jahre lang zu versehen«. Im Verweigerungsfall konnte man für mehrere Jahre das Bürgerrecht verlieren und stärker zu den Gemeindeabgaben herangezogen werden.[149] Auch das 1875 erlassene *Ortsstatut für die Stadt Apenrade*, das die Regelungen der Städteordnung in die kommunale Praxis umsetzte, hatte die Voraussetzungen zum Erwerb des Apenrader Bürgerrechts präzisiert und sogar mit Sanktionen gedroht, wenn ein Bürger seine »Hilfeleistung in der städtischen Verwaltung ohne genügenden Ablehnungsgrund« verweigerte: In diesem Fall konnten die beiden städtischen Kollegien dem betreffenden Bürger für ein Jahr das Bürgerrecht entziehen und ihn zu den Gemeindeabgaben heranziehen.[150]

So blieb Jebsen nichts anderes übrig als zu kandidieren. Zur Aufstellung der deutschen Bewerber trat der »Apenrader deutsche Wahlverein« am 20. November 1882 in einer gutbesuchten Veranstaltung zusammen.[151] Nachdem Bürgermeister Vreden die Aufgaben und Pflichten von Stadtverordneten erläutert hatte, wurden sechzehn Bürger, »welche als für den Posten eines Stadtverordneten qualifiziert erschienen«, aufgestellt und von diesen insgesamt sieben durch zirkulierende Zettel gewählt. Unter ihnen befand sich auch Jebsen, der durch sein gutes Ergebnis ermutigt – zusammen mit fünf anderen Personen – möglicherweise dem Wahlverein beitrat, so daß dessen Mitgliederzahl auf 114 anstieg. Allerdings sollte sich seine Kandidatur als verfrüht erweisen: Zwei Tage später kam heraus, daß Jebsen gar nicht gewählt werden konnte, weil er noch kein Jahr in Apenrade wohnte. Die von der Städteordnung geforderte einjährige Frist sollte sicherstellen, daß neuzugezogene Einwohner dauerhaft in der Gemeinde bleiben wollten und für deren Gesamtwohl Interesse und Verständnis zeigten.[152] An Jebsens Stelle rückte deshalb der Kandidat mit der nächsthöheren Stimmenzahl. Dem Aufruf des Wahlvereins, »sich recht zahlreich an den Wahlen zu beteiligen« und die Stimmen den deutschen Kandidaten zu geben,[153] wird Jebsen mit Erleichterung über das überraschende Ende seiner ersten politischen Kandidatur nachgekommen sein.

Knapp acht Monate später brachte die chronische Krankheit seines Schwagers Jes Nicolai Jessen, der seit 1878 als Zweiter Senator amtierte, Jebsens kommunalpolitisches Engagement wieder ins Gespräch. Nachdem Jessens Antrag auf Entlassung als Magistratsmitglied Mitte Juli 1883 angenommen worden war, schrieb die Stadt eine Neuwahl aus.[154] Weil Jessen genau ein Jahr nach Jebsens Umzug nach Apenrade zurücktrat und zu diesem Zeitpunkt die einjährige Frist für die Annahme eines städtischen Ehrenamts abgelaufen war, wird es sich um ein abgestimmtes Vorgehen beider gehandelt haben. Immerhin bot das Amt eines Senators weitaus größere Einflußmöglichkeiten, als das eines Stadtverordneten. In seiner Geschäftskorrespondenz ging Jebsen knapp auf den Rücktritt ein, doch kommentierte er ausschließlich das gesundheitliche Befinden seines Schwagers, dem seiner Meinung nach »vor allem Beschäftigung oder wie in Hamburg Augenweide und Unterhaltung« fehle. Hier sei es zu ruhig und kämen dann allerhand neue Gebrechen zum Vorschein.[155] Obwohl er wenige Tage danach von dem »nichts einbringenden Senatorposten« seines Schwagers sprach,[156] hatte er sich am 13. Juli 1883 in einer Versammlung des deutschen Wahlvereins als Kandidat für das Amt aufstellen lassen.[157] Während die meisten Stimmen (26) auf den Kaufmann und Stadtverordneten Jürgen Lorentzen jun. entfielen, erhielten Jebsen 24 und Kapitän Paul Davidsen 21 Stimmen.[158] Am Folgetag sandte der Vorstand des Wahlvereins eine Eingabe an Senator Frellsen, Mitglied der städtischen Präsentationskommission, und schlug Jebsen, Davidsen und Lorentzen – und zwar in dieser Reihenfolge und ohne Nennung des Abstimmungsergebnisses – als Kandidaten vor.[159]

Als Frellsen der Kommission den Brief vorlegte, reagierten Bürgermeister Vreden und andere Mitglieder verärgert. Daß man »in dieser Umfaltung der tatsächlichen Verhältnisse eine bestimmte Absicht vermuten mußte, lag nahe«, ließ Vreden wissen. Für das selbständige Vorgehen des Wahlvereins sah er keine gesetzliche Grundlage und meinte zudem in einem Schreiben an dessen Vorstand, daß die »Einwirkung auf die Präsentationskommission durch öffentliche Kundgebungen den gewählten Stadtvertretern gegenüber ein Mißtrauen involviert«.[160] Zwar suchte er für seine Position Unterstützung bei der Regierung in Schleswig, doch war der zuständige Beamte der Auffassung, daß keine gesetzlichen Vorschriften verletzt worden seien und »eine Einwirkung auf die freie Entschließung der Mitglieder der Präsentationskommission kaum zu befürchten« sei.[161] Es war offensichtlich, daß Vreden

den Eindruck vermeiden wollte, daß seine Verwaltung unter dem unmittelbaren Einfluß des deutschen Wahlvereins stand. Seine vorsichtige Haltung fand allerdings keine Unterstützung bei seiner vorgesetzten Behörde und erst recht nicht beim Vorstand des Wahlvereins, der sich bereits am 30. Juli 1883 bei der Bezirksregierung über das Verhalten der Präsentationskommission beschwert hatte. Dem Wahlverein war es zweifellos darum gegangen, Jebsen – aus welchen Motiven auch immer – als Bewerber für den Senatorposten nachdrücklich zu empfehlen und durchzusetzen.

Die innerstädtischen Querelen führten dazu, daß die Kandidaturen von Jebsen und Davidsen erledigt waren und zwei andere Bewerber, Kreisschulinspektor Johs. Petersen und Kaufmann Nicolai Chr. Nielsen, zusammen mit Lorentzen jun. von der Präsentationskommission zur Wahl vorgeschlagen wurden. Am 27. Juli 1883 gab Vreden diese Auswahl bekannt und legte als Wahltermin den 21. August fest.[162] Lorentzen siegte mit 88 von 115 abgegebenen Stimmen, womit er zum Zweiten Senator gewählt war.[163] Doch sollte die Verwaltung nicht zur Ruhe kommen: Am Tage von Lorentzens Amtseinführung, dem 3. September, mußte der Bürgermeister den Stadtverordneten mitteilen, daß der Erste Senator Davidsen inzwischen verstorben war und laut der Städteordnung eine Ersatzwahl für dessen verbleibende Amtsdauer bis zum 1. Juli 1884 stattzufinden hatte.[164] Nur zehn Tage später hatte eine neue Präsentationskommission getagt und sich auf die Kandidaten Jebsen und die beiden amtierenden Senatoren Lorentzen jun. und Frellsen geeinigt.[165] Besonders der frisch gekürte Lorentzen scheint sich gute Chancen auf den Sprung in den nächsthöheren Senatorenposten ausgerechnet zu haben. Um so enttäuschender fiel die Wahl am 2. Oktober 1883 für ihn aus, als Jebsen mit 74 Stimmen nur äußerst knapp vor ihm siegte: Auf Lorentzen entfielen 72 der insgesamt 147 Stimmen.[166]

Der Erstgewählte stellte anschließend klar, daß er die Wahl nur für die Restamtszeit Davidsens, also für neun Monate annehmen wollte.[167] Die Bestätigung der Wahl durch die Bezirksregierung zögerte sich aber wochenlang hinaus: Zum einen stellte Bürgermeister Vreden erst am 14. Oktober einen solchen Antrag, zum anderen machte die Regierung am 2. November darauf aufmerksam, daß laut der Städteordnung der Gewählte auch für die volle Amtszeit eines Beigeordneten von sechs Jahren berufen werden könne.[168] Weil Jebsen aber ein solches Ansinnen ablehnte, erfolgte ein erneuter Schriftwechsel zwischen Magistrat und Regierung, so daß seine endgültige Bestätigung erst am 12. November ausgefertigt werden konnte. Am 21. November 1883 erhielt er von Vreden den amtlichen Bescheid, daß »die Königliche Regierung Ihre Wahl zum Ersten Senator und Beigeordneten der Stadt Apenrade auf die Dauer der festgesetzten Amtsperiode des verstorbenen Beigeordneten Davidsen« bestätigt habe.[169]

Bereits in den kommenden Monaten avancierte Jebsen zur Galionsfigur der innerstädtischen Opposition gegen das Hafenprojekt des Bürgermeisters; davon wird später gehandelt werden. Seine profunde Sachkenntnis und energische Auftretensweise machten ihn rasch zum vollwertigen Gegenspieler Vredens. So war es nicht verwunderlich, daß die Zahl seiner Unterstützer wuchs und er selbst zunehmende Befriedigung an seiner Aufgabe fand. Bevor seine Amtszeit regulär zu Ende ging, fanden am 17. Juni 1884 Neuwahlen für den Posten des Ersten Senators statt, bei denen Jebsen haushoch über seine Mitbewerber Jürgen Lorentzen jun. und Paul Davidsen siegte: Von 89 abgegebenen Stimmen entfielen nur fünf Stimmen auf die Gegenkandidaten, die damit eine herbe Niederlage einstecken mußten.[170]

Welche breite Unterstützung die kommunalpolitische Arbeit von Jebsen in den nächsten Jahren fand, zeigte sich bei der anstehenden Wiederwahl am 30. Mai 1890. Nur drei Monate zuvor war er zum Reichstagsabgeordneten gewählt worden, was sein Ansehen und seine Popularität in Apenrade noch weiter stärkte. Erneut traten Senator Lorentzen und der inzwischen zum Stadtverordnetenvorsteher avancierte Davidsen gegen ihn an, doch gelang es nur dem Letztgenannten drei Stimmen auf sich zu vereinigen: Jebsen siegte mit 76 von 79 abgegebenen Stimmen und errang damit ein noch besseres Ergebnis als sechs Jahre zuvor.[171]

Bei der am 9. Juni 1896 anstehenden Wiederwahl erhielt er sogar sämtliche 145 abgegebenen Stimmen – zweifellos ein Ausdruck der hohen Wertschätzung für sein politisches Engagement in Berlin, in Nordschleswig und in Apenrade. Für seinen Dauerkonkurrenten, aber persönlichen Freund, den zum vierten Mal erfolglos gegen ihn kandidierenden Senator Lorentzen, und den neu antretenden Katasterkontrolleur Peter Jacobsen war das Ergebnis bitter, aber sicherlich voraussehbar.[172] Die neue Amtsperiode endete aber bereits nach knapp dreieinhalb Jahren, weil Jebsen am 30. September 1899 überraschend starb.

Apenrader Hafen

Von Anfang an stürzte Jebsen sich tatkräftig in seine neue Aufgabe als Kommunalpolitiker. Wenige Tage nach seiner ersten Ernennung im November 1883 ließ er wissen, daß die städtischen Angelegenheiten »jetzt einen großen Teil meiner Zeit in Anspruch« nähmen.[173] Was ihn am meisten beschäftigte, war das Hafenprojekt von Bürgermeister Vreden, das seit dem Sommer 1883 zur Diskussion stand. Angesichts des Niedergangs der traditionellen Segelschiffahrt sollte der Hafen für Dampfschiffe vertieft und damit eine umfassende Modernisierung der maritimen Infrastruktur der Stadt eingeleitet werden. Bereits am 21. Juni 1883 war in der Sitzung beider städtischer Kollegien der Antrag gestellt worden, die Dampferanlegestelle vom Außen- in den Innenhafen zu verlegen und damit von der Stadt aus besser zugänglich zu machen, doch fand der Bürgermeister keine Mehrheit. Immerhin gelang es ihm, einen positiven Beschluß über die Ausbaggerung und Vertiefung des Hafenbassins zu erreichen, um größeren Schiffen den Zugang zu ermöglichen. Zu diesem Zweck sollte die zuständige städtische Hafenkommission einen Dampfbagger anschaffen.[174] Der Ankauf wurde aber obsolet, als die Regierung in Schleswig einen Regierungsdampfbagger zur Ausleihe anbot. Wie dringend Vreden das Projekt erschien, wurde erkennbar, als schon Anfang August 1883 der Magistrat sich bevollmächtigen ließ, den Rendsburger Regierungswasserbaumeister H. Reimers mit der Ausarbeitung eines Plans nebst Kostenvoranschlag für die Hafenvertiefung zu beauftragen.[175]

Der Apenrader Hafen war schon seit langem ein Sorgenkind. Eine regionale Bedeutung besaß er bereits um die Mitte des 13. Jahrhunderts, als die Mönche von Lügumkloster ihre Waren über den Hafen bezogen. Unter Bürgermeister Esmarch im Jahre 1609 verbessert, befand er sich nach Berichten von 1738 wieder in einem schlechten Zustand. Im Winter mußten größere Schiffe an Pfählen außerhalb des Hafens oder sogar auf der offenen Reede liegen und waren bei östlichen Stürmen der Strandungsgefahr ausgesetzt. Das seichte Becken und der ungenügende Schutz gaben 1745 schließlich Anlaß für ein Gesuch der Apenrader Schiffer mit der Forderung an die Stadt, einen neuen Hafen in den Kiel-Wiesen anzulegen. Obwohl die Klage berechtigt war, blieb der Vorstoß erfolglos, vermutlich wegen der befürchteten hohen Kosten. Immerhin kam es bald zu Verbesserungsarbeiten, auch durch Initiativen von privater Seite, wie

Hafen von Apenrade, um 1900

der von Michael Jebsen (I), Urgroßvater von Michael Jebsen (IV). Der Schiffer und Kaufmann initiierte 1764 die Ausbaggerung des Hafengrundes um die Schiffsbrücke und weiter hinein in die Förde, so daß Schiffe bis zu einem Tiefgang von zwölf Fuß an der Brücke anlegen und ihre Fracht löschen konnten. Nördlich der Schiffsbrücke gruben zwei Baggerschuten einen Kanal, der mit seitlichen Bollwerken versehen etwa hundertvierzig Schiffen sicheren Schutz bei Stürmen bot. 1771 wurde deshalb berichtet, daß der Hafen für die Schiffahrt günstiger geworden sei, weil jedes Schiff ohne Gefahr bis zur Schiffsbrücke fahren und dort an- und ablegen konnte. Seine Verdienste für die Verbesserung des Hafens waren zweifellos ausschlaggebend dafür, daß Jebsen 1779 zum Deputierten Bürger von Apenrade und damit in ein hohes städtisches Ehrenamt berufen wurde. Im Folgejahr waren die Arbeiten abgeschlossen. Als die schleswig-holsteinische Brücken- und Hafenverordnung vom 3. März 1783 den Hafenstädten der Herzogtümer die Einrichtung einer Hafenverwaltung auferlegte, welche je aus einem Stadtrat, zwei Deputierten Bürgern und zwei erfahrenen Schiffern bestehen sollte, fand dafür in Apenrade am 4. April 1783 eine Wahl statt. Als Deputierter Bürger wurde Jebsen zum Mitglied des Hafenamts gewählt, das fortan die Aufsicht über den Brücken- und Hafenbau übernahm.[176]

Der ausgebaute Hafen war in den Glanzzeiten der Apenrader Schiffahrt um die Mitte des 19. Jahrhunderts ein wichtiger Wirtschaftsfaktor für die lokale Schiffsindustrie. Am 3. März 1856 erließ man ein Hafenreglement und führte am 25. März 1875 einen Hafentarif ein.[177] Mit dem Auftauchen der ersten Dampfschiffe, die einen höheren Tiefgang als Segelschiffe hatten, reichten Fahrtiefe und Anlagen des Hafens aber nicht mehr aus, so daß die erste Dampferanlegestelle am Außenhafen beim Badehaus angelegt werden mußte. Starker Druck auf die Stadtverwaltung, mit der durchgreifenden Verbesserung des Hafens zu beginnen, entstand aber erst, als die Eröffnung einer neuen regulären Dampferlinie von Sonderburg über Apenrade nach Assens auf der dänischen Insel Fünen angekündigt wurde. Als treibende Kraft erwies sich Bürgermeister Vreden, der im Herbst 1883 Regierungswasserbaumeister Reimers für längere Zeit nach Apenrade berief und ihn Vermessungen des Hafens durchführen ließ. Bis Anfang Oktober 1883 hatte Reimers einen Projekt- und Kostenplan erstellt, der vorsah, im vorhandenen Binnenhafen eine vierzig Meter breite Fahrrinne bis weit in die Förde hinein auszubaggern, um eine einheitliche Wassertiefe von fünf Metern zu erhalten. Außerdem sollte ein neuer Hafen mit einer Dampfschiffbrücke angelegt werden, an der zwei Dampfer gleichzeitig anlegen konnten. Mit dem neuen Hafen zusammen war ein geräumiger Bootshafen von hundert Metern Länge projektiert. An Kosten errechnete Reimers eine Summe von 41.000 Mark, die nach Mitteilung des *Neuen Apenrader Anzeiger* in Jahresraten von zweitausend Mark abgetragen werden sollte, also zunächst auf dem Kreditweg beschafft werden mußte. Das weit gelesene Lokalblatt sprach sich entschieden für den Plan Reimers aus: »Sollte das Projektierte zur Ausführung gelangen, so würde unsere Stadt einen tiefen, geräumigen Hafen für größere Schiffe, einen kleineren für Dampfschiffe und kleinere Fahrzeuge und noch einen dritten (für Boote bestimmt) gewinnen. Sachkenner haben sich für das Projekt ausgesprochen und zugleich sich darüber gewundert, daß Ähnliches nicht längst ausgeführt sei.«[178]

Eine solche starke publizistische Rückendeckung war nötig geworden, nachdem Bürgermeister Vreden zwei Tage zuvor, am 15. Oktober 1883, in der Kollegiensitzung mit seinem Antrag gescheitert war, »(d)as Projektierte anzunehmen, die Ausführung schon für das nächste Jahr in Aussicht zu nehmen und deshalb die Kgl. [Königliche] Regierung um Genehmigung der erforderlichen Anleihe zu ersuchen«. In der Debatte nach Vredens engagiertem Vortrag waren Bedenken hinsichtlich einer möglichen späteren Versandung des ausgebaggerten Hafenbereichs laut geworden. Als der Antrag gestellt wurde, die Sache an die Hafenkommission »als Sachkenner« zu überweisen, protestierte der Bürgermeister vehement und hob hervor, »in dieser Sache nur den Bautechniker als

Sachkenner ansehen zu können«. Weil auch die veranschlagten Kosten auf Kritik trafen, einigte man sich schließlich darauf, die endgültige Beschlußfassung über das Projekt auf die nächste Sitzung zu vertagen und in der Zwischenzeit eine allgemeine Bürgerversammlung einzuberufen, um die öffentliche Meinung darüber kennenzulernen.[179]

Knapp zwei Wochen später, am 27. Oktober 1883, fand die gut besuchte Bürgerversammlung statt. Vreden stellte das Projekt vor und erhielt einstimmige Unterstützung für die Ausbaggerung des Binnenhafens, stieß aber auf starken Widerstand gegen den geplanten Dampfschiffs- und den Bootshafen, die beide als nicht notwendig bezeichnet wurden. Als der Bürgermeister fest blieb und versprach, daß die Stadt- und Hafenkasse nicht belastet würden, stimmte die überwiegende Mehrheit dafür.[180] Mit diesem Etappensieg war das Spiel aber noch nicht gewonnen. Als zwei Tage später die Kollegien zur Beschlußfassung zusammentraten, zeigte sich erneut, wie tief gespalten die Stadtvertretung über das Projekt war: Während vor allem Vreden und der Stadtverordnete Carl August Wilhelm Bode für die Realisierung des Gesamtprojekts plädierten, widersprachen die Senatoren Frellsen und Lange sowie der Stadtverordnete Johann Ahlmann, der sogar ein Gegenprojekt vorlegte. Erst als der Bürgermeister klarstellte, daß man entweder für oder gegen das gesamte Projekt, aber nicht über dessen Einzelheiten abstimmen könne, kam es zur Entscheidung. Von den Stadtverordneten votierten drei dafür und sieben dagegen, von den Magistratsmitgliedern stimmten Vreden und Lorentzen dafür, Lange und Frellsen dagegen. »Es war somit Dissens vorhanden«, meldete der *NAA*, »und das Projekt bleibt vorläufig auf sich beruhen«.[181]

Tatsächlich hatte der Bürgermeister eine herbe Niederlage einstecken müssen. Um so mehr warb die Lokalzeitung in der Öffentlichkeit für den Plan. Als Mitte November 1883 im dänischen Assens die großzügige Erweiterung des Hafens beschlossen wurde, bedauerte der Redakteur des Blattes, »daß wir in Apenrade nicht dasselbe Projekt, trotz der weit geringeren Kosten und bedeutend höheren Nutzbringung für unsere Stadt, ebenfalls zur Ausführung bringen konnten«.[182] Damit wurde erneut deutlich, daß die Lokalzeitung als Sprachrohr für Bürgermeister Vreden und sein großzügiges Hafenprojekt fungierte. Mit dem Plädoyer »Hoffentlich werden die Gegner des hiesigen Hafenprojekts bald zur besseren Einsicht gelangen, damit endlich hier das möglich gemacht werden kann, was anderwärts bereits vollbracht und hier hätte schon längst geschehen sein können!«, schloß die Zeitung ihren Bericht über den Hafen von Assens.[183]

Daß Jebsen zu den Gegnern von Vredens Projekt zählte, wurde nach seinem Einzug in den Magistrat als Erster Senator Ende November 1883 schnell erkennbar. Er und seine Mitstreiter lägen »mit unserem Bürgermeister in offener Fehde, der mit den Dänen paktiert hat, um sein dummerhaftes Hafenprojekt durchzusetzen«, berichtete er.[184] So standen die Fronten fest, als man am 12. Januar 1884 in einer außerordentlichen Kollegiensitzung das Hafenprojekt erneut beriet. Zur Unterstützung des Bürgermeisters war Regierungswasserbaumeister Reimers erschienen, der drei Vorschläge präsentierte. Während sein Plan für ein nördliches Hafenbecken mit Bollwerk und Dampfschiffsanlegestelle kaum Unterstützung fand, äußerten Jebsen und Ahlmann sich zustimmend über die Idee, den Hafen und eine Fahrrinne gründlich auszubaggern und andere Verbesserungsarbeiten für insgesamt rund 43.000 Mark vornehmen zu lassen;[185] eine Dampfschiffsanlegestelle hielten sie für unnötig und zu teuer.

Dagegen traten Vreden und Bode erneut für das Gesamtprojekt ein, obwohl inzwischen dafür 65.000 Mark veranschlagt waren. Beide Redner beriefen sich auf die Bürgerversammlung vom Oktober 1883, in welcher »die Bedürfnisfrage bejaht worden sei«. Wie die Lokalzeitung weiter berichtete, hätten sie besonders hervorgehoben, »daß es sich darum handeln müsse, Verkehrsgelegenheit zu schaffen, die im Hinblick auf eine eventuelle Verbindung mit Assens dringend notwendig sei, da der jetzige Hafen dazu nicht ausreiche«. Ihre Argumente fielen aber auf unfruchtbaren Boden: Bei der Abstimmung wurde das Gesamtprojekt lediglich von drei Kollegienmitgliedern unterstützt. Dagegen fand der kostengünstigere zweite Vorschlag, der zweifellos von Jebsen und seinem persönlichen Freund Ahlmann lanciert worden war, breite Zustimmung. So wurde der Beschluß gefaßt, bei der Regierung in Schleswig eine Anleihe von 45.000 Mark und die kostenlose Ausleihe eines Staatsdampfbaggers zu beantragen. Wie frustriert der Bürgermeister über die Entscheidung war, zeigte sich an seiner abschließenden Frage, »ob es unter den obwaltenden Umständen nicht besser sei, unseren Hafen dem Fiskus zu übergeben«. Eine solche Idee, die kommunale Verwaltung des wichtigsten Wirtschaftsfaktors der Stadt einer staatlichen Finanzaufsicht zu unterstellen, um dadurch eventuell zusätzliche Geldmittel zu akquirieren, stieß auf Ablehnung.[186] Der teure Hafenplan Vredens war endgültig erledigt.

Hafenanlagen in Apenrade, um 1895

Angesichts der schwierigen städtischen Finanzlage, eine unmittelbare Folge des sukzessiven Niedergangs des lokalen Schiffahrts- und Schiffbaugewerbes, war Jebsens Eintreten für den kostengünstigeren Vorschlag zum Ausbau des Hafens sicherlich angemessen. Nur wenige Wochen später zeigte der städtische Etatvoranschlag für das Rechnungsjahr 1884/85, daß Einnahmen und Ausgaben sich erneut fast die Waage hielten, also kein Spielraum für aufwendige Investitionen vorhanden war. Für die Ausführung der geplanten Hafenarbeiten war deshalb die im Januar 1884 beschlossene Anleihe unumgänglich.[187] Auch die von Vreden als Argument für sein Hafenprojekt ins Spiel gebrachte neue Dampferverbindung stand auf unsicheren Füßen: Nach der Eröffnung der Dampferlinie Sonderburg-Apenrade-Assens am 9. Juni 1884 scheint die Zahl der beförderten Fahrgäste und Güter so enttäuschend gering geblieben zu sein, daß das Unternehmen bereits am 26. September wieder eingestellt wurde.[188]

Die Hafenarbeiten waren im Frühjahr 1884 begonnen worden,[189] doch hatte man sich bei der Ausbaggerung des Hafenbassins von den baufälligen Bohlwerken weit entfernt halten müssen. Der zuständige Kreisbauinspektor kam bei seiner Besichtigung Ende 1885 zu dem Ergebnis, daß die Apenrader Hafenwerke zwar »sorgfältig unterhalten« würden, doch die Anlage »uralt« sei. Nicht nur seien die nur wenig tief reichenden Bohlwerke vom Einsturz bedroht, sondern das ganze Holzwerk des Hafens »leidet vom Seewurm«.[190] Es dauerte sieben Jahre, bis die Stadt in der Lage war, weitere Arbeiten vornehmen zu lassen: 1892 wurde der südliche Teil des Hafens durch Ufermauern eingefaßt und eine Steinmole gegen den Wellengang der Apenrader Förde angelegt, um als Extrahafen für kleinere Schiffe und Boote zu dienen.[191]

Obwohl die Fahrrinne gelegentlich ausgebaggert wurde, zeigte sich an der schwachen Frequenz des Hafens die nur schleppend vorangehende Modernisierung der städtischen Infrastruktur: 1892 liefen lediglich 229 Schiffe – darunter elf Dampfer – mit einem Rauminhalt von 41.906 Kubikmetern den Hafen an.[192] Dagegen hatten Flensburg und andere deutsche Küstenstädte seit dem Beginn der Dampfschiffahrt erheblich in ihre Hafeninfrastruktur investiert[193] und damit einen Trend begonnen, der mit dem mächtigen Wirtschaftsboom seit 1895 weiter zunahm: Reichsweit ging der Ausbau der Kommunalbetriebe, also der städtischen Versorgungs- und Verkehrsunternehmen, in den letzten Jahren des 19. Jahrhunderts zügig voran, womit der allgemeine Aufschwung gestärkt wurde. Die Produktion der deutschen Volkswirtschaft wuchs um rund ein Drittel an, und die Investitionsquote lag stetig zwischen fünfzehn und achtzehn Prozent – ein für damalige Verhältnisse außerordentlich hoher Wert. Mit dem entscheidenden strukturellen Wandel von 1895 war ein hochkonjunktureller Trend eingeleitet, der bis 1913 anhalten sollte.[194]

Wie andere Sektoren profitierten auch Handel und Schiffahrt von einer Entwicklung, die an Schleswig-Holstein nicht vorbeiging. Es bedurfte jedoch erheblicher Innovationsbereitschaft, vor allem seitens der öffentlichen Hand, um beträchtliche Investitionen in die Hafeninfrastrukturen vorzunehmen. Über die Notwendigkeit und den Umfang solcher Arbeiten gingen in den Kommunen die Ansichten der zuständigen Behörden und der lokalen Schiffahrtindustrie weit auseinander – wie zahlreiche Appelle und Beschwerden der örtlichen Handels- und Gewerbekammern deutlich machen. Die Konkurrenz Hamburgs, welche nach Eröffnung des Kaiser-Wilhelm-Kanals im Juli 1895 auch für die Ostseehäfen zunahm, und die anhaltend starke Stellung einzelner größerer Häfen wie Flensburg und Kiel setzte die kleineren Hafenstädte mehr und mehr unter einen Zugzwang.[195] In Apenrade zeichnete sich 1895 mit der Eröffnung einer Quarantänestation für dänisches Vieh, das auf dem Seeweg nach Deutschland eingeführt wurde, ein erster starker Lichtblick für den örtlichen Hafen ab. Bereits in jenem Jahr lag die Schiffsfrequenz bei 316 Fahrzeugen mit einem Rauminhalt von 68.500 Kubikmetern – innerhalb von drei Jahren eine Steigerung von 27 Prozent bei der Zahl und von 38 Prozent beim Volumen der Schiffe.[196] Diese positive Entwicklung gab Mut für den Neubau eines weiter südlich gelegenen zweiten Hafens, der zwischen 1897 und 1899 entstand und als »Südhafen« für Schiffe mit einem Tiefgang bis zu vier Metern geeignet war.[197]

Solche Maßnahmen für den Ausbau der Apenrader Hafenanlagen waren von Jebsen in seiner Eigenschaft als Vorsitzender der städtischen Hafenkommission initiiert worden. Um das Hafenbecken endlich für Dampfschiffe befahrbar zu machen, verhandelte er im Herbst 1898 mit einem Privatunternehmer, der sich bereit erklärte, der Stadt einen Bagger zu vermieten sowie einen Bagger- und einen Maschinenmeister zur Verfügung zu stellen. Nach seiner Wahl zum Landtagsabgeordneten hatte Jebsens politischer Einfluß in Nordschleswig wieder zugenommen, so daß er das Thema stärker angehen konnte. In der Kollegiensitzung am 6. Dezember 1898 drängte er auf die weitere Ausbaggerung des Hafens, welche ihm notwendig erschien, weil »sich die verschiedenen Hafenstädte unserer Provinz zur Zeit den Rang ablaufen in der Verbesserung ihrer Häfen, angesichts welcher Bestrebungen wir, da wir noch dazu durch den Besitz eines so vortrefflichen Hafengebiets begünstigt sind, nicht hintan bleiben dürfen, sondern für die stete Verbesserung unseres Hafens opferwillig eintreten müssen«.[198] Die Gesamtkosten, die er auf rund 40.000 Mark schätzte, standen bei der nächsten Sitzung am 7. Januar 1899 zur Abstimmung. Zuvor hatte Jebsen ausführlich ein Bauprojekt vorgestellt, das nach der Planung des Flensburger Baurats Jensen die Festigung, Erweiterung und Ausbaggerung des Hafens sowie den Bau einer Stein- und Pfahlmauer zum Schutz gegen die Brandung vorsah. Starke Unterstützung erhielt Jebsen von seinem Freund Senator Lorentzen jun., der die Bauten als »eine Notwendigkeit« bezeichnete. So bedurfte es nur einer kurzen Debatte, um das Projekt zu beschließen, für dessen Realisierung die benötigten Mittel auf dem Kapitalmarkt beschafft werden sollten.[199] Nachdem im März 1899 die Aufträge für die Hafenarbeiten an örtliche Unternehmer vergeben worden waren,[200] ging der Ausbau rasch voran.

Bereits im selben Jahr lag die Zahl der Dampfschiffe, die den Hafen frequentierten, nur knapp unter der der Segelschiffe. Fünf Jahre später dominierten Dampfer das Hafenbild von Apenrade.[201]

Das Ende der Segelschiffahrt in Apenrade

Eine zurückhaltend agierende Investitionspolitik war in den achtziger Jahren für viele Städte das Gebot der Stunde. Von der globalen Tiefkonjunktur zwischen 1882 und 1886, die zu einem dramatischen Sinken der Frachtraten führte, war die gesamte Handelsschiffahrt betroffen; über die Hintergründe und Folgen dieser Depression – auch für die Reederei M. Jebsen – ist an anderer Stelle berichtet worden.[202] Die generelle wirtschaftliche Lage der Ostseehäfen konnte zu jener Zeit als geradezu dramatisch bezeichnet werden. In der halbamtlichen *Norddeutschen Allgemeinen Zeitung* stand Ende 1884:

> »Für unsere Seeleute und Reeder ist eine schlimme Zeit hereingebrochen. Noch niemals seit Menschengedenken hat ihrer Aussage zufolge das Frachtgeschäft so sehr darniedergelegen, als in diesem Jahre. Segelschiffen ward es schon seit längerer Zeit recht schwer, bei dem gedrückten Frachtenmarkt nennenswerte Gewinne zu erzielen, namentlich in den europäischen Gewässern, wo sie die scharfe Konkurrenz der Dampfer zu bestehen hatten. Heute aber fehlt es an Frachtangeboten überhaupt; auch zu den niedrigsten Frachtsätzen vermögen Schiffe vielfach keine Beschäftigung zu finden. Dampf- und Segelschiffe sind von dieser Kalamität gleich sehr in Mitleidenschaft gezogen worden. (...) So befinden sich unsere sämtlichen Reedereien an der Ostsee in einer mehr oder weniger prekären Lage. Die Segelschiffs-Reedereien scheinen dauernd lahm gelegt zu sein, während die Dampfschiffsgesellschaften, momentan wenigstens, ebenfalls eine schwere Krise zu bestehen haben.«[203]

Über die temporäre Wirtschaftsdepression mit ihren negativen Folgen für den Frachtenmarkt hinaus gab es aber gewichtige strukturelle Faktoren, welche die Ostseereederei in den achtziger Jahren beeinflußten und zu ihrem relativen Niedergang im Vergleich zur Nordseereederei führten. Der Nationalökonom Werner Sombart stellte in einem seiner bekannten Werke fest, daß die deutsche Reederei im 19. Jahrhundert »zwei verschiedene

Geschichten« habe: »eine glanzvollsten Aufblühens (im Nordseegebiet) und eine traurigen Dahinwelkens (im Ostseegebiet)«. Auch »unter des neuen Deutschen Reiches Herrlichkeit« sei »der Stern der Ostseereederei Jahr für Jahr mehr verblaßt«. Sombart hatte festgestellt, daß die preußischen Küstenstädte an der Ostsee im Jahre 1900 viel weniger Fahrzeuge als 1825 besaßen.[204] Welche Ursachen es für diesen Rückgang gab, erklärte er aber nicht. Der Staatswissenschaftler Max Peters sah folgende Gründe – zumindest für die erste Hälfte des 19. Jahrhunderts – als ausschlaggebend an: Erstens die geographische Randlage der Ostsee am äußersten Ende der transatlantischen Hauptverkehrsströme, was sich besonders nachteilig auswirkte, als sich die profitablen Schiffsrouten immer mehr auf den Atlantik zwischen Europa und Amerika verlagerte; zweitens die relative ökonomische Zurückgebliebenheit der Ostseehäfen, deren Hinterland meist aus Agrargebieten mit wertmäßig geringen Exportvolumina bestand und die außerdem noch durch mehrmonatige Schließungen in strengen Wintern benachteiligt waren; und drittens die veraltete Betriebsweise der Partenreederei: »Rechtzeitiges und richtiges Erkennen der Situation, tatkräftiges Erfassen derselben, rasche Accomodation an veränderte Verhältnisse, sind für das Zeitalter des Dampfes, in das mit der nun beginnenden Periode auch die Reederei eintritt, für ihr Gedeihen ebenso unumgängliche Faktoren, wie Freiheit der Bewegung«, mahnte der Wissenschaftler noch im Jahre 1899.[205]

Zeitgenössische und moderne Studien zur Ostseereederei sahen allgemein die verzögerte oder nur partielle Umstellung von der Segel- auf die Dampfschiffahrt in den 1870er und 1880er Jahren als Hauptgrund für den wirtschaftlichen Niedergang an. Die *Norddeutsche Allgemeine Zeitung* machte 1884 vor allem die Partenreederei verantwortlich. An der Ostseeküste seien die Schiffe »vorwiegend in den Händen einer großen Zahl von Teilreedern, die ihren Erwerb durch die Schiffahrt selbst, durch den Schiffbau, durch die Ausrüstung der Schiffe usw. finden. Ganze Berufsklassen leben von der Schiffahrt und sind ausschließlich auf den Erwerb durch dieselbe in direkter oder indirekter Weise angewiesen. (…) Da nun einerseits das Vermögen und die Mittel fehlen, um den veränderten Zeitverhältnissen Rechnung zu tragen und den Betrieb in neue Bahnen zu lenken, andererseits aber die Existenz Tausender durch das Fortbestehen des von den Vätern übernommenen Gewerbes bedingt ist, so hält der Einzelne mit ungeheurer Zähigkeit an den alten Traditionen

Segelschiffe im Hafen von Apenrade, um 1900/10

fest, um, wenn auch unter allerlei Not und Entbehrungen, doch wenigstens die Existenz zu retten.«[206]

Ein solches lokales Investorennetzwerk, das von wirtschaftlichen und persönlichen Motiven bestimmt war, ist im Zusammenhang mit der Gründung der Partenreederei M. Jebsen in Apenrade (1878) vorgestellt worden.[207] Dort und in vielen anderen Häfen der Ostsee besaßen die potentiellen örtlichen Investoren zwar das Kapital für die Umstellung auf Dampfschiffahrt, doch hatten sie es in Segelschiffsparten angelegt und damit gebunden. Das schnelle Abziehen des Geldes aus unrentabel gewordenen Schiffen, um Neuinvestitionen in Dampfer vorzunehmen, erschien wegen der damit verbundenen negativen Folgen für das lokale Reederei- und Schiffbaugewerbe mit allen seinen Zulieferindustrien als nicht möglich. Außer kurzfristigen ökonomischen Erwägungen spielten auch mentale Gründe, wie sentimentale Verhaftung mit dem einstigen blühenden Hauptgewerbe einer Stadt, eine wichtige Rolle. Diese Verweigerungshaltung beschleunigte den Verfall: So trage »das einst blühende Reedereiwesen an den meisten Plätzen der Ostsee (...) die unverkennbaren Zeichen inneren Siechtums an sich«, konstatierte 1884 die *Norddeutsche Allgemeine Zeitung*.[208]

In seiner Korrespondenz ging Jebsen wiederholt auf den ökonomischen Niedergang von Apenrade ein. Bereits im Sommer 1879, als seine Dampferparten keine lokalen Abnehmer fanden, sprach er von den »dor-

Schiffbaumeister Jürgen Paulsen (1813–81)

tigen Kaffern«, die »in ihrer Selbstklugheit immer mehr Fortschritte machen, d.h. ihrer Meinung nach, andere Leute würden es Rückschritt nennen«.[209] Seinem Schwager Jessen, den er über den Verkauf vieler Parten an auswärtige Investoren informierte, schrieb er: »Die Herren Apenrader Apostel von Gustav haben wir Gott sei Dank nicht nötig.« Damit gemeint war Gustav Raben, der die größte lokale Reederei und eine eigene Segelschiffswerft besaß sowie als Ex-Senator über großen kommunalpolitischen Einfluß verfügte. Dieser und der Schiffbauer Jürgen Paulsen sowie deren Söhne waren nach Jebsens Auffassung »in ihrer eigenen Idee viel zu klug (...), um jemals sich dazu bequemen zu können, von anderen Leuten jemals zu lernen«. Tatsächlich hatten beide Werftbesitzer zuvor die Idee abgelehnt, eine Schiffswerft für eiserne Dampfschiffe zu gründen. Er halte eine solche Anlage »dort keineswegs für unmöglich«, stellte Jebsen fest. Raben solle »wie die meisten englischen Privatwerften es tun, sich nur auf den Bau der Schiffe ohne Maschinen beschränken. Er braucht sich dann nicht zu tief hineinzuarbeiten und könnte die Sache je nach Bedarf betreiben. In Kiel oder Flensburg könnten dann die Maschinen fabriziert und eingesetzt werden.« Etwas müsse in Apenrade angefangen werden, meinte Jebsen, »sonst geht es ganz zum Fischerdorf herab. Was aber, darüber sind die Gelehrten sich nicht einig.«[210]

Schaut man auf die Hauptprobleme bei der Umstellung vom Holz- zum Eisenschiffbau nach 1850, dann war es außer Traditionsbewußtsein vor allem die Schwierigkeit der Kapitalbeschaffung, die viele deutsche Werften an Holzschiffen festhalten ließ. Nur wenige größere Unternehmen waren infolge ihrer höheren Kapitalkraft in der Lage, zum Eisenschiffbau überzugehen: Die alten Hellinge mußten erweitert, das neue Material und seine Verarbeitung studiert und gleichzeitig oft Dampfmaschinen als Antriebskraft kennengelernt werden. Solche modernen Schiffbaustätten waren mit den früheren Schiffszimmereien nicht zu vergleichen. Hinzu kam die starke englische Konkurrenz und die Orientierung der deutschen Reeder nach Großbritannien – das damals führende Land im Eisenschiffbau. Auch gab es in vielen Küstenstädten weder genug Kapital noch Motivation, eine solche neue Schiffsindustrie neben den traditionellen Gewerben aufzubauen. So waren die Anfänge des deutschen Eisenschiffsbaus sehr zögernd und konzentrierten sich auf kleinere Schiffe, die mit englischem Material, englischen Maschinen und nach englischen Plänen gebaut wurden. Erst nach der Reichsgründung von 1871 führte der Aufbau einer deutschen Kriegsflotte zu einer größeren Welle von Werftgründungen und Umstellungen auf den Eisenschiffbau. Dennoch blieben die großen deutschen Reedereien bei ihren Bestellungen bis in die achtziger Jahre auf die britische Schiffsindustrie ausgerichtet, die weitaus billiger produzierte, als die in den Anfängen steckenden deutschen Werften. Verbreitet war Mißtrauen hinsichtlich der Qualität deutscher Arbeit, aber auch die billigen Kredite englischer Banken machten den Bau eines Schiffes auf einer britischen Werft finanziell attraktiver.[211] Unter diesen Vorzeichen war der Vorschlag, eine Eisenschiffswerft in Apenrade zu gründen, als gewagt zu bezeichnen, vor allem mit Blick auf das zahlenmäßig kleine und traditionsgebundene örtliche Investorenmilieu, das großen Modernisierungsschritten nur wenig Sympathie und Unterstützung entgegenbrachte.

Jebsens Tochter Emma berichtete, daß bereits in den frühen 1870er Jahren der Gedanke in Apenrade aufgetaucht sei, aus den drei Segelschiffswerften eine Dampfschiffswerft zu machen, was ihr Vater stark befürwortet habe.[212] Auch Hans Schlaikier erwähnte das Projekt zur Gründung einer modernen Eisenschiffswerft, für das eine Subskriptionsliste zwecks Zeichnung von Aktien »schon eine nette Summe« enthalten habe. Jedoch sei der Plan nicht weiter betrieben worden: »Flensburg kam uns zuvor.«[213] Damit bezog er sich auf die 1872 gegründete Flensburger Schiffsbau-Gesellschaft, die auf die Initiative der drei Jahre zuvor gegründeten Flensburger Dampfschifffahrt-Gesellschaft von 1869 zurückging. Mit der Produktion der ersten eisernen Segel- und Dampfschiffe begann dort der Eisenschiffbau.[214] Investoren waren kapitalkräftige Flensburger Handelshäuser, die mit der lokalen Tradition der Partenreederei brachen und Aktiengesellschaften gründeten. Ein solcher Schritt in moderne Betriebsformen erfolgte in Apenrade nicht. Die »guten Apenrader hocken zu Hause im Krähwinkel herum und gehen den Krebsgang«, klagte Jebsen im Sommer 1881.[215] Wie traditionsgebunden das lokale Investorennetzwerk war, zeigte sich daran, daß im Herbst 1881

Im Hafen von Apenrade, um 1900

zwar eine Schiffbau-Aktiengesellschaft in Apenrade neugegründet wurde – aber nur für den Bau von Holzsegelschiffen. Das Unternehmen, an dem der Schiffbauer Erich Paulsen beteiligt war, ging an die Produktion einer 641 Tonnen großen Bark, die auf den Namen *Concordia* getauft, am 23. April 1882 auf Paulsens Werft vom Stapel lief. Die örtliche Zeitung meldete, daß allem Anschein nach das Schiff »leider das letzte hölzerne sein« werde, das hier gebaut werde. Dadurch werde »unser Schiffbau dann gänzlich ins Stocken gerathen, da wenig Hoffnung vorhanden ist, hier den Bau eiserner Schiffe ins Werk zu setzen«.[216] Gut zwei Monate vor dem Stapellauf der *Concordia* äußerte Jebsen sich zu dem Neubau: »(W)enn das Schiff doppelt so groß und genügend stark gebaut würde, ließe ich es mir gefallen.« Er wies darauf hin, daß für Segler von 1800 bis 1900 Tonnen noch immer Aussicht bestehe, Geld zu verdienen, wohingegen für kleine Segler nichts übrig bleibe, weil »überall sukzessive die Küstenfahrt in die Hände der Dampfer« übergehe. Noch einmal kam er auf den Gedanken der Gründung einer Werft zurück. Hätte Raben »seinen Jungen etwas mehr lernen lassen und nicht immer die Idee gehabt, daß der eiserne Schiffsbau den hölzernen nie verdrängen könnte, dann besäße Apenrade schon längst eine Schiffswerft für den Bau eiserner Dampf- und Segelschiffe«, schrieb er im Februar 1882. Mit Blick auf die Flensburger Konkurrenz, aber auch auf die nachlassende Konjunktur, teilte er mit: »Jetzt eine solche ins Leben zu rufen, wird wohl schwer fallen. Den Versuch werde ich aber doch machen, wenn ich auch auf Opposition stoßen werde.« Allerdings wird seine Initiative am Desinteresse der »größeren Kapitalisten wie Raben, Jürgensen, Lorentzen etc.« – wie er sie nannte – gescheitert sein, die »keinen Gemeinsinn haben, sondern immer nur Alleinherrscher sein wollen«. Flensburg habe sich ganz anders herausgemacht, stellte er fest, doch sei finanziell »freilich zwischen den beiden Städten kein Vergleich zu ziehen«: Beim »Schiffsbau und Reedereigeschäft waren die Apenrader bisher den Flensburgern über. Heute ist aber das Gegenteil der Fall.«[217]

Mit dem Rückgang der Frachtraten im Sommer 1883 und der erwarteten längeren Depressionsphase wurde jeder Gedanke an die Gründung einer Eisenschiffswerft in Apenrade obsolet. »Die christliche Seefahrt liegt übrigens sehr im Argen, was unsere kleine Stadt, die größtenteils darauf angewiesen ist, sehr fühlt«, berichtete Jebsen am Jahresende.[218] Der Flensburger Schiffbau-Gesellschaft mußte er wenige Monate später auf eine entsprechende Anfrage hin mitteilen, daß »der Schiffbau hier gänzlich aufgehört« habe und nur noch ein Segelmacher, nämlich Frellsen, existiere, der »jedoch nicht zu den billigsten gehört«.[219] Ein Jahr später klagte er, daß »die christliche Seefahrt sehr danieder« liege, »was gewiß keine Stadt verhältnismäßig mehr fühlt als unser kleines Apenrade, so daß hier recht traurige Verhältnisse vorliegen. Eine Besserung von Dauer ist auch nicht vorauszusehen, da das meiste Kapital in hölzernen Segelschiffen angelegt ist, die nie wieder recht in Aufnahme kommen werden«.[220]

Was für Apenrade im kleinen galt, zeigte sich auch im globalen Maßstab: Von 1883 bis 1885 war die Zahl der Segelschiffe von über fünfzig Tonnen um neun Prozent auf 44.734 Einheiten zurückgegangen und deren Größe um 5,7 Prozent auf knapp dreizehn Millionen Tonnen gesunken.[221] Zwar gab es weltweit noch sechsmal mehr Segler als Dampfer, doch war es Beobachtern klar, daß »die Dampfschiffe, durch ihre Größe und Rührigkeit schließlich als Sieger aus dem ungleichen Kampfe hervorgehen werden«. Allerdings prognostizierte die *Hansa* zu Anfang 1886, daß »auf viele Jahre hinaus die Majorität der persönlichen und teilweise auch der materiellen Interessen immer noch bei der Segelschiffahrt und ihrer Reederei« liegen werde.[222] Um so härter traf der Wertverlust die Besitzer von Segelschiffsparten, die darin ihr Kapital angelegt hatten – so wie viele Bürger in Apenrade. Nach Jebsens Auskunft Ende 1885 seien »immer noch 30 größere Segelschiffe hier beheimatet«, aber »Segelschiffsanteile haben gar keinen Wert und sieht es hier infolgedessen sehr traurig aus«.[223]

Obwohl die globale Depression im Frühjahr 1887 endlich von einer neuen Hochkonjunktur abgelöst wurde, sollten sich die positiven Auswirkungen für Reederei und Schiffahrt erst in der zweiten Jahreshälfte zeigen. In Schleswig-Holstein bezeichnete die Gewerbekammer die Lage als »eine höchst unbefriedigende« und verwies besonders auf die schwierige Situation für kleinere Segelschiffe, die in der Nord- und Ostsee und auf angrenzenden Flüssen fuhren: Vier hölzerne Segelschiffe seien deshalb »nach auswärts zu sehr niedrigen Preisen verkauft worden«. Auf den Apenrader Hafen eingehend, konnte die Kammer lediglich »eine unerhebliche Frequenz« konstatieren, »wenn von den Fahrten eines regelmäßig laufenden Flensburger Fracht- und Personendampfers abgesehen« werde. Immerhin stand Apenrade noch besser da, als das benachbarte Hadersleben, wo »der Schiffsverkehr nahezu ganz aufgehört« habe.[224] Jebsen berichtete im Mai 1887, daß Jürgen Raben »alle seine Schiffe bis auf den Schoner *Christian* verkauft« habe: »Die Apenrader Segelschiff-Reederei schmilzt jetzt gänzlich zusammen«. Um Raben Beschäftigung zu geben, stellte er ihn als Kapitän des Dampfers *Doris* seiner Reederei an.[225]

Einige Zahlen zeigen, wie rückläufig sich der Hafenverkehr der Stadt entwickelt hatte: Von 1882 bis 1886 ging die Zahl der ein- und auslaufenden Schiffe um achtundfünfzig Prozent – von 405 auf 171 Einheiten – zurück. Allerdings verringerte sich deren Rauminhalt bloß um dreiunddreißig Prozent von 37.059 auf 24.975 Kubikmeter – ein Zeichen für die verstärkte Präsenz von größeren Segelschiffen und Dampfern.[226] In solchen Zahlen zeigte sich die wachsende Bedeutung von Apenrade als Ein- und Ausfuhrplatz für Massengüter, die von Schiffen unter fremden Flaggen umgeschlagen wurden. Vor allem Holzladungen, Balken und Bretter aus Schweden kamen in größeren Quantitäten hinein – für die Lokalzeitung »ein Beweis, wie der Holzhandel am hiesigen Orte blüht«.[227]

Bis Ende 1887 schrumpfte die lokale Segelschiffsflotte durch Verkauf und Verluste auf elf Fahrzeuge, »die einzigen Seeschiffe, welche noch von der großen Apenrader Reederei übrig geblieben sind«, wie Jebsen bekanntgab. Bis zum Frühjahr 1888 war der Bestand auf vier Schiffe zusammengeschmolzen, und »(a)lle geschäftlichen Verhältnisse liegen sehr im Argen und verarmt die Stadt immer mehr und mehr«.[228] Immerhin hatte es im Vorjahr erste Zeichen des ersehnten Wirtschaftsaufschwungs

Hafen von Apenrade mit Segelschiffen, um 1890

gegeben. Der schon seit langem umfangreiche lokale Ein- und Ausfuhrhandel mit Massengütern wie Brenn- und Bauholz, Steinkohlen, Kalksteinen und Getreide war lebhafter geworden und hatte zur Gründung neuer Groß- und Einzelhandelsgeschäfte geführt. Weil das Geschäftsergebnis in Folge des allgemeinen Aufschwungs »durchschnittlich als ein günstiges zu bezeichnen« sei, wie die provinziale Gewerbekammer aus Apenrade erfuhr, strebe die Stadt nach der Anlage von gemischten Transitlagern und einer Bahnanbindung von Rothenkrug – der nächstgelegene Bahnhof an der Nord-Süd-Eisenbahnlinie zwischen Wamdrup und Altona – nach dem Westen Schleswig-Holsteins.[229] Die Holzeinfuhr blieb auch in den beiden Folgejahren lebhaft, weil in der Umgebung Apenrades mehrere neue Bauprojekte realisiert wurden; hinzu kam ein wachsender Handel mit Kohlen.[230] Deshalb konnte Jebsen im Herbst 1889 mitteilen, daß zwei Kohlendampfer und vierzehn Holzschlepper im Hafen lägen. »Apenrade wird Weltstadt«, schrieb er Jacob Diederichsen: »Wenn Sie unseren Hafen heute sähen, würden Sie erstaunen.«[231] Jedoch profitierte die lokale Schifffahrt nicht von diesem Zwischenhandel: Die einstmals stolze Apenrader Segelschiffsflotte zählte zu jener Zeit nur noch zwei stillgelegte Barken.[232]

Mit der Meldung, daß »unsere Apenrader Segelschiffs-Reederei auf ein Schiff zusammengeschmolzen« sei,[233] setzte Jebsen im Februar 1890 einen Schlußpunkt in den Kommentaren über den Niedergang des einstmals wichtigsten städtischen Gewerbes. Seine Prognose vom Anfang der achtziger Jahre, daß nach sechs Jahren die meisten kleinen Segelschiffe ausgeschlissen und »alle Schiffsreeder arm« seien,[234] hatte sich bewahrheitet. Auch seine damalige rhetorische Frage, »welche Einnahmequelle (...) für die guten Apenrader« existieren werde, wenn »nach zehn bis zwölf Jahren die jetzigen Segelschiffe an Altersschwäche oder inzwischen durch Unglücksfälle darauf gehen«,[235] bildete eine durchaus realistische Einschätzung der ausweglosen Situation. Zwar war im Herbst 1888 eine Meldung in der Presse aufgetaucht, wonach lokale und auswärtige Investoren eine Eisen- und Stahlschiffswerft in Apenrade planten, doch ließ Jebsen schon bald wissen, daß er das Werftprojekt »wieder fallengelassen« habe; Gründe nannte er nicht.[236] Daß die Idee nicht ganz gestorben war, zeigte ein Gespräch zwischen Jebsen und Bernhard Howaldt im Februar 1889 in Kiel. Der älteste der drei Howaldt-Brüder hatte bereits im September 1888 seinen Austritt aus der gemeinsamen Kieler Firma angekündigt und trug sich offenbar mit dem Gedanken einer Werftgründung in Apenrade. Wie er gegenüber Jebsen meinte, könne die Anlage auf »small scale angelegt«, also ohne Maschinenfabrik, für 150.000 Mark gemacht werden.[237] Doch zerschlug sich auch dieses Projekt: Während Bernhard für eine Werft in Dalmatien tätig wurde, formten seine Brüder Georg und Hermann den Familienbetrieb in die weiter erfolgreich Schiffbau betreibenden Howaldtswerke um.[238]

Die provinziale Gewerbekammer bestätigte 1890, daß die Zahl der Apenrader Segelschiffe »auf ein Minimum zurückgegangen« sei, bezeichnete aber die Lage der dortigen Reederei als »eine günstige«. Als Grund gab sie an, daß »dieselbe jedes Jahr um 1 bis 2 größere Dampfschiffe vermehrt wird, welche stets lohnende Beschäftigung an der Chinaküste gefunden haben«.[239] Damit waren diejenigen Dampfer der Reederei Jebsen gemeint, die in Apenrade registriert waren und deshalb zur lokalen Schiffsflotte gerechnet wurden. Allerdings fuhren die Schiffe seit 1885 ausschließlich in Ostasien und kamen bloß für größere Reparaturen nach Schleswig-Holstein oder Hamburg zurück. Auch hatten sie kaum arbeitsmarktwirksame Effekte auf Apenrade, da sie im wesentlichen nur einigen früheren Segelschiffskapitänen und Steuerleuten aus der Stadt und ihrem Umland eine Beschäftigung gaben. Sowohl die Maschinisten, die vorwiegend in Flensburg rekrutiert wurden, als auch die Mannschaften, die nur auf der Hinreise nach Hongkong aus Europäern bestanden, entstammten in der Regel nicht aus dem Apenrader Raum. In Ostasien fuhren

Im Hafen von Apenrade, um 1903

Jebsens Dampfer fast ausschließlich mit chinesischen Besatzungen, weil damit große Einspareffekte erzielt werden konnten. Immerhin zog die Stadt Apenrade aus der Gewerbesteuereinnahme von der Reederei einen größeren wirtschaftlichen Nutzen. Aber auch die guten Dividenden von den in Ostasien fahrenden Dampfern verschafften dem lokalen Mitreedernetzwerk einen Verdienst und der Stadt einen Zugewinn an Kaufkraft. Jebsen brachte es auf den Punkt: Von den »hiesigen *Kaffern*« hätten »die meisten ihre Groschen von den Chinesen hergeholt«.[240]

Die letzte Initiative zu Jebsens Lebzeiten, das traditionelle Schiffbaugewerbe in Apenrade wiederzubeleben und eine Werft zum Bau von Stahlschiffen anzulegen, gab es im Frühjahr 1899. Damit wurde die von Jebsen siebzehn Jahre früher propagierte Idee einer Eisenschiffswerft wieder aufgegriffen, welche damals am Widerstand der örtlichen Segelschiffbauer gescheitert war. Der Hauptförderer des Projekts war Bürgermeister Gustav Rickmers, der im Vorjahr Adolph Vreden im Amt abgelöst hatte. Es war aber nicht allein das neue Stadtoberhaupt, das seinen Dienstbeginn mit einem Paukenschlag eröffnen wollte, sondern auch die Hochkonjunktur der letzten Jahre des 19. Jahrhunderts, die Anlaß zu Optimismus gab. Der Boom von 1895 bis 1900 ähnelte dem explosiven Wachstum der »Gründerjahre« nach der Reichseinigung in den siebziger Jahren. Die Produktion der deutschen Volkswirtschaft wuchs um ein Drittel, und zeitweise stieg die Investitionsquote bis auf achtzehn Prozent an.[241] Von der Dynamik der wirtschaftlichen Leitsektoren profitierte auch der Schiffsbau, der seine Produktion weiter steigerte. Zwar gab es im Frühjahr 1899 bereits

Bürgermeister Gustav Rickmers (1866–1916)

erste Symptome einer Konjunkturverlangsamung, beispielsweise das Fallen einiger wichtiger Aktienkurse und das Sinken der Preise, doch sollte der Wendepunkt erst ein Jahr später eintreten. Als Jebsen im Mai 1899 von dem Werftbauplan in Apenrade erfuhr, bewertete er den Zeitpunkt als »nicht ungünstig gewählt, da in der Schiffsindustrie ein noch nie früher gekannter Aufschwung eingetreten ist, so daß die Werften ihre Aufträge kaum bewältigen können«.[242] Für die Umsetzung des Projekts hatte sich ein Komitee gebildet, in dem Rickmers den Vorsitz[243] und Jebsen einen der Plätze übernahm. Es gelang dem Kreis, einen Ingenieur als zukünftigen Werftleiter zu verpflichten und sich für das Gelände der früheren Ziegelei von Callsen eine Kaufoption zu 72.000 Mark auf sechs Monate zu sichern. Als Hauptproblem stellte sich die Kapitalbeschaffung heraus. Wie Jebsen meinte, würden bei allem Enthusiasmus, der für ein solches Unternehmen herrsche, sich in Apenrade kaum mehr als 200.000 Mark aufbringen lassen, »also nur ein kleiner Teil des benötigten Kapitals von 1 ½ bis 2 Millionen«. Um so mehr war er bemüht, einen Finanzexperten für den Aufsichtsrat zu gewinnen: »Ich bin der Ansicht, daß wir nur dann Aussicht haben, mit dem Unternehmen zustande zu kommen.«[244]

Inzwischen ließ Rickmers seinen Plan weiter ausarbeiten und stellte ihn am 2. Juni 1899 in einer öffentlichen Bürgerversammlung vor. Der projektierte Schiffsbaubetrieb sollte rund eine Million Mark kosten, etwa zwölfhundert Arbeitsplätze schaffen und auf dem Ziegeleigelände gelegen eine größere Ausdehnung haben, als die Werft von Blohm & Voss in Hamburg.[245] Angesichts solcher grandiosen Aussichten fand die Idee breite Unterstützung. Jebsens Buchhalter meldete am Folgetag seinem in Hamburg weilenden Chef, daß es mit der Schiffswerft etwas zu werden scheine: Die gestrige zahlreiche Versammlung sei vom Projekt begeistert gewesen.[246] So war es nicht verwunderlich, daß bis zum 8. Juni 1899 bereits über 300.000 Mark gezeichnet waren. Man hoffe, teilte Engelbrecht mit, auf das Zusammenbringen einer halben Million, »womit das Unternehmen dann wohl gesichert sein dürfte«.[247] Jebsen zeigte sich aber anhaltend skeptisch. Mit Blick auf die benötigte Gesamtsumme von mindestens 1,5 Millionen Mark blieb es für ihn »ein Rätsel«, was aus dem Vorhaben werden solle.[248] Trotz seiner Bedenken ging die Zeichnung von Aktien in den nächsten Wochen weiter. Mit einigem Erfolg versuchte Jebsen, sowohl in Berlin als auch unter den Mitreedern seiner Schiffe weitere Unterstützer zu finden. So ließ Hofkammerpräsident von Goldbeck in Berlin, der an den Dampfern *Apenrade* und *Knivsberg* beteiligt war, sich zehn Aktien à 10.000 Mark reservieren. Da der Erfolg der Kapitalbeschaffung noch auf unsicheren Füßen stand, mußten die Einzahlungen nicht sofort in voller Höhe geleistet werden.[249] Bis September 1899 gelang es, Schiffswerftaktien im Wert von 421.000 Mark abzusetzen.

Der plötzliche Tod von Jebsen bedeutete aber einen schweren Rückschlag für die Initiatoren, weil damit wichtige Verbindungen zur Finanzwelt und Politik abrissen, die nicht ersetzt werden konnten. Hinzu kam im Februar 1900 der Bankrott der Apenrader Vereinsbank, durch den aus Jebsens Nachlaß rund 100.000 Mark verlorengingen und auch viele andere Aktienzeichner große Beträge einbüßten.[250] Der Zusammenbruch der Bank gehörte in die Serie sensationeller Bankrotte, die seit Anfang des neuen Jahrhunderts das Sinken der Gesamtproduktion in Europa begleitet hatten. Ausgelöst durch einen harten wirtschaftlichen Rückschlag in den USA begann im Frühjahr 1900 eine neue globale Depression, die auch den Schiffbau mit seinen Überinvestitionen und aufgebauten Überkapazitäten nicht ausließ.[251] Mit dem erneuten Konjunktureinbruch verflogen in Apenrade die letzten Hoffnungen auf die erfolgreiche Schaffung einer großen Stahlschiffswerft. Wäre dieses Projekt geglückt, schrieb der Wirtschaftshistoriker Leif Hansen Nielsen, hätte die industrielle Situation im Landesteil Nordschleswig ganz anders aussehen können.[252] Allerdings ist es fraglich, ob bei der geringen Kapitalausstattung das Projekt auch unter günstigeren ökonomischen Umständen hätte realisiert werden können. Die Konkurrenz der großen etablierten Werften in Flensburg, Kiel und Hamburg machte sich schon bei der schleppenden Zeichnung von Akten außerhalb von Apenrade und seinem Umland bemerkbar. Jebsens Skepsis über das gewaltige Vorhaben war zweifellos begründet.

Schaut man auf Industriestatistiken für die schleswig-holsteinischen Kreise und kreisfreien Städte, dann lag Apenrade im Jahr 1900 beim Grad

Hafen von Apenrade mit Hafenbahn, um 1906

der Industrialisierung im unteren Mittelfeld. Mit insgesamt neunzehn Betrieben und 221 Beschäftigten war die Stadt ein Zwerg im Vergleich zu den stark industrialisierten Hamburger Nachbarkommunen Altona und Pinneberg, aber auch zu Kiel, Flensburg, Schleswig und Sonderburg – sogar Hadersleben hatte bei gleicher Betriebszahl 455 Beschäftigte, also etwas mehr als doppelt so viele wie sein südlicher Nachbar. Bis auf zwei stark spezialisierte Nischenindustrien – die Orgelbauerei von Marcussen & Sohn und die Motorenfabrik von Callesen – verfügte Apenrade über keinen Betrieb, der zur industriellen Elite Schleswig-Holsteins gezählt werden konnte.[253] Auch die Aktienbrauerei konnte dieses Bild nicht ändern. Entsprechend nüchtern fiel 1901 das Urteil von Johannes Schmarje in seinem landeskundlichen Überblick *Die Provinz Schleswig-Holstein* aus: »Erwerbsquellen der Bewohner von Apenrade sind Fischerei und Handel; die ehemals berühmten Schiffswerften sind eingegangen.«[254]

Apenrader Aktienbrauerei

Als Mitglied des Aufsichtsrats der Apenrader Aktienbrauerei übte Jebsen ein sowohl wirtschaftlich wie politisch bedeutendes Ehrenamt in einem lokalen Unternehmen aus. Die 1881 gegründete Brauerei mit einem Ak-

Apenrader Aktienbrauerei. Zeitgenössische Postkarte

tienkapital von 150.000 Mark war aus einer gelungenen Gemeinschaftsinitiative deutsch- und dänischorientierter Einwohner hervorgegangen. Angesichts des Niedergangs der Segelschiffahrt und des damit verbundenen massiven Arbeitsplatz- und Kaufkraftverlustes in Apenrade stand den Gründern und Aktionären nicht allein der finanzielle Eigenprofit vor Augen, sondern auch die Bedeutung eines solches Betriebes für die lokale Wirtschaft. Sowohl durch Anstellung von örtlichen Arbeitskräften als auch mittels Auftragsvergabe an lokale Gewerbetreibende sollte die notleidende Stadt unterstützt werden. Nachdem ein böhmischer Braumeister gefunden und das Gebäude an der Norderchaussee fertiggestellt worden war, konnte 1881 das erste Bier auf den Markt gebracht werden.[255]
Jebsen wertete »das Zusammenbringen der Bier-Brauerei« ausdrücklich als ersten Beweis, »daß Deutsche und Dänen zusammen gehen können« und erhoffte sich davon weitere Impulse für das Wirtschaftsleben der Stadt.[256] Nach seiner Heimkehr aus Rotterdam ließ er sich im Herbst 1882 in den Aufsichtsrat wählen – eines von »den brotlosen Ämtern«, zu denen man ihn heranziehe, wie er meinte.[257] Sein Schwager, Senator Jes Nicolai Jessen, war bereits Vorstandsmitglied der Brauerei. In jenem Jahr fiel der Unternehmensgewinn mit 790 Mark noch so gering aus, daß keine Dividenden an die Gesellschafter ausbezahlt werden konnten. Technische Probleme waren der Grund: »Wegen der vorjährigen mißlichen Eisver-

Blick von den Wäldern der Fördeufer auf Apenrade. Zeitgenössische Postkarte

hältnisse konnte einesteils nicht gebraut werden, andererseits gingen 900 Hektoliter, der vierte Teil alles gebrauten Bieres, gänzlich verloren, und das Produkt litt so sehr, daß der Absatz bedeutend zurückging«, resümierte der Geschäftsbericht über das Jahr 1882.[258] Um den Verkauf zu erhöhen, warb die Brauerei vor dem Pfingstfest 1883 in der Presse für ihr nach böhmischer Art gebrautes Pilsener Bier, das in Fässern und in Flaschen angeboten wurde.[259] Wie rasch der lokale Markt erobert wurde, geht aus Jebsens Beschreibung des Pfingstfestes hervor. Er lobte die »schönen Buchenwälder, womit unsere Stadt umgeben ist und wo man überall seinen Durst an einem guten Glase Apenrader Bier laben kann«.[260]

Um das Bier auf auswärtigen Märkten abzusetzen, nutzte Jebsen seine Geschäftskontakte nach Ostasien. Nachdem eine Probesendung des Biers in Shanghai auf gute Resonanz gestoßen war und weitere Bestellungen eintrafen, verfrachtete er im April 1883 auf seinen nach Hongkong gehenden Dampfern *Triumph* und *Marie* insgesamt fünfzig Kisten Exportbier, von denen ein Teil für den Konsum an Bord, das meiste aber »zur Einführung desselben an der Küste von China« vorgesehen war. Ein etwaiger Verkaufsgewinn sollte der Brauerei zufallen, die im Gegenzug die Frachtkosten der Reederei übernehmen mußte. »Suchen Sie es gut einzuführen und berichten Sie mir, wie es sich gehalten hat und wie es überhaupt gefällt«, wies er Kapitän Hohlmann von *Marie* an.[261] Für die Vermarktung übertrug er im Herbst 1883 seinem wichtigsten Hongkonger Schiffsmakler, der Firma Wieler & Co., das Alleinverkaufsrecht in Hongkong und in den südchinesischen Vertragshäfen Swatow, Amoy und Foochow.[262] Der neue verheißungsvolle Markt ließ den Geschäftsbericht der Brauerei von 1883 deutlich optimistischer klingen: »Das Geschäft mit Ostindien, China und dem Cap, welches sich bisher auf kleine Consignationen und Probeordres beschränkte, verspricht ebenfalls, den bisherigen Erfahrungen zufolge, an Ausdehnung zu gewinnen.« Tatsächlich konnte erstmals eine Dividende von vier Prozent an die Aktionäre ausgeschüttet werden. Allerdings war die Konkurrenz durch andere Brauereien in Schleswig-Holstein so groß, daß lediglich rund 4750 Hektoliter Lager- und 2500 Hektoliter obergäriges Bier verkauft worden waren.[263] Um den Umsatz zu erhöhen, wurde das Sortiment bis Anfang 1884 erweitert, so daß dunkles Exportbier, Lager- und Doppelbier sowie sogenanntes »tägliches Bier« (Braunbier) im Angebot waren, alles »erzeugt aus reinem Malz und Hopfen«, wie die Werbung versprach.[264] Dennoch erwies sich das Jahr 1884 als nicht sehr profitabel: Während der Umsatz von Lagerbier auf 5160 Hektoliter leicht stieg, fiel derjenige von obergärigem Bier auf rund 2000 Hektoliter. Die starke Konkurrenz hatte Preissenkungen erfordert, so daß der Gewinn klein blieb und nur 2,5 Prozent Dividende ausgezahlt werden konnte. Weil im Zuge der weltweiten Wirtschaftsdepression auch das Exportgeschäft litt, blieb das Ergebnis insgesamt enttäuschend.[265] Offenbar hatte der Braumeister es nicht verstanden, das Bier auf den breiten Geschmack auszurichten, was im Folgejahr zu seiner Entlassung und Anstellung eines anderen Meisters führte. »Seitdem wir in der Brauerei den neuen Braumeister haben, geht es sehr gut und sind die Aktien auf 106 gestiegen, 7 bis 8 % Dividende wird es wohl lohnen«, meldete Jebsen Ende 1885 seinem Freund Jacob Diederichsen in Hamburg, der bei ihm bestellt und sich positiv über das Bier geäußert hatte.[266] Der Brauerei war es gelungen, ihren Umsatz von Lagerbier auf 5658 Hektoliter zu steigern – vor allem durch die starke Nachfrage aus der nördlichen Nachbarstadt Hadersleben – und eine Dividende von acht Prozent auszuschütten.[267]

Der tüchtige neue Braumeister und die weitreichenden Auslandskontakte von Jebsen erwiesen sich als wichtigste Faktoren für den Erfolg der Apenrader Biere. Besonders das Exportbier fand so guten Absatz, daß im Frühjahr 1886 jede Woche ein ganzer Eisenbahnwagen von Apenrade zu den Ausfuhrhäfen ging, von wo aus es nach China, Japan, Ostsibirien und sogar nach Südamerika und Südafrika verschifft wurde.[268] Die Kapitäne seiner Reederei wies Jebsen an, eine bei Wieler & Co. bereits länger lagernde große Partie Bier, das bereits einen kleinen Bodensatz hatte und deshalb in Hongkong unverkäuflich war, in die anderen Vertragshäfen an der Chinaküste zu transportieren und dort »*bestmöglichst* im Interesse unserer Brauerei« zu verkaufen.[269] Er hielt das Apenrader Bier für mindestens so gut wie dessen Konkurrent aus Flensburg und lobte: »Unser Apenrader Bier ist jetzt ganz besonders gut, auch in ganz bedeutender Quantität genossen, verursacht es keinen Katzenjammer.«[270]

So war es nicht verwunderlich, daß das Unternehmen florierte, vor allem in den Jahren 1886 bis 1888. Davon profitierten der lokale Arbeitsmarkt und die Wirtschaft in hohem Maße. 1887 zahlte die Brauerei ihren Angestellten 6400 Mark an Gehältern und ihren Arbeitern 22.000 Mark an Löhnen, vergab Aufträge an örtliche Kaufleute, Kohlenmakler, Handwerker und Fuhrleute in Höhe von 25.500 Mark. Man ersehe aus den obigen Zahlen zur Genüge, meinte der *NAA*, »eine wie große Einnahmequelle die Brauerei für unsere Stadt ist und welch großer Nutzen letzterer aus der Brauerei sowohl direkt als auch indirekt erwächst«.[271] Der Erfolg drückte sich auch in Produktionszahlen aus: 1887 stieg der Absatz von Lagerbier auf rund 6800 Hektoliter und von Braunbier auf etwa 1200 Hektoliter. So konnte das Unternehmen eine Dividende von fünf Prozent und eine Superdividende von 3,5 Prozent, somit insgesamt 8,5 Prozent Dividende zur Verteilung bringen.[272] Das hervorragende Ergebnis machte es möglich, daß die Brauerei bei einer großen lokalen Festveranstaltung im Februar 1888, offenbar aus Anlaß des Rosenmontagskarnevals, ihr Bier gratis für »die alldeutsche Bierstube«, wie Jebsen mitteilte, lieferte. Allerdings konnte sie nicht verhindern, daß ihr großer Rivale, die örtliche Filiale der bayerischen Franziskanerbrauerei, ebenfalls durch Gratislieferungen in der Bierstube präsent war.[273] Dennoch blieb die Firma auf Expansionskurs und eröffnete im Sommer 1888 eine Vertretung in Flensburg. Der *NAA* strich heraus: »Das Apenrader Bier ist auch auswärts ein recht beliebtes Getränk, und daher nimmt auch der Export desselben von Jahr zu Jahr an Umfang zu.«[274]

Das Bild sollte sich aber bald trüben. Bei der Generalversammlung am 23. Februar 1889 erfuhren die siebenundfünfzig anwesenden Aktionäre, daß im Vorjahr zwar der Umsatz gestiegen war – beim Lagerbier auf 7041 Hektoliter und beim täglichen Bier auf 1500 Hektoliter, doch die starke Konkurrenz und die Anschaffung einer neuen Eismaschine mit hohem Kohlenkonsum sich schmälernd auf den Gewinn ausgewirkt hatten. So fiel die Dividende mit fünf Prozent enttäuschend niedrig aus. Bei den turnusmäßig anstehenden Wahlen wurde Jebsen als Aufsichtsratsmitglied per Akklamation wiedergewählt, und auch sein Schwager Jessen zog wieder in das Direktorium ein. Zwar sprach ein Flensburger Aktionär der Direktion für ihre erfolgreiche Tätigkeit einen warmen Dank aus, doch standen die Zeichen wenig günstig.[275] Ende November 1889 klagte Jebsen, mit der Bierbrauerei gehe es nicht besonders, die Konkurrenz sei auch auf diesem Gebiet zu groß.[276] Tatsächlich gewannen Flensburger, Kieler und Münchener Biere immer größere Marktanteile in Nordschleswig. Um der Konkurrenz zu begegnen, brachte die Apenrader Brauerei Anfang 1890 als neues Produkt das »Parlamentsbier« auf den Markt, das nach Aussage von Bierkennern »von ganz vorzüglicher Qualität« und deshalb nach Meinung der Lokalzeitung imstande sei, die fremden Biere zu verdrängen.[277] Der ausgefallene Name des neuen Biers stand möglicherweise mit Jebsens Reichstagskandidatur und Wahlkampf in jener Zeit im Zusammenhang.

Einen weiteren ungewöhnlichen Schritt zur Umsatzerhöhung des lokalen Biers unternahm man Ende März 1890, als im *NAA* ein Leserbrief mehrerer anonym bleibender Bürger erschien, in dem besonders auf den Nutzen für das »Allgemeinwesen« durch die Apenrader Aktienbrauerei hingewiesen wurde. Demnach beschäftigte das Unternehmen einundzwanzig junge Leute und Familienväter für guten Verdienst, die nach Wissen der Leserbriefschreiber »auch ihre Einnahmen hier in unserer kleinen Vaterstadt Apenrade verzehren«. Hinzu kämen zeitweilig »anständig gelohnt(e)« männliche und weibliche Hilfskräfte für den Bierausschank oder das Eiseinbringen, »ein Vorteil, der also dem Arbeiterstande zu Gute kommt«. Außerdem habe der Vorstand der Brauerei stets die benötigten Betriebsmaterialien in der Stadt und ihrem Umland eingekauft, »wodurch auch manchem Handelstreibenden ein Nutzen zugewendet wird«. Der Leserbrief vergaß nicht zu erwähnen, daß sich »bisher immer Männer gefunden haben, welche in uneigennütziger Weise den Betrieb leiten und ihre Kraft daran verwenden, der Brauerei eine Existenz zu verschaffen«. Eine solche Hommage an den Vorstand und Aufsichtsrat richtete sich auch an Michael Jebsen und Jes Nicolai Jessen, die mit anderen Bürgern aktiv am Aufbau der Firma gewirkt hatten. Um so mehr appellierten die Leserbriefschreiber an die Einwohner der Stadt und des Kreises Apenrade, »der einheimischen Ware, bei gleich guter Qualität, den Vorzug« zu geben und damit beizutragen, »ein so gemeinnütziges Unternehmen zu unterstützen«.[278]

Apenrader Brauerei. Ansicht nach 1920

In den neunziger Jahren finden sich in Jebsens Korrespondenz keine Bemerkungen mehr über die Brauerei. Als Reichstags- und später als Landtagsabgeordneter war er mit städtischen Angelegenheiten nur noch am Rande befaßt. Das Unternehmen geriet 1890 in schwieriges Fahrwasser, als ein großes Bierquantum verdarb und infolgedessen die Produktion von pasteurisiertem Bier aufgenommen werden mußte. Im selben Jahr tauchte mit der neugegründeten »Apenrader Stadt-Brauerei« der Herren Hinsch & Beck ein lokaler Konkurrent auf, der Doppelmalz-, Braun- und tägliches Bier anbot.[279] Dennoch behauptete sich die Firma in den Folgejahren weiter, wie der Geschäftsbericht für 1897 deutlich macht: Gegenüber dem Vorjahr war der Ausstoß um gut zweihundert Hektoliter gesteigert und eine Dividende von fünf Prozent für die Aktionäre erwirtschaftet worden.[280] Wegen der steigenden Konkurrenz auf dem Biermarkt fielen die Dividenden nach 1900 aber mit zwei bis vier Prozent bescheidener aus.[281] Eine vom Landratsamt erstellte Übersicht listete 1906 die Aktienbrauerei als einziges Unternehmen dieser Art in Apenrade auf; ihr Lokalkonkurrent hatte also aufgegeben. Weil außer der Brauerei nur noch die Orgelbauerei, einige Maschinenbauanlagen und eine Eisengießerei als örtliche Privatfirmen auftauchen, ist deutlich zu erkennen, daß auch im frühen 20. Jahrhundert die industrielle Basis der Stadt sehr schwach geblieben war.[282] Um so mehr wog das Erreichte: Die von Jebsen über viele Jahre aktiv mitunterstützte Brauerei leistete ihren wichtigen Beitrag für die Wirtschaftskraft von Apenrade und gab Impulse für den lokalen Arbeitsmarkt und einige andere Gewerbezweige. Genauso bedeutend war das politische Signal, das von der Zusammenarbeit von deutsch- und dänischgesinnten Bürgern ausging. Trotz des anhaltenden Nationalitätenkonflikts überwog Pragmatismus, wenn es um das Wohl der eigenen Kommune ging. Auch daran hatte Jebsen seinen Anteil.

Der Abzug der Garnison

Seit dem Anschluß von Schleswig-Holstein an Preußen besaßen lokale Wohnungsvermieter und Gewerbetreibende eine wichtige Einnahmequelle in den Offizieren und Soldaten des 2. Bataillons des Schleswigschen Infanterieregiments Nr. 84, welches seit 1867 in Apenrade in ständiger Garnison lag. Bei der damaligen Neuordnung der militärischen Standorte hatte Apenrades nördlicher Nachbar Hadersleben die Verlegung jenes Truppenteils aus seinen Mauern nach Süden gefordert, weil die Grenzstadt bereits ein rheinisches Infanteriebataillon und zwei Schwadronen einzuquartieren hatte. Nachdem der Apenrader Bürgermeister Gottburgsen die Aufnahmebereitschaft seiner Kommune erklärt hatte, wurde das Bataillon durch Königliche Ordre vom 17. Mai 1867 in eine Stadt verlegt, welche weder über Kasernen noch andere militärische Einrichtungen verfügte. Mit erheblichen Zuschüssen aus dem Stadtsäckel schuf man für die Truppe eine neue Infrastruktur, zu der neben Kasernen, Lazaretten, Speiselokalen und Schießständen auch von privater Seite eingerichtete Offizierswohnungen zählten. Mit dem langsamen Niedergang des Segelschiffbaus in den siebziger Jahren gewann die Garnison eine immer größere Bedeutung als Wirtschaftsfaktor für Apenrade.[283]

Um so bedrohlicher mußte die Nachricht aus Berlin wirken, daß der Reichstag im Etatjahr 1880/81 eine erste Rate von 8000 Mark für den Bau einer Kaserne in Hadersleben bewilligt hatte. Wie bekannt wurde, sollte Apenrade die Garnison des 2. Infanteriebataillons an Hadersleben verlieren. Jedoch wurde im Folgejahr eine vom preußischen Kriegsministerium geforderte, wesentlich höhere zweite Rate aus finanziellen Gründen abgelehnt und der Bau verschoben. Anfang 1883 stand aber erneut der Antrag des Kriegsministeriums auf der Tagesordnung, eine Kaserne, drei Schießstände und ein Lazarett in Hadersleben zu errichten. Die nicht näher de-

2. Bataillon des Schleswigschen Infanterieregiments Nr. 84, das seit 1867 in Apenrade in ständiger Garnison lag: Auf dem Bild zu sehen ist die 2. Rekruten-Korporalschaft

finierten militärischen Gründe wogen allerdings nicht schwer genug, um die Mitglieder der Budgetkommission zu überzeugen, daß die gewaltige Ausgabe von 300.000 Mark notwendig war. Auch im Plenum wurde der Antrag am 27. Januar 1883 mehrheitlich abgelehnt.[284] Doch ließ die Militärverwaltung nicht locker, und auch die Stadt Hadersleben startete eine starke Kampagne und Lobbyarbeit für den Plan. Als am 15. Februar 1883 ein neuer Regierungsantrag auf Bau von drei Schießständen in Hadersleben vorlag, ergriff der dänischgesinnte Abgeordnete Gustav Johannsen, der den Wahlkreis Apenrade-Flensburg vertrat, das Wort und sprach sich vehement gegen die Verlegung aus. Sein Hinweis auf den »sehr großen Schaden«, den Apenrade dadurch erleiden würde, fiel auf so fruchtbaren Boden, daß der ablehnende Beschluß vom Vormonat durch das Haus bestätigt wurde.[285]

Gustav Johannsen (1840–1901)

Damit war aber nur ein Aufschub in der Frage erreicht. Nur wenig später wurde die Budgetkommission mit dem neuen Antrag von Kriegsminister Paul Bronsart von Schellendorf konfrontiert, endlich eine zweite Rate für den Neubau einer Kaserne in Hadersleben zu bewilligen. Außer militärischen Gründen führte man diesmal auch politische Faktoren ins Feld, welche zweifellos von Hadersleben aus lanciert worden waren. Wie der führende Nationalliberale Rudolf von Bennigsen später mitteilte, wirkte gerade jenes Argument am überzeugendsten, daß bei einer zweimaligen Ablehnung des Kasernenneubaus in der nördlichen Grenzstadt das Mißverständnis in Nordschleswig aufkommen könne, »der Reichstag als Vertreter der deutschen Nation fühle sich im Besitz dieser Grenzdistrikte nicht so sicher, um sich daselbst baulich einzurichten«. Der konservative pommersche Abgeordnete Ernst von Köller – späterer Oberpräsident von Schleswig-Holstein – machte darauf aufmerksam, daß das Bataillon in Apenrade sehr eng untergebracht sei und sowieso neue Kasernen gebaut werden müßten. Sein Votum gab den Ausschlag, daß sich in der Kommission eine schwache Mehrheit von Konservativen und Liberalen für den Neubau aussprach. Allerdings erlitten die Befürworter in der Plenumsdiskussion vom 8. Juni 1883 eine Niederlage. Der konservative Conrad Graf von Holstein, Abgeordneter des Wahlkreises Oldenburg-Segeberg-Plön, trat als stärkster Anwalt für die Haderslebener Sache auf und forderte dort eine stattliche Kaserne, um den Dänischgesinnten den Glauben an eine Rückkehr Nordschleswigs nach Dänemark zu nehmen. Aber weder er noch andere Vertreter der Rechtsparteien konnten die linke Parlamentsmehrheit auf ihre Seite ziehen. Als der Antrag mit 119 gegen 97 Stimmen erneut abgelehnt wurde,[286] atmete man in Apenrade auf. Die Lokalzeitung unterstrich die politische Bedeutung der Garnison für die Stadt im deutsch-dänischen Nationalitätenkonflikt und verwies bei einem Abzug der Truppe auf die verheerenden ökonomischen Folgen wie wertlose Militäreinrichtungen und Wertverfall bei Gebäuden mit privaten Offizierswohnungen: »Apenrade, dessen früher blühender Schiffbau gänzlich sinkt, dessen Handel und Verkehr ebenso leidet, wie es in Hadersleben der Fall ist, würde dem Ruin entgegengehen.«[287]

Obwohl die Gefahr gebannt zu sein schien, gaben die Gegner nicht auf. Für das Etatjahr 1885/86 brachte das Kriegsministerium einen Antrag auf eine zweite Rate in Höhe von 260.000 Mark für einen Kasernenneubau in Hadersleben ein. Als es Ende 1884 gelang, in der Budgetkommission einen fast einstimmigen positiven Beschluß herbeizuführen, läuteten in Apenrade die Alarmglocken. Die Senatoren Jebsen und Lorentzen jun. wurden von den städtischen Kollegien beauftragt, nach Berlin zu fahren und sich für die Erhaltung der Garnison einzusetzen.[288] Um dort wirkungsvoller vorgehen zu können, wandte Jebsen sich an seinen Rotterdamer Freund Willem Ruys und machte ihn darauf aufmerksam, daß der einflußreiche linksliberale Abgeordnete Ludwig Bamberger früher in der niederländischen Hafenstadt gewohnt habe. Er bat um Auskunft, ob dort noch Bekannte von Bamberger lebten, die einen Einführungsbrief für ihn – Jebsen – ausstellen könnten. Zur Begründung teilte er mit: »I have to go to Berlin on some errand for the benefit of our little town in which Mr. Bamberger could be of service to me.«[289] Es ist aber zweifelhaft, ob ein solcher Brief jemals kam oder ein Gespräch mit Bamberger stattfand. Laut Bericht des *NAA* tat die städtische Deputation in Berlin »alles Mögliche (…), um unserer Stadt die Garnison zu erhalten«. Ein Treffen von Jebsen und Lorentzen jun. mit dem Minister, wobei sie eine Petition überreichten, verlief ergebnislos. Schellendorf wird die beiden Apenrader darauf hingewiesen haben, daß »aus strategischen Gründen die Verlegung der Garnison (…) nach Hadersleben nun einmal als eine Notwendigkeit erkannt und fest beschlossen worden sei«.[290] So soll er nachdrücklich gesagt haben: »Ich kann die Bataillone leider nicht aus der Erde stampfen; hätte ich Truppen zur Verfügung, würde ich Ihren Wunsch gern erfüllen.«[291]

Als wichtigster Unterstützer in Berlin erwies sich der Abgeordnete des Wahlkreises Apenrade-Flensburg und frühere Apenrader Bürgermeister Paul Ludwig Gottburgsen. Seine Zusicherung, sich im Reichstag für die Stadt einzusetzen, habe in Apenrade »allgemeine Befriedigung« hervorgerufen, wie Jebsen ihm mitteilte. Er äußerte Verständnis für die nicht leichte Lage von Gottburgsen gegenüber dem Kriegsminister und wies ihn darauf hin, wie er einer eventuellen Kritik an den mangelhaften Quartieren in Apenrade begegnen könne. Solche Mängel seien größtenteils darauf zurückzuführen, »daß das Damoklesschwert der Verlegung der Garnison nach Hadersleben über unseren Häuptern geschwebt hat und demzufolge alle irgendwie zu umgehenden Kosten vermieden worden sind«. Sei diese Gefahr aber erst beseitigt, dann werde gewiß allen berechtigten Ansprüchen des Garnisonkommandos bestens nachgekommen werden, versicherte Jebsen.[292]

Inzwischen hatte Gottburgsen einen Antrag auf Streichung der entsprechenden Etatposition im Reichstag eingebracht, welcher am 19. Januar 1885 zur Debatte stand. Weil sowohl Apenrade als auch Hadersleben Petitionen für den Erhalt bzw. die Verlegung der Garnison eingereicht hatten, versprach die Diskussion lebhaft zu werden. Gottburgsen plädierte aus Gründen der wirtschaftlichen Benachteiligung von Apenrade und den größeren Einsparungen bei Vermeidung eines Umzugs für den bisherigen Standort der Garnison. Dagegen führte Graf von Holstein erneut nationalpolitische Gründe ins Feld und machte auch auf die langanhaltende ökonomische Benachteiligung von Hadersleben

Grabstein von Jens Peter Junggreen (1827–1886) auf dem Friedhof von Apenrade, 2011

infolge der Grenzlage aufmerksam. Ihm widersprach vehement der Vertreter der dänischgesinnten Nordschleswiger, der Haderslebener Abgeordnete Jens Peter Junggreen, ein gebürtiger Apenrader und Besitzer einer Tabakfabrik in seiner Vaterstadt. In politischer und nationaler Hinsicht sei es durchaus gleichgültig, betonte er, ob die Garnison in der einen oder anderen Stadt liege.[293] Der *NAA* lobte später, Junggreen sei »mit sehr großem Eifer und Wärme« für die Beibehaltung der Garnison in Apenrade eingetreten.[294] Trotz solcher Fürsprache blieb die Militärverwaltung hart, und auch der Abgeordnete Köller warb aus militärischen Gründen für die Zustimmung zum Beschluß der Budgetkommission. Mit Mehrheit wurde der Kasernenbau in Hadersleben bewilligt.[295] Offensichtlich hatte die Behauptung des Vertreters des Kriegsministers, daß das 2. Bataillon die Verlegung als notwendig ansehe, den Ausschlag gegeben.

Als Jebsen davon erfuhr, wies er darauf hin, daß eine solche Forderung früher richtig gewesen sei, aber heute nicht mehr zutreffe, »da das hiesige Offizierscorps Apenrade ebenso ungern verläßt als die Bürgerschaft es verliert«. Weil er durch Telegramme und Briefe von Gottburgsen über den Lauf der Dinge in Berlin informiert worden war, bedauerte er laut, daß der Abgeordnete »für uns keinen glücklichen Erfolg« gehabt habe. In Apenrade herrsche »allgemeine Niedergeschlagenheit ob des unglücklichen Ausfalls«, teilte er ihm mit: »Es ist für unsere kleine Stadt unter heutigen gedrückten Verhältnissen ein schwerer Verlust, der nicht leicht zu verschmerzen sein wird. Sollte es Ihnen gelingen, denselben noch in der elften Stunde abzuwenden, dann würden Sie sich um Apenrade ein großes Verdienst erwerben.«[296]

Ein kleiner Lichtblick trat ein, als Bismarck im November 1886 dem Reichstag den Entwurf des dritten Septennatsgesetzes – die Festlegung der Heeresstärke für eine siebenjährige Bewilligungsperiode – vorlegte. Die darin vorgesehene Erhöhung der Friedenspräsenzstärke von rund 427.000 auf etwa 468.000 Mann ließ in Apenrade neue Hoffnung auf die Erhaltung der Garnison aufkeimen.[297] Zwar kam es durch das am 11. März 1887 verabschiedete Gesetz zu der von Bismarck gewünschten Verstärkung des deutschen Heeres, doch änderte sich dadurch nichts an der Entscheidung des preußischen Kriegsministeriums, die Garnison in Apenrade nach Hadersleben zu verlegen. Die neue Aufgabe des 2. Bataillons sei »Grenzwacht an der Königsau«, wie Kommandeur Major Balan am 13. August 1888 bei der Abschiedsfeier vor den Toren von Apenrade betonte. Begleitet von zahlreichen Einwohnern, die nach Mitteilung des

Damalige deutsch-dänische Grenze, 1866–1920, an der Königsau. Zeitgenössische Postkarte

NAA »mit Wehmut Abschied« von der Truppe nahmen, sprach Bürgermeister Vreden einen Abschiedsgruß im Namen der Bürgerschaft. Für alle Soldaten und Zivilisten hatte die Aktienbrauerei Freibier zur Verfügung gestellt. Schon am 10. August 1888 waren bei einem Abschiedskommers »zu Ehren der Herren Offiziere unserer scheidenden Garnison« im Bahnhofshotel mit über hundert Teilnehmern zahlreiche Toasts und Tischreden gehalten worden. Als die Truppe fort war, stellte die Lokalzeitung fest, daß es »still auf den Straßen« sei und man nun erst recht merke, »was wir verloren haben«.[298]

Tatsächlich stellte der Verlust der Garnison eine Zäsur für Apenrade dar. Wie Jebsen bereits zu Jahresanfang 1888 in einer Kollegiensitzung festgestellt hatte, wurden zahlreiche kleinere Wohnungen, in denen Unteroffiziere der Garnison wohnten, durch den Abzug frei.[299] Die ausfallenden Mieteinnahmen für die betreffenden Hausbesitzer waren zweifellos erheblich. Alle Apenrader mußten einsehen, daß auch im Deutschen Reich militärische Erwägungen klaren Vorrang vor wirtschaftlichen Interessen hatten. Jebsen und seinen Mitstreitern war vor Augen geführt worden, daß eine kleine Kommune wie Apenrade kaum Chancen besaß, ein nennenswertes Gewicht in die Waagschale zu werfen, wenn es um Einfluß auf bedeutsame Entscheidungen in Berlin ging.

Kommunalpolitische Konflikte

Hatte bereits das Hafenprojekt zum Streit zwischen Bürgermeister Vreden und seinem Stellvertreter Jebsen geführt, so brachte die Affäre um den Stadtkassierer Krause neuen Zündstoff in die kommunale Verwaltung. Obwohl die Auseinandersetzung primär aus sachlichen Gründen geführt wurde, kann nicht übersehen werden, daß der politische Streit im liberalen Lager auf Reichsebene hierbei seine Entsprechung im Apenrader Mikrokosmos fand. Zwischen den Linksliberalen, die Vreden unterstützten, und der von Jebsen angeführten rechts- oder nationalliberalen Gruppe in der Stadtvertretung entspann sich eine Dauerfehde, die 1886 einen ersten Höhepunkt erreichte.
Als am Jahresanfang auf Veranlassung des Stadtverordneten Andreas Festersen eine Revision der Stadtkasse durch einen auswärtigen Prüfer erfolgte, welche einen Fehlbestand von mindestens 20.000 Mark ergab, glaubte Vreden zunächst, es bei einem Verweis für Stadtkassierer Krause belassen zu können. Die schweren Vorwürfe gegen den Beamten führten fast zu seiner Verhaftung, die aber wegen der Erkrankung des Beschuldigten aufgeschoben werden mußte. Der düpierte Kassierer wandte sich an Heinrich Matzen, Redakteur der in Apenrade erscheinenden dänischsprachigen Zeitung *Hejmdal*, der den Vorfall publik machte und damit einen öffentlichen Aufschrei über die Verhältnisse im deutschgeführten Rathaus provozierte. Am 1. März 1886 sah Vreden sich gezwungen, in einer Kollegiensitzung Stellung zu nehmen. Als sich dabei herausstellte, daß auch in der Buchführung der Schul- und der Hafenverwaltung Unregelmäßigkeiten vorgekommen waren, wurden schwere Vorwürfe gegen den Bürgermeister und andere Magistratsmitglieder erhoben. Eine Deputation von Stadtverordneten – B. Boysen, Festersen und Bode – reiste nach Schleswig, um bei der Regierung einen Sonderbevollmächtigten zu beantragen, der Ordnung in die Stadtkassen bringen sollte. Von den Magistratsmitgliedern stand besonders Jebsen in der Kritik, weil er als Vorsitzender der Hafenkommission für die Überwachung der Hafenbuchführung zuständig war.[300]

Um sich zur Wehr zu setzen, erwog Jebsen eine öffentliche Klage gegen Redakteur Matzen. Als aber beide Amtsrichter in Apenrade und der frühere Senator Raben mit dem Hinweis abrieten, daß eine solche Klage zu wenig Aussicht auf Erfolg biete, bedauerte Jebsen, »daß anscheinend in der Angelegenheit gegen Matzen nichts zu machen« sei.[301] Sein Zorn rich-

Heinrich Matzen (1852–1908)

tete sich vor allem gegen den Bürgermeister, unter dessen Oberaufsicht die Unterschlagungen und Unregelmäßigkeiten im Rathaus vorgekommen waren. Der Streit eskalierte, als in einer Kollegiensitzung Anfang Mai 1886 die Kosten der städtischen Zentralverwaltung im Mittelpunkt standen und dabei das Gehalt des Bürgermeisters ins Blickfeld geriet. Außer seinem Grundgehalt von 3600 Mark bezog Vreden eine persönliche Zulage von 600 Mark für kommunale Extraaufgaben. Weil er damit nach Meinung einiger Sitzungsteilnehmer 200 Mark mehr als ursprünglich bewilligt erhielt, entspann sich eine ausgiebige Debatte, die ohne Beschluß endete. Diese angebliche neue Unregelmäßigkeit, gekoppelt mit der intransigenten Haltung des Stadtoberhaupts, veranlaßte Senator Frellsen zum Rücktritt vom Amt – ein Schritt, dem sich am 14. Mai 1886 seine Kollegen Jebsen, Lange und Lorentzen jun. anschlossen. Weil sich damit der Magistrat auflöste, mußte Vreden die Regierung in Schleswig um die Herbeisendung eines Beamten zur Klärung der Sache bitten.[302]

Jebsen feierte nach eigenen Worten die Einreichung seiner Entlassung als Magistratsmitglied, die er offenbar als Punktsieg gegen den Bürgermeister empfand. Dieser schlage »nämlich einen Ton an, den wir uns nicht gefallen lassen können«, und überhaupt herrsche in der ganzen Stadtvertretung eine sehr schlechte Stimmung, berichtete er seinem Hamburger Freund Jacob Diederichsen. Zwar war ihm bewußt, daß der Schleswiger Beamte »uns unseres Streikens wegen die entsprechende Strafe« diktieren konnte, doch wollte er lieber 25 Prozent mehr an Kommunalsteuern zahlen als länger in den Kollegien zu sitzen. Und er ließ wissen: »Wenn man mir es allzu bunt macht, dann ziehe ich nach Hamburg.«[303] Solche Gedanken erwiesen sich als verfrüht. Drei Tage später konnte Jebsen melden, daß ein Regierungskommissar die Sache in Ordnung gebracht habe, nachdem seinen Kollegen »die gehörige Genugtuung geschehen« sei. Während Frellsen auf seiner Amtsentlassung beharrte, kehrten die drei anderen Senatoren auf ihre Posten zurück.[304] »Mit unserem Notar der Stadt haben wir wieder Frieden geschlossen«, schrieb Jebsen, doch sah er neue Konflikte mit Vreden voraus. Deshalb sei es fraglich, wie lange der Frieden währen werde. Ihm hänge »die ganze Sache schon lange aus dem Halse. Ein gutes Verhältnis ist auch schwerlich nach diesen Vorfällen möglich.«[305] Zweifellos war seine Beziehung zum Bürgermeister durch den neuen Konflikt schwer belastet. Als feststand, daß die Regierung in Schleswig keine Untersuchung gegen den Bürgermeister und Magistrat wegen der Affäre um den Stadtkassierer Krause einleiten wollte, wird er diese Nachricht mit gemischten Gefühlen entgegengenommen haben. Krause wurde zwar zu einer Gefängnisstrafe verurteilt, doch trat Festersen aus Protest gegen die Haltung der Regierung von seinem Amt als Stadtverordneter zurück und veröffentlichte eine kleine Schrift über die Affäre.[306] Der Vorfall hatte gezeigt, daß die preußische Landesbehörde den Bürgermeister vor Anfeindungen in Schutz nahm und gegen seine innerstädtischen Kritiker verteidigte.

Trotz ihrer Kritik an Vredens Amtsführung sympathisierte eine kleinere Gruppe um die Stadtverordneten Bode und Festersen mit dem Bürgermeister und trat gegen die größere Gruppe von Jebsen auf. Es mögen dabei auch heute nicht mehr näher bekannte persönliche Gründe eine Rolle gespielt haben. Laut Schilderung von Jebsens Tochter Emma sei die dominierende Persönlichkeit ihres Vaters »manchen Stadtvätern unbequem« gewesen, so daß sich ein gegen ihn arbeitender Kreis gebildet habe.[307] Wenn auch nicht jeder von Jebsens Gegnern eine klar definierte parteipolitische Gesinnung gehabt haben mag, so kann nicht übersehen werden, daß einige von ihnen der linksliberalen Deutschen Freisinnigen Partei zuzurechnen waren. Auf zentraler Ebene war die Partei 1884 ins Leben getreten, aber im Wahlkreis Apenrade-Flensburg erst kurz vor den Wahlen von 1890 als formale Organisation entstanden. Seit den Reichstagswahlen von 1884, bei denen Nationalliberale und Konservative in diesem Wahlkreis erstmalig eng und erfolgreich kooperiert hatten, um den Sieg eines dänischgesinnten Kandidaten zu verhindern, standen die Anhänger der Freisinnigen Partei in prinzipieller Opposition zu den beiden Kartellparteien. Der politische Streit auf Reichsebene fand in Apenrade also seine Entsprechung auf Kommunalebene: Während Jebsen und seine Anhänger zu den Kartellparteien rechneten, also prinzipiell Bismarcks Regierung unterstützten, zählten Bode und Festersen zur freisinnigen Gruppe in der

Apenrader Kegelclub, einer der Treffpunkte der deutschgesinnten Einwohner, um 1895: Forstmeister Haberkorn, Dr. Bruno Bourwieg, Kaufmann und Senator Jürgen Lorentzen jun., Zolleinnehmer Vollbarth, Kreisarzt Dr. med. Knuth (stehend v. l.); vermutlich Kapitän Jacob Hohlmann, Dr. med. Rehder, Michael Jebsen, Rechtsanwalt Tücksen, Dr. med. Wilmer (in der Mitte auf Stühlen sitzend v. l.); Kaufmann Peter Lorentzen, vermutlich Amtsrichter Dr. Hahn (vorne vor und auf der Bank sitzend v. l.)

Stadtvertretung, die eher regierungskritisch auftraten. Diese Einstellung drückte sich auch in ihrem Verhältnis zum Bürgermeister aus, der bei seiner Amtsführung als preußischer Kommunalbeamter zwar ihrer schonungslosen Kritik ausgesetzt war, aber auch – je nach Gemengelage – als Gegenpol zu Jebsens dominanter Rolle in Apenrade betrachtet wurde. Damit waren die Konfliktlinien zwischen den Hauptprotagonisten in der ausschließlich von deutschgesinnten Apenrader Bürgern geführten Stadtvertretung vorgezeichnet.

Der schwelende politische Streit kam im Spätsommer 1886 bei der Ersatzwahl von zwei Stadtverordneten zum Ausbruch. Um ihren Einfluß zu erhöhen, waren beide oppositionelle Gruppen naturgemäß daran interessiert, möglichst die Anhänger der eigenen Richtung auf diese Posten zu bekommen. Drei Tage vor der Wahl am 6. August lud Festersen zu einer

Bürgerversammlung ein, um geeignete Kandidaten nominieren zu lassen. Von den achtundvierzig Anwesenden gehörten die meisten dem örtlichen Handwerkerverein an und sympathisierten mit der freisinnigen Richtung. Bei der Abstimmung erhielten Kaufmann Bode, der nach einer kurzen Auszeit von der Politik erneut kandidierte, und der Böttchermeister Hans Christ. Tögesen die meisten Stimmen; dagegen wurde Jebsens Schwager, der Tabakfabrikant Hans Offersen, knapp auf den dritten Platz verwiesen. Besonders gegen die Nominierung von Bode erhob sich sofort starker Widerspruch bei der Opposition, die im *NAA* »dringend« den Kaufmann Peter H. Neumann als mehr geeigneten Kandidaten empfahl.[308] Tatsächlich gelang es bei der Wahl, die meisten Stimmen auf Neumann und Offersen zu vereinigen, also einen Sieg der von Jebsen geführten Gruppe herbeizuführen. Weil Jebsens Schwager aber nur eine Stimme mehr als Tögesen erhalten hatte und diese Stimme auch erst kurz nach Schließung des Wahllokals abgegeben worden war, sahen seine Gegner die gute Gelegenheit gekommen, die Gültigkeit der Wahl insgesamt in Frage zu stellen. Es handele sich darum, erläuterte die Lokalzeitung, »daß der Fuhrmann Andresen jr. noch zur Stimmabgabe zugelassen worden sei, als die Kirchenuhr bereits 1 Uhr geschlagen habe, während ein anderer Wähler, welcher ihm nachfolgte, nicht zur Stimmabgabe zugelassen wurde«.[309] Nach längerer Debatte entschied man am 16. August 1886 in einer Kollegiensitzung über diese Frage: Von zehn anwesenden Stadtverordneten stimmten sechs für die Ungültigkeit der Wahl, von den Magistratsmitgliedern aber nur Bürgermeister Vreden. Weil damit Dissens vorhanden war, mußte die Regierung in Schleswig angerufen werden.[310] Anfang September 1886 ließ Jebsen wissen, daß »noch keine Entscheidung betreffs der Wahl getroffen worden« sei, doch inzwischen sich die Gemüter beruhigt hätten.[311]

Als Anfang Oktober 1886 die Regierung die Ungültigkeit der Wahl bestätigte, mußten Jebsen und seine Unterstützer eine herbe Niederlage verkraften. »Bei unserer Rechtsaffäre haben der Bürgermeister und seine Satelliten Recht bekommen«, teilte er seinem Freund Jacob Diederichsen mit. »Wie uns dabei zu Mute ist, können Sie sich wohl vorstellen.«[312] Der Erfolg motivierte seine Gegner, vor der Neuwahl am 26. Oktober 1886 kräftig die Wahlkampftrommel zu rühren. Es gelang ihnen, 163 Stimmen auf Tögesen zu vereinigen, während Offersen nur siebzig erhielt.[313] Weil das Ergebnis die Machtbalance im Stadtverordnetenkollegium zugunsten der freisinnigen Richtung verschob, mußten Jebsen und seine Anhänger alles daran setzen, bei den regulär anstehenden Wahlen von zwei neuen Stadtverordneten am 19. November 1886 mindestens einem ihrer Vertrauten zum Erfolg zu verhelfen. Obwohl der Handwerkerverein einen Leserbrief in der Lokalzeitung veröffentlichte und dazu aufrief, zwei namentlich genannte Handwerker zu wählen,[314] nominierte eine Bürgerversammlung am 16. November 1886 je zwei Kandidaten der beiden Hauptströmungen: Während Offersen und der Zahntechniker Speckhan jun. die Gruppe um Jebsen vertrat, zählten Bode und der dänischgesinnte Kolstruper Kaufmann Paulsen zur Gruppe um Festersen. Der *NAA* meldete, die erste Kandidatur sei »von gewisser Seite« bekämpft worden, »obwohl Gründe gegen den Charakter und die Tüchtigkeit des Herrn O. [Offersen] nicht vorgebracht werden konnten«. Deutlich wurde die Sorge, daß mit der möglichen Wahl eines nahen Verwandten von Jebsen dessen Einfluß in der Stadtvertretung erheblich steigen könnte. Den Angriff auf Offersen beantworteten seine Unterstützer mit scharfer Kritik an Bode, dem vorgehalten wurde, als früherer Stadtverordneter und Mitglied der wichtigen Steuerveranlagungskommission »bei den Beratungen der letzteren stets gefehlt zu haben«.[315] Angesichts der gegenseitigen Anfeindungen war es kein Wunder, daß Jebsen zwei Tage später vom »Wahl Trouble« sprach: »Ärger gibt es dabei genügend, vorgestern abend wäre es beinahe zum Hauen gekommen.«[316]

Weil beide Gruppen stark auf ihre jeweilige Wählerklientel einwirkten, konnten sich nur die zwei Hauptkandidaten – Offersen und Bode – bei der Wahl durchsetzen.[317] Die dänischgesinnten Bürger hatten ihre Stimmen zwischen Bode, dem man die meisten Chancen gegen Offersen gab, und dem weniger aussichtsreichen Paulsen verteilt. »Meinen Schwager brachten wir trotz der 104 Dänen auf den Gegenkandidaten durch, allein unseren Zweiten konnten wir nicht durchholen, sondern wurde einer der Krakeeler Gesellschaft gewählt«, meldete Jebsen nach der Wahl: »Wenn ich auch gerne aus dem ganzen Trouble heraus wäre, so kann ich wiederum meine Freunde nicht im Stich lassen, die mich vorerst sehr nötig haben.« Zwar freute er sich, daß »wir den Dänen wieder mal die Zähne gezeigt« hätten, doch fand er es schade, »daß wir nicht allein gegen diese, sondern auch gegen die mit ihnen vereinten deutsch sich nennenden Krakeeler zu kämpfen haben«.[318] Den Ausdruck »Krakeeler« gebrauchte er in der Folgezeit mehrfach in seiner Korrespondenz, um die freisinnige Gruppe in der Stadtvertretung als Störenfriede und Streitsucher zu kennzeichnen. Wenig später, nämlich am Silvestertag 1886, teilte er mit, »in unserem Mottenburg« recht gemütlich zu leben, »abgesehen von den gewöhnlichen Lokal Krakeelen, die in diesem Jahre sehr häufig vorgekommen« seien.[319]

In der Folgezeit benutzten beide Gruppen jede Gelegenheit zum gegenseitigen Schlagabtausch in den Kollegiensitzungen. Weil viele Sachdiskussionen von parteilicher Polarisierung geprägt waren, nahmen die Spannungen stetig zu. Im Februar 1887 sprach Jebsen von einer »wieder recht stürmische[n]« Sitzung, wodurch ihm »die Stellung immer mehr zuwider« werde. Doch sah er keine Chance, sein kommunalpolitisches Amt aufzugeben: »(S)olange ich hier wohnen bleibe, muß ich wohl ausharren.«[320] Als es am 22. Juli 1887 – nach den Worten von Jebsen – »wieder Krawall in der Stadtverwaltung« gab, erreichten die Auseinandersetzungen mit einem verbalen Angriff des Stadtverordneten Bode gegen die von Jebsen geleitete Hafenkommission einen neuen Höhepunkt. Wie die Lokalzeitung berichtete, habe Bode eine Polemik gegen Bürgermeister Vreden und die Kommission eröffnet und ihnen »Mängel in der Leitung und Beaufsichtigung der Auffüllungsarbeiten, ja sogar unentschuldbare Unregelmäßigkeiten in die Schuhe zu schieben« versucht. Dabei hätten Senator Boysen und Stadtverordneter Festersen dem Redner »wacker Beistand« geleistet, so daß Vreden und Jebsen, der als Vorsitzender der Hafenkommission seine abwesenden Kollegen »gegen derartige niedrige Anfeindungen in Schutz« hätte nehmen wollen, »in ein wahres Kreuzfeuer« geraten seien.[321] »Boysen ist diesmal einer der Hauptführer«, stellte Jebsen nach der Sitzung fest. Weil er diesem Magistratskollegen, der ein privates Geschäft in Apenrade betrieb, seinen großen Unmut über den Vorfall demonstrieren wollte, habe er ihm – wie er festhielt – »meine Kundschaft gekündigt, bis er wieder etwas zahmer geworden sein wird«.[322]

Eine politische Parodie mit dem Titel »Ein lustiges Parlament«, die am 11. September 1887 im *NAA* erschien, trieb den innerstädtischen Streit voran. Auslöser war ein Antrag von Festersen in der Kollegiensitzung am 5. September 1887: Der Stadtverordnete wollte den unbefestigten und als Fußgängerpromenade dienenden Madeweg für die Anfuhr zu seinem Haus und seinem Färberei- und Spinnereibetrieb nutzen. Jebsen war aber prinzipiell gegen die Zweckentfremdung des Weges: »Ein Recht zum Benutzen des Madeweges können wir Niemandem einräumen.« Zwar erntete er heftigen Widerspruch von Bode, doch konnte seine Gruppe einen Ab-

Stadtansichten mit Butzbach's Hotel (oben rechts) in Apenrade. Zeitgenössische Postkarte

stimmungssieg verbuchen, als Festersens Antrag mehrheitlich abgelehnt wurde.[323] Die offenkundige Förderung von Privatinteressen durch die freisinnige Gruppe, die das Gemeinwohl hintenan stellte, gab dem neuen *NAA*-Redakteur Theodor Janke Gelegenheit zu einer journalistischen Attacke, die zweifellos von Jebsen befürwortet wurde. Die parodistisch aufgemachte Geschichte war angeblich einer alten Stadtchronik entnommen und spielte in einem Ort namens Quäsenheim an der Krakelau. Als »weise Väter des Städtchens« erschienen mehrere Protagonisten der freisinnigen Gruppe, deren Namen verändert worden waren, darunter Andres Krakelius (Festersen), Bombastus Bodenlos (Bode) und Cornelius Toga (Tögesen). Die fiktive Debatte zwischen ihnen und dem »Schultheiß« (Vreden), bei der Jebsen völlig fehlte, griff in etwas veränderter Form den Streit um die Benutzung des Madewegs auf. Die Intention der Parodie bildete eine kaum verhüllte Kritik an den Stadtverordneten, die »das Wohl der Stadt nicht mit offenen Augen zu sehen vermochten, sondern sich gegenseitig arg befehdeten«.[324] Die spaßhaft und durchaus komisch aufgemachte Geschichte gefiel Jebsen so gut, daß er fast den ganzen Tag im Saal von Butzbach's Hotel zubrachte, um dort unter donnerndem Gelächter jedem aus der Zeitung vorzulesen. Seine öffentlich demonstrierte Rache an der freisinnigen Gruppe brachte ihm zwar einen Beleidigungsprozeß ein, doch richtete sich der Gegenangriff der fünf beleidigten Stadtverordneten vor allem auf Janke, gegen den schließlich eine Geldstrafe von dreißig Mark verhängt wurde.[325]

Friedrich Mommse Bruhn (1832–1909)

Mit dem Rücktritt von Festersen, der am 5. März 1888 sein Mandat als Stadtverordneter überraschend und ohne Angabe von Gründen niederlegte, klang der innerstädtische Streit ab. Die Städteordnung schrieb zwar vor, daß triftige Gründe für eine solche Entscheidung angeführt werden mußten, doch einigten sich die Teilnehmer der Kollegiensitzung rasch darauf, die Amtsniederlegung von Festersen »ausnahmsweise ohne Weiteres zu genehmigen« und keine Strafe in Form von höherer Besteuerung und Entziehung des Bürgerrechts zu verhängen. Auf diese Weise erhielt er eine Art »Abschied mit Pension«, wie die Lokalzeitung vermerkte, was deutlich machte, daß die Mehrheit der Stadtvertreter erneute Querelen vermeiden wollte.[326] Sichtbar erleichtert nahm Jebsen das Ausscheiden seines streitlustigen Widersachers auf: »Unser Hauptkrakeeler in den Kollegien hat seinen Abschied eingereicht und erhalten (...) Hoffentlich erhalten wir dadurch etwas mehr Ruhe und Frieden.«[327]

Zwar ging sein Wunsch in Erfüllung, als die Konflikte in der Kommunalpolitik deutlich nachließen, doch verlagerte sich der politische Streit in der Folgezeit immer stärker in die Wahlkämpfe vor den Reichstagswahlen. Schon vor der Wahl von 1890, bei der Jebsen als nationalliberaler Kandidat in seinem Wahlkreis antrat, stand sein Hauptgegner fest, nämlich die Freisinnige Partei in Flensburg unter dem Vorsitz von Friedrich Mommse Bruhn. Der Apenrader Landrat von Bonin ließ nach der Wahl wissen, die »hiesigen Helfershelfer« von Bruhn seien der Stadtverordnete Bode – »vielleicht der unangenehmste Störenfried in den hiesigen städt[ischen] Kollegien« – der Färbermeister Festersen sowie ein Eisenwarenhändler gewesen.[328]

Obwohl Jebsen nach 1890 oft in Berlin war, schwelte die Dauerfehde zwischen ihm und Vreden weiter. Ein neuer Höhepunkt wurde 1894 bei der Neuwahl des Bürgermeisters erreicht. Nach Meinung von Jebsen werde Vredens Wiederwahl vor allem von den dänischgesinnten Einwohnern und den meisten deutschgesinnten Handwerkern und Wirten unterstützt, »die seine Rache fürchten, wenn sie gegen ihn stimmten und er dennoch gewählt würde«. Als Vreden am 20. September 1894 eine Wahlversammlung abhielt, machte er Jebsens Mitteilung zufolge »den allerbesten Eindruck«, was selbst die Gegner hätten zugestehen müssen.[329] Obwohl die rechtsliberale Gruppe sich bemühte, die Wiederwahl von Vreden zu verhindern, war Jebsen realistisch genug, um die Aussichtslosigkeit des Vorhabens zu erkennen. Zwar unterstützte er formal die Kandidatur von Dr. jur. Heinrich Köster aus Jever, der von der Präsentationskommission aufgestellt worden war,[330] doch rechnete er dem auswärtigen Bewerber wenig Erfolgschancen aus. Einen Bekannten in Hadersleben ließ er wissen, er sei entschieden der Ansicht, daß Köster für eine größere Stadt, zu der er Hadersleben zähle, der geeignete Mann sei. »Leider müssen wir auf das Glück verzichten, ihn hier zu bekommen, sondern uns mit unserem Bürgermeister noch weiter abquälen.«[331]

Die Bürgermeisterwahl am 22. September 1894 war eine krachende Niederlage für die Gegner des Amtsinhabers: Während Vreden 403 Stimmen erhielt, entfielen auf Köster nur neunundzwanzig.[332] Um Vreden dennoch zu Fall zu bringen, entschlossen sich Jebsen und sein befreundeter Kollege Lorentzen jun. zu einer konzertierten Aktion bei der Bezirksbehörde in Schleswig. Am 10. Oktober 1894 sandte Jebsen an den Flensburger Rechtsanwalt W. Löhmann »einige Aufzeichnungen unseren Bürgermeister Vreden betreffend, die ich zu sieben und zusammenzustellen bitte zwecks Einreichung an den Regierungspräsidenten, um eine Wiederbestätigung der Wahl Vredens zu verhindern«.[333] Schon fünf Tage später war die fast sechzehnseitige Klageschrift fertig, in der auf alle möglichen Versäumnisse und angeblichen Fehler in Vredens Amtsführung hingewiesen wurde. Im Ergebnis stand für die Kläger fest, daß Vreden »die Achtung der Bürgerschaft im allgemeinen in keiner Weise genießt und zum ersten Beamten der Stadt keineswegs geeignet ist, seine Person vielmehr von jeher zu Ärgernis und Unfrieden in der Stadtgemeinde die Veranlassung gewesen ist«.[334] Mit dem Schriftstück versehen reisten beide

Senatoren am 16. Oktober 1894 nach Schleswig, um Präsident Zimmermann persönlich ihre Beschwerde vorzutragen.[335]

Infolge der massiven Beschuldigungen setzte die Bezirksregierung die Bestätigung der Wahl aus, was dazu führte, daß Jebsen in den kommenden Wochen in seiner Funktion als stellvertretender Bürgermeister die Amtsgeschäfte von Vreden übernahm. Um die Vorwürfe zu prüfen, fand am 3. November 1894 eine Vernehmung von Vreden durch einen Regierungsbeamten aus Schleswig statt.[336] Der einzige relevante Vorwurf, der ihm gemacht werden konnte, war seine zu große Dänenfreundlichkeit: In dieser Hinsicht sei die Regierung »sehr empfindlich«, teilte Vreden dem dänischgesinnten Ruheständler Carl Christian Fischer mit, der die Vorgänge um die Bürgermeisterwahl in seinen Lebenserinnerungen festhielt. Weil der frühere Segelschiffskapitän zum Bekanntenkreis von Hans Peter Hanssen, Redakteur der Zeitung *Hejmdal*, zählte, hatte der Bürgermeister sich in seiner Not an ihn gewandt. Er übergab Fischer eine von ihm ausgearbeitete Statistik über jährliche Kosteneinsparungen im städtischen Haushalt, welche in seiner Amtszeit erreicht worden waren. Um Vreden zu helfen, reichte Fischer nach eigener Darstellung das Material nicht nur an Hanssen zwecks Veröffentlichung in der dänischsprachigen Presse weiter, sondern lancierte es auch »in die richtigen Hände«. Eine Deputation von Vredens Anhängern reiste daraufhin nach Schleswig und forderte die Regierung auf, dessen Wiederwahl zu bestätigen.[337] Das Ergebnis fiel günstig für den Amtsinhaber aus, wie Jebsen bald danach erfuhr: »Der Bürgermeister wartet noch immer auf seine Bestätigung, obgleich mir privatim mitgeteilt worden ist, daß er sie leider erhält«, teilte er mit.[338] Welche Strategie die Regierung gegenüber Vreden verfolgte, ließ er am Folgetag wissen: »Man läßt ihn solange zappeln, um ihn zu bewegen, sich pensionieren zu lassen, was er jedoch nicht tun wird, obgleich seine Stellung hier eine sehr unangenehme sein wird.«[339]

Während der wochenlangen Schwebepartie waren Jebsens Gegner nicht untätig geblieben. Um mit gleicher Münze heimzuzahlen, war massiver Protest gegen die Ende Oktober 1894 abgehaltene Wahl der Apenrader Stadtverordneten erhoben worden. In der Begründung wurde Jebsen vorgeworfen, als amtierender Bürgermeister eine unerlaubte Wahlbesprechung einberufen und damit Wahlbeeinflussung ausgeübt zu haben. Nachdem die städtischen Kollegien den Vorwurf einfach abgewiesen hatten, wandten sich drei Bürger mit der Klage an den Bezirksausschuß in Schleswig, also die vom Regierungspräsidenten geleitete Kollegialbehörde mit umfangreichen Kompetenzen. Hoffentlich erlebe der Protest dort dasselbe Schicksal, wünschte Jebsen am 2. Januar 1895. Inzwischen war die Wiederwahl von Vreden offiziell vom Regierungspräsidenten bestätigt worden. Allerdings schwelte der Zwist durch die Klage gegen die Stadtverordnetenwahl weiter. Jebsen notierte: »Wenn auch die Gemüter sich etwas beruhigt haben, so ist keineswegs noch Ruhe und Frieden eingezogen.«[340] Daß er selbst maßgeblich zur Verschärfung des Konflikts beigetragen hatte, verschwieg er aber wohlweislich. Wenig später forderte der Schleswiger Bezirksausschuß eine formale Stellungnahme der Apenrader Stadtverordnetenversammlung zu den Vorwürfen gegen Jebsen ein, woraufhin am 8. Februar 1895 eine formale Abstimmung stattfand. Mit sieben gegen eine Stimme beschloß das Kollegium die Erklärung, »daß in dem derzeitigen Verhalten des Herrn Stadtrat Jebsen eine Wahlbeeinflussung nicht erblickt werden könne«.[341]

Damit war die Angelegenheit zwar erledigt, doch blieb Jebsen auch in Zukunft bei seiner Praxis, jede Kommunalwahl in Apenrade genauestens zu beobachten und direkt oder mittelbar Einfluß auf deren Ausgang zu nehmen. Vor den Stadtverordnetenwahlen im November 1896 ließ er sich von seinem Buchhalter Engelbrecht über den Wahlkampf und die Kandidatenaufstellung regelmäßig nach Berlin berichten: So informierte Engelbrecht, der oft als sein Stellvertreter und durchaus persönlich engagiert beim Wahlkampf auftrat, ihn über die Aktivitäten des Deutschen Vereins für das nördliche Schleswig bei der Kandidatenauswahl und berichtete ihm anschließend über das für die deutsche Seite erfolgreiche Wahlergebnis.[342] Auch nachdem Bürgermeister Vreden im Juli 1897 nach starker Kritik aus der Stadtvertretung gegen seine Amtsführung resigniert und zum 1. April 1898 seinen Abschied eingereicht hatte, schaltete Jebsen sich aktiv in die Suche nach geeigneten Kandidaten für die vakant werdende Stelle ein.[343] Von Berlin aus sandte er in den ersten Monaten des Jahres 1898 schriftliche Vor- und Ratschläge an politische Freunde in Apenrade. Außerdem unternahm er Kurzbesuche in seine Heimatstadt, um die Kandidaten persönlich kennenzulernen.[344]

Es ist eine merkwürdige Koinzidenz, daß sowohl Jebsen als auch Vreden fast zur selben Zeit ihre wichtigsten politischen Funktionen verloren. Während der erste nach der verlorenen Reichstagswahl sein Mandat Ende Juni 1898 enttäuscht abgab, war der zweite als gebrochener Mann Ende März 1898 still aus dem Amt geschieden und hatte sich als privater Anwalt in Gravenstein niedergelassen.[345] Unübersehbar hatte der fünfzehn

Jahre währende Streit mit Jebsen, dessen politischer Einfluß besonders nach der Wahl zum Reichstag (1890) sowohl auf städtischer als auch auf provinzialer Ebene als hoch einzuschätzen ist, die Amtszeit von Vreden schwer und nachhaltig belastet. Für Jebsen und seine politischen Freunde stand der Bürgermeister vor allem wegen seiner fachlichen Mängel im Mittelpunkt ihrer Kritik. Erschwerend kam hinzu, daß es Vreden nicht gelungen war, seine neutrale Stellung als preußischer Kommunalbeamter für eine Vermittler- und Schiedsrichterrolle zwischen den zwei politischen Hauptströmungen in der Stadtvertretung zu nutzen. Statt dessen hatte er sich durch sein Hinneigen zur freisinnigen Gruppe, die ihm auch nicht immer freundlich gesonnen war, das dauerhafte Mißtrauen und die Gegnerschaft von Jebsen und seinen Anhängern zugezogen. Dem fachlich versierten Schiffsreeder, der durch jahrelange Erfahrungen und seine aktive Unternehmer- und später auch Politikertätigkeit über ein enormes Wissen verfügte, hatte Vreden wenig entgegenzusetzen. Für Jebsen stellte der Bürgermeister ein oft wenig sachkundiges Leichtgewicht dar, der sich mit seiner Politik letztendlich zwischen alle Stühle setzte. Zahlreiche Konflikte in der Kommunalpolitik von Apenrade in den letzten beiden Dezennien des 19. Jahrhunderts waren auf diese Dauerfehde zwischen den beiden ranghöchsten Stadtvertretern zurückzuführen. Verstärkend hinzu traten parteipolitische Gegensätze: Die Spaltung des liberalen Lagers in der Politikszene des Deutschen Reiches – mit den Nationalliberalen auf der einen und den linksliberalen Freisinnigen auf der anderen Seite – spiegelte sich in den lokalen Apenrader Streitigkeiten wie in einem Brennglas wider.

Apenrader Schützengilde

Für die deutschgesinnten Apenrader Bürger bildete die lokale Schützengilde den traditionell wichtigsten Sammelpunkt. Als Gründungstag galt der 6. August 1734, als der dänische König Christian VI. die Satzungen bestätigte, die zuvor vom Markgrafen Friedrich Ernst von Brandenburg-Kulmbach, königlicher Statthalter in Schleswig und Holstein, befürwortet worden waren. Wie auch anderswo war der Ursprungszweck die regelmäßige Übung im Waffengebrauch und besonders der Schußwaffen, um im Notfall einem Feind eine bewaffnete Bürgerwehr entgegenstellen zu können. Von Anfang an dominierten in Apenrade die Handwerker unter den Mitgliedern – ein Zeichen für die tonangebende Segelschiffbauindustrie der Stadt. Die Mitgliederzahl erreichte 1877 mit 103 ihren Höchststand und fiel bis 1880 auf 87 und bis 1890 auf 72 Personen. Auch die Schützengilde spürte den Niedergang der Stadt als Werftenstandort und die damit verbundene rückläufige Einwohnerzahl. Gleichzeitig wandelte sie sich seit den achtziger Jahren von einer ursprünglich übernationalen Vereinigung, in die jeder unbescholtene und geachtete Apenrader gleich welcher nationalen Gesinnung eintreten konnte, zum wichtigsten gesellschaftlichen Treffpunkt der deutschgesinnten Einwohner. Mit ihren Uniformen und Schießübungen trat die Gilde an die Seite des örtlichen Kampfgenossenvereins, der noch stärker die Militarisierung der Gesellschaft im Kaiserreich symbolisierte. Als Folge der drei siegreichen deutschen Einigungskriege von 1864, 1866 und 1870/71 stand das Militär in strahlendem Glanz dar und genoß ein hohes Sozialprestige. Auch im lokalen Kontext von Apenrade zeigte sich das stark militärisch geprägte Alltags- und Feiertagsleben, wobei in Nordschleswig die Abgrenzung von den dänischgesinnten und gleichfalls in nationalen Bahnen denkenden Einwohnern eine regionale Besonderheit bildete.[346]

Die Militarisierung und Politisierung der Apenrader Schützengilde durch die deutschpatriotisch eingestellte Einwohnerschaft bekam beim hundertfünfzigjährigen Gründungsjubiläum im Jahre 1884 einen sichtbaren Ausdruck. Im Vorfeld hatten die Schützenbrüder beim preußischen Innenminister darum gebeten, daß ihrer Gilde von Kaiser Wilhelm I. »eine Fahne in Gnaden verliehen werden möge« und auf die königlich-dänische Konzession und markgräfliche Befürwortung bei deren Gründung verwiesen. Minister Robert von Puttkamer machte in seinem Antrag an den Monarchen deutlich, daß eine solche Fahnenverleihung nicht nur bei der Gilde und der Bürgerschaft von Apenrade, sondern auch in weiteren Kreisen in Schleswig-Holstein und besonders in Nordschleswig »mit besonderer Freude aufgenommen werden und politisch günstig wirken würde«. Die Gildenmitglieder zeichneten sich nach seiner Darstellung »durch loyale Gesinnung« aus.[347] Als der Kaiser seine Genehmigung erteilte und eine prachtvolle Fahne stiftete, versprach das Fest in Apenrade einen höchst offiziellen Charakter zu bekommen. An der Spitze des örtlichen Festkomitees standen Bürgermeister Vreden, Senator Lorentzen und die Stadtverordneten Bode und Stolzenburg. Erster Senator und Beigeordneter Jebsen, der beim letzten Schießen bester Schütze wurde, war dazu ausersehen, als amtierender Schützenkönig die Gilde während der ausgedehnten Feierlichkeiten angemessen zu repräsentieren.[348] »Es wird ein *großartiger* Trödel«, kündigte Jebsen seinem Freund Jacob Diederichsen einige Tage vorher an. Er hoffte, daß »wir nur erst glücklich damit zu Ende wären, denn so ein Schützenkönig kann sich nicht gut drücken, und 3 Tage in Saus und Braus zu leben, greift an«. Vor dem Apenrader Grog werde er sich aber schön hüten, versprach er, denn »der Kater danach ist eben nicht schön wie Sie wohl noch in frischem Andenken haben«.[349] Und Carl Diederichsen gegenüber sprach er vom Festzug, der für »Mottenburger Verhältnisse« recht großartig zu werden verspreche; für ihn selbst werde es drei schwere Tage beim »Schützentrödel« geben.[350]

In der Tat spielte er von Anfang an eine prominente Rolle, als am 3. August 1884 beim Festakt im Rathaus die gestiftete Fahne den Vertretern der Schützengilde übergeben wurde. Nachdem Landrat Werner von Levetzau die Schenkungsurkunde verlesen und seine Rede gehalten hatte, stimmten die zahlreichen Gäste, darunter Bürgermeister Vreden und alle Offiziere des 2. Bataillons des Infanterieregiments Nr. 84, in ein begeistertes dreifaches Kaiserhoch ein. Zu den Klängen von »Heil dir im Siegerkranz« übergab der Landrat die Fahne an die Schützengilde. Laut Bericht des *Neuen Apenrader Anzeiger* sprach Jebsen im Namen der Schützengilde seinen innigsten Dank für das hochherzige Geschenk aus und bat Levetzau um die Weiterleitung des Danks an den Kaiser. Mit Recht habe er »in seiner an glühendem Patriotismus für das deutsche Vaterland durchwobenen Rede« hervorgehoben, schrieb das Blatt, »daß bisher noch keiner Schützengilde in unserem engen Vaterlande eine solche besondere Auszeichnung von Seiten unseres Kaisers zu Theil geworden sei als eben jetzt der Apenrader (...)«. Das von Jebsen ausgebrachte Hoch auf den Kaiser und das Deutsche Reich wurde deshalb mit Begeisterung aufgenommen und erwidert.[351]

Dem historischen Festzug am 5. August 1884 schlossen sich fast alle Apenrader Korporationen, Vereine, Klubs und Berufsgruppen an. Es gereiche den Bewohnern zur Ehre, resümierte der *NAA*, bei dieser Gelegenheit einmal gezeigt zu haben, wie stark die Einigkeit unter ihnen sei: »Und sie haben es an diesen drei Festtagen zur Genüge bewiesen, daß sie es ernst mit deutscher Einigkeit, mit der deutschen Brüderlichkeit meinen.« Auch Bürgermeister Vreden hatte in seiner Rede auf dem großen Markt den deutschen Charakter der Gilde hervorgehoben, »denn

Ringreiter in den Straßen von Apenrade. Zeitgenössische Postkarte

Deutsch ist das Schützengildewesen, Deutschen Ursprungs, Deutscher Sitte, Deutscher Gewohnheit«. Während des Festzuges rief der örtliche Kampfgenossenverein große Heiterkeit hervor, als seine Mitglieder in der Soldatentracht des 18. Jahrhunderts auftraten und eine Kanone mitführten. Einen sehr guten Eindruck hinterließ das Korps der Ringreiter in ihrer Tracht und mit den blauweißen Fähnchen, das am Schluß des Festzuges ritt. Vor dem Schützenhof, dem seit 1880 bestehenden festen Haus der Gilde mit Kegel- und Schießbahn, machten die Kampfgenossen Halt, präsentierten das Gewehr und brachten ein dreifaches Hoch auf die Schützengilde und deren König Jebsen aus. Der so Geehrte lud daraufhin die Gedienten ein, mit ihm ein Gläschen zu trinken. Laut Bericht des *NAA* konnten die Räume des Schützenhofes »alle die Fröhlichen kaum fassen, die nun hineinströmten, und im bunten Durcheinander wogte die Menge auf und nieder, deutsche patriotische Lieder singend, und auch an ausgebrachten Toasten und trefflich gehaltenen Reden war kein Mangel«. Das um Versöhnlichkeit bemühte Stadtoberhaupt Vreden betonte an die Adresse der dänischgesinnten Einwohner, es sei ihnen nicht zu verargen, daß es manchen von ihnen schwerfalle, »sich in die gegebenen Verhältnisse, in denen wir leben, zu fügen«. Mit dieser Bemerkung wird er auf

Schützenhof in Apenrade. Zeitgenössische Postkarte

das Verhalten der Zeitung *Hejmdal* gezielt haben. Das Hauptorgan der dänischen Bewegung in Nordschleswig hatte den Beginn des Festes um einige Tage später angegeben, wohl um die dänischgesinnten Apenrader von dessen Besuch abzuhalten.[352]

Wie populär das jährliche Fest war, macht die Bemerkung eines früheren Apenrader Einwohners deutlich: Das Schützenfest sei von der ganzen Stadt mitgefeiert worden, schrieb August Krieger. In seinen Erinnerungen aus der Jugendzeit erwähnte er auch den Reichstagsabgeordneten Jebsen, der unter einer Ehrenpforte eine Ansprache an die Bürger gehalten habe.[353] Deshalb ist die Einschätzung des Kieler Historikers Erich Hoffmann, daß lokale Ringreiter- und Schützenvereine »regionale Kristallisationskerne des nordschleswigschen Deutschtums« gewesen seien,[354] sicherlich zutreffend. Jebsen blieb auch in Zukunft der Gilde als Mitglied verbunden und stiftete für die bauliche Erweiterung des Schützenhofes im Jahre 1887 die vergleichsweise hohe Summe von hundert Mark. Er beteiligte sich regelmäßig an den Schützenfesten, ohne aber jemals wieder Schützenkönig zu werden.[355]

Der Deutsche Verein für das nördliche Schleswig

Eine klare nationalpolitische Stoßrichtung hatte der am 19. November 1890 gegründete Deutsche Verein für das nördliche Schleswig. Initiator war der Scherrebeker Pastor Christian Johannes Jacobsen, der die Deutschgesinnten dazu aufrief, sich selbst aktiv für die Wahrung der nationalen deutschen Interessen einzusetzen. Tatsächlich war die Gründung vor allem eine Reaktion der deutschen Seite auf den verstärkten Aufbau des Vereinswesens der dänischgesinnten Nordschleswiger während der achtziger Jahre. Zweck des Vereins war laut Satzung »die Pflege deutscher Gesinnung und die Bewahrung und Förderung des deutschen Volkstums im nördlichen Schleswig«, für deren Realisierung neun Ziele formuliert wurden, darunter »tätiges Eingreifen bei Wahlen« und »Abwehr der reichsfeindlichen dänischen Agitation«.[356] Um wirksam vorgehen zu können, wurde der Verein straff organisiert und stark zentralisiert: Die rasch geschaffenen Ortsabteilungen besaßen kaum Selbständigkeit und waren dem zentralen Vorstand in allen wichtigen Fragen untergeordnet. In Apenrade entstand die elfte Abteilung am 7. November 1891 anläßlich einer Gesamtvorstandssitzung des Vereins; der Reichstagsabgeordnete und Erste Senator Jebsen übernahm den Vorsitz.[357]
Am 12. Dezember hielt die Apenrader Ortsabteilung ihre erste Sitzung ab, doch überließ Jebsen seinem Stellvertreter, dem Stadtverordneten Hieronymus Raben, die Eröffnung. Anschließend diskutierte man die Strategie bei den nächsten Kommunal- und Kirchenwahlen und beschloß, vor jeder Wahl eine Versammlung einzuberufen und die Kandidatenfrage zu klären. Dazu sollten nicht nur Vereinsmitglieder, »sondern auch sämtliche reichstreue deutschgesinnte Bürger eingeladen werden, damit man sich alsdann über die Aufstellung der zu wählenden Vertreter einige«.[358] Auf diese Weise wollte man sicher gehen, daß nur aussichtsreiche Kandidaten der eigenen Richtung auf die Wahllisten kamen, um von vornherein einen befürchteten Wahlsieg dänischgesinnter Bewerber zu verhindern.

Bis Mitte 1892 stieg die Zahl der Ortsabteilungen des Deutschen Vereins auf zwanzig mit insgesamt 1833 Mitgliedern an, von denen aber nur einundneunzig in Apenrade lebten. Seine Hochburgen besaß der Verein in Hadersleben, Lügumkloster, Sonderburg, Toftlund und Flensburg. Wie der erste Jahresbericht hervorhob, hätten die Vorstände der Ortsabteilungen »(d)em Beispiele unserer dänischgesinnten Gegner folgend (…) das

Deutscher Verein für das nördliche Schleswig. Zeitgenössische Werbepostkarte

vaterländische Leben in ihren Kreisen durch Vorträge und gesellige Zusammenkünfte zu beleben« versucht. So habe der neue Vereinsvorsitzende und Seminardirektor Adolf Castens in Apenrade über die Erziehung der Jugend zur Vaterlandsliebe gesprochen.[359] Am 25. November 1892 folgte ein Vortrag von Jebsen über »Reichstagsangelegenheiten« und am 10. April 1893 über die umstrittene Militärvorlage. Die Mitglieder des Deutschen Vereins seien natürlich für die Annahme der Militärvorlage gewesen, hob später der zweite Jahresbericht hervor. Um die nationalliberale Position in dieser Frage im Reichstag zu stärken, beschloß die Versammlung eine entsprechende Resolution, die Jebsen »an kompetenter Stelle in Berlin« vorbringen sollte. Anschließend ging man zum gemütlichen Teil des Abends mit Reden, Toasten und Liedern über. »Daß man unsern Herrn Abgeordneten Jebsen vor allem leben ließ und ihm für sein freundliches Bemühen dankte, versteht sich von selbst«, berichtete der *NAA*.[360] Nachdem Jebsen im Juni 1893 wieder in den Reichstag gewählt worden war, hieß es im nächsten Jahresbericht, seine Wahl »als des hochverdienten Vorsitzenden der Ortsabteilung Apenrade« habe

»von den Mitgliedern des Deutschen Vereins nur mit großer Befriedigung begrüßt werden« können.[361]

Mit der zusätzlichen Mitgliedschaft im reichsweit agierenden Alldeutschen Verband ging Jebsen 1894 über sein regionales Engagement im Rahmen des Deutschen Vereins hinaus. Der drei Jahre zuvor in Berlin gegründete Verband war aus der Kolonialbewegung heraus entstanden und repräsentierte vor allem die Stimmung von Teilen des Bürgertums, die sich für die imperialistisch-koloniale Expansion des Deutschen Reichs einsetzten. Obwohl er nie eine Massenbewegung wurde, zählten zu seinen Mitgliedern zahlreiche Unternehmer: Zwischen 1894 und 1914 gehörten sechzig Reichstagsabgeordnete dem Verband an, darunter siebenundvierzig Prozent Nationalliberale. Allerdings blieb die Zahl der Großunternehmer gering, so daß die Schwerindustrie und die norddeutschen Reedereikreise deutlich unterrepräsentiert waren. Auch Albert Ballin, damals im Vorstand der Hapag ein einflußreiches Mitglied, stand dem Verband wegen dessen antienglischer Haltung sehr ablehnend gegenüber. Auch die meisten Hamburger Überseekaufleute wurden nicht Mitglied einer Bewegung, die 1894 nur knapp fünftausend Mitglieder zählte und in jenem Jahr mit der lautstarken Propagierung einer deutschen »Weltmachtstellung« und eines großen Kolonialreichs begann. Gegen die sogenannte slawische Gefahr wurde ein Kampf ausgerufen, der mit wirtschaftlichen Maßnahmen gegen polnische Bauern in den preußischen Ostprovinzen geführt werden sollte. Der dafür vom Alldeutschen Verband initiierte Deutsche Ostmarkenverein bildete seit 1894 das östliche Gegenstück zum Deutschen Verein für das nördliche Schleswig, wenn auch beide Organisationen unabhängig voneinander blieben.[362]

Jebsen wurde entweder beim oder bald nach dem Berliner Verbandstag am 9. September 1894 Mitglied, denn im November des Jahres ließ er wissen, er sei dem Alldeutschen Verband beigetreten. Nach eigener Erklärung unterstützte er die antipolnische Politik, die vor allem von Hermann Graf Arnim-Muskau, konservativer Reichstagsabgeordneter und ein wichtiger Mäzen des Verbandes, vorangetrieben wurde. Er hielt einen von Arnim eingebrachten Antrag »für unsere Provinz und besonders für den nördlichen Teil äußerst wichtig, da hier immer mehr Dänen sowie, was noch schlimmer ist, Optanten in den deutschen Untertanen-Verband aufgenommen werden, so daß das Deutschtum in den Kreisen Hadersleben, Apenrade und Sonderburg anstatt vorwärts zu schreiten rückwärts geht«.[363] Seine Besorgnis bezog sich auf die sukzessive Naturalisierung der sogenannten Optanten – dänischgesinnte Nordschleswiger, denen trotz ihrer Option für die dänische Nationalität ein Wohnsitz im Deutschen Reich ermöglicht worden war. Deren Integration durch Erwerb der deutschen Staatsangehörigkeit war 1888 begonnen und unter Reichskanzler Caprivi noch intensiviert worden: Ausdruck eines vorsichtigeren und milderen Regierungskurses gegenüber der dänischgesinnten Minderheit. Der von Jebsen beklagte Rückgang der Deutschgesinnten bezog sich auf die Reichstagswahlergebnisse des Vorjahres. Im Vergleich zu 1890 hatte in allen drei von ihm aufgeführten nordschleswigschen Landkreisen der Stimmenanteil für die dänischgesinnten Kandidaten teilweise stark zugenommen.[364] Offensichtlich machten viele ehemalige Optanten von ihrem neuerworbenen Wahlrecht Gebrauch, um für die dänische Sache zu stimmen.

Als Caprivi Ende Oktober 1894 von seinem Amt zurücktrat, begann sich die Stimmung gegen die Optanten und dänischgesinnten Bewohner Nordschleswigs wieder zu verschärfen. Jebsen repräsentierte diesen härteren Kurs, dem er sich angesichts einer verstärkten dänischen Agitation verpflichtet fühlte. Tatsächlich war das Pressewesen der politisch organisierten Dänischgesinnten durch die Mitarbeit mehrerer vorzüglicher Redakteure, die als Propagandisten der gemeinsamen Sache wirkten, immer aktiver geworden. Wie Jebsen beobachtete, wurde »von der Dänen-Presse in einer maßlosen Weise gehetzt«. Als Beweis diente ihm ein in Apenrade herausgegebener Kalender des Foreningen til Bevarelse af det danske Sprogs Bevarelse i Nordslesvig [Verein zur Erhaltung der dänischen Sprache in Nordschleswig] – eine bereits 1880 gegründete Organisation mit zahlreichen Leihbüchereien für dänische Publikationen und einem großen Schriftenvertrieb.[365] Auf der Rückseite des Kalenders stellte eine Karte den größten Teil der Provinz Schleswig-Holstein als einen Teil des dänischen Jütland mit dem Namen Sønderjylland dar – »ohne daß dagegen seitens der Behörden eingeschritten wird«, wie Jebsen beklagte. Weil mehrere Gedichte und Erzählungen in der Schrift ebenfalls antideutsche Tendenzen aufwiesen, forderte er den Alldeutschen Verband auf, »auch bald, wie solches für die Deutschen im Osten geschieht, für die in Nordschleswig eine Lanze zu brechen«.[366] Erkennbar wird, daß Jebsens Verbandsmitgliedschaft ausschließlich durch die verstärkten pro-dänischen Aktivitäten in Nordschleswig veranlaßt wurde. In keiner seiner Briefe oder Reden finden sich imperialistisch-kolonialistische Gedanken über eine deutsche Weltmachtposition oder einen ausgedehnten Kolonialbesitz. Höchstens in der Forderung der Alldeutschen nach einer machtvollen deutschen Flotte konnte er sich wiederfinden – wie seine Unterstützung der Marinepläne von Tirpitz ab 1897 deutlich machte. Der Alldeutsche Verband, dessen Stimme in der politischen Öffentlichkeit durchaus Gewicht hatte, diente ihm in erster Linie als zusätzliches Vehikel, um in Berlin auf die nationalpolitisch brisante Lage in Nordschleswig aufmerksam zu machen und diese mit der Situation in den Ostprovinzen auf gleiche Augenhöhe zu bringen. Daß für die meisten politisch Handelnden die angebliche Bedrohung von den Polnischsprechenden weitaus wichtiger war als die vermeintliche Gefährdung durch die Dänischsprechenden, lag schon wegen der völlig unterschiedlichen Größen der jeweiligen nationalen Minderheiten auf der Hand: Den rund 3,3 Millionen Polen im Osten standen knapp 15.000 Dänen im Norden gegenüber.[367] Nichtsdestotrotz machte Jebsen unermüdlich auf die nationalpolitischen Probleme in seiner Heimatregion aufmerksam und zog dafür eine Organisation wie den Alldeutschen Verband heran, dessen Ziele und Aktivitäten vielen seiner Hamburger Geschäftsfreunde eher suspekt als förderungswürdig erschienen. Er entfaltete aber keine sichtbaren Aktivitäten als Mitglied und blieb mehr ein passiver Sympathisant, was das Fehlen jeder weiteren Korrespondenz mit dem Verband zeigt.

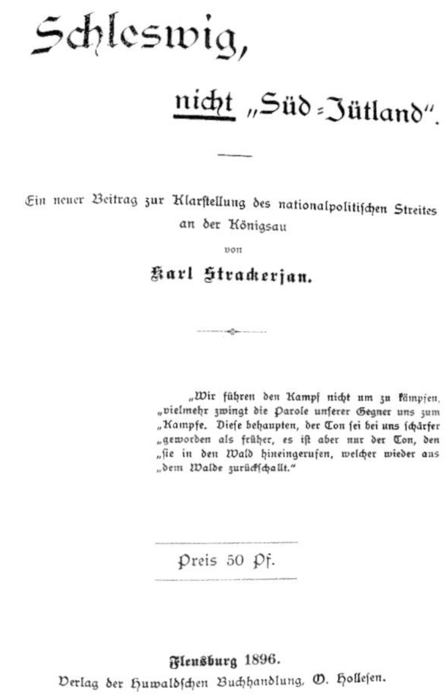

Schleswig,

nicht „Süd-Jütland".

Ein neuer Beitrag zur Klarstellung des nationalpolitischen Streites an der Königsau

von

Karl Strackerjan.

„Wir führen den Kampf nicht um zu kämpfen, „vielmehr zwingt die Parole unserer Gegner uns zum „Kampfe. Diese behaupten, der Ton sei bei uns schärfer „geworden als früher, es ist aber nur der Ton, den „sie in den Wald hineingerufen, welcher wieder aus „dem Walde zurückschallt."

Preis 50 Pf.

Flensburg 1896.

Verlag der Huwaldschen Buchhandlung, O. Hollesen.

Titelblatt der Broschüre *Schleswig, nicht »Südjütland«* von Karl Strackerjan, 1896

Eine Gelegenheit, endlich gegen die Propaganda der organisierten Dänischgesinnten vorzugehen, bot sich Jebsen mit der Broschüre *Schleswig, nicht »Süd-Jütland«* des Publizisten Karl Strackerjan, der sich im Nationalitätenkampf stark für die deutsche Seite engagierte und im Vorjahr mit einer Veröffentlichung zur »dänischen Agitation in der Nordmark«

hervorgetreten war. Wie alle Publikationen Strackerjans waren auch diese Schriften von Leidenschaftlichkeit bis hin zum Fanatismus sowie einem weitgehenden Unverständnis für den Menschenschlag in Nordschleswig mit seinem selbstironischen Humor gekennzeichnet.[368] Das Büchlein fand am 14. Juli 1896 eine ausführliche Besprechung im *Neuen Apenrader Anzeiger* und wurde dort als »lesenswerte kleine Schrift« empfohlen, um »das Gebaren und die Kampfweise unserer politischen Gegner, der dänischgesinnten Nordschleswiger, kennen« zu lernen. Auf gut dreißig Seiten behandelte Strackerjan die historische Entwicklung der Schleswig-Holstein-Frage und ging besonders auf dänische Agitationsmittel und Sprachklagen, die Schutzpatrone und Bundesgenossen der »Südjüten« sowie auf die Position Dänemarks in der Frage ein. Seine scharfe Kritik an allen dänischorientierten Aktivitäten, die für ihn »(f)anatische Umtriebe« waren, mündete in einen optimistischen Ausblick: Die Wiedergewinnung ganz Schleswigs für das Deutschtum lasse sich dauernd nicht aufhalten, prophezeite er.[369] Ein Exemplar seiner Broschüre sandte Strackerjan an Jebsen, der sich so angetan von der Lektüre zeigte, daß er den Publizisten um Sendung fünfzig weiterer Exemplare bat, die er an Reichstagsmitglieder verschiedener Fraktionen versenden wollte.[370] Kurz vor Abreise zur Herbstsession 1896 nach Berlin ließ er Strackerjan wissen, er wolle dem Justizminister mitteilen lassen, daß »Sie verschiedenes Material besitzen, das ihm zur Verfügung steht«. Sollte der dänischgesinnte Abgeordnete Gustav Johannsen im Reichstag die Nordschleswig-Frage berühren, dann werde solches voraussichtlich durch einen Angriff auf den Richterstand ins Werk gesetzt werden. In diesem Fall wollte er Minister Dr. Karl Heinrich von Schönstedt »vorbereitet« wissen und Johannsen selbst entgegentreten, weil er »der Berufenste dazu« sei.[371] Allerdings erwies sich Jebsens Befürchtung als grundlos, da eine solche Debatte während seiner Mandatszeit im Reichstag nicht stattfand.

Der Deutsche Verein geriet wegen des Streits um den Vorsitz im Folgejahr in eine schwere Existenzkrise. Aus nicht mehr bekannten Gründen war es zu einem tiefen persönlichen Zerwürfnis zwischen dem neun Vorsitzenden Reinhold Macke und dem Vereinsinitiator Jacobsen gekommen. Weil bei der nächsten Generalversammlung am 5. Dezember 1897 in Lügumkloster die Wiederwahl des Vorstands stattfinden sollte, erhielt der Streit im Vorfeld besondere Brisanz. Unter den einflußreichen Vereinsmitgliedern waren es Amtsrichter Ludwig Lindemann und Landrichter Hermann Schwartz, die sich unzufrieden über Macke äußerten und seine Kandidatur scharf ablehnten. Gleichzeitig brachte Schwartz sich als Alternativbewerber ins Spiel und kündigte im Falle seiner Wahl die Verlegung des Vereinssitzes nach Flensburg an. Aus Protest dagegen drohten die Mitglieder aus Hadersleben, die Versammlung zu boykottieren und damit den Verein handlungsunfähig zu machen. Als Jebsen von der Sache erfuhr, gab er zwar zu, daß Macke als Vorsitzender zu wünschen übrig lasse, doch tadelte er das Vorgehen von Lindemann und Schwartz als »etwas übereilt«. Jacobsens Vorschlag, daß er – Jebsen – sich zum Vorsitzenden wählen lassen solle, lehnte er entschieden ab und ließ den Pastor auffordern, »wenn er auch Macke persönlich nicht freundlich gesinnt sein kann«, für dessen Wiederwahl einzutreten. Gegenüber Werner Frölich, dem Vorsitzenden der Flensburger Abteilung, betonte er, es sei unbedingt nötig, der Opposition gegen die Wiederwahl des bisherigen Vorstandes entgegenzuarbeiten, »um ein Zusammenklappen unseres Deutschen Vereins zu verhindern (…) Nur auf diese Weise läßt sich eine Katastrophe verhüten«.[372] Allerdings waren seine Warnrufe übertrieben: An der Versammlung nahm Macke zwar nicht persönlich teil, doch wählte man ihn anstandslos wieder zum Vorsitzenden und sandte ihm sogar ein Dankestelegramm für seine geleistete Arbeit.[373] Es war Jebsen fraglos geglückt, eine Lösung herbeizuführen, die alle Seiten zufrieden stellte und die Weiterexistenz des Deutschen Vereins gewährleistete. Ein solcher Ausgang der Krise war um so wichtiger, weil im Frühjahr 1898 der prestige- und kostenträchtige Bau des Bismarckdenkmals auf dem Knivsberg in seine entscheidende Phase trat; davon wird noch zu handeln sein.

Nach seiner Wahl in den Preußischen Landtag wurde Jebsen am 5. Dezember 1898 zum Ersten stellvertretenden Vorsitzenden des Deutschen Vereins gewählt.[374] Obwohl kein Grund für die Entscheidung publik wurde, wird sich die Vereinsführung von dem Abgeordneten Jebsen eine wirkungsvolle Durchsetzung ihrer Ziele gegenüber der Regierung versprochen haben. Immerhin war die Bedeutung gewachsen: In jenem Jahr hatte der Verein seine Mitgliederzahl um 509 auf 3711 Personen steigern können, welche sich auf 27 Ortsabteilungen in Schleswig-Holstein verteilten, von denen die Abteilung Sonderburg die größte mit 756 Mitgliedern war. Erfreut registrierte man vor allem Erfolge in der Ansiedlung deutscher Bauern auf vormals dänischen Höfen in Nordschleswig, die Gründung einer vereinseigenen Bibliothek in Hadersleben, »die ausschließlich Werke und Schriften enthalten soll, die sich auf den Kampf des Deutschtums an den Grenzen des Reichs beziehen«, und die erstmalige Publikation des vom Verein herausgegebenen deutschgesinnten *Dagbladet* in dänischer Sprache, ein kleinformatiges Nachrichtenblatt für nicht deutschsprachige Kätner und Handwerker. »Wer da weiß, welche Verwirrung die dänische Hetzpresse in den Köpfen der nordschleswigschen Bevölkerung anrichtet, wird den Wert dieses Blattes zu schätzen wissen«, hieß es im Jahresbericht. Bis Ende 1899 stieg die Auflage auf zwölfhundert Exemplare. Man sehe im dänischen Lager allmählich ein, wie unfruchtbar und nutzlos es sei, den Einflüsterungen der dänischen Agitatoren zu folgen, schrieb der Verein Mitte Februar 1900. Zu diesem Zeitpunkt lebte sein Erster stellvertretender Vorsitzender bereits nicht mehr. »Der Tod raubte uns Jebsen«, konstatierte der Vorstand, nicht ohne im Nachruf zu betonen, er sei »unserer Besten einer« gewesen: »Sein mit reichem Segen und Erfolg gekröntes Eintreten für die deutsche Sache im nördlichen Schleswig sichert seinem Andenken unsere unauslöschliche Dankbarkeit.«[375] Auf der Generalversammlung am 17. Dezember 1899 wählte man mit dem Norburger Amtsrichter Dr. Hahn seinen Nachfolger, der bald einer der führenden Kräfte im Verein und 1902 dessen Vorsitzender wurde.

»Vater des Knivsberges«

Als Höhepunkt von Jebsens Einsatz für die deutschen Interessen in Nordschleswig kann sein aktives Wirken für den Bau eines Bismarckdenkmals auf dem Knivsberg in der Nähe seiner Heimatstadt Apenrade bezeichnet werden. Aus diesem Grund erhielt er später den Beinamen »Vater des Knivsberges«.[376] Der zwischen Apenrade und Hadersleben gelegene 97,4 Meter hohe Berg war die höchste Erhebung in Nordschleswig und ein markanter Blickpunkt vom Lande und vom Wasser aus. Allerdings hatte nicht Jebsen, sondern Schulrat Adolf Castens aus Hadersleben den ersten Hinweis auf den Knivsberg gegeben, und zwar als möglichen Standort für Volksfeste des Deutschen Vereins. Als ein solches Fest erstmals am 16. Juli 1893 auf der Insel Kalö gefeiert wurde, kam Jebsen aus Berlin angereist und nahm mit dem Initiator Castens und dem Haderslebener Oberlehrer Reinhold Macke, seit 1892 Vorsitzender des Deutschen Vereins, daran teil.

Eröffnet wurde das Fest mit Böllerschüssen, dann spielte eine Apenrader Kapelle einige Lieder, und anschließend begrüßte Macke die rund zweitausend Teilnehmer mit einer Rede, die mit dem Kaiserhoch schloß. Es folgte der Hauptfestredner Pastor Ludwig Jessen aus Wilstrup, »ein als großer Patriot bekannter Mann«, der auf den nahegelegenen Knivsberg als passenden Ort für weitere Volksfeste und ein Denkmal aufmerksam machte.[377] Er schlug die Errichtung eines »deutschen Erinnerungsmales« mit der Figur einer »Germania, Schleswig-Holstein beschützend« vor. Als Vorbild diente ihm offenbar das zehn Jahre zuvor eingeweihte Niederwalddenkmal mit einer großen »Germania« oberhalb der Stadt Rüdesheim am Rhein, eines der bekanntesten Reichsdenkmäler jener Zeit.[378] Weiterhin sprach er von der Verzierung des Knivsberges mit einer Statue »schöner und geschmackvoller als jene (...) patzige Säule auf Skamlingsbanke«.[379] Damit erhielt die Volksfest- und Denkmalsidee eine politische Dimension, und zwar als deutsches Gegenmodell zum dänischen Volksfest auf Skamlingsbanke, der höchsten Erhebung des früheren Herzogtums Schleswig südlich von Kolding in Dänemark. Das im Mai 1843 erstmals veranstaltete Skamlingsbankefest der dänischgesinnten Nordschleswiger war im Juli desselben Jahres mit einer Massenkundgebung der deutsch-

Erstes Skamlingsbankefest, Mai 1843

Insel Kalö. Zeitgenössische Postkarte

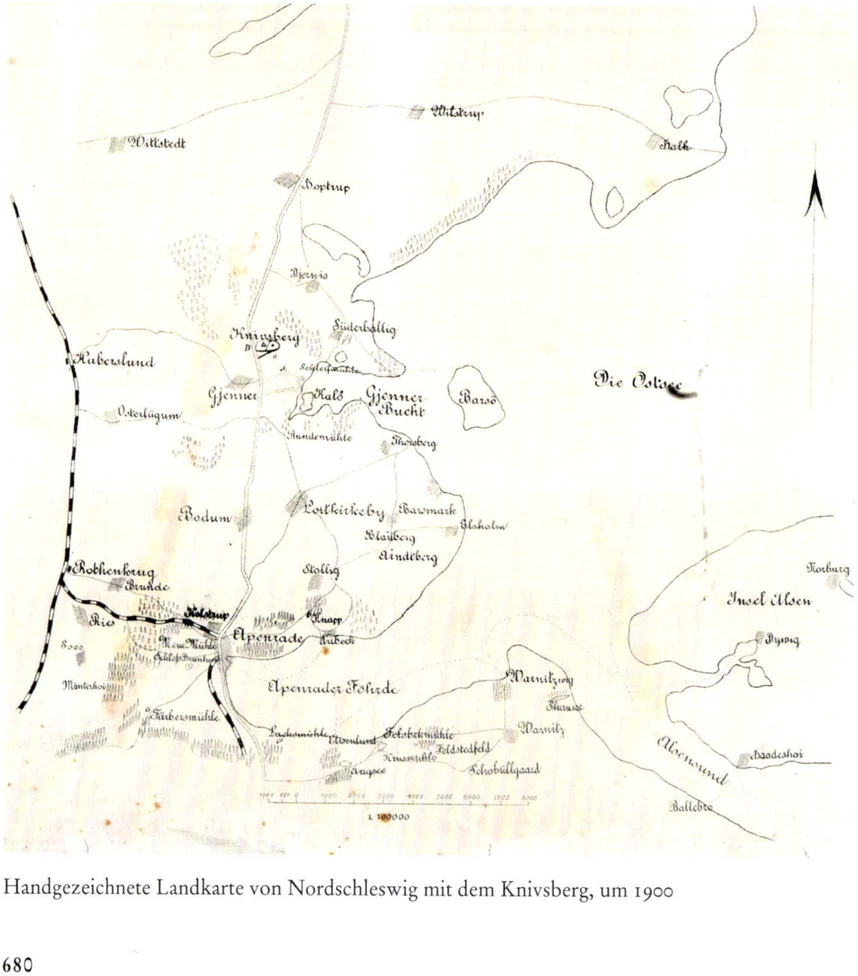

Handgezeichnete Landkarte von Nordschleswig mit dem Knivsberg, um 1900

gesinnten Nordschleswiger in der Nähe von Apenrade beantwortet worden.[380] Nach dem Deutsch-Dänischen Krieg von 1864 und der Abtretung Schleswig-Holsteins an Preußen hatte man das Fest auf Skamlingsbanke nicht mehr gefeiert, doch im Zuge des verschärften Nationalitätenkonflikts in Nordschleswig war das Fest 1893 wiederbelebt worden – als sich acht- bis zehntausend Dänen und dänischgesinnte Nordschleswiger dort versammelten und des fünfzigsten Jahrestags des ersten Festes gedachten.[381] Mit dem im Juli 1893 auf Kalö gefeierten deutschen Volksfest war also wieder eine Konkurrenzveranstaltung entstanden und dem deutsch-dänischen Nationalitätenkonflikt ein Extraelement hinzugefügt worden.

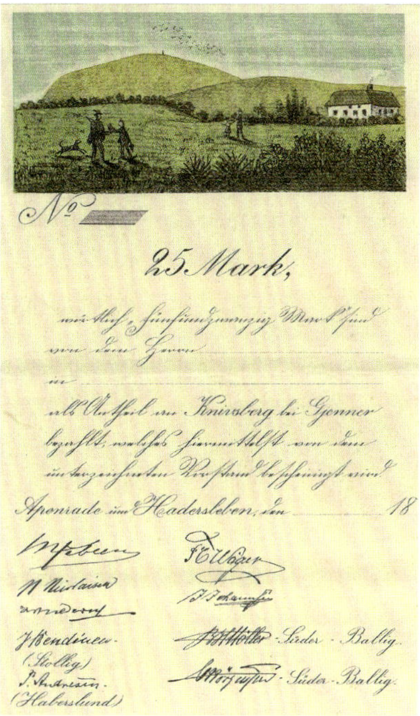

Ein Anteilschein vom Knivsberg

Wie ein Beobachter schrieb, sei das Fest in allen seinen Teilen so wundervoll verlaufen, daß man beschlossen habe, es jährlich zu wiederholen.[382]
Als treibende Kraft erwies sich der Apenrader Lehrer Nicolai Nicolaisen, der auf einer Versammlung von zwölf Vertretern des Deutschen Vereins aus den Kreisen Apenrade und Hadersleben – darunter Jebsen – am 12. August 1893 in Gjenner den Vorschlag machte, den Knivsberg für den Verein zu kaufen. Die Idee fiel auf so fruchtbaren Boden, daß die Runde beschloß, das Land und eine Kate am Berg zu erwerben und die Kaufsumme größtenteils durch Anteilscheine von je 25 Mark aufzubringen. Weil er als Reichstagsabgeordneter der prominenteste und als Reeder der kapitalkräftigste Anwesende war, erklärte Jebsen sich bereit, nominell als Käufer zu fungieren und seinen Namen ins Grundbuch eintragen zu lassen.[383] Als er im Folgemonat einen Vereinskameraden um den Verkauf von Anteilscheinen bat, konnte er bereits den Ankauf der Anhöhe für den Preis von 6750 Mark melden: Man beabsichtige, durch »Anlagen den Berg zu verschönern und für ein Germania-Denkmal überall Sammlungen anzustellen, welches auf der obersten Spitze angebracht werden

soll zum Zeichen, daß wir in einem deutschen Lande wohnen und zum Trotze gegen die Dänen, die uns mit ihrem Skamlingsbanke genügend geärgert haben«.[384]

Volksfeste und Denkmäler waren Fokuspunkte patriotisch-nationalistischer Stimmungen im Europa des 19. Jahrhunderts und gehörten zum Repertoire nationaler Identitäten, die stark auf erinnerter Geschichte, Traditionen und Mythen aufbauten. Im Deutschen Reich waren es vor allem populäre Feier- und Gedenktage – Kaisers und Bismarcks Geburtstage sowie der Sedantag zur Erinnerung an den Sieg über Frankreich 1870 –, an denen vielerorts volksfestartige Veranstaltungen stattfanden. Vaterländische Denkmäler aus Bronze, Eisen oder Stein, vor allem von Kaiser Wilhelm I., Bismarck und herausragenden Militärführern, aber auch allegorische Figuren wie die Germania oder Viktoria als Sinnbilder der deutschen Nation und ihrer militärischen Siege wurden in großer Zahl errichtet.[385] So reihte sich das Fest- und Denkmalprojekt der Käufer des Knivsbergs nahtlos in eine langjährige reichsdeutsche Tradition ein, wobei die besondere antidänische Spitze im Rahmen des Nationalitätenkampfes in Nordschleswig aber nicht zu übersehen ist. Wie erfolgreich man sich damit glaubte, machte eine Bemerkung von Jebsen deutlich: »Die Dänen ärgern sich sehr über dieses Unternehmen. Wir müssen aber unser Möglichstes dazu beitragen, es zum Gelingen zu bringen.«[386]

Mit der Gründung der Knivsberggesellschaft am 11. Oktober 1893 nahm das Projekt Fahrt auf. Weil in dieser Genossenschaft alle Besitzer von Anteilscheinen Mitglied waren, entstand eine rechtlich handlungsfähige Eigentümergemeinschaft, deren Vorsitz Jebsen übernahm; zur Seite standen ihm weitere neun Vorstandsmitglieder, darunter Nicolaisen, Kapitän Jürgen P. Ulderup, Stadtverordnetenvorsteher J. Johannsen und Amtsvorsteher Jep Bendixen in Stollig.[387] Laut Satzung war das Hauptziel die »Förderung des Deutschtums im nördlichen Schleswig, insbesondere durch Abhaltung von Volksfesten und patriotischen Versammlungen auf dem Knivsberg«.[388] Obwohl man in den kommenden Wochen mit großem Schwung an die Vergabe von Aufträgen für Planung und Bau der Anlagen ging, verlief die Zeichnung der Anteilscheine schleppend. Um den Kapitalbedarf zu decken, mußten mindestens tausend Scheine abgesetzt werden. Als im April 1894 nur etwas mehr als die Hälfte in den Kreisen Apenrade und Hadersleben verkauft war, gestand Jebsen ein, daß es mit der Zeichnung von Knivsberg-Anteilen »hier ganz erbärmlich«

Mitglieder des ersten Vorstandes der Knivsberggesellschaft um 1901: Jacob Jebsen ersetzt hier seinen verstorbenen Vater Michael Jebsen

gehe: »Wir müssen es eben anderswo versuchen.«[389] Um weitere Förderer in der Provinz Schleswig-Holstein zu finden, wandte er sich an den umtriebigen Kieler Landesversicherungsrat Peter Christian Hansen, der auch Geschäftsführer mehrerer wichtiger provinzialer Organisationen war und erst kürzlich eine Ortsabteilung des Deutschen Vereins in Kiel gegründet hatte. Mit dem Hinweis auf den Plan, »auf der höchsten Spitze des Berges ein Denkmal, die Germania Schleswig-Holstein beschützend, zu errichten« appellierte Jebsen »an die Opferfreudigkeit unserer Schleswig-Holsteiner Landsleute«: Er glaube, »auch in Kiel keine Fehlbitte zu tun«.[390] Sein Vorstoß war erfolgreich: Hansens Name steht in der 1898 veröffentlichten Liste der Gesamtausschußmitglieder für die Errichtung eines Bismarckdenkmals auf dem Knivsberg.[391] Allerdings mußte Jebsen einsehen, daß »je weiter vom Knivsberg fort, desto geringer ist auch das Interesse daran«. So blieb es ihm ein Rätsel, wie man tausend Anteile zusammenbringen sollte: »Verzagen dürfen wir aber nicht, sondern uns nach

Kräften anstrengen, um die Sache durchzuführen.«[392] Schließlich gelang es ihm, auch seine wichtigsten Hamburger und Kieler Geschäftspartner für das Unternehmen zu gewinnen. Sowohl Carl und Gustav Diederichsen als auch Heinrich Diederichsen senior und junior traten der Gesellschaft als Miteigner bei. Als die Howaldtswerke im Juni 1894 ein akzeptables Angebot für einen Flaggenmast auf dem Knivsberg vorlegten, bat Jebsen Georg Howaldt um finanzielle Unterstützung des Projekts: »Wir haben uns nun mit mehr oder weniger Erfolg an unsere engeren Landsleute außerhalb der Haderslebener und Apenrader Kreise gewandt, uns in unserem patriotischen Unternehmen durch Zeichnung von Anteilen à M. 25 zu unterstützen und sind unsere gemeinschaftlichen Hamburger Freunde uns in der Beziehung sehr entgegengekommen.« Daß er bei Howaldt erfolgreich war, zeigt sich an der erwähnten Mitgliederliste, die außer Georg auch dessen Brüder Bernhard und Hermann Howaldt als Förderer des Denkmalprojekts aufführt.[393]

Für das erste Volksfest auf dem Knivsberg stiftete Jebsen den von Howaldt gelieferten 25 Meter hohen Flaggenmast sowie eine gewaltige, zehn Meter lange deutsche Reichsfahne. Obwohl es anfangs in Strömen regnete, reisten am 15. Juli 1894 vier- bis sechstausend Besucher zum geschmückten Festplatz mit seinem neuen Restaurationsgebäude. Nach den Böllerschüssen eröffnete Jebsen bei strahlendem Sonnenschein gegen 17 Uhr die Veranstaltung mit einer Festansprache, in der er auf die dänischgesinnten Nordschleswiger einging: »Heute können die sogenannten ›Südjüten‹ zum ersten Male vom Knivsberg die deutsche Fahne wehen sehen, das Banner wird auch diese daran mahnen, daß sie deutsche Untertanen sind.«[394] Am Ende seiner knappen Rede habe er »in markigen Worten das Kaiserhoch« ausgebracht, berichtete ein Beobachter.[395] Es folgten längere Ansprachen des Vorsitzenden des Deutschen Vereins, Reinhold Macke, der scharf gegen die »deutschfeindlichen Agitatoren« auf dänischer Seite wetterte, und von Pastor Jessen, der die einende Aufgabe des Knivsbergs für die Deutschen in Nordschleswig hervorhob.[396]

Das von Finanzierungsschwierigkeiten gebeutelte Denkmalprojekt trat für den vielbeschäftigten Parlamentarier in Berlin während der kommenden Monate in den Hintergrund. Zu Hauptbetreibern avancierten die beiden Vorstandsmitglieder des Deutschen Vereins, Lehrer Macke und Landrichter Hermann Schwartz aus Flensburg. Die ursprüngliche Idee für ein Germaniadenkmal wurde noch 1894 aufgegeben und im März 1895 Mackes Vorschlag aufgegriffen, statt dessen dem ehemaligen Reichskanzler Bismarck ein Denkmal zu setzen. Mit seiner Idee lag Macke im Trend der Zeit, da der Bismarck-Kultus in diesem Jahr anläßlich des achtzigsten Geburtstags des Ex-Kanzlers seine höchste Blüte erreichte. In ganz Deutschland entstanden Komitees zur Sammlung von Mitteln für Bismarckdenkmäler. Der Anstoß dazu war von Kaiser Wilhelm II. ausgegangen, der damit zur Stärkung der reichsdeutschen nationalen Identität angesichts der sich verschärfenden innenpolitischen Gegensätze und Spannungen in jener Zeit beitragen wollte. In der Verehrung Bismarcks als Reichsgründer von 1871 sollte ein einigendes Gefühl und Handeln über Klassen-, Konfessions- und Parteigrenzen hinweg hergestellt werden – zweifellos ein Ausdruck von starkem Wunschdenken und gewisser Realitätsverweigerung auf seiten des Monarchen.[397] Daß seine Initiative zu einer wahren Volksbewegung wurde, hatte aber mit tatsächlich empfundener Dankbarkeit und Verehrung der meisten Deutschen für Bismarck zu tun. In Schleswig-Holstein dachte man noch dazu an den unter Bismarcks Regie geführten Deutsch-Dänischen Krieg von 1864 und die anschließende Eingliederung der Herzogtümer in den preußischen Staat zurück. Angesichts der geplanten Huldigungsfahrt der Schleswig-Holsteiner zum achtzigsten Geburtstag Bismarcks erhielt die Idee von Macke besondere Aufmerksamkeit. Zweifellos hoffte man, damit für das Vorhaben eine größere Popularität zu erzielen und ein entsprechend höheres Spendenaufkommen zu erreichen. Allerdings standen für ein solches Bismarckmonument auch andere Standorte in der Provinz zur Debatte. Um so stärker warb der *NAA* für den Knivsberg, wobei das Blatt nicht vergaß, die besondere historisch-politische Bedeutung dieses Ortes aufzuzeigen:

> »Da es sich nun bei der großen diplomatischen Aktion des Fürsten Bismarck, womit er Schleswig-Holstein dem Deutschen Reiche verband, nicht um Holstein, sondern lediglich um Schleswig handelte, so steht fest, daß ein schleswig-holsteinisches Bismarck-Denkmal auch nur nördlich der Eider stehen kann und muß. (...) Welcher Platz in ganz Schleswig-Holstein wäre wohl geeigneter als gerade dieser romantischste Punkt in der deutschen Nordmark. Die Errichtung eines Denkmals auf dem Knivsberg wäre ein Mahnwort an der Grenze sowohl für Deutsche wie für Dänen, wie man es ernster sich vor Augen nicht denken könnte.«[398]

Trotz solcher hehren Worte stand die Finanzierung eines solchen Denkmals weiterhin auf tönernen Füßen. Jebsen bemühte sich auch in Berlin um weitere Spenden. Der *NAA* konnte Anfang April 1895 melden, »Parlamentsfreunde des Herrn Jebsen« hätten sich auf dessen Anregung für die Sache begeistert und 1800 Mark zusammengebracht, womit sich der Denkmalfonds auf insgesamt ca. zehntausend Mark belaufe.[399] Um eine Grundsatzentscheidung über die Form des Denkmals herbeizuführen, berief der Vorstand des Deutschen Vereins am 16. April 1895 in Rothenkrug eine gemeinsame Versammlung mit dem Vorstand der Knivsberggesellschaft ein. Wie skeptisch Jebsen der Finanzierbarkeit des neuen Unternehmens gegenüberstand, machte seine Antwort auf das Angebot einer Bildgießerei deutlich, die von dem Projekt erfahren hatte. Es sei noch keineswegs abgemacht, auf dem Knivsberg ein Bismarckdenkmal zu errichten, teilte er am Vortag mit. Geplant sei »solches allerdings, doch wird man sich denklich mit der Errichtung eines Bismarck-Turmes begnügen«.[400]

Seine Bedenken scheinen von Landrichter Schwartz, dem eifrigsten Verfechter des Plans, und anderen Vorstandsmitgliedern nicht geteilt worden zu sein. Gemeinsam beschlossen die Vorstände die Errichtung eines Bismarckturms auf dem Knivsberg und die Abfassung eines Aufrufs an die Anhänger Bismarcks in Schleswig-Holstein, sich an dem Vorhaben durch Spenden zu beteiligen. Wie das Apenrader Lokalblatt hervorhob, habe die Sammlung der nötigen Gelder »schon durch das patriotische Vorgehen des Herrn M. Jebsen einen so glänzenden Anfang genommen«.[401] Macke übernahm die Formulierung des Aufrufs, der den Knivsberg als besten Standort anpries: »Hier laßt uns unserm Bismarck dem Befreier ein Denkmal setzen, hier einen hochragenden Turm bauen als ewiges Wahrzeichen deutscher Kraft und deutscher Freiheit!«[402] Noch bevor der Aufruf veröffentlicht wurde, las Jebsen den Entwurf in einer Versammlung des Deutschen Vereins in Apenrade vor. Wie er Macke mitteilte, sei die allgemeine Meinung darüber, »daß der Aufruf sehr schön, jedoch etwas zu lang sei und möchte ich mir erlauben Sie zu bitten ihn etwas abzukürzen«.[403] Ob der Aufforderung gefolgt wurde, steht nicht fest; der Aufruf erschien am 8. Mai 1895 im *Neuen Apenrader Anzeiger* ohne jeden Kommentar.[404]

Inzwischen liefen die Vorbereitungen für die Huldigungsfahrt nach Friedrichsruh bei Hamburg, dem Alterssitz von Bismarck, auf Hochtouren. Anläßlich des achtzigsten Geburtstags des Ex-Kanzlers am 1. April sollten die Glückwünsche der Schleswig-Holsteiner am 26. Mai 1895 überbracht werden. Mit Anzeigen rief ein eigens geschaffener Zentralausschuß in Kiel zur Teilnahme auf, allerdings ohne die in der Provinz diskutierten Denkmalprojekte zu erwähnen. Zum Redner des Deutschen Vereins war dessen Vorsitzender Macke mit dem Auftrag bestimmt worden, in seiner Ansprache Bismarck mitzuteilen, der Verein »werde zur Erinnerung an diese Beglückwünschungsfahrt auf dem Knivsberge einen Bismarckturm bauen«.[405] Für die Teilnehmer aus Nordschleswig organisierte der Verein einen Extrazug, der gegen zehn Uhr auf dem Bahnhof Aumühle eintraf. Dort fand die Aufstellung der über dreitausend Gratulanten statt, »unter Vorantritt des Deutschen Vereins (...), worauf die übrigen Schleswig-Holsteiner folgen«. Alle mußten eine blau-weiß-rote Schleife, die durch eine Nadel mit dem schleswig-holsteinischen Wappen festgemacht war, als Erkennungszeichen tragen.[406] Auch Jebsen, der aus Hamburg anreiste, und sein Buchhalter Engelbrecht nahmen an dem Ereignis teil,[407] das laut Bericht des *NAA* bei prachtvollem Wetter mit einem Festzug zum Schloß begann. Nachdem die große Schar im hinteren Garten Aufstellung genommen und die Musikkapelle ein paar Nummern gespielt hatte, erschien Bismarck auf dem Altan. Dort wurde er »stürmisch, mit nicht enden wollenden Hochs der unüberschaulichen Menschenmenge begrüßt«. Der Eröffnungsansprache des Preetzer Klosterpropstes Graf Reventlow folgte Mackes Rede »namens der deutschen Nordschleswiger«, in der er beton-

Huldigungsfahrt der Schleswig-Holsteiner nach Friedrichsruh anläßlich Bismarcks 80. Geburtstag, 26. Mai 1895

Nach dem Frühstück mit Bismarck: Michael Jebsen steht auf dem Altan von Schloß Friedrichsruh, 26. Mai 1895

te, daß man dem Fürsten Bismarck nicht nur mit Worten danken wollte: Der Deutsche Verein werde »auf dem höchsten und schönsten Punkte des nördlichen Schleswig einen hochragenden Turm erbauen hart am Strande des Belt, weithin sichtbar auch jenseits der Grenze des Deutschen Reiches, einen Bismarckturm als ewiger Wahrzeichen deutscher Kraft und deutscher Freiheit.« Mit der Bitte, Bismarck möge den Turm »als ein Geburtstagsgeschenk treuer deutscher Männer huldreich annehmen«, war das Vorhaben publik gemacht und nicht mehr reversibel. In seiner längeren Dankesrede ging der Ex-Kanzler aber mit keinem Wort auf das Projekt ein, sondern widmete sich der Entwicklung Schleswig-Holsteins seit 1848 und der Frage einer deutschen Flotte. An der anschließenden Frühstückstafel im Schloß nahmen rund dreißig Herren des Zentralausschusses und des Deutschen Vereins teil, darunter Jebsen, der allerdings nicht neben Bismarck plaziert wurde: Zur Rechten des Ex-Kanzlers saß Graf Reventlow und zur Linken Macke.[408] Nach dem Frühstück erschien Jebsen mit den anderen Gästen auf dem Altan: Das dabei entstandene Foto wurde 1901 in der Festschrift zur Einweihung des Bismarckdenkmals veröffentlicht.[409]

Knapp drei Wochen später legte der Vorstand der Knivsberggesellschaft den 14. Juli 1895 als Termin für das zweite deutsche Volksfest auf der Anhöhe fest. Gleichzeitig wurde der Apenrader Amtsrichter Ludwig Lindemann, der laut Lokalzeitung »ein so großes Interesse für die deutschen Bestrebungen und insonderheit auch für den Knivsberg an den Tag gelegt hat«, in den Vorstand aufgenommen.[410] Über das Festdatum informierte man den Deutschen Verein, dessen Vorstand daraufhin am 26. Juni 1895 in Rothenkrug beschloß, das Volksfest »auf Grund der reichen Sammlungen von Beiträgen durch Stadtrat Jebsen« mit der Grundsteinlegung des Bismarckturms zu verbinden.[411] Um so mehr war Jebsen um weitere Spenden bemüht, um die veranschlagten 25.000 Mark Baukosten einzuwerben. Er selbst steuerte tausend Mark bei, seine Hamburger Geschäftsfreunde Carl und Gustav Diederichsen beteiligten sich mit je zweitausend Mark und sein Neffe Max Jebsen mit fünfhundert Mark. Mit Beiträgen weiterer Spender kamen bis Anfang Juli 1895 rund elftausend Mark zusammen. Auch seinem Sohn Jacob in Hongkong sandte er eine Sammelliste und einen Spendenaufruf mit der Bemerkung, er zweifle nicht daran, »daß du auch dort einiges Geld zusammenbringst«.[412] Bei einer gemeinsamen Vorstandssitzung der Knivsberggesellschaft und des Deutschen Vereins einigte man sich nicht nur auf das Festprogramm, sondern auch auf die Gründung eines Komitees für das Bismarckdenkmal, um die Planung rascher voranzutreiben; Vorsitzender wurde Amtsrichter Lindemann. Weil der 14. Juli als Termin für die Grundsteinlegung zu früh erschien, verschob man das Volksfest um drei Wochen.[413]

Plakat zum Knivsbergfest von 1895

In Anwesenheit des neuen Apenrader Landrats Rafael von Uslar-Gleichen wurden am 4. August 1895 das zweite Volksfest und die Grundsteinlegung des Turms gefeiert. Das letzte Ereignis lag ganz in den Händen des Deutschen Vereins: Pastor Jacobsen, der Initiator des Vereins, hielt die Weihrede, Macke las die Urkunde über die Erwerbung des Knivsbergs und die Grundsteinlegung vor, und Landgerichtsrat Schwartz hielt die Festrede.[414] Zwar spielte Jebsen bei der Veranstaltung keine aktive Rolle, doch arbeitete er in der Folgezeit unermüdlich daran, weitere Gelder für das Projekt einzutreiben. Die Sammlungen

Knivsbergfest am 4. August 1895

waren deshalb so wichtig, weil inzwischen die Bausumme auf die stolze Summe von sechzigtausend Mark veranschlagt war.[415] Seine Bitte an die Hamburger Freunde Diederichsen, deren Namen unter einen neuen Aufruf für das Denkmal setzen zu dürfen, stieß aber auf Ablehnung. Mit Bedauern wies Jebsen darauf hin, wie lieb es ihm gewesen wäre, »wenn Ihre Namen dabei figuriert hätten«.[416]

Die antidänische Zielstellung mag den hanseatischen Geschäftsleuten zu weit gegangen sein, was einer Haltung entsprach, die Hamburger Zeitungen bereits nach der Huldigungsfahrt der Schleswig-Holsteiner vorsichtig zum Ausdruck gebracht hatten.[417] Entsprechend umsichtig stellten Jebsen und Lindemann ein Ehrenpräsidium aus dem als politisch moderat geltenden Oberpräsidenten Georg von Steinmann und Infanteriegeneral Karl Freiherr von Wrangel zusammen. Unter Verzicht auf jegliche antidänische Töne wurde der Aufruf reichsweit versandt und am 18. Januar 1896 – dem Gründungstag des deutschen Kaiserreiches – erstmals veröffentlicht. Darin sprach man lediglich von einer »deutsche(n) Warte in der Nordmark« zum Dank und zur Ehrung von Bismarck und rief zur Hilfe auf. Bis dahin war es gelungen, rund 720

Unterstützer zu gewinnen, deren Namen sechs Tage später publik wurden. Weil sich auch die Gebrüder Diederichsen in Hamburg auf der Liste befanden, hatte der Aufruf erkennbar ihre Zustimmung gefunden.[418] Anfang Februar 1896 waren auf dem von der Reederei Jebsen eigens eingerichteten Kasse-Konto rund elftausend Mark an Spenden aus allen Teilen Deutschlands einbezahlt.[419] Als Ende Mai 1896 fast dreißigtausend Mark eingegangen oder gezeichnet waren, konnte Jebsen das Unternehmen als »gesichert« bezeichnen und den Baubeginn für das Frühjahr 1897 ankündigen.[420]

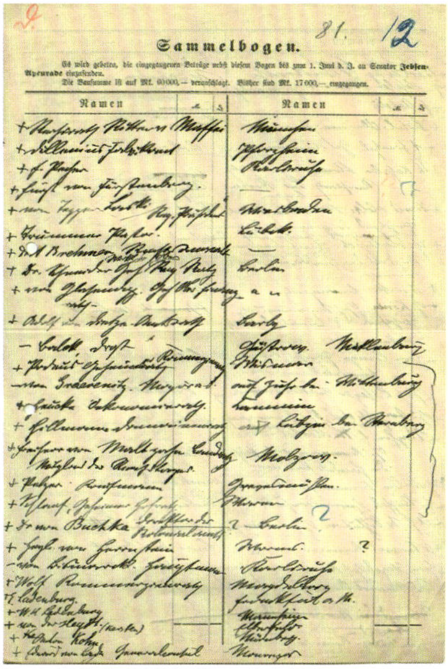
Sammelbogen.

Sammelbogen für das Bismarckdenkmal auf dem Knivsberg, 1896

Eine unerwartete Aktion in Dänemark verhinderte jedoch die Ausführung. Seit Oktober 1896 publizierte das in Kolding erscheinende *Højskolebladet* eine längere Serie von Artikeln mit Vorschlägen zur Ausgestaltung der Skamlingsbanke mit Monumenten. Angeregt durch diesen Vorstoß, den Festplatz der dänischgesinnten Nordschleswiger baulich stark aufzuwerten, beschloß man auf deutscher Seite ein ähnliches Vorgehen und lobte am 13. Februar 1897 einen »Wettbewerb betreffend den Entwurf zu einem Bismarckturme auf dem Knivsberge bei Apenrade in Nordschleswig« aus; Einsendefrist war der 1. Mai 1897. Besonderen Wert legte man auf den Charakter des Turms als nationales Wahrzeichen und auf die Anlage eines Festplatzes für vier- bis fünftausend Menschen. Für den Turmbau waren vierzigtausend Mark und für die Gestaltung der Umgebung zehntausend Mark vorgesehen, und zwar »in der sicheren Hoffnung, daß diese Summen durch weitere Gaben erreicht werden«.[421] Schließlich lagen 63 Entwürfe in Berlin vor, wo eine Preisjury aus renommierten Hauptstadtarchitekten die Auswahl traf. Als Sieger ging der Berliner

Siegerentwurf für das Bismarckdenkmal auf dem Knivsberg, 1897

Plakat zum Knivsbergfest von 1897

Baumeister Friedrich Möller hervor, ein gebürtiger Schleswig-Holsteiner. Er erklärte, es sei ihm darum gegangen, die Turmgestalt mit den begrenzten Mitteln so zu wählen, daß »sie schweigend die kraftvollen Taten, den unerschrokkenen Mut und den unbeugsamen Geist des großen Mannes verkündete«. Die Jury attestierte ihm, »den schlichten, in edlen Linien, möglichst alle Details vermeidenden, an die Feierlichkeit eines Grabstein erinnernden, den Elementen Trotz bietenden Turm« geschaffen zu haben.[422] Allerdings wurde Möller mit umfangreichen Umarbeitungen seiner Entwürfe beauftragt, von denen die wichtigste die Einfügung einer monumentalen, fünf Meter hohen Bismarckstatue auf der Schauseite des Turms war. Zwar erhöhten sich dadurch die Baukosten um fünftausend Mark, doch hoffe man, wie der *NAA* schrieb, »daß auch die Beschaffung dieser Summe keine Schwierigkeit bieten wird«.[423] Welche Gründe diese Entscheidung motivierten, ist nicht festzustellen, doch werden die Nordschleswiger durch die im November 1897 in der Provinzialhauptstadt Kiel feierlich eingeweihte Bismarckstatue beeinflußt worden sein.[424]

Das Bismarckdenkmal

Um die Finanzierung des Projekts zu sichern, bedurfte es weiterer hochkarätiger Unterstützer. Es gelang Jebsen, ein fünfköpfiges Ehrenkomitee für das »Bismarck-Nationaldenkmal auf dem Knivsberg« zusammenzustellen, unter dessen Mitgliedern sich der neue Oberpräsident Köller, dessen Amtsvorgänger Steinmann und der Hamburger Bürgermeister Johannes Versmann befanden. Den Ausschußvorsitz hatte Jebsen inne, als Schriftführer fungierte Lindemann, und die anderen drei Sitze übernahmen Pastor Jacobsen und Landrichter Schwartz als Vertreter des Deutschen Vereins sowie ein Berliner Rechtsanwalt und Notar.[425]

Zu einem Höhepunkt für den Deutschen Verein und das Turmbauprojekt auf dem Knivsberg wurde die »Erhebungsfeier« am 24. März 1898, dem fünfzigsten Jahrestag der schleswig-holsteinischen Erhebung gegen den dänischen König. Aus diesem Anlaß hatte sich zuvor in Apenrade ein vierköpfiges Damenkomitee mit Jebsens Ehefrau Clara an der Spitze gebildet und war auf Spendensammlung gegangen, um eine Fahne für die lokale Ortsabteilung herstellen zu lassen. Die Fahne sollte am 22. März – dem Geburtstag des früheren Kaisers Wilhelm I. – dem Verein feierlich überreicht und bei der Erhebungsfeier eingeweiht werden.[426] Als Jebsen in Berlin davon erfuhr, stimmte er der Idee zwar zu, doch erschien es ihm wegen seiner parlamentarischen Verpflichtungen zweifelhaft, ob er bei der Fahnenüberreichung anwesend sein konnte. Seinem Buchhalter Engelbrecht schrieb er: »Sie werden dann, wenn ich verhindert bin, wohl so freundlich sein, das Hoch auf den Kaiser auszubringen.«[427] Immerhin gelang es ihm, am 24. März zur Weihe der Fahne in Apenrade zu sein, als im prächtig geschmückten und vollbesetzten großen Saal des Bahnhofshotels die Feier stattfand. Laut Bericht der Lokalzeitung trat Jebsen in seiner Eigenschaft als Vorsitzender der Apenrader Ortsabteilung des Deutschen Vereins auf, als er die Feier »mit einem begeistert aufgenommenen Kaiserhoch« eröffnete. Zur feierlichen Überreichung der Fahne sprach seine zweitjüngste Tochter, die neunzehnjährige Johanne, einen neunstrophigen Prolog, der mit dem Ausruf endete: »Das Deutsche Reich, errungen mit dem Schwert, im Frieden haltet's hoch und wert!«[428] Zugleich erschien an diesem Tag der Aufruf des Denkmalausschusses mit den Namen seiner prominenten Ehrenvorsitzenden, welchem eine Liste des Gesamtausschusses mit seinen über tausend Förderern angehängt war. Darunter befanden sich bekannte Persönlichkeiten wie der Schriftsteller Theodor Fontane, der Reeder Albert Ballin und der Zoologe und Philosoph Ernst Haeckel sowie Oberhäupter von zahlreichen schleswig-holsteinischen Städten. Eindringlich mahnte der Spendenaufruf alle Verehrer Bismarcks und alle Teilnehmer der Erhebungsfeier: »Helft weiter bauen.«[429]

Trotz der hehren Zwecke geriet das Denkmalprojekt in den nächsten Monaten in die schwerste Finanzkrise seiner bisherigen Existenz. Besonders der modifizierte Denkmalentwurf des Architekten Möller versprach weitaus mehr Kosten zu verursachen als ursprünglich angenommen. Weil durch die geplante Einfügung einer Bismarckstatue der Turm höher konzipiert und deswegen ein Extrageschoß mit einer runden Turmhaube gebaut werden mußte, stieg die projektierte Bausumme um die gewaltige Summe von 25.000 Mark an; hinzu kamen noch fünftausend Mark für die Statue. Als eifriger Befürworter der Neuerungen erwies sich Landrichter Lindemann, der nach Meinung von Jebsen bereits viel zu eigenmächtig im Denkmalausschuß agierte. Besonders erzürnte ihn, daß der Amtsrichter hohe Extrakosten bei der Anfertigung und Versendung weiterer Spendenaufrufe verursacht hatte, ohne sich vorher mit ihm in Berlin in Verbindung zu setzen.[430] Im Mai 1898 kritisierte er scharf »die hochtrabenden Pläne der beiden Herren Möller und Lindemann«. Werde so wie bisher gewirtschaftet, dann sei das Geld längst schon alle, bevor der Turm halb fertig werde, schrieb er Landrichter Schwartz. Mit dem Vorwurf, »Lindemann entwickelt sich immer mehr und mehr als das *enfant terrible* unseres Denkmal-Ausschusses«, ging seine Forderung einher, es werde »allmählich Zeit, ihm das Handwerk zu legen«.[431] Gegenüber Lindemann betonte er sein Recht als Vorsitzender, warnte vor eigenmächtigem Handeln und drohte widrigenfalls mit der Niederlegung seines Amts.[432] Ange-

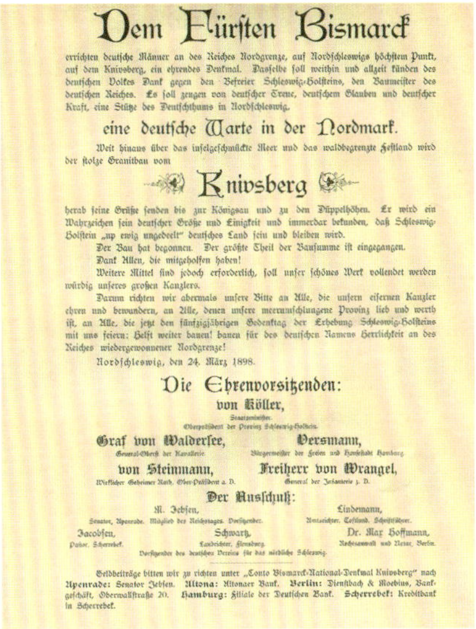

Dem Fürsten Bismarck

errichten deutsche Männer an des Reiches Nordgrenze, auf Nordschleswigs höchstem Punkt, auf dem Knivsberg, ein ehrendes Denkmal. Dasselbe soll weithin und allzeit künden des deutschen Volkes Dank gegen den Befreier Schleswig-Holsteins, den Baumeister des deutschen Reiches. Es soll zeugen von deutscher Treue, deutschem Glauben und deutscher Kraft, eine Stütze des Deutschthums in Nordschleswig,

eine deutsche Warte in der Nordmark.

Weit hinaus über das inselgeschmückte Meer und das waldbegrenzte Festland wird der stolze Granitbau vom

Knivsberg

herab seine Grüße senden bis zur Königsau und zu den Düppelhöhen. Er wird ein Wahrzeichen sein deutscher Größe und Einigkeit und immerdar bekunden, daß Schleswig-Holstein „up ewig ungedeelt“ deutsches Land sein und bleiben wird.

Der Bau hat begonnen. Der größte Theil der Bausumme ist eingegangen.

Dank Allen, die mitgeholfen haben!

Weitere Mittel sind jedoch erforderlich, soll unser schönes Werk vollendet werden würdig unseres großen Kanzlers.

Darum richten wir abermals unsere Bitte an Alle, die unsern eisernen Kanzler ehren und bewundern, an Alle, denen unsere meerumschlungene Provinz lieb und werth ist, an Alle, die jetzt den fünfzigjährigen Gedenktag der Erhebung Schleswig-Holsteins mit uns feiern: Helft weiter bauen! bauen für des deutschen Namens Herrlichkeit an des Reiches wiedergewonnener Nordgrenze!

Nordschleswig, den 24. März 1898.

Die Ehrenvorsitzenden:

von Köller,
Staatsminister,
Oberpräsident der Provinz Schleswig-Holstein.

Graf von Waldersee,
General-Oberst der Kavallerie.

Versmann,
Bürgermeister der Freien und Hansestadt Hamburg.

von Steinmann,
Wirklicher Geheimer Rath, Ober-Präsident a. D.

Freiherr von Wrangel,
General der Infanterie z. D.

Der Ausschuß:

M. Jebsen,
Senator, Apenrade. Mitglied des Reichstages. Vorsitzender.

Lindemann,
Amtsrichter, Toftlund. Schriftführer.

Jacobsen,
Pastor, Scherrebek.

Schwartz,
Landrichter, Flensburg.
Vorsitzender des deutschen Vereins für das nördliche Schleswig.

Dr. Max Hoffmann,
Rechtsanwalt und Notar, Berlin.

Geldbeiträge bitten wir zu richten unter „Conto Bismarck-National-Denkmal Knivsberg“ nach **Apenrade:** Senator Jebsen. **Altona:** Altonaer Bank. **Berlin:** Dienstbach & Moebius, Bankgeschäft, Oberwallstraße 20. **Hamburg:** Filiale der Deutschen Bank. **Scherrebek:** Kreditbank in Scherrebek.

Aufruf zur Spendenaktion für das Bismarckdenkmal, 24. März 1898

sichts der Gefahr, daß der wichtigste Spendensammler ausfallen und damit das Gesamtprojekt gefährdet würde, blieb Lindemann nur der Rückzug übrig. Knapp zwei Monate später konnte Jebsen befriedigt registrieren, daß der Amtsrichter »sich jetzt mehr mit seiner Frau als mit der Denkmal-Angelegenheit beschäftigt«.[433]

Inzwischen war der Turmbau am 1. Juni 1898 nach Möllers modifizierten Plänen begonnen worden.[434] Um die hohe Bausumme aufzubringen, sah sich Jebsen veranlaßt, die Spendenaufrufsaktion in bisher nicht gekannte Dimensionen zu steigern. Der Verlust seines Reichstagsmandats infolge der verlorenen Wahl vom Juni 1898 bedeutete zweifellos einen Rückschlag, weil dadurch wichtige Kontaktkanäle nicht mehr zur Verfügung standen. Schon im April 1898 hatte er vor dem Drucken neuer Aufrufe darauf hingewiesen, daß er nach dem Erlöschen des Mandats »nicht das Recht besitze, meinem Namen fernerhin das Prädikat beizulegen«.[435] Allerdings sah er mit dem vielbeachteten Tod Bismarcks, der am 30. Juli 1898 in Friedrichsruh verstarb, die Chance gekommen, »diesen Umstand für unsere Zwecke zu benutzen«. Dafür nahm er auch Baumeister Möller in die Pflicht, den er Anfang August 1898 aufforderte, die Aufrufe an die deutschen Fürstenhöfe und die deutschen Botschaften, Gesandtschaften, Generalkonsulate und Konsulate im Ausland zu schicken.[436] Einem Bekannten gegenüber schilderte er den bereits zwanzig Fuß hohen Turm als »überwältigend großartig und bei weitem das imposanteste Bismarckdenkmal, das bis jetzt gebaut oder entworfen ist«. Zwar leugnete er nicht das Problem, den Turm so viel teurer zu bauen, als er ursprünglich projektiert worden war, doch betonte er, daß dieser fertig gestellt werden müsse. Der Erfolg des Projekts lag ihm so am Herzen, daß er sogar ankündigte, das Bismarckstandbild aus eigenen Mitteln zu stiften, wenn die letzten fünftausend Mark für die Statue nicht aufgebracht werden konnten.[437] Um den Spendeneingang zu erhöhen, ließ er im August 1898 einen neuen Aufruf für eine zweite Sammlung drucken, von dem fünftausend Exemplare in die Welt verschickt werden sollten. »Es fehlt uns freilich noch ein gutes Stück Geld, um den Turm wie jetzt projektiert, fertig zu bringen«, konstatierte er nüchtern.[438]

Mehrerlei verhinderte in den nächsten Monaten einen nennenswerten Erfolg der neuen Sammelaktion. Nach dem Ableben Bismarcks waren in vielen deutschen Städten Komitees entstanden, die sich die Errichtung eines Denkmals für den Ex-Kanzler zum Ziel setzten. Rund dreihundert Bismarck-Vereine wurden gegründet, die in den kommenden Jahren mehr als siebenhundert Bismarckdenkmäler errichteten. Obwohl die Initiative dazu ursprünglich von Kaiser Wilhelm II. ausgegangen war, spiegelte sich in dieser Massenbewegung, die vor allem vom Kleinbürgertum getragen wurde, auch der verklärende Rückblick auf einen starken Mann wider, der so ganz anders als der unreife und theatralische Monarch oder seine mehr oder weniger unfähigen Nachfolger im Kanzleramt das Reich lange Zeit politisch erfolgreich geführt hatte.[439] Angesichts der massiven Konkurrenz um Spendengelder sahen sich die lokalen Initiatoren aber großen Problemen ausgesetzt – wie es sich beispielhaft in Nordschleswig zeigte. Als besonders störend empfand Jebsen den Hamburger Plan für eine monumentale Bismarckstatue, weil in der Hansestadt kapitalkräftige Geber saßen, die in diesem Falle für weitere Spenden für das Denkmal auf dem Knivsberg ausfielen. Es werde wohl schwerfallen, »die nötigen Groschen zusammen zu kriegen, um es in der großartigen Weise wie es projektiert und begonnen ist, auszuführen«, gestand er Ernst Voss, Mitinhaber der Hamburger Werft Blohm & Voss.[440] Wie erwartet fügten die beginnenden Sammlungen für die Bismarckdenkmäler in Hamburg und auch in Bremen dem Turmbauprojekt auf dem Knivsberg großen Schaden zu. Aus beiden Städten kamen nur wenige Spenden, so daß Jebsen im September

1898 darüber rätselte, wie das nötige Geld zusammengebracht werden könne.[441] Inzwischen war Möller an die Produktion besonders aufwendig gestalteter Aufrufe für die deutschen Fürsten gegangen, und Jebsen hatte sich um die Versendung von rund hundert Aufrufen an die deutschen Vertretungen im Ausland gekümmert. Trotz solcher Aktivitäten blickte er pessimistisch in die Zukunft: »Unser Kapital schwindet rasend, dabei kommt nur in homöopathischen Dosen weiter Geld ein, und von anderen Zahlstellen verlauten auch keine Eingänge; wenn es damit nicht besser wird, sitzen wir, ehe das Jahr zu Ende ist, auf dem Trockenen.«[442]

Nach einem Treffen mit Möller und dem Berliner Rechtsanwalt Max Hoffmann, der auch Mitglied des Denkmalausschusses war, begann Jebsen Ende September 1898 die »Agitation kräftig in die Wege« zu leiten.«[443] Vier Wochen später konnte er melden, daß die Agitation »jetzt in vollem Schwung« sei. So hatte Möller 46.000 Aufrufe an die Mitglieder des Deutschen Offiziersvereins mit der Bitte geschickt, »dem bereits begonnenen Denkmalsbau ihr Interesse dadurch zuzuwenden, daß sie durch Beiträge die Vollendung desselben ermöglichen«.[444] Obwohl Jebsen noch 3300 Aufrufe an alle landwirtschaftlichen Vereine Deutschlands versandte, fiel das Ergebnis letztendlich enttäuschend aus. Anfang Januar 1899 waren insgesamt 4500 Mark eingegangen, von denen 1500 Mark für Druckkosten und Porto verwendet werden mußten. Wie gering das Interesse war, belegten die Zahlen: Nur rund ein halbes Prozent der Mitglieder des Offiziersvereins hatte Geld gespendet, meistens Beiträge von fünfzig Pfennigen bis fünf Mark; von den Landwirtschaftsvereinen hatten nur 2¼ Prozent auf den Aufruf reagiert. Deutlich war, daß die vielerorts entstandenen Denkmalkomitees dem Projekt auf dem Knivsberg erfolgreich Konkurrenz machten. »Unser Pech war, daß der alte Herr nicht noch einige Jahre länger am Leben geblieben ist«, meinte Jebsen. Wie dramatisch er die Situation einschätzte, machte er gegenüber Lindemann deutlich: »Ihr zuversichtliches ›*Kriegen wir*‹ wird auch wohl etwas abgeschwächt klingen, wenn uns im Frühling, sobald drei bis vier Wochen am Turm gearbeitet wird, das Geld alle wird, und die Dänen uns auslachen.« Von weiteren Sammlungen verspräche er sich nichts, ließ er wissen.[445]

Daß Jebsens Einschätzung auf den Punkt traf, wurde in den kommenden Monaten immer deutlicher. Obwohl er als neugewählter Abgeordneter des Wahlkreises Flensburg seit Januar 1899 wieder in Berlin war und dort als Mitglied des preußischen Abgeordnetenhauses über wichtige Kontakte verfügte, blieb das Spendenaufkommen gering. Ende März 1899 fehlten immer noch zwanzigtausend Mark. Zwar begann Lindemann, sogar Aufrufe an die deutschen Bürgermeister zu versenden, doch sah Jebsen angesichts der vielen lokalen Denkmalkomitees wenig Chancen auf Erfolg.[446] Um so mehr hoffte man auf die deutschen Bundesfürsten. Allerdings verzögerte sich durch ein Versehen im Berliner Büro von Möller die Herstellung der dafür aufwendig gestalteten Aufrufe um mehrere Wochen, so daß erst Mitte Mai 1899 die druckfrischen Exemplare vorlagen. Buchhalter Engelbrecht teilte mit, daß er »nach Eingang derselben die weitere Agitation sofort aufnehmen und damit hoffentlich einen durchschlagenden Erfolg erzielen« werde.[447] Doch vergeblich: Bereits Anfang Juni 1899 kam der Aufruf mit dem Anschreiben an den Großherzog von Mecklenburg-Strelitz ohne eine Erklärung zurück. Man brauchte sich darüber kaum zu wundern: Friedrich Wilhelm, der seit 1860 auf dem Thron saß, war ein überzeugter Gegner der Reichsgründung von 1871 und der ihr folgenden Einschränkung seiner Herrschaftsbefugnisse in Neustrelitz.[448] Von ihm und anderen Fürsten war realistischerweise kein Beitrag für ein Denkmal zu erwarten, das den Gründer dieses Reiches ehrte. Mit Engelbrechts Kommentar, der Anfang sei »also nicht verlockend«, war die weitere Entwicklung beschrieben. Bis Mitte Juni 1899 lehnten vier weitere Fürsten jede Beteiligung ab. Nur von dem preußischen Prinzen Albrecht, Neffe des früheren Kaisers Wilhelm I., trafen fünfhundert Mark ein.[449] Der Prinz hatte an den Bismarckschen Einigungskriegen von 1866 und 1870/71 teilgenommen und war seit 1885 Regent in Braunschweig, wo es ihm trotz der Popularität des angestammten Welfenhauses gelungen war, die dortige Bevölkerung mit den neuen Verhältnissen auszusöhnen.[450] Seine Einstellung zu Bismarck war also eine weitaus positivere als die der meisten Fürsten, die sich der preußischen Hegemonie oft nur widerwillig untergeordnet hatten. Entsprechend gering fielen die Spenden der Fürsten für Bismarckdenkmäler aus, was auch in Apenrade schmerzhaft zu spüren war.

Zwar forderte Engelbrecht Ende August 1899 dazu auf, die Agitation nicht ruhen zu lassen und sich Mittel auszudenken, »die anregend wirken«, doch traf er bei seinem in Berlin weilenden Chef auf keine Resonanz.[451] Die Sitzungszeit im Abgeordnetenhaus ging um diese Zeit zu Ende, und der erkrankte Jebsen rüstete sich für eine Kur in Karlsbad. Als er einen Monat später, am 30. September 1899, in Berlin überraschend starb, schwebte das Denkmalprojekt plötzlich in größter Gefahr. Von den gesammelten fünfzigtausend Mark stammte der größte Teil von Jebsen, der damit zum Hauptförderer und -finanzier des Unternehmens geworden war. Durch seinen Tod und die noch fehlende Finanzierung stellte sich für den Denkmalausschuß die Frage nach der Zukunft des Projekts. Um so erleichterter war man, als noch am Beerdigungstag, dem 4. Oktober 1899, Jebsens Hamburger Geschäftsfreunde Carl und Gustav Diederichsen sich bereit erklärten, den Turm auf ihre Kosten fertig bauen zu lassen. Bei der Ausschußsitzung am 11. Oktober ehrte man Jebsen als Hauptförderer des Werkes und versprach wenig später in einer Urkunde, daß sein »Namen für alle Zeiten mit diesem Bau eng verknüpft bleiben« werde. Anschließend übernahm Jebsens Neffe Max aus Hamburg den Vorsitz, der ankündigte, »im Sinne seines verehrten Oheims das Werk weiter zu führen und die Mittel zur Fertigstellung des Denkmals vorzustrecken«.[452]

Am 5. November 1899 konnte der Reichsapfel mit der darin befindlichen Urkunde auf dem 46 Meter hohen Turm feierlich angebracht werden. Bis zur Fertigstellung des Denkmals und der Bismarckstatue vergingen aber noch viele Monate. Erst im Juni 1901 wurde es feierlich eingeweiht. Weil weitere Außenanlagen auf dem Knivsberg gebaut werden mußten, erhöhte sich die Gesamtsumme für das Projekt bis Ende 1903 auf zweihunderttausend Mark – eine Vervierfachung der ursprünglich geplanten Kosten.

Bismarckdenkmal auf dem Knivsberg. Zeitgenössische Postkarte

Ein Bildnis und Trinkspruch Bismarcks. Zeitgenössische Postkarte

Andere Bismarckdenkmäler in Deutschland hatten ähnliche Kostensteigerungen erfahren, vor allem eine Folge modifizierter Bauentwürfe und stark gestiegener Material- und Handwerkerpreise, so daß das Monument in Nordschleswig keine Ausnahme in diesem Reigen bildete.[453]

Ohne das persönliche Interesse und finanzielle Engagement von Michael Jebsen hätte das Denkmal auf dem Knivsberg kaum realisiert werden können. Kein anderer in Apenrade und Hadersleben war einflußreich, beharrlich und kapitalkräftig genug, um das gewaltige Projekt mit hohem persönlichen Einsatz erfolgreich über fünf Jahre voranzutreiben. Um so mehr mag deshalb der Umstand erstaunlich wirken, daß Jebsen sich von einem Kritiker an Bismarcks Politik in den achtziger Jahren[454] zum Erbauer eines Denkmals für den Ex-Kanzler in den neunziger Jahren gewandelt hatte. Der vermeintliche Widerspruch erklärt sich aus der Funktionalisierung von Bismarcks Person für die nationalpolitischen deutschen Interessen in Nordschleswig, wie sie auch Jebsen verfocht. In keiner seiner geschäftlichen oder privaten Korrespondenzen taucht eine Bemerkung auf, die ihn als Bewunderer von Bismarck als ein strategischer Meister bei der militärischen Eroberung (1864) und Eingliederung Schleswig-Holsteins in Preußen (1866) oder bei der deutschen Reichsgründung (1871) erscheinen läßt. Statt dessen stand er dem preußischen Staatslen-

Gedächtnishalle im Bismarckturm auf dem Knivsberg. Zeitgenössische Zeichnung

ker lange kritisch und später eher gleichgültig gegenüber und sah ihn vor allem als ein wichtiges Symbol von deutscher Stärke und Einigkeit, wie er sie auch im politischen Kontext von Nordschleswig erhoffte. Fraglos wäre Jebsen mit dem ursprünglich geplanten Germaniadenkmal zufrieden gewesen, doch ließ die hohe Popularität des Ex-Kanzlers die Aussichten steigen, ein weit höheres Spendenaufkommen für ein Monument von dessen Person zu erzielen. Aus solchen pragmatisch-rationalen Gründen trat auch Jebsen für den Bau eines Bismarckdenkmals ein. Er verband damit aber keine sentimentalen Gefühle wie viele seiner Zeitgenossen, sondern betrachtete das Bauwerk in erster Linie als sichtbaren Ausdruck deutscher Staatspräsenz in seiner nordschleswigschen Heimatregion.

Landtagskandidat und Abgeordneter für Flensburg

Nach der Wahlniederlage im Juni 1898 hatte Jebsen sein achtjähriges Reichstagsmandat für die Nationalliberale Partei im Wahlkreis Apenrade-Flensburg verloren und war von dem Kandidaten der antisemitischen Deutschsozialen Reformpartei, dem gemäßigt konservativen und agrarfreundlichen Hamburger Porzellanmaler Friedrich Raab abgelöst worden. Die frühere jahrelange Unterstützung der einflußreichen Agrarlobby – seit 1893 in Gestalt des Bundes der Landwirte (BdL) – für das Kartell der nationalliberalen und freikonservativen Mandatsbewerber war damit zu Ende gegangen. Die verschärfte Interessenpolitik des BdL für die eigene Klientel und die damit verbundene offene Konfrontation mit Wirtschaftsbranchen wie Industrie, Handel und Schiffahrt hatte die Hauptursache für die Abwahl von Jebsen gebildet. Im Reichstag hatte er für den Abschluß eines Handelsvertrages mit Rußland gestimmt und sich damit die Feindschaft des BdL zugezogen. Angesichts dieser Frontstellung versprachen die im Spätherbst 1898 anstehenden Wahlen im Bundesstaat Preußen, also zum Preußischen Haus der Abgeordneten,[455] erneut eine Entscheidung zwischen städtisch-liberalen und ländlich-konservativen Interessen zu werden.

Seit der Reichsgründung (1871) standen die Landtagswahlen in allen fünfundzwanzig deutschen Bundesstaaten im Schatten der Reichstagswahlen.[456] Besonders in Preußen, dem größten und mächtigsten Bundesstaat des Reichs, hatten diese Wahlen an Popularität massiv eingebüßt, weil sie weiterhin unter einem gänzlich undemokratischen Wahlsystem stattfanden und mit dem völlig anderen, relativ demokratischen Wahlsystem auf Reichsebene in eine aussichtslose Konkurrenz bei der allgemeinen Wahrnehmung und nationalen Bedeutung gerieten. Das allgemeine, aber öffentliche, indirekte und extrem ungleiche Dreiklassenwahlrecht hatte schon bei seiner Einführung (1849) als Ausdruck der Reaktion gegen demokratisch-liberale Forderungen gegolten und bildete bis zum Ende des Kaiserreichs das wichtigste Bollwerk des preußischen Konservatismus: Die Deutschkonservative Partei als erklärte politische Interessenvertreterin der einflußreichen Großagrarier behauptete nach 1890 im Landtag ständig etwa ein knappes Drittel aller Mandate, während sie im Reichstag nur zwischen einem Fünftel und einem Zehntel besaß.[457] Durch das versteinerte Wahlrecht entwickelten die dominanten konservativ-agrarischen

Das alte Preußische Haus der Abgeordneten in der Leipziger Straße in Berlin, um 1890

Kräfte in Preußen sich zum entscheidenden Hemmfaktor im Reich für eine politische Modernisierung. Die Reform des politischen Systems des Kaiserreichs geriet damit zunehmend außer Tritt mit dem rasanten sozioökonomischen Modernisierungsprozeß, der von liberal-städtischen Kräften vorangetrieben wurde. Angesichts des harten Agrarprotektionismus des BdL, der bei den Reichstagswahlen von 1898 auch im Wahlkreis Apenrade-Flensburg zutage getreten war, lag es auf der Hand, daß die Agrarier bei den kurz danach folgenden Wahlen in Preußen dieselbe Strategie verfolgen würden.

Das preußische Wahlverfahren benötigte zwei Wahlakte – die Urwahl und die Abgeordnetenwahl, welche in einem vom Innenminister für das Wahlgebiet festgelegten Zeitraum von etwa ein bis zwei Wochen stattfanden. Jeder Urwahlbezirk hatte mindestens 750 und höchstens 1749 Einwohner, was bedeutete, daß am Ende des 19. Jahrhunderts eine Großstadt wie Berlin aus vielen hundert Urwahlbezirken bestand, während der dünn besiedelte ländliche Teil des Landkreises Apenrade über neunzehn und die kleine Kreisstadt Apenrade über vier Urwahlbezirke verfügte.[458] Die wahlberechtigten männlichen Einwohner jedes dieser Bezirke wurden in drei Klassen eingeteilt, und zwar entsprechend ihrer Steuerbeträge – seit der Wahlreform von 1893 vor allem aus den Einkommens-, Vermögens- und Kommunalsteuern, so daß jede Klasse ein Drittel der Gesamtsumme der Steuerleistung aller Urwähler trug. Daraus ergab sich, daß üblicherweise in die erste Klasse nur wenige gutsituierte Urwähler kamen, während in der dritten Klasse sich viele kleine Steuerzahler fanden. Auf diese Weise belohnte der Staat die großen Steuerzahler mit höherer politischer Partizipation und reproduzierte gleichzeitig im Abgeordnetenhaus das kommunale Sozial- und Herrschaftsgefüge. Bei den Urwahlen wurden Wahlmänner für einen festgelegten Wahlbezirk gewählt: 1867 zerfiel Preußen in 255 Wahlkreise, von denen 105 einen, 123 zwei und 27 drei Abgeordnete nach Berlin entsandten. Durch Neugliederungen erhöhte sich in den achtziger Jahren insgesamt die Zahl der Wahlkreise, doch blieben die neunzehn Einmannwahlkreise in Schleswig-Holstein unverändert, darunter auch der Wahlbezirk 147 (Apenrade-Sonderburg). Dieser Bezirk umfaßte die beiden entsprechenden Landkreise mit ihren Kreisstädten; Wahlort war Gravenstein im Kreis Apenrade. Dort gab es wie in anderen schleswig-holsteinischen Wahlkreisen bei Reichs- und Landtagswahlen ein Aussparungsabkommen zwischen der Nationalliberalen und der Freikonservativen Partei, welches ein Kartell der deutschen staatstragenden Parteien gegenüber ihrem dänischen Pendant ermöglichte.[459]

Nach dem Umzug von Rotterdam und dem Beginn seines politischen Engagements für seine Heimatstadt in den frühen achtziger Jahren hatte Jebsen sich zunehmend für die Wahlkämpfe auf Reichs-, Landes- und Kommunalebene interessiert. Er teilte 1890 mit, daß er bei den Wahlen sich »pekuniär und agitierend« beteiligt habe;[460] von seinen Aktivitäten bei den Reichstags- und Kommunalwahlen ist bereits gehandelt worden. In seiner Korrespondenz tauchen Hinweise auf die Abgeordnetenhauswahlen erstmals im Herbst 1888 auf, als er seinem Freund Jacob Diederichsen mitteilte: »Hier sind wir jetzt mitten in der Wahlagitation für den Landtag.«[461] Offenbar war er als Erster Senator von Apenrade die treibende Kraft der deutschgesinnten Wähler in einem Wahlkreis, der seit der ersten Landtagswahl von 1867 nur von dänischgesinnten Abgeordneten – Nicolay Ahlmann (bis 1875) und danach Hans Lassen – gewonnen worden war. Angesichts der stärker werdenden Proteste der Dänischgesinnten, denen es vor allem um die Aufhebung der Sprachverordnung von 1878 ging, welche eine verstärkte Einführung der deutschen Unterrichtssprache in den dänischsprachigen Schulen von Nordschleswig bestimmt hatte, stellte das Jahr 1888 einen neuen Höhepunkt im Nationalitätenstreit dar.[462]

Für das deutsche Kartell war die Situation in Apenrade günstiger geworden, nachdem mit dem Niedergang der lokalen Schiffahrtsindustrie und den sich zuspitzenden nationalen Spannungen vor allem dänischgesinnte Einwohner abgewandert waren. Infolgedessen hatte sich seit der letzten Wahl von 1885 auch die Zahl der zu wählenden dänischen Wahlmänner um 22 verringert. Um so mehr mußte die dänische Seite versuchen, ihre Anhänger möglichst zahlreich hinter sich zu sammeln. Kurz vor der Wahl hatte der *NAA* zwar prophezeit, daß die Wiederwahl von Lassen »diesmal wohl noch unabänderlich« sei, doch zugleich kritisiert, die deutsche Partei stehe der »in aller Stille« betriebenen »eifrige(n) Agitation« der dänischen Partei »mit einem gewissen Phlegma energielos« gegenüber: »Und doch gilt es gerade jetzt besonders, den Herren Danomanen wiederum zu zeigen, daß ihre Kurse unaufhaltsam in stetem Sinken begriffen sind«[463] – ein Hinweis auf die abnehmende Stimmenzahl für die dänischgesinnten Bewerber bei der Landtagswahl von 1885, bei der Nachwahl zum Reichstag von 1886 und bei der regulären Reichstagswahl von 1887. Allerdings sah Jebsen voraus, daß der Wahlkampf »keine dankbare Aufgabe« sein werde, »da wir mit Alsen zusammen wählen und es unmöglich ist, einen deutschen Kandidaten durchzubringen«. Die zum Kreis Sonderburg gehörende Insel mit ihrer vorwiegend dänischsprechenden Landbevölkerung war eine Hochburg der Dänischgesinnten, so daß es der deutschen Seite nur übrig blieb, zahlreiche ihrer Unterstützer zur Beteiligung an den Urwahlen am 30. Oktober 1888 zu mobilisieren und – wie Jebsen mitteilte – sich zu »bemühen, möglichst viele deutsche Wahlmänner nach Gravenstein zu schicken«.[464]

Mit der Nominierung des Hofbesitzers Wommelsdorff als Kandidaten der Deutschgesinnten begann die heiße Phase des Landtagswahlkampfs. Zwar erwarteten die Deutschen diesmal keinen Sieg, wie der *NAA* am 20. Oktober 1888 wissen ließ, doch hofften sie, »wenn eine rührige Agitation ohne Verzögerung entfaltet wird, eine stattliche Minorität auf ihren Kandidaten vereinigen zu können«. Drei Tage später erschien ein von Jebsen und anderen Senatoren und Stadtverordneten unterzeichneter Aufruf zu einer deutschen Wahlversammlung, der die »deutschen Mitbürger (...) um zahlreiche Beteiligung« bat. Wie erhofft, gelang es am 24. Oktober, den Tagungssaal bis auf den letzten Platz zu füllen: »Ein so starker Besuch einer deutschen Versammlung ist bis Dato noch kaum konstatiert worden«, meldete das Lokalblatt. Als Versammlungsleiter fungierte Jebsen, der den Wahlaufruf der deutschen Kartellpartei verlas, in welchem ein Ende des Streits über Deutsch und Dänisch sowie die Steuerung »der landesfeindlichen Agitation« gefordert wurde. Nach der Verlesung der Namen aller deutschgesinnten Wähler- und Wahlmänner folgte Jebsens eindringlicher Appell, rechtzeitig an der Wahlurne zu erscheinen, »damit das Resultat sich zu einem für unsere Sache erfreulichen gestalte«. Abschließend lud er die Teilnehmer ein, auf den Sieg der deutschen Wahlmänner in Apenrade ein Glas zu leeren, was laut Zeitungsmeldung mit Begeisterung und dem brausenden Ruf »Deutschland, Deutschland über Alles!« beantwortet wurde.[465]

Am 30. Oktober 1888 wählte Jebsen im ersten Urwahlbezirk, zu dem sein Haus in der Schiffbrückstraße gehörte, und zwar im Wahllokal in Butzbach's Hotel. Jede der drei Klassen in seinem Bezirk wählte je zwei Wahlmänner, also zusammen sechs. In seiner Abteilung war er zusammen mit Kaufmann Christian Friedrich Voetmann als Wahlmann der deutschen Partei gegen zwei dänische Kandidaten aufgestellt worden. Er siegte wie Voetmann überlegen und gehörte somit zu den 21 deutschen Wahlmännern, die in den vier städtischen Urwahlbezirken gewählt wurden; die dänische Partei brachte nur zwei ihrer Kandidaten durch. Ähnlich sah es in der Stadt Sonderburg aus, während in den ländlichen Bezirken, vor allem im Landkreis Sonderburg, die dänischgesinnten Bewerber bis auf wenige Ausnahmen vorne lagen.[466] Wie der *NAA* meldete, habe im Kreis Apenrade »diesmal noch die dänische Partei mit einer unbedeutenden Majorität die Oberhand behalten«.[467] Damit präjudiziert war das Ergebnis der Abgeordnetenhauswahl, an der Jebsen als einer von 219 Wahlmännern seines Wahlkreises teilnahm.[468] Bei der Wahlmännerversammlung am 6. November 1888 in Gravenstein siegte Lassen mit 60,7 Prozent der Stimmen gegen Wommelsdorff und hatte damit wie in früheren Wahlen die absolute Mehrheit erreicht, so daß eine Stichwahl nicht nötig war; allerdings erzielte er bei diesem Wahlgang sein bisher schlechtestes Ergebnis. Zusammen mit dem anderen siegreichen Kandidaten der dänischen Partei im Wahlkreis Hadersleben zog Lassen ins Preußische Abgeordnetenhaus in Berlin ein. Nach seinem Tod (1896) folgte ihm der bekannte Redakteur der dänischsprachigen Zeitung *Hejmdal,* Hans Peter Hanssen in Apenrade, der das Landtagsmandat über drei Wahlperioden innehatte.[469]

Wahlresultate von 1893.

Apenrade, 1. November.

1. Bezirk.

3. Abtheilung: 93 Deutsche, 47 Dänen,
2. „ 20 „ 10 „
1. „ 4 „ 0 „

2. Bezirk.

3. Abtheilung: 61 Deutsche, 50 Dänen,
2. „ 14 „ 7 „
1. „ 4 „ 5 „

3. Bezirk.

3. Abtheilung: 92 Deutsche, 27 Dänen,
2. „ 18 „ 9 „
1. „ 11 „ 1 „

4. Bezirk.

3. Abtheilung: 38 Deutsche, 28 Dänen,
2. „ 11 „ 4 „
1. „ 3 „ 2 „

Wahlresultate von 1888.

1. Bezirk.

3. Abtheilung: 71 Deutsche, 22 Dänen,
2. „ 19 „ 13 „
1. „ 15 „ 2 „

2. Bezirk.

3. Abtheilung: 58 Deutsche, 25 Dänen,
2. „ 2 Mal gewählt mit Stimmengleichheit 12 zu 12, beim 3. Wahlgang entschied das Loos zu Gunsten der Dänen.
1. Abtheilung: 4 Deutsche, 2 Dänen.

3. Bezirk.

3. Abtheilung: 91 Deutsche, 22 Dänen,
2. „ 22 „ 6 „
1. „ 4 „ 1 Däne.

4. Bezirk.

3. Abtheilung: 77 Deutsche, 16 Dänen,
2. „ 12 „ 11 „
1. „ 5 „ 3 „

Kreis Apenrade.

	1893		1888	
	deutsche	dänische	deutsche	dänische
Apenrade	19	2	21	2
Barsmark	1	3	1	3
Loitkirkeby	2	3	2	3
Osterlügum		6		6
Ries	1	2	1	3
Jordkirch	1	2	1	2
Kolstrup	4		4	
Hellewatt		4		4
Bedstedt	1	2	1	2
Bjolderup		5		5
Uk	3		1	2
Stübbek		3		3
Feldstedt		4		5
Schobüll		3		3
Warnitz		5		5
Gravenstein	6		4	2
Rinkenis	5		4	1
Holebüll	4			4
Quars			1	2
Klipleff	1	4	2	3

Kreis Sonderburg.

	1893		1888	
	deutsch	dänisch	deutsch	dänisch
Broacker	4	2	4	2
Schelde	1	3		4
Ekensund				4
Schottsbüll			6	
Auenbüll		4	1	2
Ulderup		5	1	4
Satrup		4	1	3
Staugaard		3	1	2
Hjortholm		6		
Lysabild	1	2	1	2
Tandslet		6		6
Klinting		4		4
Ulkebüll	1	3	1	3
Ketting	1	2	1	2
Almstedt	1	3		3
Nottmark		3		3
Eken		6		6
Schwenstrup		4		4
Hagenberg	1	3	1	3
Oxbüll		4		4
Holm		4		5
Nordburg	4	1	4	

Wahlergebnisse der preußischen Landtagswahlen von 1888 und 1893 in den Kreisen Apenrade und Sonderburg, *Apenrader Zeitung*, November 1893

Hans Peter Hanssen (1862–1936)

Trotz Stimmenschwankungen blieben die Landtagswahlkreise Apenrade-Sonderburg und Hadersleben bis zum Ersten Weltkrieg Hochburgen der dänischgesinnten Nordschleswiger. Eine Kandidatur von Jebsen kam deshalb dort nicht in Frage, nachdem er im Juni 1898 sein Reichstagsmandat verloren hatte. Obwohl er sich im Folgemonat noch erleichtert gezeigt hatte, diese Aufgabe losgeworden zu sein,[470] führte er bereits Ende August 1898 mit dem Vorsitzenden der Flensburger Nationalliberalen, Gymnasialprofessor Conrad Metger, einen Briefwechsel über seine eventuelle Kandidatur im Wahlbezirk 148 (Flensburg) für die im Herbst anstehenden Abgeordnetenhauswahlen; dieser Bezirk umfaßte den Landkreis und die Stadt Flensburg.

Seit 1884 bestand ein Aussparungsabkommen zwischen den Nationalliberalen und Freikonservativen, demzufolge die ersteren den Reichstags- und die letzteren den Landtagsabgeordneten stellten. Der Landwirt und frühere Flensburger Stadtverordnete Asmus Bunzen vertrat seit 1889 den Wahlkreis in Berlin. Weil aber Jebsen die Reichstagswahl von 1898 verloren hatte, verlangten die Nationalliberalen als Kompensation das Landtagsmandat und führten damit den Bruch des Kartells mit den Konservativen herbei, die mit ihrem Kandidaten Bunzen allein ins Rennen gingen.[471]

Wer als nationalliberaler Kandidat gekürt werden sollte, stand im Sommer 1898 noch nicht fest, da auch Metger seine Ansprüche angemeldet hatte. In der Kandidatenfrage ungewiß war auch die Haltung des Flensburger Deutsch-Freisinnigen Vereins, der infolge der verheerenden Niederlage seines Reichstagskandidaten Dr. Asmus Duus informell angedeutet hatte, mit den Nationalliberalen eventuell ein Wahlbündnis für die Landtagswahlen schmieden zu wollen. Jebsen ließ Metger wissen, daß er gerne zu dessen Gunsten verzichte und nur antreten wolle, wenn die Freisinnigen seine eigene Kandidatur vorzögen »und es auf diese Weise leichter sein würde, das Landtagsmandat für uns zu sichern«.[472]

Die Kandidatensuche trat am 1. September 1898 in ein neues Stadium, als Journalist Frölich beim Fest des Deutschen Vereins in Hellewatt an Jebsen die Frage richtete, ob er für das Landtagsmandat des Flensburger Kreises kandidieren wollte. Zweifellos war der Zeitungsmann vom Vorstand des Nationalliberalen Wählervereins beauftragt worden, bei Jebsen vorzusondieren, doch erwies er sich auch als größter Förderer von dessen Kandidatur. Jebsen machte seine Zustimmung davon abhängig, daß Nationalliberale und Freisinnige »Hand in Hand gehen, damit die Herren vom Lande nicht auch hier die Herrschaft an sich reißen«.[473] Damit spielte er auf die massive Unterstützung des BdL für Raab bei der zurückliegenden Reichstagswahl an, als der Antisemit das bisher von Jebsen gehaltene Mandat mit Hilfe der Landbevölkerung erobern konnte. Als Metger eine entsprechende Zusage gab und Jebsen zur Landesversammlung der Nationalliberalen Partei am 18. September in Berlin einlud, war die Vorentscheidung gefallen.[474] Im Mittelpunkt der Parteitagsdiskussion stand der Landtagswahlaufruf, in dem unter anderem die Abwehr des »Polentums« durch »die deutsche Kolonisation in den Ostmarken«, also die gezielte Ansiedlung deutscher Bauern, gerechtfertigt und die Unterstützung der Nationalliberalen für die preußische Regierung bei der Bewilligung der dafür nötigen Mittel im Abgeordnetenhaus herausgestrichen wurde. Wie Jebsen mitteilte, habe er bei diesem Paragraphen das Wort ergriffen, »um der Versammlung klar zu machen, daß wir hier gegen das Dänentum auch des Schutzes bedürfen«. Auf seine Veranlassung wurde dem Aufruf der Satz angefügt: »Auch unseren Freunden in der Nordmark werden wir in ihrem Kampfe gegen die Dänen kräftig zur Seite stehen.«[475]

Zurück aus Berlin erwartete Jebsen die überraschende Nachricht, daß die Flensburger Nationalliberalen bei einem Gespräch mit den Freisinnigen über ein mögliches Wahlbündnis seine Kandidatur aufgekündigt hatten. Veranlaßt worden war diese »Wendung in der Kandidatenfrage für den Landtag« – wie Jebsen berichtete – von Duus, der »jedenfalls wider besseren Wissens« ihn – Jebsen – »als zum rechten Flügel der nationalliberalen Partei« gehörend bezeichnet hatte. Weil Jebsen deshalb als Kompromißkandidat für die linksliberalen Freisinnigen untragbar war, hatte Duus statt dessen Metger als gemeinsamen Bewerber vorgeschlagen, worauf die Nationalliberalen schließlich eingegangen waren. Seiner Empörung machte Jebsen gegenüber seinem Parteifreund Frölich Luft: »Ich muß offen gestehen, daß ich das Verhalten unsres Vorstandes nicht begreife, der sich dem Willen des Herrn Duus und Konsorten fügt, mich wie altes Eisen in den Winkel wirft und Metger aufstellen wird.« Er führte das Verhalten von Duus auf dessen alte Feindschaft zu ihm zurück, die noch von seiner – Jebsens – engen Freundschaft mit dem verstorbenen Apenrader Arzt Friedrich Wilhelm Schlaikier herrührte, »der mit Duus jedoch auf dem Kriegsfuß lief«. Es sei »nichts als persönliche Animosität gegen mich (...), welche die Triebfeder seines ganzen Handelns in dieser Sache ist, und dabei *folgen* ihm die anderen Flensburger Freisinnigen wie eine Herde Schafe.« Für seine Kandidatur sah er deshalb bei der bevorstehenden Versammlung der Flensburger Nationalliberalen wenig Hoffnung.[476]

Anders als von Jebsen erwartet, nahm die parteiinterne Erörterung der Kandidatenfrage am 24. September 1898 erneut eine überraschende Wendung. Beim abschließenden Votum erhielt er über fünfzig Stimmen, während Metger mit nur zwei Stimmen desavouiert wurde. Zwar stand damit die Kandidatur von Jebsen für die Nationalliberalen fest, doch war die Reaktion der Freisinnigen ungewiß. Zuversichtlich zeigte sich der *NAA*: »Der Name Jebsen steht eben überall in hohem Ansehen, so daß sich für seine Kandidatur die nötige Anhängerschaft zum Durchsetzen seiner Wahl sehr wohl wird finden lassen.«[477] Tatsächlich führten die Anfang Oktober 1898 begonnenen Verhandlungen bis zur Monatsmitte zu dem Resultat, daß die Freisinnigen auf einen eigenen Kandidaten verzichteten. Jebsen, der auf einer Geschäftsreise in England war, wurde von seinem Buchhalter Engelbrecht informiert, daß die Partei zugesagt habe, »mit voller Energie für Sie einzutreten«.[478] Weil damit genug Unterstützung für seine Kandidatur vorhanden war, konnte Jebsen seine Auslandsreise in Ruhe fortsetzen und erst zu den Urwahlen zurückkehren. Ein Wahlkampf zwischen ihm und Bunzen, der ebenfalls ein allgemein geachteter Bewerber war, fand praktisch nicht statt. Er habe bei der Wahlagitation keinen Finger gerührt, teilte Jebsen später mit, »da mir die Sache ziemlich gleichgültig war«.[479]

Bei den Urwahlen in der Stadt Flensburg wurden zwar 156 auf Jebsen stimmende Wahlmänner und nur sieben für Bunzen gewählt, doch siegte sein freikonservativer Herausforderer auf dem platten Lande so überlegen, daß der Nationalliberale nur über einen einzigen Wahlmann mehr als Bunzen verfügte.[480] Der endgültige Wahlausgang blieb daher offen, wie Jebsen einräumte. Das Resultat sei »keineswegs sicher, sondern hängt vielmehr von Umständen ab, da der ganze Unterschied zu meinen Gunsten nur einen Wahlmann beträgt, und da meine Wahlmänner zum großen Teil aus Geschäftsleuten bestehen, die viel auf Reisen gehen, die Gegner aber lauter seßhafte Bauern sind, kann man gar nicht wissen, wie der Hase läuft.«[481] Als er erfuhr, daß bei voller Präsenz aller Wahlmänner seine Wahl gesichert sei, verzichtete er auf jeden öffentlichen Auftritt: Während der Reichstagswahlperiode habe er so oft Gelegenheit gehabt, sich seinen Wählern vorzustellen, teilte er am 31. Oktober 1898 mit, und hätten »seitdem mein Aussehen und meine Gesinnung sich gar nicht verändert«.[482]

Um so niederschmetternder wirkte die wenig später eintreffende Nachricht von angeblichen Unregelmäßigkeiten bei den Flensburger Urwahlen, infolge derer möglicherweise einige der für den Nationalliberalen stimmenden Wahlmänner nicht mehr antreten konnten. Jebsen erkannte die Gefahr, daß »vielleicht noch einer meiner Wahlmänner kassiert« werde – »und dann ist die Sache *mau*.« So beurteilte er seine Aussichten als »nicht sehr rosig«.[483] Angesichts »der großen Agitation, die von anderer Seite ausgeübt« werde, könnte auch »der eine oder andere [meiner Wahlmänner] abfallen«, weil einige von ihnen »nicht recht zuverlässig« seien. Er hielt daher seine Chance, Landtagsabgeordneter zu werden, für »äußerst gering« und machte sich schon auf eine Niederlage gefaßt.[484] Tatsächlich schien die Rechnung für den BdL aufzugehen, der die Kampagne gestartet hatte, um in letzter Minute den Sieg des vom Flensburger Stadtbürgertum unterstützten nationalliberalen Kandidaten zu verhindern. Statt dessen sollte dem konservativen Bewerber Bunzen, der den Agrariern ideologisch nahe stand, doch noch zum Mandat verholfen werden.

Es waren dieselben Vorbehalte gegen den als agrarfeindlich geltenden Jebsen, welche wie bei den zurückliegenden Reichstagswahlen eine Rolle spielten. Als besonderer Faktor hinzu kamen die aktuellen innerpreußischen Auseinandersetzungen um die sogenannte Kanalvorlage, also um den umstrittenen Bau des Mittellandkanals. Das vom Kaiser und seiner Regierung sowie der Industrie sehr unterstützte Projekt sollte der Entwicklung eines leistungsfähigen deutschen Binnenschiffahrtswassernetzes – ähnlich wie in Frankreich – dienen und den effizienten Transport von Massengütern zwischen West und Ost ermöglichen. Dagegen zog der BdL mit dem Vorwurf zu Felde, der Kanal begünstige allein die westdeutsche Industrie, weil er ihr einen billigen Absatzweg nach Berlin erschließen werde, und schädige im Gegenzug die ostdeutsche Landwirtschaft, indem ausländisches Getreide preiswert in die Hauptstadt gelange. Diese schlichte Argumentation war sachlich aber nicht haltbar und reflektierte vor allem den tiefergehenden weltanschaulichen Streit um die politische Frage, ob Deutschland ein Agrarstaat bleiben oder ein Industriestaat werden solle. Bei der Landtagswahl von 1898 galt es daher beim BdL als oberste Priorität, möglichst vielen agrarfreundlichen Abgeordneten zum Wahlerfolg zu verhelfen, um auf diese Weise die Front der Kanalgegner im Landtag bei der bald anstehenden Debatte und Abstimmung über das verhaßte Mittellandkanalprojekt zu verstärken.[485]

Bis zum Schluß habe er »an einem glücklichen Ausgang der Wahl« gezweifelt, schrieb Jebsen am Ende des Wahltags an seinen Parteifreund H. C. Kallsen, Vorstandsmitglied der Flensburger Handelskammer: »(U)m so größer war die Freude durch Ihre freundliche Mitteilung des Resultats.« Und er gab kund: »Es ist für mich eine große Genugtuung, von der Stadt Flensburg in den Landtag gesandt zu werden, und brauche ich Ihnen wohl nicht zu versichern, daß ich warm für die Interessen derselben eintreten werde.«[486] Sein Sieg war aber knapp errungen, als er am 3. November 1898 mit 154 Stimmen gegen 145 Stimmen für Bunzen gewählt wurde, also nur mit der hauchdünnen absoluten Mehrheit von 51,5 Prozent aller Stimmen.[487] Wie er erfuhr, hatten sich wider Erwarten zwei ländliche Wahlmänner für ihn entschieden. Es sei »eine Kraftprobe der Stadt gegen das Land« gewesen, resümierte er, bei welcher Freisinnige und Nationalliberale nicht »miteinander differierten«.[488] Eine Ausnahme hätten »nur 6 bis 7 Zünftler und Antisemiten in Flensburg« gebildet, etwas »worüber man sich nicht wundern kann«, meinte er. Um so größere Freude herrschte laut seines Berichts in Flensburg, als feststand, daß die Stadt mit sieben Stimmen Majorität gesiegt hatte.[489]

Allerdings blieb das gegnerische Lager nicht untätig: Empört über den knappen Wahlausgang zu Ungunsten seines Kandidaten hielt der BdL sofort nach der Wahl eine Protestversammlung ab. Jebsen vermutete, daß »ein wuchtiger Protest an den Landtag eingesandt« werde, doch zeigte er sich nicht beunruhigt: »Bis darüber entschieden wird, läuft noch viel Wasser den Berg hinunter.«[490] Mit seiner Einschätzung lag er richtig, denn bei Wahlen im Kaiserreich kam es oft vor, daß die unterlegene Partei die Gültigkeit der Wahl anzweifelte und formalen Protest erhob. Das parlamentarische Prüfungsverfahren zog sich über Monate hin und endete entweder mit der Sistierung des Wahlergebnisses und anschließender Ersatzwahl oder mit der Bestätigung der Gültigkeit der Wahl.

Landrat Dr. jur. Hermann Rasch (1859–1935)

Jebsens offen bekundeter »Spaß, die Angliter Agrarier (…) geschlagen zu haben«, mischte sich aber bald mit Sorge über die wachsende Kritik des BdL an Landrat Rasch, dem die Schuld an Bunzens Wahldebakel angelastet wurde. Angeblich war die Abgrenzung der Urwahlbezirke durch den Landrat zu Lasten der ländlichen Region erfolgt, so daß mehr städtische Wahlmänner aus den Urwahlen hervorgegangen waren, die für Jebsen stimmten. Als bekannt wurde, daß einige Funktionäre des BdL sich beim schleswig-holsteinischen Oberpräsidenten über Rasch beschweren wollten, zeigte Jebsen sich betroffen. Er wolle nur wünschen, schrieb er seinem Parteifreund Metger, »daß der Landrat bei v. Köller nicht in Ungnade fällt, da er sich stets für meine Wahl interessiert hat, im Gegensatz zu unserem [Landrat] Herrn v. Uslar, den wir den Anglitern gern gegen Dr. Rasch austauschen möchten«.[491]

Daß dieser Wunsch nicht in Erfüllung gehen sollte, stand am 6. Dezember 1898 fest, als die *Deutsche Tageszeitung*, das Sprachrohr des BdL, einen massiven Presseangriff auf Rasch lancierte. Dem Landrat wurden schwere formale Fehler bei der Wahl und die Benachteiligung der ländlichen Wähler vorgeworfen. Auch Jebsen entging nicht der Kritik, als ihm vorgehalten wurde, »daß seine Haupttätigkeit im früheren Reichstage sich auf die Subvention überseeischer Postdampfer-Linien beschränkte«. Beantwortet wurde die Polemik am 14. Dezember im *Hamburger Korrespondent* von zwei Flensburger Wahlmännern, die sich zweifellos mit Rasch abgestimmt hatten und alle Vorwürfe widerlegten. Der in seiner Ehre tief verletzte Landrat ließ es darauf aber nicht beruhen, sondern veröffentlichte beide Artikel am 23. Dezember im *Kreisblatt für den Landkreis Flensburg* – eingeleitet durch eine scharfe verbale Attacke gegen den BdL. Durch die Publikation in einem Amtsblatt entstand der öffentliche Eindruck, daß auch der Oberpräsident und seine Regierung gegen die Agrarier Stellung genommen hatten. Weil das aber nicht der Fall war, sollte sich dieser Schritt für Rasch als verhängnisvoll erweisen. Ohne die nachfolgende »Schlammschlacht« in ihren Einzelheiten nachzeichnen zu wollen, bleibt festzuhalten, daß Rasch letztlich unterlag und von Köller im Juli 1899 auf einen unbedeutenden Posten nach Berlin abgeschoben wurde. In der überregionalen Tagespresse, die die Vorgänge in Flensburg verfolgt hatte, herrschte die Ansicht vor, daß sich in der Auseinandersetzung die anhaltenden Kämpfe der Agrarlobby und ihrer politischen Verbündeten gegen den Liberalismus symptomatisch gezeigt hätten. Tatsächlich blieb das innenpolitische Klima im Frühjahr 1899 vom Streit über die Kanalvorlage bestimmt, die im August des Jahres von der agrarisch-konservativen Landtagsmehrheit schließlich abgelehnt wurde.[492]

In der politischen Geschichte des Kaiserreichs markierte die Abgeordnetenhauswahl vom Herbst 1898 einen Wendepunkt: Von da an nahmen auf preußischer wie auf Reichsebene die tradierten Wahlbündnisse zwischen Konservativen und Liberalen ab. Das allmähliche Ende dieses Kartells ermöglichte den Nationalliberalen eine tiefgreifende programmatische Modernisierung und Annäherung an die Freisinnigen, verbunden mit einer klaren Option für die Industriegesellschaft. Dagegen verharrten die Konservativen bei ihrer agrarischen Interessenpolitik und diskreditierten sich – angefangen mit der Ablehnung der Kanalvorlage – zunehmend als eine regierungsfreundliche und am gesamtstaatlichen Interesse orientierte Kraft.[493] Die konservative Blockadehaltung führte zu einer wachsenden politischen Stagnation und Reformunfähigkeit des politischen Systems in den Jahren vor dem Ersten Weltkrieg.

Die mit den Landtagswahlen von 1898 eingeleitete innenpolitische Trendwende läßt sich auch in Nordschleswig wie in einem Mikrokosmos erkennen. Conrad Metger, der Vorsitzende der Flensburger Nationalliberalen, brachte die Zäsur auf den Punkt, als er im Januar 1899 eine Parteiversammlung mit Jebsen und Generalsekretär Patzig aus Berlin eröffnete. Laut *NAA* führte er aus, daß die früheren Freunde Gegner, die ehemaligen Gegner aber Freunde geworden seien: Bei der Landtagswahl seien die liberalen Parteien miteinander gegangen, und [es] werde ein solches einmütiges Zusammengehen auch in Zukunft stattfinden.[494] Von dieser Entwicklung war Jebsen bei seinen beiden Wahlkämpfen im Jahre 1898 nicht nur unmittelbar betroffen, sondern er hatte fraglos auch einen Eigenanteil an der wachsenden Emanzipation des Liberalismus von seinem früheren konservativen Bündnispartner. Anders als für Landrat Rasch nahm für ihn der Bruch mit den Agrariern einen guten Ausgang: Am 9. Mai 1899 erklärte die Wahlprüfungskommission des Landtags seine Wahl für gültig, und das, obwohl der freikonservative Graf Andreas von Bernstorff – wie Jebsen wissen ließ – »sein Möglichstes versucht hat, um das Gegenteil zu erwirken«.[495] Der Ratzeburger Landrat und Gutsbesitzer war ein erklärter Gegner der Kanalvorlage und versuchte erkennbar, die konservative Fronde bei der bevorstehenden Abstimmung zu stärken – was durch Jebsens Rückzug und die Ersatzwahl eines konservativen Mandatsträgers auch hätte gelingen können. Als das Schreiben der Kommission am Folgetag in Apenrade eintraf, konnte Buchhalter Engelbrecht seinem in Berlin weilenden Chef die »erfreuliche Nachricht« sofort weiterleiten.[496]

Knapp zwei Wochen nach dem Landtagswahlerfolg schrieb Jebsen einen Brief an seinen früheren Fraktionskollegen Heinrich Robert Kraemer, der seinen Koblenzer Wahlkreis bei den Reichstagswahlen von 1898 erfolgreich verteidigt hatte. In seine Freude über den Sieg mischte sich aber ein leichter Sarkasmus: »Du wirst wohl schon vor Ende dieses Monats als Reichsbote nach Berlin reisen, wogegen ich als *Unterkollege* erst im Januar dort erscheinen muß.«[497] Bereits Ende Oktober 1898 hatte Jebsen zugegeben, an dem Landtagsmandat nicht das gleiche Interesse zu haben wie an einem Reichstagsmandat: Es sei »gleichsam, als wenn jemand von der Kavallerie zum Train versetzt wird.«[498] So sprach er wenig später von »dem metallischen Beigeschmack« dieses Mandats, das auch »kein Luxus« sei, weil es »kein Avancement« bedeute.[499] Dagegen begrüßte man in Apenrade die Wahl »mit lebhafter Freude«, teilte der *NAA* mit: »Für unsere Stadt ist der Ausfall dieser Wahl auch sicherlich von großer Bedeutung, da Herr Jebsen mit den maßgebenden Kreisen in Berlin ja wiederum Fühlung bekommen wird.«[500] Es war unverkennbar, daß man von Jebsen, der weiterhin als Erster Senator amtierte, ein anhaltendes Engagement für die eigenen lokalen Belange erwartete – obwohl er als Vertreter von Flensburg nach Berlin zog. Jebsen versprach sich von seinem Mandat auch wirtschaftliche Vorteile für seine Reederei, wie er am Heiligabend 1898 deutlich machte: Man behalte »Fühlung mit den maßgebenden Persönlichkeiten, und das kann mit Bezug auf unseren Kiautschou-Postdienst nicht schaden«, notierte er mit Blick auf die erhoffte Staatssubvention für seine Postdampferlinie an der nordchinesischen Küste.[501]

Als der Reeder am 14. Januar 1899 die Reise nach Berlin antrat, um seinen Sitz im Landtag einzunehmen, fuhr er ein zweites Mal in seinem Leben als frisch gewählter Parlamentarier in die Hauptstadt. Dort war in der Prinz-Albrecht-Straße soeben ein neues und repräsentatives Domizil für die preußischen Mandatsträger als Teil des königlich-kaiserlichen Regierungsviertels eingeweiht worden. Jebsen gehörte also zur ersten Generation von Abgeordneten, die im Januar 1899 kurz vor Beginn der neunzehnten Legislaturperiode ihre Arbeit in neuen Räumen aufnahm. Zugleich war er eines von fünfundsiebzig Mitgliedern der neugewählten nationalliberalen Fraktion. Preußenweit hatte seine Partei bei der Wahl neun Mandate verloren, war aber drittstärkste Kraft nach den Deutschkonservativen (144) und Zentrumskatholiken (100) geblieben, gefolgt von den Freikonservativen (58), den Freisinnigen (36), den Polen (13) und sieben fraktionslosen Mandatsträ-

Session 1899.
LEGITIMATIONS-KARTE
für das Mitglied des
Preussischen Hauses der Abgeordneten
Herrn Jebsen

Ausweis von Michael Jebsen für das Preußische Abgeordnetenhaus, 1899

Das Preußische Haus der Abgeordneten 1899, heute das Abgeordnetenhaus des Landes Berlin

gern. Die konservative Dominanz und das völlige Fehlen der SPD war wegen des Dreiklassenrechts in vollem Umfang gewahrt geblieben. Mit insgesamt 433 Abgeordneten war das Haus das mitgliederstärkste deutsche Parlament der Kaiserzeit und repräsentierte in besonderem Maße die bedeutenden Wirtschaftsinteressen in einigen preußischen Provinzen. Der Anteil an Unternehmern lag in der neunzehnten Legislaturperiode (1899–1903) auf dem bisherigen Höchststand von 14,8 Prozent, wovon die meisten sich in der nationalliberalen (49,6 Prozent), der freisinnigen (16,7 Prozent) und der freikonservativen Fraktion (15,5 Prozent) befanden. Von den insgesamt 64 Unternehmern kamen vierzig aus der Industrie, 23 aus Handel und Gewerbe und einer aus dem Bankensektor. Weil das Schiffahrtsgewerbe in der zurückliegenden Legislaturperiode durch den Altonaer Reeder Wilhelm Volckens vertreten gewesen war, füllte Jebsen eine Lücke aus.[502]

Die Ausweisungsdebatte im Preußischen Landtag

Aus aktuellem Anlaß stand für Jebsen im Abgeordnetenhaus der Nationalitätenkonflikt in seiner Heimatregion auf der Tagesordnung. Anders als im Reichstag, wo nationale und internationale Interessen der Handels- und Kriegsmarine seine Tätigkeit bestimmt hatten, ging es ihm im Landtag um die Förderung und Verteidigung deutscher Interessen gegenüber der stärker werdenden Propaganda dänischgesinnter Nordschleswiger. Der Zorn der Deutschgesinnten über ihre dänischsprachigen Mitbürger war durch zahlreiche öffentlichkeitswirksame Veranstaltungen, wie Demonstrationsfahrten und Massenausflüge nach Dänemark oder Polemiken in der dänischsprachigen Presse, kräftig angeheizt worden. Von staatlicher Seite begann man zu jener Zeit, verwaltungspolitische, wirtschaftliche und kulturelle Maßnahmen in einem integrierten Ansatz eng miteinander zu verweben. Die erregte öffentliche Diskussion an der Jahreswende 1898/99 drehte sich vor allem um die heikle Frage der Ausweisungen dänischer Staatsbürger aus Nordschleswig. Betroffen waren sowohl zugewanderte Dienstboten als auch die früher erwähnten Optanten, denen trotz ihrer Option für die dänische Staatsbürgerschaft ein Wohnrecht in Deutschland zugestanden worden war. Ohne die »Köllerpolitik«, also die pro-deutsche und antidänische Verwaltungspolitik des schleswig-holsteinischen

Schloß Gravenstein. Zeitgenössische Postkarte

Oberpräsident Ernst Matthias von Köller (1841–1928)

Oberpräsidenten Ernst Matthias von Köller im einzelnen nachzeichnen zu wollen, gilt festzuhalten, daß sie klarer Ausdruck der verschärften Gangart gegenüber den nationalen Minderheiten war. Vor allem Kaiser Wilhelm II. setzte sich für eine kompromißlose Durchsetzung des staatlichen Machtanspruchs in den Grenzregionen und damit für eine rigorose Integration oder Ausweisung von Dänen, Polen oder Franzosen ein.

Als Startschuß der Köllerpolitik gilt die Gravensteiner Konferenz des Oberpräsidenten und der nordschleswigschen Landräte am 29. September 1898. Dort formulierte man Grundsätze für die Unterdrückung dänischer Aktivitäten mit polizeilich-repressiven Mitteln – von den Behörden als »negative Dänenpolitik« bezeichnet – und die systematische Förderung nationaldeutscher Interessen mit finanziellen Mitteln – als »positive Dänenpolitik« verstanden. Zu den letzteren gehörten eine pro-deutsche Boden- und Ansiedlungspolitik, zahlreiche soziale und kulturelle Maßnahmen sowie der Ausbau der Infrastruktur, vor allem Schienen- und Schiffahrtswege, um für die deutschgesinnte Bevölkerung im Grenzgebiet eine stabilere sozioökonomisch-kulturelle Grundlage zu schaffen.[503] Zwar hatte es schon vor der Gravensteiner Konferenz Ausweisungen gegeben, doch begann die Verwaltung erst seit dem Spätherbst 1898, verstärkt zu diesem Zwangsmittel zu greifen. Ermöglicht wurden sie durch die Bestimmung, daß dänisches Dienstpersonal des Landes verwiesen werden konnte, wenn dessen Arbeitgeber irgendwelche deutschfeindlichen Bestrebungen unterstützt hatten. Damit umging man zum Teil das Problem, daß ein eingebürgerter Dänischgesinnter mit preußischer Staatsangehö-

Apenrader Geschäftshaus mit zweisprachiger Aufschrift. Zeitgenössische Postkarte

rigkeit aus rechtlichen Gründen nicht ausgewiesen werden konnte. Weil die dänischen Staatsbürger in Nordschleswig aus Sorge um ihr Wohnrecht schon länger weitgehend politisch passiv geblieben waren, zielten die behördlichen Zwangsmittel also in indirekter Weise auf politisch aktive prodänische Nordschleswiger, denen die dänische Belegschaft durch Ausweisung und damit die wirtschaftliche Existenzgrundlage entzogen werden sollte. Entsprechend erfolgte bei preußischen Beamten, die sich der Dänenfreundlichkeit verdächtig gemacht hatten, oftmals eine Versetzung ins südliche Schleswig-Holstein. Daß Jebsen die letztgenannte Maßnahme unterstützte, machte er Anfang Januar 1899 gegenüber dem Flensburger Landrichter Hermann Schwartz, Vorsitzender des Deutschen Vereins, deutlich. Er berichtete von einem Aktuar namens Senff, der am Apenrader Landgericht tätig war, aber nur in dänischer Gesellschaft verkehre und »in allen politischen Sachen den Dänen mit Rat und Tat zur Seite« stehe. Wie er wissen wollte, liebäugelte der Gerichtsangestellte nicht allein mit den Dänen, sondern haute »als ultra Freisinniger betreffs der Ausweisungen in dieselbe Kerbe (...) wie die *Kieler Zeitung* und andere freisinnige Organe«. Damit bezog Jebsen sich auf die scharfe Kritik des in Schleswig-Holstein führenden linksliberalen Blattes an der Köllerpolitik, welches die Maßnahmen für ungeeignet hielt, um »moralische Eroberungen zu machen« und statt dessen ein Anwachsen der deutschfeindlichen Stimmung in Nordschleswig und die Verschlechterung der dänisch-deutschen Handelsbeziehungen vorausgesagt hatte.[504] Daß Jebsen anderer Meinung war, wurde deutlich, als er Schwartz bat, dem zuständigen Flensburger Landgerichtspräsidenten vorzuschlagen, Senff »nach dem Süden zu versetzen«, und zwar »je eher, desto besser«.[505]

Während in der Presse der Streit um die Ausweisungen an Schärfe zunahm, setzten die nordschleswigschen Landräte die Maßnahmen konsequent um. Bis Ende November 1898 waren aus dem Kreis Hadersleben 95, aus Sonderburg 34 und aus Tondern und Apenrade je vier dänische Dienstboten des Landes verwiesen worden; in diesen Zahlen spiegelte sich auch die unterschiedliche Haltung der Landräte in dieser Frage wider.[506] Daß viele Deutschgesinnte in Nordschleswig hinter dieser Politik standen, war bei dem begeisterten Empfang augenfällig, welchen Hadersleben dem Oberpräsidenten bei seinem offiziellen Besuch der Stadt am 9. Januar 1899 bereitete. Stadt und Bürgerschaft dankten Köller für seinen Kampf um die nationalen und wirtschaftlichen Interessen der Deutschen und veranstalteten einen Zug mit sechshundert Fackelträgern, der von mehr als zweitausend Menschen beobachtet wurde. Jebsen äußerte drei Tage später seine Freude, dabei gewesen zu sein und beschrieb die Ovation für Köller als »geradezu großartig«. Angesichts der bevorstehenden Eröffnung der 31,5 Kilometer langen Kleinbahnstrecke von Apenrade nach Gravenstein, die in Anwesenheit des Oberpräsidenten am 14. Februar dem Verkehr übergeben werden sollte, kündigte er an, daß die Stadt »ihm einen ähnlichen Empfang bereiten« wolle.

Weitaus wichtiger war freilich die Ende Januar 1899 anstehende Landtagsdebatte über die Ausweisungen, die für die öffentliche Perzeption der Köllerpolitik und ihre Fortführung von großer Relevanz war. Der Deutsche Verein hatte eine Erklärung zugunsten der Ausweisungen verfaßt, um für die Förderung deutscher Interessen die Finanzierung durch den Landtag sicherzustellen. Jebsen empfahl dem Vereinsvorsitzenden Schwartz, »das ganze Paket an das Bureau des Abgeordnetenhauses mit der Bitte um Verteilung an die Mitglieder des Hauses zu schicken«.[507] Auf diese Weise konnte der Verein als öffentlichkeitswirksamer Verfechter der Köllerpolitik einen meinungsbildenden Einfluß auf die preußischen Mandatsträger nehmen.

Kurz vor seiner Abreise nach Berlin am 14. Januar 1899 gab Jebsen einem Korrespondenten des linksliberalen *Berliner Tageblatt*, welcher sich an Ort und Stelle über Meinungen und Stimmungen in Nordschleswig hinsichtlich der heftig umstrittenen Ausweisungen informieren wollte, ein Interview. Als der Artikel unter dem Titel *Briefe aus der Nordmark* erschien, tauchte dort eine überraschende Äußerung über die Köllerpolitik auf: Jebsen sollte demzufolge gesagt haben, daß er zwar keineswegs eine Kritik an den Maßnahmen des Oberpräsidenten üben wolle, doch »sich außer den von Herrn v. Köller eingeschlagenen Wegen auch noch andere geeignete Wege finden ließen«. Der Schreiber wertete den Satz als Mißbilligung der Köllerschen Ausweisungspolitik und löste mit dieser Fehldeutung großes Aufsehen in Schleswig-Holstein aus, als die regionale Presse das Thema aufgriff. In welcher Weise das Mißverständnis sich auch später hartnäckig hielt, wird bei einer grundlegenden und in anderen Werken oft zitierten wissenschaftlichen Studie über die Köllerpolitik deutlich. Der Historiker Kai Detlev Sievers interpretierte die Äußerung von Jebsen als eine vorsichtige Andeutung, daß die Ausweisungspolitik »nicht der Weisheit letzter Schluß sei«. Trotz der zurückhaltenden Formulierung habe aus Jebsens Worten doch die Besorgnis herausgeklungen, schrieb Sievers, daß man in Nordschleswig allmählich Zweifel an den Ausweisungen als einzigem Mittel gegen die dänische Agitation hegte.[508]

Daß Jebsen mißverstanden worden war, hatte der ihm politisch nahestehende *NAA* bereits am 14. Januar 1899 klargestellt: »Wer Herrn Jebsen kennt, weiß, daß er eine solche Äußerung nie getan haben kann.« Statt dessen sei Jebsen mit den Ausweisungen »vollkommen einverstanden, ja möchte dieselben durch weitere Maßnahmen auf anderen Gebieten eher noch verschärft wissen«. Das Blatt attestierte dem Berliner Journalisten »Dänenfreundlichkeit« und das Malheur, die Äußerung von Jebsen »im dänenfreundlichen Sinne« gedeutet zu haben, um seine Leser »etwas teilnahmevoller« zu stimmen, also für die harte Kritik der freisinnigen Zeitung an der Köllerpolitik zu gewinnen.[509] Auch in Jebsens Korrespondenz findet sich kein Hinweis auf seine ablehnende Haltung gegenüber der Politik des Oberpräsidenten. Die vom *NAA* angedeuteten weiteren Maßnahmen bezogen sich auf den Ausbau der Verkehrsinfrastruktur und Hilfen für den Sozial- und Kulturbereich in der Grenzregion, für die Jebsen sich im Frühjahr 1899 stark einsetzen sollte. Damit lag er ganz auf der

Linie der »positiven Dänenpolitik«, wie sie die Gravensteiner Konferenz formuliert hatte.

Jede Kritik an der Köllerpolitik hielt Jebsen für verfehlt – so auch deren scharfe Verurteilung durch den bekannten Historiker und freikonservativen Reichstagsabgeordneten Hans Delbrück. In den *Preußischen Jahrbüchern*, die Delbrück mit seinem Kollegen Heinrich von Treitschke herausgab, hatte jener die Ausweisungen als zum Himmel schreiend und als Ausdruck von Brutalität und Verblendung gegeißelt: Der Fanatismus, der sich aus der nationalen Gesinnung entwickelt habe und der »die Gesetze der Menschlichkeit mit Füßen« trete, füge dem echten nationalen Gedanken unüberwindlichen Schaden bei, ließ er im Dezember 1898 wissen.[510]

Die harsche Kritik Delbrücks entfachte einen Sturm der Entrüstung in der regierungsfreundlichen Presse: So verdächtigten ihn die konservativen *Hamburger Nachrichten*, entweder geistesgestört oder Agent der Dänen zu sein; das deutschgesinnte *Folkebladet* empfahl ihm Strackerjans Buch *Schleswig, nicht »Süd-Jütland«* zur Lektüre und tadelte ihn dafür, der freisinnigen *Kieler Zeitung* zu glauben, »während Männern, die Jahrzehnte in Nordschleswig leben, die Urteilsfähigkeit abgesprochen« werde.[511] Um der Kritik zu begegnen, meldete Delbrück sich im Folgemonat in den *Jahrbüchern* wieder zu Wort und publizierte eine Stellungnahme seines Berliner Theologenkollegen Julius Kaftan, der als gebürtiger Nordschleswiger und Bruder des Generalsuperintendenten von Schleswig eine große Glaubwürdigkeit besaß. So wie Kaftan, der im Umgang mit den Dänischgesinnten Gerechtigkeit anmahnte, schlug auch Delbrück einen versöhnlicheren Ton an, doch blieb er bei seiner kompromißlosen Ablehnung der Ausweisungspolitik.[512] Jebsen zeigte sich von solchen Nuancen unbeeindruckt, wie er seinem Parteifreund Friedrich Hammacher deutlich machte. Scharf kritisierte er »Hans Delbrück und Genossen in unsrer nordschleswigschen Frage, wo man nach Ansicht solcher Kunden die dänischen Agitatoren als die unschuldigsten Lämmer hinstellt, die bisher den Deutschen auf der Nase herumspielten und jetzt, wo ihnen das Handwerk gelegt wird, die reinen Märtyrer sind.«[513]

Die Landtagsdebatte über die Ausweisungen fand anläßlich einer parlamentarischen Anfrage an die preußische Regierung statt. Ausgegangen war sie vom freisinnigen Kieler Abgeordneten Dr. Theodor Barth, der sich im November 1898 in der *Kieler Zeitung* als erster deutscher Parlamentarier öffentlich gegen die Köllerpolitik ausgesprochen hatte. Seine Interpellation, die am 25. Januar 1899 verhandelt wurde, sollte klären, ob Köller weitgehend eigeninitiativ handelte oder die Regierung den Kurs des Oberpräsidenten deckte. Im Vorfeld mutmaßte Jebsen, daß im Landtag »diese Frage viel Staub aufwirbeln« werde. Er hoffte, daß Finanzminister von Miquel, der eine harte Gangart befürwortete, und nicht Innenminister von der Recke, der als kompromißbereiter galt, das Wort ergreifen werde, »um den Nörglern klar zu stellen, daß die Regierung mit den Maßnahmen von Köller's einverstanden ist«.[514] Seine Hoffnung erfüllte sich zwar nicht, doch wird er befriedigt zur Kenntnis genommen haben, daß Recke sich demonstrativ hinter Köller stellte und damit die konservativ-nationalliberale Fronde stärkte. Der freikonservative Itzehoer Abgeordnete Otto Graf von Moltke plädierte für den Einsatz wirtschaftlicher, geistiger und kultureller Mittel zur Stärkung der deutschen Belange in Nordschleswig und lag damit ganz auf Jebsens Linie. Weil für die Nationalliberalen der bekannte Hallenser Nationalökonom Professor Robert Friedberg gesprochen hatte, kam Jebsen vor Schluß der Debatte nicht mehr zu Wort. Dennoch war der Zweck erfüllt, wie der *NAA* meinte, dessen Berichterstatter die sechsstündige Debatte als »glänzende Rechtfertigung der Ausweisungen« bewertete. Ein solches Ergebnis hatte Jebsen vorausgesehen: »Das Gegenteil davon würde für uns Deutsche in Nordschleswig ganz unhaltbare Zustände herbeiführen.« So blieb nur das Bedauern der Lokalzeitung, daß Jebsen als »Kenner der hiesigen Verhältnisse« keine Gelegenheit gefunden habe, »die Angriffe gegen den Deutschen Verein und die deutsche Presse im Rahmen einer persönlichen Bemerkung zurückzuweisen«.[515]

Eine erste Gelegenheit für Jebsen, die »positive Dänenpolitik« öffentlich zu unterstützen, ergab sich am 22. Februar 1899 während der alljährlichen Finanzetatdebatte. Auf die Initiative Köllers hin war der 400.000 Mark umfassende Dispositionsfonds »zur Förderung und Befestigung des Deutschtums«, der den Oberpräsidenten der Provinzen Posen, Westpreußen und Schlesien zur Verfügung stand, auf Schleswig-Holstein ausgedehnt und um 20.000 Mark aufgestockt worden. Nach Jebsens Worten sollte damit »auf kulturellem Wege das Deutschtum in der Nordmark« gefördert werden. Er schlug die Unterstützung der deutschen Volksbibliothek in Schleswig sowie von landwirtschaftlichen und Gewerbeschulen vor, um an diesen Lehranstalten möglichst viele Freistellen für tüchtige, aber unbemittelte junge Nordschleswiger zu schaffen, damit sie nicht zu den dänischen Hochschulen abwanderten, wo sie »mit der Wissenschaft, die ihnen dort eingepaukt wird, den größten Haß gegen das Deutschtum einsaugen und für uns verloren sind«. Um die Wirkung des Fonds zu erhöhen, forderte er die Regierung auf, im nächsten Etat die doppelte Summe für Schleswig-Holstein einzusetzen, was mit einem Bravoruf bei den Nationalliberalen beantwortet wurde.[516]

Wie Jebsen erwarten konnte, waren die Freisinnigen nicht mit seiner Rede einverstanden. Deren Sprecher Barth stellte den Sinn des Fonds mit Hinweis auf die zu geringe Summe in Frage; als Alternative schlug er vor, den Betrag durch freiwillige Beiträge aufzubringen, und zwar vor allem von den rund dreitausend Mitgliedern des Deutschen Vereins. Trotz seiner eindeutigen rhetorischen Spitze gegen die Organisation hielt er die von Jebsen aufgeführten Verwendungszwecke der Mittel für »völlig unanfechtbar«, bemängelte aber die fehlende Kontrolle des Fonds, der nicht »für ganz bestimmte Zwecke angewiesen« sei. Unüberhörbar bei Barths Ablehnung war der implizite Verdacht, daß die Gelder dem Deutschen Verein für antidänische Agitationszwecke zur Verfügung gestellt werden sollten. Jebsens Fraktionskollege Carl Sattler legte Barth daraufhin die Mitgliedschaft in dem Verein nahe und forderte ihn sogar auf, einen recht hohen Beitrag für die Unterstützung des Deutschtums zu spenden. In seiner Replik wandte Barth sich direkt an Jebsen mit dem Vorschlag, auf die 20.000 Mark zu verzichten: Im Gegenzug erklärte er sich bereit zu helfen, die Mittel auf privatem Wege aufzubringen. Allerdings könne Jebsen nicht darauf rechnen, betonte er, »daß ich Mitglied des Deutschen Vereins werde; denn was ich von dem Deutschen Verein bisher gehört habe, kann mich nicht dazu verführen, Mitglied zu werden; aber außerhalb des Vereins will ich gern mit Herrn Jebsen gemeinsam wirken«.

Mit solchen Worten war die Grenzlinie zwischen der freisinnigen und konservativ-nationalliberalen Position in der Köllerpolitik abgesteckt: Eine »positive Dänenpolitik« war für die Linksliberalen nicht in Verbindung mit dem Deutschen Verein vorstellbar; dagegen war man bereit, mit Jebsen zusammenzuarbeiten, wenn er nicht als Vereinsvertreter, sondern als Landtagspolitiker auftrat und ohne antidänische Spitzen die deutsche Sache in Nordschleswig förderte. Solche feinsinnigen Unterscheidungen waren aber angesichts der Mehrheitsverhältnisse im Landtag nicht nötig: Mit Majorität verabschiedete das Haus den aufgestockten Dispositionsfonds, so daß die Grenzregionen Preußens mit polnischer und dänischer Bevölkerung weitere Finanzmittel zur Förderung der deutschen Interessen erhielten. Der *NAA* konstatierte befriedigt, daß die beantragte Summe »trotz des Gezeters der Freisinnigen, der Polen und anderer Dänenfreunde« bewilligt worden sei.[517]

Flensburger Kunstgewerbemuseum

Ganz im Rahmen der »positiven Dänenpolitik« bewegte sich auch das politische Engagement von Jebsen für seinen Wahlkreis. Es ging vor allem um das Projekt der Stadt Flensburg, ein neues Kunstgewerbemuseum für die Sammlung und Präsentation kunstgewerblicher Gegenstände verschiedener Stile zu errichten, die als Vorbild für die Herstellung von Kunstmöbeln und Wohnungseinrichtungen dienen sollten. Außer den Museums- und Ausstellungssälen für moderne Arbeiten plante man Räumlichkeiten für die seit 1890 bestehende Kunstgewerbefachschule mit Bibliothek und Lehrwerkstätten sowie Zeichen- und Lesesäle. Bereits 1876 war das Museum gegründet worden: Als treibende Kraft erwies sich der Flensburger Tischlermeister und Bildschnitzer Heinrich Sauermann, der eine umfangreiche Privatsammlung von Kunstschnitzereien aufbaute und als Gründer und Leiter der Fachschule zur stadtbekannten Persönlichkeit wurde. Um das Museum zu fördern, war 1883 ein Verein für Kunst und Kunstgewerbe entstanden, in dem Conrad Metger, Jebsens späterer Parteifreund, ein Mitglied war. Da weder der Verein noch die Stadt über genügende Mittel für einen solchen Bau verfügten, hatten zuletzt die nationalliberalen Abgeordneten Bachmann (Tondern) und Hansen (Oldenburg) sowie ihr freisinniger Kollege Virchow (Berlin) im Landtag für die Finanzierung des Projekts durch die preußische Regierung plädiert. Der kulturell stark engagierte Mediziner Rudolf Virchow, der den berühmten Begriff »Kulturkampf«

Heinrich Sauermann (1842–1904)

im Streit Bismarcks mit der katholischen Kirche geprägt hatte, war sogar in Flensburg gewesen und hatte sich von der schlechten Unterbringung der Kunstgegenstände überzeugt. Zwar versprach Kultusminister Robert Bosse vollen Rückhalt, doch scheiterte das Vorhaben an der Weigerung des Finanzministeriums, ein kommunales Projekt mit Staatsmitteln zu unterstützen.[518] Daran änderte auch die Petition von Sauermann, welche im April 1898 an das Abgeordnetenhaus ging, wenig – obwohl der politische Zweck stark herausgestrichen wurde: »Flensburg ist der Hauptsitz der dänischen Propaganda, von hier aus wird die Dänisierung systematisch ins Land getragen, von hier aus müßte auch ein deutsches, groß angelegtes Institut, wie das Kunstgewerbemuseum es werden soll, mithelfen, in die nördlichen Gegenden der Provinz deutsche Kunst und deutsche Art zu verpflanzen.«[519]

Eingetroffen in Berlin sprach Jebsen darüber mit Handelsminister Ludwig Brefeld. Sein gutes Verhältnis zu dem industriefreundlichen Juristen rührte noch von seiner Zeit als Reichstagsabgeordneter her. Zwar versicherte ihm Brefeld seine Sympathie für das Flensburger Museumsbauprojekt, doch erklärte er, »ohne den allgewaltigen« Finanzminister von Miquel nichts machen zu können.[520] So blieb Jebsen nichts anderes übrig, als am 17. Februar 1899 zum sogenannten starken Mann in Preußen (Nipperdey) zu gehen.[521] In einem längeren Gespräch klärte er Johannes von Miquel über die Notwendigkeit der Errichtung eines solchen Museums auf und betonte dabei »die Bedeutung vom nationalen Standpunkte aus«. Wie sein Argument verfing, wurde offenbar, als der Minister darauf hinwies, daß nur unter diesem Gesichtspunkt die Bewilligung einer Staatsunterstützung möglich sei, denn »sonst würde man sich einen Präzedenzfall von der weittragendsten Bedeutung schaffen«. Damit bezog er sich auf den offiziellen Standpunkt seines Ressorts, das bereits im Vorjahr klargestellt hatte, daß der Staat nicht jeder Stadt ein Museum bauen könne. Wie sehr Jebsen ihn überzeugt hatte, ging daraus hervor, daß Miquel erklärte, »jetzt der Sache mit dem größten Wohlwollen gegenüber« zu stehen. Er versprach im Etat für 1900 eine Summe für den Bau einzusetzen. Obwohl Jebsen einen wahren Durchbruch in der Frage erzielt hatte, hängte er gegenüber Direktor Sauermann seinen Erfolg nicht an die große Glocke. Seinen Brief an den Künstler schloß er mit den Worten, mehr lasse sich augenblicklich nicht dabei machen, »außer, daß ich im Plenum des Hauses einige Worte zu Gunsten der Petition spreche, wobei ich nicht in den Fehler fallen darf, gegen Herrn v. Miquel zu schroff aufzutreten, wie solches nach Aussage des Herrn Ministers Brefeld früher der Fall gewesen und von Herrn v. Miquel übel vermerkt worden ist«.[522]

Eine solche Rücksichtnahme auf den preußischen Finanzminister konnte Jebsen üben, als der Dispositionsfonds zur Förderung des gewerblichen Unterrichts am 7. März 1899 zur Debatte stand. In seinem Plädoyer für eine staatliche Finanzbeihilfe zur Errichtung des Flensburger Museumsbaus kehrte er die schulische Seite des Projekts stark hervor und machte deutlich, daß das Gebäude »nicht allein für Flensburg, sondern für die ganze Provinz, für den ganzen Norden von Deutschland von großer Wichtigkeit« sei. So wie im Gespräch mit Miquel strich er die nationale Bedeutung besonders heraus. Er verwies auf die dänische Hauptstadt Kopenhagen, deren Kunstmuseen »viele Gegenstände aus Schleswig-Holstein aus allen Ecken und Kanten« heranholten, und auf die Wichtigkeit, junge Nordschleswiger, »die sich ausbilden wollen in der Kunstschnitzerei und Tischlerei«, zu behalten »und nicht nach Kopenhagen gehen zu lassen«. Deshalb hielt er es für »unsere Pflicht«, dieser Entwicklung vorzubeugen: »Gerade dadurch, daß Preußen zeigt, daß es auch für Kunst und Gewerbe etwas übrig hat, fesseln wir die Leute an uns, die sonst nach Dänemark gehen würden.« Wie er hervorhob, ging es ihm bei dem Bau in erster Linie um die Stärkung des »nationalen Bewußtseins« der Hierbleibenden. Mit dem Appell, »nicht allein im Interesse der Stadt Flensburg, sondern im Interesse von ganz Norddeutschland« eine Staatsbeihilfe von 160.000 Mark zu bewilligen, schloß er seine Rede.[523]

Wie entscheidend Jebsens Vorgespräche auf Ministerebene gewesen waren, ging aus der Replik von Brefeld deutlich hervor. Der Handelsminister erinnerte zwar an den Hauptgrund für die bisherige Ablehnung des Projekts, nämlich die Inanspruchnahme von Staatsmitteln für städtische Bauten, doch gestand er zu, daß es »eine ganze Reihe von Umständen und Erwägungen« gebe, die dafür sprächen, »von dem Grundsatz in diesem Falle eine Ausnahme zu machen«. Den Argumenten von Jebsen gestand er »ihre volle Berechtigung« zu und sagte schließlich – freilich in bürokratisch-verklausulierten Sprachwendungen – die beantragte Unterstützung durch die Regierung zu. Obwohl Virchow noch ein eigenes Plädoyer für den Museumsbau hielt, in welchem er die wirtschaftlichen Vorteile der Kunstproduktion für Flensburg herausstrich, stand fest, daß das Spielen der nationalen Karte durch Jebsen den Erfolg herbeigeführt

Neubau des Flensburger Kunstgewerbemuseums von 1903, heute Heinrich-Sauermann-Haus. Zeitgenössische Postkarte

hatte.[524] Um seine wichtige Rolle allgemein bekannt zu machen, sandte Jebsen den stenographischen Bericht der Landtagsverhandlung zwei Tage später an Direktor Sauermann mit der Bitte um Veröffentlichung in der Flensburger Presse: »Herr Dr. Virchow hat sich auch sehr für die Sache interessiert, wie Sie aus seiner Rede ersehen. Indessen war ja bereits vorher eine Antwort des Ministers erfolgt und möchte ich empfehlen, die drei Reden der Reihenfolge nach abdrucken zu lassen.« Seine eigene Leistung, welche den Erfolg erst möglich gemacht hatte, umriß er mit folgenden Worten: »Meine derzeitige Unterhaltung mit Herrn v. Miquel hat jedenfalls der Sache am meisten genützt, ohne diese wäre es wohl beim alten geblieben. Mich freut es um so mehr, als andere sich bereits seit drei Jahren vergebens darum bemüht haben.«[525] Der repräsentative Neubau konnte 1903 im Funkeschen Garten am westlichen Höhenrand von Flensburg eingeweiht werden.[526]

Blick auf das Kreishaus (links) und den Kleinbahnhof (Mitte) von Apenrade, um 1900

Kleinbahnen in Nordschleswig

Als Flensburger Landtagsabgeordneter verlor Jebsen nicht die Interessen seiner Heimatstadt Apenrade aus den Augen. Der rasche Niedergang der Stadt als Schiffahrtsstandort und auch der schmerzliche Verlust der Garnison an Hadersleben hatten ihn in seiner Überzeugung bestärkt, daß Apenrade von allen Städten Schleswig-Holsteins »stets am stiefmütterlichsten behandelt worden« sei.[527] Als stärkster Konkurrent von Apenrade galt ihm und vielen seiner Mitbürger die nördlich gelegene und einwohnerstärkere Nachbarstadt Hadersleben, die über bedeutendere Industrien verfügte und durch ihre Bildungsanstalten als »Mittelpunkt der geistigen und vaterländischen Bestrebungen an der Nordmark des Landes« allgemein bekannt war.[528] Um so mehr engagierte Jebsen sich in der Apenrader Kommunalpolitik; davon ist bereits gehandelt worden. Als Erster Senator und Vorsitzender der städtischen Hafenkommission hatte er die Debatten in der Stadtverwaltung und im Kreistag über den Bau von Eisenbahnen verfolgt, mit denen die Stadt und ihr Hafen verkehrstechnisch besser mit ihrem Umland verknüpft und damit der

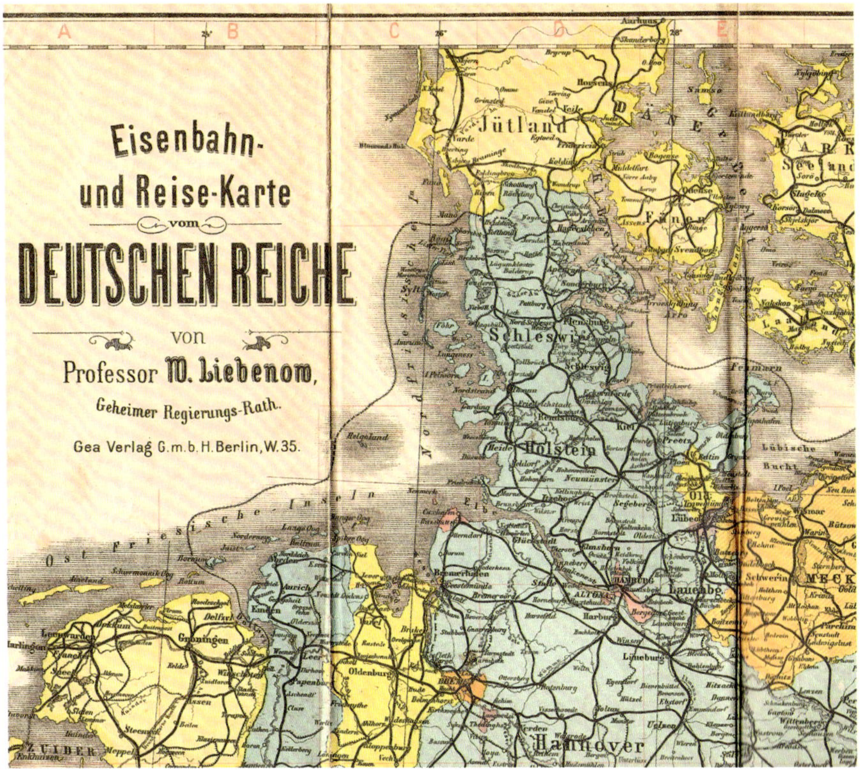

Karte der Eisenbahnstrecken in Norddeutschland, um 1900

Bahnstrecke zwischen Apenrade und Rothenkrug. Zeitgenössische Postkarte

Der Kleinbahnhof von Apenrade. Ansicht nach 1920

wirtschaftliche Niedergang abgebremst werden sollte. Durch eine Stichbahn bis Rothenkrug war die Stadt seit 1868 an die quer durch Schleswig-Holstein führende Nord-Süd-Bahntrasse angeschlossen. Nachdem in den 1880er Jahren Pläne gescheitert waren, Apenrade in südlicher Richtung mit Flensburg und in westlicher Richtung mit dem Nordseehafen Hoyer zu verbinden, beschloß 1895 der Kreistag, eine 31,5 Kilometer lange schmalspurige Kreisbahnstrecke von Apenrade nach Gravenstein zu bauen.[529]

Um weitere Bahnstrecken für seinen Heimatwahlkreis Apenrade-Flensburg zu bekommen, nutzte Jebsen als Reichstagsabgeordneter seine Kontakte in Berlin, allerdings ohne Erfolg. Auch ein längeres Gespräch mit Staatssekretär Tirpitz am 15. Januar 1898 brachte kein Resultat, obwohl Jebsen aus seiner Unterstützung der weitausgreifenden Flottenpläne des Admirals keinen Hehl gemacht hatte. Sein Vorschlag, Apenrade zum Marinehafen auszubauen und mit einer Staatsbahn verkehrstechnisch anzubinden, scheiterte an Tirpitz' Bedenken über die stellenweise zu geringe Wassertiefe der Apenrader Förde, die großen Kriegsschiffen das Anlaufen des Hafens bei Ebbe unmöglich machte.[530] So blieb es Jebsen nur übrig, seinen Amtskollegen und Freund im Apenrader Magistrat, Jürgen Lorentzen jun., aufzufordern, den Oberpräsidenten »auf unsren notleidenden Kreis« aufmerksam zu machen. Wie wenig Hoffnung er hegte, daß Köller sich für eine Staatsbahn im Kreis Apenrade einsetzen werde, kam aber in seinem Ratschlag zum Ausdruck, wenigstens Kreisbahnen weiterzubauen, denn »sonst schneidet Hadersleben uns überall den Paß ab«.[531]

Tatsächlich war der Konkurrent nicht untätig geblieben. Seit dem Übergang Schleswig-Holsteins an Preußen (1866) hatte Hadersleben den Aufbau eines Kleinbahnnetzes vorangetrieben, um den sehr strukturschwachen Norden des Landkreises mit seiner Grenzrandlage zu Dänemark verkehrstechnisch anzuschließen. Man hatte darüber aber den Ausbau der schmalen Haderslebener Förde vernachlässigt, deren geringe Wassertiefe seit alters her den Schiffsverkehr zum Hafen behinderte. Zwar war im frühen 19. Jahrhundert eine Hafengesellschaft gegründet worden, die sukzessive den Hafenbau vorantrieb, doch konnte der Plan, eine Wassertiefe von drei bis vier Metern auszubaggern, nicht realisiert werden. Erst durch die Initiative von Landrat Dr. Karl Mauwe kam Hadersleben im Jahre 1894 auf den Plan der Ausbaggerung der Förde zurück – sicherlich auch angeregt durch die Anstrengungen der Nachbarstadt Apenrade und ihres Ersten Senators Jebsen, den dortigen Hafen weiter auszubauen. Um Hadersleben einen gleichwertigen Anlegeplatz zu verschaffen, nutzte der Landrat seinen persönlichen Kontakt zu Geheimrat Kabierske vom Ministerium der Öffentlichen Arbeiten, das in Preußen zuständige Ressort für Eisenbahn- und Bauwesen. Inzwischen hatte eine Frankfurter Firma einen Kostenvoranschlag von 1,2 Millionen Mark für eine Ausbaggerung von vier bis fünf Metern vorgelegt.[532] Das Projekt hatte gute Chancen: Weil der Kreis zu den dauerhaften Hochburgen der Dänischgesinnten gehörte, war die Staatsregierung daran interessiert, die nördliche Grenzregion wirtschaftlich zu unterstützen und auf diese Weise die deutschen Interessen im Sinne der »positiven Dänenpolitik« zu fördern.

Das Vorpreschen von Hadersleben war in Apenrade auf Besorgnis gestoßen. Besonders verärgert war man über die beharrliche Weigerung des nördlichen Anliegers, seine im Süden des Kreises geplanten Kleinbahnen an das Apenrader Kleinbahnnetz anschließen zu wollen und somit auch den Nachbarkreis von den Vorteilen der Fördevertiefung profitieren zu lassen. Nachdem eine Staatsbahn nicht realisierbar erschien, hatten Stadt und Kreis Apenrade 1897 den Bau einer weiteren Kleinbahnlinie projektiert – eine 54,3 Kilometer lange schmalspurige Strecke von Apenrade über Gjenner nach Lügumkloster – und dafür einen Extrastaatszuschuß beantragt. Eine wesentliche Rolle bei der Planung dieser Strecke mit 28 Haltepunkten spielte die Überlegung, damit ein effizientes Transportmittel für die Besucher der jährlichen Volksfeste auf dem Knivsberg und für die Ausflügler zum Bismarckdenkmal zu schaffen. Als Reichstagsabgeordneter bemühte Jebsen sich beim preußischen Ministerium der Öffentlichen Arbeiten um Unterstützung und strich bei einer Versammlung in Hellewatt im Januar 1898 die große Bedeutung des Projekts gegenüber den Vertretern der betroffenen Landgemeinden heraus. Federführend wurde der Apenrader Landrat von Uslar-Gleichen, der den Projektentwurf überarbeiten und im Juni 1898 vom Kreistag verabschieden ließ.[533] Weil sein entsprechender Antrag in Berlin ohne Resonanz blieb, es aber im November 1898 feststand, daß Hadersleben eine große Staatshilfe für die Hafenvertiefung erhalten werde, wandte Uslar sich Anfang 1899 an den frisch gewählten Flensburger Landtagsabgeordneten Jebsen. Dieser vereinbarte gleich nach Ankunft in der Hauptstadt ein Treffen mit Ministerialdirektor Wehrmann und Geheimrat Kabierske im Ministerium der Öffentlichen Arbeiten. Als er am 21. Januar 1899 erfuhr, daß die Sache »keineswegs ad acta gelegt« sei, erkundigte er sich, ob das Haderslebener Baggerungsprojekt eventuell die Bewilligung des Apenrader Bahnprojekts behindern könne. Er stellte klar, daß er »in solchem Falle gegen das Hafenprojekt agitieren und reden« wolle. Zwar stritten beide Beamte einen solchen Zusammenhang ab, doch blieb Jebsen mißtrauisch, vor allem, weil Kabierske »mit dem Herrn Landrat Mauwe befreundet« sei, wie er Uslar mitteilte. Er habe dem Geheimrat gesagt, daß er dem Haderslebener Landrat bei dessen nächstem Berlinbesuch »bedeuten würde, daß ich, falls er gegen die Interessen unsres Kreises intrigieren [sollte], ich das Hafenprojekt bekämpfen« werde.[534]

Jebsens offene Drohung verfehlte aber ihre Wirkung: Inzwischen war in Flensburg der rührige Handelskammerpräsident Hans Christian Dethleffsen an die Seite von Hadersleben getreten und hatte eine Petition seines Hauses für die Vertiefung der dortigen Förde verfaßt. In der nach Berlin gesandten Bittschrift wurden 910.000 Mark für Baggerungsarbeiten gefordert, von denen die erste Rate über 300.000 Mark bereits 1899 angewiesen werden sollte. Als Dethleffsen eine Abschrift der Petition an Jebsen mit der Bitte sandte, sich dafür im Landtag einzusetzen, stand für den Abgeordneten fest, daß er dem wichtigsten Wirtschaftsverband seines Wahlkreises sich nicht widersetzen konnte. Um so eifriger war er am 2. Februar 1899 bemüht, von Minister Karl von Thielen, dem Chef des Ressorts der Öffentlichen Arbeiten, den Extrastaatszuschuß für die zweite Apenrader

Kleinbahnlinie zugesagt zu bekommen. Er habe »die Interessen unsrer Stadt und unsres Kreises warm befürwortet«, schrieb er Landrat von Uslar, »hauptsächlich auch betont, daß wir ein ebenso großes Anrecht auf den Schutz des Staates zur Beförderung des Deutschtums beanspruchen dürften wie Hadersleben, was aber bisher nicht der Fall gewesen ist«. Ein Exposé über das Bahnprojekt, welches ihm Uslar mitgegeben hatte, stieß bei Thielen auf so großes Interesse, daß er Jebsen »dringend« bat, eine Kopie an sein Ministerium zu senden.[535] Allerdings stand einige Tage später fest, daß der Eisenbahnminister beim Finanzminister auf taube Ohren gestoßen war und »er nicht über den gesetzlich festgestellten Zuschuß für die Kleinbahn Apenrade-Lügumkloster hinausgehen« könne, wie er Jebsen mitteilte.[536] Entsprechend fiel die ministerielle Antwort vom 4. März 1899 aus, welche auch Überarbeitungen bei der Streckenführung forderte. Immerhin konnte endlich der Bau der Bahn und die Bestellung von sieben Lokomotiven und sechzehn Personenwaggons in Angriff genommen werden.[537]

Bahnstrecken im östlichen Nordschleswig, 1912

Die Petition der Flensburger Handelskammer leitete Jebsen an die Petitionskommission des Abgeordnetenhauses mit dem Vermerk »Überreicht durch den Abgeordneten Jebsen« weiter. Auf diese Weise sicherte er sich die Möglichkeit, Redezeit in der Debatte über die Petition zu bekommen – so wie es die Geschäftsordnung des Landtags laut Jebsens Worten vorsah: »Es steht aber dem Überreicher einer Petition, *die an den Landtag gerichtet ist*, frei, auch ohne Mitglied der Petitionskommission zu sein, das Wort zur Befürwortung in der Sitzung derselben zu ergreifen, wovon ich auch gelegentlich Gebrauch machen werde.«[538] Dethleffsen schrieb er, es sei »selbstverständlich, daß ich für die Bewilligung stimmen werde«.[539] In der Debatte am 8. März 1899 überließ er dem Haderslebener Amtsgerichtsrat Karl Asmus Bachmann, der seit 1894 das nationalliberale Mandat für den Nachbarkreis Tondern hielt, aber in Hadersleben wohnte, für seine Fraktion Stellung zu nehmen. Weil Finanzminister von Miquel in seiner Etatrede bereits einen Zuschuß von 700.000 Mark in Aussicht gestellt und auch die Kommission mehrheitlich positiv darüber abgestimmt hatte, begnügte Bachmann sich mit einem kurzen Dank an die Adresse der Regierung. So war für Jebsen die Chance gegeben, das Apenrader Anliegen vorzubringen. Mit der Aussage, daß die Vertiefung der Haderslebener Förde für seine kleine Vaterstadt keine Vorteile, sondern eher Nachteile bringe, verband er die Ankündigung, »nicht Kirchturmpolitiker genug« zu sein, um dagegen zu stimmen. Um so eindringlicher appellierte er an die Haderslebener, ihre Kreisbahnen mit denen der Nachbarkreise zu verbinden und diese damit »am Nutzen der Fördevertiefung partizipieren« zu lassen. Von Minister von Thielen verlangte er Unterstützung für seine Forderung und stellte klar: »Sollte das nicht der Fall sein, und sollte dieser kleine Kreis Apenrade dazu übergehen müssen, diese Verbindungsbahn mit dem Nachbarkreise selbst zu bauen, dann hoffe ich, daß der Herr Minister auch uns mit einem Staatszuschuß unter die Arme greifen wird.«[540]

Wie der *NAA* meldete, sei Jebsen »für unsere Vaterstadt Apenrade mit besonderer Wärme eingetreten«.[541] Das Lob bezog sich auf den zweiten Teil seiner Rede, in dem er noch eine weitere Lanze für Apenrade brach. Er kritisierte, daß es keinen Küstenstrich gebe, der so schlecht befeuert sei wie die Küste vom Süden der Insel Alsen bis hinauf zum Aarösund kurz vor der Haderslebener Förde, und verlangte deshalb nach mehr Leuchtfeuern in dieser Gegend. Und schließlich machte er sich für eine Petition stark, die der Apenrader Handelsverein beim Landtag wegen der schlechten Befeuerung und Betonnung der Apenrader Förde und des Alsensunds eingereicht hatte. Nachdrücklich wies er darauf hin, daß Schiffe, die nach Apenrade bestimmt seien, höhere Frachten zu zahlen hätten, weil der Hafen wegen der fehlenden Leuchtfeuer nachts nicht angelaufen werden könne. Mit dem Ausruf, keine Finanzhilfe zu wollen, »sondern nur Licht, mehr Licht«, schloß Jebsen seine von Bravorufen der Nationalliberalen begleitete Rede. Das Haderslebener Projekt wurde anschließend vom Landtag gebilligt.[542]

So war die Freude in Hadersleben besonders groß: Noch im selben Jahr konnten die Vertiefungsarbeiten begonnen und bis 1901 mit einer Verlängerung der Hafenkaimauer beendet werden.[543] Auch Jebsen verbuchte eine gute Nachricht: Kurz nach seinem Plenumsauftritt teilte ihm der zuständige Regierungskommissar *privatim* mit, daß der Antrag des Ministeriums auf Errichtung von zwei Leuchtfeuern an der Apenrader

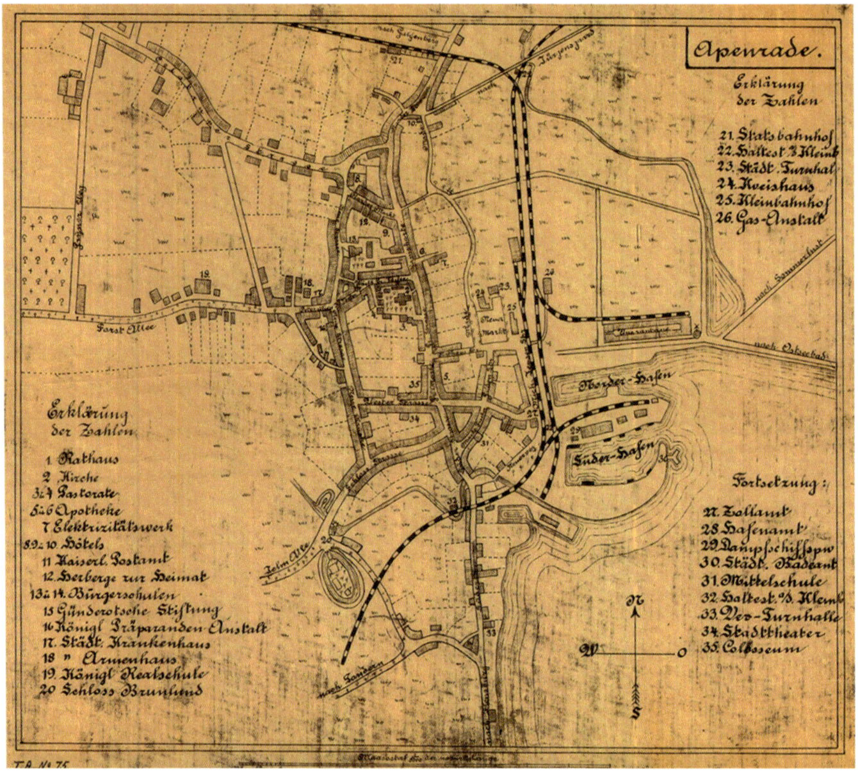

Karte der Stadt Apenrade mit Eisenbahnstrecken, um 1910

Hafenbahn in Apenrade, ein Teil der Kleinbahnstrecken, um 1890

Förde schon bei der Bezirksregierung in Schleswig liege.[544] Und in Apenrade hatte man am 14. Februar 1899 die erste Kleinbahnstrecke nach Gravenstein eröffnet, allerdings ohne Jebsen, der sich vorher bei Landrat von Uslar mit seinen Berliner Verpflichtungen entschuldigt hatte.[545] Schon im ersten Jahr beförderte die Bahn knapp 140.000 Passagiere und über zehntausend Tonnen Güter. Die fast doppelt so lange Strecke von Apenrade nach Lügumkloster, für die Jebsen sich in Berlin eingesetzt hatte, wurde am 6. Mai 1901 feierlich dem Verkehr übergeben. Die Kleinbahn bestand ihre erste große Bewährungsprobe, als am 4. August 1901 das Bismarckdenkmal auf dem Knivsberg eingeweiht wurde; die jährliche Transportkapazität der schließlich elf Lokomotiven und 97 Personen-, Gepäck- und Güterwagen lag bei 300.000 Personen und 23.000 Tonnen Gütern. Allerdings deckten die Einnahmen nur teilweise die aufgewendeten Kosten, so daß beide Bahnstrecken für Stadt und Kreis Apenrade zu einer erheblichen finanziellen Belastung wurden.[546]

Tod und Ehrungen

Gegen Mitte Juli 1899 erkrankte Jebsen in Apenrade an einer schweren Nierenbeckenentzündung. Obwohl sich die ersten Symptome bereits im Sommer des Vorjahres gezeigt hatten, waren sie zwischenzeitlich abgeklungen. Sein behandelnder Arzt konsultierte vorsichtshalber zwei Fachkollegen, und zwar die in Apenrade zur Sommerfrische weilenden Verwandten von Jebsen, den Berliner Mediziner Dr. Richard Bourwieg – ein Bruder von Landrat Bruno Bourwieg, dem Ehemann von Jebsens erster Tochter Bothilde – und den Flensburger Kreisarzt Dr. Ludwig von Fischer-Benzon, Ehemann von Jebsens zweiter Tochter Clara, also ein Schwiegersohn des Kranken. Alle drei Ärzte vermuteten aber lediglich einen Nierenstein und rieten Jebsen zur körperlichen Schonung.[547] So war er gezwungen, einen wichtigen Termin im Reichspostamt in Berlin abzusagen, bei dem es um den neuen Subventionsvertrag für die Postdampferlinie von Shanghai nach Tientsin gehen sollte. Oberpostrat Gieseke ließ er wissen, er sei seit einiger Zeit in ärztlicher Behandlung und nicht in der Lage zu reisen.[548] Dem Vorstand des Flensburger Segelclubs, der ihn gebeten hatte, als Schiedsrichter bei einem Wettsegeln aufzutreten, teilte er am 2. August 1899 mit, daß sein Gesundheitszustand eine Teilnahme nicht

Familie Jebsen, vermutlich am 60. Geburtstag von Michael Jebsen, 1895: Friedrich, Johanne, Michael (Magge), Dr. jur. Bruno Bourwieg und Bothilde mit ihrem erstgeborenen Kind Max, Clara, Michael Jebsen, Jacob, Emma, Heinrich, Dr. med. Ludwig von Fischer-Benzon und Clara mit ihrem erstgeborenen Kind Clara (v. l. n. r.)

erlaube: »(W)enn es mir zur Zeit auch besser geht, so muß ich doch noch streng Diät halten und mich vor Aufregung und Anstrengung hüten, und wird mein Arzt mir auch keineswegs erlauben, das Fest mitzumachen.«[549]

Obwohl Jebsen die Krankheit nach Aussage seiner Tochter Emma »für bedenklich« hielt, ging es ihm bald besser. Die drei Ärzte kamen übereinstimmend zum Urteil, wie sein Schwiegersohn festhielt, er sei »ganz der alte, nach unserer Ansicht vollständig gesund, wenn er auch selbst etwas mißmutig und schwarzseherisch war, wie das ja so seine Art [ist]«.[550] So entschloß sich Jebsen, nach Berlin zu fahren, um an der Wiedereröffnung des Preußischen Abgeordnetenhauses nach der Sommerpause teilzunehmen: Das Parlament kam zu seinen letzten Sitzungen kurz vor Ende der ersten Session der neunzehnten Legislaturperiode zusammen und sollte nach dem 29. August 1899 in eine mehrmonatige Sitzungspause gehen. An Gieseke schrieb er, daß er an den Sitzungen teilnehmen und dann auch im Reichspostamt vorsprechen wolle. Als er sich am 11. August mit Begleitung auf die Reise machte, ruderte ihn Emma zu seiner Segeljacht *Othana* – eine gemeinsame Anschaffung mit den Brüdern Carl und Gustav Diederichsen, die im Sommer von der Familie zu Segeltörns benutzt

Der böhmische Kurort Karlsbad in Österreich-Ungarn. Zeitgenössische Postkarte

worden war. Wie seine Tochter schrieb, sei plötzlich die Wolkendecke aufgerissen, und die Stadt habe im hellen Sonnenschein und in herrlicher Beleuchtung gelegen. »Oh sehen Sie, wie schön ist unser Apenrade!« habe ihr Vater ausgerufen: Es sei der letzte Blick gewesen, den er auf seine geliebte Heimat gehabt habe.[551]

Auf den Rat seiner Ärzte hin konsultierte Jebsen in Berlin einen Spezialisten für Blasen- und Nierenleiden, der aber bei der Untersuchung nichts feststellte und ebenfalls einen Nierenstein vermutete. Der Mediziner riet zu einer Kur im böhmischen Karlsbad, damals einer der berühmtesten Kurorte Europas. Die in einem Flußtal schön gelegene, von bewaldeten Bergen umgebene und deshalb als romantisch geltende Stadt in Österreich-Ungarn besaß neunzehn heiße alkalische Glaubersalzquellen mit schwach salzig und säuerlich schmeckendem Wasser. Die meisten Gäste kamen zu Trinkkuren, die lindernd und heilend bei Magengeschwüren, Darmkatarrhen, Nieren- und Gallensteinen, Gicht, Rheumatismus, Diabetes und anderen Leiden wirkten.[552] Am 27. September 1899 reiste Jebsen nach Karlsbad ab, bekam allerdings schon am ersten Tag Fieber und fühlte sich abgeschlagen und krank. Seinem Sohn Jacob schrieb er nach gut vierzehn Tagen Kuraufenthalt einen Brief, der sich vor allem um den Subventionsvertrag und die Dampferflotte in Ostasien drehte, aber auch einen Eindruck von seinem körperlichen Zustand gibt. Es ist das letzte noch erhaltene Schreiben aus seiner Feder, das er gut zweieinhalb Wochen vor seinem Tod verfaßte:

> »Wie du aus der Überschrift ersiehst, bin ich hier in Karlsbad und zwar nicht zu meinem Vergnügen, sondern eines Nierenleidens halber, das sich allmählich herangebildet hat und nicht weichen will. Drei Wochen bin ich nun hier, liege größtenteils auf dem Sofa, befolge die strengste Diät, ohne irgendwelche wesentliche Änderung zu spüren. Ich habe Heinrich J. [Jessen] Prokura erteilt & besorgt er die laufenden Geschäfte mit Engelbrecht zusammen, da ich mich möglichst wenig geistig beschäftigen darf & mich vor jeder Aufregung oder Anstrengung hüten muß. Es ist eine langweilige und nicht ungefährliche Sache, ganz werde ich das Leiden wohl nicht wieder los. (...) Ich gedenke hier noch zehn bis zwölf Tage länger zu bleiben, wenn der Arzt mir dann das Reisen erlaubt, sonst muß ich mich wohl noch länger gedulden.«[553]

Weil keine Besserung eintrat, entschloß Jebsen sich zur Rückkehr nach Apenrade. Am 21. September fuhr er nach Berlin, um dort die Nacht vor der Weiterreise zu verbringen. Allerdings verschlechterte sich sein Zustand so sehr, daß Dr. Bourwieg die Einweisung in die Privatklinik des renommierten jüdischen Mediziners Professor J. Israel empfahl. Wie Fischer-Benzon später berichtete, galt Israel als bedeutendster Spezialist für Nieren- und Blasenleiden in Berlin, »und Vater hatte unbedingtes Vertrauen zu ihm, sagte er doch schon nach der ersten Untersuchung, daß er in den richtigen Händen sei«. Nachdem seine Frau Clara aus Apenrade angereist war, ging Jebsen am 24. September in die Klinik. Nach einem starken Schüttelfrost bat er darum, daß sein Sohn Jacob telegraphisch zur Rückkehr aufgefordert werden solle. Als Fischer-Benzon ihn am 29. September besuchte, sah er den Zustand des Kranken: »Vater war recht geschwächt, er sprach nur im Flüsterton, sah bleich aus und war recht mager geworden.« Noch am selben Tag eröffnete Israel, daß Jebsen »ohne Operation in kurzer Zeit an Eiterfieber zu Grunde gehen werde«. Weil durch die Erkrankung auch ein Herzfehler aufgetreten war, bezeichnete der Professor den Eingriff als »sehr schwer«, doch als »die letzte Hoffnung für die Erhaltung des Lebens«. Operationen an den Nieren waren damals äußerst selten, doch gab es durchaus Chirurgen, die einen Ein-

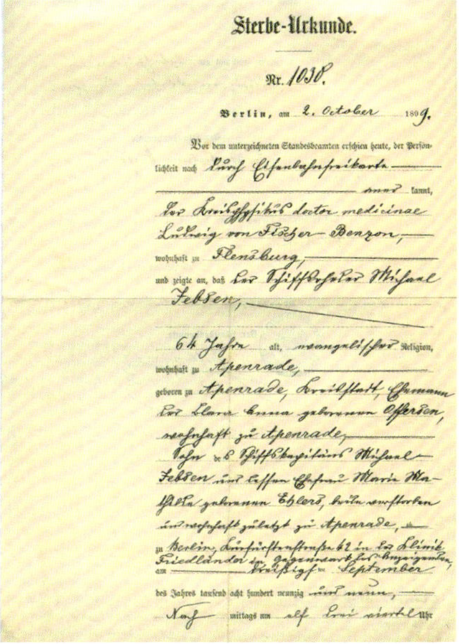

Sterbe-Urkunde.

Nr. 1038.

Berlin, am 2. October 1899.

Vor dem unterzeichneten Standesbeamten erschien heute, der Persönlichkeit nach durch Eisenbahnfreikarte anerkannt,
der Kreisphysikus doctor medicinae Ludwig von Fischer-Benzon,
wohnhaft zu Flensburg,
und zeigte an, daß der Schiffsreeder Michael Jebsen,
64 Jahre alt, evangelischer Religion,
wohnhaft zu Apenrade,
geboren zu Apenrade, Kreisstadt, Ehemann der Clara Emma geborenen Ottesen, wohnhaft zu Apenrade,
Sohn des Schiffskapitäns Michael Jebsen und dessen Ehefrau Marie Mathilde geborenen Ehlers, beide verstorben und wohnhaft zuletzt zu Apenrade,
zu Berlin, Kurfürstenstraße 62 in der Klinik Friedländer in Gegenwart des Anzeigenden,
am dreißigsten September
des Jahres tausend acht hundert neunzig und neun,
Nach mittags um elf drei viertel Uhr

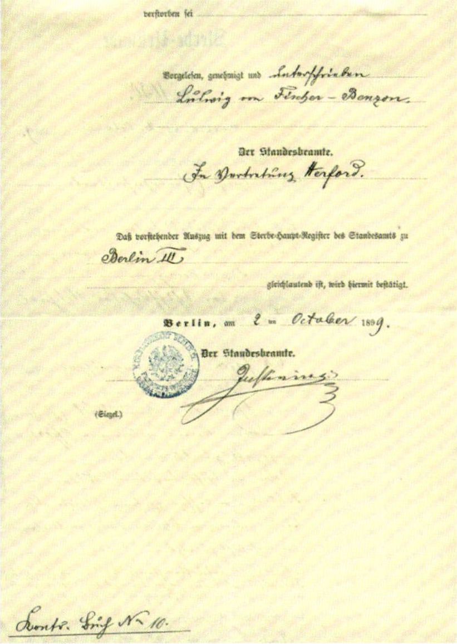

verstorben sei

Vorgelesen, genehmigt und unterschrieben
Ludwig von Fischer-Benzon.

Der Standesbeamte.
In Vertretung Herford.

Daß vorstehender Auszug mit dem Sterbe-Haupt-Register des Standesamts zu Berlin III gleichlautend ist, wird hiermit bestätigt.

Berlin, am 2. October 1899.

Der Standesbeamte.

(Siegel.)

Kontr. Buch Nr. 10.

Sterbeurkunde von Michael Jebsen, 2. Oktober 1899

schnitt in die Nieren oder das Nierenbecken wagten, um Krankheitsherde zu entfernen.[554]

Angesichts dieser Situation blieb keine andere Wahl: Jebsen diktierte seiner Frau einen Brief an Carl Diederichsen, dankte dem engen Geschäftsfreund und bat ihn, seinen Kindern weiterhin zu helfen und Clara mit Rat und Tat zur Seite zu stehen. Am 30. September um 9 Uhr begann die zweistündige Operation, die nach Feststellung von Fischer-Benzon trotz der starken Entzündung des Nierenbeckens »gelang«. Allerdings glückte es nach dem Aufwachen aus der Narkose nicht, den Blutdruck und Puls zu stabilisieren, so daß bis abends jede Hoffnung auf ein Überleben schwand. Jebsen war sich der Situation bewußt und sagte zu seiner Frau, Tochter Bothilde und seinem Schwiegersohn: »Ihr meint es ja gut mit mir, aber geht nur und macht mir es nicht noch schwerer!«[555] Emma schrieb, er habe bei vollem Bewußtsein seiner Frau gedankt »für alles, was sie ihm gewesen war«, und ihr Grüße an seine Kinder aufgetragen. Nach den letzten Worten »Gott helfe mir!« sei er am 30. September 1899 sanft eingeschlafen.[556] Er habe keine Schmerzen gehabt, nur etwas Atemnot, berichtete Fischer-Benzon, der den Todkranken bis zum Ende begleitete.

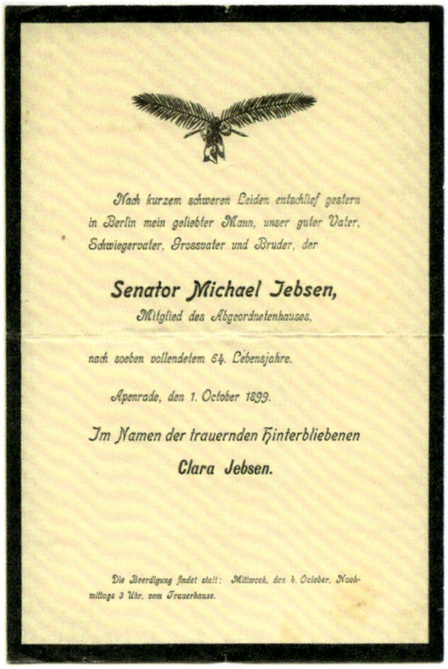
Nach kurzem schweren Leiden entschlief gestern in Berlin mein geliebter Mann, unser guter Vater, Schwiegervater, Grossvater und Bruder, der

Senator Michael Jebsen,

Mitglied des Abgeordnetenhauses,

nach soeben vollendetem 64. Lebensjahre.

Apenrade, den 1. October 1899.

Im Namen der trauernden Hinterbliebenen

Clara Jebsen.

Die Beerdigung findet statt: Mittwoch, den 4. October, Nachmittags 3 Uhr, vom Trauerhause.

Todesanzeige der Familie für Michael Jebsen

»Vater ist wie ein Held gestorben«, meinte er.[557] Die Todesursache war Herzversagen nach einer komplizierten Nierenbeckenoperation. Weil blutdrucksenkende Mittel und Antibiotika damals noch unbekannt waren, bargen solche Eingriffe, wie chirurgisch geschickt sie auch ausgeführt wurden, immer ein hohes Risiko.

Bereits am Folgetag erschien in Apenrade ein Extrablatt des *Neuen Apenrader Anzeigers* mit der Todesnachricht. Der Jebsen politisch nahestehende Redakteur Janke titelte: »Apenrade hat seinen besten, treuesten Sohn verloren.« Vor allem lobte er seinen tatkräftigen Einsatz für die Stadt und für Nordschleswig.[558] Wie er wenig später schilderte, empfand man die Nachricht in der Stadt als harten Schlag: Der Ruf »Jebsen ist tot!« sei am 1. Oktober 1899 von Mund zu Mund gegangen.[559] Noch am selben Tag kamen der Magistrat und der Stadtverordnetenvorsteher zur Beratung über die offizielle Todesanzeige der Stadt zusammen, die schließlich an sechs Zeitungen in Berlin, Flensburg, Hamburg und Apenrade zur Veröffentlichung gesandt wurde. Darin würdigte man Jebsen als »treuesten Bürger und Wohltäter« und versprach: »Sein Name wird in der Geschichte Apenrades unvergeßlich bleiben.«[560]

Um dafür zu sorgen, wies Bürgermeister Rickmers am 2. Oktober 1899 an, daß vom nächsten Tag morgens bis nach der Beerdigung von Jebsen alle städtischen Gebäude einschließlich der Schulen, des Hafenamts und des Armenhauses auf halbmast flaggen mußten.[561] Am selben Tag erschienen in zwei regionalen Zeitungen längere Würdigungen des Verstorbenen, jeweils aus unterschiedlicher nationalpolitischer Sicht. In der sehr deutschorientierten Haderslebener *Schleswigschen Grenzpost*, dem früheren *Folkebladet*, schilderte der stets leidenschaftliche Karl Strackerjan die wichtigsten Lebensstationen von Jebsen, pries seine Verdienste als Vorstandsmitglied des Deutschen Vereins um die »Förderung des Deutschtums« und ließ bei allem

Lob auch Kritik daran anklingen, daß Jebsen weder als Reichstags- noch als Landtagsmitglied mit rhetorischen Mitteln gegen die dänischgesinnten Nordschleswiger gekämpft hatte: »War Jebsen auch kein eigentlicher Redner und fand er demnach auch keine rechte Gelegenheit, in den Parlamenten den dänischen Gegnern auf der Rednertribüne wirksam entgegenzutreten, so ist er doch sonst in Berlin wie daheim als genauer Kenner der nationalen und politischen Verhältnisse unserer Nordmark der deutschen Sache von größtem Nutzen gewesen.«[562]

Verhaltener klang naturgemäß Hans Peter Hanssen, Redakteur des *Hejmdal*, das in Apenrade erscheinende Hauptorgan der Dänischgesinnten. Jebsen sei schon als Knabe »ein sehr ausgeprägter Schleswig-Holsteiner« gewesen und habe einen »scharfen Zusammenprall mit den dänischen Behörden« gehabt – eine Anspielung auf Jebsens kurzzeitige Verhaftung im Mai 1851 nach Singen eines patriotischen Freiheitsliedes. Als er 1882 nach Apenrade zurückgekehrt sei, habe er »den Kampf gegen das Dänentum in Nordschleswig« aufgenommen und eine recht bedeutende Wirksamkeit gehabt. Dennoch würdigte man sein Recht, als alter Nordschleswiger für seine Überzeugung in die Schranken getreten zu sein, und lobte seine große Liebe zu Apenrade. Die insgesamt sehr faire Beurteilung von Jebsens nationalpolitischer Arbeit endete mit dem Satz: »Wir verlieren in ihm einen unversöhnlichen Gegner, dessen Kampfesart wir nicht billigten, aber dessen Überzeugung wir achteten, weil sie ehrlich gefühlt war und in den für ihn schwersten Tagen ihre Probe bestanden hatte.«[563]

Auch ausländische Zeitungen nahmen von Jebsens Ableben Notiz: Der in Shanghai erscheinende *The North China Herald* meldete, daß die beiden im Hafen liegenden Dampfer *Tsintau* und *Knivsberg* ihre Flaggen auf Halbmast gesetzt hätten, als am 2. Oktober 1899 die Nachricht vom Tod des Reeders per Telegramm eingetroffen sei.[564] Und der Hamburger Korrespondent des Londoner Blattes *The London and China Telegraph* verfaßte eine Würdigung des Verstorbenen, welche auf sein Wirken als Reeder und Politiker einging:

»I have to report the death of a former old captain, and afterwards shipowner, who is well-known in the Far East. Captain Michael Jebsen, of Apenrade, one of the owners of the steamers running between Hong Kong and Kiaochow [Kiautschou], died at Berlin on Oct. 1. He was only sixty-three years of age. The deceased, a highly-respectable and noble character, for a number of years had been a member of the Imperial Parliament, where he warmly defended the interests of shipping and trade. Mr. Jebsen was operated on at Berlin, but it terminated fatally, and so put an end to one of the most active lives.«[565]

Angesichts solcher ehrenden Worte von allen Seiten war es nicht verwunderlich, daß Apenrade in den beiden Tagen nach Jebsens Tod ganz im Zeichen seiner Beerdigung stand. Bürgermeister Rickmers hatte die Senatoren und Stadtverordneten aufgefordert, am 3. Oktober 1899 am Bahnhof zu erscheinen und dort um 11.19 Uhr auf den Zug mit dem Sarg zu warten. Anschließend sollten die Stadtvertreter an der Überführung der Leiche von Jebsen zum Trauerhaus teilnehmen.[566] Im Familienstammhaus in der Schiffbrückstraße wurde der Verstorbene aufgebahrt. Emma Jebsen schrieb, die Familie habe abends von ihm Abschied genommen: Er sei im Tod so würdig und schön wie im Leben gewesen.

Zum Großereignis gestaltete sich aber erst der Folgetag, als nach den Worten des *NAA* ein Leichenbegängnis stattfand, »wie es unsere Stadt wohl noch nicht gesehen hat: feierlich und ehrenvoll, wie es der Dahingeschiedene in vollem Maße verdiente – es war die Kundgebung allgemeiner Liebe und Verehrung, die dem teuren Verstorbenen dargebracht wurde«. Um 15 Uhr erschien im Trauerhaus Propst Ludwig Reuter, der kirchliche Vertreter der deutschgesinnten Apenrader – nach Meinung des Historikers Worsøe ein freundlicher und zuvorkommender Mann, der aber sowohl als Prediger als auch als Theologe nicht über den Durchschnitt herausgeragt habe.[567] Reuter übernahm es, wie ein Beobachter notierte, »die großen Verdienste, sowie die nach jeder Richtung hin tatenreiche und ehrenvolle Erdenlaufbahn des Entschlafenen in beredten Worten« zu kennzeichnen. Anschließend wurde der Sarg gehoben und vor dem Haus auf einen von vier schwarzen Pferden gezogenen Leichenwagen gelegt.

Grab von Michael Jebsen, seiner Frau Clara und seinem Sohn Heinrich auf dem Friedhof von Apenrade, 2011

Clara Jebsen als Witwe, 1899

Eine Kapelle spielte feierliche Trauermusik, als sich der Leichenwagen mit dem völlig in Blumen gebetteten Sarg in Bewegung setzte, gefolgt von einem imposanten Zug von Trauergästen von nah und fern. Als erste Gruppe hinter dem Wagen gingen Propst Reuter und die Angehörigen von Jebsen, als zweite Gruppe die Magistratsmitglieder und Stadtverordneten und schließlich als dritte Gruppe viele auswärtige Freunde und Parteikollegen. Es folgten die Mitglieder der Apenrader Schützengilde mit prächtigen Palmengewinden und Blumenkränzen voller Schleifen, danach die Ortsabteilung des Deutschen Vereins für das nördliche Schleswig, deren Vorsitzender Jebsen gewesen war, sowie die teilweise mit ihren Fahnen gekommenen anderen Ortsabteilungen; am Schluß des Zuges von mehreren hundert Menschen marschierten die Bürger von Apenrade. Hinter ihnen fuhren noch zwei mit Blumen, Kränzen und Palmenzweigen hoch angefüllte Kutschen. Emma berichtete von einer Augenzeugin, die aussagte, daß die Spitze des Zuges beim Kirchenweg war, als die letzten des Gefolges um die Ecke der Schiffbrückstraße bogen. Nach Schilderung eines anderen Beobachters hatte der Sarg bereits den Friedhof erreicht, als die letzten Teilnehmer des Zuges die Kirchhofsallee kaum beschritten hatten. »(E)in gewaltiger Leichenzug«, schrieb die *Apenrader Zeitung*, und »ein beredtes Zeugnis der großen Liebe und Verehrung des Verewigten, der in vielen Kreisen lange vermißt werden wird.« Auf der Schleife des mit einem Palmenarrangement geschmückten Kranzes, den die Stadt am Grab niederlegen ließ, hieß es: »Ihrem unvergeßlichen und hochgeschätzten Beigeordneten und Senator – Die städtischen Kollegien.«[568]

Auf dem Friedhof wurde der Sarg in die mit Blumen reich geschmückte Gruft gesenkt. Als Propst Reuter den Segen und das Vaterunser gesprochen hatte, blieben die Trauergäste, die nach Meldung des *NAA* »tieferschüttert und tränenumflorten Blicks das Grab umstanden«, zu einem

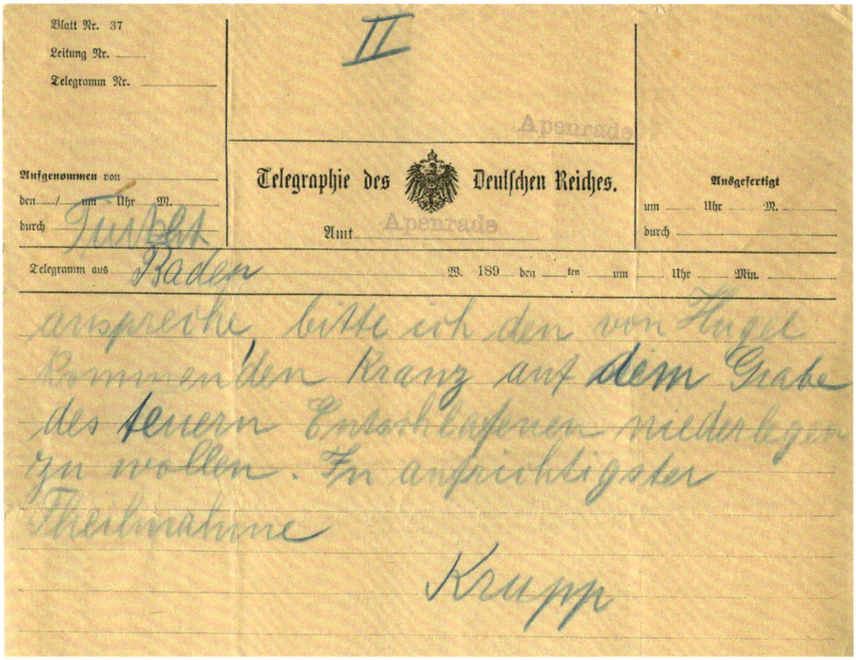

Blatt Nr. 37
Leitung Nr.
Telegramm Nr.

II

Apenrade

Telegraphie des Deutschen Reiches.

Aufgenommen von
den / um Uhr M.
durch Tuchelt

Amt Apenrade

Ausgefertigt
um Uhr M.
durch

Telegramm aus Baden W. 189 den ten um Uhr Min.

aussprechen, bitte ich den von Hügel kommenden Kranz auf dem Grabe des teuren Entschlafenen niederlegen zu wollen. In aufrichtigster Theilnahme

Krupp

Zweite Seite des Kondolenztelegramms von Friedrich Alfred Krupp, 5. Oktober 1899

letzten stillen Gebet. Die Mitglieder der Ortsabteilungen des Deutschen Vereins senkten ihre Fahnen über das offene Grab. Zwar war die Beerdigungsfeier beendet, doch erhielt die Witwe Clara Jebsen in den nächsten Tagen noch zahlreiche Beileidstelegramme und Schreiben. So ließ der nationalliberale Zentralvorstand in Berlin wissen, die Partei verliere in Jebsen »einen so treuen Gefährten und so wackeren Mitstreiter, daß ihm ein dankbares Gedächtnis in allen unseren Kreisen bleibend gesichert ist«.[569] Friedrich Alfred Krupp, Sohn und Nachfolger von Jebsens früherem Arbeitgeber, der den Toten aus der gemeinsamen Reichstagstätigkeit kannte, hatte einen Kranz geschickt und schrieb dazu an Clara: »Mit Ihnen betrauert das Vaterland einen seiner besten Kämpfer für die nationale Sache in Schleswig-Holstein, um die der Verstorbene sich große Verdienste erwarb.«[570] Auch der Deutsche Verein ehrte Jebsen mit einem Kranz und betonte in seiner Beileidsbekundung, daß Jebsen »ein treuer Sohn Schleswig-Holsteins« gewesen und »die reiche Kraft seines Herzens und Geistes mit Segen und Erfolg in den Dienst des deutschen Vaterlandes gestellt« habe. Als der Vereinsvorstand zum ersten Mal nach Jebsens Tod

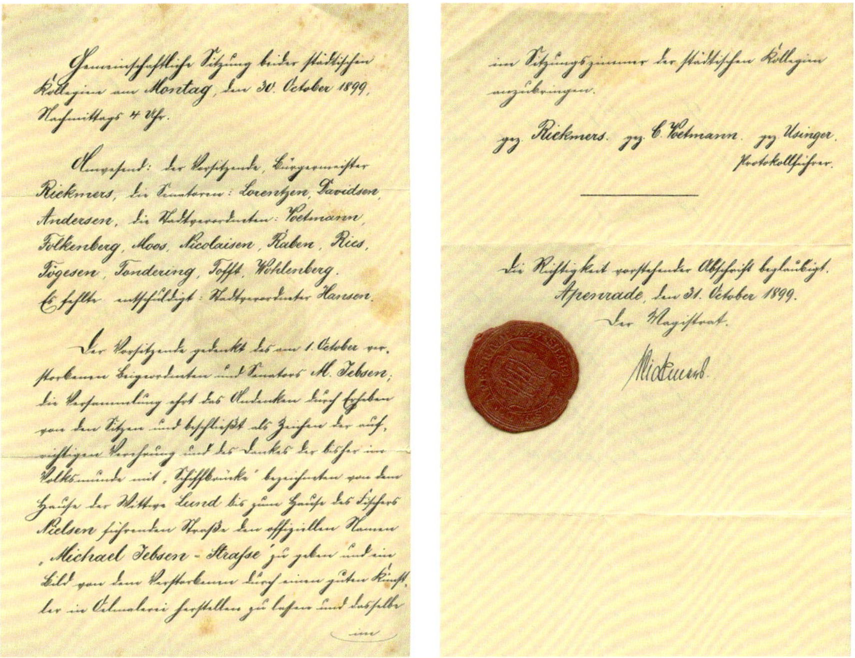

Gemeinschaftliche Sitzung beider städtischen Kollegien am Montag, den 30. October 1899, Nachmittags 4 Uhr.

Anwesend: der Vorsitzende, Bürgermeister Rickmers, die Senatoren: Lorentzen, Davidsen, Andersen, die Stadtverordneten: Voetmann, Folkenberg, Moos, Nicolaisen, Raben, Ries, Jögesen, Tondering, Tofft, Wohlenberg. Es fehlte entschuldigt: Stadtverordneter Hansen.

Der Vorsitzende gedenkt des am 1. October verstorbenen Beigeordneten und Senators M. Jebsen; die Versammlung ehrt das Andenken durch Erheben von den Sitzen und beschließt als Zeichen der aufrichtigen Verehrung und des Dankes der bisher im Volksmunde mit „Schiffbrücke" bezeichneten von dem Hause der Wittwe Lund bis zum Hause des Schiffers Nielsen führenden Straße den offiziellen Namen „Michael Jebsen-Straße" zu geben und ein Bild von dem Verstorbenen durch einen guten Künstler in Ölmalerei herstellen zu lassen und dasselbe im Sitzungszimmer der städtischen Kollegien anzubringen.

gez. Rickmers. gez. C. Voetmann. gez. Usinger. Protokollführer.

Die Richtigkeit vorstehender Abschrift beglaubigt. Apenrade, den 31. October 1899. Der Magistrat. Rickmers

Sitzungsprotokoll der beiden städtischen Kollegien, 30. Oktober 1899

am 1. November 1899 in Rothenkrug tagte, sprach Landrichter Hermann Schwartz »warme Worte der Erinnerung« über den verstorbenen Ersten stellvertretenden Vorsitzenden, wonach sich alle Anwesenden von ihren Sitzen erhoben. In den Vereinsnachrichten hieß es: »Eine kurze, tückische Krankheit raubte uns unseren stellvertretenden Vorsitzenden.«[571]

Um das Andenken an Jebsen im Gedächtnis der Stadt Apenrade zu verankern, beschlossen beide städtische Kollegien am 30. Oktober 1899 die Benennung einer Straße nach ihm. Die im Volksmund als Schiffbrücke bezeichnete Straße, die am Hafen entlang führte, sollte zukünftig Michael-Jebsen-Straße heißen; bis zum Ende des Folgemonats waren die Schilder an der neuen Straße angebracht. Außerdem einigte man sich auf die Anfertigung eines Ölbildes des Verstorbenen durch einen guten Künstler, welches im Sitzungszimmer des Rathauses angebracht werden sollte.[572] Nachdem mehrere Maler schriftlich ihr Interesse bekundet hatten, wurden Senator Jürgen Lorentzen und der Stadtverordnete Dr. Wiemer am 30. Januar 1900 zu konkreten Verhandlungen ermächtigt. Die Wahl fiel auf den in Hamburg lebenden Porträtmaler Momme Nissen, der von Con-

Die Michael-Jebsen-Straße in Apenrade. Zeitgenössische Postkarte

rad Metger in Flensburg von der Ausschreibung informiert worden war. Metger, der langjährige Vorsitzende der Flensburger Nationalliberalen, der infolge des Todes von Jebsen durch eine Nachwahl am 9. November 1899 in den Preußischen Landtag gekommen war, kannte Nissen aus dessen laufender Arbeit an einem Ölbild des 1898 verstorbenen Flensburger Oberbürgermeisters Toosbüy. Der aus dem nordschleswigschen Kreis Tondern stammende Künstler wies in einem Schreiben darauf hin, er habe Jebsen zwar persönlich nicht gekannt, doch »da er aber ein sehr markanter Typus war und mir als schleswigschem Landsmann zweifellos ähnliche Typen genug bekannt sind, so wäre mit Hilfe von gewiß vorliegenden guten Photographien schon ein sicher ähnliches Resultat zu verbürgen«.[573]

Obwohl Bürgermeister Rickmers im Vorfeld starke Bedenken hegte, weil der Künstler den Verstorbenen nicht persönlich gekannt hatte, scheint ihn eine Besichtigung des gelungenen Toosbüy-Porträts von den Qualitäten Nissens überzeugt zu haben.[574] Das Angebot des Malers lautete auf Anfertigung eines lebensgroßen Ölgemäldes von Jebsen, also ein vollständiges Brustbild mit einem reichen, echten Goldrahmen zum Preis von

Ölgemälde von Michael Jebsen. Gemalt von Momme Nissen im Jahre 1900

achthundert Mark. Er versprach »die volle Ähnlichkeit und beste Ausführung des Gemäldes« und wies ausdrücklich auf die vollste Zufriedenheit des Flensburger Magistrats mit dem Bild von Toosbüy hin.[575] Mit dieser Referenz versehen, gelang es Nissen, den Zuschlag zu erhalten: Am 19. Februar 1900 beschlossen die Apenrader Kollegien die Auftragsvergabe an ihn.[576] Allerdings war der Künstler so sehr mit anderen Bestellungen versehen, daß er den Magistrat im Frühsommer auf den Herbst vertrösten mußte.[577] Als im September 1900 das Bild immer noch nicht eingetroffen war, ließ Jacob Jebsen, der sich auf die Rückreise nach Hongkong vorbereitete, über den Bürgermeister wissen, daß er das Gemälde vor seiner Abfahrt gern sehen wolle.[578] Nissen kündigte daraufhin die Lieferung im November an, doch könne er »das Tempo nicht sehr beschleunigen, da ich etwas überarbeitet bin und zumal in den nächsten Wochen noch gar keine Zeit wieder frei habe für das Porträt«.[579] Erst Ende November 1900 konnte Nissen melden, daß das Bildnis nahezu vollendet sei und zunächst Verwandten und Freunden in Hamburg und dann in Flensburg gezeigt werden solle, um eventuelle Änderungen daran vornehmen zu können.[580] Es dauerte aber noch fast einen Monat, bis das Gemälde in Apenrade eintraf und im Sitzungszimmer des Rathauses aufgehängt werden konnte. Um es alle Apenrader Bürger sehen zu lassen, öffnete man den Kleinen Saal an den Markttagen der Weihnachtswoche für eine Vormittagsstunde.[581]

Bilanz: Ein deutscher Apenrader und Nordschleswiger

Nach der Abtretung von Nordschleswig an Dänemark (1920) ließ die neue Regierung als eine ihrer ersten Maßnahmen in Apenrade die Michael-Jebsen-Straße umbenennen und einige Jahre später auch das Ölbild von Jebsen aus dem Rathaus entfernen. Angesichts des früher zitierten anerkennenden und ehrenden Nachrufes auf Jebsen im *Hejmdal* hielt seine Tochter Emma dieses Verhalten, das »sogar von vielen Dänen als Schmach empfunden« worden sei, für »direkt unverständlich«.[582] Genauso sah es Jacob Jebsen, der die Umbenennung als »kleinliche Handlung« bewertete, die man »in echt dänischer Weise, aber nicht ehrlich damit begründet« habe, daß der Name Hafenstraße zweckmäßiger sei – anstatt zu sagen, »daß man das Gedächtnis des deutschen Mannes beseitigen wollte«.[583] Dabei hätten beide Jebsen-Kinder durch die Kurzbiographie des dänischen Freigemeindepastors Thade Petersen gewarnt sein sollen, der kurz nach Jebsens Tod im *Haandbog i det nordslesvigske spørgsmaals historie* [Handbuch zur Geschichte der nordschleswigschen Frage] des dänischen Journalisten Franz von Jessen eine treffende, aber sehr kritische Charakterisierung ihres Vaters geliefert hatte:

> »Jebsen war eine kraftvolle Persönlichkeit. Er hatte einen starken Willen, war gewohnt, sich durchzusetzen und war rücksichtslos, wo er auf Widerstand

stieß. Er hatte die Mittel in der Hand, um sich Einfluß zu verschaffen und war nicht kleinlich, wenn es sich darum handelte, diese Mittel auszunutzen. Als Geschäftsmann war er unternehmungsfreudig und umsichtig, und im städtischen Kollegium hatte er oft ein gewichtiges Wort zu sprechen. Als Politiker war er ausgesprochener Schleswig-Holsteiner – schon als Junge. Als er im Alter von 15–16 Jahren bei heftigen Zusammenstößen mit den dänischen Behörden gedemütigt wurde, wurde dadurch nur sein Trotz herausgefordert, und seiner tief eingewurzelten Überzeugung wurde damit ein tiefempfundener Haß [gegen alles Dänische] hinzugefügt. Als er 1882 nach Apenrade zurückkehrte, warf er sich sogleich in den politischen Kampf und erwies sich als der hartnäckigste und unversöhnlichste Gegner.«[584]

Als Lorenz Christensen eine kleine Festschrift *Über die Vorfahren väterlicherseits des Schiffsreeders Jacob Jebsen* erstellte, die er Jacob Jebsen zum siebzigsten Geburtstag am 27. Dezember 1941 widmen wollte, nahm er darin die zitierte Kurzbiographie von Petersen auf. Er hielt sie für »eine im wesentlichen treffende Charakteristik dieses Mannes« und betonte abschließend: »Dieser Charakterzeichnung aus dänischer Feder braucht ein Kommentar nicht hinzugefügt zu werden.« Seine von der *Nordschleswigschen Zeitung* in Apenrade gedruckte Schrift kam zu einem Zeitpunkt heraus, als sich die deutsche Minderheit in Nordschleswig, zu der Christensen zählte, nach der Besetzung Dänemarks durch deutsche Truppen keine Schranken gegenüber ihren dänischen Landsleuten auferlegte. Mit seinem Kommentar reflektierte der Autor sicherlich eine damals in Apenrade vorherrschende Erinnerungsmeinung an Jebsen, welche seit langem in beiden Sprachgruppen in Nordschleswig verankert war. Deshalb war es nicht verwunderlich, daß der dänische Historiker Mouritz Mackeprang in seinem weit gelesenen Buch *Nordslesvig 1864–1909* (1910), das einen dezidiert pro-dänischen Standpunkt einnahm, Jebsen nur als einen »sehr einflußreichen Heimdeutschen« – eine übliche Bezeichnung der deutschgesinnten Nordschleswiger[585] – charakterisierte, ihn ansonsten aber mit keinem weiteren Wort erwähnte.[586] Mit Petersens Hervorhebung von Jebsens antidänischer Haltung und Mackeprangs fast völligem Schweigen über ihn stand auf dänischer Seite vor dem Ersten Weltkrieg das Meinungsbild in seinen Grundzügen fest.

Für die deutsche Seite blieb Jebsen lange Zeit eine zentrale Figur. Vier Tage nach der Beerdigung betitelte Janke einen Leitartikel des *NAA*

Relief zum Andenken an Michael Jebsen, 1901

mit der Frage: »Was nun?!« Damit sprach er nach eigenem Bekunden ein Problem an, das viele Teilnehmer des Leichenzuges beschäftigt hatte. Gemeint war die herausragende Position des Verstorbenen »in dem gesamten kommunalen, kommerziellen, industriellen Leben unserer Vaterstadt« – wie Janke in einem seitengroßen Nachruf vom 4. Oktober 1899 festgestellt hatte –, aber auch dessen tatkräftiger Einsatz für die deutschen Interessen in Nordschleswig.[587] Angesichts von Jebsens Tod blieb dem Journalisten nur der Appell, »im Geiste des leider zu früh, viel zu früh Dahingeschiedenen fortzuwirken, sein Tun, seine Aufopferung uns zur Richtschnur nehmend, um diejenigen Institutionen, welche von ihm angeregt, von ihm geleitet, zum glücklichen Gedeihen, zur segensreichen Vollendung zu bringen«. Mit diesem Aufruf sollte zweifellos der niedergeschlagenen Stimmung in Apenrade und Nordschleswig begegnet werden, die sich nach dem Tod des prominentesten und kapitalkräftigsten Wortführers der deutschen Sache breitgemacht hatte. Wohl wissend, daß der nationalpolitische Konflikt ein Dauerthema in der Region bleiben werde, war es geboten, Jebsen als identitätsstiftende Figur im Bewußtsein der deutschgesinnten Nordschleswiger zu verankern. Eine solche Zielrichtung wird im Schlußsatz deutlich: »Schulter an Schulter, treu und unentwegt für dieses Vermächtnis einzutreten, welches der Heimgegangene uns hinterlassen: das sei unsere Aufgabe, das sei die Anerkennung, welche wir auch übers Grab hinaus dem entschlafenen Führer darbringen, daß wir in seinem Geiste weiter arbeiten, so weiter arbeiten, als stünde unser Michael Jebsen noch beratend, fördernd, helfend unter uns, an alter Stelle.«[588]

Es liegt auf der Hand, daß nach der Integration Nordschleswigs in das Königreich Dänemark (1920), den leidvollen Erfahrungen mit der deutschen Besatzung des Landes (1940–1945) und infolge der anschließenden kritischen Aufarbeitung des früheren deutsch-dänischen Nationalitätenkonflikts sowohl in der Bundesrepublik Deutschland als auch in Dänemark ein verändertes Bild von Michael Jebsen in die Geschichtsbücher einzog. So würdigt die Schrift von Harboe Kardel über *Nordschleswigs Erbe* (1964) ihn vor allem als einen von »(v)ielen deutschgesinnten Männern der Wirtschaft«, der seinen städtischen Ehrenämtern, seinem Reichs- und Landtagsmandat und der Knivsberggesellschaft dieselbe Sorgfalt gewidmet habe wie seiner Reederei.[589] In einem Beitrag für den zehnten Band der renommierten *Neuen Deutschen Biographie* (1974) kam Ernst Hieke, der zwei Jahrzehnte zuvor die Geschichte der Reederei M. Jebsen verfaßt hatte, zu dem Resultat, daß Jebsen politisch »als ein entschiedener, aber maßvoller Streiter für das Deutschtum in Nordschleswig« gegolten habe.[590] Ähnlich klingt es in Erich Hoffmanns Studie über das Nationalitätenproblem in Nordschleswig (1995), in der Michael und nach seinem Tode Jacob Jebsen als »besonders aktive Vorstandsmitglieder und Förderer« der Knivsberggesellschaft erwähnt werden.[591] Ausführlicher widmete sich Günter Weitling den beiden Jebsens in einem Beitrag zum Sammelband *Nordschleswig* (2005), der zum fünfzigsten Jahrestag der Unterzeichnung der Bonn-Kopenhagener Erklärungen – der Beginn der deutsch-dänischen Aussöhnung – erschien. Da seine Darstellung auf den beiden materialreichen Firmengeschichten von Hänisch (1970) und Hansemann (1988) basiert, also die Firma Jebsen & Co. in Hongkong im Fokus hat, stehen die Geschäftstätigkeiten beider Protagonisten im Vordergrund. Was die politischen und Ehrenämter angeht, so attestierte er Michael Jebsen knapp, ihm habe »das Wohl seiner Heimat am Herzen« gelegen.[592]

Auf dänischer Seite änderte sich nach dem Zweiten Weltkrieg wenig am überkommenen Meinungsbild über Jebsen. Im dritten Band der *Åbenrå Bys Historie* (1974), ein bis heute gültiges Standardwerk zur Apenrader Stadtgeschichte, widmete ihm der Apenrader Archivar Hans Holten Worsøe ein eigenes Unterkapitel, das den oben zitierten 1899 erschienenen Nachruf von Hans Peter Hanssen, Redakteur des *Hejmdal*, ohne jeden ergänzenden Kommentar im Wortlaut wiedergibt. Eine ähnlich respektvolle, aber nichts verschweigende Einschätzung findet sich in der Studie des Historikers Gottlieb Japsen über den Deutschen Verein für das nördliche Schleswig (1983): Mit Jebsens Tod habe der Verein einen scharfen, sehr antidänischen Politiker und eine starke ökonomische Stütze verloren.[593] Es ist bemerkenswert, daß in der Folgezeit der Name Michael Jebsen in den wichtigsten deutschen und dänischen Standardwerken zur Geschichte Schleswig-Holsteins und Nordschleswigs bzw. Südjütlands nicht mehr auftaucht.[594] Dasselbe gilt für den zweisprachigen Quellenband *Der nationale Gegensatz* (1996), der gemeinsam von einer deutsch-dänischen Historikergruppe beiderseits der Grenze erstellt wurde: Unter den ausgewählten Kurzbiographien erscheint der Name Jebsen nicht.[595]

Erkennbar ist, daß Jebsens Rolle als identitätsstiftende Persönlichkeit – wie es Janke im Jahre 1899 gefordert hatte – bereits zwanzig Jahre später (1920) aufgrund der politischen Veränderungen ausgedient hatte. Trat Nordschleswig nach der Abtretung an Dänemark zunehmend aus dem kollektiven deutschen Bewußtsein, so wurden auch seine früheren politischen Protagonisten zu historischen Figuren. Mit der spürbaren Verbesserung des deutsch-dänischen Verhältnisses im Grenzraum, welche nach dem Zweiten Weltkrieg eingeleitet wurde, entschwand auch die Erinnerung an die einstmals scharfen nationalpolitischen Auseinandersetzungen. So ist es nicht verwunderlich, daß Jebsen rund hundert Jahre nach seinem Tod höchstens noch als wirtschaftlich und kulturell engagierter Schiffseigner in seiner Heimatstadt Apenrade bekannt ist. Als wichtige politische Person der Geschichte Schleswig-Holsteins und besonders der Region Nordschleswig ist er heute weitgehend vergessen. Daran zeigt sich, daß der frühere deutsch-dänische Nationalitätenkonflikt, bis auf gelegentlich immer noch heute spürbare Empfindlichkeiten, im wesentlichen ein historisches Thema geworden ist. Entsprechend unaufgeregt sollte man heute auch Jebsens Einsatz für die deutschen Interessen werten und sie im historischen Kontext der Zeit verorten. Die Auseinandersetzung mit den dänischgesinnten Nordschleswigern war und blieb für Jebsen ein primär politischer Wettstreit, den er mit fairen Mitteln führte. Daß er nichts gegen »die Dänen« oder »Dänemark« hatte, also kein pauschales Feindbild in sich trug, zeigt sich beispielhaft daran, daß zwei dänischgesinnte Kapitäne auf seinen Dampfern fuhren und er selber sich stark für den Markterfolg der Apenrader Aktienbrauerei als deutsch-dänisches Gemeinschaftsprojekt engagierte. Am Fortbestehen preußisch-deutscher Hoheit über Nordschleswig wollte er aber keinesfalls rütteln lassen – das war eine Grundmaxime seines politischen Denkens. Entsprechend war jeder, der das Gegenteil anstrebte, sein politischer Gegner, aber nicht sein persönlicher Feind. In der Politik wie in seiner Reederei verfuhr Michael Jebsen nach der Devise: »Leben und leben lassen.«[596]

Epilog: Agent von Globalität

> »Was nun Ihre Anfrage anbetrifft, so kann ich darauf im allgemeinen nur erwidern, daß ich eine bestimmte Route in Ostasien nicht befahre, sondern meine Dampfer an die größeren Handelshäuser verchartere, welche dieselben dann nach allen Himmelsrichtungen senden können und mit allen erlaubten Kaufmannsgütern etc. beladen dürfen. Bestimmte Fahrpreise für Personen und Frachtsätze sind nicht vorgeschrieben, richten sich vielmehr nach den jeweiligen Konjunkturen. Die Ufer des Gelben Meeres sind schon öfters von meinen Dampfern berührt worden und werden die Fahrten auch bis nach Wladiwostok, den Inseln Yesso [Hokkaido] und Sachalin ausgedehnt.«[1]

Mit diesen Worten umriß Michael Jebsen im Jahre 1898 den Kern seines Reedereibetriebs. Die wechselnden Fahrtrouten seiner Dampferflotte erzeugten netzwerkartige Verbindungen zwischen einzelnen Küstenplätzen und trugen damit zur Herstellung spezifischer transnationaler Beziehungen – hier im stetigen Austausch von Gütern und Personen – zwischen den maritimen Regionen Ostasiens bei. Weil es sich um regelmäßige und wiederholte Kontakte handelte, also nicht um einmalige oder zufällige Interaktionen, bildeten sich auf diese Weise starke Netze ökonomischen Austauschs auf der Grundlage des Schiffsverkehrs heraus. Mit seinen Frachtdampfern trug Jebsen zur beispiellosen Netzwerkbildung bei, wie sie kennzeichnend war für die Periode zwischen der Mitte des 19. Jahrhunderts und dem Ersten Weltkrieg. Die Bildung solcher Netzwerke, die in anderen Fällen sogar weltumspannenden Charakter hatten, ist als Globalisierung bezeichnet worden.[2] Daß die Zeitgenossen sich über diesen Prozeß im klaren waren, machte der liberale Frankfurter Nationalökonom Paul Arndt deutlich, als er zu Beginn des 20. Jahrhunderts die Interaktionen innerhalb der globalisierten Welt mit folgenden Worten beschrieb:

> »Die Weltwirtschaft ist eins der größten Wunderwerke menschlichen Scharfsinns, menschlicher Geschicklichkeit und menschlicher Kühnheit, ein überaus kunstvolles, fein gegliedertes und in seiner riesenhaften Größe kaum übersehbares Gebilde. In der Weltwirtschaft vereinigen sich Millionen und Millionen Menschen zu gemeinsamer Arbeit, Millionen verschiedener Abstammung, verschiedenen Glaubens, verschiedener Kultur. Es ist ein gewaltiges Schaffen, teils füreinander, teils gegeneinander, anscheinend planlos, in Wirklichkeit sehr wohl ausgedacht, auf den Erfahrungen von Jahrhunderten begründet. (...) Unzählbar und äußerst kunstvoll verschlungen sind die wirtschaftlichen Fäden, welche die ganze Erde überziehen.«[3]

Wichtigste Voraussetzung für die Globalisierung des 19. Jahrhunderts war eine Transportrevolution, die von Dampfschiffen und Eisenbahnen angetrieben wurde. Besonders der Dampfer ermöglichte die Anbindung und Vernetzung von Handels- und Produktionsregionen außerhalb Europas. Mit seinen ersten Fahrten an Bord von Segel- und Dampfschiffen in vielen Teilen der Welt nahm Jebsen bereits in den fünfziger und sechziger Jahren an der rapiden Entwicklung des globalen Verkehrs und Warenaustauschs teil. Als er in seine schleswig-holsteinische Heimat zurückkehrte, trat das neugegründete Deutsche Reich (1871) fast gleichzeitig mit einem großen Globalisierungsschub, mit der fortschreitenden Vernetzung und mit dem beginnenden Imperialismus auf die historische Bühne. Das zunehmende globale Engagement der Deutschen zeigte sich beispielhaft in Erfahrungen und Beobachtungen von Jebsen: so bei der sprunghaft steigenden Lieferung von zivilen und Rüstungsgütern der Firma Krupp in viele Länder der Erde, an der wachsenden Präsenz deutscher Kaufleute in ostasiatischen Hafenplätzen, an der Schaffung von subventionierten Reichspostdampferlinien oder der Gründung erster Kolonialstaaten und am Beginn einer

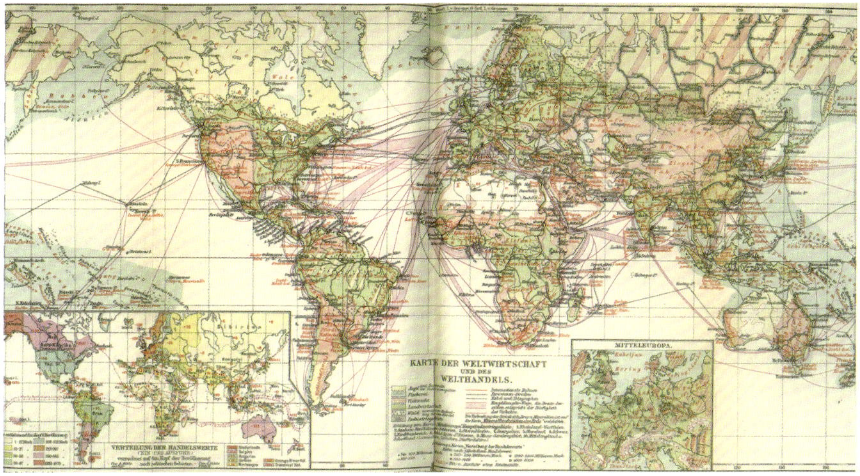

Karte der Weltwirtschaft und des Welthandels, 1909

militärisch abgesicherten imperialistischen »Weltpolitik«. Jebsen war in diesem Prozeß nicht nur Augen- und Ohrenzeuge, sondern auch mithandelnder Agent von Globalität – vor allem in seiner Funktion als Manager der Kruppschen Erztransportdampfer von 1874 bis 1882, welche auch zur weltweiten Verschiffung deutscher Eisen- und Stahlprodukte eingesetzt wurden, als Korrespondentreeder einer wachsenden Frachtdampferflotte, die nach 1878 zunächst in Europa Küstenschiffahrt und große Kabotage betrieb und seit 1885 nur noch in Ostasien fuhr, aber auch in den neunziger Jahren durch sein parlamentarisches Mandat als Lobbyist global agierender deutscher Handels- und Schiffahrtskreise sowie als Unterstützer einer machtvollen Marinepolitik. Gleichzeitig erlebte er die nachteiligen Folgen von wachsender Globalität im Rahmen seiner stark maritim geprägten Heimatstadt Apenrade, die durch die weltweite Umstellung vom Segel zum Dampf als Hauptantriebsmittel für Wasserfahrzeuge ihre frühere starke Position als Schiffahrtszentrum verlor und zu einem nachrangigen Warenumschlagplatz an der Ostseeküste Schleswig-Holsteins wurde. Auf den Punkt gebracht: Im Lebensweg von Jebsen spiegeln sich schlaglichtartig die höchst unterschiedlichen Auswirkungen des markanten Globalisierungsschubs im späten 19. Jahrhundert wider – sowohl auf nationaler, regionaler, lokaler als auch persönlicher Ebene.

Aus globalem Blickwinkel betrachtet erscheint Jebsen geradezu als idealtypischer Akteur transnationaler Beziehungen. Wenn man das konkrete Personal solcher Interaktionen sichtbar machen und über pauschale Aussagen zu Netzwerken und deren Trägern weiter hinaus kommen will – wie es die transnational-orientierte Geschichtswissenschaft fordert, dann bietet die Individualbiographie einen solchen Zugang. In ihr läßt sich die Mikro- und die Makroperspektive als zwei Seiten derselben Geschichtsschreibung miteinander verbinden. Der Lebensweg von Jebsen – das überschaubare Alltägliche, Lokale, Regionale und sogar Nationale, wie es sich in seiner Geschäfts- und Privatkorrespondenz widerspiegelt, kann nur im Kontext der Zeit und im ständigen Austausch mit den historischen Ereignissen und dauerhaften Strukturen von Politik, Wirtschaft und Gesellschaft erfaßt und verstanden werden. Die Koppelung beider Perspektiven erfährt durch eine transnationale Sicht eine höchst spannende Erweiterung und Bereicherung, indem Zusammenhänge aufgezeigt werden können, die andernfalls verborgen blieben. Daß Michael Jebsen als Agent von Globalität aber nie den Bezug zu seiner engeren Heimat verlor, ergibt sich aus dem früher Geschilderten von selbst.

Die Vorfahren und Nachkommen von Michael Jebsen (1835–1899)

Mads Jebsen
*** circa 1600**

NN Jebsen

Jep Jebsen
† vor 1729
⚭
Mette Boesdatter

Jacob Jebsen (I)
*** 1688, † 29.3.1737**
⚭
Clara Rolfsen
* 1702, † 1785

Michael Jebsen (I)
*** 26.8.1725, † 5.6.1797**
⚭
Metta Regenburg
* 9.10.1727, † 20.1.1795

Jacob Christian Jebsen (II)
*** 19.9.1756, † 1.2.1813**
⚭
Botilla Christina Bröcker
* 19.3.1760, † 4.12.1831

Michael Jebsen (II)
* 28.9.1764, † 20.9.1839

Marcus Jebsen
* 9.11.1784

Michael Jebsen (III)
*** 7.3.1790, † 2.5.1863**
⚭
Marie Mathilde Ehlers
* 24.2.1808, † 24.2.1860

Jacob Jebsen (III)
* 5.9.1795

Jacob Jebsen
* 1828, † 1866

Marie Mathilde Jebsen
* 18.10.1832, † 1900

Thilde Christine Jebsen
* 27.9.1835, † 1923

Michael Jebsen (IV)
*** 27.9.1835, † 30.9.1899**
⚭
Clara Anna Offersen
* 18.3.1844, † 8.6.1913

Emma Dorothea Jebsen
* 1841, † 1865

Heinrich Jebsen
* 1838, † 1858

Peter Jebsen
† 16.05.1862

Michael Jebsen (IV)
*** 27.9.1835, † 30.9.1899**
⚭
Clara Anna Offersen
* 18.3.1844, † 8.6.1913

Marie Mathilde Jebsen
* 11.8.1869, † 21.1.1870

Jacob Friedrich Christian Jebsen (V)
*** 27.12.1870, † 14.12.1941**
⚭
Käthe Helene Sophie Magdalene Bock
* 21.5.1882, † 31.5.1959

- Clara Hedwig Bothilde Jebsen, * 10.5.1909, † 22.2.1990
- Ingeborg Jebsen, * 17.9.1910, † 15.1.1989
- **Michael Jebsen (VI), * 13.9.1911, † 1.5.2000**
- Irmgard Käthe Jebsen, * 18.8.1912, † 5.5.2006
- **Hans Jacob Jebsen, * 27.6.1921, † 4.5.1979**

Bothilde Christine Johanne Jebsen
* 17.12.1872, † 18.6.1958
⚭
Ernst Bruno Bourwieg
* 31.10.1865, † 25.2.1944

- Max August Bourwieg, * 5.4.1894, † 25.2.1916
- Hellmut Bourwieg, * 18.12.1895, † 15.5.1918
- Bruno Karl Waldemar Bourwieg, * 1.10.1901, † 13.1.1985

Clara Emma Marie Jebsen
* 18.11.1874, † 4.3.1951
⚭
Ludwig von Fischer-Benzon,
*4.5.1861, † 1.8.1938

- Clara von Fischer-Benzon, * 26.4.1894, † 15.11.1980
- Margaretha Bothilde von Fischer-Benzon, * 3.5.1895, † 22.7.1967
- Botilde von Fischer-Benzon, * 3.7.1899, † 17.8.1899
- Hedwig von Fischer-Benzon, * 25.5.1901, † 3.7.1934

Johanne Emilie Jebsen
* 1.3.1879, † 17.6.1907
⚭
Johann Heinrich Jessen
* 14.11.1865, † 19.2.1931

- Marie Christine Jessen, * 15.10.1900, † 12.12.1965
- Johann Heinrich Jessen, * 2.12.1903, † 29.4.1944

Heinrich Peter Jebsen
* 8.5.1880, † 23.11.1944

Friedrich Andreas Jebsen
* 21.5.1881, † 25.7.1915

Michael »Magge« Jebsen (V)
* 26.7.1883, † 11.9.1916

Emma Mathilde Jebsen
* 14.5.1885, † 14.4.1960
⚭
Theodor Berthold Paul von Hassel
* 29.09.1868, † 29.11.1935

- Gertrud von Hassel, * 10.9.1908, † 6.9.1999
- Friedrich von Hassel, * 16.4.1909, † 29.7.1983
- Kai-Uwe von Hassel, * 21.4.1913, † 8.5.1997
- Michael von Hassel, * 30.5.1915, † 18.8.1969
- Gisela von Hassel, * 3.5.1923, † 17.11.1999

Anhang

Abkürzungen

Abt.	Abteilung
AG	Aktiengesellschaft
AZ	Apenrader Zeitung
BAB	Bundesarchiv (Abteilung Berlin-Lichterfelde)
Bd.	Band
bkF	bei keiner Fraktion
BKV	Bundesstaatlich Konstitutionelle Vereinigung
Bl.	Blatt/Blätter
chin.	chinesisch
CL	Commerzlasten
CO	Colonial Office (of Great Britain)
DAB	Deutsch-Asiatische Bank
dass.	dasselbe
ders.	derselbe
DFrP	Deutsche Freisinnige Partei
DFrVp	Deutsche Freisinnige Volkspartei
DRP	Deutsche Reichspartei
DSRP	Deutschsoziale Reformpartei
dt.	deutsch
F	Fortschrittspartei
FNZ	Flensburger Norddeutsche Zeitung
fr.	Franc/s
franz.	französisch
FrKV	Freie Konservative Vereinigung
FrV	Freie Vereinigung
FrVg	Freisinnige Vereinigung
GAV	Gemeentearchief Vlissingen (Niederlande)
GStA PK	Geheimes Staatsarchiv Preußischer Kulturbesitz (Berlin)
HA Krupp	Historisches Archiv Krupp (Essen)
Hapag	Hamburg-Amerikanische Packetfahrt-Aktiengesellschaft, später Hamburg-Amerika Linie
H.	Heft
HK PRO	Public Record Office (Hongkong)
JJHA	Jebsen and Jessen Historical Archives (Aabenraa, Dänemark)
Kr.	Krone/n
LAA	Landsarkivet for Sønderjylland (Aabenraa, Dänemark)
LASH	Landesarchiv Schleswig-Holstein (Schleswig)
LP	Legislaturperiode
LV	Liberale Vereinigung
M.	Mark (Reichsmark)
MdA	Mitglied des Preußischen Abgeordnetenhauses
MdR	Mitglied des Reichstags
MJ IV	Michael Jebsen (IV) (1835–99)
NAA	Neuer Apenrader Anzeiger
NDB	Neue Deutsche Biographie
NL	Nationalliberale Partei
o. D.	ohne Datum
o. O.	ohne Ort
PAA	Politisches Archiv des Auswärtigen Amts (Berlin)
Pr.	Per
QMA	Qingdao Municipal Archives (Qingdao, China)
S. S.	Steam Ship
s.	siehe
SAF	Stadtarchiv Flensburg
See-BG	Seeberufsgenossenschaft
Tab.	Tabelle
TNA	The National Archives (Kew/Richmond, United Kingdom)
UAG	Universitätsarchiv der Georg-August-Universität Göttingen
WK	Wahlkreis
Z	Zentrum / Zentrumspartei
z. Zt.	zur Zeit
zit.	zitiert

Anmerkungen

Einleitung

1 Die Zeitung *Jydske Vestkysten* erinnerte in einem Bericht an die Vorgeschichte der Michael-Jebsen-Straße und bezeichnete die Platzbenennung als »eine salomonische Lösung«, die Apenrade jetzt gefunden habe. Als besonders bemerkenswert erschien es dem Blatt, daß Michael Jebsen ein Deutscher gewesen sei, den man mit einem Platznamen geehrt habe. – *Jydske Vestkysten,* 11.1.2005. Siehe auch *Der Nordschleswiger,* 11.1.2005.

2 Es waren Jens Terp-Nielsen, Gründer des Abena-Konzerns, und Paul Bert Elvstrøm, Gründer von Elvstrøm Sails.

3 *Jydske Vestkysten,* 11.1.2005; *Der Nordschleswiger,* 11.1.2005; *Aabenraa Ugeavis,* 12.1.2005.

4 Bernhard Huldermann, *Albert Ballin,* 6. Aufl., Oldenburg i. O./Berlin 1922; Peter Franz Stubmann, *Ballin. Leben und Werk eines deutschen Reeders,* 2. Aufl., Berlin 1926, erweiterte Neuauflage unter dem Titel *Mein Feld ist die Welt. Albert Ballin. Sein Leben,* Hamburg 1960; Kaspar Pinette, *Albert Ballin und die deutsche Politik. Ein Beitrag zur Geschichte von Staat und Wirtschaft 1900–1918,* Hamburg 1938; Cecil Lamar, *Albert Ballin. Wirtschaft und Politik im deutschen Kaiserreich 1888–1918,* Hamburg 1969; Renate Hauschild-Thiessen, Der Generaldirektor der HAPAG 1899–1918, in: Volker Plagemann (Hg.), *Übersee. Seefahrt und Seemacht im deutschen Kaiserreich,* München 1988, S. 244–245; Eberhard Straub, *Albert Ballin. Der Reeder des Kaisers,* Berlin 2002.

5 Beispielsweise: Georg Bessell, *Norddeutscher Lloyd. Geschichte einer bremischen Reederei 1857–1957,* Bremen [1957]; Maria Möring, Heinrich Wiegand, Generaldirektor des Norddeutschen Lloyd, in: Volker Plagemann (Hg.), *Übersee. Seefahrt und Seemacht im deutschen Kaiserreich,* München 1988, S. 246–247.

6 Vor allem in der verdienstvollen Schriftenreihe zur Schiffahrtsgeschichte des Deutschen Schiffahrtsmuseums in Bremerhaven erschienen Werke zur deutschen Reederei: Dagmar Jestrzemski, *Altonas Blütezeit und ihr jähes Ende. Die Reederei Hinrich Dultz, 1756–1807,* Hamburg 2000, sowie die Autobiographie von Arnold Bernstein, *Ein jüdischer Reeder. Von Breslau über Hamburg nach New York,* Hamburg 2001. Eine erfreulicher Zugang der jüngeren Zeit sind drei Werke zur Bremer Firma und Familie Rickmers: Melanie Leonhard, *Die Unternehmerfamilie Rickmers 1834–1918. Schiffbau, Schiffahrt und Handel,* Bremen 2009; Jörn Lindner, *Schiffahrt und Schiffbau in einer Hand. Die Firmen der Familie Rickmers 1918–2000,* Bremen 2009; *175 Jahre Rickmers – eine Familiengeschichte in der Schiffahrt,* Hamburg 2009.

7 Zur Methodik der strukturellen Biographie siehe Becker, Bert 2007, S. 12–17. Über Unternehmerbiographien mit ähnlichem Ansatz siehe Jan-Otmar Hesse, »Der Kapitalismus ist das Werk einzelner hervorragender Männer«. Unternehmensgeschichte zwischen Personen und Strukturen, in: *Geschichte in Wissenschaft und Unterricht,* 3/05, S. 148–158.

8 *Der Nordschleswiger,* 11.1.2005.

Prolog

1 JJHA A01–01-292: Michael Jebsen (Apenrade) an Kreisrichter Rud. Hansen (Flensburg), 5.2.1890.

2 JJHA A01–01-211: Michael Jebsen (Apenrade) an Kapitän C. Arnold (Rotterdam), 28.10.1883.

3 JJHA A01–01-217: Michael Jebsen (Apenrade) an Jacob Diederichsen (Hamburg), 5.8.1886.

Das Fundament

1 Schmarje, S. 47.

2 Christensen, S. 6–7; Hassel, S. 7–10.

3 Hassel, S. 9–10; Bohn 2006, S. 73–74; Rathjen, S. 209–211.

4 Die Stadt Apenrade geht vermutlich auf eine Fischer- und Hafensiedlung am innersten Winkel der Förde zurück und erhielt ihren Namen von einer weiter westlich liegenden und später verschwundenen Siedlung namens Opnör. Aus dem Dorf Alt-Opnör wurde die Stadt Opner-aa, d.h. Ort an der Opnerau, woraus sich die Namensform »Apenrade« entwickelte. Zur Stadt erhoben wurde sie anscheinend bereits durch den dänischen König Waldemar II. (der Sieger) im frühen 13. Jahrhundert, obwohl sich darüber keine Urkunde erhalten hat. Erst die schriftlich fixierte Stadtrechtsbestätigung vom 1. Mai 1335 durch Herzog Waldemar V. von Schleswig in Form der sogenannten »Skraa« ist das älteste offizielle Dokument über das Apenrader Stadtrecht. – Pauls, S. 147–148.

5 Hassel, S. 7–21; Nielsen, Elisabeth, S. 120–121; Schmarje, S. 47.

6 Kühler, Stadtverwaltung und Rechtspflege im alten Apenrade, S. 164–165.

7 Scharff, S. 42–53; Lange, S. 173–265; Bohn 2006, S. 50–77; Rathjen, S. 206–209.

8 Bohn, S. 74; Mørkegaard, S. 70–74; Momsen, S. 83–84; Schlaikier 1929, S. 9, 19–20; Witt/Vosgerau, S. 232, 262–263; Riis, S. 260.

9 Møller Nielsen, S. 47–49.

10 Hassel, S. 26.

11 Vaerst, S. 1–7.

12 Davis, S. 81–83, 86–87; Vaerst, S. 7–8; Thieß, S. 35–37; Baasch, S. 212; Hassel, S. 25–26.

13 Siehe Kapitel: Der Nordschleswiger – Apenrader Hafen.

14 Hassel, S. 25–33

15 Riis, S. 252–256, 378–383, 422–426; Witt/Vosgerau, S. 263–264; Bohn 2006, S. 82

16 Der Brief von Peter Frellsen »in Nomine der sämtlichen Deputirten« (Apenrade, 19. August 1771) ist abgedruckt in: Schlaikier 1929, S. 10–12.

17 LAA P-326: *Testament von Michael Jebsen*, Kruusmühle, 14.12.1837 u. *Confirmatio Testamenti des Müllers Michael Jebsen auf der Kruusmühle im Amte Tondern*, 27.1.1838. – Das von Michael Jebsen (II) errichtete Fideikommiß war zu Beginn des 20. Jahrhunderts mit einem Kapital von 152.228,15 Mark ausgestattet. Von den Zinsen bekamen zwei Verwandte des Stifters und zwei seiner Ehefrau eine jährliche Zuwendung von 720 Mark. Auch mehrere alte Seeleute oder deren Witwen erhielten jährlich eine geldliche Hilfe von je 72 Mark. – Uslar, S. 20.

18 Hassel, S. 35–45.

19 Kühler, Dänische Städte führten Kaperkrieg, S. 164.

20 Der erstgeborene Sohn Marcus, also Michael Jebsens (III) älterer Bruder, war auch Schiffer, fuhr unter Lübecker Flagge, doch wanderte später ins russische Kronstadt aus, wo er zuerst Segelmacher und Schiffsausrüster und später Hafenmeister des wichtigen Marinestützpunkts bei St. Petersburg wurde. Bei dieser Auswanderung, die mit einem völligen Kontaktabbruch einherging, spielten wahrscheinlich familiäre Konflikte eine Rolle. – Hassel, S. 38; *Kaptajn Hans Bruhns Erindringer*, S. 99.

21 Momsen, S. 87–88; Schlaikier 1929, S. 12; Derry, S. 200–204; Hassel, S. 46–47; Witt/Vosgerau, S. 256–261.

22 Momsen, S. 88–93; Schlaikier 1929, S. 19–36; Bohn 2006, S. 86–87; Mørkegaard, S. 72–75; Schütt, Apenrade, S. 80; Møller Nielsen, S. 20, 28, 32–36, 118–124, 130–132. Über Jörgen Bruhn besonders: *Kaptajn Hans Bruhns Erindringer*, S. 40–46.

23 Hassel, S. 48–51; Schütt, Apenrade, S. 180 (dort das Zitat von Konsul Reventlow).

24 Hassel, S. 52–53; Lorenzen-Schmidt, Zwischen Krise und Boom, S. 383 (Tab.: Reederei der wichtigsten Schiffahrtsorte der Herzogtümer 1847); Schütt, Apenrade, S. 182–183; Møller Nielsen, S. 115, 118–124.

25 Momsen, S. 89–93; Møller Nielsen, S. 171 (Bilag 1: Det Aabenraa'ske skibsbyggerie i tal 1769–1888).

26 Mørkegaard, S. 72 (Tab. 1: Die Apenrader Segelschiff-Flotte 1713–1895).

27 Im Falle der frühen Familie Jebsen war diese Regel nur einmal, und zwar bei Michael Jebsen (III) gebrochen worden, der als *zweiter* Sohn von Jacob Christian Jebsen (II) den Namen des Vaters seines Vaters erhielt und nicht den Namen des Vaters seiner Mutter, Marcus Bröcker. Es schien sich darin die besondere Dankbarkeit und Wertschätzung auszudrücken, die Jacob Christian Jebsen seinem Schwiegervater, der ihm finanziell sehr geholfen hatte, entgegenbrachte. – Hassel, S. 46.

28 Hassel, S. 50–55, 60–66; Japsen 1961, S. 130; Schütt, Apenrade, S. 183.

29 Witt/Vosgerau, S. 271–277.

30 Osterhammel 2009, S. 768–769; Schultz Hansen 2003, S. 427–429. Zu Dahlmann siehe Bleek 2010, S. 76–108.

31 Scharff, S. 59–60; Japsen 1961, S. 133–137; Schultz Hansen 2003, Demokratie oder Nationalismus, S. 429–433.

32 Hoffmann, S. 282; Krieger, August, S. 96.

33 Die Prozentzahlen sind errechnet aus der Tabelle von Japsen 1961 S. 110 über die Herkunftsorte der Apenrader Einwohner, gegliedert nach

sozialen Schichten. Zu den Heiratsverbindungen siehe Japsen 1961, S. 90–95.
34 Hassel, S. 53; Jebsen, S. 6.
35 Japsen 1961, S. 111, 130, 196–197; Schultz Hansen, Demokratie oder Nationalismus, S. 433, 440.
36 Schultz Hansen, Demokratie oder Nationalismus, S. 435.
37 Japsen 1961, S. 198.
38 Schultz Hansen, Demokratie oder Nationalismus, S. 436; Japsen 1961, S. 204–206 (mit einem Teilabdruck der Petition vom 26.10.1842); Scharff 1982, S. 60–62.
39 *Rendsburger Wochenblatt*, 22.7.1843, *Itzehoer Wochenblatt*, 21.7.1843 (Festbeschreibungen); Schultz Hansen, Demokratie oder Nationalismus, S. 437–440; Japsen 1961, S. 207–208, 212–213.
40 Scharff, S. 62; Japsen 1961, S. 217–218, 234–236 (das Zitat auf S. 236).
41 Scharff, S. 63–64; Schultz Hansen, Demokratie oder Nationalismus, S. 443; Kardel, S. 65.
42 Henrici, S. 24.
43 Scharff 1982, S. 64–65; Henrici, S. 20; Kardel, S. 65.
44 Scharff, S. 65; Jensen, S. 78–79; Witt/Vosgerau, S. 287–290.
45 JJHA A01–01-318: Michael Jebsen (Apenrade) an Heinrich Presse (o.O.), 16.8.1894, und an Ottens (o.O.), 16.8.1894; JJHA A01–01-231: Michael Jebsen (Apenrade) an Heinrich Presse (o.O.), 9.10.1894.
46 Hassel, S. 75.
47 Die Flucht seines Großvaters datierte Jacob Jebsen (V) (S. 6–7) irrtümlich auf die Zeit nach dem Malmöer Waffenstillstand am 26.8.1848. Dagegen teilte Michael Jebsen mit, daß sein Vater »zu den 1850 Flüchtlingen« gehört habe, »die ein Jahr von der Heimat verbannt« worden seien (JJHA A01-01-292: Michael Jebsen (Apenrade) an Kreisrichter Rud. Hansen (Flensburg), 5.2.1890). Diese Datierung stimmt auch mit Jacob Jebsens Angabe (S. 7) überein, daß sein Großvater »in den Jahren zwischen 1851 und 1864« von den Dänen »stark drangsaliert worden« sei.
48 Scharff, S. 65–66; Japsen 1961, S. 238.
49 Das später in »Mazurek Dąbrowskiego« umbenannte Lied wurde 1927 in seinen wesentlichen Textteilen zur polnischen Nationalhymne erklärt.
50 Worsøe 1967, S. 199–200; *Grundriß zur deutschen Verwaltungsgeschichte 1815–1945*, 9, S. 83 (dort wird Heltzens Amtszeit erst ab 1852 datiert).
51 JJHA B10–02-006: Verhörprotokoll u. Verurteilung von Michael Jebsen, Aabenraa, 10.5.1851; Hassel, S. 75–76.
52 JJHA A01–01-307: Michael Jebsen (Apenrade) an Conrad Steinbömer (Rotterdam), 7.1.1885.
53 Christensen, S. 4–5 (dort das Zitat von Thade Petersen von 1901).
54 Hassel, S. 76–77.
55 Kardel, S. 70–71 (die erste Zeile des dort abgedruckten Liedes enthält irrtümlich das Wort »Polen« anstatt »Deutschland«).
56 JJHA A01–01-292: Michael Jebsen (Apenrade) an Kreisrichter Rud. Hansen (Flensburg), 5.2.1890.
57 Jebsen, S. 7.
58 Kardel, S. 70.
59 Schultz Hansen, Demokratie oder Nationalismus, S. 448–452; Scharff, S. 66–69; Kardel, S. 75.
60 Jebsen, S. 7.
61 Kardel, S. 75; Hassel, S. 72–73.

Der Seemann

1 Brockstedt 1986, S. 113; Lorenzen-Schmidt, Zwischen Krise und Boom, S. 383; Mørkegaard, S. 74; Schlaikier 1929, S. 25; Japsen 1961, S. 108–109.
2 Leckebusch, S. 178–179.
3 Schlaikier 1929, S. 36. Ähnliche Schilderung in: Schlaikier 1943, S. 147–148.
4 Hassel, S. 72.
5 Schlaikier 1929, S. 36.
6 *NAA*, 4.10.1899: »† Stadtrat Michael Jebsen«.
7 Hassel, S. 74–77; Schlaikier 1929, S. 27–28.
8 Das See-Interimspatent vom 4.4.1851 ist abgedruckt in: Hassel, S. 78.
9 Schlaikier 1929, S. 41.
10 *Stenographische Berichte Reichstag*, 9. LP, 4. Session, 145. Sitzung, 12.12.1896, S. 3873.
11 Jantzen, S. 495.
12 Jantzen, S. 494–497; Becker, Felix, S. 83–85; Ahrens, S. 442–448; Gleich, S. 22–25.
13 Krieger, Martin, S. 91; Mathies, S. 13, 21, 32, 58–59; Hieke 1953, S. 19; Jebsen, S. 8; Kludas, Entwicklung der Schiffstypen, S. 153.
14 Hassel, S. 80; Jebsen, S. 8.
15 Kloeden, S. 1037–1038, 1044.
16 *Stenographische Berichte Reichstag*, 8. LP, 1. Session, 187. Sitzung, 4.3.1892, S. 4560.
17 Gerstenberger/Welke, S. 102–104.

18 Gerstenberger/Welke, S. 93, 142; Rath, Matrosen und Junggrade, S. 261–262; Witt, S. 205–215.
19 JJHA A01–01-221: Michael Jebsen (Apenrade) an Frau Pieper (Köln), 11.3.1889.
20 *Stenographische Berichte Reichstag*, 8. LP, 2. Session, 148. Sitzung, 15.1.1892, S. 3655.
21 Hassel, S. 79.
22 Rath, Matrosen und Junggrade, S. 262; Gerstenberger/Welke, S. 142.
23 Hassel, S. 78–80; Hieke 1953, S. 19.
24 Møller, S. 139–140.
25 Schlaikier 1929, S. 40–41: Das Schreiben des Magistrats von Apenrade an den Statthalter in Gottorf vom 22.3.1794 antwortete auf die Anfrage der Statthalterschaft vom 19.3.1794, ob dort eine Navigationsschule bestehe und wie diese eingerichtet sei.
26 Schlaikier 1929, S. 42; Gerstenberger/Welke, S. 79.
27 Schlaikier 1929 (S. 42) und Hieke 1953 (S. 20) nennen Loitkirkeby als Wohnort von Kapitän Boysen, während Hassel (S. 80) das Dorf Schauby angibt.
28 Gerstenberger/Welke, S. 80–81; Rath, Kapitäne und Schiffsoffiziere, S. 258–259; Witt, S. 220–240.
29 Hassel, S. 80; Jebsen, S. 8.
30 *Stenographische Berichte Reichstag*, 9. LP, 4. Session, 37. Sitzung, 14.2.1895, S. 881; Wislicenus, S. 42.
31 Gerstenberger/Welke, S. 81–82, 250–252; Rath, Kapitäne und Schiffsoffiziere, S. 260.
32 Hassel, S. 80; Jebsen, S. 8.
33 Kloeden, S. 971–975.
34 *Stenographische Berichte Reichstag*, 9. LP, 4. Session, 27. Sitzung, 30.1.1896, S. 632.
35 Steppes, S. 181; Witt, S. 84; Rath, Kapitäne und Schiffsoffiziere, S. 257–258; Hassel, S. 81.
36 *Stenographische Berichte Reichstag*, 8. LP, 1. Session, 56. Sitzung, 3.2.1891, S. 1283.
37 Kloeden, S. 994, 998.
38 Kunz, S. 163.
39 Hoerll, S. 11–38.
40 Greenhill, Basil, S. 121–124, 140–142; Véliz, S. 90–92, 178, 194; *Chamber's Encyclopedia, 3*, S. 410; Hassel, S. 81.
41 Fletcher, S. 557.
42 Greenhill, Basil, S. 147–148.
43 Kirkaldy 1914/1970, S. 43–54; Knowles, S. 298–301; Giese, S. 39–41; Osterhammel 2009, S. 1012–1014.
44 Hassel, S. 81.
45 Hassel, S. 82.
46 JJHA A01–01-313: Michael Jebsen (Apenrade) an Kapitän N. Christian Möller (Valparaíso), 1.8.1881.
47 JJHA A01–01-292: Michael Jebsen (Apenrade) an »Lieber Freund« (o. O.), 26.11.1886.
48 Klessmann, S. 434–438; Pierer, *3*, S. 472, *7*, S. 896; Hassel, S. 82.
49 Hieke 1953, S. 20.
50 Kloeden, S. 1146.
51 Abschrift eines Berichtes des bremischen Ministerresidenten in Washington, Rudolf Schleiden, der sich als außerordentlicher Gesandter der drei Hansestädte zu Vertragsverhandlungen in Mexiko aufhielt (Mexiko, 2.7.1856), zit. in: Becker, Felix, S. 98.
52 Becker, Felix, S. 90–97; Kloeden, S. 1145.
53 JJHA B10-01-005.
54 *Pierer, 10*, S. 442.
55 JJHA B10-01-005; Hassel, S. 83.
56 JJHA B10-01-005; Hassel, S. 84–85.
57 JJHA B10-01-005; Hassel, S. 85.
58 JJHA B10-01-005; Hassel, S. 85.
59 König, S. 439–444; Vanderwood, S. 371–383; Hamnett, S. 177–178.
60 Kloeden, S. 1146.
61 *Stenographische Berichte Reichstag*, 8. LP, 2. Session, 183. Sitzung, 29.2.1892, S. 4461.
62 JJHA B10-01-005; Hassel, S. 86–87.
63 JJHA B10-01-005; Hassel, S. 87.
64 Mathies, S. 68.
65 *Pierer, 2*, S. 69.
66 JJHA B10-01-005; Hassel, S. 88–89.
67 *Pierer, 1*, S. 123.
68 JJHA B10-01-005; Hassel, S. 88–89.
69 Meyer, S. 133–136; Frost/Balasingamchow, S. 91–93.
70 *Hansa*, 21.6.1868, S. 941.
71 JJHA B10-01-005; Hassel, S. 89.
72 Meyer, S. 96–98; *Pierer, 2*, S. 274.
73 Osterhammel 1989, S. 148–149; F. F. A., S. 251–252; Otte 1931, S. 352–355; Sze, S. 131–136.
74 Stoecker, S. 47–48.
75 *Hansa*, 9.12.1866, S. 620–622: Die Deutschen Schiffe in China.
76 Martin, S. 38–52; Fairbank 1978, S. 257–263.
77 JJHA B10-01-005; Hassel, S. 89.
78 *Hansa*, 9.12.1866, S. 621.
79 JJHA B10-01-005; Hassel, S. 89.
80 Osterhammel 1989, S. 165; Meyer, S. 59–61.
81 *Pierer, 13*, S. 187; *Herder, 4*, S. 665; *Meyers, 16*, S. 595.
82 JJHA B10-01-005; Hassel, S. 90–91.
83 JJHA A01–01-288: Michael Jebsen (Rotterdam) an Jes Nicolai Jessen (Apenrade), 19.1.1881.
84 Meyer, S. 114–116; Tsai, S. 23–26; Conrad, S. 177–180.
85 JJHA B10-01-005; Hassel, S. 91–92.
86 Schultz Hansen 2003, S. 452–456; Brandt, S. 276–281; Scharff, S. 69–71.

87 Worsøe 1974, S. 8; Gloy, S. 77: Liedtext *Schleswig-Holstein, meerumschlungen*.
88 Siehe Kapitel: Der Parlamentarier – Nationalliberale im Wahlkreis Apenrade-Flensburg.
89 Schultz Hansen 2003, S. 456–459; Brandt, S. 281–282; Huber, 3, S. 644–645.
90 Schultz Hansen 2003, S. 459, 476–477; Huber, 3, S. 593–594, 648–649; Worsøe 1974, S. 14–16.
91 Huber 1988, 3, S. 668; Worsøe 1974, S. 16; Schultz Hansen 2003, S. 464.
92 Worsøe 1974, S. 94.
93 Hassel, S. 92; Worsøe 1974, S. 94–97; Schlaikier 1929, S. 25; Møller Nielsen, S. 124, 128–129.
94 Hassel, S. 60, 92–93, 150.
95 Jebsen, S. 9; Hassel, S. 93, 140–148.
96 Hassel, S. 149–151; Schultz Hansen 2003, S. 455–456.
97 Hassel, S. 151–152; Schultz Hansen 2003, S. 456; Brandt, S. 272–273; Scharff, S. 69–70.
98 Hassel, S. 93–94; Nielsen, Elisabeth, S. 122; Møller Nielsen, S. 99 (dort ist die Bark unter dem Namen *Zephyros* mit der Fa. Hastedt & Co. in Hamburg als Bauherr bzw. Reeder aufgelistet).
99 Bake/Kiupel, S. 279–281; Jebsen, S. 10.
100 JJHA B10-01-005; Hassel, S. 95–96; *Pierer, 1*, S. 705; *Meyers, 1*, S. 756; *Meyers, 7*, S. 509.
101 *Pierer, 3*, S. 578, 859; JJHA B10-01-005; Hassel, S. 96.
102 Bake/Kiupel, S. 280.
103 JJHA B10-01-005; Hassel, S. 96–97; Jebsen, S. 10.
104 JJHA B10-01-005; Bake/Kiupel, S. 281; Hassel, S. 97; *Pierer, 7*, S. 65; *Meyers, 7*, S. 474.
105 JJHA B10-01-005; Hassel, S. 98.
106 JJHA B10-01-005; Hassel, S. 98.
107 *Stenographische Berichte Reichstag*, 8. LP, 2. Session, 187. Sitzung, 4.3.1892, S. 4560.
108 *Hansa*, 23.10.1870, S. 203–204: Der Krieg und die Entschädigung der Rhederei; *Hansa*, 6.11.1870, S. 211–213: Kriegsentschädigung Deutscher Seeschiffe; *Hansa*, 20.11.1870, S. 220–221: Die Entschädigungs-Ansprüche des Deutschen Seehandels an Frankreich; *Hansa*, 4.12.1870, S. 230–231: Kriegsentschädigung Deutscher Seeschiffe; *Stenographische Berichte Reichstag*, 8. LP, 2. Session, 187. Sitzung, 4.3.1892, S. 4556.
109 *Hansa*, 9.4.1871, S. 65–66: Die Ansprüche des Deutschen Seehandels an Frankreich.
110 JJHA B10-01-005; Hassel, S. 99.
111 JJHA B10-01-005; Hassel, S. 99; *Pierer, 11*, S. 954.
112 JJHA B10-01-005; Hassel, S. 99–100; *Pierer, 6*, S. 773; *Meyers, 11*, S. 860; *Meyers, 16*, S. 441.
113 JJHA B10-01-005; Hassel, S. 100; *A Brief Historical Sketch of Port Townsend, Washington*, S. 11–15; *Meyers, 16*, S. 179.
114 JJHA B10-01-005; *Pierer, 18*, S. 558.
115 JJHA A01–01-314: Michael Jebsen (Apenrade) an Jacob Jebsen (Hongkong), 9.7.1896.
116 JJHA B10-01-005; Hassel, S. 100, 152; Jebsen, S. 11; *A Brief Historical Sketch of Port Townsend, Washington*, S. 15–16.
117 JJHA B10-01-005; Hassel, S. 100–101.
118 JJHA B10-01-005; Hassel, S. 100, 152; Jebsen, S. 11.
119 JJHA B10-01-005; Hassel, S. 100, 152; Jebsen, S. 11–12; *Meyer, 4*, S. 26, *15*, S. 634.
120 Kludas 1986, 1, S. 67–69, 72 (hier auch die technischen Daten des Dampfers *Luxor*); Kludas, Entwicklung der Schiffstypen, S. 153.
121 JJHA B10-01-005; Hassel, S. 105; Jebsen, S. 12; *Meyer, 4*, S. 294.
122 JJHA B10-01-005; Hassel, S. 106.
123 Gerstenberger/Welke, S. 270–271.
124 JJHA A01–01-292: Michael Jebsen (Apenrade) an »Lieber Freund« (o.O.), 26.11.1886.
125 JJHA A01–01-292: Michael Jebsen (Apenrade) an Kapitän N. Christian Möller (Valparaíso), 28.2.1889.
126 Siehe Kapitel: Der Parlamentarier – Südamerika und die deutsche Flotte.

Der Flottenmanager

1 Osterhammel 2009, S. 909–926.
2 Ziegler, S. 71–75; Gall, S. 82–83.
3 Berdrow 1937, S. 177.
4 JJHA A01–01-287: Michael Jebsen (Rotterdam) an Georg Howaldt (Kiel), 29.4.1879.
5 Gall, S. 91–94, 164–184 (der Begriff des »Schicksalsjahres« auf S. 169); Berdrow 1937, S. 160–161; Gröber, S. 38; *Krupp 1812–1912*, S. 188; *Hansa*, 6.3.1897, S. 112–113: Gustaf Kreuke, Der Hafen von Bilbao.
6 HA Krupp, WA 4/768: Memorandum der Gußstahlfabrik, Essen/Ruhr (gez. Höpfner), 16.3.1911: *Geschichtliches über die Krupp'sche Reederei in Rotterdam und die Krupp'schen Erzdampfer*; Kürenberg, S. 290. Für die Termine der Stapelläufe der vier Dampfer siehe Baedeker, S. 122–123.

7 JJHA A01–01-318: Michael Jebsen (Apenrade) an Herrn Hollesen (o. O.), 1.3.1890.
8 Hassel, S. 59, 107; Hieke, S. 23–24; Jebsen, S. 12 (dort wird irrtümlich das Jahr 1876 als Zeitpunkt des Vertragsangebots von Krupp angegeben).
9 *Hansa,* 9.1.1876 (Beilage): Die Häfen zu Vlissingen und Middelburg.
10 Brugmans, S. 240–241.
11 Brusse/van den Broeke, S. 86–94, 138; Petri 1968, S. 484–485; Hassel, S. 107.
12 GAV: *Middelburgsche Courant,* 7.4.1875.
13 Nagtglas, S. 19. Das *Beeldenhuis* wurde 1930 abgebrochen und sein Schmuckgiebel der Gemeinde Vlissingen geschenkt.
14 Jebsen, S. 12–14; Hassel, S. 107; Hieke 1953, S. 24; JJHA A01–01-292: Michael Jebsen (Apenrade) an Alfred Longsdon (London), 29.1.1886, und Michael Jebsen (Apenrade) an Kapitän H. Evers (o. O.), 11.2.1886. Marshall gab 1886 seinen Posten bei John P. Best & Co. in Vlissingen auf und gründete mit einem Partner das Schiffsmakler- und Speditеurgeschäft Marshall & Gerlinger in Antwerpen. J. Gerlinger war der Sohn von Jebsens Freund Kapitän Gerlinger, Direktor der Schleppschiffahrtsgesellschaft in Antwerpen, und ein Neffe von Adolf Deppe.
15 GAV: *Verslag van den Toestand der Gemeente Vlissingen over het jaar 1875,* S. 2, 12.
16 Gröber, S. 39–40; Brusse/van den Broeke, S. 143.
17 *Hansa,* 18.9.1887, S. 156–157: Alfred Krupp.
18 GAV: *Verslag van den Toestand der Gemeente Vlissingen over het jaar 1875,* S. 9, u. Anhang: *Staat van Uitvoer te Vlissingen, over het jaar 1875.*
19 Bernath, S. 1017; Jindra, S. 966–967.
20 Hieke 1953, S. 25.
21 HA Krupp, WA 4/7: Michael Jebsen (Vlissingen) an Major Theobald Trautmann (Berlin), 19.9.1875.
22 Jebsen, S. 14; Brusse/van den Broeke, S. 147; Altena, S. 37–38; *Hansa,* 6.3.1897, S. 112–113: Gustaf Kreuke, Der Hafen von Bilbao; *Hansa,* 16.1.1891, S. 11: Carl Breuer (Westfälischer Kohlen-Ausfuhr-Verein), Der Rhein, Deutschlands Strom, nicht Deutschlands Fahrwasser; *Meyers, 2,* S. 858, *17,* S. 188.
23 Baedeker, S. 109.
24 *Hansa,* 6.2.1876, S. 26: Der Hafen zu Vlissingen, 12.6.1897, S. 283: Der Seehafen im zwanzigsten Jahrhundert.
25 JJHA A01–01-287: Michael Jebsen (Rotterdam) an C. L. Marshall (Vlissingen), 17.7.1879.
26 Van de Laar 2000, S. 91.
27 Petri 1998, S. 961–962; Van de Laar 2003, S. 63–65; Callahan, S. 111.
28 *Kamer van Koophandel en Fabrieken Rotterdam 1803–1928,* S. 465–467, 472–473; Callahan, S. 194.
29 GAV: *Middelburgsche Courant,* 31.1.1877; HA Krupp, WA 4/768: Geschichtliche Abteilung der Friedrich Krupp AG (gez. Lange) an Herrn Höpfner (Kontor II), 1.10.1909.
30 HA Krupp, WA 4/293: Memorandum von Michael Jebsen für Carl Menshausen (Essen), 16.12.1880.
31 Callahan, S. 272–273; Van Dam, S. 24.
32 HA Krupp, WA 4/1330: Mitteilung von Michael Jebsen über Conrad Steinbömer, Rotterdam, 1.1.1878; JJHA A01–01-313: Michael Jebsen (Rotterdam) an Herrn Wilkes (o. O.), 13.5.1881.
33 Van Dijk, S. 435, Beilage XVIII: De totale Rotterdamse bevolking 1851–1900; Brusse/van den Broeke, S. 148 (Tab. 2.10).
34 Nusteling, S. 290, 295–302; Van de Laar 2000, S. 100.
35 JJHA A01–01-313: Michael Jebsen (Rotterdam) an Messrs. Massey & Sawyer (Hull), 13.6.1881.
36 *Stenographische Berichte Reichstag,* 9. LP, 5. Session, 43. Sitzung, 17.2.1898, S. 1103–1105.
37 JJHA A01–01-287: Michael Jebsen (Apenrade) an Alfred Longsdon (Essen), 12.8.1879; JJHA A01–01-317: Michael Jebsen (Apenrade) an Carl Diederichsen (Hamburg), 8.10.1896; HA Krupp, WA 4/768: Memorandum der Gußstahlfabrik, Essen/Ruhr (gez. Höpfner), 16.3.1911: *Geschichtliches über die Krupp'sche Reederei in Rotterdam und die Krupp'schen Erzdampfer.*
38 JJHA A01–01-307: Michael Jebsen (Apenrade) an Kapitän H. Evers (Kiel), 21.11.1884.
39 JJHA A01–01-288: Michael Jebsen (Rotterdam) an Herrn Wencke (o. O.), 12.8.1880; HA Krupp, WA 4/240: Michael Jebsen (Rotterdam) an Richard Cohnheim (Essen), 13.10.1880.
40 JJHA A01–01-288: Michael Jebsen (Rotterdam) an Firma Friedrich Krupp (Essen), 16.12.1880.
41 JJHA A01–01-287: Michael Jebsen (Rotterdam) an Kapitän W. Hochreuter (z. Zt. Los Pasages), 6.2.1879.
42 JJHA A01–01-288: Michael Jebsen (Rotterdam) an Firma Friedrich Krupp (Essen), 16.12.1880.
43 JJHA A01–01-307: Michael Jebsen (Apenrade) an William Ruys (Rotterdam), 31.1.1884.
44 JJHA A01–01-292: Michael Jebsen (Apenrade) an Kapitän C. Arnold (o. O.), 25.6.1887.
45 JJHA A01–01-287: Michael Jebsen (Rotterdam) an Theodor Seebold (Bilbao), 29.5.1879.
46 HA Krupp, WA 4/488: Michael Jebsen (Rotterdam) an Alfred Longsdon (London), 9.7.1879.

47 *Hansa*, 26.3.1882, S. 56: Die Eisenerze von Bilbao; *Krupp 1812–1912*, S. 188; Kürenberg, S. 290.
48 JJHA A01–01-287: Michael Jebsen (Rotterdam) an Herrn Schwenn (o. O.), 30.12.1878; Westphal, S. 38.
49 HA Krupp, WA 4/1328: Michael Jebsen (Rotterdam) an Richard Cohnheim (Essen), 17.10.1879.
50 Wehler, S. 552; Gregg, S. 607.
51 JJHA A01–01-287: Michael Jebsen (Rotterdam) an Georg Howaldt (Kiel), 29.4.1879.
52 JJHA A01–01-287: Michael Jebsen (Rotterdam) an Adolf Deppe (Antwerpen), 15.10.1879.
53 Berdrow 1937, S. 254–257; Kirchner, S. 86.
54 HA Krupp, WA 4/240: Conrad Steinbömer (Bremen) an Richard Cohnheim (Essen), 9.2.1880.
55 JJHA A01–01-313: Michael Jebsen (Rotterdam) an Kapitän H. Evers (Hongkong), 4.8.1881.
56 Gall, S. 202–203; Kirchner, S. 81, 108.
57 Jindra, S. 961, 966–967.
58 JJHA A01–01-289: Michael Jebsen (Rotterdam) an [Johann] Ahlmann (o. O.), 16.2.1882.
59 HA Krupp, WA 53/53: Reederei-Conto-Listen für 1879/80 der fünf Erztransportdampfer.
60 JJHA A01–01-292: Michael Jebsen (Apenrade) an W. Roesingh (o. O.), 14.8.1886; Baedeker, S. 123; Eberstein, S. 37–39.
61 HA Krupp, WA 4/293: Memorandum von Michael Jebsen für Carl Menshausen (Essen), 16.12.1880.
62 HA Krupp, WA 4/293: Aktennotiz »Panzerstand« von Carl Menshausen, 20.12.1880.
63 Jindra, S. 972.
64 HA Krupp, WA 4/1328: Dotationsurkunden ab 1.1.1878, u. a. an M. Jebsen.
65 JJHA A01–01-307: Michael Jebsen (Apenrade) an F. Stein (Rotterdam), 27.1.1885.
66 JJHA A01–01-291: Michael Jebsen (Apenrade) an Conrad Steinbömer (Rotterdam), 17.11.1882.
67 Siehe Kapitel: Der Reeder – Die Partenreederei M. Jebsen.
68 JJHA A01–01-287: Michael Jebsen (Rotterdam) an Jes Nicolai Jessen (Apenrade), 27.12.1878.
69 HA Krupp, WA 4/488: Michael Jebsen (Rotterdam) an Alfred Longsdon (London), 31.3.1879. Der darin enthaltene Begleitbrief ist die englische Übersetzung des Kündigungsschreibens von Michael Jebsen an die Firma Krupp, der weder im Original noch als Kopie auffindbar war.
70 HA Krupp, WA 4/488: Michael Jebsen (Rotterdam) an Alfred Longsdon (London), 4.4.1879.
71 HA Krupp, WA 4/488: Michael Jebsen (Rotterdam) an Alfred Longsdon (London), 12.4.1879; Kopie in: JJHA A01–01-287.
72 JJHA A01–01-287: Michael Jebsen (Rotterdam) an Firma Friedrich Krupp (Essen), 9.6.1879.
73 JJHA A01–01-287: Michael Jebsen (Rotterdam) an Jes Nicolai Jessen (Apenrade), 28.7.1879.
74 JJHA A01–01-287: Michael Jebsen (Rotterdam) an Alfred Longsdon (London), 19.8.1879.
75 *General-Regulativ für die Firma Fried. Krupp*, § 9, abgedruckt in: Schröder, S. 43; Gall, S. 126.
76 JJHA A01–01-287: Michael Jebsen (Rotterdam) an C. L. Marshall (Vlissingen), 28.8.1879.
77 JJHA A01–01-287: Michael Jebsen (Rotterdam) an Adolf Deppe (Antwerpen), 15.10.1879.
78 JJHA A01–01-287: Michael Jebsen (Rotterdam) an Richard Cohnheim (Essen), 20.10.1879.
79 JJHA A01–01-287: Michael Jebsen (Rotterdam) an Richard Cohnheim (Essen), 31.10.1879, und an Jes Nicolai Jessen (Apenrade), 13.11.1879.
80 JJHA A01–01-287: Michael Jebsen (Rotterdam) an Richard Cohnheim (Essen), 20.11.1879.
81 JJHA A01–01-287: Michael Jebsen (Rotterdam) an Jes Nicolai Jessen (Apenrade), 26.11.1879. Der neue *Contract* wurde am 23.12.1879 in Essen ausgefertigt und unterzeichnet (JJHA B10-02-0017).
82 JJHA A01–01-288: Michael Jebsen (Rotterdam) an Jacob H. P. Diederichsen (Hamburg), 10.7.1880.
83 Gregg, S. 608.
84 JJHA A01–01-288: Michael Jebsen (Rotterdam) an Jes Nicolai Jessen (Apenrade), 12.7.1880.
85 Van de Laar 2000, S. 201.
86 Wintle, Michael, S. 56–58, 71–80.
87 Beispielsweise in: JJHA A01–01-307: Michael Jebsen (Apenrade) an Conrad Steinbömer (Rotterdam), 28.6.1883.
88 JJHA A01–01-313: Michael Jebsen (Rotterdam) an Herrn Wilkes (o. O.), 13.5.1881.
89 Jebsen, S. 14; Hassel, S. 108–110, 157–161.
90 Hassel, S. 109; JJHA A01–01-313: Michael Jebsen (Rotterdam) an Herrn Wilkes (o. O.), 13.5.1881; Jebsen, S. 13–15.
91 Berdrow 1937, S. 247; siehe auch Gall, S. 208–210.
92 JJHA A01–01-313: Michael Jebsen (Rotterdam) an Alfred Longsdon (London), 21.10.1881.
93 Brandt, S. 289–290.
94 JJHA A01–01-313: Michael Jebsen (Rotterdam) an Jes Nicolai Jessen (Apenrade), 18.10.1881.
95 JJHA A01–01-313: Michael Jebsen (Rotterdam) an Kapitän H. Evers (Hongkong), 4.8.1881.
96 JJHA A01–01-313: Michael Jebsen (Rotterdam) an Firma Friedrich Krupp (Essen), 28.10.1881.
97 JJHA A01–01-313: Michael Jebsen (Rotterdam) an Georg Howaldt (Kiel), 11.11.1881.
98 JJHA A01–01-291: Michael Jebsen (Apenrade) an Messrs. H. E. Moss & Co. (Liverpool), 4.8.1882.

99 HA Krupp, WA 4/240: Zirkulare der Firma Krupp (Essen), 1.7.1882 u. 25.7.1882.
100 JJHA A01–01-313: Michael Jebsen (Rotterdam) an Alfred Longsdon (London), 21.10.1881 (Empfehlung für Arnold); JJHA A01–01-290: Michael Jebsen (Rotterdam) an Richard Cohnheim (Essen), 13.7.1882 (Empfehlung für Roesingh).
101 HA Krupp, WA 4/240: Conrad Steinbömer (Rotterdam) an Richard Cohnheim (Essen), 22.11.1881.
102 Jebsen, S. 13, 24–25; Hieke 1953, S. 25.
103 Hassel, S. 109.
104 Die vierwöchige zeitliche Verzögerung, die Jebsen in Rotterdam ohne seine bereits nach Apenrade abgereiste Familie zubrachte, entstand durch das plötzliche Zerwürfnis zwischen der Firma Krupp und seinem bereits ernannten Nachfolger auf nautischem Gebiet, Kapitän Franke, der vom Norddeutschen Lloyd vorgeschlagen worden war. Franke wurde zur Kündigung aufgefordert und mit einer Geldsumme abgefunden. Anschließend kam Kapitän W. Roesingh, der von Jebsen und Steinbömer als geeigneter Kandidat für den Posten empfohlen wurde, zum Zuge. – JJHA A01–01-290: Michael Jebsen (Rotterdam) an Rudolph Wahl (Mannheim), 14.7.1882, an Jacob H.P. Diederichsen (Hamburg), 17.7.1882, u. an Jes Nicolai Jessen (Apenrade), 27.7.1882.

Der Reeder

1 Gerstenberger/Welke, S. 270–271.
2 *Hansa,* 24.4.1881, S. 77–78: Übersicht, in welchem Verhältnis die Gesamtanzahl der Schiffe u. ihr Tonnengehalt auf die einzelnen Staaten sich verteilt.
3 Kirkaldy, Appendix XVII: Net Tonnage of the Leading Mercantile Fleets of the World from 1850 to 1910.
4 *Hansa,* 15.4.1877, S. 81: Die Entwicklung der deutschen Handelsflotte; Kirkaldy, Appendix XVII: Net Tonnage of the Leading Mercantile Fleets of the World from 1850 to 1910.
5 *Hansa,* 29.4.1877, S. 89–90: Die Entwicklung der deutschen Handelsflotte in den Jahren 1871–76 (II).
6 *Hansa,* 27.10.1878, S. 210: Dampfer oder Segler.
7 *Hansa,*13.5.1877, S. 97: Die Entwicklung der deutschen Handelsflotte in den Jahren 1871–76 (III).
8 *Hansa,* 7.12.1879, S. 249: Das Verhältnis der Segelschiffs-Marinen zu den Dampfschiffs-Marinen.
9 *Hansa,* 5.1.1879, S. 1: Rückblicke. Zum neuen Jahre.
10 Greenhill, Basil, S. 7–9.
11 Fletcher, S. 558–563.
12 *Hansa,* 19.9.1875, S. 163: Die Handelsflotten der Welt; Gardiner, S. 10, Tab. 1: Net Tonnage of the Leading Mercantile Fleets of the World, Sail and Steam, from 1850 to 1910.
13 Kiesewetter, S. 232–234.
14 Kiesewetter, S. 231–234. Über die einzelnen Gesellschaften: Kludas 1986, 1; Scholl.
15 Schütt/Lorenzen, S. 90; Pajung/Poulsen, S. 150–156; Schlaber, S. 169.
16 Schütt/Lorenzen, S. 90–107.
17 Schütt/Lorenzen, S. 125–126; Spethmann, S. 50 u. Anhang: Bestand von Flensburg.
18 Spethmann, Anhang: Bestand von Apenrade.
19 Schlaikier 1929, S. 38–39; Schütt, Apenrade, S. 182.
20 Graham, S. 83–86.
21 Für die Zahlen siehe Spethmann, S. 46–47 und Anhang: Bestand von Apenrade. Über die kleinen Holzsegelschiffe siehe Schlaikier 1929, S. 80. Für die unterschiedlichen Bewertungen der Zustands der Apenrader Seglerflotte in den 1870er Jahren siehe Schütt, Apenrade, S. 183, und Hieke 1953, S. 37. Den besten Überblick bietet Møller Nielsen, S. 171 (Bilag 1: Det Aabenraa'ske skibsbyggeri i tal 1769–1888).
22 *Norddeutsche Allgemeine Zeitung,* 6.12.1884: Zur Lage unserer Rhederei (Von einem Fachmanne).
23 Mørkegaard, S. 78; Møller Nielsen, S. 93–133.
24 Brockstedt 1986, S. 117.
25 Schlaikier 1929, S. 39.
26 Mørkegaard, S. 81.
27 Wehler, S. 552; Gregg, S. 607.
28 *Hansa,* 6.1.1878, S. 7: Der Rückgang des Seeverkehrs.
29 *Hansa,* 31.3.1878, S. 63: Die Rhederei im Jahre 1877.
30 Hieke 1953, S. 35, 219; Detlefsen 1982, S. 57.
31 HA Krupp, WA 4/488: Michael Jebsen (Rotterdam) an Alfred Longsdon (London), 8.11. u. 15.11.1878; Hieke 1953, S. 35–36.
32 Ingermann, S. 136; *Navigator,* S. 14; Hieke 1953, S. 36.
33 JJHA A01–01-310: Michael Jebsen (Apenrade) an Paul Langhans, Justus Perthes' Geographische Anstalt (Gotha), 18.5.1898.

34 Siehe Kapitel: Das Fundament – Von Gottorfer zu dänischer Herrschaft.
35 Vaerst, S. 8–11, 27.
36 Vaerst, S. 12–18; Kloepfer, S. 9–10, 51–74.
37 Vaerst, S. 19–20; Kloepfer, S. 10.
38 Hieke 1953, S. 37–38, 219; JJHA A01–01-233: Michael Jebsen (Apenrade) an Vicente Dotzauer (Bilbao), 11.7.1895.
39 Kloepfer, S. 16–22; Vaerst, S. 21–23, 47–50; Warneke, S. 13–62.
40 JJHA A01–01-292: Michael Jebsen (Apenrade) an Ruys (Rotterdam), 30.12.1885, und an Conrad Steinbömer (Rotterdam), 20.3.1886.
41 JJHA A01–01-292: Michael Jebsen (Apenrade) an Jacob H. P. Diederichsen (Hamburg), 10.6.1886.
42 JJHA A01–01-292: Michael Jebsen (Apenrade) an Carl Hagemann (Essen), 23.9.1886.
43 JJHA A01–01-292: Michael Jebsen (Apenrade) an Alfred Longsdon (London), 27.9.1886.
44 JJHA A01–01-292: Michael Jebsen (Apenrade) an Jacob H. P. Diederichsen (Hamburg), 11.1.1887, an Vicente Dotzauer (Bilbao), 11.4.1887, und an Jacob H. P. Diederichsen (Hamburg), 13.4.1887.
45 Hieke 1953, S. 223; JJHA A01–01-218: Michael Jebsen (Apenrade) an Herren Eduard Schellhass & Co. (Hongkong), 7.7.1887.
46 JJHA A01–01-292: Michael Jebsen (Apenrade) an Jacob H. P. Diederichsen (Hamburg), 14.4.1887.
47 JJHA A01–01-292: Michael Jebsen (Apenrade) an Jacob H. P. Diederichsen (Hamburg), 19.4.1887.
48 JJHA A01–01-292: Michael Jebsen (Apenrade) an Carl Diederichsen (Hamburg), 20.4.1887.
49 JJHA A01–01-292: Michael Jebsen (Apenrade) an C. L. Marshall (Antwerpen), 19.5.1887.
50 Hieke 1953, S. 71; Ostersehlte 2004, S. 86.
51 JJHA A01–01-292: Michael Jebsen (Apenrade) an Jacob H. P. Diederichsen (Hamburg), 19.4.1887.
52 Thieß, S. 36–37; Kloepfer, S. 75–76.
53 JJHA A01–01-314: Michael Jebsen (Apenrade) an Herrn Kolke (o. O.), 8.12.1896.
54 Vaerst, S. 26–54.
55 JJHA A01–01-318: Michael Jebsen (Apenrade) an Herrn Narjes, 6.1.1896.
56 JJHA A01–01-321: Michael Jebsen (Apenrade) an Heinrich Schuldt (Flensburg), 11.1.1883.
57 JJHA A01–01-315: Michael Jebsen (Apenrade) an Wasserbau-Inspektor J. W. Kuntze (Kiel), 29.11.1889.
58 JJHA A01–01-321: Michael Jebsen (Apenrade) an Kapitän Friedrich Boysen (Shanghai), 29.12.1882, u. an Carl Diederichsen (Hamburg), 31.12.1882.
59 Stevens, S. 1–2.
60 JJHA A01–01-316: Michael Jebsen (Apenrade) an Herren H. C. Mosse & Co. (Hiogo), 26.9.1891.
61 JJHA A01–01-311: Jacob Jebsen (Apenrade) an Carl Hagemann (Essen), 16.4.1901.
62 Kloepfer, S. 75–78.
63 JJHA A01–01-307: Michael Jebsen (Apenrade) an Rudolph Wahl (Mannheim), 19.7.1884.
64 JJHA PS 3269: *Geschichte der Reederei M. Jebsen, Apenrade,* S. 8–9.
65 JJHA A01–01-287: Michael Jebsen (Rotterdam) an Jes Nicolai Jessen (Apenrade), 18.6.1879.
66 Hieke 1953, S. 219–242 (Schiffsliste).
67 Wenzel 1978, S. 147; Ostersehlte, HOWALDT, August Ferdinand, S. 201–202; Ostersehlte 2004, S. 25–26, 36; Hieke 1953, S. 29–30.
68 Beispielsweise in: JJHA A01–01-288: Michael Jebsen (Rotterdam) an Jacob H. P. Diederichsen (Hamburg), 10.7.1880.
69 Ostersehlte 2004, S. 120, 203; Hieke 1953, S. 30; Zimmermann, S. 74, 100, 103; Greenhill, Robert, The Brazilian Coffee Trade, S. 208; Wulf, S. 247. Zur Gründung von Diederichsen, Jebsen & Co. siehe das Kapitel: Der Parlamentarier – Postdampfer nach Kiautschou.
70 Beispielsweise in: JJHA A01–01-234: Michael Jebsen (Apenrade) an Carl Diederichsen (Hamburg), 27.9.1895.
71 Hassel, S. 59.
72 *Hansa,* 13.2.1892, S. 101–102: J. H. P. Diederichsen gestorben.
73 Zit. in Ostersehlte 2004, S. 75.
74 JJHA A01–01-287: Michael Jebsen (Rotterdam) an Jacob H. P. Diederichsen (Hamburg), 6.7.1879.
75 JJHA A01–01-287: Michael Jebsen (Rotterdam) an Jes Nicolai Jessen (Apenrade), 7.8.1879.
76 JJHA A01–01-287: Michael Jebsen (Rotterdam) an Kapitän H. Evers (Kiel), 11.9.1879.
77 Hieke 1953, S. 219–244 (Schiffsliste).
78 JJHA A01–01-287: Michael Jebsen (Rotterdam) an Jes Nicolai Jessen (Apenrade), 16.10.1879.
79 Ostersehlte 2004, S. 80–81, 554 (Baunummernliste).
80 JJHA A01–01-288: Michael Jebsen (Rotterdam) an Jacob H. P. Diederichsen (Hamburg), 10.7.1880.
81 Gregg, S. 608, Wehler, S. 567–569; Ostersehlte 2004, S. 74–75.
82 JJHA A01–01-288: Michael Jebsen (Rotterdam) an Jacob H. P. Diederichsen (Hamburg), 10.7.1880.
83 Hieke 1953, S. 220–221.
84 *100 Jahre Howaldt,* S. 68.
85 JJHA A01–01-288: Michael Jebsen (Rotterdam) an Jes Nicolai Jessen (Apenrade), 6.8.1880.
86 JJHA A01–01-288: Michael Jebsen (Rotterdam) an Georg Howaldt (Kiel), 18.8.1880.

87 JJHA A01–01-288: Michael Jebsen (Rotterdam) an Jes Nicolai Jessen (Apenrade), 19.8.1880.
88 Ostersehlte 2004, S. 554 (Baunummernliste).
89 JJHA A01–01-288: Michael Jebsen (Rotterdam) an Jes Nicolai Jessen (Apenrade), 18.2.1881.
90 JJHA A01–01-288: Michael Jebsen (Rotterdam) an Jacob H.P. Diederichsen (Hamburg), 16.2.1881.
91 JJHA A01–01-288: Michael Jebsen (Rotterdam) an Jes Nicolai Jessen (Apenrade), 18.2.1881.
92 Hensen, S. 237.
93 Wulf, S. 247.
94 JJHA A01–01-288: Michael Jebsen (Rotterdam) an Jes Nicolai Jessen (Apenrade), 18.2.1881.
95 JJHA A01–01-288: Michael Jebsen (Rotterdam) an Jacob H.P. Diederichsen (Hamburg), 16.2.1881.
96 JJHA A01–01-313: Michael Jebsen (Rotterdam) an Kapitän Friedrich Will (Kiel), 9.4.1881.
97 JJHA A01–01-313: Michael Jebsen (Rotterdam) an Jacob H.P. Diederichsen (Hamburg), 9.4.1881.
98 JJHA A01–01-313: Michael Jebsen (Rotterdam) an Jes Nicolai Jessen (Apenrade), 19.4.1881.
99 JJHA A01–01-313: Michael Jebsen (Rotterdam) an Jacob H.P. Diederichsen (Hamburg), 23.4.1881.
100 JJHA A01–01-313: Michael Jebsen (Rotterdam) an Jes Nicolai Jessen (Apenrade), 18.6.1881.
101 JJHA A01–01-313: Michael Jebsen (Rotterdam) an Alfred Longsdon (Essen), 15.6.1881.
102 Hieke 1953, S. 220–221 (Schiffsliste); Ostersehlte 2004, S. 554 (Baunummernliste); *100 Jahre Howaldt*, S. 68.
103 JJHA A01–01-313: Michael Jebsen (Rotterdam) an Kapitän H. Evers (Hongkong), 23.6.1881.
104 JJHA A01–01-313: Michael Jebsen (Rotterdam) an Kapitän H. Evers (Hongkong), 4.8.1881.
105 JJHA A01–01-291: Michael Jebsen (Apenrade) an Rudolph Wahl (Mannheim), 12.10.1882.
106 Gregg, S. 608–609.
107 Hieke 1953, S. 47, 221 (Schiffsliste); Ostersehlte 2004, S. 86, 554 (Baunummernliste).
108 JJHA A01–01-313: Michael Jebsen (Rotterdam) an Jes Nicolai Jessen (Apenrade), 18.10.1881.
109 JJHA A01–01-313: Michael Jebsen (Rotterdam) an Kapitän H. Evers (Hongkong), 23.11.1881.
110 Hieke 1953, S. 48, 222–223 (Schiffsliste).
111 JJHA A01–01-291: Michael Jebsen (Apenrade) an Rudolph Wahl (Mannheim), 17.8.1882.
112 Ostersehlte 2004, S. 554 (Baunummernliste).
113 JJHA A01–01-291: Michael Jebsen (Apenrade) an Jacob H.P. Diederichsen (Hamburg), 27.9.1882.
114 Wehler, S. 570–571; *100 Jahre Howaldt*, S. 68–69; Ostersehlte, HOWALDT, *Georg* Ferdinand, S. 207; Ostersehlte 2004, S. 554 (Baunummernliste).
115 JJHA A01–01-321: Michael Jebsen (Apenrade) an Kapitän Friedrich Will (Neufahrwasser), 2.1.1883.
116 JJHA A01–01-321: Michael Jebsen (Apenrade) an Kapitän H. Evers (Kiel), 10.1.1883.
117 Prager, S. 17–29, 229 (Neubauliste).
118 Hieke 1953, S. 224 (Schiffsliste).
119 JJHA 101–01-291: Michael Jebsen (Apenrade) an Jacob H.P. Diederichsen (Hamburg), 11.10.1882.
120 JJHA A01–01-321: Michael Jebsen (Apenrade) an Andresen (Hadersleben), 27.1.1883.
121 JJHA A01–01-321: Michael Jebsen (Apenrade) an Conrad Steinbömer (Rotterdam), 27.1.1883.
122 JJHA A01–01-307: Michael Jebsen (Apenrade) an Kapitän H. Evers (o.O.), 21.11.1883.
123 JJHA A01–01-307: Michael Jebsen (Apenrade) an Nielsen (Sonderburg), 25.12.1883.
124 JJHA A01–01-321: Michael Jebsen (Apenrade) an J.H. Meyer & Darmer (Liverpool), 28.1.1883.
125 Wehler, S. 570–571; Gregg, S. 608–609.
126 JJHA A01–01-321: Michael Jebsen (Apenrade) an Carl Hagemann (Essen), 16.4.1883.
127 Hieke 1953, S. 225 (Schiffsliste).
128 JJHA A01–01-307: Michael Jebsen (Apenrade) an William Ruys (Rotterdam), 17.12.1883.
129 Hieke 1953, S. 222, 225 (Schiffsliste).
130 Gregg, S. 608–609.
131 JJHA A01–01-307: Michael Jebsen (Apenrade) an Carl Diederichsen (Hamburg), 3.1.1885.
132 JJHA A01–01-292: Michael Jebsen (Apenrade) an Johann Schweffel (Kiel), 27.12.1886.
133 Prager, S. 231 (Neubauliste).
134 JJHA A01–01-292: Michael Jebsen (Apenrade) an Carl Hagemann (Essen), o.D. [zwischen 31.12.1886 u. 8.1.1887].
135 JJHA A01–01-292: Michael Jebsen (Apenrade) an Max Jebsen (o.O.), 19.5.1887.
136 Prager, S. 231 (Neubauliste); Hieke 1953, S. 226 (Schiffsliste).
137 Brustat-Naval, S. 28.
138 JJHA A01–01-292: Michael Jebsen (Apenrade) an Carl Diederichsen (Hamburg), 10.5.1888.
139 *100 Jahre Howaldt*, S. 92–94; Ostersehlte, HOWALDT, Bernhard, S. 204.
140 Hieke 1953, S. 71; Ostersehlte 2004, S. 86.
141 Ostersehlte 2004, S. 79; Wehler, S. 577.
142 Ostersehlte 2004, S. 92.
143 JJHA A01–01-292: Michael Jebsen (Apenrade) an Conrad Steinbömer (Rotterdam), 22.3.1889.
144 JJHA A01–01-221: Michael Jebsen (Apenrade) an Max Jebsen (Hongkong), 19.3.1889.
145 JJHA A01–01-292: Michael Jebsen (Apenrade) an Jacob H.P. Diederichsen (Hamburg), 29.4.1889.
146 *100 Jahre Howaldt*, S. 103; Ostersehlte 2004, S. 102–104.

147 JJHA A01–01-292: Michael Jebsen (Apenrade) an Gerlinger (o. O.), 8.5.1889.
148 JJHA A01–01-292: Michael Jebsen (Apenrade) an Carl Hagemann (Essen), 4.9.1889; Hieke 1953, S. 227–228 (Schiffsliste).
149 *100 Jahre Howaldt,* S. 103.
150 JJHA A01–01-315: Michael Jebsen (Apenrade) an Gerlinger (o. O.), 2.11.1889.
151 JJHA A01–01-315: Michael Jebsen (Apenrade) an Kapitän Johann Conrad Matthiesen (Hongkong), 25.11.1889.
152 JJHA A01–01-315: Michael Jebsen (Apenrade) an Heinrich Diederichsen (Kiel), 12.12.1889.
153 JJHA A01–01-222: Michael Jebsen (Apenrade) an Carl Hagemann (Essen), 30.5.1890; Hieke 1953, S. 229 (Schiffsliste).
154 JJHA A01–01-224: Michael Jebsen (Apenrade) an Kapitän Peter Moos (Hongkong), 6.1.1892.
155 Prager, S. 231–232 (Neubauliste).
156 JJHA A01–01-318: Michael Jebsen (Apenrade) an Georg Howaldt (Kiel), 12.11.1890.
157 JJHA A01–01-302: Michael Jebsen (Apenrade) an Gerlinger (o. O.), 25.5.1891.
158 Hieke 1953, S. 230–231 (Schiffsliste); Prager, S. 232 (Neubauliste).
159 *Hansa,* 15.8.1891, S. 323–324: Die Geschäfts-Resultate der großen deutschen Schiffbauwerften in 1890.
160 Hieke 1953, S. 228–229 (Schiffsliste).
161 Hieke 1953, S. 230 (Schiffsliste).
162 JJHA A01–01-224: Michael Jebsen (Apenrade) an Kapitän Peter Moos (Hongkong), 6.1.1892.
163 *Hansa,* 22.8.1891, S. 338: Die Geschäfts-Resultate der großen deutschen Schiffbauwerften in 1890 (Schluß); Seibel, S. 125; Ostersehlte 2004, S. 81, 554 (Baunummernliste).
164 Sievers 2005, S. 123; Ostersehlte 2004, S. 555 (Baunummernliste).
165 *Hansa,* 13.2.1892, S. 101–102: J. H. P. Diederichsen gestorben; Hieke 1953, S. 231 (Schiffsliste).
166 JJHA A01–01-292: Michael Jebsen (Apenrade) an Bondin Ohlsen (Sonderburg), 8.4.1889; JJHA A01–01-302: Michael Jebsen (Berlin) an Kapitän Johann Conrad Matthiesen (Hongkong), 4.2.1892.
167 Ostersehlte 2004, S. 120–123 (Baunummernliste); *100 Jahre Howaldt*, S. 104;
168 JJHA A01–01-229: Michael Jebsen (Apenrade) an O. Libbertz (Dresden), 19.3.1894.
169 Der Schiffsname *Marie Jebsen* war eine Referenz an die älteste Tochter von Carl Diederichsen, die sich kurz vorher mit Max Jebsen, einem Neffen von Jebsen und Kapitän von *Else*, verheiratet hatte. Hieke 1953, S. 232 (Schiffsliste); Jebsen, S. 26.
170 JJHA A01–01-318: Michael Jebsen (Apenrade) an Carl Hagemann (Essen), 5.10.1894; Hieke 1953, S. 232–233 (Schiffsliste).
171 JJHA A01–01-318: Michael Jebsen (Apenrade) an Gerlinger (o. O.), 19.11.1894.
172 JJHA A01–01-232: Michael Jebsen (Apenrade) an Carl Hagemann (Essen), 23.4.1895.
173 JJHA A01–01-232: Michael Jebsen (Apenrade) an Jacob Jebsen (Hongkong), 19.3.1895.
174 JJHA A01–01-232: Michael Jebsen (Apenrade) an Carl Hagemann (Essen), 23.4.1895.
175 Hsü, S. 342.
176 Ostersehlte 2004, S. 555 (Baunummernliste).
177 JJHA A01–01-235: Michael Jebsen (Apenrade) an Jacob Jebsen (Hongkong), 26.11.1895.
178 Hieke 1953, S. 226, 234 (Schiffsliste).
179 Ostersehlte 2004, S. 123.
180 JJHA A01–01-236: Michael Jebsen (Apenrade) an Jacob Jebsen (Hongkong), 25.3.1896.
181 *100 Jahre Howaldt*, S. 107; Ostersehlte 2004, S. 123.
182 JJHA A01–01-318: Michael Jebsen (Apenrade) an Ernst Voss (Hamburg), 24.12.1895.
183 JJHA A01–01-317: Michael Jebsen (Apenrade) an Carl Diederichsen (Hamburg), 1.11.1896.
184 JJHA A01–01-317: Michael Jebsen (Apenrade) an die Howaldtswerke (Kiel), 3.11.1896.
185 Hieke 1953, S. 234–235 (Schiffsliste); Ostersehlte 2004, S. 555 (Baunummernliste).
186 JJHA A01–01-238: Michael Jebsen (Apenrade) an Kapitän A. Hansen (Singapur), 21.7.1898.
187 JJHA A01–01-208: Michael Jebsen (Apenrade) an die Howaldtswerke (Kiel), 27.8.1897.
188 JJHA A01–01-310: Michael Jebsen (Apenrade) an Kapitän Johann Conrad Matthiesen (Nagasaki), 5.5.1898.
189 JJHA A01–01-310: Michael Jebsen (Apenrade) an Max Jebsen (o. O.), 15.4.1898.
190 JJHA A01–01-297: Michael Jebsen (Berlin) an Jacob Jebsen (Hongkong), 3.3.1898.
191 Prager, S. 235 (Neubauliste).
192 JJHA A01–01-298: Michael Jebsen (Apenrade) an Ernst Voss (Hamburg), 7.9.1898.
193 JJHA A01–01-321: Michael Jebsen (Apenrade) an Carl Diederichsen (Hamburg), 31.12.1882.
194 JJHA A01–01-314: Michael Jebsen (Berlin) an O. Libbertz (Dresden), 19.4.1897 u. 23.4.1897.
195 JJHA A01–01-298: Michael Jebsen (Apenrade) an Heinrich Jebsen (Hamburg), 24.12.1898.
196 JJHA A01–01-298: Michael Jebsen (Apenrade) an C. L. Marshall (Antwerpen), 27.5.1899.
197 JJHA A01–01-240: Michael Jebsen (Apenrade) an die Howaldtswerke (Kiel), 25.5.1899.
198 Hieke 1953, S. 236–245. – Über das Verhältnis von Michael Jebsen zur Howaldt-Werft setzte der Hamburger Wirtschaftshistoriker Ernst Hieke in seinem Werk *Die Reederei M. Jebsen A. G. Apenrade* (1953) den interpretatorischen Maßstab. Zwar ging er auf Jebsens »Konflikt mit den Brüdern

Howaldt« ein, »die seiner Meinung nach nicht so bauten, wie er es wünschte«, doch hielt er die harten Worte des Reeders, die er teilweise wörtlich aus dessen Briefen zitierte, für ein Phänomen der Anfangszeit. »Dieser Ärger mit den Brüdern Howaldt ging bald vorüber«, konstatierte Hieke, um einige Seiten später das Thema erneut aufzugreifen, indem er die »kritischen Augen« anführte, mit denen Jebsen die Howaldtschen Arbeiten 1881/82 beobachtet habe. »Michael Jebsen war also schwer zufriedenzustellen«, lautete sein Fazit, dem die Erkenntnis folgte, daß dessen Aussagen heute nicht mehr nachprüfbar seien. Hieke lobte den Apenrader Reeder für den Entschluß, auf Wunsch seiner Freunde die meisten Bauaufträge an die Brüder Howaldt zu vergeben, womit er zur Entwicklung der Kieler Werftindustrie beigetragen habe. Er teilte mit, Jebsens Klagen seien dann mehr und mehr verstummt, um nach 1890 gänzlich aufzuhören (Hieke 1953, S. 41–42, 48–49). Daß diese Feststellung nicht zutrifft, ist früher dargestellt worden. Hiekes Einschätzung folgte der Schiffahrts- und Schiffbauhistoriker Christian Ostersehlte in seiner großen Studie *Von Howaldt zu HDW* (2004). Nach eigener Aussage hielt er das Buch von Hieke für »(d)as wichtigste Standardwerk« über die Reederei Jebsen und ließ deshalb die Spannungen mit der Werft nicht unerwähnt: Jebsen sei häufig mit der Qualität der Bauausführung nicht einverstanden gewesen, doch hätten beide Seiten »sich erst einmal zusammenraufen« müssen, »was aber wohl gelang, denn die *Vorwärts* bildete nur einen bescheidenen Anfang für das, was in Zukunft noch kommen sollte«. Das »Sorgenkind der Reederei«, den von Howaldt im Jahre 1882 gebauten Dampfer *Doris* mit seiner hohen Reparaturanfälligkeit, bezeichnete Ostersehlte als »Ausreißer«, der die Geschäftsverbindung nicht grundsätzlich in Frage gestellt habe. In einer Tabelle führte Ostersehlte die Howaldtschen Anteile an sieben Schiffen von Jebsen auf und wies damit auf das finanzielle Engagement der Familie Howaldt für die Reederei Jebsen hin. Allerdings blieb bis auf *Vorwärts*, das erste von Howaldt gebaute Schiff für die Reederei, und den neun Jahre alten *Holstein*, den die Reederei von der Firma Theodor Wille kaufte, die Beteiligung der Howaldts bei Jebsen sehr gering und lag in den übrigen fünf Schiffen bei lediglich zwei bis drei Parten. Daß es für Jebsen wegen der mangelnden Kapitalbeteiligung in Apenrade »nur günstig« gewesen sei, daß die Familie Howaldt und auch Johann Schweffel einige Schiffsanteile übernahmen, wie Ostersehlte schrieb, ist sicherlich wahr (Ostersehlte 2004, S. 565 (Neubauten, Umbauten und Reparaturen: Endnote 64), S. 86). Allerdings wird bei einer solchen Einschätzung der finanzielle Nutzen aus der engen Geschäftsverbindung eher der Reederei Jebsen als der Howaldt-Werft zugeschrieben, welche aber in Wirklichkeit von den jahrelangen Neubaubestellungen aus Apenrade in weit höherem Maße als die Reederei von einigen Partenkäufen aus Kiel profitieren konnte.

199 Beispielsweise: Ziegler, S. 55–63, Kap. 1.1. Die Transportrevolution.

200 Armstrong 2004, S. 115.

201 Armstrong/Kunz, Introduction, in: dies. 2002, S. 2–4.

202 Siehe Artikel 54, Absatz 3 der Verfassung des Deutschen Reichs (1871), in: Sautter, S. 136.

203 *Hansa*, 27.3.1881 (Beilage): Der Gesetzentwurf, betreffend die deutsche Küstenfrachtfahrt; dass., 25.9.1881: Küstenschiffahrt; dass., 15.1.1882: Die Küstenfrachtfahrt.

204 Kirkaldy, Appendix XVII: Net Tonnage of the Leading Mercantile Fleets of the World from 1850 to 1910.

205 Armstrong 2004, S. 122–127; Brockstedt, Seefahrende, S. 16, 23.

206 Davis, S. 161–162; Caulier-Eimbcke, S. 17.

207 JJHA A01–01-288: Michael Jebsen (Rotterdam) an Herren G. & J. E. Pinckernelle (Hamburg), 27.1.1881

208 JJHA A01–01-321: Michael Jebsen (Apenrade) an Conrad Steinbömer (Rotterdam), 15.3.1883.

209 Beispielsweise: JJHA A01–01-213: Michael Jebsen (Apenrade) an Carl Diederichsen (Hamburg), 22.4.1884.

210 JJHA A01–01-213: Michael Jebsen (Apenrade) an Herren G. u. J. E. Pinckernelle (Hamburg), 19.4.1884.

211 JJHA A01–01-213: Michael Jebsen (Apenrade) an Hans Smith (Kronstadt), 5.5.1884.

212 JJHA A01–01-213: Michael Jebsen (Apenrade) an Kapitän W. Zerrahn (Rouen), 25.3.1884.

213 JJHA A01–01-213: Michael Jebsen (Apenrade) an J. D. Wake (Rouen), 4.4.1884.

214 JJHA A01–01-316: Michael Jebsen (Apenrade) an Kapitän Kreidner (Hongkong), 10.10.1891.

215 Caulier-Eimbcke, S. 65–70; Westphal, S. 195; *Oxford Companion to Ships and the Sea*, S. 591.

216 JJHA A01–01-287: Michael Jebsen (Rotterdam) an Alfred Longsdon (Essen), 16.12.1878.

217 *Hansa*, 4.8.1878, S. 148: Aus Briefen deutscher Kapitäne, VII. Riga. Von Kapitän F. Niejahr.

218 JJHA A01–01-211: Michael Jebsen (Apenrade) an Kapitän T. Bergemann (Stettin), 12.10.1883.

219 JJHA A01–01-321: Michael Jebsen (Apenrade) an Kapitän Friedrich Will (Schiedam), 4.12.1882.

220 JJHA A01–01-318: Michael Jebsen (Apenrade) an »Werter Neffe« (o. O.), 13.4.1895.

221 Headrick, S. 129–149; Osterhammel 1989, S. 183.

222 Fairbank 1978, S. 229.
223 Fletcher, S. 556–573; Harlaftis/Theotokas, S. 18–22; Yan Zhongping, S. 244–247 (Tab. 16 u. 17).
224 Zur China Navigation Company: Marriner/Hyde; Hyde, S. 98–105.
225 Wintle, S. 326.
226 Liu, S. 49–77.
227 Otte 1930, S. 132–134; Fairbank 1983, S. 9–20.
228 Zur Indo-China Steam Navigation Company: Keswick, S. 131–147; Blake, S. 230–231.
229 Meyer, S. 100–105; Osterhammel 1989, S. 183–185.
230 Armstrong 2009, S. 77.
231 Wiens, S. 248–250; *Hansa*, 8.5.1881, S. 82: Die Schiffahrt China's. Von Civil-Ingenieur Max Weber in Berlin.
232 JJHA A01–01-288: Michael Jebsen (Rotterdam) an Jes Nicolai Jessen (Apenrade), 12.7.1880.
233 *Hansa*, 14.8.1881, S. 151–153: Das Sinken unserer Rhederei im deutsch-chinesischen Handel und in der chinesischen Küstenfahrt.
234 Kludas 1986, Bd.1, S. 156.
235 Bericht des Kaiserlichen Konsuls in Kanton vom Dezember 1875, zit. in: *Hansa*, 14.8.1881, S. 152.
236 JJHA PS. 3269: *Geschichte der Reederei M. Jebsen*, S. 1.
237 *Hansa*, 14.8.1881, S. 151–153: Das Sinken unserer Rhederei im deutsch-chinesischen Handel und in der chinesischen Küstenfahrt.
238 Schroedter/Schroedter, S. 5.
239 *Hansa*, 19.11.1882, S. 219–220: Hongkong's Schiffahrtsbericht für 1881.
240 JJHA A01–01-288: Michael Jebsen (Rotterdam) an Jes Nicolai Jessen (Apenrade), 13.1.1881; Hieke 1953, S. 52.
241 HK PRO, CS/IO14/00133227.GIF: Pinckernelle, Hermann Friedrich.
242 JJHA A01–01-288: Michael Jebsen (Rotterdam) an Herren G. & J. E. Pinckernelle (Hamburg), 15.1.1881.
243 JJHA A01–01-288: Michael Jebsen (Rotterdam) an Jes Nicolai Jessen (Apenrade), 15.1.1881.
244 JJHA A01–01-288: Michael Jebsen (Rotterdam) an Herren G. & J. E. Pinckernelle (Hamburg), 17.1. u. 18.1.1881.
245 JJHA A01–01-288: Michael Jebsen (Rotterdam) an Jes Nicolai Jessen (Apenrade), 10.11.1880.
246 JJHA A01–01-288: Michael Jebsen (Rotterdam) an Theodor Burchardt (Rostock), 24.12.1880.
247 JJHA A01–01-288: Michael Jebsen (Rotterdam) an Jes Nicolai Jessen (Apenrade), 19.1.1881.
248 JJHA A01–01-288: Michael Jebsen (Rotterdam) an Jes Nicolai Jessen (Apenrade), 12.2.1881.
249 JJHA A01–01-288: Michael Jebsen (Rotterdam) an Jacob H.P. Diederichsen (Hamburg), 16.2.1881.
250 JJHA A01–01-288: Michael Jebsen (Rotterdam) an Jes Nicolai Jessen (Apenrade), 19.1.1881.
251 JJHA A01–01-288: Michael Jebsen (Rotterdam) an Messr. John F. Best & Co. (Antwerpen), 25.1.1881.
252 JJHA A01–01-288: Michael Jebsen (Rotterdam) an Herren G. & J. E. Pinckernelle (Hamburg), 25.1.1881.
253 JJHA A01–01-288: Michael Jebsen (Rotterdam) an Herren G. & J. E. Pinckernelle (Hamburg), 3.2., 4.2., 6.2. u. 9.2.1881.
254 JJHA A01–01-288: Michael Jebsen (Rotterdam) an Jes Nicolai Jessen (Apenrade), 12.2.1881; Michael Jebsen (Rotterdam) an Jacob H.P. Diederichsen (Hamburg), 16.2.1881.
255 JJHA A01–01-288: Michael Jebsen (Rotterdam) an Jes Nicolai Jessen (Apenrade), 13.1.1881.
256 JJHA A01–01-288: Michael Jebsen (Rotterdam) an Kapitän H. Evers (Kiel), 15.2. u. 19.2.1881.
257 Hieke 1953, S. 58–59.
258 Davis, S. 159.
259 Vaerst, S. 55–57. Den besten Überblick bietet: Witt, S. 85–98.
260 JJHA A01–01-289: Schreiben von Michael Jebsen (Rotterdam) an Jes Nicolai Jessen (Apenrade), 10.2.1882; dort ist das nicht mehr auffindbare Schreiben an Boysen wörtlich zitiert.
261 JJHA A01–01-217: Schreiben von Michael Jebsen (Apenrade) an Kapitän C. H. Christensen (Hongkong), 14.4.1886.
262 Beispielsweise besaßen die Kapitäne Friedrich Will, H. C. W. Timm, Friedrich Thiesen, Friedrich Boysen und Johann Conrad Matthiesen jeweils einen Part im Dampfer *Doris*. – JJHA A01–01-290: Verzeichnis [der] Rheder [von] Dampfer *Doris*, o.D. [8./9.9.1882].
263 Rath, Kapitäne und Schiffsoffiziere, S. 257–258; Hieke 1953, S. 99.
264 JJHA A01–01-321: Michael Jebsen (Apenrade) an Kapitän Christoph Offersen (o. O.), 30.1.1883.
265 JJHA A01–01-307: Michael Jebsen (Apenrade) an Kapitän Friedrich Will (Schiedam), 21.11.1883.
266 JJHA A01–01-288: Michael Jebsen (Rotterdam) an Jacob H.P. Diederichsen (Hamburg), 27.11.1880.
267 JJHA A01–01-313: Michael Jebsen (Rotterdam) an Kapitän H. Evers (Hongkong), 23.6.1881.
268 JJHA A01–01-313: Michael Jebsen (Rotterdam) an Georg Howaldt (Kiel), 11.11.1881.
269 JJHA A01–01-316: Michael Jebsen (Apenrade) an Heinrich Diederichsen (Kiel), 11.3.1891.

270 JJHA A01–01-316: Michael Jebsen (Apenrade) an Kapitän Jürgen Bruhn (Hongkong), 11.3.1891.
271 JJHA A01–01-314: Michael Jebsen (Berlin) an Jacob Jebsen (Hongkong), 12.5.1897.
272 JJHA A01–01-314: Michael Jebsen (Apenrade) an Jacob Jebsen (Hongkong), 15.7.1897.
273 JJHA A01–01-314: Michael Jebsen (Apenrade) an Jacob Jebsen (Hongkong), 26.8.1897 u. 7.9.1897.
274 Hieke 1953, S. 249 (Liste der Kapitäne der Reederei M. Jebsen).
275 Siehe Kapitel: Der Reeder – Chinesische und europäische Kaufleute als Befrachter.
276 JJHA A01–01-321: Michael Jebsen (Apenrade) an Kapitän T. Bergemann (Rotterdam), 27.5.1883.
277 JJHA A01–01-307: Michael Jebsen (Kissingen) an Kapitän T. Bergemann (Kronstadt), 14.9.1883.
278 JJHA A01–01-307: Michael Jebsen (Kissingen) an Kapitän T. Bergemann (Stettin), 18.9.1883.
279 JJHA A01–01-211: Michael Jebsen (Apenrade) an Kapitän T. Bergemann (Riga), 18.10.1883.
280 JJHA A01–01-211: Michael Jebsen (Apenrade) an Gustav Metzler (Stettin), 19.10.1883, 21.10.1883 u. 24.10.1883; Telegramm von Michael Jebsen an Gustav Metzler [Apenrade, 25./26.10.1883].
281 JJHA A01–01-307: Michael Jebsen (Apenrade) an Kapitän T. Bergemann (Gent), 30.10.1883; JJHA A01–01-211: Michael Jebsen (Apenrade) an Kapitän T. Bergemann (Grabow an der Oder), 15.11.1883.
282 JJHA A01–01-307: Michael Jebsen (Apenrade) an Kapitän Friedrich Will (Schiedam), 21.11.1883.
283 JJHA A01–01-214: Michael Jebsen (Apenrade) an Kapitän Friedrich Boysen (Hongkong), 20.7.1884.
284 JJHA A01–01-310: Michael Jebsen (Apenrade) an Kapitän C. Petersen (Singapur), 10.11.1897.
285 JJHA A01–01-227: Michael Jebsen (Apenrade) an Kapitän Carl August Hundewadt (Hongkong), 10.5.1893.
286 JJHA A01–01-235: Michael Jebsen (Apenrade) an Kapitän Magnus Ipland (Hongkong), 25.11.1895.
287 JJHA A01–01-231: Michael Jebsen (Apenrade) an Kapitän Jacob Hohlmann (Shanghai), 22.11.1894.
288 JJHA A01–01-314: Michael Jebsen (Apenrade) an Jacob Jebsen (Hongkong), 8.4.1896.
289 Davis, S. 167–168.
290 JJHA A01–01-231: Michael Jebsen (Apenrade) an Messrs. Pasedag & Co. (Amoy), 7.11.1894.
291 JJHA A01–01-228: Michael Jebsen (Apenrade) an Kapitän Hans Schlaikier (Hongkong), 5.10.1893.
292 Vaerst, S. 59–60.
293 JJHA A01–01-211: Michael Jebsen (Apenrade) an Kapitän T. Bergemann (Stettin), 12.10.1883.
294 JJHA A01–01-213: Michael Jebsen (Apenrade) an Kapitän H. C. W. Timm (Altona), 5.4.1884.
295 JJHA A01–01-214: Michael Jebsen (Apenrade) an Kapitän W. Zerrahn (Port Said), 16.6.1884.
296 JJHA A01–01-224: Michael Jebsen (Apenrade) an Kapitän G. G. Kreidner (Hongkong), 29.10.1891.
297 JJHA A01–01-214: Michael Jebsen (Apenrade) an Kapitän Jochen Schuldt (Hongkong), 8.9.1884.
298 JJHA A01–01-307: Michael Jebsen (Apenrade) an Kapitän Jochen Schuldt (Hongkong), o.D. (geschrieben zwischen 24.3. und 31.3.1885).
299 Vaerst, S. 61–62.
300 JJHA A01–01-315: Michael Jebsen (Apenrade) an Kapitän Adolph Bendixen (Hongkong), 18.2.1890.
301 Gerstenberger/Welke, S. 125–126.
302 JJHA A01–01-218: Michael Jebsen (Apenrade) an Kapitän J. Samuelsen (Hongkong), 31.3.1887.
303 JJHA A01–01-290: Michael Jebsen (Rotterdam) an Rhederei Cosmopolit (Mannheim), 24.7.1882: »Bei meiner Reederei lasse ich den Kapitänen die Hälfte der in den resp[ektiven] Charterpartien stipulierten Gratifikationen zufließen (…)«
304 JJHA A01–01-221: Michael Jebsen (Apenrade) an Kapitän Jacob A. Bruhn (Hongkong), 2.5.1889, u. an Kapitän Adolph Bendixen (Hongkong), 16.5.1889.
305 JJHA A01–01-227: Michael Jebsen (Apenrade) an Kapitän Carl August Hundewadt (Hongkong), 10.5.1893.
306 JJHA A01–01-228: Michael Jebsen (Apenrade) an Kapitän Carl August Hundewadt (Hongkong), 10.8.1893.
307 JJHA A01–01-228: Michael Jebsen (Apenrade) an Kapitän Peter Moos (Hongkong), 21.8.1893, u. an Kapitän Carl August Hundewadt (Hongkong), 10.8.1893.
308 JJHA A01–01-221: Michael Jebsen (Apenrade) an Kapitän Max Jebsen (Hongkong), 26.4.1889.
309 JJHA A01–01-322: Michael Jebsen (Apenrade) an Kapitän Friedrich Will (Stettin), 3.10.1883.
310 JJHA A01-02-0048: Michael Jebsen (Karlsbad) an Jacob Jebsen (Hongkong), 13.10.1899 (im Original mit irrtümlicher Datierung: 13.9.1899).
311 Rath, Kapitäne und Schiffsoffiziere, S. 260.
312 *Hansa*, 4.3.1893, S. 101: Theodor Lüning, Die Heuerverhältnisse der Steuerleute und Maschinisten auf Kauffahrteischiffen.
313 JJHA A01–01-322: Michael Jebsen (Apenrade) an Kapitän H. Evers (Antwerpen), 25.6.1883 u. 5.7.1883.
314 JJHA A01–01-222: Michael Jebsen (Apenrade) an Kapitän Jürgen Raben (Hongkong), 22.4.1890.

315 JJHA A01–01-222: Michael Jebsen (Apenrade) an Kapitän Jacob A. Bruhn (Hongkong), 8.7.1890.
316 JJHA A01–01-232: Franz Engelbrecht (Apenrade) an Michael Jebsen (Berlin), 29.3.1895.
317 JJHA A01–01-236: Michael Jebsen (Apenrade) an Oberpostkassierer Dobronz (Frankfurt an der Oder), 29.3.1896.
318 JJHA A01–01-230: Michael Jebsen (Apenrade) an den Verein deutscher Seesteuerleute zu Hamburg-Altona, 22.6.1894.
319 JJHA A01–01-316: Michael Jebsen (Apenrade) an Kapitän E. G. Pfaff (Hannover), 9.6.1891.
320 JJHA A01–01-315: Michael Jebsen (Apenrade) an Kapitän Jacob A. Bruhn (Hongkong), 18.2.1890; Hieke 1953, S. 246–251 (Liste der Kapitäne der Reederei M. Jebsen A.G.).
321 JJHA A01–01-313: Michael Jebsen (Rotterdam) an Kapitän Friedrich Will (Kiel), 22.6.1881.
322 JJHA A01–01-316: Michael Jebsen (Apenrade) an Kapitän Hieronymus Ipland (Hongkong), 27.5.1891.
323 JJHA A01–01-315: Michael Jebsen (Apenrade) an Kapitän Jacob A. Bruhn (Hongkong), 17.10.1889; Hieke 1953, S. 246–251 (Liste der Kapitäne der Reederei M. Jebsen A.G.).
324 JJHA A01–01-315: Michael Jebsen (Apenrade) an die Deutsch-Australische Dampfschiffahrt-Gesellschaft (Hamburg), 2.11.1889.
325 JJHA A01–01-321: Michael Jebsen (Apenrade) an Kapitän Jacob Hohlmann (Aberdeen), 23.12.1882.
326 *Hansa*, 8.7.1893, S. 323: A. Ott (Yokohama, im Mai 1893), Über die Heuerverhältnisse der Steuerleute und Maschinisten auf Kauffahrteischiffen.
327 *Hansa*, 4.3.1893, S. 101: Theodor Lüning, Die Heuerverhältnisse der Steuerleute und Maschinisten auf Kauffahrteischiffen; Rath, Kapitäne und Schiffsoffiziere, S. 260.
328 JJHA A01–01-315: Michael Jebsen (Apenrade) an Herren G. und J. C. Pinckernelle (Hamburg), 23.10.1889.
329 JJHA A01–01-313: Michael Jebsen (Rotterdam) an Maschinist Norman (Dampfer *Signal*, Bilbao), 7.5.1881.
330 JJHA A01–01-307: Michael Jebsen (Bad Kissingen) an Kapitän H. Evers (Kiel), 14.9.1883.
331 Vaerst, S. 58.
332 JJHA A01–01-213: Michael Jebsen (Apenrade) an Maschinist Jagermann (Dampfer *Signal*, Port Said), 5.4.1884.
333 JJHA A01–01-322: Michael Jebsen (Apenrade) an Kapitän H. Evers (Antwerpen), 25.6.1883.
334 JJHA A01–01-315: Michael Jebsen (Apenrade) an die Handelskammer in Flensburg, 15.3.1890.
335 JJHA A01–01-307: Michael Jebsen (Apenrade) an Kapitän C. Arnold (Rotterdam), 15.9.1883; JJHA A01–01-315: Michael Jebsen (Apenrade) an den Maschinisten-Verein Flensburg, 15.1.1890 u. 21.1.1890; JJHA A01–01-222: Michael Jebsen (Apenrade) an die Redaktion der *Ostsee-Zeitung* (Stettin), 8.7.1890.
336 JJHA A01–01-240: Michael Jebsen (Apenrade) an Adolf Deppe (Antwerpen), 6.4.1899.
337 Gregg, S. 610; Wehler, S. 577.
338 JJHA A01–01-222: Michael Jebsen (Apenrade) an Kapitän Jacob A. Bruhn (Hongkong), 16.4.1890.
339 JJHA A01–01-222: Michael Jebsen (Apenrade) an Kapitän H. L. L. Möller (Hongkong), 17.4.1890.
340 JJHA A01–01-222: Michael Jebsen (Apenrade) an Kapitän Johann Conrad Matthiesen (Hongkong), 22.4.1890.
341 JJHA A01–01-222: Michael Jebsen (Apenrade) an Maschinist Schnoor (Dampfer *Amigo*, Hongkong), 23.4.1890.
342 JJHA A01–01-222: Übereinkunft zwischen Michael Jebsen und Maschinist Wilhelm Friedrich Franz Malling aus Rostock (Apenrade, 23.4.1890).
343 JJHA A01–01-222: Michael Jebsen (Apenrade) an Herren Wieler & Co. (Hongkong), 29.4.1890.
344 JJHA A01–01-222: Michael Jebsen (Apenrade) an Kapitän Jürgen Raben (Hongkong), 7.7.1890.
345 JJHA A01–01-222: Michael Jebsen (Apenrade) an die Redaktion der *Ostsee-Zeitung* (Stettin), 8.7.1890.
346 JJHA A01–01-222: Michael Jebsen (Apenrade) an Kapitän C. H. Christensen (Hongkong), 13.8.1890.
347 JJHA A01–01-222: Michael Jebsen (Apenrade) an Kapitän Johann Conrad Matthiesen (Hongkong), 22.4.1890.
348 JJHA A01–01-222: Michael Jebsen (Apenrade) an Kapitän Jürgen Raben (Hongkong), 7.7.1890.
349 Gregg, S. 610; Wehler, S. 577.
350 JJHA A01–01-316: Michael Jebsen (Apenrade) an Kapitän Jürgen Raben (Hongkong), 30.7.1891.
351 JJHA A01–01-229: Michael Jebsen (Apenrade) an Woldemar Nissen (Hamburg), 12.6.1894.
352 JJHA A01–01-231: Michael Jebsen (Apenrade) an Kapitän Jacob Bendixen (Hongkong), 20.9.1894.
353 Gregg, S. 611; Wehler, S. 595.
354 JJHA A01–01-310: Michael Jebsen (Apenrade) an Herren Jebsen & Co. (Hongkong), 2.9.1897.
355 JJHA A01–01-307: Michael Jebsen (Apenrade) an Kapitän F. Plambeck (Flensburg), 28.12.1884.
356 JJHA A01–01-310: Vereinbarung zwischen Michael Jebsen und Maschinist Friedrich Weiß aus Gaarden (Apenrade, 10.6.1898).

357 *Hansa,* 12.9.1891, S. 396: Der Maschinistenstand. Zur zeitgenössischen Diskussion siehe Gerstenberger/Welke, S. 221–231.
358 JJHA A01–01-235: Michael Jebsen (Apenrade) an Jacob Jebsen (Hongkong), 14.11.1895.
359 JJHA A01–01-240: *Zeugnis der Reederei M. Jebsen für Gottlob Friedrich Neppach zu Hamburg,* 8.3.1899.
360 BAB R 901–75936: Kaiserlich Deutsches Konsulat Shanghai an den Reichskanzler (Berlin), 18.2.1892.
361 *Stenographische Berichte Reichstag,* 9. LP, 5. Session, 36. Sitzung, 9.2.1898, S. 925.
362 BAB R 901–75936: Schreiben (Abschrift) der Rickmers Reismühlen Reederei- und Schiffbau A.G. (Bremerhaven), 15.2.1897.
363 Rübner, S. 16–17.
364 JJHA A01–01-313: Michael Jebsen (Rotterdam) an Kapitän H. Evers (Hongkong), 4.8.1881.
365 JJHA A01–01-313: Michael Jebsen (Rotterdam) an Kapitän H. Evers (Hongkong), 4.11.1881.
366 JJHA A01–01-307: Michael Jebsen (Apenrade) an Kapitän Friedrich Boysen (Hongkong), 18.6.1883.
367 Küttner, S. 101.
368 JJHA A01–01-292: Michael Jebsen (Apenrade) an Johann Schweffel (Kiel), 12.1.1887.
369 JJHA A01–01-237: Franz Engelbrecht (Apenrade) an die Handelskammer in Hamburg, 12.2.1897.
370 Küttner, S. 98.
371 JJHA A01–01-231: Michael Jebsen (Apenrade) an Messrs. Kunst & Albers (Hamburg), 21.10.1894.
372 JJHA A01–01-237: Franz Engelbrecht (Apenrade) an den Magistrat von Apenrade, 6.3.1897.
373 Conrad, S. 206–211; BAB R 901–75936: Regierungspräsident Gustav Zimmermann (Schleswig) an den preußischen Handelsminister (Berlin), 17.4.1897.
374 JJHA A01–01-237: Franz Engelbrecht (Apenrade) an den Magistrat von Apenrade, 6.3.1897.
375 Küttner, S. 103–104.
376 JJHA A01–01-232: Michael Jebsen (Apenrade) an Heinrich Diederichsen (Kiel), 15.4.1895.
377 JJHA A01–01-227: Franz Engelbrecht (Apenrade) an Michael Jebsen (Berlin), 21.4.1893.
378 *Hansa,* 23.6.1889, S. 105–106: Invaliditäts- und Altersversicherung. Zu Bismarcks Sozialgesetzen siehe Nipperdey 1998, Bd. 1, S. 335–373.
379 *Hansa,* 12.3.1892, S. 149: Invaliditäts- und Altersversicherung; *Hansa,* 18.2.1893, S. 76–78: Die gemeinsame Geschäftsstelle für die Invaliditäts- und Alters-Versicherung der Seeleute.
380 JJHA A01–01-316: Michael Jebsen (Apenrade) an Kapitän Hieronymus Ipland (Hongkong), 22.5.1891.
381 JJHA A01–01-316: Michael Jebsen (Apenrade) an Kapitän Jürgen Bruhn (Hongkong), 19.6.1891.
382 Küttner, S. 105.
383 *Hansa,* 17.2.1894, S. 77–78: Invaliditäts- und Altersversicherung der Seeleute.
384 JJHA A01–01-229: Michael Jebsen (Apenrade) an den Vorstand der Sektion IV der Seeberufsgenossenschaft zu Kiel, 15.2.1894.
385 JJHA A01–01-232: Michael Jebsen (Apenrade) an Heinrich Diederichsen (Kiel), 15.4.1895; Küttner, S. 106.
386 *Stenographische Berichte Reichstag,* 8. LP, 2. Session, 148. Sitzung, 15.1.1892, S. 3655.
387 JJHA A01–01-237: Franz Engelbrecht (Apenrade) an den Magistrat von Apenrade, 6.3.1897.
388 Siehe Kapitel: Der Parlamentarier – Sozialdemokratie und Seeleute.
389 *Hansa,* 15.9.1900, S. 443: Verwendung farbiger Heizer auf Dampfschiffen.
390 JJHA A01–01-225: Michael Jebsen (Apenrade) an Kapitän Jürgen Bruhn (Hongkong), 18.5.1892.
391 Hsü, S. 208–219; Osterhammel 1989, S. 165; Meyer, S. 91.
392 JJHA A01–01-316: Michael Jebsen (Apenrade) an die Handelskammer Flensburg, 27.6.1891.
393 Taylor, S. 196–198.
394 *Hansa,* 9.4.1882 (Beilage), S. 71: Aus Briefen deutscher Kapitäne. VIII: Küstenplätze und Konsulate in China. Von Kapitän D. Rüte aus Bremen.
395 JJHA A01–01-218: Michael Jebsen (Apenrade) an Herren Siemssen & Co. (Hongkong), 2.6.1887.
396 Faure, S. 216.
397 *Hansa,* 26.5.1894, S. 250–251: Aus Briefen deutscher Kapitäne. Aus dem fernen Osten. Java-See, 5.4.1894.
398 JJHA A01–01-231: Michael Jebsen (Apenrade) an Max Jebsen (Hamburg), 24.10.1894.
399 Becker, Bert 2009, S. 201–238.
400 JJHA A01–01-231: Michael Jebsen (Apenrade) an Herrn Scheveleff (Wladiwostok), 19.9.1894.
401 Hieke 1953, S. 66–67.
402 *Hansa,* 26.5.1894, S. 250–251: Aus Briefen deutscher Kapitäne. Aus dem fernen Osten. Java-See, 5.4.1894.
403 JJHA A01–01-315: Michael Jebsen (Apenrade) an Max Jebsen (o.O.), 20.3.1890.
404 JJHA A01–01-314: Michael Jebsen (Apenrade) an Jacob Jebsen (Hongkong), 14.5.1896; JJHA A01–01-310: Michael Jebsen (Apenrade) an Paul Langhans, Justus Perthes' Geographische Anstalt (Gotha), 18.5.1898; JJHA PS 3269: *Geschichte der*

Reederei M. Jebsen, Apenrade, S. 4; Hieke 1953, S. 78.
405 Wieler & Co. schlossen sich 1898 mit Sander & Co., einem anderen deutschen Haus in Hongkong, zusammen und firmierten fortan unter dem Namen Sander, Wieler & Co. Die Firma betrieb Ein- und Ausfuhrhandel und betätigte sich als Agent für Reedereien und Versicherungen. – HK PRO: CS/I016/00152559.GIF, CS/I016/00152551.GIF, CS/I016/00152561.GIF; Bard, S. 103–104.
406 JJHA A01–01-315: Michael Jebsen (Apenrade) an Heinrich Diederichsen (Kiel), 16.10.1889.
407 Welsh, S. 236.
408 JJHA A01–01-213: Michael Jebsen (Apenrade) an Kapitän Friedrich Boysen (Hongkong), 6.5.1884.
409 JJHA A01–01-213: Michael Jebsen (Apenrade) an Herren Wieler & Co. (Hongkong), 10.5.1884.
410 JJHA A01–01-213: Michael Jebsen (Apenrade) an Kapitän Jacob Hohlmann (Saigon), 10.5.1884.
411 JJHA A01–01-213: Michael Jebsen (Apenrade) an Herren Wieler & Co. (Hongkong), 27.5.1884.
412 JJHA A01–01-222: Michael Jebsen (Apenrade) an Herren C. Melchers & Co. (Bremen), 14.4.1890.
413 JJHA A01–01-224: Michael Jebsen (Apenrade) an Carl Jantzen, per Adresse Herren C. Melchers & Co. (Bremen), 8.1.1892.
414 JJHA A01–01-222: Michael Jebsen (Apenrade) an J. Lauts (Bremen), 3.9.1890.
415 Tsang, S. 56–62; Carroll 2005, S. 66–69; Meyer, S. 57–61.
416 Smith 1994, S. 1–55; Mak, S. 61–83; Becker, Bert 2004, S. 91–113.
417 JJHA A01–01-229: Michael Jebsen (Apenrade) an Herren Siemssen & Co. (Shanghai), 23.11.1893.
418 Jebsen war Leser der *Hansa*: Siehe JJHA A01–01-230: Michael Jebsen an den Verein deutscher Seesteuerleute zu Hamburg-Altona, 22.6.1894.
419 Kirkaldy, S. 153.
420 JJHA A01–01-315: Michael Jebsen (Apenrade) an Herren Wieler & Co. (Hongkong), 17.9.1889.
421 JJHA A01–01-316: Michael Jebsen (Apenrade) an Herren Wieler & Co. (Hongkong), 21.5.1891.
422 JJHA A01–01-316: Michael Jebsen (Apenrade) an Kapitän Jürgen Bruhn (Hongkong), 2.7.1891.
423 JJHA A01–01-316: Michael Jebsen (Apenrade) an Max Jebsen (Dampfer *Else*), 14.5.1891.
424 Hao, S. 15–43.
425 JJHA A01–01-313: Michael Jebsen (Apenrade) an Herren Wieler & Co. (Hongkong), 10.11.1881.
426 JJHA A01–01-321: Michael Jebsen (Apenrade) an Kapitän H. Evers (Kiel), 24.4.1883.
427 Smith 1985/2005, S. 112; Brown, S. 285.
428 JJHA A01–01-321: Michael Jebsen (Apenrade) an Herren Wieler & Co. (Hongkong), 8.5.1883.
429 JJHA A01–02-0068: Charterpartie für den Dampfer *Doris*, 14.8.1893; Wang, S. 41.
430 Taylor, S. 229; Smith 1971, S. 92–93; Meyer, S. 121; Tsai, S. 29, 62, 68, 72–75, 305 (Fußnote 5); Cai, S. 44–46; Faure, S. 219–223; Leung, S. 29; Feng, S. 17–20.
431 JJHA A01–02-0068: Charterpartien der Dampfer *Alwine, Amigo, Apenrade, Clara, Doris, Else, Holstein, Jacob Diederichsen, Marie, Mathilde, Michael Jebsen, Rio, Triumph, Vorwärts.*
432 Ching, S. 14, 18–21.
433 Meyer, S. 83–87; Carroll 2005, S. 13, 33, 67–69; Gipouloux, S. 187–198.
434 Tsai 1993, S. 23–26; Wiens, 248–256.
435 *The Chronicle and Directory for China, Japan, the Philippines, etc. for the year 1881*, S. 189.
436 *Hansa*, 9.4.1882 (Beilage), S. 71: Aus Briefen deutscher Kapitäne. VIII: Küstenplätze und Konsulate in China. Von Kapitän D. Rüte aus Bremen.
437 JJHA A01–01-310: Michael Jebsen (Apenrade) an den Deutschen Seefischerei-Verein zu Hannover, 18.6.1898.
438 JJHA A01–01-310: Michael Jebsen (Apenrade) an Paul Langhans, Justus Perthes' Geographische Anstalt (Gotha), 18.5.1898.
439 JJHA A01–01-231: Michael Jebsen (Apenrade) an Kapitän Peter Moos (Hongkong), 22.11.1894.
440 JJHA A01–01-315: Michael Jebsen (Apenrade) an Herren Th. Eimbcke (Hamburg), 10.10.1889.
441 JJHA A01–01-318: Michael Jebsen (Apenrade) an Jacob Jebsen (auf der Reise nach Hongkong), 22.11.1894.
442 Detlefsen/Hass, S. 39.
443 *Hansa*, 4.10.1885, S. 167: Unsere Flagge an der Küste China's (W. G. G. Prosch, Newchwang, 7. Juli 1885).
444 JJHA A01–01-313: Michael Jebsen (Rotterdam) an Kapitän H. Evers (Hongkong), 4.8.1881.
445 JJHA A01–01-321: Michael Jebsen (Apenrade) an Kapitän Jochen Schuldt (Odessa), 27.4.1883.
446 JJHA A01–01-211: Michael Jebsen (Apenrade) an Kapitän Jochen Schuldt (Hongkong), 12.11.1883.
447 JJHA A01–01-211: Michael Jebsen (Apenrade) an Herren Wieler & Co. (Hongkong), 10.12.1883.
448 JJHA A01–01-292: Michael Jebsen (Apenrade) an Alfred Longsdon (London), 16.11.1888.
449 JJHA A01–01-292: Michael Jebsen (Apenrade) an Carl Hagemann (Essen), 15.11.1888.
450 JJHA A01–01-221: Michael Jebsen (Apenrade) an Herren Wieler & Co. (Hongkong), 7.2.1889.
451 JJHA A01–01-221: Michael Jebsen (Apenrade) an Herren Wieler & Co. (Hongkong), 21.2.1889.

452 JJHA A01–01-221: Michael Jebsen (Apenrade) an Kapitän J. Samuelsen (Hongkong), 21.2.1889, u. an Adolph Bendixen (Hongkong), 21.2.1889.
453 JJHA A01–01-221: Michael Jebsen (Apenrade) an Messrs. Yuen Cheong Lee Co. (Hongkong), 25.2.1889.
454 JJHA A01–01-316: Michael Jebsen (Apenrade) an Messr. Yuen Cheong Lee & Co. (Hongkong), 23.6.1891.
455 JJHA A01–01-231: Michael Jebsen (Apenrade) an Kapitän Carl August Hundewadt (Hongkong), 24.10.1894.
456 JJHA A01–01-231: Michael Jebsen (Apenrade) an Kapitän Jürgen Bruhn (Hongkong), 21.11.1894.
457 Conrad, S. 173–180.
458 JJHA A01–02-0034: Max Jebsen (Deli) an Michael Jebsen (Apenrade), 18.5.1890.
459 JJHA A01–01-222: Michael Jebsen (Apenrade) an Herren J. Lauts (Bremen), 2.5.1890.
460 JJHA A01–01-222: Michael Jebsen (Apenrade) an J. Lauts (Karlsbad), 24.5.1890.
461 JJHA A01–01-318: Michael Jebsen (Apenrade) an J. Lauts (Lauterberg am Harz), 12.6.1890.
462 JJHA A01–01-318: Michael Jebsen (Apenrade) an J. Lauts (Lauterberg am Harz), 17.6. u. 19.6.1890.
463 JJHA A01–02-0034: Max Jebsen (Deli) an Michael Jebsen (Apenrade), 18.5.1890; JJHA A01–01-318: Michael Jebsen (Apenrade) an J. Lauts (Lauterberg am Harz), 21.6.1890.
464 JJHA A01–01-222: Michael Jebsen (Apenrade) an Max Jebsen, 7.7.1890.
465 Breman, S. 53–54; Purcell, S. 434.
466 JJHA A01–01-223: Michael Jebsen (Apenrade) an Herren Lauts (Bremen), 3.11., 7.11. u. 11.11.1890.
467 JJHA A01–01-318: Michael Jebsen (Apenrade) an Max Jebsen, 14.11.1890.
468 JJHA A01–01-223: Michael Jebsen (Apenrade) an Herren J. Lauts (Bremen), 7.11.1890.
469 JJHA A01–01-223: Michael Jebsen (Apenrade) an Max Jebsen, 17.12.1890.
470 JJHA A01–01-316: Michael Jebsen (Apenrade) an Herren Lauts & Haeslop (Hongkong/Swatow), 16.2.1891.
471 JJHA PS 3269: *Geschichte der Reederei M. Jebsen, Apenrade*, S. 7; Modderman, S. 110. Die Darstellung über die Kulifahrten nach Sumatra von Ernst Hieke in seinem Buch *Die Reederei M. Jebsen A.G. Apenrade* (1953) ist deshalb irrig. Hieke schrieb, daß die Deli-Gesellschaft Ende 1891 den Vertrag mit Meyer & Co. gelöst habe und damit Jebsen zum Zuge gekommen sei (S. 81). In Wirklichkeit taucht der von Hieke präsentierte Fahrplan der Rundreisen nur in einem Brief von Jebsen auf, den der Reeder zusammen mit dem Kontraktentwurf und seinen Abänderungsvorschlägen im November 1890 an Lauts gesandt hatte. Auch für Hiekes Angabe (S. 82), daß schnell eine Einigung zustande gekommen sei und die Reederei Jebsen zu Beginn des Jahres 1892 die Fahrten nach Deli aufgenommen habe, findet sich kein Nachweis in der Geschäftskorrespondenz. Stattdessen sprach Jebsen Ende 1892 in einem Brief an Kapitän Christensen von *Else* lediglich von einer *time charter*, die er für diesen Dampfer durch Wieler & Co. für Lauts & Haeslop abgeschlossen habe, wobei er sich ausdrücklich auf die »Deli Fahrt« mit Passagieren bezog (JJHA A01-01-227: Michael Jebsen (Apenrade) an Kapitän C. H. Christensen (Dampfer *Else*, Hongkong), 19.12.1892). Außerdem offerierte er der deutschen Firma Behn, Meyer & Co. in Singapur, in deren Händen nach seinen Worten »die Verschiffung chinesischer Arbeiter nach den deutschen Kolonien« lag, seinen Dampfer *Rio* – ein früheres Auswandererschiff, weil er sich »für diese Fahrt ganz vorzüglich eignet« (JJHA A01-01-226: Michael Jebsen (Apenrade) an Herren Behn, Meyer & Co. (Singapur), 17.11.1892). Aus den angeführten Zitaten wird ersichtlich, daß die Kulitransporte der Reederei Jebsen weiterhin auf der Basis von Zeit-Frachtkontrakten stattfanden und bis 1904 keine feste Linie zustande kam.
472 Ennis, S. 112; Brocheux, S. 66; Marsot, S. 151–153; Tran, S. 21–22.
473 Roberts, S. 482; Brenier, S. 9, 12; Gantès 2008, S. 738–739.
474 Schanz, Handel, Kulturen und Industrien Indochinas, S. 296; Gantès 2008, S. 750 (mit divergierenden Gründungsdaten der beiden Reismühlen von Speidel & Co.).
475 Brenier, S. 7; PAA R 19417: *Journal Officiel de l'Indochine Française*, 19.12.1895: Mouvements du port de Saigon du 13 au 16 Décembre 1895 (Saigon, 15.12.1895).
476 Zum Opiumkonsum in China siehe Dikötter/Laamann/Xun, S. 3–8.
477 Vorapheth, S. 352.
478 Vorapheth, S. 356–357.
479 *Hansa*, 17.6.1883, S. 110: Aus den Briefen deutscher Kapitäne. XI. Saigon.
480 Sinn, S. 18–24.
481 BAB R 901–17979: Emil Heintges, Kaiserlich Deutsches Konsulat zu Saigon (Cochinchina), an Reichskanzler Graf von Bülow (Berlin), 11.8.1902.
482 JJHA A02–353: Flensburger Dampfschiffahrt-Gesellschaft von 1869 (Flensburg) an Reichskanzler Fürst zu Hohenlohe-Schillingsfürst (Berlin), März 1897.

483 *Hansa,* 17.6.1883, S. 110: Aus den Briefen deutscher Kapitäne. XI. Saigon.
484 *Hansa,* 4.9.1887, S. 151: Aus den Briefen deutscher Kapitäne. VII. Saigon.
485 JJHA A01–01-222: Michael Jebsen (Apenrade) an Kapitän Jürgen Raben (Hongkong), 22.4.1890; JJHA A01–01-314: Michael Jebsen (Apenrade) an Jacob Jebsen (Hongkong), 27.10.1896.
486 *Hansa,* 17.6.1883, S. 110: Aus den Briefen deutscher Kapitäne. XI. Saigon.
487 JJHA A01–01-302: Michael Jebsen (Berlin) an Reederei Cosmopolit (Köln), 13.3.1891.
488 JJHA A01–01-302: Michael Jebsen (Berlin) an Kapitän Jürgen Raben (Hongkong), 30.4.1891.
489 JJHA A01–01-316: Michael Jebsen (Apenrade) an Kapitän Jürgen Bruhn (Hongkong), 22.7.1891; JJHA A01–01-225: Michael Jebsen (Apenrade) an Kapitän Jürgen Bruhn (Hongkong), 18.5.1892.
490 Vorapheth, S. 358; Lorin, S. 17.
491 Mitcalfe, S. 72.
492 JJHA A01–02-0096: Flensburger Schiffahrt-Gesellschaft von 1869 (Flensburg) an Reichskanzler Fürst zu Hohenlohe-Schillingsfürst (Berlin), März 1897 u. Juli 1899.
493 BAB R 901–17979: Emil Heintges, Kaiserlich Deutsches Konsulat zu Saigon (Cochinchina), an Reichskanzler Graf von Bülow (Berlin), 11.8.1902.
494 JJHA A01–02-0018: Jacob Jebsen (Hongkong) an Michael Jebsen (Apenrade), 14.1.1897.
495 JJHA A01–02-0018: Jacob Jebsen (Saigon) an Michael Jebsen (Apenrade), 10.11.1896.
496 JJHA A01–01-317: Michael Jebsen (Apenrade) an Kapitän Jacob A. Bruhn (Hongkong), 31.12.1896.
497 JJHA A01–01-314: Michael Jebsen (Apenrade) an Jacob Jebsen (Hongkong), 9.12.1896.
498 *Hansa*, 26.12.1896, S. 618: Französische Zollplackereien in Ostasien.
499 JJHA A01–02-0096: Flensburger Dampfschiffahrt-Gesellschaft von 1869 (Flensburg) an Reichskanzler Fürst zu Hohenlohe-Schillingsfürst (Berlin), März 1897.
500 JJHA A01–02-0018: Jacob Jebsen (Hongkong) an Michael Jebsen (Apenrade), 6.1.1897.
501 JJHA A01–01-314: Michael Jebsen (Apenrade) an Jacob Jebsen (Hongkong), 9.12.1896; JJHA A01–01-298: Michael Jebsen (Apenrade) an L. P. Michelsen (Flensburg), 28.10.1898.
502 JJHA A01–02-0018: Jacob Jebsen (Hongkong) an Michael Jebsen (Apenrade), 14.1.1897.
503 JJHA A01–02-0096: Flensburger Dampfschiffahrt-Gesellschaft von 1869 (Flensburg) an Reichskanzler Fürst zu Hohenlohe-Schillingsfürst (Berlin), März 1897.
504 JJHA A01–01-237: Franz Engelbrecht (Apenrade) an Herren Köper, Docke & Co. (Bremen), 12.4.1897.
505 JJHA A01–01-237: Michael Jebsen (Apenrade) an Herren Speidel & Co. (Saigon), 22.4.1897; JJHA A01–01-314: Michael Jebsen (Apenrade) an Jacob Jebsen (Hongkong), 11.11.1897.
506 JJHA A01–02-0018: Jacob Jebsen (Hongkong) an Michael Jebsen (Apenrade), 10.11.1897.
507 JJHA A01–01-310: Michael Jebsen (Apenrade) an Jacob Jebsen (Hongkong), 2.12.1897.
508 JJHA A01–01-314: Michael Jebsen (Berlin) an Jacob Jebsen (Hongkong), 3.2.1898.
509 Vorapeth, S. 358; Gantès 2004, S. 231; Niollet, S. 229–230.
510 JJHA A01–02-0096: Extrakt aus der Zeitung *Le Mekong* (Saigon), 10.12.1897: Rede des Präsidenten der Saigoner Handelskammer in Sachen des Opiumschmuggels.
511 BAB R 101/1–1212: Etat des Auswärtigen Amts, Berlin, 24.1.1898.
512 JJHA A01–01-297: Michael Jebsen (Berlin) an Jacob Jebsen (Hongkong), 27.1.1898.
513 *Stenographische Berichte Reichstag*, 9. LP, 5. Session, 38. Sitzung, 11.2.1898, S. 966.
514 JJHA A01–01-238: Michael Jebsen (Apenrade) an Rudolph Wahl (Köln), 28.10.1898.
515 JJHA A01–01-297: Michael Jebsen (Berlin) an Jacob Jebsen (Hongkong), 3.3.1898.
516 JJHA A01–01-310: Franz Engelbrecht (Apenrade) an Michael Jebsen (Berlin), 7.3.1898; JJHA A01–01-294: Jacob Jebsen (Hongkong) an Michael Jebsen (Apenrade), 11.3.1898.
517 JJHA A01–01-294: Jacob Jebsen (Hongkong) an Michael Jebsen (Apenrade), 30.4.1898; JJHA A01–02-0096: Flensburger Schiffahrt-Gesellschaft von 1869 (Flensburg) an Reichskanzler Fürst zu Hohenlohe-Schillingsfürst (Berlin), Juli 1899.
518 JJHA A01–02-0096: Firma Köper, Docke & Co. (Bremen) an Michael Jebsen (Apenrade), 13.9.1898.
519 JJHA A01–01-238: Michael Jebsen (Apenrade) an Herren Köper, Docke & Co. (Bremen), 15.9.1898.
520 *Hansa*, 24.9.1898, S. 166: Zollgesetze in Saigon.
521 JJHA A01–01-298: Michael Jebsen (Apenrade) an Jacob Jebsen (Hongkong), 14.9.1898; Ching, S. 14.
522 JJHA A01–02-0096: L. P. Michelsen (Flensburg) an Michael Jebsen (Apenrade), 24.10.1898.
523 JJHA A01–01-238: Michael Jebsen (Apenrade) an die Flensburger Dampfschiffahrt-Gesellschaft von 1869 (Flensburg), 27.10.1898.
524 JJHA A01–02-0096: L. P. Michelsen (Flensburg) an Michael Jebsen (Apenrade), 21.12.1898; JJHA A01–01-298: Michael Jebsen (Apenrade) an Jacob Jebsen (Hongkong), 5.1.1899.

525 JJHA A01–02-0096: Unbetiteltes u. undatiertes Sitzungsprotokoll u. Text der Übereinkunft vom 25.11.1898.
526 JJHA A01–02-0096: L.P. Michelsen (Flensburg) an Michael Jebsen (Apenrade), 12.12. u. 21.12.1898; JJHA A01–01-298: Michael Jebsen (Apenrade) an Jacob Jebsen (Hongkong), 5.1.1899.
527 JJHA A01–01-298: Michael Jebsen (Apenrade) an Jacob Jebsen (Hongkong), 8.12.1898; JJHA A01–02-0096: L.P. Michelsen (Flensburg) an Michael Jebsen (Apenrade), 7.12.1898.
528 JJHA A01–01-298: Michael Jebsen (Apenrade) an Jacob Jebsen (Hongkong), 15.12.1898.
529 JJHA A01–01-298: Michael Jebsen (Apenrade) an Hans Christian Dethleffsen (Flensburg), 4.2.1899.
530 JJHA A01–02-0096: L.P. Michelsen (Flensburg) an Michael Jebsen (Apenrade), 4.1.1899.
531 JJHA A01–01-298: Michael Jebsen (Apenrade) an Hans Christian Dethleffsen (Flensburg), 4.2.1899.
532 JJHA A01–01-298: Michael Jebsen (Berlin) an Jacob Jebsen (Hongkong), 2.3.1899.
533 JJHA A01–02-0096: L.P. Michelsen (Flensburg) an Michael Jebsen (Apenrade), 16.8.1899.
534 JJHA A01–02-0096: Auswärtiges Amt (Berlin) an die Flensburger Schiffahrt-Gesellschaft von 1869 (Flensburg), 6.6.1899 (Abzug).
535 *Hansa,* 10.7.1897, S. 334–335: Bemannung auf französischen Schiffen.
536 JJHA A01–02-0096: Flensburger Dampfschiffahrt-Gesellschaft von 1869 (Flensburg) an Reichskanzler Fürst zu Hohenlohe-Schillingsfürst (Berlin), Juli 1899.
537 JJHA A01–02-0096: L.P. Michelsen (Flensburg) an Michael Jebsen (Apenrade), 16.8.1899.
538 TNA CO 129–292: Lauts Wegener & Co., Jebsen & Co., Bradley & Co., Sander Wieler & Co., East Asiatic Trading & Co., Dodwell & Co., Siemssen & Co., Gibb Livingston & Co., Butterfield & Swire, Melchers & Co., Jardine Matheson & Co. (Hongkong) an R. Chatterton Wilcox, Sekretär der Hong Kong General Chamber of Commerce (Hongkong), 26.4.1899; JJHA A01–01-294: Jacob Jebsen (Hongkong) an Michael Jebsen (Apenrade), 26.5.1899.
539 TNA CO 129–292: Konsul C.F. Tremlett (Saigon) an den Kolonialsekretär (Hongkong), 18.6.1899.
540 TNA CO 129–295: Konsul C.F. Tremlett (Saigon) an Lord Salisbury (London), 3.7.1899.
541 TNA CO 129–293: Generalgouverneur Paul Doumer (Saigon) an Konsul C.F. Tremlett (Saigon), 31.8.1899; Konsul C.F. Tremlett (Saigon) an den Kolonialsekretär (Hongkong), 5.9.1899.
542 JJHA A01–01-294: Jacob Jebsen (Hongkong) an Michael Jebsen (Apenrade), 26.5.1899; JJHA A01–02-0096: L.P. Michelsen (Flensburg) an Michael Jebsen (Apenrade), 30.6.1899.
543 Brenier, S. 7; PAA R 19418: *L'Événement,* 29.7.1899: La Situation en Indo-Chine.
544 JJHA A01–02-0096: Flensburger Dampfschiffahrt-Gesellschaft von 1869 (Flensburg) an Michael Jebsen (Apenrade), 15.3.1899.
545 JJHA A01–02-0096: *Liste der Namen der Reeder und Schiffe der Vereinigung für das Kalenderjahr 1901,* o.O. und o.D.
546 JJHA A01–01-294: Jacob Jebsen (Hongkong) an Michael Jebsen (Apenrade), 2.9.1899 u. 29.9.1899.
547 BAB R 901–17979: Emil Heintges, Kaiserlich Deutsches Konsulat zu Saigon (Cochinchina), an Reichskanzler Graf von Bülow (Berlin), 11.8.1902.
548 Lorin, S. 20–21.
549 Schanz, Verwaltung und Fremdenbehandlung in Indochina, S. 263.
550 Hyde, S. 24–26; Meyer, S. 80–81; Alderton/Rowlinson, S. 160–167.
551 Wehler, S. 567, 570–572; Gregg, S. 608.
552 JJHA A01–01-307: Michael Jebsen (Apenrade) an G. Windstoßer (Rotterdam), 7.5.1883.
553 JJHA A01–01-307: Michael Jebsen (Apenrade) an Jacob H.P. Diederichsen (Hamburg), 9.5.1883.
554 JJHA A01–01-322: Michael Jebsen (Apenrade) an Rudolph Wahl (Mannheim), 1.8.1883.
555 JJHA A01–01-307: Michael Jebsen (Apenrade) an Alfred Longsdon (Bilbao), 11.5.1883.
556 JJHA A01–01-307: Michael Jebsen (Apenrade) an Kapitän H. C. W. Timm (Kopenhagen), 25.10.1883.
557 JJHA A01–01-307: Michael Jebsen (Apenrade) an Conrad Steinbömer (Rotterdam), 25.10.1883.
558 JJHA A01–01-307: Michael Jebsen (Apenrade) an Staengle (Rotterdam), 14.11.1883.
559 JJHA A01–01-307: Michael Jebsen (Apenrade) an Alfred Longsdon (Essen), 22.5.1883.
560 JJHA A01–01-307: Michael Jebsen (Apenrade) an Carl Hagemann (Essen), 26.1.1884.
561 JJHA A01–01-307: Michael Jebsen (Apenrade) an Alfred Longsdon (Essen), 30.8.1884.
562 JJHA A01–01-307: Michael Jebsen (Apenrade) an Carl Hagemann (Essen), 26.1.1884.
563 Wehler, S. 650–651.
564 JJHA A01–01-307: Michael Jebsen (Apenrade) an Conrad Steinbömer (Rotterdam), 20.2.1885.
565 JJHA A01–01-214: Michael Jebsen (Apenrade) an Kapitän Friedrich Boysen (Hongkong), 29.7.1884.
566 JJHA A01–01-307: Michael Jebsen (Apenrade) an C. L. Marshall, 4.11.1884.
567 JJHA A01–01-307: Michael Jebsen (Apenrade) an Siedler, 22.10.1885.
568 Wehler, S. 570–575; Gregg, S. 608–609; Thieß, S. 60, 96–98.

569 JJHA A01–01-292: Michael Jebsen (Apenrade) an C. L. Marshall (Antwerpen), 1.2.1886.
570 JJHA A01–01-292: Michael Jebsen (Apenrade) an Carl Diederichsen (Hamburg), 15.12.1885.
571 JJHA A01–01-292: Michael Jebsen (Apenrade) an Bondin Ohlsen (Sonderburg), 9.1.1886.
572 JJHA A01–01-292: Michael Jebsen (Apenrade) an Kapitän H. Evers (o. O.), 11.2.1886.
573 JJHA A01–01-292: Michael Jebsen (Apenrade) an Conrad Steinbömer (Rotterdam), 20.3.1886.
574 Wehler, S. 575–577.
575 JJHA A01–01-218: Michael Jebsen (Apenrade) an Kapitän Carl August Hundewadt (Penang), 9.3.1887.
576 JJHA A01–01-292: Michael Jebsen (Apenrade) an Johann Schweffel (Kiel), 30.3.1887.
577 JJHA A01–01-292: Michael Jebsen (Apenrade) an Kapitän H. Evers (Kiel), 5.4.1888.
578 JJHA A01–01-292: Michael Jebsen (Apenrade) an Carl Hagemann (Essen), 11.6.1888; Hieke 1953, S. 227.
579 Hieke 1953, S. 227 (Schiffsliste).
580 JJHA A01–01-292: Michael Jebsen (Apenrade) an Gerlinger (o. O.), 25.9.1888.
581 JJHA A01–01-292: Michael Jebsen (Apenrade) an Carl Uhlenhaut (Essen), 15.11.1888.
582 Gregg, S. 610.
583 JJHA A01–01-292: Michael Jebsen (Apenrade) an Wilhelm Dölberg (o. O.), 16.11.1888.
584 JJHA A01–01-315: Michael Jebsen (Apenrade) an Kapitän Jacob Hohlmann (Hongkong), 9.1.1890.
585 Wehler, S. 577; Gregg, S. 610.
586 JJHA A01–01-316: Michael Jebsen (Apenrade) an Kapitän Jürgen Raben (Hongkong), 2.4.1891.
587 JJHA A01–01-318: Michael Jebsen (Apenrade) an Bondin Ohlsen (Sonderburg), 23.6.1893.
588 JJHA A01–01-318: Michael Jebsen (Apenrade) an Carl Diederichsen (Hamburg), 20.7.1893.
589 JJHA A01–01-318: Michael Jebsen (Apenrade) an Carl Hagemann (Essen), 31.7.1893.
590 JJHA A01–01-228: Michael Jebsen (Apenrade) an Kapitän Carl Heinrich Davidsen (Hongkong), 12.10.1893.
591 JJHA A01–01-310: Michael Jebsen (Apenrade) an Paul Noebel (Hamburg), 27.10.1897, u. *Nachweisung der Resultate meiner Reederei während der Beschäftigung an der chinesischen, japanischen und ostsibirischen Küste in den Jahren 1887 bis 1890 inkl.*, 27.10.1897.
592 JJHA A01–01-318: Michael Jebsen (Apenrade) an Carl Hagemann (Essen), 5.10.1894.
593 JJHA A01–01-235: Michael Jebsen (Apenrade) an Kapitän C. Petersen (Dampfer *Vorwärts,* Singapur), 14.11.1895.
594 JJHA A01–01-315: Michael Jebsen (Apenrade) an August Botten Wm. Millers Nachfolger (Hamburg), 25.11.1889.
595 JJHA A01–01-229: Michael Jebsen (Apenrade) an H. Haniel (Düsseldorf), 30.3.1894.
596 Wehler, S. 595; Gregg, S. 611.
597 JJHA A01–01-318: Michael Jebsen (Apenrade) an C. L. Marshall (Antwerpen), 29.3.1896.
598 Hieke 1953, S. 218–235.
599 *Hansa,* 8.7.1899, S. 315: Chinesische Küstenschiffahrt.
600 JJHA A01–01-238: Michael Jebsen (Apenrade) an Herren Charles Somers & Co. (New York), 8.8.1898.
601 Kludas, 2, S. 38–39; *Hansa*, 27.7.1895, S. 357: Kleine Mitteilungen: Eine Fusion (...).
602 *Hansa,* 8.7.1899, S. 315: Chinesische Küstenschiffahrt; BAB R901–17520: *Ergebnis der Verhandlungen bzgl. Einrichtung der Verbindung Shanghai-Kiautschou-Tientsin,* o. D.
603 JJHA A01–01-298: Michael Jebsen (Apenrade) an Jacob Jebsen (Hongkong), 5.1.1899.
604 *Hansa,* 8.7.1899, S. 315: Chinesische Küstenschiffahrt.
605 Otte 1930, S. 128; Yan Zhongping, S. 244–247 (Tab. 16 u. 17); Zhongguo hanghai xuehui, S. 205–206.
606 JJHA PS. 3269: *Geschichte der Reederei M. Jebsen, Apenrade*, S. 9–10; Hieke 1953, S. 219–243 (Schiffsliste).
607 Kocka, S. 5–12; Berghoff/Sydow, S. 9–43.
608 Wischermann, S. 14–29.

Der Parlamentarier

1 Zit. in: Eppstein, S. 37.
2 Huber 1994, 4, S. 202–214; Nipperdey 1998, Bd. 2, S. 422–424; Ullrich, S. 113–117.
3 *NAA*, 18.2.1890.
4 JJHA A01–01-292: Michael Jebsen (Apenrade) an Jacob H. P. Diederichsen (Hamburg), 7.11.1889.
5 *NAA*, 7.11.1889.
6 *NAA*, 14.11.1889.
7 JJHA A01–01-292: Michael Jebsen (Apenrade) an Landgerichtsrat Paul Ludwig Gottburgsen (Flensburg), 21.11.1889.
8 JJHA A01–01-292: Michael Jebsen (Apenrade) an Carl Diederichsen (Hamburg), 3.12.1889.

9 LASH Abt. 301 Nr. 807: Landrat Hermann Rasch (Flensburg) an Oberpräsident Georg von Steinmann (Schleswig), 3.12.1889.
10 Jaeger, S. 112–114; Nipperdey 1998, Bd. 2, S. 521–524; Schartl, S. 282.
11 Nipperdey 1998, Bd. 2, S. 514–519; Schartl, S. 281–286. Die Prozentangaben wurden nach den Stimmzahlen von 1877 errechnet: Siehe Schartl, S. 286 (Tab.: Wahlergebnisse im 2. Reichstagswahlkreis 1867 bis 1879 für die bürgerlichen Parteien).
12 Nipperdey 1998, Bd. 2, S. 382; Wehler, S. 866–873; Ullrich, S. 53–63.
13 Schultz Hansen, Demokratie oder Nationalismus, S. 467–474; Schartl, S. 286.
14 JJHA A01–01-287: Michael Jebsen (Rotterdam) an »Werter Freund« (o. O.), 9.7.1879.
15 *Protokoll der Versammlungen des Angler Landwirtschaftlichen Vereins*, 27.2. u. 24.5.1879, zit. nach: Schartl, S. 287.
16 *NAA*, 2.11.1881. Weil beim Mehrheitswahlsystem im Deutschen Kaiserreich das Kriterium der absoluten Stimmenmehrheit angewendet wurde, brauchte ein Kandidat zu seiner Wahl eine Stimmenzahl, die größer war als die Summe der Stimmen, die die restlichen Kandidaten erhielten. Siehe Vogel, S. 27–28.
17 *NAA*, 14.11. u. 16.11.1881.
18 JJHA A01–01-313: Michael Jebsen (Rotterdam) an Jes Nicolai Jessen (Apenrade), 16.11.1881.
19 JJHA A01–01-313: Michael Jebsen (Rotterdam) an Jes Nicolai Jessen (Apenrade), 15.11.1881.
20 Zit. nach Seeber/Hohberg, S. 418.
21 *NAA*, 8.2.1890 u. 13.2.1890.
22 JJHA A01–01-292: Michael Jebsen (Apenrade) an Carl Diederichsen (Hamburg), 3.1.1890.
23 JJHA A01–01-292: Michael Jebsen an Jacob H. P. Diederichsen (Hamburg), 3.1.1890.
24 LASH Abt. 301 Nr. 807: Landrat Hermann Rasch (Flensburg) an Oberpräsident Georg von Steinmann (Schleswig), 19.1.1890.
25 JJHA A01–01-315: Michael Jebsen (Apenrade) an Carl Diederichsen (Hamburg), 20.1.1890.
26 Schartl, S. 353–354.
27 Die Deutsche Freisinnige Partei war vor der Reichstagswahl 1884 durch Zusammenschluß der Deutschen Fortschrittspartei mit der Liberalen Vereinigung, einer Abspaltung von der Nationalliberalen Partei, entstanden. 1884 hatte sie 67 und 1887 32 Mandate im Reichstag erlangt. Sie galt als Vertreterin des Besitz- und Bildungsbürgertums sowie des Kleinbürgertums und stand zwar Bismarcks Politik in den 1880er Jahren, vor allem den Schutzzöllen, ablehnend gegenüber, war aber zur Kooperation mit der SPD nicht bereit. – Siehe Seeber, S. 656–663.
28 Nipperdey 1998, Bd. 2, S. 423–425; Wehler, S. 993–996.
29 Zit. nach Schartl, S. 354.
30 *NAA*, 23.1.1890; *AZ*, 17.2.1890: Wahlaufruf des deutschfreisinnigen Vereins Flensburg. Zu Johann Adloff: Schartl, S. 551. Zu Friedrich Mommse Bruhn: Windmann, S. 363–364.
31 *NAA*, 23.1.1890 u. 28.1.1890.
32 JJHA A01–01-315: Michael Jebsen (Apenrade) an Christian Voigt (Flensburg), 22.1.1890.
33 JJHA A01–01-292: Michael Jebsen (Apenrade) an Rud. Hansen (Flensburg), 5.2.1890.
34 LASH Abt. 301 Nr. 807: Landrat Hermann Rasch (Flensburg) an Oberpräsident Georg von Steinmann (Schleswig), 2.2.1890.
35 *NAA*, 28.1. u. 5.2.1890; LAA AB-III-1-ff: *Das Arbeiter-Wahlkomitee: Mahnruf an die Wähler des zweiten Schleswig-Holsteinischen Wahlkreises*, o. O. und o. D.
36 *NAA*, 5.2.1890; LAA AB-III-1-ff: *Arbejder-Valgkomiteen: Valgopraab til Vælgerne i anden Slesvig-Holstenske Valgkreds!*, o. O. und o. D.; Schartl, S. 352–353.
37 LASH Abt. 301 Nr. 807: Landrat Hermann Rasch (Flensburg) an Oberpräsident Georg von Steinmann (Schleswig), 2.2.1890.
38 *NAA*, 11.2.1890; Schartl, S. 355.
39 JJHA A01–01-318: Michael Jebsen (Apenrade) an Paul Ludwig Gottburgsen (Flensburg), 12.2.1890.
40 *NAA*, 13.2.1890; *FNZ*, 15.2.1890; Schartl, S. 354–355.
41 JJHA A01–01-318: Michael Jebsen (Apenrade) an Paul Ludwig Gottburgsen (Flensburg), 12.2.1890.
42 JJHA A01–01-318: Michael Jebsen (Apenrade) an Paul Ludwig Gottburgsen (Flensburg), 11.2.1890.
43 *FNZ*, 15.2.1890. Siehe Schartl (S. 356), der allerdings die Wahlauftritte von Jebsen in Apenrade und in Flensburg miteinander verwechselt.
44 JJHA A01–01-315: Michael Jebsen (Apenrade) an Jacob H. P. Diederichsen (Hamburg), 17.2.1890, u. an Carl Diederichsen (Hamburg), 18.2.1890.
45 *NAA*, 18.2.1890.
46 Die Prozentzahlen sind nach den numerischen Angaben berechnet und gerundet. Siehe Schartl, S. 361, 497 (Tab. 8.1.); *NAA*, 25.2.1890.
47 JJHA A01–01-315: Michael Jebsen (Apenrade) an Herrn Kapitän-Lieutenant (o. O.), 22.2.1890.
48 *NAA*, 25.2.1890.
49 JJHA A01–01-315: Michael Jebsen (Apenrade) an Carl Diederichsen (Hamburg), 27.2.1890.
50 *NAA*, 3.3.1890; Schartl, S. 361–362.
51 Für das Wahlergebnis in Schleswig-Holstein siehe *Die Vertretung der einzelnen Parteien in Schleswig-Holstein bei den Reichstagswahlen seit 1867*, S. 4–5, u. Schartl, S. 482 (Tab. 4). Für das Ergebnis im Reich siehe Schwarz, S. 807 (Stim-

menzahlen), S. 821 (Mandatsverteilung), u. *Sozialgeschichtliches Arbeitsbuch*, II, S. 174.
52 JJHA A01-01-318: Michael Jebsen (Apenrade) an Jacob H. P. Diederichsen (Hamburg), 3.3.1890.
53 JJHA A01-01-315: Michael Jebsen (Apenrade) an Alfred Longsdon (London), 4.3.1890.
54 Eppstein, S. 189–194.
55 JJHA B10-01-007: Tagebucheintrag von Michael Jebsen, o. O. und o. D.
56 Huber 1994, 4, S. 247–249; Fröhlich, S. 50–51.
57 JJHA A01-01-318: Michael Jebsen (Berlin) an Jacob H. P. Diederichsen (Hamburg), 13.5.1890.
58 JJHA A01-01-318: Michael Jebsen (Berlin) an Carl Diederichsen (Hamburg), 15.5.1890.
59 Nipperdey 1998, Bd. 2, S. 102–108; Mußgnug, S. 115–120.
60 Huber 1988, 3, S. 889.
61 JJHA A01-01-318: Michael Jebsen (Berlin) an Carl Diederichsen (Hamburg), 15.5.1890.
62 Jaeger, S. 116.
63 Schwarz, S. 820–821; Jaeger, S. 31–35, 50–63.
64 Huber 1988, 3, S. 891; Nipperdey 1998, Bd. 2, S. 105.
65 JJHA A01-01-318: Michael Jebsen (Berlin) an A. Ruoff (Rotterdam), 6.3.1890.
66 JJHA A01-01-318: Michael Jebsen (Berlin) an Conrad Steinbömer (Rotterdam), 29.9.1890.
67 Huber 1988, 3, S. 891–893; Nipperdey 1998, Bd. 2, S. 105.
68 *FNZ*, 15.2.1890 (Jebsens Wahlkampfrede am 12.2.1890 in Apenrade).
69 JJHA A01-01-318: Michael Jebsen (Berlin) an Carl Diederichsen (Hamburg), 15.5.1890.
70 JJHA B10-01-007: Tagebucheintrag von Michael Jebsen, o. O. und o. D.
71 JJHA B10-01-007: Tagebucheintrag von Michael Jebsen, o. O. und o. D.; Ziekursch, S. 62–63; Huber 1994, 4, S. 553–554; Mommsen 2005, S. 55–57.
72 Kunz, S. 161–183; Böhm, S. 38; Zeitlin, S. 99, 116.
73 Zeitlin, S. 71–216; Blakemore 1993, S. 55.
74 Blakemore 1974, S. 193 (hier das Zitat); Deist, S. 27.
75 *FNZ*, 15.2.1890 (Wahlkampfrede von Jebsen am 12.2.1890 in Apenrade).
76 Blakemore 1993, S. 53–54.
77 Ausführlich wurde dieser Fall in einer Reichstagssitzung Ende März 1892 geschildert, als Jebsen sich nach einer Entschädigung Chiles für den Verlust von *Potsdam* erkundigte. Außenstaatssekretär Freiherr Marschall von Bieberstein wies in seiner Antwort auf die noch laufenden Verhandlungen mit Santiago in dieser Sache hin. – *Stenographische Berichte Reichstag*, 8. LP, 2. Session, 205. Sitzung, 28.3.1892, S. 5044.
78 *Stenographische Berichte Reichstag*, 8. LP, 2. Session, 56. Sitzung, 3.2.1891, S. 1283–1284.
79 Böhm, S. 40; Deist, S. 27.
80 Blakemore 1993, S. 54; *Stenographische Berichte Reichstag*, 8. LP, 1. Session, 81. Sitzung, 5.3.1891, S. 1899–1900.
81 *Stenographische Berichte Reichstag*, 8. LP, 1. Session, 88. Sitzung, 13.3.1891, S. 2024–2027.
82 *NAA*, 2.6.1898 (Wahlkampfrede von Jebsen).
83 Böhm, S. 45; Deist, S. 27; *Stenographische Berichte Reichstag*, 8. LP, 1. Session, 183. Sitzung, 29.2.1892, S. 4471 (Bericht von Dr. Rudolf von Bennigsen, MdR NL, Oberpräsident von Hannover).
84 *NAA*, 2.6.1898 (Wahlkampfrede von Jebsen).
85 Zeitlin, S. 86; Miller, S. 673; Blakemore 1993, S. 54–55.
86 Weitowitz, S. 1–5; *Denkschrift [zum Freundschafts-, Handels- und Schiffahrtsvertrag zwischen dem Deutschen Reich und dem Freistaate Kolumbien, 23. Juli 1892 / 16. November 1893]*, in: *Sammlung sämtlicher Drucksachen des Reichstages*, 9. Legislaturperiode, 2. Session 1893/94, S. 11–12.
87 König, S. 510–511; Böhm, S. 46–47; *Freundschafts-, Handels- und Schiffahrtsvertrag zwischen dem Deutschen Reich und dem Freistaate Kolumbien, 23. Juli 1892 / 16. November 1893*, in: *Sammlung sämtlicher Drucksachen des Reichstages*, 9. Legislaturperiode, 2. Session 1893/94, S. 1–10.
88 Böhm, S. 46–47; König, S. 490, 509.
89 Böhm, S. 48–50.
90 Böhm (S. 50 u. 283, Anm. 486) gibt irrtümlich an, der Bremer Abgeordnete Frese habe im Reichstag »offiziell für die beiden Handelskammern den Widerstand« aufgegeben und die Annahme des Vertrags [am 2.12.1893] empfohlen, was dann auch erfolgt sei.
91 *Stenographische Berichte Reichstag*, 9. LP, 2. Session, 11. Sitzung, 2.12.1893, S. 244.
92 Deist, S. 19–23; Huber 1994, 4, S. 573–575.
93 JJHA A01-01-224: Michael Jebsen (Berlin) an Georg Howaldt (Kiel), 5.1.1892.
94 Huber 1988, 3, S. 886.
95 Ostersehlte 2004, S. 104, 212–213, 222–223.
96 JJHA A01-01-302: Michael Jebsen (Berlin) an Georg Howaldt (Kiel), 16.1.1892.
97 BAB R 101/1-1202: Marine-Etat, Berlin, 10.2. u. 18.2.1892.
98 *Stenographische Berichte Reichstag*, 8. LP, 1. Session, 183. Sitzung, 29.2.1892, S. 4461–4462; Hallmann, S. 84–85.
99 Deist, S. 20; *Stenographische Berichte Reichstag*, 8. LP, 1. Session, 183. Sitzung, 29.2.1892, S. 4468–4470.
100 *Stenographische Berichte Reichstag*, 8. LP, 1. Session, 184. Sitzung, 1.3.1892, S. 4483, 4486.

101 JJHA A01–01-302: Michael Jebsen (Berlin) an Georg Howaldt (Kiel), 4.2.1892.
102 BAB R 101/1–1202: Marine-Etat, Berlin, 20.2.1892.
103 *Stenographische Berichte Reichstag*, 8. LP, 1. Session, 184. Sitzung, 1.3.1892, S. 4494–4495; Deist, S. 23.
104 Hallmann, S. 85.
105 BAB R 101/1–1203: Marine-Etat, Berlin, 30.1.1893.
106 BAB R 101/1–1203: Marine-Etat, Berlin, 1.2.1893.
107 *Stenographische Berichte Reichstag*, 8. LP, 2. Session, 61. Sitzung, 8.3.1893, S. 1498–1501; Hallmann, S. 89–90.
108 *NAA*, 18.3.1890.
109 Nipperdey 1998, Bd. 2, S. 514–521; Nipperdey 1961, S. 90; Schartl, S. 289; Seeber/Hohberg, S. 421–422; f.; *FNZ*, 5.11.1890.
110 JJHA A01–01-318: Michael Jebsen (o.O.) an Paul Ludwig Gottburgsen (Flensburg), 19.12.1890.
111 Kalkoff, S. 150–151.
112 Schartl, S. 289; Nipperdey 1961, S. 83, 126.
113 JJHA B10–01-007: Tagebucheintrag von Michael Jebsen, o.O. und o.D.
114 Patzig, S. 163.
115 Der Centralvorstand der nationalliberalen Partei (Arthur Hobrecht): Ansprache vom 23. März 1892, in: *Programmatische Kundgebungen der Nationalliberalen Partei*, S. 48–49; Schartl, S. 289–290.
116 JJHA A01–01-318: Michael Jebsen (o.O.) an Conrad Metger (Flensburg), 27.12.1892.
117 *FNZ*, 11.1.1893 (Beilage).
118 Huber 1994, 4, S. 554–555; Nipperdey 1998, Bd. 2, S. 706.
119 Wehler, S. 1005–1006; Nipperdey 1998, Bd. 2, S. 537.
120 Weitowitz, S. 218–219.
121 *Programmatische Kundgebungen der Nationalliberalen Partei*, S. 49–51: Der Centralvorstand der nationalliberalen Partei: *Aufruf zur Reichstagswahl von 1893*.
122 *FNZ*, 16.5.1893; Schartl, S. 369–370.
123 JJHA A01–01-227: Michael Jebsen (o.O.) an Carl Diederichsen (Hamburg), 17.5.1893.
124 Schartl, S. 369–370; JJHA A01–01-318: Michael Jebsen (o.O.) an Friedrich Wilhelm Funke (Flensburg), 14.5.1893.
125 JJHA A01–01-318: Michael Jebsen (o.O.) an Conrad Metger (Flensburg), 19.5.1893.
126 JJHA A01–01-314: Michael Jebsen (o.O.) an Dr. Friedrich Böttcher (o.O.), 24.5.1898.
127 JJHA A01–01-318: Michael Jebsen (o.O.) an den Vorstand des Reichswahlvereins in Flensburg, 15.5.1893; *NAA*, 18.5.1893.
128 *NAA*, 20.5.1893; Schartl, S. 370–373; JJHA A01–01-318: Michael Jebsen (o.O.) an Conrad Metger (Flensburg), 3.6.1893, u. Michael Jebsen (o.O.) an Albrecht Patzig (Berlin), 5.6.1893.
129 JJHA A01–01-318: Michael Jebsen (o.O.) an Carl Diederichsen (Hamburg), 7.6.1893.
130 JJHA A01–01-318: Michael Jebsen (o.O.) an Conrad Metger (Flensburg), 1.6.1893.
131 JJHA A01–01-318: Michael Jebsen (o.O.) an Albrecht Patzig (Berlin), 29.5.1893; Nipperdey 1961, S. 124.
132 JJHA A01–01-318: Michael Jebsen (o.O.) an Conrad Metger (Flensburg), 3.6.1893.
133 JJHA A01–01-318: Michael Jebsen (o.O.) an Dr. Friedrich Böttcher (o.O.), 5.6.1893.
134 JJHA A01–01-318: Michael Jebsen (o.O.) an das Zentralbüro der Nationalliberalen Partei (Berlin), 6.6.1893 u. 11.6.1893.
135 JJHA A01–01-318: Michael Jebsen (o.O.) an Andreas Fabian, Vorsitzender des Innungsausschusses zu Flensburg, 29.5.1893; *FNZ*, 9.6.1893; *NAA*, 10.6.1893.
136 JJHA A01–01-318: Michael Jebsen (o.O.) an Dr. Friedrich Böttcher (o.O.), 2.6.1893.
137 Schartl, S. 365, 552 (Endnote 11 (hier das Zitat)); *NAA*, 12.6.1893, 15.6.1893.
138 Schartl, S. 375, 497 (Tab. 8.1.): Die Prozentzahlen sind nach den numerischen Angaben berechnet und gerundet.
139 *NAA*, 22.6.1893; JJHA A01–01-318: Michael Jebsen (o.O.) an Bondin Ohlsen (Sonderburg), 23.6.1893.
140 *NAA*, 20.6.1893.
141 Schartl, S. 374–376; *NAA*, 27.6.1893.
142 Für das Wahlergebnis in Schleswig-Holstein siehe *Die Vertretung der einzelnen Parteien in Schleswig-Holstein bei den Reichstagswahlen seit 1867*, S. 4–5, u. Schartl, S. 482 (Tab. 4). Für das Ergebnis im Reich siehe Schwarz, S. 807 (Stimmenzahlen), S. 821 (Mandatsverteilung), u. *Sozialgeschichtliches Arbeitsbuch*, II, S. 174.
143 Schwarz 1965, S. 820–821; Wehler, S. 1006; Nipperdey 1998, Bd. 2, S. 706–707; *NAA*, 20.6.1893.
144 JJHA A01–01-318: Michael Jebsen (o.O.) an Carl Diederichsen (Hamburg), 24.6.1893.
145 JJHA A01–01-318: Michael Jebsen (o.O.) an Theodor Feddersen (o.O.), 27.6.1893.
146 Hildebrand, S. 168–169; Weitowitz, S. 243–247, 254–273.
147 Weitowitz, S. 273–278; *Hansa*, 5.8.1893.
148 *Stenographische Berichte Reichstag*, 9. LP, 4. Session, 68. Sitzung, 23.3.1895, S. 1682.
149 Weitowitz, S. 279–289; *Stenographische Berichte Reichstag*, 9. LP, 4. Session, 68. Sitzung, 23.3.1895, S. 1682.
150 *Hansa*, 11.8.1894.

151 Richter, S. 501; Weitowitz, S. 290–292.
152 *Hansa*, 11.8.1894.
153 *Stenographische Berichte Reichstag*, 9. LP, 4. Session, 68. Sitzung, 23.3.1895, S. 1682–1683.
154 *Stenographische Berichte Reichstag*, 9. LP, 4. Session, 68. Sitzung, 23.3.1895, S. 1683.
155 JJHA A01–01-310: Michael Jebsen (Apenrade) an W. Beckmann, Vorsitzender des Nautischen Vereins zu Papenburg, 20.12.1897.
156 *Stenographische Berichte Reichstag*, 9. LP, 5. Session, 191. Sitzung, 15.3.1897, S. 5086–5087.
157 JJHA A01–01-310: Michael Jebsen (Apenrade) an W. Beckmann, Vorsitzender des Nautischen Vereins zu Papenburg, 20.12.1897.
158 *NAA*, 23.3.1897.
159 JJHA A01–01-310: Michael Jebsen (Apenrade) an W. Beckmann, Vorsitzender des Nautischen Vereins zu Papenburg, 20.12.1897.
160 *Stenographische Berichte Reichstag*, 9. LP, 5. Session, 38. Sitzung, 11.2.1898, S. 966–967.
161 Weitowitz, S. 22–24; Richter, S. 501–502.
162 *Stenographische Berichte Reichstag*, 9. LP, 5. Session, 38. Sitzung, 11.2.1898, S. 967.
163 Weitowitz, S. 303–305.
164 *Stenographische Berichte Reichstag*, 9. LP, 5. Session, 38. Sitzung, 11.2.1898, S. 967.
165 *NAA*, 10.6.1898.
166 Hildebrand, S. 171–189; Weitowitz, S. 308.
167 Hassel, S. 50; Gerstenberger/Welke, S. 13–26.
168 *Deutsche Seemannsordnung vom 27. Dezember 1872*, § 79, S. 41; Gerstenberger/Welke, S. 45.
169 Gerstenberger/Welke, S. 148–150, 259.
170 Obwohl damals niemand die Sozialdemokratische Partei als SPD bezeichnete, soll diese moderne Abkürzung hier aus textökonomischen Gründen verwendet werden.
171 Schwarz, S. 820–821; *Sozialgeschichtliches Arbeitsbuch*, II, S. 174; *Lexikon der deutschen Geschichte*, S. 103–104 (Bebel), 1185–1888 (Sozialdemokratische Partei Deutschlands); Nipperdey 1998, Bd. 2, S. 563–569.
172 BAB R 901–75936: Schreiben des Kaiserlich Deutschen Generalkonsulats (Shanghai) an den Reichskanzler (Berlin), 18.2.1897.
173 *Hansa*, 21.5.1892, S. 268: Zur Heizerfrage.
174 Siehe Kapitel: Der Reeder – Chinesische Seeleute.
175 Rübner, S. 7; Küttner, S. 82–87; Conrad, S. 208–209.
176 *Stenographische Berichte Reichstag*, 8. LP, 2. Session, 148. Sitzung, 15.1.1892, S. 3645–3649.
177 *Stenographische Berichte Reichstag*, 8. LP, 2. Session, 148. Sitzung, 15.1.1892, S. 3655–3657.
178 *Stenographische Berichte Reichstag*, 8. LP, 2. Session, 148. Sitzung, 15.1.1892, S. 3657–3658.
179 *Stenographische Berichte Reichstag*, 9. LP, 2. Session, 48. Sitzung, 21.2.1893, S. 1175–1176.
180 *Hansa*, 21.5.1892, S. 267: P., Revision der Seemannsordnung. (Eingesandt).
181 *Hansa*, 26.11.1892.
182 *Hansa*, 5.8.1893, S. 361–362: Auf dem Ausguck.
183 *Hansa*, 11.8.1894.
184 *Stenographische Berichte Reichstag*, 9. LP, 4. Session, 27. Sitzung, 30.1.1896, S. 628–629.
185 *Stenographische Berichte Reichstag*, 9. LP, 4. Session, 27. Sitzung, 30.1.1896, S. 638–639.
186 *Stenographische Berichte Reichstag*, 9. LP, 4. Session, 27. Sitzung, 30.1.1896, S. 651.
187 Küttner, S. 124–127.
188 *Stenographische Berichte Reichstag*, 9. LP, 4. Session, 145. Sitzung, 12.12.1896, S. 3873–3874.
189 Ziekursch, S. 86–87; Nipperdey 1998, Bd. 2, S. 715–716; Ullrich, S. 192.
190 JJHA A01–01-237: Franz Engelbrecht (Apenrade) an den Magistrat von Apenrade, 6.3.1897.
191 BAB, R 901–75936: Graf von Posadowsky (Reichsamt des Innern) an die Senate von Bremen und Hamburg und an den preußischen Handelsminister, 26.10.1897.
192 Beispielsweise in: *Hansa*, 13.3.1897, S. 121: Auf dem Ausguck.
193 BAB, R 901–75936: Graf von Posadowsky (Reichsamt des Innern) an die Senate von Bremen und Hamburg und an den preußischen Handelsminister, 26.10.1897.
194 Huber 1994, 4, S. 1202; *Meyers, 2*, S. 739–740; Knappschaft Bahn See, *Geschichte der See-Sozialversicherung*.
195 JJHA A01–01-238: Michael Jebsen (Apenrade) an den Vorstand der Sektion IV der Seeberufsgenossenschaft zu Kiel, 13.7.1898.
196 JJHA A01–01-221: Michael Jebsen, Vertrauensmann der Sektion IV (Apenrade), an Witwe Gt. Kurzweil (Apenrade), 16.5.1889.
197 JJHA A01–01-221: Michael Jebsen (Apenrade) an Kapitän Jacob A. Bruhn (S.S. Amigo, Hongkong), 21.3.1889.
198 Siehe Kapitel: Der Reeder – Chinesische Seeleute.
199 Furrer, S. 17, 147.
200 *Stenographische Berichte Reichstag*, 9. LP, 2. Session, 48. Sitzung, 21.2.1893, S. 1169–1172.
201 *Stenographische Berichte Reichstag*, 9. LP, 2. Session, 48. Sitzung, 21.2.1893, S. 1172–1173.
202 *Stenographische Berichte Reichstag*, 9. LP, 2. Session, 48. Sitzung, 21.2.1893, S. 1173–1175.
203 *Stenographische Berichte Reichstag*, 9. LP, 2. Session, 48. Sitzung, 21.2.1893, S. 1176–1177.
204 *Stenographische Berichte Reichstag*, 9. LP, 2. Session, 48. Sitzung, 21.2.1893, S. 1177.

205 *Meyers, 12*, S. 639.
206 LASH Abt. 301 Nr. 1025 u. 1027: *Verzeichnisse der zu Beisitzern des Seeamts Flensburg bestimmten Personen*, 1884–1890, 1895–1900.
207 Nipperdey 1998, Bd. 1, S. 182–193.
208 Morsey, S. 179; *Meyers, 18*, S. 247.
209 LASH Abt. 301 Nr. 809: Schreiben des Oberpräsidenten von Schleswig-Holstein (Schleswig) an den Senat der freien und Hansestadt Hamburg, 15.11.1887: Verzeichnis der für das Jahr 1888 zu Beisitzern des Seeamts Flensburg bestimmten Personen; *Hansa*, 23.12.1888: Die Tätigkeit der Seeämter.
210 *Meyers, 18*, S. 247; *Hansa*, 23.12.1888: Die Tätigkeit der Seeämter.
211 JJHA A01–01-321: Michael Jebsen (Apenrade) an F. Stein (Rotterdam), 1.1.1883.
212 *Stenographische Berichte Reichstag*, 9. LP, 4. Session, 27. Sitzung, 30.1.1896, S. 632.
213 *Hansa*, 3.12.1892: Seeamtsentscheidungen. Seeamt Flensburg.
214 *Hansa*, 23.12.1888: Die Tätigkeit der Seeämter.
215 JJHA A01–01-227: Michael Jebsen (Apenrade) an Kapitän Hieronymus Ipland (Shanghai), 9.5.1893 u. 19.6.1893.
216 Germanischer Lloyd. Deutsche Gesellschaft zur Klassifizierung von Schiffen. Internationales Register 1870: Auszug aus den Statuten, § 1, S.IX, in: *Germanischer Lloyd, Hamburg*.
217 *Hansa*, 21.10.1883: Ein deutsches Schiffsbesichtigungs-Institut.
218 JJHA A01–01-321: Michael Jebsen (Apenrade) an Herren Paulsen & Ivers (Kiel), 17.5.1883.
219 *Hansa*, 4.8.1889: Jahresbericht des Vorstandes des Vereins Hamburger Reeder über das Jahr 1888 (Schluß).
220 *Meyers, 12*, S. 639; Geschichte des Germanischen Lloyd, in: *Germanischer Lloyd, Hamburg*, S. 77–79, 85.
221 Die Mitteilung über die Firma Krupp befindet sich in JJHA A01–01-292: Michael Jebsen (Apenrade) an August Sartori (Kiel), 26.6.1889.
222 JJHA A01–01-292: Michael Jebsen (Apenrade) an August Sartori (Kiel), 26.6.1889
223 *Germanischer Lloyd, Hamburg*, S. 85; Stritzky, S. 40–41; JJHA A01–01-292: Michael Jebsen (Apenrade) an August Sartori (Kiel), 26.6.1889; LAA S. 090–2237: Acta betr. Germanischer Lloyd: *Liste der für den Germanischen Lloyd gezeichneten Aktien-Beträge*, 29.6.1889.
224 Stritzky, S. 49.
225 Auszug aus dem Register 1890, Nr. 165 Michael Jebsen, S. 226, in: *Germanischer Lloyd, Hamburg*, S. 124.
226 JJHA A01–01-315: Michael Jebsen (Apenrade) an den Germanischen Lloyd (Berlin), 8.2.1890.
227 LAA S. 090–2237: Acta betr. Germanischer Lloyd: *Rundschreiben des Germanischen Lloyd (Berlin) an die Herren Mitglieder des Aufsichtsrats des Germanischen Lloyd, 31.10.1893*; JJHA A01–01-318: Michael Jebsen (Apenrade) an Herrn Senator [August Sartori] (o. O.), 20.12.1893.
228 *Meyers, 12*, S. 639.
229 Kludas 1987, 1, S. 127.
230 Weitowitz, S. 298–299.
231 Huber 1994, 4, S. 39; *Stenographische Berichte Reichstag*, 9. LP, 4. Session, 33. Sitzung, 9.2.1895, S. 785.
232 Wislicenus, S. 7–8, 11, 32, 43, 82 (Woermann und Jebsen), 83–88.
233 *Stenographische Berichte Reichstag*, 9. LP, 4. Session, 37. Sitzung, 14.2.1895, S. 875.
234 *Stenographische Berichte Reichstag*, 9. LP, 4. Session, 33. Sitzung, 9.2.1895, S. 772–773.
235 *Stenographische Berichte Reichstag*, 9. LP, 4. Session, 33. Sitzung, 9.2.1895, S. 773–787.
236 *Stenographische Berichte Reichstag*, 9. LP, 4. Session, 37. Sitzung, 14.2.1895, S. 869–889.
237 LAA S. 090–2237: Acta betr. Germanischer Lloyd: Germanischer Lloyd (Berlin) an Michael Jebsen (Apenrade), 27.4.1895.
238 Stritzky, S. 49–52.
239 *Meyers, 12*, S. 639; Stritzky, S. 52.
240 *Stenographische Berichte Reichstag*, 9. LP, 4. Session, 27. Sitzung, 30.1.1896, S. 627–630.
241 *Stenographische Berichte Reichstag*, 9. LP, 4. Session, 27. Sitzung, 30.1.1896, S. 632–633.
242 *Stenographische Berichte Reichstag*, 9. LP, 4. Session, 27. Sitzung, 30.1.1896, S. 634–641 (das Zitat auf S. 636).
243 Hallmann, S. 91–92; Deist, S. 25–26.
244 JJHA A01–01-318: Michael Jebsen (Hamburg) an Eduard Adt (Berlin), 12.1.1894.
245 BAB R 101/1–1204: Marine-Etat, Berlin, 2./3.3.1894 u. 5./6.3.1894.
246 *Stenographische Berichte Reichstag*, 9. LP, 2. Session, 67. Sitzung, 9.3.1894, S. 1694–1705.
247 Deist, S. 25–27.
248 *Stenographische Berichte Reichstag*, 9. LP, 3. Session, 50. Sitzung, 2.3.1895, S. 1201–1205; Hallmann, S. 143 (Zitat v. Hohenlohe Schillingsfürst); 144–147; Jebsen, S. 22.
249 *Stenographische Berichte Reichstag*, 9. LP, 3. Session, 50. Sitzung, 2.3.1895, S. 1205.
250 Deist, S. 47–52.
251 JJHA A01–01-318: Michael Jebsen (Apenrade) an Ernst Voss (Hamburg), 24.12.1895; Prager, S. 232 (Neubauliste).
252 BAB R 101/1–1208: Marine-Etat, Berlin, 5.3.1896.
253 Hallmann, S. 196–199; Deist, S. 47–52, 60.
254 Hallmann, S. 213–215; Deist, S. 63.

255 JJHA A01–01-314: Michael Jebsen (Hamburg) an einen Kollegen [Berlin], 3.12.1896.
256 BAB R 101/1–1209, Aktenvermerk, Berlin, 8.2.1897.
257 Hallmann, S. 218–231; *Stenographische Berichte Reichstag*, 9. LP, 4. Session, 196. Sitzung, 20.3.1897, S. 5226; Huber 1994, 4, S. 575; *NAA*, 28.8.1897.
258 Ziekursch, S. 107–115; Hallmann, S. 312.
259 Hallmann, S. 315–316; Huber 1994, 4, S. 575–576; Kaulisch, S. 83–87; Deist, S. 71–73.
260 JJHA A01–01-297: Michael Jebsen (Berlin) an Conrad Metger (Flensburg), 16.2.1898.
261 Kaulisch, S. 84.
262 BAB R 101/1–1212, Aktenvermerk, Berlin, 5.2.1898.
263 JJHA A01–01-297: Michael Jebsen (Berlin) an Franz Engelbrecht (Apenrade), 8.3.1898.
264 JJHA A01–01-297: Michael Jebsen (Berlin) an Carl Diederichsen (Hamburg), 11.3.1898.
265 Ziekursch, S. 115–116; Huber 1994, 4, S. 577; Hallmann, S. 316–317; Kaulisch, S. 88–89.
266 Jaeger, S. 143–144; Böhm, S. 173; Fricke/Hartwig, S. 67–70.
267 JJHA A01–01-297: Michael Jebsen (Berlin) an den Hauptverband Deutscher Flotten-Vereine im Auslande (Berlin), o. D. [10. – 12.5.1898].
268 LAA P-326, Akte »Deutscher Flottenverein«: *Satzungen des Hauptverbandes Deutscher Flottenvereine im Auslande, Berlin 1898*; Böhm, S. 181.
269 LAA P-326, Akte »Deutscher Flottenverein«: Schriftführer Lazarowicz, Hauptverband der Deutschen Flottenvereine im Auslande (Berlin) an Senator Michael Jebsen (Apenrade), 1.9.1898 (das Schreiben bezieht sich auf das in der Akte nicht vorhandene Vorgängerschreiben vom 7.7.1898).
270 JJHA A01–01-298: Michael Jebsen (Apenrade) an Korvettenkapitän Lazarowicz (Berlin), 3.9.1898.
271 JJHA A01–01-238: Franz Engelbrecht (Apenrade) an den Hauptverband Deutscher Flotten-Vereine im Auslande (Berlin), 22.10.1898.
272 LAA P-326, Akte »Deutscher Flottenverein«: Michael Jebsen (Apenrade), Mitglied des Preußischen Landtages, an P. P., 5.11.1898.
273 JJHA A01–01-294: Jacob Jebsen (Hongkong) an Michael Jebsen (Apenrade), 13.12.1898.
274 LAA P-326, Akte »Deutscher Flottenverein«: *Aufruf des Provinzialkomitees Schleswig-Holstein des Deutschen Flottenvereins*, Dezember 1898; NAA, 27.12.1898.
275 LAA P-326, Akte »Deutscher Flottenverein«: *Mitglieder-Verzeichnis* [Apenrade], o. D.
276 Fricke/Hartwig, S. 68 (Mitgliederzahlen); Jaeger, S. 143.
277 *Meyers, 11*, S. 432–435.
278 JJHA A01–01-227: Michael Jebsen (Berlin) an Herren Carlowitz & Co. (Hongkong), 29.3.1893 u. 11.4.1893 (im ersten Brief findet sich der Bericht über das Gespräch mit Marschall von Bieberstein).
279 JJHA A01–01-294: Jacob Jebsen (Hongkong) an Michael Jebsen (Apenrade), 6.3.1899 (Extra-Einlage): »[Deshalb] will er [Schrameier] uns persönlich nicht wohl wegen deiner Beschwerde über seine Tätigkeit in Chefoo«.
280 Siehe Kapitel: Der Parlamentarier – Postdampfer nach Kiautschou.
281 Hansa, 13.2.1881, S. 26–27: Das Gesetz betreffend Schiffsmeldungen bei den Konsulaten des Deutschen Reichs vom 25. März 1880; *Meyers, 11*, S. 434.
282 *Stenographische Berichte Reichstag*, 9. LP, 2. Session, 51. Sitzung, 16.2.1894, S. 1282.
283 Becker, Bert, The Merchant Consuls of German States in China, Hong Kong and Macao (1787–1872), S. 329.
284 *Hansa*, 9.6.1894, S. 274; 11.8.1894, S. 382; 17.11.1894, S. 546; 5.1.1895, S. 7; 3.8.1895, S. 366; *Stenographische Berichte Reichstag*, 9. LP, 4. Session, 40. Sitzung, 14.2.1896, S. 957–958.
285 Detlefsen 1983, S. 110–113.
286 JJHA A01–01-235: Michael Jebsen (Berlin) an Heinrich Schuldt (Flensburg), 8.1.1896.
287 *Stenographische Berichte Reichstag*, 9. LP, 4. Session, 40. Sitzung, 14.2.1896, S. 957–958.
288 *Stenographische Berichte Reichstag*, 9. LP, 5. Session, 38. Sitzung, 11.2.1898, S. 966.
289 JJHA A01–01-317: Michael Jebsen (Apenrade) an Kapitän C. H. Davidsen (Hongkong), 14.9.1896; JJHA A01–01-314: Michael Jebsen (Apenrade) an Jacob Jebsen (Hongkong), 17.9.1896.
290 JJHA PS 3269: *Geschichte der Reederei M. Jebsen, Apenrade*, S. 4; Hieke 1953, S. 78.
291 JJHA A01–01-314: Michael Jebsen (Apenrade) an Jacob Jebsen (Hongkong), 22.7.1897 u. 14.10.1897.
292 BAB R 101/1–1202: Etat des Auswärtigen Amtes, Berlin, 22.2.1892.
293 Becker, Bert, The Merchant Consuls of German States in China, Hong Kong and Macao (1787–1872), S. 348–351.
294 BAB R 101/1–1212: Etat des Auswärtigen Amts, Berlin, 24.1. u. 26.1.1898.
295 JJHA A01–01-314: Michael Jebsen (Berlin) an Jacob Jebsen (Hongkong), 3.2.1898.
296 BAB R 101/1–1212, Aktenvermerk, Berlin, 5.2.1898.
297 *Stenographische Berichte Reichstag*, 9. LP, 5. Session, 38. Sitzung, 11.2.1898, S. 966; BAB R 101/1–1212: Etat des Auswärtigen Amts, Berlin, 26.1.1898.
298 JJHA A01–01-298: Michael Jebsen (Berlin) an Jacob Jebsen (Hongkong), 2.3.1899; JJHA A02–353: L. P. Michelsen (Flensburg) an Michael Jebsen (Apenrade), 16.8.1899.

299 *Handbuch für das Deutsche Reich*, 1902, S. 78; 1903, S. 85; 1904, S. 81; BAB R 901–17979: Aktenvermerk des Auswärtigen Amts, 12.3.1902.
300 Nipperdey 1998, Bd. 2, S. 445–453; Kludas 1986, 1, S. 156, 168–173; Bessell, S. 49–50.
301 BAB R 4701-GA 1283: *Gesetze über die Reichspostdampferlinien nach Ostasien und Australien, 6.4.1885, 27.6.1887, 20.3.1893; Vertrag mit dem Norddeutschen Lloyd vom 3./4. Juli 1885 über die Einrichtung und Unterhaltung deutscher Postdampfschiffsverbindungen mit Ostasien und Australien, unter Berücksichtigung des Nachtragsvertrages vom 15./10. Mai 1893*; Kludas 1986, 1, S. 173–178; Bessell, S. 56–57.
302 Wehler, S. 575; Gregg, S. 608–609.
303 JJHA A01–01-292: Michael Jebsen (Apenrade) an Conrad Steinbömer (Rotterdam), 20.5.1887.
304 Siehe Kapitel: Der Reeder – Wechselnde Konjunkturen und Frachtraten.
305 Leonhard, S. 116–120; Kludas 1986, 1, S. 179; Kludas 1987, 2, S. 100–106; Bessell, S. 65–74.
306 BAB R 4701-GA 1283: Schreiben des Staatssekretärs des Reichsschatzamts, 12.5.1896, u. des Reichsamts des Innern, 29.5.1896.
307 BAB R 101/1–2622: Separatabdruck aus Nr. 269 der *Hamburger Nachrichten*, 14.11.1896 (Morgenausgabe).
308 BAB R 4701-GA 1283: Memorandum *Bemerkungen zu den Promemorien der Deutschen Dampfschiffs-Rhederei (Kingsin Linie) in Hamburg vom November 1896 und Januar 1897* von Heinrich Wiegand, Norddeutscher Lloyd (Bremen), an Reichskanzler Fürst zu Hohenlohe-Schillingsfürst (Berlin), 24.3.1897.
309 JJHA A01–01-314: Michael Jebsen (Berlin) an Petersen (o.O.), 7.12.1896.
310 *Stenographische Berichte Reichstag*, 9. LP, 4. Session, 142. Sitzung, 9.12.1896, S. 3767–3791, 143. Sitzung, 10.12.1896, S. 3793–3882, 145. Sitzung, 12.12.1896, S. 3851–3881 (das Zitat von Jebsen auf S. 3873); Hansa, 19.12.1896, S. 610.
311 *NAA*, 13.1. u. 26.1.1897.
312 BAB R 101/1–1209, Aktenvermerk, Berlin, 9.2.1897; BAB R 101/1–1210: Postdampfer-Subvention, 25.2.1897.
313 *Meyers, 18*, S. 418.
314 BAB R 4701-GA 1283: *Memorandum Bemerkungen zu den Promemorien der Deutschen Dampfschiffs-Rhederei (Kingsin Linie) in Hamburg vom November 1896 und Januar 1897* von Heinrich Wiegand, Norddeutscher Lloyd (Bremen), an Reichskanzler Fürst zu Hohenlohe-Schillingsfürst (Berlin), 24.3.1897.
315 JJHA A01–01-314: Michael Jebsen (Berlin) an Johannes Thormälen privatim (Hamburg), 14.5.1897.
316 Leonhard, S. 120–122; Kludas 1987, 2, S. 107, 198, 208–211.
317 Stoecker, S. 175–183; Mathies, S. 115–116; Bessell, S. 76–77; Seiler, S. 32–43; Kludas 1986, 1, S. 156–162.
318 JJHA A01–01-297: Michael Jebsen (Berlin) an Jacob Jebsen (Hongkong), 1.12.1897.
319 *Hansa*, 5.3.1898: Die Dampfersubvention für den ostasiatischen Dienst.
320 BAB R4701-GA 1283: Wilhelm Knappe, Die deutsche Handelskommission für Ostasien (Shanghai), an Reichskanzler Fürst zu Hohenlohe-Schillingsfürst (Berlin), 21.5.1897.
321 *Hansa*, 12.6.1897.
322 BAB R4701-GA 1283: *Auszug aus den Rapporten des Postamts in Schanghai und Tientsin für 1896/97 (1. Juli – 30. Juni)*, o.D.; *Verhandlungsprotokoll zwischen den Vertretern der Reichsverwaltung und dem Norddeutschen Lloyd zur Vorbereitung für die Wiedereinbringung einer Reichspostdampfervorlage in der nächsten Tagung des Reichstags*, Berlin, 13.8.1897.
323 BAB R4701-GA 1283: *Denkschrift betreffend die Reichspostdampferlinien nach Ostasien und Australien, Berlin, 15.11.1897; Entwurf eines Gesetzes zur Ergänzung der Gesetze, betreffend Postdampfschiffsverbindungen mit überseeischen Ländern*, o.D.
324 BAB R 901–6771: *Freisinnige Zeitung*, 2.2.1898: Die Postdampfervorlage.
325 *Stenographische Berichte Reichstag*, 9. LP, 5. Session, 43. Sitzung, 17.2.1898, S. 1103–1105.
326 *Stenographische Berichte Reichstag*, 9. LP, 5. Session, 45. Sitzung, 19.2.1898, S. 1139–1155.
327 *Stenographische Berichte Reichstag*, 9. LP, 5. Session, 43. Sitzung, 17.2.1898, S. 1105.
328 *Hansa*, 5.3.1898: Die Dampfersubvention für den ostasiatischen Dienst.
329 Mathies, S. 116; Seiler, S. 50; Kludas 1986, 1, S. 162; Kludas 1987, 2, S. 162, 198–199.
330 *Stenographische Berichte Reichstag*, 9. LP, 5. Session, 59. Sitzung, 10.3.1898, S. 1464–1465.
331 BAB R 901–6772: *Hamburger Fremdenblatt*, 15.3.1898.
332 *Hansa*, 26.11.1898; Kludas 1987, 2, S. 198–199.
333 Schrecker, S. 1–42; Mühlhahn, S. 65–111; Herold, S. 29–35.
334 JJHA A01–01-294: Jacob Jebsen (Hongkong) an Michael Jebsen (Apenrade), 23.11.1897.
335 Die initiierende Rolle von Tirpitz geht aus einem Schreiben von Podbielski an Bülow vom 4.1.1898 hervor. Siehe BAB R901–17520.
336 JJHA A01–02-0012: Carl-August Gieseke (Reichspostamt) an Michael Jebsen (Apenrade), 24.12.1897.
337 Der Inhalt des Briefes von Jacob Jebsen ist wiedergegeben in: JJHA A01–01-314: Michael Jeb-

sen (Apenrade) an Carl Diederichsen (Hamburg), 29.12.1897.
338 JJHA A01–01-310: Michael Jebsen (Apenrade) an Carl-August Gieseke, Reichspostamt (Berlin), 25.12.1897.
339 JJHA A01–01-314: Michael Jebsen (Apenrade) an Jacob Jebsen (Hongkong), 7.1.1898.
340 JJHA A01–02-0012: *Protokoll der Erörterungen wegen Herstellung einer regelmäßigen Dampfschiffsverbindung zwischen Shanghai und dem von deutschen Truppen besetzten Hafenplatz Kiautschou bzw. Tientsin*, Berlin, 4.1.1898.
341 BAB R 901–17520: *Protokoll der Sitzung über die Herstellung einer Postdampfschiffahrtsverbindung Shanghai-Kiautschou bzw. Tientsin, 8.1.1898; Protokoll der Sitzung (Fortsetzung), 19.1.1898; Ergebnis der Verhandlungen bezüglich Einrichtung der Verbindung Shanghai-Kiautschou-Tientsin*, o.D.
342 JJHA A01–01-297: Michael Jebsen (Berlin) an Jacob Jebsen (Hongkong), 19.4.1898.
343 JJHA A01–02-0012: Ganz, Norddeutscher Lloyd (Bremen), an Michael Jebsen (Apenrade), 3.2.1898; JJHA A01–01-297: Michael Jebsen (Apenrade) an den Norddeutschen Lloyd (Bremen), 5.2.1898; JJHA A01–01-310: Michael Jebsen (Apenrade) an den Norddeutschen Lloyd (Bremen), 6.2.1898; JJHA A01–02-0012: Ganz, Norddeutscher Lloyd (Bremen), an Michael Jebsen (Apenrade), 7.2.1898; JJHA A01--01-310: Michael Jebsen (Apenrade) an den Norddeutschen Lloyd (Bremen), 8.2.1898; JJHA A01–02-0012: Ganz, Norddeutscher Lloyd (Bremen), an Michael Jebsen (Apenrade), 11.2.1898.
344 JJHA A01–02-0012: *Vertrag zwischen dem Reichskanzler und dem Schiffsreeder M. Jebsen in Apenrade über die Unterhaltung einer Post-Dampfschiffsverbindung zwischen Shanghai und Kiautschou*, Berlin, 10.2.1898, u. *Nachtrag*, 10.2.1898.
345 JJHA A01–01-294: Jacob Jebsen (Hongkong) an Michael Jebsen (Apenrade), 25.2.1898.
346 JJHA A01–01-297: Michael Jebsen (Berlin) an Jacob Jebsen (Hongkong), 3.3.1898.
347 *Abkommen zwischen dem Deutschen Reich und der Qing-Dynastie* (6.3.1898), in: Leutner, S. 164–168 (Dok. 40).
348 JJHA A01–01-297: Michael Jebsen (Berlin) an Jacob Jebsen (Hongkong), 4.3.1898.
349 JJHA A01–01-297: Michael Jebsen (Apenrade) an Jacob Jebsen (Hongkong), 10.2.1898.
350 JJHA A01–01-297: Michael Jebsen (Berlin) an Jacob Jebsen (Hongkong), 4.3.1898.
351 JJHA A01–02-0012: Horst von Tippelskirch an Michael Jebsen (Apenrade), 4.4.1898 u. 27.4.1898.
352 JJHA A01–01-297: Michael Jebsen (Apenrade) an Heinrich Diederichsen (Kiel), 30.4.1898 u. 1.5.1898.
353 Heinrich Diederichsen (Kiel) an Michael Jebsen (Apenrade), 1.5.1898, zit. in: Hänisch, S. 54.
354 JJHA A01–01-297: Michael Jebsen (Apenrade) an Heinrich Diederichsen (Kiel), 2.5.1898.
355 JJHA A01–01-294: Jacob Jebsen (Hongkong) an Michael Jebsen (Apenrade), 10.6.1898.
356 JJHA A01–01-294: Jacob Jebsen (Hongkong) an Michael Jebsen (Apenrade), 18.6.1898.
357 JJHA A01–02-0012: Tambach, Reichspostamt, Erste Abteilung (Berlin), an Michael Jebsen (Apenrade), 18.4.1898.
358 JJHA A01–01-294: Jacob Jebsen (Hongkong) an Michael Jebsen (Apenrade), 1.7. u. 9.7.1898.
359 JJHA A01–02-0012: Michael Jebsen (Apenrade) an das Reichspostamt (Berlin), 12.8.1898; JJHA A01–01-238: Michael Jebsen (Apenrade) an den Norddeutschen Lloyd (Bremen), 27.8.1898.
360 JJHA A01–02-0012: Carl-August Gieseke, Reichspostamt (Berlin), an Michael Jebsen (Apenrade), 13.8.1898; JJHA A01–01-238: Michael Jebsen (Apenrade) an das Reichspostamt (Berlin), 15.8.1898; JJHA A01–01-298: Michael Jebsen (Apenrade) an Jacob Jebsen (Hongkong), 18.8.1898.
361 BAB R 901–17520: Staatssekretär Victor von Podbielski (Berlin) an Staatssekretär Bernhard von Bülow (Berlin), 15.8.1898.
362 JJHA A01–02-0012: Telegramme von Carl-August Gieseke, Reichspostamt (Berlin), an Michael Jebsen (Apenrade), 22.8. u. 23.8.1898; JJHA A01–01-238: Michael Jebsen (Apenrade) an Jebsen & Co. (Hongkong), 25.8.1898.
363 JJHA A01–01-298: Michael Jebsen (Apenrade) an Carl-August Gieseke, Reichspostamt (Berlin), 28.8.1898.
364 JJHA A01–02-0012: Telegramm von Carl-August Gieseke, Reichspostamt (Berlin), an Michael Jebsen (Apenrade), 29.8.1898; JJHA A01–01-238: Michael Jebsen (Apenrade) an Carl-August Gieseke, Reichspostamt (Berlin), 30.8.1898.
365 BAB R 901–17520: *Vertrag zwischen dem Reichskanzler und dem Schiffsreeder M. Jebsen in Apenrade über die Unterhaltung einer Post-Dampfschiffsverbindung zwischen Shanghai und Kiautschou*, 30.8.1898, *Nachtrag*, 30.8.1898.
366 JJHA A01–01-298: Michael Jebsen (Apenrade) an Jacob Jebsen (Hongkong), 31.8.1898.
367 JJHA A01–01-238: Michael Jebsen (Apenrade) an Kapitän H. Ipland, Dampfer Apenrade (Shanghai), 1.9.1989; Michael Jebsen (Apenrade) an das Reichspostamt (Berlin), 1.9.1898; Michael Jebsen (Apenrade) an Geheimer Oberpostrat Kobelt, Reichspostamt (Berlin), 6.9.1898; JJHA A01–01-

298: Michael Jebsen (Apenrade) an Jacob Jebsen (Hongkong), 8.9.1898.
368 JJHA A01–01-238: Franz Engelbrecht (Apenrade) an Jebsen & Co. (Hongkong), 13.10.1898; Michael Jebsen (Apenrade) an Carl-August Gieseke, Reichspostamt (Berlin), 30.10.1898.
369 JJHA A01–02-0012: *Denkschrift betreffend die Entwicklung von Kiautschou. Abgeschlossen Ende Oktober 1898,* in: *Stenographische Berichte Reichstag*, 10. LP, 1. Session 1898/99, Anlage Nr. 79, 2.1.1899.
370 QMA CCK 47–1-534: Inspektor Ernst Ohlmer (Tsingtau) an die Chinesische Seezollbehörde (Peking), 13.10.1898.
371 JJHA A01–01-294: Jacob Jebsen (Hongkong) an Michael Jebsen (Apenrade), 18.11.1898; Leutner, S. 346–348.
372 Jebsen, S. 39; JJHA A01–01-294: Jacob Jebsen (Hongkong) an Heinrich Jessen, 13.12.1898 (das Zitat von Jessen in: Hänisch, S. 61–62).
373 JJHA A01–01-298: Michael Jebsen (Apenrade) an Jacob Jebsen (Hongkong), 23.2.1899.
374 JJHA A01–01-294: Jacob Jebsen (Hongkong) an Michael Jebsen (Apenrade), 18.1.1899; JJHA A01–01-298: Michael Jebsen (Apenrade) an Jacob Jebsen (Hongkong), 23.2.1899.
375 JJHA A01–01-294: Jacob Jebsen (Hongkong) an Michael Jebsen (Apenrade), 6.3.1899 (Extra-Einlage).
376 JJHA A01–01-298: Michael Jebsen (Apenrade) an Jacob Jebsen (Hongkong), 2.3.1899.
377 Matzat, S. 6–20
378 Siehe Kapitel: Der Parlamentarier – Deutsche Konsulate in Ostasien.
379 JJHA A01–01-294: Jacob Jebsen (Hongkong) an Michael Jebsen (Apenrade), 6.3.1899 (Extra-Einlage); Jacob Jebsen (Hongkong) an Michael Jebsen (Apenrade), 8.4.1899.
380 JJHA A01–01-294: Bericht von Jacob Jebsen (Hongkong) an Michael Jebsen (Apenrade), 6.4.1899 (Extra-Einlage).
381 *Ostasiatischer Lloyd*, Nr. 30, 29.4.1899; JJHA A01–01-294: Jacob Jebsen (Hongkong) an Michael Jebsen (Apenrade), 28.4.1899 (die Lancierung des Artikels durch Jebsen & Co., Hongkong, wird dort erwähnt).
382 BAB R 901–17521: Clemens Freiherr von Ketteler (Peking) an den Reichskanzler (Berlin), 3.9.1899.
383 JJHA A01–01-240: Michael Jebsen (Apenrade) an Direktor Dr. Heinrich Wiegand, Norddeutscher Lloyd (Bremen), 12.6.1899; Michael Jebsen (Apenrade) an Jacob Jebsen (Hongkong), 4.7.1899.
384 BAB R 901–17520: Michael Jebsen (Apenrade) an Staatssekretär Graf von Bülow (Berlin), 4.7.1899 (Originalbrief); Kopie in: JJHA A01–01-240.
385 BAB R901–17520: Unterstaatssekretär Oswald Freiherr von Richthofen, Auswärtiges Amt (Berlin), an Staatssekretär Graf von Bülow (Berlin), 17.7.1899.
386 BAB R 901–17520: Konsul Dr. Rudolf Eiswaldt (Tientsin) an den Reichskanzler (Berlin), 16.5.1899.
387 JJHA A01–02-0013: Bericht von Emil Rehders, o. D., als Anlage zum Schreiben von Reinhold Kraetke, Reichspostamt (Berlin) an Michael Jebsen (Apenrade), 5.7.1899. Weitere Korrespondenz über die Klage von Rehders in: JJHA A01–01-241.
388 BAB R 901–17520: Unterstaatssekretär Oswald Freiherr von Richthofen, Auswärtiges Amt (Berlin), an die Staatssekretäre des Reichsmarineamts und des Reichspostamts (Berlin), 20.7.1899.
389 BAB R 901–17521: Schreiben des Auswärtigen Amts (Berlin) an Reederei M. Jebsen (Apenrade), 3.11.1899.
390 BAB R 901–17521: *Vertrag zwischen dem Reichskanzler und der Firma M. Jebsen in Apenrade über die Unterhaltung einer Post-Dampfschiffsverbindung zwischen Shanghai und Taku (Tientsin)*, Berlin, 31.3.1900.
391 JJHA A01–01-293: Jacob Jebsen (Apenrade) an Heinrich Jessen (Hongkong), 14.2.1901; Hänisch, S. 73–74; Hieke, S. 107.
392 Für die Entwicklung der Postdampferlinie unter Regie der Hapag bis 1914 siehe Becker, Bert 2009, S. 229–238.
393 Nipperdey 1961, S. 83, 100, 113–115, 126; Schartl, S. 288–290.
394 JJHA A01–01-318: Michael Jebsen (Apenrade) an einen Kollegen (o. O.), 25.11.1895.
395 JJHA A01–01-235: Michael Jebsen (Apenrade) an Carl Diederichsen (Hamburg), 27.11.1895.
396 Ziekursch, S. 79.
397 Flugblatt *Die Deutschsoziale Reformpartei und ihr Programm (beschlossen auf dem Erfurter Parteitag 1895*), zit. in: Fricke, S. 541.
398 Sievers 1982, S. 278; Riquarts, S. 238.
399 LASH Abt. 301 Nr. 6480: Landrat Hermann Rasch (Flensburg) an Oberpräsident Ernst Matthias von Köller (Schleswig), 27.4.1898.
400 Nipperdey 1998, Bd. 2, S. 298–299; Schartl, S. 387–388; Riquarts, S. 215; *NAA*, 20.1.1898.
401 JJHA A01–01-314: Michael Jebsen (Apenrade) an Christian Jürgensen (o. O.), 4.4.1896.
402 JJHA A01–01-314: Michael Jebsen (Apenrade) an Carl Diederichsen (Hamburg), 24.9.1896.
403 *Berliner Erklärung von 1896 (Allgemeiner Delegiertentag vom 3. bis 5. Oktober 1896)*, in: *Programmatische Kundgebungen der Nationalliberalen Partei*, S. 60–63; Seeber/Hohberg, S. 404, 422; Nipperdey 1961, S. 126, 141–149.

404 JJHA A01–01-314: Vertrauliches Schreiben von Michael Jebsen (Berlin) an Conrad Metger (Flensburg), 18.3.1897.
405 Schartl, S. 394.
406 Schartl, S. 387–388.
407 JJHA A01–01-237: Michael Jebsen (Apenrade) an Conrad Metger (Flensburg), 5.4.1897.
408 LASH Abt. 301 Nr. 6480: *Kieler Zeitung*, 17.9.1897 (Abendausgabe).
409 *NAA*, 10.8.1897.
410 JJHA A01–01-314: Michael Jebsen (Apenrade) an einen Freund und Kollegen (o. O.), 9.8.1897, an Rechtsanwalt E. Bong-Schmidt (Flensburg), 9.8.1897, u. an Max Bourwieg (o. O.), 13.8.1897.
411 JJHA A01–01-314: Michael Jebsen (Apenrade) an einen Freund und Kollegen (o. O.), 9.8.1897.
412 LASH Abt. 301 Nr. 6480: *Kieler Zeitung*, 22.10.1897 (Morgenausgabe).
413 JJHA A01–01-314: Michael Jebsen (Apenrade) an August Sartori (Kiel), 1.11.1897.
414 JJHA A01–01-314: Michael Jebsen (Apenrade) an Conrad Metger (Flensburg), 1.11.1897.
415 JJHA A01–01-314: Michael Jebsen (Apenrade) an Otto Büsing (Schwerin), 1.11.1897.
416 Kalkoff, S. 6; *NAA*, 30.11.1897.
417 JJHA A01–01-314: Michael Jebsen (Apenrade) an Otto Büsing (Schwerin), 1.11.1897.
418 JJHA A01–01-314: Michael Jebsen (Apenrade) an einen Kollegen (o. O.), 6.11.1897.
419 LASH Abt. 301 Nr. 6480: Rektor Nicolai Nicolaisen (Apenrade) an Oberpräsident Ernst Matthias von Köller (Schleswig), 8.6.1898.
420 JJHA A01–01-298: Michael Jebsen (Apenrade) an Werner Frölich (Flensburg), 31.10.1898.
421 Schartl, S. 388; LASH Abt. 301 Nr. 6480: *Hamburger Echo*, 18.12.1897; JJHA A01–01-314: Michael Jebsen (Apenrade) an Peter Christian Hansen (Kiel), 23.12.1897.
422 JJHA A01–01-314: Michael Jebsen (Apenrade) an Peter Christian Hansen (Kiel), 23.12.1897.
423 *NAA*, 13.1.1898; Schartl, S. 388–389.
424 *NAA*, 20.1.1898: Zur Reichstagswahl im Kreise Flensburg-Apenrade (Wiederabdruck des Artikels der *Nord-Ostsee-Zeitung*).
425 JJHA A01–01-310: Franz Engelbrecht (Apenrade) an Michael Jebsen (Berlin), 20.1.1898.
426 JJHA A01–01-297: Michael Jebsen (Berlin) an Landrichter Hermann Schwartz (Flensburg), 27.1.1898.
427 *Stenographische Berichte Reichstag*, 9. LP, 5. Session, 38. Sitzung, 11.2.1898, S. 967.
428 *Stenographische Berichte Reichstag*, 9. LP, 5. Session, 36. Sitzung, 9.2.1898, S. 925.
429 *Stenographische Berichte Reichstag*, 9. LP, 5. Session, 38. Sitzung, 11.2.1898, S. 967.
430 JJHA A01–01-310: Franz Engelbrecht (Apenrade) an Michael Jebsen (Berlin), 11.2. u. 12.2.1898; NAA, 16.2.1898.
431 JJHA A01–01-314: Michael Jebsen (Apenrade) an Friedrich Hammacher (o. O.), 20.5.1898.
432 LASH Abt. 301 Nr. 6480: *Kieler Zeitung*, 4.3.1898 (Abendausgabe), *Altonaer Nachrichten*, 5.3.1898 (Abendausgabe); Schartl, S. 396–397.
433 *NAA*, 28.4.1898.
434 LASH Abt. 301 Nr. 6480: *Hamburger Echo*, 26.4.1898 (Beilage).
435 *FNZ*, 24.4.1898; *NAA*, 23.4.1898 (mit wohl irrtümlich falschen Stimmenzahlen); Schartl, S. 389.
436 JJHA A01–01-297: Michael Jebsen (Apenrade) an Werner Frölich (Flensburg), 23.4.1898.
437 LASH Abt. 301 Nr. 6480: *Hamburger Echo*, 26.4.1898 (Beilage).
438 LASH Abt. 301 Nr. 6480: Landrat Hermann Rasch (Flensburg) an Oberpräsident Ernst Matthias von Köller (Schleswig), 27.4. u. 15.5.1898; *FNZ*, 28.4.1898; *NAA*, 28.4., 30.4. u. 5.5.1898.
439 JJHA A01–01-297: Michael Jebsen (Apenrade) an einen Kollegen (o. O.), 6.5.1898.
440 *NAA*, 7.5. u. 12.5.1898; *FNZ*, 8.5., 11.5. u. 12.5.1898.
441 *FNZ*, 12.5.1898.
442 JJHA A01–01-297: Michael Jebsen (Apenrade) an Paul Ludwig Gottburgsen (Flensburg), 12.5.1898.
443 *FNZ*, 13.5.1898; *NAA*, 12.5.1898.
444 LASH Abt. 301 Nr. 6480: Landrat Hermann Rasch (Flensburg) an Oberpräsident Ernst Matthias von Köller (Schleswig), 15.5.1898.
445 JJHA A01–01-297: Michael Jebsen (Apenrade) an Paul Ludwig Gottburgsen (Flensburg), 12.5.1898.
446 JJHA A01–01-314: Michael Jebsen (Berlin) an Dr. Friedrich Böttcher (o. O.), 24.5.1898.
447 Nipperdey 1998, Bd. 2, S. 709–710 (Charakterisierung von Miquel auf S. 710), 721–722; LASH Abt. 301 Nr. 6480: *Hamburger Echo*, 29.4.1898.
448 JJHA A01–01-297: Michael Jebsen (Apenrade) an Albrecht Patzig (Berlin), 10.5.1898.
449 JJHA A01–01-297: Michael Jebsen (Apenrade) an Carl Diederichsen (Hamburg), 13.5.1898.
450 JJHA A01–01-297: Michael Jebsen (Apenrade) an einen Freund (o. O.), 15.5.1898.
451 JJHA A01–01-297: Michael Jebsen (Apenrade) an Peter Christian Hansen (Kiel), 18.5.1898.
452 JJHA A01–01-314: Michael Jebsen (Apenrade) an Conrad Metger (Flensburg), 25.5.1898.
453 JJHA A01–01-314: Michael Jebsen (Apenrade) an einen Kollegen (o. O.), 25.5.1898.
454 JJHA A01–01-314: Michael Jebsen (Apenrade) an Gustav Diederichsen (Hamburg), 25.5.1898.
455 LASH Abt. 301 Nr. 809: *Nord-Ostsee-Zeitung*, 28.5.1898.

456 JJHA A01–01-314: Michael Jebsen (Apenrade) an Friedrich Hammacher (o.O.), 20.5.1898.
457 JJHA A01–01-314: Michael Jebsen (Apenrade) an Theodor Möller (o.O.), 22.5.1898.
458 LASH Abt. 301 Nr. 6480: *FNZ*, 29.5.1898 u. 1.6.1898.
459 Kalkoff, S. 152.
460 JJHA A01–01-314: Michael Jebsen (Apenrade) an Friedrich Hammacher (o.O.), 20.5.1898.
461 *NAA*, 4.6.1898.
462 *FNZ*, 5.6.1898; LASH Abt. 301 Nr. 6480: *FNZ*, 7.6.1898.
463 *NAA*, 4.6.1898.
464 JJHA A01–01-314: Michael Jebsen (Apenrade) an Paul Ludwig Gottburgsen (Flensburg), 26.5.1898.
465 *NAA*, 7.6.1898; JJHA A01–01-310: Franz Engelbrecht (Apenrade) an Michael Jebsen (Flensburg), 6.6.1898 u. 7.6.1898.
466 LASH Abt. 301 Nr. 6480: Rektor N. Nicolaisen (Apenrade) an Oberpräsident Ernst Matthias von Köller (Schleswig), 8.6.1898.
467 *NAA*, 4.6. u. 7.6.1898; *FNZ*, 5.6.1898; LASH Abt. 301 Nr. 6480: *FNZ*, 7.6. u. 8.6.1898.
468 *NAA*, 7.6.1898; LASH Abt. 301 Nr. 6480: *Nord-Ostsee-Zeitung*, 9.6.1898.
469 *NAA*, 10.6.1898.
470 *NAA*, 11.6. u. 14.6.1898; *FNZ*, 13.6.1898.
471 JJHA A01–01-314: Michael Jebsen (Apenrade) an Rechtsanwalt E. Bong-Schmidt (Flensburg), 13.6.1898.
472 *NAA*, 14.6.1898.
473 Schartl, S. 482–497.
474 *NAA*, 18.6.1898.
475 JJHA A01–01-314: Michael Jebsen (Apenrade) an Gustav Diederichsen (Hamburg), 18.6.1898.
476 LASH Abt. 301 Nr. 6480: *FNZ*, 18.6.1898.
477 LASH Abt. 301 Nr. 6480: *FNZ*, 21.6.1898.
478 *NAA*, 4.6.1898.
479 *NAA*, 21.6.1898.
480 JJHA A01–01-298: Michael Jebsen (Apenrade) an Werner Frölich (Flensburg), 21.6.1898.
481 JJHA A01–01-310: Franz Engelbrecht (Apenrade) an Erich Jacobsen (Hardersby, per Sörup), 23.6.1898; *NAA*, 23.6.1898.
482 *NAA*, 25.6.1898.
483 Für das Wahlergebnis in Schleswig-Holstein siehe *Die Vertretung der einzelnen Parteien in Schleswig-Holstein bei den Reichstagswahlen seit 1867*, S. 4–5, u. Schartl, S. 482 (Tab. 4). Für das Ergebnis im Reich siehe Schwarz, S. 807 (Stimmenzahlen), S. 821 (Mandatsverteilung), u. *Sozialgeschichtliches Arbeitsbuch*, II, S. 175.
484 Nipperdey 1998, Bd. 2, S. 722–723.
485 JJHA A01–01-298: Michael Jebsen (Apenrade) an F. Stein (Rotterdam), 25.7.1898.
486 Mommsen 1975, S. 123–124.
487 Jebsen, S. 21.
488 Schartl, S. 292.

Der Nordschleswiger

1 JJHA A01–01-287: Michael Jebsen (Rotterdam) an Hans Matthiesen (Apenrade), 9.10.1879.
2 Jebsen, S. 14–15.
3 JJHA A01–01-288: Michael Jebsen (Rotterdam) an C. L. Marshall (Vlissingen), 13.1.1881.
4 JJHA A01–01-313: Michael Jebsen (Rotterdam) an Nicolás Tiedje (Valparaíso), 24.3.1881.
5 JJHA A01–01-313: Michael Jebsen (Rotterdam) an Freund Wilkes (o.O.), 13.5.1881.
6 JJHA A01–01-313: Michael Jebsen (Rotterdam) an Jes Nicolai Jessen (Apenrade), 23.6.1881.
7 JJHA A01–01-313: Michael Jebsen (Rotterdam) an Kapitän H. Evers (Hongkong), 4.8. u. 4.11.1881.
8 JJHA A01–01-289: Michael Jebsen (Rotterdam) an Rudolph Wahl (Mannheim), 26.12.1881.
9 JJHA A01–01-289: Michael Jebsen (Rotterdam) an Johann Ahlmann (Apenrade), 16.2.1882.
10 Schlaikier 1929, S. 35–36; Krieger, August, S. 90.
11 Mørkegaard, S. 86.
12 Lorenzen-Schmidt, Bevölkerungsentwicklung 1830–1918, S. 344.
13 *Provinzial-Handbuch für Schleswig-Holstein* 1897, S. 133–134.
14 Bödewadt, S. 61–71.
15 Wohlenberg, S. 3, 16–17.
16 JJHA A01–01-291: Michael Jebsen (Apenrade) an C. L. Marshall (Vlissingen) u. an Alfred Longsdon (London), 2.8.1882.
17 JJHA A01–01-291: Michael Jebsen (Apenrade) an Carl Staengle (Rotterdam), 4.8.1882.
18 *Meyers, 11,* S. 75–76. Die Kur in Bad Kissingen fand Jebsens ungeteiltes Lob: »Ich kann Ihnen Kissingen als Kurort sehr empfehlen. Das Brennen [wird] wirklich gelindert wie [in] Marien- oder Karlsbad. Die Bäder sind sehr angenehm, die Logis gut und nicht übermäßig teuer. Das Fleisch schmeckt fester als ich es je in Holland gegessen habe, überhaupt [ist] die Verpflegung und Bedie-

nung gut. Ich lebe hier nicht teurer als im Victoria Hotel in Rotterdam, aber unendlich viel angenehmer.« – JJHA A01–01-290: Michael Jebsen (Kissingen) an Ruys (Rotterdam), 8.9.1882.
19 JJHA A01–01-291: Michael Jebsen (Apenrade) an Carl Hagemann (Essen), 23.9.1882.
20 JJHA A01–01-291: Michael Jebsen (Apenrade) an Adolf Deppe (Antwerpen), 1.11.1882.
21 JJHA A01–01-291: Michael Jebsen (Apenrade) an Conrad Steinbömer (Rotterdam), 17.11.1882.
22 JJHA A01–01-291: Michael Jebsen (Apenrade) an Carl Staengle (Rotterdam), 18.11.1882.
23 JJHA A01–01-321: Michael Jebsen (Apenrade) an F. Stein (Rotterdam), 1.1.1883.
24 JJHA A01–01-307: Michael Jebsen (Apenrade) an Carl Staengle (Rotterdam), 24.5.1883.
25 JJHA A01–01-307: Michael Jebsen (Apenrade) an Conrad Steinbömer (Rotterdam), 16.5.1883.
26 JJHA A01–01-307: Michael Jebsen (Apenrade) an Carl Staengle (Rotterdam), 24.5.1883.
27 JJHA A01–01-307: Michael Jebsen (Apenrade) an Jes Nicolai Jessen (Apenrade), 23.5.1883.
28 JJHA A01–01-307: Michael Jebsen (Apenrade) an Conrad Steinbömer (Rotterdam), 28.6.1883.
29 JJHA A01–01-307: Michael Jebsen (Apenrade) an Wilhelm Dölberg (o. O.), 29.9.1883.
30 JJHA A01–01-307: Michael Jebsen (Apenrade) an Adolf Deppe (Antwerpen), 1.12.1883.
31 JJHA A01–01-307: Michael Jebsen (Apenrade) an Carl Hagemann (Essen), 10.11.1884.
32 JJHA A01–01-292: Michael Jebsen (Apenrade) an Wilhelm Dölberg (o. O.), 9.1.1887.
33 JJHA A01–01-292: Michael Jebsen (Apenrade) an Ruys (Rotterdam), 22.1.1887.
34 Jebsen, S. 16.
35 Hassel, S. 110.
36 *FNZ*, 3.10.1899: Landtags-Abgeordneter M. Jebsen †.
37 *NAA*, 4.10.1899: † Stadtrat Michael Jebsen.
38 JJHA A01–01-291: Michael Jebsen (Apenrade) an Nicolás Tiedje (Valparaíso), 13.10.1882.
39 Nipperdey 1998, Bd. 1, S. 48.
40 Hassel, S. 60–66; Jebsen, S. 16.
41 JJHA A01–01-292: Michael Jebsen (Apenrade) an Jacob H. P. Diederichsen (Hamburg), 31.12.1888.
42 Jebsen, S. 16.
43 Nipperdey 1998, Bd. 1, S. 44, 48; Sievers 1991, S. 74.
44 Nipperdey 1998, Bd. 1, S. 48–49; Jebsen, S. 16; Hassel, S. 117.
45 Hassel, S. 114.
46 Jebsen, S. 16.
47 Nipperdey 1998, Bd. 1, S. 56.
48 Hassel, S. 115–117; Jebsen, S. 16.
49 JJHA A01–01-313: Michael Jebsen (Rotterdam) an Jacob H. P. Diederichsen (Hamburg), 9.4.1881.
50 JJHA A01–01-321: Michael Jebsen (Apenrade) an Conrad Steinbömer (Rotterdam), 2.1.1883.
51 JJHA A01–01-307: Michael Jebsen (Apenrade) an Carl Staengle (Rotterdam), 24.5.1883.
52 JJHA A01–01-307: Michael Jebsen (Apenrade) an Wilhelm Dölberg (o. O.), 29.9.1883.
53 JJHA A01–01-307: Michael Jebsen (Apenrade) an Wilhelm Dölberg (o. O.), 2.10.1885. Im Originalbrief ist der hier kursive Textteil unterstrichen.
54 JJHA A01–01-292: Michael Jebsen (Apenrade) an »Lieber Freund« (o. O.), 26.11.1886.
55 JJHA A01–01-291: Michael Jebsen (Apenrade) an Conrad Steinbömer (Rotterdam), 12.10.1882.
56 JJHA A01–01-307: Michael Jebsen (Apenrade) an Conrad Steinbömer (Rotterdam), 28.6.1883, u. an Adolf Deppe (Antwerpen), 1.12.1883.
57 Nipperdey 1998, Bd. 1, S. 57–58.
58 JJHA A01–01-291: Michael Jebsen (Apenrade) an Conrad Steinbömer (Rotterdam), 8.11.1882.
59 Jebsen, S. 18–19; *Meyers, 8*, S. 564; Grais, S. 434–435; Treue, S. 566–567
60 Ostersehlte, HOWALDT, Bernhard, S. 204, HOWALDT, Hermann, S. 214. Jebsen (S. 19) gibt irrtümlich an, daß »die drei Gebrüder Howaldt, Gründer der großen Kieler Werft«, dort studiert hätten. *Meyers, 10*, S. 659.
61 Jebsen, S. 19–28.
62 Siehe beispielsweise Hsü, S. 344–345; Fairbank/Goldman, S. 201–205; Osterhammel 1989, S. 202–207; Wippich, S. 137.
63 Osterhammel 1989, S. 203.
64 Zu Diederichsen, Jebsen & Co. siehe das Kapitel: Der Parlamentarier – Postdampfer nach Kiautschou.
65 Jebsen, S. 43–78; Hänisch, S. 63–132; JJHA PS. 4245.
66 Jebsen, S. 79–94; Hänisch, S. 133–167; Hohnsbehn, S. 314–330.
67 Der Begriff *technical enemy* [technischer Feind] wurde von Großbritannien im Zweiten Weltkrieg bei der Konfiszierung von Vermögenswerten gebraucht und bezog sich auf Angehörige von Nationen wie Dänemark, Polen und die Tschechoslowakei, die nur durch deren deutsche Besatzung zu Feindstaaten von Großbritannien geworden waren.
68 Hänisch, S. 357–374.
69 Hassel, S. 157.
70 JJHA A01–01-297: Michael Jebsen (Apenrade) an Veder (o. O.), 9.5.1898.
71 Ernst Elsheimer (Hg.), *Verzeichnis der Alten Burschenschaftler nach dem Stande vom Wintersemester 1927/28*, Frankfurt a. M. 1928, S. 50.

72 UAG: *Juristische Fakultät, Nr. 0,3175 (Bourwieg):* Lebenslauf des Referendars Bruno Bourwieg, Stepenitz, den 15. November 1887; Wolf, S. 203–206.
73 Bruno Bourwieg, *Über die Compensationsfähigkeit verjährter Forderungen.* Inaugural-Dissertation zur Erlangung der Doctorwürde der Juristischen Facultät der Georg-August-Universität zu Göttingen, vorgelegt von Bruno Bourwieg, Referendar aus Stettin, Berlin 1888.
74 Nipperdey 1998, Bd. 2, S. 129; Bleek 1972, S. 170–179; Wolf, S. 203–206.
75 JJHA A01–01-318: Michael Jebsen (Apenrade) an Max Jebsen (o. O.), 30.10.1890.
76 JJHA A01–01-302: Michael Jebsen (Berlin) an H. Gerlinger (Antwerpen), 4.2.1891.
77 JJHA A01–01-302: Michael Jebsen (Apenrade) an Friedrich Wilhelm Hastedt (Harburg), 2.7.1891.
78 Jebsen, S. 26.
79 LAA, Bestand Kirchenbücher: *Copulations-Register der Gemeinde Apenrade 1875–1901*, S. 139, Nr.5; JJHA A01–01-318: Michael Jebsen (Apenrade) an Carl Diederichsen (Hamburg), 24.6.1893.
80 *Meyers, 7*, S. 526;
81 Becker, Bert, 2007, S. 118–119. Der spätere Reichskanzler Georg Michaelis war von 1895 bis 1900 bei der Arnsberger Bezirksregierung tätig und zwar zuerst als Gewerbereferent und danach als Dirigent der Abteilung für Kirchen- und Schulwesen.
82 JJHA A01–01-318: Michael Jebsen (Berlin) an Bruno Bourwieg (Gelsenkirchen), 2.4.1896.
83 Nipperdey 1998, Bd. 2, S. 129–130.
84 Michaelis, S. 140–141.
85 JJHA A01–01-318: Michael Jebsen (Berlin) an Bruno Bourwieg (Gelsenkirchen), 2.4.1896.
86 Becker, Bert 2007, S. 60–61.
87 JJHA A01–01-318: Michael Jebsen (Berlin) an Bruno Bourwieg (Gelsenkirchen), 2.4.1896.
88 JJHA A01–01-314: Michael Jebsen (Apenrade) an Kropf (o. O.), 2.1.1897; JJHA A01–01-297: Michael Jebsen (Apenrade) an Veder (o. O.), 9.5.1898.
89 Wolf, S. 203–206; *Meyers, 18*, S. 442; Grais, S. 125.
90 Hassel, S. 157.
91 Wolf, S. 203–206.
92 Hassel, S. 157; Schreiben von Max-Helmut Bourwieg (Hannover) an JJHA (Aabenraa), 24.7.2012.
93 Hassel, S. 157; JJHA B10–02-0026; JJHA A01–01-302: Michael Jebsen (Berlin) an H. Gerlinger (Antwerpen), 4.2.1891.
94 JJHA A01–01-302: Michael Jebsen (Apenrade) an Carl Diederichsen (Hamburg), 2.5.1892, u. an H. Gerlinger (Antwerpen), 2.5.1892.
95 SAF II C 515: *Flensburger Nachrichten*, 28.9.1926; JJHA A01–01-318: Michael Jebsen (Apenrade) an Carl Diederichsen (Hamburg), 24.6.1893; Jebsen, S. 25, Hassel, S. 157; LAA, Bestand Kirchenbücher: *Copulations-Register der Gemeinde Apenrade 1875–1901*, S. 145, Nr. 29.
96 SAF II C 515: Regierungspräsident Gustav Zimmermann (Schleswig) an Dr. Ludwig von Fischer-Benzon (Apenrade), 19.7.1897; Der Regierungspräsident (Schleswig) an den Ersten Bürgermeister in Flensburg, 28.3.1901; JJHA A01–01-314: Michael Jebsen (Apenrade) an Kropf (o. O.), 2.1.1897, u. an Max Bourwieg (o. O.), 13.8.1897; Jebsen, S. 44.
97 Grais, S. 357; *Meyers, 6*, S. 688; JJHA A01–01-314: Michael Jebsen (Apenrade) an Kropf (o. O.), 2.1.1897.
98 SAF II C 515: Erster Bürgermeister Dr. Hermann Todsen (Flensburg) an Sanitätsrat Dr. Westphalen, Vorsitzender des Flensburger Ärztevereins, 25.9.1926; *Flensburger Nachrichten*, 28.9.1926; SAF XII 00390.
99 Hassel, S. 158–159; Jebsen, S. 43–44, 51, 53, 65.
100 JJHA A01–01-321: Michael Jebsen (Apenrade) an Conrad Steinbömer (Rotterdam), 2.1.1883.
101 Hassel, S. 63 (über Thilde), 159 (über Heinrich).
102 JJHA A01–01-318: Michael Jebsen (Apenrade) an Professor Petersen (Sonderburg), 5.4.1895.
103 JJHA A01–01-233: Michael Jebsen (Apenrade) an Lehrer Möller (Sonderburg), 5.5.1895; JJHA A01–01-318: Michael Jebsen (Apenrade) an Rendant Petersen (Sonderburg), 3.1.1896, u. an Carl Diederichsen (Hamburg), 25.3.1896 (dort das Zitat).
104 JJHA A01–01-314: Michael Jebsen (Apenrade) an Otto Libbertz (Dresden), 19.4.1897.
105 JJHA A01–01-314: Michael Jebsen (Apenrade) an Max Jebsen (o. O.), 12.5.1897.
106 JJHA A01–01-298: Michael Jebsen (Apenrade) an Heinrich Jebsen (Kiel), 24.12.1898.
107 JJHA A01–01-295: Jacob Jebsen (Apenrade) an Friedrich Jebsen (o. O.), 29.4.1903.
108 Hassel, S. 159–160; Hieke 1953, S. 230 (Schiffsliste).
109 Smith 1985/2005, S. 120; HK PRO, CS/I016/00153403.GIF, CS/I017/00165181.GIF, CS/I017/00165182.GIF, CS/I018/00179403.GIF, CS/I018/00179404.GIF.
110 JJHA A01–02-0017: Heinrich Jessen (Hongkong) an Jacob Jebsen (Apenrade), 6.1.1906.
111 HK PRO, CS/I017/00165182.GIF.
112 Jebsen, S. 66.
113 Hassel, S. 159; Leutner, S. 498; JJHA B10–02-34.
114 Hassel, S. 161; JJHA A01–01-318: Michael Jebsen (Apenrade) an C. L. Marshall (Antwer-

pen), 6.4.1895, u. an »Geehrter Herr Dr.« (o. O.), 22.4.1895.
115 JJHA A01–01-236: Michael Jebsen (Apenrade) an Rendant Petersen (Sonderburg), 29.3.1896; JJHA A01–01-314: Michael Jebsen (Apenrade) an Max Jebsen (o. O.), 23.10.1896.
116 JJHA A01–01-314: Michael Jebsen (Apenrade) an Rendant Petersen (Sonderburg), 24.9.1897, u. an Gymnasialdirektor Dr. Spaneth (Sonderburg), 28.9.1897; JJHA A01–01-297: Michael Jebsen (Apenrade) an Veder (o. O.), 9.5.1898; *Meyers, 12,* S. 758.
117 Hassel, S. 161; JJHA A01–01-314: Michael Jebsen (Apenrade) an Rendant Petersen (Sonderburg), 24.9.1897; JJHA A01–01-298: Michael Jebsen (Apenrade) an Heinrich Diederichsen (Kiel), 19.7.1898.
118 Hassel, S. 161; JJHA A01–01-298: Michael Jebsen (Apenrade) an die Inspektion des Bildungswesens der Marine (Kiel), 10.3.1899; JJHA A01–01-240: Michael Jebsen (Apenrade) an Scheidt (Kiel), 8.4.1899; JJHA A01–01-294: Jacob Jebsen (Apenrade) an Heinrich Jessen (Hongkong), 18.11.1900.
119 Hassel, S. 161; Jebsen, S. 75; JJHA A01–01-295: Jacob Jebsen (Apenrade) an Heinrich Jebsen (Hongkong), 16.6.1902, u. an Friedrich Jebsen (Kiel), 19.6.1902.
120 JJHA A01–02-0017: Heinrich Jessen (Hongkong) an Jacob Jebsen (Apenrade), 6.1.1906; JJHA A01–01-295: Jacob Jebsen (Apenrade) an Heinrich Jessen (Hongkong), 23.9.1906.
121 Jebsen, S. 75–76; Hassel, S. 161–162.
122 König, S. 577–580; Jebsen, S. 76; Hassel, S. 162.
123 Hassel, S. 162–163; Jagow, S. 153, 158–159.
124 Hassel, S. 165; JJHA A01–01-307: Michael Jebsen (Apenrade) an Conrad Steinbömer (Rotterdam), 11.3.1884.
125 JJHA A01–01-314: Michael Jebsen (Apenrade) an Rendant Petersen (Sonderburg), 24.9.1897, u. an Gymnasialdirektor Dr. Spaneth (Sonderburg), 28.9.1897; JJHA A01–01-297: Michael Jebsen (Apenrade) an Veder (o. O.), 9.5.1898.
126 Mathies, S. 66; Hieke 1974 (Illies, Carl), S. 136; Jebsen, S. 44; Hänisch, S. 476.
127 Hassel, S. 166; Jagow, S. 104; JJHA B10–02-0030: Schreiben von Oberleutnant und Kompanieführer von Basse (Chaulnes, südliche Somme), 12.9.1916; Hänisch, S. 475–476.
128 Hassel, S. 158; Jebsen, S. 68; Hamer 2010, S. 129–131, 136–139; Hamer 2011, S. 46–49; Koop, S. 11–16.
129 Hänisch, S. 474–475; Hamer 2010, S. 139–149; Hamer 2011, S. 49–59; Koop, S. 67–89.
130 Hassel, S. 158; Hamer 2010, S. 136–139; Hamer 2011, S. 46–49.
131 Hassel, S. 126–128; Jebsen, S. 25, 44, 69, 74–75.
132 Grais, S. 66, 123–127; Hauser 1966, S. 50–54; Hartung, S. 248–275, 275–344; Hattenhauer, S. 245; Brandt, S. 372–373; Sievers 1964, S. 32–33 (über Gustav Zimmermann).
133 *Grundriß zur deutschen Verwaltungsgeschichte 1815–1945,* 9, S. 158; Krieger, August, S. 89; Schmarje, S. 47; Hambruch, S. 58–61.
134 GStA PK I. HA Rep. 77, Nr. 5423: Innenminister Friedrich Graf von Eulenburg (Berlin) an König Wilhelm I., 5.3.1868 (über Anstellung des von Levetzau zum Landrat des Kreises Apenrade); Worsøe 1974, S. 15 (mit der irrtümlichen Angabe, daß von Levetzau 1866 Landrat des Kreises Apenrade wurde).
135 GStA PK I. HA Rep. 77, Nr. 5423: *Nachweisung über die persönlichen Verhältnisse der mittelst Immediatbericht vom 16. Januar 1890 zur Ernennung zu Landräten in der Provinz Schleswig-Holstein vorgeschlagenen Regierungsassessoren,* o. D. (Nr. 5: Joachim von Bonin); Regierungspräsident Gustav Zimmermann (Schleswig) an Innenminister Botho Graf von Eulenburg (Berlin), 14.10.1892 (über Beurlaubung v. Bonins).
136 GStA PK I. HA Rep. 77, Nr. 5423: *Bestallung als Landrat des Kreises Apenrade, Regierungsbezirk Schleswig, für den Kreisdeputierten, Gutsbesitzer John Perfecto Antonio Rafael von Uslar auf Buschmoos im Kreise Apenrade,* 26.1.1895; *Grundriß zur deutschen Verwaltungsgeschichte 1815–1945,* 9, S. 159–160; Uslar, S. 13–17; Sievers 1964, S. 40–43.
137 *Gesetz, betreffend die Verfassung und Verwaltung der Städte und Flecken in der Provinz Schleswig-Holstein, vom 14. April 1869,* in: Gerstmeyer, S. 7–150; Hauser 1966, S. 77–80.
138 Reinhardt, S. 106.
139 Gerstmeyer, S. 3–5; Hauser 1966, S. 79–80; Hauser 1967, S. 60; Heffter, S. 484–485; Hartwig, Jürgen, S. 183.
140 Kühler, Stadtverwaltung und Rechtspflege im alten Apenrade, S. 164–165.
141 Worsøe 1974, S. 18–19,22–24.
142 Worsøe 1974, S. 36–38.
143 Ullrich, S. 53–63.
144 Hauser 1970, S. 309–315.
145 Worsøe 1974, S. 38–39; *NAA,* 24.5.1882.
146 Worsøe 1974, S. 39; Jespersen, S. 53.
147 Hassel, S. 110.
148 JJHA A01–01-291: Michael Jebsen (Apenrade) an Carl Steinbömer (Rotterdam), 12.10.1882.
149 Gerstmeyer, S. 23–24 (§ 9 und § 10: Übernahme städtischer Stellen).
150 LAA, Aabenraa byarkiv, 1869–1920, I-4-4: *Ortsstatut für die Stadt Apenrade,* 21.7.1875 (§ 3 Bürgerpflicht).
151 *NAA,* 22.11.1882: Zu den Stadtverordnetenwahlen.

152 Gerstmeyer, S. 20–21 (§ 7,1: Bürgerrecht: Erwerb desselben).
153 *NAA*, 22.11.1882: Zu den Stadtverordnetenwahlen.
154 *NAA*, 13.7.1883.
155 JJHA A01–01-307: Michael Jebsen (Apenrade) an Reinhardt (Hamburg), 12.7.1883.
156 JJHA A01–01-307: Michael Jebsen (Apenrade) an Jacob H. P. Diederichsen (Hamburg), 20.7.1883.
157 *NAA*, 18.7.1883.
158 LAA, Aabenraa byarkiv, 1869–1920, I-1–4a: Schreiben des Magistrats zu Apenrade, gez. Vreden, an die Königliche Regierung, Abteilung des Innern, zu Schleswig, 14.8.1883.
159 LAA, Aabenraa byarkiv, 1869–1920, I-1–4a: Schreiben des Vorstands des Apenrader deutschen Wahlvereins an die Präsentations-Commission für die Wahl eines Stadtrats, z. Hd. des Senators Frellsen, 14.7.1883. – Die Präsentationskommission setzte sich laut Städteordnung aus allen im Amt befindlichen Magistratsmitgliedern und derselben Zahl von Stadtverordneten zusammen, so daß in Apenrade eine achtköpfige Kommission entstand, an der allerdings der kurzfristig erkrankte Erste Senator (Beigeordnete) Johann Davidsen nicht mehr aktiv teilnehmen konnte. – Gerstmeyer, S. 44 (§ 31); LAA, Aabenraa byarkiv, 1869–1920, I-1–4a: Bürgermeister Adolph Vreden (Apenrade) an die Königliche Regierung, Abteilung des Innern (Schleswig), 20.7.1883.
160 LAA, Aabenraa byarkiv, 1869–1920, I-1–4a: Schreiben des Magistrats zu Apenrade, gez. Vreden, an die Königliche Regierung, Abteilung des Innern, zu Schleswig, 14.8.1883.
161 LAA, Aabenraa byarkiv, 1869–1920, I-1–4a: Schreiben der Königlichen Regierung, Abteilung des Innern, zu Schleswig, gez. Hanssen, an den Königlichen Landrat des Kreises Apenrade, 21.8.1883, und an den Vorstand des Apenrader deutschen Wahlvereins, 21.8.1883.
162 LAA, Aabenraa byarkiv, 1869–1920, I-1–4a: Der Magistrat, gez. Vreden, *Bekanntmachung*, Apenrade, 27.7.1883.
163 LAA, Aabenraa byarkiv, 1869–1920, I-1–4a: Memorandum *Geschehen Apenrade auf dem Rathaus am 21. August 1883.*
164 LAA, Aabenraa byarkiv, 1869–1920, I-1–4a: Bürgermeister Adolph Vreden (Apenrade) an das Stadtverordneten-Collegium, 3.9.1883; *NAA*, 7.9.1883.
165 LAA, Aabenraa byarkiv, 1869–1920, I-1–4a: Der Magistrat, gez. Vreden, *Bekanntmachung*, 13.9.1883.
166 LAA, Aabenraa byarkiv, 1869–1920, I-1–4a: *Protokoll*, 2.10.1883, Der Magistrat, gez. Vreden, *Bekanntmachung*, 2.10.1883; *NAA*, 4.10.1883.
167 LAA, Aabenraa byarkiv, 1869–1920, I-1–4a: Schreiben des Magistrats zu Apenrade, gez. Vreden, an die Königliche Regierung, Abteilung des Innern, zu Schleswig, 6.11.1883.
168 LAA, Aabenraa byarkiv, 1869–1920, I-1–4a: Schreiben der Königlichen Regierung, Abteilung des Innern, zu Schleswig, gez. Stumm, an den Magistrat zu Apenrade, 2.11.1883.
169 LAA, Aabenraa byarkiv, 1869–1920, I-1–4a: Schreiben des Magistrats zu Apenrade, gez. Vreden, an den Ersten Senator und Beigeordneten Schiffsreeder Michael Jebsen (Apenrade), 21.11.1883.
170 LAA, Aabenraa byarkiv, 1869–1920, I-1–4b: Bericht über die Wahl am 17.6.1884, gez. Vreden u. a.; Bekanntmachung des Magistrats über die Wahl, Apenrade, 17.6.1884. – Die Wiederwahl von Jebsen wurde am 5.7.1884 von der Regierung in Schleswig bestätigt, worüber ihn Vreden acht Tage später formgemäß informierte. LAA, Aabenraa byarkiv, 1869–1920, I-1–4b: Schreiben der Königlichen Regierung, Abteilung des Innern, zu Schleswig, gez. Stumm, an den Magistrat zu Apenrade, 3.7.1884; Bürgermeister Adolph Vreden (Apenrade) an Michael Jebsen, 13.7.1884.
171 LAA, Aabenraa byarkiv, 1869–1920, I-1–4e: Bericht über die Wahl am 30.5.1890, gez. Vreden u. a.; Bekanntmachung des Magistrats über die Wahl, Apenrade, 30.5.1890. – Die Wiederwahl von Jebsen wurde am 20.6.1890 von der Regierung in Schleswig bestätigt, worüber ihn Vreden vier Tage später formgemäß informierte. LAA, Aabenraa byarkiv, 1869–1920, I-1–4e: Schreiben des Regierungspräsidenten, i. V. Bischoffshausen, an den Magistrat zu Apenrade, 20.6.1890; Bürgermeister Adolph Vreden (Apenrade) an Michael Jebsen, 24.6.1890.
172 LAA, Aabenraa byarkiv, 1869–1920, I-1–4i: Bericht über die Wahl am 9.6.1896, gez. Vreden u. a. – Die Wiederwahl von Jebsen wurde am 1.7.1896 von der Regierung in Schleswig bestätigt, worüber ihn Vreden acht Tage später formgemäß informierte. LAA, Aabenraa byarkiv, 1869–1920, I-1–4i: Regierungspräsident Gustav Zimmermann (Schleswig) an den Magistrat zu Apenrade, 1.7.1896 (Abschrift an Michael Jebsen, 9.7.1896); *NAA*, 14.7.1896.
173 JJHA A01–01-307: Michael Jebsen (Apenrade) an Gustav Diederichsen (Hamburg), 30.11.1883.
174 *NAA*, 27.6.1883.
175 *NAA*, 10.8.1883.
176 Pauls, S. 148; Schlaikier 1929, S. 18–19; Worsøe 1967, S. 88–91.
177 LASH, Abt. 309, Nr. 8788: *Verzeichnis der Hafenanlagen im Dienstbezirke des Königlichen Kreisbauinspektors zu Hadersleben*, Hadersleben, 13.11.1885, in: Schreiben des Königlichen Baurats Nönchen (Kreisbauinspektor im Kreis Haders-

leben für die Kreise Apenrade und Hadersleben) an die Königliche Regierung, Abt. des Innern, zu Schleswig, 14.11.1885.
178 *NAA*, 17.10.1883.
179 *NAA*, 19.10.1883.
180 *NAA*, 29.10.1883.
181 *NAA*, 2.11.1883.
182 *NAA*, 19.11.1883.
183 *NAA*, 19.11.1883.
184 JJHA A01–01-307: Michael Jebsen (Apenrade) an Gustav Diederichsen (Hamburg), 30.11.1883.
185 LAA S. 090–2261: Ingenieur H. Reimers, *Kostenvoranschlag über die Verbesserung des Hafens zu Apenrade (Abschrift)*, Rendsburg 26.2.1884.
186 *NAA*, 23.1.1884.
187 LASH, Abt. 309, Nr. 1752: Abschrift des Sitzungsprotokolls: *Geschehen in der außerordentlichen öffentlichen Sitzung der städtischen Collegien am 19. Januar 1884*; *NAA*, 24.3.1884.
188 *NAA*, 11.6.1884, 26.9.1884.
189 LASH, Abt. 309, Nr. 1752: Schreiben des Magistrats von Apenrade an die Königliche Regierung, Abteilung des Innern, zu Schleswig, 15.11.1884.
190 LASH, Abt. 309, Nr. 8788: *Verzeichnis der Hafenanlagen im Dienstbezirke des Königlichen Kreisbauinspektors zu Hadersleben*, Hadersleben, 13.11.1885, in: Schreiben des Königlichen Baurats Nönchen (Kreisbauinspektor im Kreis Hadersleben für die Kreise Apenrade und Hadersleben) an die Königliche Regierung, Abt. des Innern, zu Schleswig, 14.11.1885.
191 LASH, Abt. 309, Nr. 8788: Schreiben des Königlichen Kreisbauinspektors (Hadersleben) an den Königlichen Regierungspräsidenten in Schleswig, 14.11.1892.
192 Worsøe 1967, S. 100–101.
193 Schütt, Überblick über die wirtschaftlichen und politischen Bedingungen der schleswigholsteinischen Schiffahrt, S. 39; Schütt/Lorenzen, S. 107–114.
194 Wehler, S. 599–607.
195 Spethmann, S. 161–162.
196 Faaborg, S. 6; Worsøe 1974, S. 100.
197 Uslar, S. 22; Krieger, August, S. 93–94; Faaborg, S. 8; Schütt, Apenrade, S. 187,
198 *NAA*, 6.12.1898.
199 *NAA*, 12.1.1899.
200 *NAA*, 14.3.1899.
201 Spethmann, S. 132.
202 Siehe Kapitel: Der Reeder – Wechselnde Konjunkturen und Frachtraten.
203 *Norddeutsche Allgemeine Zeitung*, 6.12.1884: Zur Lage unserer Rhederei (Von einem Fachmanne).
204 Sombart, S. 289–290.
205 Peters, Max, S. 7–16, 185.
206 *Norddeutsche Allgemeine Zeitung*, 6.12.1884: Zur Lage unserer Rhederei (Von einem Fachmanne).
207 Siehe Kapitel: Der Reeder – Die Partenreederei M. Jebsen.
208 Spethmann, S. 231; *Norddeutsche Allgemeine Zeitung*, 6.12.1884: Zur Lage unserer Rhederei (Von einem Fachmanne).
209 JJHA A01–01-287: Michael Jebsen (Rotterdam) an Jes Nicolai Jessen (Apenrade), 18.6.1879.
210 JJHA A01–01-287: Michael Jebsen (Rotterdam) an Jes Nicolai Jessen (Apenrade), 1.7.1890.
211 Leckebusch, S. 180–188.
212 Hassel, S. 105.
213 Schlaikier 1929, S. 36.
214 Detlefsen 1983, S. 13–16.
215 JJHA A01–01-313: Michael Jebsen (Rotterdam) an Jes Nicolai Jessen (Apenrade), 23.6.1881.
216 *NAA*, 28.10.1881, 25.4.1883; Møller Nielsen, S. 111.
217 JJHA A01–01-289: Michael Jebsen (Rotterdam) an Johann Ahlmann (Apenrade), 16.2.1882.
218 JJHA A01–01-307: Michael Jebsen (Apenrade) an Adolf Deppe (Antwerpen), 1.12.1883.
219 JJHA A01–01-307: Michael Jebsen (Apenrade) an die Flensburger Schiffbau-Gesellschaft (Flensburg), 28.5.1884.
220 JJHA A01–01-307: Michael Jebsen (Apenrade) an Adolf Deppe (Antwerpen), 1.5.1885.
221 *Hansa*, 15.5.1887, S. 86: Abnahme der Segelschiffe, Zunahme der Dampfschiffe in den letzten 10 Jahren.
222 *Hansa*, 10.1.1886, S. 1: Rückblicke.
223 JJHA A01–01-292: Michael Jebsen (Apenrade) an Carl Steinbömer (Rotterdam), 27.11.1885.
224 *Jahresbericht der Gewerbekammer für die Provinz Schleswig-Holstein für das Jahr 1887*, S. 132, 156–159.
225 JJHA A01–01-292: Michael Jebsen (Apenrade) an Max Jebsen (o. O.), 19.5.1887.
226 Worsøe 1974, S. 100.
227 *NAA*, 7.6.1886 (dort das Zitat), 30.8.1886.
228 JJHA A01–01-219: Michael Jebsen (Apenrade) an Emil Padderatz, Lloyds Register of British and Foreign Shipping (Hamburg), 2.12.1887; JJHA A01–01-292: Michael Jebsen (Apenrade) an Jacob H. P. Diederichsen (Hamburg), 29.4.1889.
229 *Jahresbericht der Gewerbekammer für die Provinz Schleswig-Holstein für das Jahr 1888*, S. 153.
230 *Jahresbericht der Gewerbekammer für die Provinz Schleswig-Holstein für das Jahr 1890*, S. 182.
231 JJHA A01–01-292: Michael Jebsen (Apenrade) an Jacob H. P. Diederichsen (Hamburg), 7.9.1889.
232 JJHA A01–01-315: Michael Jebsen (Apenrade) an Witwe T. Hochreuter (Flensburg), 23.10.1889.

233 JJHA A01–01-318: Michael Jebsen (Apenrade) an Lehrer Kiär (Alsleben per Jodkirch), 11.2.1890.
234 JJHA A01–01-313: Michael Jebsen (Rotterdam) an Jes Nicolai Jessen (Apenrade), 23.6.1881.
235 JJHA A01–01-289: Michael Jebsen (Rotterdam) an Johann Ahlmann (Apenrade), 16.2.1882.
236 *NAA*, 20.9.1888; JJHA A01–01-292: Michael Jebsen (Apenrade) an Wilhelm Dölberg (o. O.), 16.11.1888.
237 JJHA A01–01-221: Michael Jebsen (Apenrade) an Jacob H. P. Diederichsen (Hamburg), 23.2.1889.
238 *100 Jahre Howaldt,* S. 92–93; Ostersehlte, HOWALDT, Bernhard, S. 204.
239 *Jahresbericht der Gewerbekammer für die Provinz Schleswig-Holstein für das Jahr 1890,* S. 209.
240 JJHA A01–01-221: Michael Jebsen (Apenrade) an Carl Diederichsen (Hamburg), 20.2.1889.
241 Wehler, S. 607.
242 JJHA A01–01-298: Michael Jebsen (Apenrade) an Hieronymus Raben (Apenrade), 24.5.1899.
243 JJHA A01–01-240: Franz Engelbrecht (Apenrade) an N. Jepsen Lohn (Flensburg), 3.6.1899.
244 JJHA A01–01-298: Michael Jebsen (Apenrade) an Hieronymus Raben (Apenrade), 24.5.1899.
245 Worsøe 1974, S. 99; JJHA A01–01-240: Michael Jebsen (Berlin) an Adolph Bendixen (Hamburg), 19.6.1899.
246 JJHA A01–01-240: Franz Engelbrecht (Apenrade) an Michael Jebsen (Hamburg), 3.6.1899.
247 JJHA A01–01-240: Franz Engelbrecht (Apenrade) an Michael Jebsen (Berlin), 8.6.1899.
248 JJHA A01–01-298: Michael Jebsen (Berlin) an Jacob Jebsen (Hongkong), 8.6.1899.
249 JJHA A01–01-241: Franz Engelbrecht (Apenrade) an Hofkammerpräsident von Goldbeck (Berlin), 19.8.1899.
250 Worsøe 1974, S. 99–100.
251 Wehler, S. 608.
252 Hansen Nielsen, S. 194; Uslar, S. 23.
253 Hansen Nielsen, S. 189–193.
254 Schmarje, S. 47.
255 Worsøe 1974, S. 98; *NAA*, 29.3.1890.
256 JJHA A01–01-289: Michael Jebsen (Rotterdam) an Johann Ahlmann (Apenrade), 16.2.1882.
257 JJHA A01–01-291: Michael Jebsen (Apenrade) an Carl Steinbömer (Rotterdam), 12.10.1882.
258 *NAA*, 2.3.1883.
259 *NAA*, 9.5.1883.
260 JJHA A01–01-307: Michael Jebsen (Apenrade) an Carl Steinbömer (Rotterdam), 16.5.1883.
261 JJHA A01–01-321: Michael Jebsen (Apenrade) an Jacob H. P. Diederichsen (Hamburg), 14.4.1883, u. an Kapitän Jacob Hohlmann (Hamburg), 28.4.1883.
262 JJHA A01–01-322: Michael Jebsen (Apenrade) an Oscar Wieler (Hamburg), 1.10.1883.
263 *NAA*, 20.2.1884.
264 *NAA*, 30.1.1884.
265 *NAA*, 4.3.1885.
266 JJHA A01–01-292: Michael Jebsen (Apenrade) an Jacob H. P. Diederichsen (Hamburg), 23.11.1885.
267 *NAA*, 26.2.1886.
268 *NAA*, 23.6.1886.
269 JJHA A01–01-217: Michael Jebsen (Apenrade) an Kapitän Jacob A. Bruhn (Hongkong), 11.2.1886, u. an Kapitän C. August Hundewadt (Hongkong), 12.3.1886 (dort das Zitat).
270 JJHA A01–01-217: Michael Jebsen (Apenrade) an Kapitän Jacob A. Bruhn (Hongkong), 11.2.1886; JJHA A01–01-292: Michael Jebsen (Apenrade) an Herrn Gerichtsrat (o. O.), 19.4.1887 (dort das Zitat).
271 *NAA*, 2.2.1888.
272 *NAA*, 28.2.1888.
273 JJHA A01–01-292: Michael Jebsen (Apenrade) an Jacob H. P. Diederichsen (Hamburg), 24.2.1888.
274 *NAA*, 28.8.1888.
275 *NAA*, 31.1., 2.2. u. 26.2.1889.
276 JJHA A01–01-315: Michael Jebsen (Apenrade) an »Lieber Freund« (o. O.), 30.11.1889.
277 *NAA*, 8.2.1890.
278 *NAA*, 29.3.1890.
279 Worsøe 1974, S. 98–99; *NAA*, 31.7.1890.
280 *NAA*, 19.1.1898.
281 Worsøe 1974, S. 99.
282 Uslar, S. 23.
283 Worsøe 1974, S. 10; *NAA*, 22.6.1883; *Stenographische Berichte Reichstag*, 6. LP, 1. Session, 28. Sitzung, 19.1.1885, S. 729, 731.
284 *Stenographische Berichte Reichstag*, 5. LP, 2. Session, 40. Sitzung, 27.1.1883, S. 1123–1124.
285 *Stenographische Berichte Reichstag*, 5. LP, 2. Session, 54. Sitzung, 15.2.1883, S. 1528–1529.
286 *Stenographische Berichte Reichstag*, 5. LP, 2. Session, 99. Sitzung, 8.6.1883, S. 2922–2926.
287 *NAA*, 22.6.1883.
288 *Stenographische Berichte Reichstag*, 6. LP, 1. Session, 28. Sitzung, 19.1.1885, S. 728; *NAA*, 16.1.1885, 19.1.1885.
289 JJHA A01–01-307: Michael Jebsen (Apenrade) an William Ruys (Rotterdam), 1.1.1885.
290 *NAA*, 19.10.1885.
291 *NAA*, 1.12.1886.
292 JJHA A01–01-307: Michael Jebsen (Apenrade) an Paul Ludwig Gottburgsen (Berlin), 19.1.1885.
293 *Stenographische Berichte Reichstag*, 6. LP, 1. Session, 28. Sitzung, 19.1.1885, S. 728–731; *NAA*, 19.1.1885.
294 *NAA*, 19.10.1885.
295 *Stenographische Berichte Reichstag*, 6. LP, 1. Session, 28. Sitzung, 19.1.1885, S. 731.

296 JJHA A01–01-307: Michael Jebsen (Apenrade) an Paul Ludwig Gottburgsen (Berlin), 22.1.1885.
297 Huber 1994, 4, S. 551–553; *NAA*, 1.12.1886.
298 *NAA*, 11.8.1888, 14.8.1888.
299 *NAA*, 17.1.1888.
300 Worsøe 1974, S. 40; *NAA*, 1.3.1886, 8.3.1886.
301 JJHA A01–01-292: Michael Jebsen (Apenrade) an Gustav Raben (Apenrade), 24.3.1886.
302 *NAA*, 14.5.1886.
303 JJHA A01–01-292: Michael Jebsen (Apenrade) an Jacob H. P. Diederichsen (Hamburg), 14.5.1886.
304 *NAA*, 31.5.1886.
305 JJHA A01–01-292: Michael Jebsen (Apenrade) an Jacob H. P. Diederichsen (Hamburg), 17.5.1886.
306 A. Festersen, *Denkwürdigkeiten aus meiner Funktionszeit als Stadtverordneter*, 1889. Diese von Worsøe (1974, S. 40) benutzte Schrift war nicht aufzufinden.
307 Hassel, S. 113.
308 *NAA*, 4.8.1886.
309 *NAA*, 20.8.1886.
310 *NAA*, 11.10.1886.
311 JJHA A01–01-292: Michael Jebsen (Apenrade) an Gustav Diederichsen (Hamburg), 2.9.1886.
312 JJHA A01–01-292: Michael Jebsen (Apenrade) an Jacob H. P. Diederichsen (Hamburg), [unleserliche Datierung zwischen dem 5.10. u. 22.10.1886].
313 *NAA*, 13.10.1886 u. 27.10.1886.
314 *NAA*, 12.11.1886 u. 15.11.1886.
315 *NAA*, 17.11.1886.
316 JJHA A01–01-292: Michael Jebsen (Apenrade) an Carl Diederichsen (Hamburg), 18.11.1886.
317 *NAA*, 22.11.1886.
318 JJHA A01–01-292: Michael Jebsen (Apenrade) an Jacob H.P. Diederichsen (Hamburg), 26.11.1886.
319 JJHA A01–01-292: Michael Jebsen (Apenrade) an »Mein lieber Herr Generalarzt« (o. O.), 31.12.1886.
320 JJHA A01–01-292: Michael Jebsen (Apenrade) an Jacob H. P. Diederichsen (Hamburg), 9.2.1887.
321 *NAA*, 23.7.1887.
322 JJHA A01–01-292: Michael Jebsen (Apenrade) an Jacob H. P. Diederichsen (Hamburg), 27.7.1887.
323 *NAA*, 6.9.1887.
324 *NAA*, 11.9.1887.
325 Worsøe 1974, S. 42.
326 *NAA*, 6.3.1888 u. 20.3.1888.
327 JJHA A01–01-292: Michael Jebsen (Apenrade) an Bondin Ohlsen (Sonderburg), 5.4.1888.
328 LASH Abt. 320.1 Nr. 89: Landrat Joachim von Bonin (Apenrade) an den Regierungspräsidenten in Schleswig, 26.3.1890.
329 JJHA A01–01-318: Michael Jebsen (Apenrade) an Andresen (o. O.), 22.9.1894.
330 *NAA*, 22.9.1894.
331 JJHA A01–01-318: Michael Jebsen (Apenrade) an Johannsen [Hadersleben], 22.9.1894
332 *NAA*, 22.9.1894.
333 LAA I-1–3b: Michael Jebsen (Apenrade) an Rechtsanwalt W. Löhmann (Flensburg), 10.10.1894.
334 LAA I-1–3b: (ohne Unterschrift) an den Regierungspräsidenten (Schleswig), 15.10.1894.
335 LAA I-1–3b: Michael Jebsen (Apenrade) an Rechtsanwalt W. Löhmann (Flensburg), 14.10.1894; Jürgen Lorentzen jun. (Apenrade) an Rechtsanwalt W. Löhmann (Flensburg), 15.10.1894; Worsøe 1974, S. 43–44.
336 *NAA*, 6.11.1894.
337 Jespersen, S. 10, 53–54.
338 JJHA A01–01-318: Michael Jebsen (Apenrade) an Jacob Jebsen (Hongkong), 22.11.1894.
339 JJHA A01–01-318: Michael Jebsen (Apenrade) an Gustav Diederichsen (Hamburg), 23.11.1894.
340 JJHA A01–01-318: Michael Jebsen (Apenrade) an Paul Ludwig Gottburgsen (Flensburg), 2.1.1895.
341 *NAA*, 9.2.1895.
342 JJHA A01–01-317: Franz Engelbrecht (Apenrade) an Michael Jebsen (Berlin), 17.11, 19./20.11., 23.11., 26./27.11.1896.
343 Worsøe 1974, S. 44; JJHA A01–01-314: Michael Jebsen (Apenrade) an Landrat Werner von Levetzau (Apenrade), 14.10.1897.
344 JJHA A01–01-297: Michael Jebsen (Berlin) an Jürgen [Ahlmann (Apenrade)], 15.1.1898, 27.2.1898, u. an Max Jebsen (Hamburg), 3.3.1898.
345 *NAA*, 29.3.1898; Worsøe 1974, S. 44.
346 Kähler, *200 Jahre Apenrader Schützengilde 1734–1934*, S. 3–10; Hoffmann, S. 292; Wehler, S. 880–885.
347 GStA PK, I. HA Rep. 77, Nr. 1136a, Bd. 790: Innenminister Robert von Puttkamer an Kaiser Wilhelm I., 10.6.1884.
348 *NAA*, 4.8.1884.
349 JJHA A01–01-214: Michael Jebsen (Apenrade) an Jacob H. P. Diederichsen (Hamburg), 31.7.1884.
350 JJHA A01–01-214: Michael Jebsen (Apenrade) an Carl Diederichsen (Hamburg), 31.7.1884.
351 *NAA*, 4.8.1884.
352 *NAA*, 8.8.1884.
353 Krieger, August, S. 94.
354 Hoffmann, S. 292.
355 Kähler, *200 Jahre Apenrader Schützengilde 1734–1934*, S. 16–17.
356 *Satzung des Deutschen Vereins für das nördliche Schleswig von 1890* (Auszug), in: *Der nationale Gegensatz 1864–1914*, S. 369–370; Japsen 1983, S. 19–23.
357 GStA PK, I. HA, Rep. 77, Tit. 1103, Nr. 3: *Bericht über die Thätigkeit des Deutschen Vereins für*

das nördliche Schleswig in der Zeit vom 19. November 1890 bis zum 30. Juni 1892. Erster Jahresbericht. Erstattet in der ordentlichen Generalversammlung zu Apenrade am 6. Juli 1892, Hadersleben 1892, S. 3, 5–6; Japsen 1983, S. 26–29.

358 *NAA,* 15.12.1891.

359 GStA PK, I. HA, Rep. 77, Tit. 1103, Nr. 3: *Bericht über die Thätigkeit des Deutschen Vereins für das nördliche Schleswig in der Zeit vom 19. November 1890 bis zum 30. Juni 1892. Erster Jahresbericht. Erstattet in der ordentlichen Generalversammlung zu Apenrade am 6. Juli 1892,* Hadersleben 1892, S. 7.

360 *NAA,* 11.4.1893.

361 GStA PK, I. HA, Rep. 77, Tit. 1103, Nr. 3: *Bericht über die Thätigkeit des Deutschen Vereins für das nördliche Schleswig in der Zeit vom Juli 1892 bis Anfang 1894. Zweiter Jahresbericht,* Hadersleben 1894, S. 7, 26, 29.

362 Hartwig, Edgar, S. 13–21; Jaeger, S. 132–141; Japsen 1983, S. 47–48.

363 JJHA A01–01-318: Michael Jebsen (Apenrade) an »Werter Herr Kollege« [Berlin], 24.11.1894.

364 Für die Resultate in den einzelnen Kreisen Nordschleswigs siehe: Mackeprang 1912, S. 158.

365 Hoffmann, S. 256–259, 266–267; Hauser 1970, S. 314.

366 JJHA A01–01-318: Michael Jebsen (Apenrade) an »Werter Herr Kollege« [Berlin], 24.11.1894.

367 Die Zahl der polnischsprachigen Bevölkerung stammt von 1905 und rechnet Masuren und Kaschuben nicht ein; die Zahl der dänischsprachigen Bevölkerung beruht auf ihrem Stimmenanteil bei den Reichstagswahlen von 1903. Siehe Kleßmann, S. 128; Mackeprang 1912, S. 199.

368 Sievers 1964, S. 139–140.

369 Strackerjan, S. 3–32; *NAA,* 14.7.1896. Die frühere Veröffentlichung von Strackerjan erschien unter dem Titel *Dänische Umtriebe in Deutschem Lande. Beitrag zur Beleuchtung der politischen Agitation in der Nordmark,* Flensburg 1895.

370 JJHA A01–01-314: Michael Jebsen (Apenrade) an Karl Strackerjan (o. O.), 5.8.1896 u. 6.8.1896.

371 JJHA A01–01-314: Michael Jebsen (Apenrade) an Karl Strackerjan (o. O.), 29.9.1896.

372 JJHA A01–01-314: Michael Jebsen (Apenrade) an Werner Frölich (Flensburg), 25.11.1897.

373 *NAA,* 8.12.1897; GStA PK I. HA Rep. 77, Tit. 1103, Nr. 3: *Die Nordmark,* Nr. 1, 15.2.1898; Japsen 1983, S. 76.

374 Japsen 1983, S. 76 (mit teilweise irrtümlichen Angaben).

375 GStA PK I. HA Rep. 77, Tit. 1103, Nr. 3: *Die Nordmark,* Nr. 4, 15.11.1899 (Nachruf auf Jebsen); LASH Abt. 301–67: *Die Nordmark,* Nr. 1, 15.2.1900; *Itzehoer Nachrichten,* 20.12.1899.

376 Peters, Olaf, S. 60.

377 Kähler, 50 Jahre Knivsbergfest, S. 67–69.

378 Ostwald, S. 104–105; Adriansen, S. 143.

379 Peters, Olaf, S. 68.

380 Krüger, S. 81.

381 Schultz Hansen 2003, S. 438–439; Adriansen, S. 143.

382 Kähler, 50 Jahre Knivsbergfest, S. 69.

383 Lubowitz, S. 21; *Der Knivsberg,* Anhang, Dok. 2, S. 257; *NAA,* 15.8.1893.

384 JJHA A01–01-318: Michael Jebsen (Apenrade) an Jep Hinrichsen (o. O.), 15.8.1893.

385 Nipperdey 1998, Bd. 1, S. 167–169; Lubowitz, S. 22.

386 JJHA A01–01-318: Michael Jebsen (Apenrade) an Bondin Ohlsen [Sonderburg], 16.8.1893.

387 Kähler, 50 Jahre Knivsbergfest, S. 70.

388 Lubowitz, S. 22; Peters, Olaf, S. 66; *Der Knivsberg,* Anhang, Dok. 2, S. 257.

389 JJHA A01–01-318: Michael Jebsen (Apenrade) an Johannsen [Hadersleben], 2.4.1894.

390 JJHA A01–01-318: Michael Jebsen (Apenrade) an Peter Christian Hansen (Kiel), 7.4.1894. Zu Hansen: Sievers 1982.

391 *Der Knivsberg,* Anhang, Dok. 2, S. 269.

392 JJHA A01–01-318: Michael Jebsen (Apenrade) an Johannsen [Apenrade], 7.4.1894.

393 JJHA A01–01-318: Michael Jebsen (Apenrade) an Georg Howaldt (Kiel), 24.6.1894; *Der Knivsberg,* Anhang, Dok. 2, S. 269.

394 *Folkebladet* (Hadersleben), 16.7.1894, zit. in Peters, Olaf, S. 60.

395 Kähler, 50 Jahre Knivsbergfest, S. 72.

396 Lubowitz, S. 25; Peters, Olaf, S. 59–63 (das Zitat von Macke auf S. 62); *NAA,* 4.7.1894.

397 Schlie, S. 58–59.

398 *NAA,* 12.3.1895.

399 *NAA,* 5.4.1895.

400 JJHA A01–01-232: Michael Jebsen (Apenrade) an Aktiengesellschaft vorm. H. Gladenbeck & Sohn (Friedrichshagen bei Berlin), 15.4.1895.

401 *NAA,* 17.4.1895; *Der Knivsberg,* Anhang, Dok. 2, S. 257–258.

402 Ostwald, S. 106–108 (das Zitat von Macke auf S. 108).

403 JJHA A01–01-318: Michael Jebsen (Apenrade) an Reinhold Macke (Hadersleben), 23.4.1895.

404 *NAA,* 8.5.1895. Der Aufruf ist abgedruckt in: Ostwald, S. 106–108.

405 *NAA,* 17.4.1895; *Der Deutsche Verein für das nördliche Schleswig und das Bismarck-National-Denkmal auf dem Knivsberge,* S. 21.

406 *NAA,* 10.5.1895.

407 JJHA A01–01-233: Franz Engelbrecht (Apenrade) an Michael Jebsen (Hamburg), 25.5.1895.

408 *NAA*, 15.5.1895, 29.5.1895.
409 *Der Deutsche Verein für das nördliche Schleswig und das Bismarck-National-Denkmal auf dem Knivsberge*, S. 15.
410 *NAA*, 19.6.1895; *Der Knivsberg*, Anhang, Dok. 2, S. 257.
411 *Der Knivsberg*, Anhang, Dok. 2, S. 258.
412 JJHA A01–01-233: Michael Jebsen (Apenrade) an Jacob Jebsen (Hongkong), 3.7.1895.
413 JJHA A01–01-233: Michael Jebsen (Apenrade) an Architekt Rud. Matzen (Klein Flottbeck bei Altona), 11.7.1898, und an Architekt Carl Schwerdtfeger (Kiel), 11.7.1898; Ostwald, S. 112.
414 *Der Deutsche Verein für das nördliche Schleswig und das Bismarck-National-Denkmal auf dem Knivsberge*, S. 22, 25; *Der Knivsberg*, Anhang, Dok. 2, S. 257–258.
415 *NAA*, 18.1.1896.
416 JJHA A01–01-318: Michael Jebsen (Apenrade) an Carl Diederichsen (Hamburg), 24.11.1895.
417 Ostwald, S. 108.
418 *NAA*, 18.1.1896, 23.1.1896.
419 JJHA A01–01-236: Franz Engelbrecht (Apenrade) an Michael Jebsen (Berlin), 4.2.1896.
420 JJHA A01–01-314: Michael Jebsen (Apenrade) an »Sehr geehrter Herr Dr.« (Leipzig), 28.5.1896.
421 *NAA*, 13.2.1897; Ostwald, S. 114–115.
422 *NAA*, 24.7.1897.
423 *NAA*, 25.11.1897.
424 *NAA*, 13.11.1897.
425 *Aufruf: Bismarck-Nationaldenkmal auf dem Knivsberg, Nordschleswig*, 24.3.1898, in: *Der Knivsberg*, Anhang, Dok. 2, S. 266–267; Ostwald, S. 120–121.
426 *NAA*, 12.3.1898.
427 JJHA A01–01-297: Michael Jebsen (Berlin) an Franz Engelbrecht (Apenrade), 8.3.1898.
428 *NAA*, 24.3.1898.
429 *Aufruf: Bismarck-Nationaldenkmal auf dem Knivsberg, Nordschleswig*, 24.3.1898, in: *Der Knivsberg*, Anhang, Dok. 2, S. 266–272; Ostwald, S. 121–125.
430 JJHA A01–01-297: Michael Jebsen (Apenrade) an Friedrich Möller (Berlin), 30.4.1898.
431 JJHA A01–01-297: Michael Jebsen (Apenrade) an Hermann Schwartz (Flensburg), 16.5.1898.
432 JJHA A01–01-297: Michael Jebsen (Apenrade) an Ludwig Lindemann (Toftlund), 19.5.1898.
433 JJHA A01–01-298: Michael Jebsen (Apenrade) an Friedrich Möller (Berlin), 3.8.1898.
434 Ostwald, S. 125.
435 JJHA A01–01-297: Michael Jebsen (Apenrade) an Friedrich Möller (Berlin), 30.4.1898.
436 JJHA A01–01-298: Michael Jebsen (Apenrade) an Friedrich Möller (Berlin), 3.8.1898.
437 JJHA A01–01-298: Michael Jebsen (Apenrade) an »Sehr geehrter Herr Geheimrat«, 18.8.1898.
438 JJHA A01–01-298: Michael Jebsen (Apenrade) an Chr. Jürgensen (Hamburg), 19.8.1898.
439 Schlie, S. 59.
440 JJHA A01–01-298: Michael Jebsen (Apenrade) an Ernst Voss (Hamburg), 7.9.1898.
441 JJHA A01–01-298: Michael Jebsen (Apenrade) an Ludwig Lindemann (Toftlund), 24.9.1898.
442 JJHA A01–01-298: Michael Jebsen (Apenrade) an Ludwig Lindemann (Toftlund), 10.9.1898.
443 JJHA A01–01-298: Michael Jebsen (Apenrade) an Hermann Schwartz (Flensburg), 21.9.1898.
444 JJHA A01–01-298: Michael Jebsen (Apenrade) an Hermann Schwartz (Flensburg), 28.10.1898.
445 JJHA A01–01-298: Michael Jebsen (Apenrade) an Ludwig Lindemann (Toftlund), 5.1.1899.
446 JJHA A01–01-240: Franz Engelbrecht (Apenrade) an Michael Jebsen (Berlin), 7.3.1899.
447 JJHA A01–01-240: Franz Engelbrecht (Apenrade) an Michael Jebsen (Berlin), 29.4.1899 u. 10.5.1899.
448 Huber 1988, 3, S. 564.
449 JJHA A01–01-240: Franz Engelbrecht (Apenrade) an Michael Jebsen (Berlin), 7.6.1899, an Friedrich Möller (Berlin), 8.6.1899, an Michael Jebsen (Hamburg), 16.6.1899, u. an Michael Jebsen (Kiel), 27.6.1899.
450 Huber 1994, 4, S. 430–431; *Lexikon der deutschen Geschichte*, S. 28.
451 JJHA A01–01-241: Franz Engelbrecht (Apenrade) an Michael Jebsen (Berlin), 25.8.1899.
452 *Der Deutsche Verein für das nördliche Schleswig und das Bismarck-National-Denkmal auf dem Knivsberge*, S. 41–42.
453 Ostwald, S. 103, 125–128; Peters, Olaf, S. 79.
454 Siehe Kapitel: Der Parlamentarier – Nationalliberale im Wahlkreis Apenrade-Flensburg.
455 Das Preußische Haus der Abgeordneten und das Preußische Herrenhaus waren die beiden Kammern einer Institution, die seit 1849 unter dem Namen »Preußischer Landtag« firmierte. Während die Mitglieder des Abgeordnetenhauses gewählt wurden, erhielten die Mitglieder des Herrenhauses ihr Mandat durch erbliche Berechtigung oder durch königliche Berufung auf Lebenszeit. In den 1920er Jahren fand eine Bedeutungsverschiebung statt, infolge derer unter »Preußischer Landtag« nur noch das gewählte Abgeordnetenhaus verstanden wurde; das Herrenhaus war in der Verfassung der Weimarer Republik durch den Preußischen Staatsrat ersetzt worden. – Grais, S. 51–56; Heimann, S. 11.
456 Das Reichsgebiet umfaßte seit 1871 vier Königreiche (Preußen, Bayern, Sachsen, Württemberg), sechs Großherzogtümer (Baden, Hessen,

Mecklenburg-Schwerin, Sachsen-Weimar, Mecklenburg-Strelitz, Oldenburg), fünf Herzogtümer (Braunschweig, Sachsen-Meiningen, Sachsen-Altenburg, Sachsen-Coburg-Gotha, Anhalt), sieben Fürstentümer (Schwarzburg-Sonderhausen, Schwarzburg-Rudolstadt, Waldeck, Reuß älterer Linie, Reuß jüngerer Linie, Schaumburg-Lippe, Lippe) und drei freie Städte (Lübeck, Bremen, Hamburg). Das Reichsland Elsaß-Lothringen wurde von einem Reichsstatthalter verwaltet. – Grais, S. 10.

457 Kühne, *Dreiklassenwahlrecht und Wahlkultur in Preußen 1867–1914*, S. 21–26.

458 Huber 1994, 4, S. 371–374; *NAA*, 13.10.1888; LAA III-1-10c: Der Königliche Landrat v. Uslar, *Verzeichnis der für den ländlichen Teil des Kreises Apenrade zum Zweck der bevorstehenden Abgeordnetenwahl gebildeten Urwahlbezirke (...)*, Schloß Brunlund, 26.9.1898.

459 Kühne, *Handbuch der Wahlen zum Preußischen Abgeordnetenhaus 1867–1918*, S. 17–18, 24–25, 147.

460 JJHA A01–01-292: Michael Jebsen (Apenrade) an Carl Diederichsen (Hamburg), 3.1.1890.

461 JJHA A01–01-292: Michael Jebsen (Apenrade) an Jacob H.P. Diederichsen (Hamburg), 20.10.1888.

462 Hauser 1970, S. 311–316.

463 *NAA*, 13.10.1888.

464 JJHA A01–01-292: Michael Jebsen (Apenrade) an Jacob H.P. Diederichsen (Hamburg), 20.10.1888.

465 *NAA*, 20.10., 23.10. u. 25.10.1888.

466 *NAA*, 30.10.1888 u. 1.11.1888.

467 *NAA*, 3.11.1888.

468 JJHA A01–01-292: Michael Jebsen (Apenrade) an Jacob H.P. Diederichsen (Hamburg), 20.10.1888, u. an Carl Diederichsen (Hamburg), 1.11.1888.

469 *NAA*, 8.11.1888; Kühne, *Handbuch der Wahlen zum Preußischen Abgeordnetenhaus 1867–1918*, S. 147.

470 JJHA A01–01-298: Michael Jebsen (Apenrade) an F. Stein (Rotterdam), 25.7.1898.

471 *NAA*, 23.7.1898; Kühne, *Handbuch der Wahlen zum Preußischen Abgeordnetenhaus 1867–1918*, S. 148.

472 JJHA A01–01-298: Michael Jebsen (Apenrade) an Conrad Metger (Flensburg), 27.8.1898.

473 JJHA A01–01-298: Michael Jebsen (Apenrade) an Conrad Metger (Flensburg), 1.9.1898.

474 JJHA A01–01-298: Michael Jebsen (Apenrade) an Conrad Metger (Flensburg), 8.9.1898.

475 *Landtagswahlaufruf der nationalliberalen Partei in Preußen (Beschluß der Landesversammlung am 18. September 1898 in Berlin)*, in: *Programmatische Kundgebungen der Nationalliberalen Partei 1866–1913*, S. 68–73; *NAA*, 23.9.1898; JJHA A01–01-298: Michael Jebsen (Apenrade) an Werner Frölich (Flensburg), 21.9.1898.

476 JJHA A01–01-298: Michael Jebsen (Apenrade) an Werner Frölich (Flensburg), 21.9.1898.

477 *NAA*, 28.9.1898.

478 *NAA*, 1.10.1898; Schartl, S. 323; JJHA A01–01-238: Telegramm von Franz Engelbrecht (Apenrade) an Michael Jebsen (Hull), o.D. [zwischen 15. u. 17.10.1898]; Schartl, S. 323.

479 JJHA A01–01-298: Michael Jebsen (Apenrade) an H. Gerlinger (o.O.), 14.11.1898.

480 *NAA*, 27.10.1898.

481 JJHA A01–01-298: Michael Jebsen (Apenrade) an Friedrich Böttcher (Freiburg i. Br.), 31.10.1898.

482 JJHA A01–01-298: Michael Jebsen (Apenrade) an Werner Frölich (Flensburg), 31.10.1898.

483 JJHA A01–01-298: Michael Jebsen (Apenrade) an Max Jebsen (o.O.), 1.11.1898.

484 JJHA A01–01-298: Michael Jebsen (Apenrade) an Carl Diederichsen (Hamburg), 2.11.1898.

485 Huber 1994, 4, S. 1092–1095.

486 JJHA A01–01-298: Michael Jebsen (Apenrade) an H. C. Kallsen (Flensburg), 3.11.1898.

487 Kühne, *Handbuch der Wahlen zum Preußischen Abgeordnetenhaus 1867–1918*, S. 148; JJHA A01–01-238: Telegramme von Michael Jebsen (Apenrade) an Torwille (Hamburg) u. an Dr. Bruno Bourwieg (Münster), o.D. [3.11.1898].

488 JJHA A01–01-298: Michael Jebsen (Apenrade) an Heinrich Robert Kraemer (Kirchen/Sieg), 14.11.1898.

489 JJHA A01–01-298: Michael Jebsen (Apenrade) an H. Gerlinger (o.O.), 14.11.1898.

490 JJHA A01–01-298: Michael Jebsen (Apenrade) an H. C. Kallsen (Flensburg), 3.11.1898.

491 JJHA A01–01-298: Michael Jebsen (Apenrade) an Conrad Metger (Flensburg), 11.11.1898; *NAA*, 22.11.1898.

492 Schütt, Die Auseinandersetzung zwischen Landrat Dr. H. Rasch und dem »Bund der Landwirte«, S. 233–236; *NAA*, 22.11., 8.12. u. 27.12.1898; Schartl, S. 324 (hier das Zitat); Huber 1994, 4, S. 1095–1098.

493 Kühne, *Dreiklassenwahlrecht und Wahlkultur in Preußen 1867–1914*, S. 458–460.

494 *NAA*, 14.1.1899.

495 JJHA A01–01-298: Michael Jebsen (Berlin) an Werner Frölich (Flensburg), 9.5.1899.

496 JJHA A01–01-240: Franz Engelbrecht (Apenrade) an Michael Jebsen (Berlin), 10.5.1899.

497 JJHA A01–01-298: Michael Jebsen (Apenrade) an Heinrich Robert Kraemer (Kirchen/Sieg), 14.11.1898.

498 JJHA A01–01-298: Michael Jebsen (Apenrade) an Friedrich Böttcher (Freiburg i. Br.), 31.10.1898.
499 JJHA A01–01-298: Michael Jebsen (Apenrade) an »Lieber Waldemar« (o. O.), 27.11.1898, u. an Carl Hagemann (Essen), 24.12.1898.
500 *NAA*, 3.11.1898.
501 JJHA A01–01-298: Michael Jebsen (Apenrade) an Carl Hagemann (Essen), 24.12.1898.
502 *NAA*, 14.1.1899; Heimann, S. 62–64; Huber, *Dokumente*, 3, S. 341, Nr. 249: Die Mandatsverteilung im preußischen Abgeordnetenhaus 1849–1918; *Biographisches Handbuch für das Preußische Abgeordnetenhaus 1867–1918*, S. 15; Jaeger, S. 63–72.
503 Hauser 1970, S. 309–315; Schultz Hansen, Demokratie oder Nationalismus, S. 480–481; Sievers 1964, S. 58–73; *Protokoll der Gravensteiner Konferenz* vom 29.9.1898, in: *Der nationale Gegensatz 1864–1914*, S. 328–330.
504 Sievers 1964, S. 73.
505 JJHA A01–01-298: Michael Jebsen (Apenrade) an Hermann Schwartz (Flensburg), 8.1.1899.
506 Sievers 1964, S. 79.
507 Sievers 1964, S. 102–104; Uslar, S. 24; JJHA A01–01-298: Michael Jebsen (Apenrade) an Hermann Schwartz (Flensburg), 12.1.1899.
508 Sievers 1964, S. 115–116.
509 *NAA*, 14.1.1899.
510 Hans Delbrück, Politische Korrespondenz, in: *Preußische Jahrbücher*, 94, 3, Dezember 1898, zit. in: Sievers 1964, S. 94–95, u. Hoffmann, S. 296–297.
511 *Hamburger Nachrichten*, 3.12.1898 u. *Folkebladet*, 14.12.1898, zit. in: Sievers 1964, S. 95.
512 Sievers 1964, S. 94–99; Hoffmann, S. 297.
513 JJHA A01–01-298: Michael Jebsen (Apenrade) an Friedrich Hammacher (o. O.), 13.1.1899.
514 Sievers 1964, S. 108–109; JJHA A01–01-298: Michael Jebsen (Apenrade) an Friedrich Hammacher (o. O.), 13.1.1899.
515 Sievers 1964, S. 74, 108–114; *NAA*, 25.1. u. 28.1.1899; JJHA A01–01-298: Michael Jebsen (Apenrade) an Friedrich Hammacher (o. O.), 13.1.1899.
516 *Stenographische Berichte Abgeordnetenhaus*, 26. Sitzung, 22.2.1899, S. 810–811.
517 *Stenographische Berichte Abgeordnetenhaus*, 26. Sitzung, 22.2.1899, S. 813–817; *NAA*, 25.2.1899.
518 *Verwaltungs-Bericht des Kunstgewerbe-Museums der Stadt Flensburg*, S. 3–11; Windmann, S. 402; Johannsen, S. 514–515.
519 Vorstand des Kunstgewerbe-Vereins Flensburg: *Gesuch an das Hohe Haus der Abgeordneten in Berlin zum Neubau des Kunstgewerbemuseums in Flensburg*, 24.4.1898, zit. nach Klein, S. 54.
520 JJHA A01–01-298: Michael Jebsen (Berlin) an Direktor Heinrich Sauermann (Flensburg), 18.2.1899.
521 Nipperdey 1998, Bd. 2, S. 710.
522 JJHA A01–01-298: Michael Jebsen (Berlin) an Direktor Heinrich Sauermann (Flensburg), 18.2.1899.
523 *Stenographische Berichte Abgeordnetenhaus*, 37. Sitzung, 7.3.1899, S. 1193–1194.
524 *Stenographische Berichte Abgeordnetenhaus*, 37. Sitzung, 7.3.1899, S. 1194, 1197.
525 JJHA A01–01-298: Michael Jebsen (Berlin) an Direktor Heinrich Sauermann (Flensburg), 9.3.1899.
526 Es ist bemerkenswert, daß Jebsens verdienstvoller Einsatz für eine der wichtigsten kulturellen Institutionen in Flensburg später fast unbeachtet blieb. Zwar würdigte der *Verwaltungs-Bericht* des Museums von 1905 »die Bemühungen des Abgeordneten für Flensburg-Apenrade, des verstorbenen Schiffsreeders M. Jebsen-Apenrade«, doch strich man vor allem die kommunalen Initiativen gegenüber der preußischen Staatsregierung heraus (*Verwaltungs-Bericht des Kunstgewerbe-Museums der Stadt Flensburg*, S. 11). Bereits die Festschrift zum 25jährigen Jubiläum des Museumsneubaus fand Jebsen nicht mehr der Erwähnung wert (*Festschrift aus Anlaß des 25jährigen Eröffnungstages des Museumsgebäudes am 19. August 1928)*; dasselbe galt beim fünfzigsten Jahrestag (*Aus dem Flensburger Museum)*. Im selben Jahr wies Jebsens jüngste Tochter Emma in ihrem veröffentlichten Erinnerungswerk darauf hin, daß in Flensburg vor allem unvergessen sein sollte, daß die Stadt ihm den Bau ihres Kunstgewerbemuseums verdanke (Hassel, S. 131). Doch taucht sein Name in dem 1966 erschienenen stadthistorischen Standardwerk *Flensburg. Geschichte einer Grenzstadt*, das man 1983 unverändert nachdruckte, an keiner Stelle auf: Gewürdigt werden im Zusammenhang mit dem Museum vor allem Heinrich Sauermann und seine Mitspieler in der Stadt- und Provinzialverwaltung. Auch das dezidiert nationale Anliegen, das den Bau erst finanziell möglich machte, bleibt unerwähnt – sicherlich weil es nicht mehr in den neuen Kontext der deutsch-dänischen Annäherung nach dem Zweiten Weltkrieg paßte (Johannsen, S. 514–515). Sogar eine neuere Spezialstudie über die Funktionen des Flensburger Museums im Kaiserreich kennt Jebsens wichtige Rolle nicht und bleibt unklar über die damalige politische Zielstellung des Hauses (Klein, S. 54–55). Zukünftige stadtgeschichtliche Werke sollten Jebsen als einen der entscheidenden Wegbereiter des Museums und den historischen Kontext, in dem das Haus entstand, nicht unerwähnt lassen.
527 JJHA A01–01-318: Michael Jebsen (Apenrade) an Exzellenz [Oberpräsident Georg von Steinmann (Schleswig)], 20.7.1893.
528 Schmarje, S. 47–48.

529 Worsøe 1974, S. 32–33; Hansen, S. 15–33.
530 JJHA A01–01-297: Michael Jebsen (Berlin) an Senator Jürgen Lorentzen jun. (Apenrade), 15.1.1898.
531 JJHA A01–01-297: Michael Jebsen (Berlin) an Senator Jürgen Lorentzen jun. (Apenrade), 27.2.1898.
532 Vom Haderslebener Hafen. Aus einem Vortrag von Stadtbaumeister Hansen, in: *Heimat-Blätter aus Nordschleswig* 1936, S. 52–60, hier S. 59; Schütt, Hadersleben, S. 191–197.
533 Worsøe 1974, S. 34; Hansen, S. 44–50.
534 JJHA A01–01-298: Michael Jebsen (Berlin) an Landrat Rafael von Uslar (Apenrade), 21.1.1899.
535 JJHA A01–01-298: Michael Jebsen (Berlin) an Landrat Rafael von Uslar (Apenrade), 2.2.1899.
536 JJHA A01–01-298: Michael Jebsen (Berlin) an Landrat Rafael von Uslar (Apenrade), 5.2.1899.
537 Hansen, S. 50–57.
538 JJHA A01–01-298: Michael Jebsen (Berlin) an H. C. Kallsen (Flensburg), 14.5.1899.
539 JJHA A01–01-298: Michael Jebsen (Berlin) an Hans Christian Dethleffsen (Flensburg), 4.2.1899.
540 *Stenographische Berichte Abgeordnetenhaus*, 38. Sitzung, 8.3.1899, S. 1253–1254.
541 *NAA*, 14.3.1899.
542 *Stenographische Berichte Abgeordnetenhaus*, 38. Sitzung, 8.3.1899, S. 1254.
543 Schütt, Hadersleben, S. 197.
544 JJHA A01–01-298: Michael Jebsen (Berlin) an Franz Engelbrecht (Apenrade), 9.3.1899.
545 JJHA A01–01-298: Michael Jebsen (Berlin) an Landrat Rafael von Uslar (Apenrade), 5.2.1899.
546 Uslar, S. 24; Worsøe 1974, S. 34; Hansen, S. 60–66.
547 JJHA B10–02-024: Ludwig von Fischer-Benzon (Apenrade) an Jacob Jebsen (Hongkong), 5.10.1899.
548 Hassel, S. 131; JJHA A01–01-241: Michael Jebsen (Apenrade) an Carl-August Gieseke, Reichspostamt (Berlin), 22.7.1899.
549 JJHA A01–01-241: Michael Jebsen (Apenrade) an den Vorstand des Flensburger Segelclubs (Flensburg), 2.8.1899.
550 JJHA B10–02-024 Ludwig von Fischer-Benzon (Apenrade) an Jacob Jebsen (Hongkong), 5.10.1899.
551 JJHA A01–01-241: Michael Jebsen (Apenrade) an Carl-August Gieseke, Reichspostamt (Berlin), 8.8.1899; Kalkoff, S. 8; Hassel, S. 131–132.
552 *Meyers, 10*, S. 654–656.
553 JJHA A01–02-0048: Michael Jebsen (Karlsbad) an Jacob Jebsen (Hongkong), 13.10.1899 (im Original mit irrtümlicher Datierung: 13.9.1899).
554 JJHA B10–02-024: Ludwig von Fischer-Benzon (Apenrade) an Jacob Jebsen (Hongkong), 5.10.1899; *Meyers, 14*, S. 678–681.
555 JJHA B10–02-024: Ludwig von Fischer-Benzon (Apenrade) an Jacob Jebsen (Hongkong), 5.10.1899.
556 Hassel, S. 132. Weil Jebsen in der Nacht zum 1. Oktober 1899 starb, wurde dieses Datum in einigen Publikationen irrtümlich als Todestag angegeben, so in: *Biographisches Jahrbuch und Deutscher Nekrolog*, IV, S. 150; Mann, *Biographisches Handbuch für das Preußische Abgeordnetenhaus 1867–1918*, S. 200, Nr. 1043.
557 JJHA B10–02-024: Ludwig von Fischer-Benzon (Apenrade) an Jacob Jebsen (Hongkong), 5.10.1899.
558 LAA I-1–4i: Extrablatt des *NAA*, 1.10.1899.
559 *NAA*, 4.10.1899: † Stadtrat Michael Jebsen.
560 LAA I-1–4i: Memorandum von Bürgermeister Gustav Rickmers (Apenrade), 1.10.1899.
561 LAA I-1–4i: Memorandum von Bürgermeister Gustav Rickmers (Apenrade), 2.10.1899.
562 *Schleswigsche Grenzpost*, 2.10.1899.
563 *Hejmdal*, 2.10.1899, auch zit. in: Worsøe 1974, S. 42; Hassel, S. 134–135 (deutsche Übersetzung).
564 *The North China Herald and Supreme Court & Consular Gazette*, 9.10.1899.
565 *The London and China Telegraph*, 16.10.1899.
566 LAA I-1–4i: Memorandum von Bürgermeister Gustav Rickmers (Apenrade), 2.10.1899.
567 Worsøe 1974, S. 65.
568 Hassel, S. 132–133; *Apenrader Zeitung*, 5.10.1899; *NAA*, 5.10.1899; LAA I-1–4i: Memorandum von Bürgermeister Gustav Rickmers (Apenrade), 1.10.1899.
569 *NAA*, 5.10.1899
570 HA Krupp, WA 4–2041: Friedrich Alfred Krupp (Essen) an Clara Jebsen (Apenrade), 5.10.1899.
571 GStA PK I. HA Rep. 77, Tit. 1103, Nr. 3: *Die Nordmark*, Nr. 4, 15.11.1899 (Nachruf auf Jebsen); LASH Abt. 301–67: *Die Nordmark*, Nr. 1, 15.2.1900; Mackeprang 1912, S. 164.
572 LAA I-1–4i: *Protokoll der gemeinschaftlichen Sitzung beider städtischer Kollegien*, 30.10.1899; Hassel, S. 135; Nielsen, Elisabeth (S. 123) mit der irrtümlichen Angabe, daß die Schiffbrückstraße, in der das Familienstammhaus Jebsen liegt, in Michael-Jebsen-Straße als Dank seines Einsatzes zum Wohle der Stadt umbenannt worden sei.
573 LAA I-1–4i: Momme Nissen (Hamburg) an Bürgermeister Gustav Rickmers (Apenrade), 11.12.1899.
574 LAA I-1–4i: Bürgermeister Gustav Rickmers (Apenrade) an Momme Nissen (Hamburg), 20.12.1899; Momme Nissen (z. Zt. Flensburg) an Bürgermeister Gustav Rickmers (Apenrade), 3.1.1900.
575 LAA I-1–4i: Momme Nissen (Hamburg) an den Magistrat der Stadt Apenrade, 8.2.1900.

576 LAA I-1-4i: *Protokoll der gemeinschaftlichen Sitzung beider städtischer Kollegien*, 19.2.1900.
577 LAA I-1-4i: Momme Nissen (Hamburg) an Bürgermeister Gustav Rickmers (Apenrade), 15.6.1900.
578 LAA I-1-4i: Bürgermeister Gustav Rickmers (Apenrade) an Momme Nissen (Hamburg), 13.9.1900.
579 LAA I-1-4i: Momme Nissen (Hamburg) an Bürgermeister Gustav Rickmers (Apenrade), 21.9.1900.
580 LAA I-1-4i: Momme Nissen (Hamburg) an Bürgermeister Gustav Rickmers (Apenrade), 26.11.1900.
581 LAA I-1-4i: *Bekanntmachung des Magistrats von Apenrade*, 20.12.1900.
582 Hassel, S. 135.
583 Jebsen, S. 16.
584 Petersen, S. 574–575 (mit irrtümlichen Todesjahr 1900); Christensen S. 5 (deutsche Übersetzung).
585 Kardel, S. 5–6.
586 Mackeprang 1910, S. 206, deutsche Ausgabe 1912, S. 158.
587 *NAA*, 4.10.1899: † Stadtrat Michael Jebsen.
588 *NAA*, 8.10.1899.
589 Kardel, S. 83.
590 Hieke 1974.
591 Hoffmann, S. 290, 292.
592 Weitling, S. 184.
593 Japsen 1983, S. 76.
594 Jensen nennt Michael Jebsen bereits nicht mehr. Ebenfalls findet sich keine Erwähnung in Brandt, Scharff, Schultz Hansen 2003 und 2009, Witt/Vosgerau, Lange, Bohn 2006.
595 *Der nationale Gegensatz*, S. 492–510: Ausgewählte Kurzbiographien.
596 Hassel, S. 117. Das Zitat gebrauchte Jebsen in einer Reichstagsrede bei der Debatte um die Postdampfersubvention. Siehe *Stenographische Berichte Reichstag*, 9. LP, 5. Session, 43. Sitzung, 17.2.1898, S. 1103–1105.

Epilog

1 JJHA A01-01-310: Michael Jebsen (Apenrade) an den Deutschen Seefischerei-Verein zu Hannover, 18.6.1898.
2 Zur Geschichte der Globalisierung und zur transnationalen Geschichte siehe vor allem Sebastian Conrad und Jürgen Osterhammel (Hg.), *Das Kaiserreich transnational. Deutschland in der Welt 1871–1914*, Göttingen 2004; Conrad, S. 7–73; Jürgen Osterhammel, *Geschichte der Globalisierung. Dimensionen, Prozesse, Epochen*, 4. Aufl., München 2007; Osterhammel 2009.
3 Arndt, S. 1.

Quellen- und Literaturverzeichnis

Unveröffentlichte Quellen

BAB = Bundesarchiv (Abteilung Berlin-Lichterfelde)
R 101/1: Reichstag
1202: Protokolle der Budgetkommission (Kommission für den Reichshaushaltsetat), Bd. 9: November 1891 – März 1892
1203: Protokolle der Budgetkommission (Kommission für den Reichshaushaltsetat), Bd. 9: Dezember 1892 – Juli 1893
1204: Protokolle der Budgetkommission (Kommission für den Reichshaushaltsetat), Bd. 11: Dezember 1893 – März 1894
1208: Protokolle der Budgetkommission (Kommission für den Reichshaushaltsetat), Bd. 15: Februar 1896 – Juni 1896
1209: Protokolle der Budgetkommission (Kommission für den Reichshaushaltsetat), Bd. 16: Dezember 1896 – Februar 1897
1210: Protokolle der Budgetkommission (Kommission für den Reichshaushaltsetat), Bd. 17: Februar 1897 – April 1897
1212: Protokolle der Budgetkommission (Kommission für den Reichshaushaltsetat), Bd. 19: Dezember 1897 – April 1898
2622: Die Gewährung staatlicher Unterstützungen an die Handelsmarine bzgl. Einrichtung und Unterhaltung von Postdampfschiffsverbindungen mit überseeischen Ländern, Bd. 2: Mai 1887 – April 1897

R 901: Auswärtiges Amt
6771: Die Subventionierung von Dampferlinien, 1887–1898
6772: Die Subventionierung der Dampferlinien, 1898–1899
17520: Die Einrichtung und Unterhaltung einer regelmäßigen Postdampfschiffsverbindung zwischen Shanghai und Kiautschou, 1898–1899
17521: Die Einrichtung und Unterhaltung einer regelmäßigen Postdampfschiffsverbindung zwischen Shanghai und Kiautschou, 1899–1903
17979: Opiumschmuggel in den ostasiatischen Gewässern, 1902–1908
75936: Die Nationalitäts- pp. Verhältnisse der Bemannung deutscher Kauffahrteischiffe und die Behandlung gemischter Besatzungen, 1893–1909

R 4701-GA: Reichspostministerium (Reichspostamt)
1283: Reichspostdampferlinie nach Ostasien, Australien (Unterhandlungen, Verträge), 1896

GAV = Gemeentearchief Vlissingen (Niederlande)
Zeitungsbestand *Middelburgsche Courant* (1877)
Verslag van den Toestand der Gemeente Vlissingen over het jaar 1875, door Burgemeester en Wethouders uitgebragt aan den Gemeenteraad.

GStA PK = Geheimes Staatsarchiv Preußischer Kulturbesitz (Berlin)
I. HA Rep. 77 Ministerium des Innern
Nr. 1136a, Bd. 790: Acta betr. die Schützengilde in Apenrade, 1880–1919
Nr. 5423: Das Landratsamt des Kreises Apenrade

I. HA Rep. 77 Ministerium des Innern, Abt. II: Polizei-Abteilung
Tit. 1103, Nr. 3: Der Deutsche Verein für das nördliche Schleswig und die Vierteljahrsschrift desselben *Die Nordmark*, 1892–1905

HA Krupp = Historisches Archiv Krupp (Essen)
WA 4/1328: Prokuraprotokoll: Dotationsurkunden ab 1.1.1878, u. a. an M. Jebsen; Prokuraprotokolle betr. Personalia. 1874–1879
WA 4/1330: Korrespondenzen 1878–1879. Schriftwechsel von Direktoriumsmitglied Richard Cohnheim. Enthält: Schriftwechsel mit Carl Meyer und Alfred Longsdon (Orconera Iron

Ore Company); mit dem Bankhaus Credit Lyonnais über Aufnahme von Geschäftsbeziehungen. 1878–1879

WA 4/2041: Korrespondenzen. Briefwechsel Friedrich Alfred Krupp mit Verschiedenen, I – K: E. Ilgner, C. Illies, M. Jebsen, S. Katzenstein. 1877–1913

WA 4/240: Zirkulare der Firma Krupp (Essen). Briefe des »Comptoir für Krupp'sche Spedition und Rhederei« in Rotterdam (handelnd M. Jebsen und C. Steinbömer) an Richard Cohnheim, Fa. Krupp. Enthält v.a.: Dampfer; Personal; Beziehungen zur Rotterdamer Bank. 1880–1887

WA 4/293: Panzerkanone. 1880

WA 4/488: Korrespondenzen 1878–1883. Briefe an Alfred Longsdon von M. Jebsen, Rotterdam, und Apenrade. 1877–1886

WA 4/7: Korrespondenzen 1878. Schriftwechsel von Major [Theobald] Trautmann mit Behörden und anderen über Verkauf von Rüstungsgütern, v.a. Geschützen. 1875–1877

WA 4/768: Korrespondenzen 1909–1911. Kruppsche Spedition und Reederei, Rotterdam, 1873–1911

WA 53/53: Reederei-Conto-Listen für 1879/80 der fünf Erztransportdampfer. M. Jebsen, Comptoir für Krupp'sche Spedition und Rhederei, Rotterdam Comptoir für Krupp'sche Spedition und Rhederei, Rotterdam. – Kontokorrente und Abschlüsse: Bd. 1: 1878–1888

HK PRO = Hong Kong Public Records Office (Hongkong)

CS/I016/00152551.GIF: Wieler
CS/I016/00152559.GIF: Wieler
CS/I016/00152561.GIF: Wieler
CS/I016/00153403.GIF: Witzke, Christian
CS/I017/00165181.GIF: Jebsen
CS/I017/00165182.GIF: Lease agreement
CS/I018/00179403.GIF: Chr. Witzke and Co.
CS/I018/00179404.GIF: Appointment of liquidator

JJHA = Jebsen and Jessen Historical Archives (Aabenraa, Dänemark)

A: Firmenarchiv

A01–01-208: Briefkopierbuch, 30.04.1897–28.08.1897
A01–01-209: Briefkopierbuch, 30.11.1899–12.02.1900
A01–01-210: Briefkopierbuch, 13.02.1900–09.07.1900
A01–01-211: Briefkopierbuch, 08.10.1883–17.12.1883
A01–01-213: Briefkopierbuch, 05.03.1884–09.05.1884
A01–01-214: Briefkopierbuch, 28.05.1884–22.09.1884
A01–01-215: Briefkopierbuch, 22.09.1884–22.01.1885
A01–01-216: Briefkopierbuch, 23.01.1885–23.06.1885
A01–01-217: Briefkopierbuch, 30.01.1886–21.09.1886
A01–01-218: Briefkopierbuch, 02.03.1887–15.08.1887
A01–01-219: Briefkopierbuch, 06.08.1887–27.01.1888
A01–01-221: Briefkopierbuch, 19.12.1888–27.05.1889
A01–01-222: Briefkopierbuch, 20.03.1890–16.09.1890
A01–01-223: Briefkopierbuch, 17.09.1890–14.01.1891
A01–01-224: Briefkopierbuch, 27.10.1891–16.03.1892
A01–01-225: Briefkopierbuch, 17.03.1892–02.08.1892
A01–01-226: Briefkopierbuch, 02.08.1892–12.12.1892
A01–01-227: Briefkopierbuch, 12.12.1892–20.06.1893
A01–01-228: Briefkopierbuch, 20.06.1893–24.10.1893
A01–01-229: Briefkopierbuch, 24.10.1893–18.06.1894
A01–01-230: Briefkopierbuch, 18.06.1894–15.09.1894
A01–01-231: Briefkopierbuch, 19.09.1894–17.12.1894
A01–01-232: Briefkopierbuch, 20.12.1894–23.04.1895
A01–01-233: Briefkopierbuch, 24.04.1895–11.07.1895
A01–01-234: Briefkopierbuch, 11.07.1895–14.10.1895
A01–01-235: Briefkopierbuch, 14.10.1895–13.01.1896
A01–01-236: Briefkopierbuch, 13.01.1896–20.06.1896
A01–01-237: Briefkopierbuch, 05.01.1897–30.04.1897
A01–01-238: Briefkopierbuch, 25.06.1898–03.11.1898
A01–01-240: Briefkopierbuch, 11.02.1899–10.07.1899
A01–01-241: Briefkopierbuch, 08.07.1899–29.11.1899
A01–01-287: Briefkopierbuch, 04.12.1878–26.11.1879
A01–01-288: Briefkopierbuch, 18.06.1880–01.03.1881
A01–01-289: Briefkopierbuch, 30.11.1881–24.04.1882
A01–01-290: Briefkopierbuch, 24.04.1882–11.09.1882
A01–01-291: Briefkopierbuch, 02.08.1882–25.11.1882
A01–01-292: Briefkopierbuch, 15.11.1885–05.02.1890
A01–01-294: Briefkopierbuch, 09.11.1897–27.01.1901
A01–01-295: Briefkopierbuch, 14.09.1901–05.05.1909
A01–01-297: Briefkopierbuch, 01.12.1897–18.05.1898
A01–01-298: Briefkopierbuch, 21.06.1898–08.06.1899
A01–01-302: Briefkopierbuch, 03.02.1891–16.06.1892
A01–01-307: Briefkopierbuch, 07.05.1883–22.10.1885
A01–01-310: Briefkopierbuch, 30.08.1897–25.06.1898
A01–01-311: Briefkopierbuch, 04.03.1901–18.06.1901
A01–01-313: Briefkopierbuch, 04.03.1881–30.11.1881
A01–01-314: Briefkopierbuch, 04.04.1896–13.06.1898
A01–01-315: Briefkopierbuch, 08.10.1889–20.03.1890
A01–01-316: Briefkopierbuch, 14.01.1891–27.10.1891
A01–01-317: Briefkopierbuch, 20.06.1896–05.01.1897
A01–01-318: Briefkopierbuch, 10.02.1890–02.04.1896
A01–01-321: Briefkopierbuch, 01.08.1882, 02.12.1882–11.06.1883
A01–01-322: Briefkopierbuch, 12.06.1883–08.10.1883
A01–02-0012: Denkschrift betreffend die Entwicklung von Kiautschou, 1898
A01–02-0017: Schriftverkehr von Jacob Jebsen und Johann Heinrich Jessen sen., 1901
A01–02-0018: Briefe an Michael Jebsen von seinem Sohn Jacob, 1896–1897
A01–02-0034: Schreiben an Michael Jebsen, 1890, Band 1
A01–02-0048: Schreiben von Michael Jebsen, 1899
A01–02-0068: Charterpartien, 1887, 1892–1894
A01–02-0096: Unterlagen betr. Opiumschmuggel, 1883–1905

PS 3269: Jacob Jebsen, *Geschichte der Reederei M. Jebsen, Apenrade*, undatiertes Manuskript (ca. 1935).

B: Familienarchiv
B10–01-005: Journal von Michael Jebsen (MJ IV) betr. Schiffsreisen, 1861–1873
B10–01-007: Zwei Tagebücher von Michael Jebsen betr. seine Arbeit als Reichstagsabgeordneter, 1890–1894
B10–02-0006: Unterlagen von Michael Jebsen (MJ III), 1846–1862
B10–02-0017: Schreiben der Firma Krupp an Michael Jebsen (1835–1899), 1878–1890
B10–02-0024: Unterlagen betr. Tod von Michael Jebsen, 1899
B10–02-0026: Schriftverkehr zur Regelung des Nachlasses von Clara Jebsen geb. Offersen (gestorben 08.06.1913), 1890–1913
B10–02-0030: Unterlagen betr. Erbschaftsangelegenheiten Friedrich Jebsen und Michael »Magge« Jebsen, 1872–1937
B10–02-0032: Untergang des U-Bootes U36, 1915
B10–02-0033: Schriftverkehr betr.Schadensersatzansprüche von Heinrich Jebsen (1880–1944) als Teilhaber der Fa. Witzke (War Claim »Fall Witzke«), 1920–1924
B10–02-0034: Unterlagen betr. Heinrich Jebsen, 1920–1928
PS 4245: Cassa-Conto II, Bismarck-National-Denkmal, 1900–1920

LAA = Landsarkivet for Sønderjylland (Aabenraa, Dänemark)
Aabenraa byarkiv, 1869–1920
I-1–3b: Bürgermeisterwahl im Jahre 1894, 1894–1906
I-1–4a: Die im Jahre 1883 stattgehabten Senatorwahlen, 1883–1884
I-1–4b: Die am 17. Juni 1884 stattgehabte Wahl eines ersten Senators und Beigeordneten. Gewählt Senator M. Jebsen, 1884
I-1–4e: Die am 30. Mai 1890 stattgehabte Wahl eines ersten Senators und Beigeordneten. Gewählt Senator Jebsen, 1890
I-1–4i: Die Wahl eines ersten Senators und Beigeordneten am 9. Juni 1896. Gewählt M. Jebsen, 1896–1900
I-4–4: Das Ortsstatut der Stadt Apenrade 1869–1918
III-1–10c: Die Landtagswahl am 27. Oktober 1898

Kirchenbücher
Copulations-Register der Gemeinde Apenrade vom 1. Januar 1875 bis 1901 inkl.

Privatarkiver
P-326: Jebsen, Michael, 1873–1898

SG090 Rederi M. Jebsen
2237: 1893 Breve fra M. Jebsen til prokurist Fr. Engelbrecht, Aabenraa m.m.
2261: 1894 Almindelige Korrespondance, S/S Marie Jebsen m.m.
Zeitungsbestand *NAA = Neuer Apenrader Anzeiger* (1880–1899)

LASH = Landesarchiv Schleswig-Holstein (Schleswig)
Abt. 301: Oberpräsidium und Provinzialrat der Provinz Schleswig-Holstein
67: Wirksamkeit der deutschen Vereine
807: Wahlbewegung für die Reichstagswahlen, Bd. 1: u. a. Landratsberichte über die politische Lage in den Kreisen vor Reichstagswahlen und Kandidatenaufstellung, 1878–1890
809: Reichstagswahl 1898
1025: Seeämter in Schleswig-Holstein und Hamburg, Bd. 3, 1884–1890
1027: Seeämter in Schleswig-Holstein und Hamburg, Bd. 5, 1895–1900
6480: 2. Schleswig-Holsteinischer Wahlkreis: Kreise Apenrade u. Flensburg, u. a. Reichstagswahlergebnisse im 2. Wahlkreis 1877–1893; Zeitungsberichte zum Wahlkampf 1898

Abt. 309: Regierung Schleswig
1752: Acta der Königlichen Regierung zu Schleswig betr. den Hafen zu Apenrade, 1872–1899
8788: Acta der Königlichen Regierung zu Schleswig betr. grundlegende Verzeichnisse über Häfen und sonstige bauliche Anlagen im Kreise Hadersleben, 1885–1896

Abt. 320.1: Kreis Apenrade 1866–1918
89: Wahlangelegenheiten, 1875–1906

PAA = Politisches Archiv des Auswärtigen Amts (Berlin)
R 19417: Französische Besitzungen in Asien (Tonkin), 1895–1899
R 19418: Französische Besitzungen in Asien (Tonkin), 1900–1901

QMA = Qingdao Municipal Archives (Qingdao, China)
Commissioner of Customs, Kiaochow: 47–1-534: Despatches to I.G., 1898–15 November 1901

SAF = Stadtarchiv Flensburg
II C Bürgermeister
Nr. 515: Der hiesige Kreisphysikus oder Kreisarzt, 1868–1928

XII 00390 Handschriften/Stammtafeln
Stammtafel der Familie von Fischer-Benzon, 1970

Lebenslauf von Dr. Ludwig von Fischer-Benzon, 4.2.1937
Zeitungsbestand *FNZ = Flensburger Norddeutsche Zeitung* (1890–1898)

TNA = The National Archives (Kew/Richmond, Großbritannien)
War and Colonial Office: Hong Kong, Original Correspondence
CO 129–292: Despatches, June-August 1899
CO 129–293: Despatches, August-September 1899
CO 129–295: Offices (except War and Miscellaneous), 1899

UAG = Universitätsarchiv der Georg-August-Universität Göttingen
Juristische Fakultät, Nr. 0,3175 (Bourwieg): Lebenslauf des Referendars Bruno Bourwieg, Stepenitz, den 15. November 1887.
Bourwieg, Bruno, *Über die Compensationsfähigkeit verjährter Forderungen.* Inaugural-Dissertation zur Erlangung der Doctorwürde der Juristischen Facultät der Georg-August-Universität zu Göttingen, vorgelegt von Bruno Bourwieg, Referendar aus Stettin, Berlin 1888.

Veröffentlichte Quellen und Literatur

Veröffentliche Dokumente
Geschäftsübersicht des Preußischen Hauses der Abgeordneten, 19. Legislaturperiode, I. Session, 1899 (16. Januar bis 29. August 1899), bearb. im Büreau des Abgeordnetenhauses, Heft I: Gesamtübersicht, Berlin 1899.
Sammlung sämtlicher Drucksachen des Reichstages, 9. Legislaturperiode, 2. Session 1893/94, Bd. 1, Nr. 12, Berlin 1894.
Stenographische Berichte Abgeordnetenhaus = Stenographische Berichte über die Verhandlungen der durch die Allerhöchste Verordnung vom 16. Dezember 1898 einberufenen beiden Häuser des Landtages: Haus der Abgeordneten, Bd. 2: Von der 26. Sitzung am 22. Februar 1899 bis zur 48. Sitzung am 18. März 1899, Berlin 1899.
Stenographische Berichte Reichstag = Stenographische Berichte der Verhandlungen des Reichstags, 1890–1898.

Schriften über Michael Jebsen, seine Familie und Firma
Becker, Bert, JEBSEN, Michael, - JEBSEN, Jacob Friedrich Christian, - JEBSEN, Michael, - JEBSEN, Hans Jacob, in: *Dictionary of Hong Kong Biography,* hg. v. May Holdsworth/Christopher Munn, Hongkong 2012, S. 210–211.
Biographisches Handbuch für das Preußische Abgeordnetenhaus 1867–1918, bearb. v. Bernhard Mann, Düsseldorf 1988, S. 200, Nr. 1043: Jebsen, Michael.
Biographisches Jahrbuch und Deutscher Nekrolog, hg. v. Anton Bettelheim, Bd. IV: 1899, Berlin 1900, S. 150 (Totenliste 1899): Jebsen, Michael.
Brockhaus' Konversationslexikon, 14. Aufl., Leipzig/Berlin/Wien 1894–1896, Bd. 9, S. 887: Jebsen, Michael, Reichstagsabgeordneter.
Christensen, Lorenz, *Über die Vorfahren väterlicherseits des Schiffsreeders Jacob Jebsen*, Apenrade, o. D. [1941] (Sonderdruck); dass. in: *Heimat-Blätter aus Nordschleswig*, 1943, S. 39–45.
Deutsche Biographische Enzyklopädie, hg. v. Walther Killy/Rudolf Vierhaus, München 1999, Bd. 5, S. 313: Jebsen, Michael.
Engelbrecht, Franz, *Die Dampfschiffsreederei M. Jebsen, Apenrade in der Zeit von 1878 bis 1928*, Apenrade 1928 (unveröffentlichtes Manuskript).
Fischer, Wolfram (Hg.), *Biographische Enzyklopädie deutschsprachiger Unternehmer,* Bd. 1, München 2004, S. 535: Jebsen, Michael.
Hamer, Berthold, *Glücksburger Biografien. Lexikon,* Husum 2010, S. 129–131: Hassel von, Familie in Glücksburg, - S. 136–139: Hassel, Emma von, - S. 139–141: Hassel, Gertrud von, - S. 141–149: Hassel, Kai-Uwe von.
Hamer, Berthold, *Petersenallee. Ihre Häuser und Bewohner (= Glücksburger Straßen, Bd. 1),* Glücksburg 2011, S. 46–49: Hassel, Emma von, - S. 49–50: Hassel, Friedrich von, - S. 50–52: Hassel, Gertrud von, - S. 52: Hassel, Gisela von verh. Andersen, - S. 52–53: Hassel, Joachim von, - S. 53–57: Hassel, Kai-Uwe von, - S. 58–59: Hassel, Michael von.
Hänisch, Adolf von, *Jebsen & Co. Hongkong. China-Handel im Wechsel der Zeiten 1895–1945*, Apenrade 1970.
Hansemann, Dieter von, *Jebsen & Co. Ltd., Hongkong. Die Geschichte der Firma – 1945 bis zur Gegenwart,* Aabenraa [1988].

Hassel, Emma von, *Michael Jebsen. Das Leben des Schiffsreeders und die Chronik seiner Vorfahren*, Apenrade 1953.
Haunfelder, Bernd, *Die liberalen Abgeordneten des Deutschen Reichstags 1871–1918*, Münster 2004, S. 216: Jebsen, Michael.
Hieke, Ernst, *Die Reederei M. Jebsen A.G. Apenrade*, Hamburg 1953.
Hieke, Ernst, JEBSEN, Michael, in: *Neue Deutsche Biographie*, Berlin 1974, Bd. 10, S. 383.
Hohnsbehn, Harald, *Die Bocks. Eine Familie im Strom der Zeit*, Neumünster 2007.
Ingermann, A. O., Wie die Apenrader Makrelen nach China kamen, in: *Heimat-Blätter aus Nordschleswig*, Apenrade 1945, S. 135–136.
Jahrbuch der Schiffbautechnischen Gesellschaft, Bd. 1 (1900), S. 58: Michael Jebsen.
Jebsen, Jacob, *Mein Leben* (undatiertes [1928] u. unveröffentlichtes Manuskript); teilweise veröffentlicht als: Jugenderinnerungen des Schiffsreeders Jacob Jebsen, Apenrade, in: *Schriften der Heimatkundlichen Arbeitsgemeinschaft für Nordschleswig*, Heft 20, 1969, hg. v. Fr. Christensen, S. 5–20.
Kalkoff, Hermann (Hg.), *Nationalliberale Parlamentarier 1867–1917 des Reichstages und der Einzellandtage*, Berlin 1917: - Die nationalliberale Fraktion des Deutschen Reichstags 1867–1917, S. 1–139, darin S. 90: Jebsen, Michael, Schiffsreeder in Apenrade, - Die nationalliberale Fraktion des Preußischen Abgeordnetenhauses 1867–1917, S. 141–258, darin: S. 203: Jebsen, Michael, Schiffsreeder in Apenrade.
Kludas, Arnold, Postdampfer nach Tsingtau. Die Reederei M. Jebsen 1898–1901, in: ders., *Die Geschichte der deutschen Passagierschiffahrt*, Bd. 2: Expansion auf allen Meeren 1890 bis 1900, Augsburg 1994, S. 204–207.
Koop, Volker, *Kai-Uwe von Hassel. Eine politische Biographie*, Köln 2007.
Nash, Nancy, *Rewarding Success: The first hundred years of Jebsen & Company*, Hongkong 1995.
Navigator: Apenrader Seefahrt / Stadtgeschichte, hg. v. Museum Sønderjylland-Kulturhistorie Aabenraa (o. D.).
Nielsen, Elisabeth, Die Schiffbrückstraße in Apenrade, in: *Schriften der Heimatkundlichen Arbeitsgemeinschaft für Nordschleswig*, Heft 52, 1985, hg. v. der Heimatkundlichen Arbeitsgemeinschaft für Nordschleswig, S. 101–130.
Petersen, Thade, JEBSEN, Michael, in: *Haandbog i det nordslesvigske spørgsmaals historie. Dokumenter aktstykker kort og statistiske oplysninger vedrørende Sønderjylland*, hg. v. d. Samvirkende Sønderjydske Foreninger, bearb. v. Franz von Jessen, Kopenhagen 1901, S. 574–575.
Schmelzkopf, Reinhart, Reederei Michael Jebsen, Apenrade/Aabenraa, in: *Strandgut*, Nr. 33 (1994), S. 27–50.
Schwarz, Max, *MdR. Biographisches Handbuch der Reichstage*, Hannover 1965, S. 360: Jebsen, Michael.
Skifter Andersen, Erik, *Erhvervsvirksomheder i Aabenraa 1847–1997*, Bd. II: Handel og service, hg. v. Aabenraa Handelsstandsforening i anledning af foreningens 150 års jubilæum, Aabenraa 1997, S. 264: Rhederi M. Jebsen A/S 1878-, - Jebsen, Michael (1790–1863), - S. 265: Jebsen, Michael (1835–1899), - S. 266–267: Jebsen, Jacob (1870–1941), - S. 267–268: Jebsen & Co 1895-.
Wasmuth, Arne Cornelius/Laura Miller, *Die drei Makrelen. Ein Portrait der Jebsen & Jessen Firmengruppe*, Hongkong 2008.
Weitling, Günter, Jebsen & Co. in China, in: *Nordschleswig. Landschaft – Menschen – Kultur*, hg. v. Gerd Stolz/Günter Weitling, Husum 2005, S. 183–200.
Wolf, Thomas, Dr. Bruno Bourwieg (1865–1944). Lebensweg eines Siegener Landrats und sein Rücktritt im Jahr 1919, in: *Siegener Beiträge. Jahrbuch für regionale Geschichte*, Bd. 9 (2004), S. 203–206.

Sonstige Schriften

100 Jahre Howaldt, hg. v. Vorstand der Howaldtswerke A.G., Kiel-Hamburg 1938.
125 Jahre Kieler Howaldtswerke, Kiel 1963.
A Brief Historical Sketch of Port Townsend, Washington: Tracing Highlights of the Founding and Development of »The Key City of Puget Sound«, presented by the Port Townsend Chamber of Commerce, 7. überarb. Aufl. 1959 (1. Aufl. Februar 1941).
Adriansen, Inge, Der Knivsberg – deutsche Versammlungsstätte, nationales Monument, Ehrenhain und Jugendhof, in: *Grenzfriedenshefte*, Heft 2, Juni 1990, hg. v. Grenzfriedensbund in Flensburg, S. 143–152.
Ahrens, Gerhard, Von der Franzosenzeit bis zur Verabschiedung der neuen Verfassung, in: Hans-Dieter Loose (Hg.), *Hamburg. Geschichte der Stadt und ihrer Bewohner*, Bd. 1: Von den Anfängen bis zur Reichsgründung, Hamburg 1982, S. 415–490.
Alderton, Patrick M./Rowlinson, Mervyn, The Economics of Shipping Freight Markets, in: Grammenos, S. 157–185.
Altena, Lambert Jan, *'Een Broeinest der Anarchie'. Arbeiders, arbeidersbeweging en maatschappelijke ontwikkeling. Vlissingen 1875–1929*

(1940), PhD Thesis, Vrije Universiteit te Amsterdam 1989.

Armstrong, John, Conferences in British Nineteenth-Century Coastal Shipping, in: ders., *The vital spark: The British coastal trade, 1700–1930* (= Research in Maritime History, Nr. 40, hg. v. Lewis R. Fischer und Maggie M. Hennessy), St. John's (Neufundland) 2009, S. 77–90.

Armstrong, John, The Role of Short-Sea, Coastal, and Riverine Traffic in Economic Development since 1750, in: Daniel Finamore (Hg.), *Maritime History as World History*, Gainesville FL 2004, S. 115–138.

Armstrong, John/Kunz, Andreas (Hg.), *Coastal Shipping and the European Economy 1750–1980*, Mainz 2002.

Arndt, Paul, *Deutschlands Stellung in der Weltwirtschaft*, 2. Aufl., Leipzig 1913 (1. Aufl. 1907).

Aus dem Flensburger Museum. Zur 50. Wiederkehr des Eröffnungstages, hg. v. der Museumsleitung, Flensburg 1953.

Baasch, Ernst, Zur Statistik des Schiffspartenwesens, in: *Vierteljahrschrift für Sozial- und Wirtschaftsgeschichte*, Bd. 15 (1919), S. 211–234.

Baedeker, Diedrich, *Alfred Krupp und die Entwicklung der Gußstahlfabrik zu Essen. Mit einer Beschreibung der heutigen Kruppschen Werke*, 2. Aufl., Essen 1912.

Bake, Rita/Kiupel, Birgit, Seemannsbräute und Seemannsfrauen, in: Plagemann, *Übersee*, S. 278–281.

Bard, Solomon, *Traders of Hong Kong: Some Foreign Merchant Houses, 1841–1899*, Hong Kong 1993.

Becker, Bert, Coastal shipping in East Asia in the late nineteenth century, in: *Journal of the Royal Asiatic Society Hong Kong Branch*, Vol. 50 (2010), S. 245–302.

Becker, Bert, Das deutsche Hongkong – Imperialismus und partizipierender Kolonialismus vor 1914, in: Markus A. Denzel (Hg.), *Deutsche Eliten in Übersee (16. bis frühes 20. Jahrhundert). Büdinger Forschungen zur Sozialgeschichte 2004 und 2005*, St. Katharinen 2006, S. 361–376.

Becker, Bert, *Georg Michaelis. Preußischer Beamter, Reichskanzler, Christlicher Reformer 1857–1936. Eine Biographie*, Paderborn 2007.

Becker, Bert, German business in Hong Kong before 1914, in: *Journal of the Hong Kong Branch of the Royal Asiatic Society*, Bd. 44 (2004), S. 91–113.

Becker, Bert, The German Colony of Kiaochow and its Postal Steamer Service, 1898–1914, in: *International Journal of Maritime History*, Vol. XXI, No. 1 (June 2009), S. 201–238.

Becker, Bert, The Merchant Consuls of German States in China, Hong Kong, and Macao (1787–1872), in: Jörg Ulbert/Lukian Prijac (Hg.), *Consuls et services consulaires au XIXe siècle / Consulship in the 19th Century / Die Welt der Konsulate im 19. Jahrhundert*, Hamburg 2010, S. 329–351.

Becker, Felix, Die Hansestädte und Mexiko 1825–1867. Ein Kapitel hanseatischer Vertragsdiplomatie und Handelsgeschichte, in: *Zeitschrift des Vereins für Hamburgische Geschichte*, Bd. 69 (1983), S. 83–102.

Berdrow, Wilhelm, *Alfred Krupp und sein Geschlecht. Die Familie und ihr Werk 1787–1940*, 2. Aufl., Berlin 1943.

Berdrow, Wilhelm, *Alfred Krupp und sein Geschlecht. Geschichte eines deutschen Familienunternehmens*, Berlin 1937.

Berghoff, Hartmut/Sydow, Jörg (Hg.), *Unternehmerische Netzwerke. Eine historische Organisationsform mit Zukunft?* Stuttgart 2007.

Bernath, Mathias, Das Osmanische Reich und Südosteuropa 1789–1878, in: Theodor Schieder (Hg.), *Handbuch der Europäischen Geschichte*, Bd. 5, 2. Aufl., Stuttgart 1998, S. 987–1022.

Bessell, Georg, *Norddeutscher Lloyd. Geschichte einer bremischen Reederei 1857–1957*, Bremen [1957].

Biographisches Lexikon für Schleswig-Holstein und Lübeck, Bd. 1, hg. im Auftrage der Gesellschaft für Schleswig-Holsteinische Geschichte von Olaf Klose, Neumünster 1970; - Bd. 12, hg. von der Schleswig-Holsteinischen Landesbibliothek unter Mitwirkung des Vereins für Lübeckische Geschichte und Altertumskunde, Neumünster 2006.

Blake, Robert, *Jardine Matheson: Traders of the Far East*, London 1999.

Blakemore, Harold, *British Nitrates and Chilean Politics 1886–1896: Balmaceda and North*, London 1974.

Blakemore, Harold, From the War of the Pacific to 1930, in: *Chile since independence*, hg. v. Leslie Bethell, Cambridge 1993, S. 33–85.

Bleek, Wilhelm, *Friedrich Christoph Dahlmann. Eine Biographie*, München 2010.

Bleek, Wilhelm, *Von der Kameralausbildung zum Juristenprivileg. Studium, Prüfung und Ausbildung der höheren Beamten des allgemeinen Verwaltungsdienstes in Deutschland im 18. und 19. Jahrhundert*, Berlin 1972.

Bödewadt, Jacob, Nordost-Schleswig, in: Hermann Krumm/Fritz Stoltenberg (Hg.), *Unsere meerumschlungene Nordmark. Ein Heimatbuch in Wort und Bild*, Kiel 1914, S. 59–80.

Böhm, Ekkehard, *Überseehandel und Flottenbau. Hanseatische Kaufmannschaft und deutsche Seerüstung 1879–1902,* Düsseldorf 1972.
Bohn, Robert, *Dänische Geschichte,* München 2001.
Bohn, Robert, *Geschichte Schleswig-Holsteins,* München 2006.
Brandt, Otto, *Geschichte Schleswig-Holsteins. Ein Grundriß,* 8. Aufl. (verbessert u. ergänzt von Wilhelm Klüver) Kiel 1981 (1. Aufl. 1925).
Breman, Jan, *Taming the Coolie Beast: Plantation Society and the Colonial Order in Southeast Asia,* Oxford University Press 1989.
Brenier, H., *Note sur le développement commercial de l'Indo-Chine de 1897 à 1901. Comparé avec la période quinquennale 1892–1896,* Hanoi 1902.
Brocheux, Pierre, *The Mekong Delta: Ecology, Economy, and Revolution, 1860–1960,* Madison WI 1995.
Brockstedt, Jürgen, Seefahrende an deutschen Küsten im Zeitalter der Industrialisierung (1815–1914), in: ders. (Hg.), *Seefahrt an deutschen Küsten im Wandel 1815–1914,* Neumünster 1993, S. 15–38.
Brockstedt, Jürgen, Wirtschaftlicher Aufstieg und soziale Mobilität in deutschen Seefahrerregionen vom 17. bis 19. Jahrhundert. Probleme einer partiellen und abgebrochenen Modernisierung, in: Jürgen Bergmann u. a., *Arbeit, Mobilität, Partizipation, Protest. Gesellschaftlicher Wandel in Deutschland im 19. und 20. Jahrhundert,* Opladen 1986, S. 99–158.
Brown, R. Ampalavanar, *Chinese Business Enterprise,* New York 1996.
Brugmans, I. J., *Paardenkracht en Mensenmacht: Sociaal-Economische Geschiedenis van Nederland 1795–1940,* Den Haag 1961.
Brusse, Paul/van den Broeke, Willem, *Provincie in de periferie: De economische geschiedenis van Zeeland, 1800–2000,* Utrecht 2005.
Brustat-Naval, Fritz, *Zwischen Ostsee und Ostasien. Aus der Kieler Schiffahrtsgeschichte,* Herford 1973.
Cai Rongfang (Tsai Jung-fang) (蔡榮芳), Xianggangren zhi Xianggangshi, 1841–1945 香港人之香港史 (The Hong Kong People's History of Hong Kong), Hongkong 2001.
Callahan, Maureen, *The Harbor Barons: Political and Commercial Elites and the Development of the Port of Rotterdam, 1824–1892,* PhD Princeton University, June 1981.
Carroll, John M., *A Concise History of Hong Kong,* Hongkong 2011.
Carroll, John M., *Edge of empires: Chinese elites and British colonials in Hong Kong,* Cambridge MA 2005.
Caulier-Eimbcke, F. Guido, *Schiffsmakler-Kompass,* Hamburg 1954.
Chamber's Encyclopedia, hg. v. Trevor Anderosn/Una McGovern, Edinburgh 2001.
Ching, Frank, *The Li Dynasty: Hong Kong Aristocrats,* Hongkong 1999.
Conrad, Sebastian, *Globalisierung und Nation im Deutschen Kaiserreich,* München 2006.
Davis, Ralph, *The Rise of the English Shipping Industry in the Seventeenth and Eighteenth Centuries,* Newton Abbot 1962/1972.
Deist, Wilhelm, *Flottenpolitik und Flottenpropaganda. Das Nachrichtenbureau des Reichsmarineamtes 1897–1914,* Stuttgart 1976.
Der Deutsche Verein für das nördliche Schleswig und das Bismarck-National-Denkmal auf dem Knivsberge. Eine kurze Darstellung der Entstehung des Vereins und der Erbauung des Denkmals, als Festschrift zur Einweihungsfeier am 4. August 1901, im Auftrage des Festausschusses hg. v. N. A. Schröder, Hadersleben 1901.
Der Knivsberg. 100 Jahre deutsche Versammlungsstätte in Nordschleswig. Im Auftrag der Knivsberggesellschaft e. V. hg. v. Jürgen Ostwald, Heide 1994.
Der nationale Gegensatz / De nationale modsætninger 1864–1914, hg. v. Institut für Regionale Forschung und Information im Deutschen Grenzverein e.V., Flensburg u. Institut for sønderjysk Lokalhistorie, Aabenraa, Flensburg/Aabenraa 1996.
Derry, T. K., *A History of Scandinavia: Norway, Sweden, Denmark, Finland and Iceland,* Minneapolis/London 1979.
Detlefsen, Gert Uwe, *Flensburger Schiffahrt. Vom Raddampfer zum Kühlschiff,* Hamburg 1983.
Detlefsen, Gert Uwe, *Flensburger Schiffbau-Gesellschaft 1872–1982. 110 Jahre Schiffbau in Flensburg,* Hamburg, 1982
Detlefsen, Gert Uwe/Hass, Dietrich, *Die China-Fahrt,* Hamburg 1983.
Deutsche Seemannsordnung vom 27. Dezember 1872. Erläutert auf Grundlage der Motive der Konsulargesetze, der Entscheidungen des Reichs-Ober-Handelsgerichts etc. von O. L. E. Wannack, Hamburg 1883.
Deutsche Verwaltungsgeschichte, Bd. 3: Das Deutsche Reich bis zum Ende der Monarchie, hg. v. Kurt G. A. Jeserich/Hans Pohl/Georg-Christoph von Unruh, Stuttgart 1984.
Die Vertretung der einzelnen Parteien in Schleswig-Holstein bei den Reichstagswahlen seit 1867. Zusammengestellt im Auftrage des Nationalliberalen Vereins in Kiel, Kiel 1912.
Dikötter, Frank/Laamann, Lars/Xun Zhou, *Narcotic Culture: A History of Drugs in China,* Hong Kong 2004.

Dyos, H.J. und D.h. Aldcroft, *British Transport: An Economic Survey from the Seventeenth Century to the Twentieth*, Leicester University Press 1969.

Eberstein, Bernd, *Hamburg-China. Geschichte einer Partnerschaft*, Hamburg 1988.

Ennis, Thomas E., *French Policy and Developments in Indochina,* New York 1936/1973.

Eppstein, Georg Freiherr von (Hg.), *Fürst Bismarcks Entlassung,* Berlin 1919.

F. F. A., Foreign Shipping in Chinese Waters, in: *Chinese Economic Journal,* Vol. VIII, No. 3, March 1931, S. 249–258.

Faaborg, Svend Aage, *En Impression i Billeder fra Aabenraa Havn,* Aabenraa 1989.

Fairbank, John K/Goldman, Merle, *China: A New History,* 9. Aufl., Cambridge, MA 2001.

Fairbank, John K., Introduction: Maritime and continental in China's history, in: ders. (Hg.), *The Cambridge History of China*, Bd. 12: Republican China 1912–1949, Teil 1, Cambridge 1983, S. 1–27.

Fairbank, John K., The creation of the treaty system, in: ders. (Hg.), *The Cambridge History of China,* Bd. 10: Late Ch'ing, 1800–1911, Teil 1, Cambridge 1978, S. 213–263.

Faure, David, The Rice Trade in Hong Kong Before the Second World War, in: Elizabeth Sinn (Hg.), *Between East and West: Aspects of Social and Political Development in Hong Kong,* Hongkong 1990, S. 216–225.

Feng Bangyang (馮邦彦), *Xianggang huazi caituan, 1841–1997* (香港華資財團, 1841–1997 *The Chinese Consortium in Hong Kong, 1841–1997*), Hong Kong 1997.

Festschrift aus Anlaß des 25jährigen Eröffnungstages des Museumsgebäudes am 19. August 1928, hg. v. der Direktion des Kunstgewerbemuseums der Stadt Flensburg, Flensburg 1928.

Fletcher, Max E., The Suez Canal and World Shipping, 1869–1914, in: *The Journal of Economic History*, Vol. 18, No. 4 (December 1958), S. 556–573.

Fricke, Dieter, Deutschsoziale Reformpartei (DSRP) 1894–1900, in: *Lexikon zur Parteiengeschichte*, Bd. 2, S. 540–546.

Fricke, Dieter/Hartwig, Edgar, Deutscher Flotten-Verein (DFV) 1898–1934, in: *Lexikon zur Parteiengeschichte*, Bd. 2, S. 67–89.

Fröhlich, Michael, *Imperialismus. Deutsche Kolonial- und Weltpolitik 1880 bis 1914*, 2. Aufl., München 1997.

Frost, Mark/Balasingamchow, Yu-Mei, *Singapore: A Biography,* Hong Kong 2009.

Furrer, Hans-Jörg, *Die Vier- und Fünfmast-Rahsegler der Welt*, Herford 1984.

Gall, Lothar, *Krupp. Der Aufstieg eines Industrieimperiums*, Berlin 2000.

Gantès, Gilles de, Le particularisme des milieux d'affaires cochinchinois (1860–1910): comment intégrer un comptoir asiatique à un empire colonial protégé, in: Hubert Bonin u. a. (Hg.), *L'esprit économique impérial (1830–1970): Groupes de pression & réseaux du patronat colonial en France & dans l'empire,* Paris 2008, S. 735–752.

Gantès, Gilles de, Power and Weakness: French Presence in Southern China Sea (1840–1910), in: *Asia-Pacific Forum*, Vol. 26 (12/2004), S. 209–240.

Gardiner, Robert (Hg.), *The Advent of Steam: The Merchant Steamship before 1900,* Edison NJ 2000.

Germanischer Lloyd, Hamburg (Hg.), *Germanischer Lloyd. Internationales Register 1867–1992. Herausgegeben anläßlich des 125-jährigen Jubiläums der Gesellschaft am 16. März 1992,* Hamburg 1992.

Gerstenberger, Heide/Welke, Ulrich, *Vom Wind zum Dampf. Sozialgeschichte der deutschen Handelsschiffahrt im Zeitalter der Industrialisierung*, Münster 1996.

Gerstmeyer, J., *Städteordnung für die Provinz Schleswig-Holstein vom 14. April 1869 und Nebengesetze. Mit Erläuterungen,* Kiel/Leipzig 1913.

Giese, Fritz E., *Kleine Geschichte der deutschen Handelsschiffahrt*, Berlin 1967.

Gipouloux, François, *La méditerranée asiatique: Villes portuaires et réseaux marchands en Chine, au Japon et en Asie du Sud-est, XVIe-XXIe siècle,* Paris 2009.

Gleich, Albrecht von, Die Hansestädte und Lateinamerika, in: Plagemann, *Übersee*, S. 22–25.

Gloy, A. (Bearb.), *Landeskunde der Provinz Schleswig-Holstein,* 4. neu bearbeitete Aufl., Breslau 1917.

Graham, Gerald S., The Ascendancy of the Sailing Ship 1850–85, in: *The Economic History Review*, Vol. IX, 1956/7, S. 74–88.

Grais, Graf Hue de, *Handbuch der Verfassung und Verwaltung in Preußen und dem Deutschen Reiche,* 16. Aufl., Berlin 1904.

Grammenos, Costas Th. (Hg.), *The Handbook of Maritime Economics and Business*, London/Hongkong 2002.

Greenhill, Basil, Introduction, in: Gardiner (Hg.), *The Advent of Steam*, S. 7–9.

Greenhill, Robert, Shipping 1850–1914, in: Platt (ed.), *Business Imperialism 1840–1930*, S. 119–155.

Greenhill, Robert, The Brazilian Coffee Trade, in: Platt (ed.), *Business Imperialism 1840–1930*, S. 198–230.

Gregg, E. S., Vicissitudes in the Shipping Trade, 1870–1920, in: *The Quarterly Journal of Economics,* Vol. 35, No. 4 (August 1921), S. 603–617.

Gröber, Peter, *Krupp auf dem Weg zum Großkonzern 1826–1902. Unternehmensstrategien und technischer Fortschritt,* unveröffentlichte Magisterarbeit Geschichte, Universität Duisburg-Essen, o. D.

Grundriß zur deutschen Verwaltungsgeschichte 1815–1945, hg. v. Walther Hubatsch, Bd. 9: Schleswig-Holstein, bearb. v. Klaus Friedland u. Kurt Jürgensen, Marburg/Lahn 1977.

Halle, Ernst von, Die Entwicklung und Bedeutung der deutschen Reederei, in: Gustav Schmoller u. a. (Hg.), *Handels- und Machtpolitik. Reden und Aufsätze,* 2. Aufl., Stuttgart 1900, S. 127–174.

Hallmann, Hans, *Der Weg zum deutschen Schlachtflottenbau,* Stuttgart 1933.

Hambruch, Paul, *Landeskunde von Schleswig-Holstein, Helgoland und der Freien und Hansestadt Hamburg,* Leipzig 1912.

Hamnett, Brian, *A Concise History of Mexico,* Cambridge University Press 1999.

Handbuch für das Deutsche Reich auf das Jahr 1886, bearb. im Reichsamte des Innern, Berlin 1886; - *auf das Jahr 1902,* Berlin 1902; - *auf das Jahr 1904,* Berlin 1904; - *auf das Jahr 1905,* Berlin 1905.

Hansa. Zeitschrift für Seewesen, 1864–1899.

Hansen Nielsen, Leif, Die Industrialisierung in der Provinz Schleswig-Holstein 1864–1914, in: *Grenzfriedenshefte,* H. 3 (2005), S. 185–194.

Hansen, L. H., *Aabenraa Amts Jernbaner 1899–1926,* Aabenraa 1982.

Hao, Yen-P'ing, *The Comprador in Nineteenth-Century China: Bridge between East and West,* Cambridge MA 1970.

Harlaftis, Gelina/Theotokas, John, Maritime Business during the 20th Century: Continuity and Change, in: Grammenos, S. 9–34.

Hartung, Fritz, Studien zur Geschichte der preußischen Verwaltung, Teil 2: Das 19. Jahrhundert, S. 223–275, Teil 3: Der Oberpräsident, S. 275–344, in: ders., *Staatsbildende Kräfte der Neuzeit. Gesammelte Aufsätze,* Berlin 1961.

Hartwell, R.M., The Service Revolution: The Growth of Services in Modern Economy 1700–1914, in: *The Industrial Revolution 1700–1914*, hg. v. Carlo M. Cipolla, London/Glasgow 1976, S. 358–396.

Hartwig, Edgar, Alldeutscher Verband (ADV) 1891–1939, in: *Lexikon zur Parteiengeschichte,* Bd. 1, S. 13–47.

Hartwig, Jürgen, *Politische Parteien und Selbstverwaltung in der Provinz Schleswig-Holstein bis zum Ersten Weltkrieg,* Neumünster 2006.

Hattenhauer, Hans (Bearb.), *Geschichte des deutschen Beamtentums,* 2. Aufl., Köln 1993.

Hauser, Oswald, Polen und Dänen im Deutschen Reich, in: Theodor Schieder/Ernst Deuerlein (Hg.), *Reichsgründung 1870/71. Tatsachen, Kontroversen, Interpretationen,* Stuttgart 1970, S. 291–318.

Hauser, Oswald, Provinz im Königreich Preußen, in: Olaf Klose (Hg.), *Geschichte Schleswig-Holsteins,* Bd. 8, Neumünster 1966.

Hauser, Oswald, *Staatliche Einheit und regionale Vielfalt in Preußen. Der Aufbau der Verwaltung in Schleswig-Holstein nach 1867,* Neumünster 1967.

Headrick, Daniel R., *Tools of Empire: Technology and European Imperialism in the nineteenth century,* New York 1981.

Heffter, Heinrich, *Die deutsche Selbstverwaltung im 19. Jahrhundert. Geschichte der Ideen und Institutionen,* 2. Aufl., Stuttgart 1969.

Heimann, Siegfried, *Der Preußische Landtag 1899–1947. Eine politische Geschichte,* hg. v. Präsidenten des Abgeordnetenhauses von Berlin, Berlin 2011.

Heimat-Blätter aus Nordschleswig. Beiträge zur Geschichte, Volks- und Landeskunde unserer Heimat, hg. v. der Nordschleswigschen Zeitung, Apenrade 1945.

Heimat-Blätter aus Nordschleswig. Beiträge zur Geschichte, Volks- und Landeskunde unserer Heimat, hg. v. der Nordschleswigschen Zeitung, Apenrade 1943.

Heimat-Blätter aus Nordschleswig. Beiträge zur Geschichte, Volks- und Landeskunde unserer Heimat, hg. v. der Nordschleswigschen Zeitung, Apenrade 1936.

Henrici, Dr. (P. Chr.), *Lebenserinnerungen eines Schleswig-Holsteiners,* Stuttgart/Leipzig 1897.

Hensen, Curt, SARTORI, *August* Anton Heinrich, in: *Biographisches Lexikon für Schleswig-Holstein und Lübeck,* Bd. 1, S. 237–238.

Herders Conversations-Lexikon, 5 Bde., Freiburg im Breisgau 1854–1857.

Herold, Heiko, *Deutsche Kolonial- und Wirtschaftspolitik in China 1840 bis 1914. Unter besonderer Berücksichtigung der Marinekolonie Kiautschou,* Köln 2006.

Hieke, Ernst, ILLIES, Carl, in: *Neue Deutsche Biographie*, Berlin 1974, Bd. 10, S. 136.

Hildebrand, Klaus, *Das vergangene Reich. Deutsche Außenpolitik von Bismarck bis Hitler 1871–1945,* Darmstadt 1995.

Hoerll, Albert, Die Deutsche Kolonisation in Chile, in: *Deutsche Arbeit in Chile,* Bd. 1 (= Festschrift des Deutschen Wissenschaftlichen Vereins zu Santiago: Zur Centenarfeier der Republik Chile), Santiago de Chile 1910, S. 1–59.

Hoffmann, Erich, *Das Nationalitätenproblem in Schleswig 1867–1914,* Neumünster 1995.

Hsü, Immanuel C. Y., *The Rise of Modern China,* 6. Aufl., Oxford 2000.

Huber, Ernst Rudolf (Hg.), *Dokumente zur deutschen Verfassungsgeschichte,* Bd. 3: Deutsche Verfassungsdokumente 1900–1918, 3. Aufl., Stuttgart u. a. 1990.

Huber, Ernst Rudolf, *Deutsche Verfassungsgeschichte seit 1789,* Bd. 3: Bismarck und das Reich, 3. Aufl., Stuttgart u. a. 1988, - Bd. 4: Struktur und Krisen des Kaiserreichs, Nachdruck der 2. Aufl., Stuttgart u. a. 1994.

Hyde, Francis E, *Far Eastern Trade 1860–1914,* London 1973.

Jaeger, Hans, *Unternehmer in der deutschen Politik (1890–1918),* Bonn 1967.

Jagow, Kurt, *Daten des Weltkrieges. Vorgeschichte und Verlauf bis Ende 1921,* Leipzig 1922.

Jahresbericht der Gewerbekammer für die Provinz Schleswig-Holstein für das Jahr 1886, 1. Jg., Kiel 1887; - dass. *für das Jahr 1887,* 2. Jg., Kiel 1888; - dass. *für das Jahr 1888,* 3. Jg., Kiel 1889; - dass. *für das Jahr 1890,* 5. Jg., Kiel 1891.

Jantzen, Günther, Hamburgs Handel und Schifffahrt in den Wandlungen der Welt und der Weltwirtschaft, in: Erich von Lehe u. a., *Heimatchronik der Freien und Hansestadt Hamburg,* Köln [ca. 1956], S. 477–552.

Japsen, Gottlieb, *Den fejlslagne germanisering. Den tyske forening for det nordlige Slesvig – Bidrag til det tyske mindretals historie efter 1864,* Åbenrå 1983.

Japsen, Gottlieb, *Den nationale udvikling i Åbenrå 1800–1850,* o. O. 1961.

Jensen, Hans, *Dat se bliven tosamende. Eine Geschichte Schleswig-Holsteins,* Lübeck/Hamburg o. D. [1960].

Jespersen, Mikkel Leth (Bearb.), *Af Kaptajn C. C. Fischers Livserindringer,* hg. v. Museum Sønderjylland – Kulturhistorie Aabenraa, Aabenraa 2011.

Jindra, Zdenek, Zur Entwicklung und Stellung der Kanonenausfuhr der Firma Friedrich Krupp/ Essen 1854–1912, in: *Wirtschaft, Gesellschaft, Unternehmen. Festschrift für Hans Pohl,* hg. v. Wilfried Feldenkirchen/Frauke Schönert-Röhlk, Stuttgart 1995, S. 956–976.

Johannsen, Hans Peter, Flensburgs kommunale Kulturinstitute, in: *Flensburg. Geschichte einer Grenzstadt.* Hg. v. d. Gesellschaft für Flensburger Stadtgeschichte, Flensburg, 2. unveränderte Aufl. 1983 (1. Aufl. 1966), S. 497–523.

Kähler, Julius (Hg.), *200 Jahre Apenrader Schützengilde 1734–1934. Eine Festschrift zum 200. Jubiläum am 6. August 1934,* Apenrade 1934.

Kähler, Julius (Hg.), *Festschrift zur 40jährigen Wiederkehr des ersten Volksfestes auf dem Knivsberg,* Apenrade 1934.

Kähler, Julius, 50 Jahre Knivsbergfest, in: *Heimat-Blätter aus Nordschleswig,* Apenrade 1945, S. 67–72.

Kamer van Koophandel en Fabrieken Rotterdam 1803–1928. Gedenkboek samengesteld door het Secretariaat der Kamer, Rotterdam 1928.

Kaptajn Hans Bruhns Erindringer, hg. v. Karen Harder Lildholdt/Claus Lildtholdt, Aabenraa o. D.

Kardel, Harboe, *Nordschleswigs Erbe. Vom Weg und Wesen des Heimdeutschtums,* Apenrade 1964.

Kaulisch, Baldur, *Alfred von Tirpitz und die imperialistische deutsche Flottenrüstung. Eine politische Biographie,* 2. Aufl., Berlin (DDR) 1982.

Keswick, Maggie (Hg.), *The Thistle and the Jade: A Celebration of 150 Years of Jardine, Matheson & Co.,* London 1982.

Kiesewetter, Hubert, *Industrielle Revolution in Deutschland. Regionen als Wachstumsmotoren,* Stuttgart 2004.

Kirchner, Walther, One Hundred Years Krupp and Russia 1818–1918, in: *Vierteljahrschrift für Sozial- und Wirtschaftsgeschichte,* Bd. 69, Nr. 1, 1982, S. 75–108.

Kirkaldy, Adam W., *British Shipping: Its History, Organisation and Importance,* London 1914 (Reprint 1970).

Klein, Malte, *Das Kunstgewerbemuseum Flensburg. Konzeption und Funktionen eines Museums im Kaiserreich,* Kiel 2007.

Kleßmann, Christoph, Nationalitäten im deutschen Nationalstaat, in: *PLOETZ Das Deutsche Kaiserreich. 1867/71 bis 1918. Bilanz einer Epoche,* hg. v. Dieter Langewiesche, Freiburg/Würzburg 1984, S. 127–138.

Klessmann, Eckart, *Geschichte der Stadt Hamburg,* 4. Aufl., Hamburg 1984.

Kloeden, Gustav Adolph von, *Handbuch der Länder- und Staatenkunde von Asien, Australien, Afrika und Amerika,* 3. Aufl., Berlin 1877.

Kloepfer, Erich, *Die Partenreederei, insbesondere ihre Rechtsnatur*, Diss., Universität Göttingen, Nordenham 1929.

Kludas, Arnold, *Die Geschichte der deutschen Passagierschiffahrt*, Bd. 1: Die Pionierjahre von 1850 bis 1890, Hamburg 1986, - Bd. 2: Expansion auf allen Meeren 1890 bis 1900, Hamburg 1987.

Kludas, Arnold, Entwicklung der Schiffstypen: Schnelldampfer für eilige Passagiere, langsame Frachtdampfer für den Gütertransport, in: Plagemann, *Übersee*, S. 153–156.

Knappschaft Bahn See, *Geschichte der See-Sozialversicherung* (Quelle: Archiv See-Sozialversicherung), in: http://www.kbs.de, 14.2.2011.

Knowles, L. C. A., *The Industrial and Commercial Revolutions in Great Britain during the Nineteenth Century,* London 1921.

Kocka, Jürgen, *Unternehmer in der deutschen Industrialisierung,* Göttingen 1975.

König, Hans-Joachim, *Kleine Geschichte Lateinamerikas,* Stuttgart 2006.

Kraft, Fritz Gerhard, Die Rohstoffversorgung der Fried. Krupp Aktiengesellschaft, in: Berdrow (1943), S. 240–254.

Krieger, August, Apenrade, in: *Heimat-Blätter aus Nordschleswig,* Apenrade 1943, S. 89–96.

Krieger, Martin, *Geschichte Hamburgs,* München 2006.

Krupp 1812–1912. Zum 100jährigen Bestehen der Firma Krupp und der Gußstahlfabrik zu Essen. Hg. auf den hundertsten Geburtstag Alfred Krupps, Jena 1912.

Kühler, E., Dänische Städte führten Kaperkrieg, in: *Heimat-Blätter aus Nordschleswig,* Apenrade 1945, S. 163–164.

Kühler, E., Stadtverwaltung und Rechtspflege im alten Apenrade, in: *Heimat-Blätter aus Nordschleswig,* Apenrade 1945, S. 164–165.

Kühne, Thomas, *Dreiklassenwahlrecht und Wahlkultur in Preußen 1867–1914. Landtagswahlen zwischen korporativer Tradition und politischem Massenmarkt,* Düsseldorf 1994.

Kühne, Thomas, *Handbuch der Wahlen zum Preußischen Abgeordnetenhaus 1867–1918. Wahlergebnisse, Wahlbündnisse und Wahlkandidaten,* Düsseldorf 1994.

Kunz, Hugo, *Chile und die deutschen Colonien,* Leipzig 1891.

Kürenberg, Joachim von, *Krupp. Kampf um Stahl,* Berlin 1935.

Küttner, Sibylle, *Farbige Seeleute im Kaiserreich. Asiaten und Afrikaner im Dienst der deutschen Handelsmarine,* Erfurt 2000.

Lange, Ulrich (Hg.), *Geschichte Schleswig-Holsteins. Von den Anfängen bis zur Gegenwart,* 2. Aufl., Neumünster 2003.

Leckebusch, Günther, Der Beginn des deutschen Eisenschiffbaues 1850–1890, in: *Moderne Deutsche Wirtschaftsgeschichte*, hg. v. Karl Erich Born, Köln/Berlin 1966, S. 178–199.

Leonhard, Melanie, *Die Unternehmerfamilie Rickmers 1834–1918*, Bremen 2009.

Leung, Philip Y. S., *The Walls and Waters: A Comparative Study of City Cultures in Modern China - Beijing, Shanghai and Hong Kong,* Hongkong 2002.

Leutner, Mechthild (Hg.), *»Musterkolonie Kiautschou«: Die Expansion des Deutschen Reiches in China. Deutsch-chinesische Beziehungen 1897 bis 1914. Eine Quellensammlung*, Berlin 1997.

Lewenhak, Sheila, *Steamships and Shipbuilders in the Industrial Revolution*, London 1978.

Lexikon der deutschen Geschichte. Ereignisse, Institutionen, Personen. Von den Anfängen bis zur Kapitulation 1945, hg. v. Gerhard Taddey, 3. Aufl., Darmstadt 1998.

Lexikon zur Parteiengeschichte. Die bürgerlichen und kleinbürgerlichen Parteien und Verbände in Deutschland (1789–1945), hg. v. Dieter Fricke u. a., 4 Bde., Leipzig 1983–1986.

Liu Kwang-Ching, British-Chinese Steamship Rivalry in China, 1873–85, in: C. D. Cowan, *The Economic Development of China and Japan,* New York 1964, S. 49–77.

Lorenzen-Schmidt, Klaus-Joachim, Bevölkerungsentwicklung 1830–1918, in: *Geschichte Schleswig-Holsteins. Von den Anfängen bis zur Gegenwart*, hg. v. Ulrich Lange, Neumünster 2003, S. 341–345.

Lorenzen-Schmidt, Klaus-Joachim, Zwischen Krise und Boom – Wirtschaftliche Entwicklung 1830–1864, in: *Geschichte Schleswig-Holsteins. Von den Anfängen bis zur Gegenwart*, hg. v. Ulrich Lange, Neumünster 2003, S. 368–385.

Lorin, Amaury, Le grand tournant: Paul Doumer, «démiurge de l'Indochine française» (1897–1902), in: *Ultramarines,* 27 (Novembre 2009), S. 15–21.

Lubowitz, Frank, Die Knivsberggesellschaft, in: *Der Knivsberg*, S. 21–58.

Mackeprang, M., *Nordslesvig 1864–1909*, Kopenhagen 1910, deutsche Ausgabe: *Nord-Schleswig von 1864–1911,* Jena 1912.

Mak, Ricardo K.S., Nineteenth-century German community, in: Cindy Yik-yi Chu (Hg.), *Foreign communities in Hong Kong, 1840s-1950s,* New York 2005, S. 61–83.

Marriner, Sheila/Hyde, Francis E., *The Senior: John Samuel Swire, 1825–1898: Management in Far Eastern Shipping Trades,* Liverpool 1967.

Marsot, Alain G., *The Chinese Community in Vietnam under the French,* San Francisco 1993.
Martin, Bernd, The Prussian Expedition to the Far East (1860–1862), in: *Newsletter for Modern Chinese History,* No. 6 (1988), S. 38–52.
Mathies, Otto, *Hamburgs Reederei 1814–1914,* Hamburg 1924.
Matzat, Wilhelm, *Die Tsingtauer Landordnung des Chinesenkommissars Wilhelm Schrameier,* Bonn 1985.
Meyer, David R., *Hong Kong as a Global Metropolis,* Cambridge 2000.
Meyers Großes Konversations-Lexikon, 20 Bde., 6. Aufl., Leipzig/Wien 1905–1909.
Michaelis, Georg, *Für Staat und Volk. Eine Lebensgeschichte,* 2. Aufl., Berlin 1922.
Miller, Rory, Peru, Bolivien, Chile 1830–1920, in: *Handbuch der Geschichte Lateinamerikas,* Bd. 2: Lateinamerika von 1760 bis 1900, hg. v. Walther L. Bernecker u. a., Stuttgart 1992, S. 619–679.
Mitcalfe, J. Stanley, *Suggestions to Managing Owners of Steamers and their Captains,* ed. by North of England Protecting & Indemnity Association, 5. Aufl., Newcastle-on-Tyne 1896.
Modderman, P. W., *Gedenkboek uitgegeven ter gelegenheid van het vijftig jarig bestaan van de Deli Planters Vereeniging,* Weltevreden, Batavia 1929.
Møller Nielsen, Erik, *Fra klamp til konstruktion. Fra håndværk til ingeniørkunst i Aabenraa's sejlskibsbyggeri ca. 1800–1880,* Aabenraa 2000.
Møller, Anders Monrad, *Med korn og kul (= Dansk Søfarts Historie,* Bd. 4: 1814–1870), Kopenhagen 1998.
Mommsen, Wolfgang J., Wandlungen der liberalen Idee im Zeitalter des Imperialismus, in: Karl Holl/Günther List (Hg.), *Liberalismus und imperialistischer Staat. Der Imperialismus als Problem liberaler Parteien in Deutschland 1890–1914,* Göttingen 1975, S. 109–147.
Mommsen, Wolfgang J., *War der Kaiser an allem schuld? Wilhelm II. und die preußisch-deutschen Machteliten,* Berlin 2005.
Momsen, Ingwer E., Die Entwicklung der Handelsflotte Schleswig-Holsteins 1745–1865, in: *Die Entwicklung des Verkehrs in Schleswig-Holstein 1750–1918,* hg. v. Walter Asmus, Neumünster 1996, S. 77–97.
Mørkegaard, Ole, Von Holz und Segel zu Eisen und Dampf. Strukturelle Hindernisse und Konsequenzen eines technischen Umstellungsprozesses in der Apenrader Seefahrt, in: Brockstedt (Hg.), *Seefahrt an deutschen Küsten im Wandel 1815–1914,* S. 69–88.
Morsey, Rudolf, Die Aufgaben des Norddeutschen Bundes und des Reiches, in: *Deutsche Verwaltungsgeschichte,* Bd. 3, S. 138–206.
Mühlhahn, Klaus, *Herrschaft und Widerstand in der »Musterkolonie« Kiautschou. Interaktionen zwischen China und Deutschland, 1897–1914,* München 2000.
Mußgnug, Reinhard, Die rechtlichen und pragmatischen Beziehungen zwischen Regierung, Parlament und Verwaltung, in: *Deutsche Verwaltungsgeschichte,* Bd. 3, S. 109–127.
Muziol, Roman, DIEDERICHSEN, Carl *Heinrich* Wilhelm Theodor, in: *Neue Deutsche Biographie,* Berlin 1957, Bd. 3, S. 639–640.
Nagtglas, F., De Koninklijke Maatschappij «De Schelde« te Vlissingen, in: *Den Spiegel,* hg. v. Vereniging Vrienden van het Stedelijk Museum Vlissingen, Nr. 4, Oktober 1989, S. 4–27.
Niollet, Dominique, *L'épopée des douaniers en Indochine,* Paris 1998.
Nipperdey, Thomas, *Deutsche Geschichte 1866–1918,* Bd. 1: Arbeitswelt und Bürgergeist, München 1998.
Nipperdey, Thomas, *Deutsche Geschichte 1866–1918,* Bd. 2: Machtstaat vor der Demokratie, München 1998.
Nipperdey, Thomas, *Die Organisation der deutschen Parteien vor 1918,* Düsseldorf 1961.
Nusteling, H. P. H., *De rijnvaart in het tijdperk van stoom en steenkool 1831–1914,* Amsterdam 1974.
Osterhammel, Jürgen, *China und die Weltgesellschaft. Vom 18. Jahrhundert bis in unsere Zeit,* München 1989.
Osterhammel, Jürgen, *Die Verwandlung der Welt. Eine Geschichte des 19. Jahrhunderts,* 2. Aufl., Berlin 2009.
Ostersehlte, Christian, HOWALDT, August Ferdinand, in: *Biographisches Lexikon für Schleswig-Holstein und Lübeck,* Bd. 12, S. 201–203, - HOWALDT, Bernhard, in: dass., S. 204–205, - HOWALDT, *Georg* Ferdinand, in: dass., S. 205–211, - HOWALDT, *Hermann,* in: dass., S. 214–216.
Ostersehlte, Christian, *Von Howaldt zu HDW. 165 Jahre Entwicklung von einer Kieler Eisengießerei zum weltweit operierenden Schiffbau- und Technologiekonzern,* Kiel 2004.
Ostwald, Jürgen, Das Bismarckdenkmal auf dem Knivsberg, in: *Der Knivsberg,* S. 103–134.
Otte, Friedrich, Shipping in China and Chinese Shipping Abroad, in: *Chinese Economic Journal,* VI, 2, February 1930, S. 123–152.
Otte, Friedrich, Shipping Policy in China, in: *Chinese Economic Journal,* VIII, 4, April 1931, S. 346–358.

Oxford Companion to Ships and the Sea, hg. v. I. C. B. Dear und Peter Kemp, 2. Aufl., Oxford 2006.

Pajung, Stefan/Poulsen, Bjørn, Die Stadt Flensburg und ihr Handel im Mittelalter, in: *Grenzfriedenshefte,* 3 (2009), S. 149–156.

Patzig, Albrecht, *Die nationalliberale Partei 1867–1892. Zum Gedächtnis ihres 25jährigen Bestehens,* Leipzig 1892.

Pauls, Volquart, Die Apenrader Skraa vom 1. Mai 1335, in: *Heimat-Blätter aus Nordschleswig,* 1936, S. 147–150.

Peters, Max, *Die Entwicklung der deutschen Rhederei seit Beginn dieses Jahrhunderts,* Bd. 1, Jena 1899.

Peters, Olaf, »Weihnachten, Ostern und Knivsbergfest«. 100 Jahre »Deutsches Volksfest« auf dem Knivsberg, in: *Der Knivsberg,* S. 59–102.

Petri, Franz, Belgien, Niederlande, Luxemburg von der Französischen Zeit bis zum Beginn der Deutschen Einigung 1794–1865, in: Theodor Schieder (Hg.), *Handbuch der Europäischen Geschichte,* Bd. 5, 2. Aufl., Stuttgart 1998, S. 930–967.

Petri, Franz, Belgien, Niederlande, Luxemburg von der Krise 1867 bis zum Ende des I. Weltkriegs (1867–1918), in: Theodor Schieder (Hg.), *Handbuch der Europäischen Geschichte,* Bd. 6, Stuttgart 1968, S. 466–493.

Pierer's Universal-Lexikon der Vergangenheit und Gegenwart oder Neuestes encyclopädisches Wörterbuch der Wissenschaften, Künste und Gewerbe, 4. Aufl., Altenburg 1857–1865.

Plagemann, Volker (Hg.), *Übersee. Seefahrt und Seemacht im deutschen Kaiserreich,* München 1988.

Platt, D. C. M. (ed.), *Business Imperialism 1840–1930: An Inquiry Based on British Experience in Latin America,* Oxford 1977.

Prager, Hans Georg, *Blohm + Voss. Schiffe und Maschinen für die Welt,* Herford 1977.

Programmatische Kundgebungen der Nationalliberalen Partei 1866–1913, Berlin 1913.

Provinzial-Handbuch für Schleswig-Holstein. Hg. mit amtlicher Unterstützung des Königlichen Oberpräsidiums und der Königlichen Regierung, 6. Jg. (1897), Kiel 1897.

Purcell, Victor, *The Chinese in Southeast Asia,* 2. Aufl., Oxford University Press 1965.

Rath, Jürgen, Kapitäne und Schiffsoffiziere: Während der Fahrt »master next god«, in: Plagemann, *Übersee,* S. 257–260.

Rath, Jürgen, Matrosen und Junggrade: Eine Hand für den Mann und eine Hand für das Schiff, in: Plagemann, *Übersee,* S. 261–264.

Rathjen, Jörg, Die geteilte Einheit - Schleswig-Holstein zwischen König und Herzog 1490–1721, in: Jann Markus Witt/Heiko Vosgerau, *Schleswig-Holstein von den Ursprüngen bis zur Gegenwart,* S. 221–261.

Reinhardt, Georg, *Preußen im Spiegel der öffentlichen Meinung Schleswig-Holsteins 1866–1870,* Neumünster 1954.

Richter, Eugen, *Politisches ABC-Buch. Ein Lexikon parlamentarischer Zeit- und Streitfragen,* 8. Jg., Berlin 1896.

Riis, Thomas, *Wirtschafts- und Sozialgeschichte Schleswig-Holsteins. Leben und Arbeiten in Schleswig-Holstein vor 1800,* Kiel 2009.

Riquarts, Kurt-Gerhard, *Der Antisemitismus als politische Partei in Schleswig-Holstein und Hamburg 1871–1914,* Phil. Diss., Kiel 1975.

Roberts, Stephen H., *The History of French Colonial Policy 1870–1925,* London 1928/1963.

Rübner, Hartmut, Lebens-, Arbeits- und gewerkschaftliche Organisationsbedingungen chinesischer Seeleute in der deutschen Handelsflotte. Der maritime Aspekt der Ausländerbeschäftigung vom Kaiserreich bis in den NS-Staat, in: *Internationale wissenschaftliche Korrespondenz zur Geschichte der deutschen Arbeiterbewegung (IWK),* 1/97, S. 1–41.

Sautter, Udo, *Deutsche Geschichte seit 1815: Daten, Fakten, Dokumente,* Bd. 2: Verfassungen, Tübingen 2004.

Schanz, Moritz, Handel, Kulturen und Industrien Indochinas, in: *Beiträge zur Kolonialpolitik und Kolonialwirtschaft,* H. 10 (1900/1901), S. 294–300.

Schanz, Moritz, Verwaltung und Fremdenbehandlung in Indochina, in: *Beiträge zur Kolonialpolitik und Kolonialwirtschaft,* H. 9 (1900/1901), S. 257–264.

Scharff, Alexander, *Schleswig-Holsteinische Geschichte. Ein Überblick,* Freiburg-Würzburg 1982.

Schartl, Matthias, *Sozialdemokratie und Sammlungspolitik im Raum Flensburg 1870–1914. Die Reichstagswahlen und die Politisierung der Region im nördlichen Schleswig-Holstein,* Kiel 1996.

Schiffahrt und Häfen von Tondern bis Brunsbüttel, von Hadersleben bis Schleswig. Ein geschichtlicher Überblick von den Anfängen bis heute, hg. v. der Industrie- und Handelskammer zu Flensburg anläßlich ihres 100jährigen Jubiläums, Flensburg 1971.

Schlaber, Gerret Liebing, Flensburgs Wachstum zwischen 1864 und 1914, in: *Grenzfriedenshefte,* 3 (2009), S. 167–176.

Schlaikier, Hans, *Apenrader Schiffahrts-Chronik,* Apenrade 1929.

Schlaikier, Hans, Von Apenrader Seefahrt, in: *Heimat-Blätter aus Nordschleswig,* Apenrade 1943, S. 147–152.

Schlie, Ulrich, *Die Nation erinnert sich. Die Denkmäler der Deutschen,* München 2002.
Schmarje, Johannes (Bearb.), *Die Provinz Schleswig-Holstein (= Landeskunde Preußens, Heft V),* Berlin/Stuttgart 1901.
Scholl, Lars U., Struktur und Wandel in der deutschen Handelsschiffahrt 1815-1918, in: *Scripta Mercaturae. Zeitschrift für Wirtschafts- und Sozialgeschichte,* XVIII, Nr. 2 (1984), S. 30-60.
Schrecker, John E., *Imperialism and Chinese Nationalism: Germany in Shantung,* Cambridge MA 1971.
Schröder, Ernst, Alfred Krupps Generalregulativ, in: *Tradition. Zeitschrift für Firmengeschichte und Unternehmerbiographie,* H. 1 (Oktober 1956), S. 35–57.
Schroedter, Paul/Schroedter, Gustav (Hg.), *100 Jahre Schiffahrt, Schiffbau, Häfen 1864–1964,* Hamburg 1964.
Schultz Hansen, Hans, Demokratie oder Nationalismus – Politische Geschichte Schleswig-Holsteins 1830–1918, in: Lange, *Geschichte Schleswig-Holsteins,* S. 427–485.
Schultz Hansen, Hans, Nationalitetskamp og modernisering 1815–1918, in: *Sønderjyllands Historie 2: Efter 1815,* hg. v. Historisk Samfund for Sønderjylland, Aabenraa 2009.
Schütt, Hans-Friedrich, Apenrade, in: *Schiffahrt und Häfen von Tondern bis Brunsbüttel, von Hadersleben bis Schleswig,* S. 171–187.
Schütt, Hans-Friedrich, Die Auseinandersetzung zwischen Landrat Dr. H. Rasch und dem »Bund der Landwirte«, in: *Der Landkreis Flensburg 1867–1974. Ein preußischer Landkreis in Schleswig-Holstein,* hg. v. d. Gesellschaft für Flensburger Stadtgeschichte e.V., Flensburg 1981, Teil 1, S. 231–236, Teil 2, Flensburg 1991, S. 435–436 (Anmerkungen).
Schütt, Hans-Friedrich, Hadersleben, in: *Schiffahrt und Häfen von Tondern bis Brunsbüttel, von Hadersleben bis Schleswig,* S. 189–197.
Schütt, Hans-Friedrich, Überblick über die wirtschaftlichen und politischen Bedingungen der schleswig-holsteinischen Schiffahrt, in: *Schiffahrt und Häfen von Tondern bis Brunsbüttel, von Hadersleben bis Schleswig,* S. 11–45.
Schütt, Hans-Friedrich/Lorenzen, Emil, Flensburg, in: *Schiffahrt und Häfen von Tondern bis Brunsbüttel, von Hadersleben bis Schleswig,* S. 89–151.
Schwarz, Max, *MdR. Biographisches Handbuch der Reichstage,* Hannover 1965.
Seeber, Gustav, Deutsche Freisinnige Partei (DFsP) 1884–1893, in: *Lexikon zur Parteiengeschichte,* Bd. 1, S. 657–666.
Seeber, Gustav/Hohberg, Claudia, Nationalliberale Partei (NLP) 1867–1918, in: *Lexikon zur Parteiengeschichte,* Bd. 3, S. 403–436.
Seibel, Heinz, DIEDERICHSEN, Carl *Heinrich* Wilhelm Theodor, in: *Biographisches Lexikon für Schleswig-Holstein und Lübeck,* Bd. 1, S. 125–126.
Seiler, Otto J., *Einhundert Jahre Ostasienfahrt der Hapag-Lloyd AG 1886–1986,* [Hamburg 1986].
Sievers, Kai Detlev (Hg.), *Peter Christian Hansen. Eine Lebenswanderung. Vom Leben und Schaffen eines achtzigjährigen Schleswig-Holsteiners,* Flensburg 1982.
Sievers, Kai Detlev, *Die Köllerpolitik und ihr Echo in der deutschen Presse 1897–1901,* Neumünster 1964.
Sievers, Kai Detlev, Heinrich und Thea Diederichsen und der Diederichsenpark, in: *Mitteilungen der Gesellschaft für Kieler Stadtgeschichte,* Bd. 82, H. 3 (2005), S. 123–156.
Sievers, Kai Detlev, *Sozialgeschichte Schleswig-Holsteins in der Kaiserzeit 1867–1914,* Neumünster 1991.
Sinn, Elizabeth, Preparing Opium for America: Hong Kong and Cultural Consumption in the Chinese Diaspora, in: *Journal of Chinese Overseas,* 1, 1 (May 2005), S. 16–42.
Smith, Carl T., *Chinese Christians: Elites, Middlemen, and the Church in Hong Kong,* Hongkong 2005 (1. Aufl. 1985).
Smith, Carl T., The Emergence of a Chinese Elite in Hong Kong, in: *Journal of the Hong Kong Branch of the Royal Asiatic Society,* Vol. 11 (1971), S. 74–115.
Smith, Carl T., The German speaking community in Hong Kong, 1846–1918, in: *Journal of the Hong Kong Branch of the Royal Asiatic Society,* Vol. 34 (1994), S. 1–55.
Sombart, Werner, *Die deutsche Volkswirtschaft im neunzehnten Jahrhundert,* Berlin 1909.
Sozialgeschichtliches Arbeitsbuch, Bd. II: Materialien zur Statistik des Kaiserreichs 1870–1914, hg. v. Gerd Hohorst/Jürgen Kocka/Gerhard A. Ritter, 2. Aufl., München 1978.
Spethmann, Catharina, *Schiffahrt in Schleswig-Holstein 1864–1939,* Diss. Kiel 2002.
Steppes, Otto, Kapitän, Offiziere, Mannschaft, in: *100 Jahre Schiffahrt, Schiffbau, Häfen. »Hansa« 1864–1964,* Hamburg 1964, S. 180–190.
Stevens, Edward F., *Shipping Practice with a Consideration of the Law Relating Thereto,* 5. Aufl., London 1946 (1. Aufl., 1932).
Stoecker, Helmuth, *Deutschland und China im 19. Jahrhundert. Das Eindringen des deutschen Kapitalismus,* Berlin 1958.

Strackerjan, Karl, *Schleswig, nicht »Süd-Jütland«. Ein neuer Beitrag zur Klarstellung des nationalpolitischen Streites an der Königsau,* Flensburg 1896.

Stritzky, Oscar v., *Hundert Jahre Germanischer Lloyd 1867–1967,* Hamburg [1967].

Sze, Tsung-Yu, *China and the most-favored-nation clause,* New York 1925 (Reprint Taipei 1971).

Taylor, Basil, Harbour and Shipping, in: Wright, S. 188–234.

The Chronicle and Directory for China, Japan, the Philippines, etc. for the year 1881, hg. v. Daily Press Office, Hong Kong (o. O. und o. D.).

Thieß, Karl, *Deutsche Schiffahrt und Schiffahrtspolitik der Gegenwart,* Leipzig 1907.

Tran Khanh, *The Ethnic Chinese and Economic Development in Vietnam,* Singapur 1993.

Treue, Wilhelm, *Wirtschaftsgeschichte der Neuzeit,* Bd. 1: 18. und 19. Jahrhundert, 3. Aufl., Stuttgart 1973.

Tsai, Jung-Fang, *Hong Kong in Chinese History: Community and Social Unrest in the British Colony, 1842–1913,* New York 1993.

Tsang, Steve, *A modern history of Hong Kong,* Hong Kong 2004.

Ullrich, Volker, *Die nervöse Großmacht. Aufstieg und Untergang des deutschen Kaiserreichs 1871–1918,* Frankfurt a. M. 1999.

Uslar[-Gleichen, Rafael] von, Kreis Apenrade, in: Henning Oldekop, *Topographie des Herzogtums Schleswig,* Kiel 1906, S. 13–24.

Vaerst, Hans, *Der Korrespondentreeder der Partenreederei,* Diss., Universität Erlangen, Coburg 1929.

Van Dam, T., *De Rotterdamse haven 650 jaar,* Amsterdam 1990.

Van de Laar, Paul Th., Port Traffic in Rotterdam: the competitive edge of a Rhine-port (1880–1914), in: Reginald Loyen u. a. (Hg.), *Struggling for Leadership: Antwerp-Rotterdam Port Competition between 1870–2000,* Heidelberg/New York 2003, S. 63–85.

Van de Laar, Paul, *Stad van format: Geschiedenis van Rotterdam in de negentiende en twintigste eeuw,* Zwolle 2000.

Van Dijk, Henk, *Rotterdam 1810–1880. Aspecten van een stedelijke samenleving,* Schiedam 1976.

Vanderwood, Paul, Betterment for Whom? The Reform Period: 1855–1875, in: Michael C. Meyer and William H. Beezley (eds.), *The Oxford History of Mexico,* Oxford University Press 2000, S. 371–96.

Véliz, Claudio, *Historia de la Marina Mercante de Chile,* Santiago de Chile 1961.

Verwaltungs-Bericht des Kunstgewerbe-Museums der Stadt Flensburg über die Zeit v. 1. April 1901–1905. Erstattet von E. Sauermann, Flensburg 1905.

Vogel, Bernhard u. a., *Wahlen in Deutschland. Theorie – Geschichte – Dokumente 1848–1970,* Berlin/New York 1971.

Vorapheth, Kham, *Commerce et colonisation en Indochine. Les maisons de commerce françaises. Un siècle d'aventure humaine,* Paris 2004.

Wang Wangbo (王望波), Dongnanya huashang zai Xianggang de jingji huodong fenxi 東南亞華商在香港的經濟活動分析 (An Analysis of the Economic Activities of Southeast Asian Chinese Businessmen in Hong Kong), in: *Nanyang wenti yanjiu* 南洋問題研究 (Southeast Asian Affairs), 2003, No. 4 (General No. 116), S. 41–49.

Warneke, Albert, *Die Beschlüsse der Partenreederei,* Diss., Universität Leipzig, Springe 1932.

Wehler, Hans-Ulrich, *Deutsche Gesellschaftsgeschichte,* Bd. 3: Von der »Deutschen Doppelrevolution« bis zum Beginn des Ersten Weltkrieges 1849–1914, Frankfurt a. M. 1995.

Weitowitz, Rolf, *Deutsche Politik und Handelspolitik unter Reichskanzler Leo von Caprivi 1890–1894,* Düsseldorf 1978.

Welsh, Frank, *A History of Hong Kong,* London 1997.

Wenzel, Rüdiger, *Bevölkerung, Wirtschaft und Politik im kaiserlichen Kiel zwischen 1870 und 1914,* Kiel 1978.

Wenzel, Rüdiger, Heinrich Diederichsen. Das Porträt eines Kieler Großkaufmannes, in: *Geschichte und Gegenwart. Festschrift für Karl Dietrich Erdmann,* hg. v. Hartmut Boockmann u. a., Neumünster 1980, S. 607–624.

Westphal, Gerhard, *Lexikon der Schiffahrt,* Reinbek bei Hamburg 1981.

Wiens, Herold J., Riverine and Coastal Junks in China's Commerce, in: *Economic Geography,* 31, 3 (July 1955), S. 248–264.

Windmann, Horst, Flensburg von 1864 bis zur Abstimmung 1920, in: *Flensburg. Geschichte einer Grenzstadt.* Hg. v. d. Gesellschaft für Flensburger Stadtgeschichte, Flensburg, 2. unveränderte Aufl. 1983 (1. Aufl. 1966), S. 347–419.

Wintle, Michael, *An Economic and Social History of the Netherlands, 1800–1920: Demographic, Economic and Social Transition,* Cambridge University Press 2000.

Wippich, Rolf-Harald, Chinesisch-Japanischer Krieg 1894/95, in: *Das große China-Lexikon,* hg. v. Brunhild Staiger u. a., Darmstadt 2008, S. 136–137.

Wislicenus, Georg, *Schutz für unsere Seeleute! Ein Aufruf an deutsche Menschenfreunde,* Leipzig 1894.

Witt, Jann Markus, *Master next God? Der nordeuropäische Handelsschiffskapitän vom 17. bis zum 19. Jahrhundert,* Hamburg 2001.

Witt, Jann Markus/Vosgerau, Heiko, *Schleswig-Holstein von den Ursprüngen bis zur Gegenwart. Eine Landesgeschichte,* Hamburg 2002.

Wohlenberg, A., *Apenrade und die nächste Umgebung. Ein Führer für Einheimische und Fremde*, Apenrade 1891.

Worsøe, H. H., Tiden 1721 til 1814, in: *Åbenrå Bys Historie*, Bd. II: 1721–1864, hg. v. Johan Hvidtfeldt und Peter Kr. Iversen, o. O. 1967, S. 5–130; - Krig og fred, in: *dass.*, S. 185–227.

Worsøe, H. H., Tiden 1864–1920, in: *Åbenrå Bys Historie*, Bd. III: 1864–1945, hg. v. Johan Hvidtfeldt und Peter Kr. Iversen, o. O. 1974, S. 5–126.

Wright, Arnold (Hg.), *Twentieth Century Impressions of Hongkong, Shanghai, and Other Treaty Ports of China: Their History, People, Commerce, Industries, and Resources,* London 1908.

Wulf, Peter, Kiel wird Großstadt (1867 bis 1918), in: Jürgen Jensen/Peter Wulf (Hg.), *Geschichte der Stadt Kiel,* Neumünster 1991, S. 207–271.

Yan Zhongping (嚴中平) (Hg.), *Zhongguo jindai jingjishi tongji ziliao xuanji* 中國近代經濟史統計資料選輯 (Selected Statistics on Modern Chinese Economic History), Beijing 1955.

Zeitlin, Maurice, *The Civil Wars in Chile (on the bourgeois revolutions that never were)*, Princeton (New Jersey) 1984.

Zhongguo hanghai xuehui (中國航海學會 China Institute of Navigation) (Hg.), *Zhongguo hanghaishi (Jindai hanghaishi*) 中國航海史 (近代航海史) (The Shipping History of China, Vol. 2: The History of Modern Shipping), Beijing 1988–1989.

Ziegler, Dieter, *Die Industrielle Revolution,* 2. Aufl., Darmstadt 2009.

Ziekursch, Johannes, *Politische Geschichte des neuen deutschen Kaiserreiches*, Bd. 3: Das Zeitalter Wilhelms II. *(1890–1918),* Frankfurt a. M. 1930.

Zimmermann, Siegfried, *Theodor Wille 1844–1969,* Hamburg 1969.

Bildnachweise

Andrees, Richard *Allgemeiner Handatlas in hundertzwanzig Kartenseiten nebst alphabetischem Namenverzeichnis,* Bielefeld /Leipzig 1890:
75, 79, 83, 132, 233

Becker, Bert: 49 rechts, 77, 90, 91, 113, 170, 329, 377, 400, 401, 483, 504, 590, 651, 672, 739, 744

Bildarchiv der Freien und Hansestadt Hamburg (Denkmalschutzamt): 500

Blohm & Voss, Hamburg, 1877-1927, Berlin 1927: 207, 208 links und rechts

Bohner, Theodor, *Der deutsche Kaufmann über See. Hundert Jahre deutscher Handel in der Welt,* Berlin 1939: 65 links

Bourwieg, Max-Helmut: 585

Bülow, Bernhard Fürst von, *Denkwürdigkeiten,* Bd. 1, Berlin 1930: 403, 434

Bülow, Bernhard Fürst von, *Denkwürdigkeiten,* Bd. 2, Berlin 1930: 508

Bundesarchiv: 85, 372, 381, 390, 391 oben und unten, 393 oben und unten, 394, 398, 399, 410, 443, 454, 479, 481 links und rechts, 487, 515, 518, 540, 716 unten

Deutsches Schiffahrtsmuseum, Bremerhaven: 462, 463

Friedrich-Ebert-Stiftung: Archiv der Sozialen Demokratie: 444

Gemeentearchief Vlissingen: 133 oben und unten, 134, 137

Gemeentearchief Rotterdam: 141, 142, 159

Germanischer Lloyd. Internationales Register, 1867-1992: 459, 461

Hambruch, Paul, *Landeskunde von Schleswig-Holstein, Helgoland und der Freien und Hansestadt Hamburg,* Leipzig 1912: 102, 734

Hänisch, Adolf von, *Jebsen and Co. Hongkong,* Apenrade, 1970: 512

Harms, Heinrich, *Heimatatlas von Schleswig-Holstein,* Leipzig (ca. 1925): 560

Hassert, Kurt, *Deutschlands Kolonien,* 2. Aufl., Leipzig 1910: 511

Herre, Paul (Hg.), *Weltgeschichte der neuesten Zeit 1890-1925,* Bd. 1, Berlin 1925: 302, 389, 428, 467, 551, 703

Herre, Paul (Hg.), *Weltgeschichte der neuesten Zeit 1890-1925,* Bd. 2, Berlin 1925: 149

Hieke, Ernst, *Die Reederei M. Jebsen A.G. Apenrade,* Hamburg 1953: 15 rechts, 154, 193, 257 links, 295, 303, 323, 326

Hildebrand, Hans H. u. a., *Die deutschen Kriegsschiffe: Biographien,* Bd. 5, Herford 1982: 474 links u. rechts

Historisches Archiv Krupp, Essen: 126, 127, 128, 130 oben, 147

Howaldt-Archiv: MMS Marine Marketing Service GmbH / YPS -Yacht Photo Service: 196, 197, 200, 412 links und rechts

Indochine. Documents officiels, Paris 1931: 332

Jebsen and Jessen Historical Archives, Aabenraa: Umschlag, 3, 11, 13, 15 links, 25 links und rechts, 26, 27, 32, 33, 34 links und rechts, 37, 40, 41 links und rechts, 56, 57 unten, 59, 60, 69, 71, 73, 76, 82 oben und unten, 105 links und rechts, 106, 121, 130 unten, 135 links und rechts, 152, 157, 161, 163, 171, 172, 175, 176 rechts, 178, 179, 181, 182, 185, 199, 203, 205, 209, 210, 212, 214, 216 oben und unten, 217, 219, 220 links und rechts, 221, 222, 223, 224, 225, 227, 228, 229, 235, 236, 237, 238, 240, 248, 252, 255, 257 rechts, 261 oben und unten, 264, 265 links und rechts, 269, 273, 277, 278 oben und unten, 282, 289, 292, 299, 305, 307, 310, 312, 316 links, 317, 324 links, 325, 330, 333, 338, 339, 341, 346, 359, 361, 362, 363, 383, 387, 392, 408, 416, 418, 419, 423, 429 oben und unten, 433, 468, 475, 485, 489, 498, 499, 503, 517, 519, 530, 545, 549, 559, 561, 562 oben und unten, 563, 564, 568, 569, 570, 572, 574, 575, 578, 580, 582, 583, 586, 587 oben, 588, 589, 593, 595, 597, 598, 599, 601 links und rechts, 602, 603, 604, 605, 606 unten, 620, 624, 629, 632, 635, 637, 640, 641, 642, 646, 653, 657, 669, 680 oben und unten, 681, 683, 688, 689, 690, 691, 692 oben und unten, 695 links und rechts, 700, 701, 707, 716 oben, 718 links, 719, 729, 730 unten, 731, 736 oben und unten, 738, 741, 742, 745, 746, 747 links und rechts, 748, 749, 752

Jebsen, Hans Michael: 67

Kunhardt, Egon, *Wanderjahre eines jungen Hamburger Kaufmannes. Eine Reise um die Erde in 777 Tagen,* Berlin 1898: 324 rechts

Lehnert, Josef von, *Die Seehäfen des Weltverkehrs,* 2 Bde., Wien 1891/92: 143

Les Portes Autonomes de l'Indochine, 1931: 304, 328

Library of Congress: 93, 168 oben, 234, 242, 244, 342

Liebenow, W., *Eisenbahn- und Reise-Karte vom Deutschen Reiche,* Berlin (ca. 1900): 730 oben

Lier, H. J. D. van, *Kamer van Koophandel en Fabrieken Rotterdam, 1893-1928*, Rotterdam 1928: 140

Matzat, Wilhelm: 521

Meyers Großes Konversations-Lexikon, 6. Aufl., Leipzig 1905-1909: 24 , 96, 757

Museum Sønderjylland – ISL-Lokalhistorie: 36 links und rechts, 49 links, 50 links, 54, 58, 64, 104, 607 links und rechts, 610, 611, 613, 630, 638, 648, 649, 655, 661, 670, 679, 699, 708

Museum Sønderjylland – Kulturhistorie Aabenraa: 176 links, 218, 287

Museum Sønderjylland – Sønderborg Slot: 45, 48 unten, 51 links, 53

Nordmark-Atlas. Schleswig-Holsteins Geschichte und Leben in Karten und Bildern, hg. v. Otto Brandt und Karl Wölfle, Altona 1930: 28, 55, 100 rechts

Pahl, Walther, *Das politische Antlitz der Erde. Ein weltpolitischer Atlas*, Leipzig 1938: 168 unten

Pharus Plan Berlin mit Vororten. Große Ausgabe, Berlin 1902: 395

Reichsgesetzblatt, Nr. 33, 27.12.1872: 442

Sammlung sämmtlicher Drucksachen des Reichstages, 9. Legislativperiode, II. Session 1893-94, Bd. 1, Berlin 1894: 406

Schlaikier, Hans, *Apenrader Schiffahrts-Chronik*, Apenrade 1929: 65 rechts

Schleswig-Holstein meerumschlungen in Wort und Bild, hg. v. Hippolyt Julius Haas, Hermann Krumm, Fritz Stoltenberg, Kiel 1896: 100 links

Schleswig-Holsteinische Landesbibliothek: 44, 48 oben, 51 rechts, 52, 57 oben, 201, 606 oben, 608, 612, 687, 718 rechts

Slominski, Josef Albert: 10, 39, 107

Staatsarchiv Bremen: 496

Stadtarchiv Essen: 129, 543

Stadtarchiv Flensburg: 50 rechts, 417 links und rechts, 535, 536, 587 unten, 662, 713, 725, 728

State Library of Victoria: 453

Stielers Hand-Atlas. 100 Karten in Kupferstich mit 162 Nebenkarten, hg. v. Justus Perthes' Geographischer Anstalt in Gotha, 9. Aufl., 2. berichtigter Abdruck, Gotha 1906: 431

Strackerjan, Karl, *Schleswig, nicht »Südjütland«*, Flensburg 1896: 675

Universitätsbibliothek der Georg-August-Universität zu Göttingen: 581

Westermanns Weltatlas, bearb. v. Adolf Liebers, 27. Aufl., Braunschweig 1928: 42

Wislicenus, Georg, *Schutz für unsere Seeleute!*, Leipzig 1894: 466

Wright, Arnold (Hg.), *Twentieth Century Impressions of Hongkong, Shanghai, and Other Treaty Ports of China*, London 1908: 296, 315, 316 rechts, 522

Zimmermann, Siegfried, *Theodor Wille, 1844-1969*, Hamburg 1969: 194 links und rechts

Personenverzeichnis

Die angegebenen Personen sind i. d. R. mit denjenigen beruflichen und/oder ehrenamtlichen Positionen aufgeführt, deren Nennung im Rahmen dieses Buches relevant war. Die Geburts- und Todesjahre sind – soweit ermittelbar – angegeben. Rufnamen erscheinen in *kursiver* Schrift. Bei Familienmitgliedern und engen Bekannten von Michael Jebsen (IV) ist die Verwandtschafts- bzw. die Bekanntschaftsbeziehung zu ihm aufgeführt.

Adloff, Johann (1831–99); Gastwirt u. später Rentner in Hamburg, Mitglied der hamburgischen Bürgerschaft (1874–99), Erster u. Zweiter Vizepräsident der Bürgerschaft (1893–99) *381–382, 386*

Ahlmann, Johann; Kapitän, Stadtverordneter von Apenrade, Mitreeder der Partenreederei M. Jebsen, Freund von Michael Jebsen (IV) *611, 622–623*

Ahlmann, Jürgen (1789–1873); Kaufmann u. Erster Senator (Beigeordneter) von Apenrade *610*

Ahlmann, Nicolay (1809–90); Hofbesitzer in Hørup bei Sonderburg, MdA (Däne, WK Apenrade-Sonderburg 1867–73), MdR (Däne, WK 2 Schleswig 1867) *103, 704*

Ahrenkiel, Jürgen (1862–1924); Kapitän der Partenreederei M. Jebsen *257*

Albrecht, Prinz von Preußen (1837–1906); Neffe von Kaiser Wilhelm I., Regent in Braunschweig (1885–1906) *698*

Andersen, Skifter Thomas Juul (1834–1911); Sohn von Torkil Andersen, Schiffbaumeister u. Besitzer einer Holzschiffswerft in Apenrade (1862–70) *36*

Andersen, Torkil Andreas (1806–62); Schiffbaumeister, Gründer u. Besitzer einer Holzschiffswerft in Apenrade (1832–62) *37–38, 63, 69*

Andresen jun.; Fuhrmann in Apenrade *658*

Andresen, Clara geb. Kellner (1782–1858); Ehefrau von Friedrich Andresen, Mutter von Botilla Offersen, Großmutter von *Clara* Anna Jebsen geb. Offersen *105*

Andresen, Friedrich (1776–1842); Unternehmer, Ratsherr u. Ständedeputierter in Apenrade, Vater von Botilla Offersen, Großvater von *Clara* Anna Jebsen geb. Offersen *44, 105–106*

Arenberg, Franz Prinz von (1849–1907), MdR (Zentrum, WK 1 Aachen, 1890–1907), geschäftsführender Vizepräsident der Deutschen Kolonialgesellschaft (1897–1907) *497*

Armstrong, John (1966–); Historiker *231*

Arndt, Paul (1870–1942); Nationalökonom *756*

Arnim-Muskau, Hermann Graf von (1839–1919); Legationsrat a. D., MdR (Konservativ, WK 10 Liegnitz, 1887–1907) *673*

Arnold, C.; Kapitän des Erzdampfers *Friedrich Krupp* *146, 162, 280, 457*

Augustenburg, Friedrich von, s. Friedrich Christian August von Schleswig-Holstein-Sonderburg-Augustenburg

Bachmann, Karl Asmus (1842–1916); Geheimer Justizrat, Amtsgerichtsrat in Hadersleben, MdA (NL, WK Tondern 1894–1908) *725, 734–735*

Balan; Major, Kommandeur des 2. Bataillons des Schleswigschen Landwehrregiments Nr. 84 in Apenrade u. (seit 1888) in Hadersleben *652*

Ballin, Albert (1857–1918); Leiter des Passagedienstes der Hamburg-Amerikanischen Packetfahrt AG (Hapag) (1886), Vorstandsmitglied (1888) u. Generaldirektor der (umbenannten) Hamburg-Amerika Linie (1899–1918), Mitglied des Aufsichtsrats des Germanischen Lloyd (1895–1918) *13, 470, 484, 500, 505, 519–520, 524, 673, 694*

Balmaceda Fernández, José Manuel (1838/40–91); Präsident von Chile (1886–91) *400–402, 404*

Bamberger, Ludwig, Dr. jur. (1823–99); Schriftsteller, MdR (NL) *377, 650*

Barth, Theodor, Dr. jur. (1849–1909); Rechtsanwalt, Journalist, MdA (FrVg, WK Kiel 1899–1903) *722, 724*

Basse, von; Oberleutnant, Kompanieführer im Reserveinfanterieregiment 215 *600*

Bassermann, Ernst (1854–1917); Rechtsanwalt, Stadtrat in Mannheim, MdR (NL, u. a. WK 11 Baden 1893–98, WK 3 Sachsen-Weimar 1898–1903) *530*

Bebel, August (1840–1913); Drechselmeister, Mitbegründer u. Vorsitzender der SPD, MdR (SPD, u. a. WK 1 Hamburg 1883–93, WK 8 Elsaß-Lothringen 1893–98) *443–444, 446, 448, 453–455, 466, 468–469, 472*
Becker, Friedrich; Redakteur der *Apenrader Zeitung* *532, 535*
Beckmann, W.; Vorsitzender des Nautischen Vereins zu Papenburg *436*
Bekker, Carl; Anwalt in Apenrade *611*
Bendixen, Adolph; Erster Steuermann, später Kapitän der Partenreederei M. Jebsen *278, 321–322*
Bendixen, Jep; Hofbesitzer, Amtsvorsteher in Stollig, Vorstandsmitglied der Knivsberggesellschaft *682–683*
Bennigsen, Rudolf von (1824–1902); Landesdirektor von Hannover, MdR (NL, WK 19 Hannover, 1867–83, 1887–98), Führer der Nationalliberalen Partei, Oberpräsident von Hannover (1888–97) *418, 584, 649*
Berdrow, Wilhelm (1867–1954); Historiker, Biograph der Familie Krupp *127–128, 160*
Bergemann, T.; Kapitän der Partenreederei M. Jebsen *261–263, 267*
Bernstorff, Graf Andreas von (1844–1907); Gutsbesitzer, Landrat in Ratzeburg, MdR (DRP, WK 10 Schleswig-Holstein 1893–1903) *715*
Bessemer, Sir Henry (1813–98); Ingenieur, Erfinder des Bessemerverfahrens in der Stahlherstellung *126–127*
Bismarck, Otto Fürst von (1815–98); preußischer Ministerpräsident, deutscher Reichskanzler (1871–90) *15, 100, 112, 226, 246, 291, 371–372, 376, 378–380, 383, 386, 388–390, 396, 405, 420, 430, 439, 451, 464, 484, 494, 532, 552–553, 579, 611–612, 652, 656, 677–678, 682–683, 685–701, 726, 733, 737, 783*
Blohm, Hermann (1848–1930), Ingenieur, Industrieller, Mitbegründer u. Mitinhaber der Werft Blohm & Voss in Hamburg *207–208, 217, 229*
Bock, Hans Christian (1855–1932); Rittergutsbesitzer, Domänenrat auf Groß Brütz in Mecklenburg-Schwerin, Vater von Käthe Jebsen geb. Bock, Schwiegervater von Jacob Jebsen (V) *579*
Bock, Käthe, s. Jebsen, Käthe
Bode, Carl August Wilhelm (1832–1910); Putzwarenhändler, Stadtverordneter von Apenrade *622–623, 654, 656, 658–662, 667*
Bödewadt, Jacob; Dichter *560–561*
Boesdatter, Mette; Ehefrau von Jep Jebsen *759*
Boetticher, Karl Heinrich von (1833–1907); Oberpräsident von Schleswig-Holstein (1879–80), Staatssekretär des Reichsamts des Innern (1880–97), stv. Reichskanzler (1881–97), auch Vizepräsident des preußischen Staatsministeriums (1888–97) *460, 468–469, 472*
Bong-Schmidt, E.; Rechtsanwalt in Flensburg, Vorstandsmitglied u. Schriftführer des Nationalliberalen Wählervereins in Flensburg *417, 547*
Bonin, Joachim von (1857–1921), Regierungsassessor bei der Regierung Schleswig (1886–89), Landrat des Kreises Apenrade (1890–95) *422, 426, 607, 662*
Bosse, D. Dr. Robert (1832–1901), preußischer Kultusminister (1892–99) *726*
Böttcher, Friedrich, Dr. phil. (1842–1922); Schriftsteller in Freiburg im Breisgau, MdR (NL, WK Waldeck-Pyrmont 1878–95) *425*
Bourwieg, *Bothilde* Christine Johanne, s. Jebsen, *Bothilde* Christine Johanne
Bourwieg, Bruno Karl Waldemar (1901–85), Sohn von Ernst *Bruno* u. Bothilde Bourwieg geb. Jebsen, Enkel von Michael Jebsen (IV) *585–586, 760*
Bourwieg, Ernst *Bruno*, Dr. jur. (1865–1944); Landrat in Siegen, Sohn von August u. Betti Bourwieg geb. Zachariae, Ehemann von Bothilde Jebsen, Schwiegersohn von Michael Jebsen (IV) *580–586, 604, 657, 737–738, 760*
Bourwieg, Heinrich *August* Wilhelm; Justizrat, Rechtsanwalt u. Notar in Stettin, Vater von Ernst *Bruno* u. Max Bourwieg *580, 582*
Bourwieg, Hellmut (1895–1918); Sohn von Ernst *Bruno* u. Bothilde Bourwieg geb. Jebsen, Enkel von Michael Jebsen (IV) *585–586, 760*
Bourwieg, Max August (1894–1916); Sohn von Ernst *Bruno* u. Bothilde Bourwieg geb. Jebsen, Enkel von Michael Jebsen (IV) *585–586, 738, 760*
Bourwieg, Richard, Dr. med.; Arzt in Berlin, Bruder von Ernst *Bruno* Bourwieg *737, 740*
Boy, Carl Fr.; Bürgermeister von Zeulenroda *613*
Boysen, B.; Hotelwirt, Stadtverordneter von Apenrade *654*
Boysen, Friedrich; Kapitän u. Mitreeder der Partenreederei M. Jebsen *248, 257, 314, 774, 765*
Boysen; privater Navigationslehrer in Loitkirkeby bei Apenrade *73*
Brandenburg-Kulmbach, Friedrich Ernst von (1703–62); Markgraf u. königlich-dänischer Statthalter in den Herzogtümern Schleswig und Holstein *666*
Braun, Karl, Dr. jur. (1822–93); Rechtsanwalt, MdR (NL) *377*
Brefeld, Ludwig (1837–1907); preußischer Handelsminister (1896–1901) *726–727*
Bröcker, Botilla Christina, s. Jebsen, Botilla Christina
Bröcker, Marcus (1729–99); Müller, Kaufmann u. Reeder in Apenrade, Vater von Botilla

Christina Bröcker, Schwiegervater von Jacob Christian Jebsen (II) *34, 763*
Bronsart von Schellendorf, Paul (1832–91); preußischer Kriegsminister (1883–89) *649–651*
Brugmans, Izaäk Johannes (1896–1992); Historiker *131*
Bruhn, Friedrich Mommse (1832–1909); Schiffsreeder, Direktor der Flensburg-Ekensunder Dampfschiffahrtskompanie von 1866, Beisitzer des Seeamts Flensburg, Vorsitzender der Freisinnigen Partei in Flensburg *381, 662*
Bruhn, Jacob A.; Kapitän der Partenreederei M. Jebsen *276, 278, 283, 339–340, 342*
Bruhn, Jörgen (1781–1858); Kapitän, Schiffbaumeister, Werftbesitzer u. Reeder in Apenrade *36, 39, 46, 49, 103, 171*
Bruhn, Jürgen; Kapitän der Partenreederei M. Jebsen *158, 259, 277, 292, 294, 311, 322, 337*
Bruhn, Jürgen; Schiffbaumeister, Werftbesitzer u. Reeder in Apenrade, Sohn von Jörgen Bruhn *171, 248*
Bülow, Bernhard von (1849–1929); Staatssekretär des Auswärtigen Amts (1897–1900), deutscher Reichskanzler (1900–09) *347–348, 480–481, 491, 523, 534, 553*
Büsing, Otto (1837–1916); Geheimer Finanzrat in Schwerin, MdR (NL, u. a. WK 2 Mecklenburg-Schwerin 1887–93, WK 5 Mecklenburg-Schwerin 1898–1903) *530*
Bunzen, Asmus (1840–1917); Landwirt, Verwaltungsbeamter u. Stadtverordneter in Flensburg (1887–89), Bürgermeister von Glücksburg, MdA (FrKV, WK 148 Flensburg 1889–98) *372, 423, 528–529, 532, 708, 710–713*
Callesen, Johann Heinrich (1873–1931); Motorenfabrikant in Apenrade *640*
Callsen, Chr.; Ziegeleibesitzer in Apenrade *638*
Caprivi, Leo Graf von (1831–99); preußischer Admiral, deutscher Reichskanzler (1890–94) *390, 397, 399, 403, 405, 409, 412, 415, 420–421, 423, 430, 432, 437–439, 475, 526, 533–534, 552–553, 674*
Castens, Adolf; Schulrat, Direktor des Lehrerseminars in Hadersleben, Vorsitzender des Deutschen Vereins für das nördliche Schleswig *672, 678*
Caulier-Eimbcke, Franz Guido; Schiffsmakler in Hamburg *238*
Christensen, C. H.; Kapitän der Partenreederei M. Jebsen *257, 779*
Christensen, Lorenz; Verfasser der Festschrift *Über die Vorfahren väterlicherseits des Schiffsreeders Jacob Jebsen* *751*
Christian VI. (1699–1746), König von Dänemark (1730–46) *666*
Christian VIII. (1786–1848); König von Dänemark (1839–48) *50–52*
Closter, H. Paul; Segelschiffskapitän in Dyrhave bei Apenrade *70, 72*
Coates, Georg (1853–1924); deutscher Konsul in Hongkong (1887–92) *272*
Cohnheim, Richard (1843–1901); Finanzfachmann, kaufmännischer Prokurist u. Mitglied des Direktoriums (1877–89) der Firma Krupp *148, 154, 156–157, 162*
Cornett, Jörgen; Segelmacher in Apenrade *66*
Cüppers, O.; Kapitän des Großen Kreuzers *Prinz Heinrich* *117*
Dahl, Th., Dr. med.; Arzt in Apenrade *610*
Dahlmann, Friedrich Christoph (1785–1860); Historiker u. Staatswissenschaftler *43–44*
Davidsen, Carl Heinrich; Kapitän der Partenreederei M. Jebsen *248, 490*
Davidsen, Johann (1830–83); Erster Senator (Beigeordneter) von Apenrade *617–618, 797*
Davidsen, Paul; Kapitän, Stadtverordnetenvorsteher in Apenrade, Mitreeder der Partenreederei M. Jebsen *616–618*
Davis, Ralph (1915–78); Historiker *256*
De la Vega y Daya, Placido (1830–78); Gouverneur des mexikanischen Staates Sinaloa *86–87, 413*
Delbrück, Hans (1848–1929); Historiker, Herausgeber (mit Heinrich von Treitschke) der *Preußischen Jahrbücher* (seit 1883), MdA (FrKV, WK Merseburg 1882–85), MdR (DRP, WK 1 Stralsund 1884–90) *722*
Deppe, Adolf (1831–87); Kaufmann u. Reeder, Inhaber einer Speditions- und Schiffsmaklerfirma in Antwerpen, Geschäftsfreund von Michael Jebsen (IV), Mitreeder der Partenreederei M. Jebsen *137–138, 156, 163, 202, 577*
Dethleffsen, Hans Christian (1839–); Präsident der Handelskammer zu Flensburg, Direktor der Flensburger Dampfschiffahrt-Gesellschaft von 1869 *348, 492, 733–734*
Diederichsen, Carl (1843–1900); Kaufmann in Hamburg, Sohn von Heinrich Diederichsen (sen.), Bruder von Gustav Diederichsen u. Heinrich Diederichsen (jun.), Mitinhaber u. Prokurist des Hamburger Handelshauses Theodor Wille (seit 1875), Mitreeder der Partenreederei M. Jebsen (seit 1879), Mitglied des Aufsichtsrats der Howaldtswerke in Kiel (seit 1889), Freund von Michael Jebsen (IV) *183, 192, 194–195, 197, 199, 208, 210, 212–213, 217, 219, 221–226, 229–230, 325, 358, 366, 402, 540, 668, 684, 689–691, 699, 738, 741, 771*
Diederichsen, Doris; Ehefrau von Gustav Diederichsen, Namensgeberin des Dampfers *Doris* der Partenreederei M. Jebsen *205*
Diederichsen, Dorothea (Thea) (1867–1941); Tochter von Heinrich u. Margarethe Dorothea

Lehmann, Ehefrau von Heinrich Diederichsen (jun.) *220*
Diederichsen, Else; jüngste Tochter von Carl u. Doris Diederichsen, Namensgeberin des Dampfers *Else* der Partenreederei M. Jebsen *212*
Diederichsen, Emma (1814–93); Tochter von Andreas Ludwig Diederichsen, Schwester von Jacob H. P. Diederichsen (»Amigo«) u. Heinrich Diederichsen (sen.), Ehefrau von August Ferdinand Howaldt, Mutter von Georg, Bernhard u. Hermann Howaldt *193, 212*
Diederichsen, Gustav (1852–1924); Kaufmann in Hamburg, Sohn von Heinrich Diederichsen (sen.), Bruder von Carl Diederichsen u. Heinrich Diederichsen (jun.), Mitinhaber u. Prokurist des Hamburger Handelshauses Theodor Wille (seit 1887/88), Mitreeder der Partenreederei M. Jebsen (seit 1881), stv. Mitglied des Aufsichtsrats des Germanischen Lloyd (seit 1894) *183, 192, 194–195, 205, 208, 210, 212, 217, 219, 221–225, 230, 325, 358, 366, 402, 470, 684, 689–691, 699, 738*
Diederichsen, Heinrich (jun.) (1865–1942); Kaufmann u. Reeder in Kiel, Sohn von Heinrich Diederichsen (sen.), Bruder von Carl u. Gustav Diederichsen, Inhaber der Firma H. Diederichsen in Kiel (seit 1888), später der Firmen Theodor Wille in Hamburg (seit 1924) u. Theodor Wille in Santos, Rio de Janeiro u. Victoria, Mitbegründer u. Mitinhaber der Firma Diederichsen, Jebsen & Co. in Tsingtau u. Kiel (1898–1908) *194–195, 220–221, 226, 305, 510–513, 516, 524, 578–579, 595, 684*
Diederichsen, Heinrich (sen.) (1813–99); Großkaufmann u. Gründer der Firma H. Diederichsen (Kleinverkauf von Koks u. Steinkohle, Reederei u. Spedition) in Kiel, Bruder von Jacob H. P. Diederichsen (»Amigo«) u. Emma Diederichsen, verh. Howaldt *193–195, 201, 684*
Diederichsen, Jacob H. P. (»Amigo«) (1821–92); Maschinenmeister u. Maschineninspektor bei der Hapag, Bruder von Heinrich Diederichsen (sen.) u. Emma Diederichsen, verh. Howaldt, Mitreeder der Partenreederei M. Jebsen, persönlicher Freund von Michael Jebsen (IV) *179–180, 183, 193–203, 208, 210, 212, 217, 221, 366, 368, 380, 573, 576–577, 635, 643, 655, 658, 668, 704*
Diederichsen, Julius; Maschineninspektor in Groß Flottbek bei Altona, Mitreeder der Partenreederei M. Jebsen *199*
Diederichsen, Marie, s. Jebsen, Marie
Diesterweg; Pensionatsbetreiber in Bonn *600*
Dietz, Johann Heinrich Wilhelm (1843–1922); Verlagsbuchhändler, MdR (SPD) *443*
Doumer, Paul (1857–1932); Generalgouverneur von Französisch-Indochina (1897–1902) *342–343, 350–351*
Duus, Asmus, Dr. med. et. chir. (1849–1917); praktischer Arzt, Vorsitzender des Deutsch-Freisinnigen Vereins in Flensburg, Stadtverordneter (1899–1917) *535, 538, 541, 548, 708–710*
Ehlers, Heinrich (1816–); Kapitän u. Oberinspektor bei der Hapag, Sohn von Peter Ehlers, Onkel von Michael Jebsen (IV) *130, 193*
Ehlers, Marie Mathilde, s. Jebsen, Marie Mathilde (1808–60)
Ehlers, Peter (1773–1833); Schiffskapitän, Marineinspektor u. Wasserschout in Hamburg, Lotsenkommandeur in Cuxhaven, Vater von Marie Mathilde Jebsen geb. Ehlers, Schwiegervater von Michael Jebsen (III), Großvater von Michael Jebsen (IV) *40, 440*
Eisenbeiß, Charles; Fabrikant u. Bürgermeister von Port Townsend (U.S. Territorium Washington) *117–118*
Eiswaldt, Rudolf, Dr. jur. (1859–1930); deutscher Konsul in Tientsin *524*
Elvstrøm, Paul Bert (1928–); Segler, Gründer von Elvstrøm Sails *762*
Engelbrecht, Franz (1865–1936); Buchhalter, Prokurist u. Mitreeder der Partenreederei M. Jebsen *14–15, 276, 290–291, 293–294, 313, 449, 484, 532, 535, 544, 569, 638–639, 665, 687, 693, 698, 710, 715, 740*
Esmarch, Claus (1569–1610); Bürgermeister von Apenrade (1608–10) *619*
Evers, Heinrich; Kapitän der Partenreederei M. Jebsen *180, 192, 197, 253–254, 275, 288, 314, 320*
Feddersen, Theodor (1839–1908); Landmann in Südergaarde bei Hoyer, MdR (NL, WK 4 Schleswig-Holstein 1893–98) *429, 533*
Festersen, Andreas (1840–1905); Färber, Besitzer einer Färberei, Spinnerei u. eines Verkaufsgeschäfts, Stadtverordneter von Apenrade *654, 656, 659–662*
Fichte, Johann Gottlieb (1762–1814); Erzieher u. Philosoph *443*
Fiedler, Oscar; Pastor der Deutsch-Evangelischen Kirchengemeinde in Valparaíso (1867–79) *120*
Fischer, Carl Christian (1844–1933); Segelschiffskapitän in Apenrade, Schatzmeister der Sprogforeningen (Sprachvereinigung) in Apenrade (seit 1895), Neffe von Frederik Fischer *664*
Fischer, Frederik (1809–71); Uhrmacher in Apenrade, Herausgeber des *Apenrader Wochenblatt* *49*
Fischer-Benzon, Botilde von (1899); Tochter von Ludwig u. Clara von Fischer-Benzon geb. Jebsen, Enkelin von Michael Jebsen (IV) *588, 760*

Fischer-Benzon, *Clara* Emma Marie von, s. Jebsen, *Clara* Emma Marie
Fischer-Benzon, Clara von (1894–1980); Tochter von Ludwig u. Clara von Fischer-Benzon geb. Jebsen, Enkelin von Michael Jebsen (IV) *587, 738, 760*
Fischer-Benzon, Hedwig von (1901–34); Tochter von Ludwig u. Clara von Fischer-Benzon geb. Jebsen, Enkelin von Michael Jebsen (IV) *588, 760*
Fischer-Benzon, *Ludwig* Albert August von (»Lui«), Dr. med. (1861–1938); Kreisphysikus in Apenrade u. Flensburg, nicht voll besoldeter (1901) u. voll besoldeter Kreisarzt (1919) für den Stadt- und Landkreis Flensburg, Geheimer Medizinalrat, Ehemann von Clara Jebsen, Schwiegersohn von Michael Jebsen (IV) *586–589, 604, 737–738, 740–742, 760*
Fischer-Benzon, *Margaretha* Bothilde von (1895–1967); Tochter von Ludwig u. Clara von Fischer-Benzon geb. Jebsen, Enkelin von Michael Jebsen (IV) *587, 760*
Fontane, Theodor (1819–98); Schriftsteller *694*
Francke, Eduard (1842–1917); Rechtsanwalt in Flensburg (seit 1868), Amtsrichter in Berlin (seit 1880), MdA (NL, WK Tondern 1879–93), MdR (NL, WK 4 Schleswig-Holstein 1884–90) *378*
Frank, Georg (1836–1910); Landwirt in Pforzheim, MdR (NL, WK 9 Baden 1893–98) *533*
Franke; Kapitän, kurzzeitiger Nachfolger von Michael Jebsen (IV) als nautischer Leiter des Kruppschen Kontors in Rotterdam (1882) *769*
Frellsen, Jürgen Chr. (1823–89); Segelmacher, Senator von Apenrade *66–67, 610, 616–617, 622, 633, 655*
Frese, Hermann (1843–1909); Kaufmann in Bremen, MdR (FrVg, WK Bremen 1893–1903) *407, 784*
Frezouls, Antoine; Direktor der Zoll- und Monopolverwaltung in Saigon (1896–1903) *344, 348, 350*
Friedberg, Robert, Dr. phil. (1851–1920); Nationalökonom, MdA (NL, WK Merseburg u. Düsseldorf 1886–1918), MdR (NL, WK 2 Anhalt 1893–98) *723*
Friedrich III. (1597–1659); Herzog von Gottorf *29*
Friedrich IV. (1671–1730); König von Dänemark (1699–1730) *27*
Friedrich Karl, Prinz von Preußen (1828–85); Offizier, General der Kavallerie, Oberbefehlshaber der preußischen Truppen im Krieg gegen Dänemark, Enkel von König Friedrich Wilhelm III. *106–107*
Friedrich VI. (1768–1839); König von Dänemark (1808–39) *44–45*
Friedrich VII. (1808–63); König von Dänemark (1848–63) *53, 61*
Friedrich VIII. von Schleswig-Holstein-Sonderburg-Augustenburg (1829–80) *99–100, 552*
Friedrich Wilhelm III. (1770–1840); König von Preußen (1797–1840) *107*
Friedrich Wilhelm von Mecklenburg-Strelitz (1819–1904), Vetter von Kaiser Wilhelm I., Großherzog (1860–1904) *698*
Frohme, Karl Franz Egon (1850–1933); Redakteur, MdR (SPD) *443*
Frölich, Werner; Journalist, Redakteur der *Flensburger Norddeutschen Zeitung,* Mitglied des Vorstands des Nationalliberalen Wählervereins in Flensburg, Vorsitzender der Ortsabteilung Flensburg u. des Preßausschusses des Deutschen Vereins für das nördliche Schleswig *550, 567, 677, 709*
Fürstenau; Buchhalter von Michael Jebsen (IV) *15*
Gall, Lothar (1936–); Historiker *129*
Gerlinger, H.; Kapitän u. Direktor der Schleppschiffahrtsgesellschaft in Antwerpen, Freund von Michael Jebsen (IV) *767*
Gerlinger, J.; Sohn von Kapitän H. Gerlinger, Neffe von Adolf Deppe *767*
Gieseke, Carl-August; Geheimer Postrat im Reichspostamt, später Geheimer Oberpostrat *507–508, 514–516, 737–738*
Gneist, Rudolf von, Dr. jur. (1816–95); Oberverwaltungsgerichtsrat, MdA u. MdR (NL) *377*
Goldbeck, von; Hofkammerpräsident in Berlin, Mitreeder der Partenreederei M. Jebsen *639*
Goose, Sophus (1839–1903); Assessor, Leiter der allgemeinen Verwaltung, Mitglied der Prokura der Firma Krupp (1872–82) *155*
Gottburgsen, Paul Ludwig (1832–1903); Bürgermeister von Apenrade (1864–67), MdR (NL, WK 2 Schleswig-Holstein Apenrade-Flensburg 1884–90), Landgerichtsrat in Flensburg (1879–94) *374, 379–380, 383–384, 416, 647, 650–652*
Grillenberger, Karl (1848–97); Schlosser, Korrektor, MdR (SPD) *443*
Groennebeck; Segelschiffskapitän in Dyrhave bei Apenrade *73–74*
Gülich, Jacob Guido Theodor (1801–77); Anwalt, Mitglied der Ständeversammlung von Schleswig für den Wahldistrikt Apenrade (1840–46), Vizepräsident der Ständeversammlung (1842 u. 1844) *49–51*
Haberkorn; Forstmeister in Apenrade *657*
Haeckel, Ernst (1834–1919); Zoologe u. Philosoph *694*
Hagemann, Carl; Erster Buchhalter der Firma Krupp, Mitreeder der Partenreederei M. Jebsen *162, 183, 186*

Hahn, Dr.; Amtsrichter in Norburg, Erster stellvertretender Vorsitzender (1899–1902) u. Vorsitzender des Deutschen Vereins für das nördliche Schleswig (seit 1902) *657, 678*
Halben, Johannes (1829–1902); Seminaroberlehrer in Hamburg *424–427*
Haller, M. J. (1770–1852); Präses der Hamburger Commerz-Deputation *68*
Hammacher, Friedrich (1824–1904), Dr. jur.; Bergwerks- und Hüttenbesitzer in Essen, MdR (NL, WK 4 Merseburg 1869–74, WK 10 Schleswig-Holstein 1877–79, WK 6 Düsseldorf 1881–98), Vorsitzender der Nationalliberalen Partei (1898–1904), Freund von Michael Jebsen (IV) *396, 543–544, 550–551, 722*
Hänel, Albert, Dr. jur. (1833–1918); Staatsrechtler, MdA (DFrP, WK Segeberg u. Altona 1867–87), MdR (F/DFrP, WK 7 Schleswig-Holstein 1867–93; DFrVp, WK 7 Schleswig-Holstein 1898–1903) *410, 424, 608–609*
Hänisch, Adolf von; Leitender Angestellter der Firma Jebsen & Co., Verfasser des Buches *Jebsen & Co. Hongkong. China-Handel im Wechsel der Zeiten 1895–1945* *599–600, 753*
Hansemann, *Dieter* David von (1913–2001); Leitender Angestellter der Firma Jebsen & Co., Verfasser des Buches *Jebsen & Co. Ltd., Hong Kong* *753*
Hansen, A.; Kapitän der Partenreederei M. Jebsen *257*
Hansen, Gustav (1831–1904); Geheimer Regierungsrat a. D., MdA (NL/FrKV, WK Oldenburg 1877–84, 1886–1903), Landrat in Tondern (1883–1901) *725*
Hansen, J. N.; Kapitän des Dampfers *Marianne* *457*
Hansen, Peter Christian (1853–1935); Sozialtheoretiker u. -praktiker, Gründer des Flensburger Arbeiter-Bauvereins, Landesversicherungsrat in Kiel *536–538, 540–541, 683*
Hanssen, Hans Peter (genannt Nørremølle) (1862–1936); Redakteur der Zeitung *Hejmdal* in Apenrade, MdA (Däne, WK Apenrade-Sonderburg 1896–1908, MdR (Däne, WK 1 Schleswig-Holstein 1906–18) *10, 664, 706, 708, 743, 753*
Harm, Friedrich (1844–1905); Kaufmann, MdR (SPD) *443*
Hasenwinkel; Erster Steuermann des Dampfers *Triumph* der Partenreederei M. Jebsen *259, 277*
Hassel, Emma von, s. Jebsen, Emma
Hassel, Friedrich von (1910–83); Diplom-Ingenieur in Geretsried bei Wolfratshausen in Bayern, Sohn von Theodor u. Emma von Hassel geb. Jebsen, Enkel von Michael Jebsen (IV) *600–601, 760*
Hassel, Gertrud von (1908–99); Kunsterzieherin, Studienrätin u. Malerin in Meldorf, Tochter von Theodor u. Emma von Hassel geb. Jebsen, Enkelin von Michael Jebsen (IV) *600–601, 760*
Hassel, Gisela von (1923–99); Klavierlehrerin u. Chorleiterin in Glücksburg, Tochter von Theodor u. Emma von Hassel geb. Jebsen, Enkelin von Michael Jebsen (IV) *601, 760*
Hassel, Kai-Uwe von (1913–97); Ministerpräsident des Landes Schleswig-Holstein (1954–63), Bundesminister der Verteidigung (1963–66), Bundesminister für Vertriebene, Flüchtlinge u. Kriegsgeschädigte (1966–69), Präsident des Deutschen Bundestages (1969–72), Sohn von Theodor u. Emma von Hassel geb. Jebsen, Enkel von Michael Jebsen (IV) *600–602, 760*
Hassel, Michael von (1915–69); Kaufmann u. Leiter der Bosch-Abteilung der Firma Jebsen & Co., später selbständiger Kaufmann in New York, Sohn von Theodor u. Emma von Hassel geb. Jebsen, Enkel von Michael Jebsen (IV) *600–601, 760*
Hassel, *Theodor* Berthold Paul von (1868–1935); Hauptmann der Kaiserlichen Schutztruppe in Deutsch-Ostafrika, zuletzt Pflanzer in Tanganjika, Sohn von Generalleutnant Friedrich Julius von Hassel, Ehemann von Emma Jebsen, Schwiegersohn von Michael Jebsen (IV) *600–601, 760*
Hauser, Oswald (1910–87); Historiker *608*
Heiberg, Carl Friedrich (1796–1872); Anwalt u. Redakteur in Schleswig *48*
Heinrich, Prinz von Preußen (1862–1929); Marineoffizier, Bruder von Kaiser Wilhelm II. *404, 483*
Heintges, Emil (1862–1947); deutscher Konsul in Saigon (1902/03) *335, 337–338, 350, 493*
Heltzen, Eugenius (1818–98); Amtmann der Ämter Apenrade u. Lügumkloster mit Sitz in Apenrade (1850–64), dänischer Justiz- u. Kultusminister (1864/65), später Stiftsamtmann in Fünen *58, 67, 81*
Henrici, Paul Christian, Dr. jur. (1819–99); Polizeimeister in Apenrade *53*
Heydt, August Freiherr von der (1851–1929); Bankier in Elberfeld, Schatzmeister des Hauptverbandes Deutscher Flottenvereine im Auslande *483*
Heyl zu Herrnsheim, Wilhelm Freiherr von (1843–1923); Industrieller, Leiter der Heylschen Lederwerke Liebenau GmbH, MdR (NL/bkF, WK 7 Hessen 1874–78, 1897–81 u. 1893–1918) *534*
Hieke, Ernst, Dr. phil. (–1974); Historiker, Herausgeber der Veröffentlichungen der Wirtschaftsgeschichtlichen Forschungsstelle in Hamburg, Verfasser des Buches *Die Reederei M. Jebsen A.G. Apenrade* *170, 753, 773, 779*

Hinrichsen, Jep; Hofbesitzer in Osterterp, Vorsitzender des Bundes der Landwirte im Kreis Apenrade, Mitglied des Nationalliberalen Wählervereins in Flensburg *525, 538*
Hintze, Paul von (1864–1941); Marineoffizier, deutscher Gesandter in Mexiko (1911–14) *597*
Hiort Lorenzen, Peter (1791–1845); Kaufmann in Hadersleben, Ständedeputierter *49–50*
Hochreuter, W.; Kapitän des Erzdampfers *Hochfeld* *145*
Hoffgaard, Carl Emil (1826–); Kaufmann, Senator in Apenrade *610*
Hoffmann, Erich; Historiker *670, 753*
Hoffmann, Max; Rechtsanwalt u. Notar in Berlin *697*
Hohenlohe-Schillingsfürst, Alexander, Prinz zu (1862–1924); Bezirkspräsident von Ober-Elsaß, MdR (K, WK 10 Elsaß-Lothringen 1893–1903), Präsident des Hauptverbandes Deutscher Flottenvereine im Auslande, ältester Sohn von Reichskanzler Chlodwig Fürst zu Hohenlohe-Schillingsfürst *483*
Hohenlohe-Schillingsfürst, Chlodwig, Fürst zu (1819–1901); deutscher Reichskanzler (1894–1900) *340, 435–436, 466, 468, 475, 480, 553*
Hohlmann, Jacob; Schiffsführer in Stollig bei Apenrade, Schwager von Kapitän Johann C. Matthiesen, Kapitän der Partenreederei M. Jebsen, Beisitzer des Seeamts Flensburg *218, 265, 275–276, 279, 642, 657*
Hoiningen [Hoyningen] (genannt Huene), Karl Freiherr von (1837–1900); Rittergutsbesitzer, MdR (Zentrum, u. a. WK 8 Breslau 1893–98) *399, 420, 424*
Hollmann, Friedrich von (1842–1913); Vizeadmiral u. Admiral (seit 1896), Staatssekretär des Reichsmarineamts (1890–97) *403, 409–411, 414–415, 473–474, 476, 478, 480*
Holstein, Conrad Graf von (1825–97); Rittergutsbesitzer, MdR (Deutschkonservativ, WK 9 Schleswig-Holstein Oldenburg-Segeberg-Plön, 1877–97) *649, 651*
Holzhäuser, Friedrich; Schneider u. Sozialdemokrat in Flensburg, Vorsitzender des Deutschen Schneiderverbandes *538, 548–550*
Howaldt, August Ferdinand (1809–83); Mechaniker u. Fabrikant, Mitgründer u. Kompagnon von Johann Schweffel (1796–1865) in der Firma Schweffel & Howaldt in Kiel, Ehemann von Emma Howaldt geb. Diederichsen, Vater von Georg, Bernhard u. Hermann Howaldt *193, 196, 212*
Howaldt, Bernhard (1850–1908); Sohn von August Ferdinand u. Emma Howaldt geb. Diederichsen, Neffe von Jacob H. P. Diederichsen (»Amigo«), Betriebsleiter der Firma Gebrüder Howaldt, Mitglied des Aufsichtsrats der Howaldtswerke *192, 196, 198, 213, 219, 221, 230, 510–511, 577, 636, 684*
Howaldt, Georg (1841–1909); Ingenieur, Schiffbauer u. Werftbesitzer in Kiel, Sohn von August Ferdinand u. Emma Howaldt geb. Diederichsen, Neffe von Jacob H. P. Diederichsen (»Amigo«), Direktor der Norddeutschen Schiffbau AG, Gründer der Schiffswerft Georg Howaldt in Kiel, Geschäftsführer der Firma Gebrüder Howaldt, Co-Vorsitzender der Howaldtswerke mit Bernhard Howaldt, Kommerzienrat u. Mitglied des Aufsichtsrats des Germanischen Lloyd, Mitreeder der Partenreederei M. Jebsen *180, 183, 192, 195–206, 213–231, 366, 410–412, 414, 460, 636, 684*
Howaldt, Hermann (1852–1900); Sohn von August Ferdinand u. Emma Howaldt geb. Diederichsen, Neffe von Jacob H. P. Diederichsen (»Amigo«), Betriebsleiter der Firma Gebrüder Howaldt, später Direktor der Maschinenbau-Abteilung u. Vorsitzender der Howaldtswerke mit Georg u. Bernhard Howaldt *192, 195–196, 198, 213, 219, 226, 230, 577, 636, 684*
Huber, Ernst Rudolf (1903–90); Historiker *411*
Huene, s. Hoiningen, Karl Freiherr von
Huerta, Victoriano (1854–1916); mexikanischer Militär u. Revolutionspolitiker *597*
Hundewadt, Carl August (–1896); Kapitän der Partenreederei M. Jebsen *263, 265, 281, 336*
Ingermann, Jakobine, geb. Ahlmann, Ehefrau von Kapitän Jens Nicolai Ingermann in Apenrade, angebliche Erfinderin der Drei-Makrelen-Flagge *175*
Ipland, Hieronymus; Kapitän der Partenreederei M. Jebsen, Bruder von Magnus Ipland *261, 277, 292, 458*
Ipland, Magnus (1852–1922); Kapitän der Partenreederei M. Jebsen, Bruder von Hieronymus Ipland *264–265*
Israel, J., Dr. med.; Arzt u. Spezialist für Nieren- und Blasenleiden, Inhaber einer Privatklinik in Berlin *740*
Ivers, Christian; Reeder in Kiel, Stellvertreter von Michael Jebsen (IV) als Vorstandsmitglied der Sektion IV der Seeberufsgenossenschaft zu Kiel *451, 459*
Jacobsen, Christian Johannes (1854–1919); Pastor in Scherrebek, Initiator des Deutschen Vereins für das nördliche Schleswig *531–533, 535, 671, 676–677, 689, 693*
Jacobsen, Niels (1828–1901); Schiffbaumeister u. Besitzer einer Holzschiffswerft in Apenrade, Neffe von Mads Michelsen *36–37, 46, 108*
Jacobsen, Peter; Katasterkontrolleur in Apenrade, Mitreeder der Partenreederei M. Jebsen *618*
Jagermann; Erster Maschinist der Partenreederei M. Jebsen *281*

Janke, Theodor (1859–); Redakteur des *Neuen Apenrader Anzeiger* *485, 532, 535, 567, 661–662, 742, 751–752, 754*
Japsen, Gottlieb Carl Hans (1908–81); Historiker *46–47, 52, 753*
Jebsen (Jepsen), Mads (ca. 1600–); Vorfahre von Michael Jebsen (IV) *25, 759*
Jebsen, *Bothilde* Christine Johanne (»Tille«, »Bo«, »Bodil«) (1872–1958); Tochter von Michael (IV) und Clara Jebsen geb. Offersen, Ehefrau von Ernst *Bruno* Bourwieg *134, 565, 568, 574–575, 580, 582–583, 585–586, 604, 737–738, 741, 760*
Jebsen, Botilla Christina (1760–1831); Tochter von Marcus Bröcker, Ehefrau von Jacob Christian Jebsen (II), Großmutter von Michael Jebsen (IV) *34–35, 40, 759*
Jebsen, *Clara* Anna geb. Offersen (1844–1913); Tochter von Hans und Botilla Offersen geb. Andresen, Ehefrau von Michael Jebsen (IV) *104–108, 117–120, 134, 159–160, 205, 380, 549–550, 557–558, 562, 565, 567, 568–571, 575, 579, 603–605, 693, 738, 740–741, 744–745, 759–760*
Jebsen, *Clara* Emma Marie (»Meuke«) (1874–1951); Tochter von Michael (IV) u. Clara Jebsen geb. Offersen, Ehefrau von Dr. med. Ludwig von Fischer-Benzon *134, 565, 574–575, 583, 586–589, 604, 737–738, 760*
Jebsen, Clara geb. Rolfsen (1702–85); Ehefrau von Jacob Jebsen (I), Mutter von Michael Jebsen (I), Ururgroßmutter von Michael Jebsen (IV) *26, 759*
Jebsen, *Clara* Hedwig Bothilde (1909–90); Tochter von Jacob u. Käthe Jebsen geb. Bock, Enkelin von Michael Jebsen (IV) *579, 760*
Jebsen, Emma Dorothea (1841–65); Tochter von Michael (III) u. Marie Mathilde Jebsen geb. Ehlers, Schwester von Michael Jebsen (IV) *41, 66, 758*
Jebsen, *Emma* Mathilde (1885–1960); Tochter von Michael (IV) u. Clara Jebsen geb. Offersen, Ehefrau von Theodor von Hassel, Verfasserin des Buches *Michael Jebsen. Das Leben des Schiffsreeders und die Chronik seiner Vorfahren* *41, 47, 55, 59–60, 65–66, 104, 106–107, 118, 135, 160, 163, 195, 567, 568, 570–573, 575, 590, 592–596, 599–604, 631, 656, 738–739, 741, 744–745, 750, 760, 804*
Jebsen, *Friedrich* Andreas (1881–1915); Marineoffizier, Reeder u. Makler in San Francisco, später erneut Marineoffizier, Sohn von Michael (IV) u. Clara Jebsen geb. Offersen *159, 485, 568, 572–573-574, 576, 590, 593–598, 604, 738, 760*
Jebsen, Hans (–1768); Schiffer u. Westindienfahrer, mutmaßlicher Onkel von Jacob Jebsen (I) *25–26*
Jebsen, Hans Jacob (1921–79); Reeder u. Kaufmann, Sohn von Jacob (V) u. Käthe Jebsen geb. Bock, Enkel von Michael Jebsen (IV) *579, 760*
Jebsen, Heinrich (1838–58); Sohn von Michael (III) u. Marie Mathilde Jebsen geb. Ehlers, Bruder von Michael Jebsen (IV) *40, 66, 759*
Jebsen, *Heinrich* Peter (»Ango«) (1880–1944); Seemaschinist, Ingenieur u. Werftbesitzer in Hongkong, Sohn von Michael (IV) u. Clara Jebsen geb. Offersen *159, 230, 568, 572, 574, 576, 590–593, 604, 738, 744, 760*
Jebsen, Ingeborg (1910–89); Tochter von Jacob (V) u. Käthe Jebsen geb. Bock, Enkelin von Michael Jebsen (IV) *579, 760*
Jebsen, *Irmgard* Käthe (1912–2006); Tochter von Jacob u. Käthe Jebsen geb. Bock *579, 760*
Jebsen, Jacob (I) (1688–1737); Schiffer, Ehemann von Clara Jebsen geb. Rolfsen, Vater von Michael Jebsen (I), Ururgroßvater von Michael Jebsen (IV) *25–27, 31, 759*
Jebsen, *Jacob* Christian (II) (1756–1813); Schiffer in Apenrade, Sohn von Michael Jebsen (I), Ehemann von Botilla Christina Jebsen geb. Bröcker, Vater von Michael Jebsen (III), Großvater von Michael Jebsen (IV) *32–35, 759, 763*
Jebsen, Jacob (III) (1795–); Schiffer in Apenrade u. später in Hamburg, Sohn von Jacob Christian u. Botilla Christina Jebsen geb. Bröcker, Bruder von Michael Jebsen (III), Onkel von Michael Jebsen (IV) *57, 759*
Jebsen, Jacob (IV) (1828–66); Sohn von Michael (III) u. Marie Mathilde Jebsen geb. Ehlers, Bruder von Michael Jebsen (IV) *40, 66, 104, 108, 118, 759*
Jebsen, *Jacob* Friedrich Christian (V) (1870–1941); Reeder u. Kaufmann, Sohn von Michael (IV) u. Clara Jebsen geb. Offersen *47, 60–61, 80, 118–120, 134–135, 138, 160, 163, 190–191, 195, 220, 223, 225, 228, 231, 260, 265, 285, 303, 338–339, 342, 350–351, 362–363, 367–368, 476, 484–487, 490–491, 500, 507–510, 512–514, 516–518, 520–524, 554, 557–558, 567–572, 574–580, 582, 595–597, 600–601, 603–604, 689, 738–740, 750–751, 753, 760*
Jebsen, Jep (– ca. 1729); Vorfahre von Michael Jebsen (IV) *759*
Jebsen, *Johanne* Emilie (1879–1907); Tochter von Michael (IV) u. Clara Jebsen geb. Offersen, Ehefrau von Heinrich Jessen *159, 565, 568, 572, 574–575, 579, 589–590, 604, 694, 738, 760*
Jebsen, *Käthe* Helene Sophie Magdalene geb. Bock (1882–1959); Tochter von Heinrich Christian Bock, Ehefrau von Jacob Jebsen (V), Mutter von Michael Jebsen (VI) *579, 760*

Jebsen, Marcus (1784–); Sohn von Jacob Christian (II) u. Botilla Jebsen geb. Bröcker, Onkel von Michael Jebsen (IV) *758, 763*
Jebsen, Marie Mathilde (1808–60); Tochter von Peter u. Johanna Catharina Maria Ehlers geb. Gagzow, Ehefrau von Michael Jebsen (III), Mutter von Michael Jebsen (IV) *40–41, 47, 61, 100, 110*
Jebsen, *Marie* Mathilde (1832–1900); Tochter von Michael (III) u. Marie Mathilde Jebsen geb. Ehlers, Ehefrau von Jes Nicolai Jessen, Schwester von Michael Jebsen (IV) *40, 66, 759*
Jebsen, Marie Mathilde (1865–); Tochter von Jacob (IV) u. Mette *Johanne* Jebsen geb. Offersen, Nichte von Michael Jebsen (IV) *568, 759*
Jebsen, Marie Mathilde (1869–70); Tochter von Michael (IV) u. Clara Jebsen geb. Offersen *110–111, 576, 760*
Jebsen, Marie (»Mariechen«); älteste Tochter von Carl Diederichsen, Ehefrau von Michael Ludwig Anton (Max) Jebsen *772*
Jebsen, Max, s. Jebsen, Michael Ludwig Anton (Max)
Jebsen, Metta geb. Regenburg (1727–95); Tochter von Jacob u. Benedikta Regenburg, Ehefrau von Michael Jebsen (I) *32, 759*
Jebsen, Mette *Johanne* geb. Offersen (1841–1931); Ehefrau von Jacob Jebsen (IV), Schwägerin von Michael Jebsen (IV) *104, 106, 108, 568*
Jebsen, Michael (I) (1725–97); Schiffer u. Kaufmann, Sohn von Jacob (I) u. Clara Jebsen geb. Rolfsen, Ehemann von Metta Jebsen geb. Regenburg, Urgroßvater von Michael Jebsen (IV) *30–32, 620, 759*
Jebsen, Michael (II) (1764-1839); Schiffer u. Kaufmann, Bruder von Jacob Christian Jebsen (II), Großonkel von Michael Jebsen (IV) *34–35, 759, 763*
Jebsen, Michael (III) (1790–1863); Schiffskapitän, Sohn von Jacob Christian (II) u. Botilla Christina Jebsen geb. Bröcker, Ehemann von Marie Mathilde Jebsen geb. Ehlers, Vater von Michael Jebsen (IV) *19, 35, 38–47, 49–52, 56, 60, 66, 89, 100, 103, 552, 759, 763–764*
Jebsen, Michael (V) (»Magge«) (1883–1916); Kaufmann, Mitarbeiter der Firma Jebsen & Co., Sohn von Michael (IV) u. Clara Jebsen geb. Offersen *573, 594, 598–600, 604, 738, 760*
Jebsen, Michael (VI) (1911–2000); Reeder u. Kaufmann, Sohn von Jacob (V) u. Käthe Jebsen geb. Bock *579, 760*
Jebsen, Michael Ludwig Anton (Max) (1862–); Kapitän der Partenreederei M. Jebsen, später Kaufmann u. Reeder in Hamburg, Sohn von Jacob (IV) u. Mette Johanne Jebsen geb. Offersen, Neffe von Michael Jebsen (IV), Ehemann von Marie (»Mariechen«) Jebsen geb. Diederichsen *212, 272–273, 323–325, 327, 568, 579, 596, 689, 699*
Jebsen, Peter (–1862); Sohn von Michael (III) u. Marie Mathilde Jebsen geb. Ehlers, Bruder von Michael Jebsen (IV) *40, 66, 759*
Jebsen, Thilde Christine (1835–1923); Tochter von Michael (III) u. Marie Mathilde Jebsen geb. Ehlers, Zwillingsschwester von Michael Jebsen (IV) *40, 66, 568, 571, 590, 759*
Jensen, Peter (1856–1941); Hofbesitzer in Ausacker, stv. Vorsitzender der Provinzialabteilung Schleswig-Holstein des Bundes der Landwirte, Mitglied der Deutschsozialen Reformpartei *531, 535–536, 547*
Jensen; Baurat in Flensburg *626*
Jensen; Ständedeputierter der Stadt Flensburg *44*
Jessen, Boy Boysen; Kaufmann, Senator in Apenrade *45, 610, 660*
Jessen, Franz von (1870–1949); dänischer Journalist, Redakteur u. Schriftsteller, Bearbeiter des *Haandbog i det nordslesvigske spørgsmaals historie* *750*
Jessen, Heinrich, s. Jessen, Johann *Heinrich*
Jessen, Jes Nicolai (1826–90); Kapitän in Apenrade, Zweiter Senator von Apenrade (1878–83), Mitreeder der Partenreederei M. Jebsen, Ehemann von *Marie* Mathilde Jebsen (1832–1900), Schwager von Michael Jebsen (IV) *108, 153–154, 157–158, 160–161, 179, 192, 198–200, 202–203, 248, 253–254, 379, 577, 616, 630, 641, 645*
Jessen, Johann Heinrich (»Heinz«) (1903–44); Kaufmann, Sohn von Heinrich u. Johanne Jessen geb. Jebsen, Enkel von Michael Jebsen (IV) *589, 760*
Jessen, Johann *Heinrich* (1865–1931); Kaufmann, Mitbegründer der Firma Jebsen & Co., Ehemann von Johanne Jebsen, Schwiegersohn von Michael Jebsen (IV) *220, 303, 362, 367–368, 513, 519–520, 524, 577–578-579, 589, 592, 594, 600, 740, 760*
Jessen, Johanne, s. Jebsen, Johanne
Jessen, Ludwig; Pastor in Wilstrup *679, 684*
Jessen, Marie Christine (1900–65); Tochter von Heinrich u. Johanne Jessen geb. Jebsen, Enkelin von Michael Jebsen (IV) *589, 760*
Jessen, *Marie* Mathilde, s. Jebsen, *Marie* Mathilde (1832–1900)
Jessen; Steuermann der Partenreederei M. Jebsen *275*
Jindra, Zdenek (1931–); Historiker *150*
Johannsen, Gustav (1840–1901); Redakteur in Flensburg, MdR (Däne, WK 2 Schleswig-Holstein Apenrade-Flensburg 1881–84; WK 1 Schleswig-Holstein Hadersleben,

1886–1901) *378–379, 382, 386, 415, 424, 427, 545, 648–649, 676*
Johannsen, J.; Kaufmann, Stadtverordnetenvorsteher in Apenrade, Vorstandsmitglied der Knivsberggesellschaft *682–683*
Jost, H. P.; Kaufmann u. Reeder in Flensburg *169*
Juárez, Benito (1806–72); Präsident von Mexiko (1861–72) *86–88*
Jürgensen; Unternehmer in Apenrade *633*
Junggreen, Jens Peter (1827–86); Tabakfabrikant in Apenrade, MdR (Däne, WK 1 Schleswig-Holstein Hadersleben, 1884–86) *651–652*
Kabierske, Geheimrat; Beamter im preußischen Ministerium der Öffentlichen Arbeiten *732–733*
Kaftan, Julius (1848–1926); lutherischer Theologe, geboren in Loit *722*
Kallsen, Heinrich Christian (1852/3–1908); Reismühlenbesitzer, Stadtrat, Vorstandsmitglied der Handelskammer Flensburg u. des Nationalliberalen Wählervereins in Flensburg *417, 712*
Kaltenborn-Stachau, Karl von (1836–98); preußischer Kriegsminister (1890–93) *420*
Karbe, Erich; Direktor der Deutsch-Asiatischen Bank in Shanghai *521*
Karberg; Brüder in Apenrade *51*
Kardel, Harboe (1893–1982); Verfasser des Buches *Nordschleswigs Erbe* *61, 753*
Ketteler, Clemens Freiherr von (1853–1900); deutscher Gesandter in Peking (1899–1900) *523*
Kier, Max; Freund von Heinrich Jebsen in Sonderburg *594*
Kier, Otto Detleff Harald; Landrat in Hadersleben (1868–70) *101*
Kirchner, Alfred; Kaufmann *521*
Kirchner, Klara; jüngste Tochter von Alfred Kirchner, Ehefrau von Dr. Wilhelm Schrameier *521*
Kirchner, Martha; Tochter von Alfred Kirchner, Ehefrau von Adolf Carl Schomburg *521*
Kirchner, Paula; Tochter von Alfred Kirchner, Ehefrau von Erich Karbe *521*
Kirkaldy, Adam W. (1867–1931); Historiker *309*
Kitzing, von; Personalreferent im preußischen Innenministerium *584*
Knappe, Wilhelm (1855–1910); deutscher Konsul in Kanton (1895–98), Generalkonsul in Shanghai (1898–1905) *501*
Knuth, Dr. med.; Arzt u. Kreisarzt von Apenrade *657*
Ko Mun Wah (ca. 1822–82) (高滿華); zweiter Besitzer der Firma Yuen Fat Hong in Hongkong (seit 1853/54) *314*
Ko Soon Kam (1857–1909) (高舜琴); Sohn von Ko Mun Wah, dritter Besitzer der Firma Yuen Fat Hong in Hongkong *314–315*
Ko Yuen Sing (高元盛); Gründer (1843) u. erster Besitzer der Firma Yuen Fat Hong in Hongkong *314*
Kocka, Jürgen (1941–); Historiker *365*
Koerner, Paul von, Dr. jur. (1849–1930); Direktor im Reichsschatzamt, stv. preußischer Bevollmächtigter zum Bundesrat (1895–99) *435*
Köller, Ernst Matthias von (1841–1928); Landrat von Kamin (Pommern), MdR (Deutschkonservativ, WK 7 Stettin, 1881–88), preußischer Innenminister (1894–95), Oberpräsident von Schleswig-Holstein (1897–1901), Ehrenvorsitzender des Denkmalausschusses für das Bismarck-Nationaldenkmal auf dem Knivsberg *544, 605, 649, 652, 693, 713–714, 717–724, 731*
Kopperholdt, Hans (1786–1850); Bierbrauer u. Redakteur in Apenrade *47–48, 51*
Kossow, Minna; Gouvernante u. Hauslehrerin im Hause Michael Jebsen in Vlissingen, Rotterdam u. Apenrade, Jugendfreundin von *Clara* Anna Jebsen geb. Offersen *160, 557*
Köster, Heinrich, Dr. jur.; Bürgermeister von Hadersleben *663*
Kotzebue, August von (1761–1819); Dramatiker *566*
Kraemer, Heinrich Robert (1842–1907); Bergwerksbesitzer, Bürgermeister von Kirchen/Sieg, MdR (NL, WK 1 Koblenz 1890–1907) *715*
Kraus, Werner (1818–1900); Regierungsrat in Kiel, MdR (BKV/FrV, WK 2 Schleswig-Holstein 1867–71) *103*
Krause; Stadtkassierer in Apenrade *654, 656*
Kreidner, C. G.; Steuermann u. Kapitän der Partenreederei M. Jebsen *219, 268*
Krieger, August; Sohn von Rektor Nicolai Nicolaisen in Apenrade *45, 670*
Krogh, Albrecht von (1821–87); Bürgermeister u. Polizeimeister von Apenrade (1867–1882), später Rechtsanwalt in Apenrade *610–611, 613*
Krüger, Hans Andersen (1816–81); Mühlenbesitzer in Beftoft, MdR (Däne, WK 1 Schleswig-Holstein 1867–81) *101, 103*
Krupp, Alfred (»Kanonenkönig«) (1812–87); Stahlindustrieller, Inhaber der Firma Friedrich Krupp *126–128, 137–139, 149–151, 153–157, 161–164, 198*
Krupp, Friedrich Alfred (1854–1902); Stahlindustrieller, Inhaber der Firma Friedrich Krupp (1887–1902), Mitglied des Preußischen Staatsrats u. des Preußischen Herrenhauses, MdR (Hospitant der DRP, WK 5 Düsseldorf, 1893–98), Vorstandsmitglied des Hauptverbandes Deutscher Flottenvereine im Auslande *484, 746*

Kruse, Ernst, Dr. med. (1837–1900); Sanitätsrat in Norderney, MdR (NL, WK 2 Hannover 1886–90 u. 1893–1900) *434–435*
Kühn, August (1846–1916); Schneider, Zeitungsverleger, MdR (SPD) *443*
Kurrer, Arnold, Dr. med.; Schiffsarzt, Assistent am Pathologischen Institut in Kiel *444*
Laeisz, Carl *Ferdinand* (1853–1900); Reeder in Hamburg, Vorstandsmitglied des Hauptverbandes Deutscher Flottenvereine im Auslande *207, 484*
Lanessan, Jean Marie Antoine de (1843–1919); Generalgouverneur von Französisch-Indochina (1891–94) *337*
Lange, P. (1861–1929); Senator von Apenrade, Direktor der Sparkasse *622, 655*
Lasker, Eduard, Dr. jur. (1829–84); Rechtsanwalt u. Notar, MdA u. MdR (NL) *377*
Lassen, Hans (1831–96); Hofbesitzer in Lysabbel (Alsen, Kreis Sonderburg), MdA (Däne, WK Apenrade-Sonderburg 1875–96) *704–706*
Lazarowicz; Korvettenkapitän z. D., Schriftführer des Hauptverbandes Deutscher Flottenvereine im Auslande *483–484*
Lettow-Vorbeck, Paul von (1870–1964); Kommandeur der Schutztruppe in Deutsch-Ostafrika (1913–18) *600*
Levetzau, Werner von (1822–99); Landrat des Kreises Apenrade (1868–89) *607, 668, 796*
Li Hung-chang (»Bismarck des Ostens«) (1823–1901); chinesischer Staatsmann *246*
Li Shek-pang (1863–1916); Gründer u. Patriarch der Li-Familiendynastie *316*
Libbertz, Otto; Generaldirektor eines Maschinenbaubetriebs in Dresden, Mitreeder der Partenreederei M. Jebsen *230, 591*
Lieber, Dr. Ernst (1838–1902); Jurist, führender Zentrumspolitiker, MdR (Zentrum, WK 3 Wiesbaden, 1871–1902) *474*
Liebknecht, Karl, Dr. jur. (1871–1919); Rechtsanwalt, MdR (SPD) *443*
Lindemann, Ludwig; Amtsrichter in Apenrade, Vorstandsmitglied der Knivsberggesellschaft *676, 677, 688–690, 693–695, 697–698*
Loeper, Ludwig von (1855–1903); deutscher Konsul in Hongkong (1892–98) *342, 486*
Löhmann, W., Dr. jur.; Justizrat u. Rechtsanwalt in Flensburg *663*
Lomer, J. J.; Reeder in Hamburg *82*
Longsdon, Alfred (1827–93); Londoner Agent u. (seit 1873) Prokurist der Firma Friedrich Krupp, Vertrauter u. Berater von Alfred Krupp, Mitreeder der Partenreederei M. Jebsen, Freund von Michael Jebsen (IV) *127, 153–157, 160, 162, 174, 179–180, 204, 354, 388*
Longsdon, Frederik; Bruder von Alfred Longsdon, Vertrauter u. Teilhaber von Henry Bessemer *127*
Lorentzen, Jürgen (1811–88); Kaufmann u. Kommerzienrat in Apenrade *171, 633*
Lorentzen, Jürgen jun. (1845–1913); Holz- und Eisenhändler, Zweiter Senator von Apenrade, Mitglied des Nationalliberalen Vereins in Flensburg, Freund von Michael Jebsen (IV) *525, 616–617, 626, 650, 655, 657, 663, 667, 731, 747*
Lorentzen, Peter; Kaufmann in Apenrade *657*
Lorenzen, Asmus (1828–1912); Landwirt in Büdelsdorf, MdR (DFrP/FrVg, WK 3 Schleswig-Holstein - Schleswig 1884–98) *533*
Lorenzen, H. C.; Bäcker in Apenrade *610*
Lorenzen, Peter Hiort, s. Hiort Lorentzen, Peter
Lorenzen; Steuermann u. Kapitän der Partenreederei M. Jebsen *260*
Lorin, Amaury (1972–); Historiker *351*
Lueder, Carl (1840–92); deutscher Generalkonsul in Bogotá (1879–92) *405*
Lüders, Marcus Hoyer (1788–1864); Kaufmann in Apenrade *44, 52*
Lund, J. G.; Schiffahrtsinspektor für den Schleswig-Holsteinischen Kanal und die Eider in Rendsburg, Vizekonsul von Schweden und Norwegen in Altona, Vorsitzender des Deutschen Nautischen Vereins, Mitreeder der Partenreederei M. Jebsen, Freund von Michael Jebsen (IV) *180*
MacDonald; Firmeninhaber in Hongkong *592*
Macke, Reinhold; Gymnasialoberlehrer in Hadersleben, Vorsitzender des Deutschen Vereins für das nördliche Schleswig *676–678–679, 684–689*
Mackeprang, Mouritz (1869–1959); Historiker, Direktor des Nationalmuseums in Kopenhagen, Verfasser des Buches *Nordslesvig 1864–1909* (dt. Ausgabe *Nord-Schleswig von 1864–1911*) *751*
Madero, Francisco I. (1873–1913); Präsident von Mexiko (1911–13) *597*
Mahlke, Heinrich; Schneidermeister in Flensburg *382, 386, 424, 427 428*
Malling, Wilhelm Friedrich Franz; Erster Maschinist der Partenreederei M. Jebsen *283*
Manteuffel-Crossen, Otto Karl Gottlob Freiherr von (1844–1913); Sohn des preußischen Ministerpräsidenten Otto Freiherr von Manteuffel, Landrat in Luckau, MdR (Konservativ, WK 10 Frankfurt/Oder 1877–98), Vorsitzender der Deutschkonservativen Partei (1892–1911), zugleich Vorsitzender der Reichstagsfraktion (1892–97), Mitglied (seit 1883) u. zugleich

Vizepräsident des Preußischen Herrenhauses (1891–1908) *463, 468*
Margrethe I. (1353–1413); Königin von Dänemark *607*
Margrethe II. (1940–); Königin von Dänemark (1972–) *602*
Marquardsen, Heinrich von (1826–97); Jurist, MdR (NL, zuletzt WK 5 Pfalz 1893–97) *418*
Marschall von Bieberstein, Adolf Freiherr (1842–1912); Staatssekretär des Auswärtigen Amts (1890–97), Freund von Michael Jebsen (IV) *340, 402–403, 406, 433, 486–488, 490–491, 534, 541, 784*
Marshall, Benny; Sohn von C. L. Marshall *135*
Marshall, C. L.; Vertreter der britischen Schiffsmaklerfirma John Best & Co. in Vlissingen (ca. 1870–85/86), danach Schiffsmakler in Antwerpen, Mitreeder der Partenreederei M. Jebsen, Freund von Michael Jebsen (IV) *135, 139, 164, 180, 239, 558, 767*
Marty, Auguste Raphael (1841–1914); französischer Kaufmann u. Reeder in Hongkong u. Haiphong *316*
Matthiesen, Hans (1818–1904); Kapitän in Apenrade *171*
Matthiesen, Johann Conrad (1852–); Kapitän u. Mitreeder der Partenreederei M. Jebsen, Schwager von Kapitän Jacob Hohlmann *228, 283, 774*
Matzen, Heinrich (1852–1908); Redakteur der Apenrader Zeitung *Hejmdal* *654–655*
Mauwe, *Karl* Franz Arthur Ludwig, Dr. jur. (1860–1922); Landrat von Hadersleben (1894–1900) *732–733*
Meier, Hermann Heinrich (1809–98); Gründer u. Vorsitzender des Verwaltungsrats des Norddeutschen Lloyd, MdR (NL, zuletzt WK Bremen 1881–87) *418, 493*
Meister, Heinrich Ernst August (1842–1906); Zigarrenmacher, MdR (SPD) *443*
Menshausen, Carl (1847–1909); Mitglied des Direktoriums der Firma Friedrich Krupp, Vertrauter von Alfred Krupp *151–152*
Metger, *Conrad* Hermann (1842–1900); Gymnasialprofessor in Flensburg, Vorsitzender des Nationalliberalen Wählervereins in Flensburg, MdA (NL, WK Flensburg 1899–1908) *417–418, 425, 482, 528, 530–531, 541, 708–710, 713–714, 725, 748*
Metzger, Friedrich Wilhelm (1848–1914); Klempner, Journalist, MdR (SPD, WK 3 Hamburg, 1890–1914) *445–448, 471–472*
Metzler, Gustav; Schiffsmakler in Stettin *239–240, 262*
Michaelis, Georg (1857–1936); Beamter, deutscher Reichskanzler (1917) *584, 795*
Michelsen, L. P.; Direktor der Flensburger Dampfschiffahrt-Gesellschaft von 1869 *345, 347–349*
Michelsen, Matz (Mads) (1807–56); Schiffbaumeister, Besitzer einer Holzschiffswerft in Apenrade, Onkel von Niels Jacobsen *37, 46*
Middelboe; Königlicher (dänischer) Navigationsexaminator in Flensburg *73*
Miquel, Johannes von (1828–1901); MdA u. MdR (NL), preußischer Finanzminister (1890–1901) *377, 479, 539–540, 723, 726–728, 734*
Molkenbuhr, Hermann (1851–1927); Zigarrenmacher, MdR (SPD, u. a. WK 6 Schleswig-Holstein 1893–98) *448*
Möller, Friedrich (1864–1904); Baumeister in Berlin, Architekt des Bismarck-Nationaldenkmals auf dem Knivsberg *692, 694–695, 697–698*
Möller, H. L. L.; Steuermann u. Kapitän der Partenreederei M. Jebsen *276, 283, 292*
Möller, N. Christian; Kapitän des Dampfers *Antonio Varas* in Valparaíso, Freund von Michael Jebsen (IV) u. Pate von Jacob Jebsen (1870–1941) *78, 80, 120, 124*
Möller, Theodor (von) (1840–1925); Kommerzienrat, Fabrikbesitzer, MdR (NL, u. a. WK 6 Arnsberg 1890–95, WK 6 Düsseldorf 1898–1901), MdA (NL, WK Minden u. Düsseldorf 1894–1901), preußischer Minister für Handel und Gewerbe (1901–05) *433, 541–542, 551*
Moltke, *Otto* Julius Graf von (1847–1928); Klosterpropst in Itzehoe, MdA (FrKV, WK Pinneberg 1894–1918), MdR (DRP, WK 6 Schleswig-Holstein 1893–94) *723*
Mommsen, Wolfgang J. (1930–2004); Historiker *553*
Moos, *Peter* Jürgensen (1852–1934); Kapitän u. Mitreeder der Partenreederei M. Jebsen *217*
Mørkegaard, Ole; Historiker *173*
Müller, Wilhelm (1830–1915); Hofbesitzer in Scheeßel, MdR (DRP, WK 17 Hannover 1893–98) *533*
Napoleon I. Bonaparte (1769–1821); Kaiser von Frankreich (1804–14) *36, 399*
Napoleon III. (1808–73); Kaiser von Frankreich (1852–70) *86, 117*
Neppach, Gottlob Friedrich; Maschinenassistent, später Dritter bzw. Zweiter Maschinist der Partenreederei M. Jebsen *286*
Neumann, Jacob (1826–); Segelmachergeselle in Apenrade *59*
Neumann, Peter H. (1843–1912); Kaufmann in Apenrade *658*
Nicolaisen; Rechtsanwalt in Apenrade, Mitglied des Nationalliberalen Vereins in Flensburg *525*
Nicolaisen, Nicolai; Lehrer, später Rektor der Apenrader Rektorschule in der Fischerstraße,

Vorstandsmitglied der Knivsberggesellschaft *45, 542, 544, 557, 681–683*
Niebuhr, Carl Theodor Bernhard; Nautischer Privatlehrer, später Direktor der Navigationsschule in Hamburg *73*
Nielsen, Leif Hansen (1955–); Historiker *639*
Nielsen, Nicolai Chr. (1835–97); Kaufmann in Apenrade *617*
Nipperdey, Thomas (1927–92); Historiker *376, 421, 539, 726*
Nissen; Anwalt in Apenrade *52*
Nissen; Rektor in Apenrade *52*
Nissen, Benedikt *Momme* (1870–1943); Porträtmaler in Hamburg *747–750*
Nissen; Landgerichtsrat in Flensburg *378–379*
Norman; Erster Maschinist der Partenreederei M. Jebsen *280*
Offersen, Botilla (1808–85); Tochter von Friedrich u. Clara Andresen, Mutter von *Clara* Anna Jebsen geb. Offersen, Schwiegermutter von Michael Jebsen (IV) *105–106*
Offersen, Christoph; Steuermann u. Kapitän, Bruder von *Clara* Anna Jebsen geb. Offersen, Schwager von Michael Jebsen (IV) *111*
Offersen, Friedrich (1846–70); Bruder von *Clara* Anna Jebsen geb. Offersen, Schwager von Michael Jebsen (IV) *118*
Offersen, Hans (1802–83); Tabakfabrikant, Stadtverordneter von Apenrade, Vater von *Clara* Anna Jebsen geb. Offersen, Schwiegervater von Michael Jebsen (IV) *105–106*
Offersen, Hans (1852–1922); Kapitän, später Tabakfabrikant in Apenrade, jüngster Bruder von *Clara* Anna Jebsen geb. Offersen, Schwager von Michael Jebsen (IV) *37, 658–659*
Ohlmer, Ernst (1847–1927); Direktor des Kaiserlichen (Chinesischen) Seezollamts in Kiautschou (1899–1914) *517*
Osterhammel, Jürgen (1952–); Historiker *578*
Ostersehlte, Christian (1959–); Historiker *220, 773*
Otzen, P.; Hofbesitzer in Löstrup, Bezirksvorsitzender des Bundes der Landwirte *383, 531, 537*
Patzig, Albrecht (1850–1929), Verlagsbuchhändler, Publizist, Generalsekretär des Nationalliberalen Zentralvorstandes *425, 540, 546, 714*
Paulsen, Erich; Schiffbaumeister, fünfter (letzter) Besitzer der gleichnamigen Holzschiffswerft in Apenrade *558, 632*
Paulsen, Jacob (1719–64); Schiffbaumeister, Gründer u. erster Besitzer der gleichnamigen Holzschiffswerft in Apenrade *30*
Paulsen, Jacob (1784–1837); Schiffbaumeister, dritter Besitzer der gleichnamigen Holzschiffswerft in Apenrade *36*
Paulsen, Jacob; Kapitän in Apenrade *158*
Paulsen, Jürgen (1813–81); Schiffbaumeister, vierter Besitzer der gleichnamigen Holzschiffswerft in Apenrade *38, 50, 63, 82, 248, 610, 630*
Paulsen, Philipp; Matrose, Bediensteter von Michael Jebsen (IV) *135*
Paulsen; Kaufmann in Kolstrup bei Apenrade *659*
Peters, Joseph Wilhelm Matthias (1841–1909); Rechtsanwalt u. Notar in Kiel, MdR (NL, WK 6 Schleswig-Holstein 1887–90), Vorsitzender der Nationalliberalen Partei in Schleswig-Holstein *416*
Peters, Max; Staatswissenschaftler *628*
Petersen, *Jacob* Kubik (1859–1921); Kapitän der Partenreederei M. Jebsen *322–323*
Petersen, Johs.; Kreisschulinspektor in Apenrade *617*
Petersen, Thade; dänischer Freigemeindepastor *60, 750–751*
Picanon, Édouard (1854–1939); Gouverneurleutnant von Cochinchina (1898–1901) *331*
Pinckernelle, Hermann Friedrich; Kaufmann *251*
Plambeck, F.; Kapitän der Partenreederei M. Jebsen *285*
Podbielski, Viktor von (1844–1916); Rittergutsbesitzer, MdR (Deutschkonservativ, WK 1 Potsdam, 1893–97), Staatssekretär des Reichspostamts (1897–1901) *507–508, 512, 514, 523*
Posadowsky-Wehner, Arthur Graf von (1845–1932); Staatsekretär des Reichsschatzamts (1893–97), Staatssekretär des Reichsamts des Innern u. zugleich Stellvertreter des Reichskanzlers (1897–1907) *433–435, 449–450, 501*
Prosch; Kaufmann *320*
Prumeda, Nicolas; Reeder in Peru *74, 77*
Puttkamer, Robert von (1828–1900); preußischer Minister des Innern (1881–88) *667*
Raab, Friedrich (1859–1917); Porzellanmaler, Mitglied der Hamburger Bürgerschaft (1897), MdR (DSRP, WK 2 Schleswig-Holstein 1898–1903) *527, 529, 531–532, 535–538, 541–542, 544, 546, 548–551, 702, 709*
Raben, Gustav (1819–90); Kapitän, Reeder, Werftbesitzer in Apenrade, Besitzer der Krusauer Kupfermühle, Senator von Apenrade *37, 64, 171, 610, 630, 632–633, 654*
Raben, Hieronymus; Stadtverordneter von Apenrade, stv. Vorsitzender der Ortsabteilung Apenrade des Deutschen Vereins für das nördliche Schleswig *671*
Raben, Jürgen; Segelschiffsreeder in Apenrade, später Kapitän der Partenreederei M. Jebsen *284, 335, 359, 634*
Raffles, Stamford (1781–1826); Beamter, Gelehrter, Gründer der britischen Kronkolonie Singapur *91*

Rasch, Hermann, Dr. jur. (1859–1935); Landrat des Kreises Flensburg (1889–99) *375, 380, 382, 422, 426, 527, 538–539, 546, 713–714*
Recke von der Horst, Eberhard Freiherr von der (1847–1911); preußischer Minister des Innern (1895–99) *723*
Regenburg, Metta, s. Jebsen, Metta
Rehder, Dr. med.; Arzt in Apenrade *657*
Rehders, Emil; Teilhaber der Firma Cordes & Co., Leiter der Filialen Tientsin (1890), Shanghai (1892) u. der Niederlassung Berlin (1896) der Deutsch-Asiatischen Bank, Aufsichtsratsmitglied der Schantung-Bergbau-Gesellschaft (1898) *524*
Reichardt, Paul (1833–1909); Direktor der Abteilung II (Handelspolitik) im Auswärtigen Amt *343, 348, 488, 490–492*
Reimers, H.; Ingenieur, Wasserbautechniker, Regierungswasserbaumeister in Rendsburg *619, 621, 623*
Reimers, Johann Heinrich (1804–71); Schiffbaumeister, Gründer u. Besitzer einer Holzschiffswerft in Apenrade *103*
Rettich, Meno (1839–1918); Landwirt, Domänenrat in Rostock, MdR (Deutschkonservativ, WK 1 Mecklenburg-Schwerin 1893–1907) *533*
Reuter, Fritz (1810–74); Volksdichter *565*
Reuter, Ludwig; Probst in Apenrade (1892–1909) *744–745*
Reventlow, D.; dänischer Konsul in Rio de Janeiro *38*
Reventlow, Graf; Klosterprobst in Preetz *687–688*
Richter, Eugen (1838–1906); Schriftsteller, MdR (F, WK Schwarzburg-Rudolstadt, 1874–1906) *413, 474, 482, 538*
Richthofen, Oswald Freiherr von (1847–1906); Unterstaatssekretär im Auswärtigen Amt (1898–1900) *344, 523–524*
Rickert, Heinrich (1833–1902), Journalist, MdR (DFrP, u. a. WK 8 Potsdam, 1884–90, DFrP/FrVg, WK 3 Danzig, 1890–1902) *413*
Rickmers, Gustav (1866–1916); Bürgermeister u. Polizeimeister von Apenrade (1898–1916) *637–638, 742, 744, 748, 750*
Roesingh, W. (–1893); Kapitän, Nachfolger von Michael Jebsen (IV) als nautischer Leiter des Kruppschen Kontors in Rotterdam *162, 769*
Roggenbach, Freiherr Franz von (1825–1907); Gutsbesitzer, MdR (NL) *377*
Rohr, von; Dragonerleutnant im 9. schleswigholsteinischen Dragonerbataillon *54*
Rolfsen, Clara, s. Jebsen, Clara
Rosendahl, Carl (1852–1917); Marineoffizier, Gouverneur von Kiautschou (1898) *515–516, 518, 520*
Rousseau, Paul Armand (1835–96); Generalgouverneur von Französisch-Indochina (1896) *337, 351*
Rüte; Kapitän in Bremen *297, 318*
Rupprecht von Bayern (1869–1955); bayerischer Kronprinz, Heerführer *600*
Ruys, Dan; Inhaber der Schiffsmaklerfirma Ruys & Co. in Rotterdam/Antwerpen, Bruder von Willem Ruys, Freund von Michael Jebsen (IV) *180, 239, 563*
Ruys, Willem; Inhaber der Firma Wm. Ruys & Zonen (Geschäftsführende Firma der niederländischen Reederei Rotterdamsche Lloyd), Bruder von Dan Ruys, Freund von Michael Jebsen (IV) *180, 210, 239, 563, 580, 650*
Salisbury, Lord Robert Cecil (1830–1903); britischer Premier- u. Außenminister (1895–1902) *350*
Samuelsen, J.; Kapitän der Partenreederei M. Jebsen *261, 321–322*
Sartori, August (1837–1903); Geheimer Kommerzienrat, Schiffsmakler u. Reeder in Kiel, Mitinhaber der Schiffsmaklerei u. Reederei Sartori & Berger, Handelskammerpräsident in Kiel (1880–1903), Mitglied u. Vorsitzender des Nationalliberalen Wahlvereins der Provinz Schleswig-Holstein, Vorstandsmitglied des Deutschen Reederei-Vereins in Hamburg, Mitglied des Aufsichtsrats des Germanischen Lloyd (1890–1903) u. zugleich stv. Vorsitzender (1895–1903) *196–197, 200–202, 422, 460, 470, 530*
Sattler, Carl (1850–1906); Staatsarchivdirektor in Berlin, MdA (NL, WK Hannover 1886–1906), MdR (NL, u. a. WK 18 Hannover 1898–1906) *416, 724*
Sauermann, Heinrich (1842–1904); Tischlermeister, Bildschnitzer, Gründer u. Leiter der kunstgewerblichen Fachschule, Direktor des Kunstgewerbemuseums in Flensburg *725–726, 728, 804*
Schanz, Moritz (1853–1922); Großkaufmann, Reiseschriftsteller, Mitglied der deutschen Handelskommission für Ostasien (1897/98) u. des Zentralvorstandes der Deutschen Kolonialgesellschaft *331, 351*
Scharnhorst, Gerhard Johann von (1755–1813); preußischer General, Heeresreformer, später Kriegsminister *399*
Scheel-Plessen, Carl Freiherr von (1811–92); Oberpräsident von Schleswig-Holstein (1866–79) *612*
Schiff, Adolph; Kaufmann u. Reeder in Elsfleth, stv. Mitglied des Aufsichtsrats des Germanischen Lloyd (1889–93) *453–455, 460, 470*
Schill, H.; Ingenieur in Remmels, Freund von Heinrich Jebsen *593*

Schlaikier, Friedrich Wilhelm (Fritz) (1826–84); Arzt (Physikus) in Apenrade, Vater von Hans Schlaikier, behandelnder Arzt u. Freund von Michael Jebsen (IV) *710*
Schlaikier, Georg (1868–1930); Sohn von Friedrich Wilhelm (Fritz) Schlaikier, Erster Steuermann u. später Kapitän der Partenreederei M. Jebsen *260–261*
Schlaikier, Hans (1862–1942); Sohn von Friedrich Wilhelm (Fritz) Schlaikier, Segelschiffskapitän u. später Kapitän der Partenreederei M. Jebsen, Verfasser des Buches *Apenrader Schiffahrts-Chronik* *65–67, 173, 267, 322–323, 631*
Schmarje, Johannes; Rektor in Altona, Landeskundler *640*
Schmidt, Andreas (1830–); Segelmacherlehrling, Uhrmachersohn in Apenrade *59*
Schnoor; Erster Maschinist der Partenreederei M. Jebsen *283*
Schomburg, Adolf Carl; Kaufmann, Teilhaber der Firma Carlowitz & Co. *521*
Schönstedt, Karl Heinrich von (1833–1924); preußischer Justizminister (1894–1905) *676*
Schow, G. H. L. (1810–89); Bürgermeister von Apenrade *52–54, 56*
Schow, Wilhelm, Dr. jur.; Bruder von Bürgermeister G. H. L. Schow *52*
Schrader, A.; Bürgermeisterkandidat aus Coswig *613*
Schrameier, Wilhelm (1859–1926); Chinesischdolmetscher im Auswärtigen Amt, Zivilkommissar im Gouvernement von Kiautschou (1897/1900–09) *487, 521–523, 788*
Schuldt, Heinrich; Reeder in Flensburg *239, 364, 489, 497*
Schuldt, Jochen; Kapitän der Partenreederei M. Jebsen *259, 269, 280, 320*
Schumacher, Georg (1844–1917); Gerber, Lederhändler, MdR (SPD) *443*
Schwartz, Hermann; Landrichter in Flensburg, Vorstandsmitglied des Deutschen Vereins für das nördliche Schleswig, Mitglied des Nationalliberalen Wählervereins in Flensburg *533, 536, 676–677, 684, 686, 689, 693–694, 719–720, 747*
Schwartz, Johann Carl Theodor (1841–1922); Former, MdR (SPD, WK Lübeck, 1890–93 u. 1898–1918) *445, 452*
Schweffel, Johann (1825–1910); Unternehmer, Mitinhaber der Firma Schweffel & Howaldt in Kiel (seit 1854), ältester Sohn von Johann Schweffel (1796–1865) *183, 205, 773*
Schwennesen; Anwalt in Apenrade *103*
Seebold, Theodor (ca. 1832–1915); Vertreter der Firma Friedrich Krupp in Bilbao *147*
Semann; Rechtsanwalt in Flensburg, Vorstandsmitglied des Nationalliberalen Wählervereins in Flensburg *417*
Semler, Johannes, Dr. jur. (1858–1914); Rechtsanwalt in Hamburg, MdR (NL, WK 4 Hannover 1900–14) *530*
Senff; Aktuar am Amtsgericht in Apenrade *719–720*
Sieveking, Ernst Friedrich (1836–1909); Anwalt u. Experte für Seerecht, Senator in Hamburg, Präsident des Hanseatischen Oberlandesgerichts (1879–1909) *471*
Sievers, Kai Detlev (1934–); Historiker *220, 721*
Singer, Paul (1844–1911); Textilfabrikant, Verlagsleiter in Berlin, MdR (SPD, WK 4 Berlin 1884–1911), Fraktionsvorsitzender der SPD (1885–1911), zugleich Mitglied der Berliner Stadtverordnetenversammlung (1884–1911), Mitglied des SPD-Parteivorstandes (1890–1911), zunächst Erster, dann Zweiter Vorsitzender (1892–1911) *443, 467*
Smith, Hans; Kaufmann in Kronstadt *241*
Sombart, Werner (1863–1941); Nationalökonom *627–628*
Speckhahn; Friseur in Apenrade *610*
Speckhan jun.; Zahntechniker in Apenrade *659*
Spee, Maximilian Graf von (1861–1914); Marineoffizier, Vizeadmiral *598*
Speidel, Hans; Kaufmann in Saigon, Inhaber der Firma Speidel & Co. *331*
Steinbömer, Conrad; Kaufmann, Mitarbeiter u. Partner von Michael Jebsen (IV) in Rotterdam, kaufmännischer Leiter des Kruppschen Kontors in Rotterdam (seit 1882), Pate von Heinrich Jebsen, Mitreeder der Partenreederei M. Jebsen *142, 150, 154, 156, 162–164, 239, 590, 769*
Steinmann, Georg von (1830–1901); Oberpräsident von Schleswig-Holstein (1880–97), Ehrenvorsitzender des Denkmalausschusses für das Bismarck-Nationaldenkmal auf dem Knivsberg *605–606, 690, 693*
Stephan, Heinrich von (1831–97); Staatssekretär des Reichspostamts (1880–97) *494*
Stevens, Edward F.; Schiffahrtsexperte *190*
Stisgaard, P.; Apotheker, Stadtverordneter von Apenrade *611*
Stolzenburg; Stadtverordneter von Apenrade *667*
Strackerjan, *Karl* Eginhard (1854–1921); Publizist, Verfasser der Broschüre *Schleswig, nicht »Süd-Jütland«*, Redakteur des *Folkebladet* (*Schleswigsche Grenzpost*) (1899–1919) *675–676, 722, 742*
Streich, Ivo; deutscher Vizekonsul in Swatow *490*
Stumm-Halberg, Carl-Ferdinand Freiherr von (1836–1901); Industrieller in Neunkirchen/

Saar, MdR (FrKV/DRP, WK 6 Trier, 1867–81 u. 1889–1901) *396, 437, 463–467, 469, 471*
Suárez, Marco F. (1855–1927); Außenminister der Republik Kolumbien *405, 407*
Swire, John; Unternehmer *246*
Tang Kam Chi (鄧鑑之) alias Tang Pak Yung (鄧伯庸); Kaufmann in der Schiffscharterfirma Kwong Lei Yuen (廣利源行), jüngstes Mitglied des ersten Komitees des Tung Wah Hospital *592*
Terp-Nielsen, Jens (1926–95); Gründer des Abena-Konzerns, Bürgermeister von Apenrade (1986–89) *762*
Thielen, Karl von (1832–1906); preußischer Minister der Öffentlichen Arbeiten, Chef des Reichsamts für die Verwaltung der Reichseisenbahnen (1891–1902) *733–735*
Thiesen, Friedrich (1839–1912); Kapitän u. Mitreeder der Partenreederei M. Jebsen *774*
Thomsen, Gustav (1833–1915); Hofbesitzer in Zennhusen, MdR (LV/bkF, WK 5 Schleswig-Holstein – Norder-Dithmarschen 1881–98) *533*
Thomsen, Poul (1960–); Bürgermeister von Apenrade (2002–05) *17*
Thormälen, Johannes (1842–1909); Kaufmann in Hamburg, Inhaber der Firma Jantzen & Thormälen, Vorsitzender (mit Jantzen) der Westafrikanischen Pflanzungs-Gesellschaft Bibundi in Hamburg *499*
Tiedje, Nicolás; Reeder in Valparaíso, Freund von Michael Jebsen (IV) *80*
Timm, H. C. W. (–1885); Kapitän u. Mitreeder der Partenreederei M. Jebsen *206, 268*
Tippelskirch, Horst von; Inhaber der Firma Tippelskirch & Co. u. der Kiautschou-Gesellschaft in Berlin *512–513*
Tirpitz, Alfred (seit 1900: von) (1849–1930); Chef des Kreuzergeschwaders in Ostasien (1896/97), Staatssekretär des Reichsmarineamts (1898–1916) *480–482, 506–507, 518, 520, 523, 553, 675, 731*
Tögesen (Tøgesen), Hans Christ. (1841–1920); Böttchermeister, Stadtverordneter von Apenrade *658, 661*
Tondering, Peter H. (1825–1913); Gerbermeister, Stadtverordneter von Apenrade *610–611*
Toosbüy, Wilhelm (1831–98); Bürgermeister, später Oberbürgermeister von Flensburg (1868/70–98) *748–749*
Trautmann, Theobald; Major im preußischen Kriegsministerium *137*
Treitschke, Heinrich von, Dr. phil. (1834–96); Historiker, MdR (NL) *377, 722*
Tremlett, Charles F. (–1903); britischer Konsul in Saigon *349–350*
Tücksen (–1913); Rechtsanwalt in Apenrade, Freund von Michael Jebsen (IV) *604, 657*
Uhlenhaut, Max (1843–1905); Ingenieur, Ressortchef der Firma Friedrich Krupp, Mitreeder der Partenreederei M. Jebsen *186*
Ulderup, Jürgen P. (1835–1916); Kapitän der Partenreederei M. Jebsen, Vorstandsmitglied der Knivsberggesellschaft, Kassenführer der Ortsabteilung Apenrade des Deutschen Vereins für das nördliche Schleswig *682–683*
Ulrich, Georg (1836–); Sohn des Zollkontrolleurs Ulrich in Apenrade *59*
Uslar-Gleichen, Rafael von (1853–1931); Rittmeister a. D., Gutsbesitzer auf Buschmoos, Amtsvorsteher u. Deputierter des Kreises Apenrade (1889–95), Landrat des Kreises Apenrade (1894/95–1913) *426, 544, 607–608, 689, 713, 733–734, 737*
Van de Laar, Paul; Historiker *140*
Verdy du Vernois, Justus von (1832–1910); preußischer Kriegsminister (1889–90) *398–399*
Versmann, Johannes (1820–99); Bürgermeister von Hamburg, Ehrenvorsitzender des Denkmalausschusses für das Bismarck-Nationaldenkmal auf dem Knivsberg *693*
Virchow, Rudolf, Dr. med. (1821–1902); Anthropologe u. Pathologe, MdA (DFrP/DFrVp, WK Berlin 1867–1902), MdR (F/DFrP, WK 2 Berlin 1880–93) *725, 727–728*
Voetmann, Christian Friedrich (1844–1917); Kaufmann in Apenrade, Mitreeder der Partenreederei M. Jebsen *706*
Vogelgesang, Fr.; Erster Steuermann, später Kapitän des Dampfers *Cosmopolit* von Rudolf Wahl (Mannheim), vertretungsweise auch Kapitän der Partenreederei M. Jebsen *279*
Voigt, Christian; Handelsschullehrer, Vorstandsmitglied u. Schriftführer des Nationalliberalen Wählervereins in Flensburg *417*
Volckens, Wilhelm (1848–); Schiffsmakler u. Reeder in Altona, MdA (NL, WK Altona 1896–98) *717*
Vollbarth (genannt Kropf); Zolleinnehmer in Apenrade *657*
Voss, Ernst (1842–1920); Ingenieur, Industrieller, Mitbegründer u. Mitinhaber der Werft Blohm & Voss in Hamburg, Mitreeder der Partenreederei M. Jebsen *207–208, 217, 226, 229, 477, 696*
Vreden, Adolph (1847–1904); Bürgermeister u. Polizeimeister von Apenrade (1882–98) *613–619, 621–623, 637, 653–658, 660–661, 663–668*
Wahl, Rudolph; Reeder in Mannheim u. Köln *336, 364*
Wake, J. D.; Kaufmann in Rouen *241*
Waldemar II. (1170–1240); König von Dänemark (1202–41) *763*

Waldemar V. (ca. 1315–64); Herzog von Schleswig u. dänischer König Waldemar III. (1326–30) *763*
Wätjen, Diedrich Heinrich (1840–93); Kaufmann u. Reeder in Bremen, Teilhaber der Firma D. H. Wätjen & Co., Vorsitzender des Aufsichtsrats des Germanischen Lloyd (1889–93) *460–462*
Wehler, Hans-Ulrich (1931–); Historiker *362, 376, 428*
Wehrenpfennig, Wilhelm, Dr. phil. (1829–1900); Beamter, Publizist, MdA u. MdR (NL) *377*
Wehrmann; Ministerialdirektor im preußischen Ministerium der Öffentlichen Arbeiten *733*
Weitling, Günter, Dr. theol. (1935–); Pastor, Kirchenhistoriker *753*
Wessels, Johann Friedrich; Kaufmann u. Reeder, Senator in Bremen, Vorsitzender des Aufsichtsrats des Germanischen Lloyd (1893–1919) *470*
Weyhe, Ernst, Dr. med. (1858–1927); Arzt in Sörup, Mitglied der Freisinnigen Vereinigung *546*
Wiegand, Heinrich, Dr. jur. (1855–1909); Rechtsanwalt u. Notar in Bremen, Direktor (seit 1892) u. Generaldirektor (seit 1899) des Norddeutschen Lloyd, Vorstandsmitglied des Hauptverbandes Deutscher Flottenvereine im Auslande, Mitglied des Aufsichtsrats des Germanischen Lloyd (1895–1909) *14, 470, 484, 495–496, 499, 519, 523*
Wieler, Adolph; Schiffsmakler in Hongkong *304*
Wieler, Oscar Wilhelm; Schiffsmakler in Hongkong u. Hamburg *304, 311*
Wiemer, Dr. med.; Krankenhausarzt, Stadtverordneter von Apenrade *747*
Wilhelm I. (1797–1888); Deutscher Kaiser u. König von Preußen (1861–88) *498–499, 667–668, 682, 693, 698*
Wilhelm II. (1859–1941), Deutscher Kaiser u. König von Preußen (1888–1918) *13, 371, 381, 389–390, 404, 409, 413, 432, 447, 449, 473, 475–479, 485, 506, 523, 553, 593, 685, 696, 711, 718*
Wilhelm III. (1817–90); König der Niederlande (1849–90) *131, 133*
Will, Friedrich; Kapitän u. Mitreeder der Partenreederei M. Jebsen *192, 203–204, 244, 254, 258–259, 273, 277, 774*
Wille, Theodor (1818–92); Kaufmann in Hamburg, Gründer und Inhaber der Kaffee-Exportfirma Theodor Wille & Co. in Santos (Brasilien) u. des Handelshauses Theodor Wille in Hamburg, Vorsitzender des Aufsichtsrats der Commerz- und Disconto-Bank in Hamburg *194*
Wilmer, Dr. med.; Arzt in Apenrade *657*
Windthorst, Ludwig (1812–91); Syndikus, MdR (Z, WK 3 Hannover, 1867–91), Vorsitzender der Zentrumspartei *399, 540*
Wislicenus, Georg Adolar (1858–1927); Kapitänleutnant a. D., wissenschaftlicher Beamter der Deutschen Seewarte (1889–1903), Marineschriftsteller (1891–1913), Autor des Buches *Schutz für unsere Seeleute! Ein Aufruf an deutsche Menschenfreunde*, später im Reichsmarineamt tätig *464–470*
Witte, Friedrich, Dr. phil. (1829–93); Apotheker, Senator in Rostock, MdR (DFrP WK 2 Sachsen-Meiningen 1884–93), stv. Vorsitzender des Aufsichtsrats des Germanischen Lloyd *460*
Witte, Jørgen (1946–); Historiker, Archivar im Landsarkivet for Sønderjylland, Bürgermeister von Apenrade (1990–2001) *10–11*
Witzke, Christian; Werftbesitzer in Hongkong *592*
Woermann, Adolf (1847–1911); Großkaufmann u. Großreeder in Hamburg, MdR (NL, WK 3 Hamburg, 1884–90) *207, 395, 465*
Wohlenberg, Andreas (1862–1921); Buch- u. Papierhändler in Apenrade, Mitglied des Nationalliberalen Wählervereins in Flensburg *525, 561*
Wolff, Claus Peter (1842–1912); Landwirt, Besitzer des Hofes Gammelgab, Mitglied des dänischen Wählervereins u. des Provinziallandtags von Schleswig-Holstein (1882–86) *538, 548*
Wolfson, Isaac (1817–95); Rechtsanwalt, MdR (NL, WK 3 Hamburg, 1871–81) *418*
Wommelsdorff; Mühlenbesitzer in Munkmühle im Kreis Apenrade *705–706*
Worsøe, Hans Holten (1932–); Historiker, Archivar *744, 753*
Wrangel, Friedrich Graf von (1784–1877); preußischer General, später Generalfeldmarschall *53–54*
Wrangel, Karl Freiherr von (1812–99); General der Infanterie z. D., Ehrenvorsitzender des Denkmalausschusses für das Bismarck-Nationaldenkmal auf dem Knivsberg, Neffe von Friedrich Graf von Wrangel *690*
Zerrahn, W.; Kapitän der Partenreederei M. Jebsen *181, 268*
Ziekursch, Johannes (1876–1945); Historiker *526*
Zimmermann, Arthur (1864–1940); Vizekonsul in China, Unterstaatssekretär (1911–16) u. Staatssekretär des Auswärtigen Amts (1916–17) *597*
Zimmermann, August Georg *Gustav*; Regierungspräsident in Schleswig (1889–1901) *606, 664–665*

Firmen- und Organisationenverzeichnis

Der Begriff Partenreederei M. Jebsen bzw. Reederei M. Jebsen wurde wegen der Häufigkeit seines Auftretens nicht verzeichnet.

Adler-Linie; Reederei *169*
Akow & Co.; Handelsfirma *313–315, 319*
Alldeutscher Verband *673–674*
Angler Landwirtschaftlicher Verein *378*
Anz & Co.; Handelsfirma *510*
Apenrader
- Aktienbrauerei; Brauhaus *22, 640–646, 653, 754*
- Bürgerverein *50–51, 99*
- Dampfschiffahrts-Aktiengesellschaft; Reederei *39*
- deutsche Wahlverein, [Der] *615–617*
- Handelsverein *735*
- Handwerker-Club (gegründet 1885) *546*
- Handwerkerverein (gegründet 1869) *658–659*
- Kampfgenossenverein *667, 669*
- Kegelclub *657*
- Schützengilde *666–670, 745*
- Stadt-Brauerei (Hinsch & Beck); Brauhaus *646*
- Turnverein *99*
- Vereinsbank; Bankhaus *639*

Asiatische Küstenfahrt-Gesellschaft; Reederei *347, 364*
Baltischer Lloyd; Reederei *169*
Baring Brothers; Bankhaus *284, 359*
BASF (Badische Anilin- & Soda-Fabrik; Chemiekonzern *578*
Baunach: F. Baunach; Reederei *200*
Behn, Meyer & Co.; Handelsfirma *268, 302–303, 309*
Best: John Best & Co.; Schiffsmaklerfirma *135, 767*
Bischoff: J. D. Bischoff; Reederei *364*
Blackhead & Co., s. Schwarzkopf & Co.
Blohm & Voss; Werft u. Maschinenfabrik *184, 207–213, 215–219, 228–229, 366, 477, 638, 696*
Bosch: Robert Bosch; Elektrokonzern *579*
Bund der Landwirte (BdL) *421–425, 427, 430, 436, 438, 526–529, 531–533, 535, 537–539, 544, 546–548, 550, 555, 702, 709, 711–713*
Bureau Veritas; Schiffsklassifikationsgesellschaft *252, 458–460*
Butterfield & Swire (Swire-Konzern); Handelsfirma *246, 321, 519, 522–523*
Callesen; Motorenfabrik *640*
Carlowitz & Co.; Handelsfirma *308, 500, 509, 519, 521–522*
Chartered Bank of India, Australia and China *331*
China Merchants Steam Navigation Company; Reederei *246–247, 300, 361, 523*
China Navigation Company; Reederei *246–247, 300, 361, 523*
Chinesische Küstenfahrt-Gesellschaft; Reederei *331, 345, 363, 509*
Coast Boats Ownery; Reederei *246*
Cousiño & Sons; Reederei in Chile *78, 80*
Daimler-Benz; Kraftfahrzeugkonzern *579*
Dampfschiffs-Gesellschaft Swatow; Reederei *363*
Deli-Gesellschaft (*Deli Maatschappij*); Tabakplantagengesellschaft *326–327, 779*
Dent & Co.; Handelsfirma *308*
Deutsch-Asiatische Bank; Bankhaus *521, 524*
Deutsche Dampfschiffahrts-Gesellschaft (DDG) Kosmos; Reederei *122–123, 169*
Deutsche Dampfschiffs-Rhederei zu Hamburg (Kingsin-Linie); Reederei *249, 493–494, 496, 498–500, 502, 505*
Deutsche Kolonialgesellschaft *483*
Deutsche Ostafrika-Linie; Reederei *217*
Deutscher Flottenverein *483–485*
Deutscher Nautischer Verein *232, 489*
Deutscher Ostmarkenverein *673*
Deutscher Verein für das nördliche Schleswig *15, 21, 531–533, 579, 665, 671–678, 681, 683–684, 686–689, 693–694, 709, 720, 723–724, 742, 745–747, 753*
Diederichsen, Jebsen & Co.; Handelsfirma *195, 220, 513, 515, 518–520, 578*
Diederichsen: Reederei & Spedition von Heinrich Diederichsen *193, 220*
Flensburg-Ekensunder Dampfschiffahrtskompanie; Reederei *169, 381*

Flensburger Dampfschiffahrts-Gesellschaft von 1869; Reederei *169, 335, 340–341, 345–349, 364, 492, 497, 631*
Flensburger Maschinistenverein *283*
Flensburger Schiffbau-Gesellschaft; Werft *169, 174, 197–198, 631, 633*
Flensburger Segelclub *737*
Foreningen til det danske Sprogs Bevarelse i Nordslesvig (Sprogforeningen) [Verein zur Erhaltung der dänischen Sprache in Nordschleswig] *613, 674*
Franconia Freiburg; Burschenschaft *580*
Franziskanerbrauerei; Brauhaus *644*
Germania, s. Norddeutsche Werft
Germanischer Lloyd; Schiffsklassifikationsgesellschaft *455, 458–470*
Gewerbekammer der Provinz Schleswig-Holstein *634–636*
Goddefroy & Sohn: Joh. César Goddefroy & Sohn; Reederei *69*
Hamburg-Amerika Linie (Hapag); Reederei *13, 130, 167, 193, 213, 217, 301, 447, 470–471, 484, 496–503, 505–506, 509, 519, 524, 673*
Hamburg-Südamerikanische Dampfschiffahrts-Gesellschaft (Hamburg-Süd); Reederei *169, 214, 217, 219, 358*
Handelskammer Flensburg *282, 426, 712, 733–734*
Handelskammer Kiel *196, 201*
Handelskammer Rotterdam *140–141*
Handelskammer Saigon *343*
Hastedt & Co.; Reederei *42, 89, 108, 766*
Hauptverband Deutscher Flottenvereine im Auslande *483–485*
Helmsing & Grimm; Schiffsmaklerfirma *239, 244*
Hertz: A. J. Hertz, Reederei *69*
Hongkong & Shanghai Banking Corporation; Bankhaus *306*
Hongkong and Whampoa Dock Company; Werft *296–297, 311*
Hongkonger Handelskammer *340, 349*
Howaldt (Howaldtswerke); Werft *180, 196–206, 209, 211–231, 259, 354, 366, 461, 591, 636, 684, 773*
I. G. Farben (Industriegemeinschaft Farben); Chemiekonzern *579*
Illies: C. Illies & Co.; Handelsfirma *599*
Indo-China Steam Navigation Company; Reederei *246–247, 300, 361, 523*
Jardine, Matheson Co.; Handelsfirma *246, 308*
Jebsen & Co.; Handelsfirma u. -konzern *10, 220, 265, 303, 327, 362, 367–368, 486, 508, 510, 512, 577–580, 594, 599–600, 602, 753*
Jebsen & Jessen; Handelsfirma *10, 579*
Jebsen: M. Jebsen, Comptoir für Krupp'sche Spedition und Rhederei *142, 154, 156, 160–161-164, 174, 239, 590*
Kaiserliche Werft *215, 411, 414, 476–477*
Kiaotschou-Gesellschaft; Speditions- und Versicherungsunternehmen *512*
Kiautschou Leichtergesellschaft *518–520*
Knivsberggesellschaft *21, 226, 532, 579, 682–683, 686, 688–689, 753*
Köper, Docke & Co.; Reederei *342, 344, 347, 364*
Krupp: Friedrich Krupp; Gußstahlfabrik *19, 125–131, 134–139, 141–142, 144–164, 198–199, 230, 239, 280, 352, 354, 356, 365, 369, 377, 388, 411, 457, 460, 483, 558, 590, 756–757, 769*
Kunst & Albers; Handelsfirma *301, 309, 316, 322*
Kwong Lei Yuen (廣利源行); Schiffscharterfirma *592*
Laeisz: F. Laeisz; Reederei *69*
Lauts & Haeslop; Handelsfirma *324–327, 779*
Lauts, Wegener & Co.; Handelsfirma *309, 779*
Lee Wing; Handelsfirma *315*
Lloyd Mejicano; Reederei *596*
Lloyd's Register Group; Schiffsklassifikationsgesellschaft *458–460*
Lorenzen & Dreyer; Reederei *69*
Maersk; Reederei *579*
Man-On-Versicherungsgesellschaft *314*
Marbs: Joh. Marbs; Reederei *69*
Marcussen & Sohn; Orgelbaufirma *640*
Marshall & Gerlinger; Schiffsmakler- u. Spediteurgeschäft *239, 767*
Marty et d'Abbadie; Reederei *490*
Massmann: J. P. Massmann; Reederei *250, 331, 350, 364*
Melchers & Co.; Handelsfirma *307, 309, 316, 510, 513, 520*
Messageries Maritimes; Reederei *338, 356*
Metzler: Gustav Metzler; Schiffsmaklerfirma *239, 262*
Meyer & Co.; Handelsfirma *327, 779*
Motoren-Werke Mannheim *579*
Nam Pak Hong (Süd-Nord-Handelsgesellschaft); Handelsfirma *314*
Nam Woo, Handelsfirma *315–316, 345*
Nautischer Verein Hamburg *447, 453*
Nautischer Verein zu Papenburg *434–436*
Norddeutsche Schiffbau AG; Werft *129, 196*
Norddeutsche Werft (später: Germania) *215, 411*
Norddeutscher Lloyd (NDL); Reederei *14, 150, 167, 213, 283, 303, 314, 444, 447, 462, 468–470, 484, 485, 493–506, 509, 516, 518–519, 523, 590, 769*
Orconera Iron Ore Company *128*
Oriental Bank; Bankhaus *306*

Pacific Steam Navigation Company (P.S.N.); Reederei *78, 80, 109, 122*
Paulsen & Ivers; Reederei *459*
Pearse: M. Pearse & Cie.; Werft *129*
Peninsular & Oriental (P. & O.); Reederei *444*
Pinckernelle: G. & J. E. Pinckernelle; Schiffsmaklerfirma *239–241, 251–254*
Pustau: Wilhelm Pustau; Handelsfirma *308*
Reinhold: G. Reinhold; Schiffsmaklerfirma *239*
Rheinisch-Westfälisches Kohlen-Syndikat *512–513*
Rickmers Reismühlen, Reederei & Schiffbau AG *286, 495–496, 499–500, 579*
Robinson: Birchal Robinson & Co.; Schiffsmaklerfirma *306, 309*
Ruys & Co.; Schiffsmaklerfirma u. Reederei *164, 239*
Sander, Wieler & Co., Handels- u. Schiffsmaklerfirma *778*
Sartori & Berger; Reederei *200–201, 206, 250*
Schellhass: Eduard Schellhass & Co.; Handelsfirma *309, 311–312*
Schmidt, Rautenberg & Co.; Handelsfirma *309*
Schön: A. J. Schön; Reederei *69*
Schuldt: Heinrich Schuldt; Schiffsmaklerfirma u. Reederei *239, 364, 489, 497*
Schwarzkopf & Co. (Blackhead & Co.); Handelsfirma *308, 311, 510, 515–516*
Schweffel & Howaldt; Maschinenfabrik *183, 193, 196–197*
Scottish Oriental Steamship Company; Reederei *314*
Seeamt Flensburg *455–458*
Seeamt Hamburg *260*
Seeberufsgenossenschaft (See-BG) *291, 293, 451–452, 454–455, 458, 462, 466, 470*
Siemssen & Co.; Handelsfirma *151, 297, 308–309, 311, 316, 507, 521*
Sloman: Rob. M. Sloman; Reederei *69, 494*
Speidel & Co.; Handelsfirma *309, 330–332, 335, 339, 348*
Struve: M. Struve; Reederei *250, 347, 364*
Sung Kee; Handelsfirma *315*
Tiedje: Nicolás Tiedje; Reederei *80*
Tippelskirch & Co.; Handelsfirma *512–513*
Tung Kee; Handelsfirma *313, 337*
Verein Hamburger Reeder *432, 470, 489*
Verein zur Erhaltung der dänischen Sprache in Nordschleswig, s. Foreningen til det danske Sprogs Bevarelse i Nordslesvig
Vulcan-Werke; Werft *412*
Wahl: Rudolph Wahl; Reederei *331, 347, 350, 364, 509*
Westindische Fernhandelskompanie *25–26*
Wieler & Co.; Schiffsmaklerfirma *251, 254, 284, 304–307, 311, 321, 642–643, 778, 779*
Wille, Schmilinsky & Co.; Kaffee-Exportfirma *194, 225*
Wille; Kaffee-Exportfirma *194, 218–219, 224, 230, 402, 773*
Witzke: Chr. Witzke & Co.; Werft *592*
Woermann-Linie (Afrikanische Dampfschiffs-Aktien-Gesellschaft); Reederei *207, 211, 217, 445*
Ybarra & Co; Eisenfirma *128*
Young Kee; Handelsfirma *315*
Yuen Cheong Lee; Reederei *315, 321–322*
Yuen Fat Hong; Handelsfirma *313–316*

Schiffsverzeichnis

Die Jahreszahlen bei den Dampfern der Partenreederei M. Jebsen entsprechen dem Zeitraum, in welchem die Schiffe im Besitz dieser Reederei waren.

Alwine (1881–94); Dampfer der Partenreederei M. Jebsen *189, 204–205, 221, 278, 311, 321–322, 353–354, 358, 360*

Amigo (1884–1911); Dampfer der Partenreederei M. Jebsen *210, 212, 241, 268–269, 276, 278, 283, 354, 358*

Antonio Varas; Dampfer *78, 80, 120*

Apenrade (I) (ex *Montevideo*) (1888–90); Dampfer der Partenreederei M. Jebsen *214, 217, 219, 358,*

Apenrade (II) (1891–1906); Dampfer der Partenreederei M. Jebsen *217–218, 221, 228–229, 263, 265, 278, 360, 364, 508, 513–514, 516, 522, 592, 639*

Cäcilie et Sophia; Brigg *38*

Caravane; Klipper *36*

Cephyrus; Bark *104, 108–110, 766*

China; Dampfer *331*

Christian; Schoner *634*

Cimbria; Dampfer *111*

Clara (1882–1901); Dampfer der Partenreederei M. Jebsen *164, 205–206, 208, 210, 239–241, 244, 264, 275, 277, 280, 282, 285, 287, 292, 354–355, 364, 458*

Clara Jebsen (I) (1902–14); Dampfer der Partenreederei M. Jebsen *289*

Comte d'Hainaut; Dampfer *202*

Concordia; Bark *558, 632*

Concordia; Galiothe *31*

Condor; Kleiner Kreuzer *177*

Constantia; Galiothe *30, 34*

Cosmopolit; Dampfer *336*

Decima; Dampfer *335*

Der Schwan; Brigg *38*

Deuteros; Dampfer *348*

Donar; Dampfer *344–345*

Doris (1882–87/97); Dampfer der Partenreederei M. Jebsen *180–184, 190, 206, 213, 230, 241, 244, 260, 268, 301, 314–315, 335–336, 354, 357, 359, 363, 634, 773*

Elbe; Dampfer *462–463, 466, 468*

Else (I) (1887–95); Dampfer der Partenreederei M. Jebsen *212, 214–215, 217, 221, 225, 272, 324–325, 360, 779*

Else (II) (1896–1905); Dampfer der Partenreederei M. Jebsen *225, 227, 346, 363*

Emma; Dampfer *596*

Erna; Dampfer *596*

Essen; Dampfer *129, 147, 151*

Friedrich Krupp; Dampfer *129, 146–147*

Galathea; Bark *111–120*

Georg Heinrich; Vollschiff *69–71*

Germania (1895–1913); Dampfer der Partenreederei M. Jebsen *223, 227, 277, 279, 346, 362–363*

Graf Bismarck; Dampfer *444*

Great Western; Dampfer *78*

Hochfeld; Dampfer *144–145*

Holstein (1891–1911); Dampfer der Partenreederei M. Jebsen *218, 260–261, 294, 336–339, 344–346, 360, 773*

Independent; Dampfer *331*

Ingraban; Dampfer *331, 350*

Jacob Diederichsen (1892–1910); Dampfer der Partenreederei M. Jebsen *221, 263–264, 301, 310, 322, 331, 360, 486*

Johanna; Brigg *38*

Joven Emilio; Bark *74, 76–77*

Kastor; Bark *37*

Käthe (II) (1924–30); Dampfer der China-Reederei AG *198*

Knivsberg (1897–1911); Dampfer der Partenreederei M. Jebsen *227, 285, 363, 522, 639, 743*

Leipzig; Kleiner Kreuzer *597*

Leipzig; Panzerkreuzer *474–475*

Luxor; Dampfer *122–124*

Marianne; Dampfer *457*

Marie (I) (1883–91); Dampfer der Partenreederei M. Jebsen *206, 208–212, 215, 219, 336, 357, 360, 642*

Marie Jebsen (1894–1905); Dampfer der Partenreederei M. Jebsen *222–223, 227–228, 276, 278, 331, 346, 360, 772*

Marie Rickmers; Bark *452–453*
Mathilde (I) (1891–1905); Dampfer der Partenreederei M. Jebsen *217–218, 221, 228, 360–361, 508, 514, 517–518*
Mathilde (II) (1906–14); Dampfer der Partenreederei M. Jebsen *192*
Mazatlan; Vollschiff *82, 84–88, 413*
Michael Jebsen (I) (1889–1904); Dampfer der Partenreederei M. Jebsen *214–216, 221, 267, 276, 283, 290, 360, 461*
Montevideo; Dampfer *358*
Notos; Bark *89–92, 95–99, 294*
Odin; Brigg *38–39*
Orconera; Dampfer *129*
Othana; Segeljacht *738*
Otto; Bark *73–74*
Picciola; Dampfer *331*
Potsdam; Bark *401–402, 784*
Preußen; Panzerfregatte *473–475*
Prinz Heinrich; Großer Kreuzer *117*
Rebecca; Bark *172*
Rio (1891–98); Dampfer der Partenreederei M. Jebsen *219, 360, 490, 779*
Sayn; Dampfer *129–130*
Sibirien; Bark *452*
Signal (I) (1878–87); Dampfer der Partenreederei M. Jebsen *150, 153, 155–156, 164, 174–176, 180, 191–192, 196–198, 204, 214, 239, 243–244, 249, 253–254, 258–259. 261–263, 267, 280–281, 297, 353, 358*
St. Thomas; Kriegsschiff *53*
Thea; Segelkutter *604–605*
Therese; Bark *98*
Tritos; Dampfer *335*
Triumph (I) (1881–99); Dampfer der Partenreederei M. Jebsen *157, 192, 200, 202–204, 206, 208, 221, 244, 247–249, 258–259, 269–270, 277, 286, 292, 311, 320–322, 353, 354, 357, 642*
Tsintau (ex *Santelmo*) (1898–1901); Dampfer der Partenreederei M. Jebsen *363, 516–517, 522–523, 743*
Vorwärts (I) (1879–95); Dampfer der Partenreederei M. Jebsen *155, 189, 191–192, 197–199, 204, 221, 223, 229, 239, 249–255, 257, 266, 277, 283, 288, 292, 313, 320, 353–354, 357, 363, 773*
Vorwärts (II) (1895–1911); Dampfer der Partenreederei M. Jebsen *224, 227*
Wuotan; Dampfer *342*

Ortsverzeichnis

Aberdeen *70*
Acapúlco *82, 87–88*
Adelaide *89–90*
Alsen (Als); Insel *705, 735*
Altata *86–87*
Alt-Damm *580*
Altona *23, 30, 32–33, 35, 38–39, 199, 208, 635, 640*
Amoy (Xiamen) *92, 317–318, 323, 492, 642*
Amsterdam *131, 140, 144, 160*
Angeln *372, 380, 382–383, 385, 422, 438, 531, 541, 546–550*
Anjer *90, 112*
Antwerpen *131, 137–139-140, 144, 148, 152, 160, 162–164, 192, 253, 255, 288, 366, 577*
Apenrade (Aabenraa) *9–11, 14–15, 17, 19–20, 23, 25–39, 45–54, 56–58, 63–67, 69–70, 72–73, 81, 85, 89, 99, 101, 103–107, 111, 120, 134–135, 153, 158, 160, 164–165, 169–173, 175–179, 181, 183, 192, 195, 198–199, 205, 208, 210, 217–218, 220, 227, 248–249, 256–257, 275, 283, 293, 305, 309, 313, 342, 366–367, 372–388, 417, 422, 424, 426–428, 450, 452, 485, 497, 507, 512, 525–551, 557–568, 572–573, 576–580, 582–583, 586–587, 590, 600–601, 604–627, 629–672, 674, 678, 681–682, 684, 686, 688–689, 693–694, 698, 700, 702–708, 710, 715, 719–720, 729–738, 740, 742–754, 757, 762–763, 769, 773, 804*
Archangel *203, 241, 253, 258–259, 354*
Arica *109, 122*
Arnsberg *583, 585, 795*
Assens *621–624*
Aumühle *687*
Bad Kissingen *368, 563, 793*
Bangkok *92–93, 95, 255, 299, 302–303, 314, 327–328, 359*
Barcelona *31*
Barsö (Barsø); Insel *24*
Batavia *90*
Bergen, Norwegen *105–106*
Berlin *15–16, 53, 101, 103, 112, 276, 284, 313, 340, 343, 347–349, 389, 391, 394–396, 398, 416–418, 425, 432–433, 439, 457, 460, 484, 487, 489, 491, 507–508, 510, 514–515, 520–521, 523–528, 532–533, 540–541, 550, 553, 555, 567, 571, 577, 584–586, 598, 608, 614, 618, 647, 650, 652–653, 663, 665, 672–673, 675–676, 684, 691, 693–694, 697–698, 703–704, 706, 708–709, 711, 714–715, 721, 725, 733, 737–740, 742–744*
Bilbao *125, 128–129, 136, 138, 141, 144–147, 150–151, 164, 188, 354*
Bintang-Insel *96*
Birma *97*
Blankenese *38–39-40, 347, 364*
Bogotá *405, 407*
Bolderaa *244*
Bombay *91, 97–98*
Bonn *600, 602*
Bordeaux *151, 241*
Brackwede *433*
Brake *456*
Braunschweig *698*
Bremen *68, 70, 94, 150, 160, 166–167, 232, 250, 283, 286, 297, 307, 344, 347, 364, 405, 407, 431, 440–441, 443–444, 452, 460, 470, 494, 496, 500, 696, 803*
Bremerhaven *88, 456, 494*
Brüssel *580*
Büdelsdorf *533*
Buenos Aires *122*
Burntisland *259*
Cadiz *70*
Callao *74, 109–110, 119, 122*
Camocim *148*
Chabarowk *498*
Chancay *109*
Charlottenburg *577*
Chaulnes *600*
Chefoo (Yantai) *219, 228, 301–303, 457, 487, 509–510, 516, 522–523, 788*
Chicago *111*
Cholon *328, 331*
Chungking (Chongqing) *224*
Conception *122*
Coronel *122–123*
Coswig *613*
Culebra *88*
Cuxhaven *281*
Danzig *239, 460*
Daressalam *600*
Darmstadt *375*
De Castriesbai *114–115*
Deli (Sumatra) *324–327, 578, 779*
Den Haag *140*
Dietrichsdorf *197*
Dordrecht *134*
Dover *281, 598*

Dresden *230, 591*
Drontheim *189*
Dünkirchen *234, 244*
Düppel (Dybbøl) *106–107*
Düsseldorf *117, 255, 583*
Duisburg *136*
Dyrhave *70, 73*
Eckernförde *30, 33, 54–55*
Edinburgh *243*
Eggebek *383*
Elisenlund (Eliselund) *570*
Elsfleth *453–455, 460, 470*
Emden *456*
Essen *19, 126, 128–129, 131, 131–134, 139, 146, 149–156, 160–161, 183, 192, 205, 210, 366, 411, 457, 460, 543*
Falklandinseln *598*
Falmouth *85, 88*
Färöer; Inseln *29*
Flensburg *29–30, 32, 35, 38–39, 47, 73, 100–101, 103, 153, 169–170, 173–174, 189, 196, 239, 243, 245, 250, 257, 262, 273, 364, 372–388, 416–419, 422–428, 456, 461, 469, 492, 497, 525–544, 546–551, 576, 586–589, 599, 607, 625, 630–634, 636, 639–640, 644–645, 648, 650, 656, 662, 671, 677, 684, 697, 702–703, 708–715, 719–720, 725–729, 731, 733, 742, 748, 750, 804*
Foochow (Fuzhou) *92, 354, 590, 642*
Formosa (Taiwan); Insel *113, 297–298*
Frankfurt am Main *44, 53, 101, 609, 732, 756*
Fredericia *106*
Freiburg im Breisgau *580*
Friedrichsruh *378, 686, 688, 695*
Fünen (Fyn); Insel *259, 621*
Gaarden *129*
Galle *255*
Gastein *99, 101*
Gelsenkirchen *582–583*
Gelting *425, 547*
Gent *244, 258, 267*
Genua *72*
Gibraltar *167*
Gijón *235*
Gjenner (Genner) *24, 681, 732*
Glücksburg *372, 546–547, 601, 603*
Glückstadt *30, 35, 194*
Gothenburg *120*
Göttingen *581*
Gravelotte *118*
Gravenstein (Gråsten) *546, 665, 704–706, 718, 720, 722, 731, 737*
Greifenhagen *580*
Grönland *29*
Groß Flottbek *199*
Großenwiehe *438*
Guaymas *85*
Hadersleben (Haderslev) *53, 101, 103, 374, 559, 634, 640, 643, 647–652, 663, 671, 673–674, 677–678, 681–682, 684, 700, 706, 720, 729, 732–735, 742*
Hainan; Insel *259, 277, 298, 302–303, 323, 364, 490–492*
Haiphong *299, 302–304, 514, 592*
Hamburg *17, 38, 40, 46–47, 53, 56, 67–71, 73, 81, 84–85, 94–95, 99–100, 111, 114, 120–124, 145, 151–152, 160, 166–167, 169, 177, 180, 183–184, 192–195, 199, 204–214, 217–219, 222–224. 226–230, 232, 238–239, 249–250, 254, 259, 276, 304, 311, 331, 345–347, 363–364, 366, 368, 380, 400–402, 405, 429, 431–432, 440–441, 443, 447–449, 451, 456, 458–460, 469–471, 479, 493–494, 496, 500–502, 505, 509, 519, 527, 530, 542, 564, 567, 579, 586, 596, 599, 616, 625, 636, 639, 643, 655, 684, 686–687, 690, 696, 699, 702, 722, 742–743, 747, 750, 766, 803*
Hanerau *594*
Hangchow (Hangzhou) *224*
Hankow (Hankou) *255*
Hannover *70, 94, 375, 533, 584*
Hartlepool *122*
Heiligenhafen *364*
Hellewatt (Hellevad) *547, 709, 733*
Hohenwestedt *593*
Hoihow (Haikou) *302–303, 490–491, 578*
Hokkaido (Yesso); Insel *115, 318, 755*
Hongkong (Hong Kong) *16, 71, 89, 92, 95–98, 152, 170, 175, 209, 218, 220, 223, 250–256, 259, 265, 269, 272, 275–276, 282–286, 294–323, 327–328, 330–332, 334–351, 353, 357, 359, 362–364, 457, 484, 486, 490–491, 493–494, 500–501, 507–508, 514, 577–580, 589–590, 592, 594, 596, 599, 602, 636, 642, 644, 689, 743, 750, 778*
Honshu; Insel *114*
Höruphaff (Høruphav) *572*
Hoyer (Højer) *731*
Idstedt *56–57*
Irkutsk *498*
Islay *122*
Jever *663*
Juan Fernandez; Insel *84*
Jungferninseln (Virgin Islands) *26, 32*
Kalkutta *91, 97, 567*
Kalö (Kalvø); Insel *678, 680–681*
Kamtschatka; Halbinsel *301*
Kanton (Guangzhou) *91–92, 96–98, 249, 255, 294, 299, 308, 312–313, 317, 323, 334, 501, 578–579, 597*
Kap der Guten Hoffnung *111, 167–168, 170*
Kap Horn *84, 86, 89, 99, 109, 120*
Karlsbad *582, 698, 739–740*
Karlsruhe *577*

Kiautschou (Jiaozhou) *220, 228, 230, 301, 480–481, 486–487, 500, 506–524, 553, 578, 590, 593, 715, 743*
Kiel *17, 35, 39, 53, 69, 101, 103, 129, 180, 183, 192–206, 210–231, 259, 271, 293, 366, 368, 404, 411–412, 414–415, 444, 451, 459–461, 469, 470, 473, 476–477, 511–512, 523, 530, 578, 586–587, 591, 595, 608, 625, 630, 636, 639–640, 645, 683–684, 686, 693, 719, 722, 773*
Kiungchow (Qiongzhou/ Qiongshan) *492–493*
Knivsberg (Knivsbjerg) *23, 227, 484, 677–693, 689, 691–693, 696–697, 699–700, 733, 737*
Koblenz *715*
Kolding *679*
Köln *331, 347, 364, 509*
Kolstrup *659*
Königgrätz *101*
Konstantinopel *137–138, 491*
Kopenhagen (København) *26, 32, 35, 47, 53, 56, 67, 72, 193, 244, 602, 727*
Korsør *201*
Kowloon; Halbinsel *96, 294, 592*
Kronstadt *151, 241, 763*
Krusau (Kruså) *611*
Kurilen; Inseln *115–116*
Kyushu; Insel *114*
La Paz *87*
Le Havre *122, 259*
Leith *243*
Libau *244*
Lima *74*
Liverpool *84–86, 122*
Loitkirkeby (Løjt Kirkeby) *23, 25, 73, 765*
Loitland (Løjt Land); Halbinsel *23, 25, 172, 257*
London *68, 72, 84, 89, 91, 97, 108, 127, 153, 174, 179, 239, 241, 284, 347, 359, 430, 458, 743*
Los Pasages *145*
Luchana *129, 138, 144*
Lübeck *32, 68–69, 166, 232, 292–293, 440–441, 521, 594, 763, 803*
Lügumkloster (Løgumkloster) *619, 671, 676, 732, 734, 737*
Luichow (Leizhou); Halbinsel *259*
Lushoto *600*
Macao *297–298, 317, 323*
Madagaskar; Insel *170*
Madeira; Insel *122*
Mahenge, Tanganyika *601*
Malmö *54*
Malta; Insel *167*
Manchester *158, 578*
Manila *302, 306, 309, 356*
Manzanillo *87*
Marienbad *793*
Marienwerder *585*
Marseille *331*
Marshallinseln *494*
Mauritius *170*
Mazatlan *84–88*
Mesnil *600*
Mexiko-Stadt *86, 597, 608*
Middelsbro *189*
Minden *583*
Montevideo *70, 122–123*
Moskau *498*
München *587, 645*
Münster *585*
Nagasaki *302, 494*
Nanking (Nanjing) *92, 96*
Nantes *188*
Nebraska *111*
Nesle *600*
Neuguinea; Insel *494*
Neumünster *416, 526, 529, 613*
Neuruppin *604*
Neustrelitz *698*
New Orleans *72*
New York *111, 495, 598, 602*
Newcastle *72, 151, 189, 244*
Newchwang (Yingkou) *301–302, 320*
Nikolajewsk *111, 113–115, 491–492*
Ningpo (Ningbo) *92, 94, 247*
Norburg (Nordborg) *678*
Norden *142*
Normanide *242*
Nürnberg *206*
Odessa *498*
Oldenburg *70, 94, 232, 649, 725*
Omaha *111*
Oporto *38*
Oppeln *583*
Osterlügum (Øster Løgum) *25*
Osterterp (Øster Terp) *525*
Pakhoi (Beihai) *302, 490–493, 578*
Papenburg *64, 434–436*
Paris *86, 112, 117, 119, 342–344, 347–348, 350–351, 354, 430, 458*
Payta *74*
Peitaiho (Beidaihe) *510*
Peking (Beijing) *151–152, 211, 294, 354, 517, 577*
Penang *97, 326*
Penedo *148*
Pernambuco *38*
Pernau *38*
Pforzheim *533*
Pinneberg *640*
Pisagua *120*
Plön *649*
Port Arthur *498*
Port Said *167–168*
Port Townsend *116–119*
Portland, Oregon *117*
Potsdam *475–476*
Prag *612*

Preetz *687*
Puebla *86*
Punta Arēnas *87–88, 123*
Quickborn *587*
Rangun *97–98, 328*
Ratzeburg *715*
Remmels *593*
Rendsburg *38, 52, 180, 461, 593–594, 600, 619*
Reval *243*
Riga *149, 151, 187–188, 239, 243–244, 267, 353*
Rio de Janeiro *38, 70, 72–73, 194*
Röm (Rømø); Insel *374*
Rom *430*
Romsø; Insel *259*
Rostock *283, 456, 533*
Rothenkrug (Rødekro) *374, 543–544, 635, 686, 689, 730–731, 747*
Rotterdam *131, 134, 138–164, 174, 188–189, 198, 205, 210, 239, 248, 255, 366, 557–558, 562–565, 572–573, 581, 590, 614, 641, 650, 704, 769, 794*
Rouen *241–242, 244*
Rüdesheim *679*
Ruhrort *138*
Sachalin; Insel *114–115, 301, 318, 755*
Sacramento *111*
Saigon *209, 255, 298–299, 302, 309, 316, 327–351, 356, 364, 491–493*
Samoa-Inseln *494–495*
San Francisco *98, 110–111, 115–116, 596–597*
Santander *128*
Santiago de Chile *78, 784*
Santos *70, 194, 224–225*
Schafflund *547*
Schauby (Løjt Skovby) *765*
Scheeßel *533*
Scherrebek (Skærbæk) *671*
Schiedam *244*
Schleswig *27, 45, 160, 200, 581–582, 585, 606, 608, 613, 616, 619, 623, 640, 655–656, 658, 663–665, 722–723, 737*
Scilly-Inseln *85*
Seattle *596*
Sedan *117*
Seeland (Sjælland); Insel *259*
Segeberg *649*
Shanghai *92, 94, 152, 228, 230, 247, 253, 271, 295, 301, 307, 309, 317, 481, 494, 501, 507–508, 510, 513–514, 516–517, 519, 523, 577–578, 580, 590, 597, 602, 642, 737, 743*
Shashih (Shashi) *224*
Shimonoseki *577*
Shimoshiri; Insel *115*
Siegen *585*
Sinaloa *86–87*
Singapur *91–92, 96–98, 255, 295, 298–299, 302–303, 309, 314, 324, 326, 330–332, 334, 457, 498, 501, 779*
Soerabaja *268–269*
Sonderburg (Sønderborg) *30, 32, 35, 40, 53, 101, 103, 183, 199, 208, 366, 576, 590–591, 594–595, 598, 607, 621, 624, 640, 671, 674, 677, 704–708, 720*
Soochow (Suzhou) *224*
Sörup *382, 425, 546*
St. Croix; Insel *26*
St. John; Insel *26*
St. Petersburg *151, 241, 243, 421, 430, 432, 439, 763*
St. Thomas; Insel *26*
Stepenitz *581*
Sterup *425, 547*
Stettin *70, 169, 239, 243, 262, 284, 412, 456, 580–582, 586*
Stockholm *189*
Stockton-on-Tees *129*
Stollig *682*
Stralsund *456, 588*
Südergaarde (Søndergårde) *533*
Suezkanal *167–168, 246, 255, 498*
Sumatra; Insel *90–91, 112, 145, 323–324, 490, 578, 779*
Svafferort *187*
Swansea *98*
Swatow (Shantou) *299, 314, 317, 323–327, 363, 490, 578, 642*
Swinemünde *240*
Sydney *494*
Sylt; Insel *582*
Taku (Dagu) *211, 301, 509–510, 516*
Tampico *82*
Tientsin (Tianjin) *93, 211, 228, 247, 294, 301, 318, 501, 507–508, 510, 513, 523, 578–579, 597, 737*
Tipton, Staffordshire *78*
Toftlund *671*
Tokio *577*
Tondern (Tønder) *29, 53, 56, 101, 429, 559, 607, 720, 725, 734, 748*
Touran *302*
Tsingtau (Qingdao) *195, 220, 509–510, 516, 518–519, 521, 578*
Tsin-hwang-tau (Qinhuangdao) *510*
Tsushima; Insel *260*
Uk (Uge) *547*
Urup; Insel *116*
Utrecht *159*
Valparaíso *74, 77–78, 80, 84, 119–120, 122–124, 401–402, 404*
Vancouver; Insel *115–117*
Varzin *378*
Vera Cruz *82*
Victoria, Hongkong *299*
Victoria, Vancouver *117, 119*
Vlissingen *131, 133–139, 144, 180, 192, 258, 366, 565*
Walcheren; Halbinsel *134*

Wamdrup (Vamdrup) *635*
Wanderup *438, 547*
Washington D. C. *598, 765*
Weihnachtsinsel (Christmas Island) *90*
Wesel *586*
Whampoa; Insel *98*
Whidbey Island *118*
Wiborg *241*
Wiehekrug *547*
Wien *101, 129, 430*
Wilhelmshaven *414, 598*
Wilstrup *679*
Wisby *31*
Wladiwostok *241, 301–302, 309, 318, 457, 491–492, 498, 755*
Yau Ma Tei *592*
Zennhusen *533*
Zeulenroda *613*

Der Autor

Prof. Dr. Bert Becker, geb. 1960 in Witten/Ruhr. Studium der Geschichte, Germanistik und Politikwissenschaft an der Ruhr-Universität Bochum. Erstes Staatsexamen 1988 und Promotion in Neuester Geschichte 1990 in Bochum. Wissenschaftlicher Mitarbeiter der Konrad-Adenauer-Stiftung in Bonn, Berlin, Rostock und Potsdam (1991–2002). Lehrbeauftragter für deutsche und ostasiatische Geschichte an der Freien Universität Berlin, der Universität Rostock und der Europa-Universität Viadrina in Frankfurt/Oder (1996–1999). Habilitation in Neuerer Geschichte 2004 in Rostock. Fachlektor für Geschichte und Europastudien des Deutschen Akademischen Austauschdienstes an der University of Hong Kong (2002–2007). Senior Fellow am Alfried Krupp Wissenschaftskolleg in Greifswald (2011). Seit 2007 Assistant Professor, seit 2009 Associate Professor für moderne europäische Geschichte am Department of History der University of Hong Kong.

Bibliografische Information Der Deutschen Bibliothek
Die Deutsche Bibliothek verzeichnet diese Publikation in der Deutschen Nationalbibliografie; detaillierte bibliografische Daten sind im Internet über http://dnb.ddb.de abrufbar.

Gedruckt auf säurefreiem und alterungsbeständigem Papier
Printed in Germany

Holtenauer Straße 141, 24118 Kiel
Tel.: +49-(0)431–85464, Fax: +49-(0)431–8058305
info@verlag-ludwig.de, www.verlag-ludwig.de

Gestaltung: Daniela Zietemann, Hauke Heyen

Schutzumschlag:
Ölgemälde von Michael Jebsen, gemalt von Momme Nissen (1900)

ISBN: 978-3-86935-174-2